KB058366

Surfaces and Essences

Analogy as the Fuel and Fire of Thinking

Surfaces and Essences

유추, 지성의 연료와 불길

사고의 본질

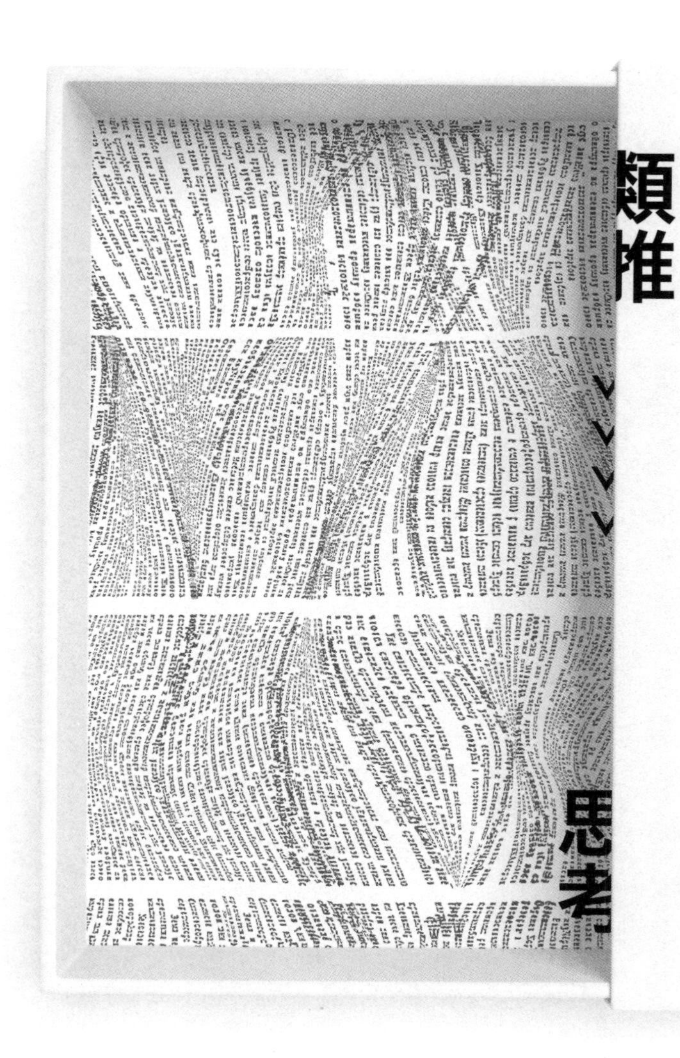

더글러스 호프스태터 · 에마뉘엘 상데 지음
김태훈 옮김 | 최재천 감수·해제

arte

> > > > 차례

저자의 말

이 책의 탄생 배경

이 책은 1998년 7월 중순 불가리아 소피아에서 열린 학회에서 시작되었다. 그 결정적인 순간이 생생히 떠오른다. '유추analogy'를 주제로 열린 첫 국제 학회였다. 보이초 코키노프Boicho Kokinov, 키스 홀리오크Keith Holyoak, 데드레 겐트너Dedre Gentner가 조직한 이 인상적인 자리에 모인 세계 각국의 학자는 편하고 활발한 분위기에서 서로가 공유한 열정의 대상에 대해 생각을 나누었다. 그렇게 소피아에서 우연히 처음 만난 우리 두 사람은 바로 호감을 느꼈다. 이 유쾌하고 밝은 감정은 점차 장기적이고 끈끈한 우정으로 발전해나갔다.

더글러스 호프스태터는 2001년과 2002년에 이탈리아 볼로냐에서 안식년을 보냈으며, 그동안 장 피에르 뒤피Jean-Pierre Dupuy의 초청으로 파리 에콜폴리테크니크에서 인지cognition에 대한 일련의 강연을 했다. 당시 에마뉘엘 상데는 유추 작용과 범주화를 깊이 있게 연구한 첫 책을 막 출간한 참이었으며, 어느 강연에서 새 친구에게 자랑스레 그 책을 선물했다. 책을 읽은 더글러스는 인지의 실체에 대한 두 사람의 시각이 상당히 비슷하다는 사실에 기쁨을 느꼈다. 이후 파리와 툴루즈에서 잠깐씩 만났고, 지적이고 우정 어린 이메일과 전화를 나누며 시간을 보냈다.

더글러스는 2005년 2월에 예순 번째 생일을 맞아 블루밍턴에서 열린 성대한 파티에 에마뉘엘을 초대했다. 그러던 어느 날 그는 에마뉘엘에게 몇 주 동안 파리에 머물며 에마뉘엘의 책을 영어로 번역하겠노라고 제안했다. 에마뉘엘은 그 제안을 몹시 반겼다. 그러나 더글러스가 7월에 파리에 도착한 직후 원래의 목표는 다른 더 큰 목표로 바뀌어버렸다. 유추가 사고에서 차지하는 근본적인 역할을 소개하는 책을 쓰자는 것이었다. 우리는 그 책을 기술적이지 않은 방식으로 쓰며, 다양한 관점에서 바라보며, 이론적 견해를 뒷받침할 확고한 사례를 많이 실은 책으로 만들기로 했다. 두 사람은 '사고'라는 것에 관심을 가진 모든 사람이 이 책을 읽기를 바라는 동시에 학계에도 인지에 대한 새롭고 독창적인 견해를 제시한다는 높은 야심을 품었다. 이렇게 해서 이 책이 탄생한 것이다.

더글러스가 파리에 머문 3주 동안 두 사람은 많은 생각을 나누었고, 그간의 대화를 정리해 40쪽짜리 문서를 만들었다. 책에 대한 생각을 담은 많은 초안과 각 장에 대한 대단히 기초적인 개요로 구성했다. 뒤이은 4년(2006년부터 2009년까지) 동안 두 사람은 한 달씩 상대방이 사는 도시를 방문했다. 거기에 더하여 더글러스는 2010년에 파리에서 여덟 달 동안 안식기를 보냈다. 이렇게 두 사람이 이메일과 전화로 끊임없이 생각을 나누는 동안 이 책은 몇 개의 세포에서 생존력을 지닌 복잡한 유기체로 진화했다.

이렇듯 오랜 협업의 산물인 이 책이 마침내 결실을 맺었다. 두 저자는 이 책이 분명 설령 오늘날의 문화와 생활방식에 토대를 둔 책이라 해도 지속적인 가치를 지닌 메시지를 담는다는 희망을 품고 노력을 기울였다. (사실 우리가 좋아하는 한 친구의 표현에 따르면 이 책은 '살아 있는 사고'에 토대를 두었다.) 우리는 그 기원의 공간적·시간적 특수성에도 불구하고 이 책에 담긴 핵심적인 생각이 세월이 흘러도 변치 않을 만큼 보편적이기를 바란다.

다른 언어와 문화 사이를 오가다

우리는 이 책의 집필 과정이 흔한 경우가 아니라는 사실을 매우 자랑스럽게 여긴다. 이 책은 두 사람이 쓴 책일 뿐만 아니라 동시에 두 언어로 쓴 책이다. 그러니까 이 책의 원서는 프랑스어본과 영어본 두 개다. 각 원서는 서로의 번역본일 수 있고, 어쩌면 번역본이 아닐 수도 있다. 그러나 어떻게 보더라도 두 판본은 동일하다. 또한 하나의 비물질적인 개체, 즉 언어가 아니라 생각이라는 정신적 영역에 존재하는 이 책의 내용에 대한 두 개의 아주 다른 구체적인 구현물이다.

물론 이 책을 집필하는 과정에서 수많은 번역 작업을 수행했다. 그러나 그 작업은 원문이 만들어지는 그 순간에 동시에 이루어졌다. 책의 내용이 영어에서 프랑스어로 번역된 경우도 있었고, 그 반대인 경우도 있었다. 두 저자의 두뇌 사이에서 이루어진 이 교류는 (드물게도) 두 언어 사이를 오가는 동안 번역문과 더 밀접해지도록 원문을 많이 수정하고 조정하는 과정을 거쳤으며, 그 결과물도 두 개의 언어와 문화 그리고 두뇌를 통해 다시 한 번 교정되었다. 이러한 수많은 왕복 작업 끝에 마침내 만족스러운 평형 상태에 이르렀다. 이것이 핵심이다.

이처럼 영어본과 프랑스어본 모두 두 언어의 필터를 수차례 거쳤다. 번역은 부정확성과 모호성 그리고 논리적 흐름의 결여를 가차 없이 드러내기 때문에 이 특별한 역학을 통해 높은 수준의 명료성을 얻게 되는 경우가 많았다. 번역은 먼지 덮인 다락방에 켜진 손전등처럼 이런 결점을 드러낸다. 다른 비유를 들자면, 번역은 칼을 가는 것과 같다. 반복적인 교류를 통해 우리가 표현하고자 하는 생각이 지속적으로 다듬어졌기 때문이다. 그래서 이 책의 원본이 두 가지라는 사실은 단지 재미있는 특이점일 뿐만 아니라, 더 중요하게는 일관성과 명료성이라는 목표에 계속 초점을 맞추게 만든 지침이었다. 적어도 우리 두 저자는 그렇게 이 책을 보며, 독자도 우리처럼 보기를 바란다.

각 판본은 해당 문화에 깊이 자리 잡은 생각과 이미지 그리고 표현을 활용하기 때문에 프랑스어를 읽을 수 있는 영어권 독자는 두 판본을 몇 구절이라도 볼 것을 권한다. 이 점은 가령 특정 관용구나 상황 혹은 말실수에 대한 적절한 유사물을 계속 떠오르게 하고, 최적의 사례를 찾기 위해 바짝 신경을 쓰게 만들었다는 점에서 우리 두 저자에게 아주 재미있고 자극적인 과제를 안겼다. 언어를 사랑하는 사람이라면 두 텍스트를 나란히 살핌으로써 새로운 생각을 듬뿍 얻는 동시에 (물론 이것이 우리의 주된 목표다) 두 개의 대조적인 방식으로 구현된 생각을 즐기는 특별한 경험을 할 수 있을 것이다.

프롤로그

유추,
인지의 핵심

Analogy as the Core of Cognition

유추에 대한 정당한 평가

사고에 대해 이야기하는 이 책에서 유추analogy와 개념concept은 주연을 맡을 것이다. 개념이 없으면 사고가 있을 수 없고, 유추가 없으면 개념이 있을 수 없기 때문이다. 이것이 우리가 이 책 전반에 걸쳐 진전시키고 뒷받침하고자 하는 논제다.

이 논제로 우리가 뜻하는 바는, 머릿속에 있는 모든 개념이란 처음 나타난 뒤에는 평생에 걸쳐 풍부해지면서, 오랫동안 무의식으로 이루어진 일련의 유추를 통해 자리하게 된다는 것이다. 또한 삶의 매 순간 우리의 두뇌는 이미 오랫동안 알고 있던 것을 빌려 새로운 것을 이해하는 유추를 쉴 새 없이 이행하고, 이를 통해 개념이 선택적으로 촉발된다. 따라서 이 책의 주된 목표를 한마디로 정리하자면, 유추를 정당하게 평가하자는 것이다. 즉 모든 개념의 기저에는 유추 능력이 자리하고 있으며, 개념이 유추를 통해 선택적으로 환기된다는 사실을 보여주는 것이다. 요컨대 우리는 유추가 사고의 연료이자 불길이라는 사실을 보여주고자 한다.

사전이 개념에 대해 말하지 않는 것들

이 과업에 착수하기 전에 개념이라는 것의 속성을 명확하게 밝힐 필요가 있다. 개념의 미묘성과 복잡성은 과소평가하기 쉬우며, 실제로 거의 늘 과소평가된다. 특정 단어의 다양한 의미를 주 항목 아래 다수의 하부 항목으로 나누어 제시하는 사전이 개념을 지나치게 단순한 방식으로 받아들이게 만들기 때문에 더 그렇다.

예컨대 '밴드band'라는 명사를 보자. 적절한 크기의 사전이라면 이 단어의 전체 항목 중에서 밴드를 물건에 두를 수 있는 천 조각으로 설명하는 하부 항목과 천이나 다른 소재에 포함된 색깔 있는 줄이나 띠로 설명하는 하부 항목, 특정한 종류의 음악을 연주하거나 특정한 종류의 악기를 사용하는 소규모 음악가 집단으로 설명하는 하부 항목, 같이 일하거나 노는 사람의 집단으로 설명하는 하부 항목, 결혼반지로 설명하는 하부 항목, 음반이나 시디의 선집으로 설명하는 하부 항목, 주파수나 에너지, 가격 혹은 연령(등)의 범위로 설명하는 하부 항목 그리고 몇 가지 다른 내용으로 설명하는 하부 항목이 있다. 사전은, 모두 확연히 다르면서 '밴드'라는 같은 단어로 포괄되는 이 다양한 개념을 명확하게 제시한 다음, 각각의 협소한 의미가 모두 완벽하게 명료해졌으며 서로 깔끔하게 분류된 것처럼 거기서 멈춘다. 이 점은 크게 문제 되지 않는다. 각각의 다양하고 협소한 의미가 그 자체로 단일하고 전혀 불확실하지 않으며, 서로 혼동될 위험이 없다는 인상을 준다는 점을 제외하면 말이다. 그러나 현실은 그렇지 않다. 몇몇 하부 의미는 종종 밀접하게 연관되며(예컨대 색깔 있는 줄과 주파수 범위 혹은 결혼반지와 사물에 두를 수 있는 천 조각), '밴드'라는 단어의 명확하고 차별적이어야 할 각각의 의미가 그 자체로 복잡성의 무한한 틈을 구성하기 때문이다. 사전은 단어를 원자까지 분석하는 것 같지만 실상은 표면만 훑을 뿐이다.

어떤 개념이 함축하고 있는 무한한 가능성의 근처에도 이르지 못한 채 대단히 다양한 결혼식 밴드나 머리띠, 재즈 밴드, 범죄 집단 혹은 엄청나게 다양한 의자나 신발, 개, 찻주전자, 글자 'A'의 다른 버전 등을 담은 사진을 모으면서 세월을 보낼 수 있다. 실제로 《1000가지 의자》 같은 책도 있다. **의자chair**라는 개념이 전적으로 단순하다면 이런 책은 결코 흥미롭지 못할 것이다. 특정한 의자의 아름다움이나 독창성, 실용성 혹은 스타일을 제대로 이해하려면 사전은 결코 전달할 수 없는 상당한 경험과 전문성이 필요하다.

물론 비슷한 시각으로 다양한 종류의 '밴드'가 지닌 미묘한 차이를 바라볼 수 있다. 그래서 재즈 밴드나 머리띠 혹은 범죄 집단 등을 연구하면서 평생을 보낼 수도 있다. 이보다 훨씬 단순해 보이는 개념조차 사실은 끝없는 복잡성의 늪을 이룬다. 예컨대 대문자 'A'라는 개념을 보자. 우리가 쉽게 해당 범주에 속하는 요소라고 지각하는 무수한 형태 중에서 공통적으로 인지하는 것이 무엇인지 밝히려고만 해도 복잡하고 딱딱한 언어로 구성된 수많은 페이지의 텍스트가 필요하다. 그것은 대다수 사람이 'A'라는 개념에 대해 가진 단순한 인식, 즉 마주한 두 개의 대각선이 가로대로 연결된 글자라는 인식을 훌쩍 넘어선다.

실제로 범주의 풍부함에 관심을 가진 사람에게 서체 목록은 진정한 금맥이다. 우리는 광고 디자인으로 사용한 대문자 'A'의 견본을 수집했다. 언뜻 보아도 확실하게 알 수 있듯이 'A다움'에 대해 가질 수 있는 모든 선험적인 인식에 어긋나는 경우도 있지만, 여전히 각각의 글자를 완벽하게 인지할 수 있다. 따로 보여주면 수월하게 인지하지는 못할지라도 단어나 문장의 맥락에서는 분명히 그렇다.

밴드, 의자, 찻주전자, 난장판, 문자 'A' 같은 일상적인 개념은 **소수**prime number나 DNA 같은 전문적인 개념과 크게 다르다. 후자도 상상할 수 없을 정도로 많은 수가 있지만, 그 모든 요소가 공유하는 것을 정확하고 분명하게 표현할 수 있다. 반면 '밴드', '의자', '난장판', '찻주전자' 같은 단어를 떠받치는 정신적 토대 속에는 무한하고 흐릿한 풍부함이 숨어 있다. 사전은 이 풍부함을 완전히 무시한다. 사전의 목표는 그 미묘함을 설명하는 것이 아니기 때문이다. 사실 일반적인 단어의 의미는 두세 개가 아니라 **무한**하다. 이는 상당히 끔찍한 일이다. 그러나 각 개념에 무한한 다양성의 가능성이 있다는 긍정적인 측면도 있다. 적어도 호기심이 많고 새로움에 자극받는 사람은 오히려 이를 즐길 것이다.

액어법: 개념적 미묘함의 흥미로운 계시자

'액어법zeugma'(종종 '겸용법syllepsis'으로도 불린다)이라는 언어적 개념이 있다. 이 개념은 매우 모호하지만 매력적이며, 단어(그리고 그에 따른 개념)의 숨겨진 풍부함을 드러낸다. 액어법이나 겸용법은 고전적인 표현법으로, 종종 (아마도 거의 언제나) 익살스럽게 사용된다. 그 특징은 한 문장 안에서 한 번만 나오는 어떤 단어를 복수의 의미로 활용하는 것이다. 그 예를 보자.

I'll meet you in five minutes and the garden(5분 후에 정원에서 만납시다).

이 문장은 전치사 'in'이 지닌 두 가지 다른 의미, 시간적 의미와 공간적 의미를 활용한다. 어떤 사람을 정원에서 만난다고 말하는 경우 'in'은 상대적으로 작은 두 개체가 더 큰 개체에 물리적으로 둘러싸이는 것을 의미하고, 5분 후에 만난다고 말하는 경우의 'in'은 두 개의 구체적인 순간을 나누는 일정한 시간을 의미한다. 누구나 이 문장에서 같은 단어에 수반되는 두 개의 아주 다른 개념을 쉽게 이해할 수 있다. 두 의미 사이의 넓은 간극에도 불구하고 전치사 'in'이 한 번만 사용되었다는 사실은 흥미롭다.

아래는 다소 우스운 액어법의 몇 가지 다른 사례다.

Kurt was and spoke German(쿠르트는 독일인이었고 독일어를 썼다).

The bartender gave me a wink and a drink(바텐더는 윙크를 한 뒤 술 한 잔

을 내왔다).

She restored my painting and my faith in humanity(그녀는 내 그림과 인간에 대한 내 믿음을 복원했다).

I look forward to seeing you with Patrick and much joy(당신을 패트릭과 함께, 아주 기쁘게 만나기를 기대합니다).

첫째 액어법에서 'German'이라는 단어는 독자의 머릿속에서 국적을 가리키는 형용사에서 언어를 가리키는 명사로 빠르게 전환된다.

둘째 액어법은 사람 사이에 이뤄지는 **전달**이라는 인식의 다른 측면을 수반한다. 실제로 윙크를 다른 사람에게 **줄** 수 있을까? 윙크는 술처럼 다른 사람에게 건넬 수 있는 물리적인 대상일까?

셋째 액어법에서 인간에 대한 화자의 믿음은 사라졌다가 다시 돌아온 반면, 그림은 사라지지 않았다. 게다가 인간에 대한 믿음은 벽에 걸린 그림보다 훨씬 덜 구체적이다. 이 액어법에 묘미를 부여하는 것은 'restore'라는 동사가 '잃어버린 대상을 되찾다'라는 의미와 '어떤 대상을 이전의 이상적인 상태로 되돌리다'라는 의미로 사용되었으며, 이 두 의미가 분명히 연관되어 있기는 하지만 마찬가지로 분명히 동의어가 아니라는 사실이다.

마지막 액어법은 전치사 'with'의 뚜렷하게 대조되는 의미, 즉 어떤 사람(패트릭)이 물리적으로 다른 사람(화자와 청자)을 동반한다는 의미와 심리 작용(재회에 대한 기대)에 따른 정취(큰 기쁨)를 알린다는 의미를 활용한다. 다른 사례들처럼 액어법을 통한 'with'의 활용은 한 단어가 지닌 두 가지 의미의 넓은 간극을 드러내며, 확연하게 그 차이를 경험하는 일은 생각을 자극한다. 그래서 잘 만들어진 액어법은 그 속성상 수반하는 단어(혹은 구절)의 특정한 의미적 미묘함을 자동적으로 부각시킨다.

가령 'book'이라는 단어는 무엇을 뜻할까? 아마 인쇄된 종이를 일정한 방식으로 묶고, 표지(기타 등등)가 있는 물건을 가리킨다는 대답이 먼저 나올 것이다. 이 대답은 종종 옳지만 아래의 액어법은 'book'의 다른 의미를 드러낸다.

The book was clothbound but unfortunately out of print(그 책은 천으로 장정되었지만 아쉽게도 절판되었다).

이 문장은 'book'이 더 추상적인 개념, 즉 서점이나 창고에서 구할 수 있는 일련의 부수적 개념을 나타내기도 한다는 사실을 상기시킨다. 그렇다면 우리가 접한 개념은 **하나**일까 아니면 **둘**일까? 또한 'I'm translating this book into English(이 책을 영어로 번역하고 있다)'라고 말할 때는 'book'의 세 번째 의미를 사용하는 것일까? 'book'이라는 단순한 단어 안에는 미묘하게 변별적인 개념들이 얼마나 많이 은밀하게 공존할까? 'book'의 또 다른 의미에 기초한 액어법을 더 제시하면 이해하는 데 도움이 되겠지만 다른 목표도 있으므로 그 일은 독자의 몫으로 남겨둔다.

대신 좀더 복잡한 액어법을 살펴보자.

> When they grew up, neither of those bullies ever had to pay for all the mean things that they did as, and to, younger kids(그 불량한 학생들은 어른이 되었을 때 어린아이로서, 어린아이에게 했던 모든 못된 짓에 대한 대가를 치를 필요가 없었다).

이 문장의 교묘함은 '어린아이younger kid'의 의미를 '어린아이로서 했던 짓'이라는 구절의 일부에서 '어린아이에게 했던 짓'이라는 구절의 일부로 순식간에, 기이하게 전환하는 데 있다. 전자의 경우 **'어린아이'**는 예전 불량 학생 자신(혹은 한때의 모습이었던 불량 학생)인 반면 후자의 경우 **'어린아이'**는 희생자이기 때문이다.

계시적인 몇 가지 액어법

지금까지 보여준 액어법은 대체로 재미있는 편이지만, 우리가 이 주제를 제시하는 목적은 유희가 아니라 계몽이다. 그러니 진지한 논점을 제기하는 사례를 몇 가지 살펴보자.

> 'You are always welcome in my home,' he said in English and all sincerity(그는 "언제든 우리 집에 오는 것을 환영합니다"라고 영어로 진심을 가득 담아 말했다).

이 액어법은 명백히 'in'이라는 단어를 중심으로 구성된다. 여기서 자연스럽게 떠오르는 의문은 'in'의 의미가 **하나**로 쓰이는지, **둘**로 쓰이는지 여부이다. 어지간한 사전이라면 아마 이 두 의미에 별개의 하부 항목이 있을 것이다. 그렇지만 다음 문장의 경우는 어떨까?

> "You are no longer welcome in my home," he said in anger and all sincerity("당신은 더 이상 우리 집에서 환영받지 못해요"라고 진심으로 화를 내며 말했다).

여기서 'in'의 두 가지 의미는 정확하게 같을까? 결국 둘 다 한 사람의 마음 상태에 적용되므로 아마도 그럴 것이다. 하지만 그렇지 않을지도 모른다. 'in anger(화를 내며)'를 'in an outburst of anger(버럭 화를 내며)'로 대체할 수 있지만 분명히 'in an outburst of sincerity(버럭 진심을 담아)'로 대체할 수는 없기 때문이다. 그래서 이 경우는 다소 복잡하다. 실제로 확정적인 판단을 하기는 불가능할 것이다. 사실 우리는 in이 지니는 특별히 미묘한 뉘앙스 때문에 이 사례를 골랐다. 우리는 어떻게 'in'이라는 영어 단어에 부합하는 상황을 인지할까? 다시 말해서 우리는 어떻게 in-상황in-situations을 인지할까? 모든 in-상황의 공통점은 무엇이며, 그중 일부는 다른 것들과 어떻게 다를까? 그리고 모든 유형의 in-상황을 정확하고 명료하게 분류하는 일이 왜 거의 불가능할까?

이제 동사의 사례를 살펴보자. 다음 문장이 거슬리지 않고 완전히 받아들여지는가(즉 비액어법적인 것), 아니면 귀에 거슬리는가(따라서 액어법인가)?

> I'm going to brush my teeth and my hair(이를 닦고 머리를 빗을 것이다).

이 문장에 나타난 두 종류의 솔질brushing이 본질적으로 같을까, 아니면 확연히 다를까? 다른 언어로 된 비슷한 사례를 통해 이 질문에 대한 관점을 얻을 수 있을지 모른다. 이탈리아어로는 다음과 같은 문장을 쉽고 편하게 말할 수 있다.

> Voglio lavarmi la faccia e i denti.

직역하면 'I want to wash my face and my teeth(얼굴과 이를 씻고 싶다)'이다. 이탈리아어 사용자가 이런 방식으로 말한다는 사실은 그들이 세상을 지각하는 방식을 드러낸다. 즉 그들은 얼굴을 씻는 행위와 이를 닦는 행위를 같은 범주로 묶으며(둘 다 **씻는** 행위의 한 종류이다), 따라서 어떤 의미에서 '같은 행위'로 본다는 것이다.

다른 한편, 영어 사용자에게 이를 닦는 행위는 씻는 행위의 한 종류가 아니며(씻는 행위에는 대개 비누 같은 것이 수반하며, 대다수 사람은 둘 사이에 상당한 공통점이 있기는 하지만 치약을 '비누'로 부르지 않을 것이다), 따라서 위의 문장은 액어법적으로 들린다(즉 같은 단어의 이중 활용 때문에 어색하다). 프랑스어의 경우 때로 'se laver les dents(to wash one's teeth이를 씻다)'라고 말하지만, 'se brosser les dents(to brush one's teeth이를 닦다)'라는 말을 더 자주 쓴다. 프랑스어 사용자에게는 전자보다 후자가 더 자연스럽다. 따라서 하나의 구절('to wash one's teeth and one's face')이 한 언어(영어)에서는 대단히 액어법적이고, 다른 언어(프랑스어)에서는 약간 액어법적인 느낌을 지니며, 세 번째 언어(이탈리아어)에서는 전적으로 비액어법적일 수 있다.

앞 사례의 액어법은 A 언어를 쓰는 사람에게는 확실하게 인지되지만, B 언어를 쓰는 사람에게는 포착하기 어려운 개념적 분리를 드러내는 양상을 보인다. 가령 영어에서는 전혀 이상한 느낌 없이 이렇게 말할 수 있다.

> Sometimes I go to work by car, and other times on foot(나는 가끔은 차로, 가끔은 걸어서 출근한다).

그러나 독일어나 러시아어에서는 이 두 종류의 이동 수단에 각각 다른 동사를 써야 한다. 독일어의 경우 차량으로 목적지에 갈 때는 'fahren'이라는 동사를 쓰는 반면, 걸어서 어딘가로 갈 때는 'gehen'이라는 동사를 쓴다. 러시아어의 경우는 더 복잡하다. **차로 가는 것**과 **걸어서 가는 것** 사이에 구분이 있을 뿐만 아니라 그 행위가 종종 있는 것인지 한 번만 있는 것인지에 따라 동사의 선택이 좌우된다. 그래서 영어로는 전혀 거슬리지 않는 동사가 러시아어에서는 여러 개의 다른 동사로 분리된다. 다시 말해서 영어 사용자에게는 단일한 개념으로 보이는 것이 러시아어 사용자에게는 네 개의 차별적인 개념으로 나뉜다.

영어로 된 아주 단순한 다른 사례를 보자.

> The boy and the dog were eating bread(소년과 개가 빵을 먹고 있었다).

이 문장은 영어에서는 액어법이 아니다. 즉 영어 사용자의 귀에는 이상하거나 우습지 않고 그대로 **통한다**. 반면 독일어에서는 틀린 표현이다. 동물의 음식 섭취와 인간의 음식 섭취에 각각 다른 동사를 사용하기 때문이다. 즉 동물에게는 'fressen', 인간에게는 'essen'이라는 동사를 쓴다. 다시 말해서 독일어 사용자는 영어 사용자에게는 단일한 개념인 **먹음**eating을 그 행위를 하는 생명체의 종류에 따라 두 가지로 나눈다.

각 언어가 제공하는 '자연스러운' 개념적 구분

이 사례들은 남성과 여성에게 동시에 적용되는 동사가 없는 언어(그리고 문화)를 떠올리게 한다. 이 경우 **남성**이 먹는 행위에 적용되는 동사가 있고, **여성**이 먹는 행위에 적용되는 다른 동사가 있을 것이다. 가령 남성에게는 'to wolf down(늑대처럼 먹다)'을 쓰고, 여성에게는 'Petunia foxed down her sandwich with relish, gusto, and pickles(페투니아는 피클과 함께 맛있고 게걸스럽게 샌드위치를 여우처럼 먹었다)'라는 표현과 같이 'to fox down(여우처럼 먹다)'을 쓸 것이다. 이 가상의 언어를 사용하는 사람은 영어에서는 'My husband and I enjoy eating the same things(남편과 나는 같은 음식을 먹는 걸 즐긴다)'라거나 'A girl and a boy were walking down the sidewalk(소녀와 소년이 인도를 따라 걷고 있었다)'라고 말할 수 있다는 사실을 알면 놀랄 것이다. 그들에게 이런 문장은 터무니없게 들릴 것이다. 이 가상 언어가 우습게 보일지 모르지만, 많은 언어가 이처럼 성에 따라 어휘를 구분한다.

가령 프랑스어에는 남성이 취하는 즐거움과 여성이 취하는 즐거움 사이에 명확한 구분이 있다. 특히 'happy'를 뜻하는 일반적인 형용사에서 그 점이 드러난다. 그래서 즐거운 남성이나 소년은 'heureux'로 표현하는 반면 즐거운 여성이나 소녀는 'heureuse'로 표현한다. 그래서 **curieux(호기심 많은)** 프랑스 남성은 **heureuse(여성적 행복)**이 어떤 기분일지 궁금해도 알 수가 없다! 남성은 절대 **heureuse(여성적 행복)**이 불가능하기 때문이다! 마찬가지로 **curieuse(호기심 많은)** 프랑스 여성은 **heureux(남성적 행복)**이 어떤 기분일지 궁금하겠지만 아무리 노력해도 실패할 수밖에 없을 것이다. 화성인이 되는 것이 어떤 기분인지 상상하는 금성인처럼 말이다!

이 모든 사례가 당신과 먼 이야기처럼 들리는가? 그렇다면 일리야 리보비치

셀빈스키Il'ya L'vovich Selvinsky라는 시인이 아주 이상하다고 생각한 사실을 언급한 유명한 러시아 시를 보라.[1] 그 사실은 연인의 행동을 묘사하는 모든 동사가 과거형일 때 여성 어미(종종 'la', 'ala', 'yala' 같은 단음절이나 쌍음절)로 장식된다는 것이다. 시인은 그녀가 하는 평범한 행동(걷기, 먹기 등)을 묘사한 다음 남성으로서 이 '여성 특유의' 행동을 단 한 번도 한 적이 없고, 이 '여성 특유의' 느낌을 단 한 번도 경험한 적이 없으며, 애석하게도 앞으로도 그럴 수 없기 때문에 혼란스러워하는 자신의 모습을 그린다. 이런 관찰을 할 때 셀빈스키는 심오한 어떤 내용을 표현하는 것일까, 아니면 단지 언어를 가지고 노는 것일까?

일련의 동사를 가지고 방대한 수의 먹는 방식, 가령 굶주린 소년의 먹음, 상류사회 여성의 먹음, 돼지, 말, 토끼, 상어, 메기, 독수리, 벌새 등의 먹음을 구분하는 언어를 얼마든지 상상할 수 있다. **우리**가 보기에 완전히 단일한 개념을 이처럼 잘게 나누는 일은 충분히 상상할 수 있다. 위에 언급한 대상들이 음식을 섭취하는 방식에 진정한 차이가 있음을 우리가 알기 때문이다(실제로 아무 차이도 없다면 '진정한 차이'라고 쓰지 않았을 것이다). 모든 언어는 이 모든 차별적 행동을 포괄하는 의미 공간의 어디에서 구분선을 그을지 결정할 권리와 책임을 지닌다. 결국 지구에서 정확하게 동일한 방식으로 음식을 먹는 두 개의 생명체는 없으며, 심지어 한 생명체가 극미한 부분까지 정확하게 같은 방식으로 먹는 두 개의 순간도 없다(과거에도 그랬고, 미래에도 그럴 것이다).

모든 행위는 고유하다. 그래도 특정한 행위들 사이에는 유사성이 있으며, 바로 이 유사성이 어떤 언어가 같은 라벨label로 묘사될 기회를 준다. 또한 어떤 언어가 그렇게 하기로 선택할 때 그 사실이 행동의 '군집'을 만든다. 이 일은 모든 언어가 나름의 방식으로 대응하는 미묘한 과제이다. 그러나 일단 이 일이 이뤄지면 모국어를 공유하는 모든 집단은 말로 전달되는 개념의 구체적인 분해 결과를 전적으로 자연스럽고 자명하게 받아들인다. 반면 **다른** 언어에서는 본질적인 개념적 구분이 인위적이고, 쓸데없이 까다로우며, 심지어 이해할 수 없고 멍청하게 보일 수도 있다. 이런 구분의 미묘함에 일정한 관심을 갖지 않는다면 말이다. 그렇게 된다면 자신이 머릿속에 지닌 일련의 개념을 새로운 각도에서 바라보게 될 것이다.

'play'라는 단어를 이용한 말장난

'play'라는 동사는 재미있는 액어법의 사례 혹은 모국어 및 연관 행동을 지각하는 개인적인 방식에 따라 비액어법의 사례를 제공한다. 다음과 같은 문장을 보자.

Edmond plays basketball and soccer(에드먼드는 농구와 축구를 한다).

이 문장은 언뜻 더없이 자연스럽고 액어성zeugmaticity과도 거리가 멀어 보인다. 그러나 축구와 농구는 **스포츠**라는 범주에 함께 속하기는 해도 수많은 방식으로 서로 다른 두 활동을 수반한다. 가령 한 활동은 주로 발(그리고 종종 머리)에 닿는 공을 수반하는 반면, 다른 활동은 주로 손에 닿는(그리고 사실상 절대 머리에 닿지 않는) 공을 수반한다. 그래서 몇몇 영어 사용자는 많이 다른 이 두 활동에 같은 동사를 적용하는 데서 아주 미세하나마 이상한 느낌을 받을 수 있다.

essen(사람이 음식을 먹는 것)과 **fressen**(돼지나 토끼가 음식을 먹는 것)이 독일어 사용자가 보기에 두 개의 다른 범주에 속하는 활동이라면, 다음과 같은 언어를 상상하는 것도 마땅하다.

Edmondus snuoiqs basketballum pluss iggfruds soccerum.

이 가상 언어의 사용자는 'snuoiq'와 'iggfrud'의 소리가 다른 만큼 농구를 하는 사람, 혹은 농구를 하는 **snuoiqers**의 행동과 축구를 하는 **iggfruders**의 행동을 다르게 볼 것이다.

이 사례의 액어성이 너무 약하다면 같은 논점에 대한 다른 접근법을 시도할 수 있다.

Sylvia plays tennis, Monopoly, and violin.

이 문장에는 한 종류의 악기가 나오고 농구와 축구보다 훨씬 많이 다른 두 종류의 게임이 담겨 있다. 이 세 개념 사이의 거리를 추정해보라고 하면 아마 대다수 사람들은 **바이올린**을 **테니스**와 **모노폴리**로부터 상당히 멀리 떼어놓을 것이며, 이 두 게임은 서로 아주 가깝지는 않지만 각각 **바이올린**으로부터 떨어진 거리보다는 훨씬 가까운 곳에 놓일 것이다. 그리고 끝으로 이 배치는 당연하게도 위의 문장을 다음과 같이 번역할 이탈리아어 사용자의 집단적인 선택과 부합한다.

Sylvia **gioca** al tennis e a Monopoly, e **suona** il violino.

이탈리아어에서는 악기를 (giocare의 의미에서) **play**한다고 상상할 수 없기 때문에, 단순한 암시만으로도 이탈리아 사람들은 웃을 것이다. 이런 표현에서 이탈리아 사람은 스트라디바리우스를 던지며 노는 것을 떠올리기 때문이다. 영어 사용자와 프랑스어 사용자에게는 violin-playing이 soccer-playing 및 basketball-playing과 같은 범주에 속하는 것이 자연스럽지만, 이탈리아어 사용자에게는 그저 멍청하게 보일 것이다.

프랑스어에서 동사 **jouer**는 악기와 스포츠에 모두 사용되지만 다른 전치사가 뒤따른다. 그래서 스포츠의 경우에는 **at**, 악기의 경우에는 **of**를 쓴다. 이런 통사적 관습은 **jouer**의 개념을 두 개의 매우 명확하고 차별적인 하부 의미로 분할할까? 영어에는 동사 'to play'를 두 가지 별개의 대상으로 나누는 비슷한 통사적 관습이 없어서 단일하게 느껴진다.

중국어에서 음악과 스포츠 하기

이탈리아어에서 'giocare'(스포츠의 경우)와 'suonare'(악기의 경우)를 구분하는 것은 다소 까다롭게 보일 수 있다. 영어뿐만 아니라 다른 많은 언어도 두 가지 활동에 같은 동사를 사용한다. 예컨대 프랑스어는 'jouer'를 쓰고, 독일어는 'spielen'을 쓰며, 러시아어는 'играть'를 쓴다. 그렇다면 중국어는 어떨까?

사실 중국어 사용자는 이 문제에서 이탈리아어 사용자보다 훨씬 더 까다롭다. 그들은 언어적으로 볼 때 악기를 크게 네 가지 유형으로 인식하며, 각 유형은 나름의 특별한 동사를 취한다. 그래서 현악기의 경우 대략 '당기다'라는 뜻을 지닌 동사 '拉(라lā)'를 쓰고, 관악기에는 '불다'라는 뜻을 지닌 동사 '吹(취chuī)'를 쓴다. 그다음 기타처럼 손으로 현을 뜯는 악기나 피아노처럼 손가락으로 건반을 누르는 악기의 경우 '弹(탄tán)'이라는 동사를 쓴다. 끝으로 두드리는 북의 경우 '打(다dǎ)'를 쓴다.

다만 흥미롭게도 'to play'('play with a toy'의 경우처럼)를 뜻하는 동사를 모든 종류의 악기에 적용할 수 있다(완wán으로 발음하는 '玩'이라는 동사다). 그러나 그 의미는 영어 사용자가 예상하는 것이 아니다. 그 기본적인 의미는 해당 악기로 **소란을 피운다**는 것이다. 게다가 '玩'은 대단히 구어적이어서 실제로 속어에 가깝다.

그러면 '바오펀은 악기를 몇 개나 연주하지?'처럼 일반적인 질문을 중국어 사용자는 어떻게 말할지 궁금할 것이다. 그러나 이 완벽하게 자연스러운 문장에 대한 최선의 번역은 각각 '익히다'와 '할 수 있다, 알다'를 뜻하며, 음악과 특별한 관련이 없는 '学习(수에시xuéxi)'와 '会(후이huì)'라는 더 폭넓은 동사를 사용함으로써 문제를 우아하게 피해간다. 요컨대 영어 사용자에게는 전적으로 논리적이며, 심지어 불가피하게 보이는 개념이지만 중국어에는 playing의 **음악적** 인식에 해당하는 포괄적인 동사가 없다. 그러나 중국어 사용자는 이런 어휘상의 공백을 전혀 의식하지 않는다. 영어 사용자에게는 아무리 명백하게 보인다고 해도 말이다.

그렇다면 게임과 스포츠를 하는 경우는 어떨까? 중국어에는 이 단일 개념을 포괄하는 단 하나의 동사가 있을까? 우선 중국어에서는 보드 게임과 스포츠를 같은 단어로 표현하지 않는다. 체스의 경우 어떤 종류의 공과도 무관한 '下(시아xià)'라는 활동을 수반한다. 그리고 스포츠의 경우 사용하는 공의 종류에 따라 동사가 달라진다. 농구는 북을 칠 때 적용하는 동사인 '打'를 쓰며(이런 연계는 외국인에게는 다소 부자연스럽게 보인다), 축구는 '차다'라는 뜻의 '踢(티tī)'를 쓴다. 그래서 '농구공을 치는 것보다 축구공을 차는 게 더 좋다I prefer kicking soccer to beating basketball'라는 식으로 말할 수 있다. 이번에도 영어 사용자는 단일한 것으로 보는 영역에서(모든 것은 **플레이 되며played**, 동사는 그것뿐이다!) 중국어로는 구분이 풍부하게 이뤄질 뿐만 아니라 필요하다는 사실을 알게 된다.

영어 사용자는 단일 동사인 'to play'를 사용함에도 불구하고, 이 동사가 많이 다른 두 활동, 즉 리듬을 가진 소리를 만드는 활동과 노는 활동을 합친다는 사실과 그에 따른 개념적 조합이 불가피한 것은 아니며, 심지어 매우 자의적으로 보일 수 있다는 사실을 그리 어렵지 않게 알 수 있다. 반면 각각의 두 영역 **안**에서는 자연스러운 통합이 아니라는 사실을 파악하기가 더 어렵다. 누군가 우리에게 **인형을 play하는 것**과 **체스를 play하는 것** 그리고 **축구를 play하는 것**이 모두 정말로 '같은 활동'인지 묻는다면 당연히 그 차이를 제시할 수 있지만, 이처럼 미세한 구분에 초점을 맞추는 것은 상당히 까다롭게 보일 것이다.

그리고 중국어에서 **축구를 하다**와 **농구를 하다**라고 말하는 경우에 다른 동사가 필요하다는 사실을 알면 **백**포도주와 **적**포도주에 '마시다'를 뜻하는 두 개의 다른 동사를 쓰기를 고집하는 이국적인 언어를 접할 때처럼 과도하다는 느낌을 받을 것이다. 그러나 이 경우도 와인 애호가에게는 중요한 구분이기 때문에, 두 개의 동사를 쓰는 것을 좋아하는 사람이 있을 수도 있다.

액어법과 개념

액어법 세상으로 떠나는 짧은 여행은 다음에 나오는 과감한 예측에서 절정에 이를 것이다.

> You will enjoy this zeugma as much as a piece of chocolate or of music(당신은 한 조각의 초콜릿이나 한 편의 음악만큼 이 액어법을 즐길 것이다).

이 문장은 액어법이 두 번 들어간다. 첫 번째 액어법은 명사 'piece'의 두 가지 의미를 활용한다. 두 용례가 완전한 표준임은 부정할 수 없지만, 몇몇 사람은 이러한 대비에서 미소를 지을 것이다. 두 번째로 이 문장은 동사 'enjoy'의 세 가지 의미를 활용한다. 하나는 미각적 경험을 수반하고, 다른 하나는 청각적 경험을 수반하며, 또 다른 하나는 언어적 미묘성의 운치를 수반한다. 물론 독자들은 이 세 가지 의미의 차이가 얼마나 큰지 개인적으로 다른 느낌을 받을 것이다.

액어법은 웃음을 자아낼 뿐만 아니라 단어나 구절의 이면에 놓인 숨겨진 구조, 즉 어휘와 관련된 개념 혹은 더 정확하게는 어휘와 관련된 **일련의 개념들**을 생각할 기회를 제공한다. (앞에서 독일어와 러시아어를 논의할 때 보았듯이 'go'처럼 아주 단순해 보이는 단어까지 포함해서) 대다수 단어가 잠재적으로 액어법에 사용될 수 있으므로 이 현상은 접하는 거의 모든 것을 익히 아는 범주에 즉흥적으로 배정하는 놀라운 두뇌의 능력을 더 잘 인식하게 만든다. 모든 범주의 '경계'가 지닌 불가피하고 정의할 수 없는 모호성과 방대한 수의 범주에도 불구하고 우리의 두뇌는 순식간에 우리가 전혀 모르는 방식으로 배정 작업을 수행한다.

범주화의 속성

우리의 두뇌에 의해, 우리의 두뇌 안에서 지속적으로 이루어지며, 우리가 말하는 언어뿐만 아니라 우리의 시대, 문화, 현재의 마음 상태에도 깊은 영향을 받는 즉흥적인 범주화는 옷장의 다른 서랍에 옷가지를 나눠서 넣듯이 우리를 둘러싼 다양한 대상을 이미 존재하며 분명하게 정의된 정신적 범주에 따라 배치하는 범주화에 대한 표준적인 이미지와 상당히 다르다. 거기에 따르면 셔츠를 '셔츠'라는 라벨이 붙은 물리적 서랍에 쉽게 넣듯이 개를 '개'라는 라벨이 붙은 정신적 서랍에, 고양이를 '고양이'라는 라벨이 붙은 가까운 정신적 서랍에 쉽게 배정할 수 있다. 또한 세상의 모든 대상은 본래부터 하나의 구체적인 관념적 '상자' 혹은 '범주'에 맞으며, 이것이 같은 유형에 속한 모든 다른 개체를 배정하는 관념적 구조물이 된다. 따라서 세상의 모든 다리는 '다리'라는 라벨이 붙은 상자에 확실하게 배정되고, 동작을 수반하는 모든 상황은 '움직이다'라는 라벨이 붙은 상자에 배정되며, 가만히 서 있는 대상과 관련된 모든 상황은 '정지'라는 라벨이 붙은 상자에 배정된다. 세상의 모든 것을 '상자에 넣는' 이 메커니즘은 자동적이고 대단히 안정적으로 이루어진다. 대상을 객관적이고 관찰자와 무관한 방식으로 적절한 개념적 라벨에 배정하는 것은 정신적 범주의 **존재 이유**raison d'être이다.

범주화의 속성에 대한 이런 시각은 실제로 일어나는 일과 상당히 거리가 멀다. 우리는 앞으로 최선을 다해 그 이유를 설명할 것이다. 다만 독자들은 1장에서부터 이미 정신적 범주가 절대로 항목을 분명하게 자동으로 분류하는 서랍이 아니라는 사실을 감지했고, 앞으로 내용이 전개됨에 따라 이 생각은 더욱 강화될 것이다.

그렇다면 이 책에서 우리가 '범주'와 '범주화'라고 부르는 것은 어떤 뜻을 지닐까? 우리에게 범주는 오랜 시간에 걸쳐 형성되었고 때로는 느리게, 때로는 빠르게 진화하며, 조직적인 방식으로 정보를 담아서 적절한 조건 아래 접근을 허용하는 관념적 구조물이다. 범주화는 머릿속에서 어떤 대상이나 상황을 기존 범주에 연계시키는 잠정적이고 점진적이며 윤곽이 흐릿한 작업이다. (덧붙여서 우리는 '범주'라는 용어를 사용할 때 언제나 컴퓨터 데이터베이스에서 쓰는 기계적 라벨이나 생물학적 종의 목록처럼 과학적 분류에서 사용하는 기술적 라벨과 다른 누군가의 머릿속에 있는 범주를 뜻한다.)

범주화는 어쩔 수 없이 잠정적이고 분명하지 않은 속성을 지닌다. 그러나 우리에게 익숙한 범주 중 다수는 언뜻 경계가 정확하고 분명한 듯 보이며, 일상적이고 평범한 단어의 용법에 의문을 제기하는 경우가 드물다는 사실이 이 순진한 인상을 강화하기 때문에 범주화 행위는 종종 당사자에게 완벽하게 명확하고 절대적으로 느껴진다. 실제로 모든 문화는 단어가 자연스럽게 머릿속에 떠오르며 사물과 대상에 본질적으로 속하는 자동적인 라벨이라는 인상을 암묵적이되 지속적으로 강화한다. 어떤 범주에 속한 주변적 요소는 대단히 별나고 부자연스럽게 드러나게 되며, 이 점은 세상이 우리가 아는 범주에 따라 경계 면에서 대단히 정확하게 분할된다는 사실을 암시한다. 그에 따라 범주가 완벽에 가까운 확실성과 명확성을 지닌다는 착각은 범주 그리고 범주화를 뒷받침하는 정신적 과정과 관련하여 많은 혼란을 야기한다. 어떤 범주에 대한 소속 여부가 흑과 백이 아니라 언제나 회색이라는 사실은 오랜 문화적 통념을 거스르며, 따라서 혼란스럽고 불안스럽기까지 하다. 그래서 대부분의 경우 그냥 덮어두게 된다. 그러나 정신적 범주의 속성은 순진한 인상이 암시하는 것보다 훨씬 미묘하기 때문에 세심하게 살펴볼 가치가 있다.

범주는 여러 현상을 통해 그것을 머릿속에 구축한 사람에게 도움을 준다. 가령 대상과 행동 그리고 상황의 보이지 않는 측면을 '보이게' 만든다. 범주화는 명확한 관점을 제시하고, 숨겨진 항목이나 속성을 감지하게 하고(**사람**이라는 범주에 속하는 대상은 **위장**과 **유머 감각**을 지녔다고 알려진다), 미래의 사건을 예측하게 하며(내 개가 꼬리를 쳐 막 탁자에서 떨어진 잔은 깨진다), 행동의 결과를 예견하게 하여('1F' 버튼을 누르면 엘리베이터가 1층으로 내려간다) 자신이 속한 상황을 이해한다는 느낌을 준다. 그래서 판단을 하고 상황이 어떻게 진행될지 추측할 수 있게 돕는다.

요컨대 쉼 없는 범주화는 쉼 없는 심장의 박동만큼이나 세상에서 생존하는 데 불가결한 것이다. '범주화 엔진'이 계속 돌아가지 않으면 우리는 주위를 둘러싼 어떤 것도 이해할 수 없고, 어떤 형태로든 생각을 할 수 없고, 다른 사람과 의사소통을 할 수 없으며, 어떤 행동을 취해야 할 근거를 갖지 못할 것이다.

유추 작용에 대한 두 가지 잘못된 시각

범주화가 사고에서 중심적인 역할을 한다면, 그것은 어떤 메커니즘을 따를까? 유추가 그 답이다. 그러나 애석하게도 유추 작용도 범주화처럼 단순하고 잘못된 고정관념에 시달린다. 그래서인지 엔진이 지닌 속성에 대한 전염성 강하고 혼란스러운 시각을 신속하게 제거한다는 목표 아래 이 고정관념을 논하고자 한다.

유추 작용에 대한 첫째 고정관념은 '유추'라는 단어를 아래 예처럼 수학적 정확성을 지닌 듯한 아주 협소한 종류의 문장에 붙이는 이름으로 보는 것이다.

서쪽과 **동쪽**의 관계는 **왼쪽**과 **오른쪽**의 관계와 같다.

이 문장은 아래와 같이 준형식적quasi-formal 형태로 작성하면 더 수학적 진술처럼 보인다.

서쪽 : 동쪽 :: 왼쪽 : 오른쪽

지능 검사에는 종종 이런 식으로 제시되는 문제가 나온다. 가령 **'토마토:붉다 :: 브로콜리:X'**, **'공:원형 :: 주사위:X'**, **'발 : 양말 :: 손:X'**, **'토성:고리 :: 목성:X'**, **'프랑스 : 파리 :: 미국:X'** 등으로 문제를 제시할 수 있다. 이런 형태의 진술을 **비율 유추proportional analogy**라고 하는데, 이 용어는 단어와 숫자 사이의 유추, 즉 한 쌍의 숫자가 다른 쌍의 숫자와 같은 비율을 가졌음을 표현하는 공식(A/B=C/D)을 단어와 개념의 세계로 직접 옮겨올 수 있다는 생각에 기초한다. 따라서 이 유추 자체를 나름의 방식으로 요약할 수 있다.

비례 : 수량 :: 유추 : 개념

더도 덜도 아닌 이것, 즉 언제나 정확하게 네 개의 어휘 항목(대개는 네 개의 단어)을 수반하며, 아리스토텔레스Aristoteles의 삼단논법(고전적인 예: '모든 사람은 죽는다, 소크라테스는 사람이다, 고로 소크라테스는 죽는다')처럼 엄밀하고 간결하며 정확한 '형판template'이 유추라는 현상이라고 믿는 사람이 적지 않다. 그리고 실제로 비율 유추를 처음 연구한 사람은 다름 아닌 아리스토텔레스였다. 그에게 이처럼 협소하게 이해된 유추는 연역, 귀납, 가추abduction와 같은 집합에 속하는 형식 추론의 일종이었다. 그래서 오늘날 많은 사람이 '유추'라는 단어를 이처럼 협소한 방식으로 이해한다는 사실은 순수하고 타당한 역사적 기원을 지닌다.

그럼에도 불구하고 유추 작용의 기능에 대한 제한적인 시각은 거의 불가피하게 그것이 대단히 정확하고, 집중적이며, 특수한 정신적 활동의 형태로서 아주 드문 경우(특히 지능 검사!)에만 이루어진다는 결론으로 이어진다.

그러나 유추는 사고의 자연스러운 형태이며, 절대로 이런 경우에만 한정되지 않는다. 앞에서 제시한 모든 비율 유추는 단 하나의 정확한 답(소위 **정답**)만 가지도록 의도되었지만 사실 우리가 사는 세상은 결코 정답을 유추하는 문제의 형태로 일련의 긴 지능 검사식 질문을 제시하지 않는다. 그래서 앞에서 나온 '미국의 파리' 문제의 경우 우리는 대개 뉴욕을 '정답'으로 생각하고 있겠지만 개인적인 대화에서는 워싱턴, 보스턴, 로스엔젤레스, 라스베이거스, 필라델피아 그리고 당연히 텍사스, 파리를 비롯하여 완벽하게 변론할 수 있는 몇 가지 다른 답변을 얻었다.

오히려 세상은 일련의 모호하고 흐릿한 수수께끼를 우리에게 끊임없이 들이민다. 예를 들면 이런 수수께끼다. '내 삶 혹은 어쩌면 친구들 삶의 어떤 불쾌한 경험이 나의 여덟 살짜리 아들이 교장에게 자전거를 갑자기 압수당한 경험과 비슷한 의미를 지닐까?' 우리는 자주 직면하는 익숙하지 않은 상황(삶이 우리에게 끝없이 던져대는 커브볼)의 핵심을 파악하기 위해 기억 속에서 강력하고 통찰력 있는 유사물을 찾는다. 적절한 유사물을 찾는 것은 '불가결vital'이라는 라벨을 붙일 만한 종류의 요령이며, 다른 형태의 요령처럼 정답이 하나뿐인 경우는 드물다. 이런 이유로 비율 유추는 때로 정확성과 적확성을 지니는 빛나는 보석이 되기도 하지만 그것이 유추 작용의 속성에 부여하는 이미지는 그 정신 현상의 요점을 파악하려는 모든 사람에게 큰 오해를 야기한다.

유추에 대해 널리 퍼진 다른 시각(여기서 두 번째 고정관념을 접하게 된다)은 유추를 할 때는 복잡한 조작을 통해 멀리 떨어진 지식의 영역을 종종 의도적으로 연결하는 정교한 추론 메커니즘을 활용하며, 그에 따른 결론은 아주 미묘하지만 동시에 매우 불확실할 수 있다는 것이다. 이 시각은 유추가 기지機智 내지 최소한 깊고 특출한 통찰의 결실이라 여기게 한다. 실제로 갑작스러운 영감을 받아 연관성 없어 보이는 영역 사이에서 전혀 생각하지 못한 연결 고리를 찾은 위대한 과학적 발견처럼, 유명한 사례들이 많다. 그래서 수학자인 앙리 푸앵카레Henri Poincaré는 "어느 날, 무한삼진 이차형식의 변환이 비유클리드기하학의 변환과 같다는 생각이 아주 간결하고 갑작스럽게 그리고 대단히 확실하게 떠올랐다"[2]라고 썼다. 이처럼 번뜩이는 영감은 대단히 풍부하고 새로운 수학 분야를 낳았다. 또한 신선한 유추 덕분에 놀랍고 유익한 방식으로 어떤 개념을 하나의 영역에서 그와 거리가 먼 다른 영역으로 옮긴 다양한 건축가, 화가, 디자이너도 있다. 이런 관점에서 보면 유추 작용은 오직 소수의 극히 창의적인 사람만 할 수 있는 인지 활동이고, 개념 사이에 존재하는 대단히 생각하기 힘든 연관성을 과감하게 탐구할 때만 가능하며, 이전에 누구도 연관되어 있다고 사고하지 못한 사물 사이의 관계를 드러낸다.

이 고정관념은 과학자, 예술가, 디자이너만 이런 일을 할 수 있다고 가정하지 않는다. 동떨어진 영역을 연결하고, 과감하지만 잠정적인 결론으로 이어지는 정교한 추론은 평범한 사람에게도 적용된다. 예컨대 유추가 교육에서 중요한 역할을 한다는 것은 보편적으로 받아들여지는 사실이다. 거의 모든 사람이 원자와 태양계, 전기회로와 수로, 심장과 펌프, 벤젠 분자와 자기 꼬리를 문 뱀처럼 학창 시절에 익힌 유추를 떠올릴 수 있다. 이 모든 사례는 아주 동떨어진 영역들(혹은 더 정확하게는 표면적으로 동떨어진 것처럼 **보이는** 영역들)을 잇는 연결 관계를 수반한다. 또한 어떤 생각을 지지하거나 반박하려 할 때처럼 일상적인 논쟁에서도 이런 유추의 사례를 찾을 수 있다. 가령 원대한 야망을 과감하게 드러내는 사람의 면전에서 모두가 웃음을 터뜨리면, "맘껏 비웃어. 크리스토퍼 콜럼버스도 사람들의 비웃음을 받았지!"라고 자연스럽게 대꾸하는 것이다. 그리고 동떨어진 상황 사이의 유추는 정치적인 논쟁에서 핵심적인 역할을 한다. 그래서 최근에는 애국심을 자극하려고 외국 지도자를 히틀러에 비유하는 것은 진부한 전략이 되었다(예컨대 조지 부시 1세는 제1차 이라크전을 정당화하기 위해 이 '히틀러 비유'를 여러 차례 꺼내들었다). 반면 미국에서 어떤 전쟁을 베트남전에 비유하는 일은 정반대로 작용한다(제2차 이라크전을 반대하는 사람은 거듭 '베트남전 비유'를 활용했다). 심지어 한 저자의 딸이 일곱 번째 여름을 맞는 아이로서는 최고의 정신적 수준에 올라 "학교는 계단 같아, 새 학년이 될 때마다 한 단계씩 올라가니까!"라고 자랑스럽게 외칠 때처럼, 아이의 시각에 따라 신선하고 통찰력 있는 유추가 이루어질 수도 있다. 이처럼 기쁜 깨달음의 순간은 소박하지만 난해한 수학적 현상에 대한 푸앵카레의 기쁜 통찰에 견줄 만하다.

따라서 요약하자면 이 두 가지 고정관념 중 첫째(비율 유추)는 지나치게 형식적으로 제한되어 있어서 그것이 유추 작용의 전부라면 단지 인지의 델라웨어(미국에서 둘째로 작은 주-옮긴이)에 불과할 것이다. 반면 둘째 고정관념은 훨씬 중요한 정신 현상, 바로 다른 영역에 속한 새롭고 낯선 대상을 조명하기 위해 과

거의 경험을 선택적으로 활용하는 현상을 집어낸다. 그래서 이 책에서는 비율 유추는 조금만 다룰 것이다. 다만 비율 유추는 풍부한 영역 간의 유추에 관한 한 상당히 다른 문제이며, 우리는 거기에 많은 관심을 기울일 것이다.

우리가 다루는 중심 주제와의 명확한 연관성에도 불구하고 유추 작용에 대한 두 번째 시각은 유추와 관련된 폭넓은 정신 현상을 훨씬 적게 나타내기 때문에 여전히 빈곤하다. 실제로 이 시각은 유추 작용이 사고의 맥박 뒤에 숨겨진 기구, 즉 범주화라는 생각을 완전히 배제한다.

유추 작용과 범주화

사실 이 책의 중심 주제이며 단순하지만 비표준적인 생각은, 유사성을 포착하는 일은 사고의 모든 순간에 이루어지며, 따라서 그것이 사고의 핵심을 구성한다는 것이다. 더 분명하게 말하면, 유추는 머릿속에서 단지 일주일에 한 번이나 하루에 한 번, 한 시간에 한 번 혹은 심지어 일 분에 한 번씩 이루어지는 것이 아니라는 말이다. 유추는 매 초마다 수없이 머릿속에서 이루어진다. 우리는 일상적인 잡념부터 명민한 통찰까지 크고 작은 유추의 바다에서 쉼 없이 헤엄친다. 이 책은 우리가 대화를 할 때(혹은 글을 쓸 때) 떠올리는 간단하고 평이한 단어나 구절이 빠르고 무의식적인 유추에서 기인한다는 사실을 보여줄 것이다. 의식의 경계 아래 어딘가에 깃든 이 쉼 없는 정신적 불꽃은 우리가 직면하는 상황(혹은 적어도 그 가장 근원적인 요소)을 이해하고 그것에 대해 다른 사람과 의사소통을 하게 해주는 가장 기본적이고 단조로우며 저차원적인 범주화 행위를 불러일으킨다.

머릿속에서 지속적으로 탄생하고 금세 소멸하는 수많은 유추의 대부분은 평범한 대상과 활동을 나타내는 표준적인 단어를 찾기 위해 이루어지지만, 모든 유추가 성공하는 것은 결코 아니다. 다수는 우리가 훨씬 큰 단위에서 마주치는 상황을 이해하는 데 활용된다. 처음 마주친 복잡한 상황의 핵심을 이미 아는 어느 개념의 형태로 적시하려면 그저 흔하고 친숙한 구성 요소에 라벨을 붙이는 일보다 훨씬 날카롭고 광범위한 이해가 필요하다. 그러나 유추를 통해 오랫동안 묻혀 있던 기억을 복구하는 이 훨씬 심오한 과정은 우리의 삶에서 대단히 중심적이고 표준적이어서, 그것에 대해 생각하거나 알아채기는 쉽지 않다. 그것은 자동적인 절차이며 대단히 익숙하기 때문에 사실상 누구도 왜, 어떻게 이루어지는지 궁금해하지 않는다. "내게 일어난 일을 들은 직후에 당신의 머릿속에서 어떻게 그 특정한 기억이 떠올랐습니까?"라고 물으면 일반적인 사람은 이처럼 멍청한 질문을 받은 것에 놀랐다는 듯이 이렇게 대답할 것이다. "글쎄요, 제가 기억하는 게 당신이 말한 것과 **아주 비슷**하니까요. **그래서** 그걸 기억해낸 거예요! 이것 말고 다른 이유가 있을까요?" 이것은 마치 '왜 넘어졌나요?'라는 질문에 '발이 걸렸으니까요!'라고 대답하는 것과 같다. 다시 말해서 Y가 나타나 주의를 끌었을 때 어떤 의미로든 아주 비슷한 X를 떠올리는 것은 발이 걸렸을 때 넘어지는 것만큼 자연스럽고 불가피하다. 거기에는 어떤 수수께끼도 없으며, 따라서 어떤 설명도 필요 없는 것처럼 보인다!

유추를 통한 기억의 촉발은 인간성의 핵심과 대단히 밀접해서, 그것이 없는 정신적 삶을 상상하기 힘들다. 어떤 생각이 비슷한 다른 생각을 촉발하는 이유를 묻는 것은 왜 돌이 아래로 떨어지는지를 묻는 것과 같다. 중력 현상은 대단히 익숙하고 명백하며 대단히 정상적이고 불가피하게 보이기 때문에, 다른 사람이 당연시하는 것을 설명하는 데 골몰하는 극소수의 물리학자 외에는 누구도 질문거리라고 보지 않는다. 물리학자가 아닌 대다수 사람은 중력을 설명해야 할 필요성을 느끼지 못하며, 유추를 통한 기억의 촉발도 마찬가지다. 그러나 전혀 예기치 못한 방식으로 중력의 실체를 밝힌 아인슈타인Albert Einstein의 일반상대성이론에 필적할 과학적 발견이 얼마나 될까?

사고의 뿌리로서 범주화와 유추 작용

우리가 여기서 방어할 견해는 특정한 정신 현상이 앞서 말한 범주화 및 유추와 관련된 모든 고정관념을 포괄하며, 개별적으로 보면 이 둘보다 훨씬 폭넓다는 것이다. 이 핵심적인 견해를 미리 엿보는 의미에서 다시 한 번 액어법이라는 주제를 살펴보자. 이 언어적 기현상은 유추를 통한 범주화와 깊은 관련이 있다. 실제로 액어법은 아주 일상적인 것부터 영감 넘치는 유추에 이르기까지 풍부한 사례를 제공한다. 그래서 액어법은 나름의 소소한 방식으로 유추를 통한 범주화 메커니즘의 편재성과 균일성을 완벽하게 반영한다.

누군가 이렇게 말하는 것을 들었다고 가정하자. "아스파라거스 끝부분과 감자 만두는 맛있었어." 늘 작동하고 있는 액어법 감지기는 이 문장에서 어떤 것도 감지하지 못할 것이다. 이 문맥에서 **아스파라거스 끝부분**과 **감자 만두**는 하나의 동일한 표준 범주(그러니까 **맛있는 음식**)에 속하는 것이 명백해 보이기 때문이다. 하지만 누군가 "아스파라거스 끝부분과 식후 대화는 맛있었어"라고 말한다면 느낌이 많이 다를 것이다. 이 문장에서는 '맛있다'라는 형용사가 두 개의 많이 다른 의미로 사용되므로 액어법 감지기의 바늘이 자극을 받고, 그에 따라 아스파라거스 끝부분과 식후 대화 사이에 형성된 약간의 유추적 고리를 느끼게 될 것이다. 게다가 "아스파라거스 끝부분과 안나의 얼굴에 드러난 놀라는 표정은 맛있었어"라는 말을 들으면 액어법 감지기는 더 높은 수치를 기록하여 의미적 거리(혹은 개념 간 넓이)가 더 멀다는 사실을 드러낼 것이다. 이 사실은 아스파라거스 끝부분과 친구의 표정이 **맛있는 것**이라는 공통 범주에 속한다고 생각하게 만들기보다 둘 사이에 형성된 유추를 보고 느끼게 만들 것이다.

요컨대 유추 작용과 범주화 사이에 명확한 구분이 있다고 주장하는 것은 사실을 오도하는 것이다. 이 둘은 모두 잠재적으로 유용한 시각을 부여함으로써 우리가 마주치는 새로운 상황을 해석하기 위해 두 가지 정신적 개체 사이에 연결 고리를 만들기 때문이다. 앞으로 살펴보겠지만 이런 정신 작용은 어떤 대상에 대한 아주 단순한 인지부터 인류의 지성에 대한 아주 원대한 기여에 이르는 범위를 포괄한다. 그래서 유추 작용은 단지 이따금 이루어지는 정신적 운동이 아니라 지각의 생명소 자체로서, 일상적인 지각('저것은 탁자다')부터 절묘한 예술적 통찰과 (일반 상대성 원리 같은) 추상적인 과학적 발견까지 모든 층위에 퍼져 있다. 이 두 극단 사이에서 우리가 항상 수행하는 정신 작용, 즉 상황 해석, 다양한 대상에 대한 특성 판단, 결정, 새로운 대상에 대한 학습 같은 것이 존재하며, 이 모든 정신 작용은 동일한 근본적 메커니즘을 통해 이루어진다.

이 모든 현상은 상당히 다르게 보이지만 그 이면에는 유추 작용을 통한 지속적인 범주화라는 단일 메커니즘이 존재하며, 이 메커니즘은 아주 일상적인 범주화부터 대단히 복잡한 범주화까지 지금까지 제시한 모든 연속체에 걸쳐 작동된다. 그리고 이 단일화된 메커니즘은 (아주 기본적인 유추 작용을 통하는 일상적인 범주화를 요구하는) 완전한 비액어법부터 (훨씬 더 복잡한 유추 작용을 통하는 대단히 유연한 범주화를 요구하는) 극단적인 액어법까지 액어성 전반에 걸친 문장을 이해하게 만든다.

여기서 잠시 액어법을 떠나 더 큰 그림으로 돌아가 보자. 우리의 주장에 따르면 지속적인 범주화 덕분에 인지가 이루어지며, 모든 인지의 토대에는 (모든 것을 고정되고 엄격한 정신적 상자 안에 넣으려는) **분류**와 달리 놀라운 유연성으로 사고를 가능케 하는 **유추 작용을 통한 범주화**라는 현상이 있다.

우리는 유추 작용을 통한 범주화 덕분에 유사성을 포착하고 새롭고 낯선 것에 대응하기 위해 그 유사성을 활용하는 능력을 얻는다. 또한 새롭게 접한 상황을 오래전에 접했으며 부호화되어 있고 기억 속에 저장된 다른 상황에 접목함으로써, 이전 경험을 활용하여 현재 속에서 자리를 잡을 수 있다. 유추 작용은 두뇌가 지닌 이런 능력의 초석으로서, 무작위로 예를 들자면 **개**, **고양이**, **기쁨**, **체념**, **모순**처럼 라벨이 붙은 개념뿐만 아니라 **"그때 나는 뜻하지 않게 문이 쾅 닫히면서 살을 에는 듯한 날씨 속에 집 밖에 남겨지게 되었다"**처럼 라벨이 붙지 않은 개념까지, 과거에 뿌리를 둔 풍부한 지혜의 창고를 활용할 수 있게 해준다. 구체적이든 추상적이든 간에 이런 개념은 매 순간 선택적으로, 거의 언제나 자각 없이 동원되며, 이 쉼 없는 활동이 우리가 처한 상황의 정신적 표상을 구축하여 복잡한 감정을 느끼고, 고차원적인 사고뿐만 아니라 지극히 평범한 생각까지 하게 만든다. 어떤 사고도 과거의 정보 없이 형성되지 않는다. 더 정확하게 말하자면 우리는 오직 현재와 과거를 잇는 유추 덕분에 생각할 수 있다.

범주가 제공하는 신속한 추론

이 문맥에서 유용한 개념은 **추론**이다. 우리는 이 개념을 소위 '추론 엔진inference engine'이 수행하는 '형식논리적 연역'과 동일한 의미로 쓰는 인공지능 분야보다 철학적 전통에 따라 훨씬 더 폭넓게 활용할 것이다. 반면 우리가 말하는 '추론하다'는 단지 어떤 새로운 정신적 요소를 자신이 직면한 상황에 도입하는 것을 뜻한다. 기본적으로 이 말은 현재 활성화된 개념의 어떤 측면이 휴지 상태에서 벗어나 환기되는 것을 뜻한다. 이 새로운 요소가 옳은지 그른지는 중요치 않다. 이전 요소로부터 논리적인 흐름을 따랐는지 여부도 마찬가지다. 우리에게 '추론'은 단지 어떤 새로운 요소가 머릿속에서 활성화되었음을 뜻한다.

그래서 아이가 우는 것을 본 사람은 그 아이가 괴로워한다고 추론한다. 누군가 고함치는 것을 본 사람은 그 사람이 화가 났을 것이라고 추론한다. 식탁이 마련된 것을 본 사람은 곧 음식이 나올 것이라고 추론한다. 문이 닫힌 것을 본 사람은 열 수 있다고 추론한다. 의자를 본 사람은 앉을 수 있다고 추론한다. 개를 본 사람은 (반드시 그런 것은 아니지만) 가끔 짖을 것이고 물 수 있으며 (엄밀하게 말하면 지각하는 것은 아니지만 범주 소속성을 통해 추론할 수 있는 내장기관인) 위장, 심장, 두 개의 폐, 뇌가 있다고 추론할 수 있다. 이런 종류의 추론은 사고에 중요한 기여를 하며, 유추에 의한 범주화를 통해 이루어진다. 우리는 현재 상황과 이전에 직면한 상황 사이에서 인식된 유사성에 끊임없이 의존하기 때문이다. 이 일을 계속하지 않으면 우리는 아무것도 못할 것이다.

따라서 길에서 마주친 고양이 같은 대상을 '고양이'로 부르고, 그에 따라 기억 속에 있는 기존의 범주에 그 고양이를 배정하는 것은 단지 게으른 놀이가 아니라 중요한 일이다. 그렇게 함으로써 가르랑거리는 소리로 좋은 기분을 표현하고, 쥐를 쫓는 경향이 있으며, 위협을 받으면 할퀴고, 착지 능력이 뛰어나고, 독립적인 성격이 강하다는 사실처럼 엄청난 추가적인 정보에 접근할 수 있기 때문이다. 이런 내용은 모두 해당하는 특정 대상에게서 직접 관찰하지 않아도 **고양이**라는 범주에 배정된 대상에 대해 추론할 수 있다. 이처럼 범주는 언제나 많은 정보를 제공하여 직접 관찰할 필요성을 없애준다. 지식을 새로운 상황에 계속 외삽하지 않으면, 즉 추론을 하지 않으면 우리는 개념적으로 눈이 멀 것이다. 또한 영구적인 불확실성에 갇힌 채 어둠 속을 영원히 더듬느라 생각하거나 행동할 수 없을 것이다. 한마디로 우리는 주위를 둘러싼 세상을 인식하기 위해 눈이나 귀에 의존하는 만큼 유추를 통한 범주화에 의존한다.

유추의 지지자와 반대자

플라톤Platon과 아리스토텔레스를 비롯한 일부 고대 철학자는 유추를 단순한 표현법이 아닌 사고의 비옥한 매개체로 보고 열렬히 옹호했다. 그럼에도 불구하고 이 사상가들은 그 한계를 지적하지 않을 수 없었다. 그래서 플라톤은 (유명한 저서인 《국가》에서 도시를 영혼에 비유한 것을 비롯하여) 많은 유추를 통해 "유사성은 가장 모호한 부류다likeness is a most slippery tribe"[3]라고 경고했다. 또한 아리스토텔레스는 유추를 대단히 숭상했지만 앞 세대 사람들이 남긴 많은 유추를 비판했다. 이처럼 유추는 사촌인 비유metaphor처럼 심지어 강력한 지지자에게도 의심을 받는다. 이렇게 의구심을 가진 사람들이 보기에 이 두 표현법은 잘못 사용될 경우 화자와 청자를 모두 오도할 수 있다.

칸트Immanuel Kant와 니체Friedrich wilhelm Nietzsche는 판이한 성격과 철학 그리고 종교관을 지녔지만, 유추에 대한 신념은 동일하게 확고했다. 칸트에게 유추는 모든 창의성의 원천이었으며, 니체는 진리란 '유동적인 한 무리의 비유'[4]라는 유명한 정의를 내렸다. 그러나 이런 호평이 보편적인 것은 아니다. 실제로 유추는 불신감, 어림짐작과의 밀접성, 거기에 의존하는 사람을 끌어들이는 심각한 함정 때문에 수 세기 동안 폄하되었다. 일부 철학자는 유추와 비유를 인위적이고, 잘못 읽기 쉬우며, 쓸모없는 사고의 형태로 치부하며 한바탕 비난을 퍼부었다.

특히 18세기의 경험주의자와 20세기의 실증주의자가 유추와 비유를 힐난했다. 영국 철학자인 토머스 홉스Thomas Hobbes와 존 로크John Locke가 이 문제와 관련하여 종종 인용된다. 홉스는 가장 유명한 저서인 《리바이어던Leviathan》에서 명확한 단어에 대한 애정과 비유에 대한 멸시를 이렇게 드러낸다.

> 인간 정신의 빛은 명료한 단어이지만, 먼저 모호성으로부터 분간되고 정화된 정확한 정의에 의해 명료해진다. (중략) 비유 그리고 분별없고 모호한 단어는 도깨비불inges fatui과 같으며, 그것을 이용한 추론은 수없는 부조리 속에서 헤매는 일이다.[5]

홉스는 자신의 시각을 조금도 의심하지 않는다. 진리는 빛이고, 단어는 모호성을 씻어내고 정화해야 하며, 비유는 터무니없는 세상에서 헤매게 만드는 환상에 불과하다. 그러나 이 구절을 잠시 들여다보면 분명한 아이러니와 마주치게 된다. 구체적으로 말하자면 저자가 비유를 폄하하면서 '분간되고 정화된 정의'가 아니라 반복되는 비유를 활용한다는 것이다. 결국 '정신의 빛'은 어떤 종류의 구절인가? '분간되고 정화된 정의'라는 구절은 어떤가? '수없는 부조리 속에서 헤맨다'는 표현은 또 어떤가? 이 모든 구절이 비유가 아니면 무엇이란 말인가? 정신이 실제로 빛을 담을 수 있는가? 실제로 정의를 씻어낼 수 있는가? 비유가 정말로 제멋대로 깜박이며 무덤가를 떠다니는 불인가?

이런 주장을 하는 홉스는 침묵을 칭송하려고 고함을 지르는 사람 혹은 지옥으로 직행하는 원죄를 거론하여 대중을 흥분시키면서도 정작 자신은 방탕한 행동을 저지르는 목사들과 닮았다. 또한 그의 주장은 베트남전의 비극을 단적으로 표현하는 역설적 표현인 "우리는 마을을 구하기 위해 파괴했다"를 상기시킨다. 한마디로 홉스는 비유적으로 표현함으로써 자신의 반비유적 신조를 허문 셈이다.

11세기 베네딕투스 수도회의 수도사인 몬테카시노의 알베릭Alberic of Monte Cassino은 결코 홉스의 명성에 근접하지 못했지만, 그 역시 《수사학의 꽃들The Flowers of Rhetoric》이라는 책에서 비유를 활용하는 일을 맹렬하게 비판했다.

> 비유로 자신을 표현하는 것은 묘사되는 대상의 구체적인 성격에 대해 사람들이 품는 주의를 흩트린다. 이처럼 주의를 흩트리는 일은 이런저런 방식으로 그 대상을 다른 것과 닮게 만든다. 말하자면 그 대상에 새로운 웨딩드레스를 입히며, 그렇게 함으로써 그 대상에 부여된 새로운 종류의 고결성을 만들어낸다. (중략) 이런 식으로 음식을 차린다면 혐오감과 구역질을 일으키며 버려졌을 것이다. (중략) 풍미 있는 신선함을 통해 즐거움을 주려는 열의 때문에 허튼소리부터 대접하는 것은 현명치 않음을 알아야 한다. 다시 말하건대 즐거움을 주려고 누군가를 초대할 때 구토를 일으키는 불쾌한 표현을 너무 많이 대접하지 않도록 조심하라.[6]

"대상에 새로운 웨딩드레스를 입히다"부터 "허튼소리를 대접하다"와 "구역질을 일으키다"까지 여러 구절을 훑어보면 다름 아닌 비유의 활용을 비판할 목적으로 쓰인 구절에서 비유를 연이어 대접받게 된다.

그로부터 여덟 세기가 지난 뒤 존경받는 프랑스 과학철학자인 가스통 바슐라르Gaston Bachelard도 다음과 같은 글을 쓸 때 같은 함정을 완전히 피하지 못했다. "과학에서 이미지를 수용한다는 것은, 다른 무엇보다 비유에 희생당하는 것이다. 따라서 과학적 지성은 이미지, 유추, 비유에 맞서서 싸우는 일을 절대 멈추지 말아야 한다."[7] 그러나 어떻게 과학이 '희생자'가 될 수 있으며, 과학적이든 아니든 지성이 어떤 것에 맞서서 '멈추지 말고 싸울' 수 있단 말인가? 비유가 아니라면 말이다.

유추는 우리를 유혹하는 위험한 세이렌일까?

그렇다면 유추는 길을 잃게 만드는 유혹적이고 위험한 세이렌의 노래일까? 혹은 그것이 없으면 완전한 어둠 속에 갇히게 되는 필수불가결한 등대에 더 가까울까? 단 하나의 유추도 결코 신뢰할 수 없다면, 세상 무엇이라도 이해할 수 있었을까? 새로운 상황을 접하여 판단의 근거를 마련할 때 과거 말고 무엇에 의존할 수 있을까? 대단히 거대하고 추상적인 상황부터 사소하고 구체적인 상황까지 모든 상황은 사실 **새롭다.** 과거에 깊이 그리고 복합적으로 뿌리내리지 않은 사고란 없다.

한 번도 간 적이 없는 아파트의 엘리베이터를 사용할 때 사람들은 이전에 사용했던 수많은 엘리베이터와의 유사성에 암묵적으로 의존하지 않는가? 그리고 이 유사성을 살펴보면 겉으로는 단조롭지만 수많은 다른 유사성에 의존하고 있음을 알게 된다. 가령 엘리베이터에 들어서면 한 번도 본 적이 없는 작은 버튼을 선택하고 특정한 손가락으로 특정한 힘을 줘서 눌러야 하는데, 대개 아무 생각 없이(혹은 더 정확하게는 사고하고 있다는 사실을 깨닫지 못한 채) 이 일을 하게 된다. 이 사실은 우리가 수백 개의 엘리베이터에 있는 수천 개의 버튼을 통해 얻은 과거의 경험에 무의식적으로 의존하고 있으며, 새로운 버튼과 **버튼**이라는 개인적 범주를 유추함으로써 그것을 다루는 최선의 방식을 알아낸다는 것을 뜻한다.

그리고 엘리베이터에서 나와 아파트 6층에 막 발을 내딛자마자 커다란 개가 달려오는 것을 볼 때 개, 특히 큰 개에 대해 이전에 쌓은 경험에 토대를 두지 않는다면 어떻게 이 상황에 대처할 것인가? 한 번도 본 적이 없는 세면대에서 한 번도 손댄 적이 없는 비누로 손을 씻을 때도 마찬가지다. 한 번도 보거나 손댄 적이 없는 욕실 문, 손잡이, 전기 스위치, 수도꼭지, 수건은 말할 것도 없다.

그리고 한 번도 가본 적이 없는 식료품점에서 설탕이나 올리브 혹은 종이 타월을 찾으려면 어디로 가는가? 어느 줄, 어느 선반 그리고 선반의 어떤 높이인가? 우리는 아무런 의식적 노력 없이 이 품목을 익숙한 다른 매장에서 찾았던 '그' 자리를 떠올린다. 물론 우리는 단 **하나**의 장소가 아니라 머릿속에 중첩된 다양한 장소의 집합을 생각한다. 우리는 '설탕은 **여기** 근처에 있을 거야'라고 생각하며, '여기'라는 단어는 익숙한 다양한 식료품점에 있는 작은 장소의 집합과 새로운 식료품점의 작은 장소를 동시에 가리킨다. 또한 그것은 사람들이 먼저 찾는 '바로 거기'다.

휴가를 하루 늘려달라고 부탁하는 직원이 상사에게 "작년에 케이티에게 휴가를 일주일 추가로 줬잖아요. 그러니 다음 달에 단 하루만 제 휴가를 늘려주세요"라고 말하는 광경은 얼마나 흔한가? 추상성이나 구체성의 정도에 관계없이 머릿속에 떠오르는 모든 유사성을 가차 없이 억누르기 위해 항상 경계해야 한다면, 살아가면서 도대체 무슨 일을 할 수 있겠는가? 더 나쁜 경우, 모든 유사성을 억눌렀다면 그다음에는 무엇을 할 것인가? 아주 사소한 것이라도 무엇을 토대로 판단을 할 것인가?

모든 유추가 불확실하다는 엄밀한 증거가 있을까? 당연히 없다. 방금 살폈듯이 모두가 아무 생각 없이 일상적인 대상 사이의 수많은 사소한 유추에 의존하고 있으며, 이 사소한 유추가 하루 종일 서로를 뒤따르며, 이러한 유추가 무언가를 오도하는 경우는 드물기 때문이다. 만약 정말로 오도한다면 우리가 여기서 이 이야기를 하고 있지 않을 것이다.

크고 멍청한 기계

어떻게 컴퓨터는 빠르고 거대하고 실수 없는 메모리를 가졌음에도 불구하고 그토록 멍청할까? 반면 어떻게 인간은 속도도 늦고 작고 기억 실수도 잦음에도 불구하고 그토록 통찰력이 뛰어날까? 진부할지도 모르지만 이 질문은 인간 사고의 역설적이라 할 만한 성격에 초점을 맞추는 타당하고도 중요한 질문이다.

실제로 인간의 두뇌에는 컴퓨터에 견줄 때 온갖 종류의 결함이 있으며, 많은 측면에서 열등해 보인다. 가령 순수한 추론 작업을 수행할 때 잘 다듬어진 컴퓨터 알고리즘은 사실상 순식간에 논리적으로 유효한 결론에 이르지만, 사람은 대부분 실패한다. 많은 지식의 경우에도 거의 같은 말을 할 수 있다. 사람의 두뇌는 겨우 몇 개의 정보만 제시해도 포화 상태에 이르지만 컴퓨터는 사실상 무한한 정보를 계산에 포함할 수 있다. 그리고 당연히 인간의 기억은 심각할 정도로 불안정한 반면 컴퓨터는 결코 잊지도 왜곡하지도 않는다. 잊고 왜곡하는 일은 좋든 나쁘든 간에 인간이 더 잘한다. 영화를 보거나 책을 읽고 나서 사흘, 삼 주, 석 달, 삼 년이 지난 후 어떤 세부 사항이 머릿속에 남는가? 그리고 그 내용은 얼마나 유지되는가? 또한 인간의 두뇌와 달리 컴퓨터에서 이루어지는 처리 속도도 언급할 수 있다. 우리가 하려면 몇 분이나 몇 시간 혹은 훨씬 더 오래 걸리는 일을 컴퓨터는 눈 깜박할 사이에 할 수 있다. '3+5'(사람의 경우 1초 미만)나 '27+92'(아마도 5초에서 10초) 혹은 대다수 사람은 암산할 수 없는 '27×92' 같은 간단한 계산을 생각해보라. 텍스트의 선택된 구절에 포함된 단어의 수를 세고 객관식 시험을 채점하는 것은 인간도 할 수 있는 일이지만 컴퓨터에 비하면 한심할 정도로 느리다.

전반적으로 인간과 컴퓨터를 비교하면, 컴퓨터가 극단적으로 유리하다. 앞서 언급한 대로 컴퓨터는 인간을 훌쩍 뛰어넘는 흠 잡을 데 없는 추론 능력과 계산 능력을 지니고 있으며, 사람이 다룰 수 있는 것보다 상상할 수 없을 만큼 많은 양의 정보를 다루며, 단기간 내지 장기간에 걸쳐 저장된 내용을 잊지 않으며, 기억한 것을 왜곡하지 않으며, 인간의 두뇌와 비교할 수 없이 빠른 속도로 처리하기 때문이다. 합리성, 규모, 안정성, 속도 면에서 우리가 설계하고 만든 기계는 우리를 압도한다. 거기에 주의 산만, 종종 우리의 능력을 심각하게 저해하는 피로, 감각기관의 부정확성이라는 점을 더하면 우리는 한참 뒤처진다. 컴퓨터를 서로 비교할 때 일반적으로 하듯이 사양의 수치를 기록한 표를 만든다면 호모사피엔스사피엔스는 재활용 쓰레기통 신세를 면치 못할 것이다.

이 모든 점을 고려하였을 때, 진지한 사고라는 측면에서 기계가 우리보다 한참 뒤처진다는 사실은 어떻게 설명할 수 있을까? 왜 기계가 하는 번역은 그토록 서투르고 어색할까? 왜 로봇의 움직임은 그토록 투박할까? 왜 컴퓨터 시각은 아주 단순한 종류의 작업에 한정될까? 왜 오늘날의 검색엔진은 '강한 신념으로in good faith'라는 구절을 포함한 단락이 있는 수십억 개의 웹사이트를 즉각 찾을 수 있는 반면 (일련의 영 숫자 문자가 아닌) 강한 신념good faith이라는 **생각**을 중심 주제로 삼은 웹사이트를 찾아낼 수 없을까?

물론 독자들은 그 답을 예상할 것이다. 그러니까 우리의 우위는 인간 사고의 중심에 있지만 인공 인식을 실현하려는 대다수 시도에서 가장 먼 곳에 있는 정신적 메커니즘인 유추를 통한 범주화와 밀접한 관련이 있다는 답 말이다. 오직 이 정신적 메커니즘 덕분에 인간의 사고는 느리고 모호하지만 일반적으로 믿음직스럽고 타당하며 통찰력을 제공하는 반면, 컴퓨터의 '사고'(이 단어를 적용할 수 있다면)는 엄청난 빠르기와 정확성에도 불구하고 대단히 취약하고 불안정하며 제한되어 있다.

범주화가 등장하는 순간 컴퓨터와의 경쟁은 새롭고 일방적인 양상으로 접어든다. 이번에는 인간에게 크게 유리한 쪽으로 말이다. 범주를 완전히 배제한 방식으로 세상을 '지각'하는 것이 어떨지 상상해보면 유기체의 생존을 돕는 일에서 유추를 통한 범주화의 근원적인 중요성이 명백해진다. 그것은 모든 새로운 개념을 처음부터 아주 어렵게 습득해야 하는 신생아가 세상을 지각하는 양상과 비슷할 것이다. 반면 오래되고 익숙한 것을 기준으로 새로운 것을 보는 일은 미미한 인지적 비용만으로 이미 획득한 지식으로부터 혜택을 얻도록 해준다. 그래서 하나(인간 성인)는 유추를 통한 범주화를 활용하여 세상을 지각하고, 다른 하나(컴퓨터)는 그런 메커니즘의 도움을 받지 못한다면, 주위를 둘러싼 세상을 이해하는 측면에서 이루어지는 경쟁은 말이 안 되는 시합이다. 즉 인간은 지금까지 올라간 계단을 이용할 수 있고 로봇트는 처음부터 계단을 다시 만들면서 높은 지붕까지 올라가는 경주와 비슷하기 때문이다.

모든 층위에서 작용하는 유추

유추를 통한 범주화는 아주 사소한 것부터 아주 원대한 것까지 모든 층위에서 사고를 추동한다. 여러 위계에 걸친 언어적 층위가 계속 상호작용을 하는 대화를 생각해보자. 우선 특정한 단어의 선택은 당연히 그것을 구성하는 소리를 결정할 것이다. 마찬가지로 키보드를 두드릴 때 선택된 각 단어는 그것을 구성하는 글자를 결정하므로 하나씩 선택되기보다는 자동적으로 뒤따를 것이다. 이와 비슷하게 단어는 종종 그것이 단지 요소일 뿐인 더 큰 구조에 의해 결정된다. ('말하자면so to speak', '본론으로 들어가자면cut to the chase', '끝까지 가보다down to the wire', '결정적인 순간에when push comes to shove', '식은 죽 먹기as easy as stealing candy from a baby' 같은) 관용구를 사용할 때 이런 일이 가장 확연하게 일어나지만, 그런 표현을 수반하지 않을 때도 종종 일어난다. 우리는 언제나 자신의 습관적 발화 패턴뿐만 아니라 자신이 쓰는 언어의 통사적, 의미적 패턴의 제약을 받으며 말하기 때문이다.

더 포괄적인 발화의 층위에서도 같은 원칙이 성립된다. 그래서 문장을 쓰거나 말할 때 그것을 구성하는 많은 단어는 하나씩 선택되는 것이 아니라 줄줄이 따라 나온다. 모두 이미 선택된 더 높은 층위의 목표에 복무하기 때문이다. 그래서 글자가 단어에 제약되듯이 단어는 어떤 의미에서 더 높은 층위의 사고에 제약된다. 그리고 더 높이 올라가면 생각을 개발할 때도 마찬가지라고 말할 수 있다. 즉 생각을 표현하기 위해 만들어내는 문장은 다시 한 번 더 높은 층위의 구조에 제약된다. 이 층위에서는 글자 선택의 층위보다 더 많은 자유가 있기는 하지만 말이다. 그리고 대화 자체의 층위에서도 마찬가지 일이 일어난다. 전반적인 화제, 어조, 참여하는 특정한 사람 등이 모두 생각을 제약한다. 물론 이 층위에는 단어를 구성하는 글자의 층위보다 훨씬 많은 유연성이 있다. 요컨대 대화는 그 안의 생각을 제약하고, 생각은 문장을 제약하고, 문장은 구절을 제약하고, 구절은 단어를 제약하며, 끝으로 단어는 글자를 제약한다.

이 각 층위에서의 선택이 유추를 통한 범주화로 이루어진다는 우리의 주장은 범주가 대체로 단일한 단어와 호응한다는 순진한 이미지를 거스른다. 분명히 일부 범주는 실제로 단어로 표시되지만 다른 범주는 훨씬 더 규모가 커서 전체 대화의 층위에 근본적으로 존재한다.

가령 국방 예산의 규모에 대한 논쟁을 생각해보자. 대규모 예산을 지지하는 사람은 종종 분명치 않은 온갖 종류의 위협에 맞서 나라를 지켜야 한다는 중요한 필요성과 계속 신기술을 개발해야 한다는 극심한 압력 그리고 경제를 키우는 데 도움이 되는 군사 기술의 진전 등을 토대로 한 해묵은 주장을 거듭 내세운다. 이런 추론은 언제나 익히 알려져 있고, 심지어 진부하며, 맥락과 시기 등에 따라 '입맛에 맞춰진' 개념적 골격을 토대로 한참 동안 전개될 수 있다. 그러나 주제를 어떻게 변주하든 간에 국방과 기술 발전의 필요성을 중심으로 한 개념적 골격은 항상 동일하다. 주장의 전반적 흐름을 좌우하는 높은 층위의 범주는 이 개념적 골격에 따라 정의된다.

반대로 국방 예산 절감을 지지하는 사람은 거의 변함없이 다른 경제 부문의 엄청난 중요성과 군대의 막대한 비효율성을 거론한다. 이 경우에도 이런 주장은 길게 이어질 수 있지만 어떻게 흘러가든 언제나 현 국방 예산의 비대성과 그 돈을 다른 경제 부문에 투자해야 한다는 절박한 필요성을 중심으로 삼는다. 이것이 주장의 전반적인 흐름을 유도하는 익숙한 개념적 골격이다.

그래서 우리는 가장 높은 층위인 대화에서 **국방 예산을 늘릴 필요성**과 **국방 예산을 줄일 필요성** 같은 아주 높은 층위의 범주를 다루게 되고, 지지자의 머릿속에서 한 범주가 활성화되면 약간의 다양성이 있지만 동시에 상당히 예측 가능한 형태로 부수적인 생각이 촉발되며, 이 생각은 즉시 적절한 관용구와 많이 사용되는 문법적 패턴을 수반할 것임을 알게 된다. 또한 이 관용구와 문법적 패턴은 자신의 차례가 되면 근본적으로 다른 변화의 여지없이 구성 요소인 글자나 소리를 불러온다.

깊든 얕든 간에 이런 식으로 모든 대화를 살필 수 있으며, 모든 다른 층위에서 유추가 주도적인 역할을 한다는 사실을 알 수 있다. 여기 실제 사건에 토대를 둔 다소 가벼운 사례가 있다.

어느 토요일 저녁, 글렌 바이Glenn Bayh와 마리나 바이Marina Bayh 부부는 친구 몇 명을 초대하여 저녁 식사를 했다. 맛있는 음식에 와인을 곁들인 대화가 계속 이어졌다. 손님들은 자정 무렵이 되어서야 일어나 외투를 걸치기 시작했다.

줄지어 문을 나설 때 손님 중 한 명인 래리 밀러가 바이 부부에게 인사말을 건넸다. “정말 좋은 저녁이었어. 이렇게 재미있는 시간을 보낸 게 얼마 만인지 모르겠어. 고마워. 다시 보자. 바이 바이Bye-bye!” 다른 손님인 제니퍼가 이 악의 없는 말을 듣고 잠시 후 이렇게 말했다. “나는 항상 저 두 사람에게 작별 인사를 하는 게 어려워.” 무슨 말인지 이해하지 못한 래리는 “하지만 좋은 시간은 끝이 나기 마련이야. 우리는 좋은 시간을 보냈고, 그게 끝났으니 이제 가야지. 작별 인사를 하는 게 무슨 큰일이라고 그래?”라고 대꾸했다. 제니퍼는 이렇게 대답했다. “그래, 네 말이 맞아. 하지만 그래도 이상해. ‘바이’가 두 사람의 성이잖아. 그러니까 저 두 사람은 ‘바이’나 ‘바이 바이’라는 말을 들으면 ‘밀러, 밀러’라고 하는 것과 비슷하게 들리지 않을까? 그건 너한테도 이상하게 들리지. 안 그래?” 래리는 폭소를 터트리며 “난 정말 멍청한가 봐! 한 번도 그 생각을 한 적이 없어!”라고 말했다. 그때 래리의 아내인 콜린이 끼어들었다. “10대 시절에 남동생하고 할머니 집에 갈 때마다 항상 ‘여기서는 gramma를 조심해야 한다는 걸 잊지 마!’라고 서로 속삭이던 생각이 나네. 우리는 항상 할머니를 ‘Gramma’라고 불렀고 그때마다 할머니는 잘못된 표현을 바로잡았지. 그래서 그게 우리의 은밀하고 소소한 복수였어. 할머니는 그걸 몰랐지만 말이야.” 모두가 콜린의 이야기에 쉽게 공감할 수 있었다. 물론 그들은 콜린의 언급이 **뜬금없는 이야기non sequitur**가 아니라 대단히 적절하게 화제를 이어가는 이야기임을 알았다.

이 현실적인 대화 장면의 이면에 놓인 핵심 유추는 무엇일까? 그것은 ‘Bayh’의 음과 ‘bye’의 음이 지닌 유사성에서 출발했으며, 제니퍼는 ‘Bayh’와 ‘bye’ 사이의 유사성을 떠올렸다. 이후 표면적인 화제는 수십 년 전에 콜린이 할머니 집을 방문하던 내용으로 전환되지만 여전히 유사성, 이번에는 ‘Gramma’와 ‘grammar’ 사이의 유사성을 동력으로 나아간다. 그러나 더 높은 층위에서 콜린의 머릿속에 잠들어 있던 기억을 끄집어낸 것은 갓 접한 일화와 오래전에 겪은 일화 사이의 유사점이었다. 두 일화는 모두 한 경우에는 ‘bye’와 ‘Bayh’, 다른 경우에는 ‘grammar’와 ‘Gramma’라는 일반적인 단어와 이름 사이에 존재하는 발음상의 재미있는 유사점을 수반한다. 그래서 우리는 여기서 유사점 사이의 유사점, 그러니까 유추 사이의 유추를 접하게 된다.

이런 대화 혹은 이 같은 상황에서 유사성을 포착하는 것은 흔히 있는 일이다. 우리는 단지 어떻게 대화가 전체적으로 대단히 높은 개념적인 층위에서 하나 내지 두 개의 여단을 동원하고, 어떻게 이 높은 층위의 개념이 더 낮은 수준의 개념적 연대를 동원하며, 어떻게 이 연대가 다시 관용구 층위에서 더 많은 수의 개념적 대대나 중대를 동원하며, 끝으로 이 '더 작고' 수많은 개념들이 단어 층위에서 수백 명의 개별적인 병사를 동원하는지 보여주기 위해 이 사례를 제시했다.

추상적 혹은 구체적?

유추 작용의 보편성 뒤에는 무엇이 있을까? 인간은 생존하기 위해 **지금** 일어나는 일을 과거에 일어난 일과 비교하는 데 의존한다. 인간은 항상 과거 경험과 새로운 상황의 유사성을 활용하여 나아갈 길을 찾는다. 폭넓게 대략적으로 형성되는 이 끝없는 유추의 흐름은 사고의 근간을 형성하며, 우리의 발화는 그것을 반영한다. 대개 구체적인 단어 선택은 빠르게 잊힌다고 해도 말이다. 현실적인 구절로 현실적인 상황을 묘사하지만 그 구절을 초래한 개념이 문맥적으로 상황과 동떨어질 때 구체성이 추상성과 만난다. 가령 '마리는 흥분했어Marie is off her rocker'나 '그들의 연애는 물거품이 되었어Their love affair went down the drain' 같은 숙어적인 표현에 깃든 생각은 고도로 추상적이기 때문에, 안락의자에서 떨어지거나 물이 싱크대나 욕조로 흘러들어가는 모습을 의식적으로 상상하는 사람은 드물 것이다.

새로운 상황이 이전에 접했으며 표면적으로 완전히 다르지만 추상적인 핵심을 공유하는 다른 상황(혹은 일련의 상황들)을 상기할 때도 비슷한 일이 일어난다. 그래서 어느 날 아이가 마감 시간이 4시 정각인데 4시 1분에 학교 사이트에 접속하는 바람에 중요한 학교 행사에 등록하지 못했다면, 게이트까지 달려갔지만 몇 초 전에 문이 닫혀버린 바람에 무슨 말을 해도 들여보내주지 않아 비행기를 놓쳤던 15년 전의 해묵은 기억이 떠오를지도 모른다.

일상적인 대화는 이처럼 구체성과 추상성의 만남으로 가득하지만 우리는 대개 그 점을 의식하지 않는다. 그래서 교수가 "어제 몇몇 학생만 내 연구실에 들렀어Only a handful of students dropped in on me in my office yesterday"라고 말할 때 학생들이 하늘에 있는 거대한 손에서 떨어져 교수의 연구실에 착지하는 모습을 상상하지는 않는다. 그리고 누군가 "오늘은 아직 말할 만한 게 없어There hasn't been any snow to speak of today"라고 말할 때 "무슨 말이야? 방금 **말했잖아**You just **spoke** of it!"라고 반박할 생각을 하지 않는다. 우리가 온갖 주제에 대한 사고를 표현하려고 끊임없이 사용하는 단어와 구절의 구체성은 사고방식이 지닌 뛰어난 구체성의 징표이자 표면적으로 완전히 무관한 대상을 가리키는 것처럼 보이는 단어들을 사용하여 상황을 설명하는 추상화를 실행하는 특별한 경향의 징표이다.

그래서 일본의 한 주식 중개인은 멈출 수 없는 증시 폭락에 대해 논평하면서 "절대 떨어지는 칼을 잡으려 해서는 안 됩니다"라고 말했다. 대다수 사람들은 이 이미지 그리고 그 상황과의 연관성을 쉽게 이해한다. 이 말에 떨어지는 칼이 나온다고 해도 그것은 분명히 일반적인 의미의 칼이 아니며, 이 '칼'이 떨어지는 방식은 보이지 않고 비교적 느리며 좁은 공간에 한정되지 않는다. 이 구절을 이런 맥락에서 사용하는 것은 상당한 추상화를 요구한다. 그러나 그것으로 절대 이야기가 끝나는 것은 아니다. 같은 구절을 부패 스캔들 때문에 열성 지지자를 갑자기 잃은 정치인, 들어가는 것이 멍청한 일이 될 화재가 난 고층 건물, 우울증이 너무 심해서 가까운 친구들마저 염세적인 분위기에 빠뜨리는 사람, 폭풍우 속에 배 밖으로 추락하여 누구의 도움도 받지 못하게 된 사람, 인근 도시를 파괴하고 즉각적인 대피 명령을 초래한 허리케인, 주방에서 (하필이면) 떨어지는 칼을 잡으려다가 다친 사람에게도 쉽게 적용할 수 있기 때문이다. 요컨대 우리는 여기서 풍부하고 다면적이며 전면적인 범주를 다루고 있음을 알 수 있다.

"절대 떨어지는 칼을 잡으려 해서는 안 된다"라는 구절을 적용할 수 있는 상황을 생각하는 순간 눈에 띄는 거의 모든 대상에게서 그 상황이 떠오르기 시작한다. 그래서 적어도 잠시 동안 이 구절만으로 세상의 많은 부분을 그릴 수 있다는 인상을 받게 된다. 세상은 우리가 막을 능력이 없고 경솔하게 막으려고 했다가는 파멸하게 될 거대하고 억누를 수 없는 힘으로 가득하기 때문이다. 그래서 이 이미지는 머릿속에서 마구 날뛰면서 좋든 싫든 간에 간섭을 할 것이며, 어떻게든 생각을 멈출 수 없다면 그저 이 공격적인 비유가 만족할 때까지 마음껏 휘젓도록 놔둘 수밖에 없다. 어차피 떨어지는 칼을 잡으려 해서는 안 되니까 말이다.

이 책의 개요

이 책에서 우리의 목표는 생물학적 차원의 두뇌가 아니라 심리 현상으로서 인지에 대해 말하는 것이다. 우리는 우리가 묘사하는 심리적 과정에 내재한 두뇌 차원의 과정이나 신경 차원의 과정을 추측하지는 않을 것이다. 인지의 생리적 측면을 설명하는 것이 아니라 사고 자체에 대한 비관습적인 시각을 제시하는 것이 우리의 목표이기 때문이다. 따라서 우리의 논의는 다소 추상적인 수준에서 이루어질 것이지만, 그 수준에서도 충분한 이야깃거리가 있을 것이다.

이 책의 첫 세 장에서 우리는 범주와 유추가 무엇인지 설명할 것이다. 1장은 단일어와 연관된 범주에 초점을 맞추는데, 여기서 이 책의 일부 핵심 주제를 제시할 것이다. 우리는 단일어로 지칭되는 개념이 어떻게 유추를 통해 그 경계를 넓히는지 보여줄 것이다. 또한 아이들이 쓰는 **엄마**Mommy(특정한 성인 인간)라는 개념에서 출발하여 **생모**birth mother와 **대리모**surrogate mother 같은 개념을 거쳐 **모국**motherland같은 온갖 종류의 비유적 용법으로 나아가는 긴 과정을 관찰하여 개념이 개발되는 과정을 면밀히 살필 것이다. 또한 'thanks(감사하다)', 'much(많은)', 'to fix(고정시키다)', 'to open(열다)', 'but(그러나)', 'and(그리고)' 등과 같이 덜 구체적인 단어들이 명사와 마찬가지로 평생에 걸친 유추의 결과인 정신적 범주에 대한 명칭임을 보여줄 것이다.

2장에서는 단일어보다 긴 어휘로 된 라벨이 붙은 개념을 연구할 것이다. 우리는 심지어 속담이나 우화만큼 긴 여러 단어가 있는 관용구의 이면에 개별적 단어로 지정된 개념과 아주 비슷한 개념이 있음을 보여줄 것이다. 그래서 '아킬레스건' 같은 구절은 특정한 범주(즉 **실패로 이어질 수 있는 심각한 약점**이라는 범주)가 쓰는 언어적 '모자hat'다. 여우가 달콤해 보이는 포도를 따 먹으려고 하다가 실패하자 어차피 그 포도는 시어서 먹고 싶지 않다고 말했다는 유명한 우화는 어떤 사람이 열정적으로 원하다가 가질 수 없다는 사실을 안 후 그 대상을 깎아내리는 상황에 대한 추상적인 정신적 범주를 언어적으로 구현한 것이다. 종종 '신 포도'라고 간결하게 불리는 이 추상적 속성은 잠재적으로 수천 가지 상황에서 인지할 수 있다. 그래서 이 구절은 '병마개'라는 라벨에 걸맞은 수많은 대상이 있고, '되찾다'라는 라벨에 걸맞은 수많은 행동이 있는 것처럼, 그런 상황에 대한 음성 라벨로 쓰일 수 있다. 더 추상적인 범주의 경우도 마찬가지인데, 그중 일부는 즉석에서 오가는 의사소통과 관련되며, 'after all(결국)', 'on the other hand(반면에)', 'as a matter of fact(사실은)', 'that having been said(그렇기는 해도)' 등과 같은 부사적 구절의 라벨이 붙는다. 다시 말해서 일상적인 대화에는 '결국에는'이라는 라벨을 요구하는 상황이 있으며, 그런 상황이 등장하면 우리는 (거의 언제나 무의식적으로) 그 점을 인지하고 실시간으로 이어가는 말 속에 기민하게 삽입하여 그 라벨을 적용한다. 2장은 지능이 모든 특정 상황의 핵심을 정확하게 집어내는 능력이며, 모어와 문화를 통해 전해지는 범주의 목록이 그 방식을 재단한다는 사실을 논의하면서 끝을 맺는다.

3장은 표준적인 언어 라벨이 없는 범주를 다룬다. 사람들은 개인적으로 접하는 복잡한 세계에서 새로운 상황에 대응하면서 즉흥적으로 나름의 범주를 만든다. 시간이 지나면 이 범주는 종종 어떤 사건이 다른 시간과 장소에서 발생한 다른 사건을 떠올리게 만드는 '상기성 일화reminding episode'를 낳는다. 한 가지 예를 들면, D는 오랜 친구가 이집트의 유명한 카르나크 신전에서 병마개를 줍기 위해 허리를 굽히는 모습을 보고, 문득 그리고 순간적으로 약 15년 전에 한 살짜리 아들이 그랜드캐니언의 절벽 근처에 앉아 장엄한 풍경은 전혀 의식하지 못한 채 땅에 있는 개미와 나뭇잎을 뚫어져라 바라보던 모습을 떠올렸다. 두 상황을 가르는 모든 외견상의 차이에도 불구하고 이런 상기성 사건은 해당하는 두 상황이 깊은 수준에서 개념적 골격을 공유함을 드러낸다. 이 점은 우리가 보유한 어휘화되지 않은 개념의 창고가 얼마나 풍부하고 미묘한지 보여준다. 우리는 'me too(나도)', 'next time(다음에)', 'like that(처럼)'처럼 자주 사용하는 구절을 담은 일련의 문장을 분석하여 아무리 무심하고 단순해 보인다고 해도 이 모든 구절의 이면에 동일성에 대한 암묵적 인식, 즉 유추에 기초한 종종 단순하고 종종 미묘한, 말로 표현되지 않은 범주가 있음을 보여줄 것이다.

4장은 우리가 주위를 둘러싼 세상과 상호작용을 하면서 지속적으로 그리고 유려하게 우리가 지닌 범주의 목록 안에서 움직이지만 거의 언제나 아무런 인식을 하지 못하는 양상을 다룬다. 4장은 주로 추상화의 층위 사이를 오가는 범주 간 비약에 초점을 맞춘다. 인지의 유연성은 때로는 미세한 구분을 하는 것이 중요하지만 다른 때에는 차이를 무시하고 공통성을 찾기 위해 대상을 뭉뚱그리는 것이 중요하다는 단순한 이유 때문에 근본적으로 추상화의 사다리를 오르내리는 능력에 의존한다. 가령 식사를 할 때는 자신의 잔과 옆 사람의 잔을 구분하는 데 신경을 쓴다. 그러나 식사 후 설거지를 할 때는 그런 구분은 소용없다. 다른 예로 부모는 아이가 연극이든 유도든 악기 연주든 여러 '활동'에 참여하게 하려고 애쓴다. **내 아이를 위한 활동**은 대단히 추상적인 범주다. 우리가 하는 가장 소박한 행동은 정확하게 인지하기 어려운 추상화와 관련된 선택을 감춘다. 이런 행동이 인지의 중심이기 때문이다. 우리는 인지 활동을 '보는' 데 큰 어려움을 겪는다. 그것은 우리가 그 안에서 헤엄치는 매개체이기 때문이다. 모든 특정 상황에서 핵심을 정확하게 집어내려는 시도는 종종 표면적으로 엄청나게 다른 상황 사이를 잇는 일로 이어지며, 종종 언뜻 거의 동일하게 보이는 상황을 구분하는 일로 이어진다. 범주 사이를 끊임없이 오가는 일은 가장 일상적인 행동부터 가장 창의적인 행동까지 모든 영역을 아우른다.

5장에서는 아주 일반적이고 일상적인 상황에서 유추가 수행하는 역할에 대해 살필 것이다. 이러한 유추는 근본적으로 보이지 않기 때문에 우리를 조종한다. 우리는 상황에 대한 유추적 해석의 도움을 받는다는 사실을 인식하지 못한다. 이런 의미에서 보이지 않는 유추는 마구 간섭하면서 우리를 조종한다. 또한 다른 의미에서도 우리를 조종한다. 즉 유추는 새로운 생각을 떠넘김으로써 우리를 좌지우지한다. 유추는 단순히 직면한 상황에 대한 이해를 풍부하게 만드는 중개자의 역할에 만족하지 않고 순식간에 난입하여 상황에 대한 전체 시각을 구조화하여 새롭게 접한 상황을 익숙한 과거의 상황과 맞추게 만든다. 가령 2006년 10월 11일 개인용 경비행기가 맨해튼의 한 빌딩에 충돌했을 때, 사람들은 2001년 9월 11일에 일어난 사건과의 유추를 억누르지 못해서 빌딩이 심각한 손상을 입지 않았음에도 불구하고 즉각 테러로 추측했다. 심지어 잠시나마 다우존스 지수가 급락하기도 했다. 이처럼 유추는 초대받지 않은 손님처럼 그냥 뛰어들어서, 우리는 의식하지 못하는 사이에 사고하고 판단한다.

반면 6장에서는 어떤 의미에서 우리 자신이 조작하는 유추, 우리가 흥미를 느끼는 상황에서 때로는 자신이나 다른 사람에게 설명하기 위해, 때로는 자신의 관점을 내세우기 위해 새롭게 그리고 의도적으로 수행하는 유추를 다룰 것이다. 특히 우리가 **캐리커처 유추**caricature analogy라고 부르는 종류가 여기에 해당된다. 캐리커처 유추는 다른 사람에게 우리가 믿는 생각을 설득하려고 즉흥적으로 떠올리는 유추로, 상황을 과장하여 새로운 영역으로 옮겨간다. 가령 외국에서 일자리를 찾는 과학자가 동료에게 이런 편지를 쓰는 식이다. "나는 조국을 사랑하지만 여기서 연구를 완수하는 일은 볼링공으로 축구를 하는 격일세!" 6장에서는 또한 모든 수준의 정치적 판단이 의사 결정자가 인식한 현재 상황과 역사적 사건 사이의 유사성에서 기인하는 양상을 논의할 것이며, 베트남전을 좌우한 중요한 유추를 사례로 삼을 것이다. 6장은 숙련자가 아주 작은 것부터 아주 큰 것까지 다양한 규모에 걸쳐서 두 언어와 문화 사이에 존재하는 유사성을 조율하기 위해 활용하는 유추에 초점을 맞춤으로써, 언어 간 번역에 대한 연구로 끝을 맺는다.

7장과 8장은 과학적 사고에서의 유추를 다룰 것이다. 7장은 우리가 '순진한 유추naive analogy'라고 부르는 것, 특히 비전문가가 과학적 개념에 대한 인식의 토대로 삼는 유추를 다룰 것이다. 수학이든 물리학이든 생물학이든, 학교에서 얻는 인식들이 이미 익숙한 개념과의 흥미롭고 유익하지만 종종 지나치게 단순한 유추 덕분에 습득된 것이라는 사실을 보여줄 것이다. 중학 과정을 시작할 무렵 완전히 익혀야 하는 나눗셈 같은 기초적인 계산은 (심지어 대다수 대학생의 경우에도) 대체로 여전히 (사탕 스물네 개를 아이 세 명에게 공평하게 분배하는 것 같은) **분할 sharing**이라는 소박한 행위와의 순진한 유추에 기초한다. 물론 분할은 종종 나눗셈을 이해하는 좋은 방법이지만 그것이 해당 현상을 통해 제시하는 시각은 지나치게 좁다. 예컨대 나눗셈에 대한 이 순진한 시각은 답이 나누어지는 수량보다 **더 적은 것**이 아닌 **더 많은 것**인 문장제word problem를 만들 때 무척 애를 먹인다. 7장은 교육을 위한 순진한 유추의 긍정적인 영향과 부정적인 영향을 모두 분석한다.

뒤이어 8장에서는 스펙트럼의 다른 극단, 즉 통찰력 있는 과학자들의 위대한 발견 과정을 살핀다. 우리는 수학과 물리학의 역사가 눈덩이처럼 불어나는 일련의 유추로 구성되어 있음을 보여줄 것이다. 또한 이 분야의 역사를 이루는 위대한 순간을 자세히 들여다봄으로써 유추가 거듭 수행한 핵심적인 역할, 때로 아주 명백하고 때로 깊이 숨겨진 역할을 드러낼 것이다. 특히 거의 20년 동안 물리학계 전체의 강한 반박을 받은 생각인 빛이 입자로 이루어져 있다는 1905년의 가설로 이어진 유추를 비롯하여, 아인슈타인이 했던 깊은 유추를 주로 다룰 것이다. 가장 면밀하게 살핀 역사적 일화는 다양한 층위에서 유명한 공식인 '$E=mc^2$'의 의미를 이해하기 위한 아인슈타인 자신의 느리고 점진적인 진전에 대한 것이다.

이 책의 에필로그는 대화dialogue로 구성되어 있다. 그래서 '에피다이얼로그 Epidialogue'라는 제목을 붙였다. 두 활발한 토론자는 이 대화를 통해 범주화와 유추 작용을 여러 측면에서 비교하고 대조하며, 언뜻 두 과정이 아주 다르게 보이지만 면밀하게 비교한 끝에 아무런 차이가 없다는 결론을 냈다. 결국 이 둘이 사실상 동일하다는 사실을 깨달으며 이야기를 마친다.

1

단어의 환기

v
v
v
v

The Evocation of Words

단어는 어떻게 머릿속에 떠오를까?

우리는 매 순간 새로운 상황에 직면한다. 사실은 이보다 훨씬 더 복잡하다. 우리는 매 순간 얽히고설킨 수많은 상황을 동시에 접한다.

공항에서는 무심하게 관찰하는 낯선 사람들에 둘러싸인다. 그중에는 흥미로운 사람도 있고 덜 흥미로운 사람도 있다. 우리는 사방에서 광고를 본다. 우리는 스피커에서 요란스럽게 떠들어대는 도시 이름을 언뜻 생각하기도 하지만, 동시에 자신의 생각에 빠져든다. 우리는 냉동 요구르트를 사 먹을 시간이 충분할지 가늠하고, 오랜 친구의 건강을 걱정하고, 다른 사람이 읽는 신문의 머리기사로 실린 서아시아의 테러 소식을 염려하고, 텔레비전 광고의 영리한 말장난에 웃음 짓고, 주위를 날아다니면서 음식을 주워 먹는 작은 새들이 어떻게 이처럼 이상한 데서 살아남는지 의아해한다. 요컨대 우리는 **하나**의 상황에 직면하는 것이 아니라 소용돌이치는 다수의 부실하게 정의된 상황에 직면한다. 그중 어느 것도 공간적으로든 시간적으로든 분명한 틀로 구분되지 않는다. 주변의 것들에 포위된 우리의 불쌍한 두뇌는 이 예측할 수 없는 혼돈과 끊임없이 씨름하면서 언제나 자신을 둘러싸고 마구잡이로 밀려드는 것들을 이해하려 애쓴다.

그러면 '이해하다to make sense'라는 말의 의미는 무엇일까? 이 말은 일단 휴면 상태에서 깨어나면 이 혼돈에서 일정한 질서를 찾도록 도와주는 친숙한 특정 범주가 저절로 촉발되거나 무의식적으로 환기된다는 것을 뜻한다. 크게 보면 이 말은 온갖 **단어**가 머릿속에서 즉각 떠오르는 것을 뜻한다. 우리는 아무런 노력을 하지 않고도 '귀여운 소녀', '우습게 생긴 괴짜', '어제 다른 공항에서 본 것 같은 멍청한 광고', '아미시 교도 가족', '샌들', '저 여자가 읽고 있는 게 뭐지?', '누가 휘파람을 부는 거야?', '저 새들은 둥지가 어디 있을까?', '언제 탑승하는 거야?', '정말 짜증나는 벨소리군', '어떻게 휴대전화 충전기를 집에 놓고 온 거지?', '저번에도 그랬는데 말이야', '에어컨이 너무 세' 같은 생각을 한다.

이 모든 단어를 보라! 초대하지는 않았지만 이토록 효율적으로 끊임없이 머릿속에 밀려드는 단어의 세례보다 더 친숙한 경험은 없다. 그렇다면 이 단어는 어디서 오며, 어떤 종류의 보이지 않는 메커니즘을 통해 머릿속에서 떠오르게 된 것일까? 그저 혼자 조용히 '어머니와 딸'이라고 생각할 때 머릿속에선 어떤 일이 일어나는 것일까?

모든 것은 단일 요소 범주에서 시작된다

생각하지 않고도 '어머니mother'라는 라벨을 어떤 대상에 붙이려면 단어가 나타내는 **어머니mother**라는 개념과 아주 친숙해야 한다. 우리 대다수에게 이 개념과의 친숙성은 어린 시절 그 관념과 처음 조우하던 시절까지 거슬러 올라간다. 한 살배기 아기에게 이 개념의 핵심은 분명히 자신의 어머니mother, 자신보다 훨씬 크고, 먹을 것을 주고, 울면 달래주고, 자장가를 불러주고, 일으켜주고, 공원에서 같이 놀아주는 사람이다. '엄마Mommy'라는 이름을 가진 이 최초의 정신적 범주가 발판을 마련하면 팀은 자신을 둘러싼 세상에 비슷한 현상phenomena, 우리가 선호하는 표현으로는 유사한 현상이 있음을 알 수 있을 것이다.

여기서 잠시 이 책에서 사용할 표기법 하나를 설명하고 넘어가겠다. 앞으로 단어를 말할 때는 따옴표를 쓰고('탁자'), 개념을 말할 때는 볼드체를 쓸 것이다(**탁자**). 단어는 일련의 소리나 인쇄된 글자 혹은 한 덩어리의 소리 없는 내면적 말임에 반해 개념은 자주 되풀이되는 세상의 측면을 나타내며, 가령 영어나 프랑스어 등으로 된 명칭 같은 다른 단어를 붙일 수 있는(때로는 해당하는 단어가 아예 없기도 하는) 머릿속의 추상적 패턴이기 때문에 이 구분은 중요하다. 단어와 개념은 다르다. 둘 사이의 구분은 중요하고 종종 명확하지만 텍스트에서는 불가피하게 모호하고 흐릿한 경우가 있을 것이며, 이런 경우에는 약간 자의적으로 보일 수 있는 볼드체와 따옴표로 선택할 것이다. 헷갈릴 수 있는 또 다른 이유는 우리가 여기저기서 (때로 '소위'라는 말로 마찬가지로 잘 전달할 수 있는) 의구심이나 어림짐작을 나타내기 위해 따옴표를 쓰듯이 강조를 위해 글자를 굵게 표시하며 물론 인용을 할 때도 따옴표를 쓴다는 사실이다. 애석하게도 세상은 함정으로 가득하지만 우리는 모호함이라는 것이 실제로 존재하기보다 이론적으로만 존재하기를 바란다. 그러면 본래 이야기로 돌아가자.

열여덟 달 된 아기인 팀은 어느 날 공원에서 다른 아기가 모래 놀이를 하는 모습에 뒤이어 근처에서 어떤 어른이 그 아기를 돌보고 있는 모습을 본다. 순간적으로 팀은 작은 정신적 도약을 이루어 (완전히 표현한 것과는 거리가 멀지만) 대략 다음과 같은 생각을 한다. '저 사람은 엄마Mommy가 **나**를 돌보듯이 **저 아기**를 돌보고 있어.' 이 결정적인 순간은 소문자 'm'으로 시작하는 **엄마mommy**라는 개념의 탄생을 알린다. 소문자인 이유는 이제 이 새로운 범주에 두 개의 요소가 있기 때문이다(물론 대문자와 소문자를 쓰는 것은 **팀의** 방식이 아니라 팀의 머릿속에서 일어나는 일을 암시하는 **우리의** 방식이다). 이 시점부터는 팀이 이 개념의 다른 사례를 알아차리는 데 오랜 시간이 걸리지 않는다.

초기에 팀이 가진 **엄마mommy**라는 개념은 여전히 단수와 복수 사이를 부유하며, 팀의 머릿속에서 이루어지는 유추는 상당히 구체적이어서 비교의 기준은 언제나 **첫 번째** 엄마mommy, 그러니까 (대문자 'M'이 들어가는) 엄마Mommy가 될 것이다. 그러나 **엄마mommy**라는 개념의 새로운 사례가 중첩되고 기억 속에서 흐릿해지기 시작함에 따라 공원에서 새로운 어른을 볼 때마다 팀이 자동적으로 수행하는 정신적 덧입힘mapping은 엄마Mommy가 아니라 갓 생겨나 커지기 시작하는 **엄마mommy**라는 개념을 대상으로 삼을 것이다. 말하자면 포괄적인 성인(즉 구체적인 세부 사항이 제거된 성인) 그리고 그 성인 근처에 있고 그 성인이 말을 건네고 웃음 짓고 일으켜 세우고 달래고 지켜보는 등의 일을 하는 포괄적인 아기를 중심으로 한 일반화되고, 고정되고 심지어 약간 추상적인 상황을 대상으로 삼을 것이다.

우리의 목표는 **엄마mommy**라는 구체적인 개념의 성장이라는 확정적인 이론을 제시하는 것이 아니다. 우리의 목표는 그보다 더 일반적이다. 우리가 제안하는 바는 **모든** 개념의 탄생이 대략 앞서 설명한 방식대로 이루어진다는 것이다. 초기에는 구체적인 구성 요소가 있는 구체적인 상황이 있으며, 따라서 고유하고 나머지 세상으로부터 깔끔하게 분리된 것으로 인식된다. 그러나 하루 후나 1년 후처럼 시간이 지나면 비슷하다고 생각하는 다른 상황을 접하게 되며, 그 결과 연결 고리가 형성된다. 이 순간부터는 두 상황의 정신적 표상이 서로 연결되고 경계가 흐릿해지기 시작하여 두 원천보다 덜 구체적이지만(즉 덜 세부적이지만) 근본적으로는 두 원천과 다르지 않은 새로운 정신적 구조물이 만들어진다.

그래서 **엄마**Mommy라는 근원적 개념과 약간 더 정교한 **엄마**mommy라는 개념은 아주 비슷한 방식으로 작동한다. 특히 두 개념은 모두 '세상에서' 새롭게 마주친 상황에 쉽게 덧입혀져서 평생 계속될 눈덩이 효과를 통해 외부로 확장된다. 개념이 일련의 길고 즉흥적인 유추를 통해 계속 불어난다는 것이 바로 우리가 다음 몇 단락에서 자세하게 설명하고자 하는 내용이다.

엄마Mommy에서 엄마mommy 그리고 어머니mother로의 이동

슬프게도 아빠를 한 번도 본 적이 없는 팀은 어느 날 공원에서 놀다가 어른과 함께 있는 어린 소녀와 마주친다. 어른은 소녀에게 다른 아이들과 놀라고 권한다. 팀은 이 어른이 소녀의 **엄마**mommy라고 생각한다. 이는 범주화라는 행동이다. 어쩌면 이 새로운 사람은 사실 소녀의 어머니mother가 아니라 아버지이거나 할머니이거나 심지어 오빠나 언니일 수도 있다. 그렇다고 해도 팀이 이 새로운 사람을 **엄마**mommy라는 범주에 덧입히는 것이 비합리적인 것은 아니다. 팀이 **엄마**Mommy/**엄마**mommy에 대해 가지고 있는 관념은 우리의 관념보다 넓기 때문이다(물론 경험이 부족해 그 개념이 더 풍부하지는 않지만 차별은 덜하다). 팀의 이 단순한 유추는 나무랄 데가 없다. 단지 어른이 활용하는 특정한 세부 사항을 고려하지 않았을 뿐이다. 팀의 어머니mother인 수지가 그 사람은 소녀의 **엄마**mommy가 아니라 **아빠**daddy라고 설명했다면 팀은 **엄마**mommy라는 개념을 수정하여 주위 사람이 가진 개념과 더 가깝게 만들었을 것이다.

팀이 점차 '엄마mommy'라는 단어를 더 자주 사용함에 따라 자신의 어머니mother에 대한 처음의 이미지는 시간이 지날수록 계속 멀리 뻗어가는 뿌리처럼 시야에서 멀어지기 시작한다. 팀은 이 첫 이미지를 새로운 정신적 범주에 배정한 다른 사람의 속성에 덮어씌우기 시작할 것이며, 그 안에서 엄마Mommy가 지닌 선명하고 고유한 성격을 찾기가 갈수록 어려워질 것이다. 그럼에도 불구하고 팀이 성인이 된 후에도 **엄마**mommy라는 개념에는 **엄마**Mommy라는 근원적인 개념의 흔적이 남을 것이다.

어느 날 캐나다에서 온 어떤 친근한 여성이 팀을 아주 다정하게 대한다. 팀은 이 어른을 지칭하는 데 '엄마mommy'라는 단어가 여러 번 사용되는 것을 듣는다. 그래서 잠시 엄마가 한 명이 넘을지도 모른다는 결론을 내린다. 팀은 아직 이 가능성을 배제할 일련의 예측을 하지 않았으므로 충분히 가능한 생각이다. 때로 '두 번째 엄마'는 팀을 공원으로 데려가 역시 다른 엄마들과 잡담을 나누기도 한다. 그러나 일주일 정도가 지난 후 어디론가 가버린다. 당연히 팀은 슬픔을 느낀다. 이튿날 공원에 있던 엄마들 중 한 명이 팀에게 "할머니는 집으로 돌아가셨니?"라고 묻는다. 팀은 대답하지 않는다. 아직 **할머니**라는 개념을 모르기 때문이다. 그래서 그녀는 질문의 내용을 바꾼다. "팀, 네 엄마의 엄마는 어디 있어?" 그러나 팀은 이 질문을 더 이해할 수 없다. 팀은 **자신**에게 엄마가 있으며(심지어 지난 며칠 동안은 엄마가 둘이기도 했다), 따라서 자신의 엄마(그러니까 집에 남은 엄마)에겐 엄마가 있을 수 없다는 사실을 확실하게 안다. 결국 다정하게 대하고 지켜보고 도와주는 일을 하는 엄마(그리고 때로 아빠)가 있는 것은 **아이들**이다. 팀은 자신의 엄마가 아이가 **아니며**, 따라서 엄마가 있을 수 없음을 안다. 이는 명백하다! 그래서 여성은 이상한 질문을 멈추고, 팀은 다시 돌아가 논다.

그리고 시간이 흐른다. 몇 달 후 팀은 어른들이 때로 '어머니'라고 부르는 다른 어른과 함께 있다는 사실을 깨닫기 시작한다. 그러다가 문득 모든 것이 명확해진다. 아이들에게 있는 것은 **엄마**이고 어른들에게 있는 것은 **어머니**인 것이다. 이것은 이해가 된다! 덤으로 **엄마**와 **어머니** 사이에는 유추적 연관성이 존재한다. 물론 팀은 유추를 했다는 사실을 모른다. 팀은 10년이 더 지나도록 이 개념과 단어를 모를 것이다! 그래도 팀은 유추를 했다. 그리고 종종 그러하듯이 이 유추는 팀이 사정을 이해하는 데 도움을 주지만 약간 오도하기도 한다.

이제 우리는 세부 사항을 생략하고 단지 **엄마**와 **어머니**라는 두 개념이 점차 합쳐져서 핵심에 **엄마Mommy**라는 근원적인 개념이 있는 더 복잡한 개념을 만든다는 사실만을 더할 것이다. 그렇다고 해서 팀이 '어머니' 혹은 '엄마'라는 말을 들을 때마다 수지에 대한 근원적인 이미지가 떠오른다는 것이 아니라, 단지 보이지 않는 뿌리가 그런 식으로 구조화된다는 뜻이다.

모든 개념은 일반성을 키워가면서 더 차별적으로 변한다. 그러니까 일정한 시점이 되면 범주에 속한 일부 초기 요소가 자리를 잃고, 새로운 요소가 환영받는 일이 얼마든지 가능하다. 그래서 팀이 처음에 **엄마**라고 생각했던 공원의 아빠가 그 라벨을 잃게 되며, 팀의 할머니는 **어머니**라는 범주의 요소로 남지만, 아이들의 어머니에게 할당된 **엄마** 영역보다 덜 중심적인 영역으로 밀려나게 된다. 물론 시간이 지나면 팀은 (자신의 엄마Mommy가 한때 **아이**의 범주에 속했던 것처럼) 할머니도 한때 **엄마** 범주에 속했다는 사실을 이해하게 될 것이지만, 현재로서는 모두 이해할 수 있는 범위 바깥에 있다.

어머니라는 개념의 구름

어머니라는 개념이 아주 정확하다고, 어쩌면 **소수prime number**라는 개념만큼 정확하다고 생각할 수도 있다. 이 생각은 "X는 어머니입니까, 아닙니까?"라는 형식의 모든 질문에 언제나 정확하고, 객관적이며, 흑백이 분명한 답이 있을 것임을 암시한다. 그러나 잠시 생각해보자. 하나는 크고 하나는 작은 두 개의 인형을 갖고 노는 소녀가 큰 인형이 작은 인형의 어머니라고 말할 때, 이것은 어머니임motherhood의 한 사례일까? 큰 인형은 **어머니**라는 범주에 속할까? 혹은 반대로 반박당할 위험 없이 큰 인형은 그 범주에 속하지 **않는다**고 말할 수 있을까?

그리고 특정한 수지가 특정한 팀의 어머니로 묘사되는 특정한 책을 읽는다면, 책에 나오는 가상의 인물에 불과한 수지가 진정으로 **어머니**라는 범주에 속할까? 수지가 실제 인물을, 팀이 그 아들을 모델로 삼았다면 이야기가 달라질까? 수지는 큰 인형보다 더 어머니에 가까울까? 실제로 수지는 어떤 존재일까? 책에서 나이가 서른네 살이고, 머리칼은 옅은 갈색이고, 몸무게 54킬로그램에 키가 167센티미터이고, 한 소년의 엄마로 나온다면, 그녀가 육체를 지녔고 아이를 낳은 적이 있다는 것을 뜻할까? 적어도 인형은 물리적 대상이지만 수지는 그 측면에서 어떤 존재일까? 그녀는 책에 나온 단어들, 하얀 배경에 찍힌 검은 점으로 촉발된 추상적인 사고이다. 이 사고는 '그녀'라는 대명사를 가질 자격이 있을까?

팀이 여섯 살이 됐을 때 래시가 스팟의 어머니라는 말을 듣는다면 당연히 반박하지 않을 것이지만, 여왕벌이 벌집에 있는 모든 벌의 어머니라는 말을 듣는다면 어떤 말을 할지는 덜 분명하며, 어떤 경우라도 이 생각을 받아들이려면 약간의 정신적 노력이 필요할 것이다. 그리고 방금 두 개로 나뉘는 것을 본 하나의 물방울이 두 물방울의 어머니라는 말을 듣는다면 거의 분명히 아주 놀랍게 받아들일 것이다. 모두가 래시나 여왕벌 혹은 심지어 나뉘는 물방울에 적용되는 의미를 훌쩍 넘어서는 방식으로 '어머니mother'라는 단어를 사용하는 구절을 안다. 가령 'my motherland(나의 모국)', 'a mother cell(모세포)', 'the mother lode(주맥)', 'Mother Earth(대지)', 'Greece is the mother of democracy(그리스는 민주주의의 어머니다)', 'Necessity is the mother of invention(필요는 발명의 어머니다)' 같은 구절 말이다. 이 구절들은 **어머니**라는 개념의 사례, 모성maternity을 나타내는 진정한 사례일까? 이런 용례를 이해하는 적절한 방식은 무엇일까?

일부 독자는 이들이 모두 '비유적 어머니'라고 말하고 싶을 것이다. 실제로 이런 시각은 타당성이 없지 않지만 '진정한true' 어머니와 비유적 어머니를 나누는 명확한 경계는 없다는 점을 지적하지 않을 수 없다. 범주는 일반적으로 경계가 명확하지 않기 때문이다. 대개 비유적 의미와 축어적 의미는 상당히 겹치기 때문에 분명한 경계선을 그리려 하면 갈수록 흐릿해질 뿐이라는 사실을 발견하게 된다.

팀은 일고여덟 살이 되면 '어머니'라는 단어를 포함하는 구절을 유치원 때보다 훨씬 유연하게 다룰 것이다. 어쩌면 팀은 종교 관련 책에서 "마리아는 예수의 어머니다"라는 진술을 접할지도 모른다. 이 진술은 일상적인 의미를 약간 확장한 것이다. 마리아는 여성으로 상상되는 반면 예수는 어떤 의미에서 다른 모든 아기와 같은 아기로 상상되는 동시에 어떤 의미에서 마술적이고 전능한 신적 존재로 상상되기 때문이다. 그러나 일곱 살인 팀은 마리아가 예수를 낳는 모습을 상상하는 데 큰 어려움을 겪지 않을 것이다.

다른 한편 물리적인 출산이 어떤 대상에 어머니임motherhood을 부여하는 필요조건은 아니다. 누구도 명시적으로 가르치지는 않지만, 우리는 모두 어머니임이 **여성 친부모, 여성 양육자, 여성 보호자**의 속성을 비롯한 여러 다른 속성을 포괄하며, 이 속성들이 동시에 모두 존재할 필요는 없다는 사실을 알게 되기 때문이다. 가령 입양이라는 익숙한 사실은 출산이 어머니가 되는 한 가지 가능한 경로에 지나지 않음을 상기시킨다.

팀이 아홉 살이 되어 이집트나 신화를 다룬 책을 읽다가 "이시스Isis는 자연의 어머니다"라는 문장을 접한다면, 어머니임에 대한 이전의 이해를 적어도 약간은 확장해야 할 것이다. 이 경우 이시스는 인간이 아니라 신으로서, 팀의 머릿속에서 여성과 많이 비슷하지만 어떤 의미에서는 여성이 아니며, 몸에서 어떤 것도 물리적으로 내보내지 않으면서 자연 같은 아주 추상적인 대상을 낳을 수 있기 때문이다. 그러나 팀은 이 새로운 어머니임의 사례를 비교적 쉽게 받아들일 수 있을 것이다. 이시스는 이미 팀의 기억 속에 자리 잡은 **어머니**라는 범주에 속한 수백 명의 다른 요소와 충분히 비슷하기 때문이다.

팀은 계속 성장하면서 곧 "마리 퀴리는 방사능의 어머니다", "미국 독립혁명은 프랑스혁명의 어머니다", "미국 독립혁명은 미국 독립혁명의 딸들Daughters of the American Revolution의 어머니다", "유대교는 기독교의 어머니다", "연금술은 화학의 어머니다", "검열은 비유의 어머니다"(호르헤 루이스 보르헤스Jorhe Luis Borges)[8], "여가는 철학의 어머니다"(토머스 홉스)[9], "죽음은 미의 어머니다"(월리스 스티븐스Wallace Stevens의 시집에 나오는 시구이자 인지과학자인 마크 터너Mark Turner가 사고에서 비유의 역할을 자세하게 연구한 책의 제목)[10]처럼 더 추상적인 사례도 다룰 수 있게 될 것이다.

그리고 우리는 자연은 모든 살아 있는 것들의 어머니('대지Mother nature'), **수녀원의 수녀원장Mother Superior**, 컵 스카우트 여성 지도자**den mother**, 분사한 회사의 **모회사mother company**, 컴퓨터의 **마더 보드mother board** 등과 같은 생각으로 더 멀리 나아갈 수 있다. 공원의 어머니, 연속극의 어머니, 양어머니, 어머니 인형, 어머니 벌, 모세포, 마더 보드, 어머니 물방울, 어머니 신, 모회사……. 마더 보드 같은 다른 사례는 단지 '비유적 어머니'지만 팀의 엄마인 수지와 같은 몇몇 어머니는 분명히 '실제 어머니'라는 사실을 감안할 때 두 개의 차별적인 하부 범주 사이에 명확하고 객관적인 경계를 긋는다는 목표는 충분히 달성 가능한 것으로 보인다. 그러나 소설 속의 인물, 인형 어머니, 양어머니처럼 흐릿한 사례의 목록에서 보았듯이 이 바람은 매력적인 신기루일 뿐이다.

아이의 범주와 유추에 대하여

이 이야기는 이 책의 중심 주제, 즉 각 범주(우리는 이 책에서 이 용어를 '개념'이라는 용어와 같은 뜻으로 사용한다)는 오랫동안 축적된 일련의 즉각적인 유추의 산물이며, 어떤 상황에 속한 요소의 범주화는 아무리 사소해 보이더라도 전적으로 유추를 통해 이루어진다는 사실을 드러낸다. 이 주제의 핵심적인 부분은 (팀이 공원에서 본 소녀의 엄마처럼) 갓 지각된 자극과 (팀이 가진 **엄마Mommy**라는 범주처럼) 단일 요소만을 지닌 비교적 새롭고 빈약한 정신적 범주 사이에 형성된 유사성이 지각된 자극(다시 한 번 공원의 같은 여성)과 이미 수천 번의 유추가 기여한 고도로 개발된 정신적 범주(성인의 머릿속에 자리 잡은 아주 풍부한 범주인 **어머니**) 사이에 형성된 유사성과 다르지 않다는 것이다.

이 마지막 진술은 이 책에서 아주 중요한 진술 중 하나이지만 언뜻 미심쩍게 보일 수 있다. 두 살배기 아이가 세인트버나드를 보고 "양이다!"라고 외치는 행동과 뛰어난 천재성을 지닌 물리학자가 두 개의 고도로 추상적인 상황 사이에서 이루어지는 미묘하고 계시적인 덧입힘을 발견하는 행동이 동일한 메커니즘을 따른다는 말이 정말로 타당할까? 어쩌면 언뜻 타당치 않게 보일지 모르지만 이 책의 말미에서는 독자들도 납득하게 될 것이다.

그 사이에 이 목표로 인도할 경로를 구축하기 위해 우리는 몇 가지 중간 다리를 세울 것이다. 아이들이 한 몇 가지 진술을 살펴보면 유용할 것이다. 이 진술은 단어 선택을 뒷받침하는 숨겨진 유추를 드러내기 때문이다. 그래서 더 지체하지 않고 아래에 아이들이 말한 문장 몇 가지를 제시한다. 그중 다수는 발달심리학자인 카린 뒤비뇨Karine Duvignau가 집에서 아이를 돌보는 부모를 대상으로 진행한 연구에서 수집한 것이다.

두 살짜리 카미유는 자랑스레 말한다. "내가 바나나를 발가벗겼어요!I undressed the banana!"

카미유는 바나나 껍질을 자신이 벗겨낸 옷으로 보고, 사람이나 인형에 대해 말하듯이 바나나에 대해 말한다. 그래서 바나나는 '벌거숭이가 된다'(카미유가 말한 내용과 비슷한 부류).

두 살짜리 조안은 엄마에게 말한다. "서둘러요, 엄마. 눈을 켜요!Come on, Mommy, turn your eyes on!"

여기서 조안은 엄마에게 스위치 달린 전기 기구를 다루듯이 말한다.

두 살짜리 레니는 부러진 장난감에 대해 이렇게 말한다. "트럭을 보살펴야 해요!Gotta nurse the truck!"

카미유의 사례와 마찬가지로 여기서 우리는 무생물의 의인화를 본다. 트럭이 '아프니까' 아이는 '회복하도록' 보살피고 싶어 한다.

세 살짜리 탈리아는 이렇게 말한다. "치과의사는 이를 기워요.Dentists patch people's teeth"

이 문장은 앞의 문장과 반대이면서 같다. 즉 살아 있는 대상을 무생물인 것처럼 말하는 모습을 보여준다(조안과 마찬가지다).

세 살짜리 줠은 이렇게 외친다. "비가 꺼졌어요!They turned off the rain!"
줠에게 비는 스위치로 켜고 끌 수 있는 텔레비전이나 전등 같은 것이다.

다섯 살짜리 대니는 유치원 교사에게 말한다. "물을 좀 먹고 싶어요.I want to eat some water."

이 사례에서 대니는 모국어가 아니라 막 배우기 시작한 언어로 말하고 있기 때문에 자신이 아는 가장 의미가 가까운 단어를 찾아 사용했다.

여섯 살짜리 탈리아는 엄마에게 말한다. "오늘 윗집에 가서 꾸짖을 거예요?Are you going to go scold the neighbors today?"

전날 밤에 윗집 사람이 아주 시끄러운 파티를 해서 엄마가 탈리아에게 내일 아침에 찾아가서 항의할 것이라고 말했다. 탈리아는 '꾸짖다'라는 단어를 사용하여 무의식적으로 평등한 가치관을 드러냈다. 어른이든 아이든 때로는 야단을 맞아야 하는 것이다.

여덟 살짜리 톰은 이렇게 묻는다. "아빠, 기니피그는 얼마나 오래가요?Dad, how long does a guinea pig last?"

톰은 여기서 기니피그를 물건처럼 말하고 있는 것이 사실이지만, 자신의 애완동물을 대하는 다정한 태도는 **한정된 내구성을 지닌 대상**이라는 톰의 범주가 대다수 어른의 범주보다 훨씬 넓다는 것을 분명히 보여준다.

같은 나이일 때 톰은 부모에게 이렇게 물었다. "물을 어떻게 요리해요?How do you cook water?"

이 질문은 어느 날 아침 톰이 부모에게 커피를 타주겠다는 관대한 결정을 내렸을 때 나온 것이지만, 어떻게 시작되었는지는 확실치 않다. **가열하다, 끓이다, 요리하다, 준비하다** 같은 주방용 개념은 아직 톰의 머릿속에서 명확하지 않지만 톰이 주변 사람에게 최고급 레스토랑의 요리사가 되겠다는 포부를 밝혔기 때문에 이 모호성이 너무 오래가지 않기를 바랄 따름이다.

이번에도 여전히 여덟 살인 톰이 삼촌에게 말한다. "삼촌, 담배가 녹고 있어요.You know, your cigarette is melting."

이 말은 톰의 삼촌이 재떨이에 둔 담배가 천천히 타들어가는 것을 모른 채 대화에 푹 빠졌을 때 내뱉은 것이다. 톰은 담배가 아이들의 것이 아님을 알지만 아이스크림이나 사탕처럼 잘 아는 특정한 음식 중에서 녹는 것과 연계시켰다.

톰은 와인 잔을 넘어뜨린 후 스펀지를 가져와 재잘거린다. "이걸로 지울게요!Here, I'll erase it!"

종이가 연필로 칠해지고 칠판이 분필로 칠해지듯이 막 식탁보가 검붉게 칠해졌다. 그래서 톰에게는 스펀지가 쏟아진 액체의 흔적을 없애는 지우개 역할을 하는 것이 타당하다.

열두 살 난 미카는 엄마에게 부탁한다. "엄마, 머리를 걷어올려 주세요.Mom, could you please roll up your hair?"

미카는 엄마의 사진을 찍고 싶어 하며, 미카의 말이 뜻하는 바는 "머리를 쪽을 지듯 올려 주세요.Could you please put your hair up in a bun?"지만 그 생각이 더 생생한 방식으로 드러났다.

"엄마, 그만해도 돼요. 머리가 다 구워졌어요.You can stop Mom, your hair's all cooked now."(이제 다 말랐다는 뜻)라고 말하는 코렌틴이나 "내가 책을 부쉈어I broke the book"(찢었다는 뜻)라고 말하는 에선 혹은 "손톱을 파마하고 싶어I want to get my nails permed"(매니큐어를 바르고 싶다는 뜻)라고 말하는 티파니나 "엄마, 단추를 다시 붙여줄래요?Mom, can you glue my button back on?"(물론 '다시 달아달라'는 뜻)라고 부탁하는 알렉시아 그리고 끝으로 "버스는 가스를 먹나요?Do buses eat gas?"라는 고전적인 수수께끼를 던지는 조안도 매우 비슷한 사례를 제공한다.

아이들이 하는 추상화의 인상적인 수준

위에서 제시한 사례를 보고 아이들이 사실은 실수를 하고 있을 뿐이라고 생각할 수도 있다. 이때 중요한 것은 "무엇이 실수를 만드는가"이다. 대니가 '마시다to drink'라는 단어를 알지만 떠올리지 못하고, 실제로 말하고자 하는 바가 '먹는다to eat'라는 단어가 아니라는 사실을 깨닫는다면, '물을 먹고 싶다I want to eat water'라고 말하는 것은 실수일 것이다. 그러나 자신이 말하는 내용이 전적으로 합당하다고 느끼며, 유치원 선생님이 내용을 바로잡아주는 것에 놀란다면 대니의 진술은 적어도 대니 자신의 시각에서는 정확하다고 말할 수 있다. '바나나를 발가벗긴' 카미유, '책을 부순' 에선, 단추를 '다시 붙이고 싶어' 했던 알렉시아는 모두 '까다to peel', '찢다to tear', '달다to sew'라는 동사의 존재를 거의 혹은 전혀 몰랐을 가능성이 높다. 이 아이들이 보기에는 자신의 말이 정확하다. 아이들에게는 **벗기기**, **부수기**, **붙이기**에 대한 개념이 어른들의 머릿속에 있는 것보다 포괄적이며, 따라서 더 폭넓은 상황에 적용할 수 있기 때문이다. 가령 에선은 조건만 맞다면 거의 분명히 '커튼이 부서졌어' 혹은 '빵을 부쉈어' 혹은 '그 사람들이 집을 부쉈어'라고 말할 것이다.

다른 한편 전자제품으로 가득한 현대사회에서 조안("서둘러요, 엄마. 눈을 켜요!")이 '켜다to turn on'라는 동사에는 익숙하지만 '뜨다to open'라는 동사에는 아직 익숙하지 않을 가능성은 아주 낮다. 마찬가지로 줠('비가 꺼졌어요!')이 '끄다to turn off'라는 동사를 알지만 '그치다to stop'라는 동사를 모를 가능성은 대단히 낮다. 그래서 우리는 이런 의문을 갖게 된다. 이 아이들은 실수를 한 것일까, 아닐까?

실수인 것과 실수가 아닌 것의 경계는 생각보다 정확하지 않다. 이 아이들이 한 일은 의미상의 근사화approximation를 통해 어른들은 쉽사리 받아들이지 못할 방식으로 개인적인 개념을 늘린 것이다. 그 이유는 이 아이들의 머릿속에서 **켜다**, **끄다**, **뜨다**, **그치다**라는 개념이 아직 성숙한 형태에 이르지 못했기 때문이다. 마찬가지로 (동사에서 명사로 잠시 옮겨가자면) 애비의 경우 **말**과 **고양이**라는 범주가 비교적 안정된 성숙한 단계에 이르지 못하여 세 살 때 그레이하운드를 보고 '말'이라고 부르거나, 곧이어 치와와를 보고 '고양이'라고 불렀다. 이 단어들 뒤에 소리 없이 숨겨진 개념은 아이들의 머릿속에서 계속 개발될 것이다. 팀의 머릿속에서 **어머니**라는 범주가 계속 개발되었듯이 말이다.

이 아이들의 말은 "DVD에 흠집을 냈어I scratched my DVD"라고 하지 않고 "DVD를 부수었어I broke my DVD"라고 하거나 "차에서 내리다가 머리를 부딪혔어I banged my head getting out of the car"라고 하지 않고 "차에서 내리다가 머리를 부수었어I broke it."라고 할 때 어른들이 하는 의미상의 근사화와 크게 다르지 않다. 단지 어른들의 개념은 아이들의 개념보다 약간 더 정교할 뿐이다. 그리고 ('부수다break'라는 동사를 조금 더 다루자면) 'to break bread(함께 식사하다)', 'to break one's fast(단식을 끝내다)', to break one's silence(침묵을 깨다)', 'to break one's brain(머리를 혼란스럽게 만들다)', 'to break somebody's neck(전력을 다하다)', 'to break the ice(어색한 분위기를 깨다)', 'to break wind(방귀를 뀌다)', 'to break ground(착공하다)', 'to break the news(소식을 알리다)', 'to break someone's heart(슬픔을 안기다)', 'to break a habit(습관을 버리다)', 'to break away(달아나다), 'to break a code(암호를 해독하다)', 'to break a law(법을 어기다)', 'to break a world record(세계 기록을 깨다)' 등 종종 '비유적'으로 간주되는 많은 용례가 있다. 이런 용례는 명백히 아이가 '책이 부서졌다'라고 말하는 경우를 훌쩍 넘어서는 '부수다'라는 동사의 유추적 확장에 토대를 둔다.

아이들의 동사 활용에 대한 우리의 이야기는 아직 '꺼지지turned off' 않았다. 조안이 '서두르다Come on'라는 동사를 활용한 예("서둘러요, 엄마. 눈을 켜요!")를 살펴보자. 이 용례는 분명히 정확하며, 자신이 처한 상황에 대한 두 살배기의 깊은 이해를 드러낸다. '서두르다'라는 말은 무엇을 뜻하는가? 첫째, 이 동사는 화자가 어떤 변화를 바라고 있음을 가리키며, 그 변화를 일으키기를 원하는 사람에게 향하고 있다. 둘째, '부디please'보다 더 강하고 덜 정중하며 거의 '요구하는' 정도의 강도를 지니는 일종의 촉구로 말해진다. 셋째, '오다to come'라는 동사에 기초한 명령이기는 하지만 물리적 동작과는 아무 관계가 없다. 사실 '서둘러요'는 대단히 굳어진 표현이라서 더는 순수한 동사가 아니라 '이봐Hey' 같은 감탄사에 더 가깝다고 주장할 수도 있다. 어차피 '서둘러요!'라는 촉구에 '알았어요, 가고 있어요Okay, I'm coming on'라고 대답하는 사람은 없을 것이다. 그러나 여기서는 문법과 별개로 아이의 미묘한 단어 선택을 다루고 있다. 조안은 분명히 상황의 핵심을 정확히 짚었다. 즉 조안은 엄마가 눈을 뜨기를 바라며, 이 바람은 칭얼대는 말을 통해 목표를 이룰 수 있다는 강한 희망으로 이어졌다.

달리 설명하자면 조안은 이미 두 살이라는 어린 나이에 '서둘러요!'라는 라벨을 환기하고 그에 맞는 특정한 부류의 상황이 있다는 사실을 이해한 것이다. **서둘러요!come on!** 상황이라는 이 정신적 범주는 조안의 머릿속에서 확고한 기반을 마련했다. 이 범주에 속하는 상황 중 하나가 지금처럼 엄마가 낮잠을 자는 경우다. 그래서 요컨대 우리는 **서둘러요!** 상황이 세상의 물리적 대상을 가리키는 **눈**, **트럭**, **엄마** 같은 중요한 범주만큼 실질적이고 중요하다고 말하는 것이다. 두 살배기가 **서둘러요!** 상황이라는 추상적인 범주를 습득한 것은 작은 인지적 기적이며, 인간의 사고를 깊이 이해한다는 목표를 지닌 모든 사람에게 훌륭한 도전 과제이다.

레니의 사례에서 본 '해야 하다gotta'라는 동사의 선택('트럭을 보살펴야 해요!Gotta nurse the truck!')에도 초점을 맞출 수 있다. 이 두 살배기 소년은 '해야 하다'라는 유사 단어로 라벨이 붙는 상황, 즉 서둘러야 하고 지체할 시간이 없는 상황의 핵심을 이해했다. 레니가 '해야 하다gotta'를 한 단어라고 생각할 가능성이 높으며(그래서 'got to'나 'I've got to' 혹은 'we've got to' 등으로 표기하지 않았다), 이 점은 레니가 다른 상황에서 'You don't gotta do it' 혹은 'I gotted to do it' 혹은 동사로 활용하려는 명확한 시도를 담은 다른 변형태를 말한다고 해도 그것이 동사임을 완전히 이해하지 못했음을 암시한다. 그래서 다시 한 번 우리는 **아기**의 범주에 속하는 인간이 높은 수준의 추상화를 해낸 사례를 목격하게 된다.

다음은 동사가 관계되지 않는 다른 사례이다. 여섯 살 탈리아는 "아빠, 냉장고에 데오도란트가 필요해요!Dad, we have to get some deodorant for the refrigerator!"(비린내가 나니까)라고 말하고, 탈리아의 두 살 반 된 사촌인 한나는 막 에스키모 파이Eskimo Pie의 초콜릿을 전부 핥아먹은 후 기쁜 목소리로 이렇게 외친다. "이것 봐요, 아이스크림이 발가벗었어요!Look, now the ice cream is naked!"

가장 평범하고 구체적인 대상을 가리키는 명사의 경우에도 많은 미묘성이 남아 있다. 레니는 "트럭을 보살펴야 해요!"라고 말했는데 도대체 무슨 트럭을 말하는 것일까? 아파트에는 트럭이 없고 단지 부서진 장난감이 있을 뿐이다. 이 대상이 정말 트럭일까? 그렇기도 하고 아니기도 하다. 레니는 고속도로에서 보는 트럭이 **자신의** 트럭보다 훨씬 크다는 사실을 잘 안다. 그러나 레니에게 실제 트럭은 먼 곳에 있는 추상적 대상이어서 만져본 적도 없다. 반면 작은 장난감 트럭은 아파트 마루에 깔린 가상의 고속도로를 달리는 물리적 대상이다. 그런 의미에서 레니에게 장난감 트럭은 '실제' 고속도로를 달리는 '실제' 트럭만큼 **트럭**이라는 범주에서 중심적인 요소다. 사실은 장난감 트럭이 실제 트럭보다 더 중심적인 요소일 것이다. 아이러니하게도 레니에게 **실제** 트럭은 비유적 대상일 뿐이다.

달을 조명하다

앞서 우리는 아이들의 구체적인 지각과 수준 높은 물리학자의 추상적인 정신적 도약 사이에 강력한 유사성이 있음을 언뜻 내비쳤다. 이제 구체적인 사례를 통해 이 논지를 살펴보자.

1610년 막 첫 망원경을 만든 갈릴레오 갈릴레이는 망원경으로 다양한 천체를 관측했다. 지금은 아주 명확하지만, 당시에는 행성과 항성의 구분이 아직 모호했다는 사실을 상기하자. 특정한 하늘의 빛은 다른 빛들이 만든 배경 위를 떠도는 듯이 보였지만 이러한 움직임의 이유는 전혀 명확하지 않았다. 갈릴레오가 목성에 초점을 맞추기로 한 결정은 그것이 무엇인지 알았기 때문이 아니다. 아마도 목성이 아주 밝았고, 그래서 가장 끌리는 관측 대상이었기 때문일 것이다.

갈릴레오가 첫 번째로 접한 놀라운 사실은 망원경으로 보면 목성이 단순한 점이 아니라 작은 원으로서 이 '빛의 점'이 확고한 크기를 지닌 단단한 대상일 수 있음을 암시한다는 것이었다. 갈릴레오는 분명 등불을 들고 다가오는 사람을 본 적이 있을 것이다. 멀리서 보면 등불은 크기가 없는 점처럼 보이지만 시간이 지나면 그 점에 조금씩 지름이 생긴다. 갈릴레오는 이 익숙한 현상과의 유추를 통해 그때까지 빛의 점이었을 뿐인 목성이 실은 주위에서 익히 아는 대상과 같은 물리적 대상일지도 모른다고 상상했다. 두 번째 놀라운 사실은 이 작고 하얀 원을 배경으로 작고 검은 점들이 관측되며, 게다가(세 번째 놀라운 사실) 이 작은 점들이 어떤 것은 몇 시간에 걸쳐서, 다른 것은 며칠에 걸쳐서 직선으로 원을 가로지른다는 것이었다. 뿐만 아니라 이 점들은 하얀 원의 가장자리에 이를 때마다 색깔을 바꾸어서 검은 공간을 배경으로 하얗게 변했으며, 같은 직선을 따라 계속 이동하다가 속도를 늦춘 다음 멈췄다가 되돌아갔다. 그리고 하얀 원의 가장자리로 돌아가면 완전히 사라졌다가 잠시 후 반대편에서 다시 나타났다.

우리는 갈릴레오의 획기적인 발견을 아주 세세하게 파고들지는 않을 것이다. 그보다 이 위대한 과학자가 망원경으로 관측한 현상을 해석한 방식에 초점을 맞추고자 한다. 갈릴레오는 목성이 대략 구체이며, 그 주위를 더 작은 천체들이 완벽한 주기로(어느 점에 주목하느냐에 따라 약 이틀에서 보름 주기로) 회전한다고 판단했다. 그는 지구가 둥글며, 달Moon이 약 30일 주기로 그 주위를 돈다는 사실을 알았다. 이 모든 사실이 더해지면서 갑자기 어떤 생각이 그의 머릿속에 떠올랐다. 갈릴레오는 문득 여러 달Moon을 거느린 두 번째 지구를 '보고' 있었다. 우리는 독자들에게 갈릴레오의 해석이 '지각'의 결정적인 순간이었음을 상기하기 위해 '보고'를 따옴표 안에 넣었다. 그의 눈에 닿는 빛의 자극은 조금도 바뀌지 않았기 때문이다. 달Moon과 빛의 점(혹은 그 점이 있던 위치에 따라 검은 점) 사이의 유추가 천재성의 번뜩임, 말하자면 혜안가의 '혜안'이었다.

설령 망원경이 주어진다고 해도, 여러 주에 걸쳐서 하늘의 빛을 관측한다고 해도, 특별히 목성에 집중한다고 해도 모두가 갈릴레오가 본 것을 보지는 못할 것이다. 그 순간 이전에는 '달Moon'이라는 단어가 오직 하나의 대상에만 적용되었으며, 그 대상을 '복수화한다pluralizing'는 공상은 당시 모든 사람의 상상력을 넘어서는 것이었기 때문이다. (그리고 어떤 독창적인 사람이 과감하게 그런 생각을 했다면 그것만으로도 이른 죽음을 맞기에 충분했을 것이다. 1600년에 지구와 같은 세상이 우주 전체에 퍼져 있다는 공상 때문에 로마에서 화형을 당한 불쌍한 지오다노 브루노Giordano Bruno의 사례를 떠올려보라.) 뿐만 아니라 갈릴레오의 과감한 복수화는 대다수 사람에게 우스워 보일 유추의 산물이었다. 결국 그것은 한쪽에 있는 세상 전체(당시 대다수 사람에게 '지구'와 '세상'은 동의어였으므로)와 다른 한쪽에 있는 아주 작은 빛의 점 사이를 잇는 유추이기 때문이다. 이 유추는 설득력이 없어 보임에도 불구하고 지구의 복수화로 이어졌다. 그 이유는 목성을 다른 지구로 보는 데서 출발했기 때문이다. 이후 달Moon의 복수화가 빠르게 뒤따랐고, 이는 자연스럽게 두문자 'M'의 소문자화로 이어졌다. 그에 따라 **달moon**이라는 개념이 탄생했고, 이 순간부터 모든 천체, 심지어 달moon 자체의 주위를 도는 하나 이상의 달moon을 상상하는 일이 가능해졌다.

우주의 작은 대상들이 더 큰 대상의 주위를 돈다는 가설을 통해 갈릴레오가 상상한 것은 하나 이상의 대상이 중심적인 대상 주위를 도는, 친숙한 수많은 지상의 상황을 전대미문의 규모로 복제한 것이었다. 갈릴레오의 천재성은 코페르니쿠스의 지동설을 진지하게 참고하여, 하늘이 인간의 삶을 더 즐겁게 하는 것이 유일한 목적인 예쁜 이차원적 벽화가 아니라 인류와는 전적으로 별개의 것이고, 지구에서 자신이 아는 장소와 비슷하지만 훨씬 광활하며, 따라서 미지의 규모를 지닌 대상이 운행할 수 있는 진정한 **공간**이라는 사실을 생각해냈다는 것이다. 사실 갈릴레오는 목성과 그 달moon들의 크기를 전혀 몰랐다. 물론 대략 지구만 한 구체를 상상할 수 있었지만 그가 확인할 수 있는 것은 일련의 작은 점뿐이기 때문에 어림짐작에 불과했다. 그래서 자신이 관측을 하며 살아가는 도시인 파도바Padova보다 크지 않거나 지구보다 100배 더 클 수 있다고 보았다. 갈릴레오의 유추는 방대하고 구체적인 대상(지구와 달Moon)과 아주 작고 비물질적이지만 그럼에도 불구하고 또 다른 방대하고 구체적인 것으로 상상할 수 있는 대상(하나의 원과 몇 개의 점) 사이에서 창조된(혹은 인식된) 유추였다.

갈릴레오의 이 심오한 시각이 아주 작은 장난감을 (다른 요소들은 너무 커서 거의 상상도 할 수 없는) **트럭**이라는 범주의 요소로 보는 아이의 시각과 다를까? 한 가지 사실은 분명하다. 그러니까 두 경우 모두 아주 큰 대상으로 상상된 아주 작은 대상이 있고, 인식하는 사람은 친숙하지 않은 대상을 이해하기 위해 친숙한 대상을 활용한다는 사실 말이다.

그리고 갈릴레오가 한 일과 아이가 한 일 사이에서 **우리**가 이끌어내고 있는 유추는 어떤가? 이 역시 하나의 규모에서 다른 규모로 도약하는 것이 아닐까? 바닥에 있는 소리 없고 냄새 없는 플라스틱 장난감 트럭을 고속도로를 달리는 시끄럽고 매연을 뿜어내는 트럭과 연결하는 아이의 작은 인지적 도약은 단지 지구를 상상 속의 먼 목성과 연결하고, 친숙한 달Moon을 상상 속의 먼 목성의 달들Moons과 연결하는 갈릴레오의 수준 높은 인지적 도약의 작은 형태가 아닐까? 사실 일상적인 대상을 표준적인 명칭으로 부르는 아이의 행동은 인간의 삶을 변화시킨 새로운 개념을 창조한 천재의 행동과 가까운 관계가 아닐까? 당분간은 이 주장을 더 전개하지 않겠지만 일단 여기서 씨앗은 심어놓았다. 더 멀리 나아가려면 대단히 일상적인 범주의 미묘성을 더 자세히 들여다보아야 할 것이다.

복도와 이면에서의 유추

수년 전에 더글러스 호프스태터는 안식년을 보내려고 이탈리아로 갔다. 그는 이탈리아에 도착할 당시 이탈리아어를 상당히 잘하는 편이었지만 비슷한 상황에 처한 다른 사람들처럼 많은 실수를 저질렀다. 때로는 미묘하고 때로는 그렇지 않은 이 실수는 대부분 모국의 문화와 언어에 따른 무의식적 유추에서 기인한 것이었다. 그의 사무실이 있는 연구소 건물에는 교수, 연구원, 학생, 저술가, 비서, 사무원, 기술자, 식당 직원 등 300여 명이 일하고 있었다. 그는 처음 몇 주 만에 수십 명을 만났고, 바로 그들의 이름을 잊어버렸다. 그러나 작은 사무실을 나설 때마다 넓고 장엄한 복도에서 계속 그들을 마주쳤다. 복도에서 마주치면 매번 갓 도착한 이 **미국인 교수**를 바로 알아보고 따뜻하게(혹은 적어도 정중하게) 인사를 건네는 이 다정한 사람들에게 무슨 말을 해야 할까? 그리고 매일

보지만 사실상 한 번도 만난 적이 없는 사람들에게 무슨 말을 해야 할까?

모국의 문화에 따라 처음 추정한 내용은 설령 이전에 본 적이 있는지 확실치 않더라도 모두에게 '차오Ciao'라고 인사하는 편이 적절하다는 것이었다. 이는 '하이Hi'라고 인사하는 미국 방식에 따른 순진한 추정이었으며, 아마도 그렇게 갑작스러운 인사를 받았지만 외국 손님이라는 지위 때문에 자연스럽게 그 사람에게 맞춰주려는 경향이 있는 사람에게는 매력적으로 보였을 것이다. 그러나 **그 교수**는 곧 자신의 단음절적 선택이 마주치는 대다수 이탈리아 원어민의 선택과 일치하지 않는다는 사실을 깨달았다. 물론 그에게 '차오!'라고 말하는 사람도 있기는 했지만 그들은 잘 아는 가까운 동료였다. 그렇지 않은 사람들은 '살베Salve'나 '본조르노Boungiorno'라고 말하곤 했다. 이 두 가지 인사법과 연계된 격식의 수준을 파악하는 데 시간이 좀 걸리기는 했지만 마침내 그는 복도에서 인사를 할 때 따를 수 있는 대단히 명확한 규칙을 만들었다. 바로 기본적으로 서로 이름을 부르는 사람에게는 '차오'라고 인사하고, 가끔 만나고 얼굴을 알아보는(혹은 알아본다고 생각하는) 사람에게는 '살베'라고 인사하며, 아는 사람인지 확실치 않은 사람과 거리를 두고 싶은 사람에게는 '본조르노'라고 인사하는 것이었다.

그는 이 규칙을 정한 뒤 이탈리아어를 모어로 쓰는 친구들(사실 한 번도 이 문제를 생각해본 적이 없고, 그래서 자신이 어떻게 인사하는지 그다지 신경 쓰지도 않는)에게 대강 확인을 받은 후 새로운 통찰을 실행에 옮겼다. 그래서 복도에서 누군가를 마주칠 때마다 즉각적인 분류 작업을 해야 했다. 즉 이름을 부르는 사이 ⇒ **차오**, 조금 아는 사이 ⇒ **살베**, 모르는 사이 ⇒ **본조르노**라는 식이었다. 그는 이것이 전혀 사소하지 않은 인지적 과제라는 사실을 금세 깨달았다. 다행히 이 세 가지 인사 범주에는 기준에 부합하는 한두 명이 있었다. 그래서 그는 그들을 출발점으로 삼아 낯익음의 흐릿한 복도를 더듬거리며 나아가기 시작했다. 가령 '흠, 저기 다가오는 사람은 대략 곱슬머리에 키가 큰 사무원이라는 만큼은 알지'라는 생각이 들면 '살베'라고 인사를 했다. 이렇게 세 범주의 핵심을 구성하는 여러 중요한 인물을 중심으로 시간이 지남에 따라 퍼져가는 정신적 구름이 형성되기 시작했다. 이 전략은 상당히 유용했으며, 몇 달 후 **그 교수**는 처음에는 수수께끼 미로였던 복도를 걸어가면서 능숙하게 문제를 해결했다.

이는 모든 단계에서 유추를 활용하여 새로운 범주(이 경우에는 **차오** 상황, **살베** 상황, **본조르노** 상황)가 형성되는 양상을 보여주는 구체적인 사례다. 또한 이 사례는 또 다른 요점, 그러니까 인사를 하는 것처럼 간단해 보이는 일의 이면에도 미묘한 범주에 의존하는 복잡한 인지적 과정이 있다는 사실을 부각시킨다.

영어에서 앞서 제시한 사례와 많은 요점을 공유하는 사례를 살펴보자. 우리는 특정한 경우에 고마운 마음을 전하기 위해 간단히 'Thanks'라고 말한다. 그리고 다른 경우에는 'Thank you'나 'Thank you very much'나 'Thanks a lot'이라고 말한다. 사실 'Many Thanks', 'Thanks ever so much', 'Thanks for everything', 'Thanks a million', 'How can I ever thank you', 'I can't thank you enough'처럼 익숙한 구절을 비롯하여 고마움을 표현하는 온갖 종류의 방식이 있다. 물론 고마움을 표현하는 각각의 경우에 대한 하나의 정확하고 완벽한 선택은 없지만, 다른 한편으로 특정한 상황은 아주 자연스럽게 단 하나의 표현을 환기시킬 것이며, 일부는 특정한 상황과 전혀 맞지 않을 것이다. 요컨대 상황과 표현 사이에 일대일 호응 관계는 없지만 원어민의 적절한 선택은 무작위적 행동, 단순한 주사위 던지기와 거리가 멀다. 우리는 어릴 때 어른들이 위의 구절 중 하나를 생각할 필요 없이 바로 사용하는 수천 가지의 상황을 접하고 곧 자신도 그렇게 하기 시작한다. 종종 어른들은 얼핏 웃음을 지어서 표적이 약간 빗나갔을지 모른다는 느낌을 주고, 다른 때에는 상대방의 반응을 보고 표적에 명중했음을 알게 된다. 이렇게 사람들은 조금씩 이 중요하고 자주 쓰는 구절들이 지니는 적용성의 범위에 대한 감각을 얻는다. 그러나 일상적인 인사와 감사 기술을 숙달한 현재 상태로 이끈 많은 경로에 대한 기억은 아마 없을 것이다.

이 사소해 보이는 행동에 적용되는 사실은 (아이들의 사례에서 이미 살폈듯이) 동사, 형용사, 부사, (곧 살필) 감탄사 등을 비롯하여 우리가 현실의 모든 측면에 붙이는 라벨에도 적용된다.

'사무실' 혹은 '서재'?

흔하디흔한 대화에서 즉흥적으로 쓰는 단어에 주의를 기울이면, 단어 선택(사실 단어는 대개 자동적으로 떠올라서 선택처럼 느껴지지 않기 때문에 '선택'이 **적절한 표현 mot juste**인지는 모르겠지만)의 이면에 놀라운 사실이 많음을 알게 될 것이다. 여기서 우리는 몇 년 후 미국으로 돌아온 위에서 언급한 **교수**의 집을 며칠 동안 방문한 켈리와 딕의 사례를 살필 것이다. 공교롭게도 켈리와 딕은 모두 '너의 사무실your office'이라는 개념을 집주인의 정규 작업 공간을 가리키는 데 사용했지만, 집주인은 항상 그곳을 '나의 서재my study'라고 불렀다. 그는 며칠 동안 이 인지 부조화를 견디다가 마침내 "왜 **내**가 항상 '서재'라고 부른다는 사실을 잘 알면서 '사무실'이라고 불러?"라고 물었다.

두 보스턴 손님은 이런 질문을 전혀 예상하지 못했지만, 그들은 금세 답을 제시했고, 그것은 거의 확실히 **정답**이었다. 그들은 이렇게 대답했다. "우리 보스턴 집에서 우리가 일하는 곳(두 사람은 집에서 작은 홍보 회사를 운영한다)은 3층(꼭대기 층)에 있는데 항상 '사무실'이라고 불러. 컴퓨터, 프린터, 복사기, 모든 서류함, 이 일을 한 후로 제작한 모든 슬라이드와 비디오가 거기 있지. 너의 경우도 마찬가지야. 너의 작업 공간은 꼭대기 층인 2층에 있고, 컴퓨터, 프린터, 복사기, 서류함, 책 등 일에 필요한 모든 것이 거기 있지. 우리에게는 유사점이 명백하고 분명해. 생각할 필요도 없이 바로 알게 되지. 그래서 우리가 보기에 너의 작업 공간은 더없이 분명하게 **사무실**이야. 그게 전부야."

집주인은 잠시 생각한 후 이렇게 대꾸했다. "아! 이제 어떻게 된 건지 알겠어. 내가 캘리포니아에서 지낸 어린 시절에 집 2층(이번에도 꼭대기 층)에 아버지가 '서재'라고 부르던 방이 있었어. 수많은 종이, 책, 계산자, 서류함, 기계식 계산기 등을 두던 방이지. 매일 나는 아버지가 거기서 일하는 모습을 봤어. 그 기억이 선명해. 그리고 아버지는 근무하던 대학 캠퍼스에도 책이 더 많이 있는 **사무실**이 있었어. 아버지는 종종 거기서도 일했지만 내게는 아버지의 **서재**와 **사무실**의 차이가 명확했어. 이제 나도 집에 **서재**를, 여기 인디애나 캠퍼스에 **사무실**을 갖고 있어. 그래도 두 곳을 절대 혼동하지 않아. 그게 나의 관점이야."

이런 맥락에서 친구들의 대화는 마무리되었지만 여기서 중요한 교훈을 얻을 수 있다. 첫째, 분명한 사실은 모든 당사자가 아주 익숙한 상황에 따른 유추에 무의식적으로 의존했다는 것이다. 이 유추는 약간의 '차이slippage'(2층이 아닌 3층, 책이 아닌 슬라이드와 비디오, 학문적 연구가 아닌 홍보 업무, 컴퓨터가 아닌 계산기 등)를 수반하지만 동시에 더 중요한 핵심을 존중하고 보존했다. 그러니까 각 유추는 집의 다른 공간과 분리되고 일에 필요한 도구를 보관하는 등의 성격을 지닌 일반적인 작업 공간을 수반한다. 각 경우에서 작업 공간에 적용하는 단어의 선택이 **선험적**a priori인 것이 아니라 하나의 단일하고 친숙한 상황에 따른 유추에서 기인하며, 하나의 대상을 **사무실**이라는 일반적인 범주에 배정하는 일은 평생에 걸쳐 접한 수천 개의 다른 사례를 통해 **사무실**이라는 풍부하고 추상적인 범주가 구축된다는 사실에 의존한다는 것을 알게 된다. 그러나 이 사례에서 그런 일반적인 범주와의 연계는 이루어지지 않았다. 세 사람 모두 나름의 풍부하고 추상적인 개념을 가졌지만 완전히 무시했으며, 대신 단일하고 익숙한 상황에 따른 구체적이고 현실적인 유추를 했다. 임원 사무실, 치과 의사 사무실, 의사 사무실, 변호사 사무실 등과 같은 **사무실**에 대한 수많은 원형적 사례는 켈리와 딕의 머릿속에서 일어난 일과 아무 상관이 없었다. 중요한 것은 자신의 집에서 얻은 **사무실**에 대한 근원적인 이미지였다. 이는 **엄마**Mommy에 대한 어린 팀의 근원적인 이미지를 연상시킨다. 성인이 된 팀에게 **어머니**라는 개념은 엄청나게 풍부해졌지만 자신의 어머니가 오랫동안 유추의 잠재적 원천으로 남았다는 점에는 의심의 여지가 없다. 팀의 어머니는 결코 **어머니**라는 추상적인 개념 속에 녹아들어가 사라지지 않았다.

이러한 일이 있은 후 두 보스턴 손님이 이듬해 친구의 집을 방문하는 동안 서재를 가리킬 때 가끔씩 '다락방attic'이라고 불렀다고 한다. 다시 한 번 이 단어 선택에 놀란 그는 이유를 물었다. 그들은 보스턴에 있는 사무실에 대한 이야기를 할 때 종종 '다락방'이라는 용어를 쓴다고 설명했다. 이런 맥락에서 두 사람에게 '다락방'이라는 단어는 전형적인 주택에 있는 지저분하고 먼지 덮인 전형적인 다락방과 아무 관련이 없었다. 오히려 그들은 지저분함의 범위에서 반대편 끝에 있는 방, 그들의 집에 있는 매일 사용하는 아주 깨끗한 공간을 생각했다. 그래서 다시 한 번 우리는 새로운 장소를 많은 장소들이 한데 뒤섞인 포괄적인 범주가 아니라 오직 하나의 단일하고 익숙한 장소와 연계하는 대단히 현실적인 유추를 보게 된다.

켈리와 딕이 친구의 집에서 거미줄, 해묵은 수표장, 외국에서 가져온 크고 오래된 목재함, 서툰 솜씨의 버려진 그림 등으로 가득한 정말로 원형적인 다락방을 발견했다면 분명히 '다락방'이라는 단어가 머릿속에 떠올랐을 것이다. 두 사람 모두 기억 속에 **우리의 다락방**이라는 개념뿐만 아니라 필요할 경우 표준적인 다락방을 그리게 만드는 **전형적인 다락방**이라는 개념이 있기 때문이다. 가령 켈리가 미스터리 소설을 읽다가 "늙은 고모는 몸을 떨며 황금 조각상을 찾기 위해 다락방으로 가는 좁고 가파른 계단을 천천히 더듬으며 올라갔지만 45분이 지나도록 내려오지 않았다"라는 문장을 읽을 때, 이 서술이 켈리의 머릿속에서 보스턴 집에 있는 다락방의 이미지를 환기할 가능성은 아주 낮다.

손님들이 처음에는 '사무실'로, 나중에는 '다락방'으로 부른 주인의 **서재** 사례는 말하고자 하는 바를 정확하게 지시하는 것처럼 보이는 라벨을 향해 무의식적 유추의 인도를 받는 양상을 보여준다. 또한 범주화와 유추 사이에 경계선 내지 구분이 없는 이유를 말해준다.

범주와 개념 공간의 구조

방금 든 일화는 ('다락방', '트럭', '열다', '녹다', '보살피다', '서둘러요!', '안녕Ciao' 등의 용어로 표시되는) 개념이 구체적이고 아주 명확한 사례를 가질 수 있음을 보여준다. 실제로 골퍼를 상상하라고 하면 당신은 일요일 아침에 골프 카트를 타고 이름 없는 페어웨이를 달리는 이름 없는 중년 여성의 이미지를 떠올릴 **것이다**. 그러나 5번 아이언을 휘두르는 타이거 우즈 같은 유명한 골프 선수의 이미지나 골프 레슨을 받았던 프로 골프 선수의 이미지를 떠올릴 가능성이 더 높다. **골퍼golfer**라는 범주는 다양하게 사용될 수 있으며, 이 명확하고 구체적인 각 사례의 주위에는 멀리 퍼져나가는 후광이 있다. 가령 타이거 우즈 사례의 주위에서는 까다로운 그린에서 긴 퍼팅을 성공하는(혹은 실패하는) 모습뿐만 아니라 다양한 공항 광고판과 텔레비전 프로그램 등에 나오는 모습은 말할 것도 없고 엄청난 힘으로 티샷을 하고, 러프와 벙커에서 빠져나오는 모습을 상상할 수 있다. 게다가 모든 골프광은 분명히 타이거 우즈를 둘러싼 이 구름 속에서 잭 니클라우스, 아널드 파머, 샘 스니드, 벤 호건 등 유명한 선수를 많이 찾을 수 있을 것이다. 골프와 친숙한 사람은 누구나 아무런 문제없이 이런 이미지를 환기할 수 있을 것이다. 그렇다면 **골퍼**라는 개념은 무엇에 해당할까?

골퍼라는 개념의 속성을 묻는 일은 **선험적**으로 "인간의 사고는 무엇인가?"라는 거대한 질문에 비하면 사소하게 보일지도 모르지만, 실은 그렇지 않다. 어떤 경우라도 **골퍼**라는 개념에 대한 우리의 소소한 사색은 개념들이 유사성과 문맥의 관계를 통해 긴밀하게 서로 연결되어 있다는 명백한 사실을 부각한다. **골퍼**라는 개념은 **미니 골퍼**라는 개념과 밀접하게 연관되며, **테니스 선수**, **육상 선수**, **경륜 선수** 같은 개념과는 그다지 밀접하지 않다. 이런 연결 관계 중에서 일부는 아주 밀접한 반면 다른 일부는 너무 멀어서 거의 존재하지 않는다(가령, 어떤 사람은 **골퍼**라는 관념과 **스모 선수**라는 관념 사이에서 둘 다 운동선수라는 사실을 제외하면 사실상 어떤 관계도 찾지 못할 것이다).

골퍼라는 개념은 또한 (다양한 개념적 거리에서) **골프 코스**, **홀**, **페어웨이**, **티**, 우

드, **아이언**, **퍼팅**, **그린**, **파**, **버디**, **이글**, **보기**, **더블 보기**, **홀인원**, **훅**, **슬라이스**, **골프 카트**, **캐디**, **토너먼트** 같은 수많은 다른 개념들 그리고 당연히 다수의 구체적인 사람들(혹은 더 정확하게는 이 사람들을 대표하는 개념들)과 연결되어 있다. 분명히 그 이름을 들었고 기억 속에 저장되어 있을 가능성이 높은 골프 선수가 많음에도 불구하고 골프 팬은 1960년대 이후의 보통 선수들보다 타이거 우즈를 생각할 가능성이 훨씬 높다. 따라서 **골퍼**라는 개념의 '중심'에서 **타이거 우즈**라는 개념까지의 거리는 아주 가까운 반면, 근래에 활동한 보통 선수들까지의 거리는 아주 멀다. 특정한 선수가 어머니 내지 삼촌 혹은 다른 친척이 아니라면 말이다.

그래서 우리는 분리된 점처럼 개념들이 존재하는 다차원적 공간이라는 생각을 얻게 된다. 그러나 각 점들 주위에는 개념의 모호하고, 흐릿하며, 유연한 속성에 해당하는 후광이 있으며, 이 후광은 핵심에서 멀어질수록 더 약해진다.

머릿속에서 이뤄지는 끝없는 개념의 덩이 짓기

개념이 우리의 머릿속에서 내적 구조를 지니지 않으면 우리는 한 개념과 다른 개념 사이에서 유추를 할 수 없다. 유추의 핵심은 어떤 정신적 구조를 다른 정신적 구조에 덧입히는 것이다. 우리는 가령 손가락과 발가락뿐만 아니라 손이 물리적으로 팔에 붙은 방식과 발가락이 물리적으로 발에 붙은 방식까지 상기해야 손과 발이 유사함을 이해할 수 있다. 이런 사실은 '손'이 지닌 의미의 요소로서 **손**이라는 개념에 필수적이며, 손의 양상을 이룬다. 그러나 **손**이라는 개념 '내부'에 이런 사실이 얼마나 많이 존재할까? 우리가 지닌 개념의 내부 구조는 얼마나 정교할까? 잠시 이 문제를 살펴보자.

어떤 교수의 머릿속에 있는 다소 복잡한 기억, 가령 엑상프로방스에서 보낸 안식년을 떠올린다고 가정해보자. 그해를 상기할 때 당연히 그녀는 300여 일을 영화처럼 재현하지 않는다. 그녀는 가장 기본적인 개요에 따라 극히 작은 일부만을 본다. 이는 마치 비행기에서 산맥을 내려다볼 때 넓은 구름층이 아주 높은 산꼭대기만 드러내는 것과 같다.

그곳의 세부 사항이나 그해에 일어난 주요 사건, 거기서 만난 매우 흥미로운 사람 혹은 자녀가 다닌 학교 등에 대해 질문을 받으면 비로소 그 측면이 드러나겠지만, 그때까지는 모두 '구름양cloud cover' 아래 숨겨져 있다. 그리고 그녀가 초점을 자녀가 다닌 학교로 옮기기로 결정할 때도 학교에 대한 두드러진 측면의 일부만 드러날 것이다. 그녀의 초점이 더 아래로 내려가 어느 교사에 이르면 그 사람에 대한 두드러진 일부 측면만 드러날 것이며, 이런 식으로 계속 이어질 것이다. 엑상프로방스에서 보낸 안식년이라는 포괄적인 기억은 결코 전체 모습을 드러내지 않는다. 오히려 일부(하지만 아주 두드러진)만 계속 드러난다. 그러나 그 조각들에 초점을 맞출 수 있고, 이런 식으로 거대한 기억이 그 구성 요소 안으로 풀어지며, 뒤이어 해당 구성 요소도 같은 방식으로 풀어질 수 있다.

가장 방대한 것부터 가장 소소한 것까지 우리가 지닌 모든 개념은 대부분 시야에서 가려져 있지만 요청에 따라 부분적으로 풀어지고, 그 푸는 과정을 아래로 여러 단계까지 반복할 수 있다는 동일한 속성을 지닌다. 언뜻 안식년 같은 방대하고 복잡한 사건과 달리 단순한 단어로 표시되는 개념에 그다지 내부 구조가 없을 것이라고 생각할 수 있지만 실상은 그렇지 않다.

발이라는 개념을 생각해보라. 당신은 처음에 발을 생각할 때 각피, 땀샘, 털, 다섯 개의 지문趾紋을 만드는 색다른 소용돌이무늬가 아니라 발가락, 발목, 크고 모호한 중심 부위 그리고 아마도 발바닥과 발뒤꿈치를 생각할 것이다. 뒤이어 당신이 원한다면 머릿속으로 발가락에 초점을 맞춰서 위의 발톱과 아래의 지문뿐만 아니라 내부의 뼈와 관절까지 '볼' 수 있다. 뒤이어 다시 원한다면 머릿속으로 발톱에 초점을 맞출 수 있으며, 이런 식으로 계속된다.

지금까지 우리의 논의는 개념이 그 구성 요소인 물리적 부분에 따라 구조화되며, 언제나 더 작은 요소를 향해 풀린다고 암시할 수 있다. 물론 이 암시는 사건이나 다른 종류의 추상화에 대한 개념에는 타당치 않지만 개념이 물리적이라고 해도 반드시 그런 것은 아니다. 지금 이 점을 아주 명확하게 만드는 사례를 하나 제시하겠다. 바로 특정 항공사의 **허브**hub라는 현대적인 개념이다. 이 개념을 고른 이유는 '허브'라는 단어가 단음절이고, 단 알파벳 세 글자로 되어 있으며, 어감도 무척 현실적이어서 **광자**photon, **케톤**ketone, **엔트로피**entropy, **미토콘드리아**mitochondria, **자가촉매**autocatalysis, **미분동형사상**diffeomorphism 같은 색다른 기술적 개념의 반대편에 있기 때문이다. 그러나 이 개념의 '내부'를 들여다보면 역시 복잡하며, 실제로 기술적 용어와 공통점이 많음을 알게 된다. 구체적으로 말하자면 "덴버는 프런티어 항공의 허브다"라고 말할 때 어떤 생각이 머릿속에 떠오르는가? 대다수 사람은 일련의 검은 선이 덴버를 나타내는 점을 향해 모이는(혹은 점에서 뻗어 나오는) 미국 지도를 떠올릴 것이다.

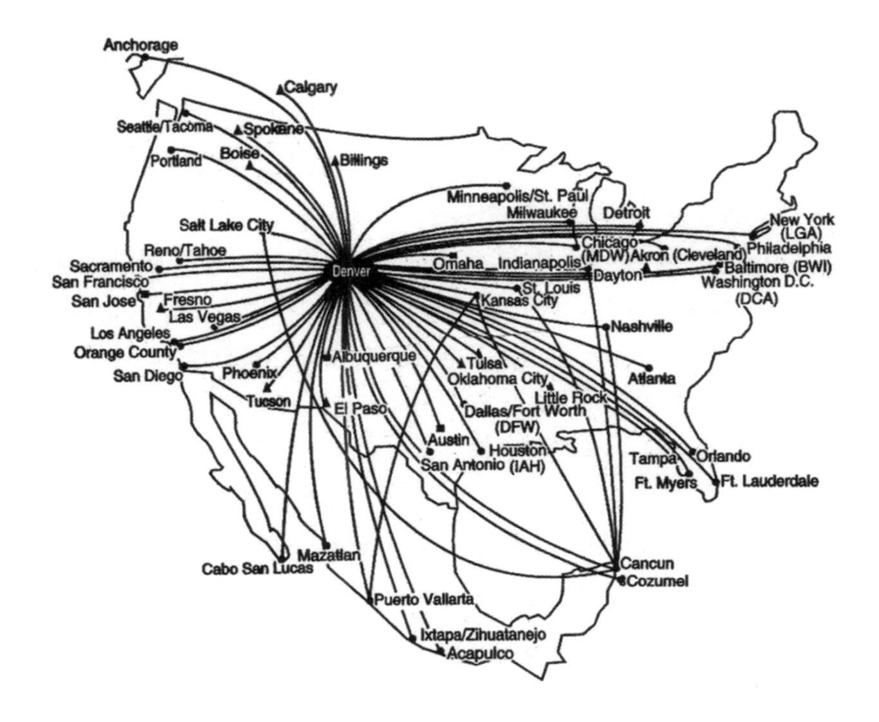

어쩌면 "대다수 프런티어 항공편은 덴버를 드나들어"라거나 "덴버 공항에는 프런티어 항공 비행기와 게이트가 많이 보여"라고 생각할지도 모른다. 이 소수의 '높은 봉우리'(즉 가장 두드러지는 사실)는 허브에 대한 이야기를 하는 대부분의 경우에 필요한 전부이다. 그러나 사실은 **허브**라는 개념을 구성하는 거의 모든 것 그리고 우리 문화권에서 대다수 성인이 완벽하게 알고 있는 거의 모든 것을 배제한다. '우리 문화권에서'라는 조항은 대단히 중요하다. 우리가 당연시하는 수백 개의 개념이 다른 문화나 시대의 일부가 아니기 때문이다. 가령 **허브**라는 개념을 바흐, 잔 다르크, 아르키메데스, 네부카드네자르에게 설명한다고 상상해보자. 이들은 모두 각자의 문화권에서 특출한 개인이었지만 이 '단순한' 개념을 어떻게 이해시킬 것인가? 아마도 꽤 긴 이야기가 될 것이다.

우선 '허브'라는 단어는 자전거 바퀴의 중심, 그러니까 수많은 바큇살이 뻗어 나오는(혹은 뻗어 들어간) 중심축을 가리키는 아주 구체적이고 시각적인 개념을 가리키는 이름이다. 실제로 바큇살이 있는 바퀴 때문에 항공사 허브가 '허브'라는 이름을 쓰게 되었으며, **자전거 바퀴**라는 개념은 훨씬 일찍 배울 뿐만 아니라 훨씬 더 이해하기 쉽다는 점에서 **항공사 허브**라는 개념보다 분명히 더 '원초적'이고 '기초적'이다. 허브보다 더 원초적이며 마찬가지로 선행하는 다른 개념을 나열해보자. 가령 **항공사**, **항로**, **일정**, **항도**가 있다. 또한 **항공사**라는 개념을 이해하려면 **항공기**와 **회사**라는 개념에 먼저 친숙해야 한다. 그리고 **항로**라는 개념은 **출발지**, **도착지**, **연결**이라는 개념에 의존한다. 이렇게 무한정 계속하지는 않을 것이지만 허브의 **존재 이유**가 경제적 효율성, 즉 비용과 다른 항공편을 줄이려는 가차 없는 압력이라는 사실을 잊지 말아야 하며, 따라서 **교역**, **수익**, **손실**, **이익**, **경쟁** 등의 개념을 알아야 한다.

우리는 **허브**라는 개념의 표면만을 다루었다. 이 모든 요소가 '그 안에' 있으며, 필요할 경우 모두 풀리고 드러날 수 있다. 이런 풀림은 더욱 기본적이고 기초적인 인식, 즉 이동, 차량, 둥급, 인수, 교역, 이득과 손실, 크고 작은 수 등을 수반하는 개념으로 향한다. 또한 지금까지 우리가 말한 것 중 어느 것도 공항이 대도시와 연계된다거나 단순한 지도 위의 검은 점이 아니라는 사실과 아무 관련이 없다는 점에 주목해야 한다. 실제로 우리는 활주로, 포장로, 홀, 게이트, 승강용 통로, 식당가 등과 같은 공항의 **물리적** 구조는 완전히 건너뛰었다.

계속 아래로 이동하면서 다른 개념에 의존하는 개념이 연쇄적으로 이어지는 이미지는 복잡성이라는 측면에서 보면 겹겹이 든 러시아 인형을 연상시키며, 개념이 사실 이런 상자 같은 방식으로 구조화되었다는 인상을 준다. 그러나 사실 개념 구축이라는 현상은 그보다 훨씬 미묘하고 더 유동적이다. 개념은 겹겹이 든 상자가 아니며, 주어진 모든 개념이 이전에 습득한 정확한 집합의 개념으로 엄격하게 정의되거나 언제나 고정된 순서로 습득되지 않는다. 새로운 개념을 습득하면 종종 주택을 지을 때 그 재료가 되는 벽돌의 속성 자체에 영향을 미치는 것과 약간 비슷하게 기반이 된 '더 원초적인' 개념이 큰 영향을 받는다. 재료가 되는 벽돌의 속성을 바꾸는 주택은 사실 쉽게 생기지 않지만 그럼에도 우리 모두는 이 기본적 관념에 익숙하다. 가령 아이들은 부모에게 그 존재를 의존하지만 동시에 그들의 존재는 부모의 삶을 크게 바꾸어놓는다.

개념의 경우도 마찬가지다. 그래서 **허브**라는 개념은 의심의 여지없이 **공항** 같은 다른 많은 개념에 의존하지만, 동시에 **공항**이라는 개념 자체가 **허브**라는 개념에 의해 변화된다. 가령 **허브**라는 생각과의 친숙성은 불가피하게 공항은 항공사가 더 능률적인 운영을 통해 돈을 아끼도록 돕는 대상이라는 사실을 드러낸다. 이는 분명히 공항에 대한 가장 명백한 사실은 아니다. 마찬가지로 공항이 여행자의 경유지로 사용되는 경향이 있다는 사실을 상기하는 일은 최종 목적지로서 공항의 현저성saliency을 다소 감소시킨다. 이런 영향은 **공항**이라는 개념을 크게 변화시키지는 않더라도 분명히 실재하며, 원래의 개념이 새로운 개념의 영향을 받는다는 사실을 말해준다. 허브로서 기능을 하도록 공항 설계를 최적화한다는 목표를 지닌 새로운 종류의 건축이나 급히 비행기를 갈아타야 해서 20~30분밖에 시간이 없는 여행자를 위해 특별히 설계된 새로운 공항 쇼핑몰처럼 **허브**라는 개념이 **공항**이라는 개념에 미치는 더 극단적인 영향을 상상할 수도 있다. 또한 허브의 존재는 도시 규모와 공항 규모 사이의 명백해 보이는 상관관계를 바꿀 수 있다. 즉 허브가 있을 경우 (노스캐롤라이나의 샬럿처럼) 사실상 출발하는 승객이 아주 적은 중소 도시의 공항이더라도 교통량은 엄청날 수 있다. **공항**이라는 앞선 '부모' 개념 없이 **허브**라는 '자식' 개념이 있을 수 없지만 그럼에도 불구하고 우리는 자식이 부모의 정체성을 바꾼다는 사실을 알게 된다.

이런 일반적인 종류의 사례는 무수히 많다. 특히 새로운 생각이 본질적으로 이전의 생각에 의존하지만 동시에 오랜 생각에 신선한 새로운 빛, 종종 더 깊은 빛을 비추는 과학계에서 종종 이런 일이 일어난다. 가령 비유클리드기하학은 역사적으로 유클리드기하학에서 기인했을 뿐만 아니라 유클리드기하학에 대한 훨씬 깊은 이해를 안겨주었다. 물리학에서는 둘 다 고전역학의 '자식'이지만 함께 고전역학에 대한 훨씬 깊은 이해를 불러온 상대론적역학과 양자역학이 그런 사례다.

일상생활에서 사용되는 개념의 경우도 마찬가지다. 가령 아이를 입양하는 동성애 커플의 경우처럼 **대리모**, **양모**, **싱글맘**이라는 비교적 새로운 인식이 모두 **어머니**라는 개념에서 나오며, 이 새로운 각각의 인식은 **어머니**라는 개념을 바꿈으로써 어머니가 아이를 낳을 필요도, 기를 필요도, 부부의 일원일 필요도, 심지어 여성일 필요도 없음을 보여준다. 마찬가지로 **이혼**이라는 개념은 **결혼**이라는 개념에 의존하지만 동시에 **결혼**의 속성 자체에 역으로 영향을 미친다(가령 혼전 계약이 미치는 영향과 오늘날 결혼을 할 때 모두가 아는, 모든 결혼의 절반은 이혼으로 끝난다는 사실이 미치는 영향을 생각해보라). **동성 결혼**이라는 관념은 명백히 **결혼**이라는 앞선 개념에 의존하며, 동성 결혼을 둘러싼 논쟁이 격렬해지는 이유는 대부분 결혼이라는 개념을 확장할 뿐만 아니라 심각하게 손상시킨다는 반대자들의 주장 때문이다. **죽음**이라는 개념은 **삶**이라는 개념에 의존하기도 하고 그것을 바꾸기도 한다. **패스트푸드**라는 개념은 **레스토랑**이라는 개념에 의존하기도 하고 그것을 바꾸기도 한다. **신용카드**라는 개념은 **돈**이라는 개념에 의존하기도 하고 그것을 바꾸기도 한다. **휴대전화**라는 개념은 **전화**라는 개념에 의존하고 그것을 바꾼다. **교통사고**라는 개념은 **차**라는 개념에 의존하고 그것을 바꾼다. **비행기**라는 개념은 **거리**라는 개념에 의존하고 그것을 바꾼다. **재활용**이라는 개념은 **쓰레기**라는 개념에 의존하고 그것을 바꾼다. **강간, 노예제도, 학살, 연쇄살인자**를 비롯한 다른 개념은 **인간**이라는 개념에 의존할 뿐만 아니라 그것을 바꾼다.

인문적 개념의 목록은 일부 개념이 다른 개념에 선행한다는 의미에서 위계적이며, 따라서 다양한 개념이 일반적으로 습득되는 대강의 시간적 순서를 암시하지만, 그럼에도 수학이나 컴퓨터공학에서처럼 개념이 체계적이고 엄격하게 위계적으로 구축되는 정확한 방식과는 그 성격이 확연히 다르다. 후자의 환경에서는 각각의 새로운 개념이 명확하게 그리고 확고한 방식으로 잘 정의된 이전의 개념에 의존하게 만드는 형식적 정의가 도입된다. 일상적인 개념은 이런 엄격성이나 정확한 의존성을 전혀 지니지 않는다. 물론 예를 들어 **허브**라는 개념을 습득하려면 **바퀴, 바큇살, 이륙, 착륙, 여행의 노정, 승강용 통로, 중앙 홀, 환승 지역** 같은 개념에 어느 정도 익숙할 필요가 있지만 이 개념들이 허브가 무엇인가에 대한 특정한 사람의 인식에서 정확하게 어떤 역할을 하는지, "덴버는 프런티어 항공의 허브다"라는 문장을 전적으로 편하게 받아들이려면 얼마나 깊이 내면화해야 하는지는 결코 명확하지 않다.

우리는 평생에 걸쳐 개념을 하나씩 구축해나간다. 이 과정은 죽을 때까지 끊임없이 계속된다. 개념 목록이 어릴 때 고정되며, 몇몇 경우에는 아주 제한된 것으로 보이는(개구리나 바퀴벌레의 개념 목록을 생각해보라) 많은 동물의 경우에는 사정이 다르다. 그리고 각각의 새로운 개념은 많은(종종 방금 **허브**의 경우에서 살폈듯이 아주 많은), 이전에 존재한 개념에 의존한다. 그러나 이 각각의 오랜 개념은 이전의 더 원초적인 개념에 의존한다. 유아기까지 거슬러 올라가는 이 회귀는 참으로 길다. 그리고 앞서 말했듯이 시간의 흐름에 따라 이루어지는 개념의 구축은 절대 엄밀하고 엄격한 위계를 형성하지 않는다. 의존관계는 모호하고, 정확하기보다 흐릿하며, 앞서 살폈듯이 호혜적일 수 있기 때문에 위계에서 '더 높다'거나 '더 낮다'는 엄밀한 느낌은 없다. 새로운 개념은 이전에 존재했고 자신을 존재하게 만든 개념을 바꾸며, 이런 방식으로 더 새로운 개념은 반대의 경우와 마찬가지로 '부모'의 내부로 통합된다. 게다가 개념적 덩이 짓기chunking의 이 지속적인 과정은 개념적 정교화라는 지속적인 과정과 나란히 진행된다.

고전적 개념들

최근까지 철학자들은 물리적 세계가 자연스러운 범주로 나뉜다고, 그러니까 모든 사물은 그 속성에 따라 영원히 객관적인 범주에 속한다고 믿었다. 그들은 주로 가시적 대상인 **새**, **탁자**, **행성** 같은 범주에 초점을 맞추었다. 부분적으로 오래전부터 이어진 이 추측의 결과로 대단히 현대적인 사상가 사이에서조차 **범주**라는 개념을 물리적 대상, 특히 우리가 가시적으로 지각할 수 있는 대상을 분류한다는 생각과 연계하는 경향이 남아 있다. 가령 '그리고', '그러나', '그래서', '그럼에도 불구하고', '아마도' 같은 단어가 중요한 범주의 명칭이라는 더 극단적인 생각은 말할 것도 없고, 누군가 **보살핌을 받아서** 건강을 되찾거나, 어떤 성과를 **바라거나**, **마음을 바꾸는** 상황이 **탁자**나 **새**만큼 타당하게 범주를 구성한다는 생각은 이런 철학자의 믿음과 거리가 멀다. 대단히 일반적이고 단조롭기까지 한 '그러나' 같은 단어가 범주를 나타낸다는 것을 상상하기 어렵다면 걱정할 필요가 없다. 곧 이 문제를 다룰 것이다. 그러나 당분간은 고전적인 범주의 개념을 조금 살펴보자. 특정한 관념은 오랜 세월에 걸쳐 우리의 문화에 대단히 깊이 자리 잡아서 그것을 극복하고 새로운 경로를 따라 새 출발을 하는 것이 아주 어렵기 때문이다. 그래서 고전적인 개념과 확연히 다른 개념의 모습을 보여주는 기초적인 관찰이 도움을 줄 것이다.

새가 무엇인지 질문하는 일로 시작하자. 1950년대에 철학자 루트비히 비트겐슈타인Ludwig Wittgenstein의 저작이 출판되기 전까지 수세기 동안 철학계에서 도전받지 않았으며, 20년 전에 엘리너 로슈Eleanor Rosch가 선구적인 연구를 하기 전까지 철학계의 대권을 장악했던 고전 철학에 따르면 **새**라는 범주는 '발이 두 개다', '피부는 깃털로 덮여 있다', '부리가 있다', '알을 낳는다'처럼 어떤 대상의 소속 여부를 말해주는 필요조건과 충분조건으로 구성된 정확한 정의를 가져야 한다. (물론 **새**라는 범주에 대한 추가적이고 정교한 소속 요건을 더할 수 있다. 이 소수의 요건은 단지 그 관념을 향한 표시일 뿐이다.) 일련의 소속 요건(결정적 특성)은 범주의 **내포**intention라고 하며, 요건을 충족하는 일련의 실제 대상(**요소**)은 범주의 **외연**extention이라고 한다. 수리논리학에서 빌려온 내포와 외연이라는 생각은 그 학문 자체만큼 정확하고 엄격한 것으로 간주되며, 이 용어의 사용은 아주 흐릿하게 보이는 대상, 그러니까 우리를 둘러싼 모든 다양한 대상의 추상적 핵심을 명료하게 만들려는 강한 열망을 반영한다.

그러나 문제의 근원은 소속 요건을 표현하기 위해 쓰는 단어들이 적시하려는 대상, 이 경우에는 **새**보다 더 정확하지 않다는 것이다. 가령 **발**이란 무엇일까? 또 '있다'는 무엇을 뜻할까? 그리고 '덮이다'는 무엇을 뜻할까? 게다가 누구나 (아마도 부상이나 유전적 결함 때문에) 발이 두 개가 아니라거나 깃털로 덮이지 않은(가령 새끼 오리와 병아리) 온갖 종류의 새를 안다. 그리고 상황을 바꿔보면 우리 인간도 발이 두 개지만, 손에 깃털을 쥔다고 해서 이 '소유'(깃털이 있음)로 인해 새가 되지는 않는다. 그리고 프랑스 귀부인이 애용하는 **깃펜**은 깃털로 간주될까? 그렇다면 그 소유(깃털이 있음)로 인해 두 발로 걷는 귀부인이 새가 될까?

종종 고대 철학자의 실제 목표는 놀라운 다양성을 지닌 개별적인 새처럼 구체적인 대상을 물질적 세계로부터 분류하는 것이 아니라 **벌, 박쥐, 달걀, 병아리, 타조, 비둘기, 잠자리, 제비, 날치** 등의 범주와 같은 포괄적이고 비물질적인 추상 개념 사이에 형성되는 관계를 특징짓는 것이라는 인상을 받는다. 만약 그렇다면 결정적인 질문은 "이 개체들로 구성된 **부류** 중 어느 것이 새인가?"일 것이다. 이는 분명히 명확하고 구체적인 것으로부터 멀리 떨어져서 모든 것을 포괄적이고 추상적인 지적 활동으로 대체한 것이다. 깃펜을 서랍에 보관하는 귀부인은 말할 것도 없고, 털이 뽑히거나 다친 새 같은 짜증 나는 예외가 없는 이 플라톤식 개념의 고상한 우주는 유클리드기하학이나 체스의 우주만큼 순수하고, 불변하고, 객관적으로 보일 수 있다. 이 점은 이 우주에 기하학의 정리처럼 발견되기를 기다리는 방대한 수의 영원한 진리가 있음을 암시할 수 있다. 그러나 외양은 기만적이다. 오직 추상적인 범주만을 고려하고 짜증스러울 만큼 불확실한 사례를 무시한다고 해도 여전히 엄청난 장애물이 남아 있다.

깃털이 없는 새끼 새는 **새**라는 범주에 속할 자격을 잃을까? 그렇지는 않을 것이다. 혹은 각각의 새끼 새가 **새끼 새**라는 범주에서 **새**라는 범주로 넘어가는 구체적인 순간이 있을까? 피부가 깃털로 '덮일' 때 이런 상태 전환이 일어날까? '덮인' 것으로 인정받으려면 피부 면적 중 어느 정도가 덮여야 할까? 새인지 아닌지 여부를 가리는 데 필요하다면 새끼 새의 표면적을 어떻게 측정할 것인가?

자세히 들여다볼수록 이런 질문을 더 많이 찾게 된다. 또한 이런 질문은 더 터무니없게 보일 것이다. 그러나 우리는 이 문제의 표면만을 긁었을 뿐이다. 방금 죽은 새라는 일반적인 관념을 생각해보라. 그것은 여전히 새일까? 그렇다면 이 대상은 얼마나 오래 **새**라는 범주의 요소로 남을까? 더는 범주에 소속되지 않는 명확한 전환의 순간이 있을까? 또한 수백만 년 전으로 되돌아가보자. 새와 그 선조(특정한 익룡) 사이의 경계선은 어디일까? 문제를 또 다른 방향으로 돌려보면, "깃털이 뽑힌 닭은 여전히 새일까?"라는 질문은 어떨까? '깃털이 뽑힌 닭'이라는 표현을 만든 순간 우리가 제시한 질문은 추상적 범주를 지배하는 가상의 형식적 대수학에서 타당한 질문이 된다. 그리고 이와 함께 (최초의 명사구는 개체의 범주에 대한 타당한 명칭이기 때문에) "발이 잘린 울새는 여전히 새일까?", "약간의 깃털이 붙었고 두 개의 독수리 발을 가진 뱀은 새일까?" 등 끝이 보이지 않는 질문의 판도라 상자가 열린다.

이처럼 극단적인 변환을 상상하지 않더라도 샌들이 **신발**인지, 올리브가 **과일**인지, 빅벤이 **시계**인지, 스테레오 세트가 **가구**인지, 벽에 걸린 달력이 **책**인지, 가발이 **의류**인지 등을 질문할 수 있다. 이런 질문에 대한 사람들의 생각은 상당히 분열된 것으로 드러났다. 심리학자인 제임스 햄프턴James Hampton이 실시한 실험에서 싱크대는 **주방 기구**에 간신히 포함된 반면, 수세미는 아슬아슬하게 탈락했다. 이 아슬아슬한 갈림은 대규모 실험에서 많은 피실험자가 제시한 답변의 평균을 낸 결과이므로 개별적으로 질문하면 각 개인에 대해 명확하고 고정된 경계를 찾을 수 있을 것이라고 상상할 수 있다(개인별로 차이가 있다고 해도 말이다). 그러나 (주관적이 아니라 객관적이어야 하는) 플라톤식 개념이라는 생각을 상당히 거스르는 이 생각조차 상당히 틀린 것으로 드러났다. 많은 사람은 베개와 협탁 등이 가구인지에 대한 질문을 받고 나서 며칠 후 같은 질문을 받았을 때 생각을 바꾸었다. 그들은 마음을 정하지 못하는 병적인 우유부단함에 시달리는 것일까? 그보다 그들은 그저 범주가 경계선으로 갈수록 흐릿해지는 상당히 평범한 사람들처럼 보인다. 그들에게 개가 **동물**인지처럼 보다 전형적인 사례를 질문하면 범주 소속 여부에 대해 대단히 안정적인 판단을 할 것이다.

알파벳 글자에 흥미를 가져본 사람이라면 누구나 대문자든 소문자든 글자 'A' 같은 '단순한' 범주의 눈부신 풍부함을 즐길 것이다. 어떤 기하학적 형태가 범주 'A'에 속하고, 어떤 형태가 속하지 않을까? 손으로 쓴 몇 장의 엽서나 광고에 들어간 일련의 활자체 혹은 이 문제와 관련하여 프롤로그에 나온 그림을 보면 왜 a, b, c, d 등 스물여섯 개 범주의 경계를 정확하게 명시할 수 없는지 알 수 있다. 그리고 당연히 알파벳 글자에 해당되는 사실은 **새, 청구서, 상사, 상자, 자랑하다** 같은 다른 친숙한 범주에도 해당된다.

요약하자면 세상에 있는 물리적 대상을 설명하는 범주를 정확하고 엄격한 이론적 대상으로 만든다는 오랜 희망은 헛된 행동일 뿐이다. 그런 범주는 구름만큼이나 일시적이고, 모호하고, 흐릿하며, 불분명하다. 구름의 경계는 어디인가? 오늘 하늘에 얼마나 많은 구름이 있는가? 때로 하늘을 보면 이런 질문에 대한 답이 분명하고 정확하게 있다는 인상을 받으며, 특정한 날에는 실제로 그럴 수도 있을 것이다. 그러나 이튿날이 되면 하늘은 훨씬 더 복잡한 모습을 지니며, **얼마나 많이** 혹은 **경계** 같은 인식을 적용한다는 생각은 그저 웃음거리가 될 것이다.

현대적인 방식으로 바라보는 개념

범주에 대한 고전적 시각은 이제 일반적으로 막다른 길로 인식되기 때문에 일부 현대 철학자는 범주의 흐릿함과 모호함을 정확한 학문으로 만드는 일에 나섰다. 그들의 목표는 개념이라는 정신적 성운을 탐험하는 것이다. 이 일은 정확한 소속 요건의 역할을 배척하고 대신 **원형**(특정 범주와의 평생에 걸친 모든 경험을 축약하는 장기 기억 속의 포괄적인 정신적 개체)이라는 관념 혹은 평생에 걸쳐 직면하는 특정 범주에 대한 **전형의 완전한 집합**이라는 인식을 상기하는 범주화 이론의 정립으로 이어졌다. 또 다른 영향력 있는 시각은 새로운 자극에 대응하여 과거 가장 가까운 경험에 자극되었던 특정한 두뇌 부위를 재활성화하는 저장된 경험의 '정신적 시뮬레이터'를 수반한다.

이 모든 노력의 이면에는 균일하지 않은 범주, 즉 더 중심적인 요소와 덜 중심적인 요소 내지 더 강한 요소와 더 약한 요소를 지닌 범주라는 매력적인 인식이 존재한다. 가령 "X는 Y입니까?"라는 질문을 받았을 때 피실험자의 응답 시간을 재거나, 특정 범주에 속한 요소의 목록을 쓰라고 하거나, 하나의 목록을 주고 각 항목에 대해 구체적인 범주의 요소로서 지니는 전형성의 정도를 표시하도록 하면 몇 가지 아주 현저한 추세가 나타나며, 이 추세는 이 모든 다른 방식의 실험에 걸쳐 안정적으로 드러난다. 범주의 특정 요소는 다른 요소보다 더 **많이** 특정 범주에 속하는 것으로 드러난다(이 점은 오웰의 《동물농장》에 나오는 일부 동물이 다른 동물보다 '더 평등하다'는 사실을 상기시킨다). 가령 타조와 펭귄은 **새** 범주의 외부 경계 가까이에 자리하는 반면 참새와 비둘기는 핵심에 가까이 자리한다.

이 현상은 어떤 구절에 포함된 문장이 지닌 난이도에 영향을 미칠 수 있다. 그래서 "그 새는 이제 겨우 몇 미터 떨어진 곳에 있었다" 같은 문장을 읽고 이해하는 데 걸리는 시간은 앞에 나오는 "타조가 다가오고 있었다" 혹은 "비둘기가 다가오고 있었다" 같은 예비적인 문장에서 타조(비전형적인 새)나 비둘기(전형적인 새)에 대한 언급이 나오는지 여부에 좌우된다. 기억 속에 있는 **타조**와 **새** 사이의 연결 고리는 **비둘기**와 **새** 사이의 연결 고리보다 덜 강한 것으로 드러났으며, 이는 첫 사례에 나온 구절에 대한 이해를 저해한다.

범주화가 단어, 그러니까 ('참새', '타조', '새' 같은) 다양한 범주를 가리키는 명칭 사이의 연결이라는 지적 영역을 훌쩍 뛰어넘는다는 사실을 지적하는 것이 중요하다. 가령 누군가가 엘리너에게 "거미는 곤충입니까?"라고 묻는다면 그녀는 책에서 얻은 지식을 기반으로 "아닙니다"라고 대답할 수 있지만, 여전히 침실 천장에 매달린 검은 물체를 본다면 "쫓아내요! 나는 곤충이 싫어요! 무서워요!"라고 소리칠 가능성이 높다. 그래도 그녀는 누군가가 자신의 단어 선택에 반박하면 그 '곤충'이 실은 곤충이 아니라 거미임을 아주 잘 안다고 말할 것이다.

일반적으로 맥락은 범주화에 큰 영향을 미친다. 이 일화에 나오는 거미는 침실에 있는 **곤충**으로 보이지만 생물 교과서라는 맥락에서는 그렇게 보이지 않을 것이다. 이는 일반적으로 적용할 수 있는 사실이다. 세상에 존재하는 단일 항목은 서로 아주 다를 수 있는 수천 개의 범주에 속하며, 우리가 영위하는 정신적 삶의 상당 부분은 개체를 한 범주에 배정하고 뒤이어 다른 범주에 재배정하는 일로 구성된다. 농구 경기가 진행되는 동안에는 모두 농구공이 굴러간다는 사실을 알지만 (많은 농구공을 배에 싣는 것처럼) 물과 함께 있는 상황에서는 농구공이 물에 뜬다는 인식을 환기한다는 사실이 실험에서 드러났다.

이처럼 맥락은 범주화를 바꾸고 가장 익숙한 대상을 지각하는 방식도 변화시킬 수 있다. 가령 막 타버린 전구를 갈기 위해 올라설 물건이 필요할 때 어떤 대상은 눈 깜박할 사이에 **의자** 범주에서 **발판** 범주로 옮겨갈 수 있다. 대개 이런 범주 전환은 인식되지 않는다. 우리는 특정한 맥락에 정신적으로 몰입하며, 이런 전환은 완전히 무의식적인 방식으로 이루어지기 때문이다. 특정 맥락에서는 대다수 사람에게 오직 하나의 범주화만 가능한 것으로 보인다. 맥락의 눈가리개를 인식하지 못하는 것은 모든 대상이 하나의 유일한 플라톤적 범주, 그 '진정한' 범주에 속한다는 널리 퍼진 믿음을 뒷받침한다.

다른 한편 단일 개체가 아래와 같이 다양한 범주에 쉽게 속한다는 사실을 고려하면 범주 소속 여부가 얼마나 복잡한지 알게 된다.

60킬로그램의 질량, 거울 대칭성 대상, 생명체, 두발 동물, 포유동물, 영장류, 모기 유인체, 거미 공포증 환자, 인간, 40대, 애서가, 자연 애호가, 비타협주의자, 포르투갈어 비사용자, 낭만주의자, 아이오와 주민, 혈액형 A형, 뛰어난 장거리 시력 보유자, 불면증 환자, 이상주의자, 채식주의자, 변호사 협회 회원, 어머니, 인정 많은 여자, 사랑받는 딸, 자매, 언니, 여동생, 최고의 친구, 앙숙, 금발, 여성, 보행자, 운전자, 자전거 타는 사람, 페미니스트, 아내, 재혼녀, 이혼녀, 이웃, 달마티안 주인, 중급 살사 댄서, 유방암 생존자, 3학년생 학부모, 학부모 대표…….

물론 이는 작성할 수 있는 훨씬 더 긴 목록, 근본적으로 끝이 없으며 누구나 다양한 범주를 나타내는 것으로 쉽게 인지하는 용어로 구성된 목록의 일부일 뿐이다.

앤이 위급 상황으로 입원하여 수혈이 필요할 때 **혈액형 A형** 범주에 속한다는 사실은 다른 모든 범주 소속 사실을 압도한다. 그러나 그녀는 레스토랑에서는 무엇보다 **채식주의자**이며, 직장에서는 **변호사**, 집에서는 **어머니**, 학부모 모임에서는 **학부모 대표**이다. 명백한 사실을 제시하는 것이 쓸데없이 보일지 모르지만 이렇게 간단한 확인도 고전적 범주의 영역 멀리로 우리를 데려간다.

트위티 흉내를 내면 새일까?

아직 살펴볼 여지가 있는 한 단어 범주, **새**로 다시 돌아가 보자. 이 범주에 속할 다음 후보를 살펴보라.

- 박쥐
- 비행기
- 갈매기 동상
- 사진 속의 독수리
- 하늘에 있는 독수리 그림자
- 익룡(혹은 한때 날아다녔던 공룡)
- **독수리**나 **울새** 같은 전체 조류
- (만화에 나오는) 카나리아, 트위티
- 부화 두 시간 전의 달걀에 든 병아리

- 히치콕의 영화, 〈새〉에 나오는 비둘기
- 죽은 지 50년 후에 녹음기에 재생된 나이팅게일의 노래
- 고무줄로 발사해 날개를 퍼덕이며 하늘을 나는 플라스틱 물체

당신이 대다수 사람과 비슷하다면 학교에서 시험을 보면서 지식의 정확성을 보여줘야 할 때처럼, 그리고 각 경우에 실제로 **정확한** 답이 있는 것처럼, 위의 목록에 나온 각 후보에 '예' 혹은 '아니오'라고 말하고 싶은 강한 욕구를 느낄 것이다. 참새는 새일까? **그렇다**! 옅은 구름이 낀 하늘을 배경으로 예측할 수 없이 움직이는 검은 점은 새일까? **당연히 그렇다**! 땅에 비친 독수리의 그림자는 새일까? **당연히 아니다**! 밤에 들리는 큰 지저귐은 새의 지저귐일까? **그렇다**! (아마도 녹음되었다는 사실을 모른 채) 녹음된 지저귐을 듣는다면? 어떤 사람이 새가 지저귀는 소리를 대단히 잘 흉내 내는 경우는 어떨까? 부엉이가 나오는 꿈을 꾼다면 새가 관련된 것일까? 트위티가 나오는 만화책을 읽는 경우는 어떨까?

누구도 우리에게 범주의 경계를 가르친 적이 없다. 범주에 대한 즉흥적인 감각은 우리가 종종 '통념'이라고 부르는 것의 결과이며, 그것은 학교에서 가르치지 않는다. 범주 소속성을 다루는 과목은 없으며, 설령 있다고 해도 교사 사이는 말할 것도 없고, 교사와 학생 사이뿐만 아니라 학생 사이에서도 끝없는 논쟁이 벌어질 것이다. 실제로 전문성은 전혀 도움이 되지 않는다. 심리학자인 그레고리 머피Gregory Murphy가 인용한 것으로, 세계적으로 유명한 금속공학자가 해당 분야의 세계적인 전문가들이 모인 학회에서 기조연설을 하면서 한 말을 여기에 소개해보겠다. "한 가지 말씀드리죠. 여러분은 금속이 무엇인지 제대로 몰라요. 금속이 무엇인지 모르는 한 무리 사람들이 있죠. 그 사람들을 뭐라고 부르는 줄 알아요? 바로 **금속공학자**입니다!"[11]

(이 글을 쓰는 현재 더는 공식적으로 행성이 아닌) 명왕성을 행성으로 간주할지 여부를 놓고 천문학자가 벌인 격렬한 논쟁은 심지어 가장 뛰어난 전문가의 머릿속에서도 문제를 대단히 곤란하게 만드는 **행성** 개념의 모호성에서 기인한 것이다. 비슷한 이유로 (무엇보다) 자기 수용 감각, 온도 감각, 통증 수용 감각이 빠져 있기 때문에 현재 전문가 사이에 '오감'이라는 표현이 정확하지 않다는 상당한 합의가 존재하지만 우리의 감각이 진정으로 무엇인지에 대한 상당한 모호성은 여전히 남아 있다. 전문가들은 감각이 무엇인지는 말할 것도 없고 감각이 몇 개나 되는지도 합의를 하지 못하기 때문에 종종 '다섯 가지 주요 감각'이라

고 말한다. 비슷한 맥락에서 생물학자들이 최종적인 확정을 위해 비전문가들은 오래전에 구체적이라고 가정했을 분류법의 세부 사항을 놓고 끊임없이 고심하고 있음에도 불구하고 **생명**의 표준적인 정의는 여전히 마련되지 않았다. 유기체의 분류는 린네Carl von Linné 이후에 오랜 여정을 거쳤으며, '파충류', '어류', '조류藻類'처럼 그가 활용한 고전적인 용어의 다수는 지금도 교과서에 남아 있지만 현대의 계통발생적 분류에서는 더 이상 등장하지 않는다. 이 모든 사실은 범주의 모호성이 부족한 전문성 때문이 아니라 범주화 행위 자체의 속성으로 인해 생긴다는 것을 말해준다.

몇 개 언어를 합니까?

심리학자들은 어떤 범주에도 정확한 경계가 없다는 사실을 잘 밝혔지만, 우리의 일상적인 언어와 사고는 여전히 범주의 경계가 국가의 경계만큼 분명하다는(물론 국가의 경계가 그렇게 분명치 않은 경우가 많지만 그 문제는 제쳐두기로 한다) 고전적인 시각의 영향을 받고 있다. 모호성을 피하고, 참을 명시하고 거짓을 폐기하며, 쭉정이와 알곡을 분리하려는 강렬한 인간적 욕구는 정답이 없는 질문에 명확한 답을 찾으려는 경향을 초래한다.

가령 외국어 공부를 좋아하는 사람은 종종 "몇 개 언어를 합니까?"라는 질문을 받는다. 이 질문은 전적으로 자연스러워 보이지만 세상의 언어가 마치 흑백이 분명한 문제처럼 두 개의 정확한 기준, X라는 사람이 **구사하는** 언어와 X라는 사람이 **구사하지 않는** 언어로 나뉜다는 암묵적인 생각에 바탕을 둔다. 그러나 사실 우리는 처음 공부한 시기, 공부한 맥락, 구사한 기간 등 많은 요소에 따라 각 언어를 다른 수준으로 말한다. 이 점을 따지면 질문자는 한발 물러서서 이렇게 말할지도 모른다. "그러니까 내가 하는 말은 '일상 대화를 나눌 수 있는 언어가 몇 개인가?'라는 뜻입니다."

언뜻 타당해 보이지만 이 새로운 질문도 마찬가지로 모호하다. 가령 이 질문은 **일상 대화**라는 범주가 명확하고 분명하게 정의되었다고 가정한다. 그러나 일상 대화는 우체국에서 뒷사람과 우표 값에 대해 2분 동안 나누는 대화일 수도 있고, 비행기에서 옆자리에 앉은 낯선 사람과 가족이나 월드시리즈 혹은 침체에 빠진 세계경제에 대해 30분 동안 나누는 대화일 수도 있다. 또한 떠들썩한 파티에서 테이블 주위에 앉은 다른 원어민 일곱 명과 함께 세 시간 동안 스무 가지가 넘는 화제에 대해 나누는 대화일 수도 있다. 대다수 사람은 이보다 훨씬 낮은 기준을 넘어서면 외국어를 할 줄 안다고 말하지만 어느 경우든 '어떤 언어를 구사한다'는 기준은 분명하게 정의되지 않는다.

그리고 사실 **언어**라는 범주 자체가 매우 모호하다. 인도, 중국, 이탈리아 같은 다언어 국가에서는 얼마나 많은 언어를 쓸까? 각 경우에 많은 표준어와 방언이 있다. 또한 **방언**과 **표준어**의 정확한 차이는 무엇일까? 이와 관련해서 언어학자인 막스 바인라이히Max Weinreich가 남긴 재미있는 말이 종종 인용된다. "표준어는 다수의 방언이다."[12] 이 말은 많은 진실을 담고 있지만 여전히 의문은 남는다. 결국 이 다수를 구성하는 것은 정확하게 무엇일까?

요컨대 "몇 개 언어를 합니까?"라는 질문은 간단한 질문이 아니며, "몇 가지 스포츠를 합니까?", "얼마나 많은 영화를 좋아합니까?", "만들 수 있는 수프가 몇 개입니까?", "몇 개의 대도시에서 살았습니까?", "친구가 몇 명입니까?", "오늘 몇 가지 일을 했습니까?"라는 질문처럼 그에 대한 간단한 답도 없다.

창의적 비유를 향한 끝없는 탐구

심리학자들은 머릿속의 범주가 분명하게 정의되고 맥락으로부터 자유로운 경계를 가진 것이 아니라 처음에는 작고 거의 속이 꽉 찬 중심부에서 시작하는 (그리고 시간이 지나면서 마침내 '구시가'라는 이름을 얻으며, 탄생한 직후부터 경계를 정하는 벽들이 있는) 파리 같은 방대한 대도시 지역과 비슷하다는 사실을 보여주었다. '구시가'는 역사적인 측면에서 원래의 중심부이지만 중심부는 시간이 지나면서 옮겨갈 수 있고 이후에 현대적인 건물과 도로를 포함할 수 있다. 결국 대도시와 범주는 모두 진화하며, 자연적인 개발 과정의 일부이다. 또한 둘 다 반복적인 확장의 결과물인 구조를 드러내며, 범주의 경우 각각의 새로운 확장은 지각된 유사성 때문에 이루어진다. 주요 대도시나 '성숙한' 범주가 지나온 삶의 매 순간에 원래의 중심부를 포함하고, 둘러싸며, 장악하는 필수적인 중심 영역이 있으며, 이 영역은 도시의(혹은 범주의) 핵심으로 간주된다. 더 멀리 나아가면 중심부만큼 밀집되거나 역사적으로 중요하지 않은 도시 권역이 있으며, 뒤이어 점차 인구의 밀집도가 낮아지는 가운데 중심부에서 멀리 뻗어나가며 정확한 외곽 경계가 없는 교외 권역이 있다. 그럼에도 대도시 지역의 경계를 넘어서면 명백히 도시의 일부가 아닌 밀밭과 소들이 있어서 도시를 벗어났다는 분명한 감각을 얻게 된다.

지금의 유추에서 교외로의 확장은 여전히 비유적으로 다가오는 가장 근래의 신선하고, 새롭고, 창의적인 단어의 용례에 해당한다. 그러나 시간이 지나면서 원어민의 호응을 얻으면 해당 용례는 폭넓게 퍼지고 단조로워지며, 이후에는 누구도 더는 비유로 받아들이지 않는다. 이는 과거에는 교외였지만 지금은 당연하게 도시의 핵심으로 받아들여지며, 그렇지 않았다면 도시가 어떤 모습이었을지 상상하기 아주 어려운 지역에 생긴 일과 같다.

말이 지닌 축어적 의미를 생각해본 적이 없다면 우리가 무심코 말하는 다음과 같은 사례를 보자.

> the **legs** of a table(탁자 다리), the **spine** of a book(책등), a **head** of lettuce(상추 한 포기), the **tongue** spoken by the islanders(섬 사람이 말하는 언어), the kisses we **give**(우리가 건네는 키스), the **window** of opportunity for doing something(어떤 일을 할 기회의 문), the **filed** one studies(어떤 사람이 연구하는 분야), a **marginal** idea(주변적인 견해), salaries that **fall** within a certain **bracket**(특정 계층에 속하는 급여), the **moons** of Jupiter(목성의 달들), the **voices** in a fugue(푸가의 성부), a product of **high** quality(높은 품질의 제품), someone's inner **fire**(어떤 사람이 지닌 내면의 불꽃), the familial **cocoon**(가정의 보금자리), a heat **wave**(무더위), the **bond** of love(사랑의 끈), a couple that **splits up**(갈라서는 부부), a relationship that is **foundering**(무너지는 관계), an athlete who is **worn out**(지친 선수), a team that is **beaten**(패한 팀), a **roaring** wind(울부짖는 바람), a light bulb that is **burned out**(타버린 전구), anger that **flares up**(불타는 분노), a **handful** of acquaintances(손에 꼽을 만한 인맥), a **circle** of friends(친구 모임), the **friends** of Italian cuisine(이탈리아 요리의 친구들), someone who **moves** in **high circles**(상류사회에서 활동하는 사람), a **tail** of an airplane(비행기 꼬리), the **burners** on an electric stove(전기 스토버 위의 버너), a **ton** of good ideas(수많은 좋은 아이디어), the **punch line** of joke(농담의 핵심 대목), the **tumbling** reputation of a singer(가수의 추락하는 명성), an idea that one **drops**(어떤 사람이 내놓는 아이디어), a name that one **drops**(어떤 사람이 들먹이는 이름), the **high point** of a melody(멜로디의 고점), the **crest** of a **fabulous** career(전설적인 경력의 절정), a **slimy** politician(비열한 정치인),

a popular **bodice buster**(인기 있는 역사 로맨스 소설), a **fleabag** of a hotel(싸구려 호텔), a **rotten** government(부패한 정부), a **budding** romance(싹트는 로맨스), a wine's exquisite **bouquet**(와인의 강렬한 향미), a belly **button**(배꼽), a worry **wart**(걱정꾼), a traffice **jam**(교통 정체), **laundered** money(세탁된 돈), an idea that's difficult to **grasp**(파악하기 어려운 아이디어), the subtle **touch** of a novelist(소설가의 미묘한 필치). a **box canyon** in which one is **stuck**(어떤 사람이 갇힌 협곡), the **block** one lives on(어떤 사람이 사는 구역). one's **neck** of the woods(어떤 사람의 근처), a **stream** of insults(일련의 모욕), the **bed** of river(강바닥), the **arrow** of time(시간의 화살), an **umbrella** policy(기업 포괄배상책임보험), a **haunting** melody(멜로디), a **skeleton** key(결쇠)…….

물론 이 목록은 영원히 이어질 수 있다. 단어의 후광은 점차 외부로 향한다. 혹은 더 적절하게 표현하자면 한 단어로 표시된 개념의 흐릿한 경계는 점차 한때 비유의 늪과 숲이었던 곳을 삼켜서 아파트, 공원, 쇼핑몰로 바꾼다.

언어학자인 조지 레이코프George Lakoff와 철학자인 마크 존슨Mark Johnson은 일상 언어에서 수많은 비유를 구축하는 특정한 체계적 경향이 있음을 보여주었다. 그들의 연구는 관련된 다른 연구와 함께 비유가 단지 시인과 연설가가 전적으로 활용하는 우아한 수사적 미사여구가 아니라 대다수 일상 담화 영역의 표현 양식이라는 사실을 드러내는 데 도움을 주었다. 가령 시간은 종종 물리적 공간의 언어, 즉 **in** three weeks(3주 후), **at** four o'clock(4시에), a **distant** era(먼 시대), the **near** future(가까운 미래), **from** now on(이제부터), a tradition that **goes back** to the 17th century(17세기로 거슬러 올라가는 전통)으로 표현되며, 반대로 공간은 종종 시간의 언어, 즉 first street **after** the traffic light(신호등 뒤 첫 거리), the road changes name **when** it crosses the river(도로는 강을 건널 때 이름이 바뀐다), a star twelve **light-years** distant(12광년 떨어진 별)로 표현된다. 마찬가지로 삶은 일상의 일들이 지나가는 장소, 즉 I'm **going** to see them tomorrow(내일 그들을 볼 것이다), I'll **come back** to the point(그곳으로 돌아올 것이다)로 표현되고, 행복과 불행은 종종 높고 낮은 개념, 즉 **raising** someone's morale(사기를 높이다), to be in **seventh heaven**(그지없이 행복하다), to **plunge** into despair(절망에 빠져들다), to be very **down**(많이 침체되다)로 표현되는 가운데 종종 이동이나 여행의 측면, 즉 the **path** of her success(성공의 경로), a

sinuous career(굴곡진 경력), the **dead end** in which they're trapped(그들이 처한 막다른 골목)으로 말해진다. 또한 추상적 인식은 종종 친숙한 행위, 즉 her experiment **gave birth** to a new theory(그녀의 실험은 새로운 이론을 낳았다), the facts **speak for themselves**(자명한 사실), fate **played dirty tricks** on me(내게 얄궂은 수작을 부린 운명), life was **cruel** to her(삶은 그녀에게 잔인했다), a religion **dictates** certain behaviors(특정한 행동을 강요하는 종교), his fatigue **caught up** with him(피로가 그의 발목을 잡았다)에 빗대어 전달된다. 그리고 복잡한 상황은 종종 비유적 적대자와 벌이는 비유적 싸움의 측면, 즉 the recession is our **enemy**(불경기는 우리의 적이다), our economy has been **weakened** by inflation(우리의 경제는 인플레로 약화되었다), corruption must be **fought**(부패와 싸워야 한다), outsourcing **kills** growth(아웃소싱은 성장을 죽인다), we are **victims** of the stock-market crash(우리는 증시 폭락의 희생자다), we have **declared war** on the economic crisis(우리는 경제위기와의 전쟁을 선포했다), we have **won a battle** against unemployment(우리는 실업과의 전쟁에서 승리했다) 등에서 제시된다. 이와 같은 체계적인 비유군은 언어 속에 풍부하게 존재하며, 대단히 사소하고 일상적인 발화에도 엄청난 풍부성이 내재되어 있는 이유를 설명한다.

다른 한편 수천 개의 단어는 어떤 체계적인 비유군에도 속하지도 않은 채 비유적으로 사용된다. 여기 몇 가지 사례가 있다.

they're all **fruitcakes**(그들은 모두 미치광이다), you're **nuts**(당신은 괴짜다), it's **Greek** to me(나는 모르겠다), while wearing her parental **hat**(그녀가 부모로서의 태도를 취하는 동안), he **punted** on the term paper(그는 학기말 리포트에 도박을 걸었다), what a **mousy** person(소심한 사람), **watertight** reasoning(빈틈없는 추론), today was another **rollercoaster** for the stock market(오늘은 증시에서 또 다른 롤러코스터였다), he **snowed** the committee(그는 위원회를 속였다), my engine is **coughing**(엔진이 털털거린다), an old **salt**(은퇴한 선원), a **spineless** senator(줏대 없는 상원의원), the company **folded**(회사를 접다), a **bubbly** personality(명랑한 성격), they **creamed** the other team(그들은 다른 팀을 완패시켰다), let the wine **breathe**(와인이 숨을 쉬게 하자), to **dress** the salad(샐러드에 드레싱을 치다), a rule of **thumb**(경험 법칙), I was such a **chicken**(나는 심한 겁쟁이였다), a **cool** idea(멋진 아이디어), nerves of **steel**(강심장), pass the

acid test(검증을 통과하다.) in **round** figures(대략), she's so **square**(그녀는 대단히 완고하다), you're getting **warmer**(당신은 갈수록 따뜻해지고 있다), **yellow** journalism(황색 저널리즘), what a **drag**(지루해), he just didn't **dig**(그는 그저 이해를 하지 못했다), **cloverleaf** exechange(클로버형 교차로), **hairpin** turn(U자형 모퉁이), make a **hit**(성공하다), no **soap**(불가), she's really **wired** today(그녀는 오늘 정말 흥분했어), he **swallowed** her story(그는 그녀의 이야기를 곧이곧대로 믿었다), the old man finally **croaked**(노인은 마침내 죽었다), she **drove** me crazy(그녀는 나를 미칠 지경으로 몰았다), **carpet** bombing(융단폭격), an **umbrella** clause(포괄적 보호 조항), a **blanket** excuse(포괄적 변명), we just **nosed** them out(우리는 방금 그들을 찾아냈다), a **straw** vote(비공식 여론조사), a **blue** mood(우울한 기분), he always **horse** around(우리는 언제나 장난을 친다), his **gravelly** voice(그의 걸걸한 목소리), they **railroaded** us(그들은 우리를 몰아댔다)…….

이외에도 수없이 많다.

가령 어떤 사람을 '버터손가락butterfingers'이라고 부르는 것은 거대하고 포괄적인 비유의 체계에 속하지 않지만, 그 이미지는 쉽게 이해할 수 있다. 버터로 덮인(혹은 심지어 버터로 **만들어진**) 손가락을 가진 사람은 공을 잡거나 물건을 쥘 수 없을 것이기 때문이다. 그래서 날아오는 공을 자주 떨어트리는 사람은 쉽게 **버터손가락**이라는 개념의 (비유적) 배경 안에서 찾을 수 있다. 요컨대 우리는 종종 유추적으로 연결된 친숙하고 구체적인 상황을 찾아서 그 표준적인 이름을 빌림으로써 복잡한 상황에 대한 라벨을 고안한다. 이런 전략은 상황의 새로운 범주에 적용할 유용한 음성 라벨을 만들도록 해준다.

삶을 항해로 묘사하는 일련의 비유처럼 폭넓고 체계적이든 아니면 '버터손가락'과 위에서 제시한 다른 구절처럼 협소하고 개별적인 것이든 간에 '비유화metaphorization'는 우리가 자연스럽게 범주를 확장하는 중요한 방식이다. 인간의 지성은 언제나 신선함을 추구하며, 결코 제한되고 고정된 비유의 집합에 만족하지 않는다. 인간의 본성이 지닌 특징은 충분히 사용되어 더는 이면에 있는 색다른 심상이 보이지 않고 모든 광채를 잃어서 종종 '죽은 비유'라고 불리는 모든 관습적인 비유를 넘어서려는 지속적이고 강렬한 욕구다. 범주는 처음에는 선명하고 환기적인 방식으로 거듭 사용되다가 부풀기 전에 우선 가라앉아야 하는 반죽처럼 점차 경직되어 둔해지는 비유를 통해 연쇄적으로 확장되며, 바로 이 점이 새로운 확장을 위한 탐구를 촉발한다. 우리는 비유가 효력을 잃을 때마다 주위를 둘러싼 환경을 더 직접적, 집중적으로 이해하고, 변화에 적응하며, 친숙한 대상을 보는 방식에 흥미와 신선함을 더하기 위해 새로운 비유로 경계를 더 멀리 밀어붙인다.

축어적인 것과 비유적인 것에 대하여

도시에 대해 그렇듯이 각 범주에 대해서도 정확한 경계를 정하고, 이 경계 밖에 있는 모든 것은 무조건 요소가 아니라고 선언하는 일이 매력적으로 보일 수 있다. 그러나 이 경우에도 어느 정도의 유연성을 유지하기 위해 범주의 **공식적** 경계에서 특정한 거리 안에 있는 한 비회원에게 '명예 회원'의 자격을 부여할 수 있다. 그렇다면 이 특별하게 허가된 사례에서는 **공식적인** 비유적 용례임을 표시하기 위해 범주의 이름을 따옴표로 넣을 것이다. 이런 세계에서 '엘라는 친분의 원circle of friends이 넓어'라는 말은 오직 하나의 의미, 즉 엘라의 친구들이 고정된 반경을 가진 커다란 원 안에 깔끔하게 정렬해 있다는 의미를 지닌다. 다르게 표현하려면 "엘라는 친분의 '원'이 넓어"라고 말해야 하며, 이 용어가 축어적으로 사용되지 않고 있음을 청자가 알려면 손가락으로 따옴표 모양을 만들거나 "말하자면", "따옴표 열고, 따옴표 닫고", "비유적으로 말해서" 같은 종류의 말을 해야 한다.

이런 언어적 관습이 지배하는 세계에서 갈릴레오는 목성의 달들moons이 아니라 따옴표 안에 든 목성의 '달들Moons'을 볼 것이다. 또한 사람들은 고치cocoon가 있는 집이 아니라(가족이 고치를 구하지 못한다면 이 표현은 말이 되지 않을 것이기 때문이지만 설령 구한다고 해도 사람이 들어가기에는 너무 작을 것이다) **말하자면** 고치가 있는 집 혹은 **비유적** 고치가 있는 집으로 돌아갈 것이다. 또한 더는 키스를 **건네지** 않을 것이며, 누군가에게 키스를 **비유적으로** 건네거나 **말하자면** 건넬 것이다. 그리고 절대 **압력을 받지** 않고 따옴표 속의 압력을 받을 것이며, 해수면 30미터 아래에 있는 다이버가 아니라면 소위 압력도 따옴표 속에 들어가야 할 것이다. 이런 사례는 끝없이 이어진다.

불행하게도 이런 해결책은 해결하는 것보다 더 많은 문제를 일으킬 것이다. 첫째, 지금까지 살폈듯이 가장 흔한 범주라고 해도 '범주의 정확한 경계'는 존재하지 않는다. 둘째, 범주를 정확하게 정의할 수 있다고 상상한다고 해도 소위 '명예 회원'을 식별하는 문제는 해결되지 않는다. 앞서 우리는 개념의 경계 밖에 자리한 일부 대상이 경계선에 '충분히 가깝다면' 명예 회원 자격을 얻을 것임을 시사했다. 하지만 인접성을 정확하게 측정할 개념적 거리의 속성은 무엇인가? 거리를 측정하기 위해 어떤 종류의 척도를 사용할 것인가? 그 너머로는 '따옴표 열고, 따옴표 닫고'조차 적용되지 않을 따옴표 사용의 정확한 한계가 있을 것인가? 그리고 이 모두를 아이들에게 범주화와 따옴표 사용 수업에서 가르칠 것인가?

물론 1차 따옴표 영역보다 개념의 핵심에서 더 멀리 있는 대상을 나타내는 데 사용할 2차 따옴표를 도입하는 것을 상상할 수 있다. 그러면 곧 우리의 손가락은 이 미묘한 구분을 전달하기 위해 없어서는 안 될 입의 보조자가 될 것이다. 가장 자주 쓰이는 단어와 구절은 '소위', '따옴표 속의', '말하자면', '비유적으로' 등이 될 것이다. 여기에 더하여 2차, 3차 등 필요한 따옴표의 수를 표현하는 체계, 다시 말해서 '도시' 중심부까지의 거리를 입과 손으로 알려주는 '도로표지판'이 필요할 것이다. 비유적으로 "말하자면" 이 "구속복straitjacket"이 곧 그것을 '입은' 모든 사람에게 "'엄청난' '두통'"을 '안길' 것임은 '매우' 확실하다.

범주화/유추 연속체

범주화를 하는 방법과 용어의 비유적 용례를 가리키는 따옴표 사용법을 가르치기 위해 강의를 개설한다는 생각은 터무니없어 보이며, 거기에는 그럴 만한 이유가 있다. 그것은 초등학교에서 아이들에게 걷고, 먹고, 숨 쉬는 방법을 가르쳐야 한다고 상상하는 것과 같다. 그렇게 하지 않는 이유는 우리의 육체가 진화를 통해 그런 일을 하도록 만들어졌기 때문이며, 본래 하도록 설계된 일을 가르친다는 것은 말이 되지 않는다. 따옴표 활용과 범주화를 위한 강력한 장치로 진화한 우리의 두뇌에 대해서도 같은 말을 할 수 있다. 그러나 방금 제시한 모든 이유 때문에 순수한 범주화와 따옴표 활용 사이에는 분명한 경계가 없다. 범주는 오랜 핵심, 일정한 상업 지역, 일정한 주거 지역, 외곽 그리고 뒤이어 서서히, 인식할 수 없는 사이에 농촌 지역으로 사라지는 교외를 지닌다. 어떤 대상을 '구시가'나 '도심'의 요소로 인식하는 일은 '순수한' 범주화인 반면, 어떤 대상이 외곽이나 교외에 속하는 것으로 보는 일은 특정한 정도의 따옴표 활용을 수반한다고 말하고 싶을 수 있다. 그러나 조금만 생각해보면 어떤 대상이 개념의 핵심에서 주변부로 부드럽게 연속적으로 지나가며, 어디에도 깔끔하고 분명한 구분선은 없음을 알 수 있다. 충만한 후광을 발하며 범주를 구성하는 이 모든 동심원층은 10여 년에서 수천 년에 이르는 기간에 걸쳐 수백만 명이 집단적으로 실행한 다른 종류의 광범위한 유추에 따른 결과물이다. 이 유추들은 개념의 핵심을 형성하는 (극히 단순하고 자연스러워서 비전문가에게는 유추로 보이지도 않는) 가장 단순하고 쉬운 것부터 교외를 형성하는 더 흥미롭고 생기 있는 것 그리고 먼 농촌(즉, 어떤 의미에서도 범주에 속한다고 거의 생각하지 않을 대상이나 상황)을 형성하는 대단히 억지스럽고 설득력 없는 것까지 이음새 없는 연속체를 이룬다.

범주의 명칭으로서 동사들

이 장에서 우리는 '책상', '코끼리', '나무', '차', '부분', '생각', '깊이' 같은 명사에 적용되는 것이 발화의 다른 부분에도 적용된다고 수차례 언급했다. 또한 이미 '트럭을 보살피다', '이를 깁다'처럼 **보살피다**와 **깁다**라는 범주가 성인들의 범주와 완전히 일치하지 않는 아이들의 재미있는 동사 선택도 다루었다.

명사에서 동사로 옮겨가기는 그다지 어렵지 않다. 무엇보다 많은 동사가 특정 명사와 긴밀하게 연관되어 있고, 그 반대도 마찬가지이기 때문이다. 명백한 사례부터 시작하자면 땅에 떨어지는 **비**rain를 인지한 사람은 누구나 **비가 내리고 있음**it is raining을 인지할 수 있다. 명사 '눈snow'과 연계된 범주와 동사 '눈이 내리다to snow'와 연계된 범주에도 같은 사실이 적용된다. '우박hail'과 '우박이 내리다to hail'의 경우도 마찬가지다. 이 경우 단어가 동일하기 때문에 명사와 동사 사이를 수월하게 오간다. 그러나 명사와 동사 사이에 발음상의 유사성이 없는 경우에도 특정한 동사의 환기가 특정한 명사의 환기와 연관되는 사례가 수없이 많다. 개가 갑자기 크게 짖는 모습을 보면 **개** 범주의 요소와 **어떤 것이 짖고 있는** 상황이라는 범주를 구성하는 요소를 동시에 인식한다. 거의 동일한 방식으로 입으로 먹고, 마시고, 말하는 모습을 접하면 우리는 모두 하루에도 수차례씩 어떤 것이 **먹고 있고, 마시고 있고, 말하고 있는** 상황이라는 범주를 구성하는 요소임을 인식한다. 마찬가지로 태양은 **뜨고 빛나며**, 눈eyes은 **쳐다보고 바라보며**, 새는 **날고 지저귀며**, 자전거 운전자는 자전거를 **타고 페달을 밟으며**,

잎은 **흔들리고 떨어진다.**

동사가 명사와 마찬가지로 범주의 라벨을 달고 있다는 생각을 강조하는 것은 별다른 파급효과가 없는 철학적인 지적처럼 보일 수 있다. 그러나 우리가 이 생각을 강조하는 이유는 호박, 페이스트리, 쟁기, 돼지를 인지하도록 돕는 인식 메커니즘이 매매하고, 위협하고, 야옹거리며 울고, 변이시키는 상황을 인지하도록 돕기 때문이다. 위협이 가해지는 상황을 충분히 경험하면 이 범주의 요소를 인지하고, 그에 따라 라벨을 붙이고, 친구에게 이야기하고, 관계 당국에 신고하고, 법원에 증인으로 출석하는 경우 설명하는 일을 할 수 있다. 심지어 사람들이 차를 모는 모습을 오랫동안 관찰한 후에는 종종 타이어 마찰음이라는 확실한 증거를 통해 위협적으로 운전하는 상황을 인식하는 법을 배운다. 이런 상황에서 '위협하다'라는 동사가 의식 속에서 저절로 떠오른다는 사실은 카나리아, 손잡이, 바지를 볼 때 특정한 명사가 떠오른다는 사실과 절대 다르지 않다. 이러한 단어를 떠올리는 것은 범주화의 결과다. 명사와 마찬가지로, 애쓰지 않아도 적절한 동사가 떠오르는 것은 해당 범주의 요소를 오랫동안 접해왔기 때문이다.

보살피다라는 범주를 구성하는 모든 요소가 **다리**bridge라는 범주를 구성하는 모든 요소보다 모호하고 덜 '실재적'으로 보이는 것은 편견과 착각일 뿐이다. 세상과 연결하는 다리는 노력과 모호성 없이 우리에게 주어지지 않는다. 기존의 모든 다리가 버튼을 누르면 동시에 불이 켜져서 도움을 준다고 해도, 여전히 이번 세기에 아직 건설되지 않았고 앞으로 올 모든 세기에도 건설되지 않을 모든 다리는 말할 것도 없고 오래전에 사라진 고대 로마, 고대 중국 왕조 시대부터 만들어진 모든 다리가 있다. 그림과 영화 그리고 소설에 나오는 가상의 다리는 언급하지도 않았다. 또한 아이들이 나무 블록으로 만든 작은 다리나 냇가로 떨어진 나무줄기 혹은 '승강용 통로'(게이트와 비행기를 잇는 터널)는 어떤가? 또한 개미에 의해, 개미를 위해, 개미로 만들어진 다리(이것도 다리로 간주될까? 그것이 문제다)까지 있다! 무심코 두 개의 접시 사이에 올려져 개미에게 지름길을 제공하는 이쑤시개는 어떤가? 입 속에 박아 넣은 브리지, 먼 문화 사이에 놓인 다리, 먼 생각 사이에 놓인 다리는 어떤가? 조금만 생각해보면 **다리**를 구성하는 범주가 대단히 모호하다는 사실이 드러난다. 이만하면 '보살피다', '위협하다', '서두르다'처럼 다소 추상적인 동사를 쓸 만한 상황이 '다리'라는 시각적인 명사를 쓸 만한 상황보다 오히려 분명한 것은 아닌지 의문을 가질 수도 있다.

Much를 둘러싼 헛소동

이제 너무나 평범해서 대다수 사람은 절대 범주나 개념의 명칭이라고 생각하지 않을 대단히 일상적인 단어로 넘어가보자. 그러니까 우리는 'much'라는 단어에 초점을 맞출 것이다. 이 단어는 어떤 상황에서 입에 오르는 걸까? 그 상황들의 공통점은 무엇일까? 한마디로 이 **much**라는 범주는 무엇일까? 이 추상적인 개념의 몇 가지 사례를 자세히 들여다보자.

That's much too little for him(그것은 그에게 너무 적다).
That's a bit too much for me(그것은 나에게 너무 많다).
Much less than that, please(그보다 훨씬 적게 부탁합니다).
Much the same as the last time(지난번과 거의 같다).
Don't go to too much trouble(너무 많이 애쓰지 마세요).
How much will that be(얼마인가요)?
Much obliged(신세 많이 졌습니다).
I'd always wanted it so much(항상 아주 많이 원했습니다).
It's not much, but it's home(변변찮지만, 그래도 집입니다).
I'm very much in agreement with you(당신의 생각에 아주 많이 동의합니다).
Much though I wish I could(그럴 수 있기를 많이 바라기는 하지만)…….
Much of the time it doesn't work(많은 경우 통하지 않는다).
Your hint very much helped me(당신이 준 힌트가 아주 많은 도움이 되었습니다).
Just as much legitimacy as her rival had(그녀의 라이벌이 가진 만큼의 정당성).
Moths are much like butterflies(나방은 나비와 많이 비슷하다).
As much as I'd like to believe you(당신을 많이 믿고 싶지만)…….
So much so that we ran into trouble(그래서 우리는 자주 부딪혔다).
She got much the better of him(그녀는 그를 많이 앞질렀다).
It didn't do us much good(우리에게 많은 도움이 되지 않았다).
Her florid writing style is just too much(그녀의 화려한 문체는 무척 과해)!

much가 들어가는 상황들에는 어떤 공통점이 있을까? **much** 상황은 가상적인 **약간의**some 상황 또는 **다소**somewhat 상황의 반대를 가리킨다. 다시 말해서 **much** 상황은 상상의 손잡이를 일반적인 정도보다 더 '돌리는' 상황을 비교하는 셈이다. 가령 'I wanted it so much(그것을 아주 많이 원했습니다)'라는 말은 화자의 욕망이 문장보다 덜 강렬한 가상의 시나리오와 순간적으로 비교해야만 이해할 수 있다. 한마디로 'much'라는 단어는 구체적이든('너무 많은 땅콩버터', '그다지 많지 않은 공기') 구체적이지 않든('아주 많이 불쾌하게도', '합당한 수준보다 훨씬 많은 명성') 간에 어떤 대상의 예기치 않게 큰 수나 강한 정도를 묘사하고 싶을 때 사용자의 머릿속에서 환기된다. 이 단어를 들은 사람은 화자의 의도를 이해하고 머릿속에서 손잡이를 돌려 말의 어떤 부분 혹은 구나 절을 강조하려는 그의 명백한 욕구를 이해한다.

그래서 **much** 상황은 일부는 외부 세계에 객관적으로, 일부는 외부 세계의 속성을 예상하는 내면세계에 주관적으로 존재한다. 이렇게 **much** 상황을 인지하려면 (다른 사람이 부은 수프의 양처럼) '바깥에 있는' 세상 속의 어떤 대상이나 (배가 고프거나 졸린 것처럼) 어떤 내면적 상황뿐만 아니라 그런 상황에 대한 자신의 예상 혹은 일반적인 사람의 예상에도 집중해야 한다. "나한테 수프를 많이 주지 않았어!"라는 말은 일반적으로 레스토랑에서 주는 수프의 양에 대한 예상치와 비교할 때 적은 편에 속한다는 뜻이다.

화자가 정도가 덜한 대조적인 시나리오를 (적어도 무의식적으로) 암시할 필요성을 느끼지 않는다면 'much'라는 단어가 머릿속에 떠오르지 않을 것이다. 화자가 특정한 상황에서 '너무 많은 땅콩버터'라고 하는 말은 청자에게 **적절한** 양의 땅콩버터가 사용된 가상의 대조적인 상황을 환기시킨다는 목표가 있는 것이다. 그 대조 속에 이 구절의 의미가 존재한다. 마찬가지로 '무척 감사드립니다!'라는 말은 덜 충만한 마음을 표시**할 수도 있었다**는 생각을 은근히 환기시킨다. 그래서 같은 상황에서 다른 사람이 혹은 다른 상황이나 기분에서 같은 화자가 표시할 수준보다 더 강렬하게 감사를 표시하려는 욕구를 드러낸다.

지금까지 **much** 상황이 외부 세계 그리고 예상과 통념으로 가득한 이상적인 내면세계 사이의 차이를 다룬다는 사실을 살폈다. (언제나 헛되기는 하지만) **새bird** 범주의 핵심을 확정하려고 바랄 수 있는 것처럼 우리는 여기서 대단히 모호한 단어의 도움을 받아서 **much** 범주의 핵심이 무엇인지 최소한 암시라도 하려고 노력했다.

머릿속 확정적 범주로서 문법적 패턴

위의 사례에서 볼 수 있듯이 누군가 말을 할 때 'much'가 아주 깔끔하게 들어맞고 적절한 기능을 수행하는 특정한 통사적 위치syntactic slots가 있다. 사실 이 통사적 위치 자체가 단어 'much'의 속성이 지니는 다른 측면을 구성한다. 우리는 자라고 학교를 다니면서 단어 'much'를 수천 번 접하며, 처음 들을 때는 다소 놀라면서 이 단어가 다른 단어 사이에서 자리 잡는 지점을 알게 되겠지만 시간이 지나면서 더 익숙해지고, 이후에는 습관이 되며, 결국 완전히 무의식적으로 내면에 체화된 반사작용이 된다. 처음에는 이상하고 부자연스러워 보이는 단어 'much'를 배치하는 방식은 점차 익숙해져서 종국에는 애초에 당황스럽거나 혼란스럽게 다가왔던 점을 더는 보지 않게 된다.

왜 우리는 'I appreciate much all you've done for me'라고 하지 않고 'I much appreciate all you've done for me'라고 말할까? 또한 왜 'I don't go out much' 혹은 'I don't much go out'이라고 말하면서 'I'm much don't go out'이라고는 하지 않을까? 또한 왜 'I'm much in agreement with her'라고 말하면서 'I'm much out of contact with her'라고 말하지 않을까? 또한 왜 'much the same'이라고 말하면서 'much the different'나 'much the other'라고 말하지 않을까? 또한 왜 'I'm much obliged'라고 말하면서 'I'm much grateful'이라고 말하지 않을까? 또한 왜 'much though I'd like to join you'라고 말하면서 'very much though I'd like to join you'라고 말하지 않을까? 또한 왜 'Many thanks'는 국화처럼 흔하면서 'Much thanks'는 난초처럼 드물까? 아니, 실제로 그럴까? 간단하게 인터넷 검색을 한 결과 200 대 1의 비율로 'Much thanks to my friends'보다 'Many thanks to my friends'가 많이 쓰인 것으로 나타났다. 그러나 전자가 존재한다는 사실은 사정이 바뀌고 있을지도 모름을 시사한다. 여기서 우리는 **단어 'much'의 적절한 통사적 위치**라는 범주의 모호하고 유동적인 윤곽을 접하게 된다. 앞서 말한 비율이 5년 후, 10년 후, 50년 후에는 어떻게 변할지 누가 알겠는가? 원어민들은 이런 패턴이 지성 자체의 깊은 부분이기 때문에 단어의 용례에 대해 이런 종류의 의문을 품지 않는다.

이 모든 사실이 의미하는 바는 범주 **much**, 즉 대략 단어 'much'와 'muchness'라는 느낌을 환기하는 전체 상황이 **인지적/감정적** 측면(우리는 말을 하는 동안 실제 사정과 과거에 그럴 수 있었던 사정 혹은 앞으로 그렇게 될 수 있는 사정을 비교하기 위해 어떤 것을 강조하려는 필요 내지 욕구를 느낀다)뿐만 아니라 **통사적** 측면(우리는 말하는 동안에도 문장을 만들면서 단어가 아무런 문제없이 바로 문장 안으로 들어갈 수 있는 확연한 위치를 감지한다)까지 지니는 범주라는 것이다.

이 의견에 대해 우리가 말한 내용이 단어 'much'가 하나는 이면의 개념이고 다른 하나는 그 단어가 영어에서 수행하는 문법적 역할인 두 가지 측면을 지닌다는 것이 전부이며, 따라서 단지 'much'가 (모든 단어가 그렇듯이) 의미적 측면과 통사적 측면을 모두 지니고, 그 의미와 통사는 독립적인 인간의 지적 능력이라는 것이 우리의 주장이라고 대꾸할 수 있다. 이런 입장은 말할 **대상**과 말하는 **방식**의 선택에 내재된 두 정신적 과정이 자율적이며 아무 공통점이 없음을 시사한다. 그러나 이런 구분을 하는 것은 논쟁의 여지가 많다. 우리가 담론의 세계에서 **문법적** 상황을 지각하는 메커니즘은 주위를 둘러싼 세상에서 **물리적** 상황을 지각하는 메커니즘과 같은 뿌리를 가질 수 있지 않을까?

우리는 어릴 때 구체적인 사물과 행동의 세계에서 나아가는 법을 배우듯이 문법이라는 추상적 세계에서 '나아가는' 법을 배운다. 아이는 처음에 'too much', 'not much', 'much more'처럼 단순한 통사적 맥락에서 단어 'much'를 쓰기 시작한다. 이 초기 사례는 범주의 핵심을 구성한다. 그래서 어린 팀에게 **엄마**mommy 범주의 핵심을 구성하는 **엄마**Mommy와 갈릴레오에게 **달**moon 범주의 핵심을 구성하는 **달**Moon과 유사하다. 아이는 'a lot much', 'many much', 'much red', 'much here', 'much now', 'much night'처럼 위험한 영역을 탐험할 수도 있지만 이런 시도는 곧 사회의 냉담한 반응을 받으며 폐기될 것이다.

시간이 지나면서 아이는 'much traffic', 'I much prefer the other one', 'much to my surprise'처럼 갈수록 세련된 용례를 듣고, 읽고, 이해하고, 체화할 것이다. 이런 용례는 어린 팀의 머릿속에 있는 다른 아이들의 어머니 그리고 갈릴레오의 머릿속에 있는 목성의 달들에 빗댈 수 있다. ('much to my surprise'처럼) 새로운 용례를 들을 때마다 그 구체적인 사례는 그와 **유사한** 잠재적 용례('much to her horror', 'much to his shame', 'much to our disappointment', 'much to my parents' delight')가 모인 흐릿한 머릿속 구름에 합류할 것이다. 그래서 아이는 이 확장하는 범주의 가장자리에서 약간의 탐험을 하면서 추가적인 위험, 그러니까 'much to my knowledge', 'much to her happiness', 'much to his unfamiliarity', 'much to their comfort' 같은 위험을 감수하게 될 것이며, 다른 화자가 얼마나 공명하는지 여부에 따라 이 잠정적인 시도는 성공하거나 실패할 것이다.

아이들은 다른 모든 범주에 대한 감각을 다듬는 것과 거의 같은 방식으로 much 상황이라는 범주(그 의미적 측면과 통사적 측면)에 대한 감각을 다듬는다. 또한 학교에서 가르치지 않고 그럴 필요가 없기 때문에 혼자서 이 모든 일을 한다. 아이들은 (엄청난 의식적 노력은 말할 것도 없고) 어떤 특별한 노력도 없이 그냥 much스러움의 전문가가 된다. 그들은 시, 가사, 고대 문헌, 은어, 'it's of a muchness', 'thanks muchly', 'it cost me much bucks', 'too much people here' 같은 변형된 용례에서 무작위적으로 이 단어를 접할 것이며, 의식하지 못하는 사이에 자신도 이런 종류의 언어적 한계를 뛰어넘기 시작할 것이다. 이런 시도는 조금씩 **단어 'much'에 대한 적절한 용례 및 통사적 위치**라는 범주의 한계에 대한 개인적 감각을 만들어갈 것이다. 각 개인에게 이런 정신적 범주는 나름의 특유한 방식으로 확장될 것이지만, 누구든 간에 '후광'으로 둘러싸인 핵심을 구성할 것이다. 각 개인의 머릿속에 원형의 의자가 있고 범주의 경계를 희롱하는 따옴표 속의 '의자'도 있듯이, 'much'의 원형 용례가 있고 같은 단어의 경계를 희롱하는 용례도 있다.

담론에서 현상을 지칭하는 단어들

인간은 성장함에 따라 자신이 사용하는 단어가 듣는 사람의 머릿속에서 어떤 유형으로 만들어지는지에 대한 예리하고 즉각적인 민감성을 개발한다. 그렇게 함으로써 우리는 이 추상적 현상과 관련된 일련의 풍부한 범주를 습득한다. 그러나 이상하게도 이 범주 중 아주 중요한 일부에는 따분하고 단조롭게 보이는 'and', 'but', 'so', 'while' 그리고 기타 수많은 단어로 된 라벨이 붙는다. 이 단어들은 처음에는 중요하지 않고 심지어 사소해 보일 수 있지만, 그것은 크게 잘못된 인상이다. 이 단어들은 깊고 미묘한 개념을 나타내며, 앞으로 살펴보겠지만 이 개념은 다른 모든 개념처럼 유추에 기반을 둔다.

단어 'and'를 수반하는 몇 가지 사례를 살펴보자. 프랑스 여행에서 돌아온 친구가 들뜬 목소리로 "I like Paris and I like Parisians"라고 말하면 아무도 놀라지 않을 것이다. 반면 "I like Paris"라고 말한 다음 잠시 뜸을 들였다가 "I like Parisians"라고 말하면 분명히 혼란스러울 것이다. 이렇게 말하면 이 두 문장이 서로 관련 없는 두 가지 관념이라는 인상을 주지만, 실상은 그렇지 않다. 우리의 친구는 문장 끝에 'also'를 붙여서 약간 더 논리적으로 보이게 만들 수 있다. 그렇게 하면, 두 발화 사이에 명시적이고 이해하기 쉬운 연결 고리를 원하는 화자의 요구를 맞춰줄 것이다. 사실 두 진술 사이에 자연스러운 연결 고리를 만드는 것이 단어 'and'의 핵심적인 역할 중 하나다. 그래서 친구가 "I like Paris and I just bought a pair of pliers"라고 말하면 우리는 일관성 없는 내용에 당황할 것이다. 단어 'and'의 핵심 목표는 청자에게 화자의 머릿속에 있는 하나의 생각과 다음 생각을 연결하는 논리적 흐름의 명확한 감각을 전달하는 것이다.

얼룩말이 도망치는 경로가 뒤를 쫓는 사자에게 실제적인 만큼, 담론의 흐름은 인간에게 실제적이다. 둘 다 특정한 종류의 공간에서 이루어지는 다양한 움직임이다. 사냥의 공간은 물리적이고 담론의 공간은 정신적일 뿐이다. 사자는 대부분 물리적 세계에서 살며, 우리 인간은 거기서도 살지만 언어의 세계에서도 살아간다. 우리가 가진 범주 체계의 상당 부분은 비가시적이지만 마찬가지로 실제적인 세계에서 일어나는 현상을 중심으로 돌아간다. 우리는 담론 공간에서 발생하는 상황을 인식하고 범주화하며, 초원에서 사자가 먹이를 쫓으면서 순식간에 방향을 선택하듯이 민첩하고 자연스럽게 그 일을 한다.

우리는 모두 다른 단어와 개념처럼 유추적 확장을 통해 단어 'and'와 그 뒤에 숨은 개념을 습득한다. 단어 'and'를 처음 들었던 때를 기억할 수 있는 사람이 있을까? 물론 없다. 그러나 어린 시절에 습득한 모든 다른 단어와 마찬가지로 'and'는 결코 명시적으로 정의되지 않는다. 사실 'and'의 의미는 맥락을 통해 인식된다. 처음에 'and'는 사람과 사람을 연결했다고 가정할 수 있다(아마도 '엄마와 아빠'). 그다음에는 사람과 사물을 연결했을 것이다('샐리와 샐리의 장난감'). 그다음에는 시간의 순서를 연결했을 것이다('나는 밖으로 나가서 바라보았다'). 그다음에는 일상적인 연결 고리를 나타냈을 것이다('그것은 떨어져서 깨졌다'). 그다음에는 추상적인 속성('뜨거운 물과 차가운 물')과 관계('머리를 깎기 전과 후') 그리고 다른 추상적인 속성('뜨겁고 몸에 좋은 음식')의 조합을 연결했을 것이다. 그리고 뒤이어 더 많은 것들이 쏟아졌을 것이다.

모든 범주와 마찬가지로 **and** 상황이라는 범주는 개별적인 사람의 머릿속에서 점진적으로 그리고 원활하게 확장된다. 실제로 너무나 원활해서 지나고 보면 마치 도시가 한 번에 확장된 것처럼, 어떤 일반화도 필요 없던 오직 하나의 근본적 관념만 있는 것처럼 단일하고 균일하게 보인다. **mother, stop, much** 처럼 훨씬 더 복잡한 인상을 주는 범주를 어떻게 습득했는지 기억하지 못하듯이, and를 외부로 확장하는 많은 동심원층은 의식 속에 아무런 흔적도 남기지 않는다. 그래서 **범주**에 해당한다고 생각하는 사람이 드문 이 단순하고 사소한 접속사는 우리가 여기서 말하는 단어와 개념의 이야기에 잘 맞는다.

'And'와 'But'의 대조

이제 접속사 'but'을 수반하는 몇 가지 사례를 살펴서 논의의 폭과 깊이를 더 해보자. 전적으로 논리에 기초한다면 'and'와 'but'이 감정적인 차이를 제외하면 정확하게 같은 것을 뜻한다고 주장할 것이다. 그러나 이는 대단히 편협한 시각이다. 문제를 더 자세히 살펴보자. 방금 여행에서 돌아온 친구가 "I like Paris but I like Parisians"라고 말한다면 우리는 분명히 "그게 무슨 뜻이야? 말이 안 되잖아!"라며 의아해할 것이다. 'but'이라는 단어는 담론 공간에서의 **방향 전환** 혹은 **갈지자 움직임**을 예상하게 만들기 때문이다. 그러나 친구가 한 말에는 그런 갑작스러운 전환이 없다. 파리를 좋아하고 파리 사람도 좋아한다는 말은 통념에 반하는 것도 아니고, 합리적인 예상에서 어긋나지도 않으며, 따라서 어떤 식으로도 담론 공간에서의 방향 전환이나 갈지자 움직임을 형성하거나 구성하지 않는다. 이 가상의 친구가 한 가상의 말은 방향 전환을 **알리고도** 실행하지 않음으로써 우리를 속인 것이다. 그래서 접속사와 그것이 연결하는 두 구절 사이에는 혼란스러운 모순이 있다. 실제로 이런 문장이 이메일에 들어 있다면 오타가 났으며, 친구가 "I like Paris but I don't like Parisians"라고 쓰려 했다고 생각할 것이다. 이 경우에는 실제로 담론 공간에서 갈지자 움직임이 나온 것이다.

화자는 효과적인 의사소통을 위해 전달하는 생각의 순서가 지니는 흐름의 속성에 긴밀하게 주의해야 한다. 다시 말해 실시간 자기 모니터링을 해야 한다. 담론 공간에서의 이동이 이미 설정된 경로를 따라 원활하게 이어질 때는 'and'(혹은 몇 가지 가능한 예를 나열하자면 'moreover', 'indeed', 'in addition', 'on top of that', 'to boot')가 타당하다. 우리는 이런 종류의 상황을 '**and** 상황'이라고 부를 것이다. 우리는 **and** 상황에 처했다는 사실을 인지하면 'and'라고 말하고 마무리할 수 있다. 반면 담론 공간에서의 움직임이 갑작스럽고 예기치 못한 방향으로 전환하는 경우 'but'(혹은 몇 가지 가능한 예를 나열하자면 'whereas', 'however', 'actually', 'in fact', 'although', 'nevertheless', 'even so', 'still', 'yet', 'in spite of that' 같은 다른 양보사나 양보절)이 타당하다. 앞서와 마찬가지로 **but** 상황이 있으며, 물론 우리는 **but** 상황에 처했다는 사실을 인지하면 'but'이라고 말하고 마무리할 수 있다.

'And'가 아니라 'But'이라고 말하게 만드는 것은 무엇일까?

우리는 종종 "I dont' know what country the florist comes from, but she seems very nice(그 꽃집 주인이 어느 나라 출신인지 모르지만 아주 좋은 사람 같다)." 같은 문장을 듣는다. 여기서 왜 'but'이 쓰였을까? 담론 공간에서의 이 갈지자 움직임은 어떤 종류일까? 그러면 먼저 'and'를 대신 쓰면 어떻게 들릴지 보자. "I don't know what country the florist comes from, **and** she seems very nice(그 꽃집 주인이 어느 나라 출신인지 모르며, **그리고** 아주 좋은 사람 같다)." 이 문장은 그냥 **뜬금없는 이야기**non sequitur처럼 들린다. 사람들은 두 가지 생각이 같은 문장 안에서 무엇을 하고 있는지 의아해할 것이다. 반면 'but'을 쓰면 정확하게 제시하기에는 다소 미묘하지만 분명한 논리적 흐름이 생긴다. 이때 표현되는 감정은 대략 이런 내용이다. "**Despite** my near-total lack of knowledge about her, I would say that she seems affable(그 꽃집 주인에 대해 아는 것이 거의 없**기는 하지만**, 그녀는 상냥한 사람인 것 같다)." 'Despite'는 'but'과 가까운 사촌인 양보사다. 요점은 이 문장의 첫 번째 부분이 지식의 결여에 대한 것이고, 두 번째 부분이 이 경향에 대한 작지만 의미 있는 반례라는 것이다. 따라서 첫 번째 부분은 패턴을 암시하고 두 번째 부분은 그 패턴의 예외를 언급한다. 우리는 누군가에게 '소식'을 말하려고 할 때마다, 그리고 그렇게 하기 직전에 이런저런 방식으로 그것이 직전에 말한 내용이 초래할 예상에 어긋난다는 사실을 깨달을 때마다 **but** 상황의 예비 신호를 감지한다. 꽃집 주인에 대한 두 개의 문장은 정확히 그런 속성을 지녔으며, 그래서 두 절 사이에 'but'을 넣는 것이 타당하고 올바르게 들리는 반면 'and'를 넣는 것은 이상하게 들린다.

마찬가지로 누군가 "그는 귀가 크기는 하지만 정말 좋은 사람이다"라고 말한다고 해서 (표면적으로는 그렇게 들림에도 불구하고) 그에게 큰 귀를 가진 사람은 나쁜 사람이라는 고정관념이 있다는 뜻은 아니다. 그보다는 '그 사람이 특정한 육체적 측면에서는 통념의 부정적인 쪽에 속하기는 하지만 행동 측면에서는 긍정적인 쪽에 속한다'라는 의미에 더 가깝다. 다시 한 번 우리는 접속사 'but'이 담론 공간에서의 방향 전환, 그러니까 해당 인물이 **어떤** 통념의 한쪽 측면에 있으며, 그렇지만(그 사실에도 불구하고) **다른** 통념의 다른 쪽 측면에 있음을 알린다는 것을 알게 된다.

'but'이 나타내는 방향 전환이라는 범주는 더 가시적이기는 하지만 길에서 차량들이 하는 방향 전환이라는 범주만큼 실제적이다. 또 'but'은 사람들이 언제나 눈앞에 펼쳐지는 장면(그리고 귀로 들어오는 일련의 소리 등)에 주의를 기울이고 매 순간 더 친숙한 측면을 범주화하는 것과 마찬가지로, 말을 하는 과정에서 언제나 담론 공간의 분위기에 주의를 기울이고 순간순간 더 친숙한 측면을 범주화하면서 사용된다.

때로 화자는 머릿속에서 순간순간 언어적으로 스스로 모니터링을 한다는 것을 알며, 이는 말의 흐름에 영향을 미칠 수 있다. 그래서 하나의 음성 라벨을 취소하고 신속하게 다른 라벨로 대체할 수 있는 것이다. 그 한 예가 "저 말horse을 봐요. …… 어, 그러니까 **당나귀donkey**요"라고 말하는 것이다. 다음에 나오는 이야기는 이렇게 라벨을 다시 붙이는 작업을 수반하지만 환경 속에 있는 대상이 아니라 화자의 발화 흐름 속에 있는 사건을 스스로 교정하는 사례이다.

죽마고우인 프랭크와 앤서니는 오랜만에 만나서 즐겁게 서로의 가족에 대한 이야기를 나누었다. 프랭크는 앤서니에게 알 수 없는 병에 걸렸지만 다행히 며칠 만에 회복한 딸의 이야기를 하려 했다. 그가 말한 문장 중 하나는 이런 내용이었다. "우리 딸은 몬태나에 머무는 동안 스키를 아주 잘 탔고 어느 날 슬로프에서 균형을 잃었어. 아니, 그게 아니라 잘 탔**지만** 어느 날 슬로프에서 균형을 잃었어."

프랭크는 이 문장을 말하기 시작할 때 자신이 and 상황에 속한다고 생각했다. 그러다가 문득, 아니, '**하지만** 문득' 두 번째 절을 말하기 시작할 때 자신이 말하는 내용 속에서 갑작스러운 방향 전환이 이루어지는 소리를 분명하게 들었다(뛰어난 스키 실력을 가진 사람이 아무런 조짐도 없이 넘어지기 시작한다는 것은 모두의 예상을 강하게 거스른다). 그래서 그는 급히 방향을 돌렸으며, 중간에 접속사를 'and'에서 'but'으로 바꾸었다. 청자의 관점에서 볼(들을) 때 자신의 이야기가 일종의 갈지자 움직임을 수반하며, 따라서 and 상황 범주가 아니라 but 상황 범주에 속한다는 사실을 깨달았기 때문이다.

담론 공간에서 추가적인 정교화

and 상황과 but 상황을 구분하는 일은 고급 기술은 아니지만 대단히 유용한 기술이며, 이 이분법은 많은 상황에서 더없이 적절하다. 그러나 우리가 'and 상황'과 'but 상황'이라는 라벨을 붙인 폭넓은 범주 속에는 수많은 하위 범주가 있으며, 사람들은 처음에는 아이로, 나중에는 어른으로 이 하위 범주를 인지하고, 그에 따라 담론 공간에서 상황을 가장 잘 묘사하는 세련된 접속사나 접속절을 그때그때 선택하는 데 도움을 줄 더 미세한 뉘앙스를 점차 습득한다.

더 미세한 구분을 하지 않고 단지 **and** 범주와 **but** 범주에서 멈추는 것은 더 자잘한 세부 사항으로 나아가지 않고 **승용차** 범주와 **화물차** 범주를 유용하지만 거칠게 구분하는 것과 같다. **승용차/화물차** 구분은 많은 목적에 사용할 만하다. 그러나 자동차에 매료된 사람들은 더 많은 세부 사항을 원하며, 종종 '차car'라는 포괄적인 단어로 표시되는 것보다 훨씬 좁은 범주를 사용할 것이다. 마찬가지로 유창한 화자들은 거친 'and'/'but' 이분법보다 더 미세한 구분을 활용한다. 그러나 어떤 차량이 혼다 차인지 현대 차인지, 쿠페인지 세단인지, 자동인지 수동인지, 고연비인지 저연비인지, 스포츠카인지 패밀리 카인지 등을 인지하는 일이 상당한 경험을 요구하듯이, 담론 공간에서 처한 것이 **nonetheless** 상황인지, **however** 상황인지, **and yet** 상황인지, **still** 상황인지, **on the other hand** 상황인지 판단하는 일은 미묘한 기술이다. 이 하위 범주들을 구축하려면 상당한 숙련도를 쌓아야 하기 때문이다.

이런 선택의 이면에 존재하는 미묘성을 파고들 필요는 없다. 사람들이 **서재**, **스튜디오**, **사무실**, **소굴**, **아틀리에**, **사무실 자리**, **직장** 혹은 친구가 **흥분했는지**, **안달하는지**, **초조한지**, **염려하는지**, **걱정하는지**, **동요하는지**, **고민하는지**, **불안해하는지**, **안절부절못하는지**, **정신없는지**, **신경이 곤두섰는지**, **열광적인지**, **초조해하는지**, **긴장하는지**, **혼란스러워하는지**, **몰두하는지**, **당혹해하는지**, **불쾌해하는지**, **화가 났는지**, **우려하는지** 혹은 '대단히 감사합니다', '언제나 깊이 감사드립니다', '정말 고맙습니다'를 비롯한 다른 감사 표현이 필요한 상황을 구분하는 방법을 설명하는 것이 우리의 목표가 아니듯이 '그러나', '그럼에도 불구하고', '사실은', '하지만', '그렇기는 해도', '그 모든 것에도 불구하고'가 아니라 '그렇지만'을 선택하게 만드는 뉘앙스의 속성을 설명하는 것이 우리의 목표가 아니기 때문이다. 우리는 이 언어 라벨을 선택하게 만드는 힘을 적시하는 일이 아니라 단지 이 각각의 다른 구절이 미묘하게 다른 심리적 범주, 담론 공간에서 유추를 끌어낼 수 있는 대단히 특징적이고 자주 등장하는 패턴의 명칭이라는 사실에 관심이 있다.

여기서 영어에는 두 개의 가장 기본적인 접속사('and'와 'but')가 있지만 러시아어에는 세 개의 접속사, 'И'('and'), 'HO'('but'), 'a'('and'와 'but' 사이의 의미)가 있다는 점을 지적할 수 있다. 이 사실은 러시아어 사용자와 영어 사용자가 담론 공간에서 매우 기본적인 현상과 관련하여 약간 다른 범주 체계를 가졌음을 뜻한다. 'И'나 'HO'가 아니라 'a'를 쓸 때의 미묘성을 파악하는 데에는 오랜 시간이 걸린다. 서로 겹치는 모든 범주의 경우도 마찬가지다. 언어학 강의를 할 생각은 없기 때문에 여기서 그만두겠다. 다만 요점은 대다수 사람에게 (**의자, 새, 과일**처럼) 오래되고 상투적인 범주의 사례로부터 동떨어진 것처럼 보이는 단어도 동일한 이유로 역시 범주의 명칭이며, 그 단어가 나타내는 범주도 거의 동일하게 작용한다는 것이다.

추가로 다룰 비가시적 단어들

단어에 대해 이야기할 때 자주 쓰는 단어에서 드물게 쓰는 단어로 가는 것이 논리적으로 보일지 모르지만, 여기서는 예상을 거스를 것이다. 'and'와 'but' 처럼 거의 절대 범주의 명칭으로 생각되지 않는 대단히 자주 쓰는 단어를 논의하면서 이 장을 마무리하고자 한다. 가령 'very', 'one', 'too' 같은 단어를 보자. 'very'가 나타내는 범주는 무엇일까? 물론 **dog** 범주의 요소를 가리키는 방식으로 **very** 범주의 요소를 축어적으로 가리킬 수는 없다. 그래도 한번 시도해보자. 우사인 볼트는 아주 빠른 육상 선수다. 카이로는 아주 큰 도시다. 중성미자neutrino는 아주 작다. 그것은 아주 **당신**답다. 이 정도 사례만으로도 그 느낌을 얻기에는 충분하다. **very**는 **much**와 비슷하게 평생에 걸친 경험 위에 구축된 통념과 연관된 범주다. 로마는 큰 도시이지만 카이로는 **아주** 큰 도시다.

우리는 'much'를 쓰는 법을 배우듯이 'very'를 쓰는 법을 배운다. 그러니까, 그 용례를 듣고 문장 구성의 세계에서 자신의 길을 더듬어 나아가면서 배운다. **very** 인식의 핵심이 문장의 구성과 연관된다고 해서 개념이 되기에는 부적격일까? 전혀 그렇지 않다. **very** 개념은 **dog**만큼 순수한 개념이다. **very** 개념은 전적으로 상대적인 규모, 예상, 중요성, 강도에 대한 것이다. 이 모두는 대단히 개념적이다.

이 문제를 다루는 동안 아인슈타인이 끝내주게 똑똑한 친구one very smart dude 였다는 사실을 잊지 말도록 하자. 거기에는 의심의 여지가 없다. 아인슈타인은 **여러**several 똑똑한 친구들로서가 아니라 **끝내주게**one 똑똑한 친구였다. 그렇다면 왜 그는 단지 **한 명의**a 똑똑한 친구가 아닐까? 단어 'one'은 언급하는 항목의 수뿐만 아니라 더 많은 정보를 전달하고 있는 것처럼 보인다. 이 경우 '끝내주게 똑똑한 친구'라는 말은 아인슈타인의 능력이 지닌 천재성이 극단적으로 희귀함을 강조한다. 이는 예기치 못한 경로를 통해 문장에 추가적인 정보를 밀어 넣는 미묘한 방식이다. 그러나 단어 'a'가 아닌 단어 'one'을 선택하는 것은 (격의 없고 솔직한) 대화의 성격뿐만 아니라 (열정적이며 편한) 화자의 성격에 대한 정보도 전달한다. 게다가 '친구'라는 단어를 쓰는 것은 '끝내주게'라는 단어를 쓰는 것과 강하게 호응하며, 반대의 경우도 마찬가지다. 실제로 이 두 단어는 같이 쓰일 경우 아인슈타인의 이미지만이 아니라 이런 구절을 잘 사용하는 특정한 영어 사용자들의 이미지도 선명하게 그려낸다.

더 명확하게 말하자면 아마도 대다수 미국 영어 원어민은 "'끝내주게 똑똑한 친구'라고 말하는 종류의 사람들"이라고 머릿속에서 라벨을 붙일 수 있는 범주를 개발했을 것이다. 이 범주는 보기만큼 협소하지 않다. 물론 아인슈타인의 지능을 평가하는 위의 발언을 듣는다면 즉각 환기되겠지만 반드시 '똑똑한'과 '친구'라는 구체적인 단어를 들어야만 환기되는 것은 아니며, "도리스 데이는 끝내주게 귀여운 처자였어Doris Day was one cute cookie"나 "끝내주게 밝은 램프군That's one bright lamp!" 같은 말을 들어도 환기될 것이다. 그래서 우리는 숫자를 가리키는 단어 'one'처럼 단조롭고 사소한 단어조차 내용과 거의 무관해 보이는 특정한 방식으로 말할 경우 머릿속에서 풍부하고 미묘한 범주를 환기할 수 있음을 알게 된다.

이제 'one'을 살폈으니 'too'로 넘어가자. 물론 이 단어는 'also'와 'overly much'라는 두 가지 상당히 다른 의미를 지닌다. 그러니 후자에만 초점을 맞추도록 하자. too 범주의 본질적인 요소는 무엇일까? 아마도 케이크를 몽땅 먹는 것은 너무 많을 것이다. 혹은 일반 상대성원리를 초등학생에게 가르치는 것은 너무 이를 것이다. 나름의 too 상황을 떠올려보라. 요점은 이 사소한 일이 각각의 too 상황을 다른 too 상황과 연결 짓고, 그에 따라 too스러움이라는 추상적 개념과 연결 짓는 유추를 생생하게 드러낸다는 것이다.

우리는 much라는 개념을 살필 때 그 풍부성의 일부가 문장에서 사용되는 양상에 있음을 지적했다. 실제로 담론의 세계는 우리가 접하는 대단히 풍부한 영역 중 하나다. 선형대수학, 분자생물학, 테니스, 시의 세계에 풍부한 개념이 있듯이 담론, 언어, 문법 등의 세계에도 개념이 넘치지만 우리는 그것을 거의 생각하지 않는다. 그래서 어떤 고등학생은 약강약 육보격amphibrachic hexameter이라는 표준 명칭이 있다는 사실을 전혀 모르고도 그런 보격으로 흠 없는 시를 지을 수 있다. 마찬가지로 영어 원어민은 모두 'the'와 'a'가 어떻게 작용하는지 분석하지도 않은 채 기가 막히게 그것을 활용한다. 그러나 폴란드 언어학자인 헨리크 칼루자Henryk Kałuża는 영어를 쓰지 않는 사람에게 영어의 정관사와 부정관사를 '속속들이the ins and outs'(그가 든 'the' 사례 중 하나) 가르치기 위해 《영어의 관사들The Articles in English》이라는 책을 썼다. 실제로 이 책은 전적으로 이 풍부한 단어들의 의미를 다루지만, 그럼에도 불구하고 '내용어content words'가 아니라 문법적 장치일 뿐이라고 주장하면서 'the'와 'a'가 의미를 지닌다는 생각에 반발하는 사람들이 있다. 그들은 이 단어들이 가시적 대상을 지시하지 않기 때문에 (0이 숫자가 아니라고 수 세기 동안 주장했던 사람들과 마찬가지로) 의미가 없다고 생각한다. 그러나 'the president'와 'a president'의 차이가 **의미**와 관련이 없다고 주장하는 것은 이상하다. 'the sun's third planet'과 'a sun's third planet', 'I married the man in the photo'와 'I married a man in a photo', 'the survivor died'와 'a survivor died' 사이의 차이는 상당한 내용을 전달한다.

'the'와 'a' 같은 단어들이 영어에서 사용되는 방식을 적시하는 것은 '서재study'라는 단어가 아니라 '사무실office'이라는 단어를 환기하는 상황을 적시하는 것처럼 우리의 목적이 아니다. 우리가 강조하는 바는 이 미묘한 지식이 대개 전혀 인식하지 못한 채 이루어지는 연쇄적인 유추적 확장을 통해 오랜 기간에 걸쳐 습득된다는 것이다.

이처럼 우리는 'hub', 'attic', 'moon'처럼 상당히 사용 빈도가 낮은 단어에서 시작해 영어에서 가장 사용 빈도가 높은 정관사 'the'로 논의의 초점을 옮겼다. 그렇게 함으로써 우리는 또한 아주 시각적이고 구체적인 현상에서 대체로 비가시적이고 정신적인 현상으로 논의의 초점을 옮겼다. 그러나 중요한 사실은 그 이동 과정에서 결코 범주의 세계를 떠나지 않았다는 것이다. 'hub'가 어떤 범주(혹은 특정한 주요 공항과 자전거 바퀴의 중심부처럼 두어 개의 다른 범주)를 나타내듯이 'the'도 어떤 범주(혹은 세계 수준의 'the' 전문가인 헨리크 칼루자가 바로 제시할 수 있는 몇 가지 차별적인 범주)를 나타낸다.

언어가 주는 공짜 선물을 활용한 세상 해부

모든 언어는 사람들이 수천 년에 걸쳐 유용하다고 생각한 범주의 라벨이 모여 있는 거대한 저장고이며, 성장기와 성인기를 지나는 동안 우리 각자는 대개 전부는 아니지만 그 상당 부분을 흡수한다. 우리가 공짜로 받고 수월하게 머릿속으로 받아들이는 수천 개의 범주는 일단 체득된 후에는 우리가 사는 세상에 대한 자명한 사실로 인식된다. 우리가 단어와 구절로 세상을 해부하는 방식은 우주를 바라보는 **올바른 방식**처럼 보이지만, 각 언어가 나름의 고유한 방식으로 세상을 나누며, 그래서 영어 사용자에게 주어진 일련의 범주가 프랑스어나 다른 언어 사용자에게 주어진 일련의 범주와 일치하지 않는다는 것은 익히 알려진 사실이다. 요컨대 세상을 바라보는 '올바른 방식'은 어디서 어떻게 성장하느냐에 좌우된다.

영어와 인도네시아어에서 한 가지 두드러진 사례를 찾을 수 있다. 'brother'와 'sister'라는 영어 단어는 영어 사용자에게 **형제자매**라는 개념을 잘 포괄할 뿐만 아니라 명백하고 자연스러운 구분선을 따라 그 개념을 나눈 것처럼 보인다. 그러나 'kakak'과 'adik'이라는 인도네시아어 단어는 영어와 마찬가지로 **형제자매**라는 개념을 잘 포괄할 뿐만 아니라, 성별에 따른 축과 완전히 다른 나이라는 축을 따라 두 개의 하위 개념으로 갈라진다. 그래서 'kakak'은 '나이 많은 형제자매'를, 'adik'은 '나이 어린 형제자매'를 뜻한다. 인도네시아어 사용자에게 이는 세상을 나누는 **자연스러운** 방식으로 보인다. 그들은 영어 사용자가 한 단어로 '나이 많은 형제자매'를 말할 수 있어야 한다고 느끼지 않는 만큼 한 단어로 '자매'를 말할 수 있어야 한다고 느끼지 않는다. 그들은 자신의 언어에서 무언가 **빠진 것**이 있다고 생각하지 않는다. 물론 영어 사용자가 '나이 많은 형제나 자매'라고 말할 수 있으며, 이 말이 사실상 'kakak'을 뜻하듯이, 인도네시아어 사용자는 '여자 kakak이나 adik'이라고 말할 수 있으며, 이 말은 사실상 '자매'를 뜻한다. 각 언어는 다른 언어가 한 **단어**로 표현하는 것을 한 **구절**로 표현할 수 있다. 프랑스어는 세상을 두 가지 방식으로 나눔으로써 이 개념을 가지고 감탄스러울 만큼 외교적인 작업을 수행한다. 프랑스어에서는 남성/여성 이분법이 더 자주 사용되는 경향이 있지만 'frère(형제)' 대 'sœur(자매)') 나이 많은 형제자매/나이 적은 형제자매 이분법도 존재하며 ('aîné' 대 'cadet'), 따라서 모든 가능성이 존재한다. 이처럼 세상을 '자연스러운' 접합점에서 나누는 일은 생각만큼 자연스럽지 않다.

세상을 나누는 다른 방식은 절대 그림엽서처럼 드물지 않다. 이 현상의 좋은 사례를 발굴하려고 지구 반대편에서 사용되는 한 쌍의 언어에 의지할 필요는 없다. 심지어 의심의 여지없이 중심적인 단어와 개념으로 검색을 제한한다고 해도 모국어에 가장 가까운 언어를 약간만 뒤져보면 근처에서 풍부한 사례를 찾을 수 있다.

그래서 영어 사용자에게 time보다 명백한 것은 없는 듯 보인다. 우리는 지금이 **몇 시**time인지 알고, 차로 공항까지 가는 데 **시간**time**이 얼마나 걸릴지** 알며, 이전에 **몇 번**time 갔는지 안다. 이 세 가지 관념은 모두 아주 분명하게 하나의 중심적이고 단일하고 매우 중요한 개념, 'time'(실제로 영어에서 가장 자주 쓰이는 명사)으로 알려진 개념에 대한 것으로 보인다. 그러나 대단히 이상하게도 이 세 가지 관념이 같은 개념에 대한 것이 절대 아니라고 보는 언어들이 있다! 프랑스어 사용자는 지금 **시각**heure이 몇 시인지, 차로 공항까지 가는 데 **시간**temps **이 얼마나 걸리는지**, 이전에 **몇 번**fois 갔는지 안다. 이 단어들은 같거나 심지어 연관되지도 않는다. 프랑스어 사용자에게 'heure', 'temps', 'fois'라는 라벨이 붙은 세 개념은 서로 동떨어진 것처럼 보인다. 게다가 프랑스어 단어 'temps'는 영어에서 쓰는 time 개념의 특정 아변종subvariety만을 가리키는 것이 아니라 많은 경우 '날씨'를 뜻한다. 그래서 프랑스어 사용자는 엉뚱한 방식으로 날씨와 시간을 혼동한다! 반면 영어 사용자는 하루의 시각과 어떤 일이 일어난 횟수를 혼동한다! 어느 실수가 더 멍청할까?

영어와 프랑스어는 분명히 동사, 부사, 전치사 등으로 라벨이 붙는 범주는 말할 것도 없고, 심지어 가장 자주 쓰이는 명사와 관련하여 세상을 나누는 범주에서도 다르다. 가령 꽉 막힌 프랑스어 사용자들은 비합리적으로 'in'을 두 종류, 그러니까 'dans'와 'en'으로 구분한다. 이보다 비합리적일 수 있을까? 반면 명석한 영어 사용자들은 (당연히 더없이 합리적으로) 'de'를 두 종류, 그러니까 'of'와 'from'으로 구분한다. 이보다 더 합리적일 수 있을까?

이런 차이는 다른 언어들이 세상을 서로 다르게 나누는 전적으로 전형적인 양상이며, 어떤 한 쌍의 언어를 비교해도 이런 차이가 아주 많다. 그렇다면 사람들은 어떻게 언어의 경계를 넘어 의사소통을 할까?

개념으로 가득한 공간

이 질문에 답하기 위해 어떤 언어의 단어(그리고 더 일반적으로 어휘적 표현)와 그것이 대표하는 개념을 생각하는 일에 대한 간단한 시각적 비유를 제시하고자 한다. 먼저 2차원 공간이나 3차원 공간을 상상해보자. 그다음에 머릿속에서 각각의 다른 언어에 해당하는 다른 색깔, 그러니까 프랑스어는 녹색, 영어는 적색, 독일어는 청색, 중국어는 보라색 등을 사용하여 작은 반점을 찍어서 그 공간을 채우기 시작하라. 이때 이 개념 얼룩concept-blob을 바위나 젤리처럼 아주 분명한 가장자리나 경계를 가진 이상하고 작은 형체로 생각하기 쉽다. 그러나 진실은 전혀 그렇지 않다. 각 얼룩의 중심부는 강렬한 색깔(짙은 적색, 짙은 녹색 등)을 띠지만 (사실은 존재하지 않는) '경계'로 갈수록 색깔이 옅어지면서(연분홍색이나 황녹색을 생각하라) 점점 파스텔 색조를 띠다가 그냥 사라진다. 물론 흐릿한 윤곽을 지닌 이 얼룩의 이미지는 개념을 점차 교외로 변한 다음 농촌으로 사라지는 아주 밀집된 도시에 빗댄 비유를 반영한다.

우리는 색깔 얼룩을 넣기 전의 (조금은 가구 없는 집 같은) 공간을 하나의[a] '개념 공간conceptual space'으로 부를 것이다(개념 공간은 다수가 있기 때문에 앞에 부정관사를 붙였다). 각 개념 공간의 정중앙에는 가장 흔한 종류의 개념들, 즉 아주 흔한 가시적 대상, 비가시적 생각, 현상, 속성 등 특정한 문화(혹은 하위문화)와 시대에 속한 사람들이 항상 그 사례를 접하며, 생존하거나 생활하기 위해 빠르고 수월하게 범주화할 수 있어야 하는 개념들이 있다.

전형적인 개념 공간에 속한 핵심 항목은 명백히 신체의 주요 부분, **새, 물고기, 벌레** 같은 흔한 동물과 몇몇 가축, **나무, 관목, 꽃** 같은 일반적인 식물, 먹고 마시는 것, **차갑거나 뜨겁거나 배가 고프거나 목이 마르거나 행복하거나 슬픈** 것 같은 흔한 느낌, **걷고 자고 먹고 주고 받고 좋아하고 싫어하는** 것 같은 흔한 행위, **크고 작은** 것, **가깝고 먼** 것, **친절하고 험악한** 것, **먹을 수 있고 먹을 수 없는** 것 같은 흔한 속성, **속하고 안에 있거나 밖에 있고, 위에 있거나 아래에 있고, 이전이거나 이후인** 것 같은 흔한 관계, **전혀, 그다지, 약간, 중간 정도, 아주 많은, 완전히**처럼 흔한 정도 등과 같은 다양한 대상의 개념을 포함한다. 모든 언어에는 이런 인식에 해당하는 단어가 있다. 인간이 살아가는 데 이런 개념이 필요하기 때문이다. 물론 이 목록은 단지 전형적인 개념 공간의 핵심을 피상적으로 다룬 것이지만, 그래도 일반적인 생각을 제공한다. 어떤 경우든 모두 전형적인 개념 공간의 정중앙 혹은 바로 근처에 존재하는 이 개념들은 대다수 사람들이 지속적으로 접하는 준보편적 실재이며, 따라서 모든 언어에 의해 잘 포괄되고 또 반드시 그래야 하는 토대이다.

개념 공간이라는 생각은 특정 언어의 단어와 표현 그리고 그 사용자들이 사용하는 개념에 대한 일부 생각을 더 가시적이고 구체적으로 만드는 데 도움을 준다. 사고에 도움을 주는 대단히 중요한 생각 중 하나는 다른 언어들이 특정한 개념을 포괄하거나 포괄하지 못하는 양상이다. 동떨어진 문화의 개념 공간 사이에는 거대한 불일치가 존재한다. 그러나 지리, 역사, 전통 등으로 한데 묶인 문화들은 어떨까? 이런 경우 두 개념 공간은 서로 아주 밀접할 것이다.

개념 공간 안에서 둘 이상의 언어를 살피다

개념 공간은 어떻게 다른 색깔을 지닌 일련의 얼룩들로 채워질까? 가령 근본적으로 같은 문화를 공유하는 프랑스어 사용자와 영어 사용자가 보유한 개념 목록은 어떻게 다를까?

우리의 시각적 비유에 따르면, 개념 공간의 정중앙은 어떤 언어를 사용하든 긴밀하게 채워진다. 위에서 제안한 대로 녹색으로 프랑스어를 표시할 경우 **손**이라는 개념이 차지한 영역을 포괄하는 개념 공간의 중심부에 녹색 얼룩이 있을 것이다. 그리고 적색으로 영어를 나타낼 경우 거의 같은 영역이 녹색(프랑스어) 얼룩과 비슷한 크기와 형태를 지닌 적색 얼룩으로 덮일 것이다. 각각의 다른 언어는 개념 공간의 같은 영역을 잘 덮어서 바로 거기에 수많은 색깔의 얼룩이 서로 긴밀하게 겹칠 것이다.

자주 쓰는 특정한 개념을 포괄하는 다른 언어를 나타내는 일부 다른 색깔의 얼룩은 거의 같은 형태를 지니는 경향이 있지만 크기에는 차이가 있을 것이다. 우리는 이미 **heure, temps, fois**에 해당하는 **time** 그리고 **time**과 **weather**에 해당하는 **temps**를 수반하는 상당히 큰 차이를 확인했다. 다른 사례를 제시하자면 영어에서 단어 'big'으로 표현되는 자주 쓰이는 개념을 대표하는 적색 얼룩은 프랑스어 단어 'grand'에 해당하는 녹색 얼룩과 상당히 잘 정렬되지만, 영어 단어 'big'으로 표현되는 의미 중 일부를 프랑스어 단어 'gros'(가령 높은 것이 아니라 두께나 폭이 넓은 대상)에 빼앗기고, 반대로 영어 단어 'great'는 프랑스어 단어 'grand'가 표현하는 의미 중 일부('높은 성취를 이루고, 세계적으로 유명하고, 깊은 영향력을 지닌다는 의미)를 빼앗기 때문에 절대 완벽하게 정렬되지는 않는다.

더 심한 일부 불일치는 (사실 프랑스어에서 'dans'와 'en'뿐만 아니라 맥락에 따라 다른 많은 전치사로 처리되는) 'in'처럼 대단히 자주 쓰이는 전치사 그리고 (때로는 'obtenir', 다른 때에는 'prendre', 다른 때에는 'chercher', 다른 때에는 'recevoir', 다른 때에는 'comprendre', 다른 때에는 'devenir', 다른 때에는 'procurer' 등으로 가장 잘 옮겨지는) 'to get'처럼 엄청나게 다양한 의미를 지니는 동사를 수반한다. 물론 이 사실은 대칭을 이룬다. 그러니까 방금 언급한 자주 쓰이는 프랑스어 전치사와 동사는 마찬가지로 맥락에 따라 온갖 종류의 다른 영어 동사로 처리된다. 상당히 겹치기는 하지만 다른 색깔의 얼룩들이 깔끔하게 일대일로 정렬되는 경우는 없다.

다른 한편(그리고 상당히 다행히도) 가령 몇 가지 사례를 들자면 **finger, water, flower, smile, weight, jump, drop, think, sad, cloudy, tired, without, above, despite, never, here, slowly, and, but, because**처럼 정말로 중요한 많은 개념의 경우 프랑스어와 영어 사이에 그리고 같은 맥락에서 우리에게 친숙한 모든 언어 사이에 일반적으로 꽤 일치하는 면이 있다.

그래서 이 개념 공간의 중심에는 종종 상당히 잘 일치하는 적색과 녹색의 얼룩이 있으며, 일치하지 않는 경우에는 나름의 유별난 형태를 지닌 온갖 종류의 겹치는 얼룩이 있다. 그러나 다행히 특정한 개념을 덮는 녹색 얼룩과 같은 개념을 덮는 적색 얼룩이 (종종 상당히 다른 형태를 지닌다는 사실에도 불구하고) 겹치는 공간의 중앙 지역은 적색 얼룩과 녹색 얼룩 모두로 (그리고 또한 다른 언어를 포함하자면 청색 얼룩과 보라색 얼룩 등으로) 대단히 긴밀하게 덮인다.

게다가 (네팔 문화나 나바호 문화처럼) 다른 문화에 속한 개념 공간의 정중앙 근처에 존재하는 개념의 언어적 포괄 범위에도 큰 구멍이 없을 것이며, 어떤 언어에도 인간 조건의 보편적 요소인 개념을 나타내는 어휘가 전혀 없는 공백 지역은 없을 것이다. 작고 고립된 집단이 아니라 많은 사람이 말하는 모든 언어는 가령 잠을 제대로 못 잤거나 오랜만에 친구를 만났거나 막대기를 부러뜨리거나 돌멩이를 던지거나 언덕을 올라가거나 땀이 흐르거나 심하게 지치거나 머리카락이 빠지는 것에 대해 각자 고유한 방식이 있다고 해도 쉽게 말할 수 있을 것이다.

개념 공간의 고리 혹은 껍질

그러면 핵심에서 멀어져서 가령 **thanks, barn, fog, purple, sincere, gar-**

den, sand, star, embarrassing, roof, although처럼 자주 접하지 않는 개념을 향해 나아간다고 상상해보자. 이 개념들이 그 문화 안에서 비슷한 중요성을 지닌다면 중심에서의 거리는 거의 같을 것이며, 하나의 고리(혹은 3차원 공간을 상상한다면 껍질)를 구성한다고 말할 수 있다. 이 개념들은 개념 공간에서 여전히 중요하다. 그래서 개념 공간의 이 영역이 정중앙에 있는 핵심에 속하지 않는다고 해도 여전히 모든 색깔의 얼룩으로 상당히 긴밀하게 채워질 것이라고 다시 한 번 예상할 수 있다. 다른 한편, 개념 공간의 핵심에서 상당히 멀어져서 (가령 가상의 껍질을 구성하는 소수의 사례를 제시하자면) frowning, cantering, fingernail-biting, tap-dancing, welcome home, income tax, punch lin, corny joke, sappy movie, vegetarian, backstroke, chief executive officer, wishful thinking, sexual discrimination, summit meeting, adverb 같은 개념과 만나는 다른 껍질로 시야를 넓혀보자. 이 마지막 도약은 명확하게 더 고상한 영역으로 우리를 데려간다. 그래서 우리는 세상의(그리고 모든 다른 역사적 시기의) 모든 문화가 이 껍질에 속한 모든 개념을 공유할 것이라고 예상하지 않으며, 세상의 모든 언어가 이 껍질에 속한 모든 개념을 가리킬 단어나 구절을 지닐 것이라고도 예상치 않는다.

단일성은 보기 나름

이 개념 공간의 껍질을 하나 살펴보자. 각 언어는 엄청나게 다르기 때문에 어떤 단일한 녹색 얼룩도 완벽히 덮지 못하는 적색 얼룩을 쉽게 찾을 수 있다. 그러나 작은 **무리**의 녹색 얼룩은 전체적으로 그 적색 얼룩의 모든 영역을 잘 덮을 것이다(또한 불가피하게 적색 얼룩의 바깥 영역도 덮을 것이다). 물론 이 점은 피장파장이어서 어떤 단일한 적색 얼룩도 정확하게 덮지 못하는 녹색 얼룩을 쉽게 찾을 수 있다.

구체적인 논의를 위해 사례를 하나 살펴보자. 영어 사용자는 정확하든 대략적이든 세상에서 인식하는 규칙성을 묘사하기 위해 '패턴pattern'이라는 단어를 능숙하게 그리고 쉽게 사용한다. 그러나 프랑스어로 그런 현상을 말하려면 짜증스럽게도 개념 공간에서 이 명확한 지역을 정확하게 포괄하는 프랑스어 단어가 없다는 사실을 곧 알게 된다. 그래서 의미의 세부 사항에 따라 'motif(무늬)', 'régularité(규칙)', 'structure(구조)', 'système(체계)', 'style(스타일)', 'tendance(추세)', 'habitude(습관)', 'configulation(구성)', 'disposition(경향)', 'périodicité(주기성)', 'dessin(그림)', 'modèle(모델)', 'schéma(조직)'를 비롯한 프랑스어 단어 중에서 선택을 해야 한다.

처음에 영어 사용자에게 이 프랑스어 어휘의 공백은 이상하게 보일 것이다. 그들에게 **패턴**이라는 개념은 자명하고 객관적이며, 따라서 모든 언어에 보편적이어야 하는 대상이다. 이 영어 단어가 통합하는 모든 개념을 위한 단 하나의 단어가 '있어야만' 하는 것이 명백해 보인다. 결국 이 영어 단어가 전달하는 의미는 다수가 아니라 단 **한 가지**처럼 느껴지기 때문이다. 그러나 프랑스어 그리고 사실 대부분의 다른 언어에는 그런 단어가 없다. 그럼에도 불구하고 다른 언어는 영어에서 '패턴'이라는 라벨이 붙는 개념 공간의 영역을 각각 그 한정적인 측면에 해당하는 다수의 더 작은 얼룩 혹은 영어의 얼룩과 부분적으로 교차하는 일련의 더 큰 얼룩을 활용하여 다소 덜 효율적이기는 하지만 거의 완전히 덮는다.

공정성을 기하기 위해 프랑스어에도 상당히 자주 쓰이지만 영어에 대응물이 없는 단어들이 있다는 사실을 지적하지 않을 수 없다. 가령 'normalement'이라는 부사는 분명히 영어 사용자가 'normally'라고 말할 때 의미하는 바를 의미하는 것처럼 보이지만(때로 실제로 그런 경우도 있다) 대부분 상당히 다른 의미를 지닌다. 다음은 이 단어가 활용되는 전형적인 사례인데, 이 단어를 영어로 정확하게 표현하려면 상당히 폭넓은 번역이 필요하다는 느낌이 든다.

Normalement, Danny doit être arrivé à la maison maintenant.

Hopefully, Danny's back home by now.(대니는 지금쯤 집에 도착했겠지.)

Normalement, on va courir à 7 heures ce soir, non?

Unless we change our plans, we'll be taking our run at 7 this evening, right?(우리가 계획을 바꾸지 않으면 우리는 오늘 저녁 7시에 떠나게 될 거야. 그렇지?)

Normalement, nous devions passer deux semaines en Bretagne.

If there hadn't been a hitch, we would have spent two weeks in Brittany.(문제가 없었으면 우리는 브르타뉴에서 2주를 보냈을 것이다.)

영어 사용자가 'pattern'이라는 단어로 구현되는 명백하고 단일하게 보이는 개념에 해당하는 프랑스어 단어가 없다는 사실을 이해하지 못하듯이 프랑스어 사용자는 'normalement'이라는 단어로 표현되는 명백하고 단일하게 보이는 개념에 해당하는 영어 단어가 없다는 사실을 이해하지 못한다. 결국 단일성은 보기 나름인 것이다.

이처럼 어떤 언어의 단일어를 다른 언어에서는 여러 용어로 설명해야 하는 사례를 통해 우리는 언어적 풍요와 빈곤을 접하게 된다. 그래서 'pattern'의 경우 영어가 프랑스어보다 풍요하고, 'normalement'의 경우 프랑스어가 영어보다 풍요하다. 더 일반적으로 언어 A가 **통합된** 개념, 즉 원어민은 긴밀하게 합쳐진 것으로 느끼고 어떤 자연스러운 내부적 분할도 없는 것처럼 보이는 개념을 나타내는 하나의 단어(혹은 구절)를 가졌고, 언어 B는 개념 공간의 같은 지역을 포괄하는 단일어가 **없을** 경우 언어 A가 국지적으로 언어 B보다 풍요롭다고 말할 수 있다. 따라서 언어 B가 **일련의** 단어를 통해 해당 지역을 포괄한다고 해도 개념 공간의 포괄 범위에 국지적 '구멍' 혹은 '공백'이 있다고 말할 수 있다.

반면 개념 공간의 특정 영역이 특정 언어에 의해 미세하게 분해되고, 두 언어의 사용자가 이 미세한 분해가 타당하다는 데 동의할 경우 이처럼 미세한 분해가 안 되는 언어는 빈곤한 것으로 간주되어야 한다. 가령 'time'이라는 영어 단어를 살펴보자. 영어 원어민에게 'pattern'이라는 단어는 통일되고 단일한 것처럼 느껴지지만 'time'이라는 단어에는 그런 단일한 느낌이 없다. 그들은 (적어도 주의를 끈다면) 금세 그리고 쉽게 'time'에 여러 가지 아주 다른 의미(가령 프랑스어 단어 'heure', 'temps', 'fois'에 해당하는 의미)가 있다는 사실을 안다. 그래서 이 경우에는 프랑스어가 더 풍요롭고 영어가 더 빈곤하다. 영어 어휘는 프랑스어처럼 해당 개념 공간의 넓은 영역을 더 작은 독립적인 영역으로 나누지 않기 때문이다. 프랑스어가 더 약한 한 가지 사례는 영어의 'much'와 'many' 모두에 해당하는 단어 'beaucoup'다. 영어 사용자에게 'much'와 'many'가 하나는 많은 양과 관련이 있고, 다른 하나는 많은 수와 관련이 있는 다른 개념이라는 사실은 명백하다. 이 구분을 흐리는 프랑스어 단어는 다소 투박하게 보인다. 그래서 이 경우에는 영어가 더 풍요롭고 프랑스어가 더 빈곤하다.

요컨대 언어 A가 사용자에게 자연스럽고 단일한 개념을 나타내는 단어를 지니고, 언어 B가 호응하는 단어를 지니지 않는다면 언어 B가 더 빈곤하고 언어 A가 더 풍요롭다. 언어 B의 사용자는 언어 A가 단 하나의 단어로 포괄하는 개념 공간의 영역을 포괄하기 위해 다른 단어를 어색하게 모아야 하기 때문이다. 반대로 언어 B가 언어 A로는 단 하나의 단어로 포괄되는 개념 공간의 어떤 영역을 나누는 일련의 단어를 지니며, 언어 B가 제공하는 구분이 두 언어 사용자에게 자연스럽게 보인다면 언어 B가 더 풍요롭고 언어 A가 더 빈곤하다.

일정한 시점에서 범주 나누기를 그만두어야 할 필요성

다양한 언어를 연구하다보면 처음에는 모국어 때문에 순진하게 단일하다고 생각했던 많은 개념이 다른 언어에서는 종종 탁월한 근거와 함께 하위 개념들로 세분된다는 사실을 발견하게 된다. 그리고 많은 언어를 연구한다면 하나의 동일한 개념을 세분하는 수많은 다른 방식이 있다는 사실을 발견하게 된다. 한 개념이 이전에는 생각지 못했던 온갖 하위 개념들로 나뉘는 것은 이론적으로 세상을 점점 작은 얼룩으로 분할하여 아주 작고 극도로 치밀한 개념들로 구성된 끝없이 더 미세한 그물망으로 만드는 일이 가능함을 시사한다.

그러나 사실 어떤 언어도 그렇게 하지 않는다. 모든 언어는 표면적으로 대단히 다르지만 깊은 차원에서는 대단히 비슷한 방대한 수의 상황들에 즉시 적용할 수 있는 범주를 가져야 한다는 주요한 필요성에서 나왔기 때문이다. 이런 범주들은 우리가 생존하고 편안한 삶을 살도록 돕는다. 물론 원칙적으로 일부 언어는 적색 책과 녹색 책, 나비 날개에 인쇄된 책, 99쪽 이하로 된 황색 책, 221쪽에서 228쪽 사이(하지만 225쪽은 아님)로 되어 있고, (브라질) 포르투갈어로 쓰여 있으며, 13포인트 보도니Bodoni체로 인쇄된 아열대식물에 대한 암갈색 책을 가리키는 별개의 단어를 지닐 수 있지만, 명백히 수확체감의 법칙이 작용하는 지점이 있을 것이며, 그 지점은 방금 제시한 터무니없이 미세한 구분의 근처는 아닐 것이다. 어떤 문화든 이런 범주를 만들 이유가 없는 것은 물론 단어를 통해 구체화할 이유도 없다. 만약 지구상의 모든 언어가 이룩하는 기적이 필요하고 누군가 그것을 원해 이론적으로는 이 이상하고 억지스러운 범주를 만드는 일이 **가능하다**는 매력적인 사실에서 나오기는 해도 말이다.

또한 이 범주 정교화가 항상 갈수록 그물망이 미세해지는 방향으로 이루어지지는 않는다는 점을 지적하지 않을 수 없다. 개념을 모르는 사람은 연관되지 않은 현상만을 본다. 따라서 범주를 가리키는 머릿속 어휘를 정교화한다는 것은 공통점(가령 어머니와 동물의 어미, 스카우트 여성 지도자, 모회사를 연결하는 공통점이나 동물 암컷과 식물 암컷을 연결하는 공통점 혹은 바퀴의 허브와 공항 허브를 연결하는 공통점)을 인식하는 법을 배운다는 의미에서 추상화를 통한 확장을 뜻하기도 한다. 이처럼 **더 폭넓은** 범주는 사람이나 문화의 개발에 대단히 유용하다.

그래서 아주 드문 사례를 포괄하는 더 정교한 구분을 하려는 욕구와 훨씬 많은 사례를 포괄하는 더 폭넓은 범주를 만들려는 욕구 사이에 긴장이 생긴다. 앞서 세상에 대한 아이의 인식이 어른의 인식보다 상당히 성글며(아이들이 거리낌 없이 '이를 깁다patching teeth', '물을 먹다eating water', '바나나를 발가벗기다undressing banana' 같은 말을 하는 이유가 여기에 있다), 아이가 성장하면서 개념 체계를 정교화한다는 사실을 확인했다. 이는 보편적인 경향이지만 일정한 시점이 되면 어른은 일상적인 물건, 행동, 관계, 상황에 대한 어휘를 정교화하는 일을 중지한다. 각각의 언어와 문화는 이런 대상에 대한 자연스러운 입자의 크기를 찾았으며, 일종의 묵시적이고 집단적인 지혜를 통해 그 크기를 넘어서지 않는다. 물론 전문가는 기술적 어휘를 계속 정교화하고, 각 사회는 새로운 발견과 발명을 통해 집단적으로 새로운 개념과 그에 대한 새로운 단어를 만들지만 말이다.

모든 문화에 속한 사람은 책, 영화, 광고를 통해 언어 속으로 들어오는 복합어, 관용구, 격언, 새로운 유행어를 점점 더 많이 습득하여 개념적 목록을 지속적으로 정교화하고, 음성 라벨이 없는 개념의 풍부한 목록을 계속 쌓아나간다. 다음 두 장에서는 우리가 살아가면서 개념적 창고를 지속적으로 늘리는 두 가지 핵심적인 방식을 살필 것이다.

2

구절의 환기

The Evocation of Phrases

단어보다 훨씬 많은 범주

단어와 범주를 연결하는 것은 무엇일까? 물론 단어는 종종 범주의 음성적 대응물이다. 우리는 단어로 범주를 묘사하고 가리키지만 그렇다고 해서 범주가 단어(심지어 더 폭넓은 개념인 어휘 항목)와 동일시되어야 하는 것은 아니다. 범주는 항상 언어 라벨을 지녀야 할 필요가 없는 정신적 실체이기 때문이다. 단어는 종종 범주를 칭하거나 설명하는 데 사용되지만 가끔은 부족한 경우도 있다. 대체로 범주와 언어 사이의 연결은 복잡하다. 물론 **'어머니'**, **'달'**, **'하늘'**, **'바람'**, **'강'**, **'땅'**, **'밥'**, **'줄다'**, **'길다'**, **'파랗다'**, **'고맙다'**, **'손'**, **'그루'**, **'그리고'**, **'그러나'** 같은 단일어가 범주를 떠오르게 할 수 있지만 그 대응 관계는 다소 한쪽으로 기운다. 사실 우리는 단어보다 훨씬 많은 범주를 알기 때문이다.

단어를 고안하는 일은 인지적으로 품이 많이 들며, 우리가 생각할 수 있는 범주는 너무나 많고 지속적으로 변하기 때문에 범주마다 정확히 하나의 단어를 가지려면 천문학적인 단어 목록이 필요하다. 그 결과 인간은 단어를 효율적으로 이용하는 법을 찾아냈다. 그래서 맥락에 따라 복수의 의미를 지니는 단어가 많다. 이런 단어는 다양한 범주를 포괄한다(가령 '배'처럼 단순한 단어가 과일, 선박, 신체 일부 등 여러 의미를 지니는 경우를 생각해보라). 다른 단어 절감 방법은 많은 범주가 단 하나의 단어가 아니라 일련의 단어로 구성된 음성 라벨을 지니는 것이다. 이 내용이 2장의 중심 주제이다. 그리고 아무런 음성 라벨이 없는 수많은 범주가 있으며, 이 범주를 조명하는 것이 3장의 목표이다.

요컨대 1장에서 한 단어로 된 라벨을 지닌 범주에 초점을 맞추었다면 2장은 더 복잡한 언어 라벨을 지닌 범주를 다룬다. 복합어, 관용구, 속담, 우화가 우리가 다룰 중요한 주제들이다.

심리학은 어원학을 반복하지 않는다

복합어는 나눌 수 없는 단어처럼 범주를 지칭한다. 그래서 단어 '돌다리'는 '돌', '다리'처럼 범주의 명칭이며, '돌담', '돌집', '돌덩이', '돌머리', '돌무더기', '돌배', '돌부처', '돌상', '돌그릇', '돌침대', '돌의자' 등도 마찬가지다. 개별 요소가 너무나 긴밀하게 융합되어 있어서 거의 인지되지 않는 단어가 많다. 가령 '소갈머리', '도깨비', '뺑소니', '부뚜막', '설날', '춘추', '쑥밭', '숙맥', '천지', '집안', '보릿고개', '빈말', '바늘방석', '실마리', '모순', '갈등', '종이호랑이', '수족', '손아래', '바지저고리'처럼 (대부분의 경우) 전체 단어를 요소에 따라 분석할 수 없기 때문이다.

물론 '집안'과 '춘추' 같은 일부 경우에는 그럴듯하게 기원을 추정할 수 있지만 그런 지적 분석을 할 수 있다고 해서 해당 단어를 복합어로 인식하는, 즉 듣는 것은 아니다. 가령 우리는 '집안을 다시 일으키다'를 '집 안을 다시 일으키다'처럼 발음하지 않으며 그렇게 듣지도 않는다. 사실 우리는 한때 그런 의미를 지니기는 했지만 가족 또는 가까운 일가로 이루어진 공동체를 의미할 때 절대 '집 안'이라고 말하지 않는다. 실제 발음은 '집 안'보다 '지반'에 더 가까우며 사실상 누구도 전체 단어 안에서 개별적인 요소를 따로 듣지 않는다. '숙맥'의 경우 의도적으로 말을 느리게 하면 '숙'과 '맥'을 들을 수 있지만 사리 분별을 못하는 사람을 가리킬 때 콩(숙)과 보리(맥)를 생각하는 사람이 있을까? 실제로 누군가 숙맥을 '콩 보리'라고 부른다면 뜻이 통하기는커녕 놀림을 당할 것이다.

많은 복합어는 곰곰이 생각해보면 명백하게 이상하다. 왜 우리는 때로 전류를 차단하는 안전장치를 '두꺼비집'이라 부를까? 그것은 아무리 상상해도 집이 아니며, 분명히 두꺼비가 살고 있는 것도 아니다! 두꺼비가 산다 해도 두꺼비가 전류를 차단해 주는 것도 아니지 않는가! 그리고 복합어 '수틀리다'는 어떻게 이해할 것인가? '수틀리다'는 명백히 숫자를 뜻하는 수는 말할 것도 없고 셈이 어긋나는 것과 아무 관련이 없다. 반면 특정한 복합어의 경우 '빈말'의 '말'처럼 두 개의 구성 요소 중 하나만 이상하고 부자연스러워 보이는 경우도 있다.

단어가 어디서 오고 어떻게 지금의 의미를 지니게 되었는지 분석하는 일은 어원학이라는 고전적인 학문 영역에 속하며, 이는 종종 진정으로 흥미롭지만 원어민이 실제로 단어를 인식하는 양상과는 큰 관계가 없다. 그런 의미에서 ('개체발생은 계통발생을 반복한다'라는 구절에 경의를 표하는 차원에서 말하자면) 심리학은 어원학을 반복하지 않는다. 많은 복합어는 단지 나눌 수 없는 완전체처럼 쓰인다. 우리는 어릴 때 복합어를 완전체로 배우며, 대개 그렇게 듣는다.

그래서 아기는 (명사 '딸랑거리다' 안에 있는 '딸랑'과 접미사 '-거리다'는 말할 것도 없고!) 동사 '딸랑거리다'나 접미사 '-이'의 존재를 모른 채 '딸랑이'라는 단어를 배우고 활용한다. 아기에게 '딸랑이'라는 음성은 단지 그 개념을 임의적으로 보이는 라벨이며, 그 단어를 분해하거나 분석할 필요가 없다. 성인의 경우에도 복합어를 분해할 필요는 드물다. 실제로 그렇게 하면 도움이 되기보다 종종 더 혼란스럽다. 가령 '돌아가다(죽다)'나 '갈등'의 경우를 보자. 누가 갈등을 칡과 등나무라고 생각하겠는가? 표준 발음('갈뜽')을 들어도 그렇게 연상되지 않는다(그리고 어쨌든 명사 '등나무'는 모순이나 대립과는 상당히 거리가 멀다). '돌아가다(죽다)'의 경우도 '소갈머리', '뺑소니', '수족', '부뚜막'만큼 불투명하다.

종종 우리는 복합어 안에서 한 부분을 분명하게, 다른 부분을 덜 분명하게 듣는다. '숙녀'로 불리는 사람은 언제나 여성이지만(이 점은 두 번째 요소가 크고 분명하게 들림을 말해준다) 분명히 항상 정숙하지는 않다. 그래서 "구석자리에 있는 소란스러운 숙녀 분들은 조용히 해주시겠습니까?"라고 얼마든지 말할 수 있는 것이다. 다른 한편 청소년은 항상 (젊음과 생기가 왕성하다는 의미에서) 푸르지만 '청소년보호법'에서 보호하는 청소년은 늘 절반뿐이다. 큰오빠와 큰언니는 특별히 키나 몸집이 크지 않지만 전자는 분명히 누군가의 오빠이며 후자는 분명히 누군가의 언니다. 화장실化粧室은 분명히 실(방)이지만 거기서 화장을 하는 경우는 드물다.

구성 요소가 전체적으로 여전히 흐릿하게 들리는 복합어는 복수화하기가 약간 까다로울 수 있다. 그 구성 요소가 어느 정도까지 내부에서 울리는지 확실치 않기 때문이다. 그래서 카페에 앉아 있을 때 우리는 눈앞을 지나가는 '행인들passersby'을 보는가 아니면 근처에 있는 '행인들passerbys'을 보는가? 그리고 커피에 설탕을 몇 '스푼teaspoonsful'을 넣는가? 그러니까 설탕을 한 '스푼teaspoonfuls'씩 몇 번을 넣는가? 우리는 성탄절을 앞두고 아이들에게 (인형 등이 튀어나오는) '도깨비상자들Jacks-in-the-box'을 주려고 생각하는가 아니면 '도깨비상자들jack-in-the-boxes'을 주려고 생각하는가? 골프 코스에서 우리는 '홀인원holes-in-one'을 바라는가 아니면 '홀인원hole-in-ones'의 영광을 선호하는가? 그리고 골프 토너먼트에서 '입상자들runners-up'이 되면 기뻐하는가 아니면 그저 '입상자들runner-ups'이 되어서 실망하는가? 우리는 결혼한 사람으로서 '시어머니(장모)들mothers-in-law'을 좋아하는 반면 '시아버지(장인)들father-in-laws'은 다소 버겁다고 생각하는가? 그리고 반대로 이 존경받는 노인들은 '사위들sons-in-law'과 '며느리들daughter-in-laws'을 어떻게 생각하는가?

이런 복합어의 비등한 복수형에 대한 통계를 보면, 구성 요소가 시간의 경과에 따라 천천히 전체로 "융합되는" 돌이킬 수 없는 비탈길에서 어느 정도 위치에 있는지 감을 잡을 수 있다. 그러나 구성 요소가 일단 전체로 융합되면 그 전체는 진정으로 단일한 개체가 되며, 누구도 더는 그 구성 요소를 듣지 않게 된다. 그래서 '숙맥'은 '숭맥'으로, '갈등'은 '갈뜽'으로, '집안'은 '지반' 등으로 표기해도 상관없다. 물론 우리는 단어의 구성 요소가 흡수되는 과정에서 ("바느질"에 그 흔적을 남긴 '바늘'과 '부나비'와 '부나방'에 그 흔적을 남긴 '불'처럼) 그 구성 요소를 보여주는 '소나무', '따님', '마소'를 알고 있다.

종종 복합어는 어원에서 너무 멀리 흘러와서 해당 언어 사용자도 바로 눈앞에 있는 것을 쉽게 놓치곤 한다. 그래서 독일어에서 '젖꼭지'에 해당하는 단어는 '가슴 사마귀breast-wart'를 뜻하는 구성 요소('Brust'와 'Warze'라는 두 개의 명사)로 나누어지는 'Brustwarze'이다. 또한 '장갑'에 해당하는 독일어 단어는 '손 신발'을 뜻하는 'Handschuh'이며, '많은'에 해당하는 프랑스어 단어는 '아름다운'을 뜻하는 'beau'와 '충격'을 뜻하는 'coup'로 나누어지는 'beaucoup'이다. 그러나 해당 언어 원어민 누구도 이에 강한 인상을 받지 않는다. 즉 이 단어들에서 거칠고 이상하다는 느낌을 받지 않는다는 것이다. 시간이 지나면서 이 단어들이 서로 융합하여 이음새 없는 일체인 범주명을 만들었고, 따라서 완전히 밋밋하게 느껴지기 때문이다.

이 언어들을 쓰는 원어민은 어찌하여 너무나 명백한 것을 보지(혹은 듣지) 못하는 것인가? 그런 일이 정말로 가능한가? 가능하다. 한국어 사용자가 '춘추'에서 '봄(춘)'과 '가을(추)'을, '세월'에서 '해(세)'과 '달(월)'을, '수틀리다'에서 '수'와 '틀리다'를 보거나 듣지 못하는 것과 마찬가지로 그들도 충분히 그럴 수 있다. 그리고 누구도 '수나사'와 '암나사'라는 흔한 용어에 내재된 명백한 성적 암시에 눈살을 찌푸리지 않는다는 사실을 상기하라.

문을 열기 위해 열쇠를 분해할 필요는 없다

'앞문', '뒷문', '문손잡이', '개집', '개 밥그릇', '식기세척기', '세탁기', '식당', '거실', '침실', '욕실', '욕조', '목욕 수건', '수건 걸이', '식탁', '식탁보', '책상 등', '전등갓', '책상용 의자', '머리 건조기', '그랜드피아노', '피아노 의자', '맥주병', '병마개', '칫솔', '치약'……. 이것들은 문밖으로 나가지 않아도 익히 접하는 집 안의 풍경을 가리키는 몇 가지 복합어나 구이다. 그중 일부는 구성 요소 사이에 여백이 있으며, 일부는 없다. 여백의 유무를 확인하려면 종종 사전을 펼쳐봐야 하며, 종종 공식어는 상식적이지 않거나 완전히 자의적으로 보인다. 게다가 공식 표기법은 종종 공간과 시간에 따라 바뀐다. 실제로 어원학적 관점이 아닌 심리학적 관점에서 보면 여백(혹은 때로 하이픈)의 유무는 그런 미세한 것까지 알아차리지 않고 대개 그냥 즉흥적으로 쓰는 일반 언어 사용자(혹은 언어-사용자)에게 아무런 차이가 없다. '문 손잡이'라고 쓰든 혹은 '문-손잡이'라고 쓰든 아니면 '문손잡이'라고 쓰든 뜻은 똑같이 통한다.

위에 제시한 유형의 단어(혹은 구)는 볼 수 있고, 들을 수 있는 내부 구성 요소를 지니지만 모든 면에서 '해', '물', '문' 같은 '더 단순한' 명사와 마찬가지로 생각할 수 있는 범주의 명칭이다. 이 더 긴 단어와 구는 나타내는 대상처럼 부분으로 구성된 전체다. 그리고 물리적 도구를 이해하지 않아도 활용할 수 있듯이 복합어나 구를 분해하지 않아도 활용할 수 있다. 우리는 식기세척기와 욕조를 분해하거나 검사하지 않고 전체 혹은 '블랙박스'로 활용하며 그 명칭에 대해서도 마찬가지다.

이런 견해는 중요한 의미를 지닌다. 직관적인 판단과 달리 '단순한' 단어가 아닌 복합어나 구를 활용한다고 해도 이해하는 데 더 많은 인지 활동이 필요한 것은 아니며, 표시된 범주를 파악하기 위해 지식 수준이 더 높아야 하는 것도 아니다. 가령 우리는 '침실'이라는 말을 들을 때 먼저 (거실, 욕실, 화장실, 대기실 등) 가장 일반적인 개념인 **실(방)**을 떠올리고 뒤이어 적절한 아종을 찾을 때까지 **실(방)**다움이라는 추상적인 공간의 내부를 돌아다니는 것은 아니다. **침실**이라는 개념은 **방**이나 **이불**처럼 '단순한' 개념과 같은 지위를 누린다. 다시 말해서 '침실'이 복합어라는 사실 때문에 그것이 독자적인 범주를 지칭하는 것이라는 점을 의심하지 않는다. '병뚜껑'의 경우도 마찬가지다. 솥뚜껑, 성경책의 가죽 뚜껑, (속된 표현으로서) 모자, 덮개, 펜 뚜껑을 포함하는 **뚜껑** 개념의 하위 범주 사이에서 이 단어를 찾지 않아도 그 의미를 이해할 수 있다. 인지적 측면에서 볼 때 병뚜껑은 마찬가지로 액체 용기를 닫는 기구인 **코르크**, **마개**만큼 단순한 개념이다.

언어 사이를 넘나드는 일은 이 생각을 더 명확하고 신빙성 있게 만드는 데 도움을 준다. 그래서 조리대를 뜻하는 단순한 영어 단어인 '**카운터**counter'를 표현하기 위해 프랑스어는 'plan de travail'라는 세 개의 단어를 쓰는 반면 이탈리아어는 'banco'라는 한 단어만 쓴다. 행주를 뜻하는 영어의 두 단어 명사인 '**디시 타월**dish towel'은 프랑스어에서는 그저 원자 수준의 'torchon'이며, 이탈리아어에서는 약간 분자 수준에 가까운 'strofinaccio'이다. 마찬가지로 응접실을 뜻하는 영어의 '리빙 룸living room'은 프랑스어로는 그냥 'salon'이고 이탈리아로는 'soggiorno'이다. 침실을 뜻하는 영어의 복합명사 '베드룸bedroom'은 프랑스어로는 자는 방을 뜻하는 'chambre à coucher'지만 이탈리아어로는 그냥 (복합명사가 아닌) 'camera'이다. 또한 영어의 '카메라camera'는 프랑스어로는 'appareil photo'이며, 이탈리아어로는 'macchina fotografica'이다. 그리고 이상하게도 영어의 복합명사인 '비디오카메라video camera'는 프랑스어로는 그냥 'caméra'이며 이탈리아어로는 'telecamera'이다. 이 사례들이 주는 교훈은 한 언어에서 명백히 복합어로 보이는 것이 다른 언어에서는 완전히 원자적인 것으로, 그러니까 나눌 수 없는 것으로 보일 수 있다는 것이다. (원자 이야기가 나온 김에 덧붙이자면 나눌 수 없는 영어 단어, 원자를 뜻하는 '아톰atom'은 원래 '단절이 없는' 혹은 '부분이 없는'이라는 뜻을 지닌 고대 그리스어 복합어인 '아토모스a-tomos'에서 나온 것이다. 그래서 데이비드 모저David Moser가 재치 있게 지적한 대로 단어 '아톰atom'은 고대 그리스어에서는 그렇지 않은데도 영어에서는 나눌 수 없는 어원이며, 반대로 물리적 원자는 어원이 시사하는 바와 달리 이제는 나눌 수 있는 것으로 알려져 있다.)

복합명사를 이해하기 위해 구성 요소를 분해한 다음 '더 단순한' 의미를 합쳐서 내용을 파악할 필요는 없다. 물론 우리는 모두 단어 '욕실' 안에서 단어 '목욕'과 '실(방)'을 찾을 수 있으며, '식탁보'는 식탁 위에 펼치는 천 조각이라는 사실을 알지만 '오후', '심리학', '원자'의 경우와 마찬가지로 이 단어를 분해해야만 이해할 수 있는 것은 아니다. 그 의미를 외국인이나 아이에게 설명할 때처럼 특별한 맥락이 아니라면 말이다.

구성 요소를 감춤으로써 단순하게 보이는 두문자어

인간은 구성 요소가 '어딘가'에 분명하게 따로 존재하지만 인지하기 힘든 짧은 덩어리로 복잡한 개념을 나타내려는 경향이 있다. 이를 명확하게 보여주는 폭넓은 언어적 현상이 두문자어의 창조와 보급이다. 초기에 알려진 두문자어는 'Senatus PopulusQue Romanus(로마의 원로와 시민들)'를 줄인 'SPQR'과 'Iesus Nazarenus Rex Iudaeorum(나사렛 사람 예수, 유대인의 왕)'을 줄인 'INRI' 같은 라틴어였다. 오랫동안, 편지를 쓰는 사람은 'P. S.(post scriptum, 추신)'을 사용하며, 이에 뒤질세라 수학자도 수세기 동안 만족스러운 결론에 이른 증명의 끝을 표시하기 위해 'QED'라는 라틴어 약자를 썼다. 이는 'quod erat demonstrandum(이상이 증명하고자 하는 내용이었다)'라는 뜻이다. 또한 영국인은 수 세기 동안 'HRH(His/Her Royal Highness, 전하)'와 'HMS(His/Her Majesty's Ship, 전하의 배)'를 썼다. 물론 오래되고 유명한 조난 신호인 'SOS(Save Our Ship, 우리 배를 구조하라)'도 있다.

20세기 초에 판에 박힌 문구를 구성 요소의 두문자나 두음절로 줄이는 경향은 'Nabisco(National Biscuit Company)', 'Esso(Standard Oil)', 'Texaco(The Texas Company)', 'GBS(George Bernard Shaw)', 'FDR(Franklin Delano Roosevelt)', 'RCA(Radio Corporation of America)', 'CBS(Columbia Broadcasting System)' 등의 사례와 함께 널리 퍼졌다. 또한 세기가 넘어갈수록 이 경향은 점차 가열되어 두문자어의 세계는 다음과 같은 대단히 유명한 주민과 함께 인구밀도가 높아졌다.

TV, LP, UFO, ESP, BLT, LIRR, ILGWU,
SPCA, PTA, YWCA, RBI, HQ, BBC, AA, AAA

현재 미국 영어에 아주 유창한 대다수 원어민은 이 두문자어가 무엇을 뜻하는지 어렵지 않게 말할 수 있어야 한다. 다만 몇몇 두문자어는 만들어진 지 수십 년이 지나 낡은 말이 된 바람에 쉽게 풀이되지 않을 것이다.

20세기의 수많은 미국 정치인은 두문자로 널리 불렸다(JFK, RFK, MLK, LBJ 등). 실제로 리처드 닉슨은 케네디가 JFK로 '시성'된 것을 강하게 질투하여 결국 이루지는 못했지만 자신도 'RMN'으로 시성되기를 꿈꾸었다고 전해진다.

20세기 말이 되자 100년 전에는 단지 재미있고 사소한 유행이었던 두문자가 멈출 수 없는 유행이 되어 사방에서 쏟아져 나왔다. 그 불투명성을 강조하는 말이 마치 결점을 지적하는 것처럼 들릴지 모르지만, 앞으로 논의할 내용처럼 역설적으로 두문자어를 대단히 기억하기 쉽고 인지적으로 중요하게 만든 것이 바로 그 속성이었다.

아래에 그 구성 요소를 분해하라는 과제와 함께 다양한 분야의 두문자어 사례를 제시하였다. 많은 두문자어는 상당히 쉬울 것이지만 다른 두문자어는 거의 한 번도 분해한 적이 없거나 이제는 쇠퇴하고 있거나 이미 쇠퇴했기 때문에 어려울 것이다.

컴퓨터 및 정보기술: WWW, HTML, CRT, IT, URL, PDF, JPG, PC, CPU, CD-ROM, RAM, SMS, PDA, LED, GPS
은행 및 금융: ATM, SEP-IRA, GNP, VAT, NASDAQ, NYSE, IPO
자동차: HP, MPH, MPG, RPM, GT, SUV
기업: GE, GM, IBM, AMOCO, BP, HSBC, AT&T, HP, SAS, TWA
경영: CEO, CFO, CV, PR, HR
화학 및 생물학: TNT, DNA, RNA, ATP, pH
커뮤니케이션: POB, COD, AM, FM, VHF, TV, HDTV, PBS, NPR, CNN, ABC, NBC, CBC, CD, DVD, WSJ, NYT
사진: SLR, B&W, ASA, UV
의학: MD, DDS, AIDS, HIV, ER, ICU, ALS, CLL, DT's, HMO, STD, MRI, CAT, PET
엔터테인먼트: PG, T&A, HBO, MGM
노동: AFL-CIO, UAW, IBEW
정부: AEC, HUAC, DOD, DOE, FDA, NSF, CIA, FBI, NIH, NASA, SSN
군사: GI, AWOL, MIA, MAD, ICBM, NORAD, USAF, USN, ABM, SDI, WMD
교육: GED, BS, BA, MA, MS, MBA, PhD, LLD, SAT, LSAT, MCAT, TOEFL, TA, RA, ABD, MIT, UCLA, USC, UNC, UNLV, UTEP, SUNY, CCNY
스포츠: AB, HR, RBI, ERA, TD, KO, TKO, QB, NBA, NFL, NCAA
단체: AMA, AAAS, APS, UN, UNICEF, UNESCO, PLO, IRA, MADD, NAACP, NRA, NATO, IMF

도시 및 국가: LA, NYC, SF, SLC, DFW, UAR, UAE, USA, UK, USSR(CCCP), PRC, GDR

기타: WASP, FAQ, LOL, BTW, IMHO, R&R, VIP, PDA, AKA, LSD, RSVP, OED, MOMA, GOP

이 밖에도 수많은 사례가 있다. 물론 우리가 제시한 과제 목록은 단지 TOTI (tip of the iceberg, 빙산의 일각)일 뿐이다.

두문자어의 불투명성이 지닌 효용

두문자어의 목적 그리고 그것이 근래에 전 세계에서 큰 인기를 얻는 이유는 물론 각각의 두문자어가 구성 요소를 일종의 '언어적 양탄자' 아래로 쓸어 넣음으로써, 달리 비유하자면 그 기능을 아주 효율적으로 수행하지만 누구도 내부를 들여다보려 하지 않거나 적어도 자주 들여다보지 않는 블랙박스를 만듦으로써 길고(때로 아주 길고) 복잡한 언어적 구조를 훨씬 단순하고 소화하기 쉽게 만든다는 것이다. 두문자어의 구성 요소는 청자와 독자가 보지 않고, 알지 못하며, 따라서 지나치게 미세한 세부 사항까지 파고드느라 신경을 뺏기지 않도록 의도적으로 묻힌다. 청자와 독자는 더 높고, 유관하며, 덩어리진 수준에 초점을 맞춰야 한다.

실제로 두문자어의 구성 요소는 일종의 막 혹은 '껍질'로 가려져 있어서 다른 경우에는 좋아하기 힘들 수도 있는 개념을 비교적 단순하고 매력적으로 포장해 구미에 맞고 종종 즐겁기까지 하게 만든다. 그래서 'DNA'는 많은 사람이 쉽게 기억하는 반면, '디옥시리보핵산deoxyribonuchleic acid'은 거부감을 보일 정도로 기술적이고 복잡하다. 'DNA'가 아무것도 의미하지 않는 것처럼 보이는 반면 '디옥시리보핵산'은 분명히 어떤 것을 **의미한다**는 사실이 바로 두문자어가 지니는 이점이다. 덕분에 두문자어는 훨씬 더 단어처럼, 훨씬 덜 기술적 용어처럼 변한다.

말을 할 때 완전한 구 대신 두문자어를 쓰면 여러 구성 요소가 단일 대상으로 뭉치면서 그 안에 든 가시적인 구성 요소의 수가 적어지며, 따라서 머릿속에서 처리하기가 더 쉬워진다. 이 원칙은 식료품점에 있는 '구매 품목 10개 이하'로 표시된 계산대에서 포도 알 100알이 달린 포도송이, 알갱이 100만 개가

든 설탕 봉지처럼 6병들이 맥주 세트를 하나의 품목으로 간주하는 원칙과 비슷하다. 각각의 맥주병이 독자적이거나, 각각의 포도 알이 낱개로 포장되거나, (그런 일은 없겠지만!) 알갱이 단위로 설탕을 판다면 이야기가 많이 달라질 것이다. 식료품을 한 덩이로 만드는 일이 처리 과정을 크게 간소화하듯이 두문자어를 통한 언어적 덩이 짓기도 마찬가지다. 너무 많은 항목으로 우리의 단기 기억 혹은 작업 기억에 과부하가 걸리는 일이 없을 것이기 때문이다.

한 예로 두문자어가 조금 과하게 쓰인 듯 보이기는 하지만 우리가 받는 형식적인 이메일에 비해 사실상 상당히 절제된 아래의 가상 발표문을 살펴보자.

> MIT and NIH announce a joint AI/EE PhD program in PDP-based DNA sequencing(MIT와 NIH가 PDP 기반 DNA 염기서열 분야에서 공동 AI/EE 박사 과정을 운영하기로 발표하다).

보다시피 이 문장은 약 15개 '단어'를 포함하지만 구식 영어로 풀어서 "매사추세츠공과대학과 국립보건원이 병렬 분산 처리 기법을 기반으로 한 디옥시리보핵산 염기서열 결정 분야에서 공동으로 인공지능/전기공학 박사 학위 과정을 운영하기로 발표하다"라고 쓰면 분량이 두 배 이상 늘어난다. 이렇게 풀어쓴 문장은 더 명확한가 아니면 더 혼란스러운가?

어느 실제 형식적 이메일에는 다음과 같은 명사구가 있었다.

> the URDGS IT Training and Education Web Markup and Style Coding STEPS Certificate Series(URDGS IT 교육 훈련 웹 마크업 및 스타일 코딩 STEPS 인증 시리즈)

이 구절에서 'URDGS'는 'University Research Division and Graduate School(대학 연구원 및 대학원)'의 줄임말이고, 'IT'는 'Information Technology(정보 기술)'의 줄임말이며, 'STEPS'는 'Student Technology Education Programs(학생 기술 교육 프로그램)'의 줄임말이다. 그래서 모든 두문자어를 풀어 쓰면 (명확성을 높이기 위해 문장을 바꿔 쓰지 않으면) 다음과 같은 내용이 된다.

> the University Research Division and Graduate School Information

Technology Training and Education Web Markup and Style Coding Student Technology Education Programs Certificate Series(대학 연구원 및 대학원 정보 기술 교육 훈련 웹 마크업 및 스타일 코딩 학생 기술 교육 프로그램 인증 시리즈)

이는 상당히 장황하며, 분명히 우리의 언어 처리 용량의 한계에 다가가거나 그것을 넘어선다. 두문자어로 된 구절도 여전히 해석하기 까다롭지만 그래도 인간적으로 해석하기가 더 수월하다.

두문자어는 관료 사회가 선호하는 수단이지만, 적절하고 신중하게 활용하면 아주 유용하기 때문에 대중적인 수단이기도 하다. 우리가 사는 기술 사회는 한 번에 많은 측면에서 복잡성이 커지고 있기 때문에 물리적이든 언어적이든 대상의 이면에 있는 세부 사항을 무시하는 방법을 확보해야 한다. 가령 휴대전화에는 그랜드피아노보다 수백만 배 더 많은 부품이 있지만 사용자 편의를 중심에 두었기 때문에, 피아노보다 훨씬 다루기가 쉽다. 우아하고 사용자 편의적인 외장으로 고급 기기 내부의 엄청나게 복잡한 세부 사항을 숨길 필요가 있었듯이, 산더미 같은 세부 사항 속에서 길을 잃지 않도록 충분히 간결하게 말하기 위해 많은 생각의 세부 사항을 숨길 필요가 있다. 그래서 두문자어가 널리 쓰이는 것이다.

게다가 두문자어는 비유처럼 갈수록 흐릿해진다. '죽은 비유'라는 말이 있듯이 '죽은 두문자어'라고 말할 수 있다. 가령 오늘날 대다수 사람은 다음 단어들이 처음에 두문자어였다는 사실을 모를 것이다.

yuppie(여피) = young upwardly mobile professional(젊고 전도유망한 전문가)
laser(레이저) = light amplification by stimulated emission of radiation
(복사선 유도 방출에 따른 광 증폭기)
radar(레이더) = radio detection and ranging(무선 감지 및 계측 장치)
modem(모뎀) = modulator-demodulator(변조기-복조기)
snafu(스너프) = situation normal all fucked up
(상황은 정상이나 모든 것이 엉망임)
scuba(스쿠버) = self-contained underwater breathing apparatus
(수중 자가 호흡기)

사실 누가 그냥 '레이더'나 '레이저'가 아니라 '무선 감지 및 계측 장치'나 '복사선 유도 방출에 따른 광 증폭기'라고 생각하거나 말하겠는가? 인지적으로 우리는 이 말들이 불투명하기를 **원한다**. 우리는 사람의 정맥, 내장, 뇌 그리고 다른 내부 장기를 보고 싶어 하지 않듯 일상적인 사물을 구성하는 모든 세부 사항을 계속 상기하고 싶어 하지 않는다. 더 잘 보기 위해 눈이 감기기를 원한다. 한마디로, 숲을 명확하게 보기 위해 나무를 보지 않아도 되기를 원하는 것이다.

유대인 어머니인 가톨릭 독신남들

'유대인 어머니Jewishmother'라는 복합명사가 항목으로 들어 있는 사전은 거의 없을 것이다. 그럼에도 불구하고 이 구절은 유명하고 매우 자주 묘사되는 범주의 명칭이다. 그 핵심에는 자녀를 과보호하고, 항상 걱정하고, 잔소리를 멈추지 않으며, 자녀의 삶에 대해 모든 것을 알고, 또 통제하고 싶어 하는 어머니라는 개념이 있다. 그래서 자녀는 삶의 전적인 목적이며, 자신도 자녀에게 그런 존재이기를 원한다. 임상심리학자는 유대인 어머니를 흥미로운 연구 사례로 보겠지만 다른 사람은 그저 농담거리로 삼아서 해당 범주의 속성을 아래처럼 그려낸다.

> 알다시피 그녀는 유대인 어머니라서 네가 밤에 일어나 화장실에 갔다가 다시 돌아오면, 이미 침대를 정돈해 놓지.
>
> 유대인 어머니는 태아가 의과대학을 마쳐야 비로소 혼자 살아갈 수 있겠다고 생각하지.
>
> 유대인 어머니는 항공사에 전화를 걸어서 아무런 설명도 없이 이렇게 묻지. "저기요, 우리 아들이 탄 비행기가 언제 도착하나요?"
>
> 사이먼은 어머니에게 전화를 걸어서 이렇게 말하지. "안녕, 엄마. 잘 지내죠?" "응, 잘 지낸단다, 사이먼." "아이쿠! 죄송합니다, 부인. 전화를 잘못 걸었네요."

두 개의 하위 단어가 암시하는 것과 상당히 다른 것을 나타낸다는 사실을 드러내는 이 표현의 흥미로운 점은 **유대인 어머니**라는 범주의 요소가 유대인일 필요도 없고, 심지어 어머니일 필요도 없다는 것이다. 아버지, 조부모, 직장 동료, 관료적 위계질서에 속한 어떤 사람 등 중심적이고 핵심적인 속성을 드러낸다면 모두 **유대인 어머니**라는 범주에 속할 수 있다. 가령 다음과 같은 시나리오를 보자.

> 윌리엄의 동료 중 한 명이 윌리엄을 보살핀다. 그는 윌리엄의 승진이 최고의 우선순위라는 사실을 당연시하면서 윌리엄의 승진을 돕기 위해 할 수 있는 모든 일을 한다. 사실 그는 윌리엄에게 자신이 직장 생활의 중심이기를 너무도 원한 나머지 윌리엄이 다른 동료와 대화하는 모습만 봐도 풀이 죽는다. 그는 윌리엄에게 일과 관련된 조언을 할 뿐만 아니라 개인적인 조언도 자청한다. 그는 윌리엄에게 최선의 선택이 무엇인지 안다고 확신한다. 그래서 윌리엄이 승진하도록 노력하는 데 더하여 윌리엄이 독신임을 안 뒤부터는 중매인의 역할까지 맡는다.

윌리엄의 일에 지나치게 참견하고 관심이 많은 동료를 '유대인 어머니'라고 부르는 것은 그 범주의 소속 요건에 대한 몇 가지 **선험적** 예상, 구체적으로는 생리적 어머니를 수반해야 한다는 예상과 여성이어야 한다는 예상, 일종의 모자관계를 수반해야 한다는 예상 그리고 물론 유대계여야 한다는 예상을 저버린다. 실제로 **유대인 어머니**의 핵심적인 속성은 어떤 종류의 종교적 신앙을 암시하지도 않고 거기서 생겨나는 것도 아니다. 그래서 독신에 아이가 없는 가톨릭 남성, 심지어 신부도 쉽게 **유대인 어머니** 범주에 속할 수 있으며, 반대로 많은 유대인 어머니가 기껏해야 **유대인 어머니** 범주에 흐릿하게 속할 뿐이다. 어떤 사람을 **유대인 어머니**로 평가할 때 무엇보다 중요한 점은 (과보호하고, 푸념하고, 다른 사람의 성공에서 주된 만족감을 얻고, 한없이 베풀고, 그에 따라 한없는 보상을 기대하는) 가장 전형적인 속성이 충분한 정도로 드러나야 한다는 것이다. 이런 점이 해당 범주에 속하는 개념을 인식하는 데 가장 결정적인 도움을 주기 때문이다.

우리의 유추 능력은 이 특정 범주를 크게 확장하여, 표면적인 사항이 음성적 표지에 부합하는지에 상관없이 윌리엄의 동료처럼 가장 중심적인 속성을 공유하는 온갖 대상을 포괄한다. 어떤 범주가 머릿속에 충분히 깊이 자리 잡으면 표준적인 음성 라벨은 경계를 명확하게 가르는 벽이 아니라 범주 생성의 초기 단계를 상기하는 유물에 불과하게 된다.

숙어의 작은 견본집

지금까지 우리는 다소 짧은 구절을 살폈다. 그러면 약간 더 길게 이어지는 구절은 어떨까? 아래는 미국식 영어 사용자라면 누구도 이상하다고 생각지 않을 숙어들을 모은 것이다.

to be up to one's ears in work(일에 파묻히다), to go in one ear and out the other(한 귀로 듣고 한 귀로 흘리다), to roll out the red carpet(환대하다), to roll one's sleeves up(일에 착수하다), to be dressed to the nines(공들여 차려입다), to be in seventh heaven(그지없이 행복하다), to be dead as a doornail(완전히 죽다), to wait until the cows home(한참 기다리다), to burn the candle at both ends(혹사하다), to swallow one's pride(자존심을 억누르다), to eat humble pie(수모를 당하다), to take it for granted(당연시하다), to kick the bucket(죽다), to let the floodgates open(빗장을 풀다), to drop the ball(실수를 하다), to catch the drift(이해하다), to be caught off guard(허를 찔리다), to get away with murder(하고 싶은 대로 하다), to read between the lines(행간을 읽다), to read the handwriting on the wall(불길한 예감을 느끼다), to lick someone's boots(아첨하다), to have the time of one's life(인생 최고의 시간을 보내다), to drop something like a hot potato(번거로운 일을 급히 제거하다), to throw someone for a loop(깜짝 놀라게 하다), to throw someone into a tizzy(당황하게 만들다), to get a kick out of something(쾌감을 느끼다), to play it by ear(임기응변으로 대처하다), to bend over backwards(비상한 노력을 기울이다), to fly in the face of evidence(증거에도 굴하지 않다), to tie the knot(결혼하다), to get hitched(결혼하다), to open a can of worms(복잡한 문제를 야기하다), to scrape the bottom of the barrel(바닥까지 긁어 쓰다), to drop a bombshell(폭탄선언을 하다), to be caught between a rock and a hard place(진퇴양난에 처하다), to paint oneself into a corner(위기를 자초하다), to eat one's words(약속을 어기다), to let the cat out of the bag(비밀을 누설하다), to spill the beans(비밀을 발설하다), to be knocking at death's door(빈사 상태에 처하다), to play the field(여러 사람과 교제하다), to make a mountain out of a molehill(호들갑을 떨다), to shout at the top of one's lungs(목청껏 소리 지르다), to be scared out of one's wits(공포로 넋이 나가다), to act like there's no tomorrow(장래를 생

각지 않고 행동하다), to take a rain check(다음을 기약하다), to cry all the way to the bank(열심히 돈을 벌다), to cross swords(다투다), to drag someone over the coals(질책하다), to hit pay dirt(횡재하다), to make hay while the sun shines(기회를 살리다), to rise and shine(정신 차리고 일어나다), to set one's sights on someone(목표로 정하다), to make someone's blood boil(화나게 만들다), to shout something from the rooftops(온 세상에 떠벌리다), to lord it over someone(군림하다), to even the score(복수하다), to give someone a taste of their own medicine(같은 방식으로 보복하다), to turn the tables(형세를 역전시키다), to miss the boat(호기를 놓치다), to jump on the bandwagon(대세에 편승하다), to have no truck with someone(상대하지 않다), to put the cart before the horse(일의 순서를 뒤바꾸다), to close the barn door after the horse is out(소 잃고 외양간 고치다), to while the hours away(시간을 보내다), to kill time(시간을 보내다), to spend like a drunken sailor(흥청망청 쓰다), to get the hell out(당장 떠나다), to take it out on someone(화풀이하다), to go for a broke(모든 것을 걸다), to be in the pink(건강이 좋다), to be riding high(잘나가다), to be down in the dumps(의기소침하다), to throw the baby out with the bathwater(빈대 잡으려다 초가삼간 태우다), to carry coals to Newcastle(쓸데없는 것을 제공하다), to scatter to the four winds(사방에 날리다), to open a Pandora's box(판도라의 상자를 열다), to be carrying a torch for someone(짝사랑하다), to get something for a song(헐값에 구하다), to be whistling Dixie(무책임한 말을 하다), to need something like a hole in the head(전혀 필요 없다), to tell it like it is(솔직히 말하다), to be playing with a stacked deck(속임수를 쓰다), to make a long story short(간단히 말하다), to give someone short shrift(대수롭지 않게 여기다), to be feeling one's oats(잘난 체하다), to sow one's wild oats(난봉을 부리다), to butter someone up(아부하다), to slip someone a mickey(음료에 약을 타다), to laugh on the other side of one's face(맥이 풀리다), to hit the nail on the head(정곡을 찌르다), to miss the point(요점을 놓치다), to make the grade(성공하다), to lose one's marbles(머리가 이상해지다), to grasp at straws(기적을 바라다), to be on pins and needles(안절부절못하다), to run the gauntlet(혹평을 받다), to blow one's chances(기회를 날리다), to shoot one's wad(돈을 다 쓰다), to keep one's cool(냉정을 유지하다), to throw a monkey wrench into the works(방해하다), to screw things up royally(일을 크게 망치다), to look daggers at someone(날카롭게 노려보다), to look white as a sheet(매우 창백하다), to be pushing up daisies(묻히다), to send someone to kingdom come(죽이다), to knock someone into the middle of next week(강타하다), to cut the mustard(기대에 부응하다), to cut to the chase(본론으로 들어가다), to jump ship(그만두다), to crack the whip(들볶다), to go belly-up(완전히 망하다), to be champing at the bit(안달하다), to have one's cake and eat it too(두 마리 토끼를 잡다), to kill two birds with one stone(일거양득을 거두다)…….

영어의 풍부함을 보여주는 이 다채로운 목록은 항목만큼 많은 범주를 나타낸다. 가령 당신에게 언제든 파국적인 일이 생길 수 있음을, 예컨대 심장이 나빠서 별안간 심장마비에 걸릴 수 있음을 안다고 가정하자. 이 경우 "다모클레스의 칼이 머리 위에 있는 것 같아"라고 말할 수 있다. 지진 활동으로 악명이 높아서 주민들이 '큰 것'(그러니까 언제 올지 아무도 모르는 다음 대지진)을 두려워하는 샌프란시스코 만 지역에 살아도 이런 말을 할 수 있다. 또한 갑자기 심한 분노 발작을 일으키는 사람과 살 때도 이렇게 말할 수 있다. 이처럼 확실히 자연스러워 보이는 해당 범주에 속하는 다른 많은 상황을 생각할 수 있다. 실제로 그것이 '다모클레스의 칼'이 정확하게 가리키는 것, 그에 따른 모든 것을 수반하는 하나의 **범주**이기 때문이다.

말투가 거친 편이지만 실은 항상 다정하게 대하는 종업원이 있는 커피숍으로 딸과 함께 아침을 먹으러 간다면 이렇게 미리 말해줄 수 있다. "거기서 일하는 아저씨의 말투를 오해하지 마. 짖는 게 무는 것보단 나으니까his bark is worse than his bite(말은 거칠어도 본성은 착하니까)." 가끔 이상하고 큰 소음을 내지만 아무 문제 없이 몇 년 동안 잘 달린 낡은 차에 대해서도 같은 표현을 할 수 있다. 또한 당신의 배우자도 당신이 가끔 소리를 크게 지르며 화를 내지만 그 순간만 지나면 완전히 다른 모습으로 더없이 다정하게 변할 때 같은 표현을 할 수 있다. 이외에도 **말은 거칠지만 본성은 착한** 범주에 속하는 다른 많은 상황을 분명히 생각할 수 있을 것이다.

이런 유형의 표현(표면적으로는 아주 초점이 좁은 것처럼 보이지만 실은 아주 포괄 범위가 넓은 긴 구절)은 구어와 문어에 흔하며, 사람들은 개별 단어를 터득하듯이 이런 표현을 터득한다. 또한 더 짧은 언어적 표현의 경우와 마찬가지로 새로운 상황과 기존 범주 사이의 유사성을 인지함으로써 점차 범주의 경계를 넓혀간다. 가령 '다모클레스의 칼'이나 '대세에 편승하다' 같은 범주를 구성하는 실제 단어는 종종 그 속성을 거의 드러내지 않으면서 그저 관련 범주의 완전한 풍부성을 시사할 뿐이다.

콩을 쏟은 것인가, 아니면 고양이를 풀어주는 것인가?

화려한 표현은 종종 축어적 독해가 시사하는 것과 상당히 다른 범주를 가리킨다. 실제로 축어적 독해는 종종 그 표현의 의미와 아무 관련이 없다. 관련이 있다면 왜 '비밀을 발설하다to spill the beans'라는 구절이 쏟는 행위, 특히 **콩**을 쏟는 행위를 수반하는지 누가 설명할 수 있을까? 왜 하필이면 **콩**이 숨겨진 비밀을 상징하게 되었을까? 왜 콩을 쏟아내는 행위가 비밀 누설과 같은 의미를 지니게 되었을까? 왜 '브로콜리를 엎다', '완두콩을 쏟아내다', '양배추를 뒤집다', '살구를 떨어뜨리다', '도토리를 방출하다', '땅콩을 꺼내다', '벼룩을 풀어주다' 혹은 심지어 (정말로 개연성의 한계를 밀어붙이자면) '고양이를 자루에서 풀어주다to let the cat out of the bag'라는 구절이 되지 않았을까? 물론 실제 구절의 이면에는 정당한 **어원적** 이유가 있지만 그렇다고 해서 **심리적으로** 더 설득력이 있는 것은 아니다.

그래도 영어를 모국어로 사용하는 모든 성인은 이 구절을 당연하게 받아들인다. 우리는 모두 이 구절이 **소수의 집단이 어떤 비밀을 공유하고 있는데 그 중 한 명이 어쩌면 의도적으로, 어쩌면 우발적으로 집단의 구성원이 아닌 사람에게 비밀을 말하고 싶은 욕구를 이기지 못했고**(아마도 그냥 무심코 말해버림으로써) **집단의 구성원에게는 아쉽게도 갑자기 그 비밀이 더는 비밀이 아니게 되었음**을 뜻한다는 것을 안다. 이렇게 명시적으로 풀이하면 이 범주가 얼마나 복잡하고 미묘한지 알 수 있지만 그 간결한 명칭을 구성하는 소수의 단어는 이 모든 복잡성과 미묘성을 전혀 암시하지 않는다.

그리고 다른 구절, 종종 '콩을 쏟다'와 동일한 의미로 간주되는 사촌 구절이 있다. 바로 '고양이를 자루에서 풀어주다'이다. 두 표현은 모두 한때 비밀이었던 정보가 특정한 집단에게는 아쉽게도 더 많은 사람에게 알려지는 상황을 나타낸다. 그러나 두 구절은 의미의 유사성에도 불구하고 정확하게 같은 상황에 적용되지 않는다. 즉 두 구절은 (그 요소가 상당히 많이 겹치는) 약간 다른 범주를 지칭한다. 그래서 범죄 조직의 한 조직원이 (경찰이나 그냥 외부인에게) 조직의 범죄 계획을 말하는 것은 **콩을 쏟는**(그리고 아마도 고양이를 자루에서 풀어주는 것은 아닌) 경우이다. 반면 부부가 다른 사람에게 임신 사실을 말하기 전에 몇 주를 더 기다리기로 결정했음에도 불구하고 가까운 친구에게 아주 일찍 그 사실을 말하는 것은 **고양이를 자루에서 풀어주는**(그리고 아마도 콩을 쏟는 것은 아닌) 경우이다. 이는 사소한 차이이며 일부 영어 사용자는 동의하지 않을지 모르지만(사실 우리가 영어 사용자를 대상으로 실시한 비공식 설문에서 거의 모두 우리의 판정에 전적으로 동의했다), 부정할 수 없는 사실은 대부분의 경우 이 구절 중 하나만 머릿속에 떠오르고 다른 하나는 그대로 잠복한다는 것이다. 그 이유는 이 구절을 환기하는 상황이 어느 하나에 더 잘 **맞기** 때문이다. 두 구절이 가리키는 범주 사이의 미묘한 어감의 차이는 분명히 영어 사용자에게 표준적인 지식의 일부가 아니라(대다수는 자세히 설명하는 데 어려움을 느낄 것이다) 그저 폭넓은 맥락에서 해당 구절을 접하면서 시간의 경과에 따라 습득하는 것이다. 구절 자체에 아주 사소하게라도 이 미묘함을 드러내는 부분은 없다.

숙어가 종종 임의적이라는 사실을 확신하려면 종종 축어적 해석을 거부하는 외국어의 숙어를 몇 개 살펴보기만 하면 된다. 누가 '조각을 놓다to let go of the piece'('lâcher le morceau')와 '심지를 팔다to sell the wick'('vendre la mèche')가 '콩을 쏟다'와 '고양이를 자루에서 풀어주다'와 가장 가까운 프랑스어 표현이라고 상상할 수 있을까? 또한 어떻게 프랑스 사람은 누가 **복숭아를 가졌는지have the peach** ('qui ont la pêche') 알까? 바로 **콩으로 가득하기full of beans** (즉, 활력이 넘치기) 때문이다. 그리고 프랑스의 엄마들은 아이에게 **비누를 건넬 때passes a soap** ('elle lui passe un savon') 무슨 일을 할까? 물론 아이를 **꾸짖는giving him what-for** 것이다! 그리고 벽의 아랫부분에서 석공을 본다는see the mason at the foot of the wall ('c'est au pied du mur qu'on voit le maçon') 프랑스 사람들의 말은 **백문이 불여일견the proof of the pudding will be in the eating**이라는 뜻이다. 이 모두는 **암반수처럼 명료하다clear like some water of rock** ('clair comme de l'eau de roche').

작가 장 루 시플레Jean-Loup Chifleet는 자신의 책에서 영어 숙어를 '문자 그대로at the foot of the letter'(그러니까, 축어적으로) 프랑스어로 옮기고 그 반대로도 옮기는 언어유희를 했다. 그 결과는 종종 아주 흥미로웠다. 방금 살폈듯이 대다수 숙어는 축어적으로 옮기면 말이 되지 않기 때문이다. 그래서 모든 영어 사용자에게 익숙한 "Our goose is cooked(우리는 곤경에 처했다)"[13]라는 말을 'Notre oie est cuite(거위는 요리되었다)'로 옮기면 프랑스 사람들은 어리둥절한 표정을 지을 것이다. 마찬가지로 'Il a vu des étoiles'(He saw stars, 그는 별을 봤다)와 'Personne n'osa faire allusion àl'éléphant dans la pièce'(No one dared to mention the elephant in the room, 누구도 감히 방에 있는 코끼리를 언급하지 않았다)도 눈썹을 긁게 만들 것이다. 반대로 'The carrots are cooked(당근이 익었다)'('큰일났다'를 뜻하는 goose is cooked와 의미가 같은 프랑스어 숙어-옮긴이)와 'He fell into the apples(그는 사과 더미 위로 넘어졌다)'('기절하다'라는 의미의 프랑스어 숙어-옮긴이)라는 영어 문장을 축어적으로 프랑스어로 옮기면 눈이 휘둥그레질 만큼 화려한('seront des ouvre-œil colorés') 문장이 될 것이다.

영어 숙어가 다른 문화권 사람에게는 모호하지만 영어 사용자에게는 명확하다면 그 이유는 시간의 경과에 따라 환기력을 잃고 영어 사용자에게는 더 이상 축어적 의미가 들리지 않지만 외국어 사용자에게는 두드러지는 라벨인 **죽은** 비유가 되었기 때문이다. 외국어 사용자에게 이런 표현은 처음에는 살아 있는 비유로 보이며, 따라서 당연하게도 단어의 흐름을 이해하려는 충분한 수고를 기울이면 마침내 영감을 얻을 수 있기를 바라게 된다.

실제로 숙어적 표현을 구성하는 단어를 살피는 일은 언제나 조금은 위험하긴 하지만 익숙지 않은 사람에게 도움이 될 수 있다. 반면 영어 사용자는 이 방법을 우회하여 축어적, 요소별 이해를 거치지 않고 기억에서 바로 적절한 추상적 범주를 끄집어낸다. 모든 숙어의 의미를 구성 단어를 통해 파악해야 한다면, 대개 아주 빠르고 수월한 듯 보이는 말을 이해하는 일이 결과가 보장되지 않는 복잡한 문제 해결의 시간이 될 것이다.

일상적인 문장의 이면

앞서 살폈듯이 명사만 정신적 범주를 지칭하는 것은 아니다. 동사, 형용사, 부사, 접속사, 감탄사는 어느 모로 보나 명사 못지않게 범주를 지칭할 수 있다. 긴 구절의 경우도 마찬가지다. 그리고 그 점에서는 전혀 불투명한 숙어적 구절로 보이지 않는 완전한 문장(혹은 문장의 단편)도 범주를 지칭할 수 있다. 그 예를 보자.

What's up(무슨 일이야)? What's new(잘 지내)? Just barely made it(겨우 해냈어). Why does it always happen to **me**(왜 항상 **나**한테만 그런 일이 생기는 거야)? It's your bedtime(잘 시간이야). Are you out of your mind(정신이 나갔어)? Who do you think you are(당신이 뭔데)? Just what do you think you're doing(이게 무슨 짓이야)? And don't come back(돌아오지 마). I'll be right with you(곧 갈게). Can I help you(도와드릴까요)? How's your meal(식사가 어땠나요)? The check, please(계산서 주세요). Will that be all(다른 추가할 것은 없나요)? Anything else(다른 것은 없나요)? You're more than welcome(더없이 환영합니다). Oh, great…… that's all I needed(아, 좋네요…… 그것만 있으면 돼요). I told you so(내가 그럴 거라고 말했지)! Spare me the details(자세한 이야기는 하지 마세요). **That's** a likely story(그럴싸한 이야기군요)! I wasn't born yesterday(나도 알 만큼은 알아요)! Don't give me that(말도 안 되는 이야기 하지 마세요). Don't make me laugh(웃기는 이야기 하지 마세요). I've really had it(정말 질리네요). Well, what have we here(음, 이게 뭐지)? And who would **this** be(이 사람은 누구일까요)? That's beside the point(그건 요점을 벗어난 이야기예요). There you go again(또 시작이군요)! I've heard that one before(아는 이야기예요). You can say **that** again(맞는 말이예요)! **Tell** me about it(그러게 말이에요)! Get to the point, would you(본론을 말해줄래요)? Give me a break(그만해요)! I'm no fool(난 바보가 아니에요). I hope I've made myself clear(제 뜻이 이해가 됐으면 좋겠군요). So **now** you tell me(그래 **이제야** 말하는군요). Don't get me wrong(오해하지 마요)! Well, I'll be damned(정말 뜻밖이군)! How was I supposed to know(**내가** 그걸 어떻게 알아요)? Now why didn't I think of that(**내가** 왜 그걸 몰랐지)? You want it **when**(**언제**까지 해주면 되나요)? Go jump in a lake(당장 사라져)! Have it your way(좋을 대로 해). See if I care(마음대로 해)! Take my word for it(내 말을 믿어요). **That's** putting it mildly(**그건** 약하게 말한 거죠)! That's no excuse(그건 이유가 안 돼요). I wouldn't know(알 게 뭐야). What makes you say that(왜 그런 말을 하죠)? You've got to be kidding(농담하지 마)! There's nothing to do about it now(지금은 어쩔 수가 없어). Might as well make the best of it(최선을 다하는 게 좋아). It's not worth the trouble(애쓸 필요가 없어). Keep it to yourself(혼자만 알고 있어요). Mind your own business(당신 일이나 신경 써요). You think you're so smart(네가 대단히 잘난 줄 아는군). So where do we go from here(자, 이제 어떡하죠)? Don't worry about it(걱정 마요). Don't give it a second thought(신경 쓰지 마요). Oh, you really shouldn't have(괜한 수고를 했어요). It could be worse(이만한 게 다행이죠)! What won't they think of next(다음에는 또 무얼 생각해낼까)? Shame on you(부끄러운 줄 알아요)! I don't know what I was thinking(도대체 무슨 생각으로 그랬는지 모르겠어요). That'll be a hard act to follow(따라 하기 어려운 일일 거예요). No harm trying(해봐서 손해 볼 건 없잖아요)! So what(그래서 뭐)? What do you want me to do(내가 어떻게 하길 바라나요)? So what am I—chopped liver(그래서 **내가** 쓸모없다는 건가요)? Is **that** all you wanted(원하는 건 **그게** 다인가요)? All right, are you done now(좋아요, 이제 다 됐나요)? Haven't I seen you somewhere before(우리 전에 어디서 만나지 않았나요)? We cant' keep on meeting this way(계속 이런 식으로 만날 수는 없어요).

이 각각의 문장(혹은 단편)은 익숙한 범주를 나타낸다. 숙어적 표현이기 때문이 아니라 단지 풍부한 일련의 의미를 획득한 특정한 맥락에서 매우 자주 사용되었기 때문이다. 단순한 단어로 구성되어 확연히 평이하게 보이는 이 유용한 관용구들은 일상적인 대화에 늘 등장하는 특정한 관념을 핵심적으로 담기 때문에 사실은 중요한 범주의 명칭이다. 신선하게 만들어진 것처럼 보이는 문장이 실은 화자가 속한 상황에서 전체를 환기할 수 있는 비축된 구절인 것이다. 이 구절은 마치 주인이 목줄을 챙기는 모습을 본 개가 단지 목줄을 맬 것이라는 것을 넘어, 밖으로 나가 산책을 하고 사방에 있는 물건의 냄새를 맡고, 다른 사람과 개를 만나고, 영역 표시를 하고, 나중에 집으로 돌아올 것이라고 예상하듯이, 구성 단어의 축어적 의미를 훌쩍 넘어서는 표준화된 함축적 의미를 전달한다.

가령 **잘 시간이야**It's your bedtime와 **그래 잘 지내**So what's new? 그리고 **정신이 나갔어**Are you out of your mind?라는 문장 수준의 범주는 개에게서 주인이 목줄을 챙기는 것 그리고 숙어적 구절이 가리키는 범주와 마찬가지로 또렷하고 명확하며 풍부한 내재적 의미의 층위를 지닌다.

물론 **잘 시간이야**라는 범주는 이 말을 들은 아이가 곧 자야 한다는 관념을 수반하지만, 동시에 내일 학교 수업을 잘 받으려면 잠을 푹 자야 하고, 비디오 게임보다 학교 수업이 더 중요하며, 좋은 성적을 받는 것이 인생에서 중요한 의미가 있고, 집에서는 부모의 말을 따라야 하며, 아이는 어른보다 잠을 더 많이 자야 한다는 관념도 수반한다.

그래 잘 지내?는 최근의 일을 알고 싶다는 욕구보다 훨씬 많은 욕구를 전달한다. 이 문장은 화자가 상대방의 삶에 신경 쓰고, 대화를 나누고 싶어 하며, 상대방이 요즘 어떻게 지내는지에 관심이 있음을 말해준다. 이 범주가 활성화되면 가족, 개인적인 일, 직업적 활동처럼 할 수 있는 대답의 범위가 아주 분명하게 정해진다. "그래 잘 지내So what's new?"라는 질문에 "내 셔츠My shirt"라고 대답한다면 완전히 예상을 벗어날 것이며, 이는 대답이라기보다 농담이 될 것이다.

정신 나갔어?의 경우, 이 수사학적 질문은 확고한 반대의 뜻을 드러낼 뿐만 아니라 놀람과 충격의 감정, 청자와의 상당한 친분과 분노를 드러내고, 청자가 일종의 설명을 하거나 생각을 바꾸도록 암묵적으로 요구하며, 끝으로 다툼이 생길 수도 있음을 경고한다.

비원어민이 점차적으로 다른 언어의 인사 혹은 감사의 다른 어감을 선택하는 미묘한 기술을 습득하듯이, 원어민 역시 짧은 일상적 문장 혹은 문장의 단편에 의해 지정된 정신적 범주를 천천히 습득한다. 이와 같은 예민함과 복잡함은 그것을 구성하는 단어의 평이한 외양에 가려진다.

속담 속에 숨어 있는 진리

방금 살핀 것과 같은 문장은 경험, 그중 일부는 상대방에게 어떻게 지내는지 묻거나 자신이 어떻게 지내는지 말하거나, 반대 의사를 표시하거나, 다른 사람과 얼마나 생각이 다른지 파악하거나, 사업에서 다른 사람을 성심껏 대하거나, 대화가 말미에 이르렀음을 암시하는 등 하루에도 여러 번 접하는 경험이라는 대단히 흔한 범주를 수반하기 때문에 아주 높은 빈도로 일상생활에 녹아들어 있다. 반면 속담과 경구는 마찬가지로 고정된 문장이기는 하지만 개인적으로는 한 번도 경험하지 않았으나 그럼에도 불구하고 새롭고 유용한 관점에서 사건을 볼 수 있게 해주는 상황을 암시한다.

속담은 이 책의 주제, 즉 유추 작용과 범주화가 같은 현상의 다른 이름일 뿐이라는 주제를 이상적으로 보여준다. 실제 상황에서 '한 번 물리면 두 번째는 몸을 사린다/자라 보고 놀란 가슴 솥뚜껑 보고 놀란다Once bitten, twice shy', '겉만 보고 판단해서는 안 된다/뚝배기보다 장맛You can't judge a book by its cover', '구르는 돌에는 이끼가 끼지 않는다A rolling stone gathers no moss', '예방이 치료보다 훨씬 낫다An ounce of prevention is worth a pound of cure', '일찍 일어나는 새가 벌레를 잡는다The early bird catches the worm', '늦더라도 하는 편이 낫다Better late that never', '남의 떡이 커 보이는 법이다The grass is always greener on the other side of the fence', '설상가상이다When it rains, it pours', '긁어 부스럼 만들지 마라If it ain't broke, don't fix it' 같은 표현이 저절로 떠오른다면 유추 작용을 통한 범주화라는 동전의 양면을 모두 볼 수 있다. 특별한 사례를 하나 살펴보자.

> 세 살배기 루시는 거실 바닥에서 막 나무 블록으로 담을 만들었다. 그때 부모의 친구인 짐이 거실을 지나다가 실수로 부딪혀서 블록 몇 조각을 떨어뜨렸다. 그걸 보고 루시가 울음을 터트렸다. 몇 분 후 다시 거실을 지나던 짐은 담이 있는 곳을 일부러 돌아가면서 이렇게 말한다. "한 번 물리면 두 번째는 몸을 사리는 법이지Once bitten, twice shy."

이제 짐이 **유추**를 했다는 사실을 모두가 인정할 것이다. 짐은 거실에서 방금 일어났던 일을 개(혹은 다른 동물)에게 물린 미지의 인물이 절대 그 개 근처에 가지 않으려고 굉장히 조심하는 가상의 상황에 암시적으로 덧입혔다. 여기서 조심하는 인물은 명백히 짐이며, 공포를 심어준 물림은(즉 물림이 덧입혀진 것은) 짐이 실수로 나무 블록 한두 개를 떨어트린 후 루시가 눈물을 흘린 것이다. 이후로 모든 개를 회피하는 것은 나무 블록을 다시 무너뜨리지 않으려고 멀리 돌아가는 짐의 두드러진 행동에 덧입혀진다. 이때 개에게 물린 적이 있는 사람이 가진 두려움에 덧입혀지는 것은 무엇일까? 그것은 명백히 개의 이빨에 다치는 것보다 더 추상적인 우려로서, 루시를 다시 울리지 않으려는 동정적인 욕구다. **보라Voilà**, 이것이 바로 완전하게 이루어진 유추다.

그러나 마찬가지로 짐이 속담을 인용한 것을 **범주화**로 쉽게 특징지을 수도 있다. 짐이 방금 일어난 일을 **한 번 물리면 두 번째는 몸을 사리는 법**이라는 대중적 범주의 요소로 보기 때문이다. 짐은 이 네 단어(once bitten twice shy)를 인용하면서 방금 일어난 일이 그 표준적인 범주에 속한다고 말했다. 영어 사용자들이 지닌 정신적 어휘 속에 있는 이 속담의 존재 자체가 머릿속에 그런 범주가 있음을 말해주며, 특정한 상황으로 이 속담이 환기되는 것은 적어도 그들에게(그리고 바라건대 다른 사람들에게) 해당 상황이 그 범주의 요소임을 드러낸다. 격언과 경구는 '다리', '숙녀', '딸랑이', '벽을 쌓다', '귀가 얇다', '손이 크다' 같은 대중적 범주의 라벨만큼 대다수 성인이 알고 공유하는 대중적 범주에 대한 대중적 라벨이다.

특정 상황에서 친숙한 속담의 사례를 인식하는 일은 그 상황을 새로운 시각으로 바라보게 한다. 그래서 그 상황의 인위적 세부 사항을 훌쩍 뛰어넘는 신선하고 추상적이며 빤하지 않은 관점을 제공한다. 속담은 다소 미묘하고 복잡한 범주의 라벨이기 때문에 속담을 상황에 덧입히는 일은 다른 경우에는 숨겨질 측면을 드러내는 방식이다. 속담을 라벨로 활용하는 것은 편향된 방법일지는 모르나 자신이 직면한 상황을 이해하기에는 좋다. 새롭게 접한 상황에 속담을 적용하는 것은 논리적 분석에 따르는 것이 아니라, 속담이라는 렌즈를 통해 보는 대상을 걸러내는 데서 나오는 일종의 통찰을 초래한다. 요컨대 속담은 유추를 통해 서로 연계된 과거, 현재, 미래, 가상의 아주 다른 폭넓은 상황에 적용할 수 있는 편리하고 간결한 라벨이다.

(순수한 논리가 아니라) 경험에 기초하는 속담의 성격은 특정 상황에서 사람마다 다른 속담을 떠올릴 것임을(그래서 다른 관점을 취할 것임을) 뜻한다. 가령 프랑스 사람은 "옷이 수도사를 만들지는 않는다L'habit ne fait pas le moine"라고 말하지만 영국 사람은 "옷이 사람을 만든다Clothes make the man"라고 말한다. 파스칼Blaise Pascal이 말했듯이 실로 "진리는 피레네 산맥을 건너면 오류가 된다"(아마 '혹은 해협을'이라고 덧붙였어야 했을지도 모른다). 사람들이 말하는 대로 "한 사람에게 식량인 것이 다른 사람에게는 독이 될 수 있으며One man's meat is another man's poison", 속담의 경우에는 분명히 그렇다. 그래서 체제에 저항하던 청년이 국외로 추방된 후 유명한 시인이 되었지만 결코 고국으로 돌아가지 못한 (단테의 이야기일 수도 있는) 슬픈 이야기를 A라는 사람은 "너 자신에게 진실하라"라는 삶의 중요한 교훈으로 받아들일 수도 있는 반면 B라는 사람은 "로마에서는 로마법을 따르라"는 지혜의 예시로 받아들일 수도 있다. 그래서 A가 선택한 속담은 추방당한 시인의 이야기를 기꺼이 대세를 무시하고 과감하게 선을 넘어서야 한다는 포괄적인 교훈으로 만드는 반면 B가 선택한 속담은 대세를 따르고 선을 넘지 않도록 조심해야 한다는 교훈으로 만든다.

다음 사례는 전혀 예외적이지 않다. 우리를 어리둥절하게 만드는 상반되는 속담은 무수히 많다.

Strike while the iron is hot ↔ Look before you leap
(쇠가 달구어졌을 때 쳐라) (도약하기 전에 먼저 살펴라)

Good things come in small packages ↔ The bigger, the better
(값진 물건은 작은 상자에 들어 있다) (클수록 좋은 것이다)

Nothing ventured, nothing gained ↔ Better safe than sorry
(시도하지 않으면 아무것도 얻지 못한다) (후회하느니 안전한 편이 낫다)

Two's company, three's a crowd ↔ The more the merrier
(둘이면 친구지만 셋이면 남이다) (사람은 많을수록 흥겹다)

Half a loaf is better than none ↔ Do it well or not at all
(빵 반쪽이라도 없는 것보다 낫다) (잘하지 못할 바에는 하지 않는 게 낫다)

Absence makes the heart grow fonder ↔ Out of sight, out of mind
(곁에 없으면 더 그리워진다) (눈에서 멀어지면 마음에서도 멀어진다)

A penny saved is a penny earned ↔ Money is the root of all evil
(한 푼이라도 아껴야 돈을 번다) (돈은 만악의 근원이다)

Many hands make light work ↔ Too many cooks spoil the broth
(일손이 많으면 일이 준다) (사공이 많으면 배가 산으로 간다)

Opposites attract ↔ Birds of a feather flock together
(다른 것은 서로 끌린다) (끼리끼리 모인다)

Don't judge a book by its cover ↔ Where there's smoke, there's fire
(겉만 보고 판단해서는 안 된다) (아니 땐 굴뚝에 연기 나랴)

The pen is mightier than the sword ↔ Actions speak louder than words
(펜이 칼보다 강하다) (말보다 행동이 중요하다)

It's never too late to learn ↔ You can't teach an old dog new tricks
(언제 배워도 늦지 않다) (늙은 개에게 새 재주를 가르칠 수 없다)

He who hesitates is lost ↔ Fools rush in where angels fear to tread
(망설이다간 기회를 놓친다) (하룻강아지 범 무서운 줄 모른다)

Practice makes perfect ↔ All work and no play makes Jack a dull boy
(연습이 완벽한 결과를 만든다) (일만 하고 놀지 않으면 우둔해진다)

이 목록에 두 개 언어로 된 사례를 하나 더하고 싶다. 바로 이것이다.

Pierre qui roule n'amasse pas mousse ↔ A rolling stone gathers no moss.

이상하게도 영국에서 만들어진 사전은 이 국제적인 속담의 프랑스어식 해석(즉, 계속 옮겨 다니면 절대 깊이 있는 토대나 가치 있는 결과를 얻지 못한다는 해석)에 동의하는 경향이 있는 반면, 우리가 개인적으로 관찰한 바에 따르면 대다수 미국인은 이 속담을 반대 의미로 받아들인다. 그러니까 미국인은 이끼가 끼는 것을 사람(혹은 돌)에게 일어날 수 있는 명백히 나쁜 일로 간주하며, 그래서 그들이 보기에 이 속담은 고약한 각질이 생기지 않도록 계속 움직이라고 권한다. 아이러니한 점은 영어 속담과 프랑스어 속담이 각각의 단어 수준에서는 같지만 그 해석은 종종 정반대이며, 미국인은 그 의미를 대략 '정체되지 않도록 계속 나아가야 한다'라고 받아들인다는 것이다. 파스칼이 이 사실을 알았다면 "진리는 대서양을 건너면 오류가 된다"라고 말했을 것이다.

그러면 앞의 목록으로 돌아가보자. 각각 반대되는 내용을 담은 한 쌍의 속담은 속담 자체가 지닌 진리성이 아니라, 상황을 제시함으로써 사건을 설명하는 내용 이상의 것을 깨닫게 하는 속담의 능력이 더 중요한 것임을 보여준다. **겉만 보고 판단해서는 안 된다**Don't judge a book by its cover와 **아니 땐 굴뚝에서 연기 나랴**Where there's smoke, there's fire는 한편으로는 눈길을 끄는 잡다한 속임수에 넘어가지 않고 대상의 이면을 보는 일이 중요함을 부각하고, 다른 한편으로는 눈앞에 보이는 일을 간과하지 말고 두드러진 단서에 주목하는 일이 중요함을 부각하는 데 도움을 주는 범주다. 짧고 익숙한 구절로 구현된 이 두 가지 상반된 태도는 어휘의 일부를 구성할 경우 간명한 라벨을 붙여서 아주 복잡한 새로운 상황을 간결하게 범주화하는 데 사용되며, 그에 따라 그 상황에 대한 전반적인 태도를 암묵적으로 전달한다.

속담으로 표현되는 범주는 다른 범주와 마찬가지로 진술이 아니다. 그래서 **겉만 보고 판단해서는 안 된다**라는 범주는 그 외양에도 불구하고 **탁자**table나 **새**bird라는 범주와 마찬가지로 진술이 아니라(실제로 표지만 보고 책을 판단해서는 안 된다!) 다양한 상황에 적용할 수 있는 관점이다. **새**라는 범주가 진술이 아니라 추론의 토대이듯이(어떤 대상이 새라면 날아다니고 노래하고 깃털이 있고 둥지에서 살 것이다), "겉만 보고 판단해서는 안 된다"라고 말하는 것은 누군가 신중한 판단이 요구되고 이면을 깊이 살펴야 하며 비판적 능력을 활용해야 하는 상황에 처했음을 인식하는 징표다. 또한 이런 상황의 범주화가 다른 범주화와 마찬가지로 부적절할 수 있음을 기억하는 것이 중요하다. 작은 유리병에 담긴 미세한 하얀 가루가 설탕이 아니라 소금이라고 생각했다가 곧 실수를 깨닫는 것처럼 때로 어떤 상황이 **겉만 보고 판단해서는 안 된다** 범주에 속한다고 범주화했다가 나중에 잘못된 판단임을 깨달을 수 있다. 실제로 어떤 경우 책은 표지로 완벽하게 대표**되고** 적절하게 판단**되며**, 살면서 겪는 어떤 일은 표면적인 단서만으로 순간적인 판단을 내리는 일이 실제로 아주 중요할 수 있다. "겉만 보고 판단해서는 안 된다"라고 말한다고 해서 반드시 그렇게 라벨을 붙인 상황의 핵심을 짚는 것은 아니다. 반대로 그것은 **아니 땐 굴뚝에 연기 나랴**Where there's smoke, there's fire 상황일 수도 있다.

도둑맞은 휴대전화가 개에게 물리는 일에 '해당'할 수 있다

명백히 '한 번 물리면 두 번째는 몸을 사린다'는 개(혹은 뱀)에게 물린 사람이 그 뒤로는 항상 모든 개(혹은 뱀)를 피한다는 관념을 훌쩍 넘어선다. 이 속담은 외견상 동물에게 물린 피해자를 다루지만 실제로는 그 세부 사항을 전혀 예측할 수 없는 수많은 다른 상황을 다룬다. 중요한 점은 이 다른 상황이 속담을 구성하는 네 단어가 환기하는 미시적 사건과 개념적 골격을 공유해야 한다는 것이다. 그래서 우리는 다음과 같은 상황에 이 라벨을 붙일 수 있음을 쉽게 알 수 있다.

> 결혼을 하고 아이를 둘 낳은 뒤부터 A의 결혼생활은 흔들리기 시작했다. 그녀는 남편이 오랫동안 바람을 피웠고 거짓말을 해왔다는 사실을 알았다. 결국 결혼 생활은 아주 고통스러운 이혼으로 끝이 났다. 이후로 A는 아무리 점잖고 다정하더라도 모든 남자를 의심했다.

> 중국 출신으로 샌프란시스코에 사는 B와 C의 아들이 어느 날 다니던 공립학교에서 한 아이에게서 인종차별적인 놀림을 당했다. 다음 날 B와 C는 아들을 아주 비싼 사립학교로 전학시켰다.

> D는 가파른 계단을 내려가다가 미끄러져서 여러 층계를 굴러 떨어졌다. 심

각한 부상은 없었지만 자칫 뼈가 부러질 수도 있었다는 사실을 알았기에 다시 일어선 D는 몸을 떨었다. 다음 며칠 동안 D는 어디든 아주 조심스럽게 걸었다. 집에서 계단을 오르내릴 때는 느림보 걸음을 걸었으며, 자전거를 타는 일은 미친 짓이라고 생각했다.

안전 문제에 아무런 신경을 쓰지 않다가 아파트에 도둑이 든 E는 갑자기 고급 경보기와 가장 비싼 안전 자물쇠를 사들였으며, 너무 작아서 사람이 드나들 것이라고는 상상할 수 없는 지하실 창문을 포함하여 모든 문과 창문에 자물쇠를 달았다.

F는 대낮에 다소 위험한 동네의 거리 한복판에서 강도에게 휴대전화를 빼앗겼다. 이후로 그는 휴대전화를 쓸 때마다 설령 호화로운 호텔이나 우아한 레스토랑에 있더라도 잔뜩 긴장한 채 주위를 돌아보며 계속 최고의 경계 상태를 유지했다.

이 사례들이 보여주듯이 '한 번 물리면 두 번째는 몸을 사린다'는 어떤 사건이 부정적인 결과로 이어지면 그 뒤로는 객관적으로 아무리 위험이 적어 보이더라도 이전의 사건을 희미하게라도 상기하는 모든 상황을 다시 접하지 않기 위해 좋은 기회를 놓치는 대가를 치르면서까지 과민한 회피 전략을 쓴다는 관념을 전달한다. 더 간결하게 말하자면, 사람들은 고통스러운 일을 겪으면 아무리 피상적이라도 원래의 일을 상기하는 사건을 두려워하는 경향이 있다.

충격적인 사건의 여파와 관련 있는 이 관념은 자명하지 않다. 정서적 충격이 지속적으로 부정적인 영향을 미칠 수 있다는 관념, '영혼이 입는 상처'가 있을 수 있다는 관념은 지난 100여 년 사이 심리학적 개념으로 받아들여졌다. 원래는 생명체가 입는 **물리적** 타격으로만 간주되었던 트라우마는 깊은 정서적 충격이 피해자를 여러 차원에서 돌이킬 수 있거나 때로는 돌이킬 수 없는 변화의 소용돌이로 빠뜨리는 지속적인 영향을 준다는 사실이 받아들여지면서 **심리적** 타격의 영역으로 확장되었다.

돌이킬 수 없는 유추적 연상

터키어, 이탈리아어, 스페인어, 독일어, 프랑스어를 비롯한 몇몇 언어에는 특정 상황을 피해야만 하는 상황을 비유하는 속담이 있다. 가령 프랑스 사람은 "Il ne faut pas parler de corde dans la maison d'un pendu"라고 말한다. 이 속담은 아주 드물게 영어 "One mustn't speak of rope in a hanged man's house(교수형 당한 사람의 집에서는 밧줄 이야기를 하지 말아야 한다)"에 대응하며, 더 모호하게는 "One mustn't say 'Hang up your fish' in a hanged man's house(교수형 당한 사람의 집에서는 '생선을 내걸어요'라고 말하지 말아야 한다)"가 있다. 이 속담이 표현하는 관념은 당연히 사람들이 즉각적인 유추적 연상을 하지 않을 수 없으며, 모두가 이 점을 유념해야 한다는 것이다. 그래서 어떤 사람이 아무런 악의 없이 꾸러미를 묶는 데 사용된 밧줄을 언급하거나 어떤 생선을 밖에 매달아서 말려야 한다고 말하고 싶어도 교수형 당한 사람의 가족 앞에서 그렇게 하는 것은 예의 없는 짓이 될 것이다. 어떤 식으로 표현해도 그 말 속에는 교수형이 선명하게 부각될 것이다. 그래서 특정한 경우에는 특정한 대상을 말하거나 심지어 암시해서도 안 된다.

이 속담은 인간이 지닌 인지 능력의 유동성에 경의를 표하지만 당연히 전체 면모를 드러내지는 않는다. 실제로 우리가 접한 상황으로 촉발된 즉각적인 속담의 환기는 (인지과학자인 로저 생크Roger Schank가 《역동적 기억Dynamic Memory》에서 설명한 대로) 일상적인 인식이 단지 밧줄에 대한 언급에서 가족의 교수형을 보는 수준을 훌쩍 넘어선다는 사실을 보여준다. 순식간에 속담이 머릿속에 떠오를 때 언뜻 아무런 공통점이 없어 보이는 두 상황 사이에 연결 고리가 발견된다. 가령 짐이 루시가 다시 만든 나무 블록 담을 멀리 돌아가면서 무심코 "한 번 물리면 두 번째는 몸을 사리는 법이지"라고 말했다는 이야기에서, 연관 관계는 오직 깊은 의미적 수준에서만 존재한다. 그 상황에는 개도, 물리는 일도, 물리적 고통도 없다. 대신 우연한 발 걸림, 나무 블록의 떨어짐 그리고 눈에 보이는 약간의 심리적 고통(다시 말해 짐 자신의 심리적 고통이 아니라 루시의 모습에서 대신 느껴지는 고통)이 있다. 짐은 의도적인 외부의 공격이 신체적 고통을 초래하는 것을 두려워하는 것이 아니라 뜻하지 않게 다른 사람에게 정신적 고통을 안기게 될까 걱정한다. 그래도 짐에게는 그 유추가 명백한 것, 심지어 하찮은 것(무심코 던진 말, 사소한 말, 특별히 언급할 가치가 없는 말), 전혀 자랑할 만한 정신적 기교가 아닌 것으로 보인다. 위의 목록에서 제시한 다른 모든 **한 번 물리면 두 번째는 몸을 사린다**

상황에 대해 비슷한 말을 할 수 있다. 그 상황에는 개가 없지만 '추상적 개'가 있고, 물리는 일이 없지만 '추상적 물림'이 있으며, 종종 육체적 고통이 없지만 거기에 덧입혀질 어떤 일이 있다. 각 사건의 핵심에는 불쾌한 상황에 대해 때로 심한 과민 반응을 보이는 사람이 있다. 그것이 대단히 중요한 공통 핵심이다.

한 번 물리면 두 번째는 몸을 사린다라는 세계적인 범주는 다양한 문화에서 다른 음성적 구체화를 통해 등장하며, 이 모두는 외견상으로는 다르지만 공통된 개념적 골격을 통해 한데 묶인다. 각 문화의 전형적인 상황이 얼마나 단순하고 실제적인지 파악하는 일은 흥미롭다. 이 사실은 어떤 언어로 되어 있든간에 해당 속담의 메시지를 매우 그럴듯하게 만든다. 그래서 가령 루마니아 사람은 "먹다가 덴 적이 있는 사람은 요구르트도 불어 먹는다"라고 말하고, 아프가니스탄 사람은 "뱀에 물린 사람은 밧줄도 무서워한다"라고 말하며, 중국 사람은 "뱀에 물리면 작은 도마뱀도 무서워한다"라고 말한다. 이처럼 표면에 드러난 언어적 외양이 동일한 이 범주는 (1) 사건이 부정적인 결과를 초래하고, (2) 이후로는 부정적인 결과를 초래할 가능성이 아무리 적더라도 비슷해 보이는 사건을 회피하는 일이 일어날 때마다 환기될 가능성이 높다.

프랑스 사람이 환기하는 이미지는 끓는 물에 덴 고양이가 그다음부터는 차가운 물조차 피한다는 것이다. 차가운 물에는 데지 않는다는 사실은, 그것을 회피하려는 욕구가 비합리적이며, 따라서 그렇게 조심하는 것이 지나친 행위임을 말해준다. 마찬가지로 뱀에 물리는 것은 고통스럽고 해로운 일이지만 (외견상 뱀과 닮은) 밧줄이나 (먼 생물학적 사촌인) 작은 도마뱀은 전혀 위험하지 않다.

같은 맥락에서 정확하게 같은 범주 혹은 아주 밀접한 범주를 나타내는 새로운 '속담'을 의도적으로 만들 수도 있다. '한 번 물리면 두 번째는 몸을 사린다'의 다른 버전을 만드는 이 게임은 독자들에게 재미를 안길 것이다. 먼저 시작하는 의미에서 몇 가지 유사한 사례를 제시한다.

> 강도를 당한 사람은 자기 그림자에도 놀란다.
> 한때는 얼음 위에서도 겁이 없던 사람이 이제는 메마른 땅에서도 겁을 낸다.
> 뼈를 씹다가 이가 부서진 사람은 버터를 씹는 일도 망설인다.
> 적에게 당한 사람은 친구도 두려워한다.
> 돌멩이에 맞은 개는 솜뭉치에도 움찔한다.
> 홍등가에서 강도를 당한 사람은 찻집에서도 두려움에 떤다.

배신당한 여인은 고결한 남자도 피한다.
겨울에 감기 걸린 사람은 여름에도 스웨터를 입는다.
파산을 겪은 사람은 확실한 계약도 거절한다.
문에 새끼손가락이 낀 사람은 손잡이도 잡지 않으려 한다.

실제 문화에서 나온 것이든 우리가 만든 것이든, 이 모든 함축적인 구절은 충격적인 사건을 중심으로 한 상황을 환기하고 거기에 적용된다. 'to see red(몹시 화를 내다)', 'to sing the blues(우울하다)', 'to be yellow(겁을 먹다)', 'to be in the pink(건강이 좋다)', 'to be in the black(흑자를 내다)', 'to spill the beans(비밀을 누설하다)', 'to shoot one's wad(돈을 탕진하다)', 'to fly off the handle(버럭 화를 내다)', 'to go on a wild goose chase(헛수고를 하다)', 'to go Dutch(비용을 나누다)', 'to be in Dutch(곤경에 빠지다)', 'to say uncle(항복하다)', 'to be a Dutch uncle(엄하게 꾸짖다)'처럼 단지 구성하고 있는 단어만으로는 뜻을 헤아릴 수 없는 수많은 숙어와 달리 속담은 투명하고도 기억하기 쉽게 범주를 나타내는 두 가지 미덕을 지닌다. 실제로 어원학자들이 그 기원을 설명할 수 있다고 해도 외국인에게는 '소갈머리', '수틀리다', '뺑소니' 같은 복합어처럼 불투명하고 임의적으로 보이는 앞선 숙어와 달리 '반짝인다고 해서 모두 금은 아니다All that glitters is not gold', '표범은 반점을 바꿀 수 없다A leopard cannot change its spots', '구르는 돌에는 이끼가 끼지 않는다A rolling stone gathers no moss' 같은 속담은 쉽게 머릿속에 그릴 수 있는 시나리오를 금세 떠올리게 만들며, 이는 범주와 그 언어 라벨 사이의 연결 고리를 조이고 강화한다.

속담의 적절한 범위

속담은 얼마나 폭넓게 적용할 수 있을까? 과도하다는 느낌 없이 주어진 속담으로 포괄할 수 있는 상황의 범위는 얼마나 넓을까? 앞서 살폈듯이 속담과 연계된 정신적 범주는 표면적으로 아주 다른 요소를 가진다. 이 점은 해당 범주가 아주 폭넓으며, 이는 공통된 요지가 높은 추상화의 층위에만 존재하는 상황을 통합함을 뜻한다.

프랑스어 속담 'Qui vole un œuf vole un bœuf'는 비교적 덜 알려진 영어 속담 'He who will steal an egg will steal an ox(바늘 도둑이 소도둑 된다)'와 대

응한다. 또한 '달걀 도둑이 낙타 도둑 된다'라는 아라비아어 속담도 있다. 어떤 사람은 낙타와 소가 상당히 다른 동물이므로 이 두 속담이 많이 다르다고 주장할 수도 있다. 물론 이 주장은 터무니없이 축어적인 수준에서 사정을 파악한 것이다. 두 속담을 들으면 달걀을 훔친 남자가 훗날 소나 낙타도 훔칠 것이라는 관념보다 훨씬 일반적인 관념을 이해하게 된다. 우리는 외부로 일반화를 하는 타고난 경향을 통해 남자든 여자든 작은 물건을 훔친 사람은 계속 버릇을 고치지 못하다가 나중에는 더 심각한 절도 행각을 벌일 가능성이 높다는 추론을 하게 된다. 사탕 가게에서 사탕을 훔친 아이가 어른이 되어서 피카소의 작품을 훔치거나, 어쩌면 '다섯 살 때 종이 클립을 훔친 아이가 스물다섯 살 때는 상습 은행털이범이 될지도 모른다Paper-clip filcher at five, hardened bank robber at twenty-five.' 그러나 여기서 도둑질은 사실 요점이 아니기 때문에 속담의 이면에 있는 의도된 교훈은 아마도 그보다 훨씬 광범위할 것이다. 이 속담이 겨냥하는 관념은 훔쳐보기나 싸움 등을 포함한 모든 종류의 나쁜 짓이다. 이 속담의 핵심은 작은 규모의 나쁜 짓이 그와 비슷하지만 훨씬 더 큰 규모의 나쁜 짓으로 이어지는 돌이킬 수 없는 비탈길의 첫 단계가 될 수 있다는 것이다.

처음의 나쁜 짓이 규모를 키운다는 관념과 별개로, 시간이 지남에 따라 나쁜 짓이 커지면서 모욕에서 폭행으로, 폭행에서 암살로 성격이 변하는 것도 가능하다. 다른 아이의 보관함에서 연필을 훔쳤던 아이가 나중에 커서 청부살인자가 된다 해도 '바늘 도둑이 소도둑 된다'로 포괄할 수 있다.

그러나 여기서 이야기가 끝나는 것은 아니다. 이 속담이 범죄만 포괄한다고 말하는 사람은 없기 때문이다. 이 범주를 약간 더 확장하여 범죄든 아니든 모든 종류의 부정적인 행동을 포괄하지 않을 이유가 있을까? 가령 부모에게 버릇없이 말한 아이가 어른이 되어서 습관적으로 공격적인 말을 하거나, 악의 없는 거짓말을 하는 아이가 어른이 되어서 배우자에게 터무니없는 거짓말을 하거나, '씨!'라고 말하는 아이가 어른이 되어서 뱃사람처럼 욕설을 할 수도 있다. 그렇다면 이 모든 사례는 '바늘 도둑이 소도둑 된다'로 포괄할 수 있다. 과연 그럴까? 이 속담의 범주가 가진 암묵적이고 명시되지 않은 경계는 어디일까?

그 범위를 더 포괄적으로 설정해보자. 가령 우리는 해당 행위가 부정적이어야 한다는 관념을 포기할 수 있다. 이 경우 이 속담의 의미는 대략 '작은 행위는 더 큰 행위의 전조다'가 된다. 이 말은 가령 걸인의 모자에 동전을 넣어주는 아이는 자라서 자선단체를 이끌 가능성이 높다거나 어릴 때 악기를 배운 아이는 명연주자가 될 가능성이 높음을 뜻한다.

다른 한편 대다수 사람은 부정적인 행동뿐만 아니라 긍정적인 행동에도 적용하고 심지어 중심에 있는 이전 행동과 이후 행동 사이의 유사성도 신경 쓰지 않으면서 이 속담의 범위를 넓히는 것은 선을 넘는 일이며, 그 진정한 의미에 어긋난다고 말할 것이다. 이는 마치 '의자'라는 단어를 가지고 사람들이 오랫동안 앉기 위해 만든 모든 표준적인 의자뿐만 아니라 단지 사람들이 어디에도 앉을 수 있다는 이유로 수많은 다른 물리적 대상까지 나타내도록 하는 일과 같다. 이 경우 '의자'라는 단어는 그 유용한 의미를 대부분 잃는다. 이 모든 사실은 모호한 지경이 되도록 속담의 의미를 희석하지 않는 최적의 일반화 수준이 있음을 시사한다.

물론 이 속담이 도둑질에만 적용된다고 이해하는 것은 지나치게 협소하다. 여기서 핵심적인 관념은 작은 '죄'에서 거의 동일한 유형의 더 큰 '죄'로 이어지는 일종의 막다른 길로 보이기 때문이다. 이 속담에서 도둑질에 대한 암시만 듣는 것은 아주 제한적이다. 짐작건대 이 속담의 목적은 어린 시절에 저지를 수 있는 모든 부정적인 행동에 대한 경각심을 일깨워서 시간이 지남에 따라 통제할 수 없는 수준이 되지 않도록 방지하는 것이다. 이 교훈의 요지는 "나쁜 행동의 싹을 잘라라!"가 될 것이다.

그러나 이 속담의 범위를 부정적인 의미가 없는 행동으로 확장하면 경각심을 일깨운다는 관념이 더는 타당하지 않다. 좋은 행동에 경각심을 가질 필요는 없으며, 그 싹을 자를 필요도 없다. 물론 작은 선행이 큰 선행으로 이어지는 막다른 길도 쉽게 상상할 수 있지만 그것은 이 속담의 요점을 벗어난다. 그렇게 하면 이 속담이 지닌 '묘미'를 상당 부분 희석시키게 된다. 이런 희석은 추상화가 지닌 속성의 일반적인 결과로 볼 수 있다. 원래 '추상화하다'라는 정의는 처리하는 대상의 덜 중요한 측면을 버리는 것이기 때문이다. 그러나 의도를 신경 쓰지 않고 일련의 추상화를 실행하면 곧 그 요지를 잃게 된다. 실로 추상화의 작은 죄가 추상화의 더 큰 죄로 이어질 수도 있는 것이다.

'바늘 도둑이 소도둑 된다'의 경우 규모 확대(바늘에서 소로)라는 관념을 무시할 뿐만 아니라 명사나 동사의 동일성 그리고 심지어 그 사이의 모든 의미적 상관관계를 무시하면서 추상화를 한 단계 더 밀고 나갈 수 있다. 그러면 이 속담이 **어떤 일이 다른 일로 이어진다**는 뜻이라고 결론 내리게 될 것이다. 이 극단적인 추상화는 원인과 결과가 있는 모든 상황을 포함하지만 이처럼 극단적인 도약이 어떤 도움이 될까? 원래 속담이 지닌 풍부함은 사라지며, 실제로 이런 과도한 추상화를 할 경우 '바늘 도둑이 소도둑 된다'는 '한 번 물리면 두 번째는 몸을 사린다'와 다를 바 없게 된다.

몇몇 경우 추상화의 단계를 하나씩 올라가는 것이 지성과 유연한 사고의 징표가 될 수도 있지만 너무 멀리 나아가면 공허하고 사소한 게임이 되며, 속담을 가지고 이런 식의 게임을 하는 것은 부실하고 피상적인 이해를 드러낸다. 실제로 과도한 추상화는 결국 과도한 축어성과 비슷해진다. 무엇이든 두 대상을 유사하게 보는 것은 아무런 유사성을 보지 못하는 것보다 더 많은 통찰을 제공하지 않기 때문이다.

따라서 추상화에는 최적의 수준이 있으며, 그 수준에 이르기 전에 멈추어버리면 보육원의 꼬마 욕쟁이가 오랜 세월이 지난 후 성질 고약한 배우자가 되는 경우처럼 해당 속담에 딱 들어맞는 모든 상황을 배제하게 되며, 반대로 최적의 수준을 넘어버리면 여섯 살 때 길모퉁이에서 레모네이드를 팔아 3달러를 번 아이가 예순 살 때 청량음료 사업으로 거부가 되는 경우처럼 무관한 상황까지 무차별적으로 받아들이게 된다.

어떤 속담의 궁극적인 의미를 찾아서 이처럼 희소한 수준의 추상화를 하는 것은 눈에 띄는 모든 대상을 '그것', '거시기', '뭐시기'로 부르는 사람, 그래서 '거실 책상 위에 있는 펜'이라고 더 명확하고 유용하게 말하는 대다수와 달리 '거시기에 있는 뭐시기 위의 그것'처럼 대단히 추상적으로 말하는 사람을 떠올리게 한다. 앞 문장이 지닌 더 나은 구체성이 당연히 뒤 문장의 모호성보다 좋아 보이지만 그것은 취향의 문제다.

후자의 문장은 '스머프'라는 만화 캐릭터를 떠올리게 한다. 스머프들은 대단히 추상적이고 간결하며, 모든 명사를 초추상적인 용어인 '스머프'로 포괄하고, 말의 다른 부분도 거의 비슷한 방식으로 처리한다. 가령 스머프들은 들뜬 목소리로 "오늘 밤에는 스머프를 스머프할 거야!"라고 외칠 수 있으며, 설령 이 말의 의미를 완전히 이해하지 못한다고 해도 고조된 분위기에 사로잡힌다. 그리고 스머프들에게 속담이 있다면 '스머프하는 스머프는 어떤 스머프도 스머프하지 않는다' 같은 주옥같은 지혜를 담을 것이다. 아마도 스머프 자신들에게 이 구절은 통찰로 가득하겠지만 우리에게는 그 의미가 모호하기 짝이 없다.

대단히 추상적인 정신적 어휘, 대단히 희소화된 개념만을 가지는 데 따르는 문제점은 희박한 대기에는 산소가 극히 부족하듯이 구분이 결핍되어 있다는 것이다. 추상화는 적절한 시점에 언급할 나름의 미덕을 지니지만, 구분을 할 수 없으면 생각은 에베레스트 산 정상에서 호흡하는 것만큼이나 어려워진다.

바늘에서 도토리로, 소에서 참나무로

우리가 바늘과 소를 훔친 사람을 잊는다고 해도 시간이 지남에 따라 일이 커지고 나아질 수 있다는 관념은 주위의 모든 곳에서 찾을 수 있다. 결국 어른은 한때 아이였고, 오늘날의 다국적 대기업 역시 한때 신생 기업이었기 때문이다. 스티브 잡스와 스티브 워즈니악은 전설적인 기업을 세우기 전에 차고에서 첫 애플 컴퓨터를 만들었고, 세르게이 브린과 래리 페이지는 먼로파크에 있는 보잘것없는 집에서 구글을 창립했으며, 아인슈타인은 상대성이론을 개발하기 전에 읽고 쓰는 법부터 배웠고, 교황은 한때 작은 성당의 신부였고, 에베레스트를 정복한 사람은 최고의 산을 오르기 전에 작은 동산에 올랐고, 대규모 자선 활동은 작은 자선 활동을 뒤따르고, 모든 깊은 친구 사이는 한때 그저 잠정적인 친분이 있었을 뿐이었고, 거장 연주자는 한때 초보자였고, 모든 체스 마스터는 규칙부터 배워야 했고, 강력한 아이디어는 거대한 진전으로 이어지기 전에 작은 결실을 맺는다. 이 모두는 바늘 도둑이 소도둑이 되는 것과 거리가 멀지만 그럼에도 불구하고 모든 속담이 내밀하게 상징하는 풍부한 범주와 함께 한 개 혹은 두 개의 속담으로 표현될 가치가 있다.

어떻게 하면 '바늘 도둑이 소도둑 된다'를 더 밝은 생각으로 바꿀 수 있을까? 결정적인 문제는 이 범주로 담아내려는 핵심적인 관념을 적시하는 것이다. 그러면 연관되지만 차별적인 다양한 가능성을 상상할 수 있기 때문이다. 가장 일반적인 버전은 규모가 큰 대상이 이런저런 방식으로 진행되는 '확장' 과정의 결실이라는 관념일 것이다.

그래서 다수의 작은 대상을 모아서 확장을 이룰 수 있다. 큰 대상은 수많은 작은 대상의 '합'인 것이다. 다양한 형태로 이런 관념을 담아내는 수많은 속담이 있다. 예를 들면 (그 대상이 무엇이든 간에!) '티끌 모아 태산Many a mickle makes a muckle', '빗방울이 많이 모이면 소나기가 된다Many drops make a shower', (낙관적인 상황과 비관적인 상황을 모두 보여주는) '뭉치면 살고 흩어지면 죽는다United we stand, divided we fall', '여럿으로 이루어진 하나E pluribus unum'가 있다. 이 모든 사례는 개별적으로는 사소한 대상을 많이 모으면 큰 규모와 힘을 가진 대상이 된다는 관념을 전달한다.

그러나 어떤 사례도 시간의 흐름을 명시적으로 수반하지 않는다. 바늘 도둑이 소도둑이 되는 비관적인 변화에 대응할 수 있는 낙관적인 사례를 찾는다면 우리의 목표는 아주 긴 시간에 걸쳐 하나의 좋은 대상이 느리지만 꾸준히 진화하거나 성장하는 내용을 부각하는 속담을 만나는 것이다. 그래서 우리에게는 '작은 도토리가 자라 거대한 참나무가 된다Mighty oaks from little acorns grow'라는 유명한 속담과 18세기 영국 작가인 데이비드 에버릿David Everett의 '큰 강은 작은 샘에서 나오고, 큰 참나무는 작은 도토리에서 나온다Large streams from little fountains flow, tall oaks from little acorns grow'라는 더 자세한 버전이 있다.

시간의 경과에 따른 확장이라는 연관 개념은 원대한 목표를 이루기 위해 오랜 시간에 걸쳐서 수많은 작은 행동(혹은 대상)을 하나씩 모으는 일, 즉 시간적 축적을 수반한다. '천 리 길도 한 걸음부터A long journey starts with a single step', '로마는 하루아침에 이루어지지 않았다Rome wasn't built in a day', '푼돈도 자주 모으면 지갑을 채운다Little and often fills the purse', '한 방울씩 모여서 욕조를 채운다Drop by drop fills the tub' 혹은 시간을 거꾸로 돌려 '한 방울씩 흘리면 바다도 비운다Drop by drop the sea is drained'라는 프랑스어 속담도 있다. 끝으로 파괴적인 내용의 사례를 보자면 벤저민 프랭클린Benjamin Franldin의 《가난한 리처드의 달력Poor Richard's Almanac》에서 찾은 교훈인 '미약한 도끼질이 큰 참나무를 쓰러트렸다Little strokes fell great oaks'도 있다.

'바늘 도둑이 소도둑 된다'와 명백히 의미가 반대되는 사례는 '작은 기부자가 훗날 큰 기부자가 된다A little giver will one day a grander giver be'나 더 시적으로는 '대단한 기부자는 소소한 기부자에게서 나온다Mighty donors from humble tippers grow' 혹은 '오늘 책을 기부하는 사람이 내일 도서관을 기부할지도 모른다Someone who donates a book today may donate a library tomorrow' 혹은 심지어 '기꺼이 100만 달러를 쾌척하면 10억 달러를 얻는다Butter up a million, smile and snag a billion'로 요약되는 미국 대학의 후원금 모금 내용을 들 수 있다. 끝으로 더 예스러운 분위기를 입히자면 이렇게 바꿀 수 있다. '달걀을 베푸는 사람은 훗날 황소를 베푼다A giver of egg may one day give an ox.' 이때 황소는 양봉낙타가 될 수도 있고, 단봉낙타가 될 수도 있으며, 기숙사가 될 수도 있다.

우리는 모두 기억 인출의 대가

지금까지 우리는 복합어, 숙어적 표현, 기성 문장, 속담을 포함한 복합 어휘나 기성 구절을 인출하는 범주화 행동에 대해 이야기했다. 특히 사람들이 속담을 수월하게 이해하고 대화에 능숙하게 활용하는 것에 대한 논의는 우리 모두가 자동적으로 그리고 끊임없이 진행하는 일부 기억 접근 과정, 순식간에 그러나 대단히 정확하게 일어나는 과정을 조명하기 위한 것이었다. 깊이 잠재된 기억을 활용하는 이 유연한 방식은 다양한 기교로 이루어지며, 소수의 재능 있고 고도로 훈련받은 사람에 국한되는 것이 아니라 정상적인 두뇌를 가졌다면 누구나 습득할 수 있다.

차 뒷좌석에서 고함을 지르며 안전띠를 매지 않으려 하는 아이에게 그 중요성을 알리려 할 때 사람들은 속담을 인용하겠다는 의도가 없어도 '후회하느니 안전한 편이 낫다Better safe than sorry'라는 구절을 즉시 떠올린다. 여행을 마치고 집에 돌아와 보니 10대 딸이 집에서 요란한 파티를 벌였더라는 이야기를 친구에게 들은 사람들은 '고양이가 없으면 생쥐가 뛰논다When the cat's away, the mice will play'라고 생각한다. 들어가기 힘든 직장을 알아보던 도중 갑자기 찾아온 연락에 곧바로 수락하지 않으면 기회를 잃을 것이 빤한 친구에게는 거의 무심코 '손 안의 새 한 마리가 덤불 속 두 마리보다 낫다A bird in the hand is worth two in the bush'라고 말한다. (잠시 자연스러운 흐름을 끊고 독자들에게 알려줄 내용은 1장에서 각각 따옴표와 볼드체를 활용하여 언어적 표현과 그에 따라 명시되는 개념을 구분한다고 밝혔다는 것이다. 그러나 이 단락에서 모든 사례는 둘 사이에 미묘하게 자리 잡는다. 실제로 이 사례는 모두 '이도저도 아닌neither fish nor fowl'이라는 구절로 표시되는 범주에 속한다. 그러나 우리는 하나를 선택해야 했기 때문에 다소 자의적으로 따옴표를 썼다.)

특정한 시각적 자극을 접할 때 '병', '탁자', '의자' 같은 단어가 우리를 바라보며 객관적으로 **거기** 있는 것처럼 떠오르듯이 위에서 인용한 다양한 속담은(그리고 말할 필요도 없이 다른 많은 속담도) 위에서 인용한 것과 같은 경우에 마치 식은 죽 먹기처럼 그냥 문득 머릿속에서 구체화된다. 이처럼 수월하고 즉각적인 인출이 이루어질 때는 우리 앞에 놓인 대상을 '병', '탁자', '의자'로 부르는 것처럼 그저 **옳은** 것처럼 느껴진다. 이 경우 추상적 범주의 요소는 객관적으로 **거기** 있으며 **실재하는** 것처럼, 물론 물리적 대상처럼 눈에 보이거나 만질 수 있는 것은 아니지만 마치 눈앞에 있는 것처럼 실재적이며 거의 눈앞에 있어 만질 수 있는 것처럼 느껴진다. 실제로 뒷좌석에 안전띠와 아이가 있는 듯이 차 안에는

후회하느니 안전한 편이 낫다 상황이 있다. 또한 거실에 반쯤 빈 맥주병과 떠들썩한 한 무리의 10대가 늘어놓은 끔찍한 난장판이 있듯이 집 안에 **고양이가 없으면 생쥐가 뛰논다** 상황이 있다. 그리고 사이버 공간에, 겨우 받은 일자리 제의와 그것을 영원히 잃을 위험이 있듯이 그 순간에 **손 안의 새 한 마리가 덤불 속 두 마리보다 낫다** 상황이 있다. 이 사례들이 의혹의 여지없이 보여주듯 이 범주는 단일어로 라벨이 붙는 범위를 훌쩍 넘어선다.

우화

이 장에서 논의를 이어갈수록 대상이 되는 범주의 라벨이 계속 길어졌다. 먼저 우리는 '딸랑이', '수틀리다', '빵소니', '도깨비', '집안', '갈등', '두꺼비집', '돌아가다(죽다)' 같은 단어들을 언급했다. 이 단어들은 능숙한 사용자가 더는 요소라고 느끼지 않는 요소로 구성되며, 그래서 복합어는 초기의 구성 요소가 모두 녹아드는 침전 과정이나 대단히 미묘해서 전문적인 요리사만 무엇이 들어갔는지 알 수 있는 진하고 맛있는 소스를 연상시키는 나름의 고유한 풍미를 지닌다. 그다음에 우리는 '침실', '돌의자', '병뚜껑', '문손잡이'처럼 그 구성 요소가 더 투명하게 드러나는 복합어를 살폈다. 그다음에는 'to drop the ball(실수를 하다)', 'to catch the drift(이해하다)', 'to be caught off guard(허를 찔리다)', 'to jump on the bandwagon(대세에 편승하다)' 같은 기존의 숙어적 구절로 옮겨갔다. 그다음에는 'What's up?(무슨 일야?)', 'It could be worse(이만한 게 다행이죠)' 같은 짧은 기성 문장 그리고 바로 앞에서는 'Better safe than sorry(후회하느니 안전한 편이 낫다)' 같은 속담으로 옮겨갔다. 매 단계에서 우리가 제시한 요지는 먼저 이런 표현이 머릿속에 있는 범주를 가리키는 명칭이며, 다음으로는 유추적 인식 덕분에 (마찬가지로 유추적 인식을 통해 그 존재를 파악하는) '바람', '하늘', '달', '원', '강', '땅', '먹다', '자다', '아주', '그리고', '그러나', '바다'처럼 훨씬 작은 언어 라벨을 지닌 범주에 해당하는 사례의 존재를 느끼듯이 이 범주에 해당하는 사례의 존재를 느낀다는 것이다. 이것이 이 책의 본질적인 주제다.

그렇다면 교훈을 전하는 짧은 가상의 이야기인 우화는 어떨까? 우화도 범주의 명칭이 될 수 있을까? 우리는 그렇다고 대답할 것이다. 그것도 분명하게 이해되기만 한다면 단지 소수의 경우만이 아니라 모든 경우가 그렇다고 말이다. 우화를 읽으면 교훈으로 간결하게 요약되는 범주를 구성하게 된다. 우화 자체는 그 범주의 수많은 잠재적 요소에 속한 하나의 요소, 아주 전형적인 요소일 뿐이다. 우화를 이해하고 나면 모든 범주의 경우와 마찬가지로 때로 새로운 상황이 인식된 유사성 덕분에 우화와 공통의 본질을 지닌 것으로 보이게 되며, 그에 따라 범주가 더욱 풍부해진다.

이후부터 우화는 단어처럼 작용한다. 그래서 기억에 우화를 편입한 사람이 우화에 '필적하거나' '들어맞는' 상황을 접할 경우 머릿속에 떠오르는 라벨이 된다. 이때 우화는 당연히 모든 단어 그대로 상황에 맞는 것이 아니라(우화를 외우는 경우는 드물다) 그 교훈이나 제목 혹은 단지 그 기본적인 줄거리에 대한 흐릿한 기억과의 추상적인 호응을 통해 맞게 된다. 음식을 놓고 먹는 평평한 받침대가 '식탁'이라는 단어를 촉발할 가능성이 높고 공놀이를 하는 아이들이 '차다'라는 단어를 촉발할 가능성이 높은 것과 마찬가지로, 특정한 우화(혹은 적어도 우화 라벨)가 인출되도록 촉발할 가능성이 높은 특정한 배우와 그 배우가 참여하는 사건의 조합이 있다. 아주 진지한 우리의 주장은 우화는 속담, 숙어, 복합어, '단순한' 단어처럼 상황 인식 라벨로서 머릿속에 떠오르며, 특정한 우화에 대한 기억을 환기하는 모든 상황은 이면에 존재하는 범주의 실질적인 요소로 인식된다는 것이다.

그림의 떡 비웃기

이솝은 기원전 6세기에 쓴 우화들로 기억되며, 그중에서 '여우와 포도'가 매우 유명하다. 이 인기 있는 우화는 오랫동안 전승되었으며, 많은 후대 작가들은 비록 형식을 바꾸기는 했지만 그 내용을 유지한 채 개작했다. 로마의 우화 작가인 파이드루스는 1세기에 자신이 모은 이솝 우화집에 이 우화를 넣었으며, 프랑스의 시인이자 우화 작가인 아이작 드 방세라드Isaac de Benserade와 장 드 라 퐁텐Jean de La Fontaine은 17세기에 같은 일을 했다. 다음은 이 네 작가가 펼치는 '여우와 포도' 이야기이다.

이솝의 '여우와 포도'(기원전 6세기)

굶주린 여우가 높은 격자 시렁에 매달린 포도를 보았다. 여우는 잘 익은 포도를 훔쳐 먹고 싶었다. 하지만 아무리 뛰어보아도 격자 시렁이 너무 높아서 닿을 수가 없었다. 모든 노력이 수포로 돌아가자 여우는 고개를 높이 들고 거드름을 피우며 "조금이라도 먹고 싶다면 금방 딸 수 있지만 아직 익질 않아서 그럴 가치가 없어"라고 말했다.[14]

파이드루스의 '여우와 포도'(1세기)

배고픔에 시달리던 여우가 높은 덩굴에 매달린 포도를 먹고 싶어서 힘껏 뛰었다. 그러나 따지 못한 여우는 걸어가면서 "아직 익지 않았어. 신 포도는 먹고 싶지 않아"라고 말했다.[15]

아이작 드 방세라드의 '여우와 포도'(1612~1691)

이 작은 이야기가 보여주듯 우리는 바라는 것을 모두 가질 수 없네. 애석하지만
높이 매달려 있었네. 흠 잡을 데 없는 보랏빛 포도가
여우는 실패했네. 그 포도를 따려고 힘껏 뛰었지만
"포도가 아직 너무 덜 익었어" 여우는 한숨을 쉬며 말했네. 몇 번이고 뛰다가
사실, 절망과 분노 그리고 고통을 느꼈네. 우리의 여우는
아마 차분해지면 씁쓸한 마음으로 이렇게 생각하리. 나중에 여우는
'아주 잘 익었지. 그 포도는
얻으려고 노력했지만 결국 얻지 못한 것을 비웃지. 우리는'[16]

장 드 라퐁텐의 '여우와 포도'(1621~1695)

(아마 다른 사람들은 남쪽이라고 말하겠지만) 노르망디에서 온 한 여우가
배가 고파 죽을 지경이다가
와인처럼 붉은 껍질로 덮여서 당장 입에 넣고 싶은
주렁주렁 달린 것을 보았네. 먹음직스러운 포도가
기꺼이 포도로 요기를 했겠지만 대담한 여우는
너무 높이 달려 있어서 따지를 못하고 하필 포도가
"못난 것들이나 먹을 음식이야! 저렇게 신 포도는"
여우는 그냥 약간 화가 났을 뿐이네. 절대 거짓말을 안 하니까! 여우는[17]

이 고전적인 우화의 네 가지 버전을 읽은 독자는 이제 다음에 나오는 짧은 일화에서 빠진 결말을 채울 수 있을 것이다.

C 교수는 학과장으로 선출되려고 열심히 유세를 했지만 A 교수가 낙승을 거두었다. 그러자 C 교수는 모든 학과 사람들에게 이렇게 말했다. ……

이 일화에는 동물, 덩굴, 격자 시렁, 포도, 배고픔이 아니라 인간, 대학, 학과, 선거, 권력욕이 나온다. 그러나 독자는 C 교수가 말했을 법한 문장을 확실히 추측할 수 있을 것이다. 가령 이런 문장 말이다.

"나는 순전히 학과의 발전에 헌신하려고 선거에 나섰습니다. 하지만 선거에서 졌으니 양심에 거리낄 것이 없고 다행히 누가 알아주지도 않는 일을 할 필요도 없게 되었어요."

"휴! 이제야 진정으로 하고 싶었던 연구에 매진할 수 있겠네요."

"학과장이 되었으면 진이 빠졌을 겁니다. 가족에게 헌신하면서 아이들이 크는 모습을 볼 수 있어서 훨씬 행복해요."

"이 학과에는 잘난 체하는 사람이 너무 많아요. 그들을 관리하는 악몽 같은 일에서 빠져나올 수 있어서 다행이에요."

이솝의 우화와 거의 관계가 없는 이야기에 이런 결말을 붙일 수 있게 만드는 것은 얼마나 놀라운 정신적 통찰력인가? 물론 여기에 기적은 없다. C 교수의 이야기는 앞에 나온 우화 자체와 같은 범주, 즉 **간절히 원했지만 갖지 못해서 폄하하는 대상**이라는 범주에 속하는 것으로 명확하게 이해된다. 이 범주에 해당하는 상황은 이솝 우화를 한 번도 읽은 적이 없는 문화권에 속한 많은 사람에게도 익히 알려져 있다. '신 포도'라는 친숙한 표현은 이런 상황에 대한 대단히 표준적인 라벨이다.

흥미롭게도 프랑스어에도 '포도가 너무 안 익었다les raisins sont trop verts'라는 거의 같은 표현이 있지만 영어 표현만큼 인기를 누리지 못한다. 이 구절은 라퐁텐이 압운을 맞추어 지은 형태에서 빌린 것으로, 프랑스 한림원이 만든 공식 프랑스어 사전의 1832년 판에 실렸으며, 이후로도 계속 실리고 있다. 그러나 이 표현을 한 번도 접하지 않은 프랑스어 사용자도 사람들이 종종 자신이 얻지 못한 것을 비하하는 모습을 보았을 가능성이 높으며, 그에 따라 자신도 모르는 사이에 그 범주를 이미 만들게 된다.

아직 그 범주를 만들지 않았다고 해도 여우와 포도 이야기의 다양한 버전을 읽으면 자연스럽게 그리고 쉽게 만들게 된다. 이 우화를 이해함에 따라 만들어진 범주는 바라던 대상을 얻지 못했을 때 원래 목표로 삼았던 대상이 실은 얼마나 바람직하지 않은지 폄하할 때 환기될 가능성이 높다.

이제 **신 포도**라는 범주에 해당하는 몇 가지 두드러지는 사례, 특히 이 범주가 친숙하고 표준적인 라벨로 이미 마련된 영어 사용자의 머릿속에서 아주 쉽게 이 범주를 촉발하는 짧은 시나리오를 잠시 살펴보자.

A는 아들이 지역 고등학교가 아니라 입학 기준이 높은 명문 사립학교에 들어가기를 원했다. 그러나 아들이 떨어지자 주위에 있는 모든 사람에게, 이제 아들이 현실에서 유리된 채 오만하고 가식적인 사람들에게 둘러싸이지 않고 사회적 다양성이 풍부한 환경에서 생활하게 되었다고, 이렇게 된 것이 실은 매우 기쁘다고 말했다.

B는 막판에 하와이행 비행기표를 사지 못하는 바람에 세심하게 준비한 여행계획을 포기해야 했다. 그러나 친구들에게는 하와이의 관광 명소들이 휴가 기간에는 온통 인파로 붐벼서 재미를 망칠 것이기 때문에 실망하기는커녕 오히려 잘되었다고 말했다.

C는 배우가 되고 싶다는 큰 꿈을 꾸었지만 수차례 오디션에서 떨어진 후 결국 그 목표를 버리고 일반적인 직업을 찾겠다고 사람들에게 말했다. 그리고 연기 세계의 해로운 분위기가 자신을 타락시켰을 것이며, 무대에서 멀리 떨어진 균형 잡힌 생활을 하는 편이 훨씬 행복할 것이라고 덧붙였다.

D는 친구들에게 언제나 '천생연분'이라고 말하던 남자 친구에게 얼마 전 버림을 받았다. 그러나 이제는 남자 친구와 헤어져서 그동안 짊어졌던 큰 짐을 덜었으며 마침내 한숨 돌리게 되었다고 말했다. 그러니까 마음 깊은 곳에서는 남자 친구와의 관계가 끝장날 것임을 알았지만 상처를 주고 싶지 않아서 먼저 나서지 못했다는 것이었다.

E는 좋아하는 록 밴드가 자신이 사는 도시에서 공연을 한다는 사실을 알았다. 그녀는 가능한 한 서둘러서 표를 구하려 했지만 이미 너무 늦어버려서 매진된 상태였다. 그녀는 친구들에게 "공연장이 너무 커서 제대로 보지도 못해. 텔레비전으로 보는 게 나을 거야"라고 말했다.

위에 열거한 상황은 모두 그 요소가 아주 다르기는 하지만 같은 핵심, 즉 여우와 포도 이야기의 교훈을 공유하는 단일 범주에 속한다. 이 각각의 시나리오는 나름의 방식으로 **실패 이후 원래의 목표를 비하한다**는 관념을 예시하며, 모두 우화 자체에서 기인한 **신 포도**라는 범주의 핵심과 가까이 있다. 이 모든 시나리오의 유사성은 확연히 드러나며, 그래서 흥미가 없을지 모르지만 주목할 만한 것은 바로 이 사실이다. 우리는 모두 이 이야기들의 표면에 전혀 관심을 기울이지 않아서 이처럼 다양한 맥락에서 **신 포도** 개념을 접하는 것은 완전히 자동적이고 사소하다고 믿기 쉽다. 그러나 진실은, 이면에서 이 패턴을 포착하는 일은 절대 저절로 이루어지지 않는다는 것이다. 현재 어떤 검색엔진도 이와 같은 일화의 깊은 측면을 포착하거나 온갖 상황에서 **신 포도**스러움을 감지하지 못한다. 실제로 이처럼 사소해 보이는 인식은 오랫동안 인공지능 연구자들에게 넘을 수 없는 장애물이었다. 이런 종류의 핵심을 재빨리 포착하는 것은 (적어도 지금까지는!) 인간의 고유한 능력이며, 컴퓨터는 먼 훗날이 되면 표면적으로는 아주 다르지만 '정확히 같은' 두 상황을 마침내 인식할 수 있을 것이라고 꿈만 꿀 수 있을 뿐이다. 그러나 다른 한편, 컴퓨터는 이런 목표에 전혀 관심이 없다.

여우의 인지 부조화를 줄이는 방법

2000여 년 전에 만들어진 이솝의 '여우와 포도' 이야기에 담긴 통찰력은 비교적 최근에 생겨난 관념을 예측했다. 1950년대 이후 사회심리학자인 레온 페스팅거Leon Festinger의 선구적인 연구 덕분에 인지 부조화와 그 완화라는 개념이 심리학의 일부가 되었으며, 이 개념은 해당 이론을 설명할 때 종종 근본적인 사례로 제시되는 여우와 포도 이야기의 직계 자손이다. 이 현대적인 이론이 제시하는 기본적인 견해는 개인이 상충하는 인지적 상태에 직면할 경우 그중 하나를 수정하여 내적 긴장을 완화하려 한다는 것이다. 가령 여우는 포도를 먹으려는 욕구가 먹을 수 없는 무능력과 충돌하기 때문에 인지 부조화 상태에 빠진다. 그래서 여우는 먹고 싶어 한다는 사실을 거부함으로써 갈등을 초래한 두 원인 중 하나를 수정한다. 그래서 (여우의 주장에 따르면) 포도는 시니까 더는 바람직하지 않으며, 따라서 딸 수 없다는 사실에 더는 짜증을 내지 않게 된다.

한 번 물리면 두 번째는 몸을 사린다라는 개념이, 충격적인 경험은 쉽게 사라지지 않는 후유증을 남긴다는 현대 심리학적 관념의 핵심을 담듯이, 신 포도 이야기는 사후에 자신도 모르게 일종의 자의적이고 종종 의심스러운 변명을 통해 고통스러운 상황을 덜 고통스럽게 만드는 인지 부조화의 완화라는 관념, 더 일반적으로는 **합리화**라는 관념의 핵심을 담는다.

여우가 한 거짓말의 노골적인 속성은 이 우화를 **신 포도** 범주의 이상적인 핵심 요소로 만들며, 모든 **신 포도** 상황의 구조를 이해하는 데 도움을 준다. 이솝의 천재성은 부조화를 줄이는 대단히 단순하고 매력적인 상황을 고안했다는 것이다. 이런 이유로 이솝 우화는 수 세기 동안 살아남았을 뿐만 아니라 현대 심리학의 진전된 내용을 예측했다.

신 포도 이야기가 어떻게 충만한 일반성을 통해 인지 부조화라는 관념과 연계되는지 보려면 이 이야기의 골자인 **실현되지 않은 소망의 비하**라는 관념을 인지 부조화의 완화가 지닌 전적인 성격을 말해주는 **괴로운 상황에 대한 인식의 왜곡을 통한 마음의 평화 회복**이라는 더 일반적인 관념의 특수한 사례로 분류하면 된다. 이 새로운 범주를 갖추면 사람들이 실망스러운 결과를 받아들이기 위해 종종 다소 이상한 새로운 변명을 즉각 만들어내는 상황을 훨씬 쉽고 빠르게 인식하게 된다. 또한 이 새롭고 더 일반적인 범주는 사람들이 가장 중심적인 요소와 다양한 정도로 유사한 예기치 않은 상황을 접함에 따라 머릿속에서 확장되기 시작한다.

그러면 이 새롭고 더 폭넓은 범주에 들어맞는 상황의 사례를 살펴보자.

F는 친구들이 적극 추천한 고급 레스토랑에서 2인용 테이블을 예약했다. 그러나 애인과 함께 차를 타고 가다가 길이 막히는 바람에 예약이 취소되고 말았다. 그러자 F는 "이 근방에 끝내주는 레스토랑이 널렸어. 우리가 직접 찾아보자. 그게 훨씬 더 낭만적일 거야"라고 말한다.

G는 주로 전문 대행사에서 할인 연극표를 샀다. 오늘 밤에는 비평가들이 극찬한 연극의 마지막 공연이 있었지만 매진되는 바람에 관람을 포기해야 했다.

G는 "몇 년 동안 이런 식으로 표를 샀는데 매진된 건 이번 한 번뿐이야. 그 정도면 아주 운이 좋은 거지"라고 생각한다.

H는 한 레스토랑에서 파는 일품요리에 군침을 흘리고 있었다. 그러나 종업원이 주문을 받다가 모두 팔렸다는 실망스러운 소식을 알리자 H는 짐짓 철학적인 미소를 지으며 "덕분에 수백 칼로리와 약간의 콜레스테롤을 섭취하지 않게 되었군"이라고 말하고는 처음에 메뉴를 살필 때는 그다지 눈길을 주지 않았던 더 가볍고 몸에 좋은 음식을 주문한다.

I는 방금 간절히 바라던 전근 요청이 반려되었다는 사실을 알고는 "괜찮아. 될 대로 되라지! 이 일로 괴로워하지 않겠어. 그냥 그만두고 다른 회사에서 일자리를 구할 거야. 그 편이 이 고리타분한 회사에 남는 것보다 성공할 확률이 훨씬 높을 거야"라고 말한다.

J는 지원한 미대에 떨어진 뒤 인맥을 동원한 사람만 거기 들어갈 수 있다고 말한다. 요즘처럼 부패한 사회에서는 모든 것이 그렇게 돌아간다는 것이다. 그러고는 사방에 부정이 만연했다는 생각에 진저리를 친다.

K는 수년 동안의 결혼 생활을 돌아본다. K는 여전히 아내를 깊이 사랑하지만 육체적 열정과 정서적 친밀함은 대부분 과거의 것이 되었다. 그래도 "모든 것은 시간이 지나면 조금씩 사라지기 마련이야. 우리의 결혼 생활도 그래. 그러나 지금 내가 느끼는 감정이 옛날처럼 강렬하지는 않지만 우리의 사랑은 훨씬 더 깊어졌어"라고 생각한다.

L은 얼마 전에 열린 주 의회 선거에서 낙선했다. 몇 달에 걸친 희생과 밤낮을 가리지 않은 수고가 물거품이 되어버린 것이다. 그러나 L은 실패는 정치를 배우는 과정이며, 이 패배를 통해 자신이 더 성장할 것이라고 생각한다.

이 모든 창의적인 합리화는 이런저런 방식으로 희망과 현실 사이의 간극이 만든 긴장을 줄인다. 그러나 우리는 이 일화를 **신 포도**에 해당하는 사례로 쉽게 파악할 수 있을까? 아마도 그렇지 않을 것이며, 그 부분적인 이유는 부조화 완화라는 수단이 방어 기제이며, 우리가 어떻게 방어 기제로 자신을 현혹함으로써 민감한 정신을 보호하는지 인식하지 않는 편이 최선이기 때문이다. 모든 사람이 타인의 방어 기제뿐만 아니라 자신의 방어 기제까지 모두 꿰뚫어본다면 여러 측면에서 손해가 될 것이다. 어느 경우든 오랜 세월에 걸쳐 부조화 완화 '수법'이 성공적으로 살아남았다는 사실은 우리 모두가 특정한 맹점을 지녔음을 말해준다.

신 포도는 분명히 위에 나온 일련의 일화를 범주화하는 유일한 방식이 아니다. 또한 각각의 (서글픈) 사례에서 다양한 불운에 대응하는 일종의 본능적인 지혜, 긍정적인 면에 초점을 맞추고 부정적인 면을 최소화하는 낙관주의를 볼 수 있다. 이 작은 일화들을 다른 방식으로 범주화하고 싶다면 사람들의 대응이 지닌 이런 측면에 초점을 맞춰서 (아마도 먹구름의 가장자리에서) **희미한 희망의 빛을 보다**seeing the silver lining라는 범주의 사례로 분류할 수도 있다. 그렇다면 그 중 일부는 **밝은 태도를 견지하다**walking on the sunny side of the street라는 범주나 **현실에 만족하다**counting your blessings라는 범주 혹은 **행운에 감사하다**thanking one's lucky stars라는 범주 혹은 **가진 것에 감사하다**being thankful for what you have라는 범주에 들어맞는다. 그리고 그중 일부는 다시 진부하지만 여전히 전적으로 타당한 범주인 **잔의 반이 빈 것이 아니라 반이 찼다고 보다**seeing the glass as half-full instead of half-empty에 딱 들어맞을 것이다.

모든 범주화의 경우와 마찬가지로 어떤 상황에 '신 포도' 라벨을 붙이는 것은 판단의 결과다. 우리는 사람들이 절대 단일하고 분리된 상황에 직면하는 것이 아니라 언제나 다양한 복수의 상황에 직면하며, 절대 하나의 타당한 관점만 있는 것이 아니라 언제나 다양한 합리적 관점이 있다는 주장으로 1장을 시작했다. 가령 어떤 상황에 '신 포도' 라벨을 붙이려면 드문 기회를 발견하고 손에 넣으려 했지만 실패와 실망을 맛보며, 결국에는 목표를 달성했다면 결코 생각지 않았을 비하적인 발언을 하는 것을 인식해야 한다. 걸어다니면서 새로운 레스토랑을 찾아내는 편이 더 낭만적이라고 유쾌하게 말한 남자는 분명히 예약이 취소되지 않았다면 친구가 추천한 호화 레스토랑에서 저녁을 먹는 편이 더없이 낭만적이라고 생각했을 것이다. 또한 정치인이 선거에서 석패하는 것이 아니라 신승을 거두었다면 낙선에 따른 커다란 혜택을 떠올리지 않았을 것이다. 오히려 선거에서 이겼다면 그는 '온 세상을 손에 넣은 것 같아!'라고 생각했을 것이다.

신 포도 상황의 핵심을 표현하는 한 가지 방식은 바로 **실망이 사람을 지적**

기회주의자로 만드는, 즉 실패에 긍정적인 면을 부여하려는 상황이 있다는 것이다. 종종 '희미한 희망의 빛을 보다' 내지 '현실에 만족하다'로 표현되는 행동은 이 패턴과 다소 다르다. 이 행동은 대단히 힘든 상황에서도 이면의 작은 긍정적인 면을 찾는다. **신 포도** 상황은 억지스럽게 믿음을 왜곡하려는 데 반해 **희미한 희망의 빛을 보는** 상황은 심란하기는 하지만 왜곡하는 일 없이 어떤 믿음에 초점을 맞출지 **선택**한다.

여우와 포도 이야기는 (원래!) **신 포도** 범주의 원형이다. 여우가 자신이 처한 짜증스러운 상황의 긍정적인 측면을 찾으려 하지 않기 때문에 **희망의 빛**이나 **현실 만족** 범주에 속하기에는 아주 부실하다. 다른 한편 이 우화는 **부정직** 범주(즉 주인공이 정직하지 않고 솔직하지 않은 상황)의 좋은 요소이다. 이 범주에는 인지 부조화의 완화와 아무 관계가 없는 상황이 많다. 간단히 몇 가지 예를 들자면 다음과 같다.

자동차 사고 후 허위 신고서를 제출하는 사람
재선 가능성을 높이려고 현재의 경제 상황에 대한 사실을 왜곡하는 정치인
자신이 거짓말을 하는 줄 알면서도 "누나가 먼저 시작했어!"라고 소리치는 아이

모든 상황은 일련의 다양한 범주화를 수용한다. 최종적으로 선택되는 범주에 의해 상황을 구성하는 다양한 사실이 해석된다. 지금까지 살핀 일련의 상황은 범주에 고정된 경계가 있고 고유한 해석이 존재한다는 생각이 불가능함을 보여준다. 다른 한편 우화가 환기하는 범주는 다른 모든 범주와 마찬가지로 해석을 유도하는 포괄적인 틀이다. 범주화라는 정신적 활동은 어떤 상황에 특정한 빛을 비춘다. 그래서 여우와 포도 이야기는 명백하게 **신 포도**스러움을 수반하는 상황에 대한 기본적인 최초의 관념을 제공하고 이후로는 덜 명백한 상황에서 이러한 속성을 파악하도록 돕는다. 결국 이 우화는 사람들이 실은 괴롭게 생각하는 상황에서 위안거리를 찾는 다양한 창의적인 방식에 대한 관념을 풍요롭게 해준다.

개념 공간의 공백

이제 1장의 끝부분에서 언어와 개념 사이의 관계를 설명하기 위해 소개했던

개념 공간이라는 주제를 다시 한 번 살펴보자. 특정 언어에 속한 각 단어 혹은 표현은 개념 공간의 일부를 차지하는 채색된 얼룩으로 간주된다(그리고 각 색상은 한 언어를 대표하는 것으로 간주된다). 개념 공간의 중심은 특정 문화에서 가장 자주 사용되는 일련의 개념들로 구성된다. 같은 문화를 공유하는 모든 다른 언어는 다른 크기와 형태 그리고 물론 다른 색상의 얼룩을 사용하여 다른 방식으로 개념 공간의 핵심을 덮는다.

우리는 또한 거의 같은 빈도 혹은 같은 중요도를 지닌 개념을 뜻하는 개념의 고리 혹은 껍질이라는 비유도 소개했다. 우리는 특정 색상이 주어졌을 때 그 색상의 얼룩들로 채워지는 동심원을 가진 고리나 껍질의 이미지를 그렸다. 이때 각 얼룩은 나름의 고유한 모양과 크기를 지니며 구체적인 개념을 대표한다. 개념 공간의 핵심에서 각 색상은 공간을 근본적으로 완벽하게 채우며, 핵심 근처에 있는 고리의 바깥쪽으로 나아가도 각 색상은 공간을 잘 채운다.

그러나 계속 나아가면 곧 단일어 어휘 항목으로는 거의 절대 충분치 않으며, 각 언어가 상당히 다른 방식으로 표현하는 영역을 접하게 된다. 가령 영어에는 'it's nothing to write home about(집에 편지 보낼 일이 아니다)'('일어난 일이 딱히 흥미롭거나 인상적이지 않다'는 뜻)이라는 구절이 있으며, 누군가 (충분히 타당하게) "이 영역은 프랑스어로 어떻게 표현합니까?"라고 묻는다면 그 답은 가족에게 보내는 가상의 엽서나 편지를 언급하는 게 아니라 아주 다른 방식으로 표현한다고 답해야 한다. 프랑스어는 (다소 막연하기는 하지만) 생생한 구절인 'ça ne casse pas trois pattes àun canard(오리의 세 다리를 부러트리지 않는다)'에 의지하여 같은 관념을 전달한다. 어떤 의미에서 프랑스어 구절과 영어 구절은 동일한 관념을 뜻하지만 그럼에도 불구하고 화자나 청자의 머릿속에서 떠오르는 구체적 이미지가 크게 다른 시나리오를 수반하기 때문에 아주 다른 방식으로 의미를 전달한다.

숙어적 표현 사이의 이런 차이는 규모를 가리지 않는다. 가령 심하게 아프다는 뜻의 'to be flat on one's back'이라는 숙어에 대응하는 프랑스어 표현은 비슷하지만 훨씬 고통스러운 시나리오를 전달하는 'être clouéau lit(침대에 못 박히다)'이다. 그래서 다른 언어가 개념 공간을 채우는 방식 사이에는 같은 부분의 얼룩이 다른 형태를 지닐 뿐만 아니라 숙어 구절이 메시지를 전달하는 방식도 다르다는 의미에서 차이가 있다.

최종적으로 개념 공간의 중심에서 충분히 멀리 나아가면 진정한 **구멍**, 어떤 언어는 하나의 얼룩으로 깔끔하게 덮지만 다른 언어는 어휘 항목의 보고가 아무리 크더라도 표준적인 단어나 구절로는 덮지 못하는 부분이 나타나기 시작한다. 프롤로그에서 언급한 대로 중국어에는 모든 악기에 적용할 수 있는 '연주하다to play'를 뜻하는 포괄적인 동사가 없다는 것이 하나의 전형적인 사례다.

그래서 영어로 어떤 숙어 구절(영어에는 여기 소개하지 않은 숙어 구절 수천 개가 있다)이 주어졌을 때 프랑스어로는 어떻게 말하는지 타당한 의문을 가질 수 있다. 종종 거의 완벽한 대응구가 존재하지만 종종 그 답이 듣고자 하는 바가 아닐 수도 있기 때문이다. 사실 때로는 '프랑스어로 이 구절을 말하는 표준적인 방식은 없다'는 것이 엄연한 진실이다. 실제로 그 답은 때로 '영어의 그 구절로 적시되고 부각되는 개념 공간의 영역에는 불행하게도 프랑스어 어휘의 구멍이 있다'는 것이다. 물론 프랑스어로 해당 관념을 **설명**할 수는 있지만 모든 혹은 대부분의 원어민에게 알려진 표준적인 어휘 항목으로는 불가능하다. 다만 영어 구절을 찾는 프랑스어 사용자도 예기치 않은 공백이라는 동일한 현상을 겪는다는 사실을 지적할 필요가 있다.

개념 공간의 중심에서 더 멀리 나아갈수록 한 언어로는 쉽게 그리고 자연스럽게 접근할 수 있지만 다른 언어로는 포괄할 수 없는 이런 종류의 영역을 더 자주 접하게 된다. 결국 각 언어는 나름의 외부 경계에 접근함에 따라 고르지 않은 방식으로 공간을 채우며, 이런 양상은 멀리 나아갈수록 더 현저해진다. 이 시점에서 중심은 별이 가득하지만 가장자리에는 별이 드물며, 종국에는 아무것도 없는 우주의 암흑으로 변하는 성운이나 은하 같은 모습을 그린다면 우리가 전달하려는 이미지를 정확하게 떠올린 것이다.

그렇다면 모든 언어는 종국에는 그저 동이 나며, 개념 공간은 특정한 지점부터 텅 비게 된다. 이 사실이 뜻하는 바는 누군가가 개념 공간의 변경에 있는 대상에 대해 말하려 한다면 하나의 표준적인 요소를 그냥 인용하는 것이 아니라 다수의 요소를 한데 묶어서 원하는 영역으로 가는 경로를 만들어야 한다는 것이다. 요컨대 새로운 구절이나 문장을 만들어내야 한다. 단일 구절이나 문장으로 충분치 않다면 단락이 필요할 수도 있고, 단일 단락으로 충분치 않다면 논문이나 이야기가 필요할 수도 있다. 이렇게 해서 모든 언어는 개념 공간의 심연에 있는 임의의 먼 지점에 도달할 수 있다.

각 언어의 독창성

여기서 우리가 주로 다루는 대상은 개념 공간의 대단히 먼, 거의 빈 영역이 아니다. 대신 우리는 한 언어로는 채워지지 않지만 다른 언어의 어휘로는 채워지는 개념 공간의 작은 부분에 초점을 맞추고자 한다. 어떤 언어는 모든 사용자에게 개념 공간의 어딘가에 있는 작은 지점을 골라내는 기성 수단을 제공하는 반면 다른 언어는 전혀 그렇게 하지 않는 경우는 어떤 의미를 지닐까?

예를 하나 들어보자. 미국 영어에는 "That's the tail wagging the dog(꼬리가 개를 흔드는 격이군!)"이라는 생생한 숙어가 있다. 미국 영어를 쓰는 성인 사용자는 이 숙어가 무엇을 뜻하는지 안다. 즉 이 숙어에 해당하는 상황을 바로 파악하고, 그런 상황에서 직접 활용할 수 있으며, 다른 사람이 어떤 상황에 적용했을 때 쉽게 의미를 이해한다.

이 숙어의 의미를 전달하려면 미국 영어 사용자는 프랑스어 사용자가 갑자기 깨달음을 얻어서 그냥 '알아들을' 것이라는 기대를 갖고 축어적으로 번역해서는 안 된다. 이런 방식은 통하지 않는다. 다만 이 숙어의 이면에 있는 관념을 추상적으로 설명하여 개념을 전달하려 할 수는 있다. 이런 시도가 좋은 첫 걸음일 수는 있지만 기억에서 인출하거나 즉석에서 고안하여 **꼬리가 개를 흔드는** 상황의 몇 가지 근본적인 사례를 제시하는 편이 더 나을 수도 있다. 가령 일곱 살 난 딸 프리실라를 뉴올리언스 여행에 데려가려 했지만 버릇없는 프리실라가 전혀 가고 싶지 않아 성질을 부리는 바람에 여행 계획을 포기하고 집에 있기로 결정한 이야기를 상기하거나 고안할 수 있다. 이 이야기를 들은 부모의 친구는 혀를 차면서 "그 조그만 **악동**이 부모를 손 안에 쥐고 흔드는군. **꼬리**가 **개**를 흔드는 격이야!"라고 말한다.

꼬리가 개를 흔드는 상황이 버릇없는 아이가 성질을 부려서 부모의 휴가 계획을 망치는 상황에 국한되지 않는다는 사실을 이해시키기 위해 왜깅턴Waggington의 중앙 광장에 들어설 웅장한 새 시청에 대한 이야기를 들려줄 수 있다. 시 위원회는 건축가들이 제출한 첫 번째 시안을 보고 주차 공간이 없다고 불만을 제기한다. 시안이 반려되자 건축가들은 주차 지역을 포함한 새 시안을 제출하지만 이번에는 **충분한** 주차장이 없다는 이유로 반려된다. 이런 상황이 몇 번 반복되면서 건물은 매번 더 작아지고 주차장이 전체 디자인을 장악하게 되자 분노한 어느 시민이 지역 신문에 이런 내용의 편지를 보낸다. "그러니까 차를 많이 주차해야 한다는 필요성이 새 시청의 외관을 좌우한다는 건가요? **그**

게 꼬리가 개를 흔드는 꼴이 아니면 뭔가요?"

간단한 세 번째 사례로, 무릎이 아파올 때마다 달리기를 멈춰야 했던 사람의 이야기를 들 수 있다. 이 경우 아픈 무릎이 달릴 수 있는 거리를 좌우하게 된다. 이는 꼬리가 개를 흔드는 또 다른 좋은 사례다.

이런 이야기를 몇 가지 들으면 **꼬리가 개를 흔드는** 상황이 무엇인지에 대한 요지가 상당히 효과적으로 전달된다. 이때부터 프랑스어 사용자는 처음에는 더 적절한 상황과 덜 적절한 상황을 파악하기 위해 약간의 조정이 필요하겠지만, 이 영어 숙어를 적절하게 사용할 수 있다. 그러나 물론 그 경계가 모호하기 때문에 원어민이 항상 동의하지는 않을 것이다. 심지어 프랑스어 사용자는 대략 이 단계에서 개념 공간의 이 부분에 마땅한 프랑스어 표현이 없어서 생긴 '진공'에 짜증이 날 수도 있다. 영어의 '신 포도'에 호응하는 친숙한 구절이 없어서 생긴 '진공'에 약간 짜증이 나는 것처럼 말이다.

여기서 영어 사용자에게 앞서 말한 진공의 느낌을 체험할 수 있는 기회를 제공함으로써 공평을 기하고자 한다. 그러기 위해서 종종 철학자 드니 디드로 Denis Diderot가 한 말로 인용되며, 영어에는 적절한 대응구가 없는(물론 이 숙어만 그런 것이 아니라 다른 수백 개의 숙어도 있다) 전형적인 프랑스 숙어 구절, 바로 'avoir l'esprit d'escalier'를 제시하고자 한다. 이 말은 무슨 뜻일까? (장 루 시플레의 책처럼) 축어적으로 번역하면 "계단의 정신을 가지다"라는 뜻이지만 기본적인 의미는 "파티 장소에서 나와 계단으로 향할 때에야 상대방이 한 짜증나는 말에 대한 적절한 대꾸가 떠오르다"이다. 다시 말해서 약간 더 간결하게 표현하자면 "계단 재치를 가지다"이다. 영어에 이 관념을 효과적으로 전달하는 관용적인 표현이 있을 것이라고 생각하겠지만 그렇지 않다. 언어라는 것이 원래 그런 법이다.

언어 B에는 없는 얼룩을 가진 언어 A의 이런 대비되는 점이 우리가 말하는 '언어 A의 독창성'이다. 언어 A의 독창성은 다른 어떤 언어도 쉽게 이르지 못하는 특정 개념에 쉽게 이르는 특별한 능력이며, 보완적으로 다른 언어로는 대단히 쉬운 내용을 표현하는 일에서 언어 A가 가지는 일련의 약점이기도 하다. 어떤 언어가 지닌 고유한 취약점에 '독창성'이라는 긍정적인 어감의 단어가 적당치 않을 수도 있다. '어휘적 포괄'이라는 구절이 약간 더 정확하지만 따분한 중립성 때문에 각 언어가 지니는 고유한 미묘함과 진화적 잠재력에서 나오는 특별한 묘미를 담아내지 못한다.

각 언어는 가장자리 근처에서 다른 어떤 언어도 포괄하지 못하는 개념 공간의 특정한 작은 영역을 채우는 고유한 일련의 작은 얼룩을 지닌다. 언어 A가 이전에는 비어 있던 영역에 명확하게 들어맞는 얼룩을 지닌다면, 언어 B의 사용자는 뒤를 이어 새로운 구절을 고안하거나 언어 A의 매력적인 구절을 그대로 빌림으로써 같은 영역을 채우고 싶어 한다(그러나 해당 구절이 지닌 적용성의 경계를 자신도 모르게 바꾸는 바람에 언어 B의 구절은 더 이상 언어 A의 구절과 같은 것을 뜻하지 않는 경우가 많다).

그래서 영어 사용자는 때로 **전율**frisson을 안기는 **데자뷔**déjàvu 현상을 겪고, (**서투르다**gauche는 느낌을 안기는) **실례**faux pas를 피하려 하고, **전채**hors d'œuvres와 **오늘의 수프**soupe du jour, **일품요리**àla mode 애플파이, **셔벗**sorbet을 즐기고, (너무 **야하지**risqué 않은 한) 가끔 **깊이 파인 드레스**décolletés를 입고, 때로 **아방가르드**avant-garde 영화를 보고, **단둘이 마주하는 것**tête-à-tête이 **존재 이유**인 은밀한 **만남**rendezvous을 가지러 가는 **도중**en route에 **세기말적**fin-de-siècle 퇴폐가 초래한 **쿠데타**coups d'état에 대한 기사를 읽고, **아담하지만**petite 아주 **세련되었으며**chic **고급 여성복**haute couture으로 차려입은 **요부**femme fatale에게 추파를 던지는 것을 즐기고, 항상 **아주 적절한 단어**mot juste par excellence를 찾고, 언젠가는 **백지 수표**carte blanche를 손에 넣어서 **일류 인사**crème de la crème들과 어울린다는 **망상**idée fixe에 빠지고, **최신**dernier cri 기술을 만끽하는 한편 **임시 거처**pied-à-terre를 꾸미기 위해 (**지점토**papier mâché로 만들어지지 않은) **예술품**objets d'art을 찾는다. **울랄라**Ooh la la!

한편 프랑스 사람은 parking(주차장)에 break(스테이션왜건)을 세워두고 foot(축구)와 flipper(핀볼)을 즐기고, hi-fi(오디오)로 jazz(재즈)와 rock(록)을 듣고, rosbif(로스비프)와 pop-corn(팝콘)을 caddie(쇼핑 카트)에 넣고, rallye(상류 사회의 깜짝 파티)에 가기 위해 dressing(옷장)에서 smoking(턱시도), pull(스웨터), baskets(테니스화)를 찾고, smart(스마트)해지기 위해 le marketing(마케팅)을 다루는 magazines(잡지)를 읽고, cool(멋진) job(일)를 얻는 데 필요한 sexy(섹시)한 look(외모)를 얻기 위해 shampooing(샴푸)를 한다.

보다시피 일부 단어는 원래의 의미를 유지한 반면 다른 단어는 거기서 다소 멀어졌다. 사실 이 용어들은 수용 언어에 존재하는 간극을 메우기 위해 수입되었다는 사실을 기억해야 한다. 새로운 단어는 설령 기점 언어에 있는 원래 얼룩이 포괄하는 형태와 정확하게 맞지 않는다고 해도 그 공백을 메운다. 가령 '햄버거'라고 말할 때 영어 사용자는 빵 사이에 반드시 소고기를 갈아 넣어야 한다고 생각하지는 않지만(물론 그럴 가능성은 높지만) 프랑스어 사용자에게 빵은 그 개념의 필수적이고 필요한 요소다(심지어 둥글어야 한다!). 프랑스어에 없던 것은 간 소고기만을 가리키는 구절이 아니라 빵 조각 사이에 든 간 소고기를 가리키는 구절이었다. 간 소고기의 경우 (이미 영어의 느낌이 나는) 'steak haché'라는 표현을 이미 쓸 수 있기 때문이다.

게다가 빌린 단어나 구절이 대단히 깊숙이 자리 잡아서 그 기원이 완전히 잊히지 않았다면, 일반적으로 다른 문화에 속한 것 혹은 적어도 다른 문화에 대한 고정관념이 된 시각을 연상시키는 어조를 풍길 것이며, 이 점은 그 자체로 이미 약간의 변형이 이루어졌음을 뜻한다. 가령 영어에서 'pied-à-terre'(임시 거처)라는 용어는 다소 고급스럽고 부유한 의미를 지니는 반면 프랑스어에서는 전혀 그런 이미지의 일부일 필요가 없다.

놀랍게도 일부 차용어는 가령 구 프랑스어가 영어가 되고 뒤이어 다시 돌아와 새로운 프랑스어가 되는 경우나 그 반대의 경우와 같은 일련의 영국해협 횡단에 따른 결과다. 그중 한 가지 사례가 프랑스어의 'budget'이다. 물론 이 단어는 영어에 수입된 것이지만 최후의 승자는 영어 사용자들이었다. 그들이 수세기 전에 허리띠에 차는 작은 지갑을 뜻하는 프랑스어 'bougette'를 수입하여 (혹은 왜곡하여) 단어 'budget'을 확보했기 때문이다. 비슷한 이야기를 지닌 또 다른 사례는 ('라벨'을 뜻하는) 프랑스어 단어 'étiquette'이다. 이 단어는 영국해협을 건너면서 첫 음절을 잃고 'ticket'이 되어 새로운 모습으로 새로운 의미를 나타내다가 고국으로 돌아와 'billet'의 가까운 사촌이자 종종 라이벌이 되었다. 흥미롭게도 이런 파생담이 여럿 있다.

이처럼 문화를 가로지르는 언어 간 차용의 결과는 개념 공간의 두 '은하'를 확장하여 가장자리에 있는 다양한 지점에 얼룩을 더하고 가장자리를 더 멀리 외곽으로 밀어내는 것이다.

사피어 워프 효과

한 언어가 일부 작은 영역을 산뜻하게 채우지만 어떤 이유로 다른 언어들은 그러지 못한 경우가 있다. 이런 경우 이 언어의 사용자는 그저 주어지는 추가 개념을 활용하는 혜택을 누린다고 주장할 수 있다. 미국 문화에서 한 가지 사례를 들어보자. 탁자에 조개껍데기 세 개를 놓고 벌였던, 시대를 초월한 속임수와 관련된 아주 오래되고 고약한 사업 관행이 있다. 바로 매력적인 조건으로 순진한 고객을 끌어들인 다음 해당 품목은 불행하게도 재고가 없거나 약간 구식이거나 어떤 이유로 살 자격이 안 된다고 말하고는 훨씬 비싼 다른 품목을 사라고 부추기는 것이다.

이런 주제의 변형된 형태는 아주 많다. 가령 차를 사려는 한 가족이 어떤 모델을 보고 신나서 이야기를 나눈다. 교활한 판매원은 그들이 몸이 달았음을 눈치채고, 처음에는 선금이 단돈 2000달러라고 말한다. 그 가족은 기쁜 마음에 당장 사겠다고 말하지만, 뒤이어 계약서에 서명하려고 하자 제대로 이해하지 못한 기술적인 이유로 금액이 '불행하게도' '약간 더 늘어서' 잠깐 사이에 2000달러에서 6000달러까지 늘었다는 말을 듣는다.

차를 빌리는 사람도 아주 적은 금액으로 가능하다는 인상을 주는 매력적인 제안을 흔히 접한다. 그러나 막상 영업소에 가면 예외 없이 해당 조건에 빌릴 수 있는 경우가 대단히 한정적임을 알게 되고, 결국에는 광고에 나온 금액보다 최소한 두 배는 더 지불하게 된다.

종종 마법처럼 통하는 이 고약한 기법은 독자들도 잘 아는 '유인 상술bait-and-switch'을 떠올리는 이름으로 불린다. 이 범주는 가정하는 것보다 더 폭이 넓다. 가령 어떤 의미에서는 동전의 반대편에 해당하지만, 그래도 역시 우수한 요소로 간주되는 사례가 있다. 불경기에 오래된 우아한 저택이 몇 달 동안 매물로 나왔지만 매수자가 없었다. 그러던 어느 날 구매자 A가 등장하여 100만 달러를 제안했다. 우연히 바로 뒤에는 구매자 B가 도착하여 제안 액수를 105만 달러로 올렸다. 판매자는 더 높은 금액을 부른 구매자 B에게 팔 작정이었지만 이번에는 구매자 C가 나타나 120만 달러까지 금액을 올렸다. 이 말을 들은 A와 B는 바로 제안을 철회하고 몇 주 동안 협상을 하고도 밀려난 것에 화를 내며 떠나버렸다. 이제 경쟁자들을 떠나보낸 구매자 C는 전보다 훨씬 자유롭게 협상을 할 수 있게 되었다. 그래서 집을 잠시 살펴본 후 갑자기 이렇게 말했다. "안타깝게도 이전 제안 액수를 유지할 수 없겠군요. 집을 살펴보니 몇 가지 심각한 문제가 있네요. 그래도 90만 달러라면 사겠습니다." 이 시점에서 판매자는 귀중한 시간을 많이 잃어서 점점 절박해진 상태였다. 그래서 결국 집은 실제 가치보다 훨씬 낮은 가격에 C에게 팔리게 되었다. 이번에는 판매자가 아니라 구매자가 구사하기는 하지만 이는 전형적인 유인 상술이다.

이 용어가 영어에 존재하며 수많은 사람이 일상적으로 사용한다는 사실은 (가령 방금 살핀 '뒤집힌' 사례를 비롯하여) 상당한 보편성을 지닌 관념은 금세 접근할 수 있고 즉시 이해할 수 있다는 것을 뜻한다. 이런 종류의 이야기는 두어 번 들으면 누구나 이해할 수 있기 때문에, 처음에는 이 용어의 존재에 그다지 큰 의미가 없는 것처럼 보일 수 있다. 그러나 사실 이 용어의 존재는 해당 개념이 빨리 퍼지도록 도움을 주며, 아주 많은 사람이 알고 있기 때문에 해당 개념에 (완전한 객관성의 감각에 가까운) 타당성의 감각을 부여한다. 가령 해당 개념과 표준적인 명칭의 존재는 이 현상의 수많은 변종을 막기 위한 법률의 제정을 초래할 수 있다. 반면 이 고약한 기법을 가리키는 표준적인 명칭이 없는 문화는 그 관념이 '편재하지' 않기 때문에, 즉 정규적 관념으로 인식되지 않아서 대다수 사람이 특이한 변종은 말할 것도 없고 흔한 형태도 명시적으로 인지하지 못하기 때문에 방지법을 제정할 가능성이 낮다.

그래서 우리는 개념에 명칭을 부여하는 일에 따르는 진정한 힘을 알게 된다. 이 힘은 화자가 주위에 해당 지식을 쉽고 빠르게 퍼뜨리도록 해주고, 그에 따라 여러 수준에서 사회적 담론에 진입하여 개인과 사회 전반에 영향을 미치도록 해준다. 특정 언어에서 용어의 존재가 미치는 효과는 화자가 **사피어 워프 Sapir-Whorf 효과**로 불리는 특정 이점을 누리게 해준다. 이 개념은 종종 악명 높은 극단적인 형태로 나아가기는 했지만 그 근본적인 전제는 완벽하게 명확하며, 어떤 것도 그 존재 사실을 부정할 수 없다.

지성이란 무엇인가?

사고와 개념에 대한 이런 고찰은 자연스럽게 인간의 지성intelligence이 적어도 부분적으로 한 사람이 지닌 수많은 개념과 그것을 엮는 네트워크의 복잡성에 깃든 것은 아닌가 하는 의문으로 이어진다. 결국 우리 인간은 방대한 수의 개념적 도구를 물려주는 문화 속에서 성장하고 형성된다. 그렇다면 이 사실은 우리의 지적 수준이 우리가 문화로부터 물려받은 개념의 목록에 좌우된다는 뜻일까?

실로 '지성'이라고 불리는 모호한 자질의 속성은 무엇일까? 이와 관련하여 수많은 이론이 제기되었다. 사전, 백과사전, 교과서, 인터넷을 검색하면 금세 10여 가지 정의를 얻을 수 있다. 종종 다른 정의와 거의 겹치지 않는 정의가 나오기도 하지만 그중 다수가 겹친다. 가장 자주 등장하는 주제는 다음과 같다 (따로 정해진 순서는 없다).

- 지식을 습득하고 활용하는 능력
- 추론하는 능력
- 문제를 해결하는 능력
- 계획하는 능력
- 목표를 달성하는 능력
- 중요한 정보를 기억하는 능력
- 새로운 상황에 적응하는 능력
- 복잡한 관념을 이해하는 능력
- 추상적으로 생각하는 능력
- 기술을 익히고 적용하는 능력
- 경험에서 이득을 얻는 능력
- 지각perceive하고 재인recognize하는 능력
- 가치 있는 생산물을 만드는 능력
- 추구하는 대상을 획득하는 능력
- 합리적으로 생각하는 능력
- 개선하는 능력

우리가 접하는 지성에 대한 수많은 설명은 개별적으로 분명히 어떤 속성을 다루기는 하지만 어느 것도 과녁에 명중하지는 않는다. 모두 그 근처를 맴돌 뿐 지성의 핵심을 적시하지는 못한다. 그래서 정곡을 찌르는 것은 말할 것도 없고 문제의 핵심에 이르지도 못한다. 결코 정수를 집어내지 못하는 설명은 그저 핵심을 겉돌고, 요지를 집적대고, 요점을 놓치고, 이상하게도 지성이라는 현상의 중심을 겨누지 못한다.

독자들은 우리가 가진 지성에 대한 개념이 무엇인지 궁금할 것이다. 그러나 우리의 개념을 명시하기 전에 다른 무엇도 아닌 군사 전략가에 대한 도발적인 문장을 인용하는 것이 흥미로울 것이라고 생각한다. 그 이유는 이 문장의 저자가 뛰어난 군사 지도자를 정의하는 속성을 설명하면서 우리가 지성의 특징을 꼽을 때 사용할 구절과 매우 비슷한 구절을 떠올리게 하기 때문이다.

> 나폴레옹, 폰 몰트케von Moltke, 그랜트Grant, 패튼Patton, 주코프Zhukov 같은 위대한 지휘관들이 일반적인 리더와 다른 점은 즉시 상황의 핵심을 파악하고 적

의 최대 약점을 곧바로 타격하는 능력이다.

이상하게도 이 문장의 저자는 군사 롤플레잉 게임에서 단지 '겐트 제독Admiral Ghent'으로 알려진 인물이다. 겐트 제독이 가장 존중하는 자질은 순식간에 상황의 핵심을 적시하는 능력, 쭉정이에서 알곡을 가려내는 능력, 중요한 문제를 신속하게 파악하고 나머지를 무시하는 능력이다. 사실 이것이 우리가 지성을 정의할 때 동원하려는 설명이다.

우리가 보기에 지성은 빠르고 믿음직스럽게 골자를 파악하고, 요점을 찾고, 정곡을 찌르고, 요지를 밝히고, 핵심을 적시하는 기술이다. 또한 새로운 상황을 접했을 때 기억의 창고에 저장된 통찰력 있는 선례(혹은 일군의 선례)를 신속하고 확실하게 찾아내는 능력이다. 이 일은 다름 아닌 새로운 상황의 골자를 가려내는 것을 뜻한다. 그리고 이는 밀접한 유사물을 찾아내는 능력, 그러니까 강력하고 유용한 유추를 해내는 능력을 말한다.

유추라는 산의 정상과 기슭

이 책의 마지막 장에서는 높은 수준의 유추 작용이 어떻게 오랜 세월에 걸쳐 수학과 물리학의 위대한 개념을 낳았는지를 보여줄 것이다. 그러나 물론 장엄하게 솟은 유추라는 산의 정상이 절대 전부는 아니다. 정상에서는 고도의 추상화에 따른 유추를 찾을 수 있는 반면 낮은 기슭에서는 분명히 덜 두드러지고 덜 인상적이지만 단지 더 소박하고 친숙한 맥락에 적용되었을 뿐 여전히 같은 인지 기제에서 기인한 구체적인 유사점을 찾을 수 있다.

가령 앞 장에서 우리는 유추라는 산의 낮은 구릉을 돌아다니면서 바나나를 '발가벗긴' 두 살배기 카미유와 삼촌의 담배가 '녹고 있는' 것을 본 여덟 살배기 톰을 만났다. 이 어린 방랑자들은 당면한 문제의 요점을 짚으면서 개인적인 경험에서 이런 유사물을 찾아낼 때 무심코 명민한 지성을 드러낸다. 바나나를 '발가벗긴다'는 카미유의 말은 요점을 바로 드러내는 상당히 재치 있는 생각을 담아냈다. 실제로 이 말은 스무 살 정도 더 많은 사람이 밤새 춤을 춘 후에 했을 법한 "집에 갔을 때 옷을 모조리 벗겨내야 했어!"라는 익살스러운 말의 반대면이다. 담배가 재떨이에서 '녹고 있다'는 톰의 생각은 친구들에게 주려고 싼 열 상자의 비싼 초콜릿이 모두 녹아버린 것을 본 어른이 했을 법한 "이 맛있는 초콜릿이 모두 연기가 되어 사라졌군"이라는 말의 반대 면이다.

우리가 방금 전에 들은 것을 '소음'이 아니라 '소리'라고 수월하게 부르는 이유는 과거 수천 번의 사례를 통해 구축한 이전의 정신적 구조물에 해당 음향이 들린 사건이라는 신선한 정신적 구조물을 덧입혔기 때문이며, 우리가 무의식적으로 **그** 잠재된 구조물을 선택한 이유는 그 덧입힘이 머릿속에서 최선의 유추로 다가왔기 때문이다. 즉, **소리**와 **소음**을 정식으로 구분하는 법을 배워서 그런 것이 아니다. 실제로 둘 사이의 모호한 차이가 무엇인지 설명하려면 애를 먹겠지만 전혀 문제 될 것이 없다. 어떤 것을 들으면 대개 이 두 범주 중 하나가 그냥 활성화되기(즉, 머릿속에 떠오르기) 때문이다.

우리 모두가 수많은 개념 중에서 무의식적으로 이런 종류의 즉각적인 판단을 내리는 데 아주 뛰어나다는 사실은 결코 정식 교육을 받은 적이 없다는 점을 생각하면 대단히 기적적이다. 실제로 **동산**과 **산**, **나라**와 **국가**, **적**과 **적수**, **기호**와 **상징**, **조각**과 **부분**, **관념**과 **생각**, **가게**와 **매장**, **고름**과 **선택**, **추락**과 **떨어짐**, **투척**과 **던짐**, **배치**와 **놓음**, **웃음**과 **미소**, **큼**과 **거대함**, **아픔**과 **앓음**, **예쁨**과 **사랑스러움**, **연약함**과 **취약함**, **그러나**와 **그럼에도 불구하고**의 차이는 무엇일까? 누구도 학교에서 이런 구분을 가르치는 것을 상상하지 못할 것이다.

오래된 정신적 구조물(오래된 개념)에 신선하게 만들어진 정신적 구조물(새로운 개념)을 덧입히는 끊임없는 활동, 새로운 상황에서 연관성 높은 개념을 집어내는 활동은 사고의 유추적 뼈대를 구성하며, 우리가 쉬지 않고 실행하는 일련의 유추는 우리가 가진 지성을 거울처럼 비춘다. 그래서 우리가 아주 작은 대상을 반사적으로 ('tiny', 'teeny', 'teeny-tiny', 'teensy', 'teensy-weensy'가 아니라) 'teeny-weeny'라고 부르는 세밀한 식별 작업을 할 때나 **움켜잡고**, **움켜쥐고**, **붙잡는** 경우를 무의식적으로 구분할 때 혹은 도시의 일부를 무심코 ('영역', '지대', '지역', '지점', '장소', '동네'가 아니라) '지구district'라고 부를 때 우리는 거대한 경험의 창고에서 적절한 유사물을 신속하게 꺼내는 능수능란한 솜씨를 무의식적으로 발휘한 것이다. 사실 대단히 빠르고 정확한 인출은 생각 없이 하는 행동이 아니라 생각의 핵심이다.

정육점에서 나온 여성이 두 개의 보따리를 안고 아무 생각 없이 차 앞으로 지나갈 때 조수석에 앉은 당신이 "저 두 발 동물을 조심해!", "저 여성을 조심해!", "저 빨간 머리를 조심해!", "저 고객을 조심해!", "저 육식동물을 조심해!"라고 외칠 확률은 거의 없다. 물론 다른 상황에서는 보따리를 안은 여자를 **두**

발 동물, **빨간 머리**, **영장류**, **흥정꾼**, **부인**, **드레스 착용자**, **손님**, **육식동물**로 인식할 수 있다. 그러나 이 상황에서는 그녀는 무엇보다 **보행자**라는 범주에 속한다. '보행자'라는 말을 하지 않을 수는 있지만, 그녀가 이 역할을 수행하고 있음을 즉각 인지하는 일은 사고에서 본질적인 행위다.

다양한 상황에서 **엉망**mess이라는 다채로운 개념의 확연한 징표를 빠르게 포착하는 일도 마찬가지다. 다음은 이 범주에 속하는 몇 가지 전형적인 요소다(독자들도 다른 요소를 생각하라).

- 장난감이 사방에 흩어져 있는 버릇없이 자란 아이의 방
- 수십 년 동안 누구도 발을 들이지 않은 공구 창고
- 하얀 양탄자 위에 실수로 떨어진 스파게티 접시
- 밑창 홈에 껌이 붙은 구두
- 황소가 30분 동안 날뛴 도자기 매장
- 방금 책장 청소를 한 사람이 마구 자리를 바꾼 책들
- 도저히 간단하게 만들 수 없는 복잡한 대수식
- 줄을 긋고 수정한 표시로 가득한 악보
- 깜박 잊고 납부하지 않은 중요한 청구서 한 무더기
- 아들의 친구라서 고용했지만 심각한 무능력이 드러나는 상황
- 같은 시간에 동시에 두 동료를 만나기로 약속한 상황
- 해외여행을 하루 앞두고 여권을 잃어버린 상황
- 서아시아에서 벌어지고 있는 수십 년 묵은 분쟁
- 삼각관계

모든 영어 사용자는 강의를 듣지 않아도 이 개념의 많은 미묘함을 익힐 수 있다. 사실 학교에서 이런 강의를 한다는 것은 대단히 이상해 보인다. 모든 성인은 어렵지 않게 이 사례들의 **엉망**스러움을 이해할 것이다.

매일 행하는 수천 번의 덧입힘에 의식적으로 집중하는 경우는 드물지만 기억 속에 잠재된 오래된 개념에 새로운 상황을 유연하게 덧입히는 일에는 뛰어나다. 능숙한 무용수가 물리적 공간에서 빠른 움직임을 이어가는 기교를 지속적으로 선보이듯이, 능숙한 언어 사용자는 개념 공간에서 빠른 움직임을 이어가는 기교를 지속적으로 선보인다. 이때 개념 공간에서의 '움직임'은 방대한 표

현의 창고에서 곧바로 올바른 위치를 찾아내고, 거기서 대단히 적절한 기억을 정교하게 끄집어내 깊이 있고 중요한 방식으로 당면한 상황에 겹치는 식으로 구성된다.

개념을 많이 가질수록 더 똑똑할까?

지성이란 것이 정말로 상황의 핵심을 집어내는 능력이라면 활용할 수 있는 개념의 목록이 방대하고 정교할수록 더 똑똑하다고 생각할 수 있다. 결국 우리 각자는 어떤 문화 안에서 성장하며, 그 문화는 구성원들에게 수많은 유용한 개념적 도구를 제공한다. 그래서 각자가 문화로부터 물려받은 일련의 개념적 도구에 따라 지성이 좌우된다고 생각할 수 있다. 그렇다면 문제는 더 많은 개념적 도구를 부여받은 문화에서 성장한 사람이 그런 개념이 없는 문화에서 성장한 사람보다 더 똑똑한가 하는 것이다. 오늘날 고도로 기술적이고 대단히 상업적이며 광고가 넘쳐나는 세상에서 살아가는 우리는 두 세기 전의 사람들은 전혀 접하지 않은 수천 개의 막대한 개념으로 가득 찬 풍성한 의미의 바다에서 떠밀려 다니며, 이 도구들은 순간적 사고에 스며들어서 판단을 하는 데 도움을 준다. 가령 우리가 얼마 전에 접한 이 생생한 구절을 살펴보자.

> 메이시의 추수감사절 퍼레이드에 등장하는 풍선만 한 자아

이 구절을 이해하려면 축제일에 대도시의 큰길을 지나는 아주 긴 퍼레이드라는 개념뿐만 아니라 **자아**라는 프로이드의 개념, **백화점**이라는 개념, **추수감사절**이라는 개념에 익숙해야 한다. 또한 '헬륨'이라는 기체와 헬륨을 채운 풍선은 하늘로 올라간다는 사실을 알아야 한다. 끝으로 해마다 메이시 퍼레이드에 꾸준히 등장하는 만화 캐릭터 모양의 공기보다 가벼운 구체적인 풍선들에 익숙해야 하며, 그 풍선들이 추수감사절마다 맨해튼 거리 양쪽에 늘어선 엄청난 군중 위로 얼마나 거대하게 떠다니는지 알아야 한다.

200년 전에는 누구도 이런 구절을 상상하지 못했을 것이다. 반면 지금은 대다수 미국 성인이 아무 어려움 없이 이해할 수 있는 아주 명확하고 평범한 구절이 되었다. 이는 작은 사례의 하나일 뿐이다. 아래에 나열한 목록은 우리 문화에 풍부하게 존재하며, 우리를 이전 세대나 지난 세기의 사람들보다 상당한

우위에 설 수 있게 해주는 것처럼 보이는 개념들의 극히 일부 하위 집합이다.

긍정적인 피드백 및 부정적인 피드백, 악순환, 자기 충족적 예언, 근거 없는 유명세, 반발backlash, 공급과 수요, 시장의 힘market forces, 잠재의식, 잠재의식적 심상subliminal imagery, 무의식적 실수Freudian slip, 오이디푸스 콤플렉스, 방어기제, 신 포도, 수동공격성 행동passive-aggressive behavior, 동류 집단의 압박peer pressure, 인종차별적 수사racial profiling, 인종별 고정관념, 지위 상징, 제로섬 게임, 진퇴양난catch-22, 게슈탈트gestalt, 화학적 결합, 촉매, 광합성, DNA, 바이러스, 유전적 코드, 우성인자 및 열성인자, 면역 체계, 자가면역질환, 자연선택, 먹이사슬, 멸종 위기종, 생태적 지위ecological niche, 기하급수적 성장, 인구 폭발, 피임, 소음 공해, 독성 폐기물, 윤작crop rotation, 교차 수정, 클로닝cloning, 연쇄반응, 연쇄점, 행운의 편지, 이메일, 스팸, 피싱, 여섯 단계 분리six degrees of separation, 인터넷, 웹서핑, 업로드 및 다운로드, 비디오게임, 바이럴 동영상, 가상현실, 채팅 룸, 사이버 보안, 데이터 마이닝, 인공지능, 아이큐, 로봇공학, 모핑morphing, 시간 반전time reversal, 슬로모션, 타임 랩스 촬영 기술, 즉시 재생instant replay, 줌인 및 줌아웃, 은하, 블랙홀, 원자, 초전도체, 방사능, 핵융합, 반물질, 음파, 파장, 엑스레이, 초음파, 자기공명 조영술, 레이저, 레이저 수술, 심장이식, 제세동기defibrillator, 우주정거장, 무중력, 번지점프, 홈런, 양손 타자, 슬램덩크, 무작정 패스Hail Mary pass, 서든 데스 플레이오프, 어떤 사람을 우회하다make an end run around someone, 울트라 마라톤, 폴 댄스, 스피드 데이트, 멀티태스킹, 브레인스토밍, 인맥 과시namedropping, 채널 서핑, 일일 드라마, 핑크 무비, 리메이크, 재방송, 자막, 효과적 어구sound bite, 유행어, 감투musical chairs, 연락 두절telephone tag, 말 전달 놀이, 대가 키우기upping the ante, 담력 겨루기playing chicken, 범퍼카, SUV, 오토 트랜스미션, 오일 교환, 속도위반 감지 장치radar trap, 채찍질whiplash, 참견꾼backseat driver, 원유 유출, 초강력 접착제, 초대형 교회, 플라세보, 정치적으로 올바른 언어, 돌이킬 수 없는 비탈길, 한계 초월pushing the envelope, 증시 폭락, 재활용, 생분해성, 조립라인, 블랙박스, 풍속 냉각 지수wind chill factor, 항공 마일리지, 허브 공항, 패스트푸드, 청량음료, 푸드 코트, VIP 라운지, 이동식 복도, 셔틀버스, 마중용 주차장cell-phone lot, 대학살, 선전, 파파라치, 문화 충격, 단식투쟁, 세대 차, 좋은 시간quality time, 머피의 법칙, 롤러코스터, 암호식 농담in-joke, 외주, 다운사이징, 종형 곡선, 프렉탈 형태, 가슴 성형, 바비 인형, 과시용 아내trophy wife, 대리모, 영부인first lady, 최악의 시나리오, 혼전 계약, 고급 주택화gentrification, 패러다임 전환, 소수 인종 지원책, 교착 상태gridlock, 완전 채식주의, 노래방, 오찬power lunch, 도시락brown-bag lunch, 블루칩 기업, 황색 저널리즘, 화려한 필체purple prose, 온실효과, 황색경보, 요식행위red tape, 백색소음, 회색질gray matter, 블랙리스트……

우리의 문화는 이처럼 강력한 개념들을 제공할 뿐만 아니라 가볍거나 진지한 유추를 통해 확장하도록 부추겨서 눈덩이처럼 불어나는 개념들을 낳는다. 그래서 **알코올중독자**라는 개념은 시간이 지남에 따라 '일 중독자', '초콜릿 중독자', '쇼핑 중독자', '섹스 중독자'라는 여러 파생어를 낳았다. 그래서 우리는 언어적 유희가 개념적 유희와 병행하는 현상을 접하게 된다. **마라톤**이라는 오래된 개념도 근래에 '댄스 마라톤', '저글링 마라톤', '요리 마라톤', '재즈 마라톤' 등 관련 주제에 대한 수없는 변종을 만들어냈다. 더 진지한 사례를 들자면 **인종차별**이라는 개념은 **성차별, 노인 차별, 종 차별, 비만 차별**을 비롯한 많은 변종을 낳았으며, 지금은 예전에는 아무런 정체성이 없어서 모든 배경 소음background noise에서 딱 끄집어내기 어려웠던 다른 형태의 차별에 대한 단어들이 있다.

이러한 개념의 풍요성을 누리기 위해 기억하기 쉬운 새로운 단어를 고안할 필요는 없다. 그저 태곳적부터 해오던 방식대로 개념적 확장을 활용하기만 하면 된다. 그래서 근래에 우리는 종종 "그들은 대통령을 우회해야make an end run around 했다", "미사일을 들먹거리던 두 나라는 몇 달 동안 치킨 게임을 했다played chicken", "우리는 그저 생각하는 방향이 다르다not on the same wavelength", "국회가 심각한 교착 상태gridlock에 빠졌다", "감세에 대한 대통령의 입장은 여전히 오리무중이다a bit of a black hole", "고속도로에서 80대가 연루된 연쇄 추돌 사고chain reaction crash가 발생했다", "이 대학들은 총장 감투를 돌아가며 쓴다playing musical president" 같은 문장을 듣게 된다. 요컨대 우리의 문화가 전달하는 개념은 유추를 통해 끊임없이 확장하면서 그 범위와 영향력을 키운다.

현대사회는 이와 같은 개념의 목록을 여러 페이지로 늘릴 수 있고, 많은 성인은 새로운 상황에 이와 같은 추상적이고 통찰력 있는 개념을 수월하게 적용할 수 있다. 이런 사실을 감안하면, 시간이 흐름에 따라 사람들이 갈수록 똑똑해지고, 새로운 상황의 핵심을 더 신속하고 더 정확하게 파악할 수 있게 되는 것일까?

많은 사람은 이 생각을 뒷받침하는 증거로 '플린 효과Flynn Effect'로 불리는 효과를 지목해왔다. 이 효과는 1980년대에 전 세계적으로 지능지수 검사 점수가 20년마다 5포인트 정도로 느리지만 꾸준히 오르고 있다는 사실을 알려서 관심을 끈 정치철학자 제임스 플린James Flynn의 이름을 딴 것이다. 이 뜻밖의 관찰 결과는 수많은 나라에서 여러 차례 검증되었다. 인간의 지성이라는 개념이 실제로 꾸준히 향상되는 것이 아니라면 무엇으로 이 놀라운 효과를 설명할 수 있을까? 또한 여러 인간 활동의 다양한 영역에서 기인하는 새로운 개념의 끊임없는 증식이 아니라면 무엇이 꾸준한 세계적 지능 상승의 이면에 자리 잡고 있을까?

그렇다면 수많은 풍부한 개념을 잘 물려준 문화 덕분에 오늘날의 개인이 누구나 셰익스피어William Shakespeare, 갈릴레오, 뉴턴Issac Newton, 단테, 아르키메데스Archimedes는 말할 것도 없고 아인슈타인, 제임스 클러크 맥스웰James Clerk Maxwell, 알렉산드르 푸시킨Alexander Pushkin, 마크 트웨인Mark Twain을 비롯한 다른 수많은 천재를 놀랠 통찰력 넘치고 즉흥적인 말을 순간적으로 떠올릴 수 있다는 결론을 내려야 할까? 물론 그 답은 '그렇다'이다. 사람과 문화는 종종 대단히 특이하고 종종 많은 사람이 공유하는 새로운 개념의 구성을 통해 개발되므로 오늘날의 사회에서 지극히 평범해 보이는 사람도 다양한 부문에서 앞선 세대의 사람들보다 상당한 지적 우위를 누릴 수 있다. 그 단순한 이유는 인류가 습득한 관념이나 능력을 유전물질에 저장하여 후세에 물려주는 것이 아니라(진화에 대한 라마르크의 관점은 오래전에 신빙성을 잃었다) 개인적 개념과 공통의 도구 및 문화에 저장하기 때문이다. 각 개인이 지닌 범주의 목록은 직면한 상황의 가장 핵심적인 측면을 파악하기 위해 환경을 여과하고 인식하는 매개체이다. 오늘날 우리가 지닌 개념 목록은 앞선 시대의 사람들이 지닌 것보다 훨씬 풍부하기 때문에, 현대인은 누구나 그저 우리에게는 일상적이고 독창성 없는 것처럼 보이는 말을 하는 것만으로도 이전 세대의 명민한 사람들을 놀랠 수 있다.

이 사실은 지난 시대의 천재들이 현대의 아이큐 검사에서 낮은 점수를 받을 것임을 뜻할까? 그렇다면 그 점수는 그들의 실제 지능과 관련하여 어떤 의미를 지닐까? 역사적 인물들이 아이큐 검사에서 어떤 점수를 얻을지 말하기는 어렵다. 다만 더 흥미로운 질문은 오늘날의 평균적인 사람들이 오래전의 천재들이 오른 지적 수준에 이르렀는지 그리고 심지어 넘어섰는지 여부에 대한 것이다. 우리는 이 질문에 대한 답이 '아니오'일 것이라고 믿는다. 특출한 사람들이 지닌 위대한 재능은 범주의 목록에 기초한 독창적이고 중요한 유추를 통해 누구도 이전에 이해하지 못한 상황에서 정말로 중요한 것을 포착하는 데서 나왔기 때문이다. 이는 시대를 막론하고 대단히 드문 재능이다.

유추라는 산을 오르는 다른 스타일들

대단히 높고 험한 암벽을 처음 마주친 등반가들을 상상해보라. 처음에는 세계 최고 수준의 등반가들만 이 암벽을 오를 수 있으며, 그들조차 아주 힘겹게 오른다. 그러나 이 재능 있는 등반가들은 암벽에 피톤piton을 남겨서 더 미숙한 등반가들도 오를 수 있게 만든다. 그러면 이 등반가들은 더 많은 피톤을 남기게 된다. 이렇게 몇 년이 지나면 과거에는 아무것도 없던 암벽이 피톤으로 가득 차서 이제는 등반 경험이 조금이라도 있으면 누구나 한때는 거의 등반할 수 없던 암벽을 오를 수 있다. 그러나 이 점을 들어서 오늘날의 등반가들이 지난날의 등반가들보다 뛰어나다고 결론을 내리는 것은 불합리하다. 피톤이나 알려진 경로 **없이** 성공한 뛰어난 등반가들 덕분에 오늘날의 평균적인 등반가도 한때 난공불락이었던 절벽을 오를 수 있는 것이다. 험한 암벽을 초기에 개척한 탁월한 등반가들은 유망한 경로를 포착하는 기술, 피톤을 박기에 유리한 지점을 파악하는 직감, 앞으로 오를 등반가들이 믿고 쓸 수 있도록 피톤을 바위에 박는 능력 같은 수많은 재능을 가졌다.

오늘날을 살아가는 우리는 심히 난해한 상황이라는 절벽에 수없이 박힌 개념적 피톤의 수혜자다. 우리는 창의적인 선조들이 만들고 쉽게 활용할 수 있는 방대한 일련의 개념을 물려받은 덕에 수 세대 전에는 불가능해 보였던 추상화의 가파른 비탈길을 쉽게 오를 수 있다. 그리고 우리에게 주어진 일련의 개념은 계속 늘어나고 있다. 그러나 쉽게 접근할 수 있는 이 모든 힘이 우리를 선조들보다 더 똑똑하고 창의적으로 만들까?

많은 유형의 음악에 맞게 일련의 리듬 반주가 내장된 오늘날의 전자 키보드를 생각해보라. 이처럼 녹음된 반주를 많이 가진다고 해서 사용자가 대단히 창의적인 음악가가 될 수 있을까? 대단히 다양한 서체를 쓸 수 있다고 해서 뛰어난 그래픽디자이너가 될 수 있을까? 파워포인트가 제공하는 수많은 기능을 쓸 수 있다고 해서 복잡한 생각을 잘 전달하는 세계적인 강연자가 될 수 있을까? 당연히 아니다! 마찬가지로 문화가 물려준 표준적인 라벨을 활용하여 수많은 상황의 핵심을 쉽게 집어낼 수 있다고 해서 누구도 가지 않은 길과 지도가 없는 황야에서도 그렇게 할 수 있는 것은 아니다.

개념은 물리적 도구와 다른 특별한 속성을 지닌다. 그래서 단지 외부적 기구가 되는 것이 아니라 그것을 습득한 사람의 불가결한 일부가 된다. 수학자 앙리 푸앵카레는 "개가 먹은 거위의 살은 개의 살이 된다"[18]고 했다. 이 말은 우리가 습득한 지식을 내면화하는 과정과 그 과정이 단순한 도구와 어떻게 다른지를 언급한 것이다. 단순한 도구는 등반가와 완전히 분리된 피톤처럼 우리와 완전히 분리되어 있다. 단지 수학이나 패션 혹은 어원에 대한 책으로 가득한 도서관을 가진다고 해서 수학자나 패션 디자이너 혹은 어원학자가 되는 것은 아니다. 그보다 중요한 것은 그 책에 나온 개념을 내면화하여 개념 공간을 풍부하게 만들고 새로운 범주화와 유추를 할 수 있는 사상가로 변하는 정도이다. 산악 등반 비유가 드러내는 이미지와 달리 개념적 피톤은 단지 도구가 아니라 정신을 풍요롭게 만들고 변화시켜서 더 깊고, 통찰력 넘치며, 정확한 범주화를 할 수 있게 만드는 기구다. 이 정신적 피톤은 더 이상 외부의 절벽에 있는 움직이지 않는 대상이 아니라 그것을 활용하는 사람의 일부가 된다. 그리고 개념을 제거하려면 그것을 지닌 사람의 일부를 제거해야 하므로 바위에서 피톤을 빼내듯이 쉽게 제거할 수 없다.

아인슈타인이 지금 젊은 물리학자라면 현대 물리학에 어떤 기여를 할까? 알렉산드르 푸시킨은 현대 시에 무엇을 안길까? 셰익스피어나 단테가 지금 살아 있다면 어떤 글을 쓸까? 앙리 푸앵카레는 수학에 어떤 것을 주고, 프로이트는 인지과학에 어떤 것을 줄까? 그들은 현대적인 개념의 이면에 잠재된 어떤 유사성을 발견할까? 그들은 사방에서 접하는 피상적 측면을 해석할 새로운 개념적 우주의 도구를 활용하여 어느 정도로 깊은 인식을 할까?

외부 개념 공간으로의 항해

이 장과 앞 장에서 우리는 특정 언어가 지닌 어휘 항목의 목록이 개념 공간에서 '어휘의 은하lexical galaxy'를 형성하는 이미지를 제시했다. 그러나 우리는 여러 언어를 수반하는 이미지를 보여주고자 한다. 그럼으로써 다른 언어들이 개념 공간의 중심에서 많이 중첩되고, (개념이 점점 복잡해지고 따라서 점점 희소해지는) 가장자리로 나아갈수록 각 언어가 포괄하는 영역이 드문드문해질 뿐만 아니라 고유해진다는 관념을 전달하고자 한다. 모든 구체적인 언어와 연계된 특정한 어휘의 은하는 그 언어의 '독창성'을 결정한다. 그리고 각 은하 너머에는 전인미답의 개념적 우주로서 암흑뿐인 빈 공간이 존재한다.

그러나 사정은 생각만큼 황량하지 않다. 사실 모든 사람에게 속한 대다수 개념은 언어적 라벨이 없지만 '손', '패턴', '녹색', '독단적인', '만지작거리다', '미끄러지듯 걷다', '그러나', '실로', '거실', '유대인 어머니', '임기응변으로 하다', '신 포도', '꼬리가 개를 흔들다', '뒤늦은 재치esprit d'escalier', '유인 상술' 같은 표준적인 라벨을 가진 개념만큼 실제적이다. 미국 시인인 토니 호글랜드Tony Hoagland는 종종 우리가 깊이 아끼는 수많은 개념에 명칭이 전혀 없다는 사실을 다음과 같은 시로 찬양했다.

알맞은 단어가 없네

두 겹의 비닐봉지에 넣었어야 할
1갤런짜리 우유 통을 한 겹의 비닐봉지에 넣고
식료품점에서 걸어 나오는 일을 가리키는 단어는 없네

문을 나서기도 전에
우유 통의 무게가
비닐봉지를 짓눌러서 늘어지게 만드는 것을 느끼지

손잡이는 점점 늘어나고
비닐봉지가 갑자기 터지는 것은
시간문제임을 알지

어떤 것이 당신에게서 멀어지는
모호한 느낌을 가리키는
단일하고 더할 나위 없는 단어는 없네

안타깝게도 비닐봉지가 탄성 용량을 초과할 때
그 느낌을 설명하려고 쓸 단어 말이지

거리에 서서 오랜 친구와 수다를 떨다가
그가 더는 친구가 아니라 단지 지인일 뿐이라는
깨달음이 내 안에서 커질 때 쓸 단어 말이지

이 순간까지 내가 절대 정성을 들이지 않았던 사람,
작별 인사를 할 때
나는 우리가 같은 안도감을 느낀다는 것을 알지

우리가 위선의 끝에 이르렀다는 깨달음,
그러나 진실을 말하자면

내가 벌써 생각하고 있는 건
언어에 대한 고마움
어느 정도만 말해주고 더는 말해주지 않는 데 대한

언어가 덮지 않는 구멍이 있고,
안이 아니라면 거의 모든 것의 주위를
돌아다니는 것에 대한 고마움

오랫동안 언어가 내게
돌려준 그 모든 시간과 나날들,
그 모든 꾸준한 사랑과 믿음

내가 기꺼이 그 안에 쏟았던
그 모든 오해와 비밀들[19]

3

보이지 않는 유추의 드넓은 바다

∨
∨
∨
∨

A Vast Ocean of Invisible Analogies

일상 언어에서 '유추'라는 단어가 지니는 희소성

이 책의 중심 주제는 사고의 각 순간을 밝히는 유추 작용이다. 유추 작용은 실제로 모든 사고의 이면에 있는 원동력이다. 우리가 지닌 각각의 정신적 범주는 시간과 공간 양면에서 서로 떨어진 대상(물건, 행동, 상황)을 잇는 일련의 긴 유추를 통한 결과다. 이러한 유추는 범주의 생존과 안녕에 필수적인 유연성을 부여하는 후광을 비춘다. 유추 작용은 한 번도 접한 적 없는 상황에서 생각하고 행동하도록 해주고, 풍성한 새로운 범주를 제공하고, 평생에 걸쳐 끊임없이 그 범주를 확장하여 풍부하게 만들고, 방금 일어난 일을 적절한 추상화 층위에 등록함으로써 미래에 일어날 상황에 대한 이해를 유도하며, 예기치 않은 강력한 정신적 도약을 할 수 있게 해준다.

그러나 이 모든 것에도 불구하고 '유추'라는 단어를 일상생활에서 듣는 경우는 드물다. 그 희소성은 유추가 캐비어나 아스파라거스 꼭지 혹은 루비나 에메랄드 같은 귀금속처럼 드물고 미묘한 것이라는 인상을 준다. '유추'라는 단어는 어떤 사람이 언뜻 서로 많이 다른 두 대상을 명시적으로 연계하는 것을 볼 때 떠오르는 경향이 있으며, 이 단어를 들으면 가령 아스파라거스 꼭지와 유추처럼 동떨어지고 관련이 없어 보이는 두 대상 사이에 정신적 연결 고리를 암시할 때처럼 놀라움이나 기쁨 혹은 경이의 감정을 기대하게 만든다.

어떤 정치인이 후세인을 히틀러에 비유한다고 가정하자. 특히 두 리더가 권력을 잡은 방식이나 나라를 다스린 방식 혹은 인접 국가를 침략한 일 같은 여러 연관성을 명시적으로 지적할 경우 모든 사람은 이 행동을 (반드시 탁월하지는 않다 해도) 유추로 볼 것이다. 어떤 물리학자가 기체 속의 분자가 거대한 당구대에서 서로 부딪히는 수많은 당구공처럼 서로 끊임없이 충돌한다고 말하거나, 어떤 생물학자가 DNA의 두 사슬이 재킷의 지퍼처럼 갈라졌다가 다시 붙을 수 있다고 말하면 유추라는 범주가 즉시 촉발된다. 그리고 어떤 기자가 영화배우 주위를 돌아다니는 팬을 행성 주위를 도는 인공위성으로 묘사한다면 '유추'라는 라벨을 붙이는 것이 대단히 자연스러울 것이다.

위에 나오는 것들은 모두 좋은 유추이지만 유추가 아래 사례처럼 항상 흥미롭고, 생생하며, 예상할 수 없는 것이어야 한다는 편견을 강화한다.

z … a

d … w

a … z+1

abc … xyz

adb … wyz

창작 … 출산

노래 … 마약

원자 … 태양계

출산 … 마라톤

나눗셈 … 분할

날개 … 지느러미

신 … 산타클로스

죽다 … 헤어지다

성차별 … 인종차별

동물의 심장 … 펌프

태어나다 … 도착하다

뒤집힌 와인 잔 … 에펠탑

지구온난화 … 온실의 가열

백혈병 … 온 담을 덮는 담쟁이

동물의 순환계 … 전국 고속도로 체계

자살 폭탄 테러범 … 침 쏜 후 죽는 말벌

행성을 맴도는 위성 … 항성을 맴도는 행성

가로등을 맴도는 벌레 … 행성을 맴도는 위성

몸을 보호하는 면역 체계 … 나라를 지키는 군대

머릿속에서 커지는 개념 … 분지에서 확장하는 대도시

연쇄반응 … 이웃집 개가 짖는 소리를 듣고 따라 짖는 개

로마 알파벳의 끝에서 두 번째 글자 … 로마 알파벳의 두 번째 글자

인지 못하는 유추에 둘러싸인 인간 … 느끼지 못하는 물에 둘러싸인 물고기

이 각각의 한 줄짜리 유추는 적어도 약간은 흥미롭기 때문에 유추에 대한 고정관념에 부합한다. 그러나 사실 대다수는 흥미롭지 않은데, 그럼에도 불구하고 놀라운 면이 있다.

머릿속에서 윙윙거리는 한 무리의 유사성

위에 나온 마지막 사례가 분명하게 요점을 밝힌다. 물고기들이 방대한 바다의 한 지점에서 다른 지점으로 기민하게 이동하도록 해주는 매개체 속에서 그것을 깨닫지 못한 채 헤엄치듯이 우리 인간 역시 깨닫지 못한 채 밋밋한 것에서 눈부신 것까지 크고 작은 유추의 바다에서 떠다닌다. 그리고 물고기의 경우와 마찬가지로 오직 이 어디에나 존재하지만 느껴지지 않는 매개체 덕분에 방대한 관념의 바다의 한 지점에서 다른 지점으로 기민하게 이동할 수 있다.

이 장에서는 고정관념과 달리 묘미가 없고 눈길도 끌지 않지만 앞선 장들에서 다룬 것과 다른 유추에 집중할 것이다. 앞선 장들에서 우리는 단순한 단어와 흔한 표현, 즉 어휘 항목이 무의식적으로 그리고 대단히 빠르게 찾아지는 '작은' 유추 덕분에 의식의 수면 위로 끊임없이 뛰어오르는 양상을 보여주었다. 이 '작은 유추analogettes'가 우리의 삶에서 이루어지는 범주화라는 가장 기본적이고 핵심적인 행동을 구성한다. 그 **존재 이유**는 즉시 그리고 쉽게 우리가 직면하는 가장 표준적인 상황과 결부하여 다른 사람과 거기에 대해 이야기하게 해주는 것이다. 그러나 머릿속에서 매 순간 떠오르는 유추는 사물에 언어적 라벨을 붙이는 것에 국한되지 않는다.

이미 존재하는 음성 라벨을 지닌 범주의 활성화를 넘어서면 **비어휘화된 범**

주의 영역에 들어서게 된다. 그렇다고 해서 단어를 활용하여 이 범주를 설명할 수 없다는 뜻은 아니다. 일반적으로는 충분히 설명할 수 있으며, 이 점은 다행이다. 그렇지 않다면 이 장에서 논의할 수 없을 것이기 때문이다! 우리가 뜻하는 바는 단어 하나든 구절이든 기억에서 떠오르는 기존의 라벨이 없다는 것이다. 요컨대 토니 호글랜드의 시에서 선명하게 그려진 언어의 진공 같은 어휘적 간극이 있다는 것이다. 하지만 사람들이 어휘적 간극에 부딪힐 때마다 특별한 **대안적** 인지 기제에 의존해야 했다면 범주화가 중심적인 역할을 한다는 말은 의심을 받았을 것이다. 그러나 비어휘화된 범주의 존재는 유추 작용을 통한 범주화가 인지의 보편적인 뼈대라는 우리의 주제를 뒷받침한다.

우리가 시급하게 구성하고 조작하는 범주들

우리는 명칭이 없는 개념에 지속적으로 의존한다. 단어와 개념은 다른 것이다. 실제로 언어학자들은 관행적으로 언어 라벨과 그 라벨이 가리키는 대상을 구분한다. 이 구분은 심리학자들이 **정신적 어휘**mental lexicon(라벨의 창고)와 **의미 기억**semantic memory(개념의 창고)을 구분하는 것과 겹친다. 이런 구분을 하지 않으면 '단어의 의미' 같은 구절은 아무 의미도 지니지 않을 것이다. 라벨과 범주 사이의 구분은 필수적이며, 바람대로라면 명확해야 한다. 많은 상황이 표준적인 단어나 구절이 나타내는 개념을 촉발하지만 우리는 준비된 음성 라벨이 없는 상황에도 무수히 직면한다. 그렇다고 해서 이런 상황이 표준적인 단어나 구절이 존재하는 상황보다 범주화하기 어려운 것은 아니다.

우리는 매일 고민 없이 신선하고 새로운 개념을 상당수 구축하며, 그중 대부분은 구체적이고 독특한 맥락에만 적용할 수 있기 때문에 다시는 생각하지 않게 된다. 심리학자인 로런스 바살루Lawrence Barsalou는 갑자기 익숙하지 않은 새로운 목적이 생겼을 때 떠오르는 범주에 대한 연구를 시작했다. 그는 이 범주에 '즉석' 범주('즉흥적이고', '임기응변적'이라는 의미)라는 이름을 붙였다. 새로운 목적을 위해 시급하게 만드는 것이기 때문이다. 가령 **열두 살 난 아이에게 줄 만한 크리스마스 선물**이라는 범주는 가방, CD, 운동화, 비디오게임, 놀이동산, 좋아하는 레스토랑에서의 식사, 기구 탑승 등과 같은 항목을 요소로 둘 수 있는 즉석 범주이며, 이 특별한 연관성을 모르면 이 항목은 아무런 공통점이 없는 것처럼 보일 수 있다.

공공장소에서 금지된 행동과 대상을 적어 놓은 알림판을 주의 깊게 살펴보면 다소 이상하고 이질적인 조합을 발견할 수 있다. 가령 뉴저지 주 프린스턴의 파머 광장에 있는 알림판에는 이런 내용이 나온다. "스케이트보드 타기, 롤러블레이드 타기, 자전거 묘기, 소란, 쓰레기 투기 금지" 또한 맨해튼의 로어이스트사이드에 있는 공원에는 다음과 같은 내용을 담은 알림판이 있다. "자전거 타기, 비둘기 모이 주기, 애완견 금지" 그리고 인디애나 주 블루밍턴 근교의 해변에는 이런 내용이 적혀 있다. "유리 제품, 애완견, 주류 반입 금지"

아래에 나오는 (로런스 바살루가 직접 제시한 많은 사례를 포함한) 흥미로운 목록처럼 온갖 종류의 즉석 범주를 나열할 수 있다.

> 집이 불탈 때 가지고 나와야 할 물건, 고향을 방문할 때 찾아가고 싶은 사람, 아버지가 죽었을 때 부고를 전하고 싶은 사람, 식습관에 맞는 음식, 작은 여행가방에 넣을 수 있는 물건, 물집이 생긴 발을 아프게 하지 않을 신발, 나들이 갈 때 싸 갈 물건, 전구를 갈기 위해 받침대로 쓸 물건, 탁자가 흔들리지 않도록 탁자 다리에 괼 물건, 어떤 사람의 아파트에서 핸드백을 놓을 수 있는 장소, 채식주의자 친구를 초대할 만한 레스토랑, '70년대'를 주제로 삼은 파티에 입고 나갈 옷, 좋은 이사 업체에 대한 조언을 구할 사람, 집시 재즈 기타를 팔 만한 사람, 캠핑 여행에서 할 수 있는 일, 베이징 여행에서 할 수 있는 일, 주말에 일광욕을 할 수 있는 비교적 붐비지 않는 곳.[20]

(이 목록 자체가 즉석 범주의 좋은 예라는 점을 덧붙이고 싶다!) 이 목록에 포함된 모든 범주는 누구에게나 삶의 어느 지점에서 혹은 종종 갑자기 관련되거나 심지어 중요해질 수 있다. 그 여부는 모두 그 사람이 하고자 하는 일에 달려 있다. 즉석 범주의 존재는 유추 작용을 통한 범주화가 사고의 핵심에 있다는 이 책의 주제를 뒷받침한다. 실제로 이 현상은 우리가 어떤 목적(중요한 물건을 챙겨서 불타는 집에서 탈출하는 것, 나들이 계획을 세우는 것, 전구를 가는 것, 휴가 계획을 세우는 것, 나들이 의상을 고르는 것 등)을 추구할 때마다 머릿속에 적절한 기존 범주가 없어도 새로운 범주를 즉흥적으로 만들어서 보완한다는 사실을 보여준다.

그리고 시급하게 만들어진 범주는 절대 드물지 않다. 이 범주가 없으면 목적을 이룰 가능성이 없기 때문이다. 가령 앞서 언급한 **열두 살 난 아이에게 줄 만한 크리스마스 선물**이라는 범주를 살펴보자. 이 목적을 구상하는 부모에게, 새로 만들어진 범주는 환경을 지각하는 강력한 필터가 된다. 모든 범주의 경우가 그렇듯이 이 범주는 시간이 지남에 따라 그리고 환경과의 상호작용이 늘어남에 따라 만든 사람의 머릿속에서 더욱 정교해진다.

어휘화되지 않았지만 지속적인 다른 범주들

이것으로 절대 이야기가 끝난 것은 아니다. 우리의 머릿속에는 즉석 범주처럼 어휘화되지 않았지만 더 지속적이고 흔히 우리가 일상생활에서 인지하지 못하는 다른 범주가 수없이 많기 때문이다. 이 범주는 (특정 언어에서 어휘화되는 경우도 있으나) 모국어의 독창성으로 포괄되는 범주에 속하지 않지만 많은 사람의 머릿속에 존재하며, 적절한 상황에 적절하게 활성화된다. 또한 이 범주는 많이 사용하는 즉석 범주에서도 얼마든지 나올 수 있다. 가령 **캠핑 여행에서 할 수 있는 일, 나들이 갈 때 유용한 물건, 작은 여행 가방에 넣어서 편하게 가지고 다닐 수 있는 물건** 같은 즉석 범주는 캠핑, 나들이, 여행을 즐기는 사람의 머릿속에서 상당히 지속적으로 나타나는 경향이 있다. 더 일반적으로 그리고 어휘화된 범주의 경우처럼 이런 종류의 범주는 새로운 상황에 대응하는 데, 즉 새로운 상황을 이해하고 생각하고 결정을 내리는 데 도움을 주기 위해 환기될 수 있다. 이런 범주는 무한정 나열할 수 있지만 아래에 나오는 사례가 적어도 기본적인 인식을 제공할 것이다.

> 한때 유명 인사였지만 거의 잊혔으며 부고를 읽었을 때 '오래전에 죽지 않았나?'라고 생각하게 되는 사람, 아무런 죄책감 없이 친구 집에서 슬쩍할 수 있는 물건(예: 종이 클립이나 고무줄), 곧 돌려줄 생각으로 허락받지 않고 친구 집에서 빌릴 수 있는 물건이라는 '등속의' 범주(예: 펜이나 가위), 그릇에 남은 마지막 물건(예: 모두가 먹고 싶어 하지만 감히 집지 못하는 작고 가여운 체리 토마토), 기차를 탈 때 항상 정방향 좌석에만 앉는 사람, 본체는 저렴하지만 부수적 항목이 엄청나게 비싼 물건(프린터, 특정 커피 머신, 휴대전화, 날 교체형 면도기), 여전히 친구로 지내는 과거 연인, 결혼할 뻔한 상대, 그 상대와 가질 수도 있었던 아이, 날씬해진 느낌이 들 때 입는 옷, 대를 이어 내려온 물건, 처음 만들었을 때보다 다시 데웠을 때 더 맛있는 음식, 가족처럼 생각하는 친구, 더는 공통점이 없는 아주 오래된 친구, 아기 때부터 성장 과정을 지켜보았으며 이제는 성인이 된 친구의 자녀,

신제품 때문에 한물간 과거의 최신 제품(예: 플로피디스크, 사진 필름, 오디오 카세트, 녹음기, 팩스 등), 아직 실행하지 못한 원대한 개인적 계획, 식료품점에 갈 때 거의 항상 깜박하는 물건(소금, 밀가루, 치약, 면도 크림 등), 중년에 직업을 완전히 바꾸는 사람, 손으로 먹어도 눈총받지 않는 음식(감자튀김, 닭다리, 피자), 아주 수수하게 사는 부자, 연예인과 이름이 같은 사람, 성이 흔한 이름과 같은 사람, 누군가 '금방 돌아올게'라고 말하고는 한참 걸리는 경우…….

이 각각의 범주는 모든 사람의 머릿속에 존재할까? 그렇다고 생각할 근거는 거의 없다. 어느 것도 어휘로 된 표준적인 명칭이 없다는 사실은 실제 생활에서 자주 나타나지 않는다는 점을 나타내며, 그런 이유로 보편화될 가능성은 낮아 보인다. 반면 대다수 사람은 아마 인식하지는 못했겠지만 적어도 잠깐이나마 다수를 접했을 수도 있다.

우리 중에서 어느 때인가 아무 말 없이 친구의 종이 클립이나 포스트잇 아니면 주위에 있는 껌 한 조각이나 사탕 한 알을 슬쩍하지 않은 사람이 있을까? 분명히 벽난로 위에 놓인 예쁜 장식물은 말할 것도 없고 친구의 펜이나 넥타이핀을 슬쩍하는 것은 생각할 수 없는 일일 것이다. 그리고 물론 당신은 때때로 집에 돌아와서야 식료품점에서 소금이나 냅킨을 사는 것을 깜박했다는 사실을 알고 자신에게 화가 난 적이 있을 것이다. 감자튀김을 손으로 집어먹는 것은 전혀 이상하게 여기지 않으면서 마늘쫑은 절대 손으로 집어먹지 않는 사람이 드물까? 예의를 차리느라 누구도 건드리지 않는 마지막 올리브나 치즈 조각 혹은 케이크 조각을 놓고 "**누군가**는 먹어야지. 음식을 낭비하지 마!"라는 말을 들은 적이 얼마나 되는가? 일부 언어에는 이 현상에 대한 표준적인 구절이 있다. 가령 스페인어로는 'el pedazo de la vergüenza'(대개는 그냥 'el de la vergüenza')이고, 이탈리아어로는 'il pezzo della vergogna'이다(둘 다 '부끄러운 한 입'으로 번역된다). 그러나 영어에는 적어도 아직까지는 그런 구절이 없는 것 같다.

이런 종류의 범주를 주의 깊게 살피면 이미 여러 개가 만들어진 채 필요할 때 꺼낼 수 있도록 기억 속의 창고에 들어 있으며, 다른 범주들은 이미 존재하는 것은 아니지만 즉석에서 쉽게 만들 수 있다는 사실을 곧 알게 된다. 이런 범주들은 대개 어휘로 된 표준적인 라벨을 붙이기에는 너무 사소하거나 난해하지만, 그럼에도 우리의 머릿속에서 지속적으로 새로운 범주가 만들어지고 있음을 효과적으로 증명한다.

저기에 저기가 있다There's a There There!

지금부터 사람들이 단어 없이도 수월하게 인식하며, 너무나 간단하고 단순해서 많은 독자들이 처음에는 유추라고 부르기조차 주저할 특수한 유형의 유추를 살펴보자.

> 한 남자가 어느 날 저녁 우연히 집으로 가는 통근 기차에 같이 탄 딸에게 무심코 이렇게 말한다. "어제는 어떤 10대 소녀가 바로 **저기** 앉았는데(그렇게 말하면서 복도 건너편 자리를 가리킨다) 전화로 어찌나 수다를 떠는지 한순간도 눈을 붙일 수가 없었어."

"바로 **저기** 앉았다"라고 말하면서 특정 지점을 가리키는 것보다 더 자연스러운 일이 있을까? 물론 그 10대 소녀는 정말로 **저기**에 있었던 것이 아니다. 전혀 그렇지 않다! 사실 두 **저기** 사이의 차이를 가능한 한 많이 나열하고 누군가 "바로 **저기** 앉았다"라고 말할 때 그 딸이 무슨 말인지 아주 쉽게 이해하는 다른 상황이 얼마나 많은지 생각해보는 것도 좋을 것이다. (가령 통근 기차가 아니라 버스나 비행기를 탔을 수도 있고, 한 칸 앞자리나 두 칸 뒷자리를 가리킬 수도 있다.) 그 수다스러운 10대 소녀는 명백히 문자 그대로 **저기** 앉아 있지 않았다. 그 남자는 딸에게 사실을 **축어적으로** 말하지 않았지만 그래도 다른 수준, 즉 **유추적** 수준에서 사실을 말했으며, 우리는 늘 이렇게 노력은 최소한으로 들이고 유추는 최대한으로 활용하면서 의사소통을 한다.

이는 **어휘화된** 범주, 즉 '저기'라는 단어로 표시되는 범주로 보일 수도 있다. 그러나 이 단어는 중요한 의미를 지니는 손짓을 수반했다. 딸의 머릿속에서 인출된 범주는 단어와 손짓의 조합을 통해 환기되었다. 그 남자는 딸의 머릿속에서 어떤 맥락도 없이 '저기!'라는 단어로 환기될 방대하고 모호한 개념이 아니라 이론적으로 존재하는 **저기**의 전체 집합에서 극미한 하위 집합, 즉 기차(혹은 아마도 버스, 비행기, 배 등) 안에서 자신이 앉은 자리의 건너편(혹은 자신이 아는 사람이 앉아 있거나 앉았거나 앉을 자리의 건너편) 자리를 환기시켰다. 그 남자는 단어와 손짓의 조합을 활용하여 딸에게 현재의 기준틀 안에 있는 **유사한** 지점, 수다쟁이가 앉았던 지점을 가리키려 했다. 이 새로운 (대단히 많은 맥락에서 통할 수 있기 때문에 아주 일반적이며 동시에 대단히 정확하고 확실하기 때문에 아주 구체적인) 개념을 즉흥적으로 만드는 일은 딸로 하여금 아버지가 예전에 기차를 타고 가다가 겪은 상황을 생생하게 상상하도록 해준다. 이처럼 손짓을 수반한 유추를 통한 의사소통은 지극히 효율적일 수 있다.

연구실에 나타난 영웅

'대략 비슷한 종류의' 상황을 들자면 젊은 교수가 명망 있는 연구소에서 강연 초청을 받았다. 놀랍게도 그녀는 자신이 오랫동안 존경했으며 자신의 강연을 들으러 오리라고 상상조차 하지 못했던 노교수가 앞줄에 앉아 있는 모습을 보았다. 노교수는 무척 관심 있는 모습으로 강연을 들었으며, 말미에는 심지어 유머까지 곁들여서 단순하지만 예리한 질문을 던졌다. 강연자는 흥분에 휩싸였다. 그녀는 학교에 돌아와 연구실에서 대학원생들을 만나서 "환상적이었어! X 교수님이 바로 **저기** 앉아 있었다니까!"라고 말했다. 그녀는 그렇게 말하면서 바로 앞에 앉은 두 대학원생 사이의 빈 공간을 손가락으로 가리켰다. 그녀가 틀린 말을 한 것은 아니었다. 어떤 의미에서 X 교수는 실제로 **저기**, 심지어 **정확히** 저기 앉아 있었기 때문이다. 그러나 다른 의미에서는 당연히 그는 전혀 **저기** 있지 않았다. 그럼에도 불구하고 암묵적 유추가 까다로운 논리와 소심한 정확성과의 경쟁에서 쉽게 이긴다.

딸과 함께 기차에 탄 남자와 젊은 교수가 단지 '대략 비슷한 종류'의 일이 아니라 **정확히 같은** 일을 했다고 말할 수도 있다. 충분히 맞는 말이지만 그들이 한 것을 '정확하게 같은 일'로 보려면 하나의 공통된 핵심을 추출하기 위해 두 상황의 거의 모든 세부 사항을 무시해야 한다.

여기와 저기

여기 '대략 비슷한 종류의' 다른 상황이 있다. 인지과학학회의 연례 총회에 참가한 두 사람이 특정 출판사 부스에서 우연히 마주치자 한 사람이 "지난번에도 여기서 마주치지 않았나요?"라고 말했다. '지난번'의 그 일이 5년 전에 다른 대륙의 다른 도시에서 열린 인류학 컨퍼런스에 참석했을 때 경쟁 출판사의 전시 부스에서 일어났다는 사실은 거의 문제 되지 않는다. 그렇다고 해도 그 일이 벌어진 곳은 사실 '여기'였다.

그렇다면 잠시 우리의 메타 유추로 돌아가서 이번에도 '정확히 같은 유추'가 이루어진 것은 아닐까? 이 경우 '여기'라는 단어에 숨은 말해지지 않은 배경은 구체적인 학회장에 있는 구체적인 한 출판사의 부스지만 이 범주는 이 구체적인 출판사와 학회로부터 흐릿하게 멀어지면서 다른 출판사, 다른 전시장, 다른 학회, 다른 도시, 다른 연도 등을 포함한다. 이 학회 참가자는 무의식적으로 그리고 완벽하게 합리적으로 다른 참가자가 이전 사례에서 손짓의 역할을 하는 묵시적 맥락을 이해한다고 가정한다. 그래서 그가 말한 문장에서 '여기'의 의미는 이론상 존재하는 '여기'가 지닐 수 있는 모든 의미의 작은 하위 집합이다.

얕은 유추에서 깊은 유추로 가는 돌이킬 수 없는 비탈길

다음에 나오는 두 일화는 **저기** 상황의 미묘함을 조명하는 데 도움을 줄 것이다. 한 음악 애호가가 자신이 가장 좋아하는 작곡가의 묘지가 있는 도시에 도착했다. 어느 날 아침 그는 참배를 하기 위해 묘지로 갔지만 당황스럽게도 입구가 잠겨 있었다. 그는 묘지 주변을 빙 돌아서 다른 입구가 있는지 찾아보기로 했다. 45분 후 출발했던 자리로 되돌아왔지만 다행히 그 사이에 입구가 열려서 참배를 할 수 있었다. 그날 저녁 자정 무렵 호텔로 돌아온 그는 놀랍게도 호텔 정문이 잠겼다는 사실을 발견했다. 건물 주위를 돌아봐도 다른 출입구가 없었다. 다행히 마침 다른 투숙객이 나타나 심야 출입용 열쇠로 문을 열어서 같이 들어갈 수 있었다. 그는 피로와 안도감을 동시에 느끼며 방으로 올라가 침대에 걸터앉았다. 그는 문을 바라보다가 화재 시 탈출 방법을 보여주는 작은 지도가 붙어 있는 것을 알게 되었다. 그는 지도에 손가락을 갖다 대며 "문이 잠겨서 들어오지 못하고 여기 서 있었지!"라고 말했다. 그리고 호텔 주위로 손가락을 미끄러트리며 머릿속으로 방금 전에 걸었던 경로를 되짚었다. 그러다가 중간 지점에서 아침에 묘지를 빙 돌아보던 일이 생각나 미소를 지었다. 그는 손가락 일주를 마치며 "묘지를 한 바퀴 돌아서 **여기**까지 왔었지!"라고 말했다. 한 번의 일주가 두 가지 일을 해준 것이다.

이제는 한 중학교 과학 교사의 이야기를 살펴보자. 그는 칠판 한복판에 노란 원을 그린 다음 그 주위를 도는 작은 대상들을 더했다. 학생들은 모두 그 그림이 방금 다룬 주제인 태양계를 나타낸다는 사실을 알았다. 교사는 "오늘은 이 그림이 원자에도 해당된다는 내용을 배울 겁니다. 그래서 **여기**(그렇게 말하면서 교사는 손으로 한 행성을 가리키며 모든 행성에 동시에 적용되는 커다란 원을 그린다) 궤도를 도는 전자가 몇 개 있고, (태양에 해당하는 중앙의 노란 점을 가리키며) **저기**에 원자핵이라고 부르는 것이 있어요"라고 말했다. 과학 용어를 동원하여 궤도를 설명하는 이 유추는 앞선 관광객의 일상적인 유추보다 더 고차원적으로 보이지만 정말로 그럴까? 두 유추 모두 하나의 그림을 사용하여 단지 **더 작은** 원형의 손짓 위에 **더 큰** 원형의 손짓을 덧입힐 뿐이다.

손가락으로 가리키면서 '바로 **저기**야!'라고 말하는 행동이 노벨 물리학상을 받을 가치가 있다고 말하는 것은 아니지만 그처럼 평범한 행동은 원자와 태양계를 연결하는 심오한 유추와 매우 밀접하다. 이 발견은 20세기 초에 나가오카 한타로Nagaoka Hantaro, 장 페랭Jean Perrin, 아르투르 하스Arthur Haas, 어니스트 러더퍼드Ernest Rutherford, 존 니콜슨John Nicholson, 닐스 보어Niels Bohr를 비롯한 여러 나라의 명민한 실험물리학자 및 이론물리학자가 집단적으로 해낸 것이다. 이 유추의 핵심에 있는 이미지는 당시 극히 모호했으며, 이처럼 과감한 생각을 하려면 많은 경험적 조사 결과가 뒷받침하는 특출한 지적 도전을 해야 한다. 그러나 겨우 수십 년 만에 교육계는 한때 혁명적이었던 생각을 완전히 받아들였으며, 이런 의미에서 태양계 구조와 원자 구조 사이의 유사성을 이해하는 일은 매일 우리 모두가 '여기' 혹은 '저기'라고 말할 때 즉흥적으로 파악하는 유사성을 이해하는 일과 크게 다르지 않다.

유추와 진부한 유추banalogy: 효용과 묘미

우리는 다른 사람이 방금 설명한 상황을 이해했을 때 흔히 "맞아요! 그런 일은 항상 생기죠!"나 "전에도 그런 일이 종종 있었죠" 혹은 "나도 그런 일 많이 겪었어요"라고 말한다. 이런 말의 밋밋함은 그 묘미를 가린다.

무엇보다 이처럼 자주 쓰고 평범하게 들리는 말은 방금 언급한 상황의 새로움과 고유함 그리고 복잡함에도 불구하고 그 핵심적 상황이 익숙한 것이며, 자신이 아는 하나의 단어나 구절이 그 핵심을 포착하지 못하지만 이미 직간접적으로 그런 경험을 했다는 생각을 전달하기 위한 것이다. 그래서 사실상 "물론 방금 말한 것이 고유하고 독특한 일인 것은 맞지만 나도 그런 경험을 했고, 그 이야기와 정확히 같은 개념적 골격을 가진 많은 사건을 떠올릴 수 있어요. 그래서 당신이 겪은 일을 깊이, 사실은 완벽하게 이해할 수 있어요"라고 말하는 셈이다.

그러면 모두 실제 대화에서 가져왔으며, 표면적으로는 대단히 밋밋해서 누구도 관심을 기울이지 않지만 상당한 풍부성을 지닌 구체적인 사례를 살펴보자.

전형적인 진부한 유추: '나도me too!'

> 컨퍼런스에 참석한 폴과 톰은 호텔 바에서 활발한 대화를 나누었다. 한 시간이 지난 후 폴은 "가서 내가 마신 맥주 값을 낼게"라고 말했다. 그러자 톰은 "나도"라고 대꾸했다.

톰의 극히 짧은 대꾸에는 인지적 복잡성이 전혀 없는 것처럼 보인다. 누구도 이 대꾸가 아인슈타인이 설명해야 이해될 정도로 깊은 미스터리를 품고 있다고 생각하지 않는다. 그러나 톰이 "나도"라고 말하고 폴이 그 말을 이해하는 것은 사실 상당한 인지적 민첩성을 요구한다.

우선 톰은 폴과 **정확하게** 같은 일, 그러니까 폴의 맥주 값을 내겠다고 말하지 않았다. 누구도 그렇게 생각지 않을 것이다. 물론 그가 한 말의 뜻은 자신도 비슷한 일을 하겠다는 것이다. 하지만 그것이 무엇일까? 자연스럽게 떠오르는 생각은 자신이 마신 맥주 값을 내겠다는 것이다. 이는 타당한 해석이지만 톰은 맥주를 마시지 않았다. 톰은 땅콩을 먹으면서 콜라를 마셨다. 그렇다면 '나도'라는 말은 **그** 값을 지불하겠다는 뜻일까? 사실은 그렇지 않다. 그는 어떤 것의 값도 **지불할** 의도가 없었다. 그는 강연자로 초대받았기 때문에 모든 비용을 주최측이 부담한다. 그래서 그의 말이 지닌 의도는 땅콩과 콜라의 값을 자기 방 앞으로 달아놓는다는 것이었다. 이것이 바로 "나도"라는 말에 담긴 의도였다.

이처럼 톰이 한 간단한 말은 알고 보면 놀랍도록 복잡하며, 상황의 '기하학'적 측면에서 보면 진정으로 이에 필적할 말을 찾기 힘들다. 이 경우 폴의 맥주에 '필적하는' 것은 **한** 가지가 아니라 (많은 땅콩을 그냥 '한 가지'로 친다면) **두** 가지이다. 또한 이 두 가지 중 하나는 맥주가 아니었고, 다른 하나는 아예 음료가 아니었다. 따라서 이런 한 쌍의 대상을 맥주에 덧입히는 것은 무시할 수 없는 정도의 **개념적 이월conceptual slippage**(한 개념이 다른 개념의 역할을 수행하도록 하는 것)을 요구한다. 톰의 호텔 방 계정을 폴의 호주머니에 있는 동전(혹은 지갑에 있는 지폐 내지 신용카드)에 덧입히는 것도 마찬가지다. 유심히 살피면 톰이 무심코 던진 "나도"라는 말의 진정한 의미는 "네가 현재 처한 상황에 대해 방금 밝힌 의도를 이해하며, 나 역시 그에 상응하는 상황에서 비슷한 일을 할 것이다"라는 것이다.

폴이 "가서 내가 마신 맥주 값을 낼게"라고 하지 않고 "잠시 나의 요청에 따라 제공된 상품 및 서비스의 제공자에게 진 채무를 갚기 위해 필요한 행동을 취할게"처럼 아주 개괄적으로 말했다면 "나도"라는 톰의 대꾸는 말 그대로 정확했을 것이다. 그러나 폴은 그런 식으로 말하지 않았다. 누구도 일상생활에서 그런 식으로 말하지 않는다. 법률 용어로 말하는 것은 전혀 도움이 되지 않는다. 우리 모두는 원활한 의사소통을 위해 사소한 유추를 활용한다. 정확하지 않고 허술함에도 불구하고 다른 사람들이 이해할 것임을 알기 때문이다. 반면 방금 폴의 말로 든 복잡하고 '정확한' 법률적 발언은 대단히 개괄적이고 많은 경우에 적용할 수 있을 것 같지만 이해하기가 아주 어렵다.

프로크루스테스의 맞지 않는 침대

톰과 폴이 단지 '**맥주 값 지불 : 폴의 세계** :: X : **톰의 세계**'라는 비율 유추 문제를 푸는 것처럼 보일 수도 있다. 그리고 어떤 의미에서는 그것이 맞다. B와 D를 전체적으로 본 두 개의 큰 상황으로, A와 C를 B와 D라는 '세계'에 속한 작은 측면이나 구성 요소로 본다면 모든 유추를 'A : B :: C : D'라는 고전적 개요에 끼워 맞출 수 있기 때문이다. 물론 이에 따른 유추는 B 세계에서 A가 하는 역할이 D 세계에서 C가 하는 역할과 '같다'는 사실일 것이다.

폴과 톰이 나눈 대화를 예로 들어보자. 과연 **폴의 세계**와 **톰의 세계**란 무엇일까? 어느 개념도 결코 명확하지 않다. 두 사람은 모두 같은 바에 있고, 같은 호텔에 있고, 같은 컨퍼런스에 참석하고, 같은 도시에 있고, 같은 주에 있다. 이 중에서 얼마나 많은 공통점이 '나도'라는 톰의 말과 관련이 있을까? 더 작은 규모에서 보자면 톰이 주문한 땅콩을 폴이 마음껏 먹었다는 사실은 바 안에 존재하는 개별적인 두 세계의 경계를 다소 흐릿하게 만든다. 그리고 훨씬 더 큰 규모에서 보자면 우리가 '톰의 세계'라고 부르는 것은 비행기 표, 강연 제목, 호텔 방의 고장 난 에어컨, 강연을 시작할 때 생긴 핀 마이크의 문제, 호텔 바에서 앉은 의자 등을 포함할 수도 있고 포함하지 않을 수도 있다. 근본적으로 앞서 언급한 비율 유추에서 '폴의 세계'와 '톰의 세계'라는 단순해 보이는 구절로 표시되는 상황 사이의 경계는 분명하지도 명시적이지도 않다.

톰의 머릿속에서 일어난 인지적 과정을 신비롭게 꾸미는 것이 우리의 의도는 아니지만 수학적으로 정확한 의미를 지닌 기호 표기를 통해 상황을 공식화할 수 있다고 가장하는 일은 도움이 되지 않을 것으로 보인다. 모든 유추는 사후에 비율 유추로 파악할 수 있지만 오직 소수의 경우에만 이런 공식화가 조금이나마 자연스럽다. 비율적 표기는 방금 설명한 모든 심리적 복잡성을 무시하는 일련의 단서에 불과하다. 이처럼 심리적 연관성이 부족하다는 점은 유추를 비율적 형태로 파악하는 일에 대한 관심을 잃게 만든다.

모든 유추에 대해 통일성과 '비율성'을 교조적으로 고집하는 것은 고대 그리스의 반신인 프로크루스테스의 전설을 연상시키는 행위다. 이 신화 속 거인은 무고한 행인을 잡아서 침대에 눕힌 다음 침대보다 키가 작으면 강제로 몸을 늘렸고, 반대로 침대보다 키가 커 다리가 삐져나오면 다리를 잘라냈다. 이런 식으로 프로크루스테스는 언제나 모든 '손님'이 침대에 딱 맞게 만들었지만 그러기 위해 적잖은 희생이 필요했다.

밋밋한 유추의 묘미

공감이나 동의를 표하거나 같은 시각으로 세상을 본다는 관념을 전달하기 위해 종종 '나도'라고 말하고 싶을 때가 있다. 그러나 그저 무례하게 보이고 싶지 않아서 말하는 때도 있다. 그래서 무슨 의미인지 분명하게 생각하기 전에 '나도'라는 구절을 입에 올릴 수 있다. 가령 공항 매장의 점원은 비행기를 타러 가는 여행객에게 "여행 즐겁게 다녀오세요"라고 말하는 습관이 있으며, 그 대답으로 "당신도요You too!"라는 말을 상당히 자주 듣는다. "맛있게 드세요!"라고 말하는 레스토랑 종업원의 경우도 마찬가지다.

그 의미는 종종 모호해지기도 한다. 그래서 "조만간 저녁 먹으러 우리 집에 한 번 와"라는 친구의 말에 '나도'라고 대답한다면 친구의 집에 가기를 기대한다는 뜻일까, 아니면 친구가 자기 집에 와주기를 바란다는 뜻일까? 사실 이 경우 동시에 두 가지 의미를 모두 지닐 수 있으며, 자신은 그 말에 담긴 진정한 의미를 인지하지 못할 수도 있다. 이 경우 상대방에게 그 의미가 모호할 수 있겠다는 사실을 깨닫고 의미를 명확하게 하기 위해 더 구체적인 설명을 할 필요성을 느낄 수도 있다.

지금부터 모든 경우에 첫 번째 사람의 기준틀에서 두 번째 사람의 기준틀로 가는 경로에서 개념적 이월이 발생하고, 바뀌는 것과 남는 것이 미묘하며, 수많은 요소에 따라 결정되기 때문에 범주 사이의 이월을 인지할 가능성이 낮지만 일부는 인상적인 정신적 유연성을 수반하는 일련의 사례를 제시하겠다.

A: "달을 보고 있어." B: "나도."
C: "두통이 심해." D: "나도."

첫 번째 사례에서 A와 B는 나란히 서 있을 수도 있고 수백 킬로미터 떨어져서 전화 통화를 하고 있을 수도 있지만, 두 사람이 보는 것은 각각 하나의 달이 아니라 항상 **유일무이한the** 달이다. 반면 두 번째 사례에서는 머리도 다르고, 두통도 다르다.

E: "어린 소녀일 적에 개를 키웠어." F: "나도."
G: "어린 소녀일 적에 널 좋아했어." H: "나도."

첫 번째 사례에서 F를 남자로 상상할 수 있다(당연하겠지만, 이 경우 F는 결코 소녀인 적이 없었다). 마찬가지로 가능성은 낮지만 F가 고양이나 덜 흔한 애완동물 같은 다른 동물을 키웠을 수도 있다. 두 번째 사례에서 H가 G를 좋아했던 것은 분명하다. 여기서 정신적 이월은 수월하게 큐피드의 화살이 날아가는 방향을 바꾼다.

I: "어젯밤에 성질을 참지 못해서 미안해." J: "나도."
K: "이번 한 번만은 사고 때문에 나 자신을 용서할 수 있어." L: "나도."

첫 번째 사례에서 우리는 I와 J가 말다툼을 했으며, 서로 상대방에게 자신의 행동을 사과하고 있음을 알 수 있다. 반면 두 번째 사례에서 K는 근래에 겪은 사고가 사소한 잘못에 대한 핑계가 될 수 있다고 생각하며, L은 그저 그것이 타당한 관점이라는 데 동의한다.

M: "올해 아내 생일을 잊고 지나갔어." N:"나도."

O: "아! 네 차에 아내 선물을 두고 왔어."　　P : "나도."

첫 번째 사례에서 우리는 M과 N이 남자이며 모두 올해 아내의 생일을 잊고 지나갔음을 알 수 있다. 그래서 화자가 바뀜에 따라 '아내'의 의미는 'M의 아내'에서 'N의 아내'로 전환된다. 반면 두 번째 사례에서 우리는 O와 P가 (각자 상대의 차를 몬 것이 아니라!) P의 차를 타고 도착했다고 안전하게 추정할 수 있으며, 그래서 P의 말은 "우리 **둘 다** 아내 선물을 내 차에 두고 왔어. 어떻게 이렇게 멍청할 수 있지?"라는 뜻이다.

Q: "쓰레기통에 결혼반지를 떨어트린 적이 있어."　　R : "나도."

R이 "나도"라고 말하는 이유가 자신도 Q의 결혼반지를 쓰레기통에 떨어트린 적이 있어서는 결코 아니다. R은 자신의 결혼반지를 말하고 있다. 설령 지금 결혼한 상태가 아니고, 과거에 한 번이 아니라 여러 번 결혼했다고 해도 '결혼반지'는 '특정한 시기에 내가 결혼했다는 징표로 끼었던 반지'를 뜻하는 것으로 이해된다. '쓰레기통'의 경우 명백히 (마치 갈릴레오가 복수화하기 이전의 달The Moon과 같이 온 세상에 쓰레기통이 단 하나만 있는 것처럼) 유일무이한 쓰레기통The Wastebasket을 뜻하지 않는다. 사실 R의 '쓰레기통'은 음식물 쓰레기 분쇄기, 모래사장, 대접, 호수, 배수구, 편지통이 될 수도 있다. 정확하게 무엇인지 누가 알겠는가! Q의 이야기에는 아주 많은 시나리오가 해당할 수 있다. 그리고 무의식에서 급히 떠오른 기억이 10대 조카가 리프트를 타고 가다가 실수로 아래에 있는 눈 무더기로 모조 장신구를 떨어트린 일에 대한 것이라면 실제로 '나도'라고 말하지는 않겠지만 이런 의식적 검열이 환기를 막지는 않으며, 최소한 '나도'라고 말하고 **싶은** 마음도 들지 않는 것은 아니다. 이 극단적인 사례에서도 우리는 비록 해당 범주의 가장자리에 있는 요소이기는 하지만 여전히 me-too 상황을 접하게 된다.

고민에 빠진 에드워드

어느 목요일 오후, 에드워드는 학교에서 아들을 데려오려고 기다리다가 아들 친구의 엄마인 스테파니와 대화를 나누었다. 스테파니는 문득 "아내분이 아주 예쁘신 것 같아요. 얼굴이 정말 아름다워요"라고 말했다. 에드워드는 아내에 대한 칭찬에 적절하게 응답할 말을 찾으려고 머리를 굴렸다. 그는 같은 맥락에서 응답하고 싶었기 때문에 일종의 me-too에 해당하는 말을 찾았다. 하지만 어떤 내용의 me-too여야 할까?

처음 머릿속에 떠오른 생각은 **배우자**라는 범주에 기초한 것으로 "스테파니가 방금 **내** 배우자를 칭찬했으니 나도 스테파니의 배우자를 칭찬하면 되겠군"이었다. 그러나 스테파니에게 남편이 아주 잘생겼다고 말하는 것은 다소 불편한 느낌이 있었다. 다른 남자의 얼굴을 평가하는 것은 자연스럽지 않은 일이었으며, 게다가 여성들이 다른 여성의 매력을 음미하는 일반적인 방식은 남성들이 다른 남성의 잘생긴 얼굴에 반응하는 방식과 크게 달라 보였다. 무엇보다 상대방이 먼저 한 말을 직접적으로 베끼는 이런 응답은 대단히 정형화되어 있어서 가식적이고 거의 기계적인 느낌을 풍길 수 있었다. 그러면 아무리 솔직하더라도 곧바로 그 진실성을 의심받을 수 있었다. 그래서 어떤 종류든 칭찬을 받을 때마다 앵무새처럼 바로 다른 칭찬을 돌려주어야 한다는 의무감을 느끼는 것처럼 보일 수 있었다. 이런 성격적 약점은 다른 사람에게 드러내고 싶은 것이 아니었다. 그래서 순식간에 이 모든 요소를 머릿속에서 따져본 에드워드는 '저도요. 남편분이 아주 잘생기신 것 같아요. 얼굴이 대단히 매력적이에요'라고 말하고 싶은 최초의 생각을 억눌렀다.

그다음으로 에드워드는 **배우자**라는 범주가 아니라 **부부 중 여성**이라는 범주에 기초하여 '스테파니가 방금 **우리** 부부 중 여성을 칭찬했으니 그걸 되돌려서 스테파니 부부 중 여성, 그러니까 스테파니를 칭찬하면 되겠군'이라는 내용의 me-too를 생각했다. 그러나 스테파니에게 아주 예쁘다고 말하는 것이 불편해서 이 말도 할 수 없었다. 이런 말은 오해를 사기 쉬웠다. 그래서 그는 '저도요. **당신이** 아주 아름답다고 생각해요'라고 말한다는 생각도 포기했다.

이 시점에서 에드워드는 방금 포기한 me-too에서 신경 쓰이는 점은 자신과 스테파니가 이성인 반면 아내와 스테파니는 동성이라는 사실임을 깨달았다. 그렇다면 최선의 me-too는 미모를 칭찬하는 사람과 칭찬받는 사람이 동성인 경우가 아닐까? 다시 말해서 **여성**을 칭찬하는 것이 **배우자**를 칭찬하는 것보다 중요하다면, 남자가 아니라 여자에게서 칭찬이 **나와야** 하지 않을까? 이것은 새로운 아이디어였다! 그렇다면 **아내**도 스테파니가 아름답다고 말했다고 응답할 수 있었다. 에드워드는 무례하게 보이기 전에 어떤 말이든 하려고 머리를 빠르게 굴리기는 했지만 여전히 이 대안에도 만족할 수 없었다. 스테파니는 자신의 의견을 말한 반면 자신은 다른 사람의 시각을 전달하기 때문이다. 그래서 에드워드는 '집사람도 당신의 미모를 칭찬해요'라고 말한다는 생각을 포기했다.

최종적으로 선택된 유추는 가장 축어적이고, 현실적이며, 기초적인 것이지만 그가 보기에 가장 매력적인 것이었다. 스테파니는 아내가 아름답다고 말했다. 그래서 에드워드는 미소를 지으며 정중하게 응답했다. "저도요! 저도 제 아내가 아주 아름답다고 생각해요!"

일석이조

앞서 살폈듯이 me-too식 발언의 의미를 이해하려면, 그 발언이 표면적으로는 진부함에도 불구하고, 유연하고 미묘한 유추적 사고가 필요하다. 모든 언어에는, 더 세심하게 살피기 전에는 언뜻 사소해 보이는 유추를 수반한다는 점에서 거의 같은 방식으로 작용하는 다른 많은 표현이 있다. 그러면 그런 발언을 지금 살펴보자.

> 캐럴은 친구인 피터에게 막 수표를 써주다가 무심코 이렇게 말했다. "어머! 이름을 헷갈리는 바람에 다 망쳐버렸네! 미안해, 다시 써줄게." 피터는 웃음을 지으며 "이제 결혼한 지 얼마나 됐어?"라고 물었다. 캐럴은 "여섯 달 조금 더 됐어"라고 대답했다. 피터는 위로하듯 말했다. "신경 쓰지 마. 나도 1월만 되면 그런that 일을 겪으니까."

도대체 1월마다 피터에게 생기는 일이 **무엇**일까? 분명히 1월이 올 때마다 결혼 후 성이 아니라 결혼 전 성을 써서 서명을 망치는 일은 아닐 것이다. 명백히 그는 새해의 연도가 아니라 지난해의 연도를 쓰는 일을 언급한 것이다.

피터가 무심결에 사용한 'that(그런)'이라는 전치사는 미묘한 양가성double-valuedness을 지닌다. 그는 이 전치사 안에 **수표에 결혼 후 성이 아니라 결혼 전 성을 쓴다**는 개념과 **문서에 새해의 연도가 아니라 지난해의 연도를 적는다**는 개념을 모두 몰아넣어서 일석이조의 효과를 거둔다. 이런 'that'의 활용은 그의 머릿속에서 두 유형의 사건을 모두 요소로 가지는 새로운 추상적 범주를 만든다. 앞서 우리는 **여기**와 **저기**라는 방대한 범주의 하위 범주가 관련된 비슷한 현상을 살폈다. 이제 우리는 'that'이라는 전치사로 표시되는 상상할 수 없이 방대한 범주의 하위 범주가 즉흥적으로 만들어지는 현상을 목격하고 있다. 상상할 수 있는 거의 모든 것을 포함하는 이 범주는 극심한 제한을 가하는 맥락이 없으면 근본적으로 효용성이 없다. 그러나 피터의 말이 만든 제한된 버전의 'that'은 미묘하고, 추상적이며, 흥미로운 범주를 나타낸다. 'that'은 피터가 생각한 두 가지 외에도 다른 수많은 모습으로 등장하는 정규성을 지닌다.

이 사례에서 that이라는 하위 범주가 지닌 핵심을 요약하자면 다음과 같다. **갑자기 그리고 드문 방식으로 상황이 바뀌면 특정한 항목을 쓰는 방식을 바꿀 필요가 있지만 어느 정도 시간이 지난 후에도 오랜 습관이 계속 나타나며, 그 결과 과거의 방식대로 해당 항목을 쓰게 된다.** 장황하고 딱딱한 설명이기는 하지만 이 범주는 우리 모두가 이해하며, 우리는 살면서 겪는 다양한 일화를 통해 이 범주에 익숙해져 있다. 모두 이 범주의 핵심을 공유하지만 일부는 우리가 관찰한 것이고 다른 일부는 우리가 꾸며낸 여러 시나리오를 아래에 제시한다.

마사는 직장을 옮겨서 이제는 도시의 다른 지역에서 일한다. 그러나 이직 후 처음 몇 달간 그녀는 출근할 때 계속 옛 직장으로 향했다.

명왕성은 더 이상 공식적으로 행성이 아니지만 대다수 사람은 태양계를 설명할 때 여전히 행성이라고 부른다(혹은 '행성이 아홉 개' 있다고 말한다).

마이크는 여러 달 전에 죽었지만, 슬픔에 빠진 미망인은 그러지 않으려고 애를 쓰면서도 계속 "우리는", "우리를"이라고 말한다.

오랫동안 파리에서 산 네덜란드 부부가 암스테르담으로 돌아갔다. 아내는 얼마 전에 뉴욕으로 출장을 간 남편에 대해 이야기를 하다가 "그 사람은 여건이 되면 무조건 에어프랑스를 타요"라고 말했다. 그러나 그녀가 하고자 한 말은 "그 사람은 여건이 되면 무조건 KLM(네덜란드 국영 항공)을 타요"였다.

얼마 전에 새 차를 산 리처드는 주차장에서 차를 찾으려 했지만 머릿속 '검색 이미지'가 옛날 차여서 찾지를 못한다. 심지어 바로 눈앞에 두고도 못 알아볼 정도다!

아들이 다니는 새 학교에서 학기가 시작된 지 몇 주가 지났지만 아들의 학교에 대한 질문을 받은 엄마는 작년에 다녔던 학교의 이름을 댄다.

조지는 여섯 달 전에 50번째 생일을 지냈는데도 여전히 "쉰 살이 되면"이라고 말한다.

래리는 집에 전화를 걸려고 이사하기 전의 번호를 누른다.

줄리는 작년에 사촌이 둘째를 낳았다는 사실을 잊고, 마치 아이가 한 명뿐인 것처럼 어떻게 지내는지 묻는다.

갓 진급한 대위는 누군가 자신을 '대위'라고 부를 때마다 깜짝 놀란다.

사범대학을 다니는 리사는 우연히 초등학교 4학년 때 가르치던 롱 선생님의 교실에서 교생 실습을 하게 되었다. 그녀는 그에게 '마티'로 부르라는 말을 들었지만 종종 반사적으로 '롱 선생님'이라고 말한다.

이 문장들이 지닌 흥미로운 점은 어떤 요소도 위에서 정의한 범주에 엄격하게 속하지 않는다는 것이다. 자세히 살펴보면 그 범주는 **글쓰기**에서의 실수를 수반하기 때문이다. 그렇기는 해도 이 일련의 상황은 피터가 "나도 1월만 되면 그런 일을 겪으니까"라는 구절에서 사용한 방식대로 'that'이라는 단어에 상당히 부합한다. 변한 환경에 적응을 못 하는 불쌍한 마사나 대위는 "신경 쓰지 마세요. 나도 항상 **그런** 일을 겪으니까요!"라는 말로 캐럴을 위로할 수 있다.

위에 나오는 문장들은 캐럴의 서명 실수를 중심에 두고 피터가 툭 던진 'that'으로 확장된 범주를 크게 넓히지만, 절대 그 핵심을 희석하지 않는다. 오히려 이 범주 확장, 이 '영역' 확충은 범주의 핵심을 더욱 생생하게 만든다. 그러니까 그 핵심은 갑작스러운 변화로 더는 쓸모가 없음에도 불구하고 계속 남아 있는 습관이며, 다른 식으로 표현하면 재설정하기 어려운 반사작용에 갇힌 상황으로 구성된다.

'이런 개념적 영역이 피터가 캐럴을 위로하는 말을 했을 때 비로소 만들어지는 것인지' 물을 수 있다. 우리의 대답은 피터가 캐럴의 탄식을 들었을 때 그 축어적 의미를 완벽하게 이해했지만 동시에 거기서 더 일반적인 개념, 언제 어디서든 누구에게나 적용할 수 있는 더 추상적인 관념을 추출했다는 것이다. '나도 그런 일을 겪는다'라는 피터의 말은 무의식적 복수화, (단일 사건으로 구성된) '정신적 점'을 작은 '정신적 영역'(신생 개념)으로 넓히는 즉흥적인 추상화를 수행했다.

실제로 사람이 말하는 모든 문장은 청자의 머릿속에 저절로 떠오르는 하나 이상의 '해당 주제에 대한 변주'(어떤 상황에도 핵심이 단 하나인 경우는 없으므로)에 묵시적으로 둘러싸인다. 일단 설명이 제시되면 상황을 일반화하고 그 핵심(혹은 핵심 중 하나)을 대단히 명확하게 나타내는 유추가 자연스럽게 유도된다. 발화된 문장을 이해하는 과정에서 저절로 만들어지는 이 일반화된 상황은 새로운 추상적 범주가 된다. 그에 따라 이 범주는 '원래 요소'와 사소하거나 심지어 중대한 차이를 내면서 유추를 통해 또 다른 상황과 연결하는 단순한 정신적 이월을 유도하며, 뒤이어 이 상황은 범주의 새로운 요소가 된다. 유추 작용에 기초한 이 반복적인 범주 확장 과정은 신생 범주가 시간이 지남에 따라 마주치는 특정한 유사 상황에 따라 멀리 확장되도록 만든다. 그리고 이 개념이 외부로 계속 확대됨에 따라 이면의 핵심 관념은 구축하는 사람의 머릿속에서 새로 사용할 때마다 날카로워지는 칼처럼 갈수록 더 명확해진다.

침대 위의 피아노?

피아노, 트럼펫, 기타를 연주하는 재즈 음악가인 데이비드는 어느 날 음악학교 동창인 바순 연주자가 아버지와 함께 지붕을 고치다가 추락했다는 소식을 들었다. 그녀는 의사에게서 다시는 걷지 못한다는 말을 들었음에도 불구하고 사고 다음 날 병실 침대에 힘겹게 앉아서 바순을 가져다달라고 부탁했다. 이 말을 들은 데이비드는 "대단하네! **나는** 절대 그렇게 못 할 거야"라고 감탄했다.

그가 절대 못 할 것이라고 말한 **대상**은 무엇일까? 그는 지붕에서 떨어지는 바람에 입원한 병원의 침대에 앉아서 자신이 다루는 세 악기 중 하나(바순은 여기서 언급조차 하지 않을 것이다!)를 가져다달라고 부탁하는 모습을 상상한 것일까? 그렇지는 않을 것이다. 아마도 그는 동창이 비극적인 사고에 맞서서 보여준 놀라운 의지에 존경심을 표시하고 싶었을 것이다. 그렇다고 해도 데이비드가 추락 같은 비극적인 사고 직후에 병원 침대에서 (세 악기 중 바순과 가장 비슷한) 트럼펫을 가져다달라고 부탁하는 이미지를 완전히 억누르기는 어렵다.

데이비드는 자신이 무심코 한 말의 의미를 정확하게 파악하지는 않았을 것이다. 그러나 아마도 그가 머릿속에 품었고 청자의 머릿속에서 환기하고 싶었던 것은 대단히 고상한 추상화(놀라운 의지를 보여주는 모든 행동)와 거의 정확한 사건의 재현(데이비드 자신이 동창의 아버지와 지붕을 고치다가 떨어져서 불구가 될 것이라는 말을 들었으며, 이튿날 병원 침대에서 악기를 가져다달라고 부탁하는 것) 사이의 어딘가에 있을 것이다. 중간 규모의 개념적 이월을 보여주는 이런 중도적 시나리오는 데이비드가 인생을 바꾸는 뜻밖의 사건을 겪은 후 자기 연민과 분노의 유혹을 물리치고 오랫동안 열정을 품었던 음악 혹은 다른 관심사에 집중하는 내용일 것이다.

그 댐을 비난하라Damn that dam

닉은 이집트로 떠난 첫 여행의 끝 무렵에 카이로의 레스토랑에서 저녁을 보내기 위해 택시를 탔다. 원래 수다스럽고 호기심 많은 닉은 택시 기사와 대화를 나누었다. 택시 기사는 자신이 남부 지방에서 왔으며, 누비아라는 유서 깊은 종족 출신이라고 말했다. 러시아와 이집트 컨소시엄이 누비아 족이 많이 사는 나일 강 유역의 아스완에 지은 거대한 댐을 얼마 전에 방문한 닉은 이 말을 듣고 "댐 건설이 누비아 족에게 어떤 영향을 미쳤나요?"라고 물었다. 택시 기사는 "우리에게 전혀 도움이 되지 않았어요"라고 대답했다. 닉은 공감한다는 듯이 "그렇죠. …… 항상 그렇게 되더라고요"라고 말했다.

여기서 핵심적인 문제는 닉이 실제로 말하는 바에 대한 것이다. 그는 70여 년 전에 영국과 이집트 합작회사가 아스완에 지은 과거의 댐을 암시하는 것일까? 혹은 누비아 족이 사는 도시 인근에 있는 다른 댐을 암시하는 것일까? 혹은 이집트에 사는 다른 종족이나 나일 강 유역에 사는 다른 종족을 전반적으로 암시하는 것일까? 혹은 소수민족의 삶을 침해한 이집트 정부의 모든 대규모 토목공사를 암시하는 것일까? 혹은 소수민족의 삶을 침해한 모든 정부의 모든 행동을 암시하는 것일까? 혹은 모든 집단의 사람에게 고통을 준 모든 건설공사를 암시하는 것일까? 혹은 오늘날의 산업화된 세계에서 뿔뿔이 흩어진 채 살아가는 원주민의 운명에 대한 일반적인 슬픔을 인간적으로 표현한 것일까? 혹은 약자는 언제나 무슨 일이 생기든 희생되기 마련임을 뜻하는 것일까? 아마 닉은 자신이 무엇을 의미하는지 정말로 모른 채 이 가능한 의미(그리고 아마도 다른 의미)의 대다수에 그저 문을 열어두었을 것이다. 닉이 즉흥적으로 만들어낸 범주의 규모나 속성에 명확한 것은 하나도 없다. 그래서 많은 해석이 가능하지만 그 모두는 유추에 의존하고, 아스완 댐과 누비아 족이라는 구체적인 사례를 훌쩍 넘어서며, 각각의 경우가 모호한 경계를 지닌 범주에 해당한다.

양동이 가득한 진부한 유추

앞의 몇 단락은 일상적 사고에서 '진부한 유추'가 얼마나 자주 등장하는지를 보여주었다. 사람들이 이처럼 진부한 유추를 전달하기 위해 사용하는 구절이 다양하다는 사실은 그 현상이 얼마나 자주 일어나는지 말해주지만, 다른 한편으로 이 풍부성은 장래의 수집가에게 중대한 어려움을 안긴다. 실제로 명시적으로 말해지지 않고 문장이 밋밋하며 따분해 보이는 경향이 있기 때문에 무척 주의를 기울이더라도 이 단순한 유추를 놓칠 수 있다.

특히 주위에 있는 인상적인 사람과 인상적인 행동에 주의를 기울일 때 밋밋한 옷을 입은 평범한 사람이 두드러지지 않듯이, me-too 유추는 활기찬 대화 속에서 아무런 주의를 끌지 않는다. 이 유추는 쉽게 이해되지만 눈에 띄지 않고 지나치는 경향이 있다. 그러나 이 현상을 연구하는 데 관심 있는 사람에게 도움이 되는 한 가지 힌트는 "다시는 **그런** 일이 없을 겁니다!", "또 그러는군요!", "다음부터는 조심할게요!", "다음에 이런 일이 또 생기면", "나도 똑같은 일을 겪었어요!", "나도 그런 습관이 있어요", "다시는 **그런** 것에 속지 않을 겁니다", "지난번에도 그렇게 말했잖아요", "다시는 그런 꼴을 당하지 마!" 같은 구절로 종종 전달된다는 것이다. 밋밋하기는 하지만 이 구절들은 시사적인 면이 있다. 도움이 되는 다른 힌트는 "요전에 나도 같은 일을 겪었어요!" 같은 구절에 나온 '같은'이나 '바로 그런'이라는 단어이다. 이런 구절을 떠올리는 사람은 대개 피상적으로는 많은 차이가 있지만 개념적 골격을 공유하는 두 가지 상황을 암시한다. 가령 다음과 같은 식이다.

> 한 남자가 침대에서 책을 읽으려 했지만 아내가 아주 흐린 불빛에도 신경 쓰여서 잠을 못 자겠다고 말했다. 화가 난 남자는 아내가 과민하다고 불평했다. 그러자 아내는 즉시 "남 말 하지 마. 당신도 아침에 똑같이 굴잖아. 내가 일찍

일어나서 최대한 조용하게 옷을 입어도 항상 그 소리 때문에 깬다고 불평해 놓고는. 과민한 사람은 바로 **당신**이야!"라고 대꾸했다.

한 여자가 휴가를 떠난 사이 홍수가 나서 집이 잠기는 바람에 일정을 줄여 바로 돌아와야 했다고 친구에게 말했다. 친구는 몇 년 전에 중요한 회의를 하는 도중에 이웃집에 불이 났다는 전화를 받았던 '똑같은 경험'을 했다고 말했다.

이 사례는 우리가 다른 사람의 이야기를 들을 때 진정 핵심에 도달했다고 느낄 때까지 표면적인 세부 사항을 즉시, 자동적으로, 무의식적으로 제거하며, 골격만 남은 정수를 방금 들은 이야기의 진정한 핵심으로 받아들인다는 사실을 드러낸다. 이 핵심은 '이 이야기에서 진정으로 중요한 것'으로 다가온다. 그러나 이 개념적 골격, 추상적 핵심, 순수한 골자는 지나치게 제거되고 '발가벗겨진다.' 그래서 우리는 즉시 기억을 검색하여 친숙한 옷으로 감싸려 한다. 이때 구체적인 개인적 경험이 방금 들은 이야기와 쉽게 연관지을 수 있는 기억에서 구체적이고 생생한 방식으로 떠오른다. 이 사실은 사람들이 아주 솔직한 마음으로 "나도 그런 일을 겪었어요!"라고 말하는 이유를 설명한다. 두 이야기가 공유하는 개념적 골격에 깊이 집중하면 아무리 큰 차이라도 사라지는 것처럼 보인다. 실제로 핵심적인 측면에서 두 이야기는 정확히 **같아서** 단지 하나의 이야기가 된다.

자신과 다른 사람의 경험을 이해하는 방식

다른 사람이 들려주는 이야기를 잠재 기억 속의 개인적 경험으로 전환하여 연결시키려는 우리의 타고난 성향, 다른 사람과의 유사성을 파악하거나 더 일반적으로는 모든 새로운 상황을 머릿속에 떠오르는 다른 비슷한 상황을 통해 해석하려는 이 경향은 깊은 심리적 욕구를 충족하는 보편적인 경향이다.

버지니아는 출판사로부터 반기 인세 내역서를 받았다. 그녀는 여러 장으로 된 내역을 열심히 살폈다. 그리고 결론에 해당하는 총액을 보고는 큰 기쁨을 느꼈다. 왜 그럴까? 이전 두 번의 결산 때는 총액이 비교적 적어서 이런 추세가 지속될 수 있을지 걱정하고 있었기 때문이다. 이전보다 늘어난 총액에 그녀는 행복했다. 이 사례에서도 사소한 유추를 볼 수 있다. 즉 우리는 방금 접한 것을 얼마 전에 접한 것과 비교한다. 이보다 간단한 정신적 행위는 찾기 어렵지만 그렇다고 해서 이런 기초적인 비교가 모든 인간의 삶에서 언제나, 매일 이루어지지 않는 것은 아니다.

그러나 잠시 버지니아의 사례로 돌아가 보자. 그녀의 다음 생각은 무엇일까? 그녀는 이런 생각을 했다. '수전은 어떨까? **그녀는** 이번에 얼마나 받았을까?' 이 역시 사소한 유추다. 이제 버지니아는 마찬가지로 소설가이며 언제나 약간의 열등감과 함께 희미한 경쟁의식을 느끼는 친구와 자신을 비교한다. 하지만 그녀가 어쩔 수 있겠는가? 친구가 받을 인세의 액수를 궁금해하는 것은 그녀가 억누를 수 없는 반사적인 반응이다. 이는 덧입힘을 초래하는 극히 정상적인 심리적 압력이다. 물론 그녀는 그 액수를 알아낼 방법이 없다는 것을 알지만 그래도 궁금해하지 않을 수 없다.

마지막으로 버지니아는 여러 소설에서 나온 인세를 비교하면서 내역서를 자세히 살폈다. 다시 한 번 그녀는 일련의 작은 유추를 한다. 즉 최근작인 《심판의 날 이후 사육제》로 얻은 수입과 전작인 《불길한 단조의 심포니》와 《지옥행 도보 여행》, 《행실 바른 아이의 횡포》로 얻은 수입을 비교한다.

분명히 여기서 다루는 대상은 유추가 아니라 단순한 수치 비교일 뿐이라고 주장하는 사람들이 있을 것이다. 그러나 사실 그것은 단순한 수치 비교보다 훨씬 많은 의미를 지닌다. 이 수치들은 모두 **인세액**이라는 범주에 속하는 요소이고, 같은 소설가의 것이며, 게다가 같은 반기 내역서에 속한다. 버지니아의 머릿속에서 《심판의 날 이후 사육제》에서 나온 수입을 베이징의 기온이나 지역 동물원에 있는 사자의 수는 말할 것도 없고 집에서 쓰는 헤어드라이어의 가격이나 10년 전에 낸 지방세처럼 임의의 수치와 비교한다는 생각은 절대 떠오르지 않을 것이다. 물론 그녀는 하나의 수치를 다른 수치와 비교하지만 그 이유는 두 수치에 긴밀한 개념적 연관성이 있으며, 이 비교를 통해 삶에 대한 약간의 통찰을 얻을 수 있기 때문이다. 그래서 그녀가 한 것은 부정할 수 없는 유추, 두 권의 책으로 번 인세 사이의 유추이며, 그것은 인정하건대 사소하지만 그 단순성이나 자연스러움에도 불구하고 엄연히 유추에 해당한다.

유추라는 바다에서 헤엄치기

마크는 신문을 보다가 수영 선수 마이클 펠프스가 올림픽에서 몇 개째인지 모를 금메달을 딴 직후에 "이번 경기에서 세계기록을 깨고 싶었습니다만 뭐, 괜찮아요. 금메달도 나쁘지 않다고 생각합니다"라고 말했다는 기사를 읽었다. 마크는 '이 펠프스라는 선수, 오만한 거야 뭐야?'라고 생각했다. 그는 더 명확하게 생각하기 위해 이런 궁금증을 가졌다. '**내가** 그 상황이라면 어떻게 할까?' 이는 의심의 여지없이 비교이자 유추이다. 그는 기사를 더 깊이 이해하기 위해 더 일반적으로 누구라도 겨우 스물세 살이라는 나이에 세계 정상급 수영 선수가 된다면 그런 자리에 서고, 모든 대회에 참석하고, 마지막 구간을 미친 듯이 헤엄쳐서 자기 손이 누구보다 빨리 벽을 짚는 것을 보고, 기쁨에 겨워 주먹을 허공에 내지르고, 팀원에게 축하를 받고, 커다란 환호성을 듣는 기분이 어떨지 상상했다.

이것이 바로 우리 인간이 그런 일을 이해하는 방식이다. 우리는 살아가면서 익히 알게 된 일에 그런 일을 빗대서 자신을 투영하는 정신적 시뮬레이션을 한다. 어쩌면 마크 자신이 오래전에 메달을 땄을 수도 있다. 이 경우 그 일에 대한 기억이 즉시 떠오를 것이다. 어쩌면 그는 스포츠 경기에 참가한 적이 한 번도 없지만 친구네 집 수영장에서 아주 빠르게 헤엄을 쳐서 친구의 감탄을 받은 적이 있을 수도 있다. 그는 그 일을 생생하게 기억할 것이다. 어쩌면 그는 급우들에게 따뜻한 축하를 받은 적이 있을 수도 있다. 그렇다면 그 기억이 떠오를 것이다. 어쩌면 그는 학창 시절에 무대에 올라 상을 받은 적이 있으며, 이 멋진 추억이 떠오를 수도 있다. 이런 사례는 계속 이어질 수 있다.

만약 마크가 1972년 뮌헨 올림픽에서 7관왕에 오른 미국 수영 선수인 마크 스피츠라면 어떨까? 마크 스피츠는 2008년 베이징 올림픽 때 텔레비전으로 마이클 펠프스의 모습을 보면서 무슨 생각을 했을까? 수많은 유추를 하지 않았을 것이라고 상상하기는 어렵다. 역시나 그는 한 인터뷰에서 "펠프스는 저와 아주 비슷합니다. 펠프스를 보면 과거의 제 모습이 떠올라요"[21]라고 말했다.

또한 만약 마이클 펠프스가 (스피츠처럼) 유태인이고 (스피츠처럼) 새크라멘토에서 자랐다면 어떨까? 아마 펠프스와 스피츠 사이의 유추적 고리는 한결 강해졌을 것이고, 이 점으로 스피츠는 그 경험을 훨씬 더 강렬하게 받아들였을 것이다. 다른 한편 베이징에서 선풍을 일으킨 선수가 8관왕이 될 뻔한 **여자 선수**였다면 남자 수영 선수인 마크 스피츠의 머릿속에서 유사성이 덜 두드러졌을 것이다. 또한 이 여자 선수가 인도네시아인이고 수영이 아니라 양궁에서 8관왕을 노렸다면 마크 스피츠는 거의 관심이 없었을 것이다.

그렇다면 왜 우리가 쉰여덟 살이 되어서 텔레비전으로 자신의 과거 모습과 흡사한 스물세 살의 마이클 펠프스를 지켜보는 마크 스피츠라는 주제로 긴 일련의 변주를 제시하는 수고를 했을까? 우리의 목적은 지성이 대개 인지할 수 없는 비교의 바다에서 끊임없이 헤엄치고 있으며, 이 비교는 모두 유사성의 정도에 따라 강렬함이 다르게 느껴지는 작은 유추라는 사실을 다시 한 번 지적하는 것이었다. 이는 단순한 연결 관계로서 유사성이 긴밀할수록 더 강력하게 끌어당긴다. 그러면 이 멈추지 않는 유추는 어떤 현실적인 목적에 기여하는 것일까? 언제나 우리의 두뇌를 휩쓰는 유추의 홍수는 인간 조건의 본질적인 부분이며, 유추가 이루어지는 이유는 우리가 직면하는 새로운 상황의 핵심을 집어내는 데 도움을 주기 때문이다. 새로운 대상과 이전에 본 대상을 비교하려는 사라지지 않는 충동은 너무나 복잡하고 예측할 수 없는 세상에서 살아가기 위한 필수적인 전제 조건이다.

마지막으로 펠프스와 스피츠의 비교 사례를 한 번 더 살펴보자. 이 유추가 정말로 무의미하고 공허하다면 왜 마크 스피츠는 애초에 그런 생각을 했을까? 왜 그는 자신과 닮은 선수의 모습을 보려고 텔레비전 앞을 지켰을까? 왜 그는 향수에 잠겨서 "1972년에는 지금처럼 50미터 경주가 없었어요. 만약 있었다면 아마 8관왕이 되지 않았을까요?"[22]라고 말했을까? 그리고 왜 전 세계의 기자들은 매일 두 선수의 실적을 자세히 비교하는 일에 달려들었을까? 아무리 단순하고 사소하더라도 누군가 비교를 하면 거부하든지 심화해야 한다는 생각이 든다. 그만큼 유추는 중독적이다!

유추는 항상 경이로 가득할까?

'마이클 펠프스는 마크 스피츠와 비슷하다'라는 비교가 이 장의 서두에서 나열한 피라미드식 유추('노래는 마약과 비슷하다', '성차별은 인종차별과 비슷하다', '죽음은 이별과 비슷하다', '날개는 지느러미와 비슷하다', '동물의 심장은 펌프와 비슷하다' 등)와 같은 부류에 속하지 않는다고 반론할 수도 있다. 피라미드식 목록에 있는 유추는 각자 접했을 때 새롭고 예상치 못한 내용을 드러내므로 **진정한** 유추이지만 '마이클 펠프스는 마크 스피츠와 비슷하다'는 '둘 다 머리, 팔다리 둘이 있으니까 나는 너와 비슷해'라고 말하는 것처럼 아주 단조롭고 생기 없는 유사성을 따를 뿐이며, 아무런 흥미로운 점이나 영향력이 없다.

사실 그렇기는 하지만 정확히 말하면 실제로는 아무리 사소하더라도 두 사람 사이의 좋은 유추는 여전히 매우 유용할 수 있다. 가령 당신이 발목 때문에 애를 먹는 중이고, 내가 같은 문제를 겪었다면 나의 조언이 도움이 될 수 있다. 혹은 당신이 눈에 들어간 눈썹을 꺼내는 법을 모르고, 내가 손가락으로 눈꺼풀을 끌어내리는 쓸 만한 방법을 안다면 그 방법을 가르쳐서 성가신 일을 해결해줄 수 있다. 혹은 더 단순하게는 우리가 방금 같이 하이킹을 했고 몹시 시장하다면 당신도 배가 고플 것이라고 짐작할 수 있다.

'마이클 펠프스는 마크 스피츠와 비슷하다'보다 훨씬 단순한 유추, '나는 당신과 비슷하다'나 '이 사람은 다른 사람과 비슷하다'처럼 극히 진부한 유추는 우리의 사고에 만연해 있다. 모든 순간에 우리는 전혀 인지하지 못하지만 이런 유추에 직접적으로 의존한다. 그래서 우리는 누군가 뉴욕 지하철에서 뉴욕 지도를 꺼내서 펼쳐 들고 살펴보는 모습을 접하면 연관성을 느낀다. 우리도 수백 번 뉴욕 지도(그리고 파리, 마드리드, 도쿄…… 그리고 가이드북, 사용 설명서 등)를 꺼내서 펼쳐들고 살펴보았기 때문이다. 또한 누군가 팔꿈치를 긁는 모습을 보면 연관성을 느낀다. 우리도 수천 번 팔꿈치(그리고 무릎, 목 등)를 긁었기 때문이다. 그리고 누군가 하품을 하면 연관성을 느낀다. 우리도 수만 번 하품을 했기 때문이다. 이런 유추는 분명히 깊은 통찰을 수반하지 않지만, 그럼에도 불구하고 연민과 공감의 초석이라고 말해도 무리가 아닐 만큼 다른 사람에 대한 이해의 뿌리에 자리하고 있으며 세상과 연계하는 방식을 좌우하기 때문에 깊이를 지닌다.

한 식료품점을 다른 식료품점과 연결 짓는 아주 현실적인 유추를 생각해보자. **식료품점**이라는 개념은 바나나가 있을 만한 장소 같은 상당한 양의 지식을 수반한다. 이런 지식은 유추를 통해 습득되며, 필요할 경우 유추를 통해 환기된다. 우리가 다른 사람에게 "바나나는 저기 근처에 있을 거야"라고 말할 때 '저기'라는 단어는 친숙한 특정 식료품점에 있는 특정 통로를 가리키지만 동시에 처음 간 식료품점에 있는 한 번도 보지 못한 통로도 가리킨다. 자주 가는 식료품점에 바나나가 어디 있는지 안다면 이 '바나나학'은 분명히 설령 외국에 있다고 해도 낯선 식료품점에서 바나나를 찾는 데 도움이 될 것이다. 물론 이런 생각은 대단히 밋밋해서 흥미로운 점이나 영향력 있는 생각은 말할 것도 없고 유추처럼 느껴지지도 않는다. 그러나 아무리 묘미가 없어도 새로운 식료품점에서 어디에 바나나가 있을지 짐작하는 데는 유용하다.

범주화의 핵심적인 측면은 유추를 통해 짐작을 하거나 판단을 하도록 도와

준다는 것이다. 어떤 영역에 속하든 이런 유추는 **사람**, **수영 선수**, **운동선수**, **올림픽 우승자**, **전설적인 수영 선수**, **식료품점**, **통로**, **바나나** 등과 같은 대단히 친숙한 범주에 기반을 둔다. 이런 범주가 없으면 모든 생각이 멈출 것이다. 실제로 모든 사람은 모든 순간에 결코 그 존재를 의식하지 않는 엄청난 수의 사소하고 무의식적인 유추가 지닌 타당성에 삶 자체를 건다. 아무리 사소하더라도 모든 사고 행위는 이런 유추에 의존하며, 유추가 긴밀할수록 그에 따른 결론이 더 불가피해 보인다.

기억의 효과적인 촉발 덕분에 살아가는 존재

조지는 방금 가까운 친구의 아버지가 심장마비로 죽었다는 슬픈 소식을 들었다. 그는 반사적으로 몇 년 전에 갑자기 죽은 아버지를 떠올렸다. 그리고 다시 자신의 의지와는 관계없이 아파트 같은 층에 살던 여인이 갑작스레 죽은 일을 떠올렸다. 그는 6년 전에 불규칙한 심장박동 때문에 자신이 응급실로 실려 갔던 때를 상기했다. 또한 친구가 우는 모습을 유일하게 본 때와 그 광경에 얼마나 마음이 흔들렸는지 상기했다. 그리고 늙은 이모의 죽음에 이모부가 얼마나 깊은 절망에 빠졌는지 기억하면서 이 끔찍한 시기에 친구 어머니의 마음이 어떨지 이해하려고 애썼다. 요컨대 일련의 유추가 조지의 머릿속으로 마구 밀려들었다.

그날 저녁 조지는 지도 교수에게 전화를 걸어서 "지난밤에 친구 아버지가 돌아가셔서 며칠 동안 장례식장에 있어야 할 것 같습니다"라고 말했다. 지도 교수는 생각에 잠긴 목소리로 "이해하네. 자네도 알다시피 우리가 기르던 늙은 고양이도 지난주에 죽었잖아. 우리 부부는 지금도 무척 슬프다네"라고 말했다. 이는 못마땅하게 느껴질 수도 있는 또 다른 유추이다. 그러나 거의 20년 동안 키운 **당신의** 고양이가 얼마 전에 죽었고, 누군가 전화를 걸어서 가까운 친구가 얼마 전에 죽었다고 말한다면 고양이의 죽음이 불가피하게 떠오르지 않을까? 다른 사람의 감정을 세심하게 살핀다면 언급하지 않을 수도 있지만 머릿속에서 그에 대한 생각이 조용히 떠오르는 것을 막을 수는 없다. 게다가 이 전체 단락은 또 다른 유추, 즉 **당신이라면** 이 상황에서 행동했을 방식과 지도 교수가 행동한 방식 사이의 비교에 묵시적으로 의존한다. 이 비교는 단지 일상적이고 단조로운 정렬에 불과하지만 그럼에도 불구하고 방금 직면한 상황을 어떻게 느끼는지 파악하는 데 도움을 주기 때문에 중요한 의미를 지닌다. 유추는 실로 거부할 수 없고 억누를 수 없는 것이 아닐까?

당신이 새벽 네 시에 푹푹 찌는 이국의 아주 큰 공항에서 가능한 한 빨리 세관을 통과하려고(혹은 빠져나가려고) '줄'이라는 친숙한 범주의 경계를 훌쩍 뛰어넘어 신비로울 정도로 유연한 필라멘트 모양으로 늘어선 수백 명의 시끄러운 사람들에 둘러싸여 있고, 좌우에서 새치기와 밀어내기를 하고, (어디로 가는지 모르지만) 상당수가 불법적으로 보이는 통로로 향하고 있고, 한마디도 말을 알아들을 수 없고(혹은 여기서는 여러 언어를 쓰든가), (하나는 한 시간 동안 기다렸는데도 아직 나오지 않았고, 다른 하나는 손잡이 없이, 나머지 하나는 바퀴 없이 나온) 세 개의 가방에 든 귀중품을 챙겨야 하는 낯선 상황에 처했다고 생각해보자. 이 모든 밀어내는 사람과 끼어드는 사람 그리고 세관원 속에서 어떻게 행동해야 할지 판단하려고 애쓸 때 친숙하고 편안한 범주가 제공하는 풍부하고 믿을 만한 목록에 의지하는 일은 그렇게 쉽지 않을 것이다!

당신이 과거에 겪은 개념적으로 가장 밀접한 상황은 무엇이며, 그 상황은 세부적으로 얼마나 밀접한가? 어떻게 이 복잡한 상황에서 가장 근본적인 세부 사항만 남겨서 현지인들이 수월하게 하듯이 그 핵심을 볼 것인가? 현지인들에게 이런 상황에서 무엇을 해야 하는지 아는 것은 세상에서 가장 자연스러운 일이다. 그들은 익숙한 상황에 있으며, 거기서 어떻게 행동해야 하는지 판단하는 일은 간단하다. 그러나 여행자에게는 이런 시나리오가 과거에 직접 겪은 몇 가지 상황을 환기한다고 해도, 가능성이 높고 따라서 크게 안심되는 범주를 떠오르게 만들지는 않을 것이다. 그래서 도움이 되는 기억은 떠오르지 않을 것이다. 이런 종류의 상황에서는 유사성이 덜하며, 정확하고 믿을 만한 단서를 제공하지 못하는 기억이 제안하는 행동으로 만족해야 한다. 상당히 안 좋은 상황이지만 이 역시 살다보면 자주 겪는 일이다.

앞서 나온 공항의 혼란스러운 풍경에 대한 묘사가 당신의 머릿속에서 어떤 기억도 떠오르게 하지 않는다면 그것은 놀라운 일이다. 인간은 본성상 다른 사람이 말하는 상황을 이해하기 위해 여러 층의 기억을 무의식적으로 파고들게 된다(우리가 직접 겪은 상황의 경우는 더욱 그렇다). 우리는 기억이 효율적으로 촉발되는 덕분에 살아가는 존재다.

가까운 친구가 이혼을 했다거나, 이웃집에 불이 났다거나, 강도가 들었다거나, 동료가 자동차 사고를 당했다거나, 오지에서 차에 펑크가 났다거나, 결혼반지를 잃어버렸다가 기적적으로 되찾았다거나, 공항에서 보안 검색대를 통과하려는 줄이 엄청나게 길었다거나, 비행기를 놓칠 뻔했다거나, 극장에서 누가 뻔뻔하게 새치기를 했다거나, 슬로베니아 한복판에서 한밤중에 일행을 잃었다거나, 인도에서 20달러 지폐를 주웠다거나, 비자를 받기 위해 아픈 백신 주사를 맞았다거나, 25년 동안 헤어졌던 사람과 감동적인 재회를 했다거나, 아주 심각한 암이 완화되었다거나, 둘 다 한 번도 가보지 않았던 이국땅에서 아는 사람을 우연히 마주쳤다거나, 익사할 뻔한 아이를 엄마가 구했다거나, 3년 동안 보이지 않던 거북이가 뒷마당에 다시 나타났다는 이야기를 들을 때, 요컨대 흥미로운 모든 사건에 대한 이야기를 들을 때 하나 이상의 구체적인 기억이 불러내지 않아도 지하의 어둠에서 떠오르며, 이 기억은 해당 사건에 대한 개인적인 관점을 제공한다.

다른 한편 납부한 청구서, 먹다 남은 피자, 울린 전화, 식료품점으로 간 일, 먼 친척의 독감, 팔아버린 낡은 차, 교외 어딘가에서 진행되는 건설 등 아주 밋밋한 사건에 대해 들으면 우리의 머릿속에서 환기되는 것은 호기심을 자극하는 경우보다 훨씬 덜 구체적이고 덜 상세하다. 어차피 우리는 모두 독감에 걸렸거나 걸린 사람을 봤으며, 누군가 피자를 먹는 모습은 말할 것도 없고, 건물 수백 채가 건설되는 광경을 보았다. 피자 섭취와 관련된 수없이 많은 우리의 경험은 기억 속에 저장되었으며, 서로 뭉개진 채 합쳐져서 **피자 섭취**라는 아주 모호한 이미지를 형성할 때까지 하나씩 쌓여나갔다. 누군가 동네 피자 레스토랑에서 막 피자를 먹었다고 말할 때 일반적으로 환기되는 것은 대단히 구체적인 피자 섭취 일화가 아니라 이 이미지다.

흥미롭든 따분하든 간에 우리가 듣는 모든 이야기는 이모가 얼마 전 피자를 먹다 비행기를 놓칠 뻔했다는 이야기처럼 고유한 방식으로 서로 합쳐지는 수많은 작은 요소로 구성된다. 전체적으로 이모의 일화는 가령 자판기에서 음료수를 뽑아먹다가 기차를 놓칠 뻔한 일처럼 우리에게 일어난 구체적인 이야기를 떠올릴 수 있다. 그러나 작은 요소인 보잘것없는 피자는 그 자체로 어떤 일화도 환기하지 않는다. 한 문장으로 된 피자 섭취 **일화**가 무의식의 창고에서 명확한 기억을 쉽게 불러일으키는 데 반해 그 문장을 구성하는 모든 혹은 대다수 **단어**는 그런 일을 하지 않는다. 가령 이 단락에 포함된 단어, 예컨대 '먹다가', '그러나', '보잘것없는', '단어'가 전체 일화를 불러오는지 확인해보라.

긴 이야기에 포함된 모든 단어(혹은 숙어나 관용적 표현)가 장기 기억에서 나름의 일화를 끌어낸다면 우리는 길을 잃을 것이다. 그렇게 된다면 우리는 무작위적인 이야기의 파도에 휩쓸리고 그에 따른 파멸적인 정신적 혼란에 빠질 것이다. 그러나 다행히 그런 일은 일어나지 않는다. 아주 가끔씩만 이야기에 포함된 단순한 단어(말하자면 '카메오 배우')가 기억 속의 일화를 끄집어내기 때문이다.

대니와 딕, 그랜드캐니언과 카르나크: 규범적 상기

상기는 다음과 같은 사례가 보여주듯이 심오한 수수께끼다.

> 더그와 캐럴은 생후 15개월 된 아들 대니와 함께 그랜드캐니언의 노스림에 도착했다. 대니는 부모가 거대한 협곡에 사로잡혀 있는 동안 협곡의 가장자리에서 15미터 떨어진 모래땅에 있는 개미 몇 마리와 나뭇잎 몇 장에 눈길을 고정시켰다. 더그는 대니의 모습을 보고 잠시 놀랐지만, 뒤이어 어린아이는 수 킬로미터는 말할 것도 없고(그랜드캐니언의 폭은 수십 킬로미터에 이른다) 3미터 혹은 6미터보다 큰 대상의 규모를 인식할 수 없다는 사실을 깨닫는다. 그래서 어린 아들의 반응을 완전하게 이해할 수 있었지만 상황의 아이러니에 따른 웃음을 참을 수 없었다.
>
> 약 15년 후 더그는 두 아이 그리고 그들의 친구인 켈리, 딕과 함께 나일 강 크루즈 여행에 나섰다. 룩소르 지역의 나일 강 인근에 내린 일행은 도보로 유명한 카르나크 신전으로 향했다. 다른 방문객은 곧 주위를 둘러싼 거대한 기둥의 위용과 가이드의 박식한 설명에 빠져들었지만 땅바닥에 놓인 병마개 몇 개에 눈길이 가는 것을 거부할 수 없었던 딕은 즐겁게 병마개를 주워서 며칠 전에 이집트에 도착했을 때 모으기 시작한 소박한 수집품의 양을 늘렸다. 더그는 위용을 뽐내며 하늘 높이 솟은 고대 유적이 아니라 땅바닥의 녹슨 잡동사니에 매혹되는 딕의 성향을 반영하는 이 행동을 보고 먼 과거에 어린 아들이 주위의 장관이 아니라 땅 위를 기어 다니는 개미 몇 마리에 몰입하던 때를 떠올렸다.

아래에 우리의 친구 켈리 거트먼Kellie Gutman이 시의 형식을 빌려서 이와 비슷한 이야기를 바라보는 시적인 관점을 제시한다. 남편인 딕에 대한 시는 원래 나일 강 크루즈 여행을 기념하기 위해 쓴 것이다. 켈리는 몇 년 후에 우리가 요청했을 때 관대하게도 정확하게 동일한 시적 제약을 지키며 그랜드캐니언에서 본 대니의 행동에 대한 쌍둥이 시를 써주었다. 프랑스어 판에서도 원래의 시적 제약을 준수하면서 두 시를 번역했으며, 번역에서 유추의 역할을 다루는 6장에서 이 시들을 다시 다룰 것이다.

애리조나의 개미들

더그와 캐럴 그리고 두 사람의 아들
어린 대니가 함께 인디애나를
떠나 서쪽으로 여행을
갔을 때 그들은 알았네.
유명한 그랜드캐니언을
지나칠 수 없다는 사실을

아무 계획 없이 그들은
범선에 올랐네.
단지 이리저리 돌아다니면서
대지를 가로지르는
고속도로의 혜택을 누리면서
태평양을 향해 간다는 생각만 갖고서

놀라움에 가득 찬 엄마 아빠의 눈
가파르고 험준한 정상이 늘어선
콜로라도 로키산맥의 풍경을 만끽하는 동안
부드러운 흔들림은 아기를 잠재웠네.
보호구역에서 나바호 족을 본 그들은
흠집 없는 터키석을 몇 개 골랐네.

마침내 그들은 감탄을 자아내는
그늘진 이상한 줄무늬가 있는
노스림에 도착했네.
대니는 나뭇잎과 곤충에 빠져 있었네!

어른들이 방대한 바위 지형의 위용을 가늠하는 동안
대니는 개미들과 놀면서 더 소박한 즐거움을 누렸네.

카르나크의 병마개

우리가 들른
팔라펠falafel 매점 근처
한때 콜라병과 환타병을 덮었던
병마개의 녹슨 잔재가 주위에 널려
있었네. 알렉산드리아의 땅바닥은
납작해진 음료수 병마개로 덮여

딕이 '이집트 병마개를 수집하기 시작했어요!'라고
말한 날 우리는 떠났네.
다음 행선지 카이로로
각각의 표본이 검사를 거쳐 집으로
가져갈 수집품 더미에 더해졌고
수집품은 다양해졌네.

바에서 맥주를 마실 때에도
딕이 쭉 뻗은 손은 분명히 말해주었네.
병마개를 원한다고
딕은 먼지가 날리는 거리에서도
음료수 가판대 뒤쪽(새로운 개척지!)을 살폈고
종종 수확하고 돌아왔네.

카르나크의 무더위 속에
가이드가 신과 신전에 대해 설명하는 동안
가늠하기에는 너무나 장대한 기둥들에 둘러싸인 채
우리는 즐거이 풍경을 응시했지만

우리가 높은 곳을 바라보며 말을 잃었을 때
덕은 더 소박한 보물을 줍기 위해 허리를 굽혔네.[23]

여기 묘사된 대로 더그의 상기는 특별히 인상적이지 않아 보이지만, 덕분에 우리는 별로 힘들이지 않고 두 가지 유사한 시나리오를 접하게 된다. **사후에 ex post facto** 두 가지 상황이 지닌 동일한 개념적 골격을 도표로 그리거나 각각의 개별적인 이야기를 완벽한 일대일 호응 관계를 드러내는 간결한 일련의 형식적 표현으로 부호화하기는 상당히 쉬울 것이다. 그러나 이런 도표나 차트는 환기가 갑자기 이루어질 때 머릿속에서 일어나는 일을 제대로 보여주지 않는다. 이런 형식의 제시는 모든 작업을 흥미 없게 만드는 (유사성을 발견하는 일 이면의 복잡한 정신적 처리 과정을 완전히 무시하는) 커다란 희생을 치르고 언제나 원하는 결과를 얻는 프로크루스테스를 다시 한 번 연상시킨다(이 경우에는 두 가지 일련의 형식적 표현을 깔끔하게 일대일로 대응시키는 것이 목표가 된다). 사후에 만드는 도표는 더그가 상기한 결과물을 명확하게 정리할 수는 있지만 머릿속에서 상기가 이루어진 방식은 조금도 밝혀주지 않는다.

결국 여기에는 깊은 과학적 미스터리가 있다. 그랜드캐니언을 방문한 지 15년이 지났으며, 그동안 더그는 아들이 개미와 나뭇잎에 매료되었던 짧은 순간을 아주 드물게, 기껏해야 서너 번 생각했다. 가족이 나일 강 크루즈 여행을 갔을 때 그 기억은 더그의 머릿속에서 더없이 멀리 있었다. 그렇다면 어떻게 그토록 멀고 흐릿한 기억이 더그의 머릿속에서 빠르고 쉽게 되살아났을까?

부호화의 수수께끼

1장의 서두에서 지적한 대로 일상적인 상황은 미리 포장된 상자에 넣어져서, 즉 세상의 나머지 부분으로부터 정밀하게 잘라낸 정확한 경계와 함께 주어지지 않는다. 그보다 우리는 환경을 걸러내 그 일부에만 편향된 방식으로 대응한다. 각 개인은 어떤 식으로든 상황이 포함하는 것과 포함하지 않는 것 그리고 그 핵심 요소가 무엇인지 '판단한다'(즉, 부호화한다). 물론 이 일은 즉흥적으로 이루어지며 전혀 의식적으로 이루어지지 않는다. 우리는 삶의 매 순간 어떤 미래의 사건이 해당 상황을 상기할지를 기준으로 기억 속에서 상황을 바쁘게 부호화한다.

그랜드캐니언에서 있었던 사소한 일은 어떻게 처음 더그에게 인식되었고, 기억에 저장되었을까? 유력한 부호화의 후보는 우선 풍경 속에서 가장 국지적이고 시각적으로 두드러지는 측면, 즉 거대한 협곡, 모래에 앉은 어린 소년, 모래땅, 개미, 나뭇잎 등이다. 그다음으로 더 넓은 차원에서는 여행 이유, 여행 경로, 방문한 다른 국립공원, 몰았던 차, 해당 연도, 계절, 그날 오후의 날씨, 항상 장착되어 있던 아동용 카시트, 다양한 다른 세부 사항이 포함될 수 있다.

그 상황의 다른 더 추상적인 측면, 즉 이야기에 포함된 주요 대상의 상대적 규모와 그 대상이 문화에서 차지하는 중요성의 엄청난 차이(개미와 나뭇잎의 하찮음에 대비되는 협곡의 명성)도 당연히 부호화될 수 있다. 끝으로 경이와 아이러니라는 느낌은 이 장면의 핵심적인 측면으로서 역시 기억 묶음에 포함되어야 한다. 그러나 더그가 이 복잡한 사건에 단지 '아이러니하다'나 '놀랍다'처럼 일반적인 라벨을 붙였다면 이 색인은 그 자체로 환기를 촉발하지 못했을 것이다. 다른 아이러니하고 놀라운 사건 수천 개가 기억에 저장되어 있고, 어느 것도 카르나크의 병마개 사건으로 환기되지 않았기 때문이다.

실제로 아무리 아이러니하고 놀랍더라도 더그가 본 모든 사건은 다른 핵심적인 속성을 그 오랜 이야기와 공유하지 않는 한 그랜드캐니언에서 본 대니의 모습에 대한 기억을 재환기하지 못할 것이다. 그러나 국지적 속성만으로는 효력이 없다. 임의의 장소에서 누군가 땅에 떨어진 작은 물건을 주우려고 허리를 굽히는 모습을 본다는 공통된 사건은 더그가 그랜드캐니언에서 개미와 놀던 아들의 모습을 떠올리는 데 충분치 않다. 그런 환기가 이루어진다면 이상하고 무의미하게 느껴질 것이다. 오랜 이야기를 촉발하는 데 핵심적인 점은 두 번째 사건의 부호화가 부조리한 느낌을 불러일으키는 하찮은 대상과 장엄한 배경 사이의 대비를 명시적으로 포함해야 한다는 것이다. 그에 따라 우리는 이 상황의 매우 추상적인 측면이 매우 구체적인 측면과 나눌 수 없이 얽히며, 여러 수준에 걸쳐 동시에 발생하는 유사성으로 인해 상기가 이루어진다는 사실을 알게 된다. 한마디로 미래에 적절한 상기를 초래하려면 상황의 부호화는 추상적인 동시에 구체적이어야 한다. 즉 일부 두드러지는 세부 사항을 유지하는 동시에 두드러지는 추상적 속성을 포함해야 한다는 것이다.

본행사보다 더 흥미로운 사소한 부대 행사

분명히 해두자. 우리는 어떤 사건이 단지 **하나의** 추상적 구조를 지닌다고 주장하려는 것이 아니다. 사건의 '유일한' 추상적 구조를 **후험적으로**a posteriori 말하는 것은 그 구조를 인식하고 기억을 촉발하는 오직 하나의 정확한 방식이 있었고, 지금도 그러하다는 인상을 주지만 이는 사실이 아니다. 모든 다양하고 개별적인 개념적 골격이 상황을 접할 당시의 정신적 상태에 따라 연계될 수 있다. **그랜드캐니언에서의 대니**라는 잠재적 부호가 지닌 다양한 잠재성은 훨씬 이후의 삶에서 마주칠 수 있는 아주 다른 수많은 상황들이 오래전의 기억을 일깨울 수 있다는 것을 뜻한다. 그래서 이 상황들은 **그랜드캐니언에서의 대니** 혹은 더 포괄적인 명칭을 제안하자면 **본행사보다 더 흥미로운 사소한 부대 행사**라는 범주에 속하는 요소가 된다. 이런 상기를 촉발할 수 있는 몇 가지 시나리오를 살펴보자.

> 한 프랑스인 가족이 이탈리아의 유명한 친퀘테레Cinque Terre로 휴가를 갔다. 작은 도시 다섯 개가 리구리아 해의 거친 바다를 감싸고 있는 곳이다. 부모는 시골에 민박을 구한 후 시내를 구경하러 나가고 싶었지만, 정원에서 메뚜기 한 무리를 발견한 아이들은 떠날 생각을 하지 않았다.
>
> 네 살배기 소녀가 예쁜 크리스마스 선물을 받았지만 반짝이는 포장지에 정신이 팔려서 정작 내용물에는 관심을 보이지 않았다.
>
> 한 소년이 카이로 이집트 박물관의 성당 같은 주 전시실에서 모든 가이드와 관중이 집중하는 7.6센티미터 크기의 작은 케오프스Kheops 아이보리 조각상은 거들떠보지도 않고 거대한 전시실의 높은 벽을 덮은 갈라진 페인트에 눈길을 고정한 채 거대한 용과 다른 괴물의 모습을 상상하는 데 몰두했다.
>
> 젊은 엄마가 아기보다 아기의 사진에 더 정신을 판다.
>
> 한 신경학자가 며칠 동안 놀러온 열 살짜리 조카를 강연장에 데려갔다. 강연이 끝난 후 조카는 "강연이 아주 좋았는데요, 한 가지 궁금한 게 있어요"라고 말했다. 신경학자는 기뻐하면서 조카가 신동이 아닐까 생각하기까지 했다. 조

카는 이렇게 물었다. "강연이 끝나고 여러 사람에게 고맙다고 말할 때 재닛이라는 사람이 있었잖아요. 혹시 우리 엄마 말하는 거예요?"

그래픽 아티스트가 유명한 소설을 읽으면서 줄거리보다 조판과 페이지 구성에 더 관심을 기울인다.

강한 열의를 지닌 두 학자가 멋진 기념물, 박물관, 카페, 레스토랑이 널린 파리의 작고 비좁은 연구실에 처박혀 밤낮으로 논문을 쓴다.

파리로 휴가를 간 두 공저자가 조용한 곳에서 함께 명저를 쓸 수 있는데도 불구하고 과자를 먹으며 박물관과 기념지를 방문하느라 매일을 허비한다.

아인슈타인의 몸 위를 날아다니는 모기가 그저 액체 식량으로 가득한 따끈한 목표물만을 본다.

더그와 캐럴은 모래땅 위에 있는 작은 개미와 연약한 나뭇잎의 정교한 경이로움을 전혀 감상하지 않고 주위에서 평범한 무리를 따라 그저 지상에 마구잡이로 생긴 거대한 구덩이를 멍하니 바라본다.

이 각각의 시나리오에는 나름대로 그랜드캐니언에서의 대니 이야기와 비슷한 점이 있다. 모두가 특정 핵심을 공유하지만 몇 개의 이야기, 특히 첫 번째 이야기는 여러 피상적인 측면에서 다름에도 불구하고 원래의 에피소드와 많이 닮았다. 반면 다른 이야기, 특히 뒤쪽에 나오는 이야기는 연계성이 훨씬 추상적이다. 독자들은 이 시나리오들을 부호화하는 방식에 따라 각 유추가 얼마나 억지스러운지 혹은 자연스러운지 달리 판단할 수 있다. 그랜드캐니언에서의 대니 에피소드와 유사한 정도를 기준으로 이 에피소드들의 순위를 매기는 객관적인 방식은 없다. 유사성은 주관적일 뿐만 아니라(부호화는 사람마다 크게 다를 수 있다) 다차원적이기 때문이다(상황의 많은 측면이 부호화에 영향을 미친다). 그래도 이 일화들은 그랜드캐니언에서의 대니 에피소드에 대한 기억을 유추적으로 촉발할 수 있는 다양한 부호화를 예시한다.

따라서 '유명한 관광지를 감상하기보다 곤충을 갖고 노는 데 더 흥미를 보이는 아이'처럼 비교적 피상적인 부호화도 친퀘테레에서 휴가를 보내는 가족의 에피소드와 그랜드캐니언 에피소드를 연결하기에 충분하다. 다른 한편 선물보다 포장지에 더 흥미를 보이는 소녀와 관련된 유추는 훨씬 더 추상적인 유사성에 기반을 둔다. 이 이야기에는 곤충이나 유명한 관광지가 나오지 않기 때문이다. 이 경우 두 이야기가 공유하는 핵심은 모든 아이가 매료되어야 할 대상(선물)에 관심을 보이지 않고 오히려 관심이 없어야 할 대상(포장지)을 더 아낀다는 점이다.

세 번째 에피소드는 규모의 전도에 대한 새로운 관념을 수반한다. 이 에피소드에서는 보편적으로 흥미로워야 할 대상(조각상)이 아주 작은 반면, 따분해야 할 대상(벽에 칠해진 페인트의 금)은 거대하다. 두 에피소드가 유사하려면 이 차이를 크기에 상관없이 관습적으로 중요하게 생각되는 대상과 사소하게 생각되는 대상 사이의 대비를 강조하는 부호화로 초월해야 한다.

아기에게는 신경을 쓰지 않고 아기의 사진에 정신이 팔린 엄마의 에피소드가 지닌 아이러니는 원본보다 복사본에, 생물보다 무생물에, 현재보다 과거에, 변화하는 것보다 고정된 것에 더 관심을 보이는 양상을 시사한다는 사실에서 나온다. 이런 우선순위는 관습적인 우선순위와 극명하게 대조되며, 그에 따라 이 시나리오를 그랜드캐니언에서의 대니 시나리오와 추상적으로 연결한다.

고모의 강연에 참석한 아이의 이야기에서 묵시적으로 추출되는 개념적 골격을 추상화의 층위를 한 단계 높여서 인식하면, 그랜드캐니언에서의 대니 이야기가 지닌 개념적 골격에 부합한다. 이 경우 덧입힘의 기반으로 삼을 물리적 대상이나 장소가 없다. 핵심적인 요소는 기술적인 강연에서 잠시 언급된 사람의 이름에 대한 아이의 피상적인(실로 **아이다운**) 관심과 모든 청중이 적어도 이론적으로는 깊이 빠져든 난해한 신경학적 지식 사이의 대비다.

소설보다 조판에 더 흥미를 가진 그래픽 아티스트의 사례는 어떤 측면에서 선물보다 포장지를 더 좋아하는 아이의 사례와 비슷하지만 규모의 차이가 있다. 아이는 포장지 전문가도 아니고 열렬한 팬도 아니지만, 그래픽 아티스트는 활자체와 단어 그리고 페이지 구성의 전문가다. 이 일화는 뒤이어 나오는 두 개의 일화(두 학자와 두 공저자가 나오는 일화)와 연관되며, 이 두 일화는 상황(이 경우 파리)에 대한 시각이 지닌 주관적인 속성을 아주 분명하게 드러내는 한 쌍의 일화를 이룬다. 이 세 이야기를 이 절의 제목('본행사보다 더 흥미로운 사소한 부대 행사')이 시사하는 것보다 더 높은 추상화의 층위에서 읽으면 그랜드캐니언에서의 대니 에피소드와의 연관성은 더 분명해진다. 그렇게 할 경우 **각자가 나름의 방식으로 사물을 본다**는 것이 서로를 잇는 관념이 되기 때문이다.

대니의 에피소드를 우리의 목록에 있는 두 개의 파리 에피소드와 연결하는 유추는, 세계적으로 알려진 장엄한 지리적 장소 대신 사소한 곁가지에 매료된 대니가 아니다. 그보다 중요한 점은 단지 성인들에게 그랜드캐니언이 흥미로운 만큼 대니에게는 개미와 나뭇잎이 흥미로웠다는 것이다. 대니의 관점에서 개미와 나뭇잎은 그랜드캐니언만큼 무척 매력적이다. **본행사보다 더 흥미로운 사소한 부대 행사**라는 관념의 핵심인 **사소한 부대 행사**와 **본행사**라는 관념은 어느 개인의 고유한 관점에 따른 자연스러운 결과로 간주되고 상대화되어야 한다. 실제로 어떤 사람들에게는 기념물, 박물관, 카페, 레스토랑 같은 파리의 전형적인 명소가 그 도시의 핵심적인 의미를 구성하는 반면, 다른 사람들에게는 완전히 다른 것이 파리에 대한 인식을 지배한다. 마찬가지로 어린 대니에게 개미와 나뭇잎은 어른들에게 그랜드캐니언만큼 흥미롭다. 실제로 그의 관점에서 보면 부모가 감상하는 적색과 황색의 무의미한 패턴은 개미와 나뭇잎의 절묘함을 따라오지 못한다. 이 추상적 수준의 부호화를 통해 세 일화의 정체성이 가장 분명하고 자연스럽게 드러난다.

마지막 두 시나리오도 같은 기본적 관념, 즉 한 사람에게 중심적이고 핵심적인 것이 다른 사람에게는 주변적이고 사소한 것일 수 있다는 관념을 수반한다. 모기는 아인슈타인의 천재성을 전혀 이해하지 못하며, 훨씬 더 현실적인 문제인 양식 섭취로 관심이 제한된다. 이런 의미에서 이 특정 모기는 그 종의 다른 요소와 다르지 않으며, 누구도 그것이 아인슈타인의 몸 위에 앉을 때 보이는 불손한 행동에 놀라거나 재미있어하지 않는다. 모기에게 상황의 핵심은 이 이름 모를 대상이 먹을거리로 가득한 따뜻한 용기라는 것이며, 우리는 모두 그것이 모기가 아인슈타인과 연관되는 유일한 방식이라는 사실을 안다.

사실 이 시나리오는 주제에 대한 새로운 일련의 변주로 쉽게 이어진다. 그래서 어느 날 밤 천문학과 학생들을 따라 시골 마을을 지나는 개가 별이 빛나는 밤하늘의 아름다움에 무심한 모습을 상상할 수 있다. 이처럼 바로 눈앞에 있는 상황의 특별함을 이해하지 못하는 모기나 개의 본질적인 무능력은 '돼지 목에 진주 목걸이'라는 익숙한 속담을 상기시킨다. (기민한 유추적 능력을 통해 방금 아인슈타인이 진주 목걸이로, 모기가 돼지로 변신한 것에 주목하라.) 실제로 이런 부호화는 일단 이루어지면 원래 이야기에 새로운 빛을 비춘다. 즉 한 살배기 대니를 그랜드캐니언에 데려가는 일은 **돼지 목에 진주 목걸이**라는 범주에 속하는 요소다. 언뜻 이 유추는 거슬릴 수 있지만 생각해보면 전적으로 합당하며, 분명히 어떤 식으로든 대니를 비판의 대상으로 지목하지는 않는다. 이런 관념은 일단 제시되면 상당히 자연스러워 보이지만, 이렇게 속담을 토대로 사건을 인식하는 방식을 발견하려면 오랜 시간과 이 책이 필요하다. 이 점은 사건에 대한 최초의 즉흥적인 부호화를 초월하기가 얼마나 어려운지 말해준다.

이 목록의 마지막 시나리오는 전형적인 한 살배기들과 관심사는 같지만 동시에 어른들의 비판적 속성을 기적적으로 물려받아 특히 식물과 곤충의 경이로운 모습이 눈앞에 있을 때 지상의 거대한 구덩이를 바라볼 가치를 전혀 못 느끼는 가상의 대니가 가질 법한 시각을 암묵적으로 취한다. 이 마지막 일화가 (대니, 부모인 더그와 캐럴, 개미, 그랜드캐니언, 그랜드캐니언에 매료된 더그와 캐럴 등) 그랜드캐니언에서 생긴 원래 에피소드와 모든 피상적인 요소를 공유하지만 또한 두 이야기의 유사성을 보려면 일부 구성원은 특정 사회에서 수용된 지혜를 부조리하게 받아들일 수도 있다는 관념에 기초하여 '상대주의적' 방식으로 부호화해야 한다는 의미에서 원래 에피소드와 가장 거리가 멀기도 하다는 점을 지적할 필요가 있다. 이런 방식을 취해야만 배우들이 애초의 에피소드에서 했던 역할과 반대되는 역할을 하게 만드는 것에 대한 자연스러운 저항감을 극복할 수 있다.

지금까지의 분석을 통해 명확해졌듯이 어떤 사건이 **무의식적으로 해석되는** 방식(미래에 환기가 이루어지게 만드는 단서의 선택)은 훨씬 더 큰 일련의 상황에 대한 **인식된 사실**과 혼동되어서는 안 된다. 중요한 점은 인식된 사실에 대해 **취해진** 관점, 즉 사건을 부호화하는 데 사용된 측면과 각 측면에 따른 추상화의 정도, 요컨대 사건이 어떻게 **희석**되었는가이다. 따라서 그랜드캐니언 에피소드에서 개미와 나뭇잎 그리고 그것을 바라보는 아이만을 인식하는 사람은 대단히 축어적인 수준에 머물 것이며, 이 에피소드 중 하나를 상기할 수 있는 사건의 범위는 사실상 없어질 것이다. 여기서 약간의 곤충과 그것을 흥미롭게 여기는 아이가 있다는 약간 더 폭넓은 관념으로 시각을 열면 이 부호화는 친퀘테레로 여행을 떠난 가족처럼 약간 더 먼 기억을 촉발할 것이지만, 그렇다고 해도 가능한 인출의 경우는 아주 드물다.

더 나아가 눈앞에 있는 방대하고 특별한 것이 아니라 사소하고 평범한 것에 집중하는 사람을 인식하면, 추상화 층위에서 큰 도약을 하게 된다. 이 시점에서 잠재적 상기의 경우는 훨씬 늘어난다(카르나크에서 보여준 딕의 행동이 유사하게 보이는 것은 이 층위의 추상화에서만 가능하다). 또한 어느 것도 상황에 대한 훨씬 더 추상적인 인식을 막지 못하게 되어 가령 대니를 모든 표준적인 상투성에 열정적으로 맞서는 사람으로 볼 수 있게 된다. 이런 인식은 어린 대니를 젊은 시절 이후 줄곧 세상 사람의 오해를 받아 슬픔에 빠지고 버림받은 시인에 빗대는 유추를 암시할 수 있다. 일부 독자는 이 유추를 부조리하게 받아들일 수 있으며, 어떤 측면에서는 그렇기도 하다(여기서 우리는 추상화 스펙트럼에서 위로 갈수록 사건의 핵심이 점차 간소해진다는 앞 장의 관념을 언급하고 있다). 그래도 이 유추는 단일한 상황에 대한 폭넓은 부호화의 가능성을 시사한다. 무의식적으로 이루어지는 이런 부호화는 원칙적으로 흐릿한 미래의 예기치 않은 순간에 일어나는 상기를 좌우한다.

오직 한 명에게 속하는 범주

사람 각각의 인지 방식은 한 사람이 평생에 걸쳐 구축한 개념의 전체 목록에 의존하기 때문에 사건을 부호화하는 방식을 훌쩍 넘어선다. 이 개인적 목록의 핵심에는 '개미', '병마개', '결정', '마음'과 같은 **명사**, '낯설다', '넓다', '온화하다', '칙칙하다' 같은 **형용사**, '그러면', '종종', '아니', '한때'와 같은 **부사**, 'through', 'upon', 'across', 'behind'와 같은 **전치사**, '발이 넓다', '손이 크다', '어깨가 무겁다', '주머니가 가볍다'와 같은 **숙어적 표현**, '그랜드캐니언', '카르나크', '태평양', '알렉산드리아'와 같은 **고유명사**로 표시되는 언어 라벨을 지니기 때문에 문화 전반에 걸쳐 공유되는 수천 개의 개념이 있다. 그러나 이런 일련의 어휘화된 범주는 대단히 인상적이기는 하지만 각 개인의 고유한 인생에 걸쳐 개발되는 거대하고 독자적인 개념 체계를 세우는 토대에 불과하다.

모든 인간은 언제나 그리고 대개 자신도 모른 채 많은 경우 지각한 상황에 기초하여 새로운 추상적 범주를 만든다. 종종 이 범주는 공식적인 명칭이 없으며 대개 해당 개인도 부르는 명칭이 없지만, 그렇다고 해서 형성되지 않는 것은 아니다. 이 범주의 존재는 보유자가 나름의 방식으로 연이은 사건을 해석하도록, 달리 말하자면 세상을 고유한 방식으로 보게 해준다.

이와 같은 비어휘화된 범주는 (그랜드캐니언에서의 대니처럼) 인상적인 에피소드가 부호화되고 기억에 할당될 때 만들어진다. 또 앞서 살폈듯이 이 잠재된 에피소드는 새롭게 진행한 부호화가 첫 번째 에피소드의 오랜 부호화와 충분히 겹치는 다른 상황에서 저절로 표면으로 떠오른다. 이런 독자적인 범주는 어휘로 된 라벨이 없으며 고유하고 개인적인 경험에 토대를 두지만, 수천 개의 공적이고 어휘화된 범주만큼 우리의 기억에 굳건하게 자리를 잡는다. 우리 각자에게 이 범주는 개인적인 비밀 정원에 해당한다.

상기는 새로운 범주를 초래할 수 있다

원래 우리의 개인적 범주는 드러나지 않고 알아차릴 수 없게 스스로 느리지만 꾸준히 불어난다. 그래서 우리는 대개 막 만들어진 새로운 범주를 인식하지 못한다. 가령 피터가 캐럴에게 무심코 던진 "나도 1월만 되면 그런 일을 겪어"라는 말을 생각해보라. 그는 속으로 '와, 내가 지금 나중에 써먹을 나만의 새로운 범주를 만들고 있어!'라고 생각할까? 그렇지는 않을 것이다. 또한 (딕이 카르나크에서 병마개를 주우려고 허리를 굽히는 것을 보고) 딕과 대니의 유사성을 처음 인지했을 때 더그도 새로운 범주를 만들었다는 사실을 모르고 있었다. 그가 머릿속에서 일어나고 있다고 느낀 것은, 다르지만 공통된 핵심을 가진 두 개의 상황을 연결하는 일이었으며 이는 항상 일어나는 일이다. 그가 의식적으로 이 상기 사례를 분석하려고 할 때만 새로운 범주가 뚜렷해지며, 이 시점에서 그 핵심이 명확해지기 시작한다.

이처럼 라벨이 없는 개인적 범주를 설명하는 데 우리는 첫 두 장을 할애했으며, 이것은 단어, 표현, 속담, 우화 등으로 라벨이 붙은 어휘화된 범주와 많은 공통점을 지닌다. 그러나 라벨이 없는 범주는 구축되는 방식이 다르다. 한 가지 차이는 이 범주가 문화적 토대 위에서 형성되는 것이 아니라 개인적으로 경험한 사건을 토대로 구축된다는 것이다. 또 다른 차이는 다른 사람과 한 번도 공유되지 않을 수 있다는 의미에서 독자적이라는 것이다. 그럼에도 불구하고 간결하고 인상적인 방식으로 특정 상황의 핵심을 포착하도록 돕는다는 효용은 필요할 경우 단어를 통해 다른 사람에게 묘사되고 전달될 수 있음을 뜻하며, 이때 많은 화자는 자신의 삶에서 유사한 에피소드를 뜻하지 않게 떠올릴 것이다. 이 내용을 예시하기 위해 두어 명이 지닌 비밀 정원에서 성장한 두어 개의 범주를 제시할 것이다.

터널을 달려가는 비밀 요원 후보

패트릭의 기억 속에 있는 이 범주의 출처는 어릴 때 읽은 만화였다. 이 만화에 등장하는 한 비밀 요원 후보는 가혹한 테스트를 거쳐야 했는데, 한번은 어떤 임무가 주어졌는지도 모른 채 아주 긴 복도에 서게 된 적이 있었다. 그때 갑자기 천장이 내려오기 시작했다. 깔리지 않으려면 반대편 끝까지 질주해야 한다는 사실을 깨닫고 그는 쏜살같이 달렸다. 반대편 끝에 있는 탈출구가 가까워오자 그는 이렇게 생각했다. '이 사악한 괴물들은 세계기록을 요구하는군. 그렇다면 내가 보여주겠어! 해내고 말 거야.' 그러나 터널의 마지막 몇 미터가 두꺼운 타르질 오물로 덮여 있어서 달리는 속도가 현저하게 느려졌다. 결국 그는 마지막 순간에 탈출구로 빠져나가지 못해 가차 없이 팬케이크 꼴이 되고 말았다.

전력을 다해서 어떤 일을 끝내려 하지만 마지막에 생긴 문제가 성공을 위협할 때마다 이 강렬한 이미지가 패트릭의 머릿속에 떠올랐다. 그것은 보조금 신청서 제출 시한이 다가오는데 갑자기 인터넷이 끊기는 일일 수도 있고, 택시가 국제선 청사에 막 도착해서야 정신없이 짐을 싼 바람에 여권을 챙기지 않았다는 식은땀 나는 사실을 깨닫는 일일 수도 있다.

패트릭에게 이 개인적인 범주에 대한 이야기를 들은 나딘은 곧바로 자신의 첫 데이트를 떠올렸다. 그녀는 오랫동안 준비를 하다가 이미 약간 늦은 시간에 집을 나섰다. 그러나 고양이가 열린 문으로 빠져나가는 바람에 다시 불러들이느라 25분을 더 허비했다. 그래서 결국 약속 시간에 한참 늦어버리고 말았다. 친구의 결혼식 날 벌어진 다른 일도 떠올랐다. 그녀는 입고 나갈 적당한 가운을 찾느라 여러 매장을 돌아다녔고, 집에 돌아와서는 급히 입다가 새 가운을 찢어버리는 바람에 30분 동안 수선을 한 후에야 출발할 수 있었다. 이번에도 그녀는 한참 늦게 도착했다. 그녀가 떠올린 세 번째 사례는 연극을 보러 나가다가 생긴 일이었다. 집에서 늦게 나온 그녀는 지하철을 잡으려고 미친 듯이 달렸지만 승강장에 도착하자마자 문이 닫히는 바람에 첫 번째 휴식 시간까지 안으로 들어갈 수 없었다.

나딘이 패트릭의 개인적 범주와 개념적 골격은 같되 표면적인 세부 사항은 많이 다른 일화들을 기억에서 쉽게 떠올린다는 사실은, 비록 패트릭이 말한 만화책은 보지 않았지만 나딘 역시 살아가면서 라벨이 붙지 않은 비슷한 범주를 구축해왔음을 보여준다. 그녀가 수많은 기억 중에서 대략 "시급한 목표를 달성할 가능성을 크게 낮추는, 최후의 순간에 생긴 예기치 못한 문제"라는 구절로 묘사할 수 있는 소수의 시나리오를 찾을 수 있었던 이유는 살면서 겪은 이 일화들을 부호화하고 기억할 때 상당히 추상적인 일부 측면을 무의식적으로 반영했기 때문이다. 그렇지 않다면 어떻게 이 오랜 기억들이 한참 시간이 지난 뒤에도 이렇게 금세 떠오르는 것을 설명할 수 있을까?

'신은 저격수다'

'저격수'라는 단어는 과거 유고슬라비아가 여러 지역으로 갈라져서 전쟁을 치르는 동안 세계적으로 유명해졌다. 실제로 보스니아의 수도인 사라예보의 중심가는 지나다니는 사람들이 종종 "저격수 조심해요!"라고 소리쳤기 때문에 오랫동안 '저격수 길'로 불렸다.

일라나는 자신이 만든 개인적 범주의 라벨로 '신은 저격수다'라는 구절을 떠올렸다. 이 구절은 운명이 저격수처럼 가혹할 정도로 무작위적일 수 있음을 가리키는 것이었다. 약간의 불경한 태도를 즐기는 것 말고도 굳이 신을 언급한 이유는 운명이 그에 따라 의인화되기 때문이다. 이는 아주 흔한 유형의 유추다. 무고한 사람이 갑자기 이해할 수 없이 끔찍한 상황에 처했다는 말을 들을 때마다 이 불편한 구절이 일라나의 머릿속에 떠올랐다.

그래서 한창 자라나는 아이들과 함께 사랑이 넘치는 단란한 가족을 꾸리며 성공적인 경력을 이어가던 친척이 암 진단을 받은 지 몇 주 만에 갑자기 죽어서 가족과 친구가 깊은 슬픔에 빠졌다는 이야기를 들었을 때, '신은 저격수다'라는 구절이 즉시 일라나의 머릿속에 떠올랐다. 그녀에게 이 범주가 지니는 중요성은 점차 커져서 이제는 삶에 대한 철학에서 중요한 의미를 지니는 수준에 이르렀다. 그녀가 하늘에 잠복해 있는 잔혹한 저격수의 변덕에 순응하기 위해 머릿속에 마련한 작은 틈새는 살면서 겪는 설명할 수 없는 비극을 견디는 데 도움을 준다.

잠재된 기억을 상기하는 데 감정이 맡는 중요한 역할

지금까지 우리는 감정의 역할을 강조하지 않았지만 이 장에서 제시한 다양한 사례들을 돌이켜보면 거의 보편적으로 감정이 개입한다는 사실을 알 수 있다. 거기에는 질투, 고민, 슬픔, 아이러니, 불안 등이 포함된다. 감정은 개념적 골격 안에서 오랜 기억들이 유추를 통해 상기되도록 하는 중요한 역할을 수행한다. 몇 가지 예를 살펴보자.

더그는 초등학생 때 숫자 그리고 숫자를 다양한 방식으로 조합하는 연산에 매료되었다. 어느 날 물리학자인 아버지가 수를 제곱하는 방법을 설명하면서 ('x^1', 'y^2' 같은) 지수 표기법을 가르쳤다. 흥미를 느낀 더그는 정수를 여러 가지로 제곱한 표를 만들다가 작은 패턴을 발견하고 기쁨을 느꼈다. 몇 주가 지난 어느 날 아침 아버지의 책상을 지나던 더그는 한 물리학 논문을 보았다. 내용은 이해할 수 없었지만 특정한 수학 표기, 그러니까 ('x_1', 'y_2' 같은) **아래 첨자**가 눈에 들어왔다. 순간 더그는 강한 호기심에 사로잡혔다. 지수와 아주 비슷해 보이는 아래 첨자는 어떤 신기한 계산을 나타내는 것일까? 짜증스럽게도 답을 알려면 아버지가 집에 돌아올 저녁까지 기다려야 했다. 더그는 아버지가 돌아오자마자 새로 발견한 흥미로운 연산을 설명해달라고 졸랐다. 그러나 아버지는 그냥 "아, 그건 '아래 첨자'라고 하는 거야. 아래 첨자는 알파벳의 글자가 적어서 변수를 가리키는 새로운 이름을 만드는 방식일 뿐이야. 그래서 어떤 수치 계산도 나타내지 않아"라고 말했다. 이 말에 더그의 들뜬 기대는 갑자기 무너지고 말았다. 아버지를 종일 기다려서 들은 답이 결국 자신을 매료시킨 개념인 제곱과 대단히 비슷한 이 표기에 별다른 수학적 의미가 없다는 것이었다.

이 이야기는 상기(즉 아래 첨자가 지수를 상기하는 것)가 초점이지만 감정을 통한 상기는 아니다. 그것은 **시각적** 상기다. 그러나 수년이 지난 후 이 전체 일화는 대단히 예기치 못한 방식으로 반향을 일으키며, 이를 목격하는 일은 복잡한 감정으로 가득한 갑작스러운 상기를 촉발한다.

한 살배기 모니카는 집에 있는 놀이방에서 놀고 있었다. 그날 저녁 모니카는 무선 청소기와 마주쳤다. 부모인 캐럴과 더그는 모니카가 무선 청소기의 전원 버튼을 계속 누르는 모습을 흥미롭게 바라보았다. 모니카는 버튼을 누를 때마다 나는 소음을 재미있어하면서 즐거운 시간을 보내는 중이었다. 그러다가 문득 다른 쪽에 붙은 두 번째 버튼을 발견했다. 부모는 모니카가 궁리를 하다가 어떤 소음이 나는지 보려고 바로 두 번째 버튼을 누르는 모습을 지켜보았다. 그러나 아무리 눌러도 소리가 나지 않았다. 계속 눌러봤지만 여전히 어떤 일도 일어나지 않았다. 더그는 도와주고 싶은 마음에 가까이 다가가 무선 청소기를 조심스레 가져온 다음, 두 번째 버튼을 눌러서 빨아들인 먼지와 작은 쓰레기들이 담긴 봉투가 있는 부분이 열리는 것을 보여주었다. 이 광경을 바라보던 모니카의 얼굴에 실망의 빛이 스쳐갔다. 더그는 이 시범으로 모니카에게 흥미를 안기기는커녕 두 번째 버튼이 날카로운 소리를 내는 첫 번째 버튼과 아주 비슷하게 생겼음에도 전혀 흥미롭지 않다는 사실을 보여줌으로써 바라던 즐거움을 빼앗아버렸다.

여기서 우리는 다시 한 번 시각적 유추, 즉 어떤 기기에 붙은 한 버튼과 다른 버튼의 유사성을 통해 상기를 하는 아이를 접하게 된다. 그러나 이 미미한 유사성은 큰 소음에 즐거워하는 아이의 이야기와 숫자가 지니는 패턴에 매료된 다른 아이의 이야기 사이에 존재하는 밀접한 연관성을 거의 드러내지 않는다. 40년이라는 시간적 간격이 있기는 하지만 두 이야기에 등장하는 더그가 동일 인물이라는 사실을 더해도 마찬가지다. 이 추가적인 공통 요소는 전혀 깊은 상기를 촉발하지 않으며, 여전히 두 이야기를 잇는 아주 약한 고리를 형성할 뿐이다.

그러나 두 이야기는 훨씬 많은 공통점을 지닌다. 실제로 두 번째 버튼에 아무런 흥밋거리가 없다는 사실을 깨달은 딸의 얼굴에서 갑작스러운 실망의 빛을 본 마흔여덟 살 더그는 오래전 아버지가 한 말에 실망했던 기억이 난데없이 떠오르면서 문득 **기시감**을 느꼈다. 그 사건은 간결한 부호화를 통해 거대한 도서관의 외진 선반에서 먼지에 덮여가는 책처럼 40년 동안 머릿속에 잠들어 있었다. 그것은 이 장을 읽는 독자들에게 그런 것처럼 더그에게도 쉽게 제시되지 않았다.

발단

더그(여덟 살) ⇔ 모니카(한 살)

수학적 개념에 매료됨 ⇔ 우스꽝스러운 소음에 흥미를 느낌

숫자를 제곱함 ⇔ 무선 청소기를 발견함

심취

제곱표를 만듦 ⇔ 색깔 있는 버튼을 누름

예상치 못한 숫자의 패턴에 흥분함 ⇔ 예상치 못한 소리에 기뻐함

흥분에 얼굴이 붉어짐 ⇔ 흥분에 얼굴이 붉어짐

발견

우연한 발견: 아래 첨자 ⇔ 우연한 발견: 다른 버튼

시각적 유추: 지수 ≈ 아래 첨자 ⇔ 시각적 유추: 단추 #1 ≈ 단추 #2
엄청난 새로운 수학적 패턴에 대한 기대 ⇔ 엄청난 새로운 소리에 대한 기대

실망
아버지(로버트)가 설명함 ⇔ 아버지(더그)가 설명함
아래 첨자는 수학적 흥밋거리가 없음! ⇔ 단추 #2는 흥미로운 소리를 안 냄!
무너진 더그의 기대 ⇔ 무너진 모니카의 기대

두 일화는 여러 측면에서 크게 다르기 때문에 이 기억이 갑자기 떠오른 것은 더그에게 놀라운 일이었다. 그러나 두 일화는 또한 무척 유사하기도 하다. 각 일화의 핵심에는 기대에 찬 아이에게 새로운 기쁨의 원천을 암시하는 단순한 시각적 유추가 있다. 그것은 어린 더그에게는 지수와 아래 첨자 사이의 유혹적인 유추였으며, 다른 한편 어린 모니카에게는 두 버튼 사이의 유혹적인 유추였다.

그러나 잘못된 추측을 초래하는 시각적 유추를 중심으로 전개되었다는 사실을 넘어서 상기와 관련된 이 사건에 깊이와 흥미를 부여하는 것은, 두 이야기가 공유하는 마음에 와닿는 결말이다. 즉 좋은 의도를 가진 아버지가 자신이 실망을 안겨줄 것임을 전혀 모른 채 아이의 멋진 시각적 유추가 실은 빛 좋은 개살구에 불과하다는 사실을 밝혀냄으로써 아이의 기대를 무너뜨렸다는 것이다. 대체로 두 이야기에는 수많은 공통 요소가 있으며, 그중 가장 핵심적인 것은 기대에 차 있던 아이가 갑작스레 심한 실망감을 느낀다는 것이다.

대니가 땅 위를 기어다니는 개미와 놀고 딕이 땅바닥에서 병마개를 줍는 사례처럼, 이 사례는 추상적 상기가 전적으로 두 사건이 지닌 가장 추상적인 핵심이 밀접하게 부합해야만 촉발되는 것이 아니라 종종 여러 추상화의 층위에서 부합되는 요소가 있어야 한다는 점을 보여준다. 물론 무선 청소기에 붙은 버튼의 색깔이나 아이의 나이, 사건이 일어나는 집 등 많은 세부 사항은 아무 의미가 없지만, 그렇지 않은 측면은 두 이야기에서 아이의 기대를 깨는 사람이 부모, 그중에서도 아버지라는 것이다. 이는 (대니와 딕의 이야기에 나오는 흙처럼) 두 이야기에서 피상적인 측면이지만 분명히 인상적인 유사성을 부여하는 데 기여한다. 또한 첫 번째 이야기에서 '기대가 **깨지는 사람**'이었던 어린 더그가 어른이 되어서 두 번째 이야기에서는 기대를 **깨는 사람**이 된다는 사실 덕분에, 이 유추는 분명히 한층 더 흥미롭다. 두 이야기를 듣고 많은 유추적 연관성을 인식

한 모든 사람에게 이 역할 전도는 가장 중심적이고 아이러니한 측면일 것이다. 어린 더그와 아버지가 된 더그는 각각의 이야기에서 상반되는 역할을 한다고 해도 틀림없이 유사성을 강화한다.

요컨대 처음에 느끼는 매혹, 단순한 시각적 유추가 주는 유쾌한 놀라움, 이 발견에 따른 높은 기대, 끝으로 갑작스러운 실망 같은 여러 감정은 모두 이 상기에서 핵심적인 역할을 한다. 이 점은 일반적인 경향, 즉 깊은 수준에서 일어나는 상기는 종종 그것이 연결하는 두 일화의 감정적 측면에 의존한다는 것을 보여준다. 이는 사건의 가장 중심적인 측면이 그로 인해 생기는 강렬한 감정인 경우가 많기 때문이다.

암기가 아니라 증류로 부호화되는 사건

지금까지 우리는 마치 '부호화'라는 용어를 마치 의미가 분명하다는 듯이 사용해왔다. 생리적 특성에 따라 우리의 지각은 표준적인 감각적 양상(시각, 청각 등)과 이 양상이 말해주는 속성(색, 움직임, 형태 등)으로 제한된다. 또한 우리의 지각은 감각의 해상력에 따라 제한된다(시각 체계를 통해 미생물을 직접 볼 수 있다면 세상이 아주 다르게 보일 것이다). 심리적 특성 역시 부호화의 특정한 양상이라는 측면에서만 사건을 인지하고 기억하면서 지각을 제한한다. 물론 우리는 감각기관을 통해 세상을 지각하지만 그만큼 개념을 통해서도 세상을 지각한다. 다시 말해서 우리는 생리적으로 지각할 뿐만 아니라 지성적으로도 지각한다. 그래서 지각perceiving과 이해conceiving 사이에는 끊을 수 없는 연결 고리가 존재한다. 다른 한편 감각이 달라지면 개념도 크게 달라질 것이므로, 이해는 감각에 의존하는 반면 개념이 환경으로부터 의식에 도달하는 모든 자극을 걸러내므로, 지각은 개념의 목록에 의존한다.

애초에 우리가 경험을 부호화해야 하는 이유, 그러니까 전체 경험을 작은 조각으로 줄여야 하는 이유가 명백하지 않을 수 있다. 부호화가 필요한 이유를 알려면 어떤 사건을 절대 단순화하지 않은 채 기억하려고 시도해보라. 그 결과물은 '완전 암기 기록' 혹은 '개념 없는 지각'으로 부를 수 있을 것이다. 이 경우 영화가 DVD에 저장되듯이 경험은 신경세포에 통째로 담길 것이다. 대니와 그랜드캐니언의 사례를 이처럼 '완전 암기 기록'한다는 것은 더그가 그 일을 경험하는 동안 전체 장면이 더그의 두뇌에 '촬영되며' 뒤이어 20여 년 후 딕이 병마개를 줍기 위해 허리를 굽히는 모습을 보았을 때 기억에 있는 모든 촬영된 장면을 훑는 정신적 검색 알고리즘에 의해 머릿속에서 구체적인 촬영분이 재활성화된다는 것을 뜻한다.

전적으로 시각적 단서에만 기초한 정신적 과정은 한 살배기 대니를 어른 딕과 연결짓거나 그랜드캐니언이라는 거대한 협곡과 카르나크 신전이라는 건축학적·고고학적 걸작 사이에 존재하는 연결 고리는 말할 것도 없고 개미와 병마개 사이에 존재하는 연결 고리를 보지 못할 것이기 때문에 이 '개념 없는 지각'이라는 관념은 쉽게 거부할 수 있다. 이미지를 정렬하는 일과 관계된 기술에 기초하는 순전히 **시각적인** 유사성에 대한 검색은 이런 상기로 이어질 수 없다. 또한 지금까지 우리는 **행동**(땅 위의 작은 물건을 건드리는 것)과 **맥락**(2주간의 유람 여행), **관계**(상황에 관련된 대상들의 상반되는 크기) 그리고 **감정**(아이러니한 느낌) 등을 온전히 놔둔 채 장면에 속한 **물리적 대상**만을 언급했다.

개념적 부호화가 이루어지지 않으면 기억에 저장된 사건을 인출할 수 없다. 사진이나 동영상을 공유하는 사이트를 이용하는 사람들에게 각 항목에 붙는 언어 라벨('태그')이 얼마나 중요한지 생각해보라. 선택적 망각, 부분적 혹은 왜곡된 기억의 복구, 기억의 재구성 같은 현상에 기초하여 경험을 기억에 할당할 때 부호화의 필요성을 내세우는 주장은 상당히 많다.

아무리 정교하더라도 순전히 이미지에 기초한 검색 과정은 카르나크에서의 딕과 그랜드캐니언에서의 대니 사이 혹은 아래 첨자에 대한 더그의 실망과 두 번째 버튼에 대한 모니카의 실망 사이에 존재하는 연결 고리를 보지 못할 것이다. 이 사건들의 연관성은 시각적이지 않기 때문이다. 요점은 새로운 사건이 생길 때마다 우리가 인식되는 유사성을 찾으면서 일련의 '객관적인' 사건을 기억에 저장하는 것이 아니라, 우리가 접하는 사건이 이전에 습득한 개념에 따라 부호화된다는, 즉 인식되고 증류되고 저장된다는 것이다. 상기가 이루어지는 이유는 오래전에 접한 상황의 특정 측면이 당시에 인지되고 저장되면서 부호화되었기 때문이다. 그렇다면 어떤 측면이 주의를 끌고, 어떻게 부호화될까?

우리의 두뇌는 불변의 핵심을 즉시 파악할까?

과거에 얻은 특정 기억을 활성화하는 일은 단지 유사성을 찾아내 과거와 현재를 연결하는 것이 지적으로 즐겁기 때문에 실행하는 정신적 유희가 아니다.

일반적으로 우리가 자동적으로 실행하는 행위는 살아가는 데 중요한 역할을 한다. 과거에 일어난 사건을 상기하는 것은 새로운 사건을 이해한 후 선택적으로 실행할 수 있는 여유로운 부가적 행위가 아니다. 이런 상기는 새로운 상황을 이해하는 행위 자체와 깊은 관련이 있다. 상기에 관한 연구의 선구자 중 한 명인 인지과학자 로저 생크가 일찍이 이런 견해를 내세웠다.

이 내용을 더 구체적으로 살펴보자. 더그는 카르나크에서 친구인 딕의 모습을 보았을 때 그랜드캐니언에서 본 아들 대니의 모습을 떠올렸다. 그 이유는 카르나크에서 마주친 새로운 상황에 대한 인식이 오래전에 그랜드캐니언에서 접한 사건을 '처리하는' 과정에서 부호화한 특정 개념을 활성화했기 때문이다. 더그는 카르나크에 들어섰을 때 아주 특별한 성지에 있음을 알았다. 거기서 그는 친구가 잠시 가이드의 말을 듣지 않고 허리를 숙여서 작은 물건에 신경을 쓰는 모습을 보았다. 이 상황이 안긴 아이러니한 느낌이 기억에 있는 그랜드캐니언에서의 대니라는 시나리오를 '재상영'하게 만들었다.

이 사실은 첫 번째 사건이 부호화되는 순간에 반드시 **본행사보다 더 흥미로운 사소한 부대 행사**라는 범주가 만들어진다는 것을 뜻할까? 또한 두 사건이 **동일하게** 부호화되었기 때문에 더그가 두 번째 사건을 경험하고 부호화할 때 자동적으로 해당 범주의 초기 요소를 재활성화했다는 것을 뜻할까? 상기에 내재된 메커니즘에 대한 생크의 이론은 이런 생각에 바탕을 둔다. 그러나 이것이 잠재된 기억이 상기되는 이유를 설명하는 유일한 방법일까?

성공적인 상기는 두 사건이 대단히 높은 층위의 추상화를 통해 부호화되어 두 상황이 단지 그 추상적 관념의 구체적인 사례일 뿐임을 가정하는 것일까? 과거의 상황을 상기하는 것은 그 상황을 경험할 당시에 이미 대단히 추상적인 '불변의 핵심'을 성공적으로 포착하여 수년이 지난 후 같은 불변의 핵심을 지닌 다른 상황이 나타날 때 그것을 활성화할 만반의 준비가 되어야만 이루어지는 것일까? 만약 그렇다면(그것을 '불변의 핵심에 대한 즉각적인 포착'이라고 부르자) 더그는 대니가 개미와 나뭇잎에 빠져드는 모습을 보았을 때 무의식적이고 명시적인 언어 라벨이 없긴 하지만 즉각 **본행사보다 더 흥미로운 사소한 부대 행사**라는 추상적 범주를 만들었을 것이다. 또한 카르나크에서 딕의 모습을 보았을 때 그랜드캐니언에서 본 아들의 모습을 갑자기 떠올린 것은 15년 전에 이 범주를 만들었기 때문일 것이다. '불변의 핵심에 대한 즉각적인 포착'이라는 가설을 믿는다면 이런 상기는 첫 번째 장면을 부호화하는 순간에 **본행사보다 더 흥미로운 사**

소한 부대 행사(여기서 우리가 말하는 것은 일련의 영어 단어가 아니라 그것이 나타내는 추상적 관념이다)라는 개념적 골격이 만들어지고, 뒤이어 15년 후에 다른 장면에서 재발견되어야만 이루어질 것이다.

부드럽게 표현하자면 이 가설을 받아들이기는 대단히 어렵다. 공통된 불변의 핵심을 즉각 포착하는 것은 이론적으로 시간이 지난 후 상기를 초래하는 유일한 메커니즘이 아니다. 문제는 깊이 잠재된 정확한 개념적 골격을 인식하는 일이 어렵다는 것이 아니다. 사실 우리는 일상적인 사고에 속하는 범주, 즉 우리에게 어느 정도의 전문성이 있는 범주와 관련될 때는 항상 그런 골격을 인식한다. 문제는 범주가 익숙하지 않을 때 그것을 수반하는 상황을 앞의 경우처럼 깊이 들여다보지 못한다는 것이다.

우리는 수월하게 그리고 무의식적으로 아주 다른 상황들이 지닌 특정한 공통의 측면을 인식한다. 가령 우리는 상당한 차이에도 불구하고 온갖 종류의 **무시할 수 없는 진실을 외면하는** 상황elephant-in-the-room, **한 번 물리면 두 번째는 몸을 사리는** 상황once-bitten-twice-shy, **과욕을 부리는** 상황you're-pushing-your-luck, **나무에 가려 숲을 보지 못하는** 상황can't-see-the-forest-for-the-trees, **고장나지 않았으면 고쳐선 안 되는** 상황if-it-ain't-broke-don't-fix-it, **일석이조** 상황killing-two-birds-with-one-stone, **손 안의 새 한마리가 덤불 속 두 마리보다 나은** 상황a-bird-in-the-hand-is-worth-two-in-the-bush, **두 마리 토끼를 모두 잡을 수 없는** 상황you-can't-have-your-cake-and-eat-it-too, **쥐 죽은 듯 조용한** 상황you-could-hear-a-pin-drop, **남 탓을 하기 전에 자신을 돌아봐야 하는** 상황people-who-live-in-glass-houses-shouldn't-throw-stones 등을 인식하며, 이처럼 대단히 추상적인 속성을 인식하는 일은 표면적으로 공통된 요소가 전혀 없는 상황들 사이의 공통점을 보도록 해준다. 한마디로 우리는 전문성을 지닌 범주를 수반하는 개념적 골격을 인식하는 일에서는 모두 전문가라는 것이다!

그렇다면 더그는 대니의 모습을 보면서 **본행사보다 더 흥미로운 사소한 부대 행사**라는 개념적 골격을 무의식적으로 인식했고, 그 사건을 부호화하기 위해 그것을 사용한 것일까? 또한 이 일이 그를 해당 개념의 전문가로 만든 것일까? 그리고 해당 개념에 대한 전문성 덕분에 수년 후에 카르나크를 방문했을 때 그 사건을 상기할 수 있었던 것일까? 물론 이론적으로는 가능하지만 사실일 가능성은 아주 낮다.

이미 전문성을 지닌 대상의 핵심을 포착하는 일과 새롭고 익숙하지 않은 대상의 핵심을 포착하는 일은 상당히 다르다. 간결하게 표현하자면 추상화와 **깊은** 추상화는 상당히 다르다. 우리가 즉각적으로 '불변의 핵심'을 포착할 수 있다는 가설은 특정한 경우에 불합리한 결론에 이른다. 우리는 어떤 사건을 경험할 때 미래를 엿보고 수년 후에 일어날 사건으로 해당 기억이 촉발되도록 정확히 어떤 고도의 추상적인 부호화를 해야 할지 미리 추측할 수 없다.

더 구체적으로 말하자면 더그가 여덟 살 때 아버지에게 아래 첨자의 의미를 물었다가 아버지의 대답을 듣고 크게 실망한 장면과 40년 후 이 사건이 모니카의 무선 청소기 일화와 공유하게 될 추상적인 개념적 골격은 그렇게 어릴 때는 명확하지 않았을 수 있다. 그렇다면 그때 여덟 살 난 아이가 **부호화한** 것은 무엇일까? 아쉽게도 정확한 답을 제시하려면 타임머신과 생각을 읽는 장치가 모두 필요하지만 그 부호화가 **어느 정도의** 추상화를 수반했을 것임은 분명하다. 여덟 살배기나 두 살배기에게도 인식의 핵심은 추상화다. 추상화는 새로운 범주를 만들고 평생에 걸쳐 확장하도록 해주는 원리다. 우리는 범주를 영원히 확장한다. 가장 엄격한 형태의 축어성(앞서 말한 '완전 암기 기록')으로는 **어떤** 유사성도 인지하지 못하고, 따라서 모든 사고를 배제하기 때문이다. 여덟 살배기 더그의 경우 여러 측면에서 크게 다르기는 하지만, 40년 후에 무선 청소기 시나리오와의 상관성을 인식하려면 적어도 충분한 추상화가 이루어져야 한다.

첫 번째 부호화의 한계

누군가 강의에서 갓 결혼한 캐럴이 처녀 시절의 성으로 서명을 하고 친구인 피터가 '1월마다 같은 실수를 하는' 일화를 들려주었다. 한 학생이 이 일화를 듣고 4년 전에 직장을 바꾸었던 때를 떠올렸다. 새로 옮긴 직장에서는 전화를 받을 때 "안녕하세요, X회사입니다"라고 말해야 했지만 처음 몇 주 동안은 자꾸 이전 회사의 이름을 말하는 바람에 바보가 된 듯한 기분을 느꼈다. 이 기억이 떠올랐다는 사실은 **갱신하지 못한 습관에 갇힌 상황**이라는 대단히 추상적인 범주를 만들었다는 뜻일까? 무엇이 이러한 고도의 추상화를 하게 만들었는지 상상하기는 어렵다. 그녀가 훗날 이런 종류의 상황을 포착하는 데 전문가가 되어야 할 필요성을 느꼈을 리는 없다. 이처럼 협소한 범주를 만들지 않아도 얼마든지 잘 살아갈 수 있다. 그녀가 이토록 높은 수준의 추상화를 통해 약간 창피한 실수를 부호화하지 않았다는 사실은 아주 자신 있게 말할 수 있지만 그럼에도 불구하고 그녀의 부호화는 상당한 정도의 일반화를 수반한다. 캐럴이 처녀 시절의 성으로 서명하는 실수를 저질렀다는 이야기가 자신의 오랜 실수를 신속하고 수월하게 떠올리게 만들었기 때문이다.

그녀의 부호화가 지닐 만한 측면 중에는 잘못된 말을 무심코 내뱉었고, 뜻하지 않게 입 밖에 나온 말이 과거의 잔재였고, 자신이 하는 말을 통제하지 못했고, 실수를 창피하게 느낀 사실 등이 있다. 그래서 캐럴의 서명 실수로 촉발된 4년 전 기억의 인출은 과거의 상황과 새로운 상황이 완벽하게 부합하는 단 하나의 간결하고 추상적인 개념적 골격을 수반하는 것이 아니라 과거 직장에서의 상황이 지닌 개별적이고 추상적이며 중요한 수많은 측면에 의존하며, 이 각각의 측면은 상황이 발생할 당시 핵심을 인식하는 데 기여했다고 볼 수 있다. 다시 말해서 단 하나의 완벽하게 맞는 개념적 골격, 즉 기억을 인출하는 마술 열쇠가 전화를 받다가 실수를 했을 때 만들어진 것이 아니라, 더 작고 독립적인 다수의 개념이 만들어졌으며, 캐럴의 이야기를 들었을 때 이 개념들 중 충분한 수가 재활성화되어 전화를 잘못 받은 기억을 상기시킨 것이다. 요컨대 부호화라는 행위에는 언제나 어느 정도의 추상화가 존재하지만 언제나 기억을 촉발하는 사건과 기억에서 인출되는 사건이 공유하는 단 **하나의** 고도로 추상적인 개념적 골격만 있는 것은 아니다.

현재 사건이 오랫동안 생각지 않았던 먼 과거의 사건을 상기시키려면 강력한 유사성이 필요하다. 오래 묻혔던 기억이 현재 경험하는 일로 촉발된다는 것은 연결 고리의 양쪽에 있는 대상이 조금씩 '양보'를 해야 한다는 것을, 그러니까 새로운 상황과 오랜 상황을 인식하는 방식이 지닌 일부 측면이 충분한 유연성을 지녀야 한다는 것을 뜻한다. 사건의 부호화가 추상화의 최고 층위에 한참 못 미친다고 해도 경험한 상황이 지닌 대단히 축어적인 세부 사항은 훌쩍 넘어설 것이다. 이런 축어성은 대단히 평범한 수준으로 상기의 범위를 제한하기 때문이다. 가령 친퀘테레에서 메뚜기에 사로잡힌 아이들의 경우 아주 작은 정도의 추상화만으로도 이 상황을 그랜드캐니언에서의 대니와 연결할 수 있다. 두 상황이 모두 아이와 곤충 그리고 유명 관광지를 수반하기 때문이다. 두 이야기는 거의 서로의 복사판 같아서 이런 상기가 사소하게 보일 수도 있다. 다행히 인간의 정신은 머릿속에 저장된 수많은 기억 속에서 실행하는 정신적 도약을 통해 이처럼 낮은 수준의 상기를 훌쩍 뛰어넘는다.

결론적으로 기억을 부호화하는 일은 언제나 어느 정도의 추상화를 수반하는 것일까? 물론 그렇다. 그러나 현재 사건을 바탕으로 과거 사건을 상기하려면 언제나 두 사건이 머릿속에서 정확하게 같은 개념적 골격을 공유해야만 할까? 절대 그렇지 않다.

당당한 범주가 되고자 하는 소박한 목록

한 요리사가 인근 마을의 낚싯배에서 잡은 신선한 물고기를 막 튀겨냈다. 여기에 지역의 유기농 농장에서 재배한 채소를 찐 요리가 곁들여졌다. 한편 지구의 다른 곳에서는 양식장에서 (말 그대로!) 아가미까지 사료로 가득 찬 물고기로 만든 냉동 요리가 전자레인지에 데워졌다. 여기에 화학비료와 살충제로 재배한 유전자조작 채소가 곁들여졌다.

이 두 요리 중에서 어느 쪽이 더 구미가 당기는가? 아마 선택하기가 그렇게 어렵지 않겠지만, 불행하게도 첫 번째 요리는 만드는 데 돈이 많이 들고 확실히 대량 생산에 맞지 않는다. 게다가 자신이 하는 일에 열정을 가진 사람이 필요하다. 요즘은 이처럼 순수하고 시대에 뒤처진 방식으로 생계를 유지하기가 거의 불가능하다. 그렇다면 한편으로는 **매력적이지만 돈벌이가 안 되는 대상**과 다른 한편으로는 **구미가 당기지 않지만 저렴하게 생산되는 대상**을 성공적으로 통합하는 방법이 있을까? 아마도 소박한 매력을 풍기면서 대량 생산이 가능한 대상이 좋은 전략이 될 것이다. 개념적으로 모순되지만 않는다면 말이다.

소비자가 숨겨진 문제를 깨닫지 못한 채 구매하도록 유도하는 잘못된 인상을 줄 수 있는 마케팅 사례를 아래에 제시한다. 진정으로 순수한 제품이라는 말에 설득당한 순진한 소비자는 겉만 번드르르한 대량 생산 제품에 속아 넘어간다. 이는 기업이 냉정한 계산을 통해 이루어낸 성공적인 책략이다.

'부르고뉴산 식용 달팽이'라는 라벨이 붙은 달팽이가 실제로 부르고뉴산인 경우는 드물다. 현재 프랑스 냄새를 물씬 풍기는 이 고전적인 먹을거리는 주로 동유럽이나 터키 혹은 중국에서 수입되며, 달팽이가 들어 있는 껍질에서 그 달팽이가 자랐을 확률도 아주 낮다.

지금은 사라진 미국의 서점 체인에는 눈에 잘 띄는 곳에 '지역 작가'에게 할애된 특정한 구획이 있었다. 이 점은 해당 서점이 이 구획에 포함될 책을 선정하는 데 일정한 역할을 한다는 인상을 주었다. 그러나 실은 작가 선정은 멀리 떨어진 체인 본부에서 지역 서점의 의견은 일절 반영하지 않은 채 이루어졌다.

점토로 역사적 인물이나 진기한 풍물을 본떠 만든 작은 조각상에 자랑스레 '손으로 채색함'이라는 광고 문구가 붙어 있다. 이 문구는 조각상들이 만들어지는 방식에 매력적이고 고풍스러운 엽서 같은 이미지를 부여한다. 그러나 사실 '손으로 채색함'이라는 말은 대개 '중국산'임을 뜻한다. 네덜란드 인어나 나폴레옹 군 병사의 작은 조각상은 구매자보다 색칠 작업을 하는 사람에게 훨씬 더 이국적으로 보일 것이다.

베네치아의 부라노 섬은 수 세기 동안 정교한 레이스가 달린 식탁보, 블라우스, 스카프, 접시 깔개 등으로 알려졌다. 그러나 근래에는 거의 모든 제품이 실은 중국에서 제조되어 수입된다. 그러나 레이스가 달린 옷을 입고 작은 가게에 앉아서 사랑스러운 레이스 자수를 뜨면서 제품을 파는 할머니들 덕분에 진품이라는 이미지는 그대로 유지된다.

이집트 나일 강 유역의 도시에서는 아이들이 관광객에게 다가가 실은 대량 생산된 후 물과 모래에 넣어서 인위적으로 오래되어 보이게 만든 물건을 자신이 발견한 '골동품'이라며 판매한다. 또한 작은 가게에서는 소년들이 마치 자신이 현지에서 직접 깎은 듯한 인상을 주려고, 기계로 깎은 금속 쟁반을 긁어댄다.

오스트리아 어느 소도시의 중앙 광장에서 열린 크리스마스 시장에서, 코르시카 전통 복장을 한 '코르시카 농부'가 '코르시카 살라미 소시지'를 판다. 그러나 그 사람과 코르시카 사이의 유일한 연관점은 거기서 휴가를 보낸다는 것뿐이다. 그래서 그는 이듬해 봄에 오베르뉴 지방의 복장을 하고 뻔뻔스럽게 '오베르뉴 치즈'를 판다.

노르망디 해안에 있는 카부르의 중심가에는 파리에 사는 부부가 운영하는 크레페 가게가 있다. 그들은 주말마다 일찍 일어나서 관광객들이 찾아오기 몇 시간 전에 카부르에 도착한다. 마찬가지로 영업이 끝나면 청소를 하고 교통 정체가 풀리기를 기다렸다가 파리에 있는 집으로 돌아온다.

근래에 파리에서 스시 레스토랑이 인기를 끌면서 중국 레스토랑의 인기가 떨어졌다. 그래서 중국 레스토랑 업주들이 일본 식당을 열기 시작했다. 순진한 서양 손님들은 음식을 나르는 아시아인이 도쿄 한복판에 있는 프랑스 레스토랑에서 음식을 나르는 그리스인만큼이나 엉뚱한 곳에 있다는 사실을 전혀 모른다.

이 목록에 포함된 항목들은 모두 일정한 속성을 공유하지만 그 속성에는 표준적인 명칭이 없다. 이 항목들과 표준적인 명칭이 있는 범주에 속한 요소들 사이의 차이점은 (만약 존재한다면) 무엇일까? 우리는 이 항목들이 명백한 관련성을 지니지만 더 일반적인 범주인 **위조품**처럼 어휘화된 모든 범주만큼 타당하고 지적으로 끌리는 범주의 경계를 암묵적으로 정의한다고 말하고 싶다.

라벨을 얻고자 하는 소박한 범주

위 목록은 아직 어휘화되지 않았다는 점에서 어휘화된 범주와 유일하게 다른 새로운 개념을 정의한다. 그래서 우리는 '가짜faux'를 '확실성authenticity'에 접목하여 '가확실성fauxthenticity'이라는 용어를 제안한다. 이렇게 명시적인 라벨을 붙이는 일은 이 개념을 머릿속에 배정하고 미래에 추가로 확장할 가능성을 높이는 데 도움을 준다. 실제로 위 목록에서 나오는 개념적 골격을 공유하면서 동시에 새로운 방향으로 확장해나가는 가확실성의 사례를 쉽게 찾을 수 있다.

근래에 나오는 봉투에는 의도적으로 비공식적인 느낌을 주는 필기체 폰트를 써서 실은 컴퓨터로 인쇄한 것이지만 손으로 쓴 것처럼 보이는 이름과 주소가 나오는 경우가 많다. 심지어 특정 글자체는 각 글자가 여타 글자와 조금씩 다르게 나오도록 해서 모든 글자를 손으로 쓴 것 같은 인상을 주려고 무작위적 알고리즘을 지니기도 한다.

근래에 대기업에 전화를 걸 때 접하는 자동응답기에 새로운 기법이 추가되었다. 바로 녹음된 목소리에 잠시 머뭇거리는 공백이나 작은 실수 혹은 전화를 받는 '사람'이 미리 말했어야 하는 내용을 막 떠올리고 뒤늦게 놀라는 듯한 소리를 삽입하는 것이다. 말하자면 이런 식이다. "아, 네. 그러면, 음, 한 번 더 인증 코드를 말씀해 주시겠습니까? 감사합니다!"

이탈리아 기업은 고객에게 보내는 자동화된 이메일에서 잘 모르는 상대방을 부를 때 전통적으로 쓰는 2인칭 존칭 대명사인 'Lei'(프랑스어에서는 'vous')를 거의 쓰지 않는다. 이제는 격식 없는 대명사인 'tu'를 쓴다. 그래서 "안녕, 우리의 오랜 친구인 교수님, 당신의 새 신용카드를 동봉합니다!" 정도로 해석되는 "Egregio Professore, ecco la tua nuova carta Bancomat"라는 '개인화된' 편지처럼 어색한 내용으로 이어질 수도 있다.

때로 어떤 물건에 '진짜 인조가죽' 혹은 '진품 인조가죽'으로 만들었다는 문구가 붙지만 기이하게도 이 문구는 어떤 아이러니도 의도하지 않은 것이다. 짐작건대 이 문구에 담긴 생각은 가죽(혹은 다른 천연 제품)을 모방하는 산업 표준이 있으며, 이 표준을 충족하면 일종의 진품이 된다는 것이다.

이 책의 독자들도 상당히 널리 퍼져서 발견되기만을 기다리는 가확실성의 사례를 덧붙이겠다는 생각이 들면 좋겠다. 2장의 말미에서 **유인 상술**이라는 범주에 대해 말한 것처럼 명시적으로 **가확실성**이라는 범주를 구축한 사람은 그렇지 않은 사람보다 훨씬 분명하게 해당 현상을 이해한다.

개의 머릿속에 있는 유추와 범주

지금까지 우리는 무의식적으로 인식한 상황의 유사성으로 인해 촉발되며 라벨이 없는 새롭고 풍부한 추상적 범주를 우리가 지속적으로 구축한다는 사실을 보여주기 위해 폭넓은 상황을 살펴보았다. 그렇다면 우리보다 덜 사색적인 동물은 어떨까? 사실 해당 종에 따라 다른 지적 수준으로 한정되기는 하지만 그들도 비슷한 일을 한다. 가령 개를 예로 들어보자. 전형적인 개는 평생에 걸쳐 어떤 개념들을 구축할까? 다음은 우리가 개인적으로 아는 개들을 관찰하면서 얻은 수많은 개념의 목록이다. (이 범주들을 표현하기 위해 임의로 영어를 썼다.) 각각의 개념은 오랜 시간 동안 매일 실행한 일련의 유추를 통해 형성된 것이다.

인간, 남자 인간과 여자 인간, 어른 인간, 아이, 아기, 친구와 이방인, 우체부, 수의사……

개, 강아지, 친구 개, 다람쥐, 고양이……

물, 나의 음식, 인간의 음식, 나의 간식, 뼈……

맛있다, 뜨겁다, 차다, 딱딱하다, 무르다, 열려 있다, 닫혀 있다, 다정하다, 고약하다……

안, 위, 아래, 옆, 앞, 뒤……

낮, 밤, 아픔, 손, 입, 눈, 인간의 발, 동물의 발, 명령, 위협, 나의 개집, 우리 집 마당, 다른 집, 다른 집 마당, 개집, 개 출입문, 내가 사람과 하는 놀이, 내가 가지고 노는 장난감, 내가 가지고 놀 수 없는 장난감, 공, 원반, 막대기, 가지, 문, 의자, 탁자, 목줄, 비, 눈, 나무, 호수, 수영장, 개 밥그릇, 차, 인도, 거리, 계단, 개처럼 보이는 작은 장난감, 로봇 개, 봉제 동물 인형, 주인의 목소리, 전화로 들리는 주인의 목소리, 천둥, (라디오나 텔레비전 등에서 들리는) 가짜 개 짖는 소리……

먹기, 마시기, 놀기, 싸우기, 걷기, 가만히 있기, 나가기, 들어오기, 뛰기, 수영하기, 앉기, 기다리기, 눕기, 찾기, 물어 오기, 잡기, 올라가기, 내려가기……

먹을 수 있는 것과 없는 것, 마실 수 있는 것과 없는 것, 씹어도 되는 물건과 안 되는 물건, 위험하지 않은 큰 소음과 위험을 알리는 큰 소음, 수영하는 곳, '볼일을 볼' 수 있는 곳과 볼 수 없는 곳, 내가 찾은 모든 음식을 먹을 수 있는 곳과 없는 곳……

현상에 대한 언어 라벨 없이 생각을 하면 많은 사람이 범주화와 유사성 인식(혹은 포착) 사이에 존재한다고 생각하는 명확한 구분이 거의 불가능해진다. 개에게는 언어 라벨이 없는 대신 무생물, 생물, 행동, 상황에 대한 일련의 경험을 가지며, 세상에서 생존하고 편하게 살아가기 위해 이미 접한 상황에 따라 새로운 현상을 보는 능력에 의존한다. 그래서 개에게 범주화란 명백히 기존 지식으로 이어지는 유추적 다리를 만드는 일이다.

모든 개가 다른 개, 새, 차, 나무, 공, 목줄을 확실하게 지각할 수 있다는 사실은 놀랄 만한 일이 아니다. 그러나 개가 '볼일을 볼' 수 있는 장소와 볼 수 없는 장소를 확실하게 구분한다는 사실은 이 범주가 상당히 더 미묘하게 보이기 때문에 더 인상적이다. 유사성이 아주 단순한 것에서 아주 미묘한 것까지 폭넓은 범주에 걸쳐 분포되어 있다는 점을 감안하면, 말을 하지 못하는 이 동물들이 어느 정도로 정교한 유추를 할 수 있는지는 의문이다. 우리는 그 답을 찾기 위해 개를 좋아하는 친구들에게 키우는 개가 한 흥미로운 유추를 떠올릴 수 있는지 물었고, 덕분에 상당히 매력적인 일화를 많이 확보했다. 다음은 특별히 인상적이었던 네 가지 개 이야기를 재현한 것이다.

부모님이 차르(라브라도)를 몇 주 동안 맡았던 어느 날 어머니가 "내일 차르를 목욕시켜야겠어"라고 말했어. 잠자리에 들기 직전에 차르를 불러도 오지 않더라는 거야. 그래서 한참 찾아보니 지하실에서 내가 갔을 때마다 항상 목욕을 시키던 커다란 욕조 옆에 가만히 앉아 있었대. 차르는 '목욕'이라는 단어를 이해할 뿐만 아니라 그 집에서 사용하던 독특한 욕조와 그것이 있던 장소도 기억하고 있었던 거지.

펜웨이(닥스훈트)는 모든 가방을 알아보고, 우리가 다락방에서 가방을 꺼낼 때마다 마치 (실제로 종종 그러듯이) 우리가 자기를 놔두고 떠날 것처럼 슬픈 표정을 지어. 그러고는 가방을 다 싼 후에 닫으면 자기를 데려가 달라는 듯 그 위에 뛰어 올라가 앉아. 또 펜웨이는 여행을 할 때 자기가 담기는 작은 더플백을 알아보기 때문에 우리가 옷장에서 그걸 꺼내면 무슨 뜻인지, 그러니까 모두가 여행을 간다는 걸 알지. 우리가 펜웨이를 캘리포니아에 데려갈 때마다 돌아오려고 짐을 싸면 자기를 빠뜨리지 말라는 듯 바로 더플백에 들어가.

펜웨이는 얼마 전에 한쪽 뒷다리에 난 작은 종양을 제거하는 수술을 했어.

수술을 하려고 수의사가 종양 주위의 털을 밀었지. 펜웨이는 집에 오자마자 작은 무스 봉제인형을 찾더니 자기 다리에 있는 것과 똑같이 작은 '맨살' 부위가 만들어질 때까지 한쪽 뒷다리를 물어뜯기 시작했어.

펜웨이를 공원에서 열린 대규모 '닥스훈트 축제'에 처음 데려갔을 때 멀리서 친구인 스크러피와 아주 닮아 털이 길고 헝클어진 하얀 개를 봤어. 그래서 잽싸게 달려갔지만 가까이 가서는 약간 혼란스러운 얼굴로 서로를 훑어보기만 했지. 잠시 후 펜웨이는 그 개가 스크러피가 아니라는 걸 깨닫고는 바로 등을 돌려서 우리에게 곧장 달려왔어.

이 마지막 일화는 개가 사람처럼 잘못된 유추를 한다는 사실을 보여준다. 때로 유사성은 아주 강하다고 해도 오해를 초래하기 때문이다. 난생처음 보는 사람도 가까운 친구와 아주 비슷하게 보일 수 있으며, 이 경우 강력한 유사성이 두 영혼이 지닌 깊은 유사성을 반영한 것인지, 아니면 그저 피상적인 것일 뿐인지 의아해하지 않을 수 없다. 적어도 호모사피엔스 속에 속한다면 이런 의문을 억누를 수 없다.

젊은 아이슬란드 교수가 상기시키는 사람은 누구?

존은 강연을 하기 위해 아내인 레베카를 데리고 아이슬란드로 갔다. 두 사람은 이틀 동안 관광을 한 후 강연을 할 대학에 가서 토르라는 이름의 젊은 교수를 비롯하여 여러 다정한 사람들을 만났다. 존은 윤곽이 뚜렷한 토르의 얼굴을 보고는 계속 '이 사람을 보니 누군가가 자꾸 떠오르는데? 분명히 내가 아주 잘 아는 사람이야!'라고 생각했다. 그러다가 갑자기 그 사람이 캘리포니아에 사는 친구 스코트라는 사실을 깨달았다. 그는 스코트와 아주 친했기 때문에 토르도 마음 편하게 대하게 되었다. 토르와 동료들은 강연이 끝난 후 존과 레베카에게 저녁을 대접했다. 그들은 몇 시간 동안 즐거운 시간을 보냈다.

이튿날 아침, 존은 레베카에게 "어제, 누가 아는 사람을 떠올리게 하지 않았어?"라고 물었다. 레베카는 "토르 같은데, 맞아?"라고 대답했다. 존은 "그래!"라고 말했다. 레베카는 "그 사람 인상이 어땠는데?"라고 물었다. 존은 "아주 잘생긴 데다가 캘리포니아에 사는 스코트와 닮았어"라고 대답했다. 레베카는 "나도 그렇게 생각해. 우리가 그 사람을 보는 눈이 같은 것 같네! 아마 웃을 때 스코트와 닮은 부드러운 면을 연상시키는 입꼬리 때문일 거야"라고 덧붙였다. 존은 "맞아. 쉰 듯한 목소리도. 그렇지 않아?"라고 물었다. 레베카는 "그것도 그래"라고 말했다. 존은 계속 말을 이었다. "어제 저녁 먹을 때 그 사람을 아주 잘 아는 기분이 들었어. 그래서 다른 경우에는 절대 하지 않았을 말을 했지. 마치 오랜 친구에게 말하는 것 같았는데 당신이 내가 받은 인상을 확인해주니까 기뻐. 우리가 그 점에 동의한다는 건 두 사람이 단지 개인적인 착각이 아니라 무언가 실질적인 면에서 연결되는 것이 있다는 뜻이야."

존이 인지한 사실을 레베카가 확인해준 것은 좋은 유추는 다른 사람과 나눌 수 있는 것이라는 사실을 상기시켜준다. 이런 객관적인 느낌은 유추가 **외부 세계에 있는** 두 대상, 이 경우에는 스코트(캘리포니아의 변호사)와 토르(아이슬란드의 교수)를 잇는다는 직관적인 관념을 뒷받침한다. 앞서 인용한 대화는 분명히 이런 인상을 주지만 스코트와 토르에 대한 존의 유추는 **스코트가 없는 상태에서** 이루어졌고(혹은 유사성이 인지되었고), 레베카의 유추는 **두 사람** 모두가 없는 상태에서 이루어졌다는(혹은 유사성이 인지되었다는) 점을 기억해야 한다. 레베카는 오직 머릿속에 저장된 기억에 의존했으며, 그래서 필연적으로 그녀가 연결한 대상은 눈앞에 있는 두 사람이 아니라 두 개의 **정신적 표상**이었다. 그러나 그녀는 자신의 유추가 머릿속에 있는 두 개의 신경 패턴 사이에 연결 고리를 만들거나 발견했다고 생각하고 말하는 것보다 정신적 표상의 **원천**, 즉 스코트와 토르를 연결했다고 생각하고 말하는 것을 훨씬 자연스럽게 받아들였다. 결국 "방금 머릿속에서 토르와 스코트에 대한 정신적 표상 사이에 다리를 놓았어"와 같은 문장은 "토르를 보니 스코트가 떠올라"와 비교할 때 아주 이상할 뿐만 아니라 지나치게 현학적으로 들린다.

정신적 개체와 그 사이의 연결

모두가 이처럼 더 짧게 사정을 말하는(그리고 그에 따라 생각하는) 방식을 선호한다. 우리는 두 가지 정신적 개체 사이에 정신적 연결 고리를 만들었다고 말하는 대신 유추를 통해 놓는 다리의 양쪽을 머리 **밖에서** 투영하기를 좋아하며, 이렇게 해서 유추는 외부적 다리, 버클리와 레이캬비크처럼 아주 멀리 떨어진 두 장소에 있는 두 개체를 양쪽에 둔 높이 솟은 비유적 무지개가 된다.

또한 다른 사람이 이런 개인적 유추를 확인하면 시각의 합의에 따라 암시되는 객관성이 하늘 높이 솟은 무지개, 객관적이고 외부적인 개체 사이를 잇는 천상의 호라도 되는 듯한 유추에 대한 순진한 이미지를 강화한다. 그러나 생각해보면 두 개체를 잇는 호는 **rain**bow가 아니라 말하자면 **brain**bow이다. 그리고 그것이 **객관적**이라면, 즉 두 사람 이상이 같은 유사성을 본다면 그 이유는 두 개의 다른 두뇌에 두 개의 '나란한' 곡선, 그러니까 동일한 외부 원천이 촉발한 내적 표상을 연결하는 두 개의 머릿속 곡선이 있기 때문이다.

이 추상 개념을 더 구체적으로 표현하기 위해 두 공저자의 머릿속에 있는 다리를 살펴보자. 이 다리의 한쪽 끝에는 마크 트웨인에 대한 정신적 이미지가 있고, 다른 쪽 끝에는 노르웨이 작곡가인 에드바르 그리그Edvard Grieg에 대한 정신적 이미지가 있다. 이와 '동일한' 다리가 수많은 다른 머릿속에서 독립적으로 만들어지고 오랫동안 놓여 있었다고 얼마든지 말할 수 있다. 실제로 우리는 두 사람의 이미지를 보면 누구나 머릿속에서 '동일한' 정신적 다리, '동일한' 머릿속 곡선을 빠르게 만들 것이라고 확신할 수 있다.

마크 트웨인

에드바르 그리그

'외부' 세상에 속한 두 개체 사이에 이루어진 단 **하나의 유추**, 하나의 **객관적인** 유추만 존재하는 간략한 방식으로 다른 머릿속에서 만들어진 여러 유사한 유추적 다리를 묘사하기 위해 일종의 약칭을 사용하는 것은 대단히 구미가 당기는 일이며, 실제로 효율적인 개인 간 의사소통을 위해 필수적이다. 존과 레베카가 토르와 스코트 사이에 형성된 '객관적인' 연결 고리를 공유했듯이 많은 사람은 트웨인과 그리그를 잇는(더 정확하게는 그들의 얼굴을 잇는) 유추를 공유할 수 있다. 당신이 방금 트웨인과 그리그에 대한 이미지 사이에 개인적인 'brain-bow', 즉 머릿속 곡선을 만들었다고 가정하자. 이 두 사람에 대해 당신이 가진 정신적 이미지가 뒤섞이고 흐릿해지기 시작하여 결국에는 **사람**이 아니라 **범주**의 명칭인 '트웨인/그리그'로 부를 만한 새로운 정신적 개체가 얼마든지 나올 수 있다.

유추 작용과 범주화: 같은 동전의 양면

이제 아인슈타인의 사진을 몇 장 훑어보면 "**트웨인/그리그** 범주에 속하는 훌륭한 사례군!"이라는 생각이 들 것이다. 그래서 당신이 가진 **트웨인/그리그**라는 정신적 개체는 이 세 번째 요소를 받아들이면서 조금씩 변할 것이다. 그 결과는 더 포괄적인 범주가 될 것이며, 그에 따라 작은 회사가 커지면 더는 수년 전에 회사를 설립한 두 사람에게만 속하지 않는 것처럼 새로운 라벨이 필요할 것이다. 실제로 처음에 마크 트웨인과 에드바르 그리그(그리고 뒤이어 아인슈타인)의 닮은 얼굴에 바탕을 두었던 당신의 범주는 비슷하게 생긴 다른 사람들을 포함하게 되면서 커지는 포괄성에 따라 어쩌면 트웨인, 그리그, 아인슈타인의 두문자를 딴 라벨인 'TGE'를 채용하여 명칭을 바꾸거나 심지어 라벨을 완전히 잃을 수도 있다.

이 이야기를 마무르기 위해 당신이 머릿속에서 트웨인, 그리그, 아인슈타인의 흐릿한 얼굴들이 있는 범주를 구축한 후 유명한 인도주의 의사인 슈바이처의 사진을 우연히 보았다고 가정하자. 슈바이처를 이 커지는 정신적 범주에 배정하는 것은 **유추 작용**일까 아니면 **범주화**일까? 둘 다일 것이다. 슈바이처의 사진을 바라보는 사람의 머릿속에서 일어나는 일은 (슈바이처의 사진을 봄으로써 촉발된) 신선하고 **새로운** 정신적 표상과 집합적으로 트웨인, 그리그, 아인슈타인의 얼굴을 보고 융합했기 때문에 생긴 **더 오래된** 정신적 구조물을 잇는 **정신적 다리를 건설하는 것**이다. 이처럼 정신적으로 다리를 건설하는 일을 '범주화'로 부르는 것과 '유추 작용'으로 부르는 것은 동일한 타당성을 지닌 선택이다.

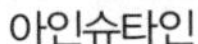

아인슈타인

슈바이처

TGE 범주가 더 많은 요소를 받아들여서 계속 커지다가 무명의 모호한 대상에 더 가까워지면 초기 요소가 무엇이었는지 잊기 시작하며, 그 시점에 그리고 그런 이유로 '유추 작용'이라는 용어보다 '범주화'라는 용어를 더 쓰고 싶어질 것이다. 그러나 그것은 상관없는 문제다. 두 경우 모두에서 일어나는 일은 새로 생긴 정신적 구조물과 더 오래된 구조물 사이의 호응 관계에 대한 인식, 요컨대 유추를 통한 다리의 건설이다.

잠잠해지는 논쟁

마지막으로 하나의 사례, 컵을 컵으로 지각하는 사소해 보이는 사례를 다루고자 한다. 친구의 집에 있는 당신이 차 한 잔을 마시고 싶어 한다고 가정하자. 당신은 주방으로 가서 몇 개의 찬장을 열어보고는 어느 시점에서 '아, 여기 컵이 있네'라고 생각한다. 이때 당신은 유추를 한 것일까? 대다수 사람들처럼 "당연히 아니죠. 그건 유추가 아니라 **범주화**에요!"라고 대답하고 싶어진다면 그에 대한 직감은 이해한다. 그러나 우리는 다른 관점을 제안할 것이다. 실제로 당신이 친구네 집의 찬장에서 본 대상을 대표하는 정신적 개체를 머릿속에서 막 만들어내는, 마찬가지로 설득력 있는 '유추' 시나리오가 있다. 이 시나리오에서 당신은 그 정신적 표상과 머릿속에 존재하는 기존의 정신적 구조물, 즉 '컵'이라는 이름을 지닌 개념 사이에 정신적 연결 고리를 만든다. 요컨대 당신은 머릿속에서 두 개의 정신적 개체를 잇는 다리를 만든다. 그리고 방금 슈바이처를 TGE 범주에 배정하는 문제를 살피면서 언급했듯이 '이것은 **유추 작용**인가 아니면 **범주화**인가'라는 질문에 대한 답변은 이번에도 두 라벨이 모두 맞다는 것이다.

컵을 컵이라고 부르는 것이 유추 작용의 사례라는 생각이 불편하다면, 새로 접한 슈바이처의 사진에 대한 지각 표상을 이전의 TGE 개념과 잇는 다리를 건설하는 일 그리고 찬장에 있는 세라믹으로 만든 특정한 대상에 대한 지각 표상을 이전의 **컵**이라는 개념과 잇는 다리를 건설하는 일 사이의 핵심적인 차이를 지적해보라. 이 두 가지 행위 사이에 언급할 만한 차이가 있다면 그것은 **TGE** 개념과 **컵** 개념 사이의 차이뿐이다. 전자는 세 창립 회원의 꽤 명확한 흔적이 여전히 남은 비교적 신선한 새로운 개념인 반면 후자는 그런 흔적이 남지 않은 오래된 개념이다. (**컵**이라는 개념을 연 본원적인 컵을 기억하는 사람이 어디 있겠는가?) 이 차이를 제외하면 두 다리는 같은 성격을 지닌다.

이 이야기의 교훈은 컵의 '컵다움'을 인지하는 것이 **신 포도** 개념 혹은 **가확실성** 개념에 해당하는 새로운 사례를 인지하는 것만큼 유추 작용에 해당한다는 것이다. 우리는 이 논지가 대다수 사람의 직감에 어긋나기는 하지만 이제는 익숙해져서 **당신의** 직감과 공명하기를 바란다. 이는 하나로 융합된 범주화와 유추 작용을 중심에 두는 사고에 대한 통합적 관점이다. 이 관점을 익힌 우리는 이제 그것이 사고의 메커니즘에 미치는 영향으로 눈길을 돌리고자 한다.

4

추상화와 범주 간 이월

∨
∨
∨
∨

Abstraction and Inter-category Sliding

X가 항상 X인 것은 아니다

오후 3시 30분 파리, 에마뉘엘과 더그는 휴식 시간을 갖고 언제나처럼 café(커피)를 마실 생각으로 길모퉁이 카페, Le Duc d'Enghien(르뒤크앙기앵)으로 갔다. 찌는 듯한 더위에도 불구하고 더그는 un crème(크림 커피)를 마시고 싶어 한 반면 에마뉘엘은 콜라와 un diabolo menthe(민트향 청량음료) 사이에서 고민하다가 마침내 후자로 결정했다. 두 공저자는 몇 분 동안 대화를 나눈 후 거리를 건너서 늘 하던 대로 과자류를 사는 pâtisserie(제과점)으로 갔다. 에마뉘엘은 une tartelette aux fruits rouges(베리 타르트)를 골랐고 더그는 아이스캔디를 골랐다. 뒤이어 그들은 사무실로 돌아가 집필 작업을 재개했다.

앞서 말한 내용에서 에마뉘엘이 마신 것이 커피가 아니고 더그가 먹은 것이 과자가 아니라는 점을 제외하면 특별한 점은 거의 없다. 그러나 그들이 거짓말을 한다고 비난하는 사람은 없을 것이다. 설령 더그가 크림 커피 대신 레몬차를 주문했어도 두 저자가 커피를 마시러 갔다고 얼마든지 말할 수 있다. 그렇다면 '커피'가 정확하게 의미하는 것은 무엇일까?

우리는 이 용어가 다르게 그러나 항상 쉽게 이해되는 적어도 네 가지 유형의 맥락, 이 경우 네 가지 층위의 추상화를 구분할 수 있다. 우선 '커피를 마시다'라는 말이 '가벼운 음식을 먹거나 마시면서 대화를 나누다'를 뜻하는 상황이 있다. 이런 맥락에서 '커피'라는 단어는 대단히 개방적이고 추상적이어서 모든 종류의 음료나 샌드위치, 아이스크림 혹은 매장이 거부하지 않는 한 아무것도 먹지 않는 것까지 포괄한다. 우리는 이것을 '커피$_4$'라고 부를 것이다.

그다음으로 레스토랑에서 식사를 마친 후 종업원이 손님에게 "커피를 드시겠습니까?"라고 묻는 상황이 있다. 이때 "나는 차로 주세요"라고 대답하는 것도 얼마든지 적절하며, 누구도 질문에 어긋난다고 생각지 않을 것이다. 반면 코냑을 주문하거나 더 나쁘게는 와인 내지 튀김을 추가로 요구하는 것은 완전히 적절치 않게 보일 것이다. 다시 말해서 여전히 약간의 추상화가 수반되지만 앞의 경우만큼 폭넓지는 않다. 우리는 이것을 '커피$_3$'이라고 부를 것이다.

뒤이어 카페에서 두 단골손님이 "오늘은 어떤 커피로 드릴까요?"라는 의례적인 질문을 받는 상황이 있다. 이때 종업원은 "crème(크림 커피) 하나, decaf(무카페인 커피) 하나 주세요"나 "Machiato(마키아토) 두 잔요"처럼 명시적으로 언급되는 범주에 속하는 대답을 예상한다. 여기서 '커피'라는 단어는 더 협소하게 받아들여지지만 축어적인 접근법에도 불구하고 여전히 수많은 방식으로 인식될 수 있다(우리는 이 사례를 '커피$_2$'라고 부를 것이다).

끝으로 누군가 파리의 카페에 들어가 "Un café, s'il plaît" 혹은 "커피 주세요"라고 말하는 유형의 상황이 있다. 이 경우 차나 아이스크림(등)을 의미하지 않는다는 것은 명확하다. 손님이 요청한 음료는 크림이 들어가지 않은 에스프레소이다. 이는 파리에 있는 카페에서 '커피'라는 단어가 지니는 기본적인 의미이며, 우리는 이것을 '커피$_1$'이라고 부를 것이다. 여기서 우리는 커피에 대한 스펙트럼에서 가장 낮은 층위의 추상화를 접하게 되며, 그래서 잠시 '카페고리cafégories'에 대한 탐험을 멈출 것이다.

이 설명이 우리에게 말해주는 것은 무엇일까? 바로 범주의 요소는 맥락에 따라 변하고, 우리는 접한 맥락의 속성을 수월하게 이해하고, 특정 언어에 속한 단일 단어는 수많은 다른 범주를 나타낼 수 있고, 이 범주는 다른 층위의 추상화를 통해 이루어진다는 것이다.

이 장의 로드맵

앞 세 장은 단일어로 포괄되는 범주(1장), 복합적 어휘 개체로 포괄되는 범주(2장), 어휘 라벨이 없는 범주(3장)를 비롯한 다양한 유형의 범주를 살펴봄으로써 "범주란 무엇인가?"라는 질문에 답하려는 시도였다. 이 장에서는 새로운 단계로 넘어가서 범주화가 이루어지는 양상을 분석할 것이다. 특히 범주 사이의 '도약leap'이나 '이월slippage'을 자세히 살필 것이다(그리고 반복을 줄이기 위해 두 용어를 모두 사용할 것이다).

우리의 목표는 사고라는 행위에서 범주 간 이월, 구체적으로는 폭넓은 추상화 영역에서 한 단계 위나 아래로 넘어가는 전환이 지니는 근본적인 중요성을 드러내는 것이다. 먼저 우리는 '추상화'의 의미를 밝힌 다음 이 세상에 있는 대상과 상황의 운명은 한 범주에서 다른 범주로 수월하게 그리고 무의식적으로 넘어가는 것임을 보여줄 것이다. 몰리에르의 희곡에 나오는 주르댕이 자신도 모르게 산문을 말했던 것처럼, 우리는 모두 우리 자신도 모른 채 한 범주에서 다른 범주로 도약하는 데 뛰어난 능력을 발휘한다. 우리는 모두 한 범주에서 다른 범주로 대상과 상황을 옮기는 기술을 끊임없이 사용한다.

우리는 '유연성flexibility'과 '창의성creativity'이 대부분 범주를 확장하고 범주 사이를 건너뛰는 인간의 빼어난 능력과 연계되어 있음을 보여주기 위해 개념 개발의 이면에 있는 과정을 밝히는 특별한 현상을 자세히 살필 것이다. 이것은 구체적으로는 대다수가 거의 인지하지 못하고 실은 존재 여부조차 아는 사람이 드물지만, 언어 전반에 대단히 폭넓게 퍼진 **표지marking**라는 현상이다. 이 현상의 요지는 한 언어에 속한 단일어가 더 좁은 범주와 더 넓은 범주를 모두 나타낼 수 있으며, 이때 앞에서 '커피'라는 단어로 예시한 것처럼, 더 좁은 범주는 더 넓은 범주 안에 전체가 포괄된다는 것이다. 표지는 때로 의사소통을 저해하고 혼란을 초래하기도 하지만, 단일 용어로 여러 범주에 한꺼번에 라벨을 붙일 수 있게 해주고, 맥락에 대한 지성의 타고난 민감성을 활용함으로써 언어에 더 큰 유연성을 부여하는 유용한 도구다.

그다음으로는 사고의 핵심에 있으며 1장에서 이미 소개한 과정인 범주 확장을 통한 개념의 개발을 조사할 것이다. 1장에서 살폈듯이 범주는 처음에는 작게 만들어져서 종종 단 하나의 요소만 지니지만, 뒤이어 핵심core과 후광halo이 형성되기 시작한다. 범주는 도심에 있기도 하고 교외에 해당하는 가장자리에 있기도 하는 새로운 요소들을 받아들이면서 성장한다. 이처럼 예상치 못한 요소를 받아들이려면 기존 범주의 '한계를 넓히거나' 새로운 범주를 만들어야 한다. 어느 경우든 이 모든 확장을 추동하는 원동력은 유추이다. 우리는 기존 개념에 따라 상황을 이해하는 동시에 새로운 상황의 영향을 받아 개념을 수정하는 능력의 근원에서 진행되는 과정을 분석할 것이다.

그다음에는 이전의 질문과 밀접하게 연관되는 또 다른 근본적인 질문으로 방향을 돌릴 것이다. 그 질문은 무엇이 전문가를 만드는가이다. **전문성**expertise이라는 개념이 좁은 영역에 대한 전문가의 지식뿐만 아니라 평범한 사람이 일상적인 환경에 대응하기 위해 평생에 걸쳐 개발한 능력에도 적용되기 때문에 이 질문은 중요하다. 더 구체적으로 말하자면 우리는 전문가가 된다는 것이 단지 다른 사람보다 더 많은 범주를 습득했다는 의미만이 아니라, 여러 층위의 추상화를 통해 유용한 범주화를 실행하고 맥락의 압력에 따라 한 범주에서 다른 범주로 원활하게 넘어가게 만드는 방식을 정리했다는 의미이기도 하다는 것을 살필 것이다.

이는 실로 창의성, 즉 처음에는 놀랍지만 사후에는 현저한 타당성을 지니는 특정한 결정적 도약을 하는 능력의 원천 중 하나다. 개념적 이월이 가장 흔한 정신 현상이라고 해도 거기에는 미묘하고 희소하며 전혀 간단치 않은 맥락이 있다. 개념적 이월을 통한 발견은 (8장에서 더 자세히 다룰) 과학적 발견을 비롯하여 역사적으로 위대한 생각을 많이 낳았다. 위에 제시한 개요가 보여주듯이 이 장에 임하는 각오가 크다. 우리는 추상화라는 관념부터 시작하여 하나씩 그 야심을 이루어나갈 것이다.

추상화는 무엇이고 그 목적은 무엇인가?

추상화abstraction는 다양한 형태를 지닌다. 여기서 우리는 '포괄적 추상화generalizing abstraction'라고 부르는 종류의 추상화에 초점을 맞출 것이다. 우리는 B 범주가 A 범주의 하위 범주일 때, 즉 B 범주에 속한 모든 것이 A 범주에 속할 때 범주 A가 더 추상적이라고 말할 것이다. 가령 **커피**$_4$는 **커피**$_3$보다 더 추상적이다. **커피**$_3$의 모든 요소(기본적으로 와인을 제외하고 차를 포함하는 식후 음료)가 **커피**$_4$의 요소(기본적으로 모든 가벼운 먹을거리)이며, 게다가 민트향 음료와 콜라는 **커피**$_4$에는 속하지만 **커피**$_3$에는 속하지 않기 때문이다. 같은 이유로 **커피**$_3$은 **커피**$_2$보다 더 추상적이며, **커피**$_2$는 **커피**$_1$보다 더 추상적이다.

추상화(지금부터는 '포괄적'이라는 수식어를 생략할 것이다. 포괄적 추상화 유형만 다룰 것이기 때문이다)라는 관념은 자연계에서 발생하는 대상에 대한 고전적인 범주(그래서 **새** 범주는 **참새** 범주보다 더 추상적이다)뿐만 아니라 인간이 만든 물건(**가구** 범주는 **의자** 범주보다 더 추상적이다), 또한 당연히 행동의 범주(**이동**은 **걷기**보다 더 추상적이

다) 그리고 형용사로 명명되는 범주(**빨강**은 **진빨강**보다 더 추상적이고, **유색**은 **빨강**보다 더 추상적이다)에 적용된다. 그뿐만 아니라 관용구나 속담 혹은 우화로 명명되는 범주에도 적용되며(그래서 **작은 비행**非行**이 큰 비행으로 이어진다**는 **바늘 도둑이 소도둑 된다**보다 더 추상적이고, **후회하느니 안전한 편이 낫다**는 **예방이 치료보다 훨씬 낫다**보다 더 추상적이다), 끝으로 앞 장에서 살폈듯이 아예 어휘화되지 않은 범주에도 적용된다.

요컨대 한 범주는 특수 사례로 다른 범주를 포함할 때 그 범주보다 더 추상적이다. 우리의 머릿속에 여러 다른 층위의 추상화를 통한 범주가 있기 때문에 단일 개체에 대해 다른 관점을 취할 수 있다. 가령 특정 개체가 종종 **참새**로 보이기도 하고 **새**로 보이기도 한다.

추상화 능력이 없다면 우리의 삶은 호르헤 루이스 보르헤스의 단편, 〈기억의 천재 푸네스〉에 나오는 주인공인 이레네오 푸네스의 삶과 비슷할 것이다. 그는 말에서 떨어지는 바람에 치명적인 부작용으로 "모든 숲에 있는 모든 나무에 달린 모든 나뭇잎을 기억할 뿐만 아니라 …… 포괄적이고 관념적인 생각을 거의 할 수 없었다. 그는 **개**라는 포괄적 용어가 다른 크기와 형태를 지닌 대단히 많은 닮지 않은 표본을 수용한다는 사실을 이해하지 못했다. 또한 그는 3시 14분의 개(측면에서 본 개)가 3시 15분의 개(전면에서 본 개)와 이름이 같아야 한다는 사실에 혼란스러워했다."[24] 푸네스와 달리 표준적인 인간의 지성은 세상의 방대한 다양성에 대응하기 위해 추상화를 하는 능력뿐만 아니라 경향까지 지닌다. 그래서 비슷하다고 판단한 대상을 단일 범주에 몰아넣고 포괄성의 수준에 따라 범주를 추가로 정리한다. 우리는 3시 15분에 본 개를 3시 14분에 본 개와 동일하게 받아들이고, **개**와 **고양이**가 모두 **동물**이라는 점에서 서로 같다고 간주한다.

추상화의 좋은 측면

모든 상황은 근본적으로 무한한 수의 다른 방식으로 범주화될 수 있다. 그래서 우리는 어떤 상황에 라벨을 붙이기 위해 많은 다른 단어뿐만 아니라 다른 숙어나 경구를 사용할 수 있다. 오래된 피아노는 음악 교사에게는 **악기**, 이사 업체 직원에게는 **가구**, 청소하는 사람에게는 **먼지 끄덩이**, 거실 복판에 자랑스레 전시하는 사람에게는 **신분의 상징**이 될 수 있다. 또한 토마토는 식물학 강의에서는 **열매**, 요리 강의에서는 **채소**가 될 수 있다. 그리고 특정 상황이 다른 관찰자들의 머릿속에서 완전히 상반되며 그래서 모순되는 개념을 즉흥적으로 환기시키는 때도 있다. 즉, 어떤 사람에게 **반짝인다고 해서 모두 금은 아니다**라는 범주를 떠올리게 만드는 상황이 다른 사람에게는 **아니 땐 굴뚝에 연기 나랴**라는 범주를 떠올리게 만들 수도 있다.

특정 상황은 많은 다른 층위의 추상화를 통해 라벨을 붙일 수 있다. **구분을 하고** 싶을 때도 있고, **공통점을 보고** 싶을 때도 있기 때문이다. 식사를 할 때는 어느 잔이 내 것이고 어느 잔이 옆 사람 것인지 자연스럽게 구분하지만, 설거지를 할 때는 그 차이를 가볍게 무시한다. 또한 냉장고와 피아노는 용도가 아주 다르지만 이사 업체 직원에게는 둘 다 **크고 무거운 물건**일 뿐이다. 그리고 우리는 모든 자녀가 여러 **방과 후 활동**에 참여하기를 원한다. 이 활동은 한 아이에게는 연기, 다른 아이에게는 유도, 세 번째 아이에게는 플루트 레슨이 될 수 있다. 실제로 두 가지 대상을 구분할 때 다른 범주에 배정하는 것보다 나은 방법이 있을까? 가령 독수리와 제비 혹은 집 제비와 삼색 제비를 구분하는 일은 머릿속에 별개의 범주가 존재하는지 여부에 좌우된다. 그러나 다른 한편으로 집 제비와 삼색 제비는 모두 **제비**로 인식할 수 있으며, 제비와 독수리는 모두 **새**로 인식할 수 있다. 두 대상을 통합하면서 공통점을 부각시키는 이 관념은 두 대상을 구분하는 관념만큼 타당하고 유용하며, 두 대상이 모두 속한 공통 범주의 존재 여부에 좌우된다.

사물을 여러 다른 방식으로 범주화하는 능력은 얼마나 순응력이 뛰어난지를 결정한다. 실제로 우리는 종종 일상적 상황에 대한 인식을 아주 빠르고 유연하게 전환한다. 이런 재인식은 대단히 밋밋해서 대개 인지되지 않지만 말이다. 그러나 이런 사례는 아래에 나오는 작은 사례가 보여주듯이 평범한 사람의 지능이 지닌 탁월한 유연성을 드러낸다.

눈부시게 빠른 범주 전환에 대한 작은 이야기

당신은 찬장을 열어서 잔을 하나 꺼낸다. 이 일을 하기 위해 당신은 그 사물이 실제로 잔이라는 점을 인식해야 한다. 이는 더없이 단순해 보인다. 모든 사물은 고유한 개념적 상자를 가지며, 이 상자는 '범주'로 불린다. 범주화는 그저 각 사물을 적절한 상자에 넣는 것이다. 그것이 전부다. 그러나 알고 보면 그것이 전부가 아닐지도 모른다.

당신은 나를 모른다. 사실 나도 나 자신을 모른다. 나는 의식이 없다. 그래도 상관없다. 지금부터 내 이야기를 하겠다. 나는 2005년 7월 11일에 프랑스에 있는 한 공장에서 만들어졌다. 이후로 줄곧 나는 이런저런 방식으로 범주화되었다. 특별한 순서 없이 소개하자면 이렇다. **공예품, 산업 제품, 유럽연합에서 생산된 일상품, 소비재, 잘 깨지는 물건, 잔, 식기, 음료수 잔, 물 잔, 투명한 물건, 재활용 가능한 물건.** 나는 매장으로 배송될 때는 **화물**이자 **물품**이 되었고, 선반에 놓였을 때는 **상품**이 되었다. 그날 디자이너가 그다지 영감이 샘솟지 않은 탓에 나는 여러 달 동안 선반에 남아 있었고, 점원은 나를 **미판매 제품, 매입 오류, 팔기 힘든 물건**, 급기야 **애물단지**로 재분류했다. 이 시점에서 나는 **할인 제품**으로 처리되었다. 가격을 크게 낮춘 덕분에 마침내 나는 주인을 찾아서 **구매품**이 되었다. 확실히 창의성이 그다지 뛰어나지 않은 마르탱 씨는 그럼에도 불구하고 전혀 의식하지 못한 채 나를 여러 범주로 옮겼다. 그는 목이 마를 때도 절대 접시, 그릇, 컵, 머그잔(은 식기는 말할 것도 없다!)과 나를 혼동하지 않는다. 실제로 그에게 나는 심지어 식기나 그냥 잔도 아니다. 나는 전적으로 **차가운 음료를 마시는 잔**이다. 그래서 나는 물, 청량음료, 우유는 자주 맞이하지만 와인을 맞이할 기회는 절대 주어지지 않는다. 그 역할은 바로 위 칸을 차지한 특별한 엘리트에게만 주어진다. 그러나 한번은 어떤 손님이 잘못 알고 나를 **와인 잔**이라는 화려한 지위로 올려주었고, 그렇게 나는 찬장 이웃들만큼 세련되지 않았지만 굳이 말하자면 아주 칭찬받을 만한 일을 해냈다. 대개 나는 할 일을 마치고 나면 식기세척기에 들어가며, 거기 머무는 짧은 시간 동안에는 누구도 내가 **잔**이라는 사실을 개의치 않는다. 거기서 나는 그냥 **식기**일 뿐이다. 이리저리 돌아다니는 나의 삶은 내게 때로 다소 극단적인 방식으로 범주화되는 기회를 주었다. 그래서 여주인은 한 번 이상 나를 **거미 제거 수단**으로 사용했고, 종종 **장신구 용기**로 사용했다. 한번은 가족이 휴가를 갔을 때 한 달 내내 **칫솔 용기**로 일해야 했고, 이듬해에는 **설탕 그릇**으로 채용되었다. 또한 나는 (마르탱네 아이들이 숲에서 놀고 난 후에는) **올챙이 집** 노릇을 하기도 했고, (아이들이 엄마를 주려고 야생화를 꺾어왔을 때에는) **꽃병** 노릇을 하기도 했다. 심지어 아이들이 나와 다른 몇몇 동료를 이용해서 탑을 만들기로 했을 때는 **건축 자재**가 되기도 했다. 애석하게도 그때 아이들은 내가 **잘 깨지는 물건**이고 탑이 무너지면 갑작스럽고 불행한 종말을 맞을 수도 있는 대상임을 잊었다. 그러나 다행히 나는 **재활용 가능한 물건**이기 때문에 상상치 못한 새로운 범주화가 가득한 새로운 삶이 나를 기다리고 있다.

범주화는 우리 존재의 모든 면에 퍼져 있으며, 대단히 일상적인 환경에서도 절대 고정되지 않는다. 위에 나온 작은 이야기는 1장에 나온 '앤'이라는 60킬로그램에, 모기를 유인하고, 거울 대칭성이 있고, 불면증 환자인 대상에 대한 다양한 초상의 경우처럼 그리고 수많은 다른 사례의 경우처럼 이 점을 증명한다. 종종 추상화 사다리의 가로대를 위로 혹은 아래로 넘어가면서 이루어지는 하나의 범주 '상자'에서 다른 범주 상자로 옮겨지는 일은 모든 대상과 행동 그리고 상황의 피할 수 없는 운명이다.

그래도 일부 독자는 의식 없는 위 이야기의 화자가 한 범주에서 다른 범주로 끊임없이 오감에도 불구하고, 여전히 하나의 진정하고 영구적인 정체성을 지닌다고, 즉 그것은 **잔**이라고 생각하고 싶을 것이다. 그러나 그렇게 생각하는 것은 사물이 오직 하나의 진정한 정체성을 지닌다는 플라톤식 '객관주의자' 관점의 덫에 빠지는 것이다. 그것은 순진한 시각이다.

그래도 심리학 연구를 통해 대개 **기본 수준** 범주로 불리는 특정 유형의 '디폴트' 범주화가 파악된 것은 사실이다. 가령 사람들은 어떤 대상을 '안락의자'나 '가구'보다 '의자'로 부르는 것이 자연스럽다고 여기며, 마찬가지로 '물 잔'이나 '식기'보다 '잔'이라고 부르기를 선호한다. 이런 실험을 통해 확인된 직관은 각 대상이 실제로 **진짜** 범주에 따른 '진정한 정체성'을 지닌다는 직관을 강화할 수 있다. 그러나 개체는 모든 순간에 범주화가 가리키는 대상이 될 뿐이다. 어떤 물건은 물론 더 **잔** 같은 반면 다른 물건은 더 **의자** 같으며, 전자는 '잔'이라는 단어가 머릿속에서 환기되는 맥락에서 **잔**이 되지만 다른 맥락에서는 다른 범주의 요소가 된다. 그래서 방금 보았듯이 잔 같은 물건은 **식기**, **공예품**, **일상품**, **거미 제거 수단**, **장신구 용기** 등이 될 수 있다. (한편, '그 잔은 장신구 용기로 범주화되었다'는 사실 매끄러운 문장이며, 원칙적으로는 이런 식이어야 한다. '많은 맥락에서 **잔**으로 범주화되었던 그 개체는 이 경우 **장신구 용기**로 범주화되었다.' 그러나 답답하고 현학적이기 때문에 이처럼 정확한 문장은 자제했다.)

'우리 친구 잔'이 우리의 머릿속에서 명백히 지배적인 범주(당연히 **잔**이라는 범주)를 형성한다는 사실은 단일한 고정된 정체성을 갖지 않는다는 관념을 받아들이기 더 어렵게 만들 수 있다. 대다수 공예품(특정한 좁은 용도를 염두에 두고 만든 물건)의 경우도 마찬가지다. 좁은 용도는 그 대상의 정체성에 대한 인식을 지배하여 그것이 실제로 진정하고 단일한 정체성이라고 여기게 만든다.

그러나 위에서 했던 '음악적 범주' 놀이를 해보면 사정이 그렇게 간단치 않다는 것이 드러난다. 더 구체적으로 설명하기 위해 방금 언급한 앤의 사례로 돌아가 이런 질문을 제기하고자 한다. 앤은 인간, 여성, 변호사, 생물, 어머니, 동물 중에서 최우선적으로 어떤 존재일까? 앤은 '위의 모든 것'이며 인식하는 사람(혹은 모기)의 정신 상태에 따라 **다른 것**보다 더 두드러지는 **어떤 것**이 된다는 것에는 모든 사람이 동의할 것이다. 하지만 누가 혹은 무엇이 앤이 본질적으로 **생물**이나 **인간** 혹은 **여성**에 더 가까운지 결정할 수 있을까? 또한 이 다양한 관점 중에서 '승자'가 있어야 하는 이유는 무엇일까?

레스토랑의 수족관에서 헤엄치는 갑각류는 **로브스터**라는 범주의 요소에 더 가까울까, 아니면 **음식**이라는 범주의 요소에 더 가까울까? 끓는 물이 담긴 냄비에 던져진 순간에는 어떨까? 혹은 손님이 먹을 수 있도록 접시에 담겨서 나온 순간에는 어떨까? 또한 초원에서 풀을 뜯고 있지만 주인이 조만간 팔 생각을 가졌고, 곧 그 고기가 요리되어 접시에 담길 소는 **소**일까, 아니면 **미래의 고기**일까? 혹은 감자튀김과 같은 접시에 놓여 있을 때는 어떨까? 그리고 쟁반에 남은 마지막 쿠키 반쪽은 **쿠키**에 더 가까울까, 아니면 **부끄러운 한 입**에 더 가까울까? 이제 우리가 말하려는 요지가 명확해졌을 것이다. 이런 논쟁에는 정확한 답을 내기 어렵다. 여러 친숙한 대상(문, 벽, 호수, 산, 해, 달)이 '본질적으로' 남성적인지 아니면 여성적인지 따지는 오랜 질문만큼이나 타당치 않은 질문이기 때문이다.

모호한 정체성을 수반하는 특정 사례는 이 요지를 내세우는 데 특히 도움을 준다. 주어진 대상이 지닌 가장 깊은 정체성은 무엇인지 혹은 **진정한 정체성**이라는 관념 자체를 적용할 수 있는지 최종적으로 판단하는 방법은 없다는 것을 보여주기 때문이다. 가령 어떤 사람이 산책을 하다가 주워서 거실 탁자 위에 놓고 담뱃재와 담배꽁초를 담는 오목한 화강암 덩어리는 **돌멩이**에 더 가까울까, 아니면 **재떨이**에 더 가까울까? 들판에서 발견하여 지금은 종이가 날아가지 않도록 누르는 용도로 쓰는 소의 뼛조각은 **뼈**에 더 가까울까, 아니면 **문진**에 더 가까울까? 인형 집에 놓인 발이 네 개 달린 플라스틱 제품은 **탁자**에 더 가까울까, 아니면 **장난감**에 더 가까울까? 종종 그 위에 옷을 널거나 음식을 놓는 정원의 나무 잔여물은 **그루터기**에 더 가까울까, 아니면 **탁자**에 더 가까울까?

작은 금속 고리를 이어 만들었고 당기면 켜지거나 꺼지도록 램프에 단 유연한 '뱀'은 **체인**에 더 가까울까, 아니면 **스위치**에 더 가까울까? 봉화는 **연기**에 더 가까울까, 아니면 **신호**에 더 가까울까? 텔레비전에 오늘의 뉴스를 전하는 전파는 **진동 전자기장**에 더 가까울까, 아니면 **이미지**에 더 가까울까? 치과에 간 환자는 **의자**에 앉는 것일까, 아니면 **시술대**에 앉는 것일까? 잠긴 차 문을 열려고 구부린 옷걸이는 **옷걸이**일까, 아니면 **차 문을 여는 도구**일까? 곧게 편 종이 클립은 **이쑤시개**일까, 아니면 **종이 클립**일까?

휴대전화에 내장된 전자 음원으로 재생된 모차르트 교향곡의 일부 리듬은 **모차르트 음악**에 더 가까울까, 아니면 **벨 소리**에 더 가까울까? 돈을 받기 위해 걸인이 내민 모자는 **모자**에 더 가까울까, 아니면 **지갑**에 더 가까울까? 수많은 사람이 무덤 사이에서 살아가는 카이로의 사자의 도시는 **묘지**에 더 가까울까, 아니면 **도시**에 더 가까울까? 녹슬어가는 오래된 차들로 덮인 가운데 농부가 소들을 방목하는 들판은 **폐차장**에 더 가까울까, 아니면 **목초지**에 더 가까울까?

여성의 스웨터에 핀으로 고정된 금박 나뭇잎은 **나뭇잎**에 더 가까울까, 아니면 **브로치**에 더 가까울까? 창문에 달 수 있도록 위에 단을 만든 침대보는 여전히 **침대보**일까, 아니면 미국 시민권을 얻은 사람이 새로운 정체성을 얻듯이 **커튼**이라는 새로운 정체성을 얻은 것일까? 탁자에 고정해서 햇빛을 가리는 데 쓰이는 우산은 여전히 **우산**일까, 아니면 **파라솔**로 탈바꿈한 것일까? 심은 없지만 지우개는 많이 남아 있는 연필은 여전히 **연필**일까 혹은 **전 연필**일까, 아니면 **거창한 지우개**라는 지위로 강등될까? 배가 난파되는 바람에 무인도 해변에 'SOS'라는 글자를 만드는 사람 수십 명은 **군중**에 더 가까울까 아니면 **조난자들**에 더 가까울까?

장식용 유리 피라미드는 **피라미드**에 더 가까울까, 혹은 **공예품**에 더 가까울까, 아니면 **유리 제품**에 더 가까울까? 식탁보에 막 생긴 검붉은 반점은 **쏟은 와인**일까, 아니면 **얼룩**일까? 소녀의 머리 단은 **땋은 머리**에 더 가까울까, 아니면 **머리카락**에 더 가까울까? 완파되어 빽빽한 직육면체의 쇳덩어리로 뭉쳐진 자동차는 여전히 **자동차**일까, 아니면 이제는 단순한 **고철**일까? 교수형을 치르는 도구는 **밧줄**일까, **올가미**일까? 쭉 내민 중지는 **손가락**일까, 아니면 **욕**일까? 연주회장에 앉아서 클래식 음악을 듣는 사람들은 **청중**일까, 아니면 **크로커다일 컴퓨터의 이사진**일까? 정신없이 들판을 가로지르는 500마리 동물은 **소 떼**일까, 아니면 **도망치는 가축**일까?

끝으로, 퇴역했지만 프랑스 항공 산업의 영광을 기리기 위해 샤를드골 공항의 거대한 전시대에 놓인 여전히 당당한 콩코드는 **항공기** 범주의 요소에 더 가까울까, 혹은 **전 콩코드** 범주의 요소에 더 가까울까, 혹은 **전시물**이라는 범주의 요소에 더 가까울까, 아니면 **상징**이라는 범주의 요소에 더 가까울까?

분명히 나름의 사례로 이 범주 딜레마의 목록을 늘릴 수 있지만 우리의 목적에 비추어 볼 때 "이 대상은 근본적으로 X인가 아닌가"라는 질문보다 다음 질문이 더 중요하다. "우리는 왜 '당신이 말한 모든 것이 맞다고 수긍하지만 최종 분석을 하면 그 빌어먹을 물건은 정말 잔이 맞아요, 그렇죠?'라고 외치는 내면의 목소리를 억누를 수 없을까?" 다시 말해서 왜 매우 사색적인 사람조차 모든 개체는 '진정한 정체성'을 가졌다는 믿음을 고수하는 경향을 지니며, 왜 사람들은 개체의 정체성이 관점에 따라 달라지는 것 그 이상도 그 이하도 아니라는 생각에 그토록 격렬하게 저항하는 것일까? 이 성가신 질문은 7장에서 다시 다룰 것이다.

표지의 숨길 수 없는 흔적

언어에서는 개체가 어휘 라벨을 바꾸지 않고 단지 그 라벨에 적용되는 추상화의 층위를 바꿈으로써 소속 범주를 전환하게 해주는 **표지**marking라는 현상 덕분에 인상적인 방식으로 소속 범주가 전환되는 것을 보게 된다. 표지는 단어가 어떨 때는 포괄적 범주의 명칭으로, 어떨 때는 그 범주에 속한 하위 범주의 명칭으로 쓰이는 현상이다. 단어가 더 폭넓은 의미로 쓰이면 **무표지**unmarked의 의미를 지닌다고 말하며, 더 좁은 의미로 쓰이면 **유표지**marked의 의미를 지닌다고 말한다. 표지는 흥미로운 언어의 측면일 뿐만 아니라 단어를 훌쩍 넘어서는 현상의 언어적 흔적이며, 인지 체계가 전적으로 의존하는 개념적 성장의 메커니즘이기 때문에 세심하게 분석할 만한 가치가 있다.

미국 〈독립선언문〉에는 다음과 같은 유명한 구절이 나온다. "우리는 다음과 같은 사실을 자명한 진리로 인정한다. 모든 인간은 평등하게 태어났고, 창조주는 양도할 수 없는 일정한 권리를 인간에게 부여했으며, 생명권과 자유권과 행복추구권은 이러한 권리에 속한다. 이 권리를 보장하기 위해 사람들 사이에서 정부가 조직되었으며, 정당한 정부의 권력은 국민의 동의에서 나온다. ……" 우리는 이 고귀한 문서를 작성한 사람들이 '모든 인간'이라는 용어 혹은 'Men'이라는 대문자가 들어간 용어를 무슨 의미로 썼는지 정확하게 확신할 수 없다. 그들은 하물며 남녀를 불문한 노예는 말할 것도 없고, 여성에게도 투표권을 부여하지 않았기 때문이다. 그러나 우리는 관대하게 'men'이 남성뿐만 아니라 여성도 포괄한다고 가정할 것이다. 그에 따라 우리는 그들이 염두에 둔 범주를 **man₂**였다고 가정할 것이다. 'men'이라는 단어를 **man₂**라는 (무표지의) 의미로 받아들이면, 여성은 실로 (특정한 종류의) **men**이다. 이는 심지어 지금도 많은 맥락에서 그 메아리를 듣게 되는 관념이다.

Man이 유인원에서 유래했다면 Woman도 마찬가지 아닐까? 생각건대 달에 착륙한 최초의 man은 여성일 수도 있었다. 누군가 "man overboard(사람이 물에 빠졌다)"라는 외침을 들을 때 그 불행한 개인의 성별을 판단할 생각은 들지 않는다. "man's inhumanity to man(사람에 대한 사람의 비인간적 행위)"이라는 구절은 짐작컨대 여성에 대한 남성의 비인간적 행위뿐만 아니라 남성에 대한 여성의 비인간적 행위, 끝으로 여성에 대한 여성의 비인간적 행위까지 포괄한다. 우리는 세상에서 가장 부유한 사람the richest man, 이사회의 의장chairman, 일루수first baseman, 청소부garbage man, 눈사람snowman, 대학 신입생freshman이 모두 남성 요소라고 가정하는 경향이 있지만, 그럼에도 불구하고 적어도 원칙적으로는 이 중 하나 혹은 모두가 여성인 경우도 있을 수 있다. 그리고 "모든 사람은 죽는다All men are mortal"라는 유명한 말을 한 아리스토텔레스도 "마돈나는 죽는다"라는 진술의 진실성을 부정할 수 없을 것이다. 결국 이 진술은 "마돈나는 사람이다Madonna is a man"라는 자명한 진리와 함께 그의 전제로부터 엄격한 삼단논법식 추론을 따른 것이기 때문이다.

그러나 다른 상황에서는 사정이 바뀌어서 'man'이라는 단어(혹은 그 복수인 'men')가 명백하게 모든 여성을 **배제하는** 분명한 사례가 있다. 이는 그 단어를 **표지한** 경우이며, 우리는 이 범주를 'man₁'로 부를 것이다. 그래서 가령 'men's baseball team(남자 야구팀)'이라는 말을 들으면 거기에 여성이 없음을 확신할 수 있다. 또한 men's rest room(남자 화장실)이나 men's clothing section(남성복 코너)이라는 말을 들으면 여성용이 아님을 이해하게 된다. 그리고 물론 'man'과 'woman'이라는 단어가 단일 문장에서 나란히 쓰여서 대비되기 때문에 'man'이 **여성**이 아니라 **남성**을 가리킨다는 사실을 이해할 수 있는 수많은 사례가 있다. 가령 "a woman and a man are staring at each other silently(여자와 남자가 서로를 조용히 바라보고 있다)"나 "a crowd made up of 500 men and 500 women(남성 500명과 여성 500명으로 이루어진 군중)"이라는 문장을 살펴보자. 뒤에 나오는 문장에서 'men'이라는 단어를 **여성은 men이다**로 해석되는 무표지의(포괄적인) 의미로 받아들이면 남성이 전혀 없다는 사실을 아주 이상한 방식으로 표현하는 꼴이 될 것이다. (누군가 "들판에 포유류 500마리와 소 500마리가 서 있어"라고 말한다고 상상해보라. 처음에는 동물이 1000마리 있을 것이라고 생각하겠지만, 뒤이어 포유류 500마리와 소 500마리가 겹친다는 사실을 깨달을 것이다.)

이 마지막 사례는 너무나 이상해서 어떤 사람도 그런 식으로 말하지 않을 것이라고 생각할 수도 있다. 그러나 사실은 평범한 대화에서 이와 비슷한 문장을 들을 수 있다. 가령 대학에서 강의를 하는 우리의 한 프랑스인 친구가 (대단히 진지하게 프랑스어로) 이렇게 말했다. "내 강의는 서른네 명 étudiant가 듣지만 그중 일곱 명만 étudiant야." 이 문장에서 'étudiant'라는 단어는 말하자면 중간에 말을 갈아타서, 첫 구절에서는 포괄적 의미의 '학생들'을 뜻하지만 겨우 두어 단어 뒤에 나오는 두 번째 구절에서는 '남학생들'을 뜻한다(이 경우 여학생은 물론 étudiant이기도 하지만 étudiante가 된다). 우리가 웃음을 터트리자 친구는 처음에는 자신이 말한 문장이 완벽하게 논리적이고, 합리적이고, 억지스럽지 않고, 우습지 않다고 변호하다가 잠시 생각해보더니 무심코 한 말에 자신도 크게 놀라기 시작했다. 영어로 비슷한 표현을 만든다면 "지난밤 열린 파티에 배우actor 서른네 명이 참석했지만, 실은 그중 일곱 명만 배우actor야"(actor 27명은 여성이라는 뜻)가 될 것이다. 결국 영화배우조합Screen Actors' Guild은 분명히 남성과 여성을 모두 포함하니까 말이다.

표지는 때로 심한 모호성을 초래한다. 가령 카페에 모인 사람들이 주문한 내역이 '커피 세 잔, 마키아토 한 잔, 더블 에스프레소 한 잔, 카푸치노 한 잔'이라면 '커피'라는 용어를 이해하는 방식에 따라 두 가지 상반되는 해석이 존재한다. 종업원이 '커피'를 포괄적 관점 혹은 표지되지 않은 관점(**커피**$_2$라는 개념을 나타내는 '커피')으로 받아들인다면 '마키아토', '더블 에스프레소', '카푸치노'라는 용어는 내용을 설명하는 역할을 하며, 이 경우 **총** 음료 세 잔만 주문했다는 사실이 명백하다. 반면 ('커피'가 **커피**$_1$을 뜻하는) 표지된 관점으로 받아들이면 주문 내역은 '기본' 커피 세 잔 (즉, 화려한 이탈리아 스타일 커피가 아닌 아메리칸 스타일 커피)에 더하여 이탈리아 스타일 커피 세 잔이 될 것이다. 실제로 사람에 따라 이 구절을 다르게 이해하는지 실험해보라.

표지에 내재된 모호성은 영리하게 활용할 수 있다. 그래서 여기 아주 짧은 괴담을 하나 소개한다. "지구에 남은 마지막 man이 작은 오두막에서 버티고 있었다. 그런데 갑자기 문을 두드리는 소리가 들렸다." 독자는 최후의 생존자에게 가해질 끔찍한 운명에 몸서리를 치지만 다음 문장에서 안도하게 된다. 그 문장은 "문을 두드린 것은 지구에 남은 최후의 woman이었다"이다.

이 사례가 보여주듯이 표지는 때로 인지하는 사람이 거의 없는 모호성으로 이어지지만 일단 드러나면 웃음을 자아낼 수 있다. 다음은 몇 가지 추가 사례이다.

"음매, 하고 울지만 cow가 아닌 것은?" 이 수수께끼는 'cow'가 암소만 포괄할 수 있음(cow_1)을 깨닫고 '황소bull'라는 답이 떠오르기 전까지는 사람들(적어도 아이들)을 의아하게 만든다. 황소는 더 추상적인 범주인 **cow_2**의 어엿한 요소이지만, 덜 추상적이고 표지가 된 범주인 **cow_1**의 요소는 아니다. 이 더 낮은 추상화 층위에서 'bull'과 'cow'라는 단어는 서로 맞은편에 있다.

"3만 년 전에 동굴에서 살았고, 작물을 키웠고, 옷을 입었지만 caveman이 아닌 사람은?" (힌트: 미국 〈독립선언문〉의 서두를 상기할 것.)

A가 "녹초가 되었어. 지난 이틀 동안last two days 잠시도 눈을 붙이지 못했어"라고 말한다. B는 "문제가 뭐야? 나는 지난 **100일** 동안past hundred days 잠시도 눈을 붙이지 않았지만 말짱해!"라고 대답한다. 왜 그럴까? 'day'라는 용어가 때로 밤을 포함한 24시간에 해당하는 **day_2**를 뜻하기도 하고, 때로 그 절반의 시간에 해당하고 '밤'과 대비되는 **day_1**을 뜻하기도 하기 때문이다. 이 경우 낮과 밤은 밤과 낮만큼 대조적이다.

"어린아이나 아기를 대동한 승객 여러분은 지금 탑승하실 수 있습니다." 아기는 **어린아이**$_2$에 해당하지만 여기서는 **어린아이**$_1$과 대비된다. 그러나 디너파티 같은 다른 맥락에서 "아기는 있지만 어린아이는 없습니다"라는 식으로 말하면 아주 혼란스러울 것이다. 아기는 어린아이**이기도** 하고 어린아이가 **아니기도** 하기 때문이다. 다른 한편, 아기는 **승객**이라는 범주에 속하는 요소일까?

한편으로 '인간은 다른 모든 동물처럼 생존하기 위해 음식이 필요하다.' 그러나 다른 한편으로 '인간은 동물과 달리 언어, 문화, 과학, 문학 등을 개발했다.' 따라서 인간은 **동물**$_2$이지만 **동물**$_1$은 아니다. 사실 인간은 후추와 소금 혹은 개와 고양이처럼 **동물**$_1$과 자연스러운 대조를 이룬다.

그리고 초상portraits이 있다. 우리는 친구가 여권 사진을 보고 "사진portraits이 아주 잘 나왔네!"라고 말할 때 분명히 문제를 제기하지 않을 것이다. 다른 한편 친구가 집 구경을 하다가 "복도에 있는 너와 네 남편 사진들이 아주 좋던데 초상portraits도 있어?"라고 말할 때도 문제를 제기하지 않을 것이다. 사진은 일종의 초상(portrait$_2$)이 될 수 있지만 초상(portrait$_1$)과 상반될 수도 있다.

당신이 키가 아주 크다면, 당신은 클까? 당연히 그렇다! '키가 아주 큰' 사람은 반드시 **크다**$_2$. 그러나 물론 당연히 그렇지 않기도 하다! 가령 1미터 55센티미터에서 1미터 89센티미터 사이를 '크다'고 보는 규모에서 2미터 20센티미터는 '큰' 범위를 멀리 벗어난다. 그래서 '키가 아주 큰' 것은 **크다**$_1$과 상반되지만 **크다**$_2$의 특수한 사례다. 게다가 아이들은 "내 키는 1미터 31센티미터예요"라고 얼마든지 말할 수 있다. 따라서 **모든** 신장이 큼의 사례로 간주될 수 있다.

한 남자와 두 아이가 영화 이야기를 나눈다. 아들이 "〈해리 포터〉, 〈스타워즈〉, 〈스파이더맨〉, 〈배트맨〉 같은 블록버스터 모험 영화를 보면 주인공hero이 모두 남자guy예요"라고 말한다. 여동생이 "맞아, 〈반지의 제왕〉, 〈매트릭스〉, 〈데어데빌〉, 〈인디애나 존스〉를 생각해봐"라며 끼어들었다. 뒤이어 아버지가 자신의 생각을 보탰다. "너희guys 말이 맞아. 주인공hero은 **언제나** 남자guy지만 여주인공heroine은 **절대** 남자guy가 아니지!" 이 말에 따르면 hero$_1$과 heroine이라는 상반되는 개념을 포괄하는 hero$_2$가 나온다. 같은 맥락에서 guy$_2$와 guy$_1$도 나온다.

표지는 명사에 한정되지 않는다. 동사의 경우에도 가능하며, 자세히 들여다보면 대단히 이상하게 보이는 용례도 나올 수 있다. 가령 동사 'to grow'는 시간이 흐르면서 대다수 사람들이 즉흥적으로 생각하는 것보다 훨씬 폭넓은 의미를 획득했다. 그래서 더 커지거나 더 작아지는 양방향의 변화가 종종 'grow'라는 단어로 묘사된다. 이 말은 대단히 어리석게 보여서 영어 원어민들은 처음에는 부정할 수도 있다. "병에 든 약을 마시자마자 앨리스는 점점 작아지기grow smaller and smaller 시작했다" 같은 문장을 보여주기 전에는 말이다. 그러면 그들은 "아, 그러고 보니 그렇게 말하기도 하네요"라고 인정할 것이다. 우리는 표지한 의미와 상반된다는 사실을 전혀 생각지 않은 채 'to grow'라는 동사를 표지하지 않은 의미로 종종 사용한다.

이 경우 중요한 것은 **크기**가 아니라 **시간의 경과에 따른 변화**인 것으로 보인다. 가령 "물이 증발하면서 병이 점점 가벼워졌다grew lighter and lighter", "표를 사려는 줄이 훨씬 짧아졌다grown a lot shorter", "지난 수십 년 동안 평균 지능지수가 계속 낮아졌다grown lower and lower" 등으로 얼마든지 말할 수 있다. 영어 원어민은 누구도 이런 문장에 놀라지 않을 것이다. 그래서 우리는 'to grow'가 종종 '더 커지다'(이는 표지된 의미, **grow**$_1$이다)를 뜻하지만 동시에 단순히 '시간의 경과에 따라 변하다'(이는 표지되지 않은 의미, **grow**$_2$이다)를 뜻하기도 한다는 것을 알 수 있다. 그러나 원어민이 'to grow'의 의미에 대한 질문을 받으면 머릿속에서 압도적으로 많이 떠오르는 관념은 **grow**$_2$가 아니라 **grow**$_1$이다. 이런 이유로 완벽하게 표준적인 'grow'의 특정 용례는 표면적으로 '줄어들면서 늘어난다'는 모순되는 관념을 수반하는 것처럼 보이기 때문에 웃음을 자아낼 수 있다.

두 단어가 하나의 문맥에서는 서로 완전히 반대되는 의미를 지니면서 다른 문맥에서는 한 단어가 단순히 다른 단어의 하위 집합을 나타내는 이 역설적인 언어의 속성을 어떻게 설명할 수 있을까? 왜 우리는 추상화의 사다리에 속한 두 개의 다른 층위를 나타내기 위해 동일한 단어를 사용하는 것일까? 왜 언어는 각각의 다른 범주에 다른 단어를 쓰면 아주 간단해 보이는데도 불구하고 단어에 대해 그토록 인색하게 구는 것일까? 그 답은 '순응adaptation'이라는 단어로 요약된다.

표지의 미덕

표지는 사실 사람들이 유연성을 유지한 채 다양한 맥락에서 단어를 사용하도록 하기 위해 모호성을 활용하는 대단히 순응적이고 유용한 방법이다. 의사소통에서 정확성은 아주 중요하기는 하다. 하지만 정확성 때문에 문장이 경직되어 예상치 못한 상황에서 친숙한 단어를 이해하지 못하게 되는 일이 생기지 않도록 하는 것도 마찬가지로 중요하다. 표지는 정확성(매우 구체적인 범주의 지칭)

이 유연성(적절한 추상화 수준을 찾는 자유에서 나오는 해석의 느슨함)과 공존할 수 있게 해준다.

우리(이 '우리'는 독자들도 포함하는 **우리**$_2$를 뜻하기 때문에 두 공저자만으로 구성되는 **우리**$_1$보다 폭넓은 의미를 지닌다는 점에 주목하라)가 앞으로 나올 몇 단락에서 살펴보겠지만, 우리(이 '우리'는 모든 인간을 포함하는 **우리**$_3$을 뜻하기 때문에 더 폭넓은 의미를 지닌다는 점에 주목하라)가 다른 추상화 층위에 따라 동시에 대상을 범주화하지 못하면 불행한 결과로 이어질 수 있다.

> 자이로 기어루스Gyro Gearloose는 자신이 최근에 발명한 사람의 말을 알아듣는 자동차를 대단히 자랑스럽게 여겼다. 더는 운전을 할 필요가 없어진 것이다. 그냥 원하는 대로 말만 하면 되었다.
>
> 자이로는 교차로에 다가갈 때 이렇게 명령했다. "교차로에서 직진하되 먼저 어느 쪽에서도 지나가는 차car가 없다는 걸 확인해. 지나가는 차car가 있으면 속도를 늦춰서 먼저 보내."
>
> 교차로에서 자이로의 자동차는 속도를 전혀 늦추지 않아서 트럭에 차 옆면을 받혔다.

그렇다면 결론적으로 트럭은 차car일까? 이 가벼운 일화에서 표지의 전형적인 특징을 볼 수 있다. 트럭은 때로 분명히 차car**이지만** 때로 분명히 승용차를 뜻하는 차car가 **아니기도** 하기 때문이다.

매일 아침 등교하는 메건에게 "차car 조심해!"라고 말하는 아버지는 딸이 달려오는 트럭 앞으로 태평하게 지나갈 것이라고 생각하지 않는다(메건도 이 사실을 잘 안다). 그가 말하는 '차'는 학교로 가는 길에 위험을 초래할 수 있는 모든 움직이는 대상을 뜻하기 때문에 큰 트럭뿐만 아니라 픽업트럭, 모터사이클, 모터바이크, 자전거, 세발자전거, 스쿠터를 포함하며, 예기치 않은 종류의 움직이는 개체가 있다면 설령 아버지와 딸이 경고를 통해 전혀 예상하지 않았다 하더라도 그것 역시 '차'라는 항목 아래 들어가는 것으로 자연스럽게 이해된다. 그래서 '차'는 포괄적 용어로서 군사 행진에 나선 탱크, 말이 끄는 마차, 롤러블레이드를 타는 한 무리의 10대를 포괄한다. 이 모든 가능성은 현실성이 낮기는 하지만 딸에게 "차 조심해!"라고 말할 때 아버지가 가졌던 관념의 묵시적 일부로서, 아마도 '차' 범주의 가장자리에 놓여 있겠지만 그럼에도 불구하고 거리에서 마주쳤을 때 범주의 요소로 인식될 수 있다.

그러나 다른 상황에서 '차'는 그 의미가 더욱 제한된다. 거기에는 자전거나 롤러블레이드가 포함되지 않지만 트럭과 (유럽의 고속도로를 달릴 수 있는 '차량'을 지정한 표지판에 따르면) 특정 마력의 모터사이클이 포함된다. 마틴은 좋은 조건에 살 수 있는 차를 찾아서 자동차 매장에 갈 때 자신이 지닌 **차** 범주에서 트럭과 픽업트럭 그리고 네 바퀴보다 적은(혹은 같은 맥락에서 많은) 모든 탈것에 대한 관념을 미리 완전히 배제한다.

이 고속도로 범주에 대한 수수께끼는 거기서 끝나지 않는다. 가령 픽업트럭은 트럭일까? SUV는 트럭일까, 혹은 스테이션왜건일까, 아니면 밴일까? SUV는 차일까? 모터바이크와 스쿠터는 모터사이클일까? 롤러블레이드는 롤러스케이트일까? 이 모든 범주는 표지된 범주이며, 따라서 특정한 상황에서 긍정적인 답이나 부정적인 답으로 이어지는 맥락에 따라 폭이 더 넓거나 좁은 의미를 지닐 수 있다. 단일 어휘 항목이 다른 추상화의 층위에서 범주를 나타낼 수 있다는 사실은 상황에 맞게 적절한 수준을 선택하여 적절한 방식으로 대상을 다룰 수 있게 해준다. 그래서 메건은 자이로 기어루스의 발명품이 맞은 슬픈 운명을 피할 수 있다. 다른 사람들처럼 범주화를 위한 추상화의 층위를 자신이 처한 맥락에 맞추는 능력을 지녔기 때문이다.

단일어 혹은 구절이 다른 추상화 층위에 속한 수많은 관련 범주에 연계될 수 있다는 사실은 맥락에 대한 순응을 촉진한다. 이런 범주를 구축하는 일은 위에서 지적한 두 가지 핵심적인 속성을 통합하는 범주 확장 과정을 통해 이루어진다. 즉 범주화는 **구분을 하게** 만드는 동시에 **공통점을 보게** 만든다.

그래서 언뜻 일부 전문 언어학자나 철학자에게만 흥미로울 현상처럼 보이는 것이 개념 개발 과정의 핵심을 차지하는 것으로 드러난다. 지금부터 살펴보겠지만 표지는 태동기부터 성숙기까지 시간의 경과에 따라 범주의 역사가 얻는 일종의 언어적 내력을 제공하기 때문이다. 단일 용어가 다른 범주를 나타내는 데 종종 사용되는 이유는 범주 사이에 추상화 관계가 존재하며, 이 관계에 대한 이해가 범주 자체의 개발과 동시에 형성되기 때문이다.

그들은 어떻게 서로 부딪혔을까?

다음은 표지라는 현상이 머릿속에서 이루어지는 개념의 개발과 연관되는 과정을 분명하게 보여주는 아버지와 아들 사이의 두 대화다. 이 두 짧은 대화는 다섯 살배기인 미카가 부모와 함께 이집트로 여행을 갔을 때 나눈 것이다. 여기 미카와 아버지가 나눈 대화의 내용이 있다.

> "아빠, 쌍봉낙타camel와 단봉낙타dromedary는 뭐가 달라요?"
> "쌍봉낙타는 혹이 두 개고, 단봉낙타는 혹이 하나뿐이지."
> "그러니까 뭐에 부딪혀서 그런 혹이 생긴 거예요?"

> "아빠, 잠수부는 물 밑에서 어떻게 숨을 쉬나요?"
> "등에 통bottle을 지고 있어."
> "그런데 물속에 있는데 왜 다른 걸 마셔요?"

이 짧은 대화는 단지 아이의 순진함을 보여주는 재미있는 사례로 보일 수도 있다. 이 내용을 읽는 어른은 대개 처음에는 미카가 무슨 생각을 하는지조차 짐작하지 못하며, 뒤이어 그것을 알고 나서는 웃음을 터트린다. 실제로 이상하게 생긴 동물들이 드넓은 사막을 돌아다니면서 아무 데나(서로? 암벽에? 이국적인 나무에?) 부딪히는 바람에 혹hump이나 둔덕bump 혹은 몽우리lump가 생기는 이미지를 재미있다고 생각지 않는 사람은 없을 것이다. (이 대화는 프랑스어로 이루어졌으며, 각운이 맞는 이 모든 관념은 몽우리라는 의미의 'bosse'라는 프랑스어 단어로 혼합된다.) 잠수부가 우유, 오렌지 주스, 맥주 혹은 다른 음료가 든 통을 등에 메고 헤엄치는 이미지도 마찬가지로 재미있지 않은가?

그러나 이 대화에서는 순진한 매력 이상의 것을 찾을 수 있다. 바로 범주가 부분적으로 표지를 통해 만들어지는 양상이다. 이 대화에서 우리는 미카가 지닌 범주와 아버지가 지닌 범주 사이에 존재하는 큰 차이를 본다. 미카에겐 'bosse'라는 단어에 대단 개념이 단 하나인 데 반해 아버지에겐 여러 개다. 두 사람이 서로를 이해하지 못하는 이유는 같은 단어를 사용하고 있지만, 그 단어가 다른 범주를 나타내기 때문이다.

미카의 아버지에게는 다양한 종류의 혹 같고, 둔덕 같고, 몽우리 같은 대상이 존재한다. 그에게 'bosse'라는 단어에 대한 가장 추상적인 범주는 대략 평면에서 약간 볼록한 것이라는 관념에 해당하며, 이는 낙타의 혹, 과속방지턱, 모기에게 물린 자국 등을 모두 단일하고 포괄적인 bosse 관념의 발현으로 보게 해준다(이 관념은 심지어 19세기의 유사과학인 골상학이 남긴 언어적 잔재인 '수학 몽우리 math bumps'까지 포함한다. 과학적 타당성이 없는데도 불구하고 프랑스 사람들은 여전히 수학적 능력이 뛰어난 사람을 보면 무심코 그리고 비유적으로 'la bosse des maths'이 있다고 한다).

그러나 미카의 경우 'bosse'가 나타내는 범주는 훨씬 좁다. 미카에게 혹이나 둔덕 혹은 몽우리의 존재는 단지 연기의 존재가 근처에 불이 있음을 말해주듯이 인간이나 동물이 어떤 것에 부딪혔다는 것을 뜻한다. 그래서 미카의 머릿속에 떠오른 의문은 단지 방금 들은 사실의 속사정을 알려는 것이기 때문에 전적으로 자연스럽다.

잠수부가 등에 멘 통에 대한 두 화자의 이해에 대해서도 같은 말을 할 수 있다. 미카의 아버지가 살면서 접한 경험은 '통'이라는 대단히 폭넓고 포괄적인 개념을 제공했으며, 이 단어를 말할 때 그가 머릿속에 품었고 미카의 머릿속에서 환기하려고 한 것은 **통**이라는 폭넓은 범주에 속한 특정 하위 범주였다. 그러나 이번에도 미카는 이 하위 범주를 머릿속에 그리지 않았다. 미카의 한정된 경험에 따르면 통은 언제나 어떤 종류의 음료를 담았기 때문이다.

미카가 아빠의 말을 어떻게 들었는지 명확하게 보여주기 위해 이 두 개의 대화를 미카의 관점에서 재구성할 수 있다.

"아빠, 쌍봉낙타와 단봉낙타는 뭐가 달라요?"

"쌍봉낙타는 (**두** 개의 대상에 부딪혔기 때문에) 혹이 **두** 개고, 단봉낙타는 (**하나**의 대상에 부딪혔기 때문에) 혹이 **하나**뿐이지."

"그러니까 뭐에 부딪혀서 그런 혹이 생긴 거예요?"

"아빠, 잠수부는 물 밑에서 어떻게 숨을 쉬나요?"

"등에 (음료로 가득한) 통을 지고 있어."

"그런데 물속에 있는데 왜 다른 걸 마셔요?"

겉으로는 그렇게 보이지만 여기서 차이를 만든 것은 아이의 정신적 메커니즘과 어른의 정신적 메커니즘 사이에 존재하는 간극이 아니다. 그 차이는 단지 지금까지 구축한 범주의 목록에 좌우된다. 표지된 범주의 존재는 해당 영역에서 쌓은 많은 경험을 드러낸다. 화자가 같은 언어 라벨을 공유하는 폭넓은 범주**와** 협소한 범주를 **모두** 구축해야 하기 때문이다.

돌이켜보면 사막 동물에 대해 아는 것이 거의 없는 미카의 아버지가 실제로 아들의 질문에 약간 틀린 답변을 했다는 사실이 재미있다. 이 역시 표지와 관련이 있다. 진실은 '낙타'라는 단어조차 표지된 용어라는 것이다. 공식적으로 말하자면 이 단어는 단봉 동물과 쌍봉 동물을 모두 포괄하는 폭넓은 범주(**낙타**$_2$)인 동시에 쌍봉 동물만을 포괄하는 좁은 범주(**낙타**$_1$)다. 다시 말해서 좁은 범주인 **낙타**$_1$은 (**차**$_1$이 **트럭**과 상반되듯이) **단봉낙타**라는 범주와 상반되지만 폭넓은 범주인 **낙타**$_2$는 (**차**$_2$가 **트럭**을 포괄하듯이) **단봉낙타**라는 범주의 상위어이다(즉 그 범주를 포괄한다).

그래서 미카의 아버지는 '낙타camel'라는 단어가 지닌 더 폭넓은 의미에 기초하여 다음과 같이 다른 답변을 할 수도 있었다.

> "낙타camel는 혹이 하나일 수도 있고 두 개일 수도 있어. 하나뿐일 때는 '단봉낙타dromedary'라고 부르지."

기술적으로는 정확하지만 대단히 이상한 이 답변에 미카는 더 혼란스러워졌을 것이며, 여전히 이 흥미로운 동물이 어떻게 다양한 대상에 부딪혔는지 설명하지 못했을 것이다. 그래도 두 동물이 같은 종류에 속하며, 둘의 차이점(**쌍봉낙타** ⇒ 혹이 두 개, **단봉낙타** ⇒ 혹이 한 개)에 대한 추가적인 정보를 전달한다. 동물학자는 'camel'이라는 단어를 포괄적이고 추상적인 의미로 사용하는 경향이 있지만, 비전문가들은 상반되는 의미로 사용하는 경향이 있다. 즉 그들은 쌍봉낙타와 단봉낙타의 다른 점을 강조하길 더 좋아한다.

동물학자가 낙타 같은 개념에 대해 일반적인 어른보다 대개 더 높은 수준의 전문성을 지니듯이 어른은 아이와 비교할 때 **혹**과 **통** 같은 개념에 대해 대개 아이보다 높은 수준의 전문성을 지닌다. 수준이 더 높고 더 추상적인 개념 덕에 전문가 그리고 더 포괄적으로는 경험 많은 사람은 부수적인 특정 속성으로부터 개념의 핵심을 분리할 수 있다. 다섯 살배기인 미카는 bosse에 대해 충돌로 생긴 혹이라는 하나뿐인 개념을 지니며, 그래서 자신이 들은 모든 혹의 **존재 이유**가 충돌이라고 상상하게 된다. 하지만, 훨씬 나이가 많은 아버지는 bosse라는 개념에서 일종의 돌출부라는 중심적 관념을 공유하는 개별적 현상을 통합하여 모든 다양성을 포괄하는 하나의 총칭적 혹은 '포괄적' 범주뿐만 아니라 수많은 하위 범주를 구분하게 해주는 더 깊은 관념을 찾아낸다.

표지를 통해 개념의 정수를 추출하는 과정을 더 깊이 분석하기 위해 우리 사회에서 비교적 최근에 등장한 사례를 살펴보자.

개념의 핵심은 어떻게 등장하는가

컴퓨터가 있는 사람은 아마 데스크desk가 두 개일 것이다. 하나는 컴퓨터 화면에 보이는 데스크이고, 다른 하나는 컴퓨터가 놓인 데스크이다. 누구도 놀라지 않을 이 용어의 일치는 우연이 아니다. 컴퓨터 화면에 나오는 데스크는 다른 데스크에 기초한 비유 혹은 유사물이다. 요즘은 거의 모두가 그렇지만 꾸준히 컴퓨터를 쓰는 사람은 이 비유를 오래전부터 내면화했으며, 이전에 알려진 대상에 기초한 비유로 받아들이는 경우가 드물다. 컴퓨터 화면에 나오는 '데스크'라는 관념은 죽은 비유로서 '탁자 다리'라는 표현이 사람의 다리(그리고 동물 그러니까 인간이 아닌 동물의 다리)에서 기인한 죽은 비유인 것처럼 어떤 것이든 과거의 관념을 더는 환기하지 않는다(혹은 아주 가끔만 환기한다).

미카가 생각하는 **혹**이라는 개념처럼, 가구로서 데스크라는 개념은 개인용 컴퓨터의 시대 이전에 자란 성인에게는 다른 모든 범주처럼 구시가지와 중심가 그리고 교외를 가진 범주다. 이 점을 명확히 드러내기 위해 컴퓨터 이전 시대로 거슬러 올라가는 사전dictionary의 정의를 언급할 수 있다. 특히 다음에 나오는 거창하고 감탄스러운 1932년판 사전의 정의가 그렇다.

펑크 & 와그널스

신 표준 영어 사전

[미국 특허국 등록]

380명 이상의 전문가와 학자들이 모여서 완전하고 정확한 설명을 통해,
가장 최근에 이루어진 지식의 진전을 반영하여, 대중이 사용하기에
가장 편한 형식으로, 전체가 알파벳 순서로 정렬된 온갖
종류의 적절한 명칭과 함께 모든 단어의 철자법,
발음, 의미, 어원과 숙어구의 의미를
영어 사용자의 담화와 문헌을
들어 제시한다는 본래
계획대로 만든

이 사전은 '데스크'라는 단어를 이렇게 정의한다.

> **데스크**(책상) **명사** 1. 글쓰기나 공부를 위해 특별히 만든 탁자로, 종종 아래에 있는 수납함의 뚜껑 역할을 하는 경사진 상부가 있음; 책상에서 일하는 사람의 지위를 나타내는 환유; '책상에서 술집으로'라는 표현에서처럼 사무원으로서의 직업. 2. 공개적인 강독이나 설교를 하기 위해 세우는 탁자나 받침대, 때로 넓은 의미로는 설교단 전체나 목사직 전체에 적용됨. 3. 필기구를 담는 함이나 상자로서 상부에 혹은 열었을 때 글을 쓸 수 있는 경사진 표면이 있음.

정확히 같은 연도인 1932년에 《프랑스 한림원 사전》은 'bureau'('데스크'의 프랑스어)를 다음과 같이 정의했다.

> 종이를 넣을 수 있는 서랍을 갖추고 글을 쓰거나 그림을 그릴 수 있는 평평한 표면을 지닌 가구. 넓은 의미로는 글을 쓰거나 다른 일을 하는 탁자.

이 정의는 데스크를 가구로 보는 관념에 기초한 것이다. 이는 **데스크**에 대한 1932년식 개념의 '도심지downtown area'에 해당한다. 물론 그 당시에도 이미 다양한 방향으로 뻗어가는 개념적 도시 확장이 상당히 이루어져 있었다. 그러나 누구도 현재 우리 정보 중독자들이 일하는 시간의 대부분을 '그 위에서' 보내는 종류로는 꿈꾸지 못했을 것이다.

그러면 '하드 데스크hard-desk'라는 명칭을 1932년 스타일의 가구 개념에 부여하도록 하자. 이 책상은 물리적으로 존재하며 무겁고 옮기기 힘들다. 반면 화면에 있는 현대 버전의 개념('소프트 데스크soft-desk'라고 부르자)은 비물질적이거나 어느 경우든 대단히 간접적인 방식으로만 물질적이다. 또한 옮길 수 있고, 즉시 복사할 수 있고, 쉽게 공유할 수 있으며, 주머니에 들어가는 플래시 드라이브에 편리하게 담을 수 있다.

한 범주가 다른 범주를 초래했다고 해도(**하드 데스크**는 **소프트 데스크**의 '어머니'다) 뒤이어 두 범주는 완전히 독립적인 성격을 지니게 되었을 것이며, 각각의 범주는 엄마와 아이의 경우가 원래 그렇듯이 그리고 다른 단어를 초래하는 단어의 경우가 흔히 그렇듯이 다른 범주와 무관하게 독자적인 경로를 지나며 개발됐을 것이라고 생각할 수도 있다. 가령 'burned(달구어 찍다)'와 가까운 사촌인 'brand(낙인을 찍다)'라는 단어를 살펴보자. 원래 이 단어는 단순히 이글거리는 막대기를 뜻했지만 일정한 시점에서 첫 번째 의미에서 일반화되고 추상화된 두 번째 의미, 즉 영원히 라벨을 붙이기 위해 이글거리는 막대기로 동물의 가죽이나 범죄자의 피부에 찍는 일종의 표시라는 의미를 얻었다. 이후에 이 두 번째 의미는 한층 일반화되고 추상화되어 어떤 개체에 영구적인 정체성을 부여하고 대중이 인지할 수 있는 상징이라는 관념에 이르렀으며, 종국에는 제품을 생산하는 회사의 이름이라는 현재의 지배적인 의미에 이르렀다(실로 불타는 막대기에서 멀리 떨어진 의미가 아닐 수 없다!). 분명히 '브랜드brand'라는 명사와 연관된 이 세 가지 아주 다른 개념(이글거리는 막대기, 동물에 찍는 표시, 회사명)은 오래전에 분기되어 독자적인 길을 걸었다. 물론 브랜드의 어원에 대한 이야기는 이 개념들이 그것을 접하며 자란 사람의 머릿속에서 구현되는 양상과는 크게 관계가 없을 것이다.

그러나 방금 우리가 브랜드에 대해 말한 내용은 데스크의 경우에는 적용되지 않는다. 하드 데스크와 소프트 데스크는 분명히 둘 다 작업 공간이라는 데스크다움deskness을 유지했기 때문이다. 실제로 어떤 문서를 작성하거나 편집하고자 할 때 두 종류의 데스크 중에서 어느 쪽을 사용할지 고려하는 일은 전적으로 타당할 것이다. 펜과 종이로 편지를 쓰고 싶다면 **하드 데스크**를 선택하게 될 것이다. 반면 전문적인 느낌이 나는 인쇄된 문서를 작성하고 싶다면 **소프트 데스크**를 선택하게 될 것이다. 그러나 흥미롭게도 많은 맥락에서 우리는 **하드 데스크**를 뜻하는지 혹은 **소프트 데스크**를 뜻하는지 여부와 무관하게 '데스크'에 대해 이야기한다. 그래서 **하드 데스크**와 **소프트 데스크**는 물질적인 대상이든 가상의 대상이든 간에 문서를 만드는 모든 종류의 작업 공간으로 정의할 수 있는 **일반적 데스크**의 하부 범주이다. 그래서 누군가가 '커피'를 마셨다고 하면 **크림 커피**인지, **카푸치노**인지, **에스프레소**인지 몰라도 내용을 이해하는 것처럼, 화자가 일반적 데스크를 언급하는지 여부만 알면 되고, 화자의 머릿속에 있는 것이 두 가지 하위 범주(하드 혹은 소프트) 중 어느 쪽인지는 알 필요가 없는 경우가 많다. 마찬가지로 차의 색상을 몰라도 "오늘 차를 샀어" 같은 문장을 완벽하게 이해할 수 있다. 이해는 세부 사항을 많이 확보하지 않아도 이룰 수 있는 정신적 행위다. 우리는 **하드 데스크**인지 **소프트 데스크**인지 몰라도 "My desk is cluttered(데스크가 어수선해)"라거나 "I spent the whole afternoon organizing my desk(오후 내내 데스크를 정리했어)"라고 하는 말을 완벽하게 이해할 수 있다.

그래서 지금은 '사람person'이라는 단어가 남자나 여자 혹은 성별이 명시되지 않은 사람을 뜻할 수 있듯이 '데스크'라는 단어에도 세 개의 다른 범주가 잠재되어 있다. 이런 의미에서 '데스크'라는 단어는 추상적인 상위 범주(**일반적 데스크**)가 **하드 데스크**와 **소프트 데스크**라는 두 개의 하위 범주와 하나의 명칭, 즉 '데스크'를 공유하는 특별한 종류의 표지를 예시한다. 그래서 일단 **데스크**의 두 '경쟁' 범주를 획득하고 나면 **데스크**에 대한 더 추상적인 개념을 구축하여 원래의 범주가 지닌 핵심을 집어낼 수 있다.

두 번째 언어를 습득하면 모국어의 성격을 더 명확하게 이해할 수 있듯이 컴퓨터 시대의 데스크라는 범주의 등장은 **데스크**라는 오랜 범주를 더 새롭고 깊이 이해하는 데 도움을 준다. 가정용 컴퓨터의 출현은 **데스크**라는 고색창연한 개념을 바꾸어서 더는 하나의 불가분한 개념과 연관되지 않게 만들었다. 세 가지 새로운 책상인 **하드 데스크**와 **소프트 데스크** 그리고 **일반적 데스크**의 등장은 그때까지 숨겨진 오래된 본래 범주의 핵심을 더 명확하게 인식하도록 해준다. 실제로 **일반적 데스크**라는 상위 범주를 창출하는 일은 (작업 공간이라는) 데스크의 핵심 특성과 가정용 컴퓨터 시대 이전에는 무게, 위에 쌓아놓은 물건, 서랍의 형태와 크기 같은 물질적 존재 및 속성과 불가분의 관계로 연계되어 있던 피상적인 특성을 구분할 수 있게 해준다. 당시에는 누구도 데스크가 모호한 비물질적인 개체가 될 수 있을 것이라고 상상하지 못했다. 무겁고 종이가 쌓인 상판 그리고 여닫이 서랍은 데스크다움의 필수적인 측면처럼 보였지만, 이후 이런 측면은 **작업 공간**으로서 데스크의 정체성에 부수적인 존재일 뿐 직접적인 연관은 없는 것처럼 보였다. 우리 모두가 결국은 혹이 어떤 것에 부딪힌 결과여야 한다는 순진한 생각을 초월하듯이 근래에 개발된 **데스크**에 대한 다양한 관념은 물질에 기반하는 데스크에 대한 순진성naïveté을 초월하도록 해주며, 이제는 근본적으로 무게가 없고, 종이 더미를 수반하지 않으며, 서랍이 없는 데스크를 어렵지 않게 상상할 수 있다.

혹, 통, 사람, 동물, 차 같은 범주의 경우와 마찬가지로 데스크 범주에 새로운 층위의 추상화가 더해지면 해당 개념의 핵심적인 측면과 불필요하거나 부가적인 측면이 드러난다. 이런 추가적인 층위의 구축이 이루어지지 않으면 모두가 더 깊은 특성이 필수적으로 더 얕은 특성을 동반한다고 계속 생각했을 것이다. 게다가 누구도 **데스크다움**의 더 얕은 측면과 더 깊은 측면을 구분하려고 생각하지 않았을 것이다. 표지되지 않은(더 포괄적인) 단어의 의미에 해당하는 새로운 층위의 추상 개념을 만드는 일은 해당 개념의 더 중심적인 측면과 덜 중심적인 측면의 차이를 이면으로부터 드러낸다. 이때 후자는 하위 범주(가령 충돌로 생긴 혹과 다른 기원을 가진 혹 사이 혹은 물질적인 **하드 데스크**와 추상적인 **소프트 데스크** 사이)를 구분하는 데 도움을 주는 측면이다.

주어진 맥락에서 개념이 지닌 더 깊고 핵심적인 측면에 상반되는 부수적인 혹은 조건적인 측면을 적시하는 일은 중요한 지적 단계를 구성한다. 더 높은 차원, 사회적이고 문화적인 차원에서 더 새롭고 추상적인 의미를 지닌 **데스크**라는 개념이 등장하는 것은 개인의 머릿속에서 **혹**이라는 포괄적 개념이 등장하는 것과 유사하다.

2장에서 보았듯이 속담의 경우 개념은 특정 수준, 즉 어디에서 일어나기 시작하는지 말해주는 정확한 기준은 없지만 그 핵심이 실종되기 시작하는 수준을 넘어서 추상화될 때 풍부해지기보다 빈곤해지기 시작한다. 그러나 이런 위험에도 불구하고 추상화는 풍부성을 제공할 수 있다. 점진적인 일련의 정교화는 실제로 언뜻 완전히 다르게 보이는 일련의 상황들 사이에 존재하는 단일성을 드러낼 수 있다. 유추 능력 덕분에 우리는 곧 이 상황들이 단일 범주에 속함을 인식하게 되며, 새로운 범주를 오래된 범주만큼 편하게 느끼게 된다. 갈수록 높아지는 추상화를 향한 이런 종류의 진전은 지금부터 **그림자**shadow, **파도**wave, **샌드위치**sandwich라는 세 가지 익숙한 범주에 대한 짧은 사례 연구를 통해 살펴보겠지만 범주의 정수를 오염시키지 않고도 대단히 멀리 나아갈 수 있다.

그림자에 대하여

누구나 자라면서 그림자와 친숙해진다. 사실 그림자는 항상 우리를 따라다닌다. 적어도 빛이 있을 때는 말이다. 우리는 어릴 때 그림자가 생기는 원리, 즉 빛줄기가 불투명한 물건에 막혀서 땅이나 벽에 닿지 못할 때 그림자가 생긴다는 사실을 배운다. 그러나 성인이 되어서도 어떤 그림자는 여전히 놀라움이나 호기심 혹은 기이함을 자아낸다. 가령 착륙하는 비행기의 그림자를 바라보는 일은 넋을 잃을 만큼 흥미롭다. 그 그림자는 처음에는 그냥 땅 밑에 찍힌 작고 검은 점이었다가 점점 비행기처럼 보이기 시작하며, 착륙하기 직전의 몇 초 동안은 마치 제 짝과 합치려고 달려오는 것처럼 보인다. 그래서 착륙하는 순간은 오랫동안 헤어졌던 쌍둥이가 기쁘게 재회하는 것처럼 느껴진다.

또한 월식이라는 현상도 있다. 어떤 검은 형체가 서서히 달의 표면을 가로지른다. 이 현상은 오싹하고 신비로우며, 대다수 사람들은 아마도 무슨 일이 벌어지고 있는지 정확하게 모를 것이다. 진실은 깜깜한 방에서 전등을 켜고 천장에 매달린 탁구공을 비춘 다음 그 사이로 오렌지를 천천히 통과시키면 일어나는 일을 엄청나게 확대한 것과 같다는 것이다. 이 경우 빛줄기는 당연히 오렌지에 가려질 것이고, 탁구공은 훨씬 더 어두워질 것이다. 그리고 대단히 의욕적이고 호기심 많은 개미가 탁구공을 바라보는 쪽의 오렌지 껍질 위에 우연히 있게 된다면, 이론적으로는 탁구공이 어두워지는 광경을 지켜볼 수 있을 것이다. 이제 이 광경을 1억 배 정도로 확대해보라. 오렌지와 탁구공은 우주 공간에 떠 있고, 태양은 당연히 전등일 것이며, 개미는 인간일 것이다. 굳이 설명할 필요는 없지만 흥미로운 사실은 엄청난 규모로 확대하면 현상의 성격이 완전히 바뀌는 것처럼 보인다는 것이다. 대다수 사람들은 더 이상 일어나는 현상에 대한 직감을 갖지 못한다. 그래서 그 현상은 장대하고 생경하며 심지어 예언적 의미가 가득한 것처럼 느껴진다.

또한 더 친숙하지만 다소 어리둥절한 것은 일몰처럼 광원이 아주 낮게 지평선 근처에 있을 때 자신이나 다른 사람이 만드는 그림자이다. 이 경우 그림자는 쉽게 30미터 넘게 땅 위로 늘어진다. 밤에 거리를 걸어갈 때 빛줄기가 뒤에 멀리 있는 가로등에서 비치면 거리가 아주 멀어도 뒤에서 사람이 오는 것을 감지할 수 있다. 이 역시 극단적인 수평적 신장이라는 흔한 현상에 대한 일종의 확대이며, 마찬가지로 다소 낯설고 오싹하게 느껴진다.

월식과 늘어난 그림자는 크기나 비율을 바꾸는 간단한 행위가 친숙한 범주의 경계를 넓힐 수 있다는 사실을 보여준다. 물론 개념적 경계는 변화의 다른 측면을 탐험함으로써 훨씬 멀리 넓힐 수 있다. 가령 **햇**빛의 경로를 막는 것이 관건이라는 관념을 버리면 **그림자**라는 개념이 더 풍부해지고 깊어진다. 정확하게 같은 현상이 달빛, 불빛, 등불 빛, 전등, 텔레비전, 휴대전화, 라이터, 심지어 하찮은 반딧불이가 내는 빛을 통해서도 일어난다. 이 빛들은 전체적으로 **그림자**라는 개념을 많이 일반화하지만 당연히 그보다 훨씬 멀리 나아갈 수 있다.

다음의 사진은 두 계절에 찍은 멋지고 오래된 오크 나무를 보여준다. 두 나무는 아주 비슷해 보이지만 결정적으로 다른 무언가가 있다. 두 사진 모두에서 나무는 어두운 그림자를 드리운 것처럼 보이지만 자세히 들여다보면 그것이 전부가 아니라는 사실이 드러난다. 첫 번째 사진에 나오는 그림자는 명백히 햇빛이 차단되어(부재) 말하자면 '만들어진' 것인 반면 두 번째 사진을 보면 날씨가 흐리며 나무 위에 뚜렷한 광원이 없다. 따라서 두 번째 사진에 나오는 나무는 '빛 그림자light shadow'를 드리울 수 없다. 도리어 나무 주위로 땅을 하얗게 덮은 것은 **눈**이며, 나무 바로 아래에 있는 어두운 부분은 눈의 **부재**로 인해 생긴 결과다. 그래서 우리가 보는 것은 같은 나무가 겨울에 드리운 '눈 그늘snow shadow'이다. 몇 시간 혹은 며칠 전에 하늘에서 수직으로 연이어 떨어진 눈송이는 여름 사진에서 수직으로 끊임없이 쏟아지는 햇빛의 유사물이다. 그러나 이 모든 차이에도 불구하고 두 사진은 대단히 비슷해서 **정확하게 같은 현상**을 보고 있는 듯한 느낌을 준다. 실제로 중요한 의미에서는 그렇기도 하다. '눈 그늘'이 우리가 보는 것에 대한 정확한 용어인 이유가 거기에 있다.

눈 그늘보다 더 확실하게 자리를 잡은 표준적인 용어는 '비 그늘rain shadow'이다. 이 용어는 언뜻 폭우가 쏟아질 때 다리, 차양, 탁자, 우산 아래 땅에 생긴 마른 부분을 가리키는 것이라고 생각된다. 실제로 '비 그늘'이라는 용어를 그렇게 아주 자연스러운 방식으로 쓰지 못할 이유는 없다. 그러나 지리학에서 '비 그늘'은 상당히 다른 의미를 지닌 기술적 용어다. 비 그늘은 월식처럼 일상적인 그림자보다 훨씬 큰 규모에서 벌어지는 물리적 현상이고, **눈 그늘**이라는 개념처럼 매질의 변화를 수반하며, 어떤 의미에서 앞서 언급한 거리에 길게 드리운 그림자를 닮았다.

이 개념을 구체적으로 예시하기 위해 오리건 주를 살펴보자. 오리건 주 서부는 태평양에 인접하고 날씨 패턴이 대개 동쪽으로 이동한다는 사실 때문에 비가 자주 오기로 유명하다. 그러나 오리건 주를 가로지르는 경로의 약 3분의 1 지점에 남북으로 놓인 캐스케이드산맥이 비구름을 막는 장벽을 형성한다. 그래서 이 산맥의 동쪽으로 수백 킬로미터에 걸친 지역에는 산맥 바로 서쪽 신록이 우거진 윌래밋 계곡과 극명하게 대조되는 광활한 사막이 있다. 비가 오지 않는 이 수백 킬로미터에 걸친 지역을 '비 그늘'이라고 부른다. 말하자면 이 비 그늘은 캐스케이드산맥이 드리운 셈이다. 여기서 하늘에서 내리는 눈이나 햇빛의 유사물은 동쪽으로 향하다가 갑작스레 산맥이라는 장애물을 만나서 진로가 막힌 호우다. 늦은 오후나 밤에 거리에 아주 길게 늘어진 그림자처럼 비 그늘은 원인이 되는 대상의 높이보다 훨씬 길다.

우리가 탐구하는 것은 **그림자**라는 근원적 관념과 밀접한 일련의 유사물이

다. 이 유사물은 그 단순성에도 불구하고 대개 해당 단어에 연계되는 것보다 훨씬 폭넓은 범주를 만든다. **일반화된 그림자**라는 관념(**그림자**$_2$)의 핵심은 마땅한 단어가 없는 어떤 물질(우리는 그것을 '매질medium'이라고 부르기로 한다)의 흐름 내지 줄기가 장애물을 만나 직선적인 흐름이 막히는 바람에 그 장애물 너머로는 해당 물질(즉, 매질)이 눈에 띄게 존재하지 않는 것이다. 무관한 요소는 매질 자체의 속성, 흐름의 속도, 흐름과 장애물의 물리적 크기, 효과를 내는 데 걸리는 시간이다. 햇빛에 따른 그림자는 사실상 순식간에 생기고, 눈에 따른 그늘은 분명하게 나타나기까지 강설량에 따라 몇 분 내지 몇 시간이 걸리며, 비에 따른 그늘은 수년에 걸쳐 발생하는 호우의 빈도와 관련 있는 현상이다.

그림자라는 개념은 수많은 방식으로 더 멀리 확장될 수 있다. 다른 차들보다 훨씬 느리게 고속도로를 달리는 대형 트럭을 상상해보라. 그러면 더 빠른 차들이 좌우로 계속 지나갈 것이다. 다시 말해서 (내리는 눈과 유사한) 차량의 지속적인 흐름이 뒤에서 트럭을 향해 다가온다. 다른 차선에 있는 차들은 아무런 지장 없이 그냥 지나치겠지만 같은 차선에 있는 차들은 트럭을 '통과'할 수 없기 때문에 그렇게 하지 못한다. 트럭을 지나치려면 차선을 바꾸어서 우회해야 하며, 어느 정도 앞쪽으로 나선 후에야 원래 차선으로 돌아갈 수 있다. 그래서 트럭의 바로 **앞** 트럭 한두 대 길이에 해당하는 공간에는 차가 없게 된다. 따라서 고속도로를 달리는 차량의 흐름이라는 매질 속에서 느리게 달리는 트럭은 언제나 전방으로 눈에 띄는 '차량 그림자'를 드리운다.

19세기에 유리로 만든 긴 음극선관cathode-ray을 사용하여 진행한 실험에서 음극선관의 한쪽 끝에서 방출된 전자선은 다른 쪽 끝에 존재하는 강력한 양전하에 이끌렸다. 그러나 물리학자들은 이 전자선의 속성을 제대로 몰랐다. 그래서 그 속성을 파악하기 위해 고속으로 관을 지나가는 이 미지의 대상을 여러 방식으로 차단하여 아래쪽에 다양한 종류의 '그림자'를 만들었다. 물론 그들은 빛의 흐름이 아니라 비밀에 휩싸인 미세하고 보이지 않는 대상의 흐름을 다루고 있다는 사실을 알았다. 따라서 **그림자**라는 개념은 부득이 유추적으로 확장된 것이었지만 실험을 진행한 물리학자들에게 이러한 개념적 확장은 억지스럽거나 추상적인 것이 아니라 자연스럽고 단순한 것으로 느껴졌다.

일부 그림자는 방금 언급한 비교적 물리적인 그림자보다 훨씬 더 어둡다. 가령 우리는 '제2차 세계대전은 수많은 국가의 출생률에 수십 년에 걸친 그림자를 드리웠다'라는 문장을 쉽게 이해할 수 있다. 여기서 우리는 다시 한 번 추상적으로 이동하는 일종의 흐름, 즉 오랜 세월에 걸친 인류의 번식이라는 흐름을 접하게 되며, 이 추상적 흐름이 부딪힌 장애물은 엄청난 수의 젊은 사상자를 초래하여 번식을 위한 흐름에서 몰아낸 전쟁이었다. 뒤이어 젊은이의 부재로 형성된 '그림자'는 수많은 나라에서 인식되었다. 그러다가 한두 세대가 지난 후 고속도로를 달리는 느린 트럭의 앞쪽에 드리운 그림자가 무한히 긴 것이 아니라 트럭 한두 대 정도의 길이에 불과한 것처럼 마침내 출생률이 서서히 회복되기 시작했다. 이 사례에서 '흐름'과 그 '장애물'이 얼마나 추상적인지 보라. 그러나 이렇게 높은 정도로 추상화되었음에도 불구하고 '그림자'를 만드는 메커니즘은 대단히 흡사해서 제2차 세계대전이 드리운 이 그림자와 느린 트럭이 앞쪽으로 드리운 '교통 그림자' 사이의 연관성을 쉽게 인지할 수 있다.

헝가리에서 태어나 미국으로 망명한 유명한 물리학자 에드워드 텔러Edward Teller의 부고 기사를 보자. 제2차 세계대전의 불길한 전조를 담은 문장이다. "망명자이자 물리학자인 텔러 박사는 나치의 그림자가 갈수록 길어지고 있음을 알고 있었다."[25] 이 문장은 무슨 의미일까? 이 문장은 앞서 언급한 해 질 무렵 거리를 걸어가는 사람이 드리운 긴 그림자를 연상시킨다. 여기서 그림자를 드리우는 사람은 나치다. 그러나 이 문장에서 광원이나 장애물을 떠올리지는 않는다. 우리는 단지 해 질 무렵 길게 늘어진 그림자가 실제로 구체화되기 전에 뒤에서 몰래 다가오는 불길한 위협의 존재를 드러낼 수 있다는 사실을 아주 포괄적인 방식으로 떠올리게 될 뿐이다. 물론 이 그림자는 어두우며, 해가 지면서 불길한 예감을 더하듯이 더 길고 어두워진다.

또한 세계적으로 유명한 아버지나 어머니의 '그늘에서 자라야 하는' 아이나 재앙을 당한 후 '이전 모습의 그림자만' 남은 사람에 대한 흔한 이야기가 있다. '나치의 길어지는 그림자'의 경우처럼 이 두 구절에서 일상적인 그림자를 만드는 물리적 메커니즘은 먼 배경에 있으며, 그림자스러움에서 유지되는 속성은 첫 번째 사례의 경우에는 (부모 '밑'에 있느라) '빛'이 완전히 가려지는 바람에 자녀라는 중요한 대상의 존재마저 보이지 않게 만들어서 큰 고통을 초래하는 '어두운 자리'라는 관념이며, 두 번째 사례의 경우에는 그림자가 실제 대상보다 훨씬 더 여리고 덜 실체적이라는 관념이다. 그림자가 '정말로' 무엇인가에 대한 관점에 따라 이 비유들이 마침내 그림자스러움의 핵심을 집어낼 수 있도록 해준다고 생각할 수 있다. 혹은 반대로 이 비유들은 그림자스러움이 지닌 뻔하고 피상적인 요소를 안이하게 차용할 뿐이라고 생각할 수도 있다.

파도/파동에 대하여

바닷가 근처에서 자란 사람은 육지를 향해 몰려오다가 위로 솟구친 후 크고 요란한 소리를 내며 해변에 부딪혀서 물거품으로 변하는 파도를 바라보며 숱한 시간을 보낸다. 실제로 많은 사람에게 바다에서 일어나는 파도라는 관념은 귀가 멍멍할 정도의 파열음과 눈부시게 휘날리는 물보라를 뜻한다. 그러나 물결water wave은 또한 전혀 부서지지 않고 수백 킬로미터에 걸쳐 바다를 가로지를 수 있으며(이를 종종 '너울'이라고 부른다), 이 사실은 '파도'라는 단어의 이미지에 다소 다른 의미를 부여한다. 그리고 이 이미지의 경우 지난 2000년 동안 그 일반화가 훨씬 많이 이루어졌다.

내지에서 자란 사람에게는 "오, 광활한 하늘이여, 곡식의 황금빛 물결wave이여, 아름답도다 ……"나 "물결치는waved 밀밭은 비가 내린 직후에 바람이 불면 향긋한 향기를 풍긴다"처럼 다른 종류의 파도가 익숙하다. 키 큰 밀 줄기는 가벼운 바람에도 앞뒤로 흔들리며, 때로 전체 밀밭이 하나 되어 넘실거린다. 그래서 이런 파도를 노래로 축복하는 것이 전혀 이상하지 않다.

더 일상적인 규모로는 바람에 나부끼는 깃발이 있다. 또한 만날 때나 헤어질 때 친구에게 손을 흔드는 인사도 있다. 그러니까 인사를 할 때 우리의 팔은 바람에 나부끼는 깃발처럼 잠시 거의 주기적으로 이리저리 흔들린다. 그리고 교사들은 때로 손을 이리저리 흔들어서 이해하기 어려운 내용을 설명하려는 경향이 있다.

훨씬 더 큰 규모에서 보면 미국은 연이어 밀려드는 전설적인 '이민의 물결'을 통해 만들어졌다. 바닷가 근처에서 자라지 않았어도 이 거대한 너울이 연이어 대서양이나 태평양을 가로질러서 차례로 해안에 다가오다가 엄청난 굉음과 물보라를 일으키며 **육지**terra firma에 부딪히는 광경을 생생하게 상상할 수 있다.

이는 파도에 대한 일상적인 이해에 스며드는 현상이자 초기에 근본적이고 보편적인 현상의 너울대는 속성에 대한 그림을 맞추기 시작할 때 토대로 삼은 구체적인 심상이다. 그러나 물결은 우리의 삶에 자주 등장함에도 불구하고 영감을 주는 최고의 원천이 아니었다. 사실 그렇게 되기에는 한참 못 미쳤다. 물결은 너무 다양하고 복잡한 현상을 수반한다. 그래서 표면 장력과 관계가 있는(소금쟁이가 만드는 잔물결 같은) 표면파가 있고 표면 장력과 아무 관계가 없지만 대신 물을 끌어당기는 중력과 관계가 있는(욕조에서 한쪽이 높아지면 다른 쪽이 낮아지면서 찰랑대는 물을 생각해보라) 쓰나미가 있다. 그리고 (알고 보면) 수학을 통해 파동을 이해하려 할 때 상당히 복잡한 요소인 속도에 따라 달라지는 다른 파장을 지닌 물결들이 복잡성을 더한다.

고대부터 초기 물리학자들은 물결에 흥미를 느꼈으며, 그 결과 '이어지는 정상(혹은 이어지는 골) 사이의 거리'라는 정의 자체가 물이 기원임을 드러내는 **파장**wavelength 같은 기본적인 개념을 만들었다. 마찬가지로 물결의 **주기**period는 이어지는 정상(혹은 골)이 도달하는 시간이며, 물결의 **진동수/주파수**frequency는 그 주기의 역수다. 이런 개념들이 개별적인 쇄파가 아니라 해변으로 밀려오는 일련의 긴 너울에만 적용된다는 사실을 주목하라. 물리학자에게 파도는 무엇보다 주기적으로 반복되는 현상이다(종국에는 이 요건도 무시되지만 말이다).

이런 기본적인 개념들과 파장을 주기로 나눈 **속도**velocity라는 추가적인 개념에서 출발한 물리학자들은 이미 수 세기 전에 **반사**reflection(모두가 수영장 벽에서 튕겨져 나오는 잔물결을 보았을 것이다), **굴절**refraction(가령 한 액체에서 다른 액체로 혹은 얕은 유역에서 깊은 유역으로 이동하는 물결처럼 파동이 한 매질에서 다른 매질로 옮겨갈 때 발생하는 약간의 방향 전환), **간섭**interference(다른 원천에서 나온 파동들이 교차할 때 발생하는 현상) 같은 물결과 관련된 많은 현상을 분석할 수 있었다. 물결과 관련된 이런 현상 그리고 이후에는 그것을 관장하는 수학적 법칙의 발견은 그 자체로 뛰어난 업적이지만 다른 중요한 자연현상을 이해하는 일에서 이룬 훨씬 더 뛰어난 성취의 전조였을 뿐이다.

기원전 240년 무렵에 그리스 철학자인 크리시포스Chrysippus는 이미 소리가 일종의 파동일 것이라고 추측했으며, 200여 년 후에 원천에서 퍼져나가는 음파를 물에서 퍼져나가는 물결에 비유했던 로마 건축가인 비트루비우스Vitruvius가 크리시포스의 생각을 더 완전하게 진전시켰다. 비트루비우스가 한 일은 실제로 모든 물리학자에게 대단히 전형적으로 나타나는 사고방식, 즉 친숙하고 가시적이며 일상적인 현상을 머릿속의 눈을 통해 때로 감각으로는 지각할 수 없는(음극선관에 존재하는 보이지 않는 '그림자'를 생각해보라) 아주 다른 시간적 혹은 공간적 규모로 다른 매질에 놓는 사고방식을 보여준다. 이때 친숙한 현상은 파장과 주파수가 대단히 분명한 물결이며, 새로운 매질은 당연히 공기다. 음파의 파장과 빈도는 지각할 수 없으며, 실제로 그 빈도는 물결이나 파도의 빈도와 많이 다르다. 이런 중대한 차이 때문에 비트루비우스가 같은 단어를 하나는 아주 잘 알려져 있고 다른 하나는 전혀 알려져 있지 않은 두 현상에 적용한 것은 (갈릴레오가 '달Moon'이라는 단어를 망원경 안에서 이동하는 아주 작은 점으로 과감하게 확장한 것처럼) 아주 과감한 행동이었다. 그러나 갈릴레오, 마랭 메르센Marin Mersenne, 로버트 보일Robert Boyle, 아이작 뉴턴, 레온하르트 오일러Leonhard Euler 같은 통찰력 있는 과학자들의 작업으로 음파sound wave 이론이 더욱 진전되기까지 수 세기가 더 걸렸다.

당연히 대기에 퍼지는 음파와 물 위로 퍼지는 물결파 사이에는 중대한 차이가 있다. 매우 중요한 차이는 음파가 물결파와 달리 **종으로longitudinal** 움직인다는 것이다. 이 말은 음파가 소리의 전파 방향을 따르는 공기 분자의 운동을 수반한다는 것을 뜻한다. 아마 다른 유추를 통해 그 내용을 설명하는 것이 더 쉬울 것이다. 길게 늘어선 차들이 연이어 신호등이 있는 도로를 달릴 때 인접한 차들 사이의 거리는 정지하면 줄어들고 다시 출발하면 늘어난다. 이 경우 교통 흐름이 더 압축되었다가 덜 압축되기 때문에 이는 때로 **압축파compression wave**로 불린다. 파동 자체의 진행 방향을 따라 차 간 거리가 늘어나고 줄어든다는 점에서 압축파는 언제나 종으로 움직인다. 마찬가지로 공기 분자의 밀도는 음파가 경로를 지남에 따라 빠르게 오르내리며, 공기 분자는 그 상대적 운동이 소리 자체의 진행 방향을 따르는 가운데(다시 말하지만 이것이 '종으로'라는 용어의 의미다) 복잡한 도로의 차들처럼 번갈아 서로 가까워지고 멀어진다.

음파를 물결에 비교하는 것은 쉬워 보이지만 그 안에는 미묘함이 숨겨져 있다. 무심코 지나가는 물결을 바라보는 사람에게 표면의 그리고 근처의 물이 위아래로 움직이며, 이 상하 운동이 (횡적인) 물결의 이동 방향과 직각을 이룬다는 사실은 명백하다. 이는 **횡파transverse wave**로 불린다. 그러나 물결은 그렇게 단순하지 않다. 물은 사실 동시에 앞뒤로 움직이는 다른 운동을 한다. 여기서 '앞으로'는 '물결의 진행 방향으로'를 뜻한다. 이는 (소리 그리고 고속도로를 달리는 차의 경우처럼) **종적** 진동에 해당한다. 종횡으로 움직이는 이 두 가지 운동은 수면과 그 아래에서 동시에 발생하며, 더 혼란스럽게도 상하 운동은 전후 운동과 위상이 어긋난다. 물리학자들은 두 운동이 '90도 위상차'를 보인다고 말할 것이다. 그 결과 물결이 지나감에 따라 수면에서 그리고 그 아래에서 춤추는 물 분자는 (자전거 바퀴가 자전거의 운동 방향을 따르는 수직 원인 것과 같은 방식으로) 물결의 운동에 맞추어 완벽한 **수직 원**을 이루며 움직인다. 이 표면 장력 물결이 지닌 우아한 마지막 속성은 수면 아래로 내려갈수록 원의 반경이 작아진다는 것이다. 이렇듯 물결파는 분명히 가장 단순한 파동이 아니다.

공기 중의 음파와 물에서 생기는 파문 사이에 존재하는 또 다른 중요한 차이는 물결파가 파장에 따라 다른 속도로 이동하는 반면(그래서 '분산적dispersive'이라고 말함) 음파는 훨씬 단순해서 파장과 상관없이 모든 음파가 주어진 매질에서 동일한 속도로 전파된다(그래서 '비분산적nondispersive'이라는 라벨이 붙는다)는 것이다. 이는 우리처럼 말하는 동물에게는 다행인 점이다. 그렇지 않다면 우리의 음성을 구성하는 다른 파동이 모두 분산되어 상대방의 말을 전혀 이해할 수 없을 것이기 때문이다(비분산적 파동에만 효력이 있는 훨씬 더 정교한 청각 체계가 없다면 말이다).

가시적으로 너울대는 물에서 비가시적으로 퍼져나가는 공기로의 도약은 어떤 면에서 대단치 않은 일이지만 동시에 **파동**wave 개념의 개발과 관련된 이야기에서 가장 중대한 도약이다. 비슷한 방향에서 다른 과감한 도약을 한다는 생각을 머릿속에 심어주었기 때문이다. 그래서 하나의 성공이 다른 성공으로 이어지며, 각각의 새로운 유추적 확장이 다음 확장을 더 쉽게 만든다. 소리에서 빛으로 나아가는 뒤이은 거대한 도약은 물론 과감한 것이었지만 이미 물에서 소리로의 도약으로 그 길이 닦여 있었다. 달리 표현하자면 소리에서 빛으로의 도약은 명시되지는 않았지만 **메타 유추**, 말하자면 (물에서 소리로 가는) 하나의 유추적 도약이 이미 이루어졌으니 (소리에서 빛으로 가는) **비슷한** 유추적 도약이 이루어지지 말라는 법은 없다는 생각을 따른 것이었다.

이런 메타 유추는 지난 몇 세기 동안 물리학자들의 사고에 스며들었다. 그래서 한 영역에서 잘 이해된 관념이 다른 새로운 영역에서 잠정적으로 시도되었고, 거기서 유효하다는 사실이 드러나면 물리학자들은 서둘러 오랜 아이디어를 더욱 색다른 영역으로 다시 한 번 나르기 위해 노력했으며, 매번 이루어진 과감한 새로운 시도는 이전의 시도와 유사한 면을 지니고 있었다. 지난 100여 년 동안 물리학에서 과감한 유추적 확장을 하는 것은 대단히 표준적이고 당연한 일이 되어서 지금은 이론물리학이라는 게임이 대체로 언제 유추 시류에 편승해야 하는지 아는 일, 특히 경쟁하는 여러 유추 시류 중에서 어느 것이 가장 유망한지 추정하는 일이 되었다(그리고 이 미묘한 선택은 당연히 이전의 시류에 대한 유추를 통해 이루어진다). 이처럼 고도로 지적인 게임은 '유추를 통한 등 짚고 뛰어넘기'로 부를 수 있을 것이다. 8장에서 이 문제를 자세히 다룰 것이다.

그러면 파동이라는 주제로 다시 돌아가 보자. 음파의 존재를 증명하려는 노력과 광파의 존재를 증명하려는 노력 사이에는 한 가지 중대한 차이가 있었다. 17세기에는 전형적인 음파의 파장과 주파수를 파악하기 위한 실험을 고안하는 것은 비교적 간단했지만, 빛의 경우에는 그런 측정이 불가능했다는 것이다

(가시광선의 파장은 매우 미세하며, 그 주파수는 매 초당 수백 조의 '정상'과 '골'이 생길 정도로 엄청나다). 다른 한편 **소리**에서 **빛**으로 건너뛰는 도약은 앞서 말한 대로 유추를 통해 자신감을 심어준 **물**에서 **소리**로 건너뛰는 도약이라는 만족스러운 전례가 있었다.

빛을 파동 현상으로 보는 최초의 추정은 소리와의 지나치게 단순한 유추에 기초했기 때문에 다소 틀린 것이었다. 그것은 빛이 소리와 마찬가지로 공기 같은 탄성을 갖춘 매질을 통해 전파되는 압축파일 것이라는 추정이었다. 그래서 광파는 처음에 음파처럼 **종으로** 움직일 것으로 생각되었다. (7장에서 이런 종류의 추정을 '순진한 유추'로 명명하고 그 속성을 자세히 살필 것이다.) 이 순진성을 극복하고 빛이 종파가 아닌 **횡파**, 그러니까 빛 속에서 진동하는 것이 무엇이든 파동이 움직이는 방향과 **직각**을 이룬다는 사실을 파악하기까지는 오랜 시간이 걸렸다. 1800년대 초에 토머스 영Thomas Young과 오귀스탱 장 프레넬Augustin-Jean Fresnel이 실시한 세심한 실험까지 기다려야 했다. 누구도 그런 파동이 존재하는 이유를 물리적으로 설명하지 못했기 때문에 이 발견은 대단히 당황스러웠다. (어떤 의미에서 물결은 명백한 횡적 속성을 지녔기 때문에 이 발견에 전례를 제공했지만, 이 속성은 명백히 중력에 따른 특수한 공간적 방향성의 존재 때문이었다. 반면 빛은 중력이 없고, 따라서 특수한 방향성이 없는 공간을 통해 이동했다. 이 점은 유추를 통해 얻을 수 있을 것으로 보였던 모든 전망을 제거했다.)

1860년 무렵이 되어서야 제임스 클러크 맥스웰이 광파는 물질적 성질의 운동을 전혀 수반하지 않으며, 우리가 사는 3차원 공간의 모든 지점에서 **전자기장**이라고 부르는 특정한 추상적 개체의 규모와 방향이 이루는 주기적 파동이라는 놀라운 사실을 밝혀냈다. 이 사실에 따르면 광파를 전달하는 매질은 빈 공간의 모든 지점에 하나씩 자리 잡은(사실은 전기적인 것과 자기적인 것 두 개) 엄청나게 많은 비물질적 화살로 구성되어 있는 것과 같으며, 그 수치는 주기적으로 진동하면서 늘어나고 줄어들기를 반복한다. 이는 호수의 수면에 이는 물결이나 들판에서 너울대는 밀이 보이는 가시적이고 감지할 수 있는 운동과 극명하게 달랐다. 일부 물리학자는 이런 종류의 고도로 추상적인 무형성을 전혀 이해할 수 없었지만 다시 돌아가서 처음부터 연구하기에는 너무 늦은 상태였다. **파동**이라는 개념은 갈수록 거침없이 추상화되면서 개념의 습관이 그렇듯이 원래의 '도심지'에서 교외를 향해 쉼 없이 퍼져나갔다.

물리학자들이 **파동**이라는 개념이 소리와 빛처럼 대단히 흔한 것부터 온갖 종류의 특이한 사례까지 자연현상을 설명하는 데 실로 얼마나 유용한지 깨닫기까지는 오랜 시간이 걸리지 않았다. 언제나 공간은 모든 종류의 물질로(혹은 물질에 빗댈 수 있는 추상적 개념으로) 가득했고, 이 '물질'에서 일어나는 국지적 교란은 자연스럽게 인접한 지점으로 전파되었으며, 그렇게 파동은 원천에서 외부로 퍼져나갔다. 그러나 이 교란은 평범한 진동과 크게 다를 수 있었다. 그래서 보이지 않는 추상적 화살이 늘어나고 줄어드는 것처럼 고도로 추상적일 수 있었다. 그럼에도 **파장**, **주기**, **속도**, **횡파** 내지 **종파**, **간섭**, **반사**, **굴절**, **회절** 등 파동과 연계된 과거의 모든 표준적인 개념을 검토할 수 있었으며, 다수의 등식을 한 매질에서 다른 매질로 멋지게 옮겨갈 수 있었다.

표준 용어는 아니지만 **위성 파동**moonlet wave이 한 예다. 흥미롭게도 제임스 클러크 맥스웰이 물리학에서 이룬 첫 발견은 토성의 고리가 실은 수십억 개의 작은 '위성'으로 구성되어 있다는 사실이었다. 그는 토성 주위에 있는 고리 안에서 앞뒤로 출렁대는 압축파가 있다면 그 행동에 대한 계산 결과는 천문학자들이 관측한 데이터와 완벽하게 일치할 것임을 보여줌으로써 자신의 이론을 증명했다.

20세기 초에는 **전파**radio wave(실은 단지 긴 파장을 지닌 광파)가 **음파**를 실어 나르는 호스트 매질host medium로 사용되었다. 다시 말해서 음파를 전자기파라는 훨씬 더 빠른 매질에 올려서 실어 나른 것이다. 진폭변조(AM)는 음파가 국지적으로 올라탄 매질을 왜곡하도록 허용하는 일종의 **횡적인** 방식인 반면 주파수변조(FM)는 근본적으로 음파가 아주 빠른 호스트 파동에 올라타도록 해주는 **종적인** 방식이다. 요컨대 FM은 아주 추상적인 종류의 압축파다. 여기서 자세한 내용을 다룰 수는 없지만 파동을 다른 파동에 올린다는 명민하지만 교묘한 아이디어는 물리학에서 점차 더 흔한 **주제**leitmotiv가 되어갔다.

이후 20세기에는 물질의 온도 수치가 '오르내리며' 진동하는 **온도파**temperature wave가 발견되었다. 다시 말해서 '오르내리는' 것은 모든 공간에 걸쳐 존재하는 수많은 가상의 온도계에서 물리적으로 오르내리는 수백만 개에 이르는 가상의 수은 기둥처럼(물론 온도계는 서로 위상이 맞을 필요가 없다) 물질의 각 지점에서 형성되는 정도의 수치(화씨 혹은 섭씨)다.

또한 전자가 지닌 스핀의 방향(일부는 위로, 일부는 아래로 향한 채 회전하는 수백만 개의 팽이로 가득한 방을 상상해 보라)이 매질에 걸쳐 '물결치는' **스핀파**spin wave도 발견되었다. 이때 스핀은 주기적으로 위에서 아래로, 그리고 다시 아래에서 위로 뒤집힌다. 그리고 보이지 않는 물결이 조용히 공간에 걸쳐 흔들리는 것처럼 공간에 있는 일부 지점의 중력의 양이 시간 속에서 주기적으로 진동하며, 그 국지적 크기를 통해 공간에 떠 있는 수천 개의 작은 조약돌이 얼마나 강하게 그리고 어느 방향으로 빠르게 움직이며 전혀 보이지 않는 힘에 끌리는지 말해주는 **중력파**gravitational wave가 있다.

끝으로 물리학 전체에서 대단히 중요한 파동 가운데 때로 **물질파**matter wave 혹은 **개연성 파동**probability wave으로 불리는 **양자역학적 파동**quantum-mechanical wave이 있다. 간략히 설명하자면 이 파동은 공간의 모든 지점에서 시간의 경과에 따라 수치가 바뀌며, 이 수치를 제곱하면 주어진 순간에 주어진 지점에서 입자를 찾을 가능성을 말해준다.

이 밖에도 10여 개의 다른 추상적인 파동을 나열할 수 있지만 이 소소한 사례만으로도 충분할 것이다. 앞서 살폈듯이 물리학에서 **파동**이라는 관념은 현재 엄청난 수준의 추상화와 정교화에 이르렀지만, 근래에 나온 대단히 추상적인 파동도 모두 물 위와 황금빛 들녘에서 접하는 초기의 대단히 구체적이고 가시적이며 실재적인 파동, 눈으로 보고 몸으로 느낄 수 있는 파동과 유추 및 유산을 통해 연결되어 있다.

샌드위치에 대하여

아, 불쌍한 샌드위치 백작 4세여! 요즘 그의 이름이 얼마나 남용되고 있는가! 잘 알려진 대로(혹은 적어도 소문이 난 대로) 1750년 무렵 약간의 고기(혹은 아마도 약간의 치즈)를 빵 조각 사이에 넣는다는 영리한 아이디어를 떠올린 사람이 바로 존엄한 샌드위치 백작이었다. 샌드위치 백작이 원래 고안한 '빵-고기-빵' 패턴은 미식계에서 나열할 필요조차 없는 엄청난 수의 모방과 변주를 촉진했다.

다만 이 책의 저자 중 한 명이 마카다미아 견과 한 줌을 미국산 치즈에 올려 접은 다음 한입에 삼키기를 즐긴다는 사실은 언급할 만하다. 이 유추는 대단히 명백하지만 명시하는 데 나름의 즐거움이 있다. 마카다미아 견과를 둘러싼 치즈 두 겹은 빵 두 겹 '이며', 마카다미아 견과는 고기'이다.' 그렇다면 이후에 남는 유일한 의문은 이것이 샌드위치**이다**라고 주장한다면 '이다'라는 단어에 따옴표를 붙일 필요가 있는지 여부이다. 물론 이것은 샌드위치와 **비슷**하지만 백작은 뭐라고 말할까? 아니면 샌드위치 백작 4세가 자신의 이름을 딴 범주의 소속 여부를 판단할 궁극적인 권위를 지녔다고 추정할 이유가 있을까? 실제로 이 문제를 다룰 궁극적인 권위가 존재할 수 있을까? 공식적으로 이 모든 판정을 할 공식 샌드위치기념위원회를 만드는 것이 좋지 않을까?

그러면 음식의 영역을 넘어서는 샌드위치로 방향을 돌려보자. 그러나 이 주제에 대해 가장 먼저 살펴볼 변주, 이 범주의 첫 번째 먹을 수 없는 확장형은 먹을 수 있는 영역에서 그렇게 멀지 않다. 적어도 수백 년 동안 대도시 식당은 배고픈 사람을 고용해서 앞뒤로 나무나 골판지로 만든 포스터를 메고 거리를 돌아다니는 광고판으로 활용했다. 이런 사람은 대개 '샌드위치맨'(물론 샌드위치맨이 man_1일 필요는 없지만 말이다)이라고 불렀다. 말할 필요도 없이 빵 조각과 슬로건이 적힌 나무판 사이에는 많은 차이가 있으며, 마찬가지로 고기 조각과 살아 있는 인간 사이에도 많은 차이가 있다. 이 두 가지 사실은 이미 샌드위치맨의 **샌드위치성**을 의심스럽게 만든다. 게다가 이런 종류의 '샌드위치'는 아주 추상적인 의미, 즉 시각적인 섭취를 제외하면 **먹기 위한** 것이 아니다. 또한 아마도 더 미묘한 측면에서 보면 이런 종류의 인간 샌드위치는 언제나 **납작해야** 한다는 암묵적 관념, 위대한 U. S. A.(말해지지 않은 샌드위치 공리Unspoken Sandwich Axiom)에 도전한다. 요컨대 이런 종류의 개체가 **샌드위치** 범주에 속한다는 사실을 의아하게 생각할 이유는 많다. 그에 따라 개념의 한계가 어디인지 그리고 아예 한계가 있는지에 대한 의문이 제기된다. 샌드위치라는 개념은 얼마나 멀리 늘어나며, 어느 방향으로 늘어날까? 이는 매우 도발적인 질문이다.

급히 덧붙이자면 이처럼 멀리 나아가는 질문을 던진 사상가가 우리가 처음은 아니다. '샌드위치 선언'으로 불리는 과감한 웹사이트는 "샌드위치란 무엇인가?"라는 근본적인 질문에 정면으로 대응한다. 여기서 제기된 한 가지 이슈는 'A–B–A'의 형식을 지닌 모든 것이 샌드위치인지 여부이다. 가령 책장에 약 90센티미터 간격으로 놓인 모양이 똑같은 책 받침대 두 개 사이에 낀 책들은 샌드위치일까? 철자가 '아인Ein–스트st–아인ein'으로 되어 있다는 점을 고려할 때 '아인슈타인'이라는 이름은 샌드위치일까? 미국은 대서양과 태평양이라는 빵 조각에 낀 샌드위치일까? 이 두 거대한 바다의 비동일성은 말할 것도 없고 'Ein'과 'ein'의 비동일성은(결국 첫 번째 아인에는 대문자 'E'가 들어가지만 두 번째 아인에는 들어가지 않는다) 두 '빵 조각'의 동일성 혹은 동일성의 결여라는 더 포괄적인 의문을 제기한다.

파리에서 겪은 인상적인 일화를 들어보자. 상당히 심심해하던 한 지하철 승객은 오데옹Odéon 지하철역이 성인의 이름을 딴 두 지하철역(생미셸Saint-Michael과 생제르맹데프레Saint-Germain-des-Prés) 사이에 '샌드위치'되었다고 말했다. 그래서 이 세 지하철역은 충분히 '지하철 샌드위치'로 부를 수 있다. (다소) 비슷한 의미에서 차를 타고 도주하는 범죄자는 경찰차 두 대로 앞뒤가 막히면 종종 '샌드위치 상태로 체포'되었다고 말해진다. 또 다른 인체/인체/인체 배열은 '샌드위치'로 알려진 체위다. 이제 육체를 뒤로하고 정신으로 옮겨가면 압운rhymes 샌드위치가 있다. 압운 형식이 'ABBA'인 압운 4행시를 생각해보라. 여기서 'A' 압운은 'B' 압운이라는 **고기**에 대해 **빵** 역할을 한다. 또한 물론 고체물리학 영역에서 먹을 수 없는 샌드위치가 차지하는 중요한 역할을 간과할 수 없다. 구체적으로는 'P'('양positive')와 'N'('음negative')으로 불리는 중요한 유형의 반도체가 있으며, 이 두 반도체로부터 'PNP'라는 형태의 삼층 구조 그리고 'NPN'이라는 보완적 형태가 형성된다. 이 형태는 모두 물리학자의 논문에서 표준적으로 '샌드위치'로 불리며, 이 샌드위치는 우연하게도 (절대 깔볼 개념이 아닌) **트랜지스터**라는 범주를 구성하는 요소이기도 하다.

고체물리학에서 **고기**와 **빵**의 역할이 과감하게 교환되는 양상은 샌드위치학에서 또 다른 근본적인 의문, 즉 샌드위치에서 다른 범주가 **고기**의 역할을 하는 것이 더 적합한 가운데 **빵**의 역할을 하는 것이 더 적합한 대상의 특정 범주가 있는지 여부에 대한 의문을 제기한다. 가령 우리는 **땅콩버터와 젤리**가 (적어도 샌드위치 만들기라는 맥락에서) 고기 범주의 양호한 요소라는 사실을 알지만, 이것이 **빵**의 역할을 할 수도 있을까? 더 직접적인 방식으로 의문을 제기해보자. 우리는 아무 어려움 없이 'N'이 맛있는 인도의 **난**naan에 해당하고 'P'는 땅콩버터와 젤리에 해당하는 'NPN' 샌드위치를 상상할 수 있다. 그렇다면 안팎이 뒤바뀐 'PNP' 샌드위치는 어떨까? 이는 지나치게 무리한 상상일까? 이것으로 **샌드위치** 범주의 궁극적인 한계를 초월한 것일까 아니면 우리의 시대는 아직 이처럼 과감하고 새로운 비전에 대한 준비가 되지 않은 것일까?

아마도 샌드위치학에서 가장 뜨거운 난제는 'A-B-C'라는 형태를 지닌 개체를 **샌드위치**로 간주해야 하는 조건 아래서 발생할 것이다. 가령 보스턴에 사는 친구인 브래들리(줄여서 'B')가 편안한 체스터필드 소파(줄여서 'C')에서 깜박 잠이 들었고, 그의 아비시니안 고양이인 아델(줄여서 'A')이 잠든 브래들리의 몸 위로 갑자기 뛰어올랐다면 그에 따른 A-B-C 배열은 **샌드위치**에 해당할까? A가 **아비시니안 고양이**가 아니라 **안락의자**였다면 어떨까? 안락의자는 아비시니안 고양이보다 약간 더 소파 같기 때문에 정식적인 A-B-A 형태에 아주 약간 더 가깝지 않을까?

앞선 몇 단락은 다소 비현실적지만 추상적이고 확실히 먹을 수 없는 패턴을 나타내기 위해 '샌드위치'라는 단어가 때로 명사로, 때로 동사로 일상적인 담화 그리고 심지어 공식적인 맥락에서도 꾸준히 사용된다는 점을 언급할 필요가 있다. 가령 당신은 무심코 "오늘 아침에 학장과 함께한 회의는 피부과 예약과 치과 예약 사이에 샌드위치 되었어"라는 식의 말을 얼마나 많이 했는가? 아마 기억조차 하지 못할 것이다! 이처럼 온갖 종류의 먹을 수 없는 대상을 묘사하기 위해 '샌드위치'라는 단어를 사용하는 것이 일상적이고 세계적인 현상이 된 시대에 우리가 다루는 것은 더 이상 제멋대로의 몽상이 아니라 대중적 문화이다.

이제는 분명하게 이해할 수 있겠지만 그림자학, 파도학, 샌드위치학과 관련된 질문은 어디서도 추상화의 한계를 결코 찾을 수 없는 방대한 개념적 지평을 연다.

자랑스러운 대문자의 탈락

앞서 살폈듯이 유추를 통한 개념의 확장은 한계가 없는 것처럼 보인다. 이러한 확장은 모국을 **어머니**로, 나무 밑에 생긴 눈이 없는 자리를 **그림자**로, 고속도로를 달리는 운전자들이 연속으로 브레이크를 밟는 것을 일종의 **파도**로, 세 개의 연속적인 약속을 **샌드위치**로, 간절히 원하던 콘서트 표를 구하지 못한 사람이 위안거리를 찾는 것을 **신 포도** 우화의 다른 재현으로 보게 해준다. 때로 **새**나 **책**, **달**이나 **결혼**, **먹다**나 **벗다**, **많은**이나 **그러나** 같은 범주가 지닌 경계의 확장 혹은 **혹**이나 **데스크** 같은 새롭고 더 추상적인 범주의 구축 혹은 **그림자**나 **파도** 같은 경우처럼 전체 영역에 걸친 새로운 개념의 구축으로 이어지는 이 과정은 인간 조건의 필수적인 부분이며, 따라서 중단할 수 없다. 실제로 범주 확장 과정은 마치 거부할 수 없는 힘을 보여주려는 듯 불가능하다고 생각되는 극단적으로 엄격한 환경, 즉 모든 사물이 하나만 있는 고유명사의 세계, 그래서 정의에 따르면 범주를 확장할 수 없는 것처럼 보이는 세계에서도 살아남는다.

명백히 범주의 명칭인 보통명사와 달리 첫머리에 오는 대문자로 가려지는 고유명사는 완전히 다른 속성을 지니는 것처럼 보인다. 고유명사는 원래 언어를 통해 정의할 수 있지만 지칭하는 일련의 개체가 분명하게 정의되어 있기 때문에 정의가 필요 없어야 한다. 종종 고유명사는 행성, 대륙, 국가, 도시, 기념물,

인간, 작품 등 오직 하나만 존재하는 개체를 가리키며, 이름, 성, 상업적 브랜드, 국적처럼 하나 이상의 개체를 가리킬 때에도 해당되는 일련의 개체가 대단히 분명하고 명확하게 정의되어 있어서 지금까지 내내 다루었던 모든 전형적인 범주의 핵심을 둘러싼 '후광'과 비슷한 구석이라도 존재한다고 상상하기 어렵다.

실제로 단 하나의 요소만 존재할 때도 '범주'라는 단어를 써야 하는지 의문을 제기할 수 있다. 각각 단일한 사례만 존재하는(혹은 한때 존재했던) **파리**paris, **갈릴레오**, **지구**, **달** 같은 범주를 언급하는 것이 무슨 의미가 있을까? 그러나 분석을 해보면 이런 주장은 금세 설득력을 잃는다. 유추를 통해 범주를 확장하려는 거부할 수 없는 인간적 경향은 다른 모든 명사(그리고 같은 맥락에서 다른 단어들)만큼이나 고유명사의 경우에도 적용된다.

1장에서 갈릴레오와 달the Moon 그리고 뒤이어 등장한 많은 위성moons에 대한 이야기를 살폈다. 이 이야기는 아주 드문 사례처럼 보일지 모르지만 '달Moon'에서 '위성moons'으로(혹은 '태양Sun'에서 '항성suns'으로) 건너뛰는 도약은 과학적 발견이라는 특수한 세계와는 거리가 먼 우리 주위에서도 항상 이루어진다. 특히 표지 행위를 통해 범주를 확장할 때마다 이런 도약이 이루어지며, 이때 고유명사는 약간 경계를 넓혀서 더 포괄적인 범주의 라벨이 된다.

가령 브랜드명은 명명하는 제품의 인기 덕분에 종종 포괄적 단어가 된다. 그래서 제너럴모터스의 오랜 냉장고 브랜드인 '프리지데어Frigidaire'는 1920년대에 미국 영어(그리고 프랑스어)에서 대문자가 붙지 않는 명사가 되었으며, 마찬가지로 진공청소기의 브랜드명인 '후버Hoover'는 영국 영어에서 대명사가 붙지 않는 일상적인 명사가 되었다. 근본적으로 '크리넥스', '콜라', '제록스', '사란 랩Saran Wrap', '더스트버스터Dustburster', '스카치테이프', '테프론', '큐팁스Q-Tips', '자쿠지', '프리스비' 등의 브랜드명에 대해서도 같은 말을 할 수 있다(그래서 우리는 두문자를 대문자로 놔두는 만큼 쉽게 소문자로 바꿀 수도 있다).

이 모든 경우에 먼저 그 요소가 구체적인 브랜드명을 가진 제품인 작은 범주가 있으며, 뒤이어 원래 제품과 충분히 달라서 새로운 단어가 필요해 보이지만 동시에 원래 제품에 대한 수요를 만든 핵심 속성을 공유하기 때문에 **근본적으로** 다르지는 않은 신제품이 만들어진다. 사람들은 원래 제품 주위에 후광을 형성하는 새로운 모방 제품에 명칭을 부여하고 싶을 때 종종 원래의 브랜드명을 즉흥적으로 빌리지만 원래 단어를 확장한 의미임을 나타내려고 ('Moon'이

'moon'이 된 것처럼) 대문자를 소문자로 바꾼다. 이제 원래 범주의 새 요소와 오랜 요소는 모두 이 새로운 범주에 속하게 된다. 그래서 '크리넥스kleenex'라는 단어는 대문자를 소문자로 바꾸면 모든 휴지를 나타내지만 대문자를 쓰면 크리넥스 브랜드를 가진 휴지만을 나타낸다.

그렇다면 이런 현상은 대중 브랜드의 관점에서 보면 해당 품목에서 가장 표준적인 제품으로 인정받는다는 바람직한 증거처럼 보일 것이다. 그러나 몇몇 회사는 브랜드명이 포괄적인 의미를 얻는 것을 환영할지 모르지만 대개 주주들은 결코 그렇게 보지 않는다. 실제로 주요 브랜드명을 가진 회사는 이런 일이 일어나지 않도록 적극적으로 노력한다. 그렇게 되면 사람들이 곧 한때 브랜드명이었던 단어를 전혀 정체성이 없는 밋밋한 명칭으로 듣게 된다는 점에서 그 의미가 희석되는 경향이 있기 때문이다.

브랜드는 포괄성이 아니라 고유성으로 인식되기를 원한다. 동네에서 인기 많은 개의 이름을 '올리버'로 지은 지 몇 년 만에 유행을 따르는 동네 사람들이 새로 얻은 개의 이름을 모두 '올리버'로 짓는다면 누가 좋아하겠는가?

고유명사를 일반 명사로 전환하는 것은 한때 특별했던 용어를 상투어로 바꾸는 일이다. '진품 자쿠지'나 '진품 프리스비'를 가졌다고 자랑할 사람이 어디 있겠는가? 이 두 브랜드의 경우(둘 다 실제로 브랜드다) 표지되지 않은 의미가 오래전에 표지된 의미를 가렸으며, 그 결과 두문자가 소문자로 지위가 격하되었다. 브랜드명에 대한 법적 보호의 상실을 수반하는 이런 종류의 이월은 '일반명칭화genericide'라고 부른다. 이 사실은 '구글하다'라는 동사가 2006년판 《옥스포드 영어 사전》과 《메리엄 웹스터 대학생용 사전》에 처음 등장했을 때 실리콘밸리의 대기업인 구글이 '구글Google'이라는 고유명사(혹은 비고유명사인 'google')가 소프트웨어에 상관없이 인터넷 검색을 뜻하는 동사로 사용되지 않도록 용례를 제한하는 강력한 캠페인을 즉각 실시한 이유를 설명한다.

단일어가 두 가지 층위의 추상 개념을 지니게 되는 위 사례에서 우리는 표지라는 현상이 지닌 분명한 특징을 본다. 그리고 우연하게도 '마크mark'라는 명사는 가끔 영어에서 "그 셔츠는 마크가 뭐야?"라는 말처럼 '라벨'이나 '브랜드명'이라는 뜻으로 쓰인다. 사실 '마크'라는 일상적인 단어와 '표지'라는 기술적인 용어 사이에 예기치 않은 밀접한 관계가 형성된 것은 우연이 아니다. 상업적 브랜드나 로고 혹은 마크는 잠재 고객이 비슷해 보이는 제품을 서로 구분하게 해주는 시각적 식별 수단이기 때문이다. 또한 그 기원이 어떤 대상에 식별용 기호('마크')를 찍는다는 관념과 관련 있는 '표지된'이라는 형용사는 상업용 마크가 단일한 포괄적 범주에 속하는 제품의 하위 범주를 가리키듯이 하위 범주를 나타내는 데 사용된다.

지금까지 논의한 상업적 마크, 즉 브랜드명은 어휘 라벨이 단 하나의 개체를 나타내는 일과 훨씬 방대한 범주를 나타내는 일 사이를 유연하게 오가는 현상을 드러내는 빙산의 일각일 뿐이다. 실제로 고유한 개인이나 장소 혹은 사물의 명칭이 그 고유성에도 불구하고 수십, 수백, 수천 개의 개체에 자연스럽게 적용되는 사례들이 있다.

신성한 범주

가톨릭교회가 세계적으로 통합되는 것은 단일한 영적 지도자이자 바티칸의 수장인 교황의 존재 때문이다. 14세기 말에 역사적 격변으로 우르반 6세와 클레멘트 7세가 동시에 교황으로 명명된 것을 제외하면 가톨릭 교도는 언제나 교황이라는 단일한 리더를 섬길 수 있었다. 그는 **유일한the** 교황이며, 그것이 전부이다. 그러나 현재의 교황이 (과거의 요소들은 영면을 즐기는 가운데) 지구에서 이 고귀한 범주의 유일한 요소라는 차별성을 향유한다고 해도 해당 직위는 용어의 폭넓은 의미, 즉 표지되지 않은 범주라는 측면에서 대단히 인기가 많다.

인터넷에서 교황을 검색해보면 풍부한 사례가 나온다. 팝아트계에는 의문의 여지가 없는 나름의 교황, 앤디 워홀이 있다. 개인용 컴퓨터 산업의 교황은 빌 게이츠나 스티브 잡스로 알려져 있다. 존 워터스는 악취미의 교황, 로버트 파커는 와인의 교황, 폴 보퀴즈는 미식의 교황으로 불린다. 실제로 소문자 'p'를 단 교황은 파리 떼처럼 늘어난다. 피카소는 입체주의의 교황, 앙드레 브르통은 초현실주의의 교황으로 불린다. 밥 말리는 레게의 교황, 레이 찰스는 재즈의 교황, 프랭키 루이즈는 살사 음악의 교황으로 공표된다. 스코티시 음악도 앨런 스티벨을 교황으로 추대하고, 현대 추상 음악도 뒤질세라 피에르 불레즈를 교황으로 추대한다. 달라이 라마는 불교의 교황으로 불리는 한편 리처드 도킨스Richard Dawkins는 무신론의 교황으로 불린다. 끝으로 (당연히 누구도 놀라지 않을 사례로) 피어스 피트Pierce's Pitt는 저온 요리 돼지고기의 교황으로 알려져 있다(어디서? 버지니아 주 윌리엄스버그에서).

이왕 기세를 탔는데 멈출 이유가 있을까? 인터넷 검색을 계속해 보면 실증주의, 축구, 일본 삼류 영화, 신보수주의, 권투, 무료 소프트웨어, 하이쿠, 현대 디자인, 멀티미디어, 경영, 다큐멘터리, 텔레비전 뉴스, 언더그라운드 영화, 하프시코드, 스칸디나비아 록 음악, 일본 만화, 랩, 테니스, 이탈리아산 청바지, 개 비스킷, 코칭, 바이오 아트, 브로콜리, 홍보용 달력의 교황을 찾을 수 있다. 실제로 교황의 목록은 거의 끝없이 이어질 수 있으며, 이런저런 교황이 너무 많아 지금은 그 호칭이 지니는 권위가 많이 퇴색되었음을 뜻하는 '교황 초인플레'를 선언할 지경이다. 아무리 협소한 분야라고 해도 항상 '일반화된 교황'이라는 전당에 지명될 만큼 충분한 명성과 영향력을 지녔다고 평가받는 사람이 있다.

그리고 전당pantheon 이야기가 나온 김에 덧붙이자면 전당 역시 고유명사와 일반 명사 사이, 단수의 고유 관념인 '판테온The Pantheon'과 복수('많은 전당') 사이의 어딘가를 모호하게 떠다니는 흥미로운 사례다. 실제로 방금 본 것처럼 두 개의 대문자를 써도 그 명칭이 명확하지 않아서 (로마에 있는) 판테온Il Pantheon을 가리킨다고 생각할 충분한 이유가 있는 동시에 (파리에 있는) 팡테옹Le Panthéon을 가리킨다고 생각할 다른 충분한 이유가 있다. 어느 경우든 전당은 원래 어떤 문명에서 섬기는 신들gods (혹은 아마도 대문자 신들Gods)을 기리기 위해 세워진 기념물로 인식되었다. 로마와 파리에 있는 전당은 모두 일종의 고결한 묘지 기능을 하면서 각각의 나라가 위대한 업적을 이룬 개인에게 바칠 수 있는 최고의 영예를 대표한다. 그러나 전당이라는 범주는 건물이나 묘소가 없어도 단지 여러 중요한 인물의 이름을 나열하는 일종의 '소프트웨어 신전'이나 '상상의 신전'이 될 수 있기 때문에 이보다 훨씬 넓다. 그래서 아인슈타인은 분명히 물리학자의 전당에 거하며, 앙리 푸앵카레는 파리의 팡테옹에 묻히지는 않았지만 명백히 수학자의 전당에서 아주 높은 자리를 차지한다.

여러 신성한 장소와 책이 사람들의 머릿속에서 종교를 유지하는 기능을 한다. 그래서 해마다 전 세계에서 순례자 수백만 명이 모여드는 메카the Mecca라는 명칭은 소문자 버전으로 특정 활동을 위해 숭배되는 장소, 실로 광신적인 장소라는 관념을 나타내는 단어가 되었다. 아래는 말하자면 검색엔진의 교황을 통해 찾아낸 메카가 존재하는 분야 수십 개를 나열한 것이다.

> 자동차 스타일링, 농구, 쌍동선(두 개의 선체를 연결한 범선-옮긴이), 시거, 영화, 크리켓, 크로스컨트리 스키, 엔터테인먼트, 물 빠진 청바지, 골프, 화강암, 행글라이딩, 힙합, 하키, 열기구, 100킬로미터 달리기, 재즈, '중국산', 모터사이클 경

주, 산악자전거, 1950년대산 가구, 나체주의, 장애물 경주, 낙하산, 석유 제품, 피아노 연주, 환각제, 랩, 록, 롤러블레이드, 럭비, 샌드위치, 쇼핑, 축구공, 사회주의, 음향효과, 스피드스케이팅, 서핑, 스윙, 차, 테니스, 테러, 관광,

이 모든 분야의 메카에서 일관되게 나타나는 속성, '**메카**다움의 핵심'을 구성하는 속성은 **대단히 중요한 장소**라는 관념과 (일부 분야에서는 두세 개 메카 후보가 **유일한** 메카라는 자리를 놓고 다투기는 하지만) **고유성**이라는 관념 그리고 (대다수 메카의 경우 해당 활동이 종교와 아무 관계가 없지만) 일종의 **신성함**이라는 관념이다.

책 중의 책, 그러니까 어떤 사람에게는 성경Bible, 다른 사람에게는 코란이 되는 책도 추상적 범주가 될 가치가 있는 것으로 간주된다. 단 **하나의** 책을 나타내는 '책 중의 책The Book of Book'이라는 범주는 크게 확장되어서 다른 영역에 속한 온갖 종류의 다른 책(다만 아마도 영역당 단 하나의 책)에 적용할 수 있게 되었다. 그래서 타이 요리의 바이블, 리본 자수의 바이블, 보디빌딩의 바이블이 존재한다. 또한 이슬람 국가에서 나온 정원 가꾸기에 대한 가장 믿을 만한 책은 '정원 가꾸기의 코란'으로 불릴 수 있다. 당연히 이슬람의 성경은 코란이며, 그 반대도 마찬가지여서 기독교의 코란은 성경이다.

물론 종교 영역에서만 이런 고유명사의 복수화가 일어나는 것은 아니다. 앞으로 살펴보겠지만 이 현상은 비세속적인 활동에서만큼 일상적인 활동에서도 일어난다. 실제로 대문자는 천상Heaven에서 그런 것처럼 지상Earth에서도 여기저기서 떨어져나간다.

푸시킨들과 쇼팽들 그리고 수많은 갈루아들Galois Galore

수학자 프랭크 스웨츠Frank Swetz와 T. I. 카오T. I. Kao는 《피타고라스는 중국인이었나?Was Pythagoras Chinese》라는 짧은 책 서문에서 다음과 같은 도발적인 의문을 제기했다.

> 물론 기원전 6세기에 사모스 섬에서 태어나 수학자로 이름을 날린 피타고라스라는 역사적 인물은 중국인이 아니라 그리스인이다. 하지만 마찬가지로 유명한 다른 '피타고라스'가 있다. 그는 '직각삼각형을 이루는 두 변의 제곱의 합은 빗변의 제곱과 같다'라는 명제를 최초로 증명한 사람이다. 이 정리는 수백 년

동안 사모스에서 태어난 피타고라스의 이름을 달았지만 그가 정말로 이 정리의 보편적 타당성을 증명한 최초의 사람일까?[26]

분명 이상하게 보일 수 있지만 **피타고라스**라는 범주가 사모스에서 가장 유명한 사람이 태어나기 훨씬 전에 그 요소를 지니는 것도 얼마든지 가능하다.

우리는 평소 평범한 사람들 속에서 두드러지는 사람을 구분하기 위해 무의식중에 표지라는 방법을 활용한다. 특정 분야에서 두각을 드러내어 명성을 얻은 사람들 중에서 몇몇은 책을 쓰거나 신문에 소개되거나 무대에서 연기를 하거나 기업계에서 성과를 낸 일로 지엽적 영역을 넘어서 유명해진다. 뒤이어 이렇게 업적을 낸 소수의 개인은 유명한 상을 받거나 극장 간판에 이름을 올리거나 정부에서 직책을 얻거나 중소 도시의 시장이 되거나 주간 텔레비전 프로그램의 사회자가 되거나 스포츠계에서 두각을 드러내거나 산업계 내지 금융계에서 약간의 돈을 벌거나 심지어 '유명세로 유명해지면서' 더 높은 장벽을 뛰어넘는다.

이 유명인들 중에서 소수만 **인명사전**이든 일종의 백과사전이든 간에 명사important people라는 위엄 있는 목록에 이름을 올린다. 그러나 명사 중의 명사만 오를 수 있는 더 높은 명성의 또 다른 단계가 있으며, 이는 그 사람이 대중적 범주가 되는 단계다. 이런 사람들의 이름은 구체적인 사람과 그들의 업적을 나타내는 일을 넘어서 많은 요소를 지니는 추상적 범주를 나타내는 어휘 항목이 될 수 있다.

가수 겸 작곡가인 레오 페레의 〈서푼짜리 피아노의 노래Le Piano du pauvre〉라는 인상적인 프랑스 노래는 파리의 거리에서 아코디언을 연주하는 어떤 사람을 '봄날의 쇼팽le Chopin du printemps'으로 묘사한다. 이 노래는 무명의 아코디언 연주자와 쇼팽을 전자는 '후자'의 사례로 기리고, 후자는 사례를 가질 수 있는 범주로 기린다. 우리는 이 후자의 영예를 '시성canonization'이라고 부를 것이다. 물론 쇼팽 외에 수천 명이 시성되었다. 실제로 약간의 노력만 기울이면 아래에 나오는 70여 가지 경탄스러운 사례처럼 시성에 기초한 화려한 표현을 수없이 찾을 수 있다(믿기 어렵겠지만 이 중에 우리가 지어낸 것은 하나도 없다).

비브라폰 분야의 바흐, 풍경화 분야의 베토벤, 체스 분야의 하이든, 버섯 분야의 모차르트, 힌두교 분야의 멘델스존, 팝 분야의 푸치니, 록 분야의 바그너,

발레 분야의 빌리 홀리데이, 오리 사냥용 피리 불기 분야의 베니 굿먼, 인공지능 채팅 프로그램 분야의 프랭크 시내트라, 신경학 분야의 엘비스 프레슬리, 기후변화 분야의 믹 재거, 프리메이슨주의 분야의 플라톤, 전파 분야의 아리스토텔레스, 달팽이 분야의 소크라테스, 현대언어학 분야의 데모크리토스, 화학 분야의 유클리드, 미니 골프 분야의 아르키메데스, 어원학 분야의 케플러, 설치류 퇴치 분야의 코페르니쿠스, 축구공 분야의 갈릴레오, 테러 분야의 뉴턴, 유리창 제조 분야의 패러데이, 담배학 분야의 갈루아, 섹스 분야의 아인슈타인, 아이스크림 분야의 레오나르도 다빈치, 레고 조형물 분야의 미켈란젤로, 영화 제작 분야의 렘브란트, 보도 예술 분야의 피카소, 범죄심리학 분야의 단테, 중산층 코미디 분야의 밀턴, 광고 분야의 셰익스피어, 초자연 분야의 발자크, 우르두Urdu(파키스탄 공용어—옮긴이) 문학의 괴테, 브라우닝 자동 소총 분야의 바이런, 여성주의 분야의 푸시킨, 21세기 텔레비전 분야의 톨스토이, 만화책 분야의 프루스트, 미디어 블로거 분야의 어니스트 헤밍웨이, 인터넷 트롤 분야의 토머스 핀천, 폴리네시아 팝 분야의 P. T. 바넘, 호랑이 조련 분야의 매 웨스트, 힙합 분야의 매릴린 먼로, 침 뱉기 분야의 메릴 스트립, 사진 분야의 펠리니, 포르노 분야의 스탠리 큐브릭, 소비자 가전 분야의 월트 디즈니, 폐수 분야의 빌 게이츠, 비디오게임 분야의 라커펠러, 은행 강도 분야의 베이브 루스, 종양학 분야의 이벌 크니벌, 백파이프 분야의 마이클 조던, 사용자 제작 비디오 분야의 타이거 우즈, 거친 남자 농담 분야의 랜스 암스트롱, 인지과학 분야의 우사인 볼트, 무관심 분야의 세레나 윌리엄스, 생태학 분야의 폴 리비어, 화석 뼈 분야의 나폴레옹, 록커빌리 분야의 라스푸틴, 파고들기 분야의 히틀러, 프리카세(다진 고기와 채소를 넣은 요리—옮긴이) 분야의 프랑코, 멀리거토니(향신료가 많이 든 수프—옮긴이) 분야의 무솔리니, 게이 드라마 분야의 마오쩌둥, 레스토랑 비평 분야의 마하트마 간디, 탱고 분야의 체 게바라, 초영웅 분야의 리처드 닉슨, 천체물리학 분야의 인디라 간디, 원숭이 분야의 오사마 빈라덴, 오스카 시상식 사회자 분야의 조지 부시, 타밀 영화 분야의 버락 오바마, 장대높이뛰기 분야의 타잔, 이디시어 음악계의 셜록 홈스…….

유명인의 이름 같은 고유명사를 복수화하여 포괄적 범주를 만드는 일은 달이든 모나리자든 모차르트든 아주 널리 알려진 각각의 사람이나 사물에는 핵심이 있다는 관념에 토대를 둔다. 이 핵심은 해당 개체 자체로부터 적시되고 뒤이어 증류된다. 이런 증류 행위는 **하드 데스크**에서 **소프트 데스크**로 가는 경로에서 확인한 대로 새로운 추상적 범주를 낳는다. 핵심 파악essence-identification과 핵심 증류essence-distillation라는 메커니즘이 유명한 문화적 명물의 명칭에 기초한 다른 종류의 표현 이면에 존재한다는 사실을 인지하기는 어렵지 않다. 예를 들면 다음과 같다. '세척기 분야의 롤스로이스, 열차 분야의 콩코드, 카메라 분야의 롤렉스, 음향 재생 분야의 라이카, 영국 박물관 분야의 모나리자, 닭장 분야의 타지마할, 플라이 낚싯대 분야의 스트라디바리우스.'

사람이나 사물이 추상적인 대중적 범주로 '시성되고' 그에 따라 복수의 사례에서 인식되려면 엄청난 명성이 필요할 것이라고 생각할 수 있다. 그러나 이런 인상은 잘못된 것이다. 무엇이나 그리고 누구나 지엽적인 수준에서 시성될 수 있다. 단지 '지엽적으로 유명하기만 하면', 즉 가족이나 친구에게 잘 알려지기만 하면 되며, 다행히 우리 모두가 그렇기 때문에 가족과 친구가 우리를 시성할 수 있다. 그리고 실제로 우리는 가족과 친구가 아는, 말하자면 '개인적 유명인'이고, 반대의 경우도 마찬가지이기 때문에 자주 시성된다.

개인적 유명인

사람들은 대화를 할 때 가끔 "엘런은 그 집안의 제프야", "나는 친구들 사이의 샘이야", "빌은 그녀의 데이비드야", "그녀는 그들의 조지와 프리실라야" 같은 구절을 만들어낸다. 첫 번째 구절은 친구인 엘런이 특히 가족과 있을 때 진지한 표정으로 엄청나게 웃긴 농담을 하는 습관이 있으며, 이 습관이 다른 가족에 속한 제프라는 친구를 연상시킨다는 생각을 표현하기 위해 사용될 수 있다. 이런 종류의 유추를 하는 사람은 엘런 그리고 제프도 신선한 관점으로 보이기를 바란다. 즉흥적 유추를 통해 신선한 관점을 취하는 일은 종종 새로운 통찰을 낳기 때문이다. 이 일화가 암시하듯이 우리는 모두 친숙한 사람, 우리의 '개인적 유명인'을 중심에 둔 범주에 영향을 받는다.

물론 제프는 유머 감각 외에도 많은 속성을 지니지만 위에 나오는 대화는 엘런과 엘런의 유머 스타일에 초점을 맞추며, 그런 맥락에서 제프가 지닌 좁은 측면만 청자에게 환기된다. 엘런이 10대 소녀인 반면 제프는 중년 남성이라는 사실은 이 맥락과 무관하며 쉽게 무시된다. 다시 말해서 청자는 아무 어려움 없이 맥락에 의존하는 '제프의 핵심'을 암묵적으로 증류한다. 이런 종류의 능률적인 용례는 대화를 나누는 사람이 필요한 배경지식을 지녔다면 대단히 효율적인 의사소통 방식이다.

'그 집안의 제프'라는 구절은 제프의 복수화에 해당하며, 다양한 집안(혹은 다른 집단)에 다양한 제프가 있을 수 있음을 암시한다. 다시 말해서 이 구절은 **고유한 개인인 제프**를 범주의 **창립 회원인 제프**로 바꾼다. 물론 그냥 툭 던지는 말이기 때문에 이 범주는 머릿속에 오래 남지 않을지 모르지만 아마도 오래 지속되고 확장 가능한 범주의 씨앗을 뿌릴 수 있을 것이다. 그래서 누군가 이후의 대화에서 '우리 집안의 제프', '그 클럽의 제프', '우리 살사 강습반의 제프' 등의 말을 할 수 있다. 그러나 제프에게는 많은 모습이 있기 때문에, 가령 고질적인 비관주의나 일에 대한 잦은 불평 같은 다른 측면이 '제프의 핵심'으로 자리 잡는 대화도 있을 수 있다.

이처럼 우리는 어려움 없이 제프를 범주의 핵으로 삼을 수 있다. 또한 "클린트는 모차르트가 아냐!" 같은 말을 수월하게 이해하듯이 "샐리는 제프가 아냐!" 같은 말을 수월하게 이해한다. 혹은 제프를 명시적으로 복수화하여 "아쉽게도 이 세상에는 제프들이 별로 많지 않아!"처럼 말할 수 있다. 우리는 모차르트, 테레사 수녀, 마돈나, 스티브 잡스, 잔 다르크를 복수화하듯이 입심 좋게 예의 제프를 복수화한다.

이런 종류의 언어유희는 시성된 친구를 복수화하는 한 가지 방식일 뿐이다. 의식적으로만이 아니라 사전에 복수화에 대한 의도 없이 무의식적으로도 친구를 복수 요소의 범주로 본다는 점을 드러내는 다른 방식도 있다. 다음 단락은 이런 종류의 사건을 다룬다.

한 사람에서 다른 사람으로 옮겨가는 의도치 않은 이월

우리는 모두 어떤 사람을 다른 사람과 혼동한 적이 있다. 여기서 말하는 것은 아주 다른 그들의 이름이 아니라 정체성이다. 더 구체적으로는 놀랍게도 어떤 사람에게서 '비슷한' 사람으로 이월한 경험을 말한다. 이런 실수는 A라는 사람을 아주 비슷한 B라는 사람과 잠시 혼동하여 그 사람의 어휘 라벨, 즉 이름이 머릿속에 떠오르는 의도치 않은 재범주화를 드러낸다. 이런 실수를 자주 저지르는 이유는 친구와 같은 사람에 대한 범주가 단일한 개인을 중심으로 형성되지만 때에 따라 덜 중심적인 다른 요소가 들어오는 것을 허용할 만큼 바깥

쪽이 흐릿하기 때문이다. 여기 몇 가지 구체적인 사례가 있다.

> 폴은 아내인 캐서린과 심한 말싸움을 벌였다. 그는 흥분한 나머지 무심코 아내를 이혼하기 전 종종 말싸움을 했던 전처 이름 '제시카'로 불렀다. 말싸움을 하는 동안 그에게 캐서린은 잠시 제시카 혹은 '다른 제시카'가 된 것이다.

> 리처드는 딸인 매릴린을 '리즈'라고 부르거나 거의 그렇게 부를 뻔한 적이 많다. 사실 '리즈'는 여동생의 이름이다. 열다섯 살인 매릴린은 그 나이 때 리즈의 모습과 닮았다. 게다가 매릴린은 리즈처럼 둘째로 태어났으며, 오빠를 대하는 모습이 10대 시절에 리즈가 자신을 대하던 모습과 많이 비슷하다. 해마다 여름이 되면 리처드는 리즈가 살고 있는 고향으로 가족을 데려가는데, 거기서 지내는 동안에는 이름을 잘못 부르는 경향이 심해져서 매릴린이 '리즈a Liz'로 불리는 경우가 더 잦아진다.

> 필은 종종 아내인 아이리스를 오랫동안 함께 일한 비서의 이름인 '베티'로 부른다. '가까운 두 여인'의 이름을 의도치 않게, 무의식적으로 혼동하는 것 때문에 필은 매우 불편했다. 그때마다 아이리스가 아내로서 자신의 삶에서 맡은 역할이 비서의 역할보다 전혀 중요치 않은 것 같은 거북한 느낌이 들기 때문이다. 아이리스를 '베티a Betty'로 계속 바꾸는 이 실수 때문에 권태기가 찾아온 것은 아닌지 의심하게 된다.

두 사람의 정체성을 합치는(어떤 사람을 다른 사람의 '사례'로 보는, 그러니까 다른 개인을 중심으로 형성된 정신적 범주의 요소로 보는) 이 현상은 언어 외부에서도 일어날 수 있다. 우리는 새로운 사람을 만날 때 다소 의식적으로 다른 사람을 떠올리는 경우가 있다. 이 데자뷔의 느낌은 대단히 강력해서 새로운 사람을 이전에 만난 적이 있고, 우리가 하는 말에 어떤 반응을 보일지 예측하고, 많은 것에 대한 태도를 정확하게 추측하며, 관심사와 유머 감각을 직감할 수 있다는 느낌을 받는다. (이는 3장 말미에서 소개한 존과 레베카가 토르를 만났을 때 일어난 일이다.) 그래서 오랜 친구를 대하는 방식으로 새로운 사람을 대하며, '완전한 이방인'처럼 느껴지는 경우에도 상상할 수 있는 수준보다 훨씬 높은 친밀감을 빠르게 쌓을 수 있다.

우리는 지금 특정한 옷을 입은 것을 보거나 특정한 단어 내지 구절을 말하는 것을 듣거나 겉으로 드러나는 비슷한 반응을 접할 때 머릿속에 떠오르는 사회적 고정관념에 대해 언급하는 것이 아니다. 우리가 말하는 것은 (나중에 근거 없는 인상이었다는 사실을 알게 된다고 해도) 새로운 사람을 정말로 **아는** 것 같은 강한 느낌이 드는 상황이다. 이 직감은 범주화의 직접적인 결과다. 새로 알게 된 사람이 **한 명의 낸시**a Nancy나 다른 '개인적 유명인'으로 범주화되면, 특정한 동물이 짖을 것이라는 예측이 **개**로서의 범주화에서 나오듯이 혹은 어떤 물건을 떨어트리면 깨질 것이라는 예측이 **찻잔**으로서의 범주화에서 나오듯이 아니면 어떤 대상을 먹을 수 있을 것이라는 예측이 **사과**로서의 범주화에서 나오듯이 그 사람의 내적 속성에 대한 예측이 이 범주화에서 나온다. 그래서 우리는 방금 만난 **한 명의 낸시**가 온화하고, 인정 많고, 모성애가 강할 것이고, 웃을 때 특정한 방식으로 고개를 돌릴 것이고, 걸을 때 종종 앞으로 몸을 기울일 것이며, 특정한 스타일의 유머를 구사할 것이라고 예측할 수 있다. 다른 한편 우리는 분명히 그녀의 이름이 '낸시'일 것이라고 예측하지 않는다. 만약 그렇다면 재미있는 금상첨화가 될 것이다.

때로 드문 상황이 잘 아는 두 사람의 정체성에 대한 깊은 혼란을 초래하여 소중히 여기던 범주를 근본적으로 뒤흔들 수 있다.

> 아내인 루스가 다른 남자에게 푹 빠지자 댄은 사랑하는 아내를 잃을까 봐 밤낮으로 마음을 졸였다. 놀랍게도 루스를 생각하니 '제닌'이라는 이름이 머릿속에 떠오르기 시작했다. 결혼 생활을 한 지난 6년 동안 한 번도 없던 일이라서 그는 혼란을 느꼈다. 20년 전에 그는 호감이 오갔지만 뒤이어 이미 사귀는 사람이 있다는 사실을 밝혔던 제닌이라는 여자를 사랑한 적이 있었다. 한동안 댄과 제닌은 아주 가까이 지냈다. 댄은 희망과 불안이라는 감정에 시달렸지만 결국 연애 감정은 전혀 나누지 못했다. 제닌에 대한 댄의 강렬한 감정은 점차 잦아들었으며, 1년 후에는 가끔 생각하는 정도가 되었다가 루스를 만났을 무렵에는 기억 속에 깊이 파묻혔다.
>
> 그러나 갑자기 오래전의 그 이름이 떠올라 가장 내밀한 생각 속으로 끼어 들어왔다. 심지어 아내가 앞에 없을 때는 제닌 얼굴의 특정한 측면이 머릿속에 있는 아내의 이미지와 뒤섞이기도 했다. 댄은 루스를 생각할 때마다 잘 모르는 사람을 대하고 있다는 느낌에 사로잡혔다. 이제 두 사람의 친밀감은 이중성의 감

각 때문에 흐릿해졌다. 오래전에 이런 감정이 **제닌**이라는 개념에 연계되었으며, 이런 이유로 '제닌'이라는 이름 그리고 심지어 제닌의 얼굴이 지닌 특정한 속성이 이제는 댄의 생각을 잠식하고 있었다. 아내의 모습이 의도치 않게 머릿속에서 왜곡된다는 사실은 수십 년 전에 겪었던 상실에 대한 똑같은 두려움이 되살아났음을 말해주었다. 과거의 제닌과 현재의 루스 사이에 존재하는 깊은 유추적 고리는 끊을 수 없는 것이었다.

그러나 결국 다른 남자에게 푹 빠졌던 루스의 마음이 되돌아오면서 댄의 불안은 점차 잦아들었다. 실제로 어느 날 댄은 정말 다행스럽게도 제닌의 이름과 얼굴이 떠오른 지가 꽤 되었다는 사실을 깨달았다. 한동안 루스는 **한 명의 제닌**a Jeanine이었지만 루스의 걱정이 끝나자 더는 그 범주의 요소가 아니었다.

같은 이름에 기초한 범주

세스와 브라이언은 엄마와 박물관에 갔다. 그들은 우연히 브라이언과 같은 반에 다니는 엠마를 만났는데, 엠마 역시 부모와 함께 왔다. 어른들은 사교적인 인사를, 아이들은 잡담을 나눈 후 두 가족은 헤어졌다. 문득 세스는 "쟤 이름이 **엠마**Emma인 게 너무 이상해. 쟤는 **전혀** 엠마an Emma처럼 보이지 않거든"이라고 말했다. 그 말을 들은 엄마는 눈썹을 약간 추켜세우며 "그래? 그러면 엠마라는 이름을 가진 아이들Emmas은 어떻게 생겼는지 말해줄래?"라고 물었다. 세스는 잠시 약간 얼굴을 붉혔지만 "**정확하게는** 몰라도 원래 엠마는 우리 동네에 사는 엠마야. 엠마는 **그렇게** 생겼다고"라고 말했다.

잠시 생각을 해보면 친구를 복수화하는 행위가 용모와 성격 측면에서 이름에 따라 특정한 예측을 낳는다는 사실이 드러난다. 그래서 전화나 이메일로만 '만난' 사람의 경우 비합리적이라는 것을 알면서도 일종의 이미지를 떠올리지 않을 수 없다. 이름이 당연히 포함되는 특정한 단서는 그 사람에 대한 일련의 무의식적 예측에 영향을 준다.

한때 J는 아그네스라는 첨단기술연구소 소장과 이메일을 나누었다. 그는 대단히 현대적이고 바삐 돌아가는 연구소에서 나이 많은 여성이 그렇게 높은 자리에 있다는 사실을 다소 이상하게 여겼다. 어느 날 아그네스가 자기보다 한참

어리다는 사실을 우연히 알게 된 J는 완전히 허를 찔린 기분을 느꼈으며, 자신이 순전히 이름만 가지고 무의식적으로 나이가 훨씬 많은 이미지를 떠올렸음을 깨달았다.

'**전혀** 엠마an Emma처럼 보이지 않는' 아이를 만나 혼란을 느낀 세스처럼 우리는 모두 용모와 성격이 이름과 맞지 않는 것 같은 사람을 만난 적이 있다. 그런 사람을 부를 때는 종종 실수를 하게 된다. 그래서 때로 실제 이름은 '윌'인데 그저 '앨런an Allen'처럼 **보인다는** 이유로 '앨런'이라고 부르거나 적어도 그 이름이 머릿속에 떠올라서 거의 입 밖으로 내뱉을 뻔하는 일을 겪는다. "저 사람은 '알렉스'라는 이름과 정말 맞지 않아. 흑발에 날씬하고, 키가 크고, 기품 있고, 자신감 있게 말하고, 항상 잘 차려입은 모습은 내 사촌 알렉스와 정반대야. 알렉스는 금발에 키가 작고, 성급하고, 럭비를 하고, 늘 술집에서 시간을 보내" 같은 말을 들은 적이 얼마나 많은가?

또한 우리는 친구나 새로 알게 된 사람의 이름이 그 사람과 완벽하게 맞는다고 느끼는 더 흔한 경험을 한다. 그래서 우리와 가까운 부모, 아이, 형제자매, 친구 같은 사람들이 다른 이름을 가질 수 있었다고 생각하기 어렵다. 그들의 이름은 안성맞춤이며, 다른 이름은 엄청난 착오처럼 느껴질 것이다. 실제로 머릿속으로 다른 이름을 그 사람에게 붙여보면 원래 이름이 완벽하게 맞기 때문에 이상한 느낌에 놀라서 움츠리게 된다. 다른 어떤 이름도 그들의 얼굴이나 성격과 조화를 이루지 못할 것이다. 오랜 친구의 이름이 태어났을 때 받은 이름과 다르다는 사실을 알게 되면 그 부모가 맞지 않는 이름을 지어주었지만 다행히 나중에 완벽하게 맞는 다른 이름을 찾았다는 생각이 든다.

이름이 지닌 '정확성'에 대한 이런 직감은 이름과 그 사람의 전체 존재 사이에 이루어진 오랜 연계의 결과다. 물론 아이가 태어나면 부모는 종종 두 개 이상의 이름을 저울질하며, 이후에는 후보 목록에 오른 이름 중에서 대단히 잘 맞는 이름을 고르는 '올바른' 선택을 한 것을 두고 하늘에 감사드린다. 그러나 부모의 선견지명이 지닌 놀라운 힘을 확고부동하게 믿지 않는 한 그 목록에서 다른 이름을 선택했더라도 오랜 시간이 지나면 마찬가지로 미리 정해진 운명인 것처럼 느껴졌을 것이다. 이런 착각이 이루어지는 세상에서 사람들은 (**이** 세상에서 불리는 실제 이름을 포함해서) **다른** 이름을 선택한다는 생각을 웃어넘길 것이라는 사실을 인정하지 않을 수 없다. 그러나 이름이 지닌 자의적 속성을 이처럼 신중하고 의식적으로 숙고한다고 해도 여전히 "엠마라는 이름을 가진 아이들은 우리 동네에 사는 아이처럼 생겼어"라고 말하는 작은 내면의 목소리를 완전히 억누를 수 없다.

이 모든 것에는 이유가 있다. 우리가 잘 아는 사람들은 머릿속에서 안정된 범주가 되며, 주위를 둘러싼 일상적 현상에 대해 우리의 언어가 부여한 이름을 바꾸는 것을 상상할 수 없는 만큼 그들의 이름을 바꾸는 것을 상상할 수 없다. 탁자가 '의자'로, 의자가 '배'로, 배가 '차'로, 차가 '탁자'로 불리면 얼마나 이상하겠는가? 또한 소금과 후추, 개와 고양이, 밤과 낮이라는 라벨이 뒤바뀌고, 웃는 것이 '나는 것'으로, 나는 것이 '먹는 것'으로, 먹는 것이 '죽는 것'으로, 죽는 것이 '웃는 것'으로 불리면 얼마나 이상하겠는가?

우리는 언뜻 역설적으로 보일 수 있는 상황, 즉 모두 '이언'이라는 이름을 가진 아주 다른 사람을 여럿 아는 상황조차 상당히 쉽게 대응한다. 그중에는 좋아하는 사람도 있고 싫어하는 사람도 있지만 그래도 모두에게 이름이 완벽하게 잘 맞는 것처럼 보인다. 이는 사건에 대한 묘사뿐만 아니라 건물의 개별적인 층도 가리키는 'story'라는 명사 혹은 '정리하다'와 '줄질하다'라는 뜻을 모두 지니는 'to file'이라는 동사처럼 흔한 특정 단어의 경우와 아주 비슷하다.

이처럼 이름은 둘 이상의 아주 다른 범주를 가리키는 다른 단어들과 거의 같은 방식으로 작용할 수 있다. 우리가 아는 여러 명의 이언은 0.5킬로그램이 지역 동물보호소와 닮지 않은 만큼 서로 닮지 않은 채로 우리의 기억 속에 공존할 수 있다. 그렇다고 해서 가능성이 높은 연령과 문화적 배경 같은 온갖 종류의 일반적 속성이 모두 결부되는 '이언'이라는 포괄적 범주를 갖지 않는다는 뜻은 아니다. 이런 포괄적 범주는 이름에 기초한 범주가 다소 '보편적'이거나 '객관적'이라고 생각하게 만든다. 그러나 포괄적이고 총칭적인 이 **이언**이라는 범주는 특정 개인을 중심에 둔 더 제한적인 **이언**이라는 범주와 공존하며, 이 개인은 서로 그리고 포괄적 범주에 따른 고정관념과도 크게 다를 수 있다. 이때 포괄적 범주에 속한 각각의 개인은 딱 맞는 이름을 가진 것처럼 보인다. 결국 이름은 구체적인 사람에게 결부된 어휘 라벨이기 때문이다.

앞 몇 단락의 내용을 요약하자면 고유명사로 이어지는 범주화에 수반되는 추상화는 교황Pope, 아인슈타인Einstein, 제시카Jesscia가 아닌 사람에게서 교황popes, 아인슈타인Einsteins, 제시카Jessicas를 보게 만든다. 같은 과정이 비유적 진술을 이해하는 데 핵심적인 역할을 할 수 있다.

비유가 꼭 거짓말일까?

"앤드류는 당나귀 같아", "프레드는 여우 같아", "몰리는 원숭이 같아", "시드는 달팽이 같아", "수는 뱀 같아"라고 말하는 사람들은 무슨 권리로 동물의 속성을 사람에게 부여하는 것일까? 우리는 어떻게 수가 사실은 미끄러지듯 움직이는 파충류가 **아님**을 아는 것일까? 우리는 어떻게 특정한 동물적 속성을 사람에게 부여하는 말을 들을 때 실제 동물을 생각하지는 않을까? 심리언어학자인 샘 글럭스버그Sam Glucksberg와 보애즈 케이자Boaz Keysar는 우리가 대개 비유적이라고 말하는 문장을 이해하는 방식을 연구했다. 다른 연관 사례로는 "팻시는 돼지 같아"나 "우리 회사는 감옥 같아"가 있다.

글럭스버그와 케이자는 우리가 실시간으로 '즉석' 범주(앞 장에서 소개한 개념)를 만들어서 이런 문장을 이해한다고 주장한다. 가령 "우리 회사는 감옥 같아"라는 말을 이해하기 위해 우리는 원래 개념(**감옥**)의 '핵심'을 구성하고 그 어휘 라벨을 공유하는 여러 속성을 통합하는 더 추상적인 범주를 즉석에서 만들어낸다. 그래서 이 경우 새로운 즉석 범주는 죄수들이 형기를 이행하는 건물의 명칭과 같은 '감옥'이라는 명칭을 얻으며, 이 새로운 범주와 연계된 핵심적인 속성은 '의지와 달리 구속된 불쾌한 장소'로 표현할 수 있다. 형벌 기관으로서 일반적인 감옥은 (구조상) 이 새로운 범주의 원형적 요소이며, 화자가 다니는 회사가 다른 요소로 규정된다. 그래서 청자는 화자의 회사가 **의지와 달리 구속된 불쾌한 장소**라는 속성을 지녔음을 알게 된다.

이 내용은 이런 종류의 문장을 이해하는 방식, 그러니까 즉석에서 새로운 추상적 범주를 구성하는 방식에 대한 글럭스버그와 케이자의 이론을 대체적으로 예시한다. 그들의 이론은 또한 화자의 직장에 무장한 간수와 유리창에 쇠창살이 박힌 감방, 정해진 운동 시간, 가족이나 변호사와 이야기할 수 있는 작은 면회실이 있다고 믿는 것 같은 대단히 축어적이고 혼란스러운 해석의 바다에 익사하지 않는 이유를 설명한다. 그리고 "나를 담당하는 외과의는 도살자 같아"와 "내가 거래하는 도살자는 외과의사 같아"라는 말을 아주 다른 방식으로 듣는 이유를 설명한다. 즉, 이 경우 우리가 만드는 추상적인 즉석 범주는 많이 다르다. 첫 번째 문장에서는 새로운 범주가 **도살자**가 지닌 신선하고 맥락 의존적인 핵심에서 나오지만, 두 번째 문장에서는 즉흥적으로 포착된 **외과의**의 핵심에서 나온다.

"팻시는 돼지 같아"의 경우 글럭스버그와 케이자의 이론은 또한 왜 누구도 이 불쌍한 여성에게 꼬부라진 꼬리가 있고, 진창에서 뒹굴고, 꿀꿀 하고 울 것이라고 상상하지 않는 이유를 설명한다. 말하자면 그 이유는 팻시라는 여성이 청자가 즉석에서 만든 더 높은 층위에 있는 범주의 요소로 간주되며, 이 범주는 '돼지'라는 라벨이 붙음에도 불구하고 헛간에서 사는 동물의 외견적인 속성이 모두 제거되었기 때문이다. 여기서 분명히 범주화가 핵심적인 것은 맞지만 팻시가 배정된 범주가 신선하거나 즉흥적이거나 창의적으로 보이지는 않는다. 우리는 모두 어떤 사람이 "돼지 같다"고 불리는 것을 수백 번 들었다. 이 범주에서 중요한 것은 그 **새로움**이 아니라 그 **추상성**의 층위다.

구체적인 범주와 같은 이름을 공유하는 추상적인 범주를 지니게 되면(즉 표지를 하는 상황을 접하게 되면) 우리는 더 구체적인 범주에 속한 **모든** 속성을 더 추상적인 범주에 해당하는 사례로 옮기지 않는다. 가령 **버섯 분야의 모차르트**를 빈 음악을 작곡하는 신동 같은 버섯으로, **윈드서핑 분야의 메카**를 수영복을 입은 무슬림들이 전통적으로 보드를 타고 순례를 하는 성스러운 장소로, **타이 요리의 바이블**을 '그리스도의 첫 번째 태국 집'으로 불리는 이국 요리 식당에서 열린 미사의 중심으로, **식기세척기 분야의 롤스로이스**를 화려한 차고에 대리 주차 요원이 주차한 대단히 조용한 영국제 주방 가전제품으로 상상하는 일이 멍청한 짓이라는 사실을 어렵지 않게 알 수 있다. 그 이유는 오래전에 표지 과정을 거쳐 더 높은 수준으로 추상화된 **모차르트**, **메카**, **바이블**, **롤스로이스**라는 범주가 두 종류의 사례, 즉 구체적인 범주에 속하는 사례와 더 포괄적인 범주에 속하는 사례를 지니기 때문이다. 그래서 우리는 해당 범주가 **즉흥적**이어야 한다는, 그러니까 실시간으로 신선하게 만들어져야 한다는 요건이 문제의 핵심이 아님을 안다. 더 중요한 점은 (적어도) 두 가지 층위의 추상 개념을 지녀야 한다는 것이다.

"팻시는 돼지 같아"나 "팻시는 발전소 같아" 같은 말을 이해하는 일은 "팻시는 팸플릿 같아"나 "팻시는 새우 같아" 혹은 "팻시는 궁전 같아"라는 말을 이해하는 일과 전혀 같지 않다. 후자의 경우 타당한 의미를 지니려면 **궁전**이라는 범주가 사전 예고 없이 즉석에서 창의적으로 확장되어야 한다. 맥락에 따라 **궁전** 범주의 핵심적 속성은 예술품을 풍부하게 소장한 창고 또는 눈부시지만 거의 접근할 수 없는 대상 등이 될 수 있다. 팻시를 이 마지막 추상적 범주의 요소로 간주한다면 도도한 분위기를 풍기는 화려하거나 눈부신 사람으로 상상할 수 있다. 그러나 "팻시는 궁전 같아"라는 말은 대단히 다양한 방식으로 해석할 수 있어서 화자의 의도를 정확하게 파악한다거나 다른 청자들이 모두 같은 해석에 이를 것이라는 보장이 없다. 반면 어떤 사람이 돼지 같다는 말은 영리하고 새로운 표현이 아니라 수 세기 동안 우리가 쓰는 언어의 일부였던 관용구를 재활용한 것에 불과하다. 다시 말해서 표지되지 않은 '돼지'라는 의미, 즉 이 단어의 더 추상적인 의미는 아주 오랫동안 주위에 존재했기 때문에 그것을 활용하는 것은 창의적이지도, 즉흥적이지도 않다.

즉석 범주는 가령 **궁전** 같은 원래 범주가 아직 그것에 기초한 표준적인 추상적 범주를 지니지 않았을 때 만들어진다. "팻시는 돼지 같아" 같은 관습적인 비유를 이해하는 일에 수반되는 추상적 범주는 즉석에서 만들어질 필요가 없다. 이런 문장을 이해하는 일은 전적으로 표준적이며 대단히 평범한 범주화 행위, 팻시를 구체적인 범주인 **돼지**$_1$이 아니라 추상적인 범주인 **돼지**$_2$에 놓는 행위로 간주할 수 있다.

그러나 이상하게도 **돼지**$_1$이라는 구체적인 범주가 존재한다는 사실은 적어도 일부에게는 "팻시는 돼지 같아"라는 진술이 진실을 말하지 못할 뿐만 아니라 초현실적 이미지를 암시하는 것처럼 보이게 만들 수 있다. 그래서 '돼지'라는 단어와 연계된 추상적인 범주가 이전에 없었고, 들을 때마다 우리가 신선하고 창의적으로 해석한다고 암시하듯이 이런 문장에 전통적으로 '비유적'이라는 라벨이 붙은 것이다. 그러나 사실은 단지 '돼지'라는 단어가 지닌 더 추상적인 의미, 즉 '더럽고 단정치 못하다'는 의미가 꼬부라진 꼬리를 가진 동물과 같은 어휘 라벨을 지닌 오래되고 친숙한 범주라는 것이다. 그래서 **돼지** 범주는 표지에 대한 규범적인 사례를 제공한다. "팻시는 돼지 같아"라는 문장이 어떤 의미에서 "팻시는 파티광이야"나 "팻시는 시무룩해" 같은 문장보다 '덜 참되다'고 주장할 수도 있다. 그러나 '돼지'라는 단어의 경우 '돼지'라고 부르는 구체적이고 표지된 범주뿐만 아니라 같은 이름을 지닌 추상적이고 미표지된 범주도 존재하며, 따라서 상황을 설명하는 더 정확한 방법은 팻시는 **돼지**$_1$ 범주의 가회원false member이지만 **돼지**$_2$ 범주의 정회원true member이라는 것이다.

더 높은 수준의 미표지된 범주에 속한 요소는 절대 기원이 되는 더 낮은 수준의 표지된 범주에 속한 요소보다 '덜 참되지' 않다. 이 요소는 단지 다른 맥락에서 **다른** 범주에 속하는 요소일 뿐이다. 그래서 차는 종업원이 "커피라도 드시겠습니까?"라고 물을 때 얼마든지 식사 후에 마시는 **커피**가 될 수 있다. 마찬가지로 트럭은 어린 메건이 학교로 걸어가면서 **차**cars 조심을 할 때 얼마든지 **승용차**car 범주의 진정한 요소가 될 수 있다. 소년들은 남자 화장실로 들어갈 때 진정한 **성인 남자**men이고, 아기 고양이는 진정한 **고양이**이며, 사람은 진정한 **동물**이다. 그리고 팻시는, 돼지가 삼겹살을 제공하는 네발짐승인 것만큼 **진정한** 돼지이지만 단지 다른 추상화의 수준, 표지되지 않은 더 높은 수준의 의미에서만 그렇다.

표지된 범주인 **돼지**(즉 꼬부라진 꼬리를 가지고 꿀꿀대는 돼지)와 미표지된 것(즉 더럽고 단정치 못한 생물)을 넘어서 **돼지**라는 추상 개념 범주의 다른 하위 범주가 존재할 수 있다. 또한 실제로 사전을 찾아보면 인간에게만 적용되는 의미를 담은 하위 항목이 나온다. 추상적이고 미표지된 범주가 하위 범주와 같은 명칭을 공유하는 다른 많은 용어의 경우에도 비슷한 상황이 일어난다. 그래서 어떤 용어가 해당 언어에서 아주 빈번하게 사용되면 그 '비유적' 의미가 곧 나름의 삶을 얻게 되어서 자율적인 새로운 의미가 된다. 그에 따라 이런 용어를 이해하는 일은 '동물'이라는 단어를 이해하는 일과 아주 비슷하다. 일부 맥락에서 '동물'은 인간을 **포함하는** 미표지된 범주를 가리키며, 다른 맥락에서는 인간을 **제외하는** 표지된 범주를 가리킨다. 그러나 두 용례 모두 '비유'로 불릴 수 없다. 마찬가지로 "팻시는 돼지 같아"라고 말할 때 **돼지**$_2$(아주 지저분하고 단정치 못한 생물)라는 추상적인 범주와 그 안에 포함된 **돼지**$_1$이라는 기저 범주에 더하여 **지저분한 사람**으로 구성되는 다른 하위 범주도 있다는 생각이 전적으로 타당하다. 사실 '데스크'라는 라벨을 공유하는 일군의 범주를 다룰 때 그랬던 것처럼 가장 추상적인 범주에 '돼지$_2$'가 아니라 '돼지$_3$'이라는 라벨을 붙이고, 더럽고 단정치 못한 사람에게 '돼지$_2$'라는 라벨을, 잡식성 가축에게 '돼지$_1$'이라는 라벨을 할당하는 편이 더 타당할지도 모른다.

빨리 지나가는 비유적 용례의 파노라마

요컨대 우리는 '비유적' 문장에 대한 세 가지 다른 이해를 식별할 수 있다.

첫 번째 유형은 비유적 표현이 완전히 표준화되었으며, 추상적 범주(즉 미표지된 개념)를 환기하지 않아도 이해할 수 있는 상황을 수반한다. 미표지된 추상적 범주도 확실히 존재할 수 있지만 이해 과정에 필요가 없기 때문에 우회된다. "잭의 집은 쓰레기장 같아"라는 말을 "팻시는 돼지 같아"라는 말과 같은 방식으로 이해하는 사례를 통해 이 사실을 예증할 수 있다. 아마도 이 문장을 듣기 훨씬 이전에 지저분한 주거지(호텔, 집, 방 등)에만 적용되는 **쓰레기장**이라는 더 제한적인 하위 범주와 마찬가지로 **쓰레기장**이라는 추상적 범주, 미표지된 의미가 머릿속에 존재했을 것이다. 그래서 "잭의 집은 쓰레기장 같아"라는 말은 지저분한 주거지에만 적용되는 '쓰레기장'이라는 단어의 구체적인 의미를 활용하여 직접적으로 이해된다. 게다가 농장에 사는 종류의 돼지와 지저분한 인간 종류의 돼지가 단정치 못하고 시끄러운 소리를 내는 속성을 공유하는 것처럼 쓰레기 처리장과 지저분한 주거지는 보거나 있기에 불쾌하다는 속성을 공유한다. 이는 두 가지를 모두 포함하고 한데 묶는 더 추상적인 범주, '쓰레기장'이라는 **미표지된** 의미가 존재하기 때문이다. 이 추상적 범주는 "잭의 집은 쓰레기장 같아"라는 말을 듣는 유창한 영어 사용자의 머릿속에 존재하지만 일종의 조용한 배경으로서만 존재하며, 더 구체적인 하위 범주가 오래전에 구축되어 쉬운 이해를 보장하기 때문에 이 문장을 이해하는 데 필요가 없다. 다시 말해서 **데스크**와 **돼지**의 경우처럼 우리는 여기서 세 가지 차별적인 범주, 즉 온갖 종류의 더럽고 불쾌한 장소를 포함하는 추상적 범주인 **쓰레기장**$_3$과 더 구체적인 두 개의 하위 범주, 쓰레기 처리장을 뜻하는 **쓰레기장**$_1$ 및 지저분한 주거지를 뜻하는 **쓰레기장**$_2$를 다루고 있다.

밀접하게 연관된(그러나 여전히 첫 번째 종류에 해당하는 비유적 이해의 영역에 있는) 상황에서 추상적 범주는 어원의 안개 속으로 사라져서 원어 사용자의 머릿속에 더는 존재하지 않을 수도 있다. 이 경우 추상적 범주는 개념의 역사에는 속하지만 원어 사용자의 심리에는 속하지 않는다. 원어민이 완벽하게 이해하지만 그 어원이 모호하며, (아마도 같은 어원에서 나왔겠지만 전혀 연관된 것처럼 들리지 않는, '구멍을 뚫다, 지루하게 만들다'라는 동사 'to bore'의 두 가지 의미처럼) 같은 용어가 지닌 두 가지 다른 의미를 연결하는 데 혼란을 느끼는 친숙한 표현이 여기에 포함된다. 가령 "월터는 늑대 같아", "팀은 칠면조 같아", "데니스는 도도새 같아", "벨은 암캐 같아"라는 문장을 생각해보라. 각각의 경우 특정 동물이 영어에서 쓰이는 특정 비유의 원천이 된 이유에 대해 끝없는 추측을 할 수 있다. 두 가지를 자연스럽게 포괄하는 명백한 상위 범주가 기억에 없기 때문이다. 이런 문장을 이해하는 열쇠는 청자의 머릿속에 이미 동물 범주와 같은 어휘 라벨을 공유하는 비동물 범주가 존재한다는 것이다.

비유적 이해의 두 번째 유형에서도 마찬가지로 이미 머릿속 어휘에 존재하기 때문에 즉석에서 새로운 추상적 범주를 구축할 필요가 없다. 그러나 문장을 이해하려면 이 범주를 활용해야 한다. 그래서 누군가 "이 빌어먹을 워드프로세서는 돼지 같아!"라고 소리친다고 가정해보자. 이런 고함을 초래할 만한 시나리오는 워드프로세서가 종종 잘못된 줄을 긋고, 보기 싫은 자간을 만들며, 무작위적으로 글자를 삽입한다는 것이다. 이 경우 내용을 이해하려면 **돼지**$_3$이라는 가장 포괄적이며 표지되지 않은 범주를 활용해야 한다. **돼지**$_3$이라는 추상적 범주를 그냥 활용할 수 있기 때문에 이는 새로운 범주를 구축할 필요가 없는 전적으로 자연스러운 범주화 행위다. 가령 누군가 리즈가 소유한 픽업트럭을 '리즈의 차'라고 부르거나 무신론자인 친구를 '아이스캔디 분야의 교황'이라고 부르거나, 크리넥스 브랜드 제품을 팔지 않는 매장에 가면서 '크리넥스를 사야 해'라고 말하는 온갖 일상적인 상황에서 단어가 지닌 표지되지 않은 추상적 의미가 활성화되듯이 "이 빌어먹을 워드프로세서는 돼지 같아"라는 말을 이해하려면 '돼지'라는 단어가 지닌 표지되지 않은 의미가 활성화되어야 한다.

이제는 비유적 이해의 세 번째 유형을 다루어야 할 때다. 이 경우 추상적 범주가 **선험적으로** 존재하지 않는다. 그래서 진술을 이해하려면 청자가 추상적 범주를 구축해야 한다. "빌은 다리 같아", "스티브는 돌멩이 같아", "플로렌스는 반딧불이 같아", "팻시는 새우 같아" 같은 말을 듣는 경우가 여기에 해당된다. 이 경우 빌, 스티브, 플로렌스, 팻시를 새로운 즉석 범주의 요소로 보려면 기존 범주의 새로운 정수를 그 자리에서 증류해내야 한다. 이 문제는 영어 사용자에게서 "내가 산 새 차는 레몬(불량품) 같아"라는 말을 들은 프랑스어 사용자가 풀어야 하는 문제와 비슷하다. 프랑스어에는 이런 비유가 존재하지 않기 때문에 프랑스어 사용자는 말하는 내용을 이해하기 위해 새로운 즉석 범주를 만들어내야 한다. 그러나 이 경우 성공한다는 보장은 없다. 레몬의 핵심 속성이 이론적으로 신 과일과 차를 포괄하는 새로운 추상적 범주를 만들도록 해주는 시큼함에 있다는 사실이 영어 사용자에게는 명백하지만 말이다.

또한 "어젯밤에 본 영화는 순무 같아"라는 프랑스어 사용자의 말을 영어 사용자가 어떻게 이해하겠는가? 그러나 프랑스어 사용자는 그 영화가 평범하다는 사실을 금세 이해한다. 'être un navet(순무가 되다)'라는 말이 영화에 적용되는 관용구이기 때문이다. 그래서 그냥 이 친숙한 기존 범주를 활용하기만 하면 말하는 내용을 이해할 수 있다. 즉, **순무**$_3$이라는 더 높은 수준의 추상 개념으로 뛰어오를 필요 없이 **순무**$_2$만으로 충분하다. 반면 이 표현에 익숙하지 않은 사람은 새로 발견한 **순무**라는 개념의 핵심에 기초하여 특정 영화가 속할 새로운 추상적 즉석 범주를 만들어내야 한다. 그래서 어떤 사람들은 이런 종류의 추상적 **순무**스러움에서 핵심적인 내용은 **보라색이거나, 땅 밑에서 자라거나, 샐러드에 사용된다**는 것이라고 상상할 수 있다. 그러나 화자의 어조를 잘 파악한 사람들은 **심심함**이나 **밋밋함**이 그 핵심 속성이라고 생각할 수 있다.

범주가 추상적이든 혹은 구체적이든, 이미 존재하든 혹은 즉석에서 만들어졌든, 이 모든 경우에 비유적 진술을 이해하는 일은 범주를 상황에 적용하는 데 의존한다. 다음은 위의 내용을 정리한 것이다.

그 피자 식당은 greasy spoon이 아니지만 그래도 greasy spoon이다.
캐런이 다니는 직장은 prison이 아니지만 그래도 prison이다.
네가 타는 차는 lemon이 아니지만 그래도 lemon이다.
리처드 도킨스는 pope는 아니지만 그래도 pope다.
잔 다르크는 man이 아니지만 그래도 man이다.
인간은 animal이 아니지만 그래도 animal이다.
민트 차는 coffee가 아니지만 그래도 coffee다.
내 트럭은 car가 아니지만 그래도 car다.
팻시는 pig가 아니지만 그래도 pig다.
이 책은 1톤이 아니지만weigh a ton 그래도 아주 무겁다weigh a ton.

수학이 항상 명확한 것은 아니다

사람들이 정확하고 명확하다고 생각하는 분야가 있다면 아마 수학일 것이다. 모순과 모호함이 절대적으로 아무런 역할을 할 수 없는 이 분야에서 원래 같은 라벨을 할당하여 두 범주를 통합한다는 뜻인 표지라는 주관적이고 맥락 의존적인 현상은 틀림없이 존재하지 않을 것이라고 자연스럽게 가정하게 된다. 그러나 실상은 그렇지 않다. 지금부터 살펴보겠지만 수학에서도 상황을 명확하게 만들기 위해 맥락에 따라 범주 사이를 능숙하게 건너뛰는 인간의 스타일은 순수한 논리성에 대한 욕구를 이기기 때문이다.

7학년인 톰은 방금 끝난 기하학 수업에서 사변형에 대한 숙제를 받았다. 첫 번째 문제는 "모든 정사각형에 'S', 모든 직사각형에 'R', 모든 마름모에 'Rh', 모든 평행사변형에 'P'라고 쓰시오"라는 내용이었다. 아래는 톰이 부지런히 문제

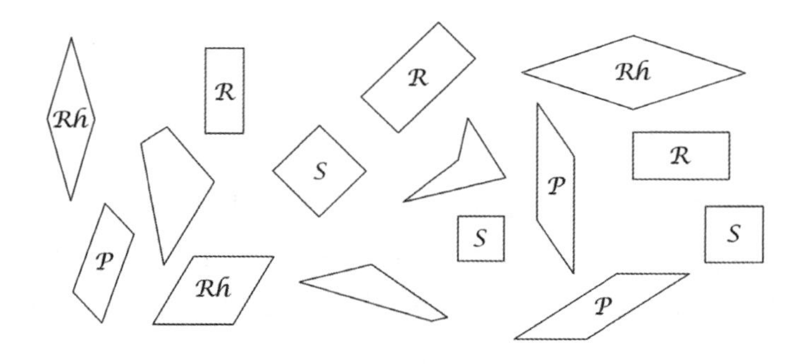

를 푼 결과다.

톰은 착각하기 쉬운 부분에 특히 신경을 썼다. 가령 톰은 한 모퉁이가 대칭인 정사각형을 마름모로 착각하지 않았다. 또한 기울어진 직사각형과 이상한 각도로 기울어진 마름모도 정확하게 식별했다.

다음 문제는 '정의'에 대한 질문이었다.

1. 정사각형의 정의는 무엇인가?
2. 직사각형의 정의는 무엇인가?
3. 마름모의 정의는 무엇인가?
4. 평행사변형의 정의는 무엇인가?

이 모든 내용을 잘 배워둔 톰은 이렇게 답을 적었다.

1. 직각 네 개와 한 쌍씩 서로 평행한 길이가 같은 변을 가지는 사각형
2. 직각 네 개와 한 쌍씩 서로 평행한 변을 가지는 사각형
3. 한 쌍씩 서로 평행한 동일한 변 네 개를 가지는 사각형
4. 한 쌍씩 서로 평행한 변 네 개를 가지는 사각형

채점을 받은 후 집에 돌아온 톰은 부모에게 두 문제 모두 만점을 받았다고 자랑스레 말했다. 이 상황에서 꺼림칙한 부분이 있는가? 그렇다. 무언가 잘못된 점이 있다. 사실 여기에는 흥미로운 모순이 존재한다. 실제로 톰이 쓴 답변의 내용대로 도형 안에 글자를 쓰면 어떻게 될까?

정사각형은 직각 네 개와 한 쌍씩 서로 평행한 길이가 같은 변을 가진다. 여

기까지는 좋다. 이 정의는 톰이 'S'라고 써넣은 모든 도형에 대해 유효하며, 다른 도형은 해당하지 않는다.

직사각형은 직각 네 개와 한 쌍씩 서로 평행한 변을 가진다. 여기서부터 문제가 약간 헷갈린다. 톰은 직각 네 개와 한 쌍씩 서로 평행한 변을 가진 도형을 찾았다. 그리고 톰이 'R'이라고 써넣은 직사각형은 거의 속을 뻔한 기울어진 직사각형조차 이 요건을 만족한다. 그러나 'S'라고 적힌 정사각형 **역시** 이 구절의 내용에 해당한다. 그렇다면 왜 톰은 모든 정사각형에 'R'과 'S'를 모두 써넣지 않았을까?

마름모는 한 쌍씩 서로 평행한 길이가 같은 변 네 개를 가진다. 이 범주 역시 헷갈린다. 즉 톰이 'Rh'라고 써넣은 모든 마름모는 실제로 이 정의에 해당하지만 이번에도 정사각형 역시 그렇다. 그렇다면 왜 톰은 모든 정사각형에 ('R'과 'S'에 더하여) 'Rh'라고 써넣지 않았을까?

평행사변형은 한 쌍씩 서로 평행한 변 네 개를 가진다. 문제가 계속 복잡해진다. 물론 톰이 'P'라고 써넣은 모든 도형은 이 요건을 충족하지만 거의 모든 다른 도형도 그렇다. 모든 마름모는 모든 직사각형 및 정사각형처럼 이 요건을 충족한다. 그래서 톰이 정의를 일관되게 따랐다면 세 개를 제외한 열두 개 도형에 'P'라고 써넣었어야 한다.

그렇다면 왜 기하학 교사는 사실 일관되지 않은 답변을 적었는데도 톰에게 만점을 주었을까?

정사각형은 직사각형일까?

정말로 정사각형은 직사각형일까? 그 답은 표지의 고전적인 사례로 귀결된다. 수학자의 관점에서 정사각형은 직사각형을 정의하는 요건을 충족하기 때문에 당연히 직사각형이다. 그런 의미에서 문제는 명확하며, 그 답은 '그렇다'이다.

다양한 형태의 사각형에 대한 정의를 살펴보면 그 관계를 보여주는 도표를 쉽게 그릴 수 있다.

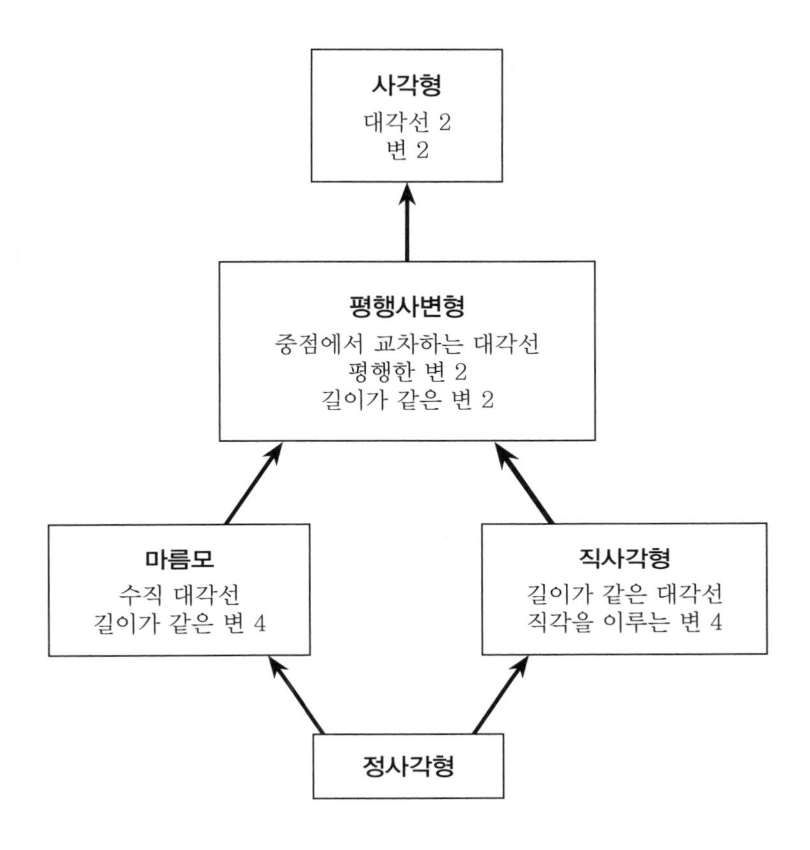

이 도표에 나오는 각각의 범주는 모든 사각형에 적용할 수 있는 다른 관점을 예시한다. 위 도표에 따르면 정사각형은 **정사각형**, **직사각형**, **마름모**, **평행사변형**, **사각형**이라는 다섯 가지 다른 범주에 속한다. 정사각형은 사각형으로 보면 특별한 점이 없는 대각선 두 개를 지니고, 평행사변형으로 보면 정확히 중점에서 서로 교차하는 대각선 두 개를 지니고, 마름모로 보면 대각선이 직각을 이루며, 직사각형으로 보면 대각선의 길이가 같다.

그러나 사각형의 세계에 속한 범주를 보여주는 이 도표는 학생 중 한 명이 "정사각형, 직사각형, 마름모, 평행사변형을 그리시오"라는 문제에 대한 답으로 단 정사각형 하나만 그릴 경우 기하학 교사가 어떻게 반응할지 예측하기에는 충분히 정교하지 않다. 엄밀히 말하면 기하학 교사는 이런 답에 내재된 정의에 대한 정확한 이해를 높이 평가해서 어린 자랑꾼에게 최고점을 줄 수도 있다. 그러니 기하학 교사가 성격이 좋아 최고점을 주었다고 가정하자. 그렇다고 해도 이 장난스러운 답을 전혀 예상치 못했을 것이며, 성격에 따라 문제를 대단히 드문 방식으로 해석한 것에 매료되거나 분노할 수 있다. 하지만 전적으로 옳은 데다 명쾌하고 경제적인 답에 놀랄 이유가 있을까?

앞에 제시한 사각형 도표는 톰이 첫 번째 문제에서 (동시에 정사각형, 직사각형, 마름모, 평행사변형임을 나타내려고) 정사각형마다 네 가지 다른 라벨을 써넣고, (직사각형이자 평행사변형임을 나타내려고) 정사각형이 아닌 직사각형마다 두 가지 다른 라벨을 써넣고, (마름모이자 평행사변형임을 나타내려고) 정사각형이 아닌 마름모마다 두 가지 라벨을 써넣었다면 기하학 교사가 어떻게 반응했을지 예측하는 데 도움이 되지 않는다. 이런 라벨은 톰이 (두 번째 답을 통해) 스스로 내린 정의, 기하학 교사가 따뜻한 박수를 보내면서 최고점을 준 정의를 세심하게 적용한 직접적인 결과일 것이다. 그러나 기하학 교사가 실제로는 완전히 다르고 훨씬 더 관습적인 답에 만점을 주었다는 사실을 알고 있는데 1번 문제에 대한 대단히 비정통적인 방식의 답에 만점을 줄까? 우리는 기하학 교사가 자신이 가르치는 반에 대단히 통찰력 있는 학생이 있다는 점을 기뻐하고, 대단히 깊은 생각에서 나온 답이 만점을 받기를 바라지만 그것은 비전통적인 관점을 인정하느냐 아니면 무시하느냐 여부에 좌우될 것이다.

실제로 **정사각형이 아닌 직사각형**과 비슷한 범주, 예를 들어 **정사각형이 아닌 마름모**와 **직사각형도 마름모도 아닌**(따라서 정사각형도 아닌) **평행사변형** 같은 범주는 엄격한 수학적 정의와 비공식적인 인간적 개념 사이의 간극을 메우는 데 필요하다. 더 정확하게 말하자면 우리는 '마름모'를 생각할 때 무의식적으로 '정사각형이 아니라고' 가정하는 경향이 있지만 당연히 정사각형 마름모는 존재한다. 그러나 대단히 특수한 사례라서 정사각형이 아닌 '일반적인' 마름모와 구분해야 한다. 그래서 다시 한 번 우리는 표지라는 영역을 접하게 된다. 가령 우리는 **차**$_1$과 **차**$_2$의 경우처럼 **마름모**$_1$과 **마름모**$_2$를 가정할 수 있다. 표지된 범주인 **차**$_1$이 트럭을 배제하고 미표지된 범주인 **차**$_2$가 트럭을 포함하듯이 **마름모**$_1$은 정사각형을 배제하지만 **마름모**$_2$는 정사각형을 포함할 것이다.

그래서 모든 정사각형은 **직사각형**$_2$의 요소이지만 반드시 **직사각형**$_1$의 요소는 아니며, (1형이든 2형이든) 모든 직사각형은 **평행사변형**$_2$의 요소이지만 반드시 **평행사변형**$_1$의 요소는 아니다. 그에 따라 여러 유형의 사각형이 앞서 본 도표보다 더 복잡한 도표에서 나누어지는 것을 보게 된다. 그 도표는 다음과 같다.

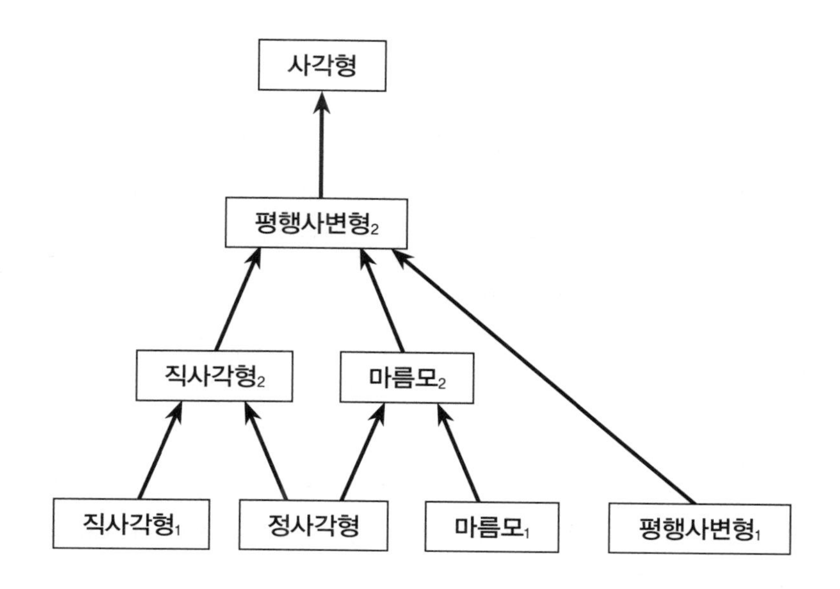

이제 네 가지 층위의 추상화에 따라 조직된 여덟 가지 범주가 있다. 이 모두는 첫째 엄격하고 정규적인 수학적 정의에 대한 이해, 둘째 이 작지만 미끄러운 수학의 영역을 완전히 터득한 사람이 다양한 문맥에서 이 단어들을 활용하는 양상에 대한 감각이라는 두 가지 원천에서 나오는 소위 '전문적 지식'을 나타내기 위해 필요하다. 그래서 이 문제가 학생들에게 두통을 유발하는 이유를 어렵지 않게 알 수 있다.

이런 위계적 도표가 (알파벳 순서처럼) 사각형을 잘 이해하는 모든 사람이 의식적으로 기억에 저장하는 명시적 구조라고 말하는 것은 아니다. 오히려 어떤 기억도 필요하지 않다. 수학에 소질이 있는 사람이 보면 이 도표의 각 연결 고리는 두 가지 특정 개념이 연관되는 방식에 대한 명확한 이해에서 직접적으로 나오며, 그 결과는 거의 대수롭지 않게 도출된다. 그러나 아이러니하게도 이처럼 명확한 이해는 단어를 사용하는 모호한 방식에 암묵적으로 기초한다. 그래서 정사각형이 직사각형에 **대비되는** 때도 있고 그 **일종이 되는** 때도 있다.

이 모든 사실은 철저한 정확성을 기대하는 수학에서도 둘 이상의 개념을 나타내기 때문에 모호한 용어를 수반하는 경우가 많음을 보여준다. 이 특정한 사례에서 전문가가 되려면 **정사각형이 아닌 직사각형**(즉 직사각형$_1$), **정사각형일 수도 있고 아닐 수도 있는 직사각형**(즉 직사각형$_2$) 같은 다양한 범주를 지녀야 한다. 이런 용어의 수는 모두 여덟 개인데 어휘 항목의 수보다 세 개가 더 많다.

'정사각형', '직사각형', '마름모', '평행사변형', '사각형'이라는 단어와 연계된 범주를 적절하게 조직하는 일은 결코 쉽지 않다.

실제로 우리가 프랑스에서 실시한 연구 결과, 대다수 대학생과 중학생이 이 범주들이 어떻게 다른 범주를 포괄하는지 이해하지 못했으며, 다수는 정사각형이 직사각형이나 마름모라는 관념을 그저 거부했다. 그들은 심지어 정의를 요구하면 새로운 속성을 만들어내기도 했다. 가령 '직사각형은 넓이가 높이보다 커야 한다'거나 '직사각형은 길이가 같은 두 쌍의 면을 가지지만 네 변의 길이가 모두 같지는 않다'거나 '마름모는 네 변의 길이가 같지만 직각을 이루지 않는다'는 식이었다.

이 사실은 이 단어들에 대한 가장 포괄적인 해석, 즉 미표지된 의미가 대개 인식되지 않으며, 즉흥적인 정의는 대부분 (**정사각형이 아닌 직사각형**, **정사각형이 아닌 마름모**처럼) **표지된** 범주임을 보여준다. 이 개념들을 모두 터득한(실제로 중학생 참가자들은 생생하게 기억하고 있었으며, 대학생 참가자들도 배경지식이 있는 것으로 여겨졌다) 학생의 머릿속에서 가장 자주 관찰되는 관념은 단지 **사각형**이 위에 있고 **평행사변형**, **직사각형**, **마름모**, **정사각형**이 아래에 있는 2단계 위계 구조다.

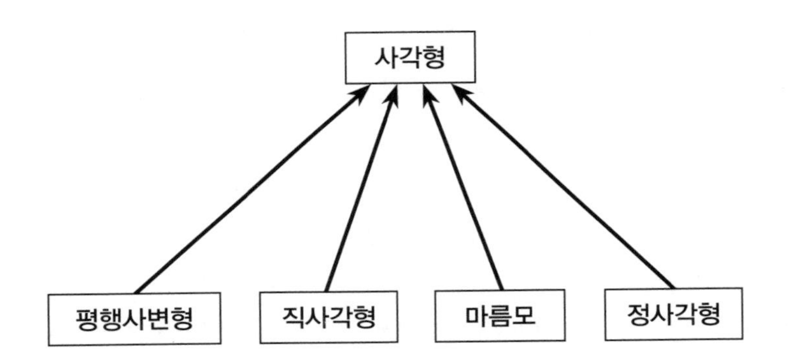

약간 더 정교한 답을 제시한 학생들은 **평행사변형**이라는 중간 수준만 (**사각형**이 있는) 상위 수준과 (**직사각형**, **마름모**, **정사각형**이 있는) 하위 수준 사이에 더하는 경향을 보였다.

우리가 조사한 바에 따르면 (앞에 나온 도표처럼) 전문가 수준의 4단계 위계 구조를 머릿속에 지닌 참가자는 극소수인 것으로 드러났다.

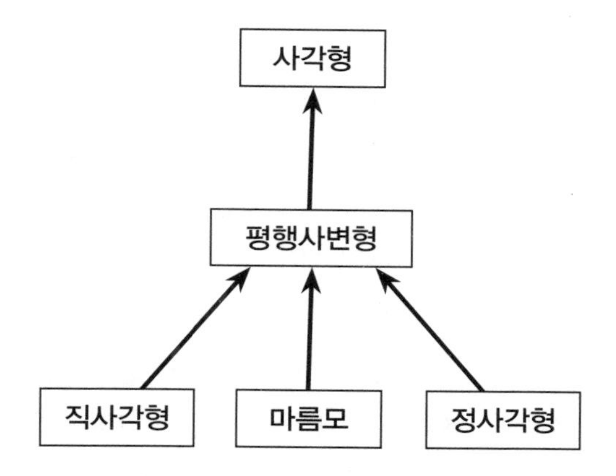

방금 살폈듯이 한 영역에서 전문가가 되기 위한 핵심은 무엇보다 많은 범주를 보유하고 효율적으로 조직하는 것이다. 그래서 사각형을 잘 이해하려면 정사각형, 직사각형, 마름모, 평행사변형이 모두 사각형의 특수한 형태라는 사실보다 훨씬 많은 것을 알아야 한다. 즉 그 형태들을 잇는 관계도 알아야 한다는 것이다. 범주를 효율적으로 조직하는 것이 전문성의 핵심이라는 말은 중요한 의미를 지닌다. 전문성은 절대 좁고 기술적인 영역에 한정되지 않기 때문이다. 전문성은 **어떤** 영역이든 깊은 지식을 습득하는 데서 나온다. 그래서 모두가 직업과 다양한 취미뿐만 아니라 일상적인 환경에서도 전문가가 된다. 물론 전문성이 항상 높은 수준의 창의성이나 통찰력을 요구하는 것은 아니다. 그렇다고 해서 당연히 배제하지도 않지만 말이다.

전문성의 수직성

당신은 개 사육, 영어 단어의 어원, 다양한 차, 금융 분야, 스페인 문학, 오페라, 역사, 해부 분야의 대가가 되고 싶을 수 있다. 이 일에 성공한다면 사람들은 당신을 해당 분야의 '걸어다니는 백과사전'이라고 부를 것이다. 마틴은 저녁마다 개에 대한 책을 읽는 것을 좋아한다. 그래서 '푸들', '불도그', '독일 셰퍼드', '바셋', '치와와', '골드리트리버', '그레이하운드', '핏불', '보르조이', '세인트버나드', '폭스테리어', '달마티안', '도베르만', '래브라도', '닥스훈트', '스패니얼' 등을 비롯한 많은 견종의 명칭을 익히고 사진으로 식별하는 법도 익혔다. 또한 골드리트리버는 성격이 아주 온순하고, 독일 셰퍼드는 아몬드형 눈과 뾰족한 귀를 가졌고, 그레이하운드는 주인에 대한 애착심이 강하고, 불도그는 티베트에서 유래했고, 달마티안은 소방서의 마스코트이고, 치와와는 가장 작은 견종이고, 폭스테리어는 여우 사냥을 위해 길러졌고, 세인트버나드는 스위스 알프스에 세워진 숙박소의 이름을 딴 것이고, 래브라도는 탁월한 안내견이며, 푸들은 워터 스패니얼의 핏줄이라는 등 잡다한 사실도 알게 되었다.

이는 새로운 영역에 도전하는 사람에게 나타나는 전형적인 현상이다. 우리는 해당 영역에 속한 가장 두드러진 개체들을 익히고 구분하는 법을 배운다. 중요한 구성원을 분간하지 못하면서 어떤 영역을 안다고 말할 수는 없기 때문이다. 그래서 범주화는 **구분**하는 능력을 수반한다. 그러나 또한 어떤 영역을 구성하는 범주는 많은 유형의 관계로 연결되기 때문에 새로운 범주를 획득하는 일은 머릿속에서 이전에 습득한 하나 이상의 범주와 연결하는 것을 뜻한다. 그래서 범주화는 **연계**도 수반한다.

생물학에서 따온, **속**과 **종**의 구분은 이 과정을 설명하는 다른 방식이다. 모든 새로운 개체는 특정 **종**(좁은 범주)에 속하게 되고, 특정 **종**은 특정 **속**(넓은 범주)에 속하게 된다. 그래서 어떤 특정 동물과 마주치면 처음에는 그냥 **개**라고 부르지만 나중에는 **닥스훈트**라는 사실을 익히게 된다. 이런 지식을 보유하거나 습득하면 아직 전문가가 아니더라도 어느 정도 숙달된 수준에 이르렀다는 느낌을 받는다. 어떤 개체를 개로 범주화하는 단순한 행위는 **짖는다, 위장이 있다, 물기도 한다, 광견병균을 지녔거나 옮길 수 있다, 침을 잘 흘린다, 기대수명이 10년에서 15년이다, 아이 심지어 성인에게도 위험할 수 있다** 등 이전에 습득한 지식을 활용할 수 있게 해준다. 또한 **털이 금색이다, 성격이 온순하다, 비교적 몸집이 크다, 무게가 약 20킬로그램에서 40킬로그램이다, 놀기를 좋아한다** 등 골드리트리버에 대한 구체적인 사실을 이 포괄적 지식의 단편에 더할 수 있다. 마틴이 이런 식으로 개에 대한 지식을 익히면서 나아가듯이 우리도 다른 영역을 익혀나간다.

이것이 구체적인 분야에서 박식해지는 일이 지닌 의미일까? 지식 습득은 주어진 영역에 속한 종을 점점 더 많이 익히는 일로 구성될까? 초보 애호가는 하나의 포괄적 범주에 포함되는 열 개 혹은 열다섯 개 범주를 습득하고 각 범주를 조금씩 아는 사람일까? 전문가는 머릿속에서 풍부한 주석이 달린 사례 수백 개를 가졌다는 점에서 다른 것일까?

부분적으로는 그렇다. 그러나 전문성은 그 정도를 훌쩍 뛰어넘는다. 대단히 기술적이고 난해한 영역을 제외하면 전문가가 된다는 것은 목록을 외우는 것을 뜻하지 않는다. 설령 그 목록이 각 항목에 대한 구체적인 토막 정보로 가득하다고 해도 말이다. 마틴이 지역 전화번호부의 전문가가 되고자 한다면 암기만으로 충분할 것이다. 그래서 그저 많은 이름과 주소 그리고 전화번호를 외우는 것만으로도 전문가가 될 것이다. 그러나 더 개념적인 영역의 경우 단일 속에 속하는 종에 대한 지식을 계속 쌓는다고 해서 전문성이 얻어지는 것은 아니다. 물론 전문가는 대개 미숙자보다 종에 대한 지식을 더 많이 습득했겠지만 절대 그것이 전부는 아니다.

관점 변경을 위한 범주 변경

그래서 마틴은 개와 관련된 지식에 대한 갈증을 해소하려고 다양한 추상화의 층위에 걸쳐서 새로운 범주를 구축하고, 그 사이에 연결 고리를 만든다. 그가 개를 이해하는 방식은 단지 많은 견종을 아는 수준을 훌쩍 뛰어넘는다. 거기에는 견종을 범주화하는 다양한 방식을 통해 하나의 관점에서 다른 관점으로 미끄러지듯 오가는 것이 포함된다.

가령 **개** 범주에 속하는 네 개의 주요 하위 범주 사이에 표준적인 구분점이 있다. **몰로소이드**molossoid는 대가리가 크고, 주둥이가 짧고, 귀가 작고 처졌으며, 뼈가 무겁다(예: 불도그). **루포이드**lupoid는 대가리가 삼각형이고, 귀가 섰다(예: 독일 셰퍼드). **브라코이드**braccoid는 주둥이가 넓고, 귀가 처졌다(예: 달마티안). **그라이오이드**graioid는 대가리가 넓고 뾰족하고, 다리가 가늘고, 귀가 작고 뒤로 향한다(예: 그레이하운드). 그러나 **포인터**, **사냥개**, **리트리버**, **물새 사냥개**, **목양견**, **테리어**, **닥스훈트**, **썰매견** 등 추가로 세분화하는 것도 가능하다. 단일 견종 안에서도 세분화가 일어날 수 있다. 그래서 **단모카탈로니아목양견**smooth-haired Catalan sheepdog과 **체코슬로바키안늑대개**Czechoslovakian wolfdog는 50여 종의 목양견에 속하는 두 견종이며, 특정 정예 집단에서는 아프간그레이하운드와 스코티시그레이하운드 그리고 헝가리안그레이하운드 사이의 차이를 모르는 것이 끔찍한 **과오**이다.

개인적 범주의 목록을 점차 늘리는 일은 반드시 여러 층위의 추상 개념을 많이 만드는 일을 수반한다. 범주는 언제나 많은 방식으로 서로 연관되기 때문이다. 그래서 **보헤미안 강모종**Bohemian wirehaired은 **그리폰**griffon의 일종이고, **그리폰**은 **포인터**의 일종이고, **포인터**는 **사냥개**의 일종이고, **사냥개**는 **브라코이드**의 일종이고, **브라코이드**는 **개**의 일종이다.

물론 까마득히 높은 곳으로 추상 개념의 천상계까지 이어지는 연결 고리를 추적할 수도 있다. 가령 **개**와 **동물** 사이에는 얼마나 많은 층위가 있을 것이라고 생각하는가? **육식동물**, **포유동물**, **척추동물**처럼 두세 개일까? 이 범주들이 사다리를 구성하는 세 개의 가로대인 것은 맞지만 절대 전부는 아니다. 학명을 지향하는 동물학자에게 개는 **카니스 루푸스 파밀리아리스**canis lupus familiaris다. 이 범주는 **회색늑대**가 한 사례인 **카니스 루푸스**(**늑대**2를 뜻함. 개는 **늑대**1이 아니라 **늑대**2라는 점에 주목하라. 여기서 다시 표지 문제가 부각된다)의 요소다. 뒤이어 **카니스 루푸스**는 사촌 격인 여우 및 자칼처럼 **갯과**canidæ의 일원이다(이 수준부터 발톱을 집어넣을 수 없다). 뒤이어 **갯과**는 수달, 바다코끼리, 곰, 스컹크, 너구리 등과 공유하는 분류 층위인 **개아목**caniformia에 속한다. 그 위에는 **열각류**fissipedia가 있으며, 이 층위에서 개는 고양이와 만난다. 혹은 더 기술적으로 표현하자면 **개아목**과 **고양이아목**feliformia이 한데 묶인다. 뒤이어 이 둘은 **육식동물**이라는 거대한 집단에 포함된다. 거기서부터는 (배아가 어미의 몸에서 자라고 태반을 통해 영양을 공급받는다는 공통의 연결 고리를 통해 우리 인간이 개, 고양이, 스컹크와 한데 묶이는) **유태반류**placentalia, 뒤이어 (캥거루를 포함하는) **수아강**theria, 뒤이어 (낯선 풍경 속에 있는 친숙한 표지인) **포유동물**mammalia, 뒤이어 **악구류**gnathostomata, (골격과 척추가 있는) **척추동물**vertebrata, (소화관 위에 신경계가 있는) **척삭동물**chordata, (배아 형성기에 진행되는 특정한 과정이 특징인) **후구동물**deuterostomes, (다세포동물인) **진정후생동물**eumetazoa로 점차 올라가며, 끝으로 마침내 한 단계 더 올라가서 **동물계**animalia(즉, **동물**!)에 이른다. 현재 이 단계 중 일부는 (분류학이 끊임없이 변하고 논쟁으로 가득한 분야이므로) 논쟁의 여지가 있지만 **개**와 **동물** 사이에는 수직적 단계가 적어도 10여 개가 있다고 말해두자.

이렇게 동물적 범주의 세계에서 현기증이 날 정도로 대단히 가파른 상승을 한 목적은 전문성이 언제나 대단히 많은 층위의 추상 개념을 수반함을 암시하려는 것이 아니다. 대개 추상 개념의 위계는 이보다 훨씬 단출하다. 그러나 대단히 많은 단계가 쌓여 있는 사례를 찾을 수 있다는 사실은 추상 개념의 위계가 단지 허황된 망상이 아님을 보여준다. 오히려 단계가 많든 적든 간에 이런 종류의 위계는 인간이 지식을 습득하는 과정에서 필수적인 요소다.

가령 활자체의 세계를 생각해보라. 서적용 활자체가 있고 광고용 활자체가 있으며, 획의 삐침이 없는 활자체가 있고 획의 삐침이 있는 활자체가 있으며,

'예스러운' 활자체, '과도기적' 활자체, '현대적' 활자체가 있다. 이 밖에도 활자체를 분류하는 다른 많은 방식이 있다. 모든 표준 활자체에는 로만체와 이탤릭체가 있고, 이 각각의 활자체는 다양한 크기와 굵기를 지니며, 전문가는 여기에 다양한 종류의 명암을 더할 수 있다.

대다수 영역의 경우 심지어 서너 단계에만 익숙해도 상당히 두드러지는 지식의 표지가 될 수 있다. 신참자는 종종 두 단계, 즉 몇 가지 종을 포함한 속에 머물며, 단 하나의 단계를 추가로 구축하는 일도 결정적인 개념적 도약이 될 수 있다. 이 장의 후반에서 살펴보고 마지막 장에서 더 명확하게 살펴보겠지만 새로운 포괄적 범주를 향한 도약, 말하자면 수직적 이월은 일상생활에서 이루어지는 아주 단순한 활동에서든 대단히 칭송받는 과학적 발견에서든, 중요한 관점을 열어줄 수 있다.

한 영역을 범주로 나누는 한 가지 특정한 방식이 '올바른 방식'이라고 가정하는 것은 잘못된 일이다. 모든 중요한 영역은 다른 일련의 도끼로 자를 수 있는 경쟁 범주 체계를 허용한다. 가령 개의 세계를 생각해보라. 개를 범주화하는 '공식적인 방식'으로 간주되는 것보다 많은 다른 방식이 있으며, 각각의 다른 분할은 개를 다루는 특정한 방식에서 나온다. 그래서 애완동물 매장 점원이나 동물원 관리자는 말할 것도 없고 사냥꾼, 수의사, 도그 쇼 주최자가 나름의 방식을 지닌다. 이 각각의 사람들은 머릿속에서 새로운 범주를 만들고 유용한 자리에 새로운 단계를 삽입하여 전문가 스타일로 범주를 조직한다. 그들이 다른 범주 체계를 보유하고 다르게 조직할 것임은 거의 확실하며, 이 체계 중 어느 것도 공식적인 동물학적 범주 체계와 일치하지 않을 것이다.

수많은 다른 영역 중에서 하나만 더 살펴보자면 록 음악 애호가에게 **클래식 음악**은 베토벤과 모차르트 어쩌면 바흐 같은 약간 친숙하지만 난해한 이름들이 한데 뒤섞인 단 하나의 작은 범주일 수 있으나 **음악**의 하위 범주들이 풍부하게 뒤얽힌 네트워크에서는 **클래식 음악은** 거의 보이지 않을 것이다. 물론 반대로 클래식 음악 애호가의 경우도 마찬가지여서 (여러 구체적인 작곡가의 작품들에 대한 하위 네트워크를 비롯하여) **클래식 음악**의 하위 범주들이 이룬 방대하고 복잡한 네트워크를 가졌지만 록 음악 애호가와 대조되는 방식으로 거대하고 다양한 형태의 현대 팝 음악을 대수롭지 않게 '록 음악'이라는 밋밋하고 단조로운 라벨 아래 뭉뚱그림으로써 록 음악 애호가에게 극도의 불쾌감을 줄 무지를 드러낼 수 있다.

요컨대 우리는 추상화를 통해 범주를 구축하여 한데 연결하고 구조화함으로써 지식을 쌓는다. 일반적으로 신참자나 전문가 모두 이 일을 의식적으로 하지는 않지만 어떤 영역이든 세심하게 살펴보면 범주와 범주 사이의 상호 연결로 가득하며, 이런 연결 고리가 대단히 복잡한 패턴을 형성해서 한 층위 아래에 몇 개의 종을 포함한 단 하나의 주된 포괄적 속처럼 가능한 한 가장 간단한 방식으로 해당 영역을 들여다보려던 외부자를 놀라게 만든다.

할 수만 있다면 대단한 일!

멀리서는 아무리 제한적으로 보이더라도 모든 영역은 수평적으로만이 아니라(범주의 수) 수직적으로도(추상 개념의 층위) 무한하게 세분할 수 있다. 현실을 완벽하게 반영하려는 시도는 한없이 미세한 일련의 범주를 요구하지만 우리 각자가 지닌 세분 능력에는 한계가 있다. 이 시도에서 얼마나 멀리 나아가야 할까? 그 답은 이론적이 아니라 현실적이며, 선택한 영역과 관련하여 스스로 세운 목표에 좌우된다.

가령 직업을 전문적으로 연구하는 사람의 관점에서 본 직업이라는 영역을 살펴보자. 누구나 **직원**과 **프리랜서**나 **블루칼라 노동자**와 **화이트칼라 노동자** 혹은 **경영자**와 **노동자** 혹은 **산업 부문**과 **서비스 부문**의 차이에 익숙하다. 그러나 이처럼 거친 일련의 구분은 앞서 말한 전문가가 만들 수 있는 직업별 유형 차트에 반영된 다양성에 비하면 아무것도 아니다. 가령 건설 부문의 경우 **방수공** 및 **단열공**에 더하여 **배관공**, **목공**이 있으며 **합판공**, **도관공**, **용접공**, **선반공**까지 있다. 또한 직물 부문에는 **모피 패턴 제작자** 같은 직업이 있다.

위계적 직업 목록은 **제조 및 가공**과 같은 포괄적인 범주를 포함하고, 그 아래로 예를 들어 **중앙제어장치 운전자 및 공정관리자** 같은 범주가 있다. 거기서 한 층위 더 아래로는 **석유, 가스, 화학 공정관리자**라는 범주가 있으며, 그 범주 안에 **파이프라인 압축 기지 관리자** 같은 예가 있다. 최상위 추상 개념이 **제조 및 가공**인 같은 나무에 속한 다른 가지를 따라 내려가면 **크레용 제조기 관리자** 및 **종이봉투 제조기 운전자** 심지어 **테니스공 제조기 운전자** 같은 직업과 마주치게 된다. 끝으로 **벌목 및 임업 노동자**라는 최고 층위에서 출발하여 **전기톱 운전자 및 집재기 운전자**로 내려가면 **집게식 집재기 운전자**라는 대단히 이국적인 이름의 직업을 접하게 된다.

직업 검색 전문 웹사이트를 보면 대개 **가공 및 건설 산업** 같은 20여 개 상위 교점이 있고, 그 아래로 **금속 성형, 금속 변형, 금속 조립** 같은 더 구체적인 교점이 수백 개 있다. 뒤이어 그 층위 아래로 **구조적 금속, 판금 가공 및 조립** 같은 더 전문적인 온갖 교점을 찾을 수 있으며, 그 아래로 끝이 없어 보이는 구체적인 직업의 목록이 나온다. 이런 복잡성은 놀랍게 보일 수 있지만 단지 개요일 뿐이며, 각 하위 영역 안에는 더욱 전문화된 개념이 있다. 의료계든 출판계든 패션계든 혹은 다른 무엇이든 간에 어디로 눈길을 돌려도 여러 층위의 범주와 수백 개 아니 수천 개의 직업 유형이 있다. 그래서 거의 무한하게 초점을 좁힐 수 있다는 느낌을 받게 된다.

그러면 이런 위계에서 대개 가장 낮고 구체적인 층위에 배열되는 직업, 다름 아닌 **대학교수 및 연구자**를 살펴보자. 사실 이 세계에 종사하는 사람들에게 '대학교수 및 연구자'라는 구절은 전혀 구체적이지 않으며 상당히 높은 층위의 잡동사니 더미를 나타낼 뿐이다. 그들의 직업 세계는 **전임교수, 부교수, 조교수**뿐만 아니라 **객원교수, 강사**로 나뉘는 복잡한 구조를 지닌다. 또한 여기에 **방문교수, 방문연구원, 교환연구원**도 포함된다. 그리고 (**학부생**과 **대학원생**이 맡는) **강의조교**와 **연구조교**도 잊지 말도록 하자. 그래도 지금까지 구체적인 학과에 대한 단어는 언급조차 하지 않았다!

요컨대 직업에 대한 '완전한' 차트를 만들고 싶다면 수십만 개가 넘는 범주를 가진 도표가 필요할 것이다. 물론 누구도 머릿속에 이런 도표를 담고 다니지 않는다. 그래서 이런 도표를 만드는 일은 전문성을 얻고자 하는 사람에게 필수적이지는 않지만 어떤 영역에서 전문가가 된다는 것은 불가피하게 이 복잡한 구조를 지닌 지식의 일부를 내면화한다는 것을 뜻한다.

맛있게 드세요! Buon appetito!

지금부터는 직업과 아주 다른 영역이자 언뜻 범주에 대한 미묘한 고려와는 거리가 멀어 보이는, 구체적이고 일상적인 영역으로 들어가보자. 우리가 말하는 것은 음식, 특히 직업의 세계보다 훨씬 단순해 보이는 파스타의 세계다. 밀가루와 물 그리고 계란으로만 만들어지는 제품에 그다지 다양성이 있을 것처럼 보이지는 않을 것이다. 물론 많은 나라에서 '파스타'는 '스파게티' 및 '마카로니'와 거의 같은 뜻을 지닌다. 그러나 이탈리아로 가면 모든 식료품점에서 상당히 다양한 파스타를 접하게 된다. 실제로 (음식에 대해서 대단히 거칠게 들리는 용어를 과감하게 쓴다면) 수프 및 샐러드에 적당한 작은 크기의 면인 **크레스테 디 갈로**creste di gallo('수탉의 볏')와 이름대로 비교적 무거우며 종종 시금치와 함께 요리하는 **스트란골라프레티**strangolapreti('신부 목조르개') 그리고 특히 걸쭉한 소스와 잘 맞는 **토르키**torchi('횃불')처럼 거의 알려지지 않은 것을 비롯하여 적어도 80종, 유의어를 허용한다면 200종에 달하는 파스타가 있다.

그러나 파스타의 세계는 단일한 최고 층위의 속 아래로 많은 종을 표기하는 전형적인 방식뿐만 아니라 여러 다른 방식으로 나눌 수 있다. 가령 집에서 쉽게 만들 수 있는 종류와 전문가에게 맡기는 편이 나은 종류가 있다. 또한 갓 만든 파스타와 말린 파스타가 있다. 그리고 무엇보다 요리에서 다양한 파스타의 용도에 결정적인 영향을 미치며, 실제로 모든 다양성이 존재하는 근원적 이유인 형태에 따라 결정되는 여러 자연스러운 하위 범주가 있다. 그래서 **안켈리니**anchellini('작은 엉덩이')와 **프리마베리네**primaverine('봄철 면') 같은 작은 면은 대부분 수프에 사용되고, **코치오레트**cocciolette('작은 냄비'), **디스키**dischi('원반'), **푸질리**fusilli('작은 굴대')처럼 화려한 형태를 지닌 종류는 샐러드 및 채소와 함께 사용된다. 또한 **링귀네**linguine('작은 혀'), **탈리아텔레**tagliatelle('작은 조각'), **스파게티**spagetti('작은 줄')처럼 긴 리본과 줄 같은 형태는 소스와 잘 어울린다. 특히 **카제레체**caserecce('수제 면')와 **콘킬리에테**conchigliette('작은 조개')는 미트 소스와 가장 잘 맞는 반면 **카펠레티**cappelletti('작은 모자')와 **라비올리**ravioli 같은 다른 것들은 속을 채워서 요리를 만든다. 파스타를 자주 사용하는 모든 요리사는 머릿속에 파스타와 관련된 잘 개발된 연결망 및 네트워크를 지녀서 정신적 범주의 무의식적 구조화를 드러낼 것이다.

건배!À votre santé!

맛있는 파스타는 좋은 와인을 곁들일 가치가 있다. 와인의 세계에서 범주의 범위는 무궁무진해 보인다. 순전한 초보자는 **레드 와인**과 **화이트 화인**만 구분하겠지만 와인을 조금 더 아는 사람은 품종(가령 **카베르네 소비뇽**cabernet savignon이나 **메를로**merlot)이나 생산국(프랑스, 이탈리아, 칠레, 오스트레일리아, 미국) 혹은 생산지(보르도, 부르고뉴, 나파 밸리)를 언급할 것이다. 그러나 와인 전문가가 된다는 것은 이런 종류의 사실을 훌쩍 뛰어넘는다. 그래서 특정 국가의 특정 **산지명칭**appellation의 특정 **세부산지명칭**sous-appellation의 특정 재배자의 특정 연도의 특정 빈티지를 구분하는 일로 이어질 수 있다. 가령 1998년산 샤토 보카스텔 오마주 아 자크 페렝Château Beaucastel Hommage àJacques Perrin은 **코트 뒤 론**Côtes du Rhône이라는 **산지**에 있는 **샤토누프 뒤 파프**Châteauneuf du Pape라는 **세부산지**에 속하는 유명 포도원인 **도멘 보카스텔**에서 만든다.

1998년산 샤토 보카스텔 오마주 아 자크 페렝은 실제 와인 감정가에게 전형적인 범주를 구성할까? 당연히 그렇다. 이 범주는 색, 향, 맛, 숙성되는 방식, 시장 가치, 가장 어울리는 요리, 이상적인 보관 온도, 마실 수 있는 곳, 전문 감식가들이 매긴 평점 등 사람들이 설명에 사용할 많은 속성을 지닌다. 실제로 생산된 수천 병의 이 진기한 영약이 구체적인 요소로서 이 범주의 **외연**을 구성한다. 물론 이 설명이 지닌 외견상의 정확성에도 불구하고 다른 범주처럼 가장자리에는 위조된 병, 라벨이 붙지 않은 병, 절반 분량을 마신 병, 부실하게 보관된 병, 끓이거나 말라버린 병, 빈 병, 와인을 따른 후 식탁보에 흩어진 서너 방울 등 온갖 모호한 요소가 숨어 있다. 또한 다른 고유명사처럼 이 범주도 복수화를 허용한다. 샤토 보카스텔 재배자가 "2005년에 우리 포도원에서 생산한 새로운 **1998년산 자크 페렝**을 맛보셔야 해요!"라고 자랑스레 외치는 경우처럼 말이다.

이 영역에 속한 범주의 풍부성에 대한 인식을 제공하기 위해 "1996년에 도미니크 로랑Dominique Laurent이 주브레 샹베르탱 프리미에 크뤼 레 카제티에Gevrey-Chambertin Premier Cru Les Cazetiers를 아주 잘 만들었어"라는 식으로 말하는 와인 애호가의 머릿속에는 반드시 존재하며, "스페인산 와인보다 프랑스산 와인이 더 좋아"라는 식으로 말하는 비교적 단순한 와인 애호가의 머릿속에는 존재할 가능성이 낮은 몇 가지 범주를 제시하고자 한다. 전자의 경우 **와인**과 **프랑스산 와인**이라는 상위 범주가 암묵적으로 언급되었을 뿐만 아니라 청자가 더 좁은 여러 범주, 말하자면 **부르고뉴**, **주브레 샹베르탱**, (**주브레 샹베르탱** 범주에 속한 대다수 요소는 첫 수확물에서 나오지 않기 때문에) **주브레 샹베르탱 프리미에 크뤼** 심지어 ('**레 카제티에**'로 불리는 것 외에 다른 종류의 **주브레 샹베르탱 프리미에 크뤼**가 있기 때문에) **주브레 샹베르탱 프리미에 크뤼 레 카제티에**를 익히 안다는 점을 당연시한다. 이 와인을 완벽하게 적시하기 위해 가상의 화자는 정확하고 간결하게 '1996년산 **주브레 샹베르탱 프리미에 크뤼 레 카제티에 도미니크 로랑**'이라고 말함으로써 해당 와인을 생산한 다른 재배자 그리고 비슷한 와인이 생산된 다른 연도로부터 구분할 수 있다. 이처럼 정교한 명명은 높은 전문성을 드러내는 명확한 표식이다.

추상 개념이 전문성의 핵심인 이유

전문성과 관련된 일반적인 영역에서 가장 박식한 전문가조차 해당 영역의 모든 것을 알지는 못한다. 모든 방면에서 전문가가 되기 위해 체득해야 하는 지식의 폭은 너무나 광활해서 이런 목표를 세운다는 것은 허튼 일이다. 물론 '모든 방면에서' 전문가가 된다는 관념 자체부터 문제가 있다. 돋보기를 대면 모든 영역이 더 작은 하위 영역으로 나뉘기 때문이다. 그렇다고 해서 전문가들이 자신의 영역에서 까다로운 질문을 받을 때마다 두 손을 들고 '모르겠다'라고 말하지는 않을 것이다. 그 이유는 진정한 전문가는 해당 영역에 속한 많은 구체적인 사례에 대한 지식을 가졌을 뿐만 아니라 유추적 연계를 통해 훨씬 덜 익숙한 사례에 대한 추정을 할 수 있기 때문이다. 그래서 와인 영역에서 "**1995년산 샤토 비누스**Château Vinus를 어떻게 생각하세요?"라고 묻는다고 가정하면 우리의 전문가는 즉시 감식을 통해 직접적으로 알았거나 대화 및 독서를 통해 간접적으로 안 온갖 세부 사항을 말하기 시작할 것이다. 이 경우 게임은 아주 간단하다. **1995년산 샤토 비누스**라는 범주가 정확하게 제시되었기 때문이다. 반면 **1995년산 샤토 비누스**에 대해 아는 것이 전혀 없어서 "모르겠다"라고 대답할 수도 있다. 이 대답은 전적으로 솔직하지만 전혀 유용하지 않고, 우리가 생각하는 전문가의 모습과는 완전히 딴판이다.

진정한 전문가가 제시할 만한 더 타당한 답변은 단지 특정한 와인 자체보다 더 추상적인 범주에 대한 지식을 토대로 삼을 것이다. 가령 우리의 전문가는 해당 와인 자체를 몰라도 탁월한 토질과 책임자의 기술 덕분에 최고의 명성을 누리는 샤토 비누스 포도원과 와인 제작 공정에 대한 지식이 있을 것이다. 또한 우리의 전문가는 1995년이 (샤토 비누스가 자리 잡은 도르도뉴 강 우안에서 나오는) 뛰어난 **리부르네**libournais 와인이 생산된 해임을 잘 알지도 모른다. 그래서 그는 연관된 와인과 포도원에 대한 더 일반적인 사실을 활용하여 부족한 구체적인 지식을 보완할 수 있다. 그는 샤토 비누스 포도원을 전혀 모를 수도 있지만 병에 붙은 라벨은 이 와인의 산지가 신뢰성 그리고 고품질에 오래가는 와인을 만드는 것으로 유명한 **프롱삭**Fronsac임을 말해준다. 그래서 그는 **산지**에 대한 지식에 1995년에 대한 추가적인 지식을 보태서 직접적으로 아는 것보다 덜 확실하기는 하지만 **1995년산 샤토 비누스**의 품질 수준에 대해 근거 있는 추정을 제시할 수 있다.

우리의 전문가가 오스트레일리아 출신이며, 딱히 보르도bordelais 와인과 그 **산지**를 좋아하지 않는다면 1995년이 대체로 프랑스 전체에 걸쳐 좋은 와인이 생산된 해이고, 좋은 해에 나온 보르도 와인은 숙성이 잘된다는 일반적인 규칙(생산 연도와 보르도산이라는 사실은 라벨에 바로 적혀 있다)처럼 다른 측면들로 1995년산 샤토 비누스와 관련된 추정을 할 수 있다. 다시 말해서 해당 프랑스 와인에 대해 구체적으로 아는 것이 전혀 없어도 지구 반대편에서 온 와인 감정가는 여전히 명확한 의견을 가질 수 있으며, 이는 지식이 적은 사람에게 놀라움과 강한 인상을 안길 수 있다.

그래서 우리는 필요한 경우 한 범주가 다른 범주를 대신할 수 있음을 알게 된다. 가령 A에 대한 지식이 없다면 수평적으로 혹은 수직적으로 가까운 A의 '사촌' 격인 B에 대한 지식을 활용할 수 있다. 전문가는 절대 모든 범주에 접근할 수 없지만 진정한 전문가는 유추 작용을 통해 다양한 층위에 존재하는 구체적 간극을 우아하게 피해갈 수 있도록 충분히 밀집된 범주를 가지고 있으며, 이 점은 해당 영역의 모든 구체적인 분야에서 빠진 지식을 채우는 데 도움을 준다.

상황의 어떤 측면에 대한 범주를 바꿀 때마다 해당 상황에 대한 관점을 바꾸게 된다. 전문가에게는 잠재적 관점이 대단히 많아서 익숙하지 않은 상황에서도 종종 아주 적절한 관점을 찾아낸다. 명확하고 구체적인 범주는 모두 진정한 차이를 지님으로써 평생에 걸쳐 얻은 정확한 통찰력을 제공하기 때문에 전문가에게 소중하다. 반면 포괄적이고 추상적인 범주도 많은 사례를 한 번에 정리할 뿐만 아니라 구체적인 상황의 '핵심', '개념적 골격'에 더 가깝기 때문에 전문가에게 유용하다. 요컨대 구체적인 범주는 정확성을 제공하고 추상적인 범주는 깊이를 제공한다. 그리고 정확성과 깊이는 전문성을 확보하는 가장 핵심적인 두 가지 열쇠다.

무차별적 살인이라는 주제의 변주

> 1982년 9월 29일, 시카고에서 12세 소녀가 사망하면서 한동안 뉴스 매체에서 반향을 일으킨 이야기가 시작되었다. 이후 며칠 동안 같은 원인으로 여섯 명이 추가로 사망했다. 경찰이 면밀하게 교차 확인을 한 결과 누군가 타이레놀 병을 열어서 캡슐에 청산가리를 바른 다음 다시 선반에 올려놓았다는 사실이 밝혀졌다. 라디오와 텔레비전을 통해 이 사실이 알려졌고, 경찰은 주거 지역을 돌아다니면서 확성기로 타이레놀을 복용하지 말라고 알렸다. 일곱 명의 죽음을 초래한 다섯 병 외에 수색 과정에서 독이 묻은 캡슐이 든 병 세 개가 추가로 발견되었다. 각각 다른 공장에서 생산된 병이었기 때문에 직원이 공장에서 독을 묻혔다는 가설은 폐기되었다. 남은 가능성은 이미 매장에 도착한 후에 누군가 독을 묻혔다는 것이었다. 결국 정체가 드러나지 않은 살인범은 여러 매장에서 타이레놀을 사서 독을 묻힌 다음 다시 갖다 놓은 것이 틀림없었다.

불행하게도 언제나 이처럼 섬뜩한 행동에 영감을 얻는 사람이 있다. 그러면 이 사이코패스의 뒤를 따르고 싶어 한 모방 살인범의 머릿속으로 들어가보자. 이 사람은 무슨 짓을 할까? 바로 가까운 식료품점에 가서 선반에 있는 타이레놀 병을 조작할까? 이는 충분히 생각할 수 있는 일이다. 결국 애초의 살인범은 전국적 공급량에서 극소수만 조작했을 뿐이다. 그러나 **타이레놀**이라는 범주를 고수하는 것은 매우 순진하다. 제조사가 즉시 타이레놀 캡슐의 생산을 중지했고, 매장에 전시된 모든 제품을 회수했으며, 가정에 보관 중인 모든 캡슐을 버리라고 알리는 캠페인을 벌였고, 무료로 캡슐 제품을 정제 제품으로 바꿔주었기 때문이다. 따라서 가장 축어적으로 따라 하는 모방 행위는 불가능하다.

그렇다면 이 사람은 대신 어디로 눈을 돌릴까? 다른 시판 약일까? 이처럼 추상화의 층위를 올라가는 도약은 그럴듯하게 보인다. 실제로 모두가 처음에는 이렇게 추정할 것이다. 몇몇 진짜 모방범들이 실제로 그런 생각을 했다. 일부는 심지어 조작된 약병을 매장에 뿌리는 동시에 '무심코' 자신의 집에 있는 약 보관함에도 놓아두었다. 그래서 배우자를 살해하고도 무차별적 타이레놀 스타일 살인범의 소행으로 돌려서 '완전범죄'를 저지르려고 했다.

식약청은 신원 미상의 타이레놀 살인범을 흉내 내는 잠재적 살인범들이 타이레놀만 대상으로 삼을 것이라고 의심할 이유가 없다고 판단했다. 식약청이 보기에는 사이코패스들이 모든 시판 약을 조작 대상으로 노릴 가능성이 높았다. 그래서 타이레놀 사건은 국가적으로 밀봉 용기를 의무화하는 계기가 되었다. 그러면 제품을 개봉하기 전에 조작 사실을 명확하게 알 수 있었다. 지금은 모든 시판 약이 이런 보호 장치를 갖추고 있다.

이제 가장 명백한 문이 식약청의 조치로 막혔다는 사실을 아는 모방범은 풀이 죽을 수도 있지만 아직도 살필 만한 다른 문들이 있다. 실제로 추상화 층위를 조금 뛰어오르는 것만으로 충분하다. 즉, **약**이라는 범주에서 **식용 제품**이라는 더 추상적인 범주로 옮겨가기만 하면 된다. 이 지점에서는 주체할 수 없을 정도로 풍부한 대상이 있다. 주사기로 토마토, 멜론, 포도, 오렌지에 소량의 독극물을 투입하면 일이 끝난다. 모든 과일이나 채소가 대상이 될 수 있다. 또한 요구르트나 셔벗 용기의 덮개에 난 작은 구멍을 누가 눈치채겠는가? 게다가 음료도 있다. 내용물이 새지 않게 우유병이나 주스 병에 바늘을 찌르는 일은 간단할 것이다. 그리고 독극물을 뿌리기만 하면 되는 배추, 양파, 브로콜리, 당근, 올리브 등 농산물 코너에 있는 다른 항목도 있다. 이런 생각을 하는 사이에 우리는 명백히 **타이레놀**이라는 현실적인 범주를 오래전에 떠났으며, **약**과 **식용 제품**이라는 더 추상적인 두 개의 범주를 지나왔다. 그러니 더 위로 뛰어오르지 못할 이유가 있을까?

가령 식기, 잔, 냄비, 팬, 접시 같은 **소비재** 위에 독극물을 얇게 바를 수 있다. 그러면 누가 됐든 사용하기 전에 제대로 씻지 않은 구매자가 피해를 입을 것이다. 같은 맥락에서 치약과 바르는 크림도 조작할 수 있다. 더 멀리 나아가면 사용하고 얼마 후에 불이 붙게 만들어서 컴퓨터와 근처의 종이, 방, 집, 아마도 이웃집까지 태우도록 배터리를 조작하는 것도 상상할 수 있다.

그러면 소비재에서 더 위로 뛰어올라서 무차별적 살인범이 누릴 가능성에 대한 시각을 더욱 넓혀보자. 가령 인적이 드문 언덕에 라이플을 들고 올라가서 거리를 지나는 사람을 아무나 쏠 수도 있고, 손목에 폭발물을 두르고 복잡한 버스에 타거나 나이트클럽이나 시장에 들어갈 수 있다.

우리는 타이레놀 살인범에서 다양한 형태의 테러 행위까지 **무차별적 살인**이라는 개념적 골격만 유지한 채 추상화의 층위를 올라갔다. 각 층위의 도약은 원래 사건으로부터 의미적 거리를 점차 늘리면서 공통의 핵심을 둘러싼 더 넓은 가능성을 창출하는 일에 해당한다. 이렇게 작은 변주에서 출발하여 발견할 가능성이 훨씬 낮은 더 극단적인 변주로 점차 나아가는 일은 인간이 새로운 것을 상상하는 본질적인 방식이다. 수수께끼에 대한 답이 주어질 때마다 항상 그렇듯이, 추상화는 관찰자의 눈앞에 결실을 제시하면 아주 단순해 보이지만 이런 인상은 기만적이다. 범주의 공간을 이리저리 나아가는 경로가 아이들의 놀이처럼 보이는 것은 착시다. 스스로 도약을 해야 하는 경우에는 각각의 층위가 장애가 되며, 멀리 나아갈 수 있는 사람이 드물다. 이런 종류의 점진적 도약이 지닌 어려움에 대한 최고의 증거는 그 희소성이다.

최종적으로 식약청은 얼마나 멀리 나아갈 것인가? 식약청은 과일과 채소가 판매되는 방식이나 다른 종류의 제품에 대한 요건을 도입하지 않았다. 그래서 현재 이 제품들은 타이레놀 살인 사건이 일어난 때와 같이 여전히 보호 장치 없이 팔리고 있다. 왜 식약청은 더 멀리 나아가지 않고 약이라는 단계에서 멈추었을까? 왜 거기에 자의적으로 선을 그었을까?

그 이유는 위에서 우리가 살핀 것처럼 추상화의 층위를 오르는 의미적 경로는 마음대로 따를 수 없고, 창의성을 발휘하는 확실한 기법으로 학교에서 가르칠 수 없기 때문이다. 주어진 대상, 행동, 상황을 범주화할 수 있는 방식의 수는 어마어마하며(마틴의 와인 잔, 올챙이 집, 거미 제거 수단을 떠올려보라), 잠재적 범주의 대다수는 어떤 대상을 범주화하는 새로운 방식을 적극적으로 찾는 경우에도 쉽게 드러나지 않는다. 그러나 유용한 발견이 단순해 보이는 도약의 결실인 경우도 있다. 이런 경우에 수월하게 정신적 명민함을 발휘하는 듯 보이는 행동은 심미적일 뿐만 아니라 관습에서 벗어나 진정한 새로운 방식으로 사물을 보게 해준다.

관습적 경로 벗어나기

몰리에르의 연극 〈상상병 환자Le Malade imaginaire〉에 나오는 예비 의사는 "왜 아편은 졸음을 유발하죠?"라는 질문에 대한 완벽한 답이라는 확신을 갖고 "아, 그건 모두 최면 효과 때문이에요"라고 자랑스레 말한다.

'틀을 벗어난 사고.' 이 주문을 열 번 넘게 들어보지 않은 사람이 있을까? 이 말은 창의적 사고의 핵심 메커니즘을 드러낸다고 알려져 있다. 그래서 생각이 막히거나 틀에 얽매이거나 협곡에 갇히거나 궁지에 몰리거나 갈피를 잡지 못하거나 바퀴가 헛돌거나 프랑스어 표현으로 '소금에 절인 양배추 안에서 페달을 밟을 때', 이 매력적인 구호는 흐릿하고 비생산적인 사고방식에서 우리를 끌어올려주는 충직한 세인트버나드처럼 도움을 줄 것 같다. 그렇다면 **틀을 벗어난 사고**라는 비법은 램프 안에 있는 지니처럼 우리를 막다른 사고에서 구해주고 새로운 전망을 열어줄 것이다. 심지어 "틀을 벗어난 사고를 하는 훈련을 합니다!"라는 모토를 가진 전기기사협회도 있다. 이 모토는 용어상 모순된 것처럼 들린다('틀the box'이 '퓨즈 박스'를 뜻하지 않는다면 말이다). 혹은 상황이 절망적일 때마다 그저 "다르게 생각하라!"라고 말하는 오래된 광고 구호가 있다. 창의적 사고는 관습적 경로를 벗어나는 일을 수반한다는 이 관념은 당연히 누구나 알고 있는 것이지만 불행하게도 아편이 졸음을 유발하는 이유가 '최면 효과' 때문이라는 말보다 더 많은 통찰력을 담지는 않는다. 그러나 사소할 때도 있고 거대할 때도 있으며, 협소한 수준일 때도 있고 세계적 수준일 때도 있는 지적 혁신을 촉발한 개념적 이월이 대단히 소박하다는 사실은 놀랍다. 실제로 창의적 통찰은 놀랄 정도로 종종 아주 사소하지만 미묘한 개념적 이월에 의존한다.

병목

질리언은 친구 몇 명과 함께 일요일에 소풍을 갔다. 그들은 숲 한복판에 있는 빈터에 식탁보를 펼쳤다. 모두가 들떠 있었고, 날씨는 완벽했으며, 산들바람이 시원하게 불어왔다. 곧 식탁에 맛있는 음식이 차려졌다. 그러나 질리언은 세심하게 고른 와인을 바구니에서 꺼내던 도중에 병따개를 집에 두고 왔다는 사실을 깨달았다. 주위에 병따개를 빌릴 만한 사람도 없었다. 그때 별안간 코르크를 **밖으로** 꺼내지 않고 **안으로** 밀어 넣으면 된다는 생각이 떠올랐다. 약간 수고롭기는 했지만 결국 이 생각은 멋지게 들어맞았다.

이 해결책은 천재성과는 거리가 멀지만 그럼에도 기원을 살필 가치가 있는 영리한 아이디어다. 이 해결책은 코르크를 **당기는** 것에서 근본적으로 상반되는 행동인 코르크를 **미는** 것으로 가는 개념적 도약을 통해 도출된다. 그러나 질리언이 방향을 바꾸는 이월을 하도록 만든 것은 재범주화라는 행위다. 즉 그녀는 **코르크를 당긴다**는 구체적이고 물리적인 관념에서 **와인에 접근한다**는 더 포괄적인 관념으로 이월했다. 혹은 더 추상적으로 표현하자면 **접근을 막는 대상을 당겨낸다**는 협소하고 물리적인 관념에서 **원하는 대상에 접근한다**는 더 폭넓지만 목표 지향적인 관념으로 이월했다. 이는 명백히 추상화에 해당하는 행위다. 이 상황에서 **당겨내기**는 **접근하기**라는 범주의 요소이며, 재범주화는 와인에 접근하는 다른 방식을 상상하도록 만들었다. 질리언의 정신적 움직임은 앞서 언급한 대로 어떤 대상이 커지는 변화를 묘사하는 경우뿐만 아니라 작아지는 변화를 묘사하는 경우에도 쓸 수 있는 'to grow'라는 영어 동사가 지닌 기이한 모호성을 연상시킨다. 그래서 질리언은 밀기에 해당하는 **역당기기**reverse pulling라는 관념을 상상함으로써 협곡에서 빠져나왔다.

이런 정신적 이월은 상황을 처음보다 더 추상적인 방식으로 바라보는 새로운 부호화에서 기인했다. 질리언은 근본적인 목표가 코르크를 병에서 당겨내는 것이 아니라 와인을 마시는 것이라는 사실을 깨달았다. 이 목표를 명확하게 떠올리자 자신과 와인 사이에 놓인 장애물을 재인식할 수 있었다. 그래서 속으로 희미하게 '안쪽이든 바깥쪽이든 코르크를 **미끄러뜨릴** 수 있다면 병목에서 벗어날 것이고, 그러면 와인에 접근할 수 있어'라고 생각했다. 이때 역설적인 점은 머릿속에서 구현한 상황이 지닌 특정한 구체적인 측면에 주의를 기울이는 정도를 크게 낮추어서 **인지적 빈곤**cognitive impoverishment을 초래한 추상화라는 행위가 결과적으로 해결책을 찾는 데 핵심적인 단계였다는 것이다.

이 현상은 우리가 단일한 순간에 대상(또는 행동 또는 상황)의 모든 속성을 절대 생각할 수 없다는 사실과 관련 있다. 우리는 대개 개체가 지닌 명확하고 구체적이며 두드러진 측면에 갇힌다. 이 측면이 한 범주를 다른 범주와 가장 명백하게 구분하는 것이기 때문이다. 가령 와인 병을 여는 과제를 코르크를 **당기는** 것으로 보는 일은 코르크를 **밀 수도 있다**는 관념을 덜 두드러지게 만드는 경향이 있다. 그러나 상황을 단순화하고 그에 따라 인식을 **빈곤하게 만드는** 행위를 통해 최초의 범주를 추상적인 범주로 교체하면 이전에는 숨겨졌던 속성이 드러나면서 상황을 반영하는 표상이 역설적으로 **풍부**해진다. 이것이 바로 역설이다.

겉으로 보이는 단순성은 **빈곤을 초래하는 추상화라는 행위를 통해 인식을 풍부하게 만드는** 이 창의적 전략이 강력한 메커니즘이 되는 것을 막지 못한다.

그래서 처음에 원하는 목표를 무익하게 범주화한 결과 부딪히게 되는 막다른 길로 이어진 적절치 않은 관점을 뛰어넘도록 해준다.

우리를 얽매는 틀과 육중한 몸

방금 설명한 재범주화라는 현상은 1940년대에 독일의 게슈탈트 심리학자인 카를 던커Karl Duncker가 고안한 '양초 문제'로 알려진 실험에서 확인된다. 이 실험에서 참가자는 양초를 벽에 붙이라는 과제를 받는다. 이때 양초 외에 종이 성냥과 압정 통이 주어진다. 해법은 비운 압정 통을 압정으로 벽에 붙인 다음 그 위에 양초를 세우는 것이다. 처음에는 압정 통이 차 있기 때문에 이 과제는 교묘한 성격을 띤다. 그래서 소수의 참가자만 해법을 찾았다. 그러나 처음에 압정 통이 비어 있고 압정들이 그냥 탁자 위에 놓여 있다면, 그래도 결코 사소한 것이 아닌, 문제가 더 쉬워진다.

이 과제를 푸는 핵심은 압정 통을 단지 **용기**가 아니라 잠재적 **받침대**로 보는 범주화에 있다. 압정이 든 통은 즉각적으로 그리고 자연스럽게 압정 통으로 인식되며, 그것이 유일한 정체성으로 보인다. 더 추상적인 층위에서는 압정 통을 물건을 담는 것이 핵심 기능인 **통**으로 새롭게 인식할 수 있다. 그러나 해법에 이르려면 같은 대상을 **받침대**로 인식하는 한층 더 높은 추상화가 필요하다. 물론 이 층위에서는 탁자, 의자, 선반, 서랍 등 모든 대상을 그렇게 인식할 수 있다. 어느 경우든 그렇게 재범주화된 빈 압정 통은 새로운 방식으로 활용할 수 있다.

대단히 중요한 발견도 이런 종류의 정신적 이월에서 나올 수 있다. 가령 오랜 '유레카!' 전설이 사실이라면 유체정역학hydrostatics(정적 평형상태를 이룬 유체를 연구하는 학문-옮긴이)에서 아르키메데스가 '아르키메데스의 법칙'을 발견한 것은 이런 범주의 전환에서 나왔다. 역사적 정확성에는 의문의 여지가 있지만 어느 경우든 이 이야기는 대개 바라보는 대상과 자연스럽게 연계되는 거의 모든 것을 무시하는 일을 수반한다고 해도 더 추상적인 관점을 취하는 일이 지닌 미묘성과 풍부성을 보여준다.

> 헤론 왕은 아르키메데스에게 새 왕관이 순금으로 만들어졌는지 아니면 자신이 의심하는 대로 금세공자가 은을 섞었는지 알아내라고 명령했다. 왕관이 표

준 금괴와 정확하게 같은 무게인지 확인하는 일은 쉬웠다. 그러나 금세공자가 금의 일부를 정확하게 같은 질량의 은으로 바꿔치기를 했는지 어떻게 알겠는가? 왕관의 부피를 파악할 수만 있다면 좋을 것이다! 불순물이 섞였다면 왕관의 부피는 금괴의 부피보다 클 것이다. 은이 금보다 밀도가 낮기 때문이다. 그러나 불행하게도 아르키메데스가 기하학으로 부피를 재기에는 왕관의 모양이 너무 불규칙했다. 그렇다면 어떻게 해야 할까? 전설에 따르면 아르키메데스는 목욕을 하다가 해결책을 찾아냈다. 그는 몸이 물속에 잠김에 따라 잠긴 부위의 부피에 정확하게 비례하여 수위가 올라간다는 사실을 깨달았다. 그렇다면 왕관과 금괴의 경우에도 같은 상황이 발생할 것이었다. 그래서 그는 왕관과 금괴를 물속에 넣고 수위의 변화를 관찰하여 왕관의 부피가 금괴의 부피보다 크다는 사실을 발견했다. 금세공자가 실제로 사기를 친 것이었다.

아르키메데스는 왕관과 자신의 몸 사이에 존재하는 유사성을 파악하고 둘 다 완전히 물에 잠기면 그 부피에 해당하는 부피의 물을 쏟아낸다는 사실을 알아냈다. 왕관이 속한 다양한 범주의 명칭을 만든다면 **왕실의 상징**, **귀금속으로 제작되는 것**, **머리에 쓰는 것** 등과 같은 것을 떠올릴 수 있다. 이 명칭들은 사람의 몸을 생각할 때 떠오르는 것과 아무런 공통점이 없다. 대단히 높은 추상화의 층위, 즉 **부피를 지닌 물체**라는 층위까지 올라가야만 유추적 연관성이 명확하게 드러난다. 사람의 몸을 무생물인 왕관에 덧입히려면 생명체라는 사실을 비롯한 많은 사실을 무시해야 한다. 이 사례에서 이루어지는 유추는 즉흥적으로 머릿속에 떠오르는 어떤 것보다 훨씬 더 추상적인 범주화에 의존한다. 그래서 이 이야기에 나오는 창의적 행위는 발견을 가능케 한 한 가지 측면을 제외하고는 모든 측면에서 완전히 다른 두 개체를 연결하는 능력에서 나온다.

앞선 논의는 언뜻 공통점이 거의 혹은 전혀 없는 상황 사이의 공통점을 꼼꼼하게 탐색하는 데 따르는 자연스러운 결과가 창의성이라고 말하려 한다는 인상을 줄지도 모른다. 그러나 안타깝게도 창의성에 내재된 메커니즘을 탐구해도 천재성을 발휘하는 비법을 전달할 수는 없다. 두 상황을 연결하는 속성에 대한 **의도적** 탐색 과정은 이 문제에서 거의 혹은 전혀 역할을 하지 않기 때문이다. 여기 묘사된 추상화 과정은 체계적이고 의식적인 탐색에서 나오는 것이 아니다. 실제로 이 과정은 종종 관찰자만큼이나 발견자를 놀래킨다.

매우 높은 추상화 층위에서 작게나마 도약이 이루어지면 아르키메데스의 이야기가 보여주듯이 대단히 중요한 발견을 할 수 있다. 이는 분명히 창의적 발견을 둘러싼 수수께끼를 부분적으로 설명해주지만 비법으로 보는 것은 옳지 않다. 일반적으로 평범한 사람에게 외견상 거리가 멀어 보이는 두 상황이 유사하게 다가오는 것은 **사후**에만 가능하며, 둘을 잇는 추상적 유추를 초래하는 공통적 속성은 무의식적 가정으로 가려져서 바라는 일반화를 아주 어렵게 만드는 경향이 있다.

마우스와 인간

최근 하나의 단순한 추상화에서 기인하여 대규모 혁신을 초래한 유명한 발명품이 있다. 1980년대 초반에는 컴퓨터와의 통신이 쉽지 않았다. 이전 10년 동안 잘 알려지지 않은 첨단 연구소를 다녔거나 방문한 극소수의 사람을 제외하면 누구도 마우스를 보거나 사용한 적이 없었다. 모든 작업은 키보드에 기호를 입력함으로써 이루어졌다. 그러니까 명령을 표현하는 일련의 난해한 기호를 사용하여 원하는 바를 컴퓨터에게 설명해야 했다. 그러면 컴퓨터가 그에 따라 지시 사항을 실행했다. 인간과 컴퓨터 사이의 모든 상호작용은 이런 '명령어'를 통해 이루어졌다. 인간은 컴퓨터에게 어떤 일을 하도록 명령했고, 컴퓨터는 통사적으로 잘 구성된 이상 충실하게 따랐다.

그러나 지난 수십 년 사이 사정이 크게 바뀌었다. 현재 키보드가 지닌 거의 유일한 용도는 이메일이나 책 같은 텍스트를 입력하는 것이다. 컴퓨터가 따라야 할 명령을 입력하는 일은 거의 없다. 어떤 작업을 실행하고 싶으면 마우스(혹은 마우스를 승계한 노트북의 터치패드)를 사용한다. 이 자연스럽게 보이는 기술 제품과 함께 성장한 사람은 다른 방식을 쓰는 상황을 잘 상상하지 못한다. 이 진전이 기술적 진보를 통해 이루어졌다는 점은 자명하지만 동시에 사소해 보이지만 중대한 지적 도약을 통해서도 이루어졌다는 점을 지금부터 살필 것이다.

마우스는 인체의 사지에 해당하는 전자적 대용물이다. 즉 마술적 능력을 지닌 인공 기관이다. 우리가 가진 사지는 주위를 둘러싼 3차원적 물리 세계에서 행동하게 해주지만 마우스는 컴퓨터 화면에 드러나는 2차원적 가상 세계와의 인터페이스를 구성한다. 흰 토끼를 따라 토끼 굴로 들어갔다가 이상한 나라를 발견한 앨리스처럼 우리는 마우스를 통해 비물질적 세계로 가는 경로를 확보한다. 마우스가 우리의 토끼인 셈이다.

실제로 파일을 선택하고, 열고, 닫고, 한 폴더에서 다른 폴더로 옮기고, 복사하고, 출력하고, 삭제하는 모든 작업은 비물질적 대상과의 상호작용이다. 우리가 지닌 사지는 물질적 세계에서 이런 작업을 하기에 적합하다. 그러나 가상 세계에서 이런 작업을 하려면 마우스에 의존해야 한다. 이때 우리는 명령을 입력하는 과정을 우회하며, 대신 물질적 세계에서 하는 것과 정확하게 같은 방식으로 행동하고 그 결과를 지켜본다.

단지 명령어 시대 이후로 상황이 바뀌었다고 말하는 것은 심한 과소평가가 될 것이다. 과거에는 사지를 사용하지 않고 모든 일을 해야 하는 것과 같았다. 그래서 기술적 용어로 원하는 내용을 설명해야 했다. 혹은 항상 두꺼운 유리로 컴퓨터 세계와 격리되어 있고, 유일한 통신 채널이 종잇조각뿐인 것과 같았다. 그래서 원하는 내용을 기입한 다음 전적으로 이 목적을 위해 만들어진 좁은 틈('엔터' 키에 해당함)으로 종이를 밀어 넣어야 했다. 그러면 컴퓨터가 기록된 명령을 실행했다. 이런 **작업 방식**modus operandi은 분명히 매우 비효율적이었다.

우리가 마우스의 발명이 기술적 진보 이상의 의미를 지니며, 실로 경이로운 개념적 돌파구를 마련한 것이라고 주장하는 이유는 무엇일까?

> 보이지 않는 대상을 보는 것이 가능한가? 아니다. 보이지 않는 대상은 바로 볼 수 없는 것이기 때문이다.
>
> 손댈 수 없는 대상을 손대는 것이 가능한가? 아니다. 손댈 수 없는 대상은 바로 손댈 수 없는 것이기 때문이다.
>
> 손대지 않은 채로 대상을 움직이고, 폴더를 열거나 닫고, 쓰레기통에 넣는 것이 가능한가? 손댈 수 없는 대상을 움직이고, 열고, 닫고, 버리는 것은 우리가 마우스로 줄곧 하는 일이다.

비물질적 세계에서 행동하는 것은 더 이상 자기모순이 아니다. 마우스는 생리적 사지의 역할을 하지만 손댈 수 없는 대상을 조작한다. 그래서 우리는 마우스의 도움을 받아 가상의 책을 뒤적이고, 스피커의 음량을 조절하고, 가상 매장에서 물건을 '쇼핑 카트'에 넣는 등의 일을 할 수 있다. 덕분에 물질적 대상처럼 비물질적 개체를 조작할 수 있다.

마우스는 상당한 정신적 도약의 결실이다. 아주 오래전부터 **물질적**이라는 범주와 **비물질적**이라는 범주 사이에는 이을 수 없는 간극이 있었다. 이 간극 때문에 우리가 만지고 지각하는 세계와 머릿속에 있는 세계, 실재적인 것과 상상된 것, 구체적인 것과 추상적인 것, 물질과 패턴, 가시적인 것과 비가시적인 것 사이에 항상 명확한 경계가 있었다. 물리적 행동이 먼 거리에 있는 대상에 영향을 미칠 수 있다는 관념이 이상하다면 **비물질적** 대상에 영향을 미칠 수 있다는 관념은 더 이상하며, 실제로 역설에 가깝다. 그래서 마우스의 발명은 그때까지 물리적 대상의 세계에 제한된 속성, 즉 조작할 수 있다는 속성을 일반화하는 일을 수반한다. **물리적 대상**이라는 범주보다 훨씬 폭넓은 **조작할 수 있는 대상**이라는 새로운 범주는 마우스가 고안되면서 생겨났다. 이 새로운 범주는 우리가 주위를 둘러싼 세상과 관계하는 방식에 대한 과거의 추정을 무너뜨리고 존재론적 범주, 즉 우리가 세상을 분할할 때 도움을 얻는 일련의 근본적 범주를 크게 바꾸었다.

호모사피엔스사피엔스를 영리한 존재Sapiens로 만드는 것은 무엇인가?

인디애나 주에 있는 소도시인 마틴스빌에 사는 한 자동차 수리공이 지나가는 사람들의 주의를 끌려고 수리소 앞에 있는 나무 그루터기에 오래된 폭스바겐 비틀을 올린다는 흥미로운 아이디어를 떠올렸다. 어쨌든 지상보다 몇 미터 높은 나무 그루터기에 차가 올라간 모습은 상당히 인상적일 것이었다. 게다가 크리스마스 시즌을 앞두고 여러 색의 크리스마스 전구로 차를 꾸며놓은 상태여서 지나가는 운전자들이 모두 그것을 **크리스마스트리**라는 범주의 요소로 볼 것이 분명했다.

또한 요즈음 호텔에 체크인을 하면 플라스틱 카드로 된 객실 열쇠를 받는 경우가 많다. 이 카드가 **열쇠**라는 범주에 속한다면 당연히 방문 손잡이 주위에 난 홈은 그 카드를 '긁는' **자물쇠**라는 범주에 속할 것이다. 여행 도중에 들른 마틴스빌의 폭스바겐 수리소 바로 옆에 있는 모텔에서 열쇠를 호주머니에 넣고 나오다가 근처에 있는 크리스마스트리를 발견하는 부부는 '열쇠'와 '크리스마스트리'라는 단어가 머릿속에서 환기하는 전형적인 상황에 있는 것이 아니다.

우리가 선택할 수 있는 수많은 사례 중 하나에 불과한 이 작은 사례는 인간을 (다른) 동물과 구분하는 특별한 능력의 결과다. 대단히 조야한 사람부터 대단히 고상한 사람까지 정상적인 사람이라면 누구나 이런 능력이 있다. 이 능력은 모든 인간적 속성이 그렇듯이 그 정도가 다양하며, 아주 어릴 때부터 지적 개발을 추동한다. 물론 우리가 말하는 것은 유추를 통해 끝없이 범주를 확장하는 능력이다. 우리 인간은 범주를 구축하고, 확장하고, 복수화하고, 서로 연결하고, 그 사이를 우아하게 넘나든다. 우리가 지닌 범주 목록의 풍부성과 개념에 따라 새롭게 접한 상황을 바라보는 유연성 덕분에 우리는 미묘한 방식으로 사고할 수 있다. 우리는 '범주화하다'라는 용어가 지닌 가장 일반적인 의미를 훌쩍 뛰어넘는 방식으로 범주화를 실행한다. 우리는 기존 범주에 속하는 대상, 행동, 상황을 범주화할 뿐만 아니라 여동생부터 길모퉁이 약국의 약제사까지, 링컨부터 레오나르도까지, 피카소부터 푸치니까지, 모차르트부터 마타하리까지 범주화 과정을 거쳐서 완전한 복수로 거듭난 고유명사들로 예시된 과정에 따라 이미 지각한 모든 개체를 즉시 범주로 바꾸기 때문이다. 간단히 말해서 우리 인간은 충동적인 범주 확장자들, 범주의 세계를 아무리 돌아다녀도 만족하지 못하는 여행자들, 의미적 이월의 숙련자들, 탁월한 유사성 발견자들 그리고 끝으로 상습적인 추상화 실행자들이다.

표지라는 현상은 범주를 확장하는 우리의 억누를 수 없는 경향을 완벽하게 예시한다. 우리는 어휘 라벨을 고정적으로 유지하면서도 점차 지식이 늘어남에 따라 적용 대상이 되는 대상이나 상황을 끊임없이 넓혀가며, 그 이면에는 언제나 많은 요소를 통합하는 강하고 안정된 유추적 연결 고리, 즉 개념적 골격이 있다. 가령 아이가 어떤 것에 부딪힌 데 따른 불가피한 결과로 보는 **혹**이나 액체를 담는 데 쓴다고 생각하는 **통**을 생각해보라. 어른에게 이 둘은 모든 요소가 깊은 핵심을 공유하는 훨씬 풍부한 범주다. 유추를 통해 의미를 풍부하게 만드는 일은 단일어나 구절을 하나 이상의 범주에 붙이는 라벨로 활용하는 것을 정당화한다. 추상 개념의 범위를 부드럽게 위아래로 옮겨가게 해주고, 우리가 처한 맥락에 비추어 그 범위에서 적절한 지점을 선택하게 해주기 때문이다. 그래서 장난감 상자에 있는 트럭을 '승용차car'로 부르는 심한 실수를 절대 저지르지 않는 메건은 등굣길에 아버지가 한 "차 조심해!"라는 말에 따라 본능적으로 그리고 자연스럽게 트럭(그리고 모터사이클, 자전거, 스쿠터 등)을 피할 것이다. 또한 절대 커피를 주문하지 않는 로이는 친구와 '커피 한잔을 하면서도' 차를 마실 수 있다.

표지 과정은 개념의 핵심이 무엇인지 밝히는 데 중요한 역할을 한다. 우리는 모든 개념에 대한 최초의 구체적인 사례에서 출발하여 더 추상적인 사례로(즉 나무 탁자 위에 놓인 가시적 종이 문서에서 컴퓨터 화면에 나오는 비가시적 전자 문서로, 우편 주소에서 이메일 주소로) 나아간다. 한때 (사례에 나온 대로) 두 개의 추상화 층위가 있었고, 앞서 생긴 낮은 층위는 표지된 범주, 이후에 생긴 높은 층위는 미표지된 범주였다. 두 층위는 표지된 범주만 아는 사람에게는 보이지 않는 추상적 핵심을 공유한다. 그래서 전자화된 파일과 폴더가 익숙해진 후에야 전통적인 데스크가 지닌 육중한 단단함이 **데스크다움**에서 버릴 수 있는 속성으로 보이게 된다. **방에서 상당한 공간을 차지하는 것**과 **서랍이 달린 것**이라는 다른 속성도 마찬가지다. 기술적 진전 덕분에 데스크라는 개념의 핵심은 **문서 작업을 위한 공간**인 것으로 드러났으며, 이 핵심은 구식 나무 데스크와 신식 전자 데스크에 동일하게 잘 적용된다.

이런 과정은 어떤 범주에 속한 최초의 요소로부터 멀리 떨어진 곳까지 우리를 데려간다. 숨겨진 핵심을 서서히 드러내는 경로가 많고, 찾는 데 시간이 걸리기 때문이다. 이 경로는 **파동**이라는 개념으로 살펴보았듯이 여러 층위의 추상화를 수반할 수 있다. 이렇게 범주를 확장하는 일은 사고에서 대단히 중요한 의미를 지닌다. 주어진 개념에서 무엇이 핵심적이고 무엇이 주변적인지 알게 해주고, 그에 따라 적절하게 일반화하는 방법을 보여주기 때문이다.

우리는 두 상황이 지닌 깊은 공통점을 보기 위해 특정한 피상적 속성을 간과하고 중요한 속성에 초점을 맞출 수 있다. 우리가 늘 의존하는 이 추상화 능력은 살아가는 동안 연이어 새로운 상황에 직면할 때 이전에 얻은 지식을 효율적으로 사용할 수 있도록 해준다. 따라서 추상화는 인간이 한 범주에서 다른 범주로 우아하게 이동하고, 세상을 효율적으로 인식하며, 유익하게 상호작용을 하도록 해주는 핵심적인 도구다.

다만 주어진 영역에서 이 일을 하는 방식에서 초보자와 전문가는 차이를 보인다. 초보자는 소수의 종을 아래에 둔 단일한 속이라는 대단히 거친 범주화에 의존한다. 그래도 이는 인지한 속성에 따라 구분을 한다는 범주화의 근본적인 목적을 수행하기 때문에 어떤 영역에서든 일을 시작하는 아주 좋은 방식이다. 가령 **정사각형**(하나의 종)은 한 쌍씩 평행을 이루며, 직각이 네 개 있는 동일한 변을 지닌 **사각형**(속)이다. 한 영역에 더욱 익숙해질수록 중간 층위(아속)에 범주를 추가하는 과정을 통해 범주 포괄이 점점 흔해진다. 이 일은 종종 구체적인 용어를 더 포괄적인 범주의 명칭으로 사용함으로써, 즉 표지를 통해 이루어진다. 그래서 명칭에 따르면 전문가이기 마련인 동물학자에게 **단봉낙타**는 **낙타**camel(종종 쌍봉낙타)의 일종이지만, 대다수 사람에게 두 범주는 상호 배타적이며, 마찬가지로 수학에 능한 사람에게 **정사각형**은 **직사각형**의 일종이지만 대다수 사람에게 두 범주는 상호 배타적이다.

추상화 층위가 늘어나는 일은 현재 초점을 맞춘 범주가 우리를 막다른 길로 이끄는 것처럼 보일 때마다 관점을 전환할 자유를 준다. 그러나 **어떤 범주화 행위**로 진전이 지체되는지 파악하는 일은 대단히 어려우며, 창의성이 지닌 미묘성은 대부분 이 점에 기인한다. 가령 던커가 제시한 고전적인 양초 문제에서 난관을 초래한 것이 압정 통에 대한 성급한 범주화라고 선험적으로 말할 수 있는 사람이 있을까? 이 사실을 인지하는 일, 즉 잘못된 범주화를 지적하는 일은 대단히 어렵지만 새로운 경지를 열 수 있다. 더 추상적인 범주화는 그때까지 보이지 않던 특정 속성을 조명함으로써 막다른 길을 우회하도록 해주기 때문이다. 숲에서 보낸 소풍부터 아르키메데스의 법칙과 마우스 발명에 이르기까지, 모든 경우에 핵심적인 움직임은 범주로 구성된 공간에서 적절한 상향 도약을 이루는 것이었다.

우리 인간은 모두 범주 덕분에 사고할 수 있으며, 우리가 공유한 범주의 목록을 집단적으로 늘림에 따라 개인적 목록도 지속적으로 늘어난다. 우리는 **조작할 수 있는 것**이라는 범주와 **부피를 가진 물체**라는 범주처럼, 주위를 둘러싼 세상을 이해하기 위해 무의식적으로 대단히 추상적인 범주에 의존한다. 또한 **요크셔테리어**와 **스태포드셔테리어**를 구분하게 해주고, **1996년산 주브레 샹베르탱 프리미에 크뤼 레 카제티에 도미니크 로랑**의 특징에 대한 의견을 제시하게 해주며, 채소 수프에 넣을 재료로 **안켈리니**와 **프리마베리네** 사이에서 선택을 하게 해주는 아주 구체적인 범주에도 의존한다. 그래서 이 범주 체계의 유연성이 **호모사피엔스사피엔스**가 요크셔테리어와 구분되는 열쇠로 보일 수도 있다.

5

유추는 어떻게 우리를 조종하는가

v
v
v
v

How Analogies Manipulate Us

불청객의 손에 맡겨지다

유추가 우리를 조종하고 지배할 수 있을까? 확실히 그렇다. 실제로 유추는 'manipulate'라는 용어가 지닌 두 가지 의미에 따라 우리를 다룬다. 첫째, 유추는 종종 우리가 깨닫지 못하는 사이에 머릿속에서 이루어진다. 그래서 몰래 우리 안으로 **침입**하여 중앙 무대를 장악한다. 둘째, 유추는 우리를 **억압**한다. 그래서 특정한 통로를 따라 우리의 생각이 흐르도록 강제한다. 그래서 유추는 단지 매력적이고 다채로운 교육적·수사적 도구가 아니라 나름의 의지를 지닌 약삭빠른 존재다. 유추는 상황에 대한 우리의 해석을 좌우하고 논의의 결론을 결정한다. 달리 말하면 유추는 일단 등장하면 행사를 망치는 데 만족하지 않고 남은 밤을 휘어잡는다.

'manipulation'이라는 단어는 부정적인 느낌을 풍기지만 유추가 항상 해로운 방식으로 우리를 조종하는 것은 아니다. 유추로 유도되거나 떠밀리거나 심지어 강요당하는 일은 당연히 나쁜 결과를 불러올 수 있지만 이는 크게 보면 긍정적인 현상의 다른 면일 뿐이다. 사실 상황에 대한 해석은 그에 따라 환기되는 유추물(혹은 범주)과 분리할 수 없다. 그래서 우리가 가진 범주는 인식 기관으로서 생리적 감각을 확장하여 더 추상적인 방식으로 외부 세계와 '접촉'할 수 있게 해준다. 또한 과거의 경험이 지닌 풍부성을 현재에 적용할 수 있게 해주는 수단이기도 하다. 범주가 없으면 우리는 세상을 속절없이 헤매고 다닐 것이다.

이 장의 목표

유추가 우리를 조종하는 양상에 집중하는 이 장은 책 전체의 축소판이기도 하다. 무심코 던지는 농담부터 역사의 방향을 바꾼 엄청난 결정까지, 모든 규모에 걸친 유추의 양극단 사이에 존재하며 일상적인 상황에서 환기되어 살면서 흔히 겪는 일에 대응하는 데 도움을 주는 범주를 모두 관통하기 때문이다.

유추가 우리를 조종하는 가장 은밀한 방식은 거칠게 말하자면 머릿속 합선의 결과로 왜곡되고 뜻이 통하지 않는 일련의 단어를 내뱉는 말실수를 통해 드러난다. 우리는 그 범인이 실시간으로 범주화를 해야 하는 끊임없는 압박이라는 사실을 보여주고, 행동 역시 언어처럼 우리의 머릿속에서 일어나는 개념적 합선을 드러내기 때문에 말실수라는 현상이 언어에 한정되지 않는다는 사실을 확인할 것이다.

뒤이어 실수의 세계를 떠나 규모와 가시성 면에서 약간 더 위쪽으로 이동하여 엉겁결에 그리고 명백한 이유 없이 이루어지는 유추를 살필 것이다. 이런 유추는 아무 예고 없이 등장하고, 대개 어느 곳으로도 이끌지 않으며, 거의 언제나 빠르게 잊힌다. 그러나 우리의 목적에 비추어보면 바로 그 무의미함이 유추 작용의 편재성, 즉 아무런 목적이 없을 때에도 우리의 머릿속에서 지속적으로 이루어지는 활동임을 드러내기 때문에 상당히 중요하다.

그다음에 우리가 살필 조작적 유추는 단순한 유추가 상황을 보는 방식을 결정짓고 지각과 추론 그리고 결정을 좌우할 수 있다는 사실을 보여주기 때문에 더 중요하다. 유추를 통해 부적절한 범주가 환기될 경우 상황을 비추는 빛은 너무나 눈이 부셔서 자신도 모르는 사이에 심한 혼란을 초래할 수 있는 인지적 협곡으로 우리를 이끈다. 우리는 이 현상이 지닌 중요성을 드러내기 위해 여러 인상적인 상황을 살펴볼 것이다.

어떤 활동에 깊이 몰입하거나 매우 드문 사건에 강하게 사로잡힐 때 생기는 강렬한 흥미는 초대장 없이 머릿속에 침입하는 한 무리의 유추, 다른 상황에서는 결코 이루어지지 않을 한 무리의 유추를 초래할 수 있다. 이 현상은 상황에 대한 불합리한 해석과 그에 따른 대단히 부실한 판단으로 이끌 수 있다는 유추 작용의 아킬레스건을 드러낸다. 그러나 집착의 영향으로 일반적이지 않은 유추를 하는 취약성은 뛰어난 창의성의 잠재적 원천이기도 하다. 물론 집착의 영향을 받을 때 우리가 알아차리는 공통성의 대다수는 뛰어난 통찰을 불러오지 않지만 가끔 이런 연계가 '천재적인 번뜩임'이라고 부르는 정신의 기적을 낳기도 한다. 실제로 집착에 사로잡힌 사람은 밤낮을 가리지 않고 모든 길모퉁이, 고개를 돌리는 모든 곳에서 그 대상의 유추물이 튀어나오는 것을 보며, 각각의 사소한 대상을 잠재적으로 그 대상의 일부 측면에 덧입힐 수 있다. 또한 그리 자주는 아니지만 때로 이 멈출 수 없는 동력에서 특출한 것이 나오기도 한다.

유추가 비교적 높은 인지 수준에서 우리를 조종하는 가장 흥미로운 방식은 은밀하게만이 아니라 강제적으로 결정을 유도하는 것이다. 이 일은 과거 상황에 대한 유추가 너무나 노골적이고 불가항력적이어서 그냥 받아들일 것을 강요하고, 거기에 따라야 한다고 생각하게 되는 상황에 처할 때 생긴다. 이런 상황에서 우리는 **과거에** 생긴 일이 무엇이든 간에 새로운 상황에서 불가피하게 **다시 한 번** 생길 것이라고 합리적 이유 없이 믿게 된다. 설령 그것이 바람에 어긋나거나 비합리적 결론으로 이어진다고 해도 말이다. 논리와 강력한 유추가 맞붙으면 '유추논리analogic'가 쉽게 이긴다.

이제 교활하고 끊임없이 가장 작은 규모에서 우리를 조종하는 미세 유추micro-analogies를 먼저 살펴보자.

말실수, 정신을 들여다보는 창

똑똑하고 말을 잘하는 사람은 유창하게 모국어를 쓰면서도 종종 글로 읽으면 아주 이상하게 보일 단어나 구절을 지껄인다. 또 가끔 천천히 또박또박 말하면 아이도 웃게 만들 일련의 단어나 유사 단어를 입에 올린다. 그러나 모두 실시간으로 아주 빠르게 지나가기 때문에 누구도(화자나 청자) 조금 이상하다고 느끼는 경우는 드물다. 그러나 언어와 사고에 깊이 매료된 사람이라면 귀가 더 열리고 민감하기 때문에 대다수 사람은 그저 밋밋한 배경으로 치부할 사소한 이상을 눈치채기 시작한다.

우리 두 저자, 특히 40년 넘게 열심히 그리고 꼼꼼히 말실수를 수집했고, 약 25년 전에 친구인 데이비드 모저와 함께 수집한 내용을 합친 더글러스 호프스태터의 경우가 그랬다. 근래에 연구팀에 합류한 에마뉘엘 상데의 세심한 관찰도 더했다. 우리가 모은 내용은 수없이 많은 유형을 지닌 수천 가지 실수를 포함하며, 그것만으로도 어렵지 않게 두꺼운 책을 낼 수 있다. 그래서 앞으로 나올 내용에서는 극히 일부만 다룰 수밖에 없다.

말실수에 대한 이론화는 프로이트 이후로 오랜 길을 걸었지만, 여전히 그의 생각이 대중의 머릿속에 깊이 박혀 있다. 말실수에 대한 프로이트식 관점은 **무의식을 들여다보는 창**으로서, 사람의 심리에 숨겨진 어두운 비밀을 드러낸다는 것이다. 이런 이유로 의식의 검열에도 불구하고 삐져나오는 말실수는 의도적으로 공공연히 드러내는 메시지보다 더 깊고 진실된 메시지를 담는다. 요컨대 화자가 지닌 가장 깊은 영혼은 '프로이트식 말실수'를 통해 무심코 드러난다. 현재 이 관념이 여전히 폭넓게 퍼져 있지만 예전만큼 진지하게 받아들여지지는 않는다. 그러나 '무의식을 들여다보는 창'이라는 구절을 덜 감상적인 방식으로 해석하면 아직도 전적으로 유효하다. 실제로 말실수는 의식적 층위보다 훨씬 낮은 곳에서 이루어지는 정신적 과정의 가청적(들을 수 있는) 자취(혹은 글 실수의 경우에는 가시적 자취)에 해당한다. 그래서 숲에 남은 동물의 자취처럼 세심한 관찰을 통해 '읽어내고' 많은 것을 얻어낼 수 있다.

프로이트 이후 말실수 연구는 언어학자로서 말실수의 사례를 집대성하고 무의식적 과정의 발현으로 분석한 빅토리아 프롬킨Victoria Fromkin의 연구와 함께 1970년대 초에 나름의 인정을 받았다. 그 뒤를 이어 실수의 형성 과정에 대한 영향력 있는 컴퓨터 모델을 개발한 심리학자 게리 델Gary Dell, 도널드 노먼Donald Norman, 데이비드 러멜하트David Rumelhart를 비롯한 사람들이 프롬킨의 연구 내용을 크게 확장했다. 프랑스의 심리학자인 마리오 로시Mario Rossi와 에블린 페테드파레Évelyne Peter-Defare 그리고 피에르 아르노Pierre Arnaud도 이 분야에서 연구를 진행했다.

실수 형성 과정에 대해 이야기하는 목적은 우리 모두가 저지르는 실수의 다양성뿐만 아니라 더 중요하게는 실수가 유추 작용을 통해 쉼 없이 이루어지는 범주화라는 정신적 활동의 특정 측면을 드러내기 때문이다. 처음에 나오는 몇 단락은 우리가 **어휘적 혼합lexical blending**이라고 부르는 과정, 긴 관용구에서 단음절 단어까지 모든 범위에 걸쳐서 둘 이상의 표준적인 어휘 항목을 이음매 없이 그러나 지리멸렬하게 뒤섞는 무의식적 과정을 다룬다.

뒤범벅Mishmosh을 만들기 위해 뒤섞이는 라이벌들

I **watched at** him for a long time / Is that **Buckminster Palace** over there? / She grew up in a **working-collar town** / His research, now mostly forgotten, was an important **stepping block** along the way / I always carry my notes with me as a **safety blanket** / I'm **thick in the middle** of a major project / It was just a **last-of-the-minute** impulse / She always does things **on the last minute** / It seems she's **having second doubts** about it now/ America has let its railroads **fall to pot** / He's had a rough time this season, **right out of the get-go** / Please **keep that into account** / She seems very much **up your wavelength** / Everyone is just **itching at the chance** to see him / I should **count my lucky stars** / His campaign speech was such **a pack of cards** / She went completely **off the rocker** / Well, I can't say that he's **shaking the world on fire** / I have to **share my shoulder of the blame** / When I saw how many people had come, it just **blew me over** / Our old car finally **bit the bucket** / Let's not **mince hairs**, please! / Okay, I'll **give a stab** at answering your question / That's the real **meat and butter** of their business / I slept till noon and **woke up like a baby** / I don't want to **be in any touch** with that guy any more / He's **as loony as a tune** / **I didn't know diddly-word** about their plans / My son **complains like a broken chimney** / I was unaware of what went on **under the scenes** / Little elves darted **hither and skither** / I might be able to **lay my fingers on it** / As a teen-ager, I was hugely **insecure of myself** / I made a great speech error **yesterday night!** / Doug is **crazed with** salsa / She was hoping to **follow in his shoes** / **I try like the plague** to avoid people like him / We're hoping to **piece apart** the details of the process / In the meanwhile, we'll **keep our eyes out for it** / But **for the meantime**, that'll be enough / His nutty ideas **aren't worth the time of day** / They'll probably **snub their nose** at you / The French **turn down their noses** at roséwine / I wouldn't **fall for that trap!** / I woke her up when **she was just getting asleep** / Hey, you did a really **nice piece of job** there! / In their eagerness to slander him, they **stooped at nothing** / That'll surely lead you down **a tricky slope** / **What's up, Dolly?** / **Whoa, Betsy!** / Well, **for heavenly days!** / **Goodness grief!** / Wow, that' s **pretty something**! / It's going to be smooth sailing **from now on out**! / Give me a call **when you have a time** / And then I **piped in**, 'Go for it!' / **Oh, I kay** — you're probably right / His three teen-age daughters really **run him nuts** / I didn't realize I was **treading on anyone's sacred cows** / I **bought the bullet** on that one / It's not gonna **make a big deal**, right? I hope you can **steer your way clear** to making it to my party / My parents are **breathing down my back** / It's **no skin off my teeth** / By then, the campaign **was in high swing** / You actually need **magnifying glasses** to read it / Some of my colleagues **from even further aflung** will be coming / They're always **touting Princeton's horn** / When she tried to say it in Italian, she **stumbled all over her face** / I have no problem with **taking second seat** / I was thinking how **difficult on her** this must be / The magnitude of the challenge **caught me by surprise** / They had to pull him out of there **kickin' and draggin'** / Watch what you eat, or you're going to have a **heart-a-choke** / My cell phone isn't within my **hear-sight** / My mother is a bit **hard of seeing** / This new place is really **my oyster bed** / None of the profs **would hesitate twice** about consulting Wikipedia / I would **walk through water** to have my kids get accepted at that school / I tell you, that guy is **one cool potato**! / He was **en his route** to Singapore via Bangkok / I wonder what Bach would sound like to someone with a **tin-deaf ear** / When I saw his name in the paper, **two and two just clicked** ……

이 모든 혼합구blend는 우리가 자신과 가족, 친구, 동료 그리고 라디오 및 다른 매체에서 듣고 기록한 것이다. 미국식 영어에 유창한 독자는 (종종 그 수가 두 개 이상이라는 점을 염두에 두고) 어떤 구절이 잘못 조합되었는지 찾아보면 재미있을 것이다.

위에 나오는 '잡탕식 표현'은 우스꽝스러우며, 볼드체로 인쇄했기 때문에 뻔히 잘못된 것으로 보일 수 있다. 그러나 인용 틀frame이나 볼드체가 없으면 두 개의(혹은 그 이상의) '내용'이 크게 들려도 아주 세심한 청자만 이런 종류의 실수를 감지할 것이다. 실제로 화자나 청자를 막론하고 누구도 어휘적 혼합을 대부분 잡아내지 못했다. 이상하게 보일지 몰라도 유창한 언어 사용자는 대개 고막을 두드리는 단어가 아니라 **의도된** 관념만 '듣는다.'

어휘적 혼합은 감지하기가 힘들지만 사방에 스며들어 있기 때문에 약간의 훈련을 받고 세심하게 주의를 기울이면, 언어와 사고에 관심을 가진 모든 관찰자는 이 현상을 감지하고 그 사례를 기록할 수 있다. 또한 녹음된 말을 들어보면 회의적인 사람조차 일상적인 발화가 실로 감지되지 않은 어휘적 혼합으로 가득하다는 사실을 수긍하게 된다.

우리는 인터넷이 나오기 수십 년 전부터 실수를 수집해왔다. 그래서 언젠가 그토록 강력하고 대중적인 언어의 보물창고가 열릴 것이라고는 전혀 생각하지 못했다. 우리는 간단한 웹 검색만으로도 세계사에서 독특한 사건이라고 추정했던 많은 실수가 검색어를 입력하는 수십 명 혹은 심지어 수백 명에 의해 독립적으로 재연되었다는 사실을 깨닫게 되었다. 이는 대단히 놀라운 일이었다. 관심 있는 독자는 다양한 혼합구를 검색해보면 얼마나 자주 등장하는지 알 수 있다. 우리가 수집한 다채로운 혼합구 중 몇몇은 여전히 유일한 사례이지만 다수는 자주 등장한다.

어휘적 혼합을 감지하는 감각을 얻고 나면 혼합구 수집에 중독될 수 있다. 혼합구가 지니는 큰 매력은 전체적으로 모아놓으면 정신을 들여다보는 넉넉한 창이 된다는 것이다. 그래서 사람들이 일상적인 의사소통에서 실시간으로 압력을 받으면서 생각을 단어로 바꾸려고 애쓸 때 복잡한 상황을 핵심만 남겨서 압축하고 단순하게 만들려는 치열한 노력을 통해 이면에서 찾는 유추물들이 무의식 속에서 서로 끊임없이 경쟁한다는 사실을 드러낸다. 이 부산한 경쟁에서 종종 확실한 승자가 나오지만 때로 어떤 범주도 명확한 승자가 아니어서 두 개 이상의 어휘 항목, 즉 경쟁하는 범주에 대한 표준적인 언어 라벨이 동시에 발화되려고 서로 다투게 된다. 이 경우 경쟁 항목의 단편들이 발화 사슬 안에 뒤섞여서 위에서 제시한 많은 구절처럼 이상하고 예기치 못한 혼종구hybrid를 만들게 된다. 그러면 지금부터 몇 가지 사례를 더 자세히 살펴보자.

혼란스러운 학장의 두뇌에 있는 갈지자 인지 경로

어느 날 강한 결의를 가진 학장이 통화를 하다가 대학에서 집중적으로 벌이고 있는 인재 영입 운동의 대상자인 유명하고 존경받는 연구자에 대해 다음과 같은 말을 했다.

> We'll pull no stops unturned to get him to come here(우리는 그 사람을 데려오기 위해 모든 백방을 동원할 겁니다).

상대는 소리 없이 웃으며 호주머니에서 작은 공책을 꺼내 잊지 않으려고 바로 이 말을 기록했다. 그날 이후로 이 짧은 발언은 어휘적 혼합이라는 현상과 관련하여 우리가 즐겨 드는 사례가 되었다. 오랜 시간이 지났음에도 불구하고 이 특별한 혼합구는 여전히 오랜 옛날에 학장의 머릿속에서 돌아가던 비유 장치가 맞물리고 휘도는 것을 언뜻 보게 해준다.

왜 그 열정적인 학장은 자신의 입에서 튀어나온 이 이상한 구절을 바로잡지 않았을까? 물론 그는 'to pull no stops unturned'가 표준적인 영어 숙어라고는 생각하지 않았다. 그렇다면 왜 그는 말을 멈추고 다시 돌아가서 스스로 교정하지 않았을까? 사실 모든 혼합구와 화자들에 대해 같은 질문을 던질 수 있다. 우리는 모두 눈에 띄지 않은 채 지나치는 비슷한 실수를 저지르기 때문이다. 대다수 독자는 아마 우리가 이 논의에서 노골적으로 인용 틀 안에 넣은 잘못된 구절에 웃음짓겠지만, 사실 이 책의 모든 독자는 두 저자처럼 매일 비슷한 오류가 있는 내용을 말한다. 다만 누구도 인용 틀 안에 넣어서 명시하지 않기 때문에 눈에 띄지 않을 확률이 높을 뿐이다.

학장의 머릿속에 있었던 두 개의 라이벌 범주는 **pull-out-all-the-stops(모든 수단을 동원하다)**라는 범주와 **leave-no-stone-unturned(백방으로 알아보다)**라는 범주다. 첫째 범주가 지닌 어휘 라벨은 파이프오르간 연주에서 기인한 구절로, 가능한 한 가장 크게 소리가 교회에 울려 퍼진다는 것을 뜻한다. (stop은 오르간 파이프를 막는 기구인데 스톱을 모두 당기면 모든 파이프에서 소리가 난다.) 이 구절은 처음 말해진 후 당연히 유추를 통해 퍼져나갔으며, 목표를 달성하기 위해 어떤 것도 남겨두지 않고 모든 수단을 동원한다는 의미를 얻었다.

두 번째 범주의 경우, 해당 어휘 라벨은 어떤 대상을 잃어버려서 아무리 가능성이 낮다고 해도 모든 비유적 돌 아래에 있는 가능한 모든 곳을 뒤지고자 하는 절박한 탐색 과정을 암시한다. 이번에도 표현하는 관념은 전력으로 간절한 목표를 추구한다는 것이다.

학장의 머릿속에서 부각된 두 라이벌 범주는 해당 교수를 채용하는 것이 가능한 모든 수단을 동원하여 가능한 한 시급하고 열성적으로, 핵심적이고 중요한 목표를 추구하는 상황이라는 사실을 수반한다. 우리는 두 개의 부속 구절이 맡은 역할을 다음과 같이 제시할 수 있다.

"We'll **pull**[1] out all the **stops**[3] to get him to come here(우리는 그 사람을 데려오기 위해 모든 수단을 동원할 겁니다)."

"We'll leave **no**[2] **stones unturned**[4] to get him to come here(우리는 그 사람을 데려오기 위해 백방으로 알아볼 겁니다)."

'1'부터 '4'까지의 숫자는 두 라이벌 어휘 항목에 속하는 조각들이 갈지자로 선택된 순서를 보여준다. 조각 2는 'no'라는 단어뿐만 아니라 'stones'의 처음에 나오는 자음부로서 'stops'라는 조각 3의 처음에 나오는 자음부와 동일한 'st'도 포함한다는 사실을 주목하라. 분명 'stones'와 'stops'라는 단어가 우연히 음성적으로 겹친다는 점에서 다른 경로가 아닌 갈지자 경로를 따라서 두 구절을 이음매 없이 들리게 하는 단일한 출력열output stream로 엮는(혹은 교차하는) 일이 더 쉬워졌을 것이다.

두 관용구가 학장의 머릿속에서 동시에 활성화되었다는 것은 그다지 놀라운 일이 아니다. 사실은 두 관용구가 모두 활성화되는 것은 대단히 타당하고 심지어 불가피해서, 사색적인 사람은 '이 학장이 머릿속에서 동시에 구축되어 라이벌 어휘 항목을 동시에 떠올리게 만든 두 개의 유사한 유추물 때문에 실수를 했다면 왜 나는 종종 **다른** 구절의 방해로 실수를 하지 않고 **한** 구절만 사용할 수 있는 것일까?'라는 의문을 가질 것이다. 그러나 생각해보면 이 의문은 '어떻게 능숙한 피아니스트는 건반에 나란히 붙은 두 음을 동시에 치지 않을까?'라고 묻는 것과 같다.

개념의 건반 위에서 두 음을 동시에 치기

사실 미숙한 피아니스트는 짜증스럽게도 항상 이런 실수를 **저지른다**. 그러나 시간이 지나면 다른 음이 아주 가깝게 붙어 있음에도 **필요한 음**만 치는 기술을 점차 습득하게 된다. 이는 운동 근육과 관련된 일종의 작은 기적으로 굳이 설명이 필요하지는 않다. 하지만 우리가 문제없이 단어나 구절을 말할 때마다 **범주**와 관련하여 작은 기적이 일어난다는 사실을 깨닫게 만드는 데 도움을 줄 것이다. 우리는 대개 의미적으로 가까운 이웃과 뒤섞이지 않은 순수하고 오염되지 않은 **적절한 단어나 구절만** 말한다. 그렇다면 어떻게 우리의 '머릿속 손가락'은 이웃한 두 '음'을 동시에 치지 않을까?

사실 우리의 머릿속 손가락은 종종 두 음을 동시에 **쳐서** 둘 이상의 라이벌 범주를 활성화한다. 그 결과 인간의 말은 이면에서 벌어지는 조용한 전투가 남긴 자취에 해당하는 온갖 사소한 결함으로 가득하다. 어떤 언어를 쓰든 그 말을 주의 깊게 들어보면 약간 변형된 모음, 약간 늘어진 자음, 무성음으로 발음해야 할 때 유성음으로 발음한 자음(혹은 그 반대), 단어 사이에 들어간 약간의 휴지休止 그리고 다른 많은 미묘한 음성적 왜곡을 들을 수 있다. 이 모두는 화자가 거의 언제나 전혀 깨닫지 못하는 가운데 어휘 간 경쟁으로 들끓는 이면의 활동이 표면으로 드러난 것이다.

기여한 구절이 몇 개인가

어휘적 혼합이라는 현상을 관찰하는 몇몇 사람들은 모든 혼합구가 **정확하게** 어휘 항목 **두 개**가 결합된 것이라고 주장하지만 앞서 간략하게 언급한 대로 이는 지지할 수 없는 가설이다. 혼합구를 많이 모아놓으면 불가피하게 세 가지(그리고 때로 네 가지) 항목을 수반하는 사례가 나온다.

사실 앞서 소개한 우리의 혼란스러운 학장이 말한 혼합구에는 수반되었을 가능성이 높은 세 번째 관용구가 있다. 그 구절은 바로 'We'll pull out all stops'와 'We'll leave no stone unturned'처럼 건성이 아니라 최대한 열성을 기울여서 과제를 수행하겠다는 의미를 지니는 'We'll pull no punches(전혀 망설이지 않다)'이다. 게다가 'We'll pull no punches'와 'We'll pull no stops unturned'는 정확히 같은 단어 세 개로 시작한다. 그래서 'We'll pull no punches'가 그 과정에서 일정한 역할을 했을 가능성이 높다. 다만 'We won't pull any punches'로 말하는 경우가 더 흔하기 때문에 의심의 여지는 있다.

그러면 지금부터는 삼중 혹은 그보다 더 심한 혼합이 이루어진 명백한 사례를 살펴보자. 라디오 인터뷰에서 한 작가가 비트족 시대에 유명했던 샌프란시스코의 시티라이츠City Lights 서점을 설명하면서 이렇게 말했다.

> 궁핍한 시인들은 항상 책이 잘 구비된 서가를 둘러보았고, 종종 겨드랑이에 책을 숨기고 걸어 나가기도 했어요. 그래도 점원은 그냥 다른 눈을 돌렸죠turn the other eye.

마지막 구절은 대단히 부드럽게 흘러간다. 그래서 누구라도 아무 어려움 없이 이해할 수 있다. 사회자도 비웃으며 "**다른 눈을 돌렸다고요, 예**?"라고 말하지 않았다. 그러나 아무리 부드럽게 들린다고 해도 'turn the other eye'는 영어 숙어가 아니며, 실제로 전혀 말이 되지 않는다. 다만 여러 의미에서 밀접한 다른 숙어들이 있다. 그중 하나는 'look the other way(못 본 척하다)'이고, 다른 하나는 'turn a blind eye(눈감아주다)'이며, 세 번째는 'turn the other cheek(감내하다)'이다. 또한 더 짧은 숙어인 'turn away(고개를 돌리다)'도 있다. 우리는 이 네 숙어가 어떻게 위에 나온 말에 기여했을지 추적하지 않을 것이며, 확실히 **다른 어떤 숙어**도 아닌 **바로** 이 네 어휘 항목이 기여했다고 주장하지도 않을 것이다.

사실 어휘적 혼합을 소급적으로 분석하는 일(놀랍도록 정교한 실시간 두뇌 스캔 장치가 나오고 우리가 두뇌를 훨씬 더 잘 이해하기 전까지는 타당한 추정에 기초한 소급적 분석만 가능하다)이 지닌 한 가지 문제점은 어떤 구절들이 기여했는지 명백하게 보이는 경우가 있는 반면 논쟁의 여지가 많은 경우도 있다는 것이다. 실수투성이인 우리는 무의식적 메커니즘으로 이어진 특별 통로로 갈 수 없으며('이면'에 있기 때문에!), 우리가 한 말에 대해 반드시 외부인보다 딱히 더 믿을 만한 분석가라고 볼 수도 없다. 그래서 우리가 '용의자'로 내세운 구절이 반드시 진범은 아니다. 어쨌든 혼합구에 기여한 모든 구절이 **동일한 정도로** 영향을 미쳤다고 생각하는 것은 순진하다. 그래서 우리가 먼저 마주하는 것은, 기여했을 법한 두 개 이상의 훨씬 많을 수 있는 **타당한** 구절의 목록이며, 뒤이어 각 구절이 최종 혼합구에 **얼마나 많이** 기여했는지(**얼마나 많은 단어**가 들어갔는지가 아니라 **얼마나 많은 영향**을 미쳤는지)에 대한 곤란한(실은 대답할 수 없는) 질문이다.

아래는 알 수 없는 수의 요소가 들어간 어휘적 혼합의 사례다.

> What is it the hell he wants, anyway?

여기에 기여한 두 개의 구절은 명백히 'What is it that he wants?(그 사람이 원하는 게 뭐야?)' 그리고 'What the hell does he want?(대체 그 사람은 뭘 원하는 거야?)'이다. 그러나 영향을 미칠 만한 세 번째 구절, 'What in the hell does he want?(도대체가 그 사람은 뭘 원하는 거야?)' 그리고 심지어 네 번째 구절, 'What in hell does he want?(그 사람은 대체 뭘 원하는 거야?)'도 있다. 우리는 이 구절 중 어느 것이 특정 화자의 머릿속에서 이 실수를 **초래했는지** 혹은 **초래하지 않았는지**에 관하여 실제적이고 과학적인 사실이 존재한다고(혹은 말하는 시점에서 존재했다고) 주장하지만, 두뇌에 대한 오늘날의 이해 수준을 고려할 때 이런 문제는 전적으로 접근할 수 없다는 점을 인정한다.

다음은 복수의 영향을 받은 인상적인 사례다.

My dad really hit the stack when I got home so late.

듣는 사람은 아버지가 갑작스레 심하게 화를 냈다는 것으로 받아들인다. 말하자면 **hit the ceiling(길길이 날뛰고), blew his stack(발끈 화를 냈다)**이다. 미국 영어를 쓰는 모든 사람은 이 두 표현이 이면에서 관여했다는 사실을 즉시 깨달을 것이며, 아마도 그것이 전부라고 생각할 것이다. 그러나 그럴 가능성은 아주 낮다. 이 각각의 구절은 최종 혼합구의 약 절반을 담고 있지만 **전체적으로** 말해진 표현과 거의 똑같이 들리는 다른 아주 흔한 미국 숙어, 바로 'hit the sack'이 있다. 'hit the sack'의 의미('잠자리에 들다')가 갑작스러운 분노의 표출과 확실히 관계가 없기는 하지만 이 표준적인 구절의 '음성적 견인phonetic pull' 내지 '음향적 인력sonic attraction'이 혼합구에서 아무런 역할도 하지 않았다고 믿기는 어렵다. 이는 마치 거대한 행성의 중력이 화자를 끌어당기는 것과 같다.

이 어휘적 혼합 그리고 다른 모든 혼합에서 영향을 미치는 구절은 적절한 개념에 대한 일종의 **개념적 인접성** 혹은 어떤 어휘 항목(종종 생성되는 혼합구 자체)에 대한 **음성적 인접성** 때문에 휴면 상태에서 소환된다. 그리고 이 두 종류의 인접성은 무의식적 유추가 이루어졌음을 의미한다. 무의식적으로 진행되는 이 특별한 정신적 과정을 단 몇 단어로 거칠게 정리하자면 (두 라이벌 **의미적** 유추물의 결실을 한데 묶음으로써) 조합된 잘못된 혼종구는 매우 친숙한 구절에 대한 음성적 유사성 때문에(즉, **음성적** 유추 때문에) '옳게 들린다.' 그래서 더 매력적으로 변하며, 이 점은 발화되는 지점까지 강한 추진력을 부여한다.

아래에 나오는 재미있는 구절은 인지과학 분야의 유명한 교수가 오랫동안 일한 후 물러나는 비서의 공을 치하할 때 무심코 말한 것이다.

She'll be hard shoes to fill!

당혹감을 느끼면서도 후세를 위해 재빨리 공책에 적은 청자에게 이 문장은 (실제로 잠시 이해가 안 될 정도로) 너무나 이상하게 들렸기 때문에 그 자리에 모인 인지과학자들이 누구도 웃거나 킥킥대거나 기록하지 않는다는 사실이 놀라울 정도였다. 어떻게 언어와 인지의 비밀을 연구하는 직업을 가진 수많은 사람들이 이처럼 이상하고 알아듣기 어려운 구절을 눈치채지 못할 수 있을까? 그러나 실제로 그 일이 일어났다.

이 사례에서 영향을 미친 구절은 명백히 'She'll be a hard act to follow(그녀는 따라 하기 어려운 사람입니다)'와 'It'll be hard to fill her shoes(그녀를 대신할 사람을 찾기가 어려울 겁니다)'라는 두 숙어를 포함한다. 그러나 더 간단한 구절인 'She'll be hard to replace(그녀는 대체하기 어려울 겁니다)'도 여기서 일정한 역할을 했다. 혼합구처럼 부정관사 'a' 없이 'She'll be hard'라는 단어들을 사용하기 때문이다.

우리는 지금까지 살핀 혼합구보다 더 많은 구절이 영향을 미쳤을 법한 혼합구를 살피면서 이 단락을 마무리할 것이다.

Things are looking glimmer and glimmer these days.

'glummer(더 침울한)', 'gloomier(더 음울한)', 'grimmer(더 암울한)'라는 형용사 중에서 적어도 두 가지가 이 대단히 비관적인 혼합구의 이면에서 진행된 이야기에 관여했다는 것은 거의 확실하다. 각각의 형용사는 존재하지 않는 형용사인 'glimmer'와 나름의 강력한 음성적 유사성을 지닌다. 또한 'slimmer(더 빈약한)'와 'dimmer(더 희미한)'라는 두 형용사가 어떤 역할을 했을 수도 있다. 끝으로 가장 흥미로운 점은 혼합구에 나오는 'glimmer'라는 단어를 포함하는 'a glimmer of hope(한 가닥 희망)'라는 표준적인 구절이 존재한다는 것이다. 그러나 재미있게도 'glimmer'라는 단어는 'a glimmer of hope'에서는 **명사**인 반면 혼합구 안에서는 고안된 **형용사**이다. 'a glimmer of hope'는 그 의미가 조심스러운 희망을 피력하기는 하지만 아주 걱정스러운 상황을 묘사할 때만 말해지는 경향이 있기 때문에, 혼합구의 이면에 깃든 전반적인 비관적 감정과 밀접한 관계를 이룬다.

급히 덧붙이자면 위의 혼합구에 영향을 미쳤을 법한 여섯 가지 단어가 즉각적으로 명백하게 드러난 것은 아니다. 실은 꽤 생각을 한 끝에 떠올릴 수 있었지만 일단 떠오른 후에는 모두가 상당히 타당해 보였으며, 그중 네 가지 단어는 아주 강력한 후보로 다가왔다. 결론적으로 이 혼합구에는 다른 잠재적 요소 여섯 개가 있는 것으로 보이지만 실제로 그중 어느 것이 얼마나 깊이, 어떤 방식으로 관여했는지 아는 것은 불가능하다. 물론 이 혼합구에 영향을 미쳤지만 우리가 생각지 못한 다른 단어나 구절이 있을 수 있다. 따라서 전체적으로 볼 때 특정한 어휘적 혼합의 이면에서 어떤 일이 **실제로** 벌어졌는가에 대한 질문은 이 사례가 보여주듯이 엄청나게 까다롭다. 우리가 할 수 있는 것은 근거 있는 추측뿐이다.

단일어로 된 어휘적 혼합

지금까지 살핀 혼합 사례는 대부분 여러 단어로 된 구절을 수반하지만 아주 짧은 단어를 사용하여 더 작은 규모에서 혼합이 이루어질 수도 있다. 다만 그에 따른 혼합은 대단히 빨리 지나치기 때문에 감지하기가 더 어렵다. 아래의 사례를 보자.

Our book is maistly about analogy-making.

명백히 두 라이벌 부사인 'mainly(주로)'와 'mostly(대개)'가 뒤섞인 이 이상한 단어는 우리가 처음 수집한 이래 여러 번 확인되었다. 이 단어는 글로 보면 확연하게 두드러지지만 아주 빠른 말의 흐름 속에서는 종종 완전히 감지되지 않은 채 흘러간다.

아래는 단순하지만 미묘한 또 다른 혼합어다.

I don't want to dwelve into it.

이 경우 참여한 구절은 'to dwell on it(그 문제를 곱씹다)'과 'to delve into it(그 문제를 파고들다)'이다. 'dwell'과 'delve'는 모두 자주 쓰이지 않는 단어다. 어휘 세계의 가장자리에 있는 단어를 과감하게 사용하는 일은 건반의 양쪽 끝에 있는 음을 치기 위해 멀고 위험한 도약을 하는 일과 약간 비슷하다. 친숙한 영역에서 멀리 떨어진 목표로 건너뛰면 인접한 두 음을 동시에 칠 위험이 당연히 크게 높아진다.

때로는 아래에 나오는 사례처럼 자주 쓰이는 단어도 뒤섞인다. 이 사례에서는 대니의 아버지가 전화를 받는다. 수화기 저편에서 어린 목소리가 "대니 있어요?"라고 묻는다. 대니의 아버지는 이렇게 대답한다.

I'm not sure — I'll go seck.

열심히 말실수를 수집하던 그는 신이 나서 즉시 자신의 말실수를 받아 적었다. 처음에 이 말실수는 단지 두 개의 단음절 단어, 즉 'see(보다)'와 'check(확인하다)'가 귀엽게 달라붙은 것처럼 보였다. 그는 두 단어가 왜 역순으로('I'll go chee') 붙지 않았는지 궁금했지만 뒤이어 이면에서 중요한 역할을 한 세 번째 요소로서 말로 꺼내지는 않았지만 전화기를 놓을 때 분명히 생각한 내용 중 하나인 'Just a sec(잠시만)!'이 있다는 사실을 깨달았다. 'I'll go chee'와 'I'll go seck' 사이에 경쟁이 벌어졌다면 이 숨겨진 음성적 추가 요소가 쉽게 'I'll go seck'이 이기는 쪽으로 균형을 무너뜨렸을 것이다.

아래는 우리가 여러 번 들었으며, 역시 대단히 빠르게 지나가고 아주 자연스럽게 들려서 놓치기 쉬운 다른 혼합어다.

Why, shurtainly!

이 사례에서는 'Sure(확실하지)!'와 'Certainly(당연하지)!' 사이의 다툼이 확연하게 이면에 놓여 있다.

다음은 단일어 수준에서 나온 어휘적 혼합의 사례들이다.

단음절 혼합: That's a **neece** idea! / She's pretty **darmn** young for him, if you ask me / A couple of unwarranted assumptions have **slept** into the text / Will you please **stut** that out? / I decided to **skwitch** to a later chapter / We'll board as soon as the **plight** has unloaded / He's a big **wheeze** in the NSF / I'll come over pretty **shoon** / He vanished into the **maws** of the volcano / She's scared of little beasties that **prounce** all about ……

복음절 혼합: He's such an **easy-go-lucky** guy / It's a pretty tall building, fifteen **flories** high / An outburst in which she **bystepped** all logic / She'll probably arrive somewhere **arout** ten o'clock / I did it as **quiftly** as I could / Yeah, I see what you're **griving** at / He's got lots of **oddbeat** ideas / Wow, you're quick on the **updraw**! / I'm going **outstairs** to get the paper / So far they just have two **kidlren** / She's out in California, visiting her **farents** / Thousands of people jammed the square to show their concern for the **frailing** pope / You've just gotta keep on **truggin'** / And then he slowly pulled on his **slousers** / His oversight caused a **humendous** wave of guilt / They were very **viligent** about including bike paths in the plan / Don't be such a **slugabout**! / She was the **spearleader** of the project / She's such a self-centered, **inconsisterate** person / I agree **full-heartedly** / That woman who lives across the hall is such a **biddy-boddy** / You should probably add a short **appendum** to your article / What in the world motivates that kind of **zealousy**? / It was a real **annoyment** / For his birthday they're preparing a big **shing-ding** / He was bored to death by all that **grudgery** / With a catchy title like that for your talk, you're bound to get a good **showout** / Her sense of humor could do with some **retunement** / Of the two parents, I'm the **pushycat** / Why does the phone always ring at some **un-god-awful** hour?

의도와 정반대되는 말

어휘적 혼합은 때로 전달하고자 하는 것과 정확히 반대되는 관념을 말하는 결과를 부르기도 한다. 가령 새로 산 차의 팬벨트가 갑자기 끊어지자 차 주인인 여성은 "그게 아무 이유 없이 저절로 끊어지지는 않았을 거야!"라고 짜증스레 말했다. 이 말에 동의하면서 호응을 해주고 싶었던 남편은 이렇게 말했다.

I don't agree!

이 경우 'I agree(맞아)'와 'I don't think so either(나도 그럴 거라고 생각해)'가 무심코 뒤섞이면서 의도와 정반대의 말이 되어버렸다.

한 교수는 선집에 논문을 실어달라는 요청을 받고 기쁘게 생각했지만 새로 논문을 쓸 시간이 없었다. 다행히 몇 년 전에 썼지만 한 번도 발표하지 않은 논문이 생각났다. 그러나 오래전의 논문을 다시 읽다 보니 주제와 그다지 맞지 않아서 내키지 않지만 포기할 수밖에 없었다. 그때 동료 교수가 아직 발표하지 않은 다른 원고를 활용하는 것이 어떠냐고 제안을 했다. 그는 이 아이디어를 열렬히 반겼지만 두 번째 원고 역시 주제와 거리가 아주 멀다는, 실은 이미 포기한 논문보다 더 멀다는 사실을 발견했다. 짜증이 난 그는 볼드체로 표시된 두 단어를 특별히 강조하면서 이렇게 말했다.

Unfortunately, **this** article's even **less** irrelevant than the first one was!

그는 무심코 'even more irrelevant(그보다 더 무관한)'와 'even less relevant(그보다 덜 유관한)'를 뒤섞었으며, 그 결과 생각과 전혀 다른 진술을 했다.

이중 구상

특정한 종류의 혼합 사례는 화자에게 동시에 떠오르는 두 개의(혹은 그 이상의) 다른 **생각**을 수반한다. 우리는 이런 혼합 사례를 **'이중 구상biplan'**이라고 부를 것이다. 발화를 위한 두 개의 다른 구상을 뒤섞기 때문이다. 이중 구상은 두 라이벌 항목 사이의 유추적 고리가 더 추상적이며, 그런 이유로 혼합된 관념이 더 멀리 떨어진 것처럼 보인다는 점에서 앞선 단락에서 설명한 어휘적 혼합과 다르다.

이 현상의 전형적인 사례는 프랜시스코가 이렇게 말했을 때 일어났다.

It sure is thirsty!

프랜시스코는 'It sure is hot(당연히 덥지)!'라는 생각과 'I sure am thirsty(당연히 목마르지)!'라는 생각을 동시에 했으며, 두 생각을 간결하지만 말이 되지 않는 하나의 짧은 문장에 압축했다. 더운 것과 목마른 것은 두 개의 아주 다른 육체적 불쾌감이며, **날씨가 더운** 상황과 **내가 목마른** 상황은 지난 몇 쪽에 걸쳐 다루었던 혼합된 상황의 대다수보다 덜 중첩된다. 그럼에도 두 상황은 모두 **제거하고 싶은 육체적 불쾌감**이라는 핵심을 수반하며, 프랜시스코가 말한 혼합구를 만들어낸 비교적 높은 층위의 추상화에는 유추가 자리 잡고 있다.

다음은 우리가 수집한 이중 구상의 사례다.

I like these ones nicer that those / I hope that she gets a hold of him today, but I **wouldn't cross your fingers** / She's **finishing the touches** on her new cookbook / When I heard the news, I **couldn't help not to** think of you / It all **depends to** what you do now! / Sorry, but I just **cant' make it won't work out** / I thought I looked everywhere, but **I hadn't occurred to me** to look in the drawer / **Be carefully** if you're driving in this weather / **Get well better!** / **Where** in the dickens did I **do with** that stupid knife? / **I'm gonna 'bout to** take my shower / Oh, sorry — I **completely remembered** that I'd promised to send it to you! / There's really no need to thank me; it was **my problem**! / Boy, that package **weighs a lot of money**!

이 중 몇 가지 사례를 보면 이면에서 다투는 문법적 구상들이 있다는 점이 명백히 드러난다. 마지막 사례의 경우 두 구상은 'it weighs a lot(무게가 많이 나간다)'와 'it's worth a lot of money(돈이 많이 든다)'라는 생각 사이에 벌어진 경쟁을 수반한다.

다음은 이탈리아에서 수집한 이중 구상이지만 모국어에 상관없이 쉽게 이해할 수 있는 사례다. 알베르토가 친구와 전화로 대화를 나누다 끊을 때가 되었다. 그는 정중하게 통화를 끝내려고 이렇게 말했다.

Grao!

알베르토는 이 말도 안 되는 단어가 입에서 튀어나오자 몹시 부끄러웠다. 이 단어는 'grazie(고마워)'와 'ciao'를 동시에 말하려고 하다가 생긴 이상한 결과였다. 그래서 그는 그냥 한 단어만 말해서 급히 체면을 살리려 했다. 그러나 불행하게도 그는 두 라이벌 구상 중에서 어느 것을 표현해야 할지 제대로 결정하지 못했으며, 그래서 두 번째로 말했을 때 그의 입에서 튀어나온 말도 다소 덜하기는 하지만 여전히 틀린 것이었다. 그 말은 이랬다.

Giao!

이 말은 초성이 영어의 'ch' 발음보다 'j' 발음에 더 가깝다는 점을 제외하면 거의 'ciao'와 비슷했다. 실제로는 'grazie'의 'gr'이라는 초성 유성 자음군의 잔재가 새로 만들어진 단어의 초성으로 남아서 의도한 무성음 'ch'를 유성음으로 바꾸었다. 이는 혼합어의 두 요소가 다른 정도로 영향을 미치는 양상을 보여주는 좋은 사례다. 이 경우 'ciao'가 명백히 우세한 영향력을 지니지만 'grazie'도 완전히 밀려나지는 않는다. 여기서 우리는 다시 한 번 추상적 유추, 즉 대화를 정중하게 끝내려는 화자의 의도를 중심에 둔 **grazie** 상황과 **ciao** 상황 사이의 유추를 통해 초래된 혼합어를 접하게 된다.

이중 구상의 마지막 사례는 말이 아니라 우리 중 한 사람이 친구에게 받은 이메일에서 발췌한 것이다.

I hope my package got there in one shape.

이 사례의 경우 숙어에 기초한 기여 구절은 'got there **in one piece**(**온전하게** 도착했다)'와 'got there **in good shape**(**좋은 상태로** 도착했다)'라는 연관되어 있지만 다른 생각들을 수반한다. 그 결과물로 나온 혼합구는 상당히 우습다.

이 사례를 비롯한 다른 많은 사례가 보여주듯이 정말로 차별적인 생각(즉 이중 구상)을 수반하는 혼합과 아주 밀접하거나 동일한 생각(즉 더 표준적인 어휘적 혼합)을 수반하는 혼합 사이에 엄밀한 경계선은 없다. 다만 정도의 문제, 따라서 주관적으로 판단할 문제이지만 생각을 하는 데는 유용한 구분이다. 물론 모든 범주가 그렇듯이 그 경계선은 전혀 분명하지 않지만 말이다.

개념적 인접성을 이월하는 오류

가을이 되어 샌드라는 온통 낙엽으로 덮인 마당을 내다보며 이렇게 말했다.

We've got to peel the lawn.

그녀가 말하고자 한 의미는 "We've got to rake the lawn(잔디밭에 쌓인 낙엽을 갈퀴로 긁어내야겠어)"였다.

샌드라는 마치 잔디밭이 적절한 도구로 까낼 수 있는 껍질이라도 있다는 듯이 대개 감자, 오이, 사과 혹은 다른 채소나 과일 따위와 연관되는 단어를 썼다. 그녀가 가을이 온다는 내용을 담은 시를 썼다면 이 단어를 낙엽을 제거한다는 의미에 해당하는 신선한 비유로 간주할 수 있을지도 모른다. 그러나 그녀가 한 것은 일상적인 말에 불과했으며, 그래서 1장에서 논의한 '바나나를 발가벗기다undress', '물을 먹다eat', '트럭을 보살피다nurse'를 비롯한 다른 놀라운 동사 선택을 담은 아이들의 문장을 상기시킨다.

그러나 샌드라의 사례와 아이들의 사례 사이에는 언급할 만한 차이가 있다. 아이들은 적절한 동사를 찾도록 해줄 미세한 의미망을 아직 습득하지 못했다. 아이들에겐 핵심적 개념과 그에 연관된 어휘 항목이 없다. 그래서 아이들의 말은 활용할 수 있는 개념이 한정되었다는 점을 감안하면 최적의 작업을 하는 경우에 해당된다. 반면 샌드라는 훨씬 폭넓은 개념 목록을 보유했다는 점을 감안하면 단지 잘못된 개념을 인출했을 뿐이다(시인처럼 **의도적으로** 해당 개념을 인출하고 적용한 것이 아니다).

이 변칙적인 개념 및 단어 선택의 이면에는 어떤 메커니즘이 자리 잡고 있을까? 근본적으로는 위에서 논의한 구절 혼합을 초래한 것과 같은 메커니즘이다. 그러나 구절 혼합의 경우 결코 단일어나 구절이 압승을 거두지 않는다. 대신 둘이나 셋 혹은 그 이상의 승자가 만들어진 말의 전리품을 나눈다. 이 사례와 '잔디밭을 까다'라는 샌드라의 말이 지닌 차이점은 샌드라의 경우 전투가 압승으로 **끝났지만** 사기꾼이 승자였다는 것이다. 이는 피아니스트가 실시간으로 가해지는 심한 압박을 받으면서 건반의 폭넓은 영역을 겨냥하다가 두 음을 동시에 치는 것이 아니라 의도한 대로 하나의 음만 쳤지만 불행하게도 올바른 음이 아니라 잘못된 음을 친 경우에 견줄 만하다.

이는 개념적 공간에 속하며 차별적인 어휘 라벨을 지닌 다수의 개념을 포함하는 상당히 폭넓은 영역이 활성화되었고, 어쩌다 보니 그 영역에 있는 덜 적절한 개념 중 하나가 말을 위한 전투에서 승리하게 되었다고 설명할 수 있다. 샌드라의 경우 낙엽이 덮인 잔디밭을 보고 머릿속에서 활성화된 폭넓은 개념 공간에 **까다**라는 개념 외에도 **갈퀴질하다**처럼 정원을 가꾸는 일과 상당히 밀접하게 보이며 긴밀한 군집을 이룬 일련의 개념들이 거의 확실히 존재할 것이며, 또한 **쓸다**를 비롯한 다른 일련의 개념들도 존재할 가능성이 아주 높다. 실제로 그녀가 "잔디밭을 쓸어야겠어"라고 말했더라도 여전히 말실수(혹은 약간 창의적인 비유)처럼 들릴 수 있지만 **쓸다**는 **벗기다**보다 **갈퀴질하다**라는 개념에 분명히 훨씬 더 가깝기 때문에 덜 틀리게(혹은 덜 창의적으로) 들릴 것이다.

이런 종류의 실수는 모두 두 개념의 인접성 때문에 특정한 화자의 머릿속에 저장된 잠재적 유추물을 드러낸다. 우리의 머릿속에 저장된 각각의 개념이 의미적으로 가까운 다른 개념으로 구성된 '의미적 후광'으로 둘러싸인다는 것을 감안하면, 이 사실은 모든 사람의 머릿속에 개념적 인접성에 따른 실수를 통해 자신을 드러내기를 기다리는 수백만 개 유추물이 잠재되어 있음을 뜻한다. 물론 슬프게도 이런 실수가 상당히 잦기는 하지만 각각의 특정 개념을 둘러싼 의미적 후광을 전부 드러낼 만큼 잦지는 않기 때문에, 대다수는 열의에 찬 얼굴을 보일 기회를 절대 얻지 못하겠지만 말이다.

우리는 건반 위로 손을 너무 높이 들었다 내리치는 바람에 엉뚱한 건반을 누른 피아니스트의 경우처럼, 개념 공간에 속한 폭넓은 영역이 활성화되고 그 안에 있는 개념 중 하나가 거의 무작위적으로 선택되는 몇 가지 사례와 함께 이런 실수에 대한 짧은 여정을 시작하고자 한다.

> 한 디너파티에 참석한 손님이 얼마 전 "비행기로 칠면조 한 마리를 미국 전역에 걸쳐 옮기는 여성에 대한 멋진 핀란드 영화"를 보았다고 말했다. 이 말을 들은 아내는 실은 **거위**를 옮기는 여성에 대한 **아이슬란드** 영화였다고 바로잡았다.
>
> 스칸디나비아 지역에 살지 않는 사람은 해당 지역에 속한 두 나라를 자주 헷갈리며, 또한 경축일에 흔히 먹는 두 종류 대형 조류도 자주 헷갈린다. 그러나 '벌새를 옮기는 여성에 대한 페루 영화'나 '타조를 옮기는 여성에 대한 베트남

영화'라는 내용이었다면 그런 일이 일어날 가능성은 아주 낮을 것이다. 머릿속에 형성된 개념 간 거리가 훨씬 멀기 때문이다.

L은 벽장에 간직해온 어린 시절 장난감을 정리했다. 그녀는 고래 인형을 들면서 "이 작은 사자는 버려야지"라고 말하고는 부끄러움을 느꼈다.

고래와 사자는 모두 나름의 서식지에서 '제왕'이다. 이 점은 L의 기억에서 둘이 아주 가까이 자리 잡은 이유 그리고 L이 손에 든 장난감을 '이 작은 모기'나 '이 작은 달팽이', '이 작은 얼룩말', '이 작은 문어'라고 말했을 가능성이 낮은 이유를 설명한다.

한 여성이 친구에게 파티에 초대하지 않은 이유를 설명하면서 이렇게 말했다. "이메일에 추신으로 여러 명을 넣어서 네 이름도 들어간 줄 알았어."

이 여성이 말하고자 한 것은 '추신PS'이 아니라 '참조cc'였다. 편지(그리고 이메일)와 관련된 흔한 두 글자 줄임말을 다른 줄임말과 혼동한 것이다.

A는 맛있는 냄새에 끌려 주방으로 들어갔다. 알고 보니 딸이 케이크를 만들고 있었다. 그러나 그는 눈에 거슬리는 장면을 보고는 "요리 책을 개수대에서 더 멀리 떨어지게 해!"라고 말했다. 딸이 이상한 눈으로 바라보자 그는 방금 한 말을 반복했다. 딸은 다시 혼란스러운 표정으로 그를 보며 "저건 개수대가 아니에요!"라고 말했다. 그는 실수를 바로잡으려 했지만 정작 나온 말은 "책을 주방에서 멀리 두어야 해!"였다. 몇 초가 지나서야 그는 "책을 가스레인지에서 멀리 떨어진 곳에 두어야 해!"라고 의도했던 말을 할 수 있었다.

이 사례에서 알 수 있는 사실은 A의 머릿속에 있는 개념 공간에서 **개수대**와 **가스레인지** 사이의 거리(그리고 같은 맥락에서 **주방**과 **가스레인지** 사이의 거리)가 흔히 생각하는 것보다 가깝다는 것, 더 정확하게 설명하자면 그 순간 그 맥락에서 형성된 인지적 압박에 따른 구체적인 사고 속에서 비교적 가깝다는 것이다.

K는 "마당에서 예쁜 새를 한 마리 보았는데 무슨 새인지 몰라서 탐조가 취미인 친구에게 전화를 해서 가능한 한 분명하게 설명explanation을 했어"라고 말했다. 그러고는 자신의 실수를 알아채고 "그러니까 '묘사discription'를 했어"라고 말했다.

설명과 **묘사**라는 개념은 **껍질을 까다, 거위, 사자, 추신, 가스레인지** 같은 개념보다 훨씬 덜 가시적이지만 비가시성이 의미적 인접성에 따라 일어나는 개념 간 이월의 가능성을 낮추지는 않는다.

P는 채소 수프에 넣을 수 있는 여러 재료에 대한 이야기를 하다가 "물론 파스타는 일시적 혹은 **부수적**이야"라고 말했다.

명사 대신에 형용사 사이에 일어난 의미적 이월이 중심인 이 사례는 명사에 해당하는 현상이 다른 품사와 더 긴 구절에도 해당한다는 사실을 상기시킨다.

H 교수는 "나는 우리 대학에서 아주 자유로운 위치를 누리고 있어요. 그래서 일반 강의를 하지 않고 온갖 주제를 다루는 자기중심적인 세미나를 구상할 수 있죠"라고 말했다.

이 프로이트식 실수는 H 교수가 가진 절제되지 않은 자기중심성이라는 깊고 어두운 비밀을 드러내는 것일까, 아니면 그보다 무고한 일일까? 우리는 그것이 단지 개념적 인접성에 따른 평범한 이월 실수로서 '특이한idiosyncratic'이라는 긴 형용사가 '자기중심적인egocentric'이라는 약간 더 짧은 형용사로 바뀐 후자의 경우에 속한다고 생각한다. 두 형용사는 대략 '개인적 욕구에 따라 결정하다'로 표현할 수 있는 의미를 지닌다. 다만 '자기중심적인'은 '정확하게 내가 원하는 일을 하다'라는 관념에 더 가깝고, '특이한'은 '개인적 성향을 만끽하다'라는 관념에 더 가깝다. 그래서 이 특정 문맥에서 두 단어가 동시에 활성화되었다는 점은 전혀 놀랍지 않다. 게다가 두 단어는 음성적으로 아주 비슷하다. 실은 너무 비슷해서 이전에도 전 세계에 수백 번 혹은 수천 번 정확하게 같은 의미적 이월이 일어났을 가능성이 높다.

어떤 의미적 이월은 너무나 이상해서 정신이 나갔거나 개념 목록과 어휘 목록이 크게 부족해서 생긴 일이라고 생각할 수 있지만, 다음과 같은 이상하고 순진한 실수를 저지른 사람은 모두 완벽하게 정상적인 어른이었다.

집에서 아내와 텔레비전으로 DVD를 보던 W는 첫 장면이 사물을 분간하기 어려울 만큼 어둡게 나오자 자리에서 일어나 창가로 가면서 이렇게 말했다. "덧문을 꺼야겠어."

L은 "매장은 오늘 저녁 몇 시에 끝나죠?"라고 물었다.

F는 "집이 얼마나 오래되었어요?"라는 질문을 받고 이렇게 대답했다. "우리가 구입하려고 고려할 때 1930년대 후반에 태어났다고 들었어요."

위 사례는 1장에서 아이들이 했다는 말로 소개된 "비가 꺼졌어요They turned off the rain"와 "엄마, 눈을 켜요Turn your eyes on, Momny"를 연상시킨다. 그러나 이 이상한 말을 한 사람은 모두 어른이고, 따라서 아이보다 인지 발달 단계가 훨씬 진전되어 있다. 그래서 이 말은 실수로 간주되어야 한다. 이런 이월은 성숙하고 지적인 사람의 개념적 목록이 지닌 정교성에도 불구하고 어린 시절에 형성된 의미적 연결이 평생에 걸쳐 잠재적으로 남는다는 점을 보여준다.

심하게 피곤한 모습으로 잠에서 깬 A는 남편에게 "햇빛이 너무 세. 눈꺼풀 좀 닫아줄래?"라고 말했다. 사실 그녀가 말하고자 한 대상은 '커튼'이었다.

혼미한 상태에서는 이상한 말을 할 수 있다. 이 특정 실수는 **커튼**과 **눈꺼풀**이라는 개념 사이에 존재하는 개념적 인접성 때문에 A의 머릿속에서 이루어진 잠재적 유추를 드러낸다. 약간 특이하게 보이지만 다른 방식으로 어떻게 그녀가 한 이상한 말을 설명하겠는가?

대기업에서 일하는 S는 어떤 문서를 잃어버렸다. 그녀는 "잠시만요, 가서 침실을 확인해볼게요"라고 말했다. '사무실'이 아니라 '침실'이라고 말하는 것은 개인적 삶과 직업적 삶을 구분하지 못하는 현저한 정신적 혼란을 은연중에 드러낸 것이다.

개념적 인접성에 따른 오류의 다수는 시간적 측면에 따른 비자발적 이월이라는 특징을 지닌다. 이 점은 **어제**와 같은 범주가 무의식적 유추 작용을 통해 **선험적으로** 예상하는 것보다 훨씬 멀리 확장될 수 있음을 보여준다. 다음 사례는 이런 유형의 이월을 예시한다.

사실상 모든 교사가 때때로 저지르는 아주 흔한 오류는 "어제 이야기한……"이라고 말하면서 수업을 시작하는 것이다. 이 말은 대개 이틀 전, 때로는 일주일 전을 뜻한다. 이 주제와 관련된 변주는 한 교사가 두 주에 걸친 방학을 마친 후 수업을 시작하면서 "지난주에 우리가 이야기한……"이라고 말하는 것이다.

같은 맥락에서 한 동료는 지난 학기에 가르친 강의를 언급하면서 "오늘 지금까지 가르친 강의"라고 말했다. 사실 그가 말하고자 한 것은 '올해'였다. 이 점은 그의 머릿속에 있는 **지금**스러움now-ness의 단기적 유형과 장기적 유형 사이에 이루어진 잠재적 유추를 드러낸다.

한 엄마가 아들이 며칠 뒤에 시카고에서 돌아올 것이라고 설명하면서 "어제 아주 늦게 시카고에서 돌아왔는데도 할아버지가 일요일 아침에 일찍 깨울 거라서 잠을 많이 자지 못할 거예요"라고 말했다. 물론 그녀가 말하고자 한 것은 '어제'가 아니라 '전날'이다.

이 엄마는 아들의 시점에 자신을 투영하여 일요일 아침에 자명종이 울리면 어떤 기분이 들지 상상했고, 금요일 밤이 아직 며칠 후인 **실제적** 관점이 아니라 **그런** 관점에서 금요일 밤을 이미 지나간 것으로 묘사했다. 다시 말해서 이 엄마가 아들에 대해 느끼는 강렬한 일체감이 **전날**과 **어제**라는 개념 사이에 존재하는 의미적 거리를 크게 줄여서 하나가 다른 하나로 미끄러져 들어갈 수 있게 된 것이다.

앞에 나온 모든 이월 오류가 단순하고 명백한 유추에 토대를 둔 반면 아래에 나오는 일련의 오류는 약간의 비가시적 작용(어떤 개체가 수행하는 추상적 행동, 어떤 사람이 수행하는 추상적 역할 등)을 수반한다.

그와 그녀는 10월 20일에 열릴 예정인 행사를 논의하고 있었다. 그녀는 그날이 무슨 요일인지 궁금했다. 그녀의 질문에 그는 성마르게 "가서 지도를 봐!"라고 말했다.

그가 말하고자 한 것은 "달력을 봐!"였다. 이 실수는 쉽게 설명할 수 있다. 달력이 공간적 지도의 명백한 시간적 유사물이기 때문이다. 그렇다고 해도 이 맥락에서 누구도 일부러 '달력' 대신 '지도'라고 말하지 않을 것이다.

한 학생이 위대한 프랑스 수학자인 에바리스트 갈루아Évariste Galois의 비극적인 요절(스무 살 때 사망함)에 대한 이야기를 하다가 이렇게 말했다. "그래서 운명적인 언쟁이 벌어지기 전날 밤 갈루아는 밤새 잠을 자지 않고 잔뜩 흥분한 채 자신의 생각을 기록했습니다."

이 학생은 갈루아가 언쟁이 아니라 결투 때문에 죽었다는 사실을 분명히 알고 있었다. 그러나 (우리의 머릿속에서도 그렇듯이) 그의 머릿속에서 **언쟁**과 **결투**라는 개념이 의미적으로 가까웠다. 또한 당시 대통령 유세가 한창인 때였고in full swing(원래 쓴 대로 'in high swing'이 아님!), 텔레비전 토론이 막 시작된 참이라서 특정 전선들이 혼선을 일으킬 가능성이 훨씬 높았다.

언쟁과 **결투**를 잇는 유추는 모든 인간의 머릿속에 숨겨져 있지만 그 존재를 **선험적으로** 의심치 않는 수많은 잠재적 유추 중 하나일 뿐이다. 이 학생의 실수는 해당 유추가 실제로 머릿속에 잠재되어 있었으며, 그저 그 얼굴을 보일 좋은 기회가 필요했을 뿐이라는 사실을 드러낸다. 당시의 대단히 정치적인 분위기가 **언쟁**이라는 개념을 점화하여primed **결투**라는 개념과의 거리를 좁히는 결과를 불러왔다. 또한 종이에 자신의 생각을 적는 이미지가 **결투**라는 개념보다 **언쟁**이라는 개념과 훨씬 쉽게 연결된다는 (근본적으로는 무관한) 사실이 이런 이월이 일어날 가능성을 높였다.

D는 캘리포니아 주지사인 아널드 슈워제네거가 당한 스키 사고에 대해 말하려 했지만 그의 입 밖으로 나온 첫 단어는 '조지 부시'의 '조지'였다.

무엇 때문에 이 두 사람을 혼동했을까? 우선 두 사람 모두 대략 비슷한 연배의 주요 우익 정치인이다. 그러나 D의 머릿속에는 두 사람을 잇는 그 이상의 것이 있었다. 슈워제네거 주지사는 근래에 스키 슬로프에서 그냥 서 있다가 넘어지면서 다리가 부러졌지만 부시 대통령은 익히 알려진 대로 프레첼을 먹다가 거의 질식할 뻔한 적이 있다. 유명 정치인들이 겪은 이 두 사고를 잇는 유추는 미묘하다. 두 사고가 공유한 개념적 골격은 사소하고 무해하게 보이는 활동을 하다가 예기치 않게 찾아온 심각한 육체적 위협을 수반한다. 어떤 사람의 머릿속에서 **프레첼을 먹다**와 **스키 슬로프 위에 서 있다**라는 관념 사이 혹은 **다리가 부러지다**와 **목에 무엇이 걸리다**라는 관념 사이에 **선험적** 연결 고리가 존재할 것이라고 상상하기는 어렵다. 반면 **아무리 유명하다고 해도 사소해 보이는 사고로 다칠 수 있다**라는 관념은 D가 두 사고를 무의식적으로 부호화하는 데 핵심적인 요소가 되었을 것이며, 그렇다면 이 공통된 요소가 해당 맥락에서 '조지'라는 이름을 인출하는 촉매제가 되었을 것이다.

최근에 물리학자이자 과학관 설립자인 프랭크 오펜하이머Frank Oppenheimer의 전기를 출판한 작가가 친구와 차를 마시며 이야기를 나누었다. 그녀는 프랭크 오펜하이머와 더 유명한 형제인 로버트가 1930년대에 공산주의에 빠졌지만 얼마 후 돌아섰다고 말했다. 그리고 같은 맥락에서 벤저민 프랭클린도 초기 소련을 방문했다가 큰 환멸을 느낀 채 돌아왔다고 무심코 덧붙였다. 그 말을 들은 친구는 재미있다는 듯 "벤저민 프랭클린이?"라고 물었다. 작가는 자신이 완전히 틀린 이름을 말한 데 충격을 받았지만 실제로 누구를 말하려 했는지 기억할 수 없었다. 며칠 후에야 그녀는 그 사람이 누군지 비로소 떠올릴 수 있었다. 바로 토머스 에디슨이었다.

이 혼란은 부분적으로 작가의 머릿속에서 에디슨과 프랭클린이 모두 전기와 밀접하게 연관되어 있다는 사실에서 기인했지만 그보다 훨씬 더 많은 이유가 있다. 첫째, 두 사람은 모두 분명한 미국인이다(그렇지 않다면 왜 암페르, 맥스웰, 패러데이 혹은 다른 많은 유명 과학자의 이름이 떠오르지 않았을까?). 게다가 두 사람 다 독학한 발명가이며, 흔히 대중적인 지혜와 연관된다(프랭클린의 《가난한 리처드의 연감Poor Richard's Almanac》 그리고 그와 관련된 모든 속담들 및 '천재는 1퍼센트의 영감과 99퍼센트의 노력으로 만들어진다'[27]는 에디슨의 유명한 말을 생각해보라).

이 요소들 중 어느 것이 얼마나 큰 영향을 미쳤는지 확실하게 말할 수는 없지만 벤저민 프랭클린을 토머스 에디슨과 연결하는 유사성이 많이 있으며, 그 중 어느 것이라도 이 이월을 초래할 수 있다. 또한 벤저민 프랭클린이라는 이름이 우세해지도록 균형을 무너트렸을 수도 있는 추가적인 요소가 있다. 가령 그의 성이 오펜하이머 형제와 동시대 인물이자 당시의 미소 관계와 필연적으로 연계되는 프랭클린 델라노 루스벨트의 이름과 같다는 점이 관련이 있을 수 있다.

한 여성이 서른여덟 살이 되어서야 겨우 결혼한 조카에 대한 이야기를 하다가 "여동생이 아주 좋아했어요. 이제 임신을 했으니 조만간 손자 볼 날을 기대하고 있죠"라고 말했다.

그러나 조카는 물론이고 조카의 신부도 임신하지는 않았다. 이 여성은 단지 '이제 결혼을 했으니'라는 말을 하려고 한 것이었다. 그러나 **결혼하다**와 **임신하다** 사이의 개념적 거리가 상당히 좁고, 이처럼 대단히 감정적인 맥락에서는 더욱 그렇기 때문에 한 개념에서 다른 개념으로 미끄러지기가 아주 쉬웠다. 물론 손자 볼 날을 고대하는 사람은 이모가 아니지만 그녀는 여동생의 심리 속에 자신을 효과적으로 투영했다.

개념적 인접성에 따른 대체 오류 중에서 가장 흥미로운 사례는 어떤 개념과 반대 개념 사이의 이월에 기초한 것이다. 다음은 몇 가지 사례다.

P는 지난 수년 동안 '쓰다'라고 말하려고 할 때 '읽다'라는 동사를 쓰고, '읽다'라고 말하려고 할 때 '쓰다'라는 동사를 쓴 적이 수없이 많다는 것을 깨달았다. 또한 그는 많은 친구가 비슷한 경향을 보일 뿐만 아니라 이것이 다른 언어에 걸쳐서도 신빙성 있는 경향이라는 사실을 확인했다. 또한 P는 프랑스어를 말할 때 'né'('태어나다')라고 말하려고 할 때 'wort'('죽다' 혹은 '죽었다')라는 단어를 거의 말할 뻔하다가 창피한 실수를 저지르기 직전에 멈추는 경우가 많았다.

데이비드는 늙은 아버지인 짐과 함께 차를 타고 묘지를 지나고 있었다. 짐은 "여기가 너의 손자 네 명이 모두 태어난 곳이야"라고 말했다. 딸을 다섯 명 두었지만 아직 손자가 없는 데이비드는 이 이상한 말에 혼란을 느꼈다. 그러나 잠시 생각한 후 "여기가 너의 조상 네 명이 모두 묻힌 곳이야"로 두 개의 핵심 개념을 반대 개념으로 바꾸기만 하면 상당히 타당한 말, 실은 전적으로 맞는 말이라는 사실을 깨달았다.

짐이 한 말은 "여기가 너의 조상 네 명이 모두 태어난 곳이야"나 "여기가 너의 손자 네 명이 모두 묻힌 곳이야"라는 말보다 어떤 의미에서 더 부정확하다. 이 문장들은 틀린 부분이 **한 군데**뿐이기 때문이다. 그러나 짐이 한 말은 **두 가지** 오류를 담고 있지만 훨씬 더 일관성이 있다. 그래서 내적 일관성에 대한 짐의 무의식적 욕구에 따라 두 가지 개념적 이월 중 하나가 다른 개념적 이월을 곁다리로 데려온 것처럼 보인다.

한 여성이 지인의 이름을 떠올리려고 애쓰다가 "My brother's not home, because I cant' ask him(지금 물을 수 없어서 동생이 집에 없어)"라고 말했다.

이 실수의 경우 자주 쓰이는 접속사('so')가 상반되는 의미를 지닌 다른 접속사('because')로 대체되어서 원인과 결과가 뒤집히게 되었다.

상반되는 개념이 떠오르려면 두 개념 사이에 상당한 공통점이 있어야 한다.

가령 **크다**와 **작다**는 **크기**가 반대다. 마찬가지로 **밝다**와 **어둡다**는 **밝기** 스펙트럼의 양쪽 끝에 존재한다. 이러한 점은 한 쌍의 개념을 가까이 자리하게 만들며, 이월의 가능성을 초래한다. 아이러니하지만 최대한의 거리가 존재한다는 순진한 생각을 하게 만드는 상반성은 사실 일종의 개념적 근접성에 해당한다. 단지 이 개념적 근접성은 대개 범주와 연계되는 층위보다 더 추상적인 층위에 있을 뿐이다(예를 들어 **밝음brightness**은 **밝다**와 **어둡다**보다 더 추상적이다). 그래서 모든 삶의 두 극단은 탄생과 죽음이고, 손자와 조부모는 모두 위나 아래로 두 세대 떨어진 채 한 사람을 통해 연결된다. 마찬가지로 읽기와 쓰기는 모두 인쇄된 텍스트와 연계된 활동으로서 하나는 텍스트를 '해독'하고 다른 하나는 '부호화'하며, 끝으로 '때문에'와 '그래서'는 모두 인과성을 표현하지만 상반된 관점에서 바라본다.

개념적 인접성에 따른 많은 대체 오류는 (시각적, 청각적, 촉각적, 미각적 등) 구체적 유추와 (기능적이거나 역할에 기초한) 더 추상적 유추가 서로를 뒷받침하면서 각각 이월을 초래하는 압력을 가하고, 동시적 유추에 따른 공동의 압력에 저항할 수 없는 상황에서 촉발된다. 다음은 서로를 뒷받침하는 유추가 표현되는 몇 가지 사례다.

한 부부가 뜨거운 피자가 든 피자 박스를 들고 피자 매장에서 나왔다. 남자는 자전거의 뒷부분을 가리키며 (자전거 뒤 짐받이 위에 있는 바구니에 넣어 간다는 뜻으로) "피자를 트렁크에 넣어서 가져갈게"라고 말했다.

여기서 **기능적** 유추는 온갖 종류의 물건을 넣어 다니도록 설계된 바퀴 달린 탈것이라는 요소 사이에서 이루어진다. 또한 **시각적** 유추는 차의 트렁크와 자전거의 바구니가 '운전석' 뒤에 있으며, 게다가 이 바구니는 비교적 크다는 사실에서 나온다. 바구니가 앞바퀴 위에 달렸거나 아주 작았다면 '바구니'에서 '트렁크'로의 이월은 일어날 가능성이 낮았을 것이다.

W는 욕실 손잡이를 '꼭지faucet'라고 부른다.

여기서 **기능적** 유추는 훨씬 큰 대상을 제어하거나 조절하는 작은 대상을 수반한다. 또한 **시각적** 유추는 둘 다 손으로 편하게 잡을 수 있고 틀어서 조작한다는 사실에서 나온다. 또한 **무작위적** 장소의 손잡이가 아니라 꼭지가 많이 있는 장소의 손잡이가 '꼭지'로 불렸다는 점에서 점화의 측면도 관련이 있다.

두 친구가 호수 가장자리에 서 있었다. 한 명이 모터보트에 연결된 가느다란 흰 줄에 매달린 행글라이더를 보았다. 그녀는 하늘을 가리키며 "저기 보트가 끌고 있는 글라이더를 봐!"라고 소리쳤다. 다른 한 명은 "아, 그래. 줄string이 보여!"라고 대꾸했다. 그녀는 친구가 웃으며 "'와이어' 말하는 거지? 연을 생각했나 보네"라고 말할 때까지 여러 번 그 선을 '줄'이라고 불렀다.

여기서 **기능적** 측면은 와이어와 줄이 모두 온갖 종류의 맥락에서 물건을 당기는 데 사용된다는 것이다. 또한 **시각적** 측면은 연줄이 종종 하늘 높이 올라가고, 높이 나는 기구를 땅에 있는 사람과 연결하며, 게다가 행글라이더를 연결한 와이어처럼 대개 흰색이라는 것이다. 그러나 연을 날리는 사람의 역할을 배가 수행하고, 땅의 역할을 물이 수행하며, 연의 역할을 행글라이더가 수행하기 때문에 이 시각적 유추도 추상적 측면을 지닌다.

S는 보고 있는 영화의 자막을 '각주'라고 불렀다.

여기서 **기능적** 유사점은 자막과 각주가 모두 일반적으로 이해를 돕기 위해 짧게 쓴 글이라는 것이며, 다른 한편 **시각적** 유사점은 명백히 둘 다 화면 하단 혹은 그 근처에 나온다는 것이다.

한 형제자매가 50여 년 동안 쌓인 부모 집의 잡동사니를 치우고 있었다. 그때 한 명이 지하실을 '다락방'이라고 불렀다.

여기서 **기능적** 유사점은 둘 다 수십 년에 걸쳐 오래되고 케케묵은 물건을 보관하는 데 사용된다는 것이다. 또한 **공간적** 유사점은 지하실과 다락방이 모두 집에서 아주 넓은 공간이며, 계단을 통해야만 갈 수 있다는 것이다.

A는 "발에 사마귀가 생겨서 걸을 때마다 아파"라고 투덜댄 적이 있다. 그가 말하고자 한 것은 '물집'이었다.

여기서 **기능적** 유사점은 사마귀와 물집이 피부에 생기는 불쾌한 뾰루지라는 것이다. 또한 **시각적** 유사점은 대략 같은 크기에 비슷하게 보인다는 것이다.

지각적 유추와 기능적 유추를 구분하는 것이 편리할 수도 있지만 그 경계는 명확한 것과 거리가 멀다. 하나는 감각적으로 명백한 것에 기초하고 다른 하나는 대단히 빨리 이루어져서 지적 판단을 한다는 것을 전혀 느끼지 못한다고 해도 간접적으로 추론한 것에 기초한다. 이런 이유로 지각적인 것과 기능적인 것은 거의 분리할 수 없다. 가령 **둥긂**roundness은 시각적 속성이고 **구름**rolling은 기능적 속성이지만, '둥근 것은 구른다'는 공허한 말처럼 들린다. 우리는 의자의 뒷부분이 상체를 받치기 위한 것이고, 앉는 부분이 둔부를 받치기 위한 것임을 '본다.' 의미적 이월의 목록에서 차의 **트렁크**가 **용기**container라는 사실은 너무나 빤하게 보이고, **와이어**와 **줄**이 **연결 도구** 역할을 한다는 사실도 그렇듯이 이런 기능적 속성은 직접적인 지각처럼 여겨진다. 지각적 유추와 기능적 유추 사이의 연계가 아주 강할 경우 미국 심리학자인 제임스 깁슨James Gibson이 1970년대 말에 어떤 대상이 유도할 수 있는 행동을 암시하는 방식을 설명하기 위해 고안한 용어인 '행동유도성affordance'이 강하다고 말할 수 있다.

반면 지각하는 동안 활성화된 단편적인 지식이 감각을 통해 직접적으로 지각하는 수준을 명확하게 넘어서는 경우가 있다. 가령 개가 인간을 보호하거나 위협할 수 있다는 사실은 지각에서 바로 나오는 것이 아니다. 다만 개를 지각하는 행위가 이 사실이 활성화되고 상기되도록 만든다. 이 경우 시각적 입력이 기능적 지식에 접근하는 경로를 열어준다. 각주와 자막이 모두 이해를 돕기 위한 단편적인 글이라는 사실 그리고 물집과 사마귀가 모두 제거하고 싶은 불쾌한 뾰루지라는 사실은 모든 성인이 잠재적 창고에 저장하고 있으며 시각적 지각을 통해 활성화할 수 있는 기능적 지식의 단편이다. (**둥글다**와 **구르다**라는 개념의 관계에 대해서도 같은 말을 할 수 있지만 이런 기본적 연관성은 대단히 깊게 뿌리박혀 있어서 학습된 것으로 생각하기 어렵다.)

행동이 단어를 만나다

앞 유형의 실수는 언어라는 영역에만 한정된 것일까? '실수slip'라는 용어가 ('실언slip of the tongue'의 경우처럼) 일반적으로 말실수를 가리킨다고 생각되기는 하지만, 언어 바깥에 있는 육체적 행위의 세계에서도 같은 현상이 나타난다. 실제로 말실수는 전반적으로 범주와 관련되며, 육체적 행위를 비롯하여 다양한 맥락에서 드러나는 폭넓은 현상의 한 가지 발현일 뿐이다. 행동 실수 역시 유추 때문에 개념의 전선이 혼선을 일으키는 양상을 나름대로 여실히 보여준다.

때로 우리는 적절한 범주를 활성화하지만 부적절한 대상에 적용한다. 찻잔에 우유와 차를 따른 다음 당연히 우유를 냉장고에 도로 집어넣으려고 했는데

찻주전자를 '도로' 집어넣으려고 드는 것이 그 전형적인 사례다. 목욕을 마친 후에 물을 빼내기 위해 배수구를 열려고 했는데 손을 뻗어서 수도꼭지 중 하나를 틀 때도 '같은 일'이 일어난다. (물을 흘려보내려는) 의도는 대단히 타당하지만 행동은 엉뚱한 곳에서 엉뚱한 방향으로 물이 흘러나오게 했다. 혹은 잠시 정신을 다른 곳에 팔다가 컴퓨터 충전기를 컴퓨터 가방에 달린 작은 주머니가 아니라 다른 가방에 있는 작은 주머니에 넣는 바람에 찾지 못하는 때도 있다. 이 경우 주머니라는 범주는 제대로 파악했지만 세부 항목을 놓치고 만 것이다.

> C는 종종 휴대전화를 새로 산 마우스 없는 컴퓨터 옆에 두었으며, 마우스인 줄 알고 손을 뻗는 적이 많았다. 그러나 마우스와 크기가 비슷하고 마우스 자리에 놓여 있었지만 휴대전화는 마우스로 사용된 적이 없었다.
>
> 주유소로 들어간 D는 주유기가 주유구의 반대쪽에 있다는 사실을 깨달았다. 그는 유턴을 하거나 맞은편 주유기로 가는 대신 **두 가지** 행위를 모두 실행했으며, 어찌된 영문인지 정확히 이전처럼 다른 주유기가 주유구의 반대쪽에 있는 상황을 맞이했다. 이는 말하고자 하는 내용과 정확히 상반되는 내용을 언급하는 **말** 이중 구상('팔찌가 안 느슨해졌어')과 비슷한 **행동** 이중 구상이다.
>
> E는 커피에 설탕을 넣는 일과 재떨이에 재를 떠는 일을 동시에 하려고 한 적이 있다. 결국 그는 재떨이에 설탕을 붓고 커피 잔에 재를 떨고 말았다. 그래서 커피를 마실 수 없게 되었고 재떨이를 달게 만들었다.
>
> 10대인 F는 잠이 덜 깬 상태로 시리얼을 부은 그릇이 아니라 시리얼 박스에 우유를 부어버렸고, 동생인 G는 한밤중에 깨어나 휴대전화 불빛을 방에 비추어서 휴대전화를 찾으려 했다.

보다시피 이런 종류의 행동 실수는 앞서 논의한 실언과 직접 비교할 만하다. 말을 수반하는지 여부는 아무런 차이가 없다. 이면에 놓인 인지 메커니즘은 같기 때문이다. 다음은 말과 행동이 밀접하게 뒤섞인 인상적인 사례다.

실수 감정가를 감탄하게 만든 실수

더그의 아들인 대니가 독일어 과외를 받을 시간이 되었다. 과외 교사이자 더그의 친구인 크리스토프는 과외 시간보다 약간 일찍 도착했다. 더그는 크리스토프와 주방에서 잠시 대화를 나누다가 콜라와 여러 과일 주스 중에서 원하는 대로 말하라며 무엇을 마실 것인지 물었다. 크리스토프는 "물 한 잔이면 돼. 고마워"라고 대답했다. 그러나 이런 금욕적인 태도는 더그가 아는 크리스토프와 맞지 않았다. 그래서 더그는 다른 대답을 유도하려고 냉장고 문을 열며 "크랜베리 주스, 사과 주스, 오렌지 주스, 콜라, 우유, 커피, 차?"라고 물었다. 그러나 크리스토프는 미소를 지으며 "고맙지만 정말 물을 마시고 싶어"라고 말했다. 약간 당황스럽지만 더 강요할 이유가 없다고 생각한 더그는 컵이 있는 찬장 쪽으로 몸을 돌리는 동시에 뒷주머니에 넣어둔 지갑에서 1달러짜리 지폐를 꺼낸 다음 다정한 태도로 크리스토프에게 건넸다. 크리스토프가 어쩔 줄 모르는 얼굴로 쳐다본 후에야 더그는 대단히 이상한 일이 벌어졌다는 사실을 깨달았다. 그는 손에 쥔 지폐를 어리둥절한 눈으로 바라보며 "도대체 내가 왜 이러는 거야?"라고 소리쳤다.

그러나 잠시 생각해보니 이 기이한 행동의 이면에 놓인 이유가 거의 분명하게 파악되었다. 더그는 크리스토프에게 이렇게 설명했다. "방금 무슨 일이 일어난 줄 알아? 나는 네가 요구한 게 너무 조촐해서 어리둥절했어. 맛있는 음료수를 놔두고 밍밍한 물을 마실 사람이 어디 있겠어? 그래도 나는 네가 소박하게 선택한 물을 주려고 생각했어. 하지만 동시에 과외비 20달러를 줘야 한다는 사실도 깨달았지. 그래서 지갑을 꺼낸 거야. 그런데 연관성이 없는 두 가지 행동을 동시에 하려고 하다가 머릿속에서 심한 혼선이 일어나 버렸어. 그래서 물을 주려던 의도가 돈을 주려던 의도와 겹치면서 흐릿해졌어. 무의식중에 두 가지 목표를 뒤섞은 거지. 너에게 1달러를 준 건 가장 간소한 **음료**와 가장 간소한 **지폐**를 혼동했기 때문이야!"

실제로 더그가 저지른 행동 실수의 핵심에는 탁월한 유추가 있다. 크리스토프가 그냥 물 한 잔만 마시겠다고 고집하면서 촉발된 **바람직한 대상의 가장 간소한 버전**이라는 추상적인 관념이 **주방에 있는 음료**라는 영역에서 **지갑에 있는 지폐**라는 영역으로 기민하게 옮겨졌기 때문이다. 더그는 앞서 상당한 분량에 걸쳐 논의한 어휘적 혼합을 상기시키는 방식으로 도중에 **가장 소박한 음료**에서 **가장 소박한 지폐**로 민첩하게 말을 갈아탔다.

이 이월은 분명히 크리스토프의 금욕적 선택에 대한 당혹감에서 기인했지만, 해당 유추는 전적으로 무심결에 이루어졌다. 그렇지 않다면 더그가 자신의 행동에 당황하지 않았을 것이다.

흥미롭게도 영어에는 더그의 머릿속에 형성된 다리의 양쪽 모두에 완벽하게 맞는 형용사, 바로 '싱거운watered-down'이 있다. 축어적 의미에서 물 한 잔은(대단히 명백하게) 가장 싱거운 음료이며, 다른 한편 더 추상적인 의미에서 가장 '싱거운' 지폐는 (역시 명백하게) 1달러짜리 지폐다.

이 유추를 장난스럽게 뒤집어보면 더그와 크리스토프 사이에 이런 대화가 오가는 것을 상상할 수 있다.

"기다리는 동안 현금을 좀 받을래? 내 지갑 안에 있는 이 사랑스러운 지폐들을 봐! 5달러짜리, 10달러짜리, 심지어 20달러짜리도 있어. 원하는 대로 가져!"

"고마운데 1달러짜리 한 장이면 돼."

더그는 이 말을 듣고 싱크대로 가서 물을 한 잔 받은 다음 크리스토프에게 준다.

많은 것이 호출되지만 하나만 선택된다

앞서 본 대로 말실수와 기타 이례적인 행동은 다양한 압력을 받는 범주들이 벌이는 끊임없는 무의식적 경쟁이 남긴 가시적 자취다. 대부분 경쟁 범주 중 하나만 승리를 거두며, 이 경우 숨겨진 경쟁을 드러내는 청각적 자취나 기술된 자취는 남지 않는다. 그런 의미에서 (특히 훈련 없이) 부드럽고 유창하게 들리는 대화를 듣는 일은 줄곧 금메달 수상자만 보여주는 올림픽 사진첩을 훑어보는 것과 약간 비슷하다. 그래서 각 우승자의 밝은 웃음 뒤에는 지역 예선부터 시작해서 광역 대회를 거쳐 마침내 결승 무대가 열리기 전까지 수년에 걸쳐 치러진 길고 치열한 경쟁이 있었다는 사실을 결코 눈치채지 못한다. 모든 우승자의 뒤에는 드러나지 않고 언급되지 않은 수많은 패자가 있다. 그러나 때로 공동 우승이 나오기도 하며, 이런 특별한 경우는 사소하게나마 처음부터 끝까지 치열한 경쟁이 벌어졌음을 상기시킨다.

모든 것은 듣는 귀에 달려 있다. 어차피 **실수**라는 범주는 다른 모든 범주와 마찬가지로 명확한 소속 규정이 있는 정밀한 상자가 아니며, 소속 여부가 모호하다. 이런 종류의 실수에 귀가 열리면 짧은 순간에, 미약한 흔들림을 통해, '어'와 '아' 속에서, 엉뚱한 어조 속에서, 그리고 대다수 사람들의 발화에 끼어드는 다른 여러 미세한 음성적 왜곡 속에서 격렬한 경쟁의 분명한 징표를 인지할 수 있다. 그래서 단지 금메달을 자랑스레 내미는 우승자뿐만 아니라 적어도 은메달 수상자와 동메달 수상자를 얼핏 볼 수 있으며, 이 점은 선택 과정에서 배제된 빙산의 나머지 부분이 존재한다는 사실에 대한 단서 역할을 한다.

그래서 분명하든 미묘하든 간에 말실수는 우리가 말하는 각 문장에 전체적으로 기여하며, 나란히 진행되는 부산한 숨겨진 정신적 과정을 상기하는 단서다. 이 단서는 인지되는 경우가 드물지만 지각할 수 있는 자취로 말실수를 초래하는 격렬한 범주 간 경쟁은 생각하는 존재로서 우리가 살아가는 삶의 모든 순간에 스며든다.

말실수는 화자에게 도움이 되지 않지만 인지 과정에 대한 정보를 드러냄으로써 사고와 언어를 관찰하는 사람에게는 도움이 된다. 이는 지금부터 우리가 논의하고자 하는 이상한 종류의 특정한 유추와 같은 속성이다. 이 유추는 들뜬 마음으로 파티장에 가지만 일단 도착하면 아무 일도 하지 않는다.

(사고에 대한 정보를 제공하는 것 외에는) 어떤 목적에도 기여하지 않는 유추

H는 가까운 친구의 예순 살 생일을 축하하러 길을 나섰다. 그는 차를 몰아 고속도로를 지나 공항으로 간 다음 비행기를 탔다. 공항에 마중 나온 친구들이 그를 집으로 데려갔다. 저녁에 열린 파티는 대성공이었다. 친구들이 서로를 슬쩍 팔꿈치로 찌르며 예순 살이 된다는 것의 의미를 나누는 윙크를 하는 동안 생일을 맞은 주인공이 '6'과 '0' 모양으로 꽂힌 초를 불었다. 이튿날 아침 H는 공항에서 친구들과 작별하고 집으로 가는 비행기에 올랐다. 비행기가 착륙한 후 그는 주차해둔 차를 찾아서 집으로 가는 고속도로로 향했다.

이미 수천 번 다닌 고속도로는 달라진 것이 하나도 없었지만 집으로 가는 길은 전날과 이상하게 달랐다. 이번에는 디지털 속도계에 찍힐 때마다 '60'이라는 숫자가 눈에 들어왔고, 매번 순간적이기는 하지만 오랜 친구와 생일 파티를 상기시켰다.

이 이야기에서 '떠나는' 길과 '돌아오는' 길이 이루는 대칭성은 H의 머릿속에서 일어난 뚜렷한 변화와 대조된다. 디지털 속도계가 달린 지금의 차를 가졌던 수년 동안 '60'이라는 숫자는 수천 번 표시되었지만 그에게 아무 영향도 미치지 않았다. 그러나 이번에는 달랐다. 생일 파티 때문에 60이라는 개념이 H의 머릿속에서 고도로 활성화되었기 때문이다. H의 머릿속에서 활성화된 이 60이라는 관념은 깊은 곳에 조용히 숨어서 유사물을 열심히 찾았다. 은밀하고 침착하게 덮칠 기회를 기다리던 이 관념은 속도계가 '60'을 표시하자 마침내 움직였다! 친구의 나이가 지닌 '60다움'과 속도계 표시판이 드러낸 '60다움' 사이에 새롭게 형성된 연결 고리는 인지적으로 도움이 되는 점이 있을까? 전혀 없다. 이 '발견'은 어떤 방식으로든 아무 기능도 하지 않는다. 새로운 통찰은 말할 것도 없고 새로운 아이디어에 대한 미미한 단서조차 안기지 않은 채 그저 H의 머릿속에서 1, 2초 동안 언뜻 생각이 지나치면서 허공으로 사라졌을 뿐이다. 그렇다면 이렇게 쓸모없고 덧없는 사건에 초점을 맞추는 이유는 무엇일까?

유추 작용이 항상 원대한 인지적 목적에 기여하며, 진지하고 효율적인 방식으로 활용되는 미묘하고 깊은 지적 과정일 것이라고 생각하기 쉽다. 그러나 인간이 떠올리는 온갖 유추물은 어디로도 우리를 이끌지 않으며, 어떤 규모든 우리가 이전에 가졌던 정신적 과업을 전혀 뒷받침하지 않는다. 오히려 유추물은 우리 앞에 펼쳐진 익숙지 않은 풍경에서 익숙하게 보이는 표지물을 찾는 인지 메커니즘이 자동적으로 수반하는 부산물로 나타나기 때문에 종종 아무런 깊이나 통찰을 지니지 않는다. 한마디로 우리가 하는 많은 유추는 명백히 의미가 없고, 어느 곳으로도 우리를 이끌지 않는다.

그럼에도 불구하고 두 개의 '60'이 지닌 무용성은 중요한 사실을 말해준다. 실제로 유추는 이해, 추론, 의사 결정, 문제 해결, 학습, 발견 같은 필수적이고 심히 인간적인 활동의 핵심이다. 이 사실은 인간의 인지 활동에서 유추가 가지는 중심성을 말해주는 충분한 증거다. 그러나 두 개의 '60'을 잇는 유추가 지닌 우둔하고 멍청하고 그저 주어지는 성격은 유추가 사고에 얼마나 편재해 있는지 **더욱 명확하게** 보여준다. 또한 상황을 연결하는 동일성을 찾는 성향이 사고에 대단히 깊이 내재되어 있어서 잠재의식이 아무런 이유 없이 갑작스럽게 사소하고 의미 없는 유추물을 만들어낸다는 것을 보여준다. 그래서 생각이 배회할 때마다 유추물이 튀어나와서 잠시 우리의 주의를 사로잡는다.

따라서 두 개의 '60' 사이에 이루어진 유추는 전혀 이례적이지 않다. 즉흥적으로 떠오르는 생각을 포착하는 신경학적 기술이 있다면 이처럼 의미 없는 유추물을 수없이 수확하게 될 것이다. 그러나 바로 이 무용성이 생기자마자 잊히게 만든다. 이런 종류의 스쳐가는 유추물은 수명이 대단히 짧아서 만들어진 후 순식간에 사라진다. 그래서 덧없는 유추물을 인지하려면 정신의 작용에 대한 관심과 연습이 필요하다. 이런 종류의 유추를 더 조명하기 위해 당사자들이 순간적으로 포착한 몇 가지 스쳐가는 유추물을 살펴볼 것이다.

의미 없는 유추의 땅으로의 방문

D는 비슷하게 생긴 차 두 대를 보유하고 있다. 둘 다 아주 오래된 파란색 포드 스테이션왜건이며, 모두 아이가 태어날 무렵에 구입한 것이다. 그래서 그는 종종 '대니카Dannycar', '모니카Monicar'라고 부른다. E는 이 점을 재미있어했다.

어느 날 같이 공원에서 조깅을 할 때 E는 D에게 왜 비슷한 차를 두 대나 샀는지 물었다. D가 대답을 끝낼 무렵 두 사람은 비슷하게 생긴 두 마리 검은색 푸들을 산책시키는 여성과 마주쳤다. 그 순간 E는 D가 가진 파란색 차 두 대를 떠올렸다. 그날 오후 E는 D의 책상에 나란히 놓인 동일한 백업 디스크 드라이브 두 개를 보았다. 이 백업 디스크 드라이브들은 스테이션왜건 두 대뿐만 아니라 푸들 두 마리도 연상시켰다. 그래서 D에게 농담조로 '대니디스크Dannydisk', '모니디스크Monidisk'로 불러야 한다고 말했다.

토요일 저녁, 파리에 사는 한 가족이 집에서 저녁 시간을 즐기고 있었다. 그때 막내아들이 창밖에서 이상한 광경을 목격했다. 맞은편 아파트에 이 가족이 내건 것과 똑같은 사슬형 조명이 걸려 있었다. 이 조명은 파리 전체에서 한 매장에서만 파는 장식품이었다. 자기 집에 있는 드문 물건을 다른 사람 집에서 보는 것은 대단히 어리둥절한 일이어서 이 광경에 가족은 모두 놀랐다.

이튿날 가족은 함께 브런치를 먹으러 나갔다. 서늘한 아침이어서 엄마는 몇 년 전에 사서 특별히 아끼는 드문 색깔의 스카프를 둘렀다. 그녀는 식사를 하다가 근처 테이블에 앉은 여자가 똑같은 스카프를 두르고 있는 것을 보았다. 그녀는 즉시 똑같은 사슬형 조명 두 개를 떠올렸다.

적어도 한 가지 점, 이 유추 중 어느 것에도 지속적인 지적 가치는 없으며, 전적으로 쓸모가 없다는 점에는 우리 모두가 동의할 수 있을 것이다. 두 마리 검은 푸들을 마주쳤을 때 아주 오래된 파란색 포드 스테이션왜건 두 대를 떠올리거나 같은 백업 디스크 두 개를 봤을 때 두 마리 검은 푸들을 떠올리는 일이 대체 무슨 가치가 있겠는가? 또한 우연히 같은 스카프 두 개를 봤을 때 같은 사슬형 조명 두 개를 떠올리는 일이 무슨 쓸모가 있겠는가? 이런 유추는 새로운 정보를 제공하거나 신선한 관점을 제시하여 더 효과적으로 삶에 대응하도록 해주지 않는다. 물론 이 모든 유추는 전적으로 합리적이고 타당하며 심지어 눈길을 끌지만 어느 것도 이 복잡한 세상에 대한 통찰의 밝은 빛을 비추지 않으며, 긴급한 딜레마를 풀도록 도움을 주지도 않는다.

압운이나 이유 없이 이루어지는 유추

유추가 추론이나 문제 해결 등 일정한 목표를 위해 불가피하게 이루어진다는 것은 매력적인 생각이다. 그러나 인간이 지닌 사고의 우주는 동시에 아무런 목적성의 자취가 없고, 명백히 논리와 무관하며, 어떤 식으로도 당면한 문제를 해결하는 데 기여하지 않는 사적이고 개인적인 유추물로 가득하다.

이런 유추물을 낳는 메커니즘은 공통의 범주를 만들거나 떠오르게 하지만 그것은 우리가 오랫동안 보존하고자 하는 종류의 범주가 아니다. 그래서 이런 범주는 특별한 이유가 없는 한 금세 잊히는 경향이 있다. 파란색 스테이션왜건 두 대, 검은 푸들 두 마리, 디스크 드라이브 두 개에서 공통 범주는 **예기치 않게 한 사람에게 속한 두 개의 아주 비슷한 대상**이라는 점이다. 사슬형 조명과 스카프는 분간하기 어려운 대상이 각기 다른 사람들에게 속하고 같은 시간에 관찰되는 범주이다. 끝으로 **동시에 존재하는 것이 놀라운 두 개의 아주 비슷한 대상**이라는 더 추상적인 범주는, 두 가지 일련의 유추물을 한 층위 더 높은 범주에서 통합한다. 다만 어떻게 묶더라도 이 유추물들은 쓸모가 없다. 그러나 여기서 중요한 점은 그 무용성에 초점을 맞추는 것이 아니라 인간의 정신에 대해 말해줄 수 있는 바를 파악하는 것이다.

지금까지 살핀 결실 없는 유추물은 모두 빠르게 폐기되었다. 그러나 복권 같은 모든 확률 게임의 경우처럼 승자만 시도를 하는 것이 아니라 패자도 모두 시도를 한다. 요점은 우리가 주위를 둘러싼 이상하고 무작위적인 유사점을 끊임없이 인지하는 이유는 두뇌가 언제나 현실에 대한 통찰을 찾고, 과거를 이용하여 현재를 이해하고, 즉흥적인 연결 고리를 만들며, 하나라도 육지에 닿을지 모른다는 희미한 희망을 품고 병을 계속 바다로 던지기 때문이라는 것이다. 물론 대부분은 기억의 바다에 잠겨서 영원히 사라진다. 이 낭비된 노력은 위기에서 벗어난 배나 납치되었다가 구출된 승객 등 선호하는 대로 비유할 수 있는 드물지만 커다란 성공을 위해 우리가 지불하는 대가다. 위기에 빠진 배 이야기가 나온 김에 출처가 바다이며, 때로 대단히 쓸모없고 빠르게 폐기되는 유추물도 특정한 높이의 추상화에 이른다는 사실을 보여주는 다른 확장된 유추물을 살펴보자.

영원히 사라지기 직전에 잡은 스쳐가는 유추물

토머스는 휴가를 보낸 후 집으로 가는 비행기에 막 올랐다. 그는 여동생이 준 조너선 라반Jonathan Raban의 《상심한 남자를 찾아서Hunting Mister Heartbreak》를 꺼내 첫 장을 읽기 시작했다. 저자는 젊은 시절에 리버풀과 핼리팩스를 오가는 화물선, 애틀랜틱컨베이어를 탄 이야기를 들려주었다. 한 단락은 허리케인 헬렌이 버뮤다 근처에서 포착되었으며, 북쪽으로 향하여 하루 정도 후에 배가 지나갈 경로와 마주친다는 보고를 받고 선장이 한 일을 묘사했다. 그는 헬렌과 정면으로 부딪히지 않고 남쪽 경계를 피해 가려고 즉시 배를 남쪽으로 돌리기로 결정했다. 이 경우 하루를 낭비해야 했지만 위험을 벗어날 수 있었다. 실제로 선장의 대처는 좋은 결과를 낳아서 (누군가 한때 말한 대로) '온전한 형태로in one shape' 핼리팩스에 도착할 수 있었다.

토머스는 비행기가 착륙하기 직전에 1장을 다 읽었다. 그는 비행기에서 내린 후 수하물 찾는 곳으로 이어진 넓은 홀로 향했다. 붐비는 시간이 아니어서 빠르게 걸어가는 와중에 갑자기 왼쪽에서 한 여성이 가방을 끌고 나타나더니 주위를 전혀 둘러보지 않은 채 복도를 가로질러 바로 앞으로 지나갔다. 순간적으로 토머스는 민첩하게 약간 왼쪽으로 방향을 바꾼 다음 다시 제자리로 돌아와서 아무 생각 없이 지나가는 여성과 겨우 충돌을 면했다.

도시의 거리를 지날 때 다른 사람을 피하는 행동은 흔하게 일어난다. 우리는 모두 '인파 피하기'라는 일상적인 스포츠의 명수다. 그래서 그런 일을 특별하게

> 생각하지 않는다. 그러나 이때는 어떤 흐릿한 관념이 토머스의 머릿속을 스쳐 지나갔다. 바로 **자신**이 **애틀랜틱컨베이어**라는 화물선이고, 넓은 홀은 대서양이라는 관념이었다. 물론 왼쪽은 남쪽, 오른쪽은 북쪽이며 1초는 대략 하루에 해당했다. 또한 '남쪽으로' 걸어가는 여성의 갑작스러운 등장은 버뮤다 인근에서 포착된 허리케인에 대한 경고이고, 그녀가 태평스레 복도를 가로질러 가는 경로는 북쪽으로 향하는 허리케인의 경로이며, 끝으로 토머스가 민첩하게 몸을 피한 움직임은 선장이 헬렌을 피한 움직임에 해당했다. 그러나 토머스는 이 중 어느 것도 이런 식으로 말로 표현하지 않았다. 이 유추물은 전혀 주의를 끌지 않았다. 실제로 그 복잡성에도 불구하고 이 유추물은 너무나 하찮고 무의미해서 흔적 없이 사라질 뻔했다. 그러나 토머스는 우연히 의식의 경계를 스쳐가는 이 유추물을 인지하고 영원히 시야에서 사라지기 직전에 낚아챘다.

왜 토머스의 무의식은 이처럼 덧없고 의미 없는 유추물을 떠올렸을까? 부주의한 여성을 위협적인 허리케인에 순간적으로 빗대는 일은 앞선 몇 단락에서 살핀 유추보다 조금도 더 유용하지 않고, 어떤 문제를 해결하거나 급히 걸어가는 여성의 의도를 헤아리는 데 도움이 되지도 않으며, 조금이라도 허리케인이나 다른 험악한 대기 현상이 지닌 변덕스러운 분노에 대한 통찰을 제공하지도 않는다. 기껏해야 날렵한 인지적 활동의 단편에 불과한 토머스의 순간적인 유추에는 전적으로 목적이 없다.

지나고 나서 보면 이 유추가 토머스에게 수월하게 떠올랐다고 생각할 수도 있다. 그러나 아무리 명백해 보이더라도 이 유추의 등장은 불가피한 것이 아니라 다소 아슬아슬했다. 그래서 방금 같은 장을 읽은 다른 사람이 비행기에서 내린 후 복도를 가로지르는 사람을 피하기 위해 약간 방향을 바꾸었지만 그 움직임과 방금 읽은 내용 사이에 아무런 연결 고리를 인지하지 못하는 경우를 쉽게 상상할 수 있다. 또한 방금 그 장을 읽지 않았다면 토머스 역시 공항 홀에서 한 회피 동작을 그저 매달 꾸준히 하는 수천 번의 사소한 회피 동작과 함께 뭉뚱그렸을 것이며, 나머지 하루의 인지 활동은 전혀 영향을 받지 않았을 것이다. 요컨대 토머스의 유추는 일부 추상적이고 미묘한 속성을 지니기는 하지만 강력하거나 중요하지 않으며, 불가피한 인지적 사건도 아니었다.

이 유추를 몇 페이지에 걸쳐 논의한 유추와 비교해보면 두 '60' 사이의 유추가 가장 공허하다고 말할 수 있다. (연수로 따지는) 친구의 나이와 (시속 거리로 따지는) 차량 속도 사이의 동일성을 파악해도 어떤 통찰도 얻을 수 없다. 차, 푸들, 디스크드라이브, 사슬형 조명, 스카프를 수반하는 유추와 마찬가지로 이 모든 유추는 **동시에 존재하는 것이 놀라운 두 개의 아주 비슷한 대상**과 같은 범주에 의존한다. 여기에는 약간의 추상화가 관여하지만 복잡성은 그다지 심하지 않다. 반면 허리케인과 여행자의 시나리오는 한정된 지역에서 동시에 직각으로 이동하는 두 개체, 갑작스러운 위험으로 흔들린 평온함, 재빠른 계산, 민첩한 우회 기동, 성공적인 충돌 회피처럼 시간과 공간 속에서 작용하는 동인을 수반한다. 이 범주는 상당히 다른 종류의 대상을 예시할 수 있을 만큼 충분히 복잡하다. 그러나 그렇다고 해도 이전 사례만큼 쓸모가 없으며, 토머스의 유추는 영원히 인지되지 않은 채 사라질 뻔했다.

방금 논의한 스쳐가는 유추물들은 겨우 인지되었지만, 삶을 이해하기 위한 쉼 없고 부산한 탐색의 부산물로서 매일 꾸준하게 실행하는 다른 수많은 사소하고 피상적인 정신적 비교는 영원히 인지되지 않는다. 머릿속에 떠오르자마자 부지불식간에 단조롭고 무관한 것으로 치부되어 싹이 잘려나가기 때문에 인지되기 전에 눌려버린다.

계시적 맹목성

앞서 제시한 유추에는 거의 흥미로운 점이 없기 때문에 우리의 관심을 끌지만, 분명히 모든 유추가 완전히 쓸모없는 것은 아니다. 일부 유추는 대단히 깊이 스며들어 있어서 직면하는 상황에 대한 지각을 전적으로 좌우한다. 주위를 둘러싼 세상과 상호작용하는 가장 기본적인 감각적 도구가 기억 속에서 상황을 부호화하는 주된 경로 혹은 고유한 경로가 되는 경우가 그렇다. 이때 추상성과 긴밀하게 연계되어 구체성이 떠오른다.

이 점을 명확하게 설명하기 위해 오지에서 사는 작은 부족이 있고, 그들의 언어에 '막대기'에 해당하는 단어가 있으며, 이 단어는 나무의 조각뿐만 아니라 **처벌**이라는 추상적 개념도 뜻한다고 상상해보자. 또한 '덩굴'을 뜻하는 단어가 어딘가에 매달린 식물뿐만 아니라 **우정**이라는 개념도 나타내며, '물'을 뜻하는 단어가 액체뿐만 아니라 **삶**이라는 개념도 나타낸다고 상상해보자. 마찬가지로 **숲**에 해당하는 단어는 나무가 많은 지역뿐만 아니라 인간성을 나타내고, **비**에 해당하는 단어는 **불가피성**이라는 두 번째 의미를 지니며, **산**에 해당하는 단어는 때로 **영원성**을 나타내는 이중 임무를 수행한다고 상상해보자.

이렇게 추상적 개념과 구체적 개념을 뒤섞는 것이 원시적이라고 생각하는가? 가시적 대상과 비가시적 대상을 한 단어로 표시하는 것이 놀랍게 여겨지는가? 이 종족의 구성원들이 구체적 세계(즉 감각을 통해 지각하는 세계)와 추상적 세계(즉 순수한 관념의 세계)를 구분하지 못한다는 결론을 내릴 것인가? 이런 개념 혼합이 가령 시각적 지각과 지적 이해를 뒤섞는 경우처럼 이상하다고 생각하는가?

그렇다면 서구의 한 관찰자가 다음과 같은 주장을 한다고 생각해보라. '구체적인 시각적 지각과 추상적인 지적 이해 사이에 제시되는 구분은 선명하고 계몽적이며 밝고 총명한 시각을 제공한다. 그러나 이런 구분은 사안의 특정 측면을 맹목적으로 그늘 속에 남겨둔다. 실로 문제를 자세히 들여다보면 언뜻 생각하기보다 더 흐릿하게 보이기 때문에 시각과 통찰을 나누는 경계선에 대한 관점을 전환할 필요성을 느끼게 된다.'

이 가상의 **관찰자**가 한 말에 담긴 아이러니를 **보지** 못한다면 간략하게 시각과 이해 사이의 관계를 다시 살펴보자. 위에 인용한 말은 시각과 이해라는 관념을 흐릿하게 만드는 일에 대한 성토로 보일 수 있지만 실은 두 관념을 상당히 흐릿하게 만든다. 그래서 비판 자체가 시각적 지각과 지적 이해를 구분하지 못하는 사람들을 비판하는 바로 그 행위 속에서 실제로 우리가 이해를 시각의 측면에서 **본다**는 점을 **명확하게 보여주는** 구절을 무수하게 동원한다. '선명한crystal-clear', '계몽적인enlightening', '밝은brilliant', '총명한luminous', '시각perspective', '맹목적으로blindly', '그늘shadow', '들여다보다look at', '관점viewpoint', '보이다appear', '흐릿하다blurry', '언뜻glance' 등 인용한 말에 나온 많은 단어는 시각적 경험과 직접적으로 관련된다. 게다가 따로 **조명**하지 않았다면 무심코 읽는 독자에게는 이 단어들이 특별히 **다채롭거나** 해당 문제와 관련된 구체적인 **측면**을 나타내는 것으로 다가오지 않을 것이다. 따라서 우리가 구체적인 것과 추상적인 것을 분별없이 **뒤섞으며**, 이해에 대한 이해를 진척시키려면 시각과의 깊은 친밀성이 필수적이라는 사실을 인정하지 않을 수 없다.

그래서 어떤 관념이 밝거나, 어둡거나, 맑거나, 흐리다고 말하는 것은 시적 비유와 거리가 멀다. 이는 단지 관념에 대해 말하는 유일한 방식, 이 경우에는 시각에 기초한 유추를 동원하는 방식을 활용하는 것일 뿐이다. 시각은 아마도 가장 정교한 감각일 것이며, 어느 경우든 우리의 어휘에 가장 풍부하게 기여하는 감각이다. 그래서 수많은 시각 기반 구절이 엄격한 의미에서 시각적인 것과 거리가 먼 대상을 설명하는 데 사용되는 것이 그다지 놀랍지 않다. 그러나 시각은 여러 종류의 현상을 설명하기 위해 언어가 활용하는 다섯 가지 주요 감각 중 하나일 뿐이다. 실제로 다섯 가지 감각이 모두 감각적 세계와 감정 및 관념의 세계를 잇는 다리를 놓는 데 도움을 준다. 다음은 그런 몇 가지 예다.

손가락 하나 까딱하지 않아도 일종의 몸짓으로 **마음을 건드리거나**touched 아름다운 장면에 **감동을 받거나**struck, **가슴을 찌르는**jabbing 말에 **상처를 입을 수 있다**hurt.

혀의 미뢰taste buds가 전혀 자극받지 않아도 승리의 기쁨을 **맛보거나**taste, 영화가 **무미하다고**tasteless 생각하거나, **시큰둥해지거나**sour, **쓰디쓴**bitter 말을 할 수 있다.

귀를 전혀 쫑긋 세우지 않아도 친구의 소식을 **듣거나**hear, 어떤 생각이 터무니없게 **들린다고**sounds 주장하거나, 셔츠가 너무 **요란하다거나**loud, 손님이 **엄청나게**crashing 따분하다고 생각할 수 있다.

눈을 전혀 뜨지 않아도 나름의 방식으로 대상을 **보거나**see, 추세를 **지켜보거나**watch, 상황을 불길하게 **바라볼**looking 수 있다.

공기를 전혀 들이마시지 않아도 수상한 냄새를 **맡거나**smell, 계획이 **역겹다고**stinks 생각하거나, 다른 사람이 배우자의 주위를 **킁킁거리며**sniffing 돌아다니는 데 분개할 수 있다.

'민감한sensitive', '감각sensation', '감수성sensitivity'이라는 단어는 구체적인 상황과 추상적인 상황에 모두 적용할 수 있다. 그래서 추위와 모욕에 모두 민감할 수 있고, 타는 듯한 감각과 기시감을 모두 느낄 수 있으며, 페니실린과 미에 대해 강한 감수성을 지닐 수 있다. 실제로 '감각sense'이라는 단어는 그 자체로 우리가 생리적 감각과 심리적 감각을 끊임없이 뒤섞는 양상을 가장 두드러지게 예시한다. 한마디로 생리적 감각은 심리적 감각의 체현embodiment이다.

'감각'이라는 단어가 지닌 두 가지 의미를 잇는 이 마지막 비유는 '체현'이라는 관념, 우리가 지닌 모든 개념은 육체에 직접적으로 의존한다는 이론을 설명하고 구성한다. 그래서 지난 수십 년 동안 부상하여 지금은 신경과학, 심리언어학, 철학, 인지심리학, 발달심리학, 로봇공학, 인공지능 분야에서 큰 영향력을 지니게 된 '체화된 인지embodied cognition'라는 동향의 모토로 삼을 만하다. 감정과 지성 사이에 연결 고리를 만들기 위해 감정을 과학적으로 연구하는 감성과학affective science도 이 동향과 연계되어 있다.

이렇게 아주 다양한 분야가 공유하는 것은 육체 및 환경의 상호작용이 사고의 핵심을 구성한다는 것이다. 우리가 만드는 개념뿐만 아니라 추론하는 방식은 이런 상호작용에서 기인하는 것으로 간주된다. 그래서 이런 시각에는 논리적 규칙으로만 유도되는 비체화된disembodied 논리적 사고를 위한 여지가 없다. 다시 말해서 사람들은 머릿속에서 기반도 없고 의미도 없는 상징으로 이루어진 패턴을 조작하지 않는다. 그보다 사고는 두 가지 방식으로 기틀을 잡는다(즉 두 가지 근원에서 개념의 의미가 나온다). 첫째, 사고는 유추를 통해 과거에 기반을 두며, 둘째, 대단히 많은 경험에 참여한 육체를 통해 구체적 세상에 기반을 둔다.

체화와 추상화

체화를 통해 인지를 이해하는 접근법은 우리의 접근법과 근본적인 논지, 즉 모든 사고는 개인이 삶 속에서 겪는 경험뿐만 아니라 사회집단, 언어공동체, 전체 문화권의 공통된 경험에 뿌리를 둔다는 논지를 공유한다. **우리가** 정립한 논지는 이렇다. 사람들은 물리적 육체로 물리적 세계에서 발을 붙이고 살아가는 데서 생기는 요구에 대응하여 쉼 없이 유추 작용을 실행하는데, 이 과정에서 구축되고 인출되는 개념이라는 매개체를 통해 생각이 이루어진다는 것이다. 그러나 체화를 통한 접근법은 가공되지 않은 경험만으로 충분히 사고할 수 있으며, 추상화는 단지 호사스러운 부가적 사항에 불과하다고 암시하듯이 추상화라는 개념을 거의 강조하지 않는다.

그러나 추상화라는 것이 여러 구체적 개념이 지닌 공통점을 파악하여 별도로 다룬 결과라는 점을 상기하자. 새로운 상황이 지속적으로 이전에 우리가(혹은 친구나 가족 등이) 접한 다른 상황을 상기시킨다는 사실 그리고 복잡한 상황이 지속적으로 생생하고 현실적인 구절을 입에 올리게 만든다는 사실은 우리의 정신이 어떤 구체적인 대상과 다른 구체적인 대상을 잇는 숨겨진 깊은 공통점을 찾도록 만들어진 강력한 엔진이라는 것을 분명하게 보여준다. 이는 곧 추상 개념을 발견하거나 창출하려는 욕구를 말해준다.

가령 대단히 구체적으로 들리는 관용구인 '마지막 고비에 접어들다heading down the home stretch'를 살펴보자. 이 구절은 종종 완료를 앞두고 있지만 아직 상당한 노력이 필요하며, 완료되면 큰 기쁨과 안도감을 안길 주요 과업을 묘사할 때 사용된다. 이 숙어를 적절하게 활용하는 일은 장기적인 목표를 추구하는 특정 상황을 범주화하는 행위와 같다. 이런 상황을 범주화하는 일은 (a) 눈앞에 아른거리는 목표가 경주의 결승선에 해당하고, (b) 이미 지나간 프로젝트의 여러 단계가 이미 경주를 통해 지나온 거리에 해당하고, (c) 프로젝트의 현 단계가 현재 경주를 하는 위치에 해당하며, (d) 아직 달성해야 하는 몇 가지 마지막 하위 목표가 곡선주로의 끝에서 결승선까지 이어진 마지막 100미터의 직선주로에 해당한다는 공간적 유추를 통해 이루어진다.

이는 **체화된** 비유일까? 그러니까 물리적 세계에 살고 육체를 가진다는 점에 의존할까? 트랙에서 경주를 하거나 적어도 관전하는 일과 관련이 있다는 의미에서 그 답은 '그렇다'로 보일 것이다. 그러나 이는 대단히 추상적이기도 하다. 경주를 하거나 본 적이 있는 사람은 누구나 쉽게 그 구체적인 경험을 상당한 시간과 노력을 들여야 도달할 수 있는 목표를 수반하는, 온갖 종류의 훨씬 더 추상적인 과제를 이해하는 데 활용할 수 있다. 게다가 비슷한 느낌을 주는 흔한 영어 숙어들이 상당히 많다. 예를 들면 다음과 같은 문장이 있다. '존스는 느리게 출발했지만 결승점까지 전력 질주했다.' '건축가들이 지금 마지막 역주를 하고 있다.' '결승선이 뻔히 보이는데 이제 와서 소설을 포기하는 건 정말 유감스러운 일이다.' '몇 달 전에는 내가 내세운 논지에 대한 자신감을 잃었지만 지금은 새로운 활력을 얻었다.' '이 프로젝트를 수행하려면 상당한 원기가 필요하다.' '우리는 한숨을 돌리려고 잠시 일손을 멈추었다.' '적어도 시 의회는 양호한 속도로 움직이고 있다.' '그녀는 그 일자리를 얻기 위해 많은 장애물을 뛰어넘어야 했다.' '이 책을 읽는 게 마라톤 같다면 쓰는 건 울트라 마라톤이다.'

위에 나온 문장은 모두 상당히 구체적으로 들리기는 하지만 장기 프로젝트를 마무리하는 일과 힘든 경주를 마치는 일은 추상적 차원에서만 비슷하기 때문에 고도로 추상적이기도 하다. 실제로 '마지막 고비에 접어들다'라는 표현이 애초부터 장기적 목표를 달성하는 일과 관련된 **추상적** 범주를 가리킨다면, 우리의 지성이 구체적 범주만큼이나 추상적 범주에 의존한다는 사실을 알 수 있다. 반면 이 표현이 경주에만 적용할 수 있는 **구체적** 범주를 가리킨다면 우리의 지성이 그 구체적 범주를 외견상 거리가 먼 온갖 다른 종류의 구체적 현상에 연결하면서 뛰어난 추상화 능력을 드러낸다는 사실을 알 수 있다. 어느 경우든 추상화가 핵심이며, 사고에 대한 이론에서 추상화를 배제하는 것은 핵심을 크게 벗어나는 것과 같다.

깨끗함은 신성함에 가깝다

서구 문화에는 **도덕적인 것은 깨끗한 것**이라는 관념이 보편적으로 퍼져 있다. 이 유추는 많은 방식으로 자신을 드러낸다. 가령 기독교에서 세례의 역할은 죄악을 씻어내는 것이다(성서는 '일어나 세례를 받고 너의 죄를 씻으라'라고 촉구한다). 몸을 씻는 것은 이슬람에서도 비슷한 역할을 하며, 힌두교에서도 육신의 청결함을 대단히 중시한다. 우리가 쓰는 일상적 언어는 도덕과 청결 사이의 연관성을 암시하는 표현으로 가득하다. 그래서 우리는 **더러운 일을 저지르고, 불결한 생각을 하고, 지저분한 말을 쓰고, 돼지처럼 행동하고, 이름을 더럽히고, 평판에 먹칠을 하고, 더러운 입을 씻는다.** 반면 얼마든지 **깨끗한 양심**이나 **티 없는 과거** 혹은 **더럽혀지지 않은 명성**을 가질 수 있고, **모든 혐의에도 오점이나 오명을 남기지 않을** 수 있다.

2006년에 심리학자인 첸보 종Chen-Bo Zhong과 케이티 릴젠퀴스트Katie Liljenquist는 이 유추가 무의식적 수준에서 사람들의 심리에 얼마나 깊이 뿌리박혀 있는지 검증하기 위한 실험적 연구를 실시했다. 그들은 이 유추가 아주 깊이 뿌리박혀 있다는 사실을 증명했으며, 자신들이 발견한 내용을 스코틀랜드의 왕인 던컨을 살해한 손을 씻고 싶어 하는 맥베스 부인의 이름을 따서 '맥베스 효과'로 불렀다. 이 실험에서 피실험자들은 과거에 했던 일을 상기하라는 과제를 받았다. 이때 절반에게는 나쁜 행동을 상기하라고 요구했다. 그다음 이와 무관한 별도의 과제인 것처럼 모든 피실험자에게 다음 글자 열에서 빈칸을 채워 영어 단어를 만들라는 과제를 주었다.

W _ _ H, S H _ _ E R, S _ _ P

그 결과 '나쁜 행동을 상기한' 피실험자는 종종 'wash', 'shower', 'soap'처럼 깨끗함과 연관된 단어를 제시한 반면 나머지 피실험자는 'wish', 'shaker', 'step' 처럼 감정적으로 더 중립적인 성격을 지닌 단어를 제시하는 경향을 보였다. 따라서 나쁜 행동에 대한 생각이 **자기 정화**라는 개념과 연관된 개념을 활성화하는 것으로 보인다(이는 부도덕한 행동이 자신을 더럽게 만든다는 순진한 유추의 즉각적인 결과다).

다른 실험에서 모든 피실험자는 과거에 저지른 나쁜 행동을 떠올리라는 과제를 받았다. 뒤이어 절반은 (아무 의미 없는 절차처럼) 손을 닦을 수 있는 소독용 티슈를 받았다. 나머지 절반은 티슈를 받지 않았기 때문에 손을 닦지 않았다. 끝으로 각 피실험자는 어떤 문제를 겪는 학생에게 기꺼이 도움을 줄 것인지 여부에 대한 질문을 받았다. 그 결과 손을 닦지 않은 피실험자가 손을 닦은 피실험자보다 훨씬 더 적극적으로 돕겠다는 의지를 보였다. 따라서 손을 닦는 행위가 과거의 죄를 씻은 듯한 느낌을 주어서 다른 사람에 대한 일반적인 책임감을 약화시킨 반면 과거에 저지른 나쁜 행동을 방금 떠올렸지만 '정화'할 기회를 얻지 못한 사람은 선한 사마리아인이 되려는 경향이 더 강했다고 말할 수 있다.

많은 유추처럼 도덕과 청결 사이의 연계는 무의식적으로 암시되며, 사람들은 둘 사이의 긴밀한 연결 고리를 단지 상황을 바라보는 하나의 가능한 방식이 아니라 **사실**로 생각하는 경향을 지닌다. 이 유추는 나쁜 짓을 하면 사람이 더럽혀질 뿐만 아니라 씻는 행위를 통해 나쁜 짓을 상쇄할 수 있다는 사실(그리고 실제로 착한 행동은 나쁜 행동이라는 잘못을 씻어내는 일종의 비누라는 사실)을 암시한다. 사람들이 대개 이런 관점에 의문을 제기하지 않는다는 점은 개인적 윤리를 절대적이고 영원한 가치가 아니라 자라난 문화에 의해 부분적으로 결정되는 일련의 가치로 보지 못하게 만든다.

눈가리개로서 범주

범주를 '눈가리개'로 부르는 일은 수많은 고상한 추상화의 영역을 유려하게 헤쳐나가도록 돕는 범주화 메커니즘이 종종 충분히 유연하지 않은 통찰을 통해 우리를 오도할 수 있다는 사실을 인정하는 것이다. 때로 이런 눈가리개는 상황과 정확하게 맞물리지 않는 관점을 강요한다. 그래서 과도하게 단순한 인식에 고착될 경우 더 적절한 방식으로 상황을 범주화한 사람은 완전히 명백한 것을 놓치는 경향이 있다.

고대의 철학적 견해인 본질주의essentialism(플라톤류의 이데아론에서 연원한 철학 사조-옮긴이)에 관심을 가지고 있으며, 한동안 프랑스의 대학에 머물고 있던 미국 철학자 E에게 이런 일이 생겼다. 그녀는 프랑스에 도착한 지 얼마 지나지 않아 두 주 후에 그리스 지질학자가 'Aux sources de l'essence'라는 제목의 강연을 한다는 포스터를 보았다 그녀는 강연자가 철학자나 역사가가 아니라 지질학자라는 사실 그리고 황폐한 사막에서 여러 석유 굴착기가 작동하는 모습을 담은 사진에 혼란을 느꼈지만, 그것이 끊임없이 정수를 추구하면서 숨겨진 지하 세계를 탐구하는 왕성한 인간 정신에 대한 우아한 비유라고 판단했다. 그래서 그 사진과 강연자가 고대 그리스와 지닌 연관성을 보고 강연에 참석하기로 결정했다. 강연장에 간 그녀는 강연자가 비유로 든 석유 굴착기를 중심으로 이야기를 시작하는 것을 기쁘게 생각했다. 그러나 5분이 지나도 강연자가 마치 자신의 독창적 비유가 진정한 핵심보다 더 중요하다는 듯이 여전히 아라비아 사막의 석유와 석유 굴착기에 대한 이야기를 이어가자 혼란을 느꼈다. 그러다가 문득 프랑스어 단어인 'essence'가 때로 **영어**에서 'essence'와 같은 뜻으로 쓰이지만 '휘발유'를 가리키는 표준적인 용어이기도 하다는 사실을 떠올리고, 강연 제목이 '정수의 원천'이 아니라 '휘발유의 원천'을 뜻한다는 사실을 알게 되었다. 심한 부끄러움을 느낀 E는 자신이 아무 의도도 담기지 않은 사진에서 깊은 비유적 의미를 읽었음을 깨달았다.

왜 E는 몇 분 동안 강연을 듣고서야 자신이 애초에 받은 인상이 잘못되었음을 알았을까? 첫째, 영어 단어 'essence'가 활성화되면서 강연 주제에 대한 잘못된 생각을 품게 되었다. 둘째, 정신을 조작하는 유추의 힘이 **essence**에 대한 이 관념을 몇 주 동안 강화했다. 실제로 E가 처음에 한 해석은 나머지 사고 과정을 통해 반복적으로 강화되었다. 그래서 석유 굴착기 사진으로 촉발된 최초의 의심을 진지하게 살피고, '어딘가 이상한 점이 있어'라고 생각하는 대신 그 사진을 매력적인 비유로 받아들여서 최초의 범주화를 뒷받침하고 고착시켰다.

코(로)넷을 둘러싼 동상이몽

상습적인 실수 수집가이며 인지에 대한 명민한 관찰자이자 수준 높은 재즈 음악가이기도 한 우리의 친구 데이비드 모저는 몇 년 전에 오래된 코넷(트럼펫과 비슷한 금관악기-옮긴이)을 팔려고 지역신문에 광고를 낸 후 어떤 구매자와 통화를 나눈 이야기를 들려주었다. 구매자는 광고를 보고 자신이 상상한 물건이 마음에 들어서 데이비드에게 전화를 걸었다. 데이비드의 관점에서 통화는 이런 내용으로 진행되었다.

구 매 자 : 안녕하세요, 중고 코(로)넷 때문에 전화했습니다.

데이비드 : 네, 그런데요?

구 매 자 : 500달러밖에 안 해요?

데이비드 : 맞습니다.

구 매 자 : 그럼, 무슨 문제가 있는 건가요?

데이비드 : 아무 문제도 없어요. 상태가 좋습니다.

구 매 자 : 얼마나 달렸죠?

데이비드 : 어, 10년 정도 됐어요.

구 매 자 : 무슨 색이에요?

데이비드 : 흔한 금색요. 흠집이 몇 군데 있기는 한데 심하게 변색되지는 않았어요.

구 매 자 : 그냥 일반 코넷인가요? 설명 좀 해줄래요?

데이비드 : 아주 가볍고, 표준적인 벨, 뱉는 밸브spit valve는 세 개고요.

구 매 자 : 가서 한번 몰아봐도 되나요?

데이비드 : 그럼요, 오시기 전에 전화만 주세요.

이 우스꽝스러운 동상이몽식 대화는 아마도 대단히 많은 연극, 영화, 오페라에서 영리한 작가가 공들여 꾸며내서 오해로 인한 웃음을 자아내는 장면을 연상시킬 것이다. 그러나 이 사례의 경우 실제로 이런 대화가 오갔으며, 양쪽이 이상하다는 낌새를 채기 전까지 한동안 상대방의 말이 합당하다고 생각했다.

구매자가 대화의 주제라고 생각한 것은 명백히 중고 자동차 닷지 코로넷이었으며, 이 '사실'을 확고하게 믿은 그는 데이비드가 말한 '흔한 금색'과 (그것이 무엇이든 간에) '표준적인 벨'이라는 사양 그리고 심지어 '뱉는 밸브 세 개'를 자동차에 대한 우회적인 표현으로 쉽게 받아들였다. 아마도 그는 데이비드가 자동차 전문가 사이에 통하는 표현으로 실린더에 달린 몇 개의 밸브에 기술적 문제가 있다는 뜻으로 '뱉는 밸브'라는 표현을 썼다고 생각했을지도 모른다. 혹은 무의식적으로 '뱉는 밸브 세 개'를 '**분할**split 밸브 세 개'로 바꾸어서 예상치 못한 단어를 더 그럴듯하게 만들었을지도 모른다. 어지간한 미국 남성이라면 자동차에 들어가는 '분할 밸브'라는 것이 무엇인지 완벽하게 아는 것처럼 말이다.

데이비드의 경우 작은 트럼펫을 분명하게 염두에 두고 있었고, 구매자가 같은 이미지를 공유하지 않는다는 생각을 전혀 하지 않았다. 그래서 구매자가 금관악기의 주행 거리와 색상에 대해 묻고, 심지어 '몰아봐도 되는지' 물었을 때도 전혀 이상한 낌새를 채지 못했다. 구매자의 질문은 이상하게 표현되기는 했지만, 단지 참신하고 깜찍한 비유, 코넷의 상태를 파악하는 특이한 방식으로 보였다.

이 사례를 우리가 다루는 핵심적인 주제의 맥락에서 살펴보기 위해 구매 의욕이 대단히 강해서 신문광고에 나온 (소문자 'c'가 들어간) '코넷cornet'이라는 단어를 보고 닷지 코로넷의 이미지를 떠올린 구매자부터 살펴보자. 방금 말한 경위를 따르는 범주가 최초로 촉발되었다. 이렇게 촉발된 범주는 해석 과정을 전담하여 환경에 속한 모든 것을 걸러내고, 모든 단서를 왜곡하며, 해당 범주로 편향되지 않은 사람에게는 점점 더 타당하지 않게 보일 반응을 초래한다. 실제로는 '휘발유의 원천'이라는 강의에 참석한 철학자 E의 경우처럼 통화의 말미에 이르러 모든 진실이 밝혀졌다. 깊이 뿌리박힌 범주에 반하는 증거들이 서서히 늘어나다가 마침내 끈질긴 최초의 범주를 무너트릴 만큼 강해진 것이다.

무의식적 기본 가정: 범주화의 함정

상당히 다른 사례로 큰 교통사고가 나서 아버지가 사망하고 조수석에 탔던 아들이 중상을 입은 채 병원으로 실려간 이야기를 살펴보자. 아들의 생명을 살리려면 응급수술이 필요하다. 급히 수술실로 달려온 의사는 갑자기 얼굴이 백지장처럼 하얗게 변하더니 "이 아이는 수술 못 해요. 내 아들이라고요!"라고 소리친다.

사람들이 이 이야기를 여러 번 읽으면서 중상을 입은 아이에게 아버지가 두 사람일 수 없다는 풀리지 않는 문제에 직면하는 것은 아주 흔한 일이다. 도대체 어떻게 된 일일까? 의사가 아이를 잘못 본 것일까? 아니다. 그렇다면 생부가 아니라 양부인 것일까? 그것도 아니다. 그렇다면 아버지가 되살아나서 다친 아들보다 먼저 기적적으로 병원에 당도한 것일까? 그것도 아니다. 이 모든 문답은 정확한 정보를 제시하기는 하지만 범주의 눈가리개가 초래한 문제를 더 복잡하게 만들 뿐이다. 사실 충분히 생각해보면 모든 독자가 이 상황에 대한 완벽하게 타당한 설명을 분명히 찾을 수 있다.

범주가 만든 맹점이 계속 우리의 눈을 가리는 수많은 방식은 아무리 강조해도 지나치지 않다. 가령 방금 읽은 교통사고에 대한 이야기를 살펴보자. 혹시 사고가 난 차가 버스라는 생각이 든 적이 있는가? 이 이야기에서 그것이 '승용차'라고 말하는 부분은 어디에도 없지만 사실상 누구도 버스일지 모른다는 생각은 하지 않는다. 그저 최초의 범주화가 잘못됐을지 모른다는 생각은 절대 떠오르지 않는다. **교통사고**라는 개념에 따라 기본적으로 가정하는 대상은 버스나 트럭, 모터바이크, 자전거, 이동용 주택 등이 아니라 **승용차**다. 이런 기본 가정은 때로 아주 깊이 자리 잡으며, 때로 감지하고 뒤집기가 거의 불가능하다. 양성평등이 대단히 진척된 오늘날에도 의사의 말을 많은 독자가 이해하지 못하는 이유가 거기에 있다.

한 핵심에서 다른 핵심으로의 이주

상황에 대한 잘못된 이해로 이어지는 범주화는 문제를 해결하려는 사람에게 상당한 파장을 미칠 수 있다. 실제로 부실한 범주화는 간단한 문제를 풀 수 없게 만들거나 어렵게 만든다. 외부 관찰자는 간단한 문제에 당황하는 모습을 보고 무능하다고 생각할 수도 있지만 사실 당사자는 단지 제시된 문제가 아닌 엉뚱한 문제를 풀려고 할 따름이다. E가 편향 때문에 강연 제목에서'essence'라는 단어를 오해했던 것처럼, 편향된 범주화 때문에 문제를 잘못 해석하는 것이다.

인지심리학 분야에서 진행된 다양한 연구를 통해 이런 잘못된 범주화의 속성이 밝혀지면서, 문제를 해결하지 못하는 것은 단지 적절한 전략을 찾지 못했기 때문이라는 고정관념을 뒤집는 데 도움을 주고 있다. 문제의 내용을 제대로 이해했지만 거기서부터 어떻게 나아가야 할지 모른다면 고정관념에 해당하는 경우일 것이다. 그러나 연구 결과에 따르면 문제 해결 과정에서 빈번하게 드러나는 어려움의 근원은 잘못된 범주가 동원되었음을 뜻하는 문제의 내용에 대한 오해이다. 적절한 범주를 발견하면 종종 쉽고 빠르게 해결책을 찾을 수 있다.

한 가지 연구 사례를 보면 이해에 도움이 될 것이다. 이 연구는 많은 심리학자가 연구한 유명한 하노이의 탑Towers of Hanoi 문제를 활용한다. 간단한 형태는 기둥 세 개 중 하나인 A기둥에 끼워진, 가운데에 구멍이 뚫린 작은 크기와 중간 크기 그리고 큰 크기의 원반을 몇 가지 제약에 따라 C기둥으로 옮기는 것이다. 그 제약은 (1) 한 번에 하나의 원반만 옮길 수 있고, (2) 가장 위에 있는 원반만 옮길 수 있으며, (3) 더 큰 원반을 더 작은 원반 위에 놓을 수 없다는 것이다.

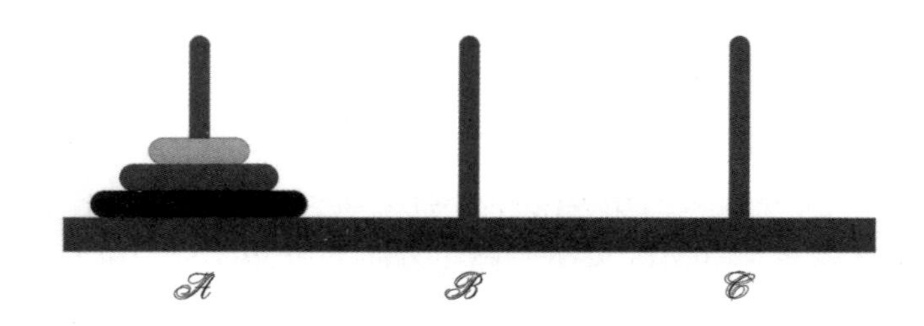

사람들이 이 과제 그리고 다른 '동형isomorphic'을 지닌(이렇게 불리는 이유는 겉으로만 다를 뿐 실은 같은 문제이기 때문이다. 가령 원반을 곡예사로 대체하고 세 번째 제약을 어떤 곡예사도 더 작은 곡예사 위에 설 수 없다는 것으로 바꾸는 식이다) 과제를 푸는 양상이라는 주제를 놓고 많은 실험이 이루어졌다. 지금부터 몇 가지 흥미로운 결과를 집중적으로 살펴보자. 인지심리학자인 장 프랑수아 리샤르Jean-François Richard는 정답을 알면 일곱 번 만에 풀 수 있는데도 불구하고 여덟 살 전후의 초등학생 중 상당수가 약 30회 정도로 원반을 상당히 많이 옮긴 후에 이 문제를 푼다는 사실을 보여주었다. 그러나 이 아이들이 활용한 전략은 전혀 무작위적이지 않았다. 아이들은 문제에 공식적으로 제시되지 않은 추가적인 규칙을 더한 것처럼 보였다. 아이들이 부지불식간에 암묵적으로 가정한 이 규칙은 원반을 A기둥에서 C기둥으로 바로 옮길 수 없다는 것이었다. 다시 말해서 아이들은 A기둥에서 C기둥으로(혹은 그 반대로) 원반을 건너뛰지 않고 항상 B기둥을 기착점으로 삼았다. 이런 식으로 이 문제를 직접 풀어보면 곧 추가된 규칙이 해결 과정을 상당히 지연시켜서 최소 이동 횟수가 7회에서 26회로 훌쩍 늘어난다는 사실을 알게 된다.

왜 많은 아이가 근본적으로 조건을 불리하게 만드는 추가적인 규칙을 스스로 부여했을까? 그 답은 어른과 아이가 다소 다르게 인지하는 것으로 보이는 **이동**이라는 개념에 있다. 아이는 종종 한 기둥에서 다른 기둥으로 이동하는 것이 각 중간 지점을 거쳐가는 것이라고 암묵적으로 가정하는 반면, 어른은 A지점에서 C지점으로 가는 방식에 좌우되지 않는 더 세련된 개념을 가진다. 누군가 "다음 주 금요일에 아카델피아에 갈 거야"라고 말하는 경우 그 수단은 승용차나 버스, 기차, 비행기가 될 수 있으며, 구체적인 경로는 아무런 차이를 만들지 않는다. 어른은 **상태 변화**state change로서 여행("오늘은 블루밍턴에 있고 금요일에는 아카델피아에 있을 거야")과 **과정**process으로서 여행("블루밍턴에서 아카델피아까지 가려면 인디애나폴리스, 리틀락, 그리고 다른 소도시들을 지나야 해")을 쉽게 구분한다.

이동을 상태 변화가 아닌 과정으로 보는 경향은 4장에서 논의한 내용과 깊이 연관되어 있다. 그것은 어떤 개념에 대한 여러 단계의 추상화가 (**데스크**라는 개념에서 **무게**와 **부피** 그리고 **물질성**이라는 관념을 제거하여 결국에는 **작업 공간**이라는 핵심 관념만 남기거나 **열쇠**라는 개념에서 **금속**, **길다**, **얇다**, **불규칙한 형태**라는 관념을 제거하여 결국에는 호텔에서 쓰는 자기 카드처럼 **잠금장치를 푸는 휴대용 개체**라는 핵심 관념만 남기는 것처럼) 덜 핵심적인 측면을 하나씩 제거하는 일을 수반한다는 것이다. 앞서 언급한 실험에서 많은 여덟 살 아동들이 **이동**이라는 추상적 관념을 **경로**route라는 더 구체적인 관념으로부터 분리하는 데 어려움을 겪는 것으로 나타났다. 전자는 발생 경위를 따지지 않기 때문에 A기둥에서 C기둥으로 혹은 그 반대로 바로 건너뛰는 것을 허용하지만 후자는 모든 중간 지점을 거치도록 강요한다. 앞 장에서 소개한 대로 '혹hump'이라는 단어에서 충돌이라는 관념을 떠올리지 않을 수 없었던 미카처럼 많은 아이는 '이동'이라는 단어에서 **모든 중간 지점을 거쳐간다**는 관념을 떠올린 것이다.

어른의 경우에도 하노이의 탑 문제에 다른 '옷'을 '입혀서' 동형을 지닌 문제를 제시하면 정확하게 같은 현상이 벌어진다. 장 프랑수아 리샤르와 동료인 에블린 클레망Évelyne Clément은 원반을 옮기는 것이 아니라 크기를 바꿀 수 있는 문제를 연구에 활용했다. 이 경우 어른들은 원반을 옮기는 문제를 푸는 아이들과 정확히 같은 행동을 하는 경향을 보였다. 즉 상당수가 작은 원반을 큰 원반으로(혹은 그 반대로) 바꿀 수 없으며, 중간 크기를 거쳐야 한다는 추가 규칙을 무의식적으로 더했다. 그래서 A크기에서 C크기로 가려면 B크기를 거치는 **두** '단계'가 필요하다고 생각했다. 이렇게 문제 해결 과정을 눈에 띄게 느리게 만든 경직된 사고가 예기치 않게 드러난 이유는 아이들의 경우와 같다. 즉 어른들은 **크기 변화**라는 개념에 대해 지나치게 구체적인(그래서 순진한) 관념을 적용하여 최종적인 크기를 과정 혹은 '경로'와 분리하지 않았다. 대다수 사람에게 **크기 변화**라는 개념의 원형은 아기에서 아동기와 청소년기를 거쳐 어른이 되는 생리적 성장이었다. 그러나 이러한 **크기 변화**라는 개념에 대한 모델은 순진한 것이며, 그 덫에 걸린 채 문제를 푼 어른들은 그렇지 않은 사람보다 훨씬 오랜 시간을 들일 수밖에 없었다.

따라서 '휘발유의 원천' 사례의 덫과 하노이의 탑 사례의 덫 모두에서 단일한 정신적 현상, 즉 유사한 상황에 대한 기억이 당사자와의 협의 없이 무단으로 발현되는 현상이 일어나는 것으로 보인다. 이런 현상에 대해 일반적으로 대는 핑계는 '말하는 내용을 제대로 못 들었다'거나 '내용을 명확하게 설명하지 않았다'거나 '집중하지 않았다'는 것이다. 그러나 사실 더 정확한 설명은 부적절한 범주화에 무의식적으로 넘어갔다는 것이다.

우리가 논의하고 있는 사례들처럼 전체 과정이 무의식적으로 진행될 경우 아주 꼼꼼한 연구를 통해서만 숨겨진 유추가 드러난다. 종종 한 문화 내지 하위문화에서 사람들이 공유하는 범주가 있다는 사실은 범주가 상황 인식에 영향을 미치는 양상을 특별히 명확하게 보여준다. 이 공동체에 속하지 않은 사람은 대단히 이상하게 보이는 관점에 놀랄 것이기 때문이다.

이 현상을 보여주는 다음 사례는 대도시에 사는 독자들에게 직접적으로 와닿을 것이며, 교통 정체가 덜한 지방에 사는 사람들에게도 흥미로울 것이다. 이 사례는 도시에서 가장 멋진 장소가 반드시 사람들이 일반적으로 생각하는 장소가 아닐 수도 있음을 보여준다.

샌프란시스코에서 가장 멋진 장소는?

> 유니언광장? 차이나타운? 트윈픽스? 그레이트 고속도로? 클리프하우스? 퍼시픽하이츠? 금문교? 피쉬먼스와프? 골든게이트 공원? 프레시디오? 마리나? 레기온오브아너미술관? 탑오브더마크? 코이트타워? 페리빌딩? 머시드호수? 웨스트포털? 러시안힐?

물론 비거주민은 위에 나온 장소 중 하나를 꼽겠지만 주민들은 시각이 다르다. 샌프란시스코에서 천문학적 벌금을 물거나 견인차 보관소에서 가져와야 하는 경우를 염려할 필요 없이 차를 댈 장소를 찾는 일은 특정 지역과 시간대에서는 기적에 가깝다. 그래서 가능성이 아주 낮다는 사실을 분명히 알면서도 주차할 자리를 찾아서 가파른 언덕길을 오르내리고 넓은 대로를 오가고 이미 지나온 길을 수차례 지나곤 한다. 이런 일이 너무 잦고 짜증나서 샌프란시스코의 운전자들은 빈 주차 공간에 강하게 이끌리며, 합법적으로 차를 댈 수만 있다면 콘크리트가 깔린 단순한 직사각형 공간에도 높은 미적 가치를 부여하는 경향이 있다. 희소성이 그런 장소를 귀중하게 만드는 것이다.

샌프란시스코 주민들은 거리를 걸어가면서 "우와, 저기 멋진 곳이 있어!"라고 말하는 경우가 드물지 않다. 이처럼 샌프란시스코 주민과 빈 주차 공간 사이에 형성된 밀접한 관계는 **멋진 장소**라는 범주를 낳는다. 샌프란시스코에서 운전을 해본 사람이라면 누구나 증언할 수 있듯이 차를 댈 필요가 없을 때 멋진 장소를 발견하는 일은 간절하게 필요할 때 바로 그 장소를 우연히 찾는 가상의 시나리오를 환기시키며, 그에 따라 '그럴 수만 있다면'이나 '정말 아깝다'라는 감각이 촉발된다.

멋진 장소라는 추상적 범주는 그들이 물리적 장소를 인식하는 양상에 깊은 영향을 미친다. 이 사례는 범주가 세상을 바라보는 시각에 얼마나 강력한 영향을 미치는지 보여준다. 카지미르 말레비치Kazimir Malevich가 그린 유명한 〈하얀 배경 위의 하얀 광장White Square on White Background〉이 **미술품**이라는 범주에 속하는 요소라면 마켓 스트리트에 있는 **회색 배경 위의 회색 직사각형**은 명백히 **멋진 장소**라는 범주의 요소다. 회색 직사각형이 수많은 사람의 마음속에 자아내는 강렬한 희구심은 그런 방식의 범주화를 밀어붙이는 심리적 힘이 얼마나 억누르기 어려운지 보여준다. 그러나 이런 범주화는 강렬한 감정적 영향에도 불구하고 불합리한 수준의 발작으로 몰아가지는 않는다. 지금까지 우리가 아는 한 누구도 멋진 장소가 부르는 세이렌의 노래에 넘어가서 토요일 저녁을 위한 계획을 갑자기 포기하고 급정거를 한 후 윙크를 보내는 멋진 장소의 치명적인 유혹에 끌려서 차를 거기 댄 적은 없다.

그러나 특정 범주화는 우리의 생각과 행동에 대단히 강력한 영향을 미친다. 가령 10월 11일에 일어난 충돌 사고에 대한 사람들의 인식은 몇 년 전에 일어난 사건이 아니었다면 크게 달라졌을 것이다.

억누를 수 없는 유추의 힘: 10·11 충돌 사고

2006년 10월 11일 오후, 비행기 한 대가 뉴욕 시의 고층 건물에 충돌했다. 이 소식을 들은 사람들은 외딴섬에서 지난 몇 년을 보내지 않았다면 모두 2001년 9월 11일에 발생한 세계무역센터 사고를 떠올릴 수밖에 없었다. 그래서 이 충돌 사고가 테러라고 자동적으로 가정했으며, 사고 비행기가 대형 제트기가 아니라 4인승 개인용 프로펠러 비행기이며 조종사와 부조종사만 사망했고, 건물에 난 불은 금세 꺼졌으며, 건물이 붕괴될 위험에 처한 적이 없다는 사실을 안 후에도 테러임이 틀림없다는 느낌을 지우지 못했다.

9·11 테러와의 유추는 즉시 이루어져서 이 사건에 대한 인식을 깊이 물들인다. 그래서 사건 소식을 처음 들을 때 전 세계에서 빈번하게 다양한 형태로 발생하는 무작위적인 사고이며, 불행하지만 그 파장은 제한적이고, 종교적 근본주의나 테러와 아무 상관이 없다고 생각하기는 어렵다. 이는 처음에 떠올리기에 가장 가능성이 낮은 생각이다! 실제로 사고 소식이 알려진 후 잠시 동안 다우존스 지수가 하락했다.

10월 11일에 일어난 충돌 사고에 대한 소식을 들을 때 9·11 사건을 먼저 환기하지 않을 도리는 없다. 9·11 때문에 **테러**라는 폭넓은 범주가 즉시 활성화되며, **9·11 테러**라는 더 구체적인 범주가 더 강력하게 활성화된다. 그래서 '이런, 9·11 사건이 재연되었군!' 내지 '또 다른 9·11 사건인가?'라고 생각하게 된다. 더 폭넓은 범주와 더 폭 좁은 범주는 9·11이 일어나지 않았다면 완전히 다르게 인식했을 사건을 이해하는 불가피한 틀을 제공한다.

어떤 사람들은 "잠깐만, '9·11'은 **범주**가 아니라 **사건**의 명칭이잖아!"라고 반박할 수도 있다. 우리는 4장에서 논의한 대로 아무리 고유하거나 **독특하게**sui generis 보인다고 해도 (심지어 대단히 구체적인 **1998년산 샤토 보카스텔 오마주 아 자크 페렝**조차) 명백한 단일 요소 범주가 적절한 상황이 등장했을 때 유추로 추동되는 지성에 의해 아주 수월하게 복수화된다는 사실을 보여주는 **교황들**, **바이블들**, **메카들**, **바흐들**, **아인슈타인들**, **피카소들**, **롤스로이스들** 같은 범주를 상기시킴으로써 이 주장에 맞설 것이다.

9·11이라는 범주의 복수적 성격을 나타내는 다른 분명한 표식은 (2008년 11월 말에 뭄바이에서 일어나 고급 호텔 두 곳을 비롯한 수많은 건물을 파괴한) '인도의 9·11', (무고한 사람들에 대한 학살 사건을 가리키기 위해 여러 정치 집단이 이용하는) '러시아의 9·11', '파키스탄의 9·11', '스페인의 9·11' 등과 같은 구절이 흔히 사용된다는 사실이다. 특히 2004년 3월 11일에 마드리드에서 200여 명의 사망자를 낸 폭탄 테러 사건은 금세 '스페인의 9·11'이라는 라벨을 획득했으며, 스페인 사람들

은 곧 (뉴욕과 워싱턴에 대한 테러 공격을 가리키는) '11-S'와 (마드리드에서 일어난 테러 공격을 가리키는) '11-M'이라는 유추로 가득한 별명을 활용하게 되었다.

인터넷에서는 '17세기의 9·11', '뉴올리언스의 9·11', '제2차 세계대전의 9·11', '경전의 9·11', '록의 9·11', '호르몬 대체 요법의 9·11', '상업 운송의 9·11' 등과 같은 구절도 찾을 수 있다. 또한 명시적으로 복수를 사용하여 '미래의 9·11들', '1960년대의 9·11들', '역사의 9·11들' 등과 같은 범주를 가리키는 수많은 웹사이트도 쉽게 찾을 수 있다.

요컨대 **9·11**이라는 개념은 이제 다른 강도를 지닌 많은 요소를 거느린 흔한 범주가 되었다(진주만은 상당히 강한 요소이며, 재미있는 한편 슬픈 사실은 9·11이 진주만이라는 범주를 이루는 상당히 강한 요소라는 것이다). 2001년 이후에 단지 누군가 9월 11일에 태어났거나 결혼식 날짜로 그날을 골랐다는 이유 때문에 얼마나 많은 생일과 결혼기념일이 지장을 받았을지 생각해보라. 실제로 2001년 이후로 상당히 오랫동안 온갖 종류의 환영회와 공연 그리고 다른 공공 행사가 가까이 접근하는 모든 것을 오염시키는 9·11이라는 '방사성' 날짜와 불가피하게 연계되어 피해를 입지 않으려고 세심하게 일정이 조정되었다.

하나가 바뀌면 모든 것이 바뀐다

앞서 본 대로 유추는 상황에 대한 인식을 제한한다. **멋진 장소**라는 범주의 요소든 **9·11**이라는 범주의 요소든 간에 유추는 세상을 걸러서 보는 필터를 만든다. 누구든 간에 우리는 생각의 흐름을 강력하게 제어하는 필터를 통해 세상을 본다는 사실을 쉽게 잊기 때문에 이 말은 놀랍게 들릴 수 있다. 그러나 앞선 범주들을 통한 교훈은 일상생활 전반에 걸쳐 적용되며, 크든 작든 중앙 무대를 차지하는 모든 관념에 적용된다.

어느 날 Y는 친구의 아파트에서 새로 산 코끼리 도자기를 보고 친구와 이야기를 나누었다. 한 시간 후 Y는 아내와 거리를 걷다가 문득 어느 매장의 진열장에서 똑같은 물건을 발견하고 크게 놀랐다. 그 물건을 발견한 순간 그는 말하고 걷고 듣고 사색하고 온갖 장애물을 피하는 많은 일을 동시에 하고 있었으며, 친구의 아파트에서 본 코끼리는 전혀 생각하지 않고 있었다. 사실 Y는 몇 주 전에 같은 매장을 수차례 지나가면서 한 번도 인지하지 않았지만 그 코끼리는 두

껍게 앉은 먼지가 말해주고, Y가 매장에 들어가 물었을 때 주인이 확인해준 대로 매번 거기에 있었다. 다시 말해서 Y는 지난 몇 달 동안 수십 번 시야에 들어온 그 코끼리를 한 번도 **본** 적이 없으며, 그럼에도 불구하고 그 코끼리는 그날만은 진열창에 있는 다른 물건보다 열 배는 더 밝은 것처럼 바로 눈에 들어왔다.

이 작은 일화는 **필터링**이라는 지속적으로 진행되는 과정을 잘 예시한다. 특정 개념이 얼마 전에 활성화되었기 때문에 이전에는 보지 못했던 코끼리가 새로운 맥락에서 인지적으로 두드러지게 되었으며, 그에 따라 Y의 주의를 좌우하는 필터링 체계의 경계 위로 이동하여 눈에 띄게 되었다.

이 일화가 보여주듯이 우리의 인식은 크게 편향되어 있지만 이는 문제라기보다 다행스러운 일이다. 우리의 편향은 대개 아주 유용하고 효율적이기 때문이다. 우리의 두뇌가 주위를 둘러싼 모든 것에 똑같은 정도의 주의를 기울인다면 혼란에 빠질 것이다. 그래서 범주는 필터로 작용하며, 끊임없이 밀려드는 자극의 홍수에 대처하게 만드는 정신적 삶의 핵심적인 요소가 된다. 범주는 세상을 지각하는 기관이기 때문에 범주 체계에 영향을 미치는 것은 무엇이든 지각 기관에도 영향을 미친다. 우리가 살아가는 동안 생각이 지나는 다소 무계획적인 경로는 세상을 보는 방식에 깊은 영향을 미친다.

그래서 새로운 사실을 배우거나 새로운 경험을 하는 것은 환경에 대한 지각을 근본적으로 변화시킨다. 임신한 여성은 주위의 모든 곳에서 임신한 여성을 보고, 출산한 후에는 가는 곳마다 아기와 마주친다. 또한 심리요법을 받기로 결심한 사람은 모든 지인이 같은 일을 했다는 사실을 알게 된다. 또한 이혼에 이르는 길을 걷기 시작하면 갑자기 누구든 대화를 나눌 때마다 이혼 이야기가 등장한다. 또한 새 차를 모는 기분을 만끽하다 보면 모든 거리의 길모퉁이에서 같은 모델이 나오는 것을 보고 놀라게 된다. 또한 친구가 보이는 작은 몸짓이나 미세한 언어적 습관을 인지하기 시작하면 이전에는 한 번도 인지한 적이 없다고 해도 갑자기 친구의 얼굴이나 말이 지닌 지배적인 특성이 된다. 또한 파티에 가면 자신의 아이와 같은 학교에 다니는 아이가 있고, 매일 아이를 데려가는 엄마와 아는 사이가 되면 이전에는 몇 년 동안 한 번도 본 적이 없다고 해도 매일 학교에서 알아보게 된다.

집착의 힘

머릿속에서 활성화된 범주는 항상 삶 속에서 자신의 사례를 찾는다. 고도로 활성화될수록 놓치는 사례가 줄어들고, 온갖 모습으로 위장한 자신의 사례를 더 유려하고 창의적으로 찾아낸다.

앞선 사례들은 이 사실이 비교적 구체적이고 익숙한 범주들(**도자기 코끼리, 임신한 여성, 이혼 이야기** 등)에도 해당한다는 점을 보여주지만, 우리는 종종 그 경계가 대단히 부실하게 정해진 더 흐릿한 상황에 관여한다. 이런 경우 활성화된 범주와 공명하는 대상을 주위에서 탐색하는 활동은 여전히 더 단순한 상황에서처럼 머릿속에서 무의식적으로 열심히 진행되지만 더 추상적인 인식의 층위에서 이루어진다. 세상에 대한 이 추상적인 필터링은 일시적이든 장기적이든 간에 같은 대상에 집착하지 않는 관찰자에게는 아주 이상하게 보이는 연결 고리를 만든다.

우리가 인식하는 것은 환경의 제공물, 범주의 목록, 현재의 관심사 사이에서 이루어지는 타협의 결과다. 관심사가 집착에 가깝다면 주도권을 잡게 되고, 눈에 들어오는 모든 것은 이 집착을 기준으로 거듭 인식된다. 그래서 사랑하는 사람이 죽은 후에는 죽음과 슬픔이라는 주제가 인식을 지배하게 되며, 사실상 모든 대상과 상황이 상실감에 물든다. 기울어진 파라솔조차 쓰러지려고 하는 나무를, 임박한 종말을, 보편적 필멸성을 연상시켜서 눈물을 자아낸다. 멈춘 시계는 죽은 사람에게는 시간이 존재하지 않는다는 사실을 가리킨다. 흐린 하늘은 머리 위를 떠다니며 침울한 먹구름을 드리우는 죽음으로 보인다. 상한 복숭아, 시든 장미, 깨진 잔, 부서진 장난감, 넘어진 쓰레기통, 닫힌 셔터, 내려진 차양, 흠집 난 차, 햄 덩어리, 이 각각의 것이 다시 한 번 죽음을 상기시킨다. 다른 한편 즐겁게 웃는 낯선 사람, 부드럽게 바라보는 연인, 키스하는 커플, 지나가는 행복한 가족, 세상에 존재하는 이 모든 기쁨의 상징이 다른 사람의 고통에 대한 태평스러운 무관심을 연상시키고 모든 고통받는 영혼의 암울한 고독을 부각시키는 잔인한 공격이 된다.

이렇듯 집착은 환경에서 오는 모든 단서를 활용하려 한다. 다시 말해서 집착의 근원은 가능한 온갖 종류의 상황에 적용되는 풍부한 유추를 낳으며, 동시에 모든 경쟁 유추를 몰아내는 경향을 가진다. 가령 앞선 문단에 나오는 어두운 생각은 모두 죽음에 대한 유추에서 나왔으며, 모두 완벽하게 정당화할 수 있다. 그래도 묘사한 상황을 인식하는 수많은 가능한 방식 중 소수에 불과하다는 것은 확실하다. 이처럼 집착에 이끌린 유추는 일정한 타당성을 지니지만 그럼에도 한 걸음 물러서서 보면 때로 상당히 억지스러워서 그다지 설득력이 없다. 그러나 집착이 신선한 사례를 찾아 항상 세상을 살피는 대담성과 집중도는, 예외적이기는 하지만 때로 새롭고 통찰력 있는 생각을 낳는다. 실제로 주어진 현상에 대한 유추물을 열심히 찾을 때, 집착이 지닌 동력이 없으면 결코 세상의 빛을 보지 못할 중요하고 새로운 관점과 마주칠 가능성이 높아진다. 열쇠 하나로 자물쇠 수천 개를 돌려보면 한 번은 열 수 있게 될 것이다.

집착적인 태도로 혹은 집착에 가까운 태도로 어떤 영역에 빠져들지 않고 혁신적이고 새로운 통찰을 떠올리는 일은 거의 상상하기 어렵다. 그러나 과학적 발견을 다루는 8장을 앞두고 있기 때문에 지금은 모든 종류의 위대한 물리학자, 수학자, 과학자가 한결같이 자신의 분야에 엄청난 열정을 가졌다는 점을 언급하는 것으로 충분하다. 루이 파스퇴르Louis Pasteur는 '기회는 준비된 사람을 좋아한다'는 유명한 말을 남겼다. 집착하는 사람보다 잘 준비된 사람은 없다! 열정적으로 집착하지 않으면 절대 오랫동안 동료들의 눈에 띄지 않은 연결 고리를 포착할 수 없다. 이 사실은 앞 장에서 살핀 대로 창의성은 간단한 스위치로 켜고 끌 수 없으며, 창의적 유추를 하려면 어떤 관념에 사로잡혀야 한다는 생각으로 우리를 되돌린다.

잠시 아르키메데스가 욕조에서 맞은 '유레카'의 순간을 떠올려보자. 이 발견이 어떻게 이루어졌는지 이해하려면 압력을 감안해야 한다. 여기서 말하는 것은 물에 잠긴 모든 대상이 받는 압력이 아니라 왕이 충직한 종복인 아르키메데스에게 가한 압력을 말한다. 당시에는 왕의 요구를 충족하지 않으면 좋은 대접을 받지 못할 것이 뻔했기 때문에 가여운 아르키메데스가 안절부절못하면서 왕관의 부피를 파악할 수 있는 방법을 찾으려고 머리를 쥐어짜는 모습을 쉽게 상상할 수 있다. 그는 모든 곳에서 다른 사람은 전혀 보지 못하는 부피를 보기 시작했을 것이다. 그래서 **왕관**이 부피를 지닌다는 생각에서 출발한 그는 곧 **문**도 부피를 지니고, **의자**도 부피를 지니고, **동물**도 부피를 지니고, **사람**도 부피를 지니고, **나 자신**도 부피를 지니고, **나의 신체 부위**도 다양한 부피를 지니며, **내가 욕조에서 밀어낸 물**도 부피를 지닌다는 것을 깨닫고 "아하! 바로 그거야!"라고 환호했을 것이다.

망치와 못

집착은 누구도 꿈꾸지 못하는 흥미로운 연결 고리를 드러낸다. 이 점은 심리학자인 에이브러햄 매슬로Abraham Maslow가 말한 격언, '유일하게 가진 연장이 망치라면 모든 것을 못으로 대하게 된다'[28]를 연상시킨다.

고등학생인 J는 그런 망치를 가졌다. 그래서 매일 몇 시간씩 핀볼 머신에 빠져들었다. 계속 더 높은 점수를 얻는 것이 인생에서 갈수록 중요한 일이 되었고, 어느 날부터는 갑자기 모든 사람의 인생이 핀볼 머신에서 돌아다니는 공의 궤적으로 보였다. 이 유추는 공이 마구 돌아다니듯이 무작위적이고 예상할 수 없는 방식으로 펼쳐지는 삶에 대한 관점에서 나온 것이었다. 그래서 공의 발사에 덧입혀진 탄생에 뒤이어 공의 반사에 해당하는 탈선과 덫으로 가득한 험난한 인생이 전개되었다. 또한 플레이를 잘했든 못했든 매 순간 소멸의 위험이 있었고 죽음은 불가피했다.

K는 승마에 빠져들었다. 그녀는 말 속에서 살았고 말을 사랑했다. 인간 세상에 대한 그녀의 이해는 말의 세상에 대한 이해에 뿌리를 두었다. 그녀가 지닌 심오한 '말에 대한 감각'은 인간관계의 모든 복잡성을 풀어내는 열쇠 역할을 하면서 심지어 인간성에 대한 자신의 통찰이 주위의 다른 사람보다 더 깊다는 확신을 주었다.

L은 아주 어릴 때부터 개를 사랑했으며, 사람을 만나면 재빨리 특정한 개의 종과 연결하는 직관적인 판단을 통해 대단히 성공적인 사업 관련 인간관계를 비롯하여 모든 사회적 관계를 이어갔다. 그래서 새로 알게 된 사람의 성격을 파악하고 그에 해당하는 개의 '종'에 따라 친구와 동료를 대하는 방식을 결정했다. 그가 보기에 자신은 세인트버나드에 해당했고, 친구와 동료는 푸들, 불도그, 셰퍼드, 폭스테리어 등에 해당했다.

물리학을 전공하는 대학원생인 M은 입자의 세계에 깊이 빠져들어서 입자들이 상호작용하는 양상을 기준으로 사회적 관계를 이해했다. 그래서 (준입자, 초전도성, 가상 교환, 환치 계산법renormalization처럼) 아주 심오한 양자 현상을 인간관계에 적용했다.

N은 10대 시절에 골프에 푹 빠졌다. 그녀는 마당에 18홀짜리 코스를 만들고 매주 골프를 치면서 많은 시간을 보냈다. 그녀의 하루는 아이언, 우드, 퍼터, 공, 그린, 파, 버디, 이글, 보기, 벙커, 페어웨이 등 골프와 관련된 어휘와 이미지로 가득 채워졌다. 이 시기 동안 그녀는 잔디밭이나 풀밭 언덕 혹은 초원을 지나칠 때마다 가상의 홀이나 퍼팅 그린을 보았다. 또한 가족이 1년 동안 스위스에 머물 때는 농촌으로 자동차 여행을 갈 때마다 골프 코스를 만드는 상상을 했다.

몇 년 후 골프에 대한 N의 열정은 그에 못지않게 열렬한 사진에 대한 열정으로 대체되었다. 그래서 골프광 딱지를 채 떼기도 전에 사진광이 되었다. 모든 풍경, 모든 장면, 만나는 모든 사람의 몸짓이나 표정이 그녀의 머릿속에서 정지화면으로 포착되어 다양한 구도 안으로 들어갔다.

핀볼 머신이 J에게 지니는 의미는 말이 K에게 지니는 의미, 개가 L에게 지니는 의미, 입자가 M에게 지니는 의미와 같았다. 이 각각의 영역은 풍부한 유추의 원천을 제공했으며, 각 개인은 이 유추에 기반을 두고 인간에 대한 개인적 모델을 구축했다. 그들은 모두 어떤 것에 집착했으며, 일정한 방식으로 혜택을 얻었다. 또한 우리는 N의 사례가 보여주는 것처럼 한 도시에서 다른 도시로 옮겨가듯이 집착의 대상을 바꿀 수 있다.

이처럼 광범위하고 체계적이며 장기적인 일군의 유추는 처음 접하는 외부자에게는 부자연스럽고 다소 이상하게 보일 수 있다. 어떻게 다양하기 이를 데 없는 인간을 신비한 비가시적 입자, 핀볼 머신의 공, 말, 개의 종에 대한 이미지를 환기하여 이해할 수 있을까? 이는 마치 상상력이 주도권을 잡고 마구 날뛰는 것처럼 보인다. 심지어 일종의 집착이 이면에 숨어서 동력으로 작용한다면, 사실상 모든 대상과 다른 대상 사이에서 유추를 이끌어낼 수 있다고 말하는 것 같기도 하다.

실제로 눈길 가는 곳마다 활용할 수 있는 유사성이 있다. 논리학자이자 철학자인 넬슨 굿먼Nelson Goodman이 관찰한 대로 모든 두 개의 상황은 임의적으로 많은 수의 공통적 속성을 지닌다. 가령 왕관과 몸은 태양의 중심으로부터 정확히 1마일, 1.1마일, 1.2마일…… 떨어진 곳에 있지 않다는 공통점을 지닌다. 이 말은 분명 철학적으로는 타당하지만 심리적 타당성은 극히 적다. 인간이 접하는 모든 대상이 지닐 수 있는 모든 속성을 보지 않는 것은 명백하다. 인간은 극소수의 속성만 보기 때문이다. 가령 누구도 엘리자베스 여왕의 왕관이 태양의 중심에서 정확히 π마일 떨어져 있다는 사실을 신경 쓰지 않는다.

그럼에도 불구하고 **유사성**이라는 관념이 지닌 엄청난 유동성은 **선험적**으로 전혀 연관성이 없는 개체 사이에 존재하는 연결 고리를 떠올리게 해준다. 집착에 따라 유사점을 찾는 일은 항상 결과물을 만들어내기 때문이다. 그러나 이처럼 열렬한 탐색의 결실은 무작위적이거나 임의적이지 않다. 말이나 개에 대한 열정은 즉시 이 동물들을 삼각기하학, 퀼트 디자인, 플라이 낚시 외 다른 온갖 대상과 관련된 통찰을 낳는 유추의 원천으로 만들지 않는다. 반면 **이중** 집착은 분명히 그런 유추를 초래한다. 가령 유클리드기하학**과** 플라이 낚시를 동시에 광적으로 좋아하면 분명히 이 영역에서 유추의 토대가 되는 현상을 많이 찾을 수 있다. 이 경우 탐색이 양면에서 강도 높게 이루어지기 때문이다.

팩맨광이 얻은 현실적인 교훈

어떤 대상에 대한 열정이 강해질 때마다 유추물을 만들(혹은 찾을) 가능성이 높아진다. 다음 이야기는 한 청년이 비디오게임의 세계에 깊이 빠지는 양상을 드러낸다. 그는 이 강렬한 경험을 통해 상당한 유추를 이끌어내면서 깊은 집착이 사람을 얼마나 멀리까지 데려가는지 보여준다.

T는 1980년대의 유명한 비디오게임인 큰 입을 가진 노란 원을 조종하는 팩맨을 놓고 친구와 내기를 했다. 이 기이하고 오랜 아이콘에 T와 친구들은 매료되었다. 그들은 점차 팩맨의 세계로 빠져들어 갈수록 많은 시간을 들였다. T는 밤낮을 가리지 않고 몇 시간씩 컴퓨터 앞에 앉아서 게임을 했다.

팩맨을 잘하려면 '유령'으로 불리는 네 적에게 먹히지 말아야 한다. 목표는 물론 가능한 한 많은 점수를 올리는 것이다. 게임에는 삼킬 수 있는 알약 두 종류가 나오는데, 그중 하나는 짧은 시간 동안 유령을 먹을 수 있게 해준다. 이때 가능하다면 네 유령을 모두 먹어야 한다. 첫 번째 유령의 점수와 비교할 때 두 번째 유령은 두 배, 세 번째 유령은 네 배, 네 번째 유령은 열 배의 점수를 주기 때문이다. 때로는 무작위적으로 과일 아이콘이 등장한다. 이 아이콘을 삼키면 추가 점수, 속도 증가, 일시적 무적 상태, 다음 단계까지 두 배의 점수 보상 같은 특별한 혜택이 주어진다.

T는 하루 종일 팩맨에 깊이 빠진 나머지 이 게임의 필터를 통해 온 세상을

바라보게 되었다. 이상하게 보일지 모르지만 그는 게임을 하면서 얻은 일련의 긴 유추 덕분에 삶에 대한 전반적인 철학을 구축했다. 다음은 T가 팩맨을 기반으로 얻은 열다섯 가지 금언이다.

(1) 팩맨에서는 먹이를 먹고 포식자에게 먹히지 않아야 한다. T는 현실에서도 자신보다 강한 사람이 있고 약한 사람이 있다는 사실을 깨달았다. 그래서 **삶은 모두가 더 작은 존재를 먹고 더 큰 존재에게 먹히는 서열을 이룬다.**

(2) 팩맨에서는 추격하는 일과 추격당하는 일을 반복한다. 실제로 특정 종류의 알약을 삼킬 때마다 추격자들이 즉시 먹이로 변한다. 그래서 T가 만든 두 번째 모토는 **적을 이기려면 먼저 약하게 만들어야 한다**는 것이다.

(3) 유령은 포식자가 되면 멈추지 않고 계속 추격하지만, 먹을 수 있는 대상이 되면 접근하는 순간 도망친다. 그래서 T는 사람들이 사정에 따라 행동을 조정하며, **덩치 큰 불량배도 호적수를 만나면 몸을 사린다**는 것을 배웠다.

(4) 기술이 늘고 연습을 많이 할수록 잡아먹힐 가능성이 줄고 잡아먹을 가능성이 늘어난다. 그러나 초보자는 아무리 운이 좋아도 절대 오래 살아남지 못한다. T는 팩맨에서 **탁월한 성과를 내려면 열심히 노력해야 한다**는 것을 배웠다.

(5) T는 게임을 하다 보면 과일이 한 번도 안 나오는 경우도 있고, 많이 나오는 경우도 있다는 것을 깨달았다. 그래서 그는 행운이 미소를 짓는 행복한 순간과 계속 방어를 해야 하는 씁쓸한 순간을 모두 즐겼다. 그리고 이런 철학을 얻었다. **삶에서 모든 행운을 누리는 사람도 있고 어떤 행운도 누리지 못하는 사람도 있다.**

(6) 팩맨에서 가장 두드러지게 불공정한 측면은 체리를 먹으면 이후에 얻는 점수가 두 배로 늘어난다는 것이다. 그래서 실력이 뛰어나지 않아도 상당히 좋은 점수를 올리지만 그렇지 않은 경우에는 큰 위험을 감수하면서 치열하게 싸워야 한다. T는 이 깨달음을 다음과 같이 인간사에 적용했다. **세상에는 은수**

저를 입에 물고 태어나는 사람도 있고 평생 땀 흘리며 살아가야 하는 사람도 있다.

(7) 팩맨에서는 불가피하게 위험을 감수해야 한다. 그렇지 않으면 점수를 올릴 기회를 잃기 때문이다. 안전 위주로 하면 미미한 성과밖에 얻지 못한다. 그래서 T는 **모험 없이 성과도 없다**는 오랜 속담을 재발견했다.

(8) 위험이 항상 보상을 안기는 것은 아니다. 위험을 감수하는 사람은 높은 점수를 올릴 수 있지만 실력이 비슷하고 역시 위험을 감수하는 사람이 자꾸 죽기도 한다. 이 경우 과감한 플레이 때문에 큰 대가를 치르게 된다. 그래서 T는 세상이 대단히 매정한 곳이며, **용기와 죽음은 동행한다**는 사실을 깨달았다.

(9) 때로 유령을 먹어서 큰 점수를 올릴 뻔한 순간에 유령이 포식자로 변해서 무방비 상태인 추격자를 삼키는 일이 일어난다. 모든 사정이 순식간에 돌변하는 것이다. T는 **너무 큰 위험을 감수하면 상황이 반전할 수도 있다**는 사실을 배웠다.

(10) T는 팩맨을 하다가 아주 잠깐 주저하는 바람에 모든 것을 잃는 경험을 했다. 그러므로 좋은 판단을 하는 것만으로는 충분치 않으며, 즉시 행동할 수 있어야 한다. T는 **삶은 두 번째 기회를 주지 않는다**는 결론을 내렸다.

(11) T는 이길 가능성이 아주 높았지만 잠깐 한눈을 팔다가 몇 초 만에 패배의 손아귀에 붙잡힌 씁쓸한 기억을 떠올렸다. 그는 **한순간의 부주의가 모든 노력을 수포로 되돌릴 수 있다**는 사실을 알았다.

(12) 때로 유령을 먹을 수 있는 시기에 맛있는 과일이 등장하지만 모든 것을 다 먹으려고 하다가 하나도 먹지 못하는 경우가 있다. 그래서 T는 **과욕을 부리지 말아야 한다**는 신조를 얻었다.

(13) 때로 T는 자제했다면 점수는 적게 올리지만 살 수 있었던 경우에 과도한 위험을 감수하다가 죽는 일을 겪었다. 그래서 그는 **손 안의 새 한 마리는 덤**

불 속에 있는 새 두 마리만큼의 가치가 있다는 사실을 배웠다.

(14) T는 먹이를 정신없이 쫓거나 포식자에게서 급히 도망칠 때 거리를 감안해서 방향을 선택했다. 그러나 때로는 잘못된 방향으로 갔을 때 더 나은 결과가 나오기도 했다. 이런 식으로 팩맨은 T에게 **지름길이 반드시 최선의 경로는 아니다**라는 사실을 가르쳤다.

(15) 때로는 어떻게 대처해도 유령에게 먹힐 수밖에 없는 경우가 있다. 그래서 그는 **지금 살아 있다고 해도 한순간에 죽음을 맞을 수 있다**는 것을 배웠다.

이 열다섯 가지 '삶의 원칙'은 모든 형이상학적 허세가 없는, 그저 즐기는 것이 유일한 **존재 이유**인 비디오게임에서 나왔다. 이 점은 집착에 이끌릴 때 유추가 사고를 장악하는 양상을 보여준다. 비교적 경험이 부족한 초보자는 팩맨에 중독된 T처럼 금언을 얻지 못할 것이다. 단지 몇 분 내지 몇 시간만 팩맨을 해본 사람은 "이 게임의 유일한 목적은 유령을 죽이면서 가능한 한 높은 점수를 올리는 거야. 뻔하지!"라고 말할 것이다. 이보다 더 깊이 생각할 가능성은 아주 낮다.

T가 얻은 금언은 위에서 언급한 다른 집착에 따른 유추물처럼 팩맨과 무관해 보인다는 의미에서 과장되고 인위적으로 보일 수 있다. 그러나 다른 한편 그가 만든 유추물은 더없이 타당하다. 금언과 이 게임에 나오는 구체적인 현상 사이의 연결 고리는 명확하다. 그래서 해당 유추물은 정곡을 찌르는 동시에 실제 삶의 경험에서 배울 수 있는 교훈을 가르친다. 다만 팩맨의 경우 고도로 압축된 기간에 강렬하게 교훈을 준다는 점이 다르다. 팩맨에 중독되면 이상한 상황도 자주 접할 것이기 때문이다. T는 팩맨에 중독된 기간 동안 수만 번 다른 '삶'을 살았다.

단순한 비디오게임이 잡아먹거나 잡아먹히는 일만을 하는 팩맨이라는 개체의 사소한 '삶'과 연계된 유추물에 기초하여, 인간의 삶이 지닌 모든 복잡성을 반영하는 근본적으로 철학적인 통찰로 이어질 만큼 충분한 풍부성을 지닌다는 사실은 대단히 인상적이다. 이런 측면에서 팩맨이라는 미소 세계microworld는 다음 장에서 살필 흉내쟁이Copycat이라는 미소 세계와 비슷하다.

억누를 수 없는 유추: 무의미한가 아니면 유의미한가?

지금부터 자주 나타나는 유추의 다른 종류, 구체적으로는 피상적일 수도 있고 아닐 수도 있는 극도로 두드러진 유사성에 따른 유추로 주의를 돌려보자. 여기서 핵심적인 질문은 이런 유추를 억누를 수 없다고 해도 시간을 들일 가치가 있는지다. 우리는 사례의 도움을 받아 이 문제를 해결할 것이다.

F 교수는 강의를 마친 직후 대학 홍보과에서 일하는 기자의 연락을 받았다. 그녀는 대학에서 간행하는 잡지에 실릴 인터뷰를 요청했다. 미혼인 F는 인터뷰를 진행하는 과정에서 갈수록 그녀에게 매력을 느꼈다. 그러나 유감스럽게도 그녀가 결혼을 했다는 사실을 알게 되었다. 그래도 그는 이성적 판단을 거슬러서 점심을 같이 먹자고 제안했고, 그녀 역시 이성적 판단을 거슬러서 그 제안을 수락했다. 이후 두 달 동안 두 사람은 자주 만나 점심을 먹으며 항상 전적으로 순수하지만 흥미롭고 친밀한 대화를 나누었다. 결국 F는 순수를 지나 쾌락으로 향할 가능성이 있을지 타진했지만 그녀는 단호하면서도 연민 어린 방식으로 거절했다.

5년 후 여전히 미혼인 F는 다른 대학의 채용 제의를 받아들였다. 그가 캠퍼스에 도착하자마자 대학 잡지에서 일하는 기자가 전화 인터뷰를 요청해왔다. 그는 "좋은 생각이네요. 전화 인터뷰를 하면 두 사람 다 귀중한 시간을 아낄 수 있겠네요"라고 답변하는 대신 직접 만나자고 제안했다. 명백히 드러나는 대로 두 상황 사이의 유추는 상당히 피상적인 유사성에 따른 것이긴 하지만 F에게 거의 저항할 수 없는 압력을 가했다.

우리는 모두 '이 상황은 이전에 접했고 분명하게 기억하는 상황을 연상시키는군. 그러니 당신은 아주 운이 좋아! 그냥 이전의 경험을 바탕으로 판단을 해!'라고 속삭이는 내면의 목소리를 끊임없이 듣는 경향이 있다. 그러면 이런 종류의 다른 사례를 살펴보자.

G는 유명 잡지에 칼럼을 실은 적이 있다. 그는 필자로 고용될 당시 그 잡지가 여러 언어로 번역되어 발행된다는 사실을 몰랐다. 어느 날 G에게 번역된 그의 칼럼이 실린 다양한 해외판이 배달되었다. 처음에 그는 자신의 생각이 전 세계로 퍼져나간다는 사실에 기뻤지만 몇 개의 유럽 번역판을 자세히 살펴본 후(그는 몇 가지 유럽어를 공부했으며, 거기에 매료되었다) 큰 실망감을 느꼈다. 매우 세심한 자신의 문체가 전혀 충실하게 옮겨지지 않았고, 따분하고 밋밋한 문체로 대체된 것을 확인했기 때문이었다. 심지어 배신감마저 들 지경이었다.

어느 날 잡지 발행인이 칼럼 30여 편을 엮은 책을 한국의 편집자들이 만들고 싶어 한다는 소식을 전했다. 대단한 영광이 아닐 수 없었다. 그래서 G는 이 선집을 출판하도록 바로 허락했을까? 아니었다. 그는 쉽게 대답하지 못하고 망설였다. 발행인은 "뭐가 문제죠? 이건 아주 좋은 기회예요!"라고 다그쳤다. 그래서 G는 유럽판의 번역이 마음에 들지 않았고, 한국어는 전혀 모르지만 같은 일이 벌어질까 봐 걱정된다고 털어놓았다. 그러나 발행인은 그의 말을 중간에 끊으며 이렇게 말했다. "자, 자. 걱정하지 마요! 우리 잡지의 한국판은 대단한 전문가에다가 아주 학식 높은 일류 번역가만 써요. 그건 내가 보장합니다. 그러면 되죠?"

독자 여러분이 G라면 어떻게 하겠는가? 한편으로는 한국어로 책을 내라는 고위층의 강한 압력이 있다. 그렇게 하면 G의 명성에 도움이 될 것이다. 다른 한편으로는 그 타당성이 전혀 분명치 않은 유추의 압력이 있다. 유럽판 번역가들의 실망스러운 실력과 지리적, 언어적, 문화적으로 대단히 멀리 떨어진 나라에서 활동하는 미지의 번역가들이 지닌 실력 사이에 어떤 연관성이 존재할 수 있을까?

결국 G는 발행인의 제안을 거절했다. 발행인은 최고의 번역가를 쓰겠다고 보장했지만 그에 대해 **그**가 아는 것이 무엇이란 말인가? 발행인이 G에게 "부실한 번역으로 글이 난도질당하는 일이 저자에게 얼마나 고통스러운지 알아요. 유럽판 번역이 전부 마음에 들지 않았으니 한국어 번역의 질도 충분히 의심할 만하죠"라고 말할 리는 없었다.

그보다는 이런 식으로 말할 가능성이 훨씬 높다. "세상에 한국어 번역가와 유럽어 번역가만큼 다른 게 없어요! 물론 몇몇 유럽어 번역가는 가끔 부실한 번역을 하지만 그 문제는 전적으로 유럽에 한정된 겁니다. 한국은 전혀 달라요. 거기는 번역을 대하는 태도가 완전히 달라서 훨씬 더 진지해요. 물론 유럽과 비슷할 거라는 생각이 드는 건 이해하지만 장담컨대 아무런 연관성이 없어요. 그건 동유럽에서 만든 차만 시승해보고 한국 차는 절대 안 몰 거라고 말하는 것과 같습니다. 우릴 믿어요. 우리가 한국 번역가는 성실하고 확실하다고 장담할 때는 그대로 믿어도 됩니다." 그러나 G는 이런 말에 넘어가지 않았다. 결국 '한 번 데이면 두 번째는 조심하기 마련인 셈이다!' 일주일 후 그는 칼럼 연재가 중단되었다는 통보를 받았다. 유추 때문에 큰 대가를 치른 것이다.

그렇다면 G가 유추의 기반으로 삼아도 타당하다고 생각한 일련의 믿음은 무엇일까? 독일어 번역가의 자질과 완전히 별개인 한국어 번역가의 자질로 건너뛰는 것이 합당할까? 그러나 저급한 번역을 한 유럽 번역가가 **한 명**이 아니라 **네 명**이라는 사실은 어떻게 받아들여야 할까? 또한 이 네 언어에 대한 G의 지식 수준이 다른 것은 어떻게 고려해야 할까?

알려진 세계에서 일어난 사건을 알려지지 않은 세계에 외삽하는extrapolate 경우 어느 시점에서 어떤 종류의 지식과 경험에 기초하는 것이 합당할까? 어떤 언어로 번역한 결과물의 질이 낮을 경우 다른 사람이 다른 언어로 번역한 결과물도 저질이어야 할 이유가 있을까? 이미 여러 대륙에 걸쳐서 **20개** 언어로 번역한 결과물이 처참한 실패였다면 그런 외삽을 할 권리가 생길까? 혹은 그렇게 되기 훨씬 전에 그런 권리가 생길까? 결국 이 문제는 모두 무엇에 좌우될까? 관련된 나라들의 거리일까? 문화적 거리일까? 언어의 상관성일까? 관련된 모든 언어에 깊은 지식을 가져야 할까? 무엇이든 한두 언어로 된 문제 많은 번역을 본 것으로 충분할까?

한 꾸러미에 속하는 베이글

앞의 두 일화는 한 상황에서 일어난 일이 그 상황을 떠올리게 만드는 새로운 상황에서 다시 일어날 가능성이 높다는 가정에 따라 이루어졌다. 그래서 5년 전에 인터뷰 요청을 한 기자에게 홀딱 반한 F 교수는 새로 옮긴 대학에서 기자에게 같은 요청을 받았을 때 **그녀**도 자신이 좋아하는 타입일 가능성이 상당히 높다는 느낌을 억누를 수 없었다. 또한 읽을 줄 아는 몇 개 외국어로 자신의 칼럼이 번역된 내용을 보고 실망한 칼럼니스트는 한 단어도 읽을 줄 모르는 언어로의 번역도 마찬가지로 문제가 많을 것이라는 의심을 떨칠 수 없었다.

이 일화들은 하나 이상의 과거 상황에서 형성한 특정 의견을 새로운 상황에 외삽하는 사고 형태인 **귀납**의 사례다. 이런 외삽은 꽤 큰 범주로 확장될 수도 있고(가령 똑똑한 네덜란드 사람 몇 명을 만난 후 네덜란드 사람은 모두 똑똑하다고 가정하거나 폴이 몇 번 늦는 것을 보고 항상 늦을 것이라고 가정하는 것), 단 하나의 다른 사례 내지 소수의 다른 사례로 제한될 수도 있다(가령 방금 먹은 칠레 고추 요리가 아주 맛있었기 때문에 곧 나올 아몬드 파이도 당연히 맛있을 것이라고 가정하거나, 장남이 짙은 금발인 것처럼 잭과 수전도 금발일 것이라고 가정하는 것). 귀납은 엄격한 추론 규칙에 따르면 절대적으로 확실하게 귀납적 결론에 이를 수 없다는 의미에서 논리적 타당성을 주장하지 못한다. 대학 홍보 잡지에서 일하는 모든 여성 기자가 특정 남성 교수의 이상형이 되어야 한다는 법칙은 알려진 적이 없으며, 특정 잡지사가 고용한 번역가는 똑같은 수준의 평범한 실력을 가져야 한다는 보편적 원칙 역시 없다. 물론 이 시나리오들에서 두 상황을 잇는 강력하고 설득력 있는 유사성이 있지만 그렇다고 해서 그 유사성에 따른 결론이 틀림없는 것은 아니다.

물론 빈틈없는 논리적 추론에서 결론을 이끌어낸 것이 아니라고 해서 틀렸다는 것은 아니다. 오히려 그것과 거리가 멀다! 한국어 번역이 형편없고, F 교수가 새 대학에서 홍보지 기자를 만났을 때 완전히 반하는 일은 얼마든지 일어날 수 있다. 결론의 **가능성**을 논리적 **타당성**과 혼동해서는 안 된다. 실제로 대개 일상생활에서 중요한 것은 얼마나 논리적으로 추론할 수 있는지 여부가 아니라 얼마나 일어날 가능성이 높은지 여부이다. F 교수는 아직 만나지 않은 여성과 사랑에 빠질 것이라는 견고한 **증거**를 찾는 것이 아니다. 단지 그녀가 매력적일 가능성이 충분한지 알고 싶을 뿐이다. 또한 칼럼니스트에게 중요한 것은 한국어 번역이 기대에 훨씬 못 미칠 가능성이 높다는 것이다. 두 사람 중 누구도 엄격한 논리적 추론을 거쳐서 결론에 도달했는지 조금도 신경 쓰지 않는다. 그들에게 압도적으로 중요한 것은 그저 가능성의 문제다. 게다가 두 사람이 도달한 결론은 아주 다른 수준의 가능성을 지닌다. 꿈꾸는 듯한 눈빛을 한 교수의 낭만적인 바람은 실현될 가능성이 아주 낮아 보이지만 회의적 칼럼니스트가 지닌 불안은 다소 더 현실적으로 보인다. 아마 두 사람은 '비논리적인' 유추적 외삽을 하는 과정에서 결론이 옳을 가능성을 정확하게 직감했을 것이다.

이 세상에서 살아가려면 논리적 타당성을 따지는 미세한 요점을 걱정하기보다 일어날 일과 일어나지 않을 일에 대한 자신의 판단을 믿어야 한다. 최고조로 우울한 어느 날 단지 견고한 추론의 결과가 아니라는 이유로 모든 귀납적 결론을 거부하기로 갑작스레 결정한다면 생각이 멈추어버릴 것이다. 모든 생각은 아무리 사소하고, 즉흥적이거나 무심하게 보이더라도 논리적 타당성을 지니지 않은 정신적 활동의 소산이기 때문이다.

A가 "감자튀김 맛이 어때?"처럼 평범한 질문을 할 때 Z가 엄격한 논리에 따라 대답하려면 "지금까지 먹은 여섯 개는 대부분 맛이 좋았지만 나머지는 아직 맛을 보지 않았기 때문에 맛이 어떤지 평가할 근거가 없어"라고 말해야 할 것이다. 일부 이론적 의미에서 변호할 수 있을지 모르지만 정상인 사람은 모두 이런 대답이 과도하게 까다롭다고 생각할 것이다. 합당한 사람이라면 처음 맛

본 감자튀김으로 촉발된 미뢰의 짜릿한 느낌을 전체 접시에 망설임 없이 외삽하여 두 번 생각하지도 않고 "맛있어!"라고 대답할 것이다. 이미 맛본 감자튀김과 아직 먹지 않은 감자튀김 사이의 유추는 다른 대답이 머릿속에 떠오를 작은 가능성조차 허용하지 않을 정도로 설득력 있게 보일 것이다.

수많은 심리학 실험을 통해 이런 일반화의 명백한 타당성, 그러니까 이런 유추에 기반을 둔 외삽이 **믿을 만하다**는 느낌에 기여하는 다양한 요소가 밝혀졌다. 가령 앞서 관찰한 사례의 수가 많을수록 새로운 사례에서도 같은 결과가 나올 것이라는 결론을 더 확실하다고 느끼는 경향이 있다. 그래서 맛본 감자튀김이 많을수록 접시에 담긴 전체 감자튀김이 맛있을 것이라는 추측이 더 확실하다고 느끼게 된다.

또 다른 요소는 **범주에 속한 요소의 다양성**이다. 즉 범주가 다양한 요소를 지닌다고 믿을수록 유추적 외삽을 수용하는 데 더 신중해진다. 그래서 특정 도시에서 처음 본 몇 사람이 모두 심하게 뚱뚱하다고 해도 모든 주민이 뚱뚱하다는 결론을 내릴 가능성은 낮다. 전기 전도성처럼 일반적으로 샘플들 사이에서 대단히 일관되게 나타나는 속성을 다루는 경우와 비교하자면 말이다. 신소재 샘플을 몇 개 테스트한 결과 모두 전기를 잘 전도한다면 해당 소재로 만든 모든 물건이 전기를 잘 전도할 것이라는 결론을 내릴 가능성이 아주 높다.

또한 **관찰한 사례의 다양성**이 높을수록 전체 집단에 대한 유추적 외삽에 더 많은 확신을 갖게 된다. 그래서 레스토랑에서 주문한 요리의 가짓수가 많을수록 더 정당하게 그 레스토랑의 음식이 지닌 전반적인 수준을 평가할 수 있다고 생각한다. 반면 항상 채식 요리만 주문했다면 아무리 수가 많고 여러 번 주문했다고 해도 그 레스토랑의 전반적 수준에 대한 폭넓은 결론을 내릴 가능성이 줄어들게 된다.

큰 집단에 대한 유추적 외삽을 신뢰하는 경향에 영향을 미치는 또 다른 요소는 **범주에 속한 전형적 요소**를 관찰했다고 생각하는 정도다. 다시 말해서 부수적이라고 생각하는 사례보다 어떤 범주의 원형적 요소라고 생각하는 사례를 외부로 일반화할 가능성이 더 높다. 그래서 레스토랑의 수준을 추정할 때 올리브 빵이나 모카 라테에 대한 판단보다 구운 연어 요리에 대한 판단을 더 신뢰한다.

우리가 '같은 꾸러미에 속하는 베이글'이라고 부르는 소박한 비유가 앞서 살핀 내용들을 통합하는 데 도움을 줄 것이다. 한 꾸러미 안에 든 모든 베이글은 동일하게 짭짤하고, 맛있고, 따뜻하고, 부드럽다는 의미에서 서로 대체할 수 있을 것이라고 추정된다. 그래서 주어진 상황에서 다른 상황으로 외삽할 수 있는지에 대한 일반적 질문은 이 상황들이 얼마나 많이 '같은 꾸러미'에 속하는지를 묻는 질문이 된다. 한 접시에 담긴 모든 감자튀김은 '같은 꾸러미에서 나온 베이글'로 간주될까? 분명히 그럴 것이다. 특정 잡지사가 고용한 여러 번역가는 어떨까? 그들의 번역 능력을 '같은 꾸러미에서 나온 베이글'로 볼 수 있을까? 또한 대학이 고용한 홍보지 기자는 어떨까? 그들은 모두 '같은 꾸러미에서 나온 베이글'일까? 이런 식으로 조명하면 '유추 작용인가 아니면 범주화인가?'라는 핵심적인 질문이 다시 돌아와 중앙 무대를 차지하는 것을 보게 된다. '두 항목이 근본적으로 한 꾸러미에서 나온 베이글인가?'라는 유추적 질문에 대한 답은 단일 범주에 속한다고 인식하는 정도에 좌우될 것이기 때문이다.

때로 그 대답은 대단히 명백해서 심지어 이 질문을 제기하는 사람에게 질색을 할 것이다. 가령 같은 인쇄 공장에서 동시에 인쇄된 모든 소설책은 분명히 같은 꾸러미에서 나온 베이글이며, 그중 **한 권**을 재미있게 읽었다면 **다른 한 권**도 재미있을지 궁금해하는 것은 말이 되지 않는다. 반면 **신 포도** 상황들을 그렇게 인식하는 일은 훨씬 덜 명백한 속성을 토대로 삼아 같은 꾸러미에서 나온 베이글인지를 파악하는 일에 해당한다. 또한 과학자가 유추를 통해 단일 영역 혹은 심지어 여러 영역을 가로질러서 한 현상에서 다른 현상으로 건너뛰어 위대한 발견을 하는 이유는, 동료들은 그저 한 더미의 아주 다양한 아침거리를 보는 곳에서 같은 꾸러미에서 나온 베이글을 보았기 때문이다. 그래서 '이 상황은 단일 핵심을 공유하는가?'라는 질문을 다르게 던지는 방식은 '이 상황은 근본적으로 같은 꾸러미에서 나온 베이글인가?'라고 자문하는 것이다. 종종 알지 못하는 사이에 도움을 주기도 하고 오도하기도 하면서 우리의 머릿속에 잠입하여 생각을 유도하는 유추는 직관적으로 같은 꾸러미에 속하는 베이글 사이에 만들어진 다리로 여겨진다.

유추의 횡포

유추는 훨씬 더 강압적인 역할을 할 수 있다. 종종 유추는 방금 살폈듯이 어떤 상황에서 자연스럽게 떠오르지만, 뒤이어 다른 모든 관점을 가려버릴 수 있다. 이런 경우 우리는 말하자면 '유추의 횡포'를 당하게 되는 셈이다.

K의 할아버지는 삼나무 숲을 사랑했다. K의 할아버지가 늙고 병들어서 모두가 임종이 가까웠음을 알았을 때 K의 아버지는 마지막으로 캘리포니아 북부에 있는 세상에서 가장 장대한 삼나무 숲이 약 50킬로미터에 걸쳐 펼쳐진 아름다운 거목의 길을 보여주기로 결정했다. K의 할아버지에게는 항상 소중히 여겼던 나무들 속에서 아들과 함께 추억을 만들며 특별한 순간을 보낼 수 있는 멋진 시간이었다. K의 할아버지는 이 여행을 다녀온 지 얼마 되지 않아 평온하게 세상을 떠났다.

40년 후 K의 아버지가 노인이 되면서 여러 해 동안 건강이 악화되었다. K의 아버지 역시 평생 삼나무 숲을 사랑했다. 어느 날 K는 아버지가 할아버지에게 해드렸던 일, 바로 마지막으로 언제나 사랑했던 장엄한 나무들 곁으로 갈 수 있도록 거목의 길로 모셔가는 일을 아버지에게 해드려야겠다고 생각했다. 그녀는 아버지가 다시 한 번 이 드문 장관을 경험하고 그 순간을 함께 나누기를 간절히 바랐다.

그러나 애석하게도 상황은 그렇게 돌아가지 않았다. 그 원인은 전적으로 유추 작용이라는 인간의 능력에 있었다. K가 아버지를 삼나무 숲으로 모셔가고 싶다는 뜻을 감히 비추기라도 한다면 **아버지**가 **할아버지**와 떠났던 여행과의 유사성이 모든 가족 그리고 무엇보다 당연히 아버지의 머릿속에서 즉시 떠올랐을 것이다. 그러면 K의 제안은 대놓고 "아버지, 곧 돌아가실 때가 되었으니 그전에 마지막 여행을 하고 싶어요"라고 말하는 것과 다를 바 없었다. 다시 말해서 이 여행을 하는 것은 K가 아버지에게 당신은 죽음의 문턱에 서 있다고 하는 명백한 메시지가 되었을 것이다. 그래서 K는 부지불식간에 이중 의미를 지닌 '거기는 가지 않는 게 좋아!'라고 되뇌었다.

이러한 세대 간 유추는 강력한 힘을 지닌다. 그것이 모든 사람의 머릿속에 즉시 떠오를 것이라는 사실이 아버지가 좋아할 것이고 그녀 자신이 훌륭한 제안이라고 생각한 일을 막았기 때문이다. 그러나 한 여행을 다른 여행과 연결할 만한 인과력causal power은 없다. 정상적인 사람이 아버지를 거대한 삼나무 숲에 데려가는 일이 죽음을 앞당길 것이라고 믿을 이유는 없다. '거목의 길의 저주'는 미스터리 소설의 좋은 제목이 될지는 모르지만 그래도 K의 아버지나 다른 가족에게 큰 공포를 불러일으킬 것은 아니다.

이 유추는 논리에 기초하지 않았지만 모든 종류의 형식적인 연역 추론을 통하는 경우보다 더 강한 압력을 행사한다. **A가 B를 의미하고 B가 C를 의미한다면 A가 C를 의미한다**는 사실은 모두가 알지만 이런 추론 패턴은 강력한 심리적 힘을 미치지 못한다. 우리는 종종 타당한 추론 형태로 보이는 것에 숨겨진 덫이 있다는 사실을 안다. 아무런 논리적 힘을 지니지 않는 삼나무 숲 추론이 싫든 좋든 머릿속을 장악하는 방식은 우리가 형식적 추론에 반응하는 방식과 극명한 대조를 이룬다.

어느 날 가령 20세기 말에 발견된 페르마의 마지막 정리에 대한 증명처럼 유명한 정리에 대한 증명에 오류가 있다는 글을 읽는다면 우리는 그 타당성을 계속 믿지 않을 것이다. 우리는 모두 논리적이고 합리적으로 보이지만 명백히 틀린 결론으로 이어지는 주장을 들은 적이 있다. 그래서 우리는 때로 확고하게 보인다고 해도 과학적으로 보이는 추론을 접할 때는 신중해야 한다는 것을 배웠다. 반면 K는 유사성이 지닌 완전한 힘에 압도당했다. 이 힘은 너무 강해서 K는 그 같은 결론을 피할 수 없었다. 한마디로 유추에 따른 주장보다 논리적 주장을 의심하는 편이 더 쉽다.

삼나무 숲으로 가는 두 여행 사이의 유추는 논리적 토대가 없고 그 결론이 완전히 틀린 것일 수도 있지만, 너무나 뚜렷해서 떨쳐버릴 수가 없다. 아버지를 죽일 '초자연적인 유추의 힘'을 전혀 믿지 않지만 K는 완전히 꼼짝할 수 없을 것 같은 느낌을 받는다. 그녀 역시 다른 사람들처럼 유추가 삼나무 숲으로 가는 여행에 드리운 무거운 장막을 걷어낼 수 없기 때문이다. K와 온 가족이 오랜 대화를 나누고 아버지를 비롯한 모두가 아무 의미 없는 유추에 불과하다는 결론을 내린다고 해도 여전히 모두의 머릿속에는 그 유추가 불러일으킨 다모클레스의 칼이라는 두드러진 이미지가 남을 것이다. 이 이미지는 '이 여행을 아버지에게 제안하는 것은 결국 우리 모두 아버지가 살날이 얼마 남지 않았다고 생각한다는 사실을 드러내는 것과 같다'는 생각을 나타낸다. 실제로 온 가족이 이 문제에 대해 오랫동안 대화를 나누면 모두의 머릿속에서 이 유추가 발휘하는 힘이 더욱 강해지고 확고해지기만 할 것이다.

시간상으로 떨어져 있지만 관계된 모든 사람의 머릿속에서 대단히 비슷하게 보이는 두 여행은 심리적으로 분리될 수 없다. 이 덧입힘은 대단히 뚜렷해서 두 이야기가 같은 결말로 끝나야 한다는 결론을 내리게 만든다. 이는 '교수형 당한 사람의 집에서는 밧줄 이야기를 하지 말아야 한다'는 속담에 해당하는 전형적인 사례다. 누구도 삼나무 숲으로 가는 여행이 실제로 아버지의 죽음을 **초래**

할 것이라고 생각하지 않는다. 그러나 여행을 간다는 생각이 불가피하게 한 세대 전에 있었던 **다른 여행**의 이미지로 오염될 것이며, 그에 따른 유사성이 무겁고 슬프게 드러날 것이다.

인간의 사고는 그저 이런 식이다. 확실성은 엄격한 연역적 규칙을 따르는 데서 나오지 않는다. 실제로 그런 추론을 통해 도달한 결론은 바로 그 이유로 많은 사람에게 의심을 불러일으킨다. 반면 유추 작용을 통해 이루어진 범주화는 저항하기 어려운 방식으로 그에 따른 결론을 강제한다. 개라면 짖어야 한다. 의자라면 앉을 수 있어야 한다. 밤이라면 앞을 보기 어려울 것이다. 내가 여행을 제안하면 아버지는 우리가 아버지의 임종이 멀지 않았다고 생각한다고 여길 것이다. 이 특정 사례는 유추가 확고한 방식으로 결심을 이끌어낼 수 있다는 것을 보여준다. '탁자'를 생각할 때 '다리 네 개'를 생각하지 않을 수 없고 '새'를 생각할 때 '깃털'을 생각지 않을 수 없으며, '아인슈타인'을 생각할 때 '천재'를 생각지 않을 수 없듯이 K와 가족은 '아버지가 마지막으로 숲길을 감상할 수 있도록 떠나는 여행'을 생각할 때 '임박한 아버지의 죽음'을 생각하지 않을 수 없었다.

양날의 유추

이 지점에서 같은 맥락에 속하는 다른 유추가 모습을 드러낸다. 이 유추는 칠레의 물리학자인 프란시스코 클라로Francisco Claro가 아내 이사벨 그리고 아이 셋을 데리고 모국을 떠나 첫 번째 안식년을 보낼 인디애나 대학교로 향할 때 시작되었다. 이 부부는 미국인인 더그, 캐럴 부부와 가까운 사이였다.

두 부부 사이에는 많은 공통점이 있었다. 더그와 프란시스코는 나이 차이가 얼마 나지 않았고, 같은 대학의 같은 교수 밑에서 물리학 박사 학위를 땄고, 바흐와 쇼팽을 사랑했으며, 종종 서로를 위해 피아노를 연주했다. 캐럴과 이사벨도 좋은 친구여서 둘 다 도서관학을 전공하고 사서로 일한 상냥한 라틴계 미녀였다.

프란시스코가 인디애나 대학교에 도착한 지 몇 달 후 이사벨은 연이어 고통스러운 두통에 시달리기 시작했다. 지역 병원에서 진단한 결과 뇌종양이었다. 그래서 그녀는 추가 검사와 처치를 위해 북쪽으로 약 100킬로미터 떨어진 더 나은 병원으로 이송되었다. 종양의 크기는 수술 전에 의사가 프란시스코와 이사벨에게 '레몬 크기'라고 말할 정도로 아주 컸다. 두 사람은 그때까지 살면서 그 순간만큼 끔찍한 공포를 느낀 때가 없었다. 그러나 이사벨의 생명을 구하기 위한 수술이 진행되는 동안 종양이 양성일 뿐만 아니라 피포성encapsulated이어서 아주 자연스럽게 제거할 수 있다는 사실이 드러났다. 덕분에 이사벨은 후유증 없이 빠르게 회복되었다.

이 일이 있은 지 17년 후 더그와 캐럴은 아이 둘을 데리고 첫 안식년을 보내기 위해 모국을 떠나 이탈리아 트렌토의 학술 도시로 갔다. 몇 달 동안 멋진 시간을 보낸 후 캐럴은 연이어 격심한 두통에 시달렸다. 더그는 그녀를 트렌토의 한 병원으로 데려갔고, 검사 결과 뇌에서 종양이 발견되었다. 그녀는 폭넓은 검사와 처치를 위해 남쪽으로 약 100킬로미터 떨어진 곳에 있는 훨씬 더 완전한 장비를 갖춘 베로나의 병원으로 즉시 이송되었다. 수술 전 종양의 크기는 의사가 더그와 캐럴에게 '레몬 크기'라고 말할 정도로 아주 컸다. 두 사람은 그때까지 살면서 가장 끔찍한 공포를 느꼈다.

두 상황 사이의 유사성은 엄청나게 강하다. 너무나 강해서 전부 꾸며낸 것이라고 생각할지 모르지만 아주 세부적인 내용까지 모두 사실이다. 각각의 사례에는 첫 번째 안식년을 아이들과 함께 외국에서 보내는 젊은 부부가 나온다. 두 가족은 이런 이유로 유사하며, 가까운 친구라는 점이 강한 유사성을 부여한다. 또한 두 상황에서 아내가 끔찍한 두통을 오래 겪은 후 뇌종양이 발견된다. 또한 두 사람은 지역 병원에서 약 100킬로미터 떨어진 인근 대도시에 있는 훨씬 더 나은 장비를 갖춘 병원으로 즉시 이송되며, 측정 후 종양의 크기가 '레몬만 하다'는 설명을 듣는다.

지금까지 살핀 이 유사성의 강도를 감안할 때 두 부부의 경우 적어도 '역사가 반복될 것'이라는 결론, 그러니까 캐럴에게 생긴 종양이 이사벨에게 생긴 종양처럼 양성에 피포성이어서 아무런 후유증 없이 완전하게 제거될 것이며, 이후 모두 괜찮아질 것이라는 결론을 내리고 싶은 유혹을 느끼지 않는 사람은 아무도 없을 것이다. 실제로 더그와 캐럴에게 이 믿음은 단순한 유혹 이상으로 엄청나게 강했으며, 이 끔찍한 상황을 견딜 뿐 아니라 심지어 낙관적인 생각을 할 수 있게 해주었다. 마치 이 모든 이야기가 나란히 펼쳐지는 두 부부의 삶의 일부일 뿐이며, 따라서 비슷한 결말을 맞을 수밖에 없다는 것처럼 말이다. 비록 이 믿음은 틀린 것으로 드러났지만 더그와 캐럴은 이 강력한 유추를 통해 거의 최후까지 힘든 시기를 버텨냈다.

아는 것이라는 감옥

우리는 끊임없이 새롭고 낯선 상황에 직면하며, 수많은 유추를 통해 대응한다. 그러나 바로 그 유추가 우리를 조종하여 익숙한 것의 죄수로 만든다. 인도의 사상가인 지두 크리슈나무르티Jiddu Krishnamurti는 현재와 씨름하는 우리가 과거의 기억에 얽매이는 양상에 대해 많은 글을 썼다. 그는 이 글들 속에서 기억에 얽매이지 **않은** 새로운 관점을 얻는다는 생각을 내세운다. 그가 보기에 기억의 사슬은 자신이나 타인, 환경, 상황에 대한 순수하고, 참되고, 진실하고, 깊은 인식을 허용하지 않기 때문이다('그 기억은 지식이며, 그 지식은 분명히 간섭할 것이다').[29] 그가 쓴 대단히 유명한 책인 《아는 것으로부터의 자유Freedom from the Known》[30]는 이런 시각을 명확하게 표현한다.

방금 살폈듯이 매우 미미한 인지 행위 속에 떠오르는 거의 보이지 않는 유사성이 있으며, 우리를 직시하면서 삶에서 결정적인 선택을 하게 만드는 거대한 유사성이 있다. 또한 일시적인 관심사와 집착에 따라 선택적으로 활성화되는 범주는 환경에 대한 지각을 걸러내고 사고를 통제한다. 사실 언제나 모든 방식으로 우리를 조종하는 것은 아는 것이다. 우리는 매우 크고 작은 규모에서, 아는 것에 긴밀하게 의존한다. 그래서 과거의 경험을 기준으로 세상을 바라보는 것이 인간 존재의 부정할 수 없는 사실이라는 점에는 의심의 여지가 없다. 그렇다. 크리슈나무르티가 말한 대로 우리는 모두 범주라는 눈가리개에 얽매인다. 실제로 범주는 그림자처럼 우리를 따라다니면서 감각기관의 필수적인 협력자, 지각의 불가결한 동반자 역할을 한다. 이런 의미에서 유추는 우리를 조종하고, 빤빤하게 통제하며, 우리와 우리를 둘러싼 환경 사이 그리고 심지어 우리 자신과 우리의 자아 사이의 곳곳에 과감하게 자신을 밀어넣는다.

유추는 샅샅이 우리의 사고에 스며들어서 세상에 대한 상호작용의 모든 측면을 통제한다. 유추가 우리를 너무나 밀접하게 통제한다는 사실은 우리가 이런저런 방식으로 아는 것을 기준으로만 생각할 수 있다는 냉혹한 결론으로 이어진다. 우리는 언제나 다른 맹인들 속에서 살아서 촉감, 냄새, 소리, 맛을 넘어선 다른 감각의 존재를 상상할 수 없는 맹인과 같다. 과학소설 작가의 가장 대담한 생각과 초현실주의 화가의 가장 자유분방한 상상조차 일상적인 세계에 속한 흔한 개념을 혼합하는 데서 나온다. 그래서 이런 창작자들은 **대가리가 '세 개인 하늘을 나는 사자', '지성을 가진 호수', '시간의 흐름을 되돌릴 수 있는 기계', '투명 인간', '인간과 거미의 잡종', '미래를 볼 수 있는 사람', '엄청난 에**

너지를 생성하는 입자 사이의 새로운 힘' 같은 관념을 떠올린다. 《코덱스 세라피니아누스Codex Seraphinianus》는 수백 쪽에 걸쳐서 엄청나게 자세히 그린 가상 세계, 거의 모든 방면으로 현실 세계로부터 갈라져 나가지만 동시에 전적으로 일상적인 개념적 요소로 구성된 세계를 담은 그림 백과사전이다. 사람들은 전적으로 일상적 존재에서 나온 개념 목록을 통해 이런 창의성의 꼭대기에 오른다.

우리는 끊임없이 이미 아는 것을 확장하고 변주하며, 이 거대한 체계의 바탕에는 가장 근본적인 필요가 있다. 또한 이 근본적인 필요를 충족하려는 지속적인 추구가 무한한 정교화의 층위를 지닌 것으로 보이는 행동으로 우리를 이끈다. 음식에 대한 필요는 **고급 요리**haute cuisine를, 따뜻함에 대한 추구는 고급 패션을, 주거지에 대한 필요는 건축을, 이동에 대한 필요는 무수한 종류의 차량을, 짝짓기에 대한 필요는 성애 예술과 무수한 사랑 노래와 시를, 번식에 대한 필요는 가족 및 가족과의 상호작용을, 상품 교환에 대한 필요는 거대한 네트워크를 이룬 상호 의존적 경제를, 협력에 대한 필요는 정부를, 세상을 이해하려는 필요는 과학을, 의사소통에 대한 필요는 끊임없이 진화하는 수천 가지 기술을 낳았다. 우리 인간은 아는 것이라는 주제에 대하여 무수히 많고 정교한 변주를 만들어내지만 그것을 넘어서지는 못한다.

그렇다면 '아는 것으로부터의 자유'라는 목표는 무엇일까? 아는 것은 밀접하게 연계된 두 가지 측면을 지닌다. 아는 것은 필터를 통해 지각을 치우치게 만든다는 점에서 **제약**이며, 동시에 관점이 끊임없이 변하는 가능성을 제공한다는 점에서 **지침**이다. 열차로 하여금 아주 먼 거리를 달리게 해주지만 동시에 정해진 경로만 따르도록 강제하는 철로처럼, 범주는 아주 다양한 대상을 말하고 예측하게 해주지만 각 사례에서 오직 하나의 특정 관점을 적용하게 만들기 때문에 다른 모든 관점은 잠정적으로 억눌린다.

과거의 모든 경험을 제거한다면 인간은 어떤 것도 보거나 구분하거나 이해할 수 없을 것이다. 아는 것을 사고의 장애물로 보는 것은 철로를 열차의 움직임을 방해하는 장애물로 보는 것과 같다. 이 관점은 철로가 사방으로 돌아다니지 못하게 열차를 막는다는 의미에서는 맞지만 철로가 없으면 열차가 어디로도 갈 수 없다는 의미에서 대단히 터무니없다. 마찬가지로 우리를 조종하는 힘으로 유추를 보는 관점은 우리 모두가 유추에 의해 계속 떠밀린다는 의미에서는 맞지만 유추가 없으면 어떤 생각도 할 수 없다는 의미에서 터무니없다.

물론 '면도 크림은 치약 같다'는 새로운 깨달음을 얻고 기뻐하는 일곱 살배기 소녀는 이전에 얻은 지식의 죄수다. 그래서 **치약**이라는 범주가 아버지의 면도 크림에 대한 지각을 필연적으로 치우치게 만든다. 그러나 이 '감옥'은 **치약**이라는 개념 혹은 **하얗다**는 개념, **크림**이라는 개념, **물체**라는 개념에 대한 지식이 없다면 누릴 수 있었을 '자유'와 대조되어야 한다.

세상에 대한 지식이 대단히 강한 일련의 제약으로 작용한다는 점은 누구도 부인할 수 없지만 바로 이 일련의 제약이 우리의 사고에 놀라운 새로움과 신선함을 부여한다. 이 사실은 온갖 제약에 따라 시를 썼던 위대한 러시아 시인인 알렉산드르 푸시킨의 시를 번역한 재능 있는 번역가 제임스 팔렌James Falen이 쓴 짧고 우아한 송가의 마지막 네 구절을 연상시킨다.

> 우리의 완강한 두뇌를 느슨하게 만들
> 벼리고 벼린 마술적 고리와 사슬
> 옭아매지만 구조를
> 신기하게도 자유롭게 하지 정신을[31]

경험을 통해 얻은 범주를 제거하려고 하는 것은 알츠하이머의 가장 진전된 단계로 바로 건너뛰려고 하는 것과 같다. 우리 인간은 온갖 종류의 필터, 온갖 양식의 범주를 통해 세상을 바라볼 수 있는 엄청난 호사를 누리며, 이전의 개념에 전혀 물들지 않은 순결한 인식은 망상에서나 존재한다. 아는 것은 생리적 감각에 본래 갖추어진 연장이기 때문에 지각의 핵심이 된다. 한마디로 말해서 세상을 헤쳐나가기 위해 아는 것에 의존하는 일과 어떤 것에도 의지할 수 없는 일 사이에서 선택을 해야 하는 경우는 사슬에 묶여 사는 것과 새처럼 자유롭게 사는 것 사이에서 선택을 해야 하는 경우와 다르며, 그보다 패턴으로 가득한 복잡한 미로에서 사는 것과 개념적 무분별 속에서 사는 것 사이에서 선택을 해야 하는 경우와 비슷하다.

그렇다. 유추는 우리를 조종한다. 그렇다. 우리는 유추에 얽매인다. 이는 인정할 수밖에 없는 사실이다. 우리는 아는 것과 익숙한 것의 죄수인 정도가 아니라 무기징역수이다. 그러나 다행스럽게도 우리에겐 감옥을 계속 더 크게, 실로 무한하게 넓힐 수 있는 능력이 있다. 오직 아는 것만이 우리를 아는 것에서 해방시킬 수 있다.

6

우리는 어떻게
유추를 조작하는가

v
v
v
v

How we Manipulate Analogies

커피를 젓는 막대가 배를 젓는 창이 되다

에마뉘엘과 더그는 습관이 된 오후의 휴식을 위해 커피숍으로 갔다. 더그는 종업원에게 "크림 커피 두 잔 주세요"라고 말했다. 커피가 도착하자 더그는 설탕을 넣고 접시에 놓인 스푼으로 커피를 저으며 "여기 유럽에서는 누구도 커피가 진짜 잔에, 진짜 접시에, 진짜 스푼과 함께 나오는 것을 보고 놀라지 않네요. 그게 당연한 거군요"라고 말했다.

에마뉘엘은 "그럼요! 그게 왜 놀라운 일이죠?"라고 물었다.

더그는 향수에 젖은 듯 "내가 대학원에 다닐 때는 미국도 이랬어요. 하지만 지금은 가는 곳마다 커피가 커다란 종이컵이나 스티로폼 잔에 담겨서 나오고, 스푼 대신 아주 얇고 작은 나무나 플라스틱 막대가 딸려오죠. 그런데 지금까지 왜 누구도 불평을 하지 않는 걸까요? 그건 마치…… 관광객이 호수에 가서 배를 빌렸는데 노가 아니라 **창**을 받는 것과 같아요. 그런 일을 상상할 수 있어요? 게다가 누구도 불평을 하지 않았다고 상상해봐요."

캐리커처 유추: 창조적인 의사소통 도구

더그가 방금 떠올린 것은 **캐리커처 유추**, 그러니까 적어도 표면상으로는 원래 상황과 크게 다르지만 더 깊은 차원에서는 '정확하게 같은 것'이며, 화자가 바라는 결론으로 청자를 유도할 수밖에 없는 측면을 지닌 새로운 상황을 떠올리는 아주 흔한 종류의 인지적 행위다. 이런 과정은 대개 상황에 대한 분노 같은 강렬한 개인적 반응을 공유하고 싶을 때 촉발된다. 우리는 종종 상황 자체를 직접적이고 간단하게 설명하면 강렬한 분노를 전달하기에 너무 밋밋할 것이라고 우려한다. 그래서 방대한 범주 체계 안으로 들어가서 동떨어진 영역에 있지만 당면한 상황과 아주 유사하고, '개념적 골격'을 공유하며, 청자가 동일한 관점으로 원래 상황을 보게 만들기에 충분할 만큼 생생한 가상의 상황을 꾸며낸다. 지금부터 일상적이고 상당히 사소한 상호작용에서 얻은 일련의 사례를 통해 이 현상을 예시할 것이다.

해외에서 일자리를 찾는 한 과학자가 동료에게 이런 내용의 글을 보냈다. "나는 우리나라를 사랑하지만 여기서 과학을 하는 건 볼링공으로 축구를 하는 것과 같아."

더그는 캐럴에게 "'거북이'를 가리키는 독일어 단어는 말 그대로 '방패-두꺼비'를 뜻하는 'Schildkröte'야"라고 말했다. 상당히 웃기다고 생각한 캐럴은 "'방패-두꺼비'라고? 그러면 거기서는 **독수리**가 아니라 **깃털-소**라고 부르겠네?"라고 대꾸했다.

캐럴은 더그에게 "혹시 펜 있어?"라고 물었다. 항상 펜을 갖고 다니는 더그는 이전에 여러 번 그랬던 것처럼 아내의 질문에 "교황은 가톨릭교도지?"라고 대꾸했다.

파티장에서 10대 소녀가 나이를 묻는 어른에게 "열일곱 살이에요"라고 대답했다. 아버지가 아직 열여섯 살임을 상기시키자 그녀는 "에이, 아빠! 생일이 겨우 두 주밖에 안 남았다고요!"라고 쏘아붙였다. 아버지는 "그렇지. 그리고 오늘은 9월 29일이야. 그러니 10월이 이미 시작된 거겠네?"라고 맞받아쳤다.

한 기자가 폴 뉴먼에게 아내인 조앤 우드워드와의 신의를 지킨 이유를 물었다. (두 사람의 결혼은 뉴먼이 죽기 전까지 50년 동안 이어졌다.) 그는 "집에 스테이크가 있는데 햄버거를 먹으러 나갈 이유가 어디 있습니까?"라고 대답했다. 또한

60대 시절에는 마침내 오스카 명예상을 받게 되었는데 시상식에 불참한 이유를 묻자 이렇게 설명했다. "그건 80년 동안 미녀를 쫓아다닌 것과 같아요. 그래서 결국 그녀가 마음을 열었는데 이렇게 말하는 거죠. '정말 미안한데 이젠 내가 지쳤어요.'"

S는 아버지에게 "오늘 아침에 잭(오빠)이 질이라는 아가씨랑 같이 가게에 갔어요"라고 말했다. 당황한 아버지는 이렇게 대꾸했다. "왜 '질이라는 아가씨'라고 말하는 거야? 질은 적어도 열 번은 우리 집에 왔고, 항상 내가 집까지 태워주었고, 그때마다 10분 내지 15분씩 이야기를 나누었어! 그걸 전부 잊은 거니? 차라리 '오늘 아침에 질이 잭이라는 남자와 가게에 갔어요'라고 말하지 그래."

1980년대에 나온 한 페미니즘 구호는 이랬다. "여자에게 남자가 필요한 정도는 물고기에게 자전거가 필요한 정도와 같다."

베트남전 당시 미국에서 흔했던 범퍼 스티커의 글귀는 이랬다. "평화를 지키려고 싸우는 것은 처녀성을 지키려고 섹스하는 것과 같다."

"질투 없는 사랑은 콧수염 없는 폴란드 남자와 같다." – 폴란드 속담

유명한 물리학 교수가 한 번도 이름을 들은 적이 없는 박사 후 연구원에게 이메일을 받았다. '댄에게'로 시작하는 이메일의 내용은 '혁신적인' 지원금 신청서를 제출할 예정이니 '댄'도 '끼어서' 공동 서명을 해달라는 것이었다. 이처럼 건방진 내용에 충격을 받은 교수는 이렇게 생각했다. '내가 영국 여왕이었다면 "리지Lizzie"라고 불렀겠군.'

한 스포츠 아나운서는 체스를 올림픽 공식 종목으로 만들려는 움직임을 경멸적인 시선으로 바라보았다. 그는 이렇게 조롱했다. "그러면 다음에는 뭡니까? 모노폴리? 클루Clue? 틱-택-토Tic-Tac-Toe?"

암을 치료하는 대체 의학을 비웃고 싶었던 한 작가는 이렇게 썼다. "특수한 식물을 섭취해서 위장암을 치료하려는 의사는 구조 신호를 보내는 대신 갑판

의자를 재배열하는 데 시간을 들이는 타이타닉호의 선장과 같다."

한 물리학 교수가 이렇게 말했다. "$E=mc^2$ 공식이 발견되기 전에 상대성원리를 상상하는 것은 피사의 탑이 건설되기 전에 피사를 상상하는 것과 같다."

프레드 : "내가 보낸 **초**대장invite 받았어?"
짐 : "**초**대장을 받았을 뿐만 아니라 벌써 **수**락서accept까지 보냈어."

한 10대 : "〈해리포터〉 예고편을 보는 데 10달러를 내라고? 절대 못 내! 차라리 스테이플로 내 혀를 벽에 박고 말지!"

"이번 세기 안에 종교적 광신이 사라질 거라고요? 잘된 일이네요! 그러면 이거 아세요? 제가 단돈 10달러에 살 수 있는 큰 다리를 갖고 있어요."

언제나 말장난을 좋아하던 M은 똑똑한 사람들이 말장난을 조롱하는 것에 짜증이 났다. 그녀는 이렇게 말했다. "왜 그렇게 생각을 많이 하는 사람들이 말장난을 경멸하지? 그건 마치 어떤 스포츠가 스포츠 애호가들의 심한 놀림을 부르는 피뢰침인 것과 같아. 장대높이뛰기 선수가 우아하게 바를 넘어서 안전하게 내려올 때마다 아나운서가 '끔찍하네요! 정말 형편없는 점프예요! 못 봐주겠군요!'라고 비웃고, 관중들은 크게 야유한다고 상상해봐. 왜 많은 사람들이 아무리 영리한 것이라도 말장난을 들을 때마다 그런 일을 할까?"

한 부부가 애완 고양이 스누피를 친구에게 소개했다. 그 친구는 머리를 긁으며 "왜 암고양이를 '스누피'라고 불러? 스누피가 수컷 비글이라는 건 모두가 알아!"라고 말했다. 그 말에 아내는 "계속 기웃거리고snooping 다니거든. 그게 특징이야. 스누피라는 이름은 〈피너츠Peanuts〉와 아무 상관없어. 그 부분은 한 번도 생각한 적이 없어!"라고 대꾸했다. 그러자 친구는 이렇게 말했다. "그게 무슨 말이야! 그건 '우리 아들의 이름을 아돌프 히틀러로 지었을 때 사람들이 나치 총통을 생각할 줄은 전혀 몰랐어요'라고 말하는 것과 같아."

한 젊은 여성이 오빠에게 약혼자가 오랫동안 폭언을 퍼부었다는 사실을 털어놓았다. 그녀는 눈물을 흘리며 이렇게 말을 이었다. "이제는 그냥 너무나 익숙해져버렸어. 다른 상황은 한 번도 생각해본 적이 없어. 어떨 때는 내가 정말로 그런 말을 들어도 싸다는 생각까지 해." 이 말을 듣고 오빠는 이렇게 대꾸했다. "그건 말도 안 돼. 넌 마치 다른 모든 이웃의 개들은 항상 쓰다듬어주고 괴롭히는 일은 상상도 못하는 다정한 주인을 두었는데 주인의 학대를 당연하게 받아들이는 매 맞는 개와 같아."

두 친구가 산책을 하다가 '코르크스크루Corkscrew'라는 이름의 카페를 발견했다. 그걸 보고 한 명이 웃으며 이렇게 말했다. "저 카페 주인은 '커피 그라인더Coffee Cirinder'라는 칵테일 라운지도 갖고 있을 것 같지 않아?"

한 아빠가 눈을 가린 채 딸과 체스를 두어서 40수 만에 이겼다. 그는 친구에게 이 일에 대해 "아, 정말 형편없이 두었어!"라고 말했다. 친구는 이렇게 대꾸했다. "널 보니 말을 할 때 분리부정사split infinitives를 모두 없애지 못하겠다고 불평하는, 말하는 개가 연상되는군."

디너파티에서 P는 옆에 앉은 의사에게 오직 여성만이 출산이 어떤 것인지 알기 때문에 조산사는 모두 여성이어야 한다는 말을 들었다. P는 이렇게 대꾸했다. "그런 논리라면 유방암 전문의는 모두 유방암을 앓은 적이 있어야 하고, 장애인만 휠체어를 팔 수 있겠네요. 물론 대머리는 미용사가 될 수 없을 거고요."

투자 구루인 워런 버핏은 글로벌 금융 위기로 큰 수익을 올릴 기회가 열린 것을 두고 "배고픈 모기가 누드촌에 들어간 기분"이라는 표현을 썼다.

한 웹캠 회사의 홈페이지에 있는 기술 지원 메뉴는 웹캠이 너무 느리게 느껴지는 이유를 이렇게 설명한다. "우리 회사의 비디오카메라가 너무나 느리게 돌아가는 이유가 무엇일까요? 전송해야 하는 정보가 대단히 크고, 일반 전화선과 구식 모뎀은 모든 데이터를 처리하느라 애를 먹기 때문입니다. 이것은 마치 여러분의 집에 있는 배관을 통해 미시시피 강 전체를 흘려보내려는 것과 같습니다. 단지 용량이 부족할 따름이지만 저희는 최선을 다하고 있습니다!"

이 목록은 영원히 늘릴 수 있다. 이 목록은 캐리커처 유추가 분노나 경악 같은 상황에 대한 격렬하고 갑작스러운 반응으로 종종 촉발되어 모든 사람의 입 밖으로 튀어나온다는 사실을 보여준다. 캐리커처 유추는 'X라고 생각하는 것은 Y라고 생각하는 것과 같아', 'X를 하는 것은 Y를 하는 것만큼 터무니없어', '이제 X를 받아들였으니 Y와 Z도 받아들일 거야?', 'X를 믿는다면 Y도 믿는 게 좋아', 'X가 옳다면 Y도 옳아' 등과 같은 수많은 형태를 지닐 수 있다. 또한 종종 아인슈타인, 타이타닉 호, 미시시피 강, 에베레스트 산, 맥도널드처럼 해당 영역에서 대단히 두드러지는 개체나 지구는 둥글다, 일주일은 칠 일이다, 교황은 가톨릭교도다 등과 같은 흔하고 진부한 사실에 바탕을 둔다.

물론 동떨어진 범주화가 이루어지듯이 설득력 없는 캐리커처 유추도 떠올릴 수 있다. 사실 인간의 두뇌는 직면한 상황의 핵심을 겨냥하다가 크게 빗나가는 경우가 많다! 가령 열정이 넘치는 한 컴퓨터 회사의 경영자는 칩 기술이 조금씩 점진적으로 진전했음을 발표하면서 이런 거창한 주장을 했다. "최신 칩과 비교하면 구세대 칩은 새 페라리 옆에 있는 녹슨 깡통 따개와 같습니다!" 단지 깜찍한 캐리커처 유추라고 해서 저절로 설득력이 생기는 것은 아니다.

슬로모션으로 보는 캐리커처 유추

강연에서 캐리커처 유추를 설명하면 사람들은 종종 이 개념에 흥미를 느끼며, 일부는 그 자리에서 바로 캐리커처 유추를 해보려고 한다. 어떤 사람들은 그 시도가 성공하면 캐리커처 유추와 관련된 모든 것을 안다고 생각한다. 그러나 이는 망상에 불과하다. 차를 운전할 수 있다고 해서 모두 전문 수리공이 되는 것은 아니듯이 캐리커처 유추를 떠올릴 수 있다고 해서 거기에 잠재된 심리적 메커니즘의 전문가가 되는 것은 아니다.

어떤 정신적 과정이 일상적인 것부터 고도로 창의적인 것에 걸친 이 현상을 초래하는 것일까? 우리가 매일 마주치는 수많은 새로운 상황 중에서 명확하지만 완전히 상상에서 나온 상황에 기초한 유추물을 찾게 만드는 소수의 특별한 상황은 어떤 특성을 지닐까? 우리는 어떻게 캐리커처를 찾게 만드는 상황의 개념적 골격을 잡아낼까? 우리는 어떻게 적절한 대안적 영역을 골라낸 다음 이 동일한 핵심을 거기에 집어넣을까?

이 문제들을 조명하기 위해 첫 번째 사례인 노로 사용된 창의 시나리오를 파헤쳐보자. 더그는 미국에서 커피를 젓는 도구로 조잡한 나무 막대나 플라스틱 막대를 줄 때 느낀 짜증스러운 기분을 에마뉘엘에게 전달하고 싶었다. 다만 미국식 관습이 점진적으로 퇴보하는 것을 보지 못한 친구가 자신과 비슷한 관점을 가지도록 하려면 약간의 도움이 필요하다는 생각을 했다.

더그는 "커피를 저으라고 **바늘**을 주는 식이야"라고 말할 수 있었다. 실제로 그는 처음에 그렇게 말하고 싶었지만 너무 극단적이고 허술한 느낌이 들어서 자제했다. 머릿속에서 얇은 나무 막대를 바늘로 대체하는 것은 손잡이를 돌려서 상황이 지닌 부조리의 정도를 높이는 일과 같았다. 이 정도로 손잡이를 돌리는 일은 쉽기는 하지만 과장을 즐기는 것일 뿐이었다. 더그는 과장이 대개 말의 신뢰성을 떨어트린다는 사실을 알았다. 그래서 길고 서툰 설명으로 접어들지 않고 자신을 짜증나게 만드는 일의 핵심을 빠르게 전달할 방법을 찾았다.

더그가 내는 짜증의 핵심은 커피뿐만이 아니라 어떤 것이든 액체를 저으라고 스푼이 아니라 막대를 줄 때 느끼는 어처구니없는 감정이다. 그래서 그는 그 부조리성이 눈에 띄게 두드러질 **다른** 영역에서 캐리커처를 그림으로써 이 핵심을 포착하고자 했다. 그러나 이 캐리커처가 효과를 발휘하려면 새로운 영역이 가능한 한 친숙해야 했다. 그래서 커피가 일반적인 액체로 대체되고 얇은 막대를 사용하는 것이 명백히 터무니없는 개념적 이월을 찾는 것이 문제였다.

이 정신적 압력은 분명히 **커피**에서 **물**로 가는 이월을 이끌어냈다. 물은 우리 모두가 가장 잘 아는 액체이기 때문이다. 그렇다면 어떤 물건으로 **얼마나 많은 양**의 물을 젓는지가 결정적으로 중요한 친숙한 활동으로는 무엇이 있을까? (결국 해당 물건이 젓는 미미한 물의 양이 개념적 골격의 중추다.) 프로펠러나 외륜paddle wheel으로 배를 추진하는 것, 수영, 노 젓기 등 몇 가지 가능성이 떠오른다. 다만 대화의 탄력을 유지하려면 순식간에 하나를 선택하는 것이 중요하다.

더그에게 수중 프로펠러와 외륜은 그다지 친숙한 대상이 아니다. 그래서 그는 수영이라는 영역으로 넘어간다. 여기서 물을 젓는 것은 **팔**이다. 팔을 일종의 가는 물건으로 대체하는 것은 쉽게 그려지지 않는다. 그러기 위해서는 기이한 외과 수술을 상상해야 하는데, 이는 캐리커처를 우아하고 자연스러운 것이 아니라 억지스러운 것으로 만든다. 다른 가능성은 수영을 할 때 물을 젓는 일을 주로 하는 **손**을 수반한다. 그래서 수영 코치가 "물을 **가능한 한 적게** 젓도록 손의 각도를 돌려. 물속으로 **최대한 쉽게** 미끄러지도록 해! 손으로 젓는 양을 최소화하란 말이야!"라고 말하는 것을 상상할 수 있다. 그러나 수영 코치가 이런 터무니없는 말을 하는 것은 비현실적이기 때문에 캐리커처가 성공할 가능성이 아주 낮다.

남은 영역은 노 젓는 배이다. 다행히 노 젓는 배의 노는 큰 스푼과 약간 닮았고, 인간과 크기가 비슷한 비교적 친숙한 물건이기 때문에 머릿속에서 다른 개체로 대체하기가 아주 쉽다. 그래서 외과 수술이나 정신 나간 수영 코치 혹은 기술적 지식을 상상할 필요가 없다! 더그가 해야 할 일은 좋은 대체재, 즉 노와 크기가 비슷하지만 젓는 물의 양이 훨씬 적고, 커피를 젓는 가느다란 막대를 상기시키는(결국 목표는 근래의 짜증나는 관습을 명확하게 풍자하는 것이다) 친숙한 물건을 찾는 것이다. 이미 머릿속에서 **바늘**이라는 개념이 활성화되었기 때문에 더그는 거대한 바늘, 노만큼 큰 바늘을 상상했다. 그러자 문득 **창**의 이미지가 떠올랐다. 실제로 창은 매우 가늘고 평탄하며, 크기도 딱 맞고, 당연히 물을 젓는 양이 아주 적을 것이었다. 이 재미있는 개념적 이월은 상당히 좋은 선택지로 보였다. 그래서 더그는 속으로 미소를 지으며 과감하게 말로 옮겼다.

설득력 있는 캐리커처 유추를 하는 것은 다른 사람이 자신과 같은 관점을 갖게 만들려는 어려운 인지 활동이다. 때로 우리는 분개하거나 격분하며 이 감정을 다른 사람에게 유발하려 한다. 또한 때로는 어떤 주제에 혼란을 느끼는 이유를 전달하려 한다. 다음에 살필 사례가 여기에 해당된다. 이 사례를 통해 우리는 다시 숨겨진 탐색 메커니즘을 살필 것이다.

신중하게 선택한 산맥에서 가장 높은 봉우리

미국인인 A는 팬터마임 예술가인 마르셀 마르소가 방금 죽었음을 알리는 이메일을 받았다. 그는 이 소식을 프랑스 친구에게 전했다. 그녀는 그 소식이 슬프기는 했지만 왜 누군가 굳이 그 소식을 A에게 이메일로 보냈는지 궁금해했다. 이런 반응에 당황한 A는 이렇게 말했다. "뭐? 에펠탑이 오늘 아침에 무너졌다면 이메일로 보낼 만한 소식이 아닐까?" 그러면 A가 이 캐리커처 유추를 하게 만든 것이 무엇이고 어떻게 만들었는지 살펴보자.

유추를 촉발한 것은 프랑스 친구가 이 대단히 지역적인 일의 중요성을 의심한 것이었다. 그래서 A는 그녀의 태도가 얼마나 놀라운지 생생하게 표현하고 싶었다. 이 목적을 위해 그는 마르소의 예술적 기교보다 세계적인 명성에 초점을 맞추었다. A는 항상 마르소를 중요한 아이콘으로 여겼고, **프랑스**라는 개념이 머릿속에서 고도로 활성화되었기 때문에 에펠탑이 **프랑스 문화의 아이콘**이라는 범주에 속하는 핵심 요소로 떠오른 것은 놀랄 일이 아니다.

그러나 왜 A는 유명한 프랑스 사람, 가령 데카르트나 나폴레옹 혹은 루이 16세가 아니라 **무생물** 아이콘을 골랐을까? 바로 구체적인 개념적 방향으로 밀어내는 다양한 정신적 압력, 즉 흐릿한 제약이 작용했기 때문이다. 첫째, 아주 오래전에 발생한 사망을 알리는 이메일을 받는 것은 말이 되지 않는다. 둘째, 상당히 대조적인 영역으로 건너뛰는 것이 더 효과적인 수사적 전략이다(더그가 아주 얇은 막대로 커피를 젓는 영역으로부터 호수에서 아주 얇은 막대로 배를 젓는 영역으로 옮겨간 이유를 상기해보라). 끝으로 왜 A는 몽블랑이나 파리 혹은 프랑스 전체를 선택하지 않았을까? 이 세 가지 중 어느 하나라도 사라지는 것은 거의 상상할 수 없는 파국이 될 것이기 때문이다. 그래서 에펠탑이 붕괴하는 쪽이 훨씬 더 현실적으로 보였다.

분명히 단 하나가 아니라 다양한 캐리커처 유추를 이 상황(혹은 다른 모든 상황)에 적용할 수 있다. 그래서 A는 "너라면 쌍둥이빌딩이 무너졌을 때 이메일을 보내지 않았을까?"나 "핵폭발로 파리가 없어진다면 이메일로 알릴 만하지 않을까?" 혹은 "존 레논이 총에 맞았을 때 누가 전화로 알려주었다면 분명히 고맙게 생각했을 거야"라고 말할 수도 있었다. 이 각각의 사례는 앞서 가정한 정신적 압력 A가 '에펠탑'을 활용하는 캐리커처 유추를 하도록(혹은 고르도록) 유도한 정신적 압력과 이런저런 방식으로 충돌한다. 그러나 다른 한편으로 나름의 논리를 지니고 있어서 적어도 말로 옮길 만한 타당한 후보가 된다.

빠르게 쏟아지는 캐리커처

그러면 최대 10초 안에 연속으로 쏟아졌으며, 대단히 단순해 보이는 세 가지 캐리커처 유추를 살펴보자. 그러나 이 유추들을 초래한 메커니즘은 전혀 기계적이지 않다. 게다가 이 에피소드는 단일 상황에서 한 '묶음'의 캐리커처 유추가 촉발될 수 있음을 보여준다.

열여섯 살인 M은 맨발에 반바지 차림으로 주방에서 다림판을 꺼내서 치마를 올린 다음 다리미를 켰다. 아버지가 그 모습을 보고 "신발 좀 신어. 위험해 보여!"라고 말했다. 그러나 M은 그저 이렇게 대꾸했다. "그럼 내가 **요리**를 할 때는 왜 신발 신으라는 말을 안 해요? 그리고 **다리**를 덮으라는 말은요? 아예 다리미질을 할 때는 **장갑**도 끼라고 하지 그래요?"

M이 다림질을 요리로 대체하게 만든 것은 무엇일까? 아버지의 조심스러운 태도를 놀리는 그녀의 짜증스러운 말투는 다리미가 다림판에서 떨어지는 위험과 유사하게 요리를 하는 과정에 도사린 위험을 아버지가 쓸데없이 염려할 것임을 암시한다. 아마도 그녀는 (끓는 기름, 뜨거운 면, 프라이팬 등) 아주 뜨거운 것이 가스레인지에서 발로 떨어지는 상황을 상상했을 것이다. 이런 작은 시나리오를 상상하려면 주방에서 쌓은 수년에 걸친 경험에 대한 기억을 활용해야 한다. 그래서 우리는 첫 번째 캐리커처 유추를 하는 데 가상의 작은 시나리오가 핵심적인 역할을 했음을 알게 된다.

뒤이어 M이 **발**을 덮으라는 아버지의 요구를 **다리**를 덮으라는 바보 같은 요구로 전환하게 만든 것은 무엇일까? 단지 모든 지상 생물의 발은 다리에 붙어 있고, 그래서 **발**과 **다리**가 개념 네트워크에서 가까운 사촌이기 때문일까? 그럴 수도 있다. 그러나 또한 그녀는 자신이 옷을 입고 있는 상황도 고려해야 했다. 반바지를 입고 있지 않았다면(다른 옷을 입었다면 다리를 다칠 위험이 없을 것이다) **발**에서 **다리**로 가는 이월이 정당화되지 않을 것이기 때문이다. 그래서 앞선 사례처럼 두 번째 캐리커처 유추를 낳기 위해서는 (떨어진 다리미에 맨다리를 다치는) 작은 시나리오가 필요했다.

끝으로 어떻게 M은 **신발**로 **발**을 가린다는 생각을 **장갑**으로 **손**을 가린다는 생각으로 전환했을까? 그녀는 단지 '**발**과 **신발**의 관계는 **손**과 **장갑**의 관계와 같다'는 비율 유추를 활용한 것일까? 그렇다면 왜 마찬가지로 '**발**과 **신발**의 관계는 **머리**와 **모자**의 관계와 같다'나 '**발**과 **신발**의 관계는 **목**과 **스카프**의 관계와 같다'는 공식적인 유추를 생각하지 않았을까? 왜 '다림질을 할 때 **모자**를 쓰라고 할 참이에요?'라고 말하지 않았을까(그리고 말할 생각을 절대 하지 않았을까)? (가령, 다리미가 입안으로 튀어 들어가거나 갑자기 분해되거나 하는 등) 다른 많은 현실성 없는 작은 시나리오만큼 다리미가 튀어서 머리를 치는 시나리오를 탐탁지 않게 여겼기 때문이다. 이 모든 것은 **발**에서 **머리**로 가는 이월이 일어날 이유가 없음을 뜻한다. 반면 **발**에서 손으로 가는 이월은 이 맥락에서 전적으로 타당하다. 다리미는 떨어지지 않아도 사용하는 사람의 손을 데게 할 수 있기 때문이다. 그래서 이 미니 시나리오는 세 번째 캐리커처 유추가 탄생하는 데 불가결한 역할을 했다.

요컨대 무심코 나온 이 일련의 대꾸는 캐리커처 유추를 초래하는 메커니즘이 상황의 온갖 측면을 반영할 수 있으며, 그 설득력은 당사자의 머릿속에서 번개처럼 빠르게 펼쳐지는 특정 미니 시나리오에 결정적으로 의존한다는 사실을 보여준다. 이런 미니 시나리오는 이전에 알려진 친숙한 상황의 범주에 속하는 전형적인 요소로서 강력한 캐리커처 유추를 하는 데 활용된다. 이 모든 과정이 순식간에 벌어진다는 것은 대단히 인상적이다.

설명적 캐리커처 유추

지금까지 소개한 캐리커처 유추는 모두 분노나 혼란의 느낌을 전달하려는 조롱조의 성격을 띤다. 그러나 모든 캐리커처 유추가 조롱은 아니며, 효과적인 설명 도구가 될 수도 있다. 오랫동안 모든 주위 사람을 미덥지 않게 여긴 S라는 사람을 예로 들어보자. 어느 날 갑자기 그는 가까운 친구인 T에게 이렇게 선언했다. "나는 지금까지 살면서 있었던 모든 일을 다시 생각한 후에 완전히 바뀌었어! 이제 다시는 신뢰할 수 없는 모습을 보이지 않을 거야." 이 말을 듣고 T는 "잘됐네. 하지만 원양선은 바로 방향을 돌릴 수 없다는 걸 알아야 해"라고 대꾸했다.

T의 캐리커처 유추에는 조롱하는 낌새가 없다. S가 좋은 뜻으로 밝힌 선언에 따라 T의 머릿속에서 환기된 이미지는 '방향 전환'이라는 단어를 활성화했다. 이 단어는 **삶의 큰 변화**라는 추상적 개념과 **유턴**이라는 보다 구체적인 개념을 모두 가리킨다. 후자는 빠른 속도로 달리는 차량이 아주 급히 유턴을 하는 이미지를 연상시킨다. 실제로 달리는 대상이 아주 빠르게 방향을 돌리는 일을 어렵게 만드는 것은 속도와 질량이 연관되는 운동량이다. 그래서 T는 상당한 속도로 이동하는 친숙하고 거대한 개체를 떠올리려 했다. 두드러진 후보 중 하나는 열차였지만 정해진 궤도를 따라 달릴 뿐 유턴을 하지 않기 때문에 배제되었다. 다른 후보는 거대한 배나 미사일 혹은 궤도를 도는 행성이었다. 왜 T는 S에게 "미사일은 순식간에 방향을 돌릴 수 없다는 걸 알아야 해"라거나 "안타깝지만 행성은 바로 궤도를 벗어나지 못하잖아"라고 말하지 않았을까? 아마도 이 대상들은 배보다 덜 친숙하며, 또한 미사일은 비교적 가벼워서 조금도 움직이기 어려울 것 같은 원양선보다 민첩하게 보이기 때문일 것이다. 게다가 배는

물이라는 점성 매체 속에서 이동하기 때문에 쉽게 방향을 돌릴 수 없다. 요컨대 원양선이 빠르게 180도 전환을 할 수 있다는 생각이 순진하다는 사실은 누구나 쉽게 파악할 수 있다. 그래서 T의 선택은 이 상황에 아주 적합해 보인다.

그럼에도 불구하고 T가 약간 다른 생각을 했다면 미사일이나 행성의 이미지를 이용할 수도 있었다. 마찬가지로 T가 S의 선언에서 다른 개념적 골격을 파악했다면 다른 방향으로 캐리커처 유추를 했을 것이다. 그래서 '표범은 반점을 바꿀 수 없다'거나 '얼룩말은 줄무늬를 바꿀 수 없다' 같은 속담을 인용하여 인성을 근본적으로 바꾸는 것은 거의 불가능하다는 점을 암시했을지도 모른다. 혹은 몸을 변화시키는 것이 얼마나 어려운지 생각해서 "단거리 주자는 하룻밤 사이에 장거리 주자가 될 수 없다"거나 "일주일 만에 20킬로그램을 뺄 수는 없다"라고 말했을 수도 있다.

캐리커처 유추의 창작은 명백히 단어, 구절, 속담 등의 선택만큼이나 결정론적 과정이 아니다. 그래서 특정 유추가 주어진 맥락에서 선택될 가능성이 특별히 높다고 해도 쉽게 상상할 수 있는 다른 유추가 많다. 비록 창작될 가능성이 비교적 낮다고 해도 말이다.

이런 유형의 창의적인 인지적 행위는 지성과 관련된 여러 사실이 초래한 결과다. 첫째는 가장 중심적인 핵심을 집어내기 위해 직면하는 상황을 추상화하려는 억누를 수 없는 인간적 경향이다. 둘째는 우리가 여러 추상화 층위에 걸쳐서 방대한 정신적 범주의 목록을 보유하고 있다는 사실이다. 셋째는 생생하고 친숙하며 원래 상황과 밀접하게 닮은 새로운 범주를 선택하는 능력이다.

상상력을 자극하는 캐리커처 유추

캐리커처 유추라는 수단은 때로 단순히 평범한 것을 다채롭게 표현하기 위해 사용된다. 우스울 뿐 아니라 즉석에서 떠올린 것처럼 보이는 이런 수사적 미사여구는 스포츠 중계에서 종종 등장한다. 다음은 미국 텔레비전에서 야구를 중계하는 해설자가 한 말이다.

> "행크 아론을 상대로 강속구를 던져서 스트라이크를 잡으려는 것은 수탉 몰래 해가 떠오르게 하려는 것과 같습니다." – 커트 시먼스, 투수 출신 해설자

"샌디 쿠팩스의 공을 치려는 것은 포크로 커피를 마시려는 것과 같습니다." – 윌리 스타젤, 명예의 전당 입성자

많은 독자는 분명히 두 번째 재담이 노를 창으로 바꾼 캐리커처 유추를 상기시킨다는 사실을 포착할 것이다. 그러나 윌리 스타젤이 불가능한 일을 가리키는 우스운 사례로 포크로 커피를 떠 마시지 못하는 이미지를 무작위로 고른 것이며, "샌디 쿠팩스의 공을 치려는 것은 맨손으로 고층 건물을 지으려는 것과 같습니다" 내지 "정사각형의 원을 그리려는 것과 같습니다" 같은 구절을 쉽게 떠올릴 수도 있었을 것이라고 생각하는 사람도 있을 것이다. 그러나 이 두 가지 비유를 스타젤의 재담과 바꾸면 명백히 **뜬금없는 이야기**non sequitur가 된다. 스타젤의 선택에는 그럴 만한 이유가 있다. 그가 환기한 이미지, 커피가 길고 곧은 포크의 살 사이로 쉽게 흘러내리는 이미지는 야구공이 길고 곧은 야구방망이 사이로 쉽게 빠져나가는 이미지와 공통점이 많다. 그래서 스타젤이 선택한 비유는 대단히 잘 조율된 것이며, 무작위로 고른 불가능한 일에 빗대었다면 훨씬 덜 효과적이었을 것이다. 다시 말하지만 설령 그가 이 재치 있는 선택으로 이끈 인지 메커니즘을 몰랐다고 해도 말이다.

이 경우 행크 아론이 샌디 쿠팩스와 맞붙는다면 어떤 일이 생길지 묻고 싶은 생각이 든다. 두 사람의 능력을 격찬하는 대단히 인상적인 묘사를 감안할 때 **저항할 수 없는 힘이 움직일 수 없는 대상을 만난다**는 유명한 범주에 해당될 것이라는 생각이 들며, 어느 쪽이 질지 궁금하지 않을 수 없다.

사정을 설명하는 데 도움을 주는 캐리커처 유추

즉흥적으로 고안한 캐리커처 유추는 다음 사례가 보여주듯이 뛰어난 설명 도구가 될 수 있다. 열 살짜리 소년이 처음으로 채식주의자를 만나서 왜 그런 선택을 했는지 이해하려고 이런 질문을 했다. "이미 죽은 소의 고기인데 왜 햄버거를 먹지 않아요?" 채식주의자는 햄버거를 먹는 것은 단지 사육장과 목장으로 이어지는 복잡한 경제적 사슬의 마지막 고리일 뿐이라고 설명했다. 그러나 소년은 물러서지 않고 이미 소는 죽었으며, 그 점만이 중요하다고 주장했다. 이 시점에서 채식주의자는 방향을 바꾸어서 이렇게 말했다. "슈퍼마켓 선반에 세워진 커다란 음료수 병을 생각해 봐. 모두 기울어진 선반에 차례로 세워져

있지. 손님이 앞에 있는 걸 빼내면 뒤에 있는 병들이 전부 앞으로 미끄러져서 내려와. 그래서 두 번째 병이 첫 번째 병이 되고 세 번째 병이 두 번째 병이 되지. 제일 뒤에 있는 병도 미끄러져 내려와서 점원이 다른 병으로 채워야 하는 빈자리를 남겨. 안 그러면 곧 음료수가 다 떨어질 거야. 햄버거를 먹는 건 앞에 있는 병을 빼내는 것과 같아. 제일 뒤에 생긴 자리를 채우지 않으면 고기가 곧 떨어질 거야. 물론 우리가 먹는 고기는 이미 죽은 동물에게서 나온 것이지만 그 무고해 보이는 행동이 볼 수 없는 먼 곳에 사는 **다른** 동물을 죽게 만들어."

이 캐리커처 유추는 대단히 단순화된 그림을 활용한다. 소년이 이해하기에는 전체 상황이 너무 낯설고 동떨어져 있기 때문이다. 햄버거에서 식료품점 선반으로, 뒤이어 매장 뒤에 있는 정육 코너로, 뒤이어 대형 육류 운송 트럭으로, 뒤이어 도살장으로, 뒤이어 동물 운송 트럭으로, 뒤이어 사육장으로, 끝으로 먼 곳에 있는 목장의 방목장으로 근원을 향해 느리게 거슬러 올라가는 긴 사슬, 보이지 않으며 방대한 영역에 걸쳐 펼쳐진 긴 전체 사슬은 약간 비스듬한 경사를 미끄러지는 몇 개의 병을 수반하는 짧은 직선으로 기민하게 대체되었다. 또한 고기가 큰 동물의 작은 일부라는 점은 **공급**과 **수요**라는 관념만을 수반하는 핵심 사고에 필수적이지 않기 때문에 배제되었다.

이처럼 캐리커처 유추는 화자가 분노나 당혹감을 전달하려는 상황에만 국한되지 않는다. 캐리커처 유추는 미묘한 생각을 생생하고 분명하게 전달하려는 욕구의 자연스러운 결과일 수도 있다.

사정을 이해하는 데 도움을 주는 캐리커처 유추

캐리커처 유추는 우리가 직면한 상황, 떠올리는 생각, 어떤 사건으로 갑작스럽게 촉발된 감정 등을 이해하는 데 도움을 준다. 이 경우 캐리커처는 언뜻 인식한 개념적 골격을 분명하게 드러내거나 고정시킨다. 이런 유추는 다른 사람에게 어떤 것을 보여주기 위해서가 아니라 자신만을 위해 이루어진다. 우리가 조작하는 유추를 통해 어떤 현상에 대한 해석, 이 경우 운전자가 떠올리는 해석이 이루어지는 양상을 보여주는 친숙한 사례를 살펴보자.

샌프란시스코에 사는 사람이라면 누구나 잘 알듯이, 시내에 주차할 자리를 찾는 일은 항상 어렵다. 그러나 어느 날 밤 E는 이른 새벽에 차를 몰고 시내를 지나 집으로 가다가 문득 낯선 느낌을 받았다. 항상 차를 댈 자리가 없는 마켓

스트리트 여기저기에 빈 공간이 보였다. 시내에서 차 대기가 가장 어려운 곳일 유니언광장 주변에도 애타게 차를 기다리는 주차 공간이 숱했다. 또한 항상 차로 가득했던 동네에도 텅텅 빈 공간들로 넘쳤다. 운전자라면 누구나 바랄 이 자리들이 지금 자신에게는 아무 필요가 없다는 사실에 화가 날 지경이었다. 이 놀라운 선물을 즐기기 위해 그냥 차를 거기에 대야 할까? 그것은 멍청한 짓이었다. E는 이 드문(이 경우에는 흔해빠진) 자리들을 하나씩 그냥 지나칠 수밖에 없음을 알았다. 그나마 몇 시간만 지나면 모든 거리가 다시 차로 가득 차서 이 비현실적인 풍경을 지울 것이라는 사실이 약간의 위안을 주었다.

E는 이 모든 '멋진 장소들'을 본 것이 그토록 짜증나는 이유를 더 깊이 이해하려 애썼다. 이때 몇 가지 유추가 떠올라서 도움을 주었다. 그는 이 자리들이 아주 소량이라도 채취할 도구가 없는 사람 앞에 있는 금 무더기나 다락방에서 발견한 더는 법정 화폐로 통용되지 않는 거액의 지폐와 같다고 생각했다. 그다음에는 맛없는 음식을 배불리 먹은 후에 맛있는 미식 코스 요리를 거부해야 하는 자신의 모습을 상상했다.

E는 계속 생각을 하다가 자신이 보는 광경은 결국 그다지 귀중하지 않다는 결론을 내렸다. 그는 다음과 같이 더 행복한 유추를 했다. '이것은 마치 문을 닫기 직전이라 누구도 더는 머물고 싶어 하지 않고, 마지막 남은 몇 명은 모두 만취해서 곧 있을 청소를 위해 켜진 전등을 멍하니 바라볼 뿐인 인기 있는 나이트클럽에 공짜로 입장할 수 있게 된 것과 같아.' 뒤이어 이런 유추도 했다. '이것은 마치 롤링스톤스가 전날 밤에 공연을 한 후에 텅 빈 필모어 오디토리움에 공짜로 입장할 수 있게 된 것과 같아.' 그리고 이런 유추도 했다. '이것은 마치 장마철에 억만장자들의 놀이터인 은밀한 열대의 섬에 있는 것과 같아.' 이렇게 해서 새로운 관점이 E의 머릿속에 떠올랐다. 바로 건드릴 수 없는 거대한 부에 짜증을 내기보다 단지 안 좋은 때에 멋진 곳을 찾았을 뿐이라고 생각하는 것이었다.

캐리커처 유추는 다양한 각도에서 신선한 관점을 부여함으로써 처음 마주쳤을 때는 흐릿하게 숨어 있던 하나 이상의 개념적 골격을 드러내어 새로운 상황의 핵심을 간추리도록 돕는다. 이런 캐리커처는 흥미를 끄는 모든 새로운 시나리오가 머릿속에서 환기하는 신속한 일반화의 '후광'에서 즉흥적으로 나타나며, 그 뿌리에 있는 개념적 골격을 드러낸다.

위 사례에서 E는 두 가지 다른 유형의 캐리커처 유추를 통해 직면한 상황을 바라보는 두 가지 가능한 관점을 취했다. 풍부해 보이지만 불행한 여건 때문에 접근할 수 없는 보물에 빈 공간을 덧입히는 첫 번째 유형은 샌프란시스코의 운전자로서 너무나 짜증이 났던 이유를 이해하는 데 도움을 주었다. 처음에 받은 인상을 강화하는 경향이 있는 이 캐리커처는 교육적 효용성이 거의 없지만 적어도 대단히 운이 나쁘다는 느낌이 드는 이유를 약간 더 명확하게 보여준다. 반면 일련의 두 번째 캐리커처 유추는 잠재된 공통의 개념적 골격이 드러남에 따라 상황을 더 행복하게 바라보는 방법을 찾도록 돕는다. 이제 그의 처지는 타이밍이 중요한 역할을 하는 다양한 시나리오에 덧입혀진다. 그래서 한밤중이라 넉넉해진 이 모든 멋진 장소는 큰 공연이 끝난 후 생긴 표와 같다. 이처럼 다른 캐리커처에 따라 다른 핵심이 도출될 수 있다.

언제나 좋은 것들이 먼저 선택된다

캐리커처 유추는 때로 처음에는 분명한 논리 없이 직관으로만 다가오는 미묘한 현상을 밝혀준다. 수많은 캐리커처를 훑다보면 처음에는 모호하게만 감지하던 숨겨진 개념적 골격이 훨씬 더 명확하게 나타나기 시작한다.

이 점을 확인하기 위해 (워싱턴, 마이애미, 몬트리올 및 소수의 다른 북아메리카 도시와 전 세계의 다양한 도시들에서 볼 수 있는) 대도시 자전거 대여 서비스를 이용한 사람들은 모두가 거의 확실하게 인지했을 역설을 살펴보자. 대여 자전거는 도시의 여러 장소에 설치된 긴 거치대에 잠긴 상태로 보관된다. 이용자는 신용카드나 회원카드로 자물쇠를 열어서 이리저리 타고 다니다가 다른 장소의 거치대에 다시 놓아둘 수 있다. 그러면 다른 사람이 뒤이어 사용하게 된다. 그러나 거치대에 자전거가 몇 대 남지 않은 경우 기뻐할 일이 없다는 사실을 곧 알게 된다. 실제로 모두 고장이 나서 사실상 한 대도 없는 것과 같을 가능성이 높다. 반대로 거치대가 가득 차 있으면 대개 상태가 좋은 자전거들 중에서 마음대로 고를 수 있다. 처음에는 거의 텅 빈 거치대와 관련된 이 사실이 '이중의 불이익'을 수반하기 때문에 의외로 보일 수 있다. 즉 선택할 자전거가 적을 뿐만 아니라 그나마 있는 소수의 자전거도 거의 쓸 수 없는 것이다. 그래서 자전거가 몇 대 없는 거치대는 고장이 났을 것이라는 신호와 함께 찾아온 이용자에게 이중으로 고충을 안긴다. 어쩌면 당신은 이미 이 현상이 의외라기보다 충분히 예상할 수 있는 일임을 알아챘을 수도 있다. 그렇다면 잘했다. 그러나 아직 알아채지 못했다면 자전거 대여와 관련된 이 역설이 특정 사례에 불과한 훨씬 더 일반적인 현상을 통해 도움을 받을 수 있다.

캐리커처라기보다 설명에 가까운 일련의 유추는 자전거 대여와 관련된 역설의 근본 원인을 밝히는 데 도움을 준다. 당신이 식료품점에 있고 체리를 할인 중이라는 사실을 알기 때문에 농산물 코너로 갔는데, 선반에 몇 상자만 남았다고 상상해보라. 아마 **이** 상자에 든 체리는 모두 손상되거나 썩어서 누구도 원치 않는 찌꺼기일 것이라고 확신할 수 있을 것이다. 반면 선반 가득 체리 상자가 있다면 손상되거나 썩은 체리는 소수에 불과할 것이며, 사람들이 체리를 고르면서 피한다고 해도 많지는 않을 것이다. 그래서 거의 먹을 수 없는 체리를 고를 가능성은 상당히 낮다.

다른 사례로 더는 그다지 젊지 않은 독신자들의 해묵은 푸념, "내 나이에도 혼자인 사람들한테는 분명 치명적인 결함이 숨겨져 있을 거야!"가 있다. 또한 대규모 세일의 끝물에 팔리지 않은 채 선반에 널브러진, 대개 별로 끌리지 않는 옷가지 몇 벌을 생각할 수도 있다. 혹은 품질관리 담당자가 폐기하는 소수의 생산품에서 성한 것이 하나도 없다는 사실에 놀라는 공장 견학자를 상상할 수도 있다. 그러나 이는 당연한 일이다. 품질관리를 하는 전적인 이유가 바로 거기에 있으니 말이다! 대여 자전거의 경우 각각의 이용자는 어쩔 수 없이 품질관리 담당 직원의 역할을 하게 된다. 그래서 눈에 띄는 문제가 있는 자전거는 금세 발견되어 뒤에 남겨진다. 이 간단한 유추는 거치대에 몇 대만 남은 자전거가 거의 언제나 고장이 나 있다는 점에 놀랄 이유가 없다는 것을 보여준다.

이 모든 유사한 상황은 전체적으로 흥미로운 사실을 드러낸다. 즉 추상적 설명이 제시되지 않아도 **공급량이 한정되면 좋은 것은 체계적으로 먼저 나가고 많은 고객이 거부하는 것만 끝까지 남는 선택 과정이 진행되기 마련이므로 소수만 남은 것은 문제가 있음을 뜻한다**는 새로운 범주가 밝혀진다. 거치대에 몇 대만 남은 자전거가 보석이라기보다 미운 오리에 가까운 이유가 여기에 있다.

여기서 얻는 교훈은 구체적인 사례에 근거한 주장의 효용을 넘어선다. 설명을 위한 좋은 유추를 고안하려면 현실적인 내용으로 만드는 것으로는 충분치 않다. 실제로 구체적인 세부 사항을 많이 추가하면 설명하는 내용이 쉽게 흐려져서 핵심을 가리게 된다. 핵심은 만들어낸 시나리오가 얼마나 명확하게 추상 개념을 구현하느냐에 있다. 즉 설명을 위한 성공적인 유추는 추상적인 개념적 골격이 구체적 상황에서 아주 자연스럽게 구현되어 안성맞춤이 되는 것이다.

이 경우 주장을 듣는 사람은 누구나 수월하게 개념적 골격을 파악할 수 있다.

가령 (체리나 할인 상품처럼) 손님이 자유롭게 물건을 고르는 상황에서 소수만 남은 물건은 많은 손님의 검증을 통과하지 못한 것이며, 따라서 **당연히** 결함이 있을 가능성이 많다는 현저한 사실을 드러낸다. 이는 명확하고 도움이 되는 이미지다. 구매할 수 있는 물건은 공식 테스트를 통과하지 못한 것뿐이라는 품질 관리에 빗댄 비유도 마찬가지다. **찌꺼기는 품질이 낮다**는 관념을 수월하게 상기시키기 때문이다. 이런 설명적 유추는 모두가 공유하는 개념적 골격으로 수월하게 이끈다. 그래서 '공급량이 한정되면 좋은 것은 체계적으로 먼저 나가고 많은 고객이 거부하는 것만 끝까지 남는 선택 과정이 진행되기 마련이므로 소수만 남은 것은 문제가 있음을 뜻한다' 같은 형식적인 구절처럼 개념적 골격을 별도로 표현하는 것보다 훨씬 쉽고 직접적으로 이해하게 만든다.

인간은 모든 구체적 상황에서 자동적으로 개념적 골격을 추출하려고(그것이 이해를 하는 방법이다) **스스로** 노력한다. 그러나 (앞서 제시한 긴 구절처럼) 어려운 용어로 된 고도의 추상적 구절은 아무리 개념적 골격의 핵심을 정확하게 담아냈다고 해도 혼란을 초래할 뿐이다. 이 점은 다음 장에서 다룰 교육과 관련하여 중요한 의미를 지닌다.

모든 주요 결정의 기저가 되는 유추

심리학자인 키스 홀리오크와 폴 새거드Paul Thagard는 《정신적 도약Mental Leaps》에서 명망 높은 경쟁 연구소로부터 일자리 제의를 받아서 큰 딜레마에 빠진 가상의 의사 결정 연구자에 대한 우스꽝스러운 이야기를 들려준다.[32] 제의를 수락하면 급여와 직업적 명성이 크게 오르지만 다른 한편 일터를 옮긴다는 것이 가족 모두에게 큰 감정적 동요를 일으킬 수 있다. 개인적으로 조언을 구한 동료는 이렇게 반응한다. "어이, 왜 그래? 너는 결정이 이루어지는 방식에 대한 세계적인 전문가야. 그런데 왜 **나한테** 조언을 구하는 거야? **네가** 최적의 결정을 내리는 정교한 통계적 모델을 개발했잖아. 네가 만든 걸 적용해. 그러면 어떻게 해야 할지 말해줄 거 아냐!" 또한 친구는 그를 똑바로 쳐다보면서 이렇게 말한다. "장난 좀 그만해줄래? **정말**이야!"

실제로 중대한 결정에 직면했을 때 온갖 종류의 결과를 상정하고 발생 가능성과 바람직한 정도를 가중치로 매겨서 '최적'의 선택을 계산할 수 있다. 그러나

이는 주요 결정을 앞둔 사람들이 대체로 따르는 방식과 거리가 멀다. 이런 상황에서 우리가 하는 일은 기억 속에 있는 하나 이상의 유사물을 떠올리는 것이다. 다음은 사람들이 자동적으로 그렇게 행동하게 되는 몇 가지 익숙하고 중요한 상황, 우리 모두가 아는 범주다.

- 일자리 제의를 수락할 것인가 혹은 말 것인가
- 청혼을 할 것인가 혹은 말 것인가
- 이사를 할 것인가 혹은 말 것인가
- 이혼을 할 것인가 혹은 말 것인가
- 학교로 돌아가 다른 학위를 딸 것인가 혹은 말 것인가
- 애완동물을 키울 것인가 혹은 말 것인가
- 아이를 낳을 것인가 혹은 말 것인가
- 증축을 할 것인가 혹은 말 것인가
- 새 차를 살 것인가 혹은 중고차를 살 것인가

첫째 항목을 살펴보자. 사람들은 일자리 제의를 받으면 이전에 거친 일자리, 특히 같은 종류의 일자리와 비교하면서 심사숙고한다. 이보다 더 자명한 것이 있을까? 유용한 관점을 제공할 일자리를 가진 적이 없다면 굳이 생각하지 않아도 자신이 아는 사람의 경험으로 건너뛴다. 가령 누나의 일자리를 떠올리고, 누나가 말한 좋은 점과 나쁜 점 그리고 문제 등을 자신의 삶에 대입한다. 물론 누나가 말한 **모든 것**을 대입할 수는 없다. 대다수는 잠재적인 일자리와 무관하기 때문이다. 그래서 누나가 말한 내용을 추상화하여 유관한 핵심 지식에 이르는 방법을 알아야 한다. 그러면 옷을 사기 전에 입어보듯이 해당 지식을 자신의 삶에 대입할 수 있다. 일자리가 걸리면 흔히 그렇듯이 대가가 클 경우 거기서 멈추지 않는다. 그래서 추가로 살펴볼 다른 관점을 찾는다. 이렇게 여러 번 시도를 하다 보면 대개 한 가지 관점에 초점을 맞추게 되고, 그것만을 신중하게 고려한 후 결론을 내리게 된다. 가령 '어떤 일에도 동의하지 않는 두 명의 상사 사이에 항상 끼이게 된다고? 누나가 그런 일을 하다가 엄청나게 고생했지. 그러니 사양하겠어'라는 식이다.

핵심은 간단하다. 크든 작든 우리가 결정을 하는 유일한 방법은 유추를 통하는 것, 즉 (직접적이든 간접적이든) 긴박한 결정 때문에 머릿속에 떠오른 일련의

이전 경험을 유추하는 것이다.

가령 어떤 결정을 내리는 문제가 새 일자리의 급여나 증축할 면적 혹은 이사 가려는 도시의 연중 강우 일수처럼 단일 수치로 귀결된다고 해도 더 친숙한 이전 사례, 급여가 비슷한 지인, 크기가 비슷한 방, 연중 강우량이 비슷한 도시와 비교하면서 심사숙고를 하게 된다. 우리가 지나온 과거는 미래를 생각하는 유일한 토대이기 때문에 이런 비교를 하지 않을 수 없다.

그래서 의식적이든 무의식적이든, 자의적이든 강제적이든 비교는 불가피하다. 때로 유추 자체가 주도권을 잡기도 하고, 유추하는 사람이 주도권을 잡기도 하며, 이 양극단 사이에 온갖 중간 단계가 존재하기도 한다. 또한 그 과정이 때로 수동적이기도 하고 적극적이기도 하지만, 우리가 조작하든 조종당하든 이끌든 이끌리든 간에 유추는 우리의 영원한 댄스 파트너다.

유추 전쟁

방금 논의한 것보다 훨씬 차원이 높은 결정, 좋은 쪽이든 나쁜 쪽이든 수천 명 혹은 수만 명의 삶에 심대한 영향을 끼치는 광범위한 결정 역시 지상에 사는 인간이 내린다. 이런 결정은 항상 역사적 유례에 대한 유추에 기반을 둔다. 물론 우리가 말하는 것은 정치적 결정, 구체적으로는 전시에 이루어지는 결정이다.

세계적인 문제가 관련된 상황에서 이런 유추가 지니는 영향력은 너무나 멀리 나아가서 다른 모든 결정의 원천을 억누른다. 정치인과 정부는 내적 일관성이 결여된 것처럼 보일 수 없기 때문이다. 국가는 내적 일관성을 추구하기 위해 대단히 노골적인 유추의 압박에 따라 최선의 이익에 어긋나는 것처럼 보이는 자세를 취할 수도 있다. 1982년에 아르헨티나와 영국이 포클랜드 전쟁을 일으켰을 때 그리스가 이런 상황을 맞았다. 그리스는 대단히 명백한 유사성 때문에 어느 편을 들지 결정하는 일에서 흥미로운 모습을 보였다.

포클랜드는 아르헨티나에 아주 가깝지만 영국령이다. 사람들은 여러 가지 이유로 그리스가 이 분쟁에서 아르헨티나의 편을 들 것이라고 예상했다. 가령 30년 전에 그리스계 키프로스 사람들이 영국의 통치에 반기를 들었고, 이 일로 키프로스가 그리스령이 되었다. 이는 그리스가 영국의 반대편에 설 명백한 한 가지 이유였다. 게다가 아르헨티나는 그리스처럼 지중해 출신 인구가 주류인 개발도상국이었다(이는 당연히 명백한 유추적 효력을 지니는 사실이다). 끝으로 포클랜드와 아르헨티나의 지리적 인접성과 무엇이든 제국주의적 의도를 반대하는 국제적 분위기가 이 문제를 명쾌한 것처럼 보이게 만들었다.

그러나 그리스는 이 다양한 유추를 통해 예상할 수 있는 일을 하지 않고 영국 편에 섰다. 비밀 로비가 그리스 정부를 이런 방향으로 이끈 것일까? 실은 그리스와 터키가 키프로스의 소유권을 놓고 수십 년 동안 벌인 격렬한 분쟁과 관련된 더 설득력 있는 유추가 있었다. 터키를 아르헨티나에, 그리스를 영국에 덧입히는 이 유추는 즉시 떠오른다. 두 경우 모두 소유권을 원하는 국가보다 훨씬 멀리 떨어진 곳에 있는 국가가 다스리는 섬을 수반하기 때문이다. 그래서 그리스가 이 분쟁에서 아르헨티나 편을 드는 것은 키프로스를 둘러싼 분쟁에서 터키 편을 드는 것과 '같은 일'이었다. 실제로 키프로스를 얼마든지 '그리스의 포클랜드 제도'로 부를 수 있었다! 따라서 아르헨티나 편에 서는 선택은 키프로스 소유권 문제와 관련하여 그리스의 입지를 심각하게 약화시켰을 것이다. 결국 유추가 그리스의 입장을 강제한 셈이다.

전쟁을 벌이기 위한 중대한 도구로서 유추

정치학자인 유엔퐁 콩Yuen Foong Khong은 매력적이고 세심한 논거를 갖춘 《전쟁에서의 유추: 한국, 뮌헨, 디엔비엔푸 그리고 1965년의 베트남 관련 결정Analogies at War: Korea, Munich, Dien Bien Phu, and the Vietnam Decisions of 1965》에서 특히 베트남전 초기인 1960년대에 군대와 미국의 민간인 지도자들이 한 선택의 이면에 놓인 이유를 묻는 까다로운 질문에 도전한다. 콩은 15년여 전에 미국이 치른 한국전쟁, 인도차이나반도에서 프랑스가 겪은 패배, 수데텐란트Sudetendland를 히틀러에게 할양한 1938년의 뮌헨 회담, 식량과 다른 구호물자를 공수하게 만든 1948년의 베를린 사태, 1948년부터 1960년까지 말레이시아에서 일어난 오랜 반란, 1947년에 그리스에서 발생한 경제 위기를 비롯하여 당시에 활용할 수 있었던 폭넓은 역사적 전례를 분석한다. 콩이 제시하는 또 다른 잠재적 유사물은 간단하게 '1930년대'로 불리는 것인데 이는 잠시 후에 살필 것이다.

콩은 미국의 리더들이 '순수한 추론'만으로(즉 모든 유추를 우회하여) 결정을 내렸을지 질문하면서 베트남전 동안 정책 결정자들이 공개적으로 언급했고 이후에 아이처럼 언제나 단순한 설명을 원하는 대중을 설득하기 위해 역사적 유사물을 가리킴으로써 결정에 대한 공식적 정당화를 얻게 만든 유추의 역할을 탐구했다. 그는 미국의 리더들이 나눈 수많은 대화록을 분석한 끝에 질문의 내용과는 상반되게 베트남전과 관련된 모든 주요 결정에서 유추가 핵심적인 요소였다는 결론을 내렸다. 다시 말해서 유추는 순진한 대중으로부터 진정한 이유를 감추기 위해 냉소적으로 활용한 외관이 아니었다. 게다가 각 사례에서 한 역사적 유사물이 경쟁 유사물들의 전쟁에서 승리를 거두려면 결정 과정에 관계된 주요 참가자들 사이에 몇 년씩 오랜 기간에 걸쳐 격렬한 투쟁이 벌어져야 했다.

유추를 활용하지 않고 추론할 수 있는가?

유추가 항상 의사 결정 과정에서 중심적인 역할을 한다는 사실은 그다지 놀랍지 않다. 그러나 대안, 즉 유추를 전혀 하지 않고 '순수한 추론'을 통해 내리는 결정은 어떨까?

콩은 베트남전 동안 미국의 리더들이 활용할 수 있었던 몇 가지 유형의 비유추적 논거를 제시하여 이 구분을 설명한다. 거기에는 **봉쇄**에 기초한 논거와 **국내 정치**에 기초한 논거가 있다. 전자를 살펴보자. '봉쇄'라는 단어는 매우 구체적인 이미지를 환기시킨다. **적을 봉쇄한다**(이 경우는 공산주의)는 군사적 관념은 대단히 물리적인 동사인 '봉쇄하다contain'를 수반하며, 부분적으로 위험한 동물을 가두는 우리나 죄수를 가두는 감방 같은 인간적 규모의 현상 그리고 밀려드는 군중을 막는 밧줄, 금속 사슬, 경찰 바리케이드나 도시를 위협하는 홍수를 막는 모래주머니, 제방, 댐처럼 규모가 더 큰 현상에 토대를 둔다. 또한 봉쇄라는 군사적 관념은 체스에서 상대방의 주요 말이 구석에 몰려서 전혀 움직이지 못하거나 효과 없는 방식으로만 움직일 수 있는 상황은 말할 것도 없고 농구나 축구 같은 팀 경기에서 한 팀이 다른 팀을 에워싸고 점수를 내지 못하게 하는 상황에 토대를 둔다. 명백히 이 모두는 (일상생활과 거리가 먼 현상이기는 하지만) 실로 유추이다. 그래서 콩이 시도한 구분은 이미 허약한 기반 위에 서 있다. 뒤이어 그는 위에 나온 것과 같은 일상적이고 비군사적 경험에 기초한 유추적 사고와 장대한 역사적 전례에 기초한 유추적 사고를 구분하려고 시도한다. 이 새로운 구분은 검증을 견뎌낼까?

이 질문에 답하기 위해 베트남전 시대에 가장 빈번히 등장한 소위 '도미노 이론'이라는 개념을 살펴보자. 이 관념은 첫 번째 도미노가 넘어지면 연쇄 작용으로 일련의 도미노가 모두 넘어지는 이미지에 토대를 둔다. 표준적인 유추는 탁상 위에서 벌어지는 이 상황과 동남아시아 국가들을 연결하는 것이며, 이때 넘어지는 도미노는 당연히 공산주의의 지배를 받게 될 나라를 뜻했다. 이는 장대한 역사적 유추라기보다 일상적인 비유로 보인다. 그러나 그것이 전부는 아니다. 다시 뒤로 돌아가서 위에서 잠시 언급한 '1930년대'라는 역사적 전례를 살펴보자. 콩은 이 역사적 전례를 다음과 같이 설명한다.

> 1930년대는 (유추를 활용하는 사람의 머릿속에서) 다음과 같은 하나 이상의 사건으로 구성된 복합적인 유추물이다. 그것은 일본의 만주 침략, 무솔리니의 에티오피아 합병, 히틀러의 라인란트 재점령, 뮌헨 회담, 히틀러의 체코 침공이다. 1930년대라는 유추물을 활용한 두 주요 인물인 (당시 미 국무장관이었던) 딘 러스크와 린든 존슨의 관점에서 이 시기의 전형적 사건은 (1938년에 열린) 뮌헨 회담이었다. 그들은 뮌헨 회담을 서구가 히틀러를 달래려 하다가 제2차 세계대전을 불가피하게 만든 계기로 해석했다. 나는 이 책에서 '뮌헨'과 '1930년대'를 호환적으로 사용할 것이다.[33]

그래서 우리는 1930년대가 여러 가지 다른 유사물의 혼합, 수많은 역사적 전례의 정신적 중첩임을 알게 된다. 우리는 이 흥미로운 관념으로 곧 돌아갈 것이지만 잠시 이 정의를 콩이 도미노 이론에 대해 한 말과 비교해보자. 그는 이렇게 썼다.

> 뮌헨과 관련된 의문은 대개 그 대가에 대한 것이다. 뮌헨 유추는 동남아시아에서 일어날 1930년대 신드롬을 떠올리게 만들기 때문에 미국의 입장에서 베트남에 걸린 대가를 키웠다. 이런 의미에서 뮌헨 유추는 도미노 이론의 지적 기반이었다. 아이젠하워부터 닉슨까지 미국의 정책 결정자들은 1930년대에 유럽에서 속절없이 쓰러진 도미노를 생생히 기억했다. 그들은 1960년대의 파시즘인 공산주의의 확산이 비슷한 파국으로 이어질 것이라고 확신했다. 1930년대의 체코에 해당하는 남베트남을 기점으로 아시아에서 도미노가 넘어지지 않도록 막지 못하면 나중에 더 나쁜 조건에서 공산주의와 싸워야 했으며, 제3차 세계대전이 일어날 가능성도 있었다.[34]

이 분석은 몇 초 만에 중력의 '희생자'인 도미노가 연쇄적으로 넘어지는 이미지가 미국 정책 결정자들의 머릿속에서 1930년대에 '일련의' 유럽 국가가 파시즘의 치하로 '넘어가는' 이미지와 긴밀하게 연관되어 있었고, 1960년대에 '일련의' 아시아 국가가 공산주의의 치하로 '넘어가는' 무서운 이미지와도 긴밀하게 연관되어 있었음을 보여준다. 다시 말해서 '도미노'와 '1930년대'는 동의어인 것이다.

요컨대 도미노가 탁상에서 넘어지는 비군사적, 비역사적 이미지는 리더들의 머릿속에서 (유럽에서든 혹은 동남아시아에서든) 일련의 국가가 침략하는 세력 앞에 하나씩 무너지는 정치적, 군사적, 역사적 이미지와 깊이 뒤섞여 있었다. 이 점을 감안할 때 장대한 역사적 유추와 일상생활에서 나온 소박하고 평범한 유추를 명확하게 구분할 수 있을까? 명백히 구분할 수 없다. 방금 살폈듯이 탁상의 도미노는 **근래의** 전쟁에 연루된 나라로 보일 때도 있고, **현재의** 전쟁에 연루된 나라로 보일 때도 있으며, 그저 평범하고 오래된 나무 도미노로 보일 때도 있다. (프로이트가 말했을 법한 대로 '때로 도미노는 그냥 도미노다.') 도미노 비유와 역사적 사실을 아는 사람은 누구나 긴밀하게 이 이미지들을 섞을 수밖에 없다. (이 장의 말미에서 이렇게 머릿속에서 상황을 뒤섞는 문제를 면밀하게 살필 것이다. 우리는 '프레임 혼합frame blends'이라는 용어를 쓰는 반면 프레임 통합 연구의 선구자인 질 포코니에Gilles Fauconnier와 마크 터너는 '개념 통합 네트워크conceptual integration networks'라는 용어를 쓴다.)

이미 3장과 4장에서 명확하게 분석한 대로 탁상에서 넘어지는 도미노나 유명한 역사적 패배 같은 모든 구체적 사건은 다양한 추상화 층위에서 부호화할 수 있다. 이는 일련의 인접 국가가 악의 제국에 복속되는 것과 일렬로 깔끔하게 늘어선 수많은 도미노가 연쇄적으로 넘어지는 것을 얼마든지 같은 현상으로 볼 수 있다는 것을 뜻한다. 인간이 할 수 있는 고차원적 인식과 관련된 이 보편적 사실은 구체적인 상황의 세부 사항을 훌쩍 넘어선 차원을 파악하고 겉으로 크게 달라 보이는 사건들을 연결할 수 있게 해준다.

그러면 콩이 제시한 추상적 개념에만 기초한 '비유추적 논거'라는 관념으로 돌아가보자. 문제는 군사적 맥락 내지 정치적 맥락에서 (**도미노**, **봉쇄** 등) 논의하는 추상적 개념이 무엇이든 단지 수반하는 단어 때문에 익숙한 일상적 이미지를 환기할 수밖에 없다는 것이다. 게다가 상당한 역사 지식을 가진 모든 사람의 머릿속에서 이런 종류의 추상적 개념은 다른 인식의 차원에서 폭넓은 역사적 유사물을 환기시킬 것이다(가령 이런 종류의 개념이 활성화되면 중세의 성을 둘러싼 해자, 중세 도시의 성벽, 중국의 만리장성, 마지노선 같은 일련의 역사적 전례를 환기시킬 수 있다). '봉쇄' 같은 단어가 추상적이고 다소 밋밋하게 보인다고 해서 비유적 토대가 없고 역사적 전례를 환기시키지 않는 것은 아니다. 오히려 추상적 단어가 지니는 힘은 평생에 걸쳐 직간접적으로 얻은 경험에서 나오는 일련의 구체적 이미지를 환기시킬 수 있다는 것이다. 이 친숙한 역사적 유사물의 풍부한 후광은 의사 결정자의 머릿속에서 환기되고 뒤이어 생사가 걸린 결정을 초래하는 심상을 구성한다.

복수화와 스키마

콩의 책에는 '더 이상의 뮌헨은 안 돼!', '또 다른 히틀러', '일련의 한국들', '차기 챔벌레인', '1917년의 재연' 같은 생생한 표현이 많이 나온다. 1장에서 '엄마Mother'와 '달Moon' 같은 단어를 논의할 때 살폈듯이 단일 요소 범주는 머릿속에 자리 잡는 순간부터 복수화되어 고도로 추상적인 개념처럼 활용할 수 있다. (4장에서도 플라톤들, 교황들, 모차르트들, 메카들, 바흐들, 바이블들을 다루는 단락에서 이런 종류의 사례가 많이 나왔다.) 위에 나온 표현(그리고 다른 표현)에서 겉으로는 **특정한 역사적 대상**(인물, 장소, 패배, 전쟁, 전략)을 가리키는 것처럼 보이는 '히틀러'나 '뮌헨' 같은 용어는 수십 개 내지 수백 개의 사례가 때로 실제로, 때로 가상으로 존재하는 **포괄적 범주**의 라벨로 사용된다. 이 점이 명확하게 보여주듯이 기억 속에서 어떤 개념의 '구체적' 용례와 '추상적' 용례를 확고하게 구분하는 일은 도저히 불가능하다.

그럼에도 콩은 **유사물**과 소위 **스키마Schema** 사이에 명확한 선을 그으려 했다. **스키마**는 여러 역사적 전례가 머릿속에서 중첩된 것으로 정의되는 반면 단 하나의 역사적 전례 그 자체는 **유사물**(3장에서 언급한 이미지를 상기하자면 유추적 다리의 한쪽 끝)에 해당할 것이다. 이것이 분명하고 확실한 구분이라고 생각하고 싶겠지만 방금 살폈듯이 **1930년대**라는 개념은 결코 하나의 사건이 아니다. 콩은 **하나**의 구체적인 사건처럼 다루고 있지만 말이다. 콩 자신도 적어도 **다섯** 개의 다른 사건을 뒤섞어서 정의를 내리고 있으며, 따라서 그의 정의에 따르면 전형적인 스키마가 된다! 그러나 이 복수성도 그가 '1930년대에 대한 유추'라고 말하는 것을 막지 못한다. 마치 그것이 뮌헨의 합의나 무솔리니의 에티오피아 합병처럼 전적으로 구체적이고, 지역적이며, 명확한 **단 하나**의 역사적 전례에 덧입히는 일을 수반하는 것처럼 말이다. 그래서 우리는 콩이 어떤 때에는 스키마가 추상 개념이고, 어떤 사건이 스키마에 포괄되는 것으로 보는 일은 유추가 **아니라고** 말하면서도, 다른 때에는 스키마와 유사물을 완전히 구분할 수 없는 것으로(둘 다 유추적 다리의 한쪽 끝에 해당하는 것으로) 다룬다는 사실을 알게 된다.

3장에서 어떤 사람이 다른 사람을 연상시킬 때 우리의 머릿속에서 두 개의 정신적 표상 사이에 유추적 다리를 놓는 일이 이루어지며, 잔처럼 우리가 보는 어떤 대상을 범주화할 때도 같은 정신적 현상이 일어난다는 사실을 살폈다. 새롭게 활성화되는 정신적 개체는 상기의 경우 **특정** 인물에 대한 기억인 반면 범주화의 경우 평생에 걸친 **다른** 대상(혹은 상황)에 대한 일련의 인식에 기반을 두며, 해당 범주의 '초기 요소'를 거의 또는 전혀 기억하지 않는다. 이런 차이에도 불구하고 유추 작용이 그 핵심에 있기 때문에 두 과정은 아주 흡사하다. 즉 두 경우에 머릿속에서 진행되는 일은 신선한 정신적 표상과 오래된 정신적 표상 사이를 잇는 유추적 덧입힘이다.

콩의 스키마 개념은 **잔**처럼 많은 요소를 지닌 범주와 크게 다르지 않으며, 특정한 역사적 전례에 대한 개념은 우리가 오랜 친구에 대해 가진 정신적 표상과 근본적으로 같다. 스키마를 수반하는 정신적 과정과 역사적 전례를 수반하는 정신적 과정이 크게 다르다고 생각할 수 있지만 두 경우에 수반되는 모든 것은 정신적 표상 사이에 유추적 다리를 놓은 일이다. 게다가 3장에 나온 느리게 불어나는 **트웨인-그리그-아인슈타인** 개념의 사례에서 보았듯이 스키마는 매우 구체적인 것에서 매우 추상적인 것으로 점차 미끄러질 수 있다. 이 점은 유추를 하는 일과 스키마를 활용하는 일 사이에 명확한 구분선을 그으려는 시도가 헛됨을 뜻한다.

구체적인 사례를 살펴보자. 우리는 변호사 사무실을 처음 방문할 때 '지난번에 검진을 받으러 모모 박사에게 갔을 때처럼 아마 대기실에서 오래 기다려야 할 거야'라고 생각할 수 있다. 혹은 '진료 예약을 했을 때처럼 아마 대기실에서 오래 기다려야 할 거야'라거나 아니면 '화려한 사무실에서 개인 사업을 하는 사람들은 언제나 오래 기다리게 만들지'라고 생각할 수도 있다. 콩이 말한 역사적 전례에 비견할 만한 첫 번째 사례에서 자료 상황source situation(모모 박사의 검진)은 표적 상황target situation(변호사와의 만남)만큼 구체적이다. 우리는 최근에 병원에서 오래 기다린 경험을 이 새로운 상황에 중첩한다. 콩이 정의한 스키마에 해당하는 다른 두 사례에서 일반적인 병원 방문 내지 일반적인 모든 전문직 방문이라는 자료 상황은 더 추상적이다. 그러나 세 사례 모두에서 우리는 근거를 갖고 새로운 상황을 추정하기 위해 친숙한 유사물을 활용한다. 이처럼 표면을 조금만 긁어 보면 유사물을 활용하는 것과 스키마를 활용하는 것 사이에 존재하는 것으로 추정되는 구분이 허공으로 사라지는 것을 볼 수 있다.

국내 정치 및 관련 두뇌 메커니즘

콩은 책의 말미에서 유추가 정치적 사고에서 편재한다는 주요 가설을 계속 밀고 나가는 대신 특정 역사학자들이 내세운 흥미로운 주장을 홍보한다. 그것은 유추적 사고가 **국내** 정치와 관련된 결정에서 **어떤 역할도 하지 않는다**는 주장이다. 이 경우 어떻게 국내 정치와 관련된 사고에 수반되는 정신적 메커니즘이 외국에서 일어나는 사건과 관련된 사고에 수반되는 정신적 메커니즘과 근본적으로 다를 수 있는지 의아하지 않을 수 없다. 실제로 그런 구분은 절대 불가능하다.

물리학사를 연구하는 학자가 물리학자들이 열역학 분야의 문제를 풀 때는 항상 유추에 의존하지만 전기역학 분야의 문제를 풀 때는 전혀 유추에 의존하지 않는다고 주장하는 것을 상상해보라. 그렇다면 물리학의 어떤 분야는 특정한 일련의 사고 메커니즘에 **저항**하지만 다른 분야는 동일한 사고 메커니즘을 항상 **요구**하는 이유가 무엇일까? 이 주장은 염소자리 태생의 사람들은 항상 유추를 활용하지만 쌍둥이자리 태생의 사람들은 절대 활용하지 않는다는 주장만큼 바보스럽다. 8장에서 확인하겠지만 사실 물리학의 모든 분야는 유추에 의존한다. 또한 물리학 분야의 사고에서 유효한 것은 (유추를 통해!) 정치적 사고에도 유효하다. 실제로 인간의 사고에 내재된 메커니즘이 보편적이라고 믿을 만한 충분한 이유가 있다.

우리 인간은 정말로 대단히 피상적인가?

유추를 연구하는 심리학자들을 대상으로 해당 분야에서 실험을 통해 가장 확고하게 자리 잡은 연구 결과가 무엇이냐고 물으면 분명히 **표면적 특성이 기억 인출의 열쇠**라는 관념을 많이 꼽을 것이다. 콩은 앞서 말한 책에서 이 경험적 연구 결과를 상당히 강조한다(또한 우리는 유추 작용을 다루는 실험을 설명하는 논문에서 다음과 같이 유사한 주장 수십 개를 인용할 수 있다). "유추를 통한 문제 해결을 연구하는 연구자들이 제시한 대단히 흥미로운 연구 결과 중 하나는 사람들이 잠재적 유사물과 그것이 조명하는 상황 사이의 피상적 유사점을 토대로 유추물을 선택한다는 것이다."[35]

실제로 실험적 연구는 자료 상황을 제시한 다음 표적 상황을 제시하는 경우 두 상황이 표면적 속성을 공유하지 않는 한 피실험자들이 대개 어떤 연관성도 보지 못한다는 사실을 증명했다. 게다가 이런 실험에서 두 상황이 피상적 유사성을 지닐 경우 적절하든 적절하지 않든 간에(즉 두 사례를 연결할 더 깊은 이유가 있는지에 관계없이) 두 번째 상황이 언제나 첫 번째 상황을 상기시킨다. 가령 피실험자가 가게에서 산 품목과 관련된 산술 문제를 먼저 풀면 구매와 관련된 다른 모든 문제가 즉시 첫 번째 문제를 떠올리게 만든다. 그러나 실험을 위해 첫 번째 문제의 주제를 조작하면, 가령 가게가 아니라 병원을 방문하는 것으로 바꾸면 첫 번째 문제를 해결하는 방법론을 두 번째 문제에도 완벽하게 적용할 수 있다고 해도 피실험자들은 두 이야기 사이의 연결 고리를 거의 보지 못한다.

이처럼 광범위한 주장이 옳다면, 인지 영역에서 피상적인 것이 언제나 우세하다면, 사고의 질 및 그 기반인 유추의 효용과 관련하여 심대한 영향을 미칠 것이다. 이 주장이 옳다면 우리 인간은 직면하는 대상이 지닌 가장 명백한 측면에만 반응할 수 있고, 우리를 끊임없이 오도하는 겉면 너머를 보지 못하며, 상황의 이면에 있는 더 깊은 핵심을 포착하지 못하는 단순한 존재라는 슬픈 사실에 직면해야 한다. 이는 한마디로 우리의 두뇌가 사방에서 현혹하는 빨간 깃발을 향해 계속해서 미친 듯이 달려드는 황소와 같다는 것을 뜻한다. 피상적인 면의 유혹은 반짝이는 모든 것이 실제로 금이고, 제비가 보이는 것은 필연적으로 봄이 왔다는 뜻이며, 책은 당연히 표지로 판단해야 한다는 말을 믿게 만든다. 또한 유추 작용은 표면이 우세한 매력을 지닌다는 이 법칙 때문에 대단히 초라하게 보일 것이다. 사물 사이의 피상적이고 현혹적인 유사성에 의존하는 조야한 사고 양식으로 드러날 것이기 때문이다. 이 점은 유추를 폄하하는 수많은 사람에게 대단히 유용할 것이다. 또한 거기서 조금만 나아가면 이 조잡하고 불안정한 사고 방법에서 벗어나 추상적 상징의 조작에 기초하고 시간의 검증을 거친 정확한 논리적 법칙을 따르는 더 엄격하고 연역적인 방법에 이르는 길을 빨리 찾아야 한다는 결론을 내리게 된다. 이는 실로 논리적인 결론일 것이다!

유추 연구로 유명한 인지심리학자인 데드레 겐트너는 동료들과 함께 피상적인 면의 유혹에 대한 혁신적인 해석을 제안했다(다만 반드시 이 해석을 지지한 것은 아니다).

> 이런 연구 결과는 우리에게 정신분열적인 느낌을 안길지도 모른다. 어떻게 때로 대단히 명쾌하고 엄격한 인간의 지성이 이 원초적인 인출 메커니즘에 한정될 수 있을까? 한 가지 흥미로운 가능성은 인지가 진화하는 과정에서 기억 인출이 상징적 구조를 통한 추정적 추론보다 더 오래된 과정이라는 것이다. 그래서 우리는 인출에서의 표면 편향을 진화적 과거의 자취, 심지어 우리가 결코 만회하지 못한 설계 실수로 간주할 수 있다.[36]

이 문단에 담긴 생각이 타당하다면 피상적 유추 작용에 대한 편향은 태곳적부터 인류를 옭아매었으며 지금까지도 인류를 괴롭히는 족쇄이다. 피상성에 대한 편향은 단지 **인간**Homo이지만 우리보다 덜 **슬기로운**sapiens 호모사피엔스가 물려준 불행한 유산일까? 그렇다면 우리가 할 수 있는 일은 자연선택이 이 편향을 우리의 계통에서 몰아낼 때까지 수십만 년 동안 기다리는 것뿐이다.

기억 인출 관련 실험에서 표면적 특성이 지니는 우세는 대단히 강건한 현상으로, 수많은 연구를 통해 검증되었다. 이 결과의 정확성을 의심할 여지는 없다. 그러나 사정을 제대로 이해하려면, 특히 왜 진화적 해석을 진지하게 받아들일 수 없는지 이해하려면 심리학자의 연구실에 들어가서 궂은일을 해야 한다. 이 경우 우리가 다루어야 하는 대상은 유추 작용에 대한 거의 모든 실험적 탐구를 이끌었으며, 우리가 '자료-표적 패러다임source-target paradigm'이라고 부르는 실험 패러다임이다. 이 패러다임에서 피실험자는 대개 해법이 주어지는 문제에 해당하는 자료 상황을 먼저 학습한다. 그다음에 어느 정도 시간이 지난 후 풀리지 않은 새로운 표적 문제를 받아서 풀게 된다.

이 패러다임에 심리학자들이 매력을 느낀 이유는 다수의 피실험자를 대상으로 신속하게 실시할 수 있는 실험을 쉽게 설계할 수 있기 때문이다. 게다가 이 패러다임을 활용하면 유추의 자료를 다양화하여 다른 자료에 노출되거나 어떤 자료에도 노출되지 않은 각 집단의 행동을 비교할 수 있다. 그 결과 자료-표적 패러다임은 유추 작용을 다루는 실험의 세계를 완전히 장악했다. (애석하게도!) 앞서 언급한 대로 이 패러다임을 활용할 충분한 이유가 있기 때문이다. '애석하다'고 말하는 이유는 이 패러다임이 효과적이지만 심각한 부작용을 초래하는 약처럼, 안타깝게도 유추 작용에 대한 잘못된 생각을 퍼뜨리는 데 일조했기 때문이다.

이 패러다임의 아킬레스건, 실로 치명적인 약점은 그에 따른 실험에서 연구되는 유추가 연구실 밖에서, '실제 삶'에서 이루어지는 유추와 아무런 관련이 없다는 것이다. 공기처럼 생존에 필요하기 때문에 일상적으로 실행하는 소박한 유추와 가끔 과학계의 혁신적인 이론을 낳는 천재적인 번뜩임은 모두 대개 연구실에서 연구하는 유추와 아주 다른 배경에서 나온다. 실험을 통해 유추 작용을 연구하는 연구자들은 제한적인 자료-표적 패러다임에 따른 실험 결과를 전체 유추 작용에 잘못 외삽했다. 여기에는 커다란 아이러니가 있다. 이 패러다임이 모든 유추 작용을 대표한다고 가정하는 연구자들이 스스로 잘못된 유추에 빠졌기 때문이다.

안타깝게도 자료-표적 패러다임은 그에 따른 실험이 불러오는 결론의 보편성을 저해하는 심각한 결함을 갖고 있다. 이 결함은 대개 20여 분에 걸쳐서 실험이 진행되는 동안 자료 상황에 대해 습득한 지식이 종종 문장제word problem에 낯선 공식을 적용하는 것처럼 대단히 제한적일 수밖에 없다는 사실에서 기인한다. 반면 우리가 실제 삶에서 새로운 상황을 접하고 무엇을 해야 할지 결정해야 할 때 기억에서 즉각적으로 그리고 수월하게 인출하는 자료 상황은 대체로 아주 친숙한 것이다. 우리는 평생에 걸쳐 쌓은 경험에 뿌리박은 지식에 암묵적으로 의존하며, 거듭 검증된 이 지식은 시간이 지남에 따라 포괄성을 얻어서 온갖 종류의 새로운 상황에 유려하게 옮겨진다. 실제 삶에서 우리가 전혀 익숙하지 않은 상황에 대한 유추에 의존하는 경우는 아주 드물다. 더 생생하게 설명하자면 우리는 새로운 상황을 이해하려 할 때 처음 마주치는 낯선 사람이 아니라 가족과 친구의 도움을 구한다. 그러나 자료-표적 패러다임에서 피실험자는 처음 마주치는 낯선 사람, 즉 실험자가 자료 상황으로 부여한 것의 도움을 구해야만 한다.

그렇다면 이 패러다임의 틀 안에서 얻은 결과는 실제로 무엇을 증명할까? 그 결과가 드러내는 것은 사람들이 어떤 것을 피상적으로 학습하면 피상적인 유추를 하게 된다는 것이다. 5분 동안 저글링을 배운 사람의 저글링 실력이 형편없다는 것은 그리 대단한 사실이 아니다. 피실험자가 2분 동안 체스 규칙을 배운 후 몇 판을 두게 되었다고 가정하자. '인간은 체스를 둘 때 매우 기초적인 전략을 구사한다'라는 결론을 타당하게 이끌어낼 수 있을까? 당연히 그렇지 않다. 그러나 이것이 사람들이 유추를 할 때마다 피상성이 깊이를 이긴다는 '과학적 결론'의 속성이다. 가련한 우리 인간은 정말로 외양에 계속 속는 것일까?

우리는 가능한 한 깊이 파고든다

그렇지 않다. 우리는 외양에 계속 속지 않는다. 솔직히 말하면 사실상 절대 속지 않는다. 다만 이 관점을 옹호하려면 약간의 설명이 필요하다. 우리는 방금 피상성이 깊이를 이긴다는 직관에 어긋나는 난처한 '사실'이 피실험자가 무능력한 영역에서만 실험적으로 증명된다는 것을 확인했다. 이 점은 이미 해당 결과의 영향력을 크게 낮춘다. 그래도 초보자가 왜 그토록 자주 표면적 속성에 현혹되는지 추가적인 질문을 던질 수 있다. 우리 인간은 정말로 대단히 얄팍해서 반짝이는 것에만 관심을 가지는 것일까? 그렇지는 않을 것이다. 따라서 앞의 결론을 이해하려면 흔히 '피상적'이라고 일컬어지는 것의 속성을 약간 더 깊이 파고들 필요가 있다. 사실 우리는 지금까지 그 의미에 대해 사람들이 가진 흔한 시각에 따라 아주 평범한 방식으로 '피상적'이라는 용어를 사용해왔다. 그러나 지금부터는 우리가 쓰는 의미를 더 구체적으로 다듬을 필요가 있다.

피상적 속성이란 상황의 핵심을 건드리지 않고 수정할 수 있는 측면을 말한다. 그래서 원래 검은색이지만 근래에 노란색으로 바꾼 기어 변환 장치의 색은 그 기능에 아무런 영향을 미치지 않는다. 색은 명백히 **기어 변환 장치**라는 범주가 지닌 표면적 속성이다. 마찬가지로 테스트에서 제시되는 문제의 경우에도 피상적 속성은 문제의 목표 내지 해결책에 이르는 경로에 영향을 미치지 않고도 수정할 수 있다. 가령 새로운 문제가 슈퍼마켓에서 물건을 사는 일과 대비되는 소규모 식료품점에서 물건을 사는 일 혹은 변호사 사무실이 아니라 치과에 가는 일과 관련이 있다면, 그 핵심이 영향을 받을 가능성은 적다. 반면, 범주에 반드시 필요한 수정을 할 경우 범주 자체가 바뀐다면 **구조적 속성**이 된다. 그래서 엔진이 제거되거나 더 심하게는 폐차장에서 1제곱피트 크기로 압축된 차는 **차**스러움을 잃는다. 문제의 구조적 속성은 수정할 경우 목표나 해결 경로를 바꾸는 것이다. 그래서 해결책을 찾으려면 구조적 속성에 주의를 기울여야 하는 반면 피상적 속성은 무시해도 된다.

이 정의는 전적으로 합리적으로 보이지만 피상성이 깊이를 이기는 현상과 관련된 두어 가지 역설을 초래한다. 첫 번째 역설은 특정 영역의 초보자는 성격상 해당 영역에 속한 개념의 핵심이 무엇인지 모른다는 사실에서 기인한다. 다시 말해서 **표면적** 속성과 **깊은** 속성 사이의 구분은 초보자에게 적용되지 않는다. 초보자에게는 인식하는 모든 속성이 동일한 타당성을 지닌 채 깊거나 얕을 수 있기 때문이다. (이는 4장에서 논의한 대로 가상 데스크가 등장하면서 부피가 크고, 종이로 덮이고, 여닫이 서랍이 달린 것처럼 **데스크다움**에 필수적인 것으로 보였던 속성들이 피상적인 것에 불과하다는 사실이 드러났던 사례를 연상시킨다.) 무엇이 깊고 무엇이 얕은지 모른다는 점을 감안할 때 어떻게 초보자가 상기하는 것은 언제나 얕은 속성을 수반하는 것일까? 어떻게 얕은 속성과 깊은 속성을 구분하지 못하는 인지 체계를 가진 사람이 상기를 할 때 언제나 얕은 속성의 '냄새를 맡고' 치명적으로 현혹되는 것일까? 이는 그릇된 것으로 보인다. 실험 결과는 표면적 속성이 유추의 인출을 유도한다는 사실을 보여주었다. 그러나 깊은 속성이 아니라 표면적 속성이라서 그렇다는 것은 그 이면에 놓인 이유가 될 수 없다. 이 구분은 초보자에게 존재하지 않기 때문이다. 또한 이 주장은 아래에 살펴볼 다른 방식으로 결과를 설명하지 못한다.

이것이 기억 인출에서 피상적인 것이 우세를 누린다는 가설과 관련된 첫 번째 역설이다. 두 번째 역설은 기이한 인지적 반경제성anti-economy의 원칙으로 표현할 수 있다. 일반적으로 삶이 강제한 여러 가지 잡다한 제약 아래서 행동의 효율성을 설명하는 경제성 원칙은 침범할 수 없는 것으로 간주된다. 더 구체적으로 말하자면 피상적 속성을 상황이나 문제의 목표와 무관한 것으로 정의하는 데 동의한다면 어떻게 유추적 기억 인출에서 주어진 상황에 대해 **무관한** 속성을 지녔다는 바로 그 이유로 자료가 선택되는 사실을 인지적 경제성 원칙으로 설명할 것인가? 왜 기억은 **유관한** 유사점이 아니라 **무관한** 유사점으로 촉발되는 것일까? 이 역시 소위 생각하는 존재가 따르기에는 파멸적이거나 그릇된 전략으로 보인다.

다행히 이 두 가지 역설을 해소하는 방법은 아주 간단하다. 초보자는 인식하지 못하기 때문에 해당 영역에 속하는 더 깊은 범주를 구축하지 않는다. 다시 말해서 초보자가 정말로 중요한 것을 체계적으로 무시하면서 더 깊은 측면이 아니라 얕은 측면을 고집스럽게 그리고 역설적으로 선호하는 것이 아니다. 오히려 초보자는 새로운 상황에서 중요하고 유관한 것을 파악하려고 최선을 다하지만 핵심적 지식을 갖추고 있지 않아서 대개 파악하지 못한다. 그래서 얕고 무관할 가능성이 높은 속성에 만족할 수밖에 없다. 그 결과 초보자가 이전 상황을 통해 실행하는 유추는 얕은 경향을 지닌다. 그러나 그 이유는 오직 개념 목록의 현재 상태를 감안할 때 더 깊은 유추를 할 수 없기 때문이다.

우리는 심장박동만큼이나 인지에 불가결하며 끊임없이 진행되는 과정인 기억 인출이 (앞서 언급한 진화적 해석이 근본적으로 암시하는 대로) 원시적이고 쓸모없다고 가정하기보다는 지금부터 설명할 특정 제약을 고려하기만 한다면 기억 인출 메커니즘이 실은 전적으로 효율적이라는 더 합리적인 가정을 할 것이다.

초보자가 표면적 속성과 깊은 속성을 구분하지 못한다는 사실, '이건 유관한 속성이지만 저건 아냐!'라고 속삭이는 작은 새가 없다는 사실은 초보자의 기억 인출에 대하여 다른 시각을 취하도록 만든다. 그렇다면 초보자가 하는 일은 무엇일까? 우리 모두가 하는 일은 무엇일까? 우리는 주어진 상황에 대한 지식(혹은 지식의 결여)으로 이끌리는 다양한 기억 중에서 무엇이든 가장 **두드러진** 것에 의존한다.

요컨대 낯선 상황에 처할 때 우리가 기억 인출을 유도하기 위해 사용하는 것은 가장 **피상적인** 것이 아니라 가장 **두드러진** 것이다. 그러니까 구체적인 기억의 인출을 유도하는 속성은 표면에 존재하기 때문이 아니라 반대로 접근할 수 있는 모든 잠재적 인출 단서 중에서 **가장 깊은** 것이기 때문에 선택된다.

주어진 속성이 지닌 현저성은 사람마다 다른 주어진 영역에 대한 전문성에 좌우된다. 심리학자인 미셸린 치Michelene Chi의 연구는 오래전에 한 영역에서 전문가가 구축한 범주는 초보자가 구축한 범주와 크게 다르며, 새로운 상황을 범주화할 때 전문가는 초보자와 같은 단서에 의존하지 않는다는 사실을 검증했다. 초보자는 대개 피상적 측면에 주의를 기울인다. 단지 그것이 가장 두드러진 속성이기 때문이다. 가령 물리학 초보자는 도르래를 수반하는 모든 문제 혹은 스프링을 수반하는 모든 문제를 한데 묶는 경향을 지니는 반면, 더 많은 경험을 가진 사람은 에너지보존법칙처럼 동일한 물리 법칙을 수반하는 문제를 한데 묶는 경향을 지닌다. 그래서 전문가는 특정 문제에 전형적인 초보자처럼 '도르래 문제'라는 라벨을 붙이지 않고 '에너지보존 문제'라는 라벨을 붙인다. 왜 그럴까? 핵심 속성을 모르는 초보자는 문제 사이의 연관성을 찾기 위해 전문가에게는 무관해 보이는 속성에 의존하는 반면, 전문가는 핵심 속성에 결정적으로 의존하는 범주를 이미 구축했기 때문이다.

특정 영역에 대한 지식이 늘어야만 명백한 속성에 따른 범주화에서 더 추상적인 속성에 따른 범주화로 나아가는 점진적 진화가 이루어진다. 초보자는 해당 영역에서 종종 나타나는 중요한 유형의 상황에 대해 충분히 높은 수준의 추상적 지식을 획득한 후에야 유추를 통해 이 추상적 지식을 학습기 동안 마주친 상황과 아주 다른 겉면을 지닌 새로운 상황에 적용할 수 있다.

이 점은 체스 초보자가 체스를 둘 때 표면적 사실은 쉽게 아는 반면('내 퀸queen으로 이 폰pawn을 잡을 수 있어!'), 더 깊은 사정을 파악하지 못하는('상대의 나이트knight 때문에 양수겸장을 할 수 없어!') 이유를 설명한다. 그 이유는 초보자는 이처럼 지각적, 개념적 목록을 초월하는 미묘성을 포착하지 못하기 때문이다. 이런 것을 파악하는 능력을 얻으려면 전문성을 획득해야 한다. 초보자는 상황의 표면적 속성에 쉽게 현혹될 수 있다. (적어도 훈련받지 않은 그들의 눈에는) 표면적 속성에서 멀어지도록 유도할 더 깊은 속성이 보이지 않기 때문이다. **표면적** 속성과 **깊은** 속성 사이의 구분은 객관적으로는 존재할지라도 그들에게는 적용되지 않는다. 우리가 초보자에게 이런 구분을 적용하는 것이 심리적 차원에서 적절한지 의심하는 이유가 여기에 있다. 초보자가 객관적으로 피상적 속성에 이끌리는 이유는 단지 지각할 수 있는 **유일한** 속성이기 때문이다.

연구자가 벵골어를 쓰지 않는 사람에게 벵골어로 된 시 100편을 제시하고 몇 개의 합리적인 범주로 나누도록 요청했다고 가정해보라. 그 결과는 당연히 전체 길이, 평균적인 행의 길이, 인쇄의 균일성, 들여쓰기 여부 및 아마도 몇 가지 다른 표면적 속성에 따라 좌우될 것이다. 그러나 벵골어를 쓰지 않는 '초보자'는 의미와 무관한 시각적이거나 기하학적인 종류의 범주만 활용할 수 있기 때문에 그것이 한계일 것이다. 반면 피실험자가 대학 교육을 받은 벵골어 원어민이라면 대단히 다른 범주들이 등장할 것이다. 이 범주들은 시의 주제, 주제가 드러내는 시대, 사용하는 언어의 성격 및 영역, 어조, 고전적 환상성의 존재 여부, 문법적 복잡성 내지 단순성, 다채로운 언어의 구사 등과 관련될 것이다. 물론 이 모든 범주는 '초보자'에게 전혀 보이지 않는다.

따라서 초보자의 범주화 행동에는 역설적인 면이 전혀 없다. 초보자들이 일부러 고집스럽게 깊은 범주화가 아닌 얕은 범주화를 선택하는 것이 아니기 때문이다. 그들은 단지 벵골어를 한 단어도 읽지 못하는 상황에서 **가능한 한 깊은** 새 범주를 만들 뿐이다. 한편 이론적으로 초보자가 활용하는 모든 얕은 속성들을 파악하고 주의를 기울일 수 있는 전문가는 능숙한 운전자가 기어 변환 장치의 색을 무시하듯이 거의 파악하지 못한 것처럼 그 속성들을 무시한다. 게

다가 벵골어 원어민을 유도하는 의미 및 문제와 관련된 더 깊은 속성들은 더 얕은 속성들이 비원어민의 눈에 드러나듯이 빠르고 수월하게 드러난다. 해당 영역의 전문가에게 **깊은** 속성은 흐릿하거나 숨겨져 있지 않다. 오히려 **가장 두드러진** 속성이다!

이 현상이 단지 벵골어에 대한 지식에만 좌우되지 않는다는 점도 기억하도록 하자. 벵골어를 전혀 모르는 시 전문가가 모음집을 보고 평균적인 원어민조차 한 번도 생각한 적이 없는 통찰력 넘치는 범주를 발견할 수도 있다. 물론 이 범주는 내용이 아닌 형식을 수반하겠지만 여전히 벵골어를 쓰는 시 애호가에게는 흥미로울 수 있다. 그래서 우리는 다시 한 번 사람들이 어떤 영역에서 인지하는 속성은 인식이 허용하는 만큼 깊으며, 인식은 평생에 걸쳐 진화시킨 일련의 범주가 지닌 기능이라는 관념으로 되돌아온다.

이런 이유로 새로운 상황과 기억 속에 있는 상황 사이의 유사성을 탐색하는 사람을 유도하는 것은 **사용할 수 있는 가장 깊은 단서**다. 초보자가 더 깊은 속성에 유도되지 않는 이유는 초보자 수준의 지식으로는 그런 속성을 파악할 수 없기 때문이다. 우리의 주의를 끄는 것은 **피상적인** 것이 아니라 **두드러지는** 것이며, 이 점은 초보자와 전문가에게 동일하게 적용된다. 다만 어떤 영역에서 전문성을 키워감에 따라 더 깊은 범주를 식별하게 해주는 속성이 점차 더 두드러진다는 것이 차이를 만든다. 이것이 인지와 관련된 진정한 **경제성** 원칙이다. 이 원칙에 따르면 전문성의 수준이 어떻든 간에 유사한 사례를 찾아 기억을 뒤질 때 전문성이 허락하는 만큼 깊이 들어간다. 또한 우리가 전문성을 말할 때 일부 난해한 영역에서 소수의 장인이 지닌 협소하고 기술적인 종류의 전문성뿐만 아니라 우리 각자가 일상적인 환경과 관련하여 습득하는 전문성도 염두에 둔다는 점을 지적하고 싶다. 우리는 모두 주위를 둘러싼 환경에 대한 전문가이며, 이는 다행스러운 일이다. 그것이 바로 삶에서 가장 도움이 되는 전문성이기 때문이다.

그래서 (아마도 경험 많은 운전자인) 우리는 낯선 차를 몰고 어딘가로 가야 한다면 이전에 사용한 다른 기어 변환 장치의 관련된 측면을 유추하여 즉시 기어 변환 장치를 상당히 효율적으로 사용할 수 있으며, 색이나 크기, 형태, 더러운 정도, 위치 같은 피상적인 속성에 얽매여 주된 기능으로부터 멀어지지 않는다. 이 모든 특성은 보거나 느낄 수 있지만 바로 도외시되어 기어의 단수와 상대적 위치를 **가장 두드러진 속성**으로 남긴다. 이 속성들이 운전을 할 때 중요한 것이며, 또한 노련한 운전자에게 가장 두드러진 것이기도 하다는 점은 우연이 아니다. 어떤 사람이 노련한 운전자라는 것은 바로 운전을 할 때 중요한 속성들이 수월하게 떠오름을 뜻한다.

핵심은 표면을 통해 드러난다

피상적이라는 단어와 **깊은**이라는 단어는 상반되는 것처럼 보인다. 사전은 '표층surface'과 '심층depth'이 반대말임을 알려주며, 이 단어들과 연관된 구체적 심상들이 상반되는 느낌을 강화한다. 구체적으로 말하면 어떤 대상의 표층은 분명히 드러나며 접근할 수 있다. 즉 그 대상이 세상과 만나는 지점이다. 가령 지구, 집, 바다, 돌, 공, 매트리스, 벽, 몸, 식물의 표층을 생각해보라. 반대로 어떤 대상의 심층은 '표층'과 먼 내부에 숨겨져 있다. 지구, 숲, 호수, 집, 상처 등의 깊은 곳을 생각해보라. 이 단어들을 더 추상적인 층위에서 해석해도 상반성은 여전히 강하게 남는다. 이는 표준적인 용례에서 분명하게 드러난다. 그래서 '표층에 머문다'는 것은 외양, 바로 명백하게 보이는 것에 자신을 한정한다는 뜻이다. 이는 외양을 초월하여 심오한 경지를 추구하고, 대상의 요점에 이르고, 표층 너머를 바라보며, 눈에 먼저 들어오는 것에 주의를 빼앗기지 않는다는 뜻을 지닌 '깊이 파고들다'와 극명하게 대비된다.

우리가 종종 '표층적'과 동의어로 사용한 '피상적'이라는 형용사는 '표층'이 두 번째 의미를 지닌다는 사실을 드러낸다. '피상적'은 표층에 있으며, 따라서 바로 접근할 수 있는 것을 가리킬 뿐만 아니라 종종 가치 판단, 그러니까 부정적인 가치 판단을 표현하기도 한다. 책, 영화, 음악, 과학적 관념이 '피상적'이라고 말하는 것은 깊거나 진지하지 않고 단지 '경박한 것'에 불과함을 분명하게 암시한다. '피상적'과 '깊은'이 상반된다는 관념은 표층의 이미지를 나쁘게 만든다.

그러나 단어는 종종 우리를 오도한다. 우리는 여기서 표층과 심층 사이의 명백한 대비는 실은 표층적인 대비에 불과하다고 주장하려 한다. 사전은 두 단어가 반대말이라고 하며 우리의 직관은 이 편견을 뒷받침하는 경향이 있지만, 실은 이 상반성은 겉으로만 그런 것이다. 어떤 대상의 심층, 중심, 핵심으로 가는 왕도는 바로 그 표층에 있다. 표층은 안에 숨겨진 것에 대한 깊은 단서를 제공하여 중심의 심층을 들여다보게 해준다. 그래서 표층과 심층은 장갑과 손처럼 밀접한 관계를 맺으며, 전자가 후자의 가장 바깥층을 구성한다.

이 관념은 이해하기 어렵지 않다. 심리학자인 엘리너 로슈는 우리의 범주가 세계의 **상관적 구조**correlational structure를 고려하는 양상을 설명했다. 즉 속성의 모든 조합이 동등한 발생 가능성을 지니지는 않으며, 특정 속성들이 환경 안에서 동시에 발생하는 경향이 있다. 가령 **날다**라는 속성은 **알을 낳는다**는 속성 및 **부리가 있다**는 속성과 상관된다. 다시 말해서 우리가 표층적 속성을 지각하면 상관되는 다른 속성들이 머릿속에서 활성화된다. 이렇게 이차적으로 활성화된 속성은 경험에 따라 첫 번째 속성과 함께 존재하는 경향이 있음을 알게 되지만 독자적으로는 즉시 인지되지 않는다. 이런 방식으로 대상의 표층에서 지각된 속성은 숨겨진 심층으로 우리를 이끌며, 이전에 아는 것을 통해 의미 있고 통찰력을 부여하는 유추를 하게 해준다.

우리가 지닌 생리적 감각은 표층에 반응하며, 우리의 두뇌는 이 정보를 활용하여 우리가 대응하는 대상의 골자, 요점, 중심, 핵심에 대한 단서를 제공하는 특정 범주를 활성화한다. 심리학자인 미리엄 바속Myriam Bassok은 학생들이 학교에서 학습하는 방식에 적용되는 양상에 초점을 맞추어 이 '유도된 구조induced structure'라는 개념을 면밀하게 연구했다. 그녀의 연구 결과가 지닌 타당성은 교육계를 훌쩍 넘어서며, 우리가 주위를 둘러싼 세계를 이해하는 방식에도 적용된다. 그래서 깃털은 가벼울 것이고, 복숭아에는 단단한 씨가 있을 것이며 둥근 것은 굴릴 수 있는 가능성이 높고, 모루처럼 보이는 대상을 차는 것은 대개 바람직한 일이 아니다.

심리학자인 제임스 깁슨은 어떤 대상을 지각할 때 자연스럽게 암시되는 가능한 행동을 뜻하는 **행동유도성**affordance이라는 개념을 제안했다. 그래서 손잡이는 돌려달라고 유혹하고, 단추는 눌러달라고 소리치고, 가방은 물건을 넣거나 빼고 싶게 만들고, 스위치는 "켜줘!"라고 말한다. 어떤 인공물이 지각되는 행동유도성이 설계한 목적에 부합할 경우 쉽게 사용될 수 있다. 이 개념은 디자인에서 사용 방식이 명백하게 드러나는 인공물을 '명료하다'는 용어로 표현하는 디자이너들에게 잘 알려져 있다. 그래서 인공물에서 바로 활용할 수 있는 표층이 더 깊은 속성을 드러내도록 만드는 것이 디자인의 중요한 원칙이다. 기본적인 관념은 표층과 핵심이 긴밀하게 연관되어야 이상적이라는 것이다.

물론 세상은 외양이 기만적이라고 주장하게 만들고, 연기가 나는 곳에는 불이 있기 마련이라고 가정하는 것을 대단히 경계하게 만드는 덫으로 가득하다. 외양은 온갖 방식으로 우리를 속일 수 있다. 실제로 3장에서 논의한 **가확실성**

이라는 개념의 핵심에 있는 이 주제는 속임수를 초래할 뿐만 아니라 채점에 지쳐서 매우 피상적인 속독 기술을 통해 학생의 이해도를 평가할 수 있다는 교사들의 잘못된 믿음도 초래한다. 그러나 이는 드문 사례에 속한다. 대부분의 경우 표층과 심층 사이의 연관성은 우리를 오도하지 않는다. 우리를 오도하는 것은 소수의 사례다. 물론 이런 사례가 커다란 영향을 초래할 수 있지만 말이다. 대다수 상황에서 우리가 재빨리 포착하는 표층적 단서는 핵심으로 향하는 믿음직한 지침을 제공한다. 우리가 세상에서 살아남고 심지어 상당히 잘 살아가는 이유가 거기에 있다.

고정관념은 나쁜 이미지를 갖고 있지만 실은 우리가 살아가는 데 반드시 필요하다. 고정관념은 사정을 상당히 단순하게 만들지만 그럼에도 대단히 도움이 된다. 우리가 사용해온 용어로 표현하자면, 고정관념은 쉽게 지각할 수 있는 표층적 속성 덕분에 범주를 추가로 세분할 정도로 예외의 빈도가 높기는 하지만, 옳을 가능성이 충분한 '얕은' 심층에 접근할 수 있게 해주는 범주다. 표층 혹은 더 정확하게는 표층을 지각하는 양상은 전문성과 함께 진화한다. 그 결과 한때 표층에 존재하는 것처럼 보이지 않던 특성이 쉽게 드러나서 새로운 심층을 활용할 수 있게 된다. 전문가는 시간이 지남에 따라 진화하는 범주를 통해 초보자에게는 갑절로 모호한 속성을 볼 수 있다. 그 이유는 첫째, 전문가에게는 두드러지는 속성이 초보자에게는 두드러지지 않기 때문이고, 둘째, 전문가는 숨겨진 속성을 이 미묘한 표층적 속성과 연계하는 반면 초보자는 숨겨진 속성을 전혀 인지하지 못하기 때문이다.

유추가 대단히 효율적인 이유는 외양이 실로 효과적으로 핵심을 가리키기 때문이다. 표층에 의존하는 일이 삶에서 부실한 전략이 아닌 이유가 거기에 있다. 다만 우리는 상황이 지닌 수많은 표층적 속성 중에서 **어느 것**을 단서로 삼을지 선택할 때 최선을 다해 알곡과 쭉정이를 구분해야 한다. 이 부분에서 전문성을 개발하는 일이 중요하다. 전문가는 초보자는 볼 수 없는 것을 본다. 그래서 초보자가 전혀 보지 못하거나 무관하게 여기는 단서를 인식하며, 이 표층적 단서를 통해 깊은 인식에 접근한다. 이렇게 표층은 점점 더 깊이를 얻어간다.

미니어처 영역에서의 미니어처 Me-too 이야기들

인간의 사고에 대한 핵심적인 의문 중 하나는, 어떻게 우리가 훗날 기억에서 즉각 인출할 수 있도록 상황을 부호화하느냐라는 것이다. 여기에는 의문의 여지가 없다. 우리는 앞서 국제정치 영역에서 일어난 사건이 의사 결정자의 머릿속에서 어떻게 부호화되는지(그리고 이후 인출되는지)에 따라 어떤 일이 생기는지를 설명했다. 또한 3장에서도 아버지가 한 살배기 아들이 그랜드캐니언을 앞에 두고 개미와 나뭇잎에 정신이 팔린 모습을 보는 경우처럼 더 소박한 맥락이기는 하지만 같은 주제를 다루었다. 이제 우리는 훨씬 더 소박한 맥락, 30여 년 전에 인지와 관련된 많은 핵심 사안을 가능한 한 명확하게 밝히기 위해 개척한 인공적 영역에서 동일한 주요 사안을 살필 것이다.

3장에서 우리가 어떤 이야기를 했을 때 친구가 "나도 똑같은 일을 겪었어!"라고 말하는 사례로 대표되는 me-too 현상을 설명했다. 아이러니하게도 이 말은 친구에게 상당히 **다른** 일이 생겼다는 분명한 힌트다. 친구가 말하는 이야기는 다른 장소, 다른 시간, 다른 사람, 다른 사건, 다른 단어를 수반하기 때문이다. 그러나 이런 차이에도 불구하고 우리는 친구가 "나도 똑같은 일을 겪었어!"라고 말하는 이유를 잘 안다. 두 이야기는 한 층위에서는 전혀 같지 않지만 다른 층위, 더 추상적인 층위에서는 똑같다. 그래서 동일한 개념적 골격으로 두 개의 아주 다른 사건을 묘사할 수 있다.

이제 me-too 현상을 흉내쟁이라는 소박한 미소 영역microdomain에서 다시 한 번 살필 것이다. 아무런 느낌을 주지 않는 이 영역의 이름은 아이들이 따라 하기 놀이를 할 때 서로를 흉내 내는 모습이 종종 놀라울 만큼 유연하고 창의적이라는 점에서 나왔다. 언뜻 남을 흉내 내는 것은 아무런 상상력이나 공상이 필요 없는 거의 기계적인 일처럼 보이지만, 알고 보면 전혀 그렇지 않다. 가령 다섯 살배기 코라가 꽁지머리를 손으로 흔들면 꽁지머리가 없는 여섯 살배기 자비에는 어떻게 해야 할까? 아마 한 타래의 머리를 이마 위로 당기거나 심지어 코를 비틀 수도 있을 것이다. 또한 코라가 블라우스에 붙은 단추를 만지작거리면 자비에는 스웨터 앞에 붙은 지퍼를 위아래로 미끄러트릴 수 있을 것이다. 그리고 코라가 머리에서 머리핀을 빼면 머리핀을 꽂지 않는 자비에는 안경을 벗을 수 있을 것이다. 한마디로 '단순한' 모방자가 되는 일에도 활기와 유희를 누릴 충분한 여지가 있다.

흉내쟁이 영역은 '열strings'이라고 부르는 알파벳 글자로 구성된 짧은 줄과 이 줄에 일어날 수 있는 작은 '사건', 즉 이 미소 세계의 구성 요소에서 일어날 수 있는 변화에 초점을 맞춘다. 그러면 me-too의 사례를 가지고 흉내쟁이의 세계로 뛰어들어보자. 우리는 약간 생동감을 주기 위해 글자 열이 말을 할 수 있다고 가정할 것이다. 마침 abc라는 열이 친구들(다양한 글자 열)에게 abd로 바뀐 때에 대한 이야기를 하고 있다. 그때 pqrs가 "흠, 그거 재미있군. 전에 나한테도 정확히 같은 일이 생겼거든"이라며 끼어든다. 그리고 pqrt로 바뀐 이야기를 들려준다. 그렇다면 이는 **정확히 같은 일**일까, 아니면 상당히 다른 일일까?

이 두 가지 미소 사건을 다르게 보려면 abc는 세 글자로 구성되지만 pqrs는 네 글자로 구성되고, 두 열에 같은 문자가 없으며, d를 세 번째 자리에 넣는 일은 t를 네 번째 자리에 넣는 일과 아무 상관이 없다는 사실을 지적하기만 하면 된다. 따라서 이 둘은 완전히 상이한 사건이다! 당연히 이 지적은 '정확하게 같다'는 주장을 무너트릴 것이다.

그러나 관점을 뒤집고, 거의 모든 세부 사항을 무시하고, 'abc에게 일어난 일은 가장 오른쪽에 있는 글자가 알파벳의 다음 글자로 대체된 것이며, pqrs에게도 이런 일이 일어났다'고 주장하는 것도 마찬가지로 쉽다. 이 관점에서 보면 두 열은 길이가 다르고 같은 글자가 없지만 약간의 추상화 덕분에 정확하게 같은 변화를 겪으며, 그래서 두 이야기는 '정확하게 같다.'

사건이 발생할 때 무엇이 부호화될까?

앞서 살핀 대로 '같은'과 '다른'은 보기 나름이며, 중요성을 부여하는 측면, 부여하는 중요성의 크기, 무관하다고 여기는 측면에 전적으로 좌우된다. 현실 세계에서는 가장 미세한 세부 사항까지 모든 것을 고려할 수 없다. 그래서 반드시 우리가 직면하는 상황에 대한 거의 모든 것을 무시해야 한다. 이는 우리가 상황을 기억에 저장할 때 무의식적으로 상당히 선택적인 부호화를 한다는 것을 뜻한다. 우리는 경험하는 모든 것을 그 캐리커처까지 간소화해야 한다. 이 점은 흉내쟁이라는 미소 세계에서도 유효하다.

물론 pqrs를 pqrt로 바꾸는 사례는 《전쟁과 평화》의 줄거리나 식료품점에서 사람을 잘못 알아보는 창피한 사례보다 덜 복잡하다. 그러나 미소 세계에서도 방금 말한 극단적인 단순화 원칙이 적용된다. 당신이 pqrs라면 **핵심**을 보려는 노력을 하지 않은 채 단지 '나의 전체가 pqrt로 바뀌었다'처럼 구체적인 사실을 가장 따분한 세부 사항까지 기록하는 '원본 필름'을 기억 속에 그대로 저장하지 않고 일어난 사건을 더 추상적인 방식으로 부호화했을 것이다. 여기서 말하는 핵심은 pqrs의 대부분이 그대로 남은 채 일부만 변경되었고, 게다가 그 일부는 무작위적 부분이 아니라 **맨 끝**이었으며, 자의적인 방식이 아니라 다소 **자연스러운** 방식, 그러니까 규범적이고 보편적으로 기억되는 순서(즉 알파벳)에서 긴밀하게 연관된 대상으로 바뀌었다는 것이다.

요컨대 당신은 아마도 우리가 위에서 말한 방식과 비슷하게 이 사건을 (무의식적으로) 부호화할 것이다. 가령 '나의 가장 오른쪽에 있는 글자가 다음 글자로 대체되었다'처럼 말이다. (여기서 열에 속한 문자가 무엇인지는 무시된다는 사실에 주목하라. 그 수준의 구체성은 무관한 것으로 간주된다.) 이후 abc가 abd로 바뀐 흥미로운 경험을 말하면 당신은 이 이야기를 같은 방식으로 부호화하여 같은 개념적 골격을 추출할 것이다. 이는 친구가 근래에 겪은 이야기를 들려줄 때 과거에 겪은 당신의 이야기(pqrs → pqrt)가 머릿속에 떠오르는 이유를 설명한다. 당신에게 abc가 abd로 바뀌었다는 이야기를 듣는 일은 거의 **데자뷔**에 해당할 것이다.

물론 이 작은 일화는 흉내쟁이 세계에서 일어나는 me-too 현상의 일부일 뿐이다. 흉내쟁이 영역이 어떻게 me-too 현상을(그리고 그에 따라 부호화라는 수수께끼를) 더 깊은 방식으로 탐구하고 조명하는지 보여주기 위해 지금부터 더 복잡한 사례를 많이 분석할 것이다.

인간이 상황을 지각하는 방식

abc가 abd로 바뀐 이야기를 들을 때 tky의 머릿속에는 어떤 사건이 즉각 떠오를까? 당연히 tkz로 바뀐 사건일 것이다. 안 그런가? 이는 '흉내쟁이 게임에서 abc가 abd로 바뀐다면 pqrs는 무엇을 해야 할까?'라는 질문과 거의 비슷한 사소한 흉내쟁이 문제처럼 보인다. 그러나 tky는 abc나 pqrs처럼 정확하고 조밀하게 붙은 알파벳의 한 부분이 아니며, 따라서 **알파벳의 한 부분에 해당함**이 우리가 abc의 이야기를 파악하고 기억하는 방식의 일부라면 tky는 저장된 기억과 전혀 부합하지 않는다. 그래서 우리는 이 문제에 도전하면서 'tky는 연속된 알파벳의 열이 아니기 때문에 abc에서 abd로 바뀐 변화의 개념적 골격은 tky를 포괄하지 않는다'라고 대답해야 할 것이다. 그러나 사람들은 이런 식으로 반응하지 않으며, 그것은 좋은 일이다. 우리의 두뇌가 이렇게 협소하고 융통성 없는 개념적 골격을 떠올린다면 우리는 대단히 통찰력이 결여된 존재가 될 것이다.

그러면 iijjkk도 abc가 abd로 바뀐 이야기를 들었고, 마찬가지로 "야, 나도 같은 일을 겪은 적이 있어!"라고 말했다고 가정하자. iijjkk에게는 무슨 일이 일어났을 것이라고 생각하는가? 아마 abd로 바뀌었을 것이라고 생각하지는 않을 것이다. 하지만 왜 그런 생각이 당신의 머릿속을 스쳐갔을 가능성이 그렇게 낮은 것일까? 인간은 그렇게 무미건조한 방식으로 세계에서 일어나는 사건을 바라보는 것을 좋아하지 않기 때문이다. 인간은 **유려한** 유추를 훨씬 선호한다.

우리는 수년 동안 이런 질문을 던졌지만 누구도 "아, 쉽네요. 그냥 iijjkk를 abd로 바꿔요!"라고 대답한 적은 없었다. 사람들은 즉각 축어적 수준에서 멀어져서 체계적으로 더 고도의 추상화를 시도한다. 그래서 이 경우 abc에서 오른쪽 끝만 바뀌었다는 사실을 알기 때문에 사실상 모든 사람들이 같은 자리에서 '같은 일을 하기'를 바라면서 즉시 iijjkk의 오른쪽 끝으로 시선을 돌린다. 사람들은 iijjkk라는 **전체** 열을 다른 것으로 바꾸지 않는다. 대신 작은 부분만 바꾸려 한다. abc의 작은 부분만 원래 변화의 영향을 받았기 때문이다. 한마디로 사람들은 abc가 abd로 모조리 바뀐 것이라고 여기지 않으며, c만 영향을 받았다고 느낀다. 또한 이 글자를 '그 c'가 아니라 '가장 오른쪽 글자'로 생각한다. 설령 '그 c'로 언급한다고 해도 말이다. 사람들이 실제로 뜻하는 바는 글자 자체가 아니라 **그것이 수행하는 역할**이다.

이런 사실은 iijjkk에게 '같은 일'을 하는 방법에 대한 약간의 단서를 제공한다. 우리는 가장 오른쪽 글자(즉 그 c), 그러니까 k를 보며 다음 알파벳 글자, 바로 l로 바꾼다. 그러면 iijjkl이 된다. 이로써 정확하게 같은 일을 한 것이다!

여기에 동의하지 않는가? 그렇기를 바란다. 혹은 앞서 사용한 방식으로 말하자면, iijjkk에게 어떻게 '정확하게 같은 일이 생겼는지' 설명할 기회가 주어졌을 때 "iijjkl로 바뀌었어"라고 말하지 않기를 바란다. 물론 이것이 **어떤** 의미에서는 '정확하게 같은 일'이겠지만 이는 '같은'의 빈곤한 의미에 해당된다. 우리는 iijjkk가 "내게도 정확하게 같은 일이 생긴 적이 있어. 나는 iijjll로 바뀌었지"라고 말한다면 훨씬 기쁠 것이다. 그렇다면 왜 이 버전은 훨씬 더 만족스럽게 보일까?

미학의 불가피한 역할

어떤 의미에서 iijjkk가 iijjkl로 바뀌는 사건은 abc가 abd로 바뀌는 사건과

'정확하게 같다.' 그러나 더 깊은 의미에서는 **iijjkk**가 **iijjll**로 바뀌는 사건이 훨씬 **더** 정확하게 같다. 이는 미학적 판단이며, 단순하고 기본적인 지각이 관련될 때 추상화 및 프레임 혼합을 비롯한 많은 요소에 의존하는 미학이라는 폭넓게 공유하는 감각이 있으며(아래에서 다룸), 이 감각은 우리 인간이 주위를 둘러싼 세계를 지각하는 데 핵심적인 역할을 한다. 세상에 대한 우리의 지각을 유도하는 사실상 보편적인 메커니즘이 있으며, 이는 다행스러운 일이다. 여러 측면에서 두 사람(혹은 전체 군중)이 주어진 상황에서 일어나는 일을 같은 방식으로 보게 될 것임을 뜻하기 때문이다. 비록 **이론상으로는** 모두 상황의 완전히 다른 측면에 초점을 맞추고 그에 따라 크게 다른 방식으로 부호화할 수 있지만 말이다. 수많은 단순한 상황에서 사정을 단 한 가지 방식으로 보려는 강력한 자연적 경향이 있으며, 흉내쟁이 영역이 지니는 미덕 중 하나는 이 거의 보편적인 경향이 무엇인지 집어내도록 도와준다는 것이다.

iijjll이라는 대답의 이면에 놓인 것은 **지각적 덩이를 만드는** 거의 거부할 수 없는 경향이다. 20세기 초반에 개발되었으며, 특히 1930년대에 큰 영향을 미친 게슈탈트 심리학 덕분에 지금은 모두가 이런 지각적 덩이 짓기의 중요성을 당연하게 받아들인다. 그러나 그것이 항상 아주 명백했던 것은 아니다. 게슈탈트 심리학은 종종 정신 현상을 설명하지 않고 단지 묘사할 뿐이라는 비판을 받았지만 그 연구 결과가 지니는 중요성은 한 번도 의문시되지 않았다. '연속성continuity'과 '좋은 형태good form'라는 특정한 지각적 원칙 그리고 (대규모 패턴을 지각하는 우리의 능력과 관련 있는) '전체는 부분의 합보다 크다'라는 모토는 게슈탈트 심리학에서 나온 것이다. 우리의 목적과 관련하여 가장 중요한 것은 지각의 덩이를 짓는 특정한 방식이 대다수 사람에게 세상을 이해하는 자연스러운, 실로 거의 본질적인 방식으로 다가온다는 점이다.

그러면 **iijjkk**가 **iijjll**로 변하는 사례로 돌아가보자. 대다수 사람은 원래 열인 **iijjkk**를 여섯 글자로 구성된 열로 보지 않고 **ii-jj-kk**라는 세 쌍으로 구성된 열로 본다. 이런 해석은 이 세 쌍을 **abc**라는 세 글자에 덧입히도록 유도한다. 여기서 무언가 미묘한 일이 일어난다. 이때 이루어지는 지각적 덩이 짓기 때문에 **ii-jj-kk**의 가장 오른쪽에 있는 '글자'는 더 이상 단일 글자 **k**가 아니라 **k** 두 개가 모인 **군**群이 된다. 다시 말해서 '글자'라는 단어의 의미가 맥락이 가하는 압력으로 인해 자연스럽게 바깥으로 확장된다. 이 경우 우리는 단지 가장 오른쪽에 있는 한 글자인 **k**만 **l**로 바꾼다는 생각에서 뒷걸음질 친다. 대신 우리는 **k**

두 개를 동시에 l로 바꾸어서 iijjll이라는 열을 만든다. 요컨대 우리는 가장 오른쪽에 있는 '글자'를 다음 글자로 바꾸었지만 그 과정에서 본능적으로 **글자**라는 관념을 유동적이고 추상적으로 받아들였다.

iijjll이라는 답의 이면에 있는 이야기는 그다지 놀랍지 않겠지만 진정한 요점은 이 모든 것 안에는 우리의 미적 감각이 대단히 긴밀하고 밀접하게 얽혀 있으며, 사람들이 종종 여러 답의 미적 성질을 같은 눈으로 바라본다는 것이다.

지금부터 이 문제를 더 명확하게 설명하도록 하겠다. 엄격하게 따지면 iijjkl이라는 답이 틀린 것은 아니다(여기에는 분명히 일정한 논리가 있다). 같은 맥락에서 iijjkd라는 답('가장 오른쪽에 있는 글자를 d로 바꾼다')과 심지어 abd('전체 열을 abd로 바꾼다')라는 답도 틀린 것은 아니다. 여기서 중요한 것은 **옳음**이나 **틀림** 혹은 **타당성**이나 **진실성**이 아니다. 이 문제는 단 하나의 정답만 있고 다른 모든 답은 완전히 틀린 흑백의 영역이 아니다. 그래서 가능한 답의 범주가 있으며, 각각의 답은 나름의 논리와 다양한 매력도를 지닌다. 진실성이 아니라 **매력**appeal이 본질이다. 위에서 다룬 다양한 답은 **틀린** 것이 아니라 수반하는 추상화의 정도와 모호한 '핵심감sense of essence'에 좌우되는 미묘성 내지 예리함에 따라 다른 '점수'를 받는다고 말할 수 있다. 특히 마지막 한 쌍(iijjkd와 abd)은 인간이 세상을 보는 경향에 어긋난다.

왼손은 오른손이 하는 일을 알지 못한다

이 모든 문제를 조망하기 위해 간단한 유추 과제를 하나 내겠다. 먼저 손바닥을 얼굴로 향하게 두 손을 들어서 오른손 엄지손가락을 움직여 보라. 그다음 왼손으로 '같은 일'을 해보라.

왼손 엄지손가락을 움직였는가? 그렇다면 잘했다! 그러나 왼손 새끼손가락을 움직일 수도 있다. 새끼손가락이 왼손의 **가장 오른쪽**에 있고, 오른손 엄지손가락은 오른손의 가장 오른쪽에 있기 때문이다. 그러나 **그럴 수도 있었다**고 해서 반드시 사람들이 실제로 **하는** 일과 관계가 있는 것은 아니다. 우리 인간은 끊임없이 세상을 범주화하며, 효율적이고 **우아한** 방식으로 그 일을 하려 하기 때문이다. 우리는 대개 강력한 압력이 존재하지 않는 한 새끼손가락을 엄지손가락과 유사하다고 보지 않는다. 그러나 그 압력이 충분히 강하면 기품 있게 물러서서 종종 별다른 의식 없이 개념적 이월을 한다. 그래서 가령 오른손 엄지손가락과 왼손 새끼손가락에 반지를 끼고 있으며, 다른 손가락에는 끼고 있지 않다면 왼손 엄지손가락이 아니라 반지를 낀 새끼손가락을 움직였을 가능성도 얼마든지 있다. 또한 두 반지가 비슷하고 두드러질수록 새끼손가락을 움직였을 가능성이 높아진다. 충분한 압력 아래서 개념은 다른 연관된 개념으로 미끄러진다.

더 많은 Me-too 이야기들

그러면 흉내쟁이 영역과 미니어처 me-too 이야기로 돌아가보자. 마침 친구 무리 중 한 명인 **mrrjjj**도 "내게도 정확하게 같은 일이 일어났어!"라고 주장했다고 가정하자. 그렇다면 **mrrjjj**가 말한 me-too 이야기는 무엇일까?

대다수 사람은 **mrrjjj**의 이야기가 어느 날 **mrrkkk**로 바뀐 일에 대한 것이라고 추측한다. 이렇게 추측하게 만드는 것은 무엇일까? **mrrkkk**가 '라이벌'인 **mrrjjd**와 **mrrjjk** 그리고 **mrrddd**를 쉽게 물리친다는 데에는 모두가 동의한다(다른 몇 가지 사례는 말할 것도 없고 mrdjjj도 언급조차 하지 않았다). 이 '라이벌' 답 중 어느 것도 레오나르도 다빈치가 모나리자의 얼굴에 콧수염을 그리는 것이 틀리지 않은 만큼 **틀리지** 않았다. 이는 미적 판단일 뿐이다. 각 답은 나름의 방식으로 정당화할 수 있으며, 많은 사람이 불만을 품겠지만 만족할 사람도 있을 것이다. 그 정당화는 다른 수준의 축어성에 존재한다. 가령 **세 번째** 글자를 d로 바꾼 **mrdjjj**는 방금 언급한 답 중에서 가장 축어적이다. 이 답이 나온 축어성의 수준은 너무나 극단적이어서 누구도 이런 답을 제시하는 것을 본 적이 없다. **mrrjjd**는 **세 번째** 글자가 아니라 **가장 오른쪽**에 있는 글자를 d로 바꾸기 때문에 약간 덜 극단적이다. **mrrddd**와 **mrrjjk**는 전자의 경우 마지막 **글자**가 아니라 마지막 **글자군**이 일련의 d로 바뀌고, 후자의 경우 가장 오른쪽 글자가 d가 아닌 **다음 글자**로 바뀌기 때문에 한결 덜 축어적이다. 한 단계 더 높은 추상화로 이동할 때마다 미적으로 더 끌리는 숨겨진 구조와 패턴이 드러난다. 오래된 격언대로 취향을 놓고 논쟁을 벌이는 것은 의미가 없다. 그러나 다행히 적어도 흉내쟁이라는 미소 세계에서는 좋은 취향이 무엇이고, 아닌 것은 무엇인지 공감하는 경향이 있다. 또한 대다수 사람은 **mrrjjj**가 가장 상기할 만한 사건은 **mrrkkk**로 변한 것이라고 주장한다.

그러나 흥미로운 점은 **mrrjjj**가 실은 그런 사건을 상기하지 않았다는 것이다.

mrrjjj는 "내가 mrrkkk로 변한 때와 똑같아!"라고 말하지 **않았다**. 분명히 그렇게 말할 **수도 있지만** 머릿속에 떠오른 기억은 그것이 아니었다. mrrjjj가 말한 것은 "내가 mrrjjjj(j가 네 개)로 변한 때와 똑같아!"였다. 그러면 왜 이것이 abc가 abd로 변한 것과 '정확하게 같은 일'일까?

명백히 mrrjjj는 iijjkk처럼 세 개의 자연스러운 쌍, 즉 m-rr-jjj로 나눌 수 있다. 그러면 ii-jj-kk의 경우처럼 세 개의 쌍으로 구성된 이 새로운 구조물과 abc 사이에 적용할 수 있는 덧입힘이 두드러진다. 또한 m-rr-jjj에서 세 쌍의 다른 크기처럼 몇 가지 흥미로운 점을 관찰할 수 있다. 실제로 오른쪽 끝에 세 개 길이의 글자군이 있고, 중간에는 두 개 길이의 글자군이 있다. 하지만 왼쪽 끝에 있는 것이 **한 개 길이의** 글자군이 될 수 있을까? 홀로 있는 m은 한 개 길이의 전적으로 유효한 글자군이 아닐까? 누구도 여기에 반대하지 못할 것이다. 그래서 우리는 핵심이 더 이상 글자 수준, 말 그대로 **축어적** 수준에 있지 않고 **수적** numerical 수준에 있는 상황에 처하게 된다. 즉 우리는 mrrjjj의 핵심을 '1-2-3'이라는 숨겨진 패턴으로 보게 되며, 이 핵심은 단지 '1-2-3'이라는 **메시지**를 전달하는 **매체**에 불과한 임의적인 구성 글자인 m, r, j와 아무런 관련이 없다. 이런 맥락에서 우리는 글자를 무시하고(여기서 표층은 무관하다) 더 깊은 것에 초점을 맞춘다.

세 부분으로 구성된 구조물인 abc와 '1-2-3'을 서로 덧입힐 때 우리는 당연히 '3'을 '1-2-3'의 c로 보며, 그 '글자'를 다음 글자로 바꿀 것이다. 이때 동시에 여러 가지 이월이 이루어지지만 모두 수월하게 이루어진다. 우리는 (글자 c라는 사례는 말할 것도 없고) mrrjjj의 가장 오른쪽 **글자**가 아니라 '1-2-3'에 속한 가장 오른쪽 **숫자**를 보며, 그 '글자'를 다음 **알파벳**에 해당하는 글자가 아니라 다음 **숫자**, 바로 '4'로 바꾼다. 이것이 mrrjjj가 친구들에게 "그래서 나는 abc가 abd로 변한 것처럼 mrrjjjj로 변했어"라고 말한 이유다. 미적 감각을 물씬 풍기는 이 답은 개념적 유동성을 예시한다.

사족 달기

어떤 사람은 mrrjjj에게 무슨 일이 생겼을지 물어보면 마지막 글자군의 길이뿐만 아니라 모든 글자까지 일거에 바꾸어서 mrrkkkk라고 답한다. 이 이연발의, 아마도 '초유동적인' 답은 어떨까?

누군가 엄지손가락을 움직이는 과제를 받고 왼손 엄지손가락과 새끼손가락을 동시에 움직이는 경우는 어떻게 생각하는가? 타당한 me-too에 해당할까? 왼손의 세계에서 볼 때 그것이 오른손의 세계에서 엄지손가락만 움직이는 것과 '정확히 같은 일'일까? 아마 그렇지 않다고 생각할 것이다. 단일한 질문에 대해 경쟁 관계에 있는 두 답을 동시에 제시하여(한 사례에서는 왼손의 엄지손가락과 새끼손가락을 같이 움직이는 것, 다른 사례에서는 j와 3을 다음에 오는 것으로 바꾸는 것) 한데 뭉뚱그리는 것은 혼란스럽다. mrrkkkk라는 답은 언뜻 현란해 보이지만 더 생각해보면 지리멸렬한 덧임을 알 수 있다. 단지 둘 다 좋아한다고 해서 감자튀김과 오렌지 셔벗을 한 접시에 담을 이유가 없는 것처럼 이 두 답을 하나로 합칠 이유는 없다. 달리 표현하자면 사족을 달 충분한 이유가 없다. 취향은 대단히 개인적이라서 취향을 놓고 논쟁을 벌이는 것은 의미가 없다고 종종 말하지만, 어떤 맥락에서는 특정한 취향이나 생각의 조합이 의미가 없고 불쾌하다는 강력한 합의가 존재한다. 때로 취향은 거의 보편적이다.

흉내쟁이라는 미소 영역이든 훨씬 폭넓은 현실 세계든 간에 어떤 유추가 좋거나 나쁘다고 **입증**할 수는 없다. 또한 우리는 mrrkkkk라는 답을 혼란스럽고 불만스럽게 보는 이유를 설명할 때 견고한 **논리적 주장**을 추구하지 않고, 이 상황에 대한 각각의 유관성을 가늠하는 우리의 주관적 감각에 독자들이 동의하기를 바라면서 세 가지 **캐리커처 유추**(첫 번째는 손가락 움직이기, 두 번째는 좋아하는 음식 섞기, 세 번째는 뱀의 다리를 그리는 어리석기로 유명한 행동)에 의존했다. 우리는 개별적으로는 좋은 일을 하지만 한데 뒤섞으면 바보스러운 결과를 부르는 두 가지 행동을 합친다는 관념을 면밀하게 살핌으로써 mrrkkkk를 거부할 만한 설득력 있는 **미적** 근거를 추구했다. 이제는 우리가 제시한 '초유동적인' 답이 과잉으로 보이지 않는가?

부호화된 골자보다 더 추상적인 골자

mrrjjj가 mrrjjjj로 변한 일을 상기할 때 언급할 만한 현상이 일어났다. mrrjjj는 abc가 abd로 변한 이야기를 무의식적으로 '가장 오른쪽에 있는 글자가 다음 글자로 변했다'로 부호화했다. 반면 훨씬 전에 mrrjjj는 mrrjjjj로 변한 직접적인 경험을 했으며, 당시 이 경험을 더 추상적인 방식으로 '가장 오른쪽에 있는 문자군의 단위가 하나 늘었다'로 부호화했다. 명백히 드러나는 대로 mrrjjj

가 직접 겪은 경험을 부호화하는 방식은 abc의 이야기를 부호화하는 방식과 유사하지만 전혀 동일하지 않다. me-too를 인출하는 모든 일화가 두 사건에 대한 **동일한** 부호화로 인한 것이라면 삶이 훨씬 단순해지겠지만 그것은 순진한 바람이다.

이 영역에서 이루어지는 부호화가 지닌 미묘성을 말해주는 다른 사례를 살펴보자. abc가 abd로 변한 이야기를 처음 들을 때는 c를 '길이가 한 개인 c라는 글자군'으로 생각할 가능성은 아주 낮다. 그러나 그렇게 생각한다면 아마 abc가 abd로 변한 이야기는 이렇게 부호화될 것이다.

> 가장 오른쪽에 있는 글자군이 거기에 속한 모든 글자가 다음 알파벳 글자로 대체된 가운데 같은 길이를 지닌 다른 글자군으로 변했다.

이 부호화는 (abc에 속한 각 글자가 나름의 **집단**을 구성한다고 기꺼이 가정한다면) 틀림없이 **정확**하지만 abc에게 일어난 일에 대한 부자연스럽고 기이하며 불안정한 묘사가 될 것이며, 누구도 이처럼 이상한 묘사를 떠올리지 않을 것이다.

그러면 이제는 iijjkk가 iijjll로 변한 경우를 상기해보자. abc가 abd로 변한 경우에 대해 방금 살핀 부자연스러운 부호화가 iijjkk가 iijjll로 변한 경우에는 완벽하게 자연스러워 보인다. 그렇다고 해서 이것이 abc가 abd로 변한 사건에 대한 좋은 부호화가 되는 것은 아니다. 해당 사건과 무관한 이질적인 관념을 담고 있기 때문이다. 단일 글자는 강력한 압박을 받는 상황이 아니라면 '길이가 한 개인 집단'으로 지각되지 않는다! 따라서 abc가 abd로 변한 사건과 iijjkk가 iijjll로 변한 사건 사이의 강력하고 자연스러운 유추는 정확하게 같은 부호화를 공유하는 것으로는 이루어질 수 없다. 두 사건은 다른 시기에 이루어진 다른 부호화를 수반한다(하나는 가장 오른쪽 **글자**를, 다른 하나는 가장 오른쪽 **글자군**을 수반한다). 그러나 그렇다고 해도 어느 정도 추상적 층위에서는 그 골자가 충분히 유사하기 때문에(각 경우 글자든 글자군이든 '가장 오른쪽에 있는 것'이 추상적인 종류의 '다음 것'으로 변한다) 후자의 이야기가 전자의 이야기를 활성화한다.

그러면 이제는 ace라는 글자 열을 살펴보자. abc의 이야기를 들을 때 ace의 머릿속에는 무엇이 떠오를까? 힌트를 주자면 acf로 변한 때나 ade로 변한 때는 아니다. 물론 두 사건 모두 떠오를 수 있지만 실제로 떠오른 것은 acg로 변한 때, 가장 오른쪽 글자가 **다음다음** 글자로 대체된 때였다. ace에게 **이** 기억은

abc에게 일어난 것과 '정확히 같은 것'이었다. 그렇다면 **다음다음 글자**라는 흥미로운 개념은 어디서 나왔을까? 물론 abc의 내부 배열과 유사한 ace의 내부 배열에서 나왔다. 말하자면 abc는 다음 글자를 묶은 반면(a-b와 b-c), ace는 다음다음 글자를 묶었으며(a-c와 c-e), 그래서 **다음 글자**라는 개념과 밀접하게 연관된 **다음다음 글자**라는 개념으로 자연스러운 이월이 이루어지게 되었다. abc가 abd로 변한 사건만 따로 볼 때는 누구도 이처럼 심원한 이월을 예상하지 못했을 것이다. 그러나 ace를 수반하는 특별한 맥락에서는 이런 이월을 초래하는 압력이 아주 강하게 작용한다. 이런 이월을 하지 않는 것(그에 따라 ace에서 acf로 변하는 것이 더 적절하다고 주장하는 것)은 터무니없이 경직된 태도로 보일 것이다. 이 역시 유사한 두 이야기에 대한 자연스러운 부호화가 비슷하지만 동일하지는 않은 사례이다.

흉내쟁이 영역은 me-too를 연상시키는 두 이야기에 대한 부호화가 동일하지는 않지만 서로 **유사한** 사례로 가득하다. 다시 말해서 상당히 높은 추상화 층위로 뛰어올라서 사건과 관련된 거의 모든 세부 사항을 제거하고 그 핵심에 대한 작고 간결한 요약, 즉 오직 골자에 이를 때에도 me-too를 연상시키는 일화로 연결된 두 골자는 대개 **동일**한 것이 아니라 서로 **유사하다**. 또한 두 가지 유사한 사건이 **동일한** 개념적 골격을 지니도록 고집한다면 종종 너무나 인위적인 추상화 층위로 건너뛰어야 해서 두 이야기에 **모두** 적용되는 개념적 골격이 누구도 실제 삶에서 만들 수 없을 정도로 대단히 이상하게 들리는 형식적 관용문이 된다. 게다가 이런 골격은 두 번째 사건을 접하기 전에 첫 번째 사건만 즉각적으로 부호화할 때 절대 떠오르지 않는다. 그러려면 천리안이 필요하다.

우리가 언제나 앞으로 일어날, 심지어 수년 후에 일어날 유사한 다른 모든 사건을 예상하는 놀라울 정도의 예지력을 담은 개념적 골격을 통해 사건을 부호화한다고 상정해서는 상기를 하는 양상과 관련된 심오한 비밀을 풀 수 없다. 기억을 부호화하는 행위는 '예지력을 담은' 개념적 골격을 즉석에서 만드는 것보다 훨씬 미묘한 것을 수반한다. '예지력을 담은' 개념적 골격이라는 관념은 망상에 불과하다.

지금까지 제시한 우리의 설명에서 빠진 핵심 요소는 기억 속에 있는 **유사한** 요지를 환기하는 능력이다. 이 능력은 동일하게 부호화하기에는 표면적인 차이가 너무 크지만 여전히 깊은 유사성을 지닌 사건들 사이의 연관성을 보게 해준다. 요컨대 좋은 유추를 하는 비법은 좋기는 하되 **더 추상적인** 유추, 부호화 혹은 개념적 골격 사이의 유추를 수반한다. 이는 무한 회귀처럼 보이고, 따라서 형편없는 결론처럼 보이지만 요지 사이의 유추가 전체 원래 이야기 사이의 유추보다 **더 추상적**이기 때문에 요지 사이의 유사성을 찾는 층위로 '문제를 올려보내는' 것이 실제로 진정한 단순화다.

글자 'Z'의 익살스러움Zaniness

다음으로는 흉내쟁이 영역에서 우리가 가장 좋아하는 me-too 사건의 사례를 탐구할 것이다. 마침 xyz라는 글자 열이 abc의 이야기를 듣는 무리에 끼어 있었다. abc의 이야기는 어떤 경험을 상기시킬까? 이는 "xyz 글자 열의 '그 c'는 무엇이며, 어떻게 변해야 하는가?"라는 질문에 대한 답을 파악하는 일로 귀결된다. 물론 xyz의 그 c는 당연히 z이며(그렇지 않다면 무엇이겠는가?), 따라서 가장 먼저 일어나는 충동은 z를 다음 알파벳 글자로 바꾸는 것이다. 그러나 여기서 우리는 뜻하지 않은 장애물에 부딪힌다. z는 알파벳의 마지막 글자여서 다음 글자가 없기 때문이다. 즉, 종점이자 모두가 내려야 하는 곳이다!

그러나 어떤 사람, 실은 많은 사람이 이 장애물에 조금도 좌절하지 않는다. 그래서 의연하게 즉시 a를 z의 다음 글자로 제안하여 xya라는 답을 제시한다. 그렇다면 이 아이디어는 어디서 나올까? 학교에서 알파벳이 원형으로 순환하는 구조라고 배웠는가? 물론 아니다. 그러나 우리는 모두 자라는 동안 일주일의 요일, 1년의 달, 시계의 시간 같은 '순환 배열'을 배운다. 또한 가장 낮을 뿐만 아니라 킹보다 더 높기도 한 카드 에이스도 있다. 순환 알파벳과 아주 **비슷한** 구조는 사방에 '편재해' 있으며, 그 무의식적 영향 덕분에 xyz가 xya로 변한다는 답을 쉽게 찾을 수 있다. 요컨대 xya는 익숙한 여러 외부의 원천에서 **순환성**이라는 개념을 순환적이지 **않은** 알파벳이 있는 미소 영역으로 도입한 데서 기인한다. 그렇게 함으로써 해당 미소 영역의 속성이 달라진다. 심지어 이런 개념적 도입을 실행할 때 이질적인 다른 관념을 던져 넣음으로써 순수하고 오염되지 않은 흉내쟁이 영역을 '변질시키거나' '오염시킨다'고 말할 수도 있다.

이런 단서에도 불구하고 우리는 xya를 xyz가 상기할 만한 대상으로 받아들일 것이다. 그러나 xyz가 이런 경험을 한 번도 한 적이 없다면 어떨까? 이 경우 abc가 abd로 변한 이야기는 xyz의 기억에서 어떤 다른 사건(들)을 촉발할까? 달리 말해서 z에 다음 글자가 없다면 xyz의 삶에서 어떤 사건(들)이 abc가 abd

로 변한 사건과 유사할까? 실제로 일단 보면 대다수 사람이 xya보다 훨씬 훌륭하다고 생각하는 답이 있다.

모두 z를 다른 것으로 바꾸고 싶어 한다. 문제는 **무엇**으로 바꾸느냐이다. z의 다음 글자를 취하는 것이 우리를 곤란하게 만드는 핵심이므로 다시 돌아가서 c에 일어난 사건에 대한 대안적 해석, **후계성**이라는 개념을 수반하지 않는 해석을 탐구해보자. 가령 c가 다음 글자로 변했다고 말하지 않고 d로 변했다고 말할 수 있다. 이 경우 xyz는 xyd로 변한 때를 얼마든지 타당하게 상기할 수 있다. 이는 하나의 가능한 답이지만 d가 축어적으로 xyz의 세계로 침입했기 때문에 그다지 매력적이지 않다. 더 매력적인 다른 대안은 없을까?

이 상황이 지닌 독특한 압력의 조합에 따라 우리는 abc에게 일어난 일을 재인식하여 "글자 c가 d로 대체되었다"고 말할 수 있다. 여기서 '글자 c'는 '글자열에서 가장 오른쪽 글자'가 아니라 말 그대로 '글자 c의 사례'를 뜻한다. 이 경우 우리는 더 이상 번거로운 z를 걱정할 필요가 없다. 대신 글자 c의 사례가 있는지 xyz를 훑어보고 만약 있다면 d로 바꾸면 된다. 그러나 잠시 훑어본 결과 c가 없으므로 어떤 글자도 d로 바뀌지 않는다. 그래서 xyz는 '아, 그래. abc의 이야기는 오래전에 어떤 일도 일어나지 않았던 인상적인 때를 연상시키는군'이라고 반응할 수 있다.

모든 가능성을 살피려면 아직 한참 멀었다. 다시 생각해보면 mrrjjj가 추상적인 층위에서 1-2-3으로 인식되고, 뒤이어 abc가 abd로 변한 것에 대한 유추를 통해 1-2-4가 된 것이라고 상기할 수 있다. 그렇다면 xyz를 추상적인 층위에서 1-1-1로, 즉 한 개 길이의 세 글자군으로 보지 못할 이유가 있을까? 이 경우 이 추상적 층위에서 1-1-2로 바꾸면 다시 축어적 층위에서는 xyzz라는 답이 나온다. 이렇게 글자를 두 개로 늘리는 것은 경기장과 대형 극장에서 종종 알파벳을 단일 표기에서('A, B, C, D …… W, X, Y, Z') 이중 표기로('AA, BB……') 늘리는 것을 연상시킨다. 그러나 그렇다고 해도 이는 이상하고 대충 제시한 답처럼 느껴진다. abc의 이야기가 abc에서 abdd로 변한 것이었다면 당연히 xyz가 xyzz로 변한 이야기가 떠오르는 것이 완벽한 me-too처럼 보일 것이다. 그러나 알다시피 abc가 말한 이야기는 그것이 아니었다. 한마디로 지금까지 나온 어떤 답도 명쾌하기는커녕 만족스러워 보이지 않는다.

장애물은 더 만족스러운 재인식을 촉발한다

우리는 z의 다음 글자를 취하려고 노력하는 과정에서 거듭 장애물에 부딪혔으며, 이렇게 반복되는 짜증스러운 경험은 우리의 주의를 z에는 다음 글자가 없다는 사실에 점점 더 집중시킨다. 달리 말하자면 z는 알파벳의 마지막 글자인 것이다. 이렇게 알파벳의 **마지막** 글자에 집중하는 일은 **첫** 글자에 집중하는 일과 무척 가깝다(5장에서 지적했듯이 상반된 개념 사이에 일어나는 이월은 자연스럽고 빈번하며, 때로 **읽기**와 **쓰기** 사이나 **탄생**과 **죽음** 사이 혹은 **조부모**와 **손주** 사이를 혼동하는 것 같은 흥미로운 오류를 초래한다). 그래서 이제 abc를 들여다보면 a가 분명하게 드러난다. 그렇다면 abc의 왼쪽에 있는 알파벳의 첫 글자와 xyz의 오른쪽에 있는 알파벳의 마지막 글자를 잇는 것보다 자연스러운 행동이 있을까?

처음과 **마지막**이라는 개념 사이의 이 신선하고 새로운 유추 덕분에 우리는 두 글자 열 사이의 연관성에 대한 새로운 관점, 포착하기 쉽지 않지만 알고 나면 더없이 명백한 매력적인 대칭성을 발견하게 된다. abc의 a를 xyz의 z에 대칭적으로 덧입히는 것은 오른손의 가장 오른쪽 손가락(엄지손가락)을 움직이는 것을 왼손으로 모방하기 위해 **가장 오른쪽** 손가락(새끼손가락)이 아니라 **가장 왼쪽** 손가락(역시 엄지손가락)을 움직이는 손가락 움직이기 과제를 연상시킨다.

abc의 **왼쪽** 끝이 xyz의 **오른쪽** 끝에 덧입혀진다면 일관되게 왼쪽과 오른쪽을 뒤집어서 해당 글자 열의 다른 쪽 끝을 마찬가지로 서로 덧입히는 것이 자연스럽고, 실로 설득력 있는 일이 된다. 그래서 xyz의 c는 명백하고 거부할 수 없는 선택처럼 보였던 z가 아니라 이제는 x가 된다. 이 만족스러운 선택은 우리가 장애물에 부딪히지 않을 것임을 뜻한다는 사실에 주목하라. 결국 x에는 다음 글자, 바로 y가 **있다**. 얼마나 다행인가! 그래서 실제로 x를 y로 교체하면 yyz가 된다. 이제 보기 좋은 새 답이 나왔다!

그러나 xyz는 이 사건을 abc가 겪은 사건과 '정확하게 같은 것'이라고 볼까? 우리는 방금 두 가지 변화를 '정확하게 같은' 것으로 부를 수 있는 이유를 살폈지만 여전히 석연찮은 구석이 있다. 결국 yyz는 아주 두드러지게 같은 글자 두 개를 나란히 가지고 있지만 abd는 그런 쌍이 없다. 이런 의미에서 두 가지 변화는 서로 확연하게 다른 것처럼 보인다. 이는 마치 yy가 경고 신호, 붉은 깃발 같은 역할을 하여 핵심적인 요소를 간과했다고 알려주는 것과 같다. 실제로 우리는 왼쪽과 오른쪽을 뒤집는 통찰력 있는 아이디어를 다소 밀고 나가기는 했지만 충분히 멀리 나아가지 못했다.

물리적 방향을 역전시켜서 abc를 xyz에 덧입히기로 선택하면 알파벳에서 **앞으로 가는** 움직임이 **뒤로 가는** 움직임에 암묵적으로 덧입혀지며, 따라서 이 덧입힘의 핵심으로서 **다음 글자**라는 개념이 **앞 글자**라는 개념에 암묵적으로 덧입혀진다. 이 말을 달리 표현하는 방법은 abc가 a에서 시작하여 c쪽으로 간다고 보면 그 구조는 **후계성**을 지니는 반면 xyz가 z에서 시작하여 x쪽으로 간다고 보면 그 구조는 **전임성**predecessorship을 지닌다. 그에 따라 a와 z를 서로의 대응물로 보는 단순한 행동에서 긴밀하고 연쇄적인 개념적 이월이 자연스럽고 (거의) 거부할 수 없는 방식으로 이루어진다. 먼저 우리는 **처음**이 **마지막**으로, 뒤이어 **왼쪽**이 **오른쪽**으로 미끄러지는 것을 보았다. 그리고 이제는 연쇄적인 이월의 마지막에 해당하는 **다음 글자**(abc 세계의 구조)에서 **앞 글자**(xyz 세계의 구조)로 가는 이월에 이르게 된다.

이 마지막 개념적 이월은 xyz에서 x의 **다음 글자**를 취하기(심하게 융통성 없는 행동)보다 그 **앞 글자**를 취하고 싶어 할 것임을 뜻한다. 이 모든 과정은 결국 wyz라는 글자 열을 남긴다. 이는 "abc가 abd로 변했다고 가정하자. xyz를 같은 방식으로 바꿀 수 있는가?"라는 질문에 대한 놀라울 만큼 산뜻한 답이다. 조율된 여러 이율이 우리를 **유려한** 유추로 이끌었다. 또한 이 모든 통찰은 z라는 글자에 '부딪힌' 데서, 그러니까 z에 다음 글자가 없다는 장애물에서 나왔다.

대칭성에 기초한 이 답은 특정한 의미에서 pqrs가 pqrt로 변한 때를 상기하는 경우보다 더 강력하고 설득력 있는 유추에 따른 것이다. 즉 강력한 유사성을 지닌 pqrs가 pqrt로 변한 것보다 xyz가 wyz로 변한 것이 abc가 abd로 변한 것에 더 가깝다. 왜 그럴까? abc와 xyz는 모두 알파벳의 양쪽 끝으로 막힌 글자 열이기 때문이다. 여기에는 완벽한 대칭성이 존재하며, 두 글자 열에 일어난 변화는 서로의 완벽한 거울상이다. 이 유추에서는 어떤 결점도 찾을 수 없으며, 그래서 대단히 매력적으로 보인다. pqrs는 abc와 상당히 많은 공통점을 지니지만 xyz만큼 비슷하지 않다(대칭을 이루는 데 거울보다 나은 것이 있을까?). 비록 tky보다는 훨씬 더 비슷하기는 하지만 말이다.

5장에서 우리는 어떤 할아버지가 아들과 차를 타고 묘지를 지나다가 "여기가 너의 손자 네 명이 모두 태어난 곳이야"라고 말할 때 이루어진 인상적인 개념적 인접성 이월을 언급했다. 그때 우리는 할아버지가 상반된 개념 사이에서 하나가 아닌 **두** 가지 이월을 하게 만든 내적 일관성에 대한 대단히 인간적인 충동을 지적하면서, 심지어 두 가지 이월 중 하나가 다른 하나를 '곁다리로on its coattails' 데려왔을 수도 있다고 말했다. '곁다리'라는 묘사는 abc가 abd로 변한 것과 xyz가 wyz로 변한 것 사이의 이 흉내쟁이 유추에서 이월이 연쇄적으로 조화롭게 이루어진 방식에도 적용할 수 있다. 물론 여기서 말하는 곁다리는 선거보다(옷의 뒷자락을 뜻하는 coattail은 선거에서의 편승 효과를 가리키기도 한다–옮긴이) **미적** 측면과 관련이 있다.

현기증에 대하여

이제 잠시 더 혼탁한 물속으로 들어가 xyz가 dyz로 변한 사건을 abc가 abd로 변한 우리의 기준 사건에 대한 잠재적 유사물로 가정해보자. 도대체 무슨 일이 벌어진 것일까? 이 유추를 하는 사람들은 우리가 '현기증dizziness'이라고 부르는 대단히 현실성 없는 혼란을 드러내야 한다. 먼저 그들은 a를 z에 덧입힌다는 미묘한 관념을 발견하고, 뒤이어 거기에 따른 공간적 반전을 알아차릴 것이다. 이는 **오른쪽**에서 **왼쪽**으로 가는 개념적 이월을 수반하며, z 대신 x를 바꾼다는 미묘한 관념으로 이어진다. 그러나 뒤이어 그들은 어떤 이유로 실수를 저지른다. 그래서 방금 알아차린 모든 미묘한 내용을 깡그리 잊고 abc가 abd로 변한 사건을 더 깊은 이유 없이 단지 특정 글자가 무작위적인 글자 d로 대체된 것에 불과하다고 태평스레 해석하고, 무심코 이 방법을 x에 적용한다. 이는 기이한 반전이다. 처음에 가진 진정한 통찰이 불과 얼마 전에 보인 예리한 생각을 완전히 배신하는 행동으로 이어지기 때문이다. 이처럼 간결한 영역에서 '묘미가 없다'는 표현을 쓸 수 있다면 이보다 더 적절한 사례는 없을 것이다.

한마디로 이 유추는 떠올린 사람이 똑똑함과 멍청함, 통찰과 단견, 명민함과 우둔함이 일관성 없이 뒤섞인 모습을 드러내면서 큰 혼란에 빠진 것처럼 보이기 때문에 **어지럽다**. 그래서 처음에는 (a를 z에 덧입히는) 진정한 통찰이 나오고 뒤이어 과정이 진행되면서 (c를 x에 덧입히는) 같은 수준의 통찰이 계속되지만 마지막 순간에(이제 x를 바꾸려면 어떤 종류의 통찰이 필요할까?) 근시안적이고 지엽적인 축어성에 사로잡힌 나머지 소속된 세계에서 수행하는 역할을 보지 않고 단지 c, d, x라는 날것의 글자를 보는 행동이 나온다.

이처럼 고도의 통찰이 심하게 무미건조한 시각과 공존하는 어지러운 사례는 대단히 믿기 어렵다. 우리는 진지하게 dyz라는 답을 낸 사람을 한 번도 본 적이 없다. 그러나 흉내쟁이 영역에서 이 특정한 유추 문제가 지니는 미묘한 측면을 세심하게 탐구한 사람은 최종적으로 어떻게 생각하든 간에 누구나 곧 이 답을 마주치게 된다. 또한 이 답을 설명하면 사람들은 이상하거나 불편하게 받아들이면서도 예외없이 그 '논리'를 이해한다. 우리는 이 답을 **좋아하지** 않을지 모르지만 그래도 그 이상한 논리를 이해하며, 심지어 재미있다고 생각하기도 한다.

이런 의미에서 xyz 문제에 대한 dyz라는 답은 1980년대에 유행한 당시 영부인이던 낸시 레이건에 대한 농담과 유사하다. 그 내용은 낸시 레이건이 버터 공급 과잉 현상에 대한 이야기를 듣고 "남은 버터는 로브스터 꼬리라도 찍어 먹게 상하기 전에 가난한 사람들에게 전부 나눠줘요"라고 말했다는 것이다. 이 농담의 세계에서 영부인이 빈곤을 이해하는 방식은 터무니없다. 그래서 가난한 사람들에게 버터 살 돈이 없다는 사실은 제대로 알면서 로브스터 꼬리도 갖지 못했을 것이라는 사실은 전혀 알지 못한다. 이 농담은 마리 앙투아네트가 파리의 거리에서 살아가는 가난한 사람들에 대해 "세상에, 먹을 빵이 없다고요? 가여워라! 그러면 케이크를 먹게 해요!"라고 한 악명 높은 말을 상기시킨다. 이것이 우리가 말한 '현기증'의 의미다.

영부인 농담이 한창 유행할 때 미국과 소련에 대한 비슷한 농담이 떠돌았다. 가령 한 미국인이 러시아인에게 위대한 표현의 자유를 자랑하면서 "우리 나라는 대단히 자유로워서 백악관 앞에서 행진을 하면서 '레이건을 타도하자!'라고 외칠 수도 있어요"라고 말했다. 그러자 러시아인은 대수롭지 않다는 듯 이렇게 대꾸했다. "그게 뭐 대단한 일이라고 그래요. 우리 나라에서도 똑같은 일을 할 수 있어요. 우리도 크레믈린 앞에서 행진을 하면서 '레이건을 타도하자'라고 외칠 수 있어요." 이 유추는 거의 완전하지만 (xyz가 dyz로 바뀌는 경우처럼) 결승선을 앞둔 지점에서 실수를 한다.

프레임 혼합

우리는 이제 **프레임 혼합**frame blends이라는 풍부하고 중요한 주제에 접근하고 있다. 우리는 이 용어를 추상적인 방식이 아니라 흉내쟁이의 미소 세계에서 나온 대단히 구체적인 일련의 사례를 통해 정의할 것이다. 여기서 그 현상이 아주 명확하게 드러나기 때문이다. 다시 한 번 우리는 abc가 abd로 변하는 같은 이야기를 예로 들 것이며, 이번에도 (정확하게 이전처럼) "iijjkk는 과거의 어떤 사건을 상기했을까?"라는 질문을 제시할 것이다. 다음은 일련의 가능한 답변이다.

iijjkk ⇒ abd ('전체 열을 abd로 대체')
iijjkk ⇒ iijjkk ('글자 c를 d로 대체')
iijjkk ⇒ iidjkk ('세 번째 글자를 d로 대체')
iijjkk ⇒ iikjkk ('세 번째 글자를 다음 글자로 대체')
iijjkk ⇒ iijjkd ('가장 오른쪽 글자를 d로 대체')
iijjkk ⇒ iijjd ('가장 오른쪽 글자군을 d로 대체')
iijjkk ⇒ iijjdd ('가장 오른쪽 글자군을 같은 크기의 d 글자군으로 대체')
iijjkk ⇒ iikkjl ('가장 오른쪽 글자를 다음 글자로 대체')
iijjkk ⇒ iijjll ('가장 오른쪽 글자군을 다음 글자로 대체')

우리는 많은 것부터 아무것도 없는 것까지 프레임 혼합의 정도를 반영하여 이 답변을 나열했다. 가령 세 번째 글자 j가 d로 대체된 세 번째 답변을 보자. 이 답변은 d라는 개념이 **iijjkk** 세계의 침입자처럼 느껴지기 때문에 매우 어색해 보인다. 즉 d는 알파벳이 시작되는 부근에 있어서 abc 세계에 속한다. (abc 세계에서 멀리 떨어져서 나름의 세계를 구성하는) 글자 **i**, **j**, **k** 속에 있는 d는 멍청해 보인다. 그러나 그것이 전부는 아니다. **세 번째 글자**라는 개념도 침입자처럼 보인다. abc 세계에서 그대로 빌려온 이 개념은 **iijjkk**가 abc보다 두 배 길다는 사실을 전혀 고려치 않은 채 **iijjkk** 세계로 막무가내로 밀고 들어온다. 그래서 해당 개념이 다른 세계로 너무나 축어적으로 유출되면서 abc 세계에 속한 **세 번째 글자**라는 대단히 풍부한 의미가 완전히 상실된다. 그래서 세 번째 답변은 상당한 정도의 혼합에 따른 결과이며, 미학적으로 말하면 그로 인해 고통받는다.

마지막 답변을 제외한 다른 각각의 답변은 abc 세계에 속한 개념을 빌려서 **iijjkk** 세계로 밀어 넣음으로써 오염시킨다는 의미에서 일정한 유형의 프레임 혼합을 수반한다. 심지어 겉으로는 abc 세계에 전혀 오염되지 않은 듯 보이는 두 번째 답변, **iijjkk**도 실은 영향을 받았다. ('글자 c를 d로 대체한다'는) 이면의 논리가 **iijjkk** 세계에 속하지 않은 c와 d라는 개념에 기초하기 때문이다.

반면 마지막 답변인 **iijjll**은 abc 세계로부터 **iijjkk** 세계에 속하지 않는 개념을 전혀 빌리지 않는다. 이런 의미에서 마지막 줄은 위에 나오는 모든 줄보다 '더 순수한' 형태의 유추를 구성한다. 다른 모든 줄은 때로 아주 명백하고 때로 덜한 일정 정도의 프레임 혼합을 드러낸다. 또한 **iijjkk ⇒ aabbdd** 혹은 **iijjkk ⇒ aabbll**처럼 프레임 혼합에서 나오는 다른 가능한 답변도 많다.

끝으로 첫 번째 답변을 제외하고는 우리의 목록에 있는 모든 답변이 '**iijjkk**의 **c**를 다음 글자로 대체한다'는 단일한 프레임 혼합 방식으로 포괄된다는 점은 재미있다. 물론 이 방식은 대단히 모호하고 주관적이다. **iijjkk** 안에는 인디애나에 있는 금문교a Golden Gate Bridge만큼 **c**의 사례가 없다. 그래도 4장에서 언급한 '침 뱉기 분야의 메릴 스트립'과 '멀리거토니mulligatawny 분야의 무솔리니'보다 훨씬 덜 별난 개념인 '인디애나의 금문교'라고 얼마든지 말할 수 있다.

프레임 혼합의 강점과 약점

우리는 프레임 혼합을 본질적으로 어리석거나 혼란스러운 것으로 그리고 싶지 않다. 사실 어떤 프레임 혼합은 세심하게 기획되어 창의성과 유머를 드러낸다. **xyz**가 **dyz**로 변한 이야기가 좋은 사례다. 여기서 글자 **d**는 도자기 매장으로 이끌린 황소처럼 상당히 의도적으로 전혀 관련 없는 세계로 밀어넣어진다. 일부러 어색하게 이루어진 이 움직임은 부조리하다는 느낌 그리고 그에 따른 우스운 느낌을 준다. 이처럼 특이한 답변을 하려면 상당한 상상력이 필요하다.

그러나 프레임 혼합은 그저 어떤 것을 간과함으로써 뜻하지 않게 이루어지기도 한다. 이 경우에는 현실 세계의 딜레마에 대해 받아들일 수는 있지만 최적은 아닌 임시변통의 해결책에 더 가까워 보이게 된다. 실제로 많은 사람은 바로 이런 이유로 **wyz**가 아니라 **xyd**라는 상당히 평이한 답변을 떠올린다. 그들은 미묘한 **a**와 **z**의 상관성과 뒤이어 빠르게 연쇄적으로 일어나는 개념적 반전을 파악할 만큼 충분히 글자 열을 살피지 않는다.

또한 단지 필요한 지식이 없어서 상황이 지닌 특정 측면을 배제할 수밖에 없을 때도 프레임 혼합이 일어난다. 가령 어떤 사람이 알파벳을 알지만 셈을 할 줄 모른다면 **mrrjjj ⇒ mrrjjjj**라는 답변은 절대 떠올리지 못할 것이다. 다른 한편으로는 이미 가진 일련의 개념을 통해 **mrrjjj ⇒ mrrkkk**라는 답변은 쉽게 떠올릴 것이다. 이 답변은 통찰력 있고 적확하게 보일 수도 있지만 다른 한편으로는 대단히 두드러지는 프레임 혼합으로 보일 수도 있다(그 핵심이 알파벳이 아니라 숫자로 된 세계에서 **알파벳 다음 글자**라는 개념이 무엇을 하고 있는 것일까).

혹은 시각에 이상한 결함을 지닌 사람들이 **iijjkk**라는 글자 열을 보고 여섯 글자를 포함한다는 사실을 겨우 파악하지만 그 글자가 반복된다는 사실을 전혀 모른다고 가정하자. 그들은 "가장 오른쪽 글자를 다음 글자로 바꿔요!"라고 말하고, 그에 따라 해당 사건을 **iijjkk ⇒ iijjkl**로 정의할 수 있다. 우리에게는 이상하게 보이지만 정보가 부족했던 점을 고려하면 중요한 측면을 간과한 것을 이해할 수 있다. 그들은 확보한 정보가 부분적이고 불완전한 상황에서 최선을 다했다. 이 점은 사람들이 개념적 목록의 제한을 받지만 가능한 한 깊은 유추를 한다는 앞서 제시한 견해를 상기시킨다.

이 사례들이 인위적으로 보일 수 있지만 과학적 유추도 종종 이렇게 앞이 보이지 않는 안개 속으로 과감하게 뛰어드는 방식으로 이루어진다. 수십 년 혹은 수 세기 후에는 어떤 도약이 멍청하게 보일 수도 있다. 당대에 잘 알려진 전례에 토대를 두면서 결국에는 새로운 상황에 대단히 부적절한 것으로 드러난 여러 순진한 전제를 포함하기 때문이다. 그러나 순진성에 대한 이런 **사후** 판단은 호사이며, 소위 '때 늦은 깨달음'이라는 축복을 받았을 때에야 얻을 수 있는 지혜이다.

이 문제를 구체적으로 살펴보기 위해 17세기에 광파(빛)가 음파(소리)와 아주 유사한 것으로 가정되었던 방식을 상기해보자. 이 두 파동은 공기처럼 사방에 스며들고 탄성을 지니지만 공기보다 더 잘 스며들고 더 엷은 물질로 옮겨지는 종적 압축파로 여겨졌다. (과감한 사람은 심지어 이 모호한 물질이 '천상의 것'이라고 묘사하기도 했다!) 이 개념적 도약은 대담했으며, 수 세기 후에 드러난 대로 진실의 많은 측면을 담았다. 그러나 일찍이 빛의 속성에 대한 사람들의 인식은 소리의 세계에서 도입된 부정확한 유추로, 다시 말해서 다리 건너편에 있는 **소리** 쪽에서 도입된 부적절한 개념이 섞인 프레임 혼합으로 오염되어 있었다.

구체적으로 말해서 빛이 종적 압축파여야 한다는 생각과 전파하려면 탄성을 지닌 매체가 필요하다는 생각은 모두 소리의 사례에서 알려진 내용을 사실상 그대로 베낀 것이었다. 그러나 빛의 경우 두 가정은 틀린 것으로 밝혀졌다. 빛에 대한 이런 추측은 이후에 약간 빗나간 것으로 드러나기는 했지만, 그래도 어둠 속에서 이룬 위대하고 과감한 도약으로서 인류에게 빛의 진정한 속성을 최초로 암시했다. 단지 **일부** 내용이 틀린 것으로 드러났다고 해서 이런 과감성을 비판하는 것은 정당하지 않다. 왜 누구도 들어본 적이 없고, 실제로 당시 사람들이 사실상 상상도 할 수 없는데 **진공**을 통해 전파되는 **횡**파를 상정하겠는가? (오늘날의 관점에서 보면) 다소 조심스럽다고 해도 **이미** 이루어진 자연스러운 도약을 비판하는 것은 무의미하다. 결국 1600년대의 뛰어난 사상가들도 지금처럼 빛을 파동으로 이해하는 데 불가결한 요소인 맥스웰 방정식과 아인슈타인의 특수상대성원리를 예견할 만큼 멀리 도약하지는 못했다.

모든 시대의 위대한 과학자는 완전히 이해하지 못하는 현상에 대한 과감하지만 종종 순진한 유추를 함으로써 미지의 야생으로 들어가며, 이 프레임 혼합을 통한 유추를 할 때 거의 불가피하게 제한적 지식에서 기인하는 무관한 짐을 뜻하지 않게 가져간다. 그들은 알고 **있는** 다양한 사실들을 모은 깔끔하고 작은 '꾸러미'를 빌리고, 이 사실들을 보편적 진리로 간주하지만(혹은 오해하지만) 꾸러미에 속한 일부 사실은 이후에 새로운 현상에 적용할 수 없는 것으로 밝혀진다. 그러나 최선의 유추는 대단히 많은 진실의 일면을 포함하고 있어서 다른 영역에서 부지불식간에 도입한 여러 부정확한 가정에도 불구하고 완전히 새로운 관점을 연다. 부분적으로 통찰과 결함을 지닌 이런 종류의 유추 작용은 모든 인류의 특징이며, 다음 두 장에서 폭넓게 논의될 것이다.

우리는 프레임 혼합이 때로 활기차고 자극적인 속성 때문에 문학을 비롯한 다른 예술 영역에서 의도적으로 활용된다는 점을 추가로 언급하고자 한다. 또한 책을 읽거나 영화, 연극, 오페라를 볼 때는 독자나 관중이 여러 인물에 차례로 공감하면서 장면 안으로 자신을 투사하는 행위가 당연시된다. 이런 정신적 혼합은 빠르게 또한 종종 아무런 의식 없이 이루어지지만 드라마를 지닌 모든 작품에 감정적 의미를 부여한다. 그것이 없으면 작품은 그저 냉랭한 3인칭의 사건 나열에 불과하기 때문이다.

포코니에와 터너의 개념적 혼합

우리가 프레임 혼합이라는 개념을 제시한 이유는 그것이 인지와 관련된 많은 현상을 밝히는 엄청나게 풍부한 통찰의 원천이며, 인지과학자인 질 포코니에와 마크 터너가 동료 및 학생들과 함께 '개념적 통합'이라는 명칭 아래 훌륭하고 풍부하게 탐구하고 설명했기 때문이다. 그들은 더없이 현실적인 사례를 활용하는 만큼 종종 색다르게 보이는 놀라운 사례를 활용했으며, 어느 쪽이든 그 근본적인 중요성을 보여주면서 프레임 혼합이 인간의 사고에서 반복적으로 드러난다는 것을 증명했다.

포코니에와 터너가 《우리가 생각하는 방식The Way We Think》에서 분석한 사례

중 하나는 캘리포니아 주가 금연 캠페인을 위해 세운 입간판이다. 두 사람이 묘사한 바에 따르면 이 입간판에는 (말보로 광고에 나오는 전형적인 남자처럼) 담배를 피우며 말을 타는 거친 카우보이의 모습을 담은 커다란 사진이 나오고 아래쪽에는 크고 굵은 글씨체로 '경고: 금연은 발기부전을 초래할 수 있습니다'라는 문구가 적혀 있다. 여기서 프레임 혼합이 이루어지는 핵심적인 부분은 담배가 눈에 띄게 아래로 구부러지고 늘어져 있다는 것이다. 물론 이 경우 늘어진 담배가 발기하지 않은 성기와 유사하게 보이고, 흡연 행위가 두 가지 늘어짐을 동시에 **초래**하는 것처럼 보이는 복잡한 덧입힘이 의도된다. 이 장면에서 늘어진 담배는 정신적 오염물이며, ("때로 시가는 그냥 시가다"라는 프로이트의 유명한 주장에도 불구하고 담배가 여러 측면에서 성기와 명백하게 유사하다는 점에서) 그 늘어짐은 유사한 상황에서 빌려온 것임은 자명하다. 저열하게 보든 영리하게 보든, 이 광고가 **탁월한** 프레임 혼합을 구성하며, 그 영리한 책략 덕분에 오랫동안 담배를 피워온 몇몇 남성이 흡연을 다시 생각하게 되었다는 데에는 의심의 여지가 없다.

《우리가 생각하는 방식》에 나오는 세심한 일련의 사례는 가령 '안전한 아이', '안전한 해변', '안전한 칼' 같은 형용사와 명사의 조합처럼 평이해 보이는 작은 언어 단위에 대한 이해가 한 프레임이 다른 프레임으로 뒤섞이는 복잡한 혼합으로 가득하다는 것을 보여준다. 두 사람은 이런 구절을 만들거나 이해하는 데 필요한 유추가 대개 매우 단순하지만 상당히 미묘한 측면도 있다는 점을 밝힌다. 이 모든 유추는 반사실적counterfactual 상황을 수반한다. 가령 '안전한 해변'이라는 구절은 (아마도 무의식적으로) 해수욕을 하는 사람들이 상어나 강한 저류 등 일정한 형태의 위협을 받는 시나리오를 떠올리고, 뒤이어 실제 해변과 가상 해변을 서로 덧입혀서 그 차이를 강조하게 만든다. 저류가 있는 해변과 저류가 없는 같은 해변을 덧입히는 일보다 간단한 것이 있을까? 이런 유추는 사소해 보이지만 실제 해변을 잠시 꾸며낸 버전으로 바꾸려면 사소하지 않은 정신 작용이 필요하다.

'안전한'이라는 형용사만 화자와 청자 양쪽에서 이루어지는 무의식적 프레임 혼합에 의존하는 것이 아니라 포코니에와 터너가 보여준 '빨간', '파란'처럼 색상을 나타내는 대다수 보통 형용사도 '빨간 와인', '빨간 연필', '빨간 여우', '빨간 머리', '빨간 불' 같은 구절에서처럼 혼합을 수반한다. 더 놀라운 점은 따로 쓰이는 명사조차 의미를 파악하려면 비자발적이고 미묘한 프레임 혼합이 필요할 수도 있다는 것이다. 가령 '흠집'이라는 단어를 이해하는 일은 반드시 정상(공장에서 막 나온 새 차)과 '비정상abnorm'(사고로 변형된 차) 사이의 비교를 수반한다. 원래 차가 **어떠해야 한다**는 관념이 없고, 정상과 '비정상' 사이에 덧입힘이 이루어지지 않으면 **흠집**이라는 개념을 이해할 수 없다.

유추는 혼합과 다른가?

포코니에와 터너는 방금 언급한 것을 비롯한 여러 흥미로운 사례를 연구함으로써 세상에 대한 우리의 일상적인 이해가 프레임 혼합 혹은 우리의 용어를 쓰자면 A 상황에 속하는 요소(혹은 A의 정신적 표상)가 B 상황(혹은 그 정신적 표상)으로 그리고 그 반대로 이월되는, 무의식적으로 형성된 유추로 가득한 양상을 설득력 있게 보여준다.

포코니에와 터너가 혼합으로, 그리고 우리가 유추로 설명하는 한 사례는 **데스크**라는 관념을 컴퓨터 화면에 도입한 것이다. 우리는 이를 유추의 활용으로 설명하는 반면 그들은 개념적 혼합 혹은 '혼합된 시나리오'로 설명하며, 유추에 **토대**를 두지만 유추가 **아니**라고 주장한다. 요지는 전통적인 물리적 데스크와 화면에 나타난 이미지에 대한 지각에서 기인하는 두 가지 대상이 머릿속에서 혼합된 **혼성**hybrid 구조물이 있다는 것이다. 우리는 이 분석에 동의한다. 그러나 이런 혼성 구조물이 유추물이 아니면 무엇이란 말인가? 지난 몇 단락에서 살폈듯이 유추는 종종 별개의 상황을 머릿속에서 융합하고, 그 요소를 뒤섞는 데서 기인하는 모호한 혼합이며, 실제로 포코니에와 터너가 보여준 대로 이것이 우리가 일상적으로 실행하는 많은 유추에서 일어나는 일이다.

'유추'라는 단어가 '오염되지 않은' 덧입힘에만 적용되는 것은 아니다. 실제로 위에서 말한 대로 어떤 덧입힘이 '오염되었는지' 그리고 어떤 덧입힘이 '순수한지' 판단하는 것은 주관적인 문제가 되었으며, 어떤 상황에서 취한 관점에 좌우된다. 우리는 혼합의 존재 여부가 객관적 사실이 아니라 주관적 의견인 이유와 양상을 드러내기 위해 다음과 같은 흉내쟁이 유추 문제를 제시하고자 한다. "pqrr이 aabc ⇒ aabd와 '정확하게 같은 방식으로' 변한다면 무엇이 될까?"

한 가지 매우 매력적인 답변은 "가장 오른쪽에 있는 '글자'를 '다음 글자'로 바꾼다"는 해법을 따르는 pqrr ⇒ pqss일 것이다. 이때 '글자'와 '다음 글자'라는 용어는 모두 새로운 맥락의 요소로서 자연스럽게 그 의미가 변할 수 있다. 이는 어떤 혼합에도 오염되지 않은 완벽하게 '순수한' 답변처럼 보일 수 있으며,

실제로 우아하고 유려하게 이중 이월을 이룬다. 그러나 그보다 '더 순수하다'고 주장할 수 있는 답변이 있다. 바로 pqrr ⇒ oqrr이다.

언뜻 oqrr이라는 답변은 유별나게 보일 수 있지만 한쪽 끝에 글자 두 개를 지닌다는 흥미로운 속성, 바로 aabc와 pqrr이 모두 지닌 속성에 주의를 기울이고, 이 속성이 대단히 두드러져서(여기서 주관적 판단이 개입된다) 두 세계를 덧입힐 때 고려해야 한다고 생각**한다면**, 결국 aa를 rr에 덧입히고, 그에 따라 c를 p에 덧입히게 된다. 이 새로운 덧입힘에서 **왼쪽**과 **오른쪽**이라는 개념이 뒤집히며, 뒤이어 위에서 우리가 대단히 세심하게 분석한 xyz 문제에서처럼 **다음** 글자와 **앞** 글자라는 개념도 (다시 한 번 **왼쪽**과 **오른쪽**의 '곁다리'로서) 역할을 바꾸게 된다. 아주 어려운 이 이중의 개념적 이월은 보기에 따라 순수하고 즐겁게 받아들일 수 있는 oqrr이라는 답변을 만든다.

이 새 답변은 pqss라는 답변을 완전히 다르게 조명한다. 처음에는 명확할 뿐만 아니라 '순수하고 오염되지 않은' 것처럼 보였던 pqss는 이제 실은 초청하지 않은 침입자인 **가장 오른쪽에 있는 글자**라는 개념이 pqrr 세계로 경직되게 도입된 프레임 혼합으로 보일 것이며, 따라서 pqss라는 답변을 낳은 유추는 불명확할 뿐만 아니라 '순수하지 않고 오염된' 것처럼 보일 것이다. 그러나 aabc와 pqrr이 지닌 이중 글자 속성에 주의를 기울이는 것이 중요치 않고, 무관하며, 무의미한 호사라고 보는 사람도 있을 것이다. 그들에게 oqrr이라는 답변은 지나치게 똑똑한 사람의 방종으로 보일 것이다. pqss라는 답변은 한 세계에서 다른 세계로 어떤 개념을 경직되게 도입하는 일을 수반하지 않고, 오염의 자취를 전혀 지니지 않은 채 두 번째 세계에서 '정확하게 같은 일'을 할 뿐이다.

그래서 우리는 프레임 혼합이 유추의 객관적 속성이 아니라고 본다. 오히려 '혼합'과 '비혼합'이라는 라벨을 주어진 유추에 붙이는 선택은 종종 무의식적이며, 어떤 경우든 옳거나 틀렸다고 논리적으로나 객관적으로 증명할 수 없는 미적 선호에 좌우된다. 미적 선호는 세상을 바라보는 방식에 깊이 내재된 선입관이며, 세상 자체에 대한 사실이 아니다. 그래서 ('순수하지 않은') 프레임 혼합과 ('순수한') 유추 작용 사이에 분명하고 깔끔한 경계가 있다는 생각은 착각이다.

요컨대 우리가 보기에 프레임 혼합(혹은 포코니에와 터너의 용어로는 '개념적 혼합')은 **예외적** 유추가 아니라 **전형적** 유추다. 사실 프레임 혼합은 두 상황 사이에 놓인 정신적 다리가 지닌 하나 이상의 측면을 포착할 수 있는 흥미로운 속성을 가진 유추다. 이때 다리의 양쪽에 있는 개체 사이에는 흐릿한 경계가 존재한다. 그래서 우리가 다리의 어느 쪽에 서 있는지가 항상 확실한 것은 아니다. 포코니에와 터너의 책에 나오는 내용을 많이 반영하는 다음 사례가 이 점을 명확하게 보여준다.

아이들의 프레임 혼합

자연사 박물관을 방문한 스코트와 세 살배기 딸 엘리는 '봉고bongo'로 불리는 영양과 비슷한 포유동물 가족을 박제하여 아프리카 초원처럼 꾸민 배경에 배치한 전시물을 보고 있었다. 근처에 있는 연못처럼 보이는 것은 자세히 들여다보면 단지 투명한 플라스틱판이었다. 커다란 수컷 봉고가 머리를 연못 위로 숙인 채 막 물을 한 모금 마실 것처럼 혀를 내밀고 있었다. 여기서 인간 부녀가 나누는 대화를 들어보자.

엘　리: 저 불쌍한 아빠 봉고를 봐요. 아주 슬퍼 보여요!
스코트: 왜 슬퍼 보이니?
엘　리: 목이 너무 마른데 아무것도 마실 수 없으니까요!
스코트: 왜 마실 수가 없어?
엘　리: **죽었**으니까요!

엘리가 보인 예기치 못한 반응은 대단히 재미있다. 그러면 엘리의 머릿속에서(그리고 바라건대 이 광경을 본 모든 사람의 머릿속에서) 일어난 무의식적 유추를 살펴보자. 이 유추는 두 개의 다른 시나리오, 혹은 포코니에와 터너의 표현으로는 '정신적 공간'을 수반한다. 한 시나리오는 전시물이 의도한 **효과**를 반영한다. 그래서 이 광경에 속한 모든 것이 전혀 움직일 수 없는데도 불구하고 방문객은 초원에 있는 동물들을 보면서 지구 반대편에 자연스럽게 살아가는 모습을 상상한다. 다른 시나리오는 박물관의 전시물 자체를 반영한다. 그래서 방문객은 동물들이 아프리카의 초원이 아니라 미국 도시에 있는 건물의 한 방에 있고, 다른 동물과 나무 그리고 멀리 산맥을 보여주는 배경 풍경이 단지 벽에 그려진 그림일 뿐임을 잘 알며, 자세히 들여다보면 연못이 단지 플라스틱판에 불과하다는 것도 알 수 있다. 다만 벽에 그려진 그림은 초원의 풍경과 **유사**하며, 플라스틱판은 연못과 **유사**하다.

그러나 봉고 가족은 다른 층위에 있다. 모든 봉고는 3차원이며 실물 크기이다. 그래서 플라스틱 연못과 그려진 초원이 가짜로 보여도 봉고는 계속 진짜처럼 보인다. 실제로 그들은 한때 살아 있었기 때문에 **진짜이거나** 적어도 전시물의 다른 요소들보다 훨씬 더 현실에 가깝다. 그래서 나머지 전시물이 모조물로 무너질 때에도 봉고는 어딘가 참되고 실제적인 것으로 남는다.

관람객은 (그려진 산, 플라스틱 연못, 박제된 봉고 그리고 아무런 움직임이 없는) 인위적 풍경을 아프리카의 풍경에 수월하게 덧입히며, 어떤 인위적 측면도 유추적 다리를 건너서 유추의 반대편을 오염시키도록 허용치 않는다. 즉 이 유추에 속하는 박물관 전시물 쪽에서는 어느 것도 아프리카 초원 쪽으로 새어 들어가지 않는다. 이렇게 전시물을 바라보는 바람직한 방식은 종종 '불신의 유예suspension of disbelief'로 불린다. 그러나 박물관 직원들이 최선을 다하는데도 이런 오염이 특정 방문객, 특히 어린 방문객의 머릿속에서 일어날 수 있다.

그래서 엘리가 아빠 봉고를 가여워하는 말을 들을 때 우리는 물을 마시지 못하는 이유를 묻는 아빠의 물음에 어떻게 대답할지 예상한다. 당연히 엘리는 연못이 물을 담지 않은 **가짜** 연못, 플라스틱으로 된 **비**연못non-pond이기 때문이라고 대답할 것이다. 불쌍한 아빠 봉고! 우리는 엘리가 유추에 속한 박물관 전시물 쪽이 아프리카 초원 쪽을 오염시키게 할 것임을 멀리서부터 볼 수 있다.

실제로 엘리는 그렇게 하지만 "**죽었**으니까 물을 못 마시죠!"라고 말함으로써 우리의 허를 찌른다. 그렇다면 **이** 생각은 어디서 나온 것일까? 불과 바로 전에 엘리는 아빠 봉고가 물을 마시고 싶어 한다고 말했다. 그러나 죽었다면 어떻게 물을 마시고 싶어 하거나 어떤 느낌을 가질 수 있을까? 아빠 봉고가 실제로 죽었다면 엘리는 전혀 안타깝게 생각할 이유가 없다. 전체 풍경에 생명이나 갈망이 없기 때문이다. 요컨대 엘리는 일거양득을 누리고 있다. 엘리에게 아빠 봉고는 살아 있는 동시에(갈망으로 가득하며 유추에 속한 아프리카 초원 쪽의 일부) 죽은 존재다(감각이 없고 유추에 속한 박물관 전시물 쪽의 일부).

이는 우리가 매를 맞아 아프다고 느끼는 피상적인 생각에 의해 예민한 통찰이 순간적으로 따라나오는 지점에서 xyz ⇒ dyz라는 어지러운 흉내쟁이 답변을 연상시킨다. 이런 사고방식은 심한 혼란을 드러내어 종종 웃음을 자아낸다. 실제로 이 일화를 들려주면 사람들은 여지없이 웃음을 터트린다.

이 이상하고 혼란스러워 보이는 관념의 혼합은 우리에게 그다지 놀랍지 않을 것이다. 아이들은 계속 온갖 종류의 물건이 **사실은** 그 대상이 아니라는 것을 잘 알면서도 아주 다른 대상인 것처럼 가지고 놀기 때문이다. 아이들은 어른보다 훨씬 더 이런 공간의 중첩 속에서 살아가며, 그래서 눈앞에 보이는 대상에 대한 두 가지 층위의 해석을 끊임없이 오가는 데 익숙하다. 놀이 중인 아이에게 나무토막은 쉽게 말을 탄 기사가 되고, 휴지통은 쉽게 그 기사가 돌격하는 성이 된다. 물론 이 아이는 사실 그것들이 나무토막과 휴지통임을 잘 알며, (가령 휴지통이 넘어져서 휴지가 쏟아지는 바람에 다시 넣어야 할 때처럼) 즉시 그 정신적 공간으로 옮겨갈 수 있지만 실제처럼 꾸며서 노는 설정에서는 어렵지 않게 이 지식을 어떻게든 구획화할 수 있다.

그러나 엘리가 한 말은 아이들이 표준적으로 하는 일반적인 즉각적 전환을 훌쩍 넘어서서 모든 예상을 무너트린다. 이는 마치 나무토막과 휴지통을 갖고 노는 아이가 "기사는 성 위로 뛰어오르고 싶지만 할 수 없어서 슬퍼!"라고 말하는 것과 같다. 그럴 수 없는 이유를 물을 때 우리는 이런 종류의 설명을 예상한다. "성에 지붕이 없어서 그 안으로 떨어지면 갇히니까요!" 이 대답은 휴지통의 실제 형태와 성이 되는 놀이 세계에서 의도한 기능을 멋지게 혼합한다. 그러나 아이는 이런 대답으로 우리를 놀래킨다. "말이 전혀 뛰지를 못하니까 슬프죠. 이건 그냥 시시한 **나무**토막인 데다가 내 **손** 크기밖에 안 돼요! 절대 성의 지붕까지 뛰어오를 수 없어요!"

프레임 혼합은 유추이며, 유추는 종종 프레임 혼합이다

지금까지 우리는 앞서 흉내쟁이라는 미소 세계에서 제시한 사례 외에도 다시 검토하면 쉽게 프레임 혼합으로 볼 수 있는 수많은 일상적인 유추를 논의했다. 가령 어떤 사람이 열차에서 복도 건너편 자리를 가리키며 "그때 그 수다쟁이가 바로 **저기** 앉았어!"라고 말한 이야기를 떠올려보라. 다른 날에 운행되는 두 열차 사이의 유추 덕분에 두 프레임이 융합되고 혼합된다. 효율적인 의사소통을 위해 진실은 허위와 유추 그리고 혼합을 뒤섞는 전략을 통해 전달된다.

또 다른 프레임 혼합은 4장에서 태양과 지구 그리고 달이 관련된 월식을 전등과 오렌지 그리고 탁구공이 있는 유사한 상황과 비교했을 때 이루어졌다. 오렌지 위에 있는 개미가 '하늘'에서 벌어지는 전체 사건을 바라본다는 생각을 더했을 때 이 비교는 프레임 혼합이 되었다. 우리가 이 광경을 1억 배로 확대시키도록 제안했을 때 이 비교는 한층 더 혼합이 되었다. 거대한 전등이 우주 공간에서 허공에 떠 있는 (지구 크기의) 거대한 오렌지를 비추는 가운데, 그 껍질 위에 (에베레스트보다 100배 더 큰) 엄청나게 거대한 개미가 서서 거대한 탁구공이 어두워지는 모습을 두려움 속에 바라보는 이미지는 전형적인 프레임 혼합이다.

우리가 논의한 다른 프레임 혼합은 비슷한 일자리를 가졌거나 비슷한 곳에서 일하는 친구에 자신을 덧입혀서 일자리 제안을 받아들일지 결정하는 양상이다. 우리는 유추를 할 때 불가피하게 자신이 가진 일부 측면을 친구라는 모델에, 혹은 친구가 가진 일부 측면을 자신이라는 모델에 혼합하여 이도저도 아닌 가상의 혼성 인물을 만들어낸다.

앞서 지적한 대로 프레임 혼합이 항상 '오염되거나' '결함이 있는' 사고방식인 것은 절대 아니다. 실제로 현실 속 사람들을 머릿속에서 혼합한 가상의 인물은 일상적 유추에서 흔하다. 가령 우리는 마크가 베이징 올림픽 수영 경기 소식을 알리는 신문 기사를 읽으면서 자신을 마이클 펠프스와 비교하고, 자신이 펠프스라면(혹은 아니라면) 어떨지 상상한 내용을 설명했다. 이때 그는 **자신을** 2008년 올림픽 경기에 뒤섞고, 수영장의 물과 경쟁에 따른 흥분을 느끼고, 가상의 대입 작업을 위해 나이와 운동 능력을 조정한다. 그는 이 유추를 통해 머릿속에서 자신과 펠프스가 복잡하게 뒤섞인 혼합물을 만들어냈다.

프레임을 혼합하는 더 복잡한 유추 사례를 살피기 위해 어떤 여성이 남편의 무례한 말에 화가 나서 접시를 들었다 다시 놓으면서 "우리 엄마였다면 이걸 너한테 던졌을 **거야!**"라고 말하는 경우를 고려해보자. 이 경우 암묵적인 유추가 지금 벌어진 싸움과 아내가 어린 시절에 목격한 부모의 수많은 싸움을 잇는다. 그녀는 (실제보다 훨씬 젊은) 엄마가 이 남자(혹은 그와 아버지가 혼합된 존재)와 결혼한 상태로 이 방에서 실제로 접시를 던지는 모습을 상상한다. 다른 한편 모든 억눌린 분노는 방금 일어난 싸움에서 기인했다. 그래서 접시를 던지는 가상의 인물은 엄마인 것만큼 그녀 자신이기도 하다. 그녀는 현재 벌어진 싸움을 새롭게 조명하기 위해 대조되는 점을 비롯한 두 결혼 사이의 자연스럽고 유혹적인 유추를 활용한다. 그래서 잠시 자신을 엄마와 혼합하고 **실제로** 접시를 던지는 자신의 다른 버전을 상상한 다음 이 시나리오를 남편에게 말함으로써 적어도 약간의 화를 푼다.

기계 번역이라는 꿈

어떤 책을 한 문화에서 다른 문화로 옮기는 행위는 수많은 프레임 혼합을 수반할 수밖에 없다. 가령 미국에서 쓴 소설을 중국어로 번역한다고 가정해보자. 소설에 등장하는 모든 인물이 모르는 언어를 유창하게 말하게 될 뿐만 아니라 소설에 나오는 단어가 가리키는 모든 개념이 중국 독자의 머릿속에 있는 다른 '정원'에서 자라게 된다. **도시, 자전거, 집, 가게, 강, 산, 시, 쓰기, 단어, 눈, 머리** 같은 개념이 (축어적 번역을 통해) 미국 문화에서 중국 문화로 옮겨질 때 일어날 일을 생각해보라. 중국과 미국의 경우 각각의 범주에서 '구도심'을 형성하는 중심 요소가 명백하게 많이 다르다. 그 결과 중국 독자는 중국어로 된 해당 소설을 읽을 때 자동적으로 그리고 무의식적으로 특정한 중국식 선입관을 적용한다. 그들은 (사건이 일어나는) 미국과 (개념이 형성된) 중국을 미묘하게 혼합하여 장소와 사건을 상상한다. 물론 모든 두 개의 언어를 번역할 때 같은 일이 일어난다. 원래 작품의 일부는 계속 남지만 다른 부분은 왜곡될 수밖에 없기 때문이다.

방금 설명한 복잡한 측면에도 불구하고 번역을 기계적인 활동으로 보는 사람들이 있다. 실제로 60여 년 전에 기계 번역이라는 아이디어가 처음 제기되었는데, 당시에는 타당하고 비교적 간단해 보였다. 가령 유명한 수학자로서 해당 분야를 창시한 사람 중 한 명인 워런 위버Warren Weaver는 이런 글을 남겼다. "러시아어로 된 기사를 보면 '이건 원래 영어로 쓰인 것인데 다른 이상한 기호로 암호화되었어. 지금부터 코드를 해독할 거야'라는 생각이 들어."[37] 이 우스운 진술은 기계 번역에 내재된 신조, 즉 번역은 근본적으로 메시지를 구성하는 기호를 정해진 대응표에 따라 하나씩 다른 기호로 대체하기만 하면 되는 환자식換字式 암호를 사용하는 것과 유사한 '해독' 행위라는 신조를 표현한다. 구체적으로 말하자면 모든 글자를 다음 글자로 대체하여 메시지를 암호화할 수 있다. 그러면 대개 'Gpvs tdpsf boe tfwfo zfbst bhp'처럼 판독할 수 없는 텍스트가 나온다. 그다음 이렇게 암호화된 메시지를 해독하려면 역변환을 하여 모든 글자를 앞 글자로 대체하면 된다. 이 경우 에이브러햄 링컨이 한 유명한 게티즈버그 연설의 첫 구절, "Four score and seven years ago(어언 80 하고도 7년 전에)"가 나온다.

기계 번역의 초창기 언어 간의 번역은 위에 나온 내용과 같지만 글자가 아니라 단어를 조작하며, 대응표가 26개 항목으로만 구성되지 않고 각 단어에 해당하는 다른 언어로 된 **유일한** 단어를 제시하는 방대한 2개어 사전인, 단지 규모가 더 큰 과정으로 여겨졌다. 또한 끝으로 두 언어 사이의 문법적 차이에서 기인한 어색함을 없애기 위해 거의 확실하게 나올 뒤섞인 단어의 순서를 두 언어의 문법을 고려한 복잡하지만 직접적인 기계적 재배열 과정을 통해 바로잡을 수 있을 것으로 여겨졌다.

이 대체 및 재배열 과정은 의미적 대응표를 구성하는 단위가 종종 개별 단어 수준보다 다소 높은 수준이어서 숙어구나 다른 큰 덩어리를 포함할 수 있다는 점을(가령 나눌 수 없는 덩어리인 'to be under the weather (몸이 좋지 않다)'는 프랑스어로 바꾸면 'ne pas être dans son assiette'가 되며, 그 축어적 의미는 '자기 접시에 있지 않다'이다) 제외하면 현재 이루어지는 기계 번역을 위한 노력까지 뒷받침하는 가장 흔한 원리로 남아 있다. 실제로 컴퓨터는 수백만 개의 대응구를 포함하는 2개어 데이터베이스를 아주 빠르게 샅샅이 훑어서 원래 A 언어로 쓰인 구절이나 문장 혹은 단락을 B 언어로 '해독'하는 (어떤 의미에서) '최선'의 정렬을 찾아낸다.

우리는 세계에서 가장 쉽게 활용할 수 있는(그리고 아마도 가장 정교하기도 한) 기계 번역 '엔진'이 링컨이 말한 "어언 80하고도 7년 전에"라는 구절을 어떻게 번역하는지 살펴서 이 전략의 유효성을 시험할 것이다. ('엔진'이라는 용어는 19세기에 영국에서 초기 컴퓨터를 개발한 위대한 개척자로, '해석 기관Analytical Engine'이라고 부른 현대 컴퓨터의 중요한 전례를 발명한 찰스 배비지Charles Babbage에게 바치는 경의의 표시다.) 우리는 이 구절을 프랑스어로 번역하도록 구글 엔진에 입력했으며, 구글 엔진은 순식간에 'Quatre points et il ya sept ans'라는 구절을 제시했다. (이상하게도 'ya'는 프랑스어 단어가 아니지만 어쨌든 구글 엔진이 제시했다.) 우리는 이 프로그램이 자신의 출력 결과를 어떻게 이해하는지 시험하려고 ('ya'를 바꾸지 않은 채) 이 구절을 엔진에 입력하고 후진 기어를 넣었다. 그러자 즉시 'Four points and seven years ago'가 튀어나왔다(이 영리한 엔진은 단어가 아닌 'ya'에 전혀 걸려 넘어지지 않았다). 이 번역 엔진이 어떻게 'four score'에서 'four points'를 도출했을지 얼마든지 상상할 수 있지만 그 추측의 타당성과 관계없이 출력 결과는 프랑스어든 영어든 말이 되지 않는다.

우리는 한 번이 아니라 여러 번 이 실험을 했으며, 프랑스어 출력 결과가 전혀 안정적이지 않다는 사실을 발견했다. 그래서 더 나은 경우도 있었고 아닌 경우도 있었다. 어느 경우든 앞서 인용한 최초의 출력 결과가 한 번 이상 다시 등장했다. 같은 번역 엔진에게 링컨이 말한 구절을 독일어로 바꾸도록 하자 "Vier der Gäste und vor sieben Jahren(Four of the guests and seven years ago)"라는 결과를 돌려주었다. 'score'가 어떻게 'guests'로 바뀌었는지는 알 길이 없다. 다른 한편 스페인어 번역으로는 "La puntuación de cuatro y siete años atrás(The grade of four and seven years back, 여기서 'grade'는 '학년'을 뜻한다)"를 제시했다.

이 번역 엔진에는 의미라는 관념이 없다. 그래서 입력되는 정보를 **이해**하려는 것이 아니라 단지 그것을 구성하는 기호를 조작할 뿐이다. 그런 의미에서 구글 번역 엔진이 실행하는 작업은 실로 어떤 방식으로든 의미를 전혀 수반하지 않는 환자식 암호를 이용한 암호화 작업 및 해독 작업과 비슷하다. 이는 바로 워런 위버가 60년 전에 제시한 시각이다. 그가 가진 비전은 생각을 하지 않고 의미를 무시해도 모든 두 개의 언어 사이를 오갈 수 있도록 해주는 기계적 대체 과정에 대한 것이었다.

《여러 나라 말 앨리스Alice in Many Tongues》라는 책을 쓴 사람이 어떻게 번역에 대하여 이처럼 단순한 시각을 내세울 수 있는지 추측하기는 어렵다. 이 책은 루이스 캐럴이 쓴 말장난으로 가득한 《이상한 나라의 앨리스》에 나오는 까다로운 구절들이 어떻게 창의적인 번역가들에 의해 프랑스어, 이탈리아어, 독일어, 덴마크어, 스웨덴어, 스페인어, 러시아어, 폴란드어, 헝가리어, 히브리어, 스와힐리어, 피진 영어Pidgin English, 일본어, 중국어로 번역되었는지 애정 어린 어조로 논의하는 재미있는 짧은 연구서다. 이 책에서 워런 위버는 탁월한 번역가들이 희화화된 시, 말장난, 난센스 구절 그리고 형식과 내용이 깊이 뒤얽힌 다른 방식 같은 복잡한 과제를 어떻게 다루었는지 면밀하게 살피며, 경의를 담아서 일부 번역가들이 찾아낸 명민한 해법에 담긴 수완을 설명한다. 그는 고급 번역은 전혀 기계적이지 않다는 점을 거듭 지적하고, 그 과정에서 번역은 절대 '기계적 해독' 과정과 비슷하지 않으며, 창의적이고 새로운 유추를 계속 발견하는 일을 요구한다는 사실을 여러 차례 지적한다. 사실 그의 책에 담긴 메시지는 번역이 평생에 걸쳐 쌓은 경험과 지적 자원의 우물 깊은 곳에서 A 언어로 쓰인 문자 열에 맞는 B 언어의 적절한 유사물을 끌어올리는 일에 결정적으로 의존한다는 것이다.

기계 번역이라는 꿈은 부화한 지 겨우 몇 년 만에 이미 근본적인 문제에 부딪히기 시작했다. 많은 회의론자가 이 문제를 명확하게 밝혔다. 아마 그중에서도 가장 큰 목소리를 낸 사람은 해당 분야에서 초기에 열정적인 연구를 한 논리학자 예호수아 바 힐렐Yehoshua Bar-Hillel일 것이다. 1950년대 중반에도 이미 번역을 '기계적'이거나 '알고리즘적' 과정으로 보는 관념에 대해 깊은 회의가 존재했으며, 이 회의는 방금 보았듯이 지금도 여전히 타당하다.

좋은 유추가 좋은 번역을 만든다

그렇다면 링컨의 유명한 연설 첫 부분을 어떻게 번역해야 할까? 가령 프랑스어로 번역하려 한다고 가정하자. 일단 무슨 의미인지 아는 것이 도움이 된다. 그러면 우선 score가 스무 개의 대상으로 구성되므로 'four score'는 '80'을 뜻할 것이고, 'four score and seven'은 '87'을 뜻할 것이다. 이를 프랑스어로 말할 수 있을까? 그렇다. 다행히 강력한 수학적 전통을 지닌 프랑스는 'eighty-seven'을 말하는 방법이 있다. 바로 'quatre-vingt-sept'이다. 또한 'years'는 'ans'라고 말하며, 'ago'는 단지 맨 앞에 'il y a'를 넣으면 된다. 그래서 작은 부분들을 합치면 'Il y a quatre-vingt-sept ans'가 된다. 이것으로 다 되었다!

그러나 한 가지 문제가 있다. 링컨이 말한 'four score and seven'이라는 구절은 영어로 'eighty-seven'을 말하는 일반적인 방식이 아니라 해당 수치를 바라보는 다소 이상한 방식에 기초한 특별한 방식이며, 더 중요하게는 분명한 시적 울림을 지닌다. 이는 모두 링컨이 말한 구절이 지닌 핵심 속성이므로 번역을 할 때 이를 보존해야 한다.

마침 놀랍게도 'eighty'에 해당하는 프랑스어 단어는 'huit'('eight'에 해당하는 프랑스어 단어)가 아니라 'quatre', 'vingt'('four', 'twenty')라는 단어에 기초한다. 그래서 'eighty'에 해당하는 표준 프랑스어 단어인 'quatre-vingts'는 실제로 'four twenties'를 뜻한다! 그래서 'Il y a quatre-vingt-sept ans'('Four-twenty-seven years ago')는 하늘에서 떨어진 이상적인 해결책처럼 보인다. 얼마나 운이 좋은가! 게티즈버그 연설이 1843년에 이루어졌다면(그랬다면 많은 역사학자가 혼란스러워했을 것이다) 이 해결책은 통하지 않을 것이다. 'three score and seven'은 프랑스어로 'trois-vignt-sept'로(즉, 'three-twenty-seven'으로) 표현되지 않고 'soixante-sept'로(즉 대단히 축어적으로 'sixty-seven'으로) 표현되기 때문이다.

언뜻 이 행운 덕분에 실제로 일이 끝난 것처럼 보이지만 이는 성급한 결론이다. 영어 사용자가 'forty'에서 'for'와 'tea'라는 단어를 듣지 않거나, 같은 맥락에서 'hundred'에서 몽골 침략자들이 불러일으키는 공포에 대한 암시('훈족hun'과 '공포dread'–옮긴이)를 감지하지 않듯이 프랑스어 사용자는 거의 절대로 'quatre-vingts'에서 'quatre'와 'vingt'를 인지하지 않는다. 영어 사용자에게 'quatre-vingts'가 적절한 산술적 의미로 가득하고, 동시에 고풍스럽고 시적인 향취를 풍긴다고 해도 이는 프랑스어 사용자에게 아무 해당 사항이 없다. 그들에게는 단지 70과 90의 중간에 있는 일상적이고 평범한 단어일 뿐이다. 반면 영어 사용자에게 링컨이 말한 구절은 약간의 세심한 계산을 요구하며, 시적이고 고귀한 울림을 준다. 따라서 다른 언어로 그 핵심을 담아내려면 무조건 흔한 표현을 피해야 한다. 이는 처음에 우리가 큰 행운으로 여겼던 것이 실은 위장된 저주였다는 것을 뜻한다! 그래서 우리는 다시 원점으로 돌아가게 된다.

우리의 목표는 높은 수준의 모방자가 되는 것, 말하자면 '링컨이 한 일을 하는 것'이며, 링컨이 한 일은 영어에서 80을 **8 열 개**eight-tens로 보는 표준적인 시각을 색다르고 인상적인 **20 네 개**four-twenties로 보는 시각으로 대체한 것이다. 이 시점에서 반전 유추를 사용하는 것, 즉 80을 **20 네 개**로 보는 프랑스어의 표준적인 시각을 색다르고 인상적인 **8 열 개**로 보는 시각으로 교체하는 것이 명백한 해법으로 보일 수 있다. 실로 이는 흉내쟁이에서 **xyz**를 **abc**의 거울상으로 보는 우아한 관점 반전을 연상시킨다. 그리고 실제로 (근본적으로 'eight-ty'를 뜻하는) 'huitante'라는 단어는 프랑스어에서 색다르기는 하지만 스위스에서는 'quatre-vingts' 대신 흔히 쓰이며, 지금은 거의 쓰이지 않지만 프랑스어를 쓰는 일부 지역에서는 'eighty'에 해당하는 방언으로서 'octante'라는 훨씬 더 색다른 단어를 쓴다. 그렇다면 이 드문 프랑스어 단어 중 하나로 'eighty'를 나타내면 어떨까? 불행하게도 'Il y a huitante-sept ans'와 'Il y a octante-sept ans'라는 구절은 대다수 프랑스어 사용자에게 시적이고 고상하게 들리기보다 그저 유별나게 들릴 뿐이다. 그래서 링컨이 말한 고상한 구절에 대한 번역으로는 대단히 부족하다. 이 경우 종종 영리한 아이디어인 반전 유추는 통하지 않는다.

그렇다면 우리는 분명히 더 깊은 차원에서 링컨이 말한 구절과 유사한 프랑스어 구절을 찾아야 한다. 'four score and seven years ago'라는 시적인 구절에 해당하는 프랑스어 구절은 무엇일까? 여기서 실패로 돌아간 모든 시도를 일일이 나열하지는 않겠다. 다만 우리는 흔한 프랑스어 단어인 'douzaine'을 쓰는 'seven dozen and three years ago'라는 관념을 탐구하는 일부터 시작했다. 그러나 이 시도는 적어도 ('douzaine'과 유사하지만 대상 열 개만 나타내는) 프랑스어 단어, 'dizaine'을 쓴다는 긴밀하게 연관된 생각을 활성화하기는 했지만 무엇보다 너무 많은 계산을 수반하기 때문에 원본과 충분히 유사하게 보이지 않았다. 그리고 다시 한 번 'il y a huit dizaines et sept ans'는 우리에게 바보같이 들리기는 했지만 (dozen과 같지만 대상 **서른 개**를 수반하는) 'trentaine'이라는 단어를 연상시켰다. 그래서 'eighty-seven'은 'trois trentaines moins trois'('three thirties minus three')로 표현할 수 있었다. 그러나 이 시점에서 우리의 번역은 산수 문제 혹은 쉽게 발음하기 어려운 말놀이tongue-twister에 너무 가까워지고 있었다. 이는 절대 우리의 목표가 아니었다!

결국 우리에게 떠오른 생각은 프랑스어에 ('vingt'에 기초하며 스무 개짜리 대상 모음, 다시 말해서 score를 뜻하는) 'vingtaine'이라는 단어가 있다는 것이었다. 그래서 우리는 마침내 'Il y a quatre vingtaines d'années, plus sept ans'이라는 번역을 얻었다. 이 번역은 훨씬 더 유망하지만 그래도 그 향취가 원본이 지닌 향취와 충분히 유사하지 않다. 산술 연산인 'plus'를 명시적으로 언급하는 것이 마치 링컨이 'four score **plus** seven years ago'라고 말한 것처럼 너무 투박하기 때문이다. 그러나 결국 우리는 다음과 같이 약간의 조정을 통해 어조의 고상함을 더할 수 있었다. 'Voici quatre vingtaines d'années, et encore sept ans……'('Four score years ago, and yet seven more……(어언 80년 그리고 7년도 더 전에)'). 우리는 함께 찾아낸 이 구절을 상당히 자랑스럽게 생각했다.

번역가인 친구가 우리에게 제안한 또 다른 아이디어는 'lustre'라는 시적 단어를 활용하는 것이었다. 대다수 프랑스어 사용자는 이 단어가 단지 '오랜 시간'을 뜻한다고 생각하지만 5년 단위의 시간을 뜻하기도 한다. 이 사실 덕분에 우리의 친구는 링컨의 찬란한 말을 대단히 거창하고 고상한 향취를 풍기는 'Voici seize lustres et encore sept ans'('Sixteen lustres and seven years ago')으로 옮길 수 있었다. (물론 그는 'Seventeen lusters and two years ago......'라고 말할 수 있었지만 이것이 개선된 내용인지는 명확하지 않다.)

기계 번역의 잠재적 진보

앞선 일화는 워런 위버가 쓴 책 《여러 나라 말의 앨리스》의 전반에 스민 논지, 즉 번역을 잘하려면 유추를 활용해야만 한다는 논지를 입증한다. 가능한 유추물을 떠올린 다음 그 적절성을 판단하려면 삶의 경험을 비롯한 정신적 자원의 전체 목록을 면밀하게 활용해야 한다.

기계 번역이 이런 일을 할 수 있을까? 훗날 컴퓨터 프로그램이 높은 수준의 기교를 발휘하면서 번역을 할 수 있을까? 수십 년 전에 당시 결과물의 낮은 수준에 자극받은 일부 기계 번역 연구자들이 해당 분야에서 구축한 방법론(대개 단어 짝짓기 및 문법적 규칙)에 의문을 제기하면서 다른 영역을 탐구하기 시작했다. 그에 따라 상당한 기세로 등장한 것이 오늘날 기계 번역이라는 과제를 해결하는 데 사용되는 가장 중요한 전략이 된 **통계적** 번역이라는 아이디어다.

이 접근법은 통계에 기초한 근거 있는 추정을 활용하는 데 토대를 둔다. 모든 추정이 기초하는 데이터베이스는 전문가들이 세심하게 번역한 2개어 텍스트의 거대한 보고로 구성된다. 그 전형적 사례는 법규에 따라 영어와 프랑스어로 모두 제공되어야 하는 수십 년 동안 쌓인 캐나다 의회 의사록이다. 이런 데이터베이스는 활용하는 방법만 안다면 언어적 정보를 담은 놀라운 보물창고가 될 수 있다.

통계적 기계 번역의 기본적인 아이디어는 주어진 구절에서 어떤 의미덩이chunk가 나타나는 **맥락**을 활용하여 입력 텍스트(가령 번역할 텍스트)에 있는 해당 **'의미덩이'**(즉 한 단어나 여러 단어로 된 마디)가 지닐 수 있는 수많은 의미 중에서 하나를 고르는 것이다. 가령 번역 엔진이 영어에서 프랑스어로 번역을 한다고 가정하자. 번역할 영어 의미덩이는 2개어 데이터베이스의 영어 쪽에 속한 수천 가지 다양한 맥락에서 나타날 수 있지만 그중 소수의 맥락(가령 수십 개)만 원래 맥락과 충분히 '비슷한' 것으로 드러날 수 있다(여기서 '유사성'은 복잡한 통계적 계산을 통해 결정된다). 통계적 유사성을 토대로 범위를 좁히는 이 단계가 핵심에 해당한다. 인간이 번역한 2개어 데이터베이스에서 이 비교적 적은 각각의 영어 맥락은 부합하는 프랑스어 맥락과 정렬된다. 그에 따라 번역 문제는 단순히 이 소수의 프랑스어 맥락에 부합하는 의미덩이를 찾는 일로 축소된 것처럼 보인다. 그러나 불행하게도 이런 시각은 지나치게 낙관적이다. 대개 프랑스어 맥락에서 정확하게 부합하는 의미덩이가 하나만 있는 것이 아니라 경쟁하는 몇 개의 후보 의미덩이가 있을 수 있다. 그래서 좋은 후보를 고르려면 근거 있는 추정(가령 세부적인 내용은 여기서 다루지 않을 추가적인 통계적 계산)을 해야 한다. 결과적으로 이렇게 인간이 번역한 방대한 양의 텍스트를 토대로 집중적인 계산을 하는 방식을 통해 영어 의미덩이와 '아마도 가장 비슷할' 프랑스어 의미덩이가 출력되는 프랑스어 단어의 흐름에 삽입된다.

우리가 방금 묘사한 과정을 설명하는 한 가지 방식은 번역 알고리즘이 정교하고 고도로 효율적인 일련의 연산을 통해 반복적으로 관련된 2개어 **텍스트 사이에서 유추를 한다**는 것이다. 이는 대단히 가능성이 높아 보이지만 백문이 불여일견이라는 말처럼 지금부터 그 사례를 살펴보도록 하자. 이를 위해 우리는 (하나는 오래된 전략을 쓰고, 다른 하나는 새로운 전략을 쓰는) 두 가지 기계 번역 프로그램이 짧은 프랑스어 텍스트를 다루는 양상을 자세히 분석할 것이다. 우리가 분석할 구절은 문학평론가인 베르트랑 푸아로 델페시Bertrand Poirot-Delpech가 소설가 프랑수아 사강Françoise Sagan의 죽음을 맞아 2004년 9월에 명망 높은 전국지인 《르몽드》에 기고한 부고 기사에서 발췌한 것이다. 우리가 선택한 문단은 우아하고 영감을 불러일으키지만 프랑스어 사용자라면 누구나 쉽게 이해할 수 있는 표준 프랑스어로 쓴 것이다. 우리가 이 문단을 선택한 이유는 어렵기 때문이 아니다. 실제로 이 글에서 번역가가 빠질 수 있는 '덫'의 밀도는 《르몽드》에 실리는 전형적인 기사의 경우보다 높지 않다.

먼저 프랑스어 원문을 제시하고 그 직후에 구글의 번역 엔진이 제공한 번역을 제시할 것이다. 당시 구글 엔진은 원래의 '위버식' 기계 번역 원리, 즉 방대한 온라인 사전을 검색한 다음 문법적 '보완patching'을 통해 개선한다는 원리를 따랐다.

2004년 9월 《르몽지》에 실린 원문

Parfois, le succès ne fut pas au rendez-vous. On a beau y penser très fort, le bon numéro ne sort pas forcément. Sagan prenait les échecs d'auteur dramatique comme les revers de casino, avec respect pour les caprices de la banque et du ciel. Il faut bien perdre un peu, pour mieux savourer la gagne du lendemain. Qui ne l'a pas vue 《récupérer》 en quelques quarts d'heure les pertes de toute une nuit ne peut comprendre comme c'est joyeux de narguer le sort.[38]

2004년 9월 구글 번역 엔진이 번역한 내용

Sometimes, success was not with go. One thinks of it in vain very extremely, the good number does not leave inevitably. Sagan took the failures of dramatic author like the reverses of casino, with respect for the whims of the bank and the sky. It is necessary well to lose a little, for better enjoying gains it following day. Who did not see it "recovering" in a few fifteen minutes the losses of a whole night cannot include/understand as they is merry of narguer the fate.

이 내용을 보면 '해독' 기술, 즉 기계 번역에 대해 애초에 가졌던 낙관적인 비전의 이면에 놓인 기술이 완전히 부적합하다는 사실이 명백해진다. 번역 엔진이 내놓은 출력 결과가 영어 사용자에게는 거의 말이 되지 않기 때문이다.

이 문단에서 구글 번역 엔진이 모호하다고 간주하여 마치 전체 문단에서 번역가가 적절한 영어 단어를 찾는 데 어려움을 겪을 유일한 지점이라는 듯이 빗금으로 나누어서 두 가지 가능한 해석을 제시한 유일한 프랑스어 단어가 'comprendre'였다는 것은 아이러니하다. (말미에 나오며 대략 '비웃다'라는 뜻을 지닌 프랑스어 단어, 'narguer'는 구글 번역 엔진의 온라인 사전에 등재되지 않아서 그냥 그대로 남았다.) 이 사례는 2004년 가을에 기계 번역이 이른 수준이 어느 정도인지 감을 잡게 해준다.

그러면 이제 2009년 봄으로 빨리 감기를 해보자. 당시 구글의 번역 엔진 개발자들은 통계적 기계 번역이라는 새로운 아이디어로 전략을 획기적으로 전환했다. 그래서 새 엔진은 명칭 외에는 이전 엔진과 거의 공통점이 없었다. 방금 확인한 대로 과거 방법론의 부적합성을 감안할 때 이는 현명한 결정처럼 보일 수 있다. 바로 본론으로 들어가서 완전히 달라진 번역 엔진이 제시한 출력 텍스트를 살펴보자.

2009년 4월 구글 번역 엔진이 번역한 내용

Sometimes, success was not there. It was nice to think very hard, the proper number does not necessarily spell. Sagan took the failures as a dramatist such as backhand casino, with respect to the whims of the Bank and the sky. It must be losing a little, better enjoy the gains overnight. Who did not see "recover" in a few minutes lost a whole night can not understand how happy it is the sort of taunt.

이는 어떤 의미에서는 영어지만 여전히 말이 안 되는 영어다. (가령 **backhand**

casino가 대체 무엇일까? 또한 왜 'the proper number'가 반드시 spell하는 것은 아닐까? 또한 왜 아주 열심히 생각하는 것think very hard이 '좋았던nice' 것일까? 그리고 그런 종류의 비웃음the sort of taunt이 얼마나 행복할how happy 수 있는 것일까?) 요컨대 이 결과도 2004년보다 두드러지게 나아진 점은 거의 없다.

이 단락을 정리하기 위해 마지막 번역본을 제시하겠다. 이 번역본은 우리가 함께 번역한 것이며, 실제로 위에 나온 사망 기사를 미국 신문에 싣기 위해 번역해달라는 요청을 받았을 때 제시할 내용이다.

두 저자가 번역한 내용

Sometimes things just didn't work out right; no matter how hard she wished for it, the dice simply wouldn't come up her way. But Sagan always took her failures as a playwright much as she took her gambling losses, acknowledging the arbitrary whims of the house and of divine fate. After all, everyone has to lose now and then, so that the next day's victory will taste all the sweeter. And if you never saw her win back a whole night's losses, often in well under an hour, you just can't have any idea of the glee she took in laughing in the face of destiny.

(때로는 그저 일이 제대로 풀리지 않는다. 아무리 간절히 바라도 주사위는 전혀 그녀가 이기는 쪽으로 구르지 않았다. 그러나 사강은 도박장과 신성한 운명의 자의적인 변덕을 인정하면서 언제나 도박으로 인한 손실을 받아들이듯이 극작가로서 실패를 받아들였다. 어차피 모두가 때로는 지기 마련이며, 그래야 다음 날의 승리가 한층 더 달콤한 법이다. 그리고 그녀가 밤새 잃은 돈을 종종 한 시간이 채 못 되어 모두 되찾는 모습을 본 적이 없다면 운명의 면전에서 웃음을 터트리며 그녀가 누린 환희를 절대 가늠할 수 없다.)

직접 손으로 풀어낸 이 번역을 앞서 제시한 두 개의 기계 번역과 함께 읽어 보면 인간과 번역 엔진이 같은 운동장에서 뛰는 것이 아님을 알게 된다. 실은 심지어 같은 게임을 하는 것도 아니다. 양호한 수준의 번역가는 누구나 삶의 모든 영역에서 직간접적으로 쌓은 경험의 풍부한 보고를 지니고 있다. 그래서 몇 마디 간략한 표현으로 묘사된 장면을 자세하게 상상할 수 있고, 미묘한 암시를 포착할 수 있다. 또한 그들은 두 언어의 문법을 탁월한 수준으로 습득했으며, 생각을 유창하고 관용적으로 표현하는 데 대가이다. 이 번역은 원문처럼 특정한 인간이 살면서 겪는 좌절에 대응하기 위해 취했던 복잡한 전략을 생생하게 그려낸다.

지식을 활용하지 않고 어떻게 번역을 할 수 있을까? 가령 일기예보라는 아주 제한적인 맥락에서 'ciel'을 '하늘'로 번역하는 것이 대체로 안전한 전략이겠지만, 인간사라는 폭넓은 세계에서 'ciel'이 지닐 수 있는 다른 의미로는 하늘, 천국, 천상, 공기, 허공, 기후, 푸름, 둥근 천장, 닫집canopy, 천장, 대기, 구름, 창공, 별, 공간, 우주, 천지, 신, 창조주, 신성한 의지, 운명, 숙명 등을 포함한다(분명히 여기에 국한되지 않는다). 우리가 가장 일상적인 맥락에서 기상 현상만 다룬다는 사실을 확실히 안다면 (일기예보에서도 언제나 뜻밖의 시도를 할 수 있기는 하지만) 'ciel'을 무턱대고 '하늘'로 바꾸어도 아마 괜찮을 것이다. 그러나 모든 가능한 관념이 떠오르거나 표준적인 방식 내지 새로운 비유적 방식으로 환기되는 전적으로 열린 구조를 지닌 영역에서는 모든 것이 백지화된다. 우리는 위에 제시한 번역에서 '신성한 운명'을 선택했지만 다른 맥락에서는 '세상에'를 선택했을 수도 있고, 또 다른 맥락에서는 아마도 '주황색 빛', '머리 위의 별', '하늘의 천장', '담청색' 혹은 그저 평범한 '하늘색'을 선택했을 수도 있다. 게다가 'ciel'이라는 단어는 절대 예외적이지 않다. 오히려 상당히 전형적이다.

우리는 이 책에서 단어와 긴 어휘 항목의 선택이 유추라는 무의식적 과정을 통해 이루어진다고 주장했다. 이 점은 단일어로 된 말을 만드는 일에서만큼 다른 두 가지 언어 사이의 번역에서도 유효하다. 다만 번역에 수반되는 유추는 현재의 기계 번역 기술이 활용하는 유추와는 다르다. 현재의 기계 번역은 텍스트가 만들어진 전적인 이유에 해당하는 **생각**을 이해하는 것이 아니라 앞서 설명했듯이 인간이 번역한 2개어 데이터베이스로부터 집중적 계산을 통해 추출할 수 있는 통계적 정보에 기초한 언어적 '의미덩이' 사이에서 표면적 유추를 하기 때문이다.

번역가의 머릿속에서 도착어로 된 단어와 구절은 외국어로부터 아무런 정보도 입력되지 않은 상태에서 모국어로 대화를 나눌 때처럼 환기된다. 이 환기 과정은 유추 작용, 즉 가장 일상적인 명명 행위를 초래하고, **적절한 말**이나 **적절한 구절** 혹은 **적절한 격언**을 추구하고, '**prob**-ably'가 아니라 'probab-**lee**!'라고 말하게 만들고, 과거 경험에 비추어 어떤 방을 '서재'나 '사무실'로 부르게 만들고, 세릴이 남편을 계속 오빠의 이름으로 부르게 만들고, 특정 상황에서 '신 포도'나 '오른손이 하는 일을 왼손이 모른다' 같은 구절이 즉시 머릿속에 떠오르게 만드는 종류의 유추 작용으로 구성된다.

부고 기사라는 구체적인 사례에서 'les revers de casino'라는 구절을 읽을 때 우리는 경기에서 라켓으로 치는 **백핸드 스트로크**가 아니라 **도박에서 겪는 좌절**을 생각한다. 카지노에서 일어나는 일에 익숙하기 때문이다. 또한 카지노라는 맥락을 알고 'les caprices de la banque'라는 구절을 읽을 때 우리는 저축을 하는 **금융기관**이 아니라 카지노의 **금고**를 생각한다. 도박이 어떤 것인지 알기 때문이다. 그리고 'les caprices du ciel'이라는 구절을 읽을 때 우리는 **대기의 변덕**이나 **별이 반짝이는 하늘의 변덕** 혹은 **파란색의 변덕**이 아니라 상상 속에서 주사위와 룰렛 휠의 움직임을 관장하는 **신비한 천상의 힘이 부리는 변덕**을 생각한다.

이는 앞서 언급한 모든 프랑스어 구절이 우리의 머릿속에서 대응하는 영어 구절만을 촉발하는 것이 아니라 **관념**을 촉발하기 때문이며, 이렇게 환기된 관념은 오직 이 단계에서만 영어 **단어**를 환기하는 대규모 **기억**을 촉발하는 큰 패턴을 형성한다. 번역 과정은 기억과 개념이 촉발되는 중간 단계, 대개 '이해'라고 부르는 불가피한 단계에 결정적으로 의존한다. 또한 이 과정은 문장을 구성하는 모든 요소를 세심하게 조율된 방식으로 통합하는 일을 수반하며, 이는 관념이 알맞은 패턴으로 조합되는 양상에 대하여 문법이 제공하는 모든 표시를 활용하는 것을 뜻한다. 제대로 된 번역이라면 텍스트의 의미를 무시할 수 없으며, 의미를 파악하려면 복잡한 문법적 구성을 고려해야 한다. 즉 텍스트를 놓고 정확한 언어적 분석을 해야 하며, 이는 오늘날의 번역 엔진이 할 수 없다.

위에 나온 사망 기사에서 한 가지 사례만 살펴보자. 마지막 문장은 이렇게 시작된다. 'Qui ne l'a pas vue《récupérer》en quelques quarts d'heure les pertes de toute une nuit……' 여기서 왜 'e'가 동사 'voir'('보다, 지켜보다')의 과거분사인 'vu'에 붙었는지 의문이 생긴다. 이는 프랑스어 문법과 관련된 질문인데, 그 답은 과거분사가 그 직접적인 대상을 앞세울 때 그 대상의 성과 수를 따라야 한다는 것이다. 그래서 'e'는 동사 'voir'의 직접적인 대상이 여성이며 단수임을 말해준다. 이는 중요한 의미를 지닌다! 그래서 여성에 해당하는 사물이나 사람이 관찰되고 있음을(혹은 이 경우 동사가 부정되었으므로 그 사물이나 대상이 관찰되지 **않고** 있음을) 말해준다. 또한 이 텍스트는 밤새 노름으로 잃은 돈을 금세 되찾는 (아마도 살아 있는) '개체'를 보지 못하는 것을 이야기하고 있다. 우리는 즉시 이 '개체'가 실은 다름 아닌 프랑수아 사강임을 깨닫는다. 위에 나온 과거분사에 붙은 여성형 단수 어미는 **우리**에게 단서를 주지만 2004년과 2009년에 사용된 검색 엔진은 단서를 얻지 못한다. 문법을 무시하는 것은 재앙을 부르는 일이다.

번역 엔진이 프랑스어 문법에 통달한다면 도움이 되었을까? 이는 당연히 '그렇다'가 답인 수사의문문rhetorical question이다. 번역은 이해에 의존하며, 이해는 문법에 의존한다. 문법은 작은 부분을 조합하여 크고 일관된 구조를 만드는 방법을 말해주기 때문이다.

이 책을 번역하는 데 따르는 다양하고 잡다한 난관들

앞 단락의 목적은 기계 번역을 위한 노력을 비웃는 것이 아니다. 실제로 현재 사실상 누구나 거의 무료로 한마디 혹은 한 글자도 모르는 언어로 쓰인 텍스트 안에서 무슨 일이 일어나고 있는지 순식간에 엿볼 수 있게 되었다는 사실은 매우 인상적이다. 수십 년에 걸쳐 많은 연구자가 기울인 노력 덕분에 이제는 누구나 겨우 몇 초 만에 아랍어, 에스토니아어, 힌디어, 아이슬란드어, 한국어, 말레이시아어, 몰타어, 루마니아어, 스와힐리어, 태국어, 터키어, 베트남어로 된 웹사이트가 무슨 말을 하고 있는지 감을 잡을 수 있고, 때로 1초의 기적이 아주 긴 분량에 걸쳐 일관되게 일어난다. 이런 성과는 놀라운 동시에 우리를 겸손하게 만든다. 그러나 이 모든 인상적인 면에도 불구하고 기계 번역을 인간이 할 수 있는 번역과 혼동해서는 안 된다.

'번역'이라고 부를 만한 **참된** 번역은 실로 가장 미세한 단어의 문법적 어미부터 텍스트와 그것이 말하는 사건 및 관념이 내재된 포괄적인 전체 문화적 맥락까지 상상할 수 있는 모든 층위에서 실행하는 유추 작용을 수반한다. 이 논지를 추가로 뒷받침하기 위해 지금부터 이 책을 번역하는 과정에서 나타난 유추 작용과 관련한 몇 가지 이슈를 간략하게 살필 것이다. 이 책은 영어와 프랑스어로 동시에 출간되며, 두 판본을 만들기 위해 우리 두 저자는 수많은 중대한 번역 문제와 씨름해야 했기 때문이다.

가령 1장의 두 번째 문단을 보자. (이 문단의 원천인) 프랑스어판에서는 파리 지하철을 탄 승객이 바라보는 그림이 그려지며, 이 그림은 모든 프랑스 독자에게 익숙하다. 우리는 이 단락을 문화적 차이를 고려하지 않은 채 영어로 옮길 수 있었다. 그랬다면 상응하는 두 문장은 다음과 같은 내용이 될 것이다.

> 우리는 사방에서 광고를 본다. 우리는 지나가는 역의 이름을 희미하게 생각하고 동시에 자신의 생각에 빠져든다. 우리는 은행에 갈 시간이 있을지 가늠하고, 오랜 친구의 건강을 생각하고, 근처에 앉은 사람이 읽는 신문에 머리기사로 실린 서아시아의 테러 소식을 염려하고, 벽에 걸린 광고에 나오는 재담에 속으로 웃음 짓고, 방금 객차에 오른 아코디언 연주자가 연주하는 노래의 가사를 떠올리려고 애쓴다. ……

그러나 우리는 이런 식으로 번역하지 않기로 했다. 처음부터 미국 독자들에게 혼란을 주고 싶지 않았기 때문이다. 물론 미국 독자도 직간접적으로 파리 지하철을 알 가능성이 높다. 그래도 책의 내용이 해외에서 시작되면 확연히 **낯설게** 보일 것이라는 생각이 들었으며, 우리 책에 그런 느낌을 주고 싶지 않았다. 실제로 우리가 **프랑스어**판을 파리 지하철에서 시작한 이유가 거기에 있었다. 우리는 프랑스어 독자들에게 친숙한 느낌을 주고 싶었다. 그래서 영어로도 '정확하게 같은' 효과를 얻고 싶었다. 특히 우리의 책이 유추를 다루기 때문에 영어판을 시작할 **유사한** 방식을 찾아야 한다는 사실은 자명했다.

가장 명백한 유추는 뉴욕 지하철로 장면을 이식하는 것이었다. 이 경우 아코디언을 다른 악기로 바꾸었을지는 모르지만 위에 나오는 대다수 내용은 그대로 양호했을 것이다. 이 아이디어에 대해 우리가 느낀 문제점은 뉴욕 지하철을 타는 경험이 모든 미국인에게 보편적으로 공유되지 않았다는 것이다. 이는 프랑스어판이 파리 중심적인 느낌을 주지 않는 것과 달리 '뉴욕 중심적인' 느낌을 주었다. 파리는 프랑스에서 중심적인 역할을 하기 때문에 파리에서 전개되는 풍경은 모든 프랑스 독자에게 일반적으로 느껴지지만 많은 미국 독자에게 뉴욕의 풍경은 낯선 느낌을 풍긴다. 게다가 많은 미국인에게 지하철을 타는 일은 대단히 드물고 심지어 이국적인 경험이다. 그렇다면 전형적인 미국인의 삶에서 파리 지하철을 타는 일에 상응하는 것은 무엇일까? 물론 어딘가로 차를 몰고 가는 일이 해당할 수 있지만 우리는 원본에 약간 더 가까운 이미지, 즉 대중교통 영역에 속한 이미지를 선호했다. 그래서 어딘가로 여행을 가기 위해 공항에 앉아 있는 상황, 구체적인 공항이 아니라 단지 무작위적이고 일반적인 공항에 앉아 있는 상황을 선택했다. 그에 따라 다음과 같은 내용이 나왔다.

> 우리는 사방에서 광고를 본다. 우리는 스피커에서 요란스럽게 떠들어대는 도

시 이름을 언뜻 생각하기도 하지만, 동시에 자신의 생각에 빠져든다. 우리는 가서 냉동 요구르트를 사 먹을 시간이 충분할지 가늠하고, 오랜 친구의 건강 문제를 걱정하고, 다른 사람이 읽는 신문의 머리기사로 실린 서아시아의 테러 소식을 염려하고, 텔레비전 광고의 영리한 말장난에 웃음 짓고, 주위를 날아다니면서 음식을 주워 먹는 작은 새들이 어떻게 이처럼 이상한 데서 살아남는지 의아해한다.

어떤 공항의 홀을 이리저리 날아다니는 몇 마리 배고픈 새들이 방금 파리 지하철의 무작위적인 노선을 달리는 어떤 객차에 올라탄 가난한 아코디언 연주자에 대한 '미국식 번역'이라고 누가 **선험적으로** 제안할 것인가? 이것이 정말로 번역에 해당할까? 물론 우리의 대답은 '그렇다'이다. 우리에게는 이 책이 두 언어의 원어민 모두에게 '같은 느낌'을 주는 것이 중요했다. 이런 효과를 얻으려면 단지 밋밋한 바닐라 같은 번역이 아니라 풍성한 맛을 지닌 초콜릿 민트 칩 같은 문화 이식transculturation이 필요하다. 1장의 서두를 앞서 제시한 텍스트에서처럼 파리 지하철의 내용을 그대로 영어로 옮기거나 뉴욕 지하철의 내용으로 바꾸었다면, 딱딱하고 거의 기계적인 번역이 되었을 것이다(오늘날의 기계 번역보다는 몇 광년이나 더 앞서나간 것이기는 하지만 말이다).

그렇다면 미국판을 위해 지하철 풍경이 아닌 공항 풍경을 선택한 후에 프랑스어로 된 원래 단락으로 돌아가서 익명의 프랑스 공항에서 전개되는 내용으로 다시 쓸 수 있을까? 실제로 우리는 그렇게 **해야 하지 않았을까**? 그렇게 했다면 일관성은 어느 정도 확보할 수 있었겠지만 적확성이 희생되었을 것이다. 우리에게는 문화 이식이 최선의 선택으로 보였다. 그러나 파리 지하철에서 첫 장면이 시작되는 **소설**을 번역했다면 우리는 문화 이식을 선택하지 않았을 것이다. 소설에 문화 이식을 적용하는 것은 한 문화적 배경에서 다른 문화적 배경으로 완전히 옮기는 일이다. 이는 뿌리를 뽑아내어 다른 땅에서 자라는 이야기를 만드는 것과 같다. 그래서 논픽션 서적에서 때로 예시적인 한두 단락에 문화 이식을 적용하는 것보다 훨씬 더 급격한 전환이다. 특히 이 책은 프랑스나 미국과 본질적인 관련이 없다. 그보다는 문화를 초월하는 인지와 관련이 있다. 그래서 우리는 독자가 속한 문화에 맞는 장면을 자유롭게 상상하면서 많은 종류의 맥락에서 인지 메커니즘을 예시했다.

가령 1장에서 우리는 두 언어 모두에 걸쳐 **어머니**라는 개념을 활용했지만 지

네딘 지단과 그의 스포츠인 축구를 타이거 우즈와 **그의** 스포츠인 골프로 대체했다. 2장에서는 전적으로 지역적인 복합어나 관용구를 수반하는 거의 모든 사례를 대체해야 했다. 그래서 겉으로는 전혀 관련이 없는 사례를 활용해야 했지만 그럼에도 두 판본의 사례는 동일한 인지 현상을 예시했다.

5장에서는 말실수를 길게 다루었다. 모든 말실수는 특정 언어뿐만 아니라 특정 개인의 두뇌와 밀접하게 연관된 독특한 사건이다. 우리는 이처럼 재생할 수 없는 사건을 다른 언어로 옮기기보다 주로 사용하는 언어에서 직접적으로 관찰되는 사례에 의존했다. 다만 운 좋게도 우리는 수년 동안 프랑스어와 영어로 상당한 분량의 말실수를 수집해왔기 때문에 이 번역 전략은 문화 이식에 더 가까웠다. 그래서 표면적으로는 완전히 다른 말실수를 사례로 활용했지만 더 깊은 차원에서 우리가 설명한 정신적 메커니즘은 동일했다. 따라서 이 책에서 중요한 부분인 5장은 프랑스어본과 영어본이 많이 다르지만 핵심적인 차원에서는 실로 '정확하게 같은 것'을 말하고 있다.

5장에서는 또 다른 인상적인 문화 이식의 사례를 찾을 수 있다. 이 사례는 두 미국인이 전화로 나눈 대화를 프랑스어로 옮기는 방식과 관련이 있다. 두 사람 중 한 명인 재즈 음악가는 오래된 코넷을 팔려고 신문에 광고를 냈으며, 다른 한 명은 구매 문의를 하려고 전화를 걸었다. 그러나 이 구매자는 거래하는 물건이 중고 닷지 코로넷인 줄 알고 있었다. 언급하는 주제가 이처럼 크게 다른데도 두 사람은 서로에게 완벽하게 말이 되는 것처럼 보이는 대화를 1분 남짓 이어갔다. 이 오해는 프랑스어 사용자에게 익숙지 않은 두 단어의 발음이 비슷해서 초래되었기 때문에 대화 내용을 그대로 옮기면 투박한 느낌을 줄 수 있었고, 실제로 프랑스 독자에게는 좋지 않은 사례가 되었을 것이다. 우리가 프랑스어판을 위해 선택한 유사한 대화는 텔레비전 광고에서 따온 것이었다. 이 광고에는 점심을 먹으면서 '황제'를 다룬 다큐멘터리 영화에 대한 이야기를 나누는 두 사람이 등장한다. 영화를 본 사람은 그 내용이 황제 펭귄에 대한 것임을 알며, 이 사실을 염두에 두고 대화를 나눈다(광고는 두 사람이 머릿속에 떠올리는 이미지를 번갈아 보여준다). 반면 처음으로 이 영화에 대한 이야기를 듣는 사람은 나폴레옹 황제의 복제 인간으로 구성된 군중이 러시아의 초원에서 출발하여 남극에서 끝나는 여정을 통해 다양한 상황을 거치는 광경을 상상한다. 물론 두 사람 중 어느 쪽도 서로 이야기가 엇갈리고 있다는 사실을 잠시도 의심하지 않는다. 프랑스어판의 대화에 담긴 광범위한 모호성은 영어판의 대화에 담긴 모호성과 비슷한 느낌을 풍겨서 번역이 잘 통했다. 그럼에도 미국 땅에서 프랑스 땅으로 건너가는 과정에서 악기가 펭귄으로, 중고차가 군주로 바뀐다는 점은 다소 이상하게 보일 수 있다.

이 장에서 긴 목록으로 제시된 캐리커처 유추의 원래 버전에는 '다섯'을 뜻하는 'cinq'라는 수효 단어를 이상하게 발음한다는 이유로 한 프랑스어 사용자가 다른 프랑스어 사용자를 놀리는 이야기가 있다. 이 사람은 상대방이 쓰는 용례가 받아들여질 리 없다는 사실을 보여주려고 'six'라는 수효 단어를 수반하는 유사하지만 명백히 더 우스꽝스러운 용례를 떠올렸다. 이 재담은 번역하기에는 지나치게 프랑스어에 특정된 내용이었다. 그러나 우리는 마침 영어에 놀라울 정도로 비슷한 사례가 있다는 것을 알게 되었다. 이 사례는 'invite'와 'accept'라는 두 개의 이음절 동사를 수반했다. 전자의 경우 강세를 옮기면 명사로 활용할 수 있지만 다소 의문스러운 구석이 있고, 후자의 경우 똑같이 강세를 옮기면 확연히 우스꽝스럽게 들리는 명사가 된다. 두 일화는 핵심의 차원에서는 유사했지만 '공항의 홀에서 날아다니는 새'가 '파리 지하철에 탄 아코디언 연주자'의 표준적인 번역이 아닌 것처럼 'invite'와 'accept'는 명백히 'cinq'와 'six'의 표준적인 번역은 아니다.

3장에는 이 책에 나오는 모든 번역 문제 중에서 가장 복잡한 문제가 나온다. 바로 우리의 친구 켈리 거트먼이 쓴 두 편의 시다. 각각의 시는 딕과 병마개 그리고 대니와 개미를 잇는 유추의 한쪽 측면을 묘사한다. 원래 켈리는 나일 강을 거슬러 올라가는 크루즈 여행을 하는 동안 남편과 관련된 재미있는 일화를 담으려고 카르나크에서 딕이 보인 모습에 대한 시를 쓸 생각을 하게 되었다. 그러나 이 일화를 들은 더그의 머릿속에 그랜드캐니언에서 어린 아들 대니가 보인 모습에 대한 먼 기억이 떠올랐고, 우리의 책에서 이에 관한 에피소드가 소개되었기 때문에 우리는 켈리에게 이전에 있었던 일화와 유사한 시를 써달라고 요청했다. 이 과제를 열정적으로 받아들인 그녀는 정확하게 같은 형식을 사용하여 상응하는 연의 음절 수를 맞추는 동시에 여성운feminine rhyme(이음절)과 남성운masculine rhyme(단음절)이 만드는 패턴도 그대로 유지했다. 우리는 3장의 내용을 작성하면서 딕과 대니 사이의 유추와 관련된 단락의 뼈대를 만들 때 켈리가 쓴 두 편의 시가 탁월한 수반 요소가 될 것임을 알았기에 포함하기로 결정했다. 그에 따라 중대한 난관이 생겨났다. 두 시는 기교가 넘치는 영어로 작성되었을 뿐만 아니라 여러 세부적인 형식적 제약을 따르고 있었다. 켈리의 시는 그 언어적 기교에도 불구하고 그리고 그 언어적 기교 때문에 프랑스어의 모든 층위에서 신중하게 번역해야 했다.

여러 장이 소요될 수 있기 때문에 세부적인 내용은 묘사하지 않고 그냥 아래에 네 편의 시를 제시하겠다.

At last, the North Rim: strange striations
with shades evoking exclamations —
unless you're Danny…… Then you treasure
the leaves and bugs! While grownups measure
the grandeur of vast rock formations,
you play with ants — a simpler pleasure.

Le Grand Canyon enfin s'révèle!
Falaises rocheuses, couleurs trop belles —
à moins d'avoir taille trop modeste……
or là, tu scrutes, à láide de gestes,
fourmis et feuilles à p'tite échelle,
et ça t'procure une joie céleste……

In Karnak's heat, our guide expounded
on gods and temples, while surrounded
by columns far too grand to measure,
We contemplated them with pleasure,
but as we gazed on high, dumbfounded,
Dick stooped to pluck a humbler treasure.

Au Temple de Karnak, le guide
louait les hauts piliers splendides
(et nous brûlions), quand, d'un beau geste,
s'agenouillant de façon leste,
Richard saisit, d'une main humide,

un p'tit trésor bien plus modeste.

두 편의 영문 시를 관장하는 제약 중 하나는 열두 연 모두가 **여성운**(강세가 오는 끝에서 두 번째 음절이 압운을 지니고, 강세가 오지 않는 마지막 음절은 'pleasure'와 'measure'처럼 동일한 철자로 구성되는 이음절 압운)으로 끝난다는 것이다. 프랑스어에도 **여성운**이라는 개념이 존재하지만 영어의 그것과는 약간 달라서 관련된 각 두 연의 마지막 단어가 명칭과 달리 완전히 묵음이 아니라 아주 약간이기는 하지만 발음이 되는 소위 '묵음 e'로 끝나야 한다(가령 'modeste'와 'céleste'는 프랑스어에서 여성운을 형성한다). 두 편의 시에 속한 12연을 지을 때 여성운만 쓰겠다는 켈리의 의식적 결정은 결국 몇 년 후에 상응하는 프랑스어 시의 12연이 모두 묵음 'e'로 끝나게 만들었다.

켈리는 이것으로도 충분치 않다는 듯이 두 편의 시에 속한 3연과 4연 그리고 6연에서 똑같은 일련의 동운어를 쓰는 기교를 부렸다. 다만 한 편에서는 'treasure', 'measure', 'pleasure' 순이었고, 다른 편에서는 차례가 바뀌어 'measure', 'pleasure', 'treasure' 순이었다. 이 미묘한 패턴은 우리가 번역을 하면서 넘어야 하는 또 하나의 까다로운 난관이었다.

그러나 결국 과제는 해결되었고, 모든 난관은 일시에 극복되었다. 전반적인 운율과 압운 패턴, 음절 수, 여성운 및 남성운의 구분, 두 시의 3연과 4연 그리고 6연이 지니는 압운의 동일성, 세 압운의 순서 바뀜, 끝으로 언어적 기교가 모두 보존되었다. 프랑스어 본의 3연과 4연 그리고 6연에 나오는 세 개의 여성운을 자세히 살펴보면 위에 나오는 시에서 'deste', 'geste', 'leste'라는 음이 사용되었고('gestes'의 끝에 있는 's'는 뒤에 나오는 마침표처럼 소리가 나지 않는다), 아래에 나오는 시에서는 같은 음이 순서만 바뀌어서 'geste', 'leste', 'deste'로 나온다는 것을 알 수 있다.

시 번역은 (정확한 음절 수나 압운의 제약처럼) 명시적이고 상당히 분명한 압력과 (단어의 의미나 단락의 어조처럼) 전혀 명시적이지 않고 끝없는 해석이 필요한 압력을 비롯하여 수많은 압력을 동시에 받아가면서 이루어지기 때문에 반드시 복잡한 유추가 많이 필요하다. 그래서 잠정적으로 모색한 경로의 수가 엄청나며, 절충을 하는 경우의 수도 많다.

그러나 이 모든 모색과 조정 그리고 절충에서 나오는 결과물이 반드시 원본보다 열등한 것은 아니다. 원본을 창작한 시인도 복수의 압력을 받기 마련이며, 따라서 마찬가지로 절충에 해당하는 방대한 수의 선택을 할 수밖에 없다. 절충은 시의 경우처럼 제약이 따를 때마다 불가결한 일이며, 여러 가지 압력을 받으며 노력하는 과정에서 종종 특정한 종류의 창의성이 발휘된다. 그래서 절충은 때로 우수성의 원천이 되기도 한다. 이 맥락에서 우리가 말하고자 하는 바는 세련된 유추를 통해 도달한 창의적 절충이다.

누가 누구를 조종하는가?

이 장에서 우리는 캐리커처 유추, 설명적 유추, 개인적 결정이나 더 큰 규모의 결정을 내리도록 돕는 유추, 흉내쟁이라는 미소 세계에서 이루어지는 유추, 다양한 양과 종류의 프레임 혼합을 담는 유추, 번역 및 심지어 문화 이식까지 할 수 있게 만드는 유추 같은 사례를 활용하여 사람들이 지속적으로 유추를 조작하는 양상을 보여주었다.

앞 장은 때로 유추가 전혀 의식하지 못하는 사이에 우리를 조종하는 양상을 보여주었다. 반면 이 장은 유추가 단지 이면에 숨어서 몰래 영향을 미치는 데 만족하지 않고 종종 밝은 햇빛 아래 등장하여 우리의 처분을 받는 모습을 보여주었다. 이처럼 우리가 항상 꼭두각시에 그치는 것은 아니다. 실제로 우리는 대개는 다른 사람과 의사소통을 하기 위함이지만 때로는 그저 상황을 더 명확하게 이해하기 위해 가끔 의도적으로 이런저런 유추를 한다. 그렇다면 결국 조종하는 쪽은 누구이며, 조종당하는 쪽은 누구인가?

하나의 유추를 선택하는 것은 하나의 관점을 선호하는 것이다. 그래서 특정한 각도에서 사정을 바라보고 상황에 대해 구체적인 관점을 취하는 것이다. 통찰력 있는 유추를 통한 해석은 상황에 대한 생각에 자신감을 안기는 동시에 새로운 사실을 드러낸다. 교사, 강사, 변호사, 정치인, 작가, 시인, 번역가, 사랑에 빠진 사람은 최대의 효과를 내기 위해 아름다운 성배를 만드는 금세공업자처럼 가장 설득력 있는 유추를 찾는 데 몇 시간 혹은 며칠을 들일 수도 있다. 그들은 청자나 독자가 자신과 같은 관점, 감정, 느낌, 의견을 갖도록 유도하기 위해 열심히 그리고 의식적으로 노력한다.

다른 한편, 종종 사람들이 마구 내뱉은 캐리커처 유추의 경우처럼 순식간에 모든 일이 일어나기도 한다. 캐리커처 유추 역시 구체적인 목적을 위해 떠올린 의식적 유추이지만 종종 방금 설명한 것보다 덜 정교하게 만들어진다. 캐리커처 유추를 떠올리는 사람은 종종 동일한 효과를 발휘했을 수도 있는 다른 많은 것이 아니라 특정한 캐리커처 유추가 떠오른 이유를 모르기 때문이다. 또한 정신의 표면 아래에서 쉼 없이 형성되고 해체되며, 항상 우리의 생각을 '이리저리' 밀어대지만 우리는 태평스럽게 인식하지 못하는 요동치는 무의식적 유추의 바다가 있다. 이것이 우리가 5장에서 논의한 조작적 유추다. 그래서 이 두 장은 함께 우리가 간섭하는 사고와 우리를 간섭하는 사고 사이에 펼쳐져 있지만 어디에서라도 작동 원리로서 유추 작용이라는 과정을 보게 되는 연속체의 모습을 그린다.

일부 유추에 대해 '조작'되었다거나 '세심하게 형성'되었다고 말하기는 했지만 우리는 여전히 숨겨진 원천을 찾기 위해 그 표면 아래를 살필 수 있다. 또한 이 장 전체에 걸쳐 확인했듯이 의식적으로 형성된 유추는 즉각적으로 형성된 무의식적 유추의 연결 고리 덕분에 존재한다. 이는 우리가 줄을 당기고 있다고 생각할 때조차 실은 인지하지 못한 줄에 매달린 꼭두각시일 뿐임을 뜻한다. 특정한 관점을 내세우기 위해 의도적으로 유추를 한다고 생각하겠지만 실상은 반대이다. 우리에게 대상을 바라보는 특정한 시각을 부여하는 수많은 숨겨진 유추에서 관점이 나오는 것이다.

그래서 "샌디 쿠팩스의 공을 치려는 것은 포크로 커피를 마시려는 것과 같습니다"라는 즉흥적인 발언을 한 아나운서는 무의식적으로 한 대상(야구방망이)이 다른 대상(야구공)에 아주 가까이 다가가지만 비껴가는 모습을 보았고, 이 숨겨진 추상적인 개념적 골격이 (빠른 공을 휘둘렀다가 놓치는) 실제 상황과 (포크의 살 사이로 커피가 흘러내리는) 가상의 우스꽝스러운 상황을 잇는 유추적 다리를 초래했기 때문에 이 다채로운 이미지를 떠올린 것이다. 요컨대 우리는 자신이 높은 의식적 왕좌에 앉아 위엄 있게 유추를 다스린다고 생각하지만 실상은 다르다. 계속 거스르면 곧 왕좌에서 쫓겨날 것이기 때문에 강력한 지배자가 사실은 백성의 뜻을 따르듯이 우리는 실제로 머릿속에서 들끓는 수많은 무의식적 유추에 휘둘린다. 그에 따라 이 강력한 '리더'의 가면이 벗겨지면서 아주 예민한 추종자일 뿐이라는 사실이 드러난다.

7

순진한 유추

Naive Analogies

세 가지 일화

어느 날 아침 티머시는 아버지가 면도를 하는 모습을 바라보고 있었다. 아버지는 얼굴을 물로 적시고 면도 크림을 바른 다음 면도를 하고 헹구었다. 티머시는 네 살배기의 관점에서 이 광경을 최대한 잘 범주화했다. 가위나 칼과는 너무나 다르게 생긴 면도기가 어떤 것을 자를 수 있다는 생각은 쉽게 떠오르지 않았다. 반면 뜨거운 물이 설탕을 녹이듯이 특정 물질이 다른 물질을 녹인다는 사실은 잘 알았다. 그래서 면도 크림이 아버지의 수염을 녹이며, 면도기의 유일한 목적은 할 일을 마친 면도 크림을 닦아내는 것이라고 굳게 믿었다.

어느 날 지역 소식을 이메일로 받아보는 재닛은 수다스러운 이웃에게서 이런 소식을 담은 이메일을 받았다. "오늘 아침 텃마우스titmouse(박새의 일종) 한 무리가 우리 튤립나무에 꼬인 벌레를 잡아먹는 모습을 즐겁게 구경했습니다. 올해는 벌레가 많이 꼬여서 텃마우스나 치커디chickadee(박새의 일종)처럼 벌레를 잡아먹는 동물이 많이 모일 것 같습니다." 재닛은 자그마한 쥐teeny mice가 나뭇가지를 바삐 돌아다니는 이미지를 떠올리며 혼란을 느꼈다. 그런 모습을 한 번도 본 적이 없기 때문이다. 그리고 '텃마우스와 치커디'라는 구절에 이르러서는 더 큰 혼란을 느꼈다. 쥐와 새가 한 나무의 가지에서 공존한다는 것이 이상하게 보였기 때문이다. 그러다가 문득 텃마우스가 실은 조그마한 쥐가 아니라 치커디 같은 새라는 사실을 깨달았다.

알렉산더 교수는 한 달 동안 독일로 여행을 가는 젊은 동료에게 작별 인사를 했다. 그는 "도착하면 이메일 주소를 보내주겠나?"라고 말했다. 그는 당혹스러워하는 동료의 표정을 보고는 이마를 때리며 "내가 무슨 말을 하는 거야? 당연히 이메일 주소는 바뀔 리가 없지!"라고 말했다.

티머시와 재닛 그리고 알렉산더 교수는 나이 차가 비슷하지만 이처럼 커다란 간극에도 같은 인지 현상이 아동과 청소년 그리고 장년에게 일어났다. 세 사람 모두 5장에서 논의한 범주의 눈가리개처럼 오류로 이끄는 유혹적인 유추에 넘어간 것이다. 인지심리학 문헌을 보면 '선입관', '자발적 추론', '순진한 추론', '순진한 이론', '순진한 이해', '암묵적 모델', '개념적 비유', '오인', '대안적 이해'를 비롯하여 이 현상을 지칭하는 온갖 용어를 찾을 수 있다. 이 용어들은 모두 호환되지는 않지만 한 가지 핵심적인 관념을 공유하며, 우리는 이 핵심 관념을 '순진한 유추'라고 부를 것이다.

요지는 (세 일화에 나오는 **면도 크림**, **텃마우스**, **이메일 주소**처럼) 익숙하지 않은 개념이 이전에 얻은 지식(이 경우 뜨거운 액체, 쥐, 우편 주소에 대한 지식)과의 자연스러워 보이는 유추를 통해 부정확하기는 하지만 그럴듯하게 이해된다는 것이다. 이런 유추는 익숙한 것에 비김으로써 적어도 새로운 상황에 대한 감을 잡게 해주지만 유추를 한다는 사실을 전혀 인지하지 못하는 가운데 즉흥적이고, 무의식적이며, 자동적인 방식으로 이루어진다.

이는 두 상황을 덧입히는 의도적 과정이라는 유추 작용에 대한 표준적 이미지와 뚜렷하게 대조된다. 순진한 유추는 다른 대안에 대한 고려 없이, 그리고 불확실성이나 의구심에 빠지지도 않고 바로 결론에 이른다. 그래서 티머시는 면도 크림을 녹이는 물질로, 재닛은 배고픈 텃마우스를 나무에 사는 설치류로, 알렉산더 교수는 이메일 주소를 지리적 위치에 얽매인 주소로 당연하게 받아들인다. 그러나 이런 유추의 존재는 결코 뚜렷하게 감지되지 않는다.

순진한 유추는 다른 범주화 행위처럼 상황에 대해 완벽하게 타당한(따라서 자기 일관성을 갖춘) 해석으로 이끈다. 그러나 이때 무의식적으로 선택된 범주에 속하는 전형적인 요소를 다루고 있다고 가정한다. 그러나 해당 상황은 선택된 범주에 속하는 이례적 요소나 비요소non-member를 얼마든지 수반할 수 있으며, 이 경우 그에 따른 결론은 무관하며 쓸모가 없을 것이다. 그래서 이메일 주소가 우편 주소(알렉산더 교수에게 가장 친숙한 유형의 주소)라면 알렉산더 교수의 요청은 전적으로 타당했을 것이다. 실제로 동료가 멀리 떠나가기 때문이다. 마찬가지로 팃마우스가 실제로 아주 작은 설치류라면 그런 동물이 나뭇가지를 돌아다니는 이미지에 놀라는 것이 타당할 것이며, 재닛이 혼란을 느끼는 것도 완벽하게 이해될 것이다.

아버지가 면도를 하는 시나리오를 어린 티머시가 범주화하는 사례의 경우도 이전에 얻은 지식을 감안하면 대단히 타당하다. 어른이 지닌 **면도**라는 범주는 수염을 깎는 면도날이 있고, 수염이 부드럽게 깎이고 상처가 나지 않게 하는 것이 목적인 크림이 있을 것임을 가정한다. 어른에게는 수염을 깎는 것이 면도날이라는 사실이 명백하고 의문의 여지가 없다. 그러나 티머시는 상황을 상당히 다르게 본다. 면도 크림이 수염을 녹인다면 그것을 닦아낼 일종의 주걱이 유용할 것이라는 생각은 옳다. 이 해석이 재미있다 해도 사고 과정에 특별히 유치한 면은 없다. 아무리 틀렸더라도 그 과정에 대한 어른의 시각보다 결코 자기 일관성이 부족하지 않다. 심지어 상당히 창의적인 발상으로 볼 수도 있다. 결국 수염을 녹이는 놀라운 크림이 존재한다면 면도날은 곧 유물이 될 것이기 때문이다.

일반적으로 순진한 유추는 정확하며, 수년 내지 수십 년에 걸쳐 그 존재를 정당화하고 생존 가능성을 뒷받침하는 특정한 제한적 영역을 지닌다. 이 유효한 영역은 좁을 수도 있고, 넓을 수도 있다. 가령 아이가 동물을 의인화하는 경우가 여기에 해당한다. 메뚜기는 살아 있고, 숨 쉬고, 돌아다니고, 생식을 하고, 죽고, 다치기도 하는 등 사람과 닮은 점이 많다. 그래서 어느 정도까지는 순진한 유추가 완벽하게 유용하다. 그러나 여섯 살배기 아이가 대개 생각하는 것과 달리 메뚜기는 돌봐주는 사람이 사라져도 슬퍼하지 않으며, 이는 이 유추가 지닌 (여러 가지 중) 하나의 한계를 예시한다.

이 장의 서두에 제시한 순진한 유추의 경우 그 강점과 한계를 쉽게 파악할 수 있다. 가령 우편 주소와 이메일 주소 사이의 유추는 여러 측면에서 유효하다. 즉 둘 다 지엽적 정보에서 광범위한 정보로 가는 위계적 구조를 지니고(이메일 주소는 개인 아이디에서 시작하여 표시가 나오고, 대략 거리 이름에 해당하는 것과 점이 나오며, 끝으로 주나 나라 이름과 비슷한 것이 나온다), 특정한 사람에게만 알려주고 다른 사람에게는 비밀로 할 수 있고, 우편물을 모아두고 접근할 수 있는 '통'과 연관되며, 가끔씩 바뀌기도 한다. 이런 이유로 이 유추는 거의 모든 사람이 공유하며, '주소'라는 공통의 용어에 내재되어 있다.

그러나 이 유추에는 한계도 있다. 어떤 것을 통신망으로 보내려면 발신자에게 이메일 주소가 있어야 하지만 우편물을 보낼 때는 필요가 없다. 또한 우편물과 달리 이메일을 보낼 때는 대개 복사본이 자동으로 보관된다. 또한 이메일은 거의 즉시 도착하는 반면 우편물은 며칠씩 걸릴 수 있다. 그리고 이사를 하면 새 주소가 생기지만 이메일 주소는 그대로 유지할 수 있다. 그래서 다른 곳으로 옮겨가는 친구에게 새 이메일 주소를 묻는다는 생각이 언뜻 떠오르는 것도 얼마든지 이해할 수 있다(이메일에 익숙한 사람보다 미숙한 사용자에게 이런 일이 일어날 가능성이 훨씬 높기는 하지만 말이다). 여기서 이 유추가 지닌 유효성의 한계가 명확하게 드러난다.

티머시와 재닛의 순진한 유추는 알렉산더 교수가 한 것보다 훨씬 특이하다. 티머시의 순진한 유추가 얼마나 일반적인지 파악하려면 아이들이 면도 과정을 이해하는 양상을 면밀히 연구해야 한다. 재닛이 겪은 혼란의 경우 성인이 텟마우스를 나무에 사는 아주 작은 쥐로 상상했다는 것이 대단히 진기하게 느껴지겠지만, 그런 순진함이 웃음을 자아낸다면 우리도 마찬가지라는 점을 명심해야 한다. 우리는 모두 과도하게 빠르고 부적절한 범주화를 하는 바람에 종종 같은 종류의 덫에 빠지기 때문이다. 그러면 고전적인 대중적 문헌에서 나온 한 가지 사례를 살펴보자.

많은 독자가 '개미와 베짱이'라는 이솝 우화를 잘 알 것이다. 또한 17세기 프랑스 시인 장 드 라퐁텐이 압운을 맞추어서 쓴 'La cigale et la fourmi(매미와 개미)' 이야기를 아는 독자도 있을 것이다. 다음은 (우리가 번역한) 이 시의 서두다.

> All summer long, without a care,
> Cicada sang a merry air,
> But when harsh winter winds arrived,
> Of food it found itself deprived:
> It had no wherewithal for stew:
> No worm or fly on with to chew.[39]
> (여름 내내 태평스레

매미는 즐거이 노래를 불렀네
그러나 사나운 겨울바람이 불어닥치고
먹을 것이 다 떨어져 버렸고
끓여 먹을 도구도 없었지
씹어 먹을 벌레나 파리도 없었지.)

대다수 독자는 마지막 두 연에서 이상한 느낌을 받지 않을 것이다. 그러나 사실 거기에는 잘못된 가정이 잠재되어 있다. 이를 밝히기 위해 몇 가지 변형된 형태를 살펴보자. 가령 라퐁텐이 "끓여 먹을 도구도 없었지 씹어 먹을 말이나 소도 없었지"라고 썼다고 가정하자. 이 경우 독자는 겨우 벌레가 양식으로 삼을 가축을 모아두지 못했다는 어울리지 않는 이미지를 분명히 어리둥절하게 받아들일 것이다. 또한 라퐁텐이 "끓여 먹을 도구도 없었지, 씹어 먹을 상어나 고래도 없었지"나 "끓여 먹을 도구도 없었지, 씹어 먹을 나무나 돌도 없었지"라고 썼다면 더욱 혼란을 느꼈을 것이다. 이런 내용은 즉시 의혹과 혼란을 초래했을 것이다.

라퐁텐이 실제로 쓴 시의 후반부는 이런 부적절성이 없는 것처럼 보이지만 이 인상은 틀렸다. 매미는 포식자가 아니어서 파리나 벌레를 먹지 않기 때문이다. 매미가 비슷한 몸집을 가진 작은 생물을 먹는다는 평이해 보이는 가정은 완전히 잘못된 것이다. 유명한 프랑스 생물학자이자 과학 저술가인 장 앙리 파브르Jean-Henri Fabre가 《파브르 곤충기》라는 자전적 회고록에 기록한 바에 따르면 매미는 영양분을 빨아들이는 흡입관을 가진다. 그래서 유충기에는 나무뿌리에서 나오는 수액에서 영양분을 얻으며, 성숙기에 이르면 여러 나무와 관목의 가지에서 수액을 빨아먹는다. 매미가 먹는 것에 대한 타당해 보이는 이미지는 단순히 사람이나 가축 혹은 다른 곤충과의 순진한 유추에 토대를 둔다. 다음과 같은 내용이었다면 아마 라퐁텐의 시가 매미의 진정한 속성에 훨씬 더 충실했을 것이다.

All summer long, without a care,
Cicada sang a merry air,
But when harsh winter winds arrived,
Of food it found itself deprived:

It hadn't stocked one sip to lap

Of what cicadas crave: thick sap.

(여름 내내 태평스레

매미는 즐거이 노래를 불렀네

그러나 사나운 겨울바람이 불어닥치고

먹을 것이 다 떨어져 버렸고

매미는 모아두지 않았네, 한 방울도

좋아하는 진한 수액도.)

위대한 라퐁텐마저 이토록 순진했다면 티머시나 재닛 혹은 알렉산더 교수를 너무 가혹하게 평가하지 말아야 할 것이다.

순진한 유추와 형식적 구조 그리고 교육

우리가 더 높은 추상화 층위로 옮겨갈 때 순진한 유추는 나름의 강점 및 약점을 모두 수반한 채 불가피하게 신뢰받는 지침이 된다. 이런 유추가 지니는 강점은 효율적이고 바로 활용할 수 있는 정신적 구조물의 형태로 장기 기억에서 쉽게 확보할 수 있다는 것이다. 또한 약점은 특정 맥락에서는 잘못된 길로 이끌 수 있다는 것이다. 순진한 유추는 잘 닦아놓은 슬로프에서는 우아하게 내려오지만 가루눈 위에서는 어찌할 바를 모르는 스키어와 같다. 요컨대 순진한 유추는 많은 상황에서 잘 통하지만 다른 상황에서는 불합리한 결론이나 완전히 막다른 골목으로 이끌 수 있다.

순진한 유추에 대한 연구가 인간의 지성에 대해 말해주는 것은 교육이 엄청나게 중요하다는 것이다. 그래서 이 장은 우리의 견해와 관련된 교육적 성과를 일정 부분 다룰 것이다. 구체적으로는 **배우다** 및 **알다**의 의미에 대한 기존 관념에 의문을 제기하고 새로운 교육 방향을 제안할 것이다. 아래는 이 장과 다음 장에서 논의할 세 가지 핵심적인 견해다.

첫째, 교실에서 제시되는 관념은 순진한 유추를 통해 이해된다. 즉 아이들은 무의식적으로 단순하고 익숙한 사건 및 관념에 빗댄 유추를 하며, 이 무의식적 유추는 새로운 개념을 받아들이는 양상을 좌우한다.

둘째, 순진한 유추는 일반적으로 학교교육을 통해 제거되지 않는다. 교육이 영향을 미치는 경우는 대개 학생이 순진한 유추를 적용하는 경향이 있는 일련의 맥락을 조율할 뿐이다. 순진한 관념은 학습된 새로운 개념을 몰아내는 것이 아니라 그것과 공존한다. 뒤이어 학습자는 다른 맥락에서 유용성을 지니는 두 가지 유형의 지식을 활용할 수 있다. 머릿속에서 순진한 유추가 없어지는 것은 대단히 해로울 것이기 때문에 이는 다행스러운 일이다. 가령 일상적인 상황에서 물리학자의 관점으로 세상을 바라보는 일은 종종 끔찍하게 우리를 옭아맬 것이다. 유리잔이 바닥으로 떨어지는 광경을 보는 물리학자는 뉴턴의 운동 법칙과 만유인력의 법칙을 상기하지 않아도 무슨 일이 생길지 알 수 있다. 곧 깨질 유리잔을 잡으려고 손을 뻗는 것은 뉴턴의 이론 이전에 존재한 세상에 대한 비기술적 지식에서 바로 나온 결과다. 또한 천문학자 커플은 보라색과 주황색으로 물든 황혼을 감상하며 손을 잡고 해변을 걸을 때 아마도 해가 떨어지는 것이 아니라 지구가 도는 것이라는 사실을 전혀 생각지 않은 채 다른 모든 연인처럼 아름다운 색상과 낭만적인 분위기를 즐길 것이다.

끝으로 어떤 주제에 대한 형식적 설명은 해당 영역에 대해 쉽게 생각할 수 있게 만들어주는 유형의 지식을 반영하지 않는다. 인간은 대개 형식적 구조를 조작하는 일을 편하게 느끼지 않는다. 우리는 새로운 상황에 직면했을 때 비형식적 접근법을 선호한다. 그래서 학습은 논리적 구조가 아니라 지속적으로 세분화되는 잘 조직된 범주의 목록을 구축하는 일이다.

친숙성과 확립

친숙성은, 우리가 미지의 상황에 대응할 때 거의 모르는 것보다 잘 아는 것을 외삽하는 쪽을 직관적으로 더 안전하게 느낀다는 단순한 이유 때문에 유추작용에서 매우 중요한 의미를 지닌다. 그렇다고 해서 이런 선택이 의식적으로 이루어진다는 뜻은 아니다. 이 선택은 인식의 층위 아래에서 이루어진다. 그래서 무의식적 유추 과정은 세상과 상황을 이해하는 토대를 형성하면서 우리가 환경과 상호작용하는 방식을 지배한다.

당연히 우리를 둘러싼 모든 것이 똑같이 익숙하지는 않다. 어떤 관념은 전적으로 자연스러워 보이고, 다른 관념은 거의 그렇지 않다. **덧셈**, **등식**, **형용사**, **동사**, **대륙**, **행성** 같은 관념은 익숙하게 느껴지지만 **편미분방정식**, **푸리에급수** **Fourier series**, **위상공간** **topological space**, **스피너** **spinor**, **렙톤** **lepton**, **전기영동** **electrophore-**

sis, **뉴클레오티드 합성**nucleotide synthesis 같은 관념은 많은 사람들이 낯설어한다. 추상적 관념뿐만 아니라 구체적 대상의 경우에도 마찬가지다. 대다수 사람에게 로켓은 차보다 덜 친숙하며, 가정용 로봇은 컴퓨터보다 덜 친숙하다. 범주의 친숙성은 지금까지 접한 정도, 관련된 지식의 양, 그 지식에 대한 자신감의 정도와 관련이 있다. 우리는 차를 훨씬 더 많이 접했고, 차에 대한 지식이 훨씬 더 많고, 탑승 및 하차 방법과 조작 기구(운전대, 브레이크 등)가 하는 일을 훨씬 더 분명하게 알기 때문에 로켓보다 편하게 느낀다. 또한 비슷한 이유로 전자기보다 중력이 훨씬 더 친숙하다.

친숙성은 범주의 확립 정도에 따른 효과를 탐구하는 심리학 실험을 통해 연구되었다. 인지심리학자인 랜스 립스Lance Rips는 새로운 지식이 어떤 범주에 속한 **전형적** 요소에서 **이례적** 요소로 전이되는 것이 반대의 경우보다 더 쉽다는 점을 보여주었다. 그래서 울새가 특정 질병에 약하다는 말을 들은 피실험자는 매 역시 같은 질병에 걸릴 수 있다는 결론을 내릴 가능성이 높은 반면, 반대의 상황에서 매가 종종 특정 질병에 걸린다는 말을 들으면 울새도 그 병에 걸린다고 추론할 가능성은 훨씬 낮다. 이런 비대칭이 발생한 이유는 **매**라는 범주보다 **울새**라는 범주가 훨씬 친숙하기 때문이다. 이는 개념이 깊이 확립될수록(여기서 **울새**는 **매**보다 더 깊이 자리 잡은 상태다) 유추의 원천으로 작용할 가능성이 높다는 뜻이다.

발달심리학자인 수전 캐리Susan Carey가 다양한 연령의 아동 및 성인을 대상으로 실시한 일련의 실험도 비슷한 결론에 이르렀다. 이 실험에서 피실험자는 **개** 같은 특정 범주에 속한 모든 요소가 '장막腸膜'이 있다는 식의 특정 속성을 지닌다는 말을 들었다. 뒤이어 **인간**이나 **벌** 같은 다른 범주의 요소에도 이 장기가 있을지 묻는 질문이 주어졌다. 어른은 달랐지만 어린아이는 **개**에서 **사람**으로 가는 경우보다 **사람**에서 **개**로 가는 경우에 이런 장기의 존재 여부에 대한 생각을 더 쉽게 옮겼다. 아동의 머릿속에서 **사람**이라는 개념이 **개**라는 개념보다 더 깊이 자리 잡았기 때문이다. 반면 어른은 (개와 벌처럼) 두 종류의 다른 동물에게 모두 그런 장기가 있다는 말을 들은 경우 기꺼이 모든 종의 동물로 그 존재 여부를 확장했다. 아동의 사고 과정은 달랐다. 아동은 두 종 중 하나와의 인식된 인접성에 따라(즉 해당되는 유추의 강도에 따라) 새로운 종류의 동물에게 속성을 확장할지 여부를 결정했으며, 유추를 하는 데 **동물**이라는 상위 범주를 활용하지 않았다. 이 추상적 범주는 충분히 친숙하지 않았기 때문이다.

일상적 개념 대 과학적 개념

학습에 대한 협소한 시각은 학교에서 습득하는 지식이 일상적인 지식과 별개라고 가정한다. 우리는 이런 시각이 교육과정에서 완전히 사라지길 바란다. 이런 철학은 일상적인 경험과 분리할 수 없는 대단히 기본적인 개념 외에는 일상적 개념을 참고하지 말고 새로운 관념을 가르치도록 권장한다. 학습에 대한 이처럼 제한적인 시각은 우리가 학교에서 습득하는 사실 및 관념을 일상생활에서 습득하는 사실 및 관념과 다른 방에 격리 보관하며, 해를 거듭하면서 추가되는 벽돌이 이전에 놓인 벽돌을 덮고, 다시 새 벽돌이 덮는 식으로 벽돌집을 짓듯이 학교에서 배운 지식을 늘린다는 지성에 대한 이해에 토대를 둔다.

이런 시각은 교과과정을 설계하는 일을 단순하게 만들기 때문에 쉬이 받아들여진다. 또한 각 과목을 다른 과목과 분리된 섬처럼 다루고, 각 과목 내에서 개념을 논리적 방식으로 해체한 다음 엄격하고 자연스러운 순서에 따라 배열하면서 가르치는 일을 더 쉽게 만든다. 그래서 복잡한 관념을 가르치는 일은 모두 같은 영역에 속한 더 단순한 일련의 관념을 가르치는 일을 수반하며, 뒤이어 각각의 더 단순한 관념은 같은 영역에 속한 한층 더 단순한 관념을 통해 설명된다.

정규적으로 배우지 않아도 저절로 늘어난다고 가정되는 일상적인 지식과 학교에서 일상적인 지식과 무관하게 전달할 수 있다고 가정되는 정규적인 지식 사이에 확고한 경계선이 있다는 것은 교육계의 해묵은 미신이다. 이 순진한 관점에서 보면 학교는 인류가 수천 년에 걸쳐 힘겹게 진전시킨 관념을 몇 년 만에 아무에게나 전달할 수 있는 마술적인 지름길이다.

특히 과학 부문에서 교과과정에 상당한 영향을 미치는 또 다른 믿음은, 과학적 지식은 정확하고 형식적인 용어, 특히 수학 공식을 통해 전달하는 것이 최선이며, 이 정확한 형식주의는 지식이란 초보자가 흡수하고 전문가가 조작하는 방식에 호응한다는 것이다. 이 믿음은 인쇄된 형식과 정신적 표상 사이에 존재하는 초기의 넓은 간극이 전문성에 가까워질수록 점차 제로에 접근한다고 가정한다.

우리는 제로에 접근하는 거리라는 주제를 다루고 있지만 아래에 나오는 대단히 골치 아픈 공식은 함수 $f(x)$가 x_0 지점에서 연속임을 표현한다.

$$\forall\varepsilon\ \exists\delta\ \forall x\ |x-x_0| < \delta \Rightarrow |f(x)-f(x_0)| < \varepsilon$$

(뒤집힌 'A'와 반전된 'E'는 '모든'과 '존재한다'라는 단어의 간략한 표기이며, 화살표 '⇒'는 '~이면 ~이다'로 읽을 수 있다.) 수학을 잘 아는 사람은 모두 정확하게 이런 용어로 연속성을 생각할까? 계산에 능한 사람은 정말로 항상 머릿속에서 그리스 문자를 떠올리고 조작하며, 이것이 그들에게 연속성이 의미하는 것일까? 이 공식을 습득한 후에는 이전에 가졌던 연속성에 대한 직관적인 관념이 완전히 필요 없어질까? 그렇다면 가장 정제되고 정확한 관념의 핵심을 구현했다고 간주되는 이런 공식을 그냥 전달하는 것이 전문가를 교육하거나 심지어 평범한 학생에게 기술적 관념을 가르치는 올바른 방식이 될 것이다. 특히 학생들이 **연속**이라는 관념을 위에 제시한 공식과 동일하게 보기를 바랄 것이다.

이런 교육관은 불행하게도 미묘한 관념을 최대한 엄격하고 명확하게 표현하기 위해 고안된 난해한 형식을 활용하는 일에 대한 전문가들의 실제 생각과 겹친다. 또한 논리적 사고가 유추적 사고보다 우월하다는, 폭넓은 문화가 뒷받침한 오랜 철학적 가정의 결과이기도 하다. 더 구체적으로 말하면, 이런 시각은 유추에 의존하는 일은 어떤 분야에서 막 출발할 때는 유용할 수 있지만 기본적으로 유치하며, 유추는 문제의 핵심을 다루거나 진지한 사고를 시작할 때는 목발이나 보조 바퀴처럼 얼른 버려야 한다는 잘못된 고정관념에서 기인한다. 이와 연관된 섣부른 고정관념은 유추적 사고가 야생마처럼 길들일 수 없으며, 대단히 예측할 수 없고 신뢰할 수 없어서 가끔 진정한 통찰을 안긴다고 해도 피해야 한다는 것이다. 이에 따르면 유추는 이성의 영역이 아니라 비합리적이어서 가르칠 수도 없고 가르쳐서도 안 되는 '직관'의 영역에 속한다.

이해력이 높은 사람의 머릿속에서 과학적 관념이 구현되고 '존속되는' 유려한 방식은 가능한 한 간결하고 엄격하도록 세심하게 고안된 형식적이고 경직된 기호로 표기를 하는 방식과 크게 다르다. 이 둘을 혼동해서는 안 된다. 방금 살폈듯이 **연속함수**라는 관념은 정확한 형식적 정의를 지니지만 경계가 흐릿하고, 다른 정도의 전형성을 지닌 요소를 포함하는 정신적 범주를 형성하며, 그에 대한 판단은 수학자마다 다르다. 유명한 역사적 사례가 이 사실을 예시한다. 19세기 말엽에 모든 무리점irrational point에서 연속이고, 모든 유리점rational point에서 불연속인 함수가 발견되었다. 이는 전혀 예기치 못한 것이어서 몇몇 유명 수학자는 '병적'이라는 라벨을 붙이고 수학에서 이 '골칫거리'를 제거하려고 애쓴 반면, 다른 수학자는 이처럼 풍부한 새로운 연구 분야가 드러난 것에 크게 흥분했다. 이 사례는 정확하고 절대적으로 객관적인 지식의 고정된 구현체라는 수학의 이미지에 전혀 부합하지 않는다. 다음 장에서 우리는 심지어 **숫자**처럼 친숙한 범주도 흐릿한 범주와 다양한 정도의 전형성을 가진 요소를 지니며, 숙련된 수학자들도 이 범주의 소속 여부를 두고 다른 의견을 내세우면서 격렬한 논쟁을 벌일 수 있다는 사실을 살필 것이다.

엄격한 형식적 정의와 인간의 머릿속에 존재하는 개념의 심리적 현실을 융합하는 불행하고도 폭넓은 현상은 교육계에 큰 걱정거리를 남긴다. 한 가지 결과는 유용하고 신뢰할 수 있는 범주를 구축한다는 근본적인 목표를 잊어버리는 경향이다. 또 다른 결과는 직관적인 방식으로 적절한 범주군을 구축하기 위해 유추를 활용하는 교수법보다 골치 아픈 형식과 엄격한 연역에 기초한 교수법을 선호하는 경향이다.

우리의 시각은 논리를 중심적인 것으로 간주하는 시각과 많이 다르다. 실제로 4장에서 강조했듯이 전문성은 범주를 습득하고 조직함에 따라 구축되는 것이다. 사람들은 형식적 인식에 의존하지 않고도 범주화를 통해 새로운 상황을 익숙한 것처럼 다루는 능력을 갖고 있다. 어떤 영역에서 지식을 습득한다는 것은 곧 관련된 범주를 구축한다는 것이다. 유추적 사고는 새로운 상황을 이해하고 새로운 개념을 구축하는 열쇠이며, 이 사실은 아주 미숙한 초보자부터 대단히 능숙한 전문가까지 모든 수준에 걸쳐 유효하다. 둘 사이의 차이는 사고하는 스타일에 있는 것이 아니다. 즉 전문가는 논리를 통해 사고하고 초보자는 유추를 통해 사고하는 것이 아니라, 활용할 수 있는 범주 목록과 범주를 조직하는 방식에 있다.

가령 주어진 지점 x_0에서 함수의 연속과 관련된 사례의 경우 전문가는 정말로 그리스 문자와 뒤집히고 반전된 로마 글자를 통해 생각할까? 거의 그렇지 않다. 그들은 해당 개념과 관련된 생생한 시각적 이미지를 갖고 있다. 이 공식에 나오는 엡실론과 델타는 단지 이 이미지를 번역하는 도구일 뿐이다. 그래서 $f(x)$의 값이 $f(x_0)$의 값에 아주 가까워지게 하고 싶다면, 특히 그 차이가 아주 작은 수인 ε를 넘게 하고 싶지 않다면(이 요구 사항을 공식으로 표기하면 $|f(x)-f(x_0)| < \varepsilon$이 된다) 중심이 지점 x_0이고 두 극단이 중심에서 δ만큼 떨어진 작은 영역이 있어야 하며(이 영역을 공식으로 표기하면 $|x-x_0| < \delta$이 된다), 이 영역 전체에 걸쳐 요구 사항이 충족되어야 연속이 성립된다.

그래서 수학적 훈련을 받은 사람이 연속의 의미를 생각할 때는 중심이 지점 $(x_0, f(x_0))$인 작은 직사각형 상자를 그린다. 이 경우 연속은 $f(x)$가 아무리 $f(x_0)$

에 가까워지기를 원한다고 해도(이 바람은 **높이**가 아주 낮아서 모든 y값이 **수직적으로** 밀접한 상자의 이미지로 번역된다), 대단히 **좁아서** 그 안의 모든 곳에서 요구 사항이 충족되는 상자를 언제나 만들 수 있음을 뜻한다. '아무리 가까워지기를 원한다고 해도'라는 구절은 '$\forall \varepsilon$'('모든 엡실론에 대해'로 읽음)을 시각적으로 번역한 것이며, '대단히 좁은 상자를 언제나 만들 수 있다'는 구절은 '$\exists \delta$'('일정한 델타가 존재한다'로 읽음)를 시각적으로 번역한 것이다. 결국 문제는 임의적인 작은 규모에서 함수의 그래프에 초점을 맞춘다는 관념으로 귀결되며, 따라서 돋보기와 현미경 같은 대단히 친숙한 대상 그리고 멀리서는 흐릿하던 것이 또렷해지도록 가까이 다가가는 일과 관련이 있다. 이는 수학적 지식을 갖춘 사람이 연속을 이해하는 방식을 뒷받침하는 종류의 일상적인 경험이다. 그래서 우리는 **연속**이라는 풍부한 개념을 이해하는 것은 이런 종류의 이미지를 구축하는 일이며, 엡실론과 델타는 단지 목표를 실현하기 위해 잠깐 쓰고 버리는 도구일 뿐임을 알게 된다.

요컨대 학생들은 초·중·고등학교와 대학에서 가르치는 개념을 형식적으로 내면화하는 것이 아니라 순진한 유추를 통해, 그러니까 더 친숙한 범주와의 유추를 통해 내면화한다. 이 범주는 모든 영역에서 나올 수 있으며, 학교에서 다루지 않는 영역에서 나오는 경향이 있다. 그래서 지식 영역이 자립적이라는 추정은 잘못된 것이다. 학생들은 불가피하게 해당 영역에 속하는 모든 새로운 개념을 삶의 다른 영역에서 얻은 경험과 연결할 것이기 때문이다. 게다가 순진한 유추는 일단 초보자의 머릿속에 자리 잡으면 시간이 지나도 사라지지 않는다. 그래서 수년에 걸쳐 학년이 높아지는 동안에도 머릿속에 남는다. 모두가 간단하고 근본적인 직관을 깊이 필요로 하기 때문이다. 실제로 순진한 유추는 대단히 지속적이어서 특정 영역에서 학교교육이 조금이라도 영향을 미칠 수 있는지 의심하게 된다. 인류가 수천 년에 걸쳐 발견하고 흡수한 미묘한 관념을 보통의 학생에게 전달한다는 목표는 훌륭하지만, 이것은 저절로 이루어지지 않는다.

우리는 초등학교에서 가르치는 아주 간단한 개념이 불행하게도 아주 제한적인 영역에서만 유효한 순진한 유추를 통해 이해되며, 종종 오해를 초래하는 이 유추가 중학교, 고등학교, 대학교에 걸쳐 남는다는 사실을 알게 될 것이다. 이 유추가 잠재의식에 미치는 영향은 이론적으로 교육이 철저하게 몰아내었어야 할 기간이 지난 뒤에도 남는다. 그래서 순진한 유추는 엄청나게 강한 덕분에 교육을 많이 받은 성인, 심지어 전문가의 사고 과정에도 잠재되어 있다. 이 때문에 교육이 순진한 유추를 제거한다는 생각에 의문이 제기된다. 반면 고정관념을 반영하는 시각은, 과학적 사상을 깊이 흡수한 사람은 논리적 규범을 준수하는 형식적으로 정의된 개념의 바다에서 헤엄친다는 것이다. 이 시각에 따르면 유추는 아무런 역할도 하지 않는다. 그러나 이는 희망 사항에 불과하다. 물론 과학교육은 일상적인 경험을 넘어서는 관념을 전달하며, 특히 더 추상적인 경향을 지닌다. 그러나 과학적 관념은 여타 관념과 딱히 다르게 학습되지 않는다. 과학적 관념 역시 순진한 유추에 뿌리를 두며, 이는 초보자든, 중급자든, 전문가든 간에 보편적인 사실이다.

새로움과 친숙성이 만나는 영역

컴퓨터 및 관련 기술의 개발이 세상에 대대적인 혁신을 일으켰다는 데에는 의문의 여지가 없다. 가정이나 기업에 컴퓨터가 없고, 컴퓨터를 연결할 인터넷이 없던 시절을 기억하는 사람은 그처럼 원시적인 세계에서 사람들이 살아갈 수 있었다는 생각에 놀라는 자녀가 있을 것이다. 그래서 컴퓨터가 20세기의 **가장** 위대한 혁신이었다고 주장하는 것도 타당하다. 또한 대단히 새롭고 완전히 유례가 없는 대상이 대단히 폭넓게 세상을 장악하면 이전 개념과 극단적인 단절을 수반하여 전적으로 새로운 범주, 어떤 종류의 유추에도 토대를 두지 않은 범주가 도입되어야 하는 것처럼 보일 수도 있다.

컴퓨터 기술이 그토록 엄청나게 혁신적이라면 단지 친숙하고 오랜 개념에 화려하고 새로운 포장을 입히기 위해 다양한 유추를 활용하는 것보다 훨씬 많은 일을 해야 하지 않을까? 사실 핵심적인 질문은 정반대이다. 그러니까, 선구자들이 친숙한 개념 위에 이런저런 기반을 구축하는 일 없이 어떻게 엄청난 창의성이 발휘되는 것을 상상할 수 있을까? 또한 어떻게 평범한 대중은 이미 깊이 자리 잡은 관념을 수반하는 유사한 기술에 새로운 기술의 토대를 두지 않고 획기적으로 새로운 아이디어의 쓰나미를 받아들일 수 있을까? 단순한 진실은 친숙하고 일상적인 범주에 토대를 둔 편안한 유추를 통해야만 평균적인 사람이 모든 혁신적인 신기술을 이해할 수 있다는 것이다. 이런 유추는 기술적 용어의 바다에서 완전히 길을 잃지 않도록 해주는 닻과 같다. 다음 메모 내용은 이 점을 보여주는 좋은 사례다.

> '최근 용무' 폴더를 찾아서 그 안에 있는 문서를 복사한 다음 '납부한 고지서' 폴더에 넣고 내 개인 주소로도 보내줘요. 지저분한 데스크톱desktop도 좀 청소해줄래요? 그리고 '잡무' 폴더를 살펴서 기한이 지났거나 무관한 것들은 전부 버려줄래요? 마친 후에는 휴지통을 비우고, 모든 창windows을 닫고, 전부 끄세요. 고마워요!

이 내용은 1970년대에 작성되었다면 나무 데스크, 판지 폴더 몇 개, 종이 서류와 용지, 금속 쓰레기통, 유리창, 우편 주소를 가리켰을 것이고, 무슨 이야기를 하는지 혼란스러워하지도 않았을 것이다. 그러나 오늘날에는 대단히 모호하다. 언급된 사무용품과 가구가 대단히 유사해서 어떤 것을 가리키는지 구분할 수 없는 물질적인 구현물과 비물질적인 구현물을 모두 갖고 있기 때문이다.

그래서 이번 세기와 이전 세기 사이의 가장 큰 단절을 대표하는 영역인 컴퓨터 기술은 오래된 대상과의 수많은 유추에 의존한다. 이런 유추는 대단히 긴밀해서 어느 세기의 기술을 가리키는 것인지 알 수 없는 전적으로 현실적인 시나리오를 만들어낼 수 있다. 물리적 대상에 할 수 있는 행동은 가상 세계에 그 대응물이 있다. 데스크, 파일, 폴더, 휴지통은 두 세계에 모두 존재하며, 컴퓨터에서 할 수 있는 거의 모든 일은 오래된 방식으로도 할 수 있다. 이제는 구길 수 없는 **문서**를 읽고, 찢어지지 않는 **폴더**에 넣고, 나무로 만들어지지 않은 **데스크톱desktop**에 쌓아두고, 특정한 지리적 명칭이 없는 **주소**로 보내고, 손잡이가 없는 **창windows**을 여닫고, 손가락만 몇 번 까딱여서 **휴지통**을 채우거나 비운다고 해도 사람들은 언제나 알고 있는 가장 친숙한 상황과의 유추를 통해 그 일을 한다.

컴퓨터가 사회를 혁신했지만 어휘를 혁신하지 못한 이유는 이 대단히 강력한 도구들이 모두 친숙한 범주에 접목되어 대량으로 어휘 라벨을 빌려왔기 때문이다. 요즘은 모두가 우리 조부모를 조금도 혼란스럽게 만들지 않을 용어를 사용하는 가상 기술에 대해 이야기한다. 좋았던 옛 시절처럼 우리는 메일함을 열어서 메일을 보고, 여러 주소로 메시지를 보내고, 문서를 보내거나 받고, 사이트를 방문하고, 친구와 채팅을 나누고, 찾고자 하는 것을 검색하고, 페이지를 참고하고, 새로운 링크를 만들고, 브라우징을 하고, 쓸모없는 파일을 휴지통에 던져 넣고, 폴더와 창을 여닫는다.

물론 "서버에 사이트를 호스팅하다", "브라우저로 웹서핑을 하다", "해커를 막기 위해 방화벽을 설치하다"처럼 30년 전에 들었다면 사람을 완전히 어리둥절하게 만들 새로운 표현도 있다. 그러나 이 우스꽝스러운 표현도 나름의 방식으로 우리가 전자장치로 실행하는 모든 활동이 여전히 주위를 둘러싼 물리적 세계를 기준으로 그려진다는 사실을 증명한다. 이 구절들에서 들을 수 있는 우스운 병치는 우리 인간이 새로운 현실에 적응하기 위해 친숙한 범주에 전적으로 의존한다는 사실을 드러낸다. **해커**가 **웹**을 이용하여 **스팸**에 숨겨진 **바이러스**를 퍼트린다면, 누가 이런 장난질로부터 우리 자신을 보호하기 위해 **방화벽**을 사용하지 말아야 한다고 말할 수 있을까?

웹과 전자 기술을 중심으로 불어난 어휘를 체계적으로 탐구해보면 대단히 친숙하고 일상적인 물리적 범주가 새로운 현상에 대한 유추의 가장 일반적이고 믿을 만한 원천이라는 우리의 논지를 확인하게 된다. 가령 아래에 나오는 것은 컴퓨터가 사회에서 어떤 역할을 하기 오래전부터 사전에서 찾을 수 있었지만 오늘날 읽으면 기술적인 느낌을 주는 용어 100여 개다.

account, address, address book, animation, application, archive, attach, bit, bookmark, bootstrap, browser, bug, burn, bus, button, capture, card, chat, chip, clean up, click, close, compress, connection, copy, crash, cut, delete, desktop, disk, dock, document, drag, dump, entry, erase, figure, file, find, firewall, folder, font, forum, gateway, hacker, highlight, history, home, host, icon, image, input, install, junk, key, keyboard, library, like, link, mail, mailbox, map, match, memory, menu, nouse, move, navigate, network, open, output, pad, page, palette, paste, peripheral, point, pop up, port, preference, preview, print, process, program, quit, read, reader, record, save, screen, scroll, search, select, send, server, sheet, shopping cart, shortcut, site, sleep, style, surf, tab, thumbnail, tool, trash, turn on/off, virus, wall, web, window, workplace, worm, write, zoom…….

처음에는 이 용어 중 다수는 기만적이라고, 즉 실제로는 오래된 관념에 대한 유용한 유추에 기초하지 않으며, 새로운 의미와 오래된 의미는 'race'의 두 가지 다른 의미('달리기 경주'와 '아종')나 'number'의 두 가지 다른 의미('수량'과 '더 마비된')보다 더 긴밀하게 연관되지 않았다고 주장하고 싶을 수도 있다. 그러나 이런 생각은 사실과 거리가 멀다. 새로운 기술적 의미와 훨씬 더 오래된 영역에서 기인한 의미를 잇는 의미적 연결은 모든 경우 대단히 직접적이다. '마우스'와 '칩'처럼 일상적 관념과 기술적 관념 사이의 유사성이 단순한 시각적 유사성에 불과한 두어 가지 용어를 제외하면 이론의 여지없이 이 각각의 친숙한 용어에 내재된 것은 새로운 용례와 오랜 용례를 잇는 추상화다.

때로 우리는 누구도 오늘날의 기술을 상상할 수 없었던 먼 과거에 만들어진 정의에서 많은 매력을 느낀다. 가령 4장에서 인용한 《펑크앤드와그널스 신표준사전》 1932년판은 '브라우즈', '폴더', '해커'를 다음과 같이 정의한다.

> **브라우즈browse**: **타동사.** 가지나 풀 등을 먹다; 때로 염소가 산울타리를 **뜯어먹었다**의 경우처럼 뜯어먹다.
>
> 젖통이 늘어진 암소가
> 이슬 내린 산뜻한 들판에서 **풀을 뜯었네.**
> – 테니슨, 〈정원사의 딸〉, 스탠자 3.
>
> **자동사.** 자라는 식물의 가지 등을 먹다; 뜯어먹다.
>
> 거기 야생동물들이 **풀을 뜯고,**
> 대지의 포도와 부드러운 새싹을 먹네.
> – 밀턴, 〈시편 XXX〉, 스탠자 13.
>
> **폴더folder**: 1. 접는 사람이나 사물. 구체적으로는: ⑴ 종이를 접는 납작한 칼 형태의 도구. ⑵ 바로 펼칠 수 있는 지도나 시간표 혹은 다른 인쇄된 종이. ⑶ 책에서 접어 넣을 수 있도록 다른 낱장보다 크게 만들어진 지도를 담은 낱장. ⑷ 접는 기계. ⑸ 화기火器의 접는 가늠자. ⑹ 박음질을 하기 전에 재료를 접는 재봉틀의 부속 장치.
>
> **해커hacker**: 수액이 흘러내리도록 나무를 절개하는 도구.

10년이 채 못 되어 디지털컴퓨터가 개발되고, 라디오와 영화, 자동차와 항공기, 전화기와 녹음기가 이미 존재했고 심지어 흔해진 시대에 위에 나온 세 개념이 오늘날의 시각으로는 엄청나게 구체적이고, 제한적이며, 예스럽게 느껴지는 방식으로 이해되었다는 점은 대단히 놀랍다. 실제로 당시 사람이 오늘날의 우리를 방문한다면 이 단어들이 지니는 현대적이고 기술적인 의미를 설명하는 데 약간의 시간이 걸릴 것이다. 오랜 의미와 새로운 의미가 사촌이라는 점에는 의심의 여지가 없고, 그 간극을 잇는 일부 유추를 설명하려면 쉽지 않은 속성 강의와 상당한 상상력의 도약이 필요하지만, 일단 파악하고 나면 공통의 추상적 핵심이 명확해진다.

가령 '데이터베이스에 침입하여 정보의 불법적인 흐름을 만드는 사람'이라는 '해커'에 대한 현대적 정의를 살펴보자. 이 정의는 의도적으로 1932년의 정의와 유사성이 두드러지게 만들었지만 개념적 간극은 여전히 넓은 정신적 범위에 해당한다. 이는 대공황 이후에 경치 좋은 과수원과 작은 농장들이 띄엄띄엄 자리 잡았던 캘리포니아의 아름다운 농촌 지역인 산타클라라밸리가 겨우 몇 십 년 만에 첨단 기술 기업, 복잡하게 얽힌 고속도로, 고급 주택단지, 셀 수 없이 많은 타이·인도·중국 식당이 있는 실리콘밸리라는 초현대적이고 정신없이 돌아가는 대도시 지역으로 변한 데서 오는 방대한 개념적 간극을 연상시킨다.

당신의 여행이 쇼핑 카트에 담겼습니다

많은 단어에서 컴퓨터에 기초한 의미가 등장한 일은 새로운 범주를 낳았을 뿐만 아니라 (4장에서 논의한 대로) 위에 제시한 목록에 포함된 용어의 이면에 있는 추상적 핵심을 더 명확하게 만들었다. '데스크'라는 단어의 사례에서 이미 살폈듯이 용어의 원래 의미는 유추적 확장을 초래하여 오랜 개념이 가상의(혹은 '소프트웨어') 개체에 적용되도록 만든다. 뒤이어 이 확장은 한때 중심적이었던 일부 속성이 이제는 피상적이고 그에 따라 단순히 부가적으로 보인다는 의미에서 오랜 범주를 단순화하고 정제한다. 가령 **주소**라는 가상의 개념은 일반적으로 우편 주소와 긴밀하게 연계된 **물리적 장소**가 필수적이지 않으며, 사실 중요한 것은 **기호 라벨을 통한 접근성**임을 이해하게 만든다. 전자 주소로 메시지를 보낼 때 중요한 것은 해당하는 사람에게 도달하는 것뿐이며, 그 사람의 지리적 소재는 데스크가 나무로 만들어졌는지 아니면 픽셀로 만들어졌는지 그리고 서랍이 있는지 없는지 여부만큼이나 중요치 않다. 요컨대 근래에 주소라는 범주의 디지털 버전이 등장한 일은 그때까지 지리가 절대적으로 불가결한 것이었기는 하지만 유관하지 않다는 사실을 알게 해주었다.

"당신의 여행이 쇼핑 카트에 담겼습니다"처럼 웹사이트에서 가끔 나타나는 흥미로운 구절은 유추적 확장을 통해 핵심이 더욱 명확하게 드러나는 범주의 경향을 반영한다. 그래서 온라인 쇼핑 카트는 '계산대'에 설 때까지 언제든 마음을 바꿀 수 있는 잠재적 구매품을 쌓아둔다는 속성을 물리적 쇼핑 카트와 공유한다. 현실의 삶에서(그러니까 컴퓨터가 우리의 삶에서 중심적 현실이 되기 전의 '좋았던 옛 시절'에) '여행을 쇼핑 카트에 담는다'고 말하는 것은 이상하기 짝이 없게 보이겠지만, **여행**과 **카트**라는 오래되고 협소한 범주에 이상한 것이 새롭고 폭넓은 범주에도 이상할 필요는 없다. 일단 여행이 **잠재적 구매품**이 되고 쇼핑 카트가 **잠재적 구매품의 저장소**가 되면 '여행을 쇼핑 카트에 담다'라는 구절이 전혀 거슬리지 않으며, 실로 합당하게 보이기 때문이다.

개념에 속한 기술 시대 이전 버전과 기술 시대 버전을 우아하게 통합한 새로운 범주를 찾으려면 **방화벽**, **해커**, **주변 기기**, **포트**의 경우처럼 종종 상당히 높은 추상화의 층위로 뛰어오르는 일이 필요하다. 그래서 온라인 세계에서 **방화벽**은 **해커**를 막는 방어 수단이지만 전통적인 맥락에서 '해커를 막는 방화벽'이라는 구절은 거의 혹은 아무런 의미를 지니지 않는다. 마찬가지로 컴퓨터의 맥락에서는 '포트에 주변 기기를 꽂다'라는 구절이 전적으로 말이 되지만 컴퓨터 이전의 세계에서는 그저 의미 없는 횡설수설처럼 들릴 것이다.

그러나 **주소록**, **키보드**, **옮기다**, **스크린**, **삭제하다**, **보내다**처럼 거의 새로운 측면을 통합하기 위해 확장된 것처럼 보이지 않는 범주도 있다. 그래서 이 범주들이 모든 기술적 격변을 무탈하게 지나왔으며, 손끝 하나 다치지 않고 지진을 견뎌냈다고 생각할 수도 있다. 그러나 실제 사정은 그보다 조금 더 미묘하다. 가령 전자 **주소록**은 종이로 된 조상과 달리 구체적인 대상이 아니다. 그래서 펜이 아니라 타이핑으로(혹은 큰 소리로 말함으로써!) 내용을 '적으며', 전화번호로 사람을 찾는 것처럼 구식 주소록으로는 상당히 힘든 일을 순식간에 할 수 있게 해준다.

가상 주소록이 '주소록'으로 불리는 **범주에 속하는지** 혹은 단지 구식 주소록과 **유사한지** 묻는 질문에는 대답할 필요가 없다. 이 질문이 전제하는 이분법이 잘못된 것이기 때문이다. 친숙한 범주에 속하는 것 그리고 친숙한 대상과 유사한 것은 흑백이 분명한 문제가 아니며, 상반된다거나 서로를 배제한다고 생각해서는 안 된다. 둘 다 인식하는 사람과 문맥에 의존하는 유동적 수준(혹은 회색 지대)을 지니며, 실로 **범주 소속성의 강도**는 단지 **유사성의 강도**로 귀결될 뿐이다. 기술적 용어의 점진적이고 자연스러운 확장은 유추와 범주화가 동전의 양면에 불과하다는 사실에 대한 탁월한 예시다.

그렇다면 '옮기다', '삭제하다', '보내다' 같은 동사로 표현되는 개념의 경우는 어떨까? 이 동사들의 의미는 컴퓨터 혁명의 여파에도 전혀 변하지 않은 것처럼 보인다. 그러나 파일을 (하드디스크에 있는) 한 폴더에서 다른 폴더로 '옮기는' 일이 종이 파일을 (나무로 만든 서랍에 든) 한 판지 폴더에서 다른 판지 폴더로 옮기는 일과 **정확하게 같다**고 말할 수 있을까? 혹은 (화면에서) 알파벳 글자를 형성하는 일련의 픽셀을 지정한 다음 '삭제' 키를 누르는 일이 연필 뒤에 붙은 지우개를 (종이에 있는) 어떤 표시가 거의 보이지 않을 때까지 세게 문지르는 일과 **정확하게 같다**고 말할 수 있을까? 그리고 전자 메시지를 보내는 일이 '평범한' 우편을 통해 편지를 보내는 일과 **정확하게 같다**고 말할 수 있을까? 물리적 편지를 보낼 때는 물리적으로 양도해야 하지만 전자 장치를 통해 메시지를 보낼 때는 원본이 발송자의 하드디스크에 남는다. 그래서 우리는 다시 한 번 언뜻 컴퓨터 버전으로 전혀 확장되지 않은 것처럼 보이는 용어조차 실은 해당되는 범주가 넓혀졌으며, 이는 오직 이런 확장이 일어날 수 있는 이전의 친숙하고 일상적인 범주에 대한 유추 작용 덕분이라는 사실을 상기하게 된다.

인터페이스가 전혀 없는 것이 최고의 인터페이스다

앞서 제시한, 유추적 확장에서 기인한 용어 100여 개는 유추적 확장에서 기인하지 **않은** 온갖 종류의 다른 새로운 용어와 공존할까? 사실 새로운 기술이 등장할 때마다 기술 시대 이전의 용어를 빌리고 대다수 사람들이 하는 경향이 있는 예측 가능한 순진한 유추에 의존하는 것이, 자연스럽게 통하는 일련의 새로운 용어를 고안하는 표준적인 방식이다. 이 사실을 의심하는 사람은 그냥 컴퓨터 분야에서 일하는 사람들이 나누는 대화를 듣고 50년 전에는 존재하지 않았던 용어를 파악하기만 하면 된다. 그러면 일상적이고 현실적인 단어는 편재하는 반면 '마더보드'나 '픽셀'처럼 신기술에 특정되며 과거의 사전에서는 어디에서도 찾을 수 없는 용어는 전혀 빈번하게 나오지 않는다는 사실을 알 수 있다. 물론 컴퓨터 전문가 두 명이 나누는 기술적 대화를 기록하다 보면 다른 모든 전문 분야의 경우와 마찬가지로 두문자어와 여러 협소한 기술적 용어를 많이 접하게 된다. 그러나 평범한 사람들이 컴퓨터에 대해 이야기할 때 과거에는 수십 년 혹은 수 세기 후에 추상적 용례가 적용될 것이라고 상상하지 못한 오래된 용어를 지속적으로 활용한다는 사실이 분명하게 드러난다.

컴퓨터 세계에서 나온 개념은 현재 우리의 일상에 스며들어 있다. 현실적인 개념들이 순진한 유추 수백 개를 통해 기술 자체에 스며들었기 때문이다. 흔한 일상적 활동에 뿌리를 둔 대단히 친숙한 활동을 토대로 삼는 이 순진한 유추는 복잡하고 이해하기 힘든 기술적 개체에 온갖 종류의 단순하고 이해하기 쉬운 속성을 최소한의 인지적 비용으로 부여해준다. 순진한 유추에 기초한 용어는 대단히 모호했을 속성을 자연스럽게 드러내기 때문에 쉽게 유행한다.

그래서 우리는 모두 순진한 유추 덕분에 "대상을 데스크톱에 놓는다", "문서를 폴더에 넣는다", "창을 열거나 닫는다", "파일을 옮기거나 복사하거나 버린다"고 쉽고 정확하게 말할 수 있으며, 강의나 지침서가 없어도 해당 기술을 습득할 수 있다. 게다가 (**데스크**, **파일**, **창**, **문서** 같은) 추상적인 기술적 개체의 행동을 묘사하는 현실적인 어휘는 단지 처음 배우는 사람이 처음 배울 때만 활용하다가 버리는 임시변통의 언어적 도구가 아니다. 오히려 기술적 지식이 많은 사람도 구체적인 방식으로 말을 한다. 그들 역시 창과 파일 그리고 폴더를 여닫으며, 이런 구절을 사용할 때 비유를 쓰지 않고 완벽하게 직접적으로 표현한다고 느낀다.

인간과 기계를 잇는 인터페이스 설계 부문의 전문가들은 최선의 인터페이스는 보이지 않아야 한다고 말한다. 즉 '인터페이스가 전혀 없는 것이 최선의 인터페이스'다. 자연스럽고 직관적인 인터페이스의 중요성을 강조하는 이런 주장은 근본적으로 설계자가 언제나 친숙한 대상에 대한 유추를 활용하려고 노력해야 함을 뜻한다. 그래야만 인터페이스가 '투명하게' 되며, 이는 사용자가 일상적인 물건을 조작하고 있다는 느낌, 자유롭게 핵심 목표에 집중할 수 있게 해주는 느낌을 얻는 것을 뜻한다. 이처럼 절묘한 방식으로 설계된 인터페이스는 컴퓨터를 특정한 종류의 과업을 달성하기 위한 간편한 도구로 만들어준다. 그래서 도구를 사용하는 법을 파악하려고 고생할 필요 없이 그저 과업 자체에 집중하게 해준다.

친숙한 활동에 대한 유추에 세심하게 기초한 인터페이스는 부실하게 설계된 인터페이스가 지닌 불편함을 초래하지 않는다. 탁월한 인지심리학자이자 실수 수집가, 실수 분류가, 실수 모델 수립자일 뿐만 아니라 인간과 기계를 잇는 인터페이스 설계의 선구자이기도 한 도널드 노먼은 이 점을 다음과 같이 간결하게 밝혔다. "인터페이스와 관련된 진정한 문제점은 그것이 인터페이스라는 것이다. 인터페이스는 길을 가로막는다. 나는 인터페이스에 에너지를 쏟고 싶지 않다. 나는 일에 집중하고 싶다. …… 나는 나 자신이 컴퓨터를 사용하고 있다고 생각하기를 원치 않으며, 일을 한다고 생각하기를 원한다."[40]

순진한 유추의 순진한 면

새로운 기술을 이해하도록 돕는 순진한 유추는 불가결하기는 하지만 한계도 지니고 있다. 새로운 범주의 요소가 때로 더 오래되고 친숙한 범주의 요소와 다르게 행동하기 때문이다. 이런 경우 순진한 유추는 우리를 오도할 가능성이 높다. 결국 순진한 유추에 의존할 때는 이름처럼 순진하게, 즉 이것저것 가리지 않고 모두 의존하기 때문이다. 좋든 나쁘든 간에 순진한 유추는 유일한 지침이며, 때로 우리를 잘못된 방향으로 이끌기도 한다. 한마디로 우리는 다시 범주 눈가리개의 땅으로 돌아와 있다.

가상 범주와 구식 유사물의 차이가 범주의 가장 중심적인 측면을 수반하지 않을 때는 대개 문제가 없다. 가령 가상 데스크, 가상 파일, 가상 폴더가 부피나 질량이 없고, 더러워지지 않고, 닳지 않는다는 점은 명백하다. 이는 **가상 파일**과 **가상 폴더** 같은 범주가 **가상 데스크**(혹은 데스크$_2$처럼)라는 범주처럼 비물질적이기 때문이다.

그러나 둘 사이의 차이가 친숙한 범주의 중심적인 측면을 수반할 때는 이야기가 달라진다. 그래서 순진한 유추가 심각한 혼란을 초래할 수 있다. 가령 한때 애플 컴퓨터는 디스크를 빼내려면 사용자가 아이콘을 휴지통으로 끌어와야 했다. 많은 사용자는 그렇게 하기를 꺼렸다. 디스크에 저장된 데이터가 삭제될지 모른다고 생각했기 때문이다. 이런 반응에 내재된 유추는 대단히 자연스럽고 억누를 수 없는 것이어서 경험 많은 사용자조차 디스크 아이콘을 휴지통으로 끌어올 때는 아무리 이전에 많이 했다고 해도 여전히 약간은 위험한 것처럼 '음, 파일이 전부 삭제되어서 영원히 사라지는 것 아냐?'라는 불확실한 느낌을 받을 수밖에 없었다. 이는 마치 컴퓨터 자체가 유추를 통해 생각하며, 인간처럼 혼란을 일으켜서 실수로 디스크에 든 모든 콘텐츠를 지울지도 모른다고 상상하는 것과 같다. ("이런! 죄송해요! 잠깐 한눈을 팔다가 당신이 디스크 아이콘을 휴지통에 끌어오는 것을 보고 그냥 전부 지워버렸어요. 바보같이 말이죠! 디스크의 경우에는 그렇게 하면 안 되고 그냥 배출해야 한다는 사실을 잊어버렸어요.")

이 흔한 우려를 고려할 때 애플의 사용자 인터페이스 설계자들이 디스크 아이콘을 휴지통으로 끌어오는 것이 "디스크를 배출해줄래요?"라고 말하는 자연스러운 방식이라고 판단할 때 일시적인 '건망증'에 시달렸다고 추측해야 할까? 그렇지는 않을 것이다. 그들은 단지 사용자가 디스크 아이콘을 휴지통으로 끌어올 때 **삭제**보다 더 높은 층위의 추상 개념으로, 그러니까 **더는 유관하지 않은 어떤 것을 제거한다** 같은 개념으로 쉽게 뛰어오를 것이라고 추정했을 뿐이다. 그러나 사실로 드러난 바에 따르면 이 추정은 일반적인 사용자가 지닌 정신적 유연성을 과대평가한 것이었다. 마침내 이 사실을 깨달은 설계자들은 뒤이은 버전에서 이 모호성을 제거했다. 그래서 지금은 디스크 아이콘을 휴지통 아이콘 근처로 끌고가면 삭제가 아니라 배출을 나타내는 다른 아이콘으로 마술처럼 변한다.

순진한 유추가 초래한 문제의 다른 인상적인 사례는 가상 데스크를 수반한다. 대개 하드디스크는 데스크톱 위에(혹은 그 자체가 데스크톱 위에 있는 작업 공간 안에) 놓여 있는 것으로 표상된다. 그러나 사실 메모리에 있는 모든 데이터는 하드디스크에 저장되어 있으며, 여기에는 전체 데스크톱도 포함된다. 따라서 디스크가 데스크톱 **위에** 있고, 데스크톱이 디스크 **안에** 있는 분명한 역설이 발생한다. A가 B의 위에 있는 동시에 B가 A의 안에 있는 것이 말이 될 수 있을까? 이는 때로 순진한 유추가 의도된 일을 제대로 하지 못한다는 사실을 보여준다. 물론 우리는 전반적인 삶에서 그런 것처럼 컴퓨터를 쓸 때도 사소한 모순과 함께 살아갈 수 있지만 사용자가 컴퓨터의 메모리에서 데스크톱을 찾으려 할 때처럼 때로 이 작은 역설이 혼란을 초래하기도 한다. 인터페이스 설계자들은 이 순진한 유추가 혼란을 일으킬 수 있다는 사실을 깨달은 후 마침내 수정을 했다. 그래서 현재 하드디스크는 더 이상 데스크톱 **위에** 있는 것으로 보이지 않으며, 대신 데스크톱을 통해 접근할 수 있게 되었다. 그래도 설계자들이 이 작은 문제를 바로잡는 데 20여 년이 걸렸다.

스스로 유추의 원천을 제공하는 컴퓨터 세계

컴퓨터를 더 쉽게 사용할 수 있도록 설계된 순진한 유추가 모두 컴퓨터 이전 시대의 경험에 뿌리를 둔 것은 아니다. 오늘날 컴퓨터는 잘 알려진 일부 속성을 순진한 유추의 원천으로 활용할 수 있을 만큼 충분히 친숙하기 때문이다. 실제로 한때는 유추를 통해서만 이해되던 대상이 마침내 충분히 친숙해져서 새로운 유추의 원천이 되기도 한다. 이런 일은 기술 기기뿐만 아니라 삶의 모든 측면에서 일어난다. 가령 처음에는 물결에 대한 유추로 이해되던 음파는 수 세기 후에 광파를 이해하는 유추적 토대가 되었다.

이처럼 컴퓨터 세계는 나름의 유추를 위한 원천을 제공하기 시작했다. 가령 수년 동안 파일을 저장하는 표준적인 도구였던 **플로피디스크**라는 관념은 원래 플라스틱 음반에 대한 유추를 통해 이해되었다. 그러나 1980년대와 1990년대에 폭넓게 사용되면서 모든 컴퓨터 사용자에게 친숙해진 뒤에는 새로운 유추의 원천이 되었다. 그래서 지금도 파일을 저장하기 위한 아이콘은 종종 플로피디스크 모양으로 그려진다. 이는 아이러니한 일이다. 지금은 거의 플로피디스크에 파일을 저장하지 않기 때문이다. 플로피디스크는 오래전에 내장 하드디스크 및 외장 하드디스크, CD, DVD, 플래시드라이브(이 각각의 수단은 잠시 모습을 보인 후 더 새로운 기술에게 자리를 내주었다) 등으로 대체되었다. 일부 소프트웨어에서 여전히 볼 수 있기는 하지만 플로피디스크 아이콘은 얼마 전까지 미국에서 종종 자전거 도로를 표시하기 위해 사용된 커다란 앞바퀴가 달린 옛 자전거의 그림처럼 지나간 시대의 잔재이며, 곧 플로피디스크의 뒤를 따를 것임이 확실하다. 대상 자체가 더는 존재하지 않기 때문에 **플로피디스크**라는 개념은 멸종되어가고 있다. 그래서 아이들은 사각형 아이콘이 어디서 나왔는지 모르며, 최근의 경향은 파일 저장용 아이콘을 하드디스크와 비슷하게 만드는 것이다.

가상 세계가 실재 세계에 대한 이해를 도울 때

컴퓨터와 컴퓨터 관련 기술의 존재감은 우리의 삶에서 지속적으로 널리 퍼졌다. 이 과정에서 친숙도가 높아짐에 따라 범주의 풍부한 원천이 되었고, 이것은 새로이 유추를 위한 풍부한 원천이 되었다. 이는 흥미로운 변화다. 컴퓨터는 이 세상에 존재한 짧은 기간 동안 일반적으로 물리적 세계에서 일어나는 현상에 대한 유사성을 통해 설명되었지만 지금은 그 반대가 되었기 때문이다.

즉 물리적 대상이 디지털 기술의 세계에서 일어나는 현상을 통해 묘사되고 있는 것이다. 가령 근래에 나온 SUV 광고는 이렇게 자랑한다. "이 차는 실재 세계를 브라우징하도록 돕는 검색엔진입니다!" 누가 이런 역할 전환을 예상했겠는가? 앞으로 분명히 이런 경향이 더욱 강해지면서 사회에 예측할 수 없는 변화를 불러일으킬 것이다.

멀티태스킹이라는 개념을 생각해보자. 이는 컴퓨터가 각 프로세스를 작은 단계로 나누어 1번 프로세스의 단일 단계를 실행한 다음 2번 프로세스의 단계를 실행하는 식으로 다양한 프로세스를 대단히 미세하게 엮어서 어느 모로 보나 모두 동시에 실행되는 것처럼 보이는 방식으로, 여러 가지 다른 프로세스를 한꺼번에 실행하도록 만든 1960년대의 영리한 발명품이다. 그러나 오늘날 우리의 삶에서 **멀티태스킹**이라는 개념은 자주 인간과 그 활동에 적용된다. 그래서 "싱글 맘이라서 정말이지 계속 멀티태스킹을 하고 있어요!", "매일 아침 출근할 때 모카를 마시고, 전화로 수다를 떨고, 풍경을 즐기고, 음악을 들어요. 차를 운전하면서 말이죠. 나는 멀티태스킹 능력이 대단해요!" 같은 문장을 쉽게 들을 수 있게 되었다. 실제로 컴퓨터에서 나온 이 용어의 기원은 점차 시야에서 멀어지고 있다. 다음은 수십 년 차이가 나는 두 사전에서 발췌한 정의다.

《웹스터 뉴월드 사전》(1988)

컴퓨터공학: 단일 중앙처리장치가 동시적 연산이나 빠른 전환을 통해 두 가지 이상의 프로그램을 한꺼번에 실행하는 것.

《아메리칸헤리티지 사전》(2011)

1. 하나의 중앙처리장치가 두 가지 이상의 프로세스를 동시에 처리하는 것.
2. 한 활동에서 다른 활동으로 주의를 옮기면서 한 가지 이상의 활동을 동시에 혹은 연쇄적으로 실행하는 것.

이 비교는 해당 용어가 1980년대에는 순전히 기술적이었지만 지금은 많은 사람이 컴퓨터공학에서 기인했다거나 심지어 **어떤** 기술적 용례가 있다는 사실을 전혀 모른 채 일상에서 유연하게 활용하고 있음을 보여준다. 유추적 확장을 통해 개념을 넓히고 있다는 사실을 분명하게 느낄 수 있는 전환기가 있었지만, 한동안 시간이 흐른 후 확장이 이루어지자 원래의 기술적 의미를 제거한 이 용어는 대중적 어휘 속으로 들어왔다.

일상생활로 도입된 또 다른 컴퓨터 용어는 원래 두 가지 하드웨어나 소프트웨어가 동시에 매끄럽게 작동하도록 조정하는 것을 뜻했지만 지금은 "동성애자 사회는 흑인 사회와 훨씬 더 많이 상호작용할 필요가 있다"처럼 대단히 비기술적인 구절에서 사용되는 '상호작용하다to interface'이다.

'코어 덤프core dump'라는 용어는 수십 년 동안 (한때 '코어'로 불린) 컴퓨터의 메인 메모리에 있는 전체 콘텐츠를 출력하는 것을 뜻했다. 이는 고치기 힘든 버그를 모두 잡아내기 위한 다소 필사적인 조치였다. 그러나 지금은 일상생활에서 유추적으로 확장되어 기술 분야에 속하지 않은 사람들도 "너무 오랫동안 같은 이야기를 해서 미안해요. 당신을 상대로 브레인 덤프brain dump를 하려는 것은 아니었어요!" 같은 말을 하게 되었다. 여기서 보존된 부분은 대개 일종의 기억 장치에 보이지 않게 저장되어 있는 상당한 양의 정보를 시각적으로나 청각적으로 출력한다는 추상적 관념이다.

근래에 격의 없는 대화에서 유추의 원천으로서 상당한 인기를 누린 또 다른 컴퓨터 관련 개념은 **오려붙이기cut-and-paste**다. 그래서 텔레비전 뉴스 진행자는 어떤 후보자의 연설을 '이전 연설에서 오려붙인 것'이라고 설명하고, 신문은 여러 유럽 국가에 실리콘밸리를 오려붙이려고 시도하며, 서평자는 "이 책은 같은 주제를 다룬 다른 책들을 오려붙인 것에 불과하다. 나는 이 책에서 아무것도 배운 것이 없다"라고 신간을 비판한다.

컴퓨터 프로그램을 디버깅debugging한다는 관념은 일상생활에서 활용할 수 있는 심상의 또 다른 비옥한 원천이다. 그래서 살사 댄서는 "라틴식 엉덩이 움직임을 디버깅하려고 해요. 항상 잘못된 방향으로 움직이거든요"라고 말하고, 중국어 교사는 "성조를 디버깅해야 해요. 완전히 엉망이에요!"라고 말한다.

끝으로 컴퓨터 용어가 일상적인 담화로 몰래 숨어든 몇 가지 잡다한 사례를 살펴보자. 가령 한 기업 간부는 다른 간부에게 "이 문제에 대해서 당신의 의견input을 꼭 들어보고 싶군요"라고 털어놓는다. 또한 한 의대생은 "종종 그냥 이 정신없는 일상에서 그냥 단절disconnect되고 싶어"라고 한탄한다. 그리고 한 광고는 "커피 쪽잠caffeine nap으로 당신의 두뇌를 재부팅하세요!"라고 권한다.

이 사례들은 전체적으로 단어 선택이 유추를 통해 이루어지며, 단어 선택을 위한 유추는 (언제나 그런 것은 아니지만) 대개 무의식적으로 이루어진다는 첫 두 장의 논지를 떠받치는 또 다른 기둥을 제공한다. 가령 '멀티태스킹'이라는 컴퓨터공학 용어를 생각해보라. 처음 등장한 몇 년 동안 이 용어를 인간의 행동에 적용하는 것은 컴퓨터 지식이 풍부한 사람만 할 수 있는 선택이었다. 그들은 신중하게 그리고 즐겁게 컴퓨터와 인간을 잇는 유추적 다리를 만들었다. 어떤 단어의 범위를 넓히는 일은 재미있다(창의적 유추는 재미있기 때문이다). 그러나 결국에는 이렇게 확장된 용어의 의미가 삼투를 통해 컴퓨터 지식이 풍부하지 않은 사람들로 구성된 훨씬 폭넓은 집단으로 새어나가며, 이 시점에서는 인간의 행동과 난해한 연산 기법을 잇는 유추적 다리를 만들지 않아도 이 용어를 활용할 수 있다(어차피 일반 화자는 해당 기법을 전혀 모른다). 유추적 다리는 인상적이고 새로운 용어로 명명된 **인간**의 행동에 곧바로 연결된다. 기술적 지식이 많든 적든 어떤 화자에 초점을 맞추더라도 언제나 유추가 주도적인 역할을 하고, 단어를 화자에게 제공하며, 종종 대단히 편리한 방식으로 제공한다. 그래서 단어 선택이 즉시, 자연스럽게, 수월하게 그리고 유추 작용의 도움을 전혀 받지 않고 이루어진 것처럼 보인다. 그 은 접시는 불가사의하게 **거기에** 있었다. 물론 이는 착각이며, 인간의 지성이 친숙한 언어적 행동의 표면 아래에서 지속적으로 들끓는 활동을 인지하지 못하는 또 다른 사례일 뿐이다.

기술 사상Technomorphism – 의인화의 유사물

컴퓨터에서 기인한 **단어**의 선택이 아니라 무의식적으로 등장하여 낯설고 새로운 상황으로 잠입하려는 컴퓨터에서 기인한 **습관**이 기술적 관념이 일상적인 사고로 스며들어가는 경향을 드러내는 때가 있다. 결국 일상적으로 끊임없이 기술 제품을 다루고 인터넷을 활용하는 상황에서 이 친숙하고 오랜 세계를 신선하고 새로운 시각으로 바라보기 시작하는 일은 불가피하다. 가령 책에서 제일 좋아하는 단락을 찾으려 할 때 이런 일이 일어날 수 있다. 건초 더미에서 바늘을 찾듯이 원하는 단락을 찾아 무작위적으로 페이지를 넘기다보면 쉽게 짜증이 날 수 있다. 온라인 버전이 있다면 원하는 단락을 찾는 일이 식은 죽 먹기라는 사실을 알기 때문이다.

다음 일화는 컴퓨터 기반 개념이 (적어도 지금까지는!) 전혀 해당하지 않는데도 마치 해당하는 것처럼, 일상적인 상황에서 머릿속에 떠오르는 대단히 인간적이고 자연스러운, 실로 억누를 수 없는 경향을 예시한다.

한 여성이 비디오게임에 중독된 열 살배기 아들을 다른 도시까지 차로 데려가고 있었다. 몇 시간이 지나자 소년은 지겨워 죽겠다고 불평하기 시작했다. 이 여성은 "제발 그만 징징거려줄래? 운전에 집중해야 한단 말이야"라고 말했다. 소년은 "하지만 이건 불공정해. 엄마만 계속 **플레이**하잖아!"라고 대꾸했다. 몇 년 동안 **가상의** 차를 **가상으로** 운전한 소년에게 **실제로** 차를 모는 일은 비디오게임을 하는 것과 같으며, 그래서 엄마가 자신은 하지 못하는 운전을 하면서 많은 재미를 보는 것처럼 보였다.

한 어린 소녀가 찬장 위에 디지털 사진 액자 두 개가 놓인 방으로 들어갔다. 각각의 액자는 주기적으로 다른 이미지를 보여주었다. 두 액자 사이에는 일반적인 사진이 들어간 구식 액자가 있었다. 소녀는 이 광경을 보고 "아빠, 저것 봐요. 가운데 액자가 고장났어요!"라고 말했다. 소녀는 구식 액자를 자동적으로 **디지털 사진 액자**라는 범주의 요소로 간주했으며, 따라서 명백히 결함이 있다고 생각했다.

여덟 살 난 소녀가 가족과 함께 차를 타고 시골을 지나가는 도중에 폭우가 내리기 시작했다. 소녀는 "아빠, 조심해요. 화면이 안 보여요!"라고 말했다.

한 컴퓨터 중독자는 컴퓨터 모니터에 파리가 앉으면 반사적으로 마우스를 움직여 화면 밖으로 끌어내려 한다고 털어놓았다.

집에 있을 때 어떤 물건을 찾지 못하면 종종 하드디스크나 인터넷에서 혹은 같은 맥락에서 휴대폰에서 어떤 것을 검색하는 경우처럼 그냥 검색만 하면 되기를 바라게 된다. 그래서 두어 가지 핵심 단어만 입력하면 즉시 잃어버린 물건을 찾을 수 있을 것 같다고 느낀다! 가령 앨리스의 사례를 보자. 그녀는 매우 피곤한 상태로 잠에서 깨어나 간절히 모닝커피를 원했다. 커피를 마시는 동안 어머니에게서 전화가 와서 그녀는 잔을 내려놓았다. 그러나 통화를 끝냈을 때 잔을 어디다 두었는지 잊어버렸다. 그래서 그녀는 태평스레 휴대전화를 집어서 연락처 목록에 있는 '검색' 란에 '커피'라는 단어를 입력하기 시작했다. 또한 (우리가 인터넷에서 찾은 또 다른 사례인) 밥이 있다. 그는 마감 시한 전에 보조금 신청서를 마무리하려고 닷새 동안 하루 종일 컴퓨터 앞에서 일했다. 그러다가 안경을 엉뚱한 곳에 놓은 그는 검색엔진에 안경이라는 단어를 입력해서 찾고 싶은 욕구를 억누를 수 없었다. 이런 종류의 사례는 인터넷에서 숱하게 찾을 수 있다.

불행하게도 그 정도로 정교한 기술로 물리적 세계에서 잃어버린 물건을 찾도록 도와줄 도구는 없으며, 그런 이유로 이제는 거의 모든 사람에게 제2의 천성이 된 **검색**이라는 온라인 세계의 개념은 물리적 세계에서 유추의 원천이 되었다. 그 반대의 경우가 아니라는 말이다. 열쇠, 지갑, 수표책, 안경(혹은 안경집)처럼 우리가 계속 엉뚱한 곳에 두는 물건은 엉뚱한 곳에 둔 휴대전화처럼 쉽게 신호음으로 위치를 알 수 있어야 한다고 생각하기 쉽다. 요컨대 우리는 찾지 못하는 물건에서 신호음이 들려 어디에서 찾을 수 있는지를 알려주는 무언가를 바란다.

이제 인터넷과 휴대전화는 거의 모든 것을 언제든 쉽게 확보할 수 있다는 느낌을 준다. 어디에 있든 우리에게 중요한 거의 모든 것이 마우스, 이메일, 휴대전화, 문자메시지로 닿을 수 있는 범위 안에 있다. 이 사실은 어떤 것이든 즉시 주어져야 한다는 착각을 심어준다.

오늘날 멀리 있는 물건을 아주 쉽게 획득할 수 있게 된 변화는 멀리 있는 사람의 존재감을 강화하는 효과를 낳는다. 가령 어떤 사람들은 휴대전화가 가까이 있으면 누구에 대해서든 조금이라도 비판적인 말을 하기를 꺼린다. 통화가 되지 않아도 그 사람이 엿들을 수 있기라도 한 것처럼 말이다. 이 시나리오는 벽이 아주 얇아서 이웃집에서 말을 엿듣는지 여부를 알 수 없는 아파트에 사는 모습을 연상시킨다. 비슷한 맥락에서 몇몇 사람들은 인터넷 채팅방에 있을 때조차 종종 실제로 근처에 있는 사람에게 속삭이기 시작한다. 크게 말하면 가상의 방에 모인 사람들이 엿들을 수 있기라도 한 것처럼 말이다. 요컨대 일부 컴퓨터 중독자는 주위를 둘러싼 물리적 세계에 자신과 관련된 대화를 엿들을 수 있는 가상의 사람들이 있다는 초조한 느낌을 받는다.

컴퓨터가 지닌 대단히 유용한 측면 중 하나는 실수를 바로잡을 수 있는 온갖 기회를 제공한다는 것이다. 그래서 문서 작성 프로그램이나 사진 편집 프로그램을 사용할 때 실수로 실행한 대규모 삭제를 비롯해서 모든 행동을 즉각 되돌릴 수 있어야 마땅하다고 느끼며, 이런 호사를 당연하게 받아들인다. 뒤이어 이런 습관은 삶의 다른 영역으로 넘어가서 기대를 형성한다. 그래서 우리는 거의 모든 영역에 '복구' 버튼이 없다는 사실을 깨닫는 순간 좌절한다. 다음은 이런 경향을 예시하는 두 가지 일화다.

> 케이크를 굽던 한 학생이 반죽에 밀가루를 너무 많이 넣어버렸다. 그녀는 몇 분 전으로 돌아가서 실수를 바로잡고 싶었다. 그래서 문득 대단히 익숙한 '복구' 키를 누를 수만 있으면 좋겠다고 생각했다.

> 한 10대가 눈썹을 정리하다가 의도한 것보다 많이 뽑았다는 사실을 깨닫고 이렇게 생각했다. '괜찮아. 이전 버전으로 되돌리기만 하면 돼.'

'복구하는' 행동뿐만 아니라 컴퓨터와 관련된 다른 많은 종류의 행동이 이처럼 강력하게 자리 잡아 습관으로 굳어진 바람에, 다음의 일화들처럼 물질적 세계에서의 행동 방식을 좌우할 수 있다.

> 한 10대가 잡지에 실린 사진에서 이름을 아는 사람들과 모르는 사람들을 보고는 이렇게 말했다. "처음에 반사적으로 든 생각은 '왜 이 사람들한테는 태그가 안 달렸지?'였어요. 그러다가 페이스북이 아니라 **잡지**를 보고 있다는 사실을 깨달았죠."

> 한 남자가 운전을 하다가 백미러에 비친 이미지를 확대하려고 두 손가락으로 벌리려 한 적이 있다고 밝혔다. 이 말을 들은 어떤 여성은 '같은 일'이 자신에게도 일어났지만 평면 텔레비전이 그 대상이었다고 말했고, 다른 사람은 욕실 거울을 보는 동안 '정확하게 같은 일'이 일어났다고 말했다.

> 한 열렬한 영화광은 영화를 보던 도중 화장실에 가고 싶어서 잠시 화면을 정지시키기 위해 마우스를 잡으려 한 적이 있다고 말했다.

> 또 다른 영화광은 "영화를 볼 때 몇 분이나 남았는지 보려고 마우스를 약간 움직이려 한 적이 있어요"라고 털어놓았다.

> 한 학생은 시험문제를 풀 때 어떤 단어의 철자를 정확하게 썼는지 확실치가

앉아서 방금 연필로 종이에 쓴 내용에 빨간색 밑줄이 생기는지 보려고 몇 초 동안 기다린 적이 있다고 말했다.

한 대학생은 시험을 앞두고 벼락치기 공부를 하다가 엄청나게 노력한 끝에 마침내 복잡한 생화학적 반응이 발생하는 양상을 파악하였다. 그때 컴퓨터 앞에 앉아 있던 그녀는 파일을 저장할 때마다 누르던 키 한 쌍을 무심코 눌렀다.

요즘은 이처럼 컴퓨터 관련 개념과 기술 시대 이전의 개념이 합선을 일으켜서 생기는 재미있는 정신적 오염이 흔하며, 이런 종류의 실수담을 기꺼이 올려서 웃음을 나누는 '장소'(물리적 세계에서 이 개념을 유추적으로 빌릴 수 있다면)인 웹사이트가 많이 있다.

어떤 동등성은 다른 것보다 더 동등하다

지금까지 현대의 기술에서 기인한 순진한 유추가 우리의 삶에 잠입한 양상을 자세히 살폈다. 이제 교육 분야로 돌아가서 아동이 기본적인 수학적 개념을 습득하는 방식에 순진한 유추가 어떤 역할을 담당하는지 살펴보자.

'3+2=5'라는 방정식은 전적으로 명확할까? 이것을 이해하는 방식은 단 한 가지뿐일까? 교육을 받은 모든 성인은 같은 방식으로 등호를 이해할까? 이론적으로 방정식은 완벽한 등가 내지 호환성을 기호로 나타낸다. 즉 등호는 양쪽에 있는 두 식이 같다는 것을 말해준다. 이런 방식으로 묘사한 등식이라는 관념은 대단히 단순하고 직접적으로 보여서 다르게 해석할 방법을 상상하기란 어려워 보인다. 그러나 등식이라는 관념에는 다른 측면이 있으며, 이 측면은 우리가 '조작-결과 유추'라고 부르는 순진한 유추에서 나온다.

이 대안적 해석에서 방정식의 왼쪽 측면은 **조작**을, 오른쪽 측면은 그 조작에 따른 **결과**를 나타낸다. 이는 시간을 소요하는 과정에 암묵적으로 방정식을 견주는 순진한 유추이며, 학교나 수학과 전혀 관계가 없는 상황에서 등장하여 어린아이를 비롯한 모두에게 영향을 끼친다. 몇 가지 예를 보자.

가리킨다+운다=원하는 물건을 손에 넣는다

꽃병+넘어뜨리다=바닥에 흩어진 유리조각

진흙+손=난장판

DVD+DVD 플레이어+리모컨=영화를 본다

초콜릿+밀가루+달걀+섞다+굽다=케이크

치즈+상추+토마토+빵=샌드위치

3+2=5

여기서 등호는 세상에서 이루어지는 어떤 종류의 행동을 그 결과와 연결하는 기호이며, '낳다', '만든다', '초래한다'로 읽을 수 있다. 이런 방식으로 볼 때 '3+2=5'는 전혀 동등성에 대한 진술이 아니며, 3에 2를 더하는 과정이 5를 초래한다는 관념을 표현한다.

호환성과 **조작-결과**라는 관념은 다르다. 두 번째 관점의 경우 한쪽은 항상 과정을 나타내고 다른 쪽은 항상 결과를 나타내면서 양쪽이 다른 역할을 수행하는 방정식의 비대칭성을 분명하게 이해시킨다. '5=5'라고 쓰는 것은 어떤 과정도 가리키지 않기 때문에 이 관점과 양립할 수 없다. 마찬가지로 '7−2=8−3'이라고 쓰는 것도 문제가 생긴다. 아무 결과도 나와 있지 않기 때문이다. 끝으로 '5=3+2'라고 쓰는 것은 조작과 결과가 엉뚱한 자리에 있기 때문에 혼란을 일으킬 수 있다. 실제로 많은 1, 2학년 학생은 바로 이런 방식으로 방정식을 이해하여 '5=3+2'가 '거꾸로 되었으며', '7−2=8−3'은 '**문제**가 나온 뒤에는 또 다른 문제가 아니라 **답**이 나와야 하기' 때문에 말이 되지 않는다고 주장한다. 어떤 아이는 '5=5'조차 받아들이기를 주저하면서 '7−2=5' 같은 것으로 바꾼다.

조작-결과를 따르는 순진한 유추는 **동등성**이라는 관념을 접하지 않은 아이들에게 지침을 제공한다. **과정**과 그 **결과**라는 관념은 아이에게도 친숙하기 때문이다. 이 개념들은 **원인**과 **효과**라는 관념 그리고 특정한 목표를 달성하려면 특정한 수단을 활용해야 한다는 관념의 가까운 사촌이다.

오늘날 아이들은 초등학교에서 방정식을 상당히 잘 이해하겠지만 인류 전체가 '='라는 기호를 고안하기까지는 오랜 시간이 걸렸다. 수학에서 동등성을 나타내는 기호는 1557년이 되어서야 웨일스의 수학자인 로버트 레코드Robert Recorde가 쓴 책에서 처음 등장했다. 그는 이렇게 썼다.

> 나는 종종 연구를 할 때 그렇게 하듯이 같은 길이를 지닌 평행선 한 쌍 혹은 쌍둥이 선, 즉 =를 넣을 것이다. 어떤 두 가지 대상도 더 동등할 수 없기 때문이다.[41]

'gemowe'라는 단어는 '쌍둥이'를 뜻하며, 위 수평선과 아래 수평선의 '쌍둥이스러움'은 동등성이라는 포괄적 관념을 기호화하기 위해 의도된 것이다. 수학자는 적어도 2000년 동안 존재했지만, 동등성을 나타내는 기호가 등장하기까지 그토록 오랜 시간이 걸렸다는 사실은 이것이 결코 자명한 개념이 아님을 말해준다.

오늘날 많은 성인에게 '등식은 동등성과 같다'라는 관념은 수학적 맥락에서 명백하게 보일지 모르지만, 그렇다고 해서 **등식**에 대한 조작-결과식 관점이 머릿속에서 사라진 것은 아니다. 실제로 사람들은 종종 무의식적 이해를 반영하는 방식으로 방정식을 적고 크게 읽는다. 가령 '4+3=7'을 읽을 때 많은 사람은 '4 더하기 3은 7'이라고 말하지만 '7=4+3'을 읽을 때는 '7은 4와 3의 합'이라고 말한다. 교육이 언제나 방정식을 호환성의 진술로 보는 결과를 낳았다면, 고등학교를 마칠 무렵에는 등호를 조작-결과로 보는 관점은 완전히 사라졌을 것이다. 방정식에서 양쪽의 순서는 전적으로 무관할 것이며, 두 가지 방식 모두 정확하게 같은 해설을 끌어낼 것이다. 그러나 현실은 그렇지 않다. 수학과 동떨어진 것부터 시작해서 몇 가지 구체적인 사례를 살펴보자.

광고에 나오는 순진한 방정식

광고가 신진 수학자가 아니라 우리 각자의 안에 있는 아이에게 소구하는 것은 당연한 일이다. 다음은 실제 광고에서 추려낸 '방정식'의 몇 가지 사례다.

두 가지 품목 구매=두 번째 품목 50% 할인

안경 구매=선글라스 공짜

단골 카드 구매=1년 동안 무료 가정 배송

텔레비전 구매=DVD 플레이어 단돈 1달러

피자 구매=두 번째 피자 무료

호환성이 이 방정식의 이면에 있는 관념이 아님을 확인하기 위해 앞뒤를 바꾸어보자. 보다시피 그에 따른 '방정식'은 완전히 우스꽝스럽고 심지어 터무니없기도 하다.

두 번째 품목 50% 할인=두 가지 품목 구매
선글라스 공짜=안경 구매
1년 동안 무료 가정 배송=단골 카드 구매
DVD 플레이어 단돈 1달러=텔레비전 구매
두 번째 피자 무료=피자 구매

이 사례들이 보여주듯이 등호에 대해 사람들이 품는 첫 번째 어렴풋한 이해는 조작에 뒤따르는 결과에 대한 순진한 유추에서 나오며, 호환성이라는 개념이 12년에 걸쳐 교육을 받는 동안 어느 정도 자리를 잡는다고 해도 **조작-결과** 관점은 절대 완전히 제거되지 않는다. 적절한 단서를 제시하면 언제든 휴지 상태로부터 깨울 수 있다. 그래서 우리는 수학적 개념에 대한 최초의 순진한 관념이 교육으로도 제거되지 않는다는 사실을 확인하게 된다. 겨우 예닐곱 살 때 초등학교에서 배운다는 이유로 사소하게 생각하는 경향이 있는 개념이라고 해도 말이다. 어린 시절에 그리고 심지어 완전히 성장한 이후에도 순진한 시각은 학교에서 심어주지만 동시에 기존의 친숙한 개념, **같은 것**(즉 **동일성**)이라는 개념에 의존하는 다른 시각과 공존한다. 더 정교한 시각(동일성)으로 옮겨간다고 해서 초기의 시각(조작-결과)이 제거되는 것은 아니며 촉발 가능한 것으로 남는다. 우리는 일상적으로 이 시각에 의존하며, 지금부터 살펴보겠지만 때로는 수학이나 물리학 같은 과학적 맥락에서도 의존한다.

방정식과 물리학자

물리학자에게 가장 근본적인 고전역학의 공식은 의문의 여지없이 힘이 물체의 운동에 영향을 미치는 양상을 설명하는 뉴턴의 제2법칙이다. 이 유명한 법칙의 기본적인 관념은 방정식의 한쪽이 **과정**을 나타내고 다른 쪽은 그 과정의 **결과**를 나타내야 한다는 순진한 유추에 부합한다. 이 경우 (방정식의 왼쪽을 차지하는 것이 이상적인) 과정은 m 크기의 질량에 가해지는 F 크기의 힘이 실행하는 행동이 될 것이며, (방정식의 오른쪽을 차지하는 것이 이상적인) 결과는 질량에 부여되는 a 크기의 가속도가 될 것이다. 이를 기호로 나타내면 '$F/m=a$'라는 방정식이 나온다. 그러나 불행하게도 뉴턴의 법칙은 사실상 한 번도 이런 식으로 기술된 적이 없다. 대신 거의 언제나 '$F=ma$'로 기술된다. 이 유명한 공식은 많은 학생이 상당히 혼란스러워한다. 양쪽 모두 과정이나 결과를 깔끔하게 기호화하지 않기 때문이다. 대안적 표기인 '$F/m=a$'는 순진한 유추를 훨씬 더 명확하게 부호화한다. 그래서 학생들이 이해하기 더 쉽지만 교과서에 나오는 경우가 드물다. 순전히 **논리적**인 관점에서 볼 때 이 두 가지 버전은 전적으로 동일하고 호환 가능하지만 **심리적**, **교육적** 관점에서 볼 때는 분명히 그렇지 않다.

다행히 물리학자들은 종종 이런 심리적 압력에 민감하며, 대부분의 경우 한쪽이 다른 쪽을 초래하는 깔끔하고 분명한 인과관계의 형태로 방정식을 만들려고 노력한다. 가령 맥스웰의 네 가지 전자기 방정식 중에서 첫 번째 방정식을 살펴보자.

$$\mathrm{div}\boldsymbol{E}=4\pi\rho$$

여기서 $\boldsymbol{E}$는 전기장, ρ는 전하밀도(기본적으로 공간의 각 지점에 얼마만큼의 전하가 존재하는지 말해줌)를 나타내고, 'div'는 미분에서 '발산divergence'이라고 부르는 특정한 조작을 가리키며, π는 친숙한 원주율 3.14159…에 해당한다.

물리학자들은 이 공식을 보편적으로 이렇게 이해한다. "공간에서 전하의 특정한 분포(**원인**)는 언제나 전기장의 특정한 패턴을 초래한다(**효과**)." 그러나 역사적인 이유로 원인(전하 분포)은 관습적으로 방정식의 **오른쪽**에 놓이고 효과(전기장)는 **왼쪽**에 놓여서 일반적인 조작-결과의 순서를 뒤집게 된다. 왜 물리학자들은 언제나 이렇게 뒤집힌 방식으로 이 방정식을 기술할까? 그 이유는 설명하기 어렵지만 기본적으로는 그저 무해한 '전문적 변형'일 뿐이다. 어쨌든 맥스웰의 첫 번째 방정식은 원인을 오른쪽에, 그 결과를 왼쪽에 둔 채 직관적으로 물리적 인과관계를 구현한다. (사실 네 개 방정식 모두가 비슷한 인과관계를 구현하며, 오른쪽에서 왼쪽으로 가는 같은 종류의 인과적 흐름을 지닌다.)

그러나 맥스웰의 방정식을 다르게 바라보는 방식이 있다. 구체성을 기하기 위해 위에 나온 첫 번째 방정식을 다시 한 번 살펴보자. 이 방정식은 전기장의 발산을 계산하면 전하밀도를 얻을 수 있다고 말한다. 이런 계산은 특정한 수량을 계산기에 입력하면 잠시 후 새로운 수량이 출력되는 일종의 원인-효과 관계 혹은 과정-결과 관계로도 볼 수 있다. 이런 식으로 보면 '원인' 혹은 최초 사건(즉 입력값을 연산장치에 넣는 것)은 항상 왼쪽에 오고, '효과' 혹은 후속 사건(즉 장치가 내놓는 수치)은 항상 오른쪽에 온다. 그러면 왼쪽에서 오른쪽으로 가는 인과적 흐름이 생성된다!

다만 이는 공간의 모든 곳에 있는 전기장이 주어질 때 전하밀도를 **계산**할 수 있음을 뜻하는 **수학적** 종류의 인과성일 뿐이라는 것을 명심해야 한다. 그러나 위에서 지적한 대로 이 방정식은 전하를 특정한 방식으로 공간에 배열하면 항상 구체적인 패턴의 전기장이 주위에 생긴다는, 요컨대 전하가 장場을 **생성한다**는 **물리적** 종류의 인과성으로도 읽을 수 있다. 이런 방식으로 읽으면 인과성은 오른쪽에서 왼쪽으로(즉 전하에서 장으로) 흐른다. 또한 이것이 물리학자들이 의식적이든 무의식적이든 간에 이 방정식을 보는 방식이다. 실제로 맥스웰의 첫 번째 방정식이 공간 전체에 퍼진 전기장이 어딘가에 있는 작은 전하를 초래함을 뜻한다고 말하면 물리학자들은 부조리하게 받아들일 것이다. 이는 마치 동네에 퍼진 심한 악취가 수풀 속에 웅크린 놀란 스컹크를 초래한다는 말처럼 앞뒤가 바뀐 것으로 들릴 것이다(여기서 사용된 캐리커처 유추에 주목하라).

요컨대 맥스웰의 방정식에 포함된 등호는 오른쪽에서 왼쪽으로 읽을 때는 **물리적** 인과성(물리적 원인이 결과를 초래하는 것)을 표현하는 것으로 이해될 수 있으며, 왼쪽에서 오른쪽으로 읽을 때는 **수학적** 인과성(계산이 결과를 초래하는 것)을 표현하는 것으로 이해될 수 있다. 맥스웰의 방정식은 절대 예외적이지 않다. 물리학자들은 언제나 이런 속성, 즉 원인이 한쪽에, 결과가 다른 쪽에 오는 속성을 지니도록 방정식을 만들려고 애쓴다. 그렇게 하는 것은 분명히 논리적으로 필요하지는 않지만 명확성을 크게 높여준다. 가령 아래에 나오는 사례는 맥스웰의 첫 번째 방정식을 기술하는 두 가지 다른 방식이다. 둘 다 전적으로 정확하지만 물리학자들은 혼란에 빠져서 머리를 긁으며 "**이런** 식으로 기술할 이유가 있나요?"라고 물을 것이다.

$\mathrm{div}\boldsymbol{E}/2-2\pi\rho=0 \quad \mathrm{div}\boldsymbol{E}/4\rho=\pi$

실제로 이 방정식들은 한 현상이 다른 현상을 초래한다는 사실에 해당하는 법칙의 골자를 흐리게 만든다.

요컨대 물리학자도 다른 사람들처럼 방정식을 인과관계에 빗대는 순진한 유추에 취약하며, 동시에 거기서 혜택을 받는다.

곱셈은 언제나 더 커지는 것을 내포할까?

학교에서 배우는 일부 개념의 경우 초기의 순진한 유추가 크게 도움을 주지만 개념을 더 깊이 진전시키도록 도와줄 다른 친숙한 범주가 없는 것이 있다. 이런 경우 순진한 유추는 개념을 파악하는 유일한 수단이 될 가능성이 높다. 이때 순진한 유추는 여러 해 동안 교육을 받은 후에도 계속 이 주요한 역할을 유지한다. 이런 경우 더 포괄적이고 유연하게 개념을 정제하기가 훨씬 어렵다. 수학에서 가장 기본적인 개념인 곱셈과 나눗셈이 이런 사례에 해당한다.

덧셈, 뺄셈, 곱셈, 나눗셈은 초등학교에서 가르치며, 중학교 무렵에는 완전히 이해한다. 이 개념들을 토대로 대단히 많은 다른 수학적 개념을 구축하기 때문에 종종 이를 사칙연산이라고 부른다. 이 고전적 개념은 우리 사회에 속한 모든 구성원이 지닌 문화적 유산의 일부로 느껴지며, 곱셈이나 나눗셈이 무엇인지 모른다고 주장하는 성인은 누구든 미심쩍은 시선을 받는다. 아동기 전반에 걸쳐 교육되는 이 개념들은 고등학생과 대학생에게는 더없이 명확해야 한다. 그러나 대다수 성인이 이 연산을 숙달했다는 믿음은 착각이다. 다음에 나오는 몇 단락에서 그 이유를 예증할 것이다.

곱셈을 살펴보자. 우리는 "곱셈의 가장 정확한 정의는 무엇입니까?"라는 질문을 제시한 설문에서 상당히 높은 수준의 대학을 다니는(고등수학을 전공한다는 뜻은 아님) 많은 학생이 대개 다음에 나온 두 가지 정의 중 하나를 아주 만족스럽게 받아들인다는 사실을 발견했다.

> 곱한다는 것은 어떤 값을 특정한 횟수만큼 반복적으로 더하는 것이다.
>
> 곱셈은 a번 b를 곱하는 것으로서, b를 a 횟수만큼 더하는 것을 뜻한다.

어떤 식으로든 이 정의에 동의하지 않는 사람을 찾기는 어려우며, 사실상 누구도 그 내용을 개선할 다른 방식을 알지 못한다. 우리는 또한 직접 정의를 내려달라는 요청도 했으며, 그 결과 거의 같은 주제가 다시 등장했다. 그래서 위에 나온 두 정의만큼 간결하고 분명한 표현이 아니라고 해도 항상 곱셈은 근본적으로 주어진 수가 몇 번이나 행해졌는지 세면서 계속 그 자체에 더하는 것을 뜻한다는 관념으로 귀결되었다. 다음은 몇 가지 예다.

> 곱셈은 주어진 수를 구체적인 횟수만큼 반복적으로 더하는 것이다.

곱한다는 것은 주어진 수치를 제시된 횟수만큼 그 자체에 더하는 것을 뜻한다.

곱한다는 것은 다른 수치가 제시하는 횟수만큼 특정한 수치를 그 자체에 더하는 것이다.

곱셈은 얼마나 많은 횟수만큼 주어진 수량을 그 자체에 더해야 하는지 제시하는 계산이다.

인터넷에는 이런 종류의 정의가 널려 있다. 한 사이트는 이렇게 설명한다. "곱셈은 더해지는 숫자가 모두 같은 덧셈일 뿐이다. 곱셈이 승수의 개체만큼 피승수를 반복하는 것에 해당한다고 말하는 이유가 여기에 있다."

이 문제에 대한 약간의 역사적 관점을 얻기 위해 비슷한 맥락에서 전문가들이 제시한 정의를 살펴볼 수 있다. 1821년에 유명한 프랑스 수학자인 에티엔 베주Étienne Bezout는 《수병과 보병을 위한 산술 논문Treatise on Arithmetic Intended for Sailors and Footsoldiers》에서 이렇게 정의했다. "한 숫자를 다른 숫자로 곱하는 것은 첫 번째 숫자를 다른 숫자의 개체에 해당하는 횟수만큼 더하는 것이다."[42]

그렇다면 이렇게 곱셈을 반복적인 덧셈으로 보는 시각은 정말로 위에 나온 모든 사례에서 드러나는 대로 이론의 여지가 없는 것일까? 절대 그렇지 않다! 사실 이런 시각은 목표를 크게 벗어난 순진한 유추이며, 결국에는 거의 틀림없이 거기에 의존하는 사람을 혼란으로 이끈다.

첫째, 곱셈에 대한 이런 시각에 따르면 두 수치 중 하나가 양의 정수여야 한다. 그렇지 않다면 '그 횟수만큼'이라는 표현이 의미가 없기 때문이다. 어떤 숫자를 $\sqrt{2}$번 혹은 π번은 말할 것도 없고 2와 1/2번 혹은 1/3번 그 자체에 더하라는 말은 무슨 뜻일까? 그러나 곱셈의 한 인수가 정수임을 요구하는 것은 의구심을 초래한다. 두 개의 비정수를 곱하는 일이 금지되지 않는다는 사실을 모두가 알기 때문이다. 실제로 학교에서 우리 모두가 그 방법을 배우며, 소형 계산기는 전혀 멈칫거리지 않고 어떤 것이든 제시된 두 개의 숫자를 곱한다. 두 인수 중 적어도 하나가 정수여야 한다면 'π×π' 같은 식은 도대체 무슨 뜻일까?

이 정의에 도사린 다음 장애물은 b를 그 자체에 계속 더하면 그 결과는 언제나 b보다 클 것이라는 흔한 믿음이다. 우리는 단지 그 결과가 b보다 **다소** 클 것이라고 예상하지 않고 당연히 a배만큼 클 것이라고 예상한다. 사전은 일상적 발화처럼 이 순진한 관념을 확증한다. 실제로 '곱하다'와 '곱셈'이라는 단어는 (4장에서 지적했듯이 축소를 '더 작아지는 것growing smaller'이라고 말할 수는 있지만) 절대 축소라는 이미지를 제시하지 않고 증가라는 분명한 이미지를 제시한다. 그래서 토끼는 증식하여 금세 과밀화를 초래한다고 말하고, 경기가 좋으면 자산이 증식되어 더 부유해진다고 말하며, 경기가 나쁘면 위험이 증가하여 덜 안전해진다고 말한다. 'multi'라는 접두사도 'multinational', 'multicolored', 'multilingual', 'multimillionaire' 같은 단어에서처럼 증가를 생각하게 만드는 경향이 있다. 그러나 이 선입관은 1보다 적은 수치를 곱하는 문제를 접하면 벽에 부딪힌다. 이 경우 피승수보다 **작은** 결과가 나오기 때문이다. 이는 반복적인 덧셈이라는 개념과 부합하지 않는다.

다른 문제도 있다. 곱셈에 대하여 가장 잘 알려진 속성은 가환적commutative이라는 것이다. 즉 어떤 수든 a와 b의 경우 항상 $a \times b = b \times a$가 성립한다는 것이다. 곱셈을 반복적 덧셈으로 인식한다면 모든 한 쌍의 수, a와 b에 대해 이 사실이 유효해야 하는 이유가 전혀 명백하지 않다. 실제로 순진한 유추에 따르면 곱셈은 피승수와 승수를 다르게 처리하기 때문에, 즉 전자는 반복적으로 그 자체에 더해지는 반면 후자는 이 연산을 실행하는 횟수를 정하기 때문에 본질적으로 **비대칭적**이다. 이는 분명히 두 숫자가 전적으로 대체 가능한 역할을 수행하는 가환성의 이미지와 맞지 않는다. 순진한 유추는 이 핵심 속성에 아무런 통찰을 제공하지 않기 때문에 아동(혹은 성인!)은 a가 b번만큼 그 자체에 더해지는 경우가 b가 a번만큼 그 자체에 더해지는 경우와 항상 같은 결과를 낳는다는 사실에 당황할 수 있다. 물론 임의로 가환성이라는 사실을 추가하여 곱셈 개념을 풍부하게 만들 수 있지만 곱셈을 반복적인 덧셈으로 보는 순진한 유추는 이 사실을 자연스럽다기보다 기이하게 보이도록 만들 것이다.

순진한 유추에 의존하는 학생이 문장제를 접하면 이런 사소한 장애물이 심각한 장애물로 변한다. 가령 영국의 중학생에게 "휘발유 1갤런이 2.47파운드라면 0.26갤런은 얼마인가?"라는 문제를 냈을 때 44퍼센트만 이것이 사실상 곱셈 문제라는 사실을 깨달았다. 나머지 56퍼센트는 **나눗셈** 문제(즉 2.47을 0.26으로 나누는 문제)로 인식했다! 그래서 거의 절반에 해당하는 중학생들이 초등학생에게도 아주 쉬워야 할 곱셈 문제에 난처해했다.

이 문제에서 수치를 바꾸면 어떻게 될까? 그냥 '0.26'을 '5'로 바꾸어서 다시 질문하면("휘발유 1갤런이 2.47파운드라면 5갤런은 얼마인가?") 학생 100퍼센트가 정확하게 풀 것이다. 이 차이는 첫 번째 문제가 **어떤 수치를 반복적으로 더한다**

는 순진한 유추에 따른 이미지에 부합하지 않는다는 사실에서 기인한다. 어떤 수치를 0.26번 그 자체에 더한다는 관념은 부조리하기 때문이다. 반면 수정한 문제에서는 반복적 덧셈이라는 순진한 유추를 활용하는 방법이 잘 통한다 (2.47+2.47+2.47+2.47+2.47). 학생들이 드러낸 두 문제를 푸는 능력의 차이는 순진한 유추가 두 번째 문제에서는 적절하지만 첫 번째 문제에서는 전혀 도움이 되지 않는다는 사실을 반영한다.

3회 더하는 것과 50회 더하는 것은 완전히 다른 문제

앞서 제시한 실험 결과와 브라질에서 실시한 실험 결과를 비교해보면 시사하는 바가 있다. 피실험자는 초등학교를 중퇴하고 거리에서 물건을 팔며 살아가는 10대 소년들이었다. 한 집단에게는 다음과 같이 간단한 문제를 냈다.

> 한 소년이 초콜릿을 사고 싶어 한다. 초콜릿 하나 가격은 50크루제이루이다. 소년은 3개를 사고 싶어 한다. 돈이 얼마나 있어야 할까?

다른 집단에게는 두 숫자를 다음과 같이 바꾸었다는 점만 제외하면 내용이 동일한 문제를 제시했다.

> 한 소년이 초콜릿을 사고 싶어 한다. 초콜릿 하나 가격은 3크루제이루이다. 소년은 50개를 사고 싶어 한다. 돈이 얼마나 있어야 할까?

이 책을 읽는 모든 독자는 분명히 두 문제에 등장하는 소년들이 150크루제이루를 내야 한다는 사실을 명백히 알 것이다. 그중 한 소년은 다른 소년보다 (적어도 수량에서는) 훨씬 적은 초콜릿을 갖게 되기는 하지만 말이다. 두 문제는 똑같이 쉬워 보인다. 두 시나리오는 같으며, 같은 수(50과 3)와 같은 연산, 즉 곱셈을 수반한다. 그러나 두 집단의 중퇴생에게도 똑같이 쉬웠을까? 전혀 그렇지 않았다.

첫 번째 문제는 대다수 피실험자가 잘 풀었다. 그래서 75퍼센트가 정답을 썼다. 반면 두 번째 문제는 한 명도 풀지 못했다. 이 차이의 이면에 있는 이유는 비교적 단순한데, 반복적 덧셈이라는 순진한 유추에 대한 의존으로 귀결된다. 첫 번째 문제의 경우 50+50+50만 하면 150크루제이루라는 답을 얻는다. 이는 단지 덧셈 두 번에 불과하며, 첫째, 50+50=100이고, 둘째, 100+50=150이라는 아주 간단한 사실만 알면 된다. 그러나 변형된 문제는 완전히 다른 경우다. 그래서 답을 구하려면 3+3+3+…… +3+3+3식으로 3이 50개 필요한 아주 긴 반복적 덧셈 과정을 실행해야 한다. 쉽게 상상할 수 있듯이 이는 초등학교 중퇴생이 풀 수 있는 문제가 아니다.

그렇다면 초등학교 중퇴생에게는 풀기 불가능할 정도로 어려운 문제를 금세 풀 수 있게 해준 우리의 교육 체제를 칭찬해야 할 것처럼 보인다. 우리는 50×3이 3×50과 동일하다는 사실을 즉각 알아차리며, 그것으로 문제가 해결된다. 이 점을 초등학교 중퇴생들이 기록한 성공률 0%와 비교해보면, 학교교육이 곱셈의 진정한 속성을 효율적으로 전달했다는 결론을 내리고 싶어진다. 그러나 사정은 그렇게 간단치 않다.

학교교육이 곱셈에 나오는 두 숫자가 호환된다고 가르친다는 사실에는 반박의 여지가 없다. 우리는 모두 곱셈이 가환적이어서 a×b=b×a임을 알며, 특별히 생각하지 않아도 이런 자리바꿈을 실행할 수 있다. 그러나 가환성에 대한 지식을 활용하여 곱셈을 한다고 해서 어른으로서 곱셈을 이해하는 수준이 초등학생의 이해 수준보다 훨씬 높은 것은 아니다. 실제로 비공식적 조사에 따르면 진지한 수학 애호가를 제외하면 거의 누구도 가령 5×3이 3×5와 같은 **이유**를 알지 못한다. 중학생, 고등학생, 심지어 대학생도 대개 곱셈에 나오는 두 수를 바꿀 수 있는 **이유**를 말하지 못했다. 그렇다면 그들은 어떻게 5개의 3이 3개의 5와 동일하다는, 기호로 표시하자면 3+3+3+3+3=5+5+5라는 사실을 자신에게 납득시킬까?

대다수 사람은 이 질문을 받으면 구체적인 사례를 통해 확인할 수 있다고 바로 대답할 것이다("그냥 계산기로 아무것이나 원하는 대로 두 수를 가지고 실험해봐요!"). 또한 어떤 사람은 "곱셈의 경우 두 개의 인수를 바꿀 수 있어요"라는 공리를 들어 더 자세히 대답할 것이고, 다른 사람은 마치 일종의 마법이라도 있다는 듯이 "그냥 그래요"라거나 "그게 사실이라고 알려져 있어요"라고 노골적으로 주장할 것이다. 요컨대 교육을 잘 받은 대다수 성인에게 곱셈은 반복적 덧셈으로 인지되기 때문에 그 가환성은 단지 분명한 설명이나 이유가 필요 없는 일종의 마법적인 우연처럼 보인다.

앞서 인용한 에티엔 베주의 산술 논문은 곱셈이 지닌 가환성에 대한 다소 장황하고 모호한 이유를 제공한다. 곱셈에 대한 시각이 반복적 덧셈이라는 순진한 유추에 기초한다면 인수의 순서가 아무 상관이 없는 이유를 묻는 것은 두 개의 다른 반복적 덧셈이 같은 답을 제시하는 이유를 묻는 것과 같으며, 수반하는 두 연산 사이에 명백한 대칭은 존재하지 않는다. 베주는 이 딜레마를 해결하려고 애쓰지만 말하는 내용은 그다지 명쾌하지 않다.

> 수를 추상적 개체로 본다면, 즉 수에 결부된 단위를 무시한다면 곱할 두 수 중 어느 것을 승수로 취하고 어느 것을 피승수로 취할지 여부는 아무 차이가 없다. 가령 3 곱하기 4는 1의 3배를 4번 취하는 것과 같으며, 4 곱하기 3은 4의 3배를 1번 취하는 것과 같다. 그러면 1 곱하기 4가 4 곱하기 1과 동일하다는 것이 자명해지며, 같은 추론을 다른 모든 수에 적용할 수 있다.[43]

대다수 성인은 a×b가 항상 b×a와 동일하다는 사실을 유용하지만 설명되지 않은 우연이며, 그저 경험적으로 참이라고 간주한다. 그들은 자전거가 쓰러지지 않는 이유와 비행기가 공중에 떠 있는 이유를 '이해'하는 것과 같은 방식으로, 즉 대부분의 시간 동안 그런 현상을 보았고, 그것이 설명이 필요한 수수께끼임을 오래전에 잊었기 때문에 곱셈의 가환성을 '이해'한다고 생각한다. 또한 교육은 분명히 곱셈이 가환성을 지닌다는 사실을 학생들에게 주입하지만 곱셈의 속성에 대한 깊은 **이해**를 심어주지는 못한다. 그래서 초기의 순진한 유추에 계속 의지하게 만든다.

나눗셈은 어떨까?

나눗셈에도 사람들이 이해하는 방식에 근본적인 영향을 미치면서 생각을 장악하는 순진한 유추가 널리 퍼져 있다. 우리는 학교를 다닌 사람이라면 누구나 나눗셈을 완벽하게 이해한다고 생각하는 경향이 있지만 이는 착각이다.

이 순진한 유추의 숨겨진 존재를 드러내면서 그것이 얼마나 실제적이고 표준적인지 보여주는 아주 간단한 '가정용 실험'이 있다. 여기에는 아무런 함정이 없으며, 단지 두어 가지 간단한 과제가 있을 뿐이다. 준비 운동에 해당하는 첫 번째 과제는 나눗셈을 수반하는 문장제, 즉 나눗셈 한 번으로 답을 구할 수 있는 문제를 만드는 것이다. 바라건대 모든 독자가 이 일을 하는 데 별 어려움을 겪지 않았으면 좋겠다. 다음은 대학생이 만든 몇 가지 나눗셈 문제다.

- 친구 4명이 사탕 12개를 나눠 먹기로 했다. 각각 사탕 몇 개를 가질 수 있는가?
- 90에이커 땅을 6개 구획으로 나누고자 한다. 각 구획은 몇 에이커인가?
- 한 엄마가 자녀 5명에게 줄 사과 20개를 사고자 한다. 자녀는 각각 사과 몇 개를 가질 수 있는가?
- 어떤 극장에 10줄로 배열된 좌석 120개가 있다. 각 줄에 놓인 의자는 몇 개인가?
- 한 교사가 소풍을 위해 산 수박 20개를 카트 4개에 넣었다. 각각의 카트에 들어간 수박은 몇 통인가?
- 드레스를 4벌 만드는 데 옷감 12야드가 들어간다. 드레스 1벌에는 옷감이 몇 야드 들어가는가?

각각의 문제는 나누어야 할 최초 수치를 수반하며, 나눗셈의 결과는 언제나 이 최초 수치보다 **작다**. 그래서 첫 번째 문제는 사탕 12개를 3개로 줄이고, 두 번째 문제는 땅 90에이커를 15에이커로 줄이며, 세 번째 문제는 사과 20개를 4개로 줄인다.

이 관찰 내용은 이미 중요한 의미를 지닌다. 나눗셈 문제를 만들라는 요구가 주어지면 사람들은 대개 '더 작게 만드는 것'이 핵심 관념인 상황을 떠올리기 때문이다. 곱셈을 반복적인 덧셈으로 보는 표준적인 이미지가 곱셈은 반드시 **증가**를 수반해야 한다는 믿음에 고정되듯이, 이 경우에는 나눗셈은 **감소**를 수반한다는 이미지에 고정된 순진한 유추가 작용하고 있는 것으로 보인다. 이 추정적 사실은 일상적인 발화에서 '나눗셈'이라는 단어가 사용되는 방식과 완벽하게 부합한다. 그래서 X를 나눈다고 말할 때 우리는 명백히 X 자체보다 작은 조각들로 X가 쪼개지는 상황을 상상한다. 《웹스터 뉴월드 사전》 1988년판은 division을 '분할 혹은 할당; 배분'이라고 정의함으로써 이 시각을 확증한다. 게다가 division은 종종 약해진다는 관념과 연계된다. 가령 '뭉치면 살고 흩어지면 죽는다'와 '분할하고 점령하라' 같은 구호는 어떤 개체가 조각으로 나누어지면 원래보다 약해진다는 것을 암시한다.

이것이 우리가 수행할 두 가지 작은 과제 중 첫 번째 과제다. 두 번째 과제는 답이 최초 수치보다 **커야** 한다는 추가적인 제약 사항을 지키면서 나눗셈 문제를 하나 더 만드는 것이다. 그러면 독자들이여, 시도해보시라!

아마도 눈치챘겠지만 과제에 적용한 이 작은 변화는 모든 것을 바꾼다. 가령 앞 목록에 있는 문제는 어느 것도 이 제약 사항을 충족하지 못한다는 점에 주목하라. 대다수 독자들은 두 번째 과제에서 난이도가 상당히 높아졌다고 느낄 것이다. 나눗셈을 수반하는 문장제를 만드는 일은 거의 모든 사람에게 식은 죽 먹기이지만 답이 최초 수치보다 **큰** 나눗셈 문제를 만드는 일은 전혀 쉽지 않다. 그래서 약간의 궁리가 필요하며, 많은 사람에게는 능력 밖의 일이 된다. 결국 어떻게 어떤 것을 **나누는** 일이 **더 큰** 것을 초래할 수 있을까?

두 번째 과제를 제시했을 때 일반적인 대학생들이 보이는 반응은 상당히 다양하다. 어떤 학생들은 딱 잘라 부정적인 반응을 보이면서 도저히 불가능한 과제라고 말한다. 그들에게 **나눗셈**은 근본적으로 **더 커진다**는 관념과 양립할 수 없다. 그래서 요건에 맞는 문장제를 만들지 않고 다음과 같은 과제가 부조리한 이유를 설명한다.

- "할 수 없어요. 나눗셈은 항상 대상을 더 작게 만듭니다."
- "처음에 특정한 수치를 취하고 그것을 나누면 반드시 끝에는 더 작아집니다. 그래서 불가능합니다."
- "나눗셈은 똑같은 크기의 몫으로 나누는 것을 뜻합니다. 그래서 각각의 사람은 처음에 있었던 것보다 적게 가지게 됩니다. 따라서 처음에 있었던 것보다 더 많이 가지게 되는 나눗셈 문제는 만들 수 없습니다."
- "불가능합니다. 나눗셈은 어떤 것을 조각으로 잘라내는 것을 뜻하니까요. 더 많이 가지려면 나누는 것이 아니라 **곱해야** 합니다!"
- "할 수 없습니다. 어떤 것을 나누면 항상 줄어들게 되니까요!"

다른 몇몇 학생은 실제로 나눗셈 문제가 요구한 속성을 지닐 수 있다고 인정했다. 0과 1 사이의 숫자로 나누면 그런 효과를 얻는다는 사실을 상기했기 때문이다. 그러나 그들은 이런 종류의 형식적인 연산은 현실 세계의 어떤 상황과도 부합하지 않는다고 확신했으며, 그래서 요건을 충족하는 문제는 있을 수 없다고 주장했다. 적어도 그들은 어떤 문제도 생각해낼 수 없었다. 다음은 그런 맥락에서 나온 몇 가지 발언들이다.

- "'10/0.5'를 하면 20이 나오지만 이건 그냥 **계산**일 뿐입니다. 이에 호응하는 문장제를 만들 수는 없어요. 현실 세계에서는 언제나 2, 3, 4 등으로 나누니까요. 그러니까, 항상 1보다 큰 수로 나눕니다."
- "가능하기는 합니다. 가령 '5/0.2'처럼요. 하지만 이 공식을 묘사하는 실제 상황은 전혀 생각이 나지 않습니다."
- "1보다 적은 수량으로 나누면 더 큰 답이 나오지만 그런 식으로 돌아가는 실제 상황은 생각이 나지 않습니다."
- "어떤 것을 0.5로 나누면 분명히 더 큰 것이 나옵니다. 하지만 문제는 어떤 것을 0.5로 나누는 것이 **가능**하지 않다는 겁니다!"

그리고 나름대로는 맞다고 생각하는 다양한 문제를 만들었지만 이런저런 방식으로 속임수를 쓰는 일부 학생들이 있었다. 속임수라고 한 이유는 그들이 제시한 문제가 요건을 충족시키지 않기 때문이다. 몇 가지 예를 보자.

"레이철은 와인 20병을 갖고 있다. 그녀는 그중 절반을 병당 8달러에 판다. 그녀는 얼마나 돈을 버는가?"

"에릭은 구슬 8개를 갖고 있다. 그는 게임을 해서 절반만큼의 구슬을 땄다. 그는 구슬 몇 개를 가지게 되는가?"

모든 항의에도 불구하고 답이 최초 숫자보다 큰 나눗셈 문장제를 고안하는 일은 얼마든지 가능하다. 어떤 사람들은 다음과 같이 좋은 사례를 발견했다.

"고기 4파운드로 0.5파운드짜리 햄버거를 몇 개나 만들 수 있는가?"

"시험을 준비할 수 있는 기간이 3일이고, 책을 읽는 데 하루의 1/5이 걸린다면 시험 전에 책을 몇 권 읽을 수 있는가?"

"내게는 10달러가 있고, 초콜릿 민트는 0.25달러다. 나는 얼마나 많은 초콜릿 민트를 살 수 있는가?"

"스카프를 만드는 데 천이 3/8야드가 필요하다면 3야드 천으로 스카프를 몇 장 만들 수 있는가?"

그러나 이 마지막 네 개와 같은 문제를 고안하는 일은 상당히 어려운 것으로 드러났다. 대학생 100명 중에서 약 25퍼센트만 이런 유형의 문제를 고안했으며, 75퍼센트는 그렇게 하지 못하고 거의 비슷한 비율로 위에서 제시한 세 가지 유형의 실패를 겪었다. 그래서 우리는 이론적으로 초등학교에서 숙달해야 하는 산술 연산이 여전히 성인들, 심지어 대학생들에게도 상당히 어렵다는 사실을 알게 된다. 나눗셈 문제를 다루는 것이 너무 먼 과거의 일이라서 한때 나눗셈에 대해 알았던 내용을 잊어버린 것은 아닐까? 그렇지 않다. 7학년 학생 250명에게 같은 과제를 제시했을 때 지난 3년 동안 나눗셈을 공부해서 이런 종류의 과제를 다룬 기억이 머릿속에 아직 생생하게 남아 있음에도(실제로 그들은 1보다 작은 제수divisor를 수반하는 문제를 적어도 1년 내내 공부했다) 4분의 3 이상은 나눗셈이 더 큰 답을 내는 상황을 고안할 수 없다고 말했고, 오직 한 명만이 정확하게 과제에 부합하는 문장제를 만들어냈다.

이런 문제를 고안하는 일이 왜 그토록 어려울까?

상황이 구체적이면 사람들이 더 명확하게 생각한다는 것이 일반적인 믿음이지만 이 과제는 구체성이 명확한 사고를 보장하지 않음을 보여준다. 우리가 실시한 실험의 두 부분에서 대학생들이 만든 문제는 근본적으로 같은 종류의 일상적 물건(케이크, 사탕, 물 여러 잔, 책, 스카프 등)을 같은 종류의 환경(주방, 학교, 여행, 쇼핑 등)에서 다룬다. 그렇다면 거의 모두가 할 수 있었던 첫 번째 과제를 푸는 일과 아주 소수만 할 수 있었던 두 번째 과제를 푸는 일 사이에 존재하는 개념적 격차의 속성은 무엇일까?

그 속성은 두 과제가 상당히 다른 문제의 두 범주에 속한다는 것이다. 즉 같은 순진한 유추에 의존하지 않는다. 구체적으로 말하면 초기 수치보다 더 큰 답을 요구하지 않은 첫 번째 과제에 대응하여 고안한 문제는 모두 **분할**을 수반한다. 우리가 위에서 인용한 사례들은 독자들에게 일정한 다양성을 제공하려고 선택한 것이지만, 사실 3분의 2는 대단히 진부해서 항상 아이나 형제자매 혹은 친구라는 동일한 부류의 사람들이 비교적 일정한 일상적 대상이라는 동일한 종류의 물건을 나눈다. 위에서 인용한 사례들의 경우 사람들이 즉흥적으로 떠올린 나눗셈 문장제가 거의 언제나 분할이라는 개념, 더 구체적으로는 특정한 수량을 다수의 정확하게 같은 몫으로 가른다는 개념을 수반한다는 점이 명백하게 드러난다. 가장 전형적인 사례는 사람들이 나누는 셀 수 있는 대상(사탕, 사과, 구슬)을 수반하며, 종종 '분할'이라는 단어가 문제의 내용에 분명하게 나온다. 그러나 제안된 소수의 문장제에 나오는 더 추상적인 종류의 나눔도 있다.

이 경우 단지 주어진 일련의 대상을 주어진 일련의 사람들에게 분배하는 것보다 더 추상적인 방식의 분할을 상상해야 한다. 그래서 여전히 개체의 분배를 수반하지만 가령 쿠키를 주머니에 나누어 담는다거나 열을 지어서 의자를 배열하는 식으로 사람에게 주는 것이 아닐 수 있다. 또한 밀가루, 물, 설탕, 땅처럼 동일한 규모의 몫으로 갈라지는 셀 수 없는 대상을 수반할 수도 있다. 이 경우 표지된 혹은 좁은 의미의 분할, 즉 카드 게임에서 플레이어에게 카드를 나누어 주는 것처럼 대상을 세어 내주는 일은 없지만, 여전히 전체가 일정한 측정 과정을 거쳐서 더 작은 덩어리로 분할되는 더 포괄적인 혹은 미표지된 의미의 분할은 존재한다. 그러나 분할이라는 개념의 표지된 의미를 수반하든 혹은 표지되지 않은 의미를 수반하든 간에 첫 번째 과제에 대해 학생들이 제시한 답 중 어느 것도 그 결과가 최초 수량보다 **큰** 나눗셈이 아니었다. 이는 놀라운 일이 아니다. 어떤 대상을 더 **작게** 만드는 것이 분할의 속성이기 때문이다. 분할은 각각의 수령자가 반드시 처음에 존재한 전체보다 작은 것을 받는 방식으로 한 개체를 더 작은 부분으로 분해하는 일을 수반한다. 부분은 그것이 유래한 전체보다 더 클 수 없다.

반면 두 번째 과제를 성공적으로 달성한 문장제에서는 어떤 것을 **측정**한다는 다른 유추가 이면에서 작용한다. (수학교육에서 이런 문제는 '인용적 나눗셈quotative division'을 수반한다고 말한다.) 이런 유형의 나눗셈 문제는 항상 "b를 몇 배 하면 a가 되는가?"라는 형태로 만들 수 있다. 이는 b를 잣대 삼아 a의 크기를 측정하는 상황에 해당한다. b의 크기가 0에서 1 사이라면 a 안에 a의 크기에 해당하는 것보다 더 많은 b가 있을 것이며, 이는 그 결과가 최초 크기보다 더 클 것임을 뜻한다. 가령 5/0.25라는 계산은 이렇게 풀어쓸 수 있다. "1/4을 몇 배하면 5가 되는가?" 그 답인 20은 당연히 5보다 크다. 이 모든 내용이 말하는 사실은 나눗셈 문제가 **분할하는** 종류에 해당한다면 그 답이 초기 값보다 클 수 없지만 **측정하는** 종류에 해당한다면 그 답이 초기 값보다 클 수 있다는 것이다.

사실 역사적·학문적 관점에서 보면 측정이 분할보다 나눗셈을 바라보는 더 근본적인 방식이다. 베주는 1821년에 쓴 논문에서 다음과 같이 상당히 명시적인 나눗셈의 정의를 제시했다. "일반적으로 한 수가 다른 수의 몇 배를 포함하는지 알기 위해 첫 번째 수를 두 번째 수로 나누는 것."[44] 실제로 나눗셈과 관련된 용어의 어원은 측정 과정으로 나눗셈을 보는 시각을 반영한다. 초등학교 시절에 배운 내용대로 나눗셈의 결과는 **몫**quotient으로 불린다. (베주는 이렇게 설명했다. "나뉘는 수는 **피제수**dividend, 나누는 수는 **제수**divisor, 피제수가 몇 배의 제수를 포함하는지 말해주는 수는 **몫**이다.")[45] 'quotient'라는 영어 단어는 '얼마나 많은'을 뜻하며, 물건을 세는 것을 가리키는 라틴어 단어인 'quot'에서 파생된 'quoties'의 변형태, 'quotiens'에서 나왔다. 요컨대 현재 쓰이는 용어는 나눗셈을 측정으로 보는 관점을 반영한다. 'quotient'는 '몇 배'를 뜻하기 때문이다.

베주는 나눗셈을 측정으로 보는 것이 유일한 관점이 아니라는 사실을 알았지만 독자들이 그렇게 보는 것처럼 가정하고 이렇게 썼다. "나눗셈을 하는 목적이 항상 한 수의 몇 배가 다른 수에 포함되는지 알아내는 것은 아니다. 그러나 언제나 이것이 목적인 것처럼 이 연산을 실행해야 한다."[46] 이런 내용은 나눗셈을 주로 일종의 **분할**으로 보는 시각이 수학자들에게서 나온 것이 아님을 말해준다. 수학자들은 나눗셈을 측정이나 집계로 보는 시각을 선호하는 경향이 있기 때문이다. 나눗셈을 **분할**으로 보는 순진한 유추의 기원은 수학의 경계 밖에 있다. 앞서 언급한 대로 사전들은 '나누다'를 다음과 같은 맥락에 따라 일상적인 의미에서 정의하는 경향이 있다. "부분으로 분리하다; 쪼개다; 잘라내다; 여러 무리로 분리하다; 분류하다; (수학)제수를 통해 동등한 부분으로 분리하다"(이 내용도 《웹스터 뉴월드 사전》 1988년 판에서 가져왔다.)

나눗셈은 정신적으로 분할과 분리될 수 없는 것인가?

방금 설명한 실험 결과는 대다수 사람이 나눗셈을 분할이라는 순진한 유추물을 통해 이해한다는 것을 보여준다. 결국 대다수 사람은 첫 번째 과제를 매우 간단하게 받아들이고 분할을 수반하는 문장제를 만들었지만 측정이라는 유추를 활용하면 쉽게 처리할 수 있는 두 번째 과제는 훨씬 어렵게 받아들였다. 아동은 학교에서 몇 년 동안 나눗셈을 배우며, 따라서 중학교를 마칠 무렵에는 이 기본적인 연산을 숙달했을 것으로 추정되지만(그리고 성인은 나눗셈을 더 잘 알 것으로 추정된다), 알고 보면 모든 연령의 사람은 분할과 동일시하는 순진한 유추를 통하지 않고는 나눗셈을 생각하는 데 어려움을 겪는다.

대다수 사람은 학교에서 배운 개념이 아니라 학교에 들어가기 전에 생활의 일부였던 상황의 범주, 바로 **분할**을 묘사하기 위해 '나눗셈'이라는 용어를 사용한다. 또한 학교에서는 수학적 맥락에서 분할이 나오면 '나눗셈'이라는 용어를 쓰도록 배웠다. 다시 말해서 대다수 사람은 '나눗셈'을 단지 분할이라는 개념을 가리키는 기술적 용어로 생각하며, 그것이 전부다. 설령 특별한 통찰을 안기지 않는다고 해도 사람들이 삶의 특정 영역에서 다양한 특수 용어를 써서 친숙한 개념을 가리키듯이 수학 교실에서 분할은 더 화려한 명칭을 얻는다. 그래서 오페라를 관람할 때는 '노래'보다 '아리아'라고 말하는 것이 나으며, 마찬가지로 와인 감정가와 교제할 때는 '향'보다 '부케'라는 말을 듣는 데 익숙해진다. 또한 의사가 "숨을 잘 쉬지 못한다"고 말하기보다 '무호흡'이라고 말하거나 "혈압이 높다"고 말하기보다 '고혈압'이라고 말하는 경향이 있다는 사실에 익숙해진다.

요컨대 학교교육이 나눗셈에 대한 완전한 개념을 가르쳐서 **분할**이라는 순진한 유추를 더는 필요 없는 목발처럼 내던질 수 있게 해주었다고 생각하기 쉽지만, 진실은 이 목발이 단지 '나눗셈'이라는 인상적인 수학적 라벨을 걸쳐서 자신을 위장할 뿐 나눗셈을 이해하는 중심적인 방식으로 남는다는 것이다.

주도권을 잡은 정신적 시뮬레이션

아래에 나오는 두 문제를 푸는 일은 더없이 쉽다.

> 폴에게는 구슬 27개가 있다. 그리고 쉬는 시간에 구슬을 좀 따서 이제는 31개가 되었다. 폴은 구슬 몇 개를 땄는가?
>
> 폴은 쉬는 시간에 구슬 31개 중에서 27개를 잃었다. 이제 폴에게는 구슬이 몇 개 남았는가?

두 문제는 모두 정확하게 같은 연산을 통해, 즉 31에서 27을 빼서 풀 수 있다. 그래서 언뜻 두 문제를 풀 때 머릿속에서 일어나는 일의 측면에서는 동일하게 보인다. 그러나 두 문제를 푸는 수단으로 삼은 형식적 연산은 제쳐두고 대신 머릿속에서 두 상황을 **시각화**, 즉 머릿속에서 시뮬레이션을 해보자. 어떤 일이 생기는가?

첫 번째 사례의 경우 손가락으로 혹은 머릿속에서 상황을 쉽게 모방할 수 있다. 폴이 가진 구슬은 27개에서 28개('1'), 뒤이어 29개('2'), 뒤이어 30개('3'), 끝으로 31개('4')가 되었다. 즉 네 번의 간단한 단계만 거치면 답이 나온다.

그러나 두 번째 사례는 아주 어렵다. 이번에는 31개에서 출발하여 거꾸로 27단계를 거쳐야 한다. 즉, 처음에서 30개('1'), 뒤이어 29개('2'), 뒤이어 28개('3'), 뒤이어 27개('4'), 뒤이어 26개('5')라는 식으로 한참을 내려가야 마침내 4개('27')에 이른다.

그래서 우리는 두 문제가 같은 형식적 연산(31－27)으로 풀리기는 하지만 전혀 같은 방식으로 상상되거나 머릿속에서 시뮬레이션되지 않는다는 사실을 알게 된다. 한 과정은 단지 4개의 쉬운 집계 단계만 수반하지만 다른 과정은 27개의 단계를 심지어 거꾸로 세는 일을 수반한다.

이 사례는 앞서 이 장에서 다룬 비슷한 사례, 바로 브라질의 10대 중퇴생을 대상으로 실시한 실험을 연상시킬 것이다. 거기서 보았듯이 50과 3의 곱은 문제가 제시되는 방식에 따라 50＋50＋50 내지 3＋3＋3＋…… ＋3＋3＋3으로 머릿속에서 시뮬레이션할 수 있다. 마찬가지로 이 사례에서도 '31－27'이라는 뺄셈은 하나는 아주 짧고, 다른 하나는 아주 긴 두 개의 크게 다른 정신적 시뮬레이션을 수반할 수 있다.

그러면 다음 문제들을 비교해보자.

1. 사진 200장을 50장씩 한 더미로 나누면 몇 더미가 나오는가?
2. 사진 200장을 50더미로 나누면 각 더미에는 사진 몇 장이 포함되는가?
3. 사진 200장을 4더미로 나누면 각 더미에는 사진 몇 장이 포함되는가?
4. 사진 200장을 4장씩 한 더미로 나누면 몇 더미가 나오는가?

앞에 나오는 두 문제는 '200/50'이라는 나눗셈을 통해 풀 수 있으며, 뒤에 나오는 두 문제는 '200/4'라는 나눗셈을 통해 풀 수 있다. 이는 대단히 명백하다. 그러나 이 중에서 어떤 문제는 다른 문제보다 쉽거나 어려울까? 아마 '200/50이라는 나눗셈이 '200/4'라는 나눗셈보다 쉬운지(혹은 어려운지) 묻는다면 그렇게 보일 것이다. 그렇다면 앞에 나오는 두 문제는 뒤에 나오는 두 문제보다 쉬울(혹은 어려울) 것이다. 그러나 약간의 정신적 시뮬레이션이 말해주겠지만 사정은 그보다 약간 더 복잡하다.

첫째 상황을 머릿속에 그려보자. **사진 200장을 50장씩 한 더미로 나누면 몇 더미가 나오는가?** 우리는 먼저 사진 200장이 쌓인 높은 무더기를 상상하다. 이제 우리는 이 무더기를 50장씩 쌓은 더 작은 무더기로 나누고자 한다. (형식적 나눗셈을 하지 않고) 시뮬레이션으로 답을 찾기 위해 우리는 50이라는 숫자를 취해서 200이 될 때까지 그 자체에 더한다. 50 더하기 50은 100이 되고, 다시 50을 더하면 150이 되며, 마지막 50을 더하면 200이 된다. 이처럼 모두 50이 4개 나오며, 그것이 우리가 얻은 답이다.

그러면 두 번째 상황을 상상해 보자. **사진 200장을 50더미로 나누면 각 더미에는 사진이 몇 장 포함되는가?** 형식적 측면에서 보면 이 문제도 '200 나누기 50'이라는 나눗셈을 수반한다. 우리에게는 사진 200장이 쌓인 무더기가 있으며, 우리는 이를 더 작은 무더기 50개로 나눈다. 정답을 구하려면 **어떤** 수를 50번 더해야 하지만 우리는 **그** 수를 모른다. 실제로 우리는 정답을 찾기 위해 덧셈을 50번 해야 할 뿐만 아니라 무엇을 더해야 할지 추측하면서 여러 번 해야 할지도 모른다! 2+2+2……일까? 이 경우 한참 고생한 끝에 100이라는 숫자를 얻고 나서야 '2'는 틀렸다는 사실을 알게 된다. 그렇다면 4+4+4……일까? 이번에는 제대로 더했다면 200을 얻을 수 있다. 그러나 이 문제를 푸는 일은 쉽지 않다.

그래서 앞에 나오는 두 문제는 모두 같은 나눗셈(200/50)으로 풀 수 있지만 머릿속에서 일어나는 일을 감안하면 첫 번째 문제가 두 번째 문제보다 훨씬 쉽다.

그러면 세 번째 문제를 살펴보자. **사진 200장을 4더미로 나누면 각 더미에는 사진이 몇 장 포함되는가?** 여기서 우리는 사진 200장이 쌓인 높은 무더기를 낮은 무더기 4개로 나눈다. 각 무더기에는 사진이 몇 장 포함될까? 이 문제는 200에 이르기 위해 덧셈을 반복하는 두 번째 문제와 아주 비슷하지만 이번에는 수수께끼의 수를 50번이 아니라 4번만 그 자체에 더하면 된다. 다만 다시 한 번 수수께끼의 수를 추측해야 한다. 그러나 똑똑하다면 큰 어려움 없이 '50'을 맞출 수 있다. 가령 일상생활에서 얻은 50+50=100이라는 기억을 상기한다면 50+50+50+50=200을 금세 알 수 있으며, 그것으로 문제가 해결된다.

끝으로 네 번째 문제를 살펴보자. **사진 200장을 4장씩 한 더미로 나누면 몇 더미가 나오는가?** 우리는 4를 반복적으로 더해야 한다는 사실을 알지만 문제는 **몇 번이나 반복해야 할까?** 즉, 4+4+4+……+4+4+4=200임을 알지만 이 합에 '4'가 몇 개나 들었는지가 수수께끼다. 이 문제는 지금까지 몇 개의 '4'를 더했는지 그리고 각각의 합이 얼마인지 두 가지 현황을 계속 파악해야 하기 때문에 어렵다. 그래서 우리는 세 번째 문제를 머릿속에서 시뮬레이션하는 것이 네 번째 문제의 경우보다 훨씬 쉽다는 것을 알게 된다.

정리하자면, 1번 문제와 3번 문제는 머릿속에서 시뮬레이션하기가 아주 쉬운 반면, 2번 문제와 4번 문제는 어렵다. 앞서 **분할**로서 나눗셈과 **측정**으로서 나눗셈을 구분한 것을 떠올린다면 이 중 두 문제는 머릿속에서 쉽게 시뮬레이션할 수 있음을 알 수 있다. 즉 **쉬운 분할 문제**(사진 200장을 4더미로 나누는 3번 문제)와 **쉬운 측정 문제**(200장짜리 무더기를 50장짜리 무더기로 측정하는 1번 문제)가 있다. 또한 머릿속에서 시뮬레이션하기 아주 어려운 두 문제가 있다. 바로 **어려운 분할 문제**(사진 200장을 50더미로 나누는 2번 문제)와 **어려운 측정 문제**(200장짜리 무더기를 4장짜리 무더기로 측정하는 4번 문제)다.

이 내용을 다른 방식으로 풀어보자. '200/4'라는 나눗셈을 수반하는 한 문제는 머릿속에서 시뮬레이션하기가 **쉽지만**(사진 200장을 4더미로 나누는 3번 문제), 정확하게 같은 나눗셈을 수반하는 다른 문제는 그렇게 하기가 어렵다(200장짜리 무더기를 4장짜리 무더기로 측정하는 4번 문제). 마찬가지로 '200/50'이라는 나눗셈을 수반하는 문제는 머릿속에서 시뮬레이션하기가 **쉽지만**(200장짜리 무더기를 50장짜리 무더기로 측정하는 1번 문제), 정확하게 같은 나눗셈을 수반하는 다른 문제는 그렇게 하기가 **어렵다**(사진 200장을 50더미로 나누는 2번 문제).

다음은 형식적으로는 아주 비슷하지만(각각 한 더미의 사진이 더 작은 더미로 나뉜다) 받아들여지는 방식(일부는 분할을 수반하고 일부는 측정을 수반한다)과 정신적 시뮬레이션을 통한 해결의 난이도(일부는 쉽고 일부는 어렵다)는 크게 다른 네 가지 문제와 관련된 내용을 정리한 것이다.

1. 사진 200장을 50장씩 한 더미로 나누면 몇 더미가 나오는가?
   [200/50, 쉬운 측정 문제]
2. 사진 200장을 50더미로 나누면 각 더미에는 사진이 몇 장 포함되는가?
   [200/50, 어려운 분할 문제]
3. 사진 200장을 네 더미로 나누면 각 더미에는 사진이 몇 장 포함되는가?
   [200/4, 쉬운 분할 문제]
4. 사진 200장을 4장씩 한 더미로 나누면 몇 더미가 나오는가?
   [200/4, 어려운 측정 문제]

피실험자가 즉각 산술 연산을 하는 것이 아니라 정신적 시뮬레이션을 통해 이런 문제를 푼다고 가정하자. 그렇다면 첫 번째 문제와 세 번째 문제는 **쉬워**

야 하며, 두 번째 문제와 네 번째 문제는 **어려워야** 한다. 또한 어떤 산술 연산(200/4 혹은 200/50)을 수반하는지 아는 것이 문제의 난이도를 말해주지 않는다.

이런 방식으로 문제를 바라보는 것은 해결에 필요한 형식적 산술 연산을 난이도 측정의 지표로 삼는 전통적인 시각과 상반된다. 새로운 관점은 상황을 규정하는 즉각적인 방식, 즉 머릿속에서 집계를 하는 직접적인 방식으로 문제를 풀게 해주는 유추를 부각시킨다. 이 관점은 여러 문제들이 모두 현실적인 상황과 정확하게 같은 **형식적** 산술 연산을 수반하는데도 상당히 다른 난이도를 지니는 이유를 말해준다. 앞서 브라질의 10대 중퇴생들이 곱셈 문제를 푸는 과정에 대해 우리가 설명한 놀라운 결과는 이제 다른 종류의 문제와 다른 집단의 사람들에게 더 보편적으로 적용되는 것처럼 보인다. 핵심 변수는 정확한 답을 내는 데 필요한 정신적 시뮬레이션의 단순성이다.

발달심리학자인 레미 브리시우Rémi Brissiaud는 산술 학습의 맥락에서 이런 견해에 대한 선구적인 연구를 실시했으며, 그 결과에서 영감을 얻은 대단히 혁신적이고 효율적인 수학 교과서를 집필했다. 우리는 그와 함께 막 기본적인 산술 연산을 배우기 시작한 일곱 살배기 아이들이 다른 종류의 문장제를 어떻게 푸는지 연구했다. 우리가 얻은 결과는 정신적 시뮬레이션을 통해 푸는 경향이 있는 문제와 형식적 산술 연산을 통해 푸는 경향이 있는 문제 사이에 존재하는 명확한 차이를 보여준다. 정신적 시뮬레이션은 하기 힘든 상황이 아니라면 언제나 선호되었다. 다음 사례가 이 원칙을 예시한다.

> 폴에게는 쿠키 4개가 담긴 상자 10개가 있다. 폴은 쿠키가 모두 몇 개 있는가?
> 폴에게는 쿠키 10개가 담긴 상자 4개가 있다. 폴은 쿠키가 모두 몇 개 있는가?

첫 번째 문제를 곱셈이 아닌 시뮬레이션으로 풀려면 4를 그 자체에 10회 더해야 한다. 아이들은 이런 시뮬레이션을 할 때 식료품점에 간 폴이 선반에서 상자를 하나씩 꺼내서 쇼핑 카트에 넣는 모습을 상상할 수 있다. 이 경우 다음과 같은 과정이 진행될 것이다. '첫 번째 상자(쿠키 4개), 두 번째 상자(쿠키 8개), 세 번째 상자(쿠키 12개), …… 아홉 번째 상자(쿠키 36개), 열 번째 상자(쿠키 40개)'. 이 과정은 몇 번째 상자인지 그리고 그때까지 쿠키의 합은 몇 개인지 동시에 집계할 것을 요구하며, 더하는 법을 갓 배운 아이들에게 이 모든 4를 계속 더하는 일은 결코 쉽지 않다. 그래서 이 경우 정신적 시뮬레이션이 어렵다.

반면 두 번째 문제는 정신적 시뮬레이션을 통해 상당히 쉽게 풀 수 있다. 단 4회만 덧셈을 하면 되고 그 덧셈이 모두 쉽기 때문이다. 실제로 답에 이르는 각 합은 다음과 같이 상자의 순서를 반영한다. '첫 번째 상자(쿠키 10개), 두 번째 상자(쿠키 20개), 세 번째 상자(쿠키 30개), 네 번째 상자(쿠키 40개)'.

이 실험은 아이들이 정신적 시뮬레이션을 쉽게 할 수 있는 문제를 그렇지 않은 문제보다 훨씬 잘 푼다는 사실을 보여주었다. 이 점은 관련된 형식적 산술 연산을 가르치기 **전에도** 유효할 뿐만 아니라(이는 그다지 놀라운 일은 아니다!) 가르친 **후에도** 유효하다(반면 이는 상당히 놀라운 일이다). 우리는 관련된 산술 연산을 가르친 지 2년이 지난 후에도 정신적 시뮬레이션이 답을 푸는 지름길을 제공한다면 아이들은 형식적 계산을 하는 경우보다 훨씬 쉽게 문제를 푼다는 것을 관찰했다.

우리가 발견한 내용 중 일부는 산술 연산의 상대적 난이도와 관련하여 일반적으로 받아들여지는 생각과 어긋난다. 가령 뺄셈은 대개 나눗셈보다 쉬운 연산으로 간주되며, 그래서 아이들이 여섯 살 정도만 되면 학교에서 가르치지만 나눗셈에 대한 모든 언급은 2년 정도 뒤로 미루어진다. 그러나 우리의 실험은 뺄셈을 숙달했다고 간주한 채 이루어지지만, 나눗셈에 대한 말은 한마디도 들은 적이 없는 아이들이 정신적 시뮬레이션을 효율적으로 활용할 수 없는 뺄셈 문제보다 (정신적 시뮬레이션을 통해 풀 수 있는) 특정한 나눗셈 문제를 더 잘 푼다는 것을 보여주었다. 다음은 우리가 말한 내용에 해당하는 사례다.

> 질은 쿠키 40개를 친구 4명에게 나누어 주었다. 친구들에겐 각각 쿠키가 몇 개 있는가?

앞서 설명한 단계에 있는 아이들은 이 나눗셈 문제를 다음과 같은 뺄셈 문제보다 훨씬 쉽게 풀었다.

> 폴은 구슬 31개를 가지고 있다가 27개를 친구인 피터에게 주었다. 폴에게는 구슬 몇 개가 남아 있는가?

이는 단지 40이 10+10+10+10으로 쉽게 나뉘어서 그런 것이 아니다. "질에게는 쿠키 40개가 있으며 4개씩 작은 묶음으로 만들려고 한다. 몇 개 묶음을 만들 수 있는가?"라는 문제가 쿠키 40개를 친구 4명에게 주는 문제보다 훨씬 어려운 것으로 드러났기 때문이다. 두 문제의 답(10)이 같은 데도 말이다.

우리의 실험 결과는 아이들이 가능한 한 형식적 산술 계산을 하기보다 현실적인 상황에 대한 유추를 활용하는 쪽을 택한다는 것을 보여준다. 그래서 아이들은 형식적 계산을 우회할 수 있는 방식으로 문제를 인식하면 시뮬레이션을 따르는 경향이 있다. 형식적 기법은 다른 대안이 없을 경우에만, 즉 너무 많은 단계를 거쳐야 하거나(4를 10번 더하는 것) 아직 약간 불확실한 산술적 사실(가령 '4+16=20')을 활용해야 하기 때문에 정신적 시뮬레이션이 비효율적인 상황에만 동원된다.

언어가 순진한 유추에 미치는 영향

나눗셈에 대한 순진한 유추로서 **분할**이 **측정**보다 우세하다는 것은 전자가 후자보다 더 단순한 개념이라는 뜻일까? **분할**은 대단히 자연스럽고 친숙한 관념이라서 나눗셈에 대한 기성 유추로서 자동적으로 그리고 억누를 수 없이 머릿속에 떠오르는 것일까? 또한 **측정**은 대단히 드물고 낯선 관념이라서 나눗셈에 대한 유추로 사용될 가능성이 낮을까? **분할**이 나눗셈에 대한 정신적 심상에서 대부분을 차지하는 이유가 여기에 있을까?

그 답은 '그렇지 않다'이다. 나눗셈에 대한 순진한 유추로서 분할이 우세한 이유는 본질적으로 단순하기 때문이 아니라 단지 언어적 우연 때문이다. 나눗셈은 대다수 영어 사용자의 머릿속에서 무의식적으로 분할과 연계된다. 'division'이라는 영어 단어는 수학적 의미와 일상적 의미를 모두 지니며, 일상적 의미가 함축하는 바는 불가피하게 기술적 의미로 번지기 때문이다. 그 결과 **분할로서 나눗셈**이라는 순진한 유추는 **측정으로서 나눗셈**이라는 순진한 유추를 압도한다.

'surgery'라는 난해한 수학적 개념이 있다고 가정하자(실제로 존재한다). surgery가 어떤 때는 대상을 부드럽게 한데 묶는 일을 수반하고, 다른 때에는 대상을 갈가리 찢는 일을 수반한다는 말을 듣는다면, 이전에 친숙해진 의학적 수술 때문에 이 개념을 이해하기 위해 당신이 무의식적으로 활용할 순진한 유추는 **찢는** 쪽보다 **묶는** 쪽으로 기울 것이다. 나눗셈과 분할의 경우에도 같은 이야기를 할 수 있다. 수백 년 전에 나눗셈이라는 수학적 개념에 배정된 영어 단어가 'division'이 아니라 'measurement'였다고 가정해보라. 그렇다면 오늘날의 아이들은 'measurement'라는 수학적 개념을 처음 들을 때 아주 다른 기본적인 순진한 유추를 하는 경향을 보일 것이다. 또한 때로 최초 수치보다 더 큰 답을 얻는다는(즉 a/b가 종종 a보다 크다는) 관념을 전혀 이상하거나 혼란스럽게 받아들이지 않을 것이다.

요컨대 '나눗셈은 분할이다'라는 순진한 유추가 우세하다고 해서 측정과 관련된 내용('B의 몇 배가 A에 해당하는가?')을 상상하는 일이 분할과 관련된 내용('A를 B개로 나누면, 각 부분은 얼마나 큰가?')을 상상하는 일보다 인지적으로 더 어려운 것은 아니다. 오히려 우리가 확인한 바에 따르면 '50의 몇 배가 200인가?' 같은 측정 문제가 정확히 같은 값을 수반하는 '사탕 200개를 50명에게 나누어주어라!' 같은 분할 문제보다 훨씬 쉽다.

이 사례 및 이와 유사한 사례를 통해 알 수 있는 사실은 나눗셈에 대한 순진한 유추로서 **분할**이 우세한 이유가 분할이 측정보다 상상하기 쉬워서가 아니라 무의식적으로 '나누다'라는 일상적인 의미가 '나눗셈하다'라는 기술적인 용어로 스며들었으며, 이러한 의미 오염 덕분에 **측정**이 더 적절한 유추인 사례가 많음에도 **분할**이 순진한 유추의 원천이 되는 데 대단히 유리한 고지를 차지할 수 있었기 때문이라는 것이다. 다시 말해서 '50의 몇 배가 150인가?'라는 문제를 머릿속에서 푸는 것은 쉽지만('50 더하기 50 더하기 50이 150이니까 답은 3), 방금 **나눗셈** 문제를 풀었다고 깨닫는 것은 전혀 쉽지 않다. 어떤 것을 측정한다는 관념과 아무 관련이 없는 division의 일상적인 의미가 나눗셈을 하는 일반적인 감각에 스며들었기 때문이다.

학교교육이 우리의 머릿속에서 건드리지 않는 것

학교에서 배우는 것은 우리가 상황을 보는 방식에 깊은 영향을 미칠까? 학교는 우리에게 상황을 '형식적으로' 생각하는 방법을 가르칠까? 이 말은 구체적인 세부 사항으로 빗나가는 것이 아니라 상황이 지닌 추상적 핵심에 바로 초점을 맞추는 능력을 습득하는 것을 뜻한다. 우리는 모두 일상적 삶의 일부 측면에서 이런 일을 한다. 즉 특정 상황이 지닌 많은 측면을 지적으로 충분히 인식하고 있지만 줄곧 무시한다. 그래서 우리는 벽장문이 한때 나무의 일부였고, 히틀러가 한때 아기였고, 식탁 위의 고기가 얼마 전까지 초원에서 풀을 뜯는 동물의 일부였다는 사실을 알지만 잊어버린다. 설령 이런 사실이 지닌 **진실**을 받아들인다고 해도 우리는 꾸준하게 그것을 무시하여 그냥 스테이크에서 이전의 동물을, 문에서 이전의 나무를, 히틀러의 사진에서 이전의 아기를 보지 못한다고 말해도 무방하다. 이는 우둔한 것이 아니라 똑똑한 것이다.

마찬가지 방식으로 우리는 주위를 둘러싼 모든 대상이 지닌 온갖 속성에 주의를 기울이지 않는다. 누가 벽에 걸린 그림을 더러운 접시를 주방으로 옮겨갈 쟁반이나 가족사진 한 뭉치를 붙일 수 있는 게시판 혹은 마루를 장식할 융단으로 쓰려고 생각하겠는가? 그러나 이론적으로는 급할 때는 이런 용도가 머릿속에 떠오를 수 있으며, 심지어 아주 타당하게 보일 수도 있다. 대단히 화가 나거나 겁을 먹었을 경우에는 초, 접시, 꽃병, 잔, 조각상, 의자, 거울이 모두 무기가 될 수 있다는 사실이 머릿속에 떠오르며, 이 '망각'은 마땅한 것이다.

범주화는 특정한 관점을 취하는 일을 수반하며, 일단 주위에 있는 어떤 대상에 대한 범주를 선택하고 나면 무관한 온갖 속성에 대한 지각이 억제되는 경향이 있다. 빵 사이에 든 고기가 수소에게서 나왔는지 아니면 암소에게서 나왔는지 누가 궁금해할까? 또한 너무나 굶주려서 구두마저 먹으려고 할 때 왼쪽인지 오른쪽인지 누가 신경 쓸까? 요컨대 우리는 끊임없이 추출을 하고 그에 따라 사물과 상황이 지닌 관찰 가능한 수천 개 측면을 지속적으로 무시한다. 이 역시 우둔한 것이 아니라 똑똑한 것이다. 학교는 우리에게 이런 종류의 '똑똑한 망각' 내지 '똑똑한 무시'를, 특히 수학에서 더 체계적으로 가르칠까?

대다수 사람은 아주 간단한 것이라도 수학적 문장제를 제시하면 무관한 일부 측면을 무시하는 데 큰 어려움을 겪는다. 그래서 이런 문제를 **형식적** 방식으로 처리하지 않고 두드러진 구체적인 속성에 영향을 받는 경향을 보인다. 설령 일부가 결국 문장제가 지닌 추상적인 수학적 구조를 발견한다고 해도 이 인식은 절대 상황에 대해 처음에 즉각적으로 가진 시각을 완전히 압도하지 못한다. 그래서 다양한 구체적 측면이 더 추상적인 측면과 함께 뒤섞인다. 수학적 상황을 형식적으로, 그러니까 무관한 표면적 측면에 오염되지 않는 방식으로 인식하는 우리의 능력은 매우 제한적이다.

우리는 성인이라면 쉽게 풀 수 있는 사례를 통해 이 점을 예증할 것이다. 앞서 말했듯이 곱셈은 학교에서 처음 배우는 연산 중 하나이며, 아직 더 배울 것이 있다고 생각하는 사람이 거의 없는 개념이다. 문제를 더 단순하게 만들기 위해 우리는 양의 정수를 수반하는 사례만 살필 것이다. 다음 세 가지 상황을 비교해 보자.

나는 모든 품목의 가격이 4달러인 매장에 가서 펜을 3개 샀다. 내가 쓴 돈은 얼마인가?

나는 아이 4명을 위해 1명당 펜 3개를 샀다. 내가 산 펜은 모두 몇 개인가?

나는 아이 4명을 위해 1명당 파란색 펜 1개, 초록색 펜 1개, 빨간색 펜 1개를 샀다. 내가 산 펜은 모두 몇 개인가?

상황을 순전히 형식적으로 바라본다는 것은 매장, 화자, 펜, 색깔, 아이들, 돈을 즉각 걸러내고 바로 '이 문제들은 모두 4와 3의 곱셈을 수반한다'라는 골자에 해당하는 관념으로 건너뛴 다음 단순히 이 연산을 실행하는 일을 수반한다. 문제를 이런 식으로 파악할 때 두 요소 사이의 비대칭성이 수반되어서는 안 된다. 순전히 추상적 차원에서 바라보면 모두 곱셈 문제일 뿐이기 때문이다. 실제로 위에 나온 문제를 제시했을 때 "'4×3' 상황일까 아니면 '3×4' 상황일까?"라고 묻는 사람은 드물다. 우리는 그저 '3과 4를 곱한다'라고 생각할 뿐이다. 혹은 적어도 이것이 성인으로서 이런 문제를 풀 때 처음 받는 인상이다. 그러나 우리는 세 사례를 모두 보면서 정말로 머릿속으로 '3과 4를 곱하는' 상황만 인식할까? 이 세 문제를 풀 때 우리는 정말로 정확하게 같은 것을 볼까? 그러면 세 문제를 더 자세히 살펴보자.

모든 품목이 4달러인 첫 번째 문제에서 나는 4달러에 펜 1개를 사고, 또 1개를 사고, 또 1개를 산다. 따라서 결국에는 4+4+4=3×4=12달러어치의 펜을 사게 된다.

아이들에게 줄 펜을 사는 두 번째 문제에서 나는 1명당 펜 3개를 산다. 따라서 나는 첫째 아이를 위해 3개, 둘째 아이를 위해 3개, 셋째 아이를 위해 3개, 넷째 아이를 위해 3개를 산다. 모두 합치면 나는 3+3+3+3=4×3=12개의 펜을 사게 된다.

세 번째 상황에 대해서는 두 가지 관점을 취할 수 있다. 첫 번째 관점의 경우 각각의 **아이**가 가질 개수에 초점을 맞춘다. 즉 두 번째 문제와 비슷한 방식으로 상황을 본다. 이때 각각의 아이는 펜을 3개 가지며, '3개씩 가지는' 4개의 사례가 있으므로 3+3+3+3=4×3=12개의 펜이 된다.

두 번째 관점의 경우 아이가 아니라 **색깔**에 초점을 맞춘다. 그렇게 보면 나는 파란색 펜 4개(각 아이에게 하나씩), 초록색 펜 4개, 빨간색 펜 4개를 산다. 따라서 3개 색상이 있으므로 4+4+4=3×4=12개의 펜을 사게 된다.

이 문제들 중 하나를 푸는 사람이 **곱셈**을 수반한다는 추상적 관념을 즉시 인식했다면 해당 문제가 세상에 구체적으로 구현되는 방식은 요소의 순서에 아무런 영향을 끼치지 말아야 한다. 반면 이 문제들이 **곱셈**으로서 형식적으로 인식되지 않고 부지불식간에 **반복적 덧셈**이라는 순진한 유추의 필터를 거쳐서 인식된다면 이 순진한 유추는 문제를 푸는 방식을 유도해야 하며, 사람들이 찾는 답은 앞선 고려 사항의 영향을 받아야 한다.

이 가설을 검증하기 위해 우리는 초등학교 고학년 학생 및 대학생에게 곱셈을 사용하지 말고 이 문제들을 풀게 했다. 그 결과 아동과 성인을 비롯한 거의 모두가 예상한 대로 반복적 덧셈을 사용했으며, 대단히 놀랍게도 선택된 덧셈은 주로 문제가 제시되는 방식에 좌우되었다.

구체적으로는 거의 90퍼센트의 학생이 첫 번째 문제에 대해 '4+4+4'라는 덧셈을 사용했으며, 거의 비슷한 비율의 학생이 '3+3+3+3'이라는 덧셈을 사용하여 두 번째 문제를 풀었다. 색깔 있는 펜을 수반하는 세 번째 문제의 경우 약 50퍼센트의 피실험자는 '3+3+3+3'을 선택했고(따라서 아이를 기준으로 문제를 바라보았고), 약 40퍼센트의 피실험자는 '4+4+4'를 선택했으며(따라서 색깔을 기준으로 문제를 바라보았으며), 남은 10퍼센트는 명시적으로 어떤 것도 한데 묶지 않았다. 즉 그들이 본 반복적 덧셈은 '1+1+1+1+1+1+1+1+1+1+1+1'이었다. 물론 그들도 여전히 무의식적으로는 '(1+1+1)+(1+1+1)+(1+1+1)+(1+1+1)'(각 무리는 아이를 나타냄) 혹은 '(1+1+1+1)+(1+1+1+1)+(1+1+1+1)'(각 무리는 색깔을 나타냄)이라는 무리 짓기를 했다.

이 결과는 사람들이 형식적 구조를 인식하는 것뿐만 아니라 제시 방식을 토대로 반복적 덧셈에 대한 유사성을 찾으려고 최선을 다함으로써 제시된 문장제를 풀려고 할 것이라는 우리의 예측을 확실하게 뒷받침한다. 요컨대 이런 문장제를 풀기 위해 사람들은 거기에 묘사된 상황을 정신적으로 시뮬레이션하는 경향을 지닌다.

반면 상황이 즉각 '형식적으로' 인식된다면, 즉 **곱셈**이라는 추상적 개념이 즉각 피실험자의 머릿속에서 환기된다면 (곱셈을 사용하는 것이 명시적으로 금지되었으므로) 모든 피실험자는 모든 문제에 대해 '4+4+4'라는 반복적 덧셈을 제시했을 것이다. 이 합이 최소의 연산을 수반하며, 더할 수가 더 많은 '3+3+3+3'

이라는 반복적 덧셈을 선택할 마땅한 이유가 없기 때문이다.

정리하자면 골자만 담은 수학적 상황에서도 사람들은 좀처럼 피상적이고 구체적인 측면을 무시하고 추상적인 형식적 구조에만 초점을 맞추지 못한다. 좋든 나쁘든 간에 사람들은 상황이 구체적으로 묘사되는 방식, 비슷한 상황과의 친숙성, 자연스럽게 환기되는 순진한 유추의 영향을 받는다.

때로 상황이 생각을 대신해준다

여기에 함정이 없는 문제가 있다.

> 로런스는 7달러에 미술 용구 세트를 사고 추가로 바인더를 샀다. 그는 모두 15달러를 지불했다. 존은 바인더와 T-자를 샀다. 그는 로런스보다 3달러를 적게 지불했다. 그렇다면 T-자는 얼마인가?

물론 당신은 이미 정답을 구했겠지만 그것이 핵심은 아니다. 대신 이 문제를 면밀하게 살펴서 가장 짧고 간단한 해법이 단계별로 어떻게 작동하는지 정확하게 보여주는 가장 간결하고 효율적인 방식을 찾아보라.

대개 사람들은 다음 세 가지 계산을 수반하는 해법을 제시한다.

> 바인더의 가격: 15－7＝8달러
> 존이 지불한 가격: 15－3＝12달러
> T-자의 가격: 12－8＝4달러

이는 이 문제를 푸는 정확한 방식이다. 그렇다면 이번에는 다음 문제를 풀면서 다시 한 번 해답에 이르는 가장 짧은 경로를 찾아보자.

> 로럴은 7년 동안 발레 레슨을 받다가 열다섯 살에 중단했다. 조안은 로럴과 같은 나이에 레슨을 받기 시작했지만 3년 먼저 중단했다. 그렇다면 조안은 몇 년 동안 발레 레슨을 받았는가?

이번에도 우리는 이 문제를 푸는 가장 경제적인 방식을 찾고 정확하게 어떤 단계를 밟아야 하는지 보는 데 관심이 있다. 그래서 다시 한 번 해답에 이르는 최단 경로를 찾아서 제시해주기를 요청한다.

한 가지 아이디어는 다음과 같이 근본적으로 앞 문제와 같은 단계를 밟는다.

로럴이(따라서 조안도) 발레 레슨을 받기 시작한 나이: 15−7=8살

조안이 그만둔 나이: 15−3=12살

조안이 발레 레슨을 받은 연수: 12−8=4년

이 경로는 전적으로 정확하지만 다른 경로가 떠오를 수도 있다. 로럴과 조안이 같은 나이에 레슨을 받기 시작했고 조안이 로럴보다 3년 전에 그만두었다면, 조안은 로럴보다 레슨을 3년 적게 받은 것이므로 7−3=4년이 된다(로렐이 7년 동안 레슨을 받았다는 사실이 분명하게 명시되었다). 이 경로는 단 **하나의** 산술 연산만 수반한다!

두 번째 문제의 해답에 이르는 이 두 번째 경로는 대다수 사람에게 두 문제가 근본적으로 서로 다르다는 사실을 암시한다. 발레 레슨 문제는 단 한 단계로 풀 수 있지만 학용품 문제에는 비슷한 지름길이 없기 때문이다. 하지만 정말로 그럴까?

첫 번째 문제의 맥락에서 '7−3'이라는 뺄셈을 쓰는 것은 어떤 의미를 지닐까? 물론 4달러라는 올바른 답이 주어지지만 이 점이 **의미**를 지닐까? 이 문제를 제시받은 대다수 사람들은 그렇지 않다고 생각하거나, 그것이 의미 있는 일이라면 그 이유를 알아내는 데 오랜 시간이 걸릴 것이며, 그럴 가치가 없다고 생각하는 경향을 보였다. 그러나 다음과 같이 상황을 묘사할 수도 있었다. "로런스와 존은 바인더에 더하여 다른 물건을 몇 개 샀다." 이 시각은 단 하나의 연산만 사용하는 해법으로 이끈다. 둘 중 한 사람은 다른 사람이 지불한 금액보다 3달러를 덜 지불했다. 두 사람이 지불한 금액의 차이는 전적으로 **다른** 물건 때문에 생긴 것이다. 따라서 **존**이 산 다른 물건(T-자)의 가격은 **로런스**가 산 다른 물건(미술 용구 세트)의 가격보다 3달러 싸야 하므로 7−3=4이다.

이 두 문제의 해법을 비교할 때 특기할 만한 점은 초등학생의 5퍼센트 미만 그리고 성인의(고등교육을 받은 성인, 즉 대학생과 학교 교사의) 5퍼센트 미만이 뺄셈 한 번으로 학용품 문제를 바로 푸는 해법을 찾은 반면, 약 50퍼센트 아동과 역시 50퍼센트 성인이 뺄셈 한 번으로 발레 레슨 문제를 푸는 해법을 즉각 찾아

냈다는 것이다. 그래서 여기서 요구되는 것은 대단히 구체적인 상황에 적용하는 아주 사소한 뺄셈 연산뿐이지만, 그럼에도 한 단계 해법을 낳는 접근법을 발견하는 경우가 첫 번째 맥락에서는 아주 드문 반면 두 번째 맥락에서는 아주 빈번했다.

이 모든 것은 무엇을 의미하는가?

동일한 한 번의 연산 수단을 두 문제에 같이 활용할 수 있다는 것은 우연이 아니다. 두 문제 다 집합론 교과서에서 접하는 정리 같은 느낌을 지닌 다음과 같은 형식적 규칙을 활용하여 다룰 수 있는 상황을 수반하기 때문이다.

> 두 집합이 중첩되면 그 크기의 차이는 중첩되지 않는 부분의 크기 사이에 존재하는 차이와 동일하다.

이 규칙을 학용품 문제에 적용하면 로런스가 지불한 금액과 존이 지불한 금액 사이의 차이는 두 사람의 구매품 중에서 겹치지 않는 부분 사이의 차이, 즉 로런스가 산 미술 용구 세트의 가격과 존이 산 T-자의 가격 사이에 존재하는 차이와 동일해야 한다는 사실을 말해준다. 또한 이 규칙을 발레 레슨 문제에 적용하면 (로럴과 조안은 동일하게 오랜 기간 동안 레슨을 **받지 않았**으므로) 발레를 그만둔 나이 사이의 차이는 발레 레슨을 받은 기간 사이의 차이와 동일하다는 사실을 말해준다. 모든 사람이 이 형식적 규칙을 배우고 완전히 흡수한다면 두 문제를 언제나 단일 뺄셈 수단으로 풀 것이라고 예상하게 된다. 그러나 앞서 살폈듯이 그런 일은 일어나지 않는다. 왜 그럴까?

단지 형식적 규칙이 대다수 사람들이 지닌 정신적 레퍼토리의 일부가 아니기 때문이다. 두 번째 문제에 대해 한 번의 연산을 하는 수단을 발견한 사람도 이런 규칙을 알 가능성은 낮다. 오히려 그들은 그저 문제 자체가 생각을 이끌도록 했다. 그들이 한 단계 해법을 떠올린 것은 자연스럽게 거기로 이끌렸기 때문이다. 각 상황은 머릿속에서 수월하게 환기되는 범주로 정의되며, 어떤 형식적 규칙의 적용이 아니라 이 인식이 생각을 이끈다.

그래서 발레 레슨 문제는 다음과 같이 인식된다. 두 사건이 동일한 순간에 시작된다면 하나는 다른 하나보다 *N*시간 단위만큼 적게 지속되며, *N*시간 단위만큼 빨리 끝난다. 이는 대단히 명백해서 단순한 동어 반복, 우둔할 정도로 사소한 문제처럼 보인다. 그래도 다음과 같이 약간 다르게 이 문장을 재구성해보자. 두 사건이 동시에 시작된다면 그 **지속 시간**의 차이는 **중단 시점** 사이의 간격과 동일하다. 시간에 대한 사람들의 인식은 대단히 깊이 뿌리박혀 있으며, **시간을 덜 들인다는 것은 더 빨리 끝난다는 것**이라는 이 기본적인 원칙을 대단히 직관적으로 이해하기 때문에 종종 발레 레슨 문제의 내용을 왜곡된 방식으로 상기한다.

구체적으로 말하자면 학생들이 "조안은 로럴과 같은 시기에 발레 레슨을 받기 시작했지만 3년 덜 받았다"라는 진술을 읽은 다음 기억을 되살려 다시 적으라는 요구를 받으면 종종 이런 식으로 다르게 쓴다. "조안은 로럴과 같은 시기에 발레 레슨을 받기 시작했지만 3년 전에 그만두었다." 학생들의 연역은 상황에 대한 인식과 대단히 깊이 융합되어 있어서 상황을 있는 그대로 보지 않는다. 그들은 기억에 남기는 과정에서 문장을 바꾸었다는 사실을 인지하지 못한다.

실제로 최초 내용("조안은 발레 레슨을 3년 덜 받았다")을 최종 내용("조안은 발레 레슨을 3년 일찍 끝냈다")으로 문제를 변환한 것은 두 **시간의 길이** 사이에 존재하는 차이를 두 정지 시점 사이의 차이로 바꾼다. 동일한 형태를 지닌 학용품 문제의 경우, 이는 로런스가 지불한 총액과 존이 지불한 총액 사이의 차이를 단지 미술 용구 세트와 T-자의 가격 차이로 전환한 것에 해당할 것이다. 그러나 실험에서 해당 구절을 "존이 지불한 총액은 로런스가 지불한 총액보다 3달러 적었다"라고 읽고 뒤이어 기억을 통해 "T-자가 미술 용구 세트보다 3달러 싸다"라고 적은 사례는 한 번도 없었다.

여기서 알 수 있는 점은 시간을 수반하는 관계에 대한 이전 기억('3년 적게'는 '3년 일찍'으로 바꿀 수 있고, 그 **역**도 가능하다)은 한 단계만 거쳐서 시간과 관련된 문제를 풀 수 있게 해준다는 것이다. 이런 의미에서 **상황**이 피실험자를 위해 '생각을 해준다'고 얼마든지 타당하게 주장할 수 있다. 한 단계 해법을 찾는 일은 이 단락의 처음에 인용한 일반적인 집합론적 규칙을 숙달한 결과가 아니다.

이제는 아마도 상당히 명확해졌겠지만 발레 레슨 문제를 푼 학생들은 (앞서 언급한 '정리'로 표현되는) 추상적·형식적 구조에 의존하지 않는다. 문제를 푸는 데 집합론의 추상 개념을 환기해야 할 필요는 전혀 없다. 학생들은 추론을 할 때 관련된 시간 간격을 **집합**으로 인식하지 않고(그랬다면 각 집합은 무한하게 많은 미소한 순간들을 포함할 것이다!), 로럴과 조안이 발레 레슨을 받기 시작한 동일한 나이를 두 집합의 **중첩**(집합론의 용어로는 '교집합')으로 인식하지 않고, 두 소녀가 발레 레슨을 받은 시간의 길이를 두 집합의 **중첩되지 않는** 부분으로 보지 않고, 그들이 발레 레슨을 중단한 나이를 두 집합의 **크기**로 보지 않는다. 실제로 이 문제를 집합론의 언어로 재구성하려면 세심한 지적 작업이 필요하다. 집합론은 인간이 이 문제를 자연스럽게 인식하는 틀이 아니기 때문이다. 어떤 사람이 이 문제를 효율적으로 풀었다고 해서 형식적 규칙('정리')을 정확하게 적용한 결과로 간주해서는 안 되는 이유가 여기에 있다. 오히려 발레 레슨 상황을 친숙한 시간 범주의 측면에서 인식하는 행위가 대부분의 일을 대신해주며, 이 상황을 집합론처럼 난해하고 추상적인 기술적 형식으로 부호화할 필요가 전혀 없다.

다음의 도표는 동일한 형태를 지닌 이 문제들을 인식하는 세 가지 방식을 보여준다. 상단 도표는 거의 모든 사람이 학용품 문제를 상상하는 방식을 보여준다. 전형적인 추정은 T-자의 가격을 알려면 존의 총 지불액에서 (뺄셈을 통해 알 수 있는) 바인더의 가격을 빼야 한다는 것이며, 바인더의 가격은 로런스의 총 지불액에서 미술 용구 세트의 가격을 빼서 알 수 있다. 따라서 **모두**in toto 뺄셈이 세 번 필요한 것으로 보인다. 이 도표로는 존이 지불한 총액과 로런스가 지불한 총액의 차이가 T-자와 미술 용구 세트의 가격 차이와 동일하다는 사실을 알 수 없다. 이 경우 단일 단계를 거쳐 풀기 위한 전제 조건인 핵심 관념이 빠져 있기 때문에 산술 연산이 세 번 필요한 것으로 보인다.

가운데 도표는 많은 사람이 발레 레슨 문제를 자연스럽게 상상하는 방식을 보여준다. 그들은 조안과 로럴이 같은 나이에 발레 레슨을 받기 시작했으므로 두 사람이 발레 레슨을 받은 **시간 길이**에 존재하는 차이는 그만둘 당시의 **연령** 차이와 동일해야 한다는 생각에서 출발한다. 이 생각은 도표에서 대단히 명백하게 표현되며, 발레 레슨 문제에서 한 단계 해법이 종종 발견되는 이유를 설명한다. (이 도표가 암묵적으로 토대를 두며, 질 포코니에와 마크 터너가 기쁘게 지적할 프레임 혼합, 즉 우리가 두 소녀의 삶을 단일한 수평 시간축에 정렬하는 것을 상상하고 있다는 사실에 주목하라. 그들의 삶을 정렬한다는 것은 출생일을 시간 축의 같은 지점에 놓는다는 것을 뜻하며, 그 결과 그들이 첫 레슨을 받는 시점도 일치하게 된다.)

각각의 두 도표(세 번의 연산을 수반하는 상단 도표와 단 한 번의 연산을 수반하는 가운데 도표)는 각각의 구체적인 문제에 맞추어졌으며, 서로 공통점이 많은 것으로 보이지 않는다. 그래서 두 도표가 나타내는 문제를 아주 다른 종류로 생각할 수 있다. 실제로 두 문제를 푼 대다수 사람은 그렇다고 주장한다. 그러나 하단의 도표는 두 문제를 하나의 통일된 방식으로 볼 수 있음을 보여줄 뿐만 아니라 한 단계 수단이 발레 레슨 문제만큼이나 자연스럽게 학용품 문제에도 통한다는 사실을 드러낸다. 위에서 제시한 '정리'는 난해하고 이해하기 어렵지만 하나의 그림에 두 문제를 시각적으로 부호화한 이 도표는 그 동형성isomorphism(즉, 동일한 잠재적 구조를 가졌다는 사실)과 함께 산술 연산 단 한 번으로 두 문제를 풀 수 있다는 것을 보여준다.

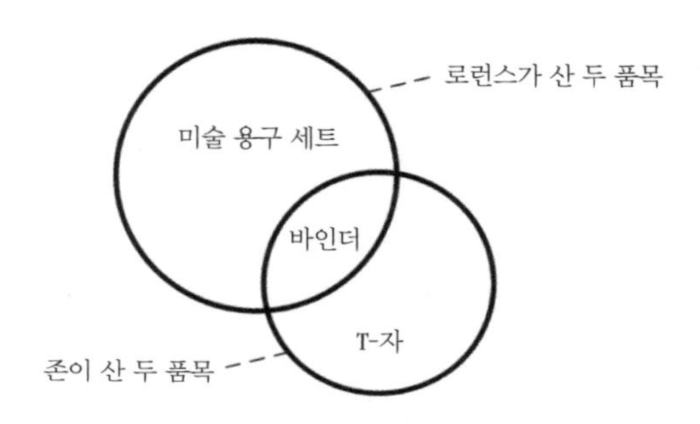

대개 연산이 3회 필요한 학용품 문제를 나타내는 도표

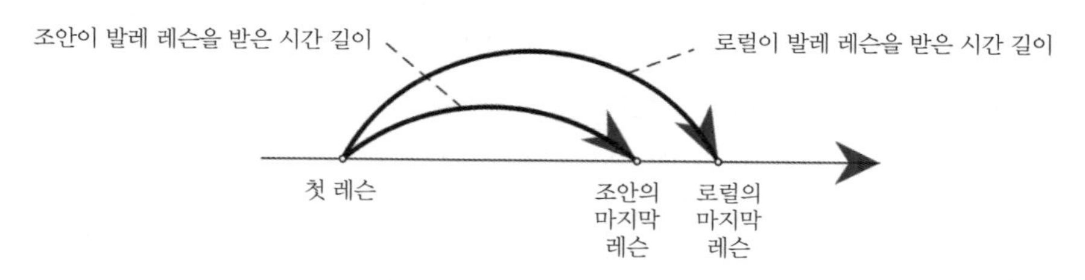

종종 연산이 단 1회만 필요한 발레 레슨 문제를 나타내는 도표

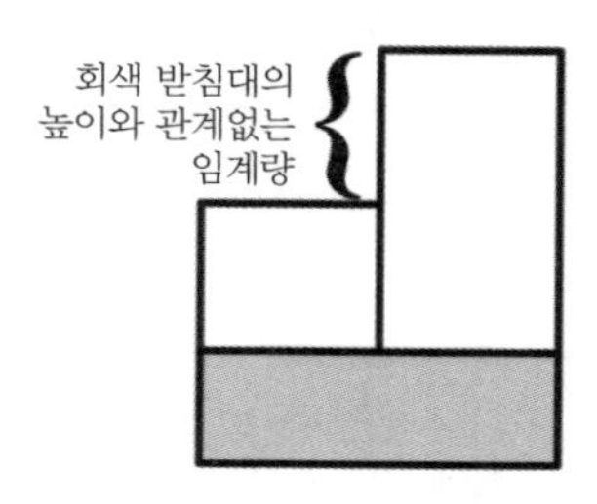

두 문제의 깊은 구조를 드러내며 단 1회의 연산만 필요한 도표

이 세 도표는 문제를 머릿속에서 그리는 방식이 해법에 이르는 경로를 드러내거나 숨길 수 있음을 보여준다. 하단 도표는 단일 도표로 통합한다는 의미에서 위의 두 도표보다 더 추상적이라고 말할 수 있지만 다른 한편으로 같은 받침대 위에 서 있는 두 상자는 대단히 구체적이며, 두 문제를 공통의 '받침대'(첫 번째 문제에서는 바인더, 두 번째 문제에서는 시작 연령)를 수반하는 형태로 제시하는 순간 '정리theorem'에서 표현된 난해한 관념이 갑자기 대단히 명확해진다. 마치 공통의 받침대 위에 놓인 상자처럼 단순하고 일상적인 이미지를 이용하여 구체적인 방식으로 구현된 것처럼 말이다. 어린 학생들이 두 문제에 내재된 '받침대'를 보도록 가르치는 일은 교육받지 않은 대다수 성인에게는 없는 명쾌한 통찰을 제공한다.

따라서 교육자에게 주어진 핵심 과제는 사람들이 수년에 걸친 세상과의 상호작용을 통해 구축한 친숙한 범주가 작동하는 방식을 활용함으로써 상황에 대한 형식적 부호화를 노련하게 피해가는 방식을 고려하는 것이다. 대다수 교사는 문제를 '꾸미는' 방식이 그 난이도에 심대한 영향을 미친다는 사실을 잘 알지만 아직 강력한 교육적 수단으로 수학 문제를 꾸미는 기술을 익히지 못했다. 이 일을 해내는 것은 커다란 진전이 되겠지만 당연히 엄청난 도전이기도 하다.

심리학에 도움이 되지 않는 순진한 유추

곱셈은 반복적 덧셈이다와 **나눗셈은 분할이다** 같은 순진한 범주화가 유추에 해당한다고 보기 어려운가? 우리가 지금까지 내세운 여러 논거와 세밀하게 해부한 수많은 상황에도 불구하고 아마 내면의 작은 목소리가 이렇게 계속 주장할지도 모른다. "미안하지만 범주화와 유추 작용은 정말로 같지 않아. 처음에는 동떨어진 것처럼 보이는 두 개념을 취한 다음 공통된 추상적 속성을 파악하고 그 사이에 정신적 다리를 놓는 일은 어떤 대상을 보고 단지 **탁자**처럼 친숙한 범주에 속한다고 인식하는 일과 근본적으로 다른 종류의 행위야."

왜 당신을 비롯하여 많은 사람이 대상 사이의 유추가 대상을 범주에 배정하는 것과 같은 활동이라는 논제를 그토록 강하게 반박하는 내면의 목소리를 지녔을까? 왜 당신이 지닌 내면의 목소리는 이 책을 읽는 동안 점차 조용해지다가 침묵하지 않을까? 왜 그것은 당신이 이 논제를 받아들이도록 만들 것이라고 바랐던 모든 이유를 듣지 않는 것일까?

대단히 아이러니한 그 답은 우리의 논제 자체가 대단히 많은 사람이 수긍하는 데 그토록 어려움을 겪는 이유를 설명한다는 것이다. 즉 유추 작용과 범주화가 별개의 과정이라는 믿음은 다름 아닌 범주의 속성에 대한 순진한 유추에서 기인한다. 오랫동안 유추와 범주화 분야의 진전을 심하게 가로막았다는 불명예를 얻은 이 순진한 유추는 이미 앞에서 언급했다. 그것을 다시 한 번 제시한다.

범주는 상자이며, 범주화는 항목을 상자에 넣는 것이다.

이는 범주화에 대한 일상적이고 현실적인 시각이다. 이 문제를 더 살펴보자.

범주가 정말로 상자**이고** 정말로 대상을 상자에 배정하는 확실하고 정확한 메커니즘이 **있다면** 두 종류의 정신적 과정을 구분하는 것이 명백하게 타당하다. 첫 번째는 정신적 항목을 적절한 상자에 확실하게 배치하는 엄격하고 빈틈없는 알고리즘인 **범주화**가 될 것이고, 두 번째는 내용물과 용기의 관계에 해당하지 않는 정신적 항목 사이에 놓인 공상적이고 불확실한 다리를 떠올리는 주관적이고 잘못되기 쉬운 기술인 **유추 작용**이 될 것이다.

그러나 심리학 분야의 연구 결과가 보여주고, 이 책 전반에 걸쳐 우리가 언급했듯이 **범주화=대상을 자연스러운 상자에 넣는 것**이라는 시각은 대단히 잘못된 것이다. 범주화는 어느 모로 보나 유추 작용만큼 주관적이고 흐릿하며 불확실하기 때문이다. 범주화는 완전히 틀릴 수 있고, 부분적으로만 옳을 수 있고, 지식이나 이전 경험, 편견 혹은 의식적이든 무의식적이든 당사자의 목표에 깊은 영향을 받을 수 있으며, 지엽적 맥락이나 보편적 문화에 좌우될 수 있다. 또한 범주화는 유추만큼 추상적일 수 있고, 명확히 언어적인 동시에 비언어적일 수 있으며, 점차 변할 수 있다.

실제로 최근 연구가 이 점을 대단히 명백하게 밝히면서 범주를 상자로 보는 오랜 시각은 이제 대개 '범주에 대한 고전적 접근법'으로 불린다. 인지과학 분야에서 여전히 이 시각을 신봉하는 사람은 거의 없기 때문이다. 현재 고전적 접근법은 그저 범주와 범주화에 대한 훨씬 더 정교한 이론을 개발하는 과정에 속한 진기한 역사적 단계로 간주되는 경향이 있다.

그러나 '범주는 상자다'라는 순진한 유추는 여전히 유혹적이어서 우리가 직면하는 모든 대상과 상황이 특별하게 소속되며 그 본질적 정체성을 구성하는 범주가 있다는 거의 억누를 수 없는 믿음에 빠지게 만든다. 마틴이 산 물건을 상기해보라. 이 물건은 **잘 깨지는 물체, 애물단지, 거미 제거 수단, 올챙이 집**처럼 잡다한 범주 사이를 아무 생각 없이 오갔지만 언제나 **사실은** 단 하나의 것, 바로 **잔**으로 남으며, 이 잔이라는 라벨이 진정하고 본질적인 정체성을 구성하는 것처럼 보인다. '범주는 상자다'라는 무언의 순진한 유추는 마틴의 잔처럼 세상에 있는 모든 항목이 소속된 적절한 상자가 있고, 사물과 자연적 상자 사이의 연관성을 모든 사람이 머릿속에 보편적으로 공유하며, 이는 사고나 심리와 아무 관계없는 단지 세상의 속성일 뿐임을 암시한다. 이런 관점에서 보면 범주의 정체성이 존재할 뿐만 아니라 정확하고 객관적이다.

오랫동안 '범주는 상자다'라는 잠재적 모토는 수많은 과학적 연구를 뒷받침하면서 유추 작용과 범주화 사이에 명확한 경계가 있다는 믿음을 강화했다. 실제로 훨씬 더 정교한 용어로 표현되기는 했지만 수십 년 동안 인지과학 분야에서 군림한 범주화에 대한 시각은 근본적으로 이 모토와 다르지 않으며, 수학적 논리에서 빌려온 기술적 용어로 재구성한 것에 불과하다. 이 시각은 각각의 정신적 범주가 소속 여부에 대한 일련의 '필요충분조건'을 가진 것으로 본다. 개체는 **오직** 이 모든 속성을 가져야만 범주에 속하게 된다. 그래서 각각의 범주-상자는 정확하게 정의되고 엄격하며 침투할 수 없는 벽을 가진 것으로 간주되었다. 이런 범주 이론에서는 소속성의 정도를 달리하거나, 맥락이 소속 여부에 영향을 미칠 여지가 없다. 1970년대 중반에 심리학자인 엘리너 로슈가 범주화를 다룬 일련의 중대한 논문을 발표하고 나서야, 잘못되었지만 거의 보편적으로 수용되었던 이 이론은 결국 신빙성을 잃었다.

그렇다면 마침내 이 모토에서 해방된 오늘날 연구자들은 유추 작용과 범주화를 어떻게 볼까? 무엇이 둘을 다르게 만드는지에 대해 명확한 합의가 도출되었을까? 그런 것이 있기는 할까? 일부 정상급 권위자들의 말을 들어보자. 토머스 스폴딩Thomas Spalding과 그레고리 머피는 이렇게 썼다. "범주는 사람들로 하여금 새로운 대상을 친숙한 것처럼 다루게 해준다."[47] 다른 한편으로 메리 기크Mary Gick와 키스 홀리오크는 이렇게 말했다. "유추는 우리가 새로운 것을 친숙하게 보도록 해준다."[48] 이 두 가지 정의 사이에 차이가 있다고 해도 우리는 찾을 수가 없다! 혹은 캐서린 클레멘트Catherine Clement와 데드레 겐트너가 한 말을 인용하자면 "유추에서 친숙한 영역은 새로운 영역을 이해하기 위해, 특히 이 새로운 영역의 새로운 측면을 예측하기 위해 사용된다."[49] 다른 한편 존 앤더슨

John Anderson은 "주어진 대상이 특정 범주에 속한다고 규정한 후에는 그 대상에 대해 많은 것을 예측할 수 있다."[50]고 말했다. 이번에도 다른 것으로 여겨지던 과정에 대한 이 설명들은 쌍둥이Tweedledum and Tweedledee처럼 닮았다.

이처럼 전문가들의 정의가 상당히 겹친다는 사실은 유추 작용과 범주화 사이의 긴밀한 관계를 확증하며(확증이 필요하다면), 우리가 옹호하는 견해, 즉 유추 작용과 범주화가 별개의 과정이라는 생각이 착각이라는 견해를 뒷받침한다. 유추 작용과 범주화가 **하나**가 아니라 **두** 개의 과정이라는 사실을 보여줄 수 있을지도 모른다. 실제로 8장의 뒤에 이 가능성을 면밀하게 탐구하는 대화가 나오며, 우리는 이 대화가 이 책을 마무리하는 데 더하여 이 문제도 마무리해주기를 바란다.

그러나 이 책을 여기까지 읽은 후에도 여전히 우리의 논지를 받아들이는 것이 망설여진다면 당신만 그런 것이 아니니 안심해도 된다. 해당 분야의 전문가들도 모두 같은 순진한 시각에 사로잡혀 있으니 말이다. 실제로 우리, 그러니까 우리가 내세우는 논지의 가장 열렬한 지지자인 이 책의 저자들조차 때로 독자들에게 열심히 경고했던 함정에 빠진 자신의 모습을 발견하기도 한다! 실로 우리도 가끔 범주가 상자라는 유혹적인 착각에 빠진다. 아마 아리스토텔레스는 다음과 같이 상황을 설명하는 것을 흐뭇하게 여길 것이다.

> 사람들은 순진한 유추를 한다.
> 유추 전문가는 사람이다.
> ―――――――――――――
> 따라서 유추 전문가는 순진한 유추를 한다.

심리학 전문가든, 수학 전문가든, 물리학 전문가든, 혹은 다른 분야의 전문가든 간에 모든 전문가는 평범한 사람과 다른 종에 속하지 않는다. 그들은 일상적 삶뿐만 아니라 직업적 삶에서도 순진한 유추를 한다. 심지어 그들이 가장 능숙하게 다루는 개념을 수반하는 것까지 말이다.

요컨대 우리는 아직도 범주화와 유추 작용이 동일하다는 시각에 대해 약간의 의구심을 품은 독자들을 이해한다. 결국 우리의 시각은 반직관적이며, 순진한 유추가 구슬리는 머릿속의 작은 목소리는 계속 '그건 틀렸어! 틀렸다고!'라고 속삭인다. 그럼에도 우리는 앞으로 남은 내용이 일부 회의론자들을 우리의 시각으로 돌릴 수 있기를 바란다.

남은 분량 이야기가 나왔으니 순진한 유추라는 종종 곤혹스러운 세계를 떠나 과학적 발견에서 유추가 수행하는 언제나 감탄스러운 역할로 넘어가보자. 그러나 그렇게 하면 정말로 순진한 유추를 멀리 따돌릴 수 있을까?

8

세상을 뒤흔든 유추

∨
∨
∨
∨

Analogies that Shook the World

엄격한 왕국에서 유추가 맡은 고귀한 역할

7장에서 우리는 새로운 수학적 관념을 처음 접한 학생들이 추상적 세계에서 넘어지지 않으려고 최선을 다하며 모든 단계에 걸쳐 유추에 크게 의존하는 모습을 확인했다. 또한 우리는 순진한 유추가 사람들의 머릿속에서 오랫동안 자리를 지킨다는 사실도 확인했다. 실제로 순진한 수학적 유추는 수학자가 아닌 사람의 머릿속에 평생 자리를 잡고 종종 막다른 길과 혼란 그리고 실수로 이끄는 경향이 있다. 이런 운명을 피하려면 갈수록 정교화와 추상화의 수준이 높아지는 수학적 관념을 접하면서 범주 체계를 점차 다듬어야 한다. 그러나 직업적 수학자의 경우는 어떨까? 그들도 여기저기서 넘어지지 않으려고 순진한 유추에 의존할까, 아니면 그들의 직업적 삶에 대한 이런 시각 자체가 초보자와 전문가의 관계를 지나치게 순진하게 유추한 결과일까?

어떤 사람들에게는 수학자가 실행하는 전문적 활동에서 유추적 사고가 어떤 역할을 맡는다고 상상하는 것이 온당치 않아 보일 것이다. 결국 모든 지적 영역 중에서 수학은 대개 엄밀성과 논리가 절정에 이른 영역으로 간주된다. 수학 논문은 순수한 논리라는 성벽으로 둘러싸인 난공불락의 성채처럼 보일 수 있으며, 이러한 인상을 받는 것은 우연이 아니다. 대다수 수학자들이 그렇게 보이기를 원하기 때문이다. 일반적인 생각은 수학에는 다른 어떤 분야보다 직관, 예감, 흐릿한 유사성, 부정확한 본능이 끼어들 여지가 적다는 것이다. 그러나 이는 다른 모든 인간의 활동만큼이나 수학에도 유효하지 않은 편견에 불과하다.

시각 교정을 위한 일화

프랑스의 위대한 수학자인 앙리 푸앵카레는 과학적 창의성의 속성에 대해 많은 생각을 했다. 그는 수학자에 대한 한 논평에서 이렇게 썼다.

> 누구라도 자신이 도달하고자 하는 목표에 대한 명확한 지식이 전혀 없음에도 언제나 한 걸음씩 앞으로 나아간다고 생각할 수 있을까? 그들은 목표에 이르기 위한 적절한 경로를 추측해야 하며, 그러기 위해서는 지침이 필요하다. 이 지침은 주로 유추다.[51]

수학적 사고에 대한 이런 시각은 핵심을 찌른 것으로 보인다. 그러나 독자들은 푸앵카레의 말을 그대로 받아들이지 않을 것이다. 지금부터 그의 논지를 뒷받침하고 수학에서 유추가 수행하는 역할에 대한 모든 회의를 바로잡을 수단으로 몇 가지 일화를 제시하겠다.

우선 유럽의 수학자들이 '3차식cubic'으로도 알려진 ('$ax^3+bx^2+cx+d=0$'의 형태를 지닌) 3차 다항방정식을 풀려고 애쓰던 16세기 초로 돌아가 보자. 2차 다항방정식(즉 '$ax^2+bx+c=0$'의 형태를 지닌 2차식)을 푸는 포괄적 해법은 15세기 넘게 알려져 있었으며, 세계적으로 유명해진 이 해법의 핵심에는 해당 2차식의 세 계수(a, b, c)로 계산할 수 있는 특정한 수량(구체적으로는 b^2-4ac)의 제곱근이 있었다. 그래서 이처럼 난해한 문제에 관심을 가진 소수의 사람이 **동일한 포괄적 종류의 해법**을 3차식에도 적용할 수 있지 않을까 궁금해하는 것은 자연스러운 일이었다.

그러나 수학자가 왜 이처럼 모호하고 부정확한 생각을 할까? 그 답은 간단하다. 진지한 수학자라면 누구나 형태 면에서 아주 비슷한 두 방정식이 숨겨진 연결 고리, 즉 **유사성**으로 이어져 있다고 생각할 것이다. 더 구체적으로 말하자면 3차식을 푸는 포괄적인 해법이 있을 것이고, 그 핵심에는 b^2-4ac와 유사한 어떤 수량의 **세제곱근**이 있을 것이며, 이 수량은 주어진 3차방정식에 속한 계수 **네** 개(a, b, c, d)를 수반할 것이라고 예측할 것이다.

이 경우 이런 유추는 3장에서 설명한 me-too 유추처럼 억누를 수 없는 것이다. 대단히 특출하다고 해도 수학자 역시 평범한 인간이며, 아무런 의도 없이 한편으로 계수 **세** 개로 결정되는 특수한 수의 제곱근을 구하여 계산할 수 있는 모든 2차방정식의 **두** 해 사이에, 다른 한편으로 계수 **네** 개로 결정되는 특수한 수의 세제곱근을 구하여 계산할 수 있는 모든 3차방정식의 **세** 해 사이에 유사성이 있을 것이라고 자동적으로 예측한다. **2**스러움two-ness에서 **3**스러움three-ness으로 두어 차례, (그 자체가 '4와 3의 관계는 3과 2의 관계와 같다'는 작은 유추에서 나온) **3**스러움에서 **4**스러움으로 한 차례 미끄러지는 이 미미한 추측은 명백히 사소해 보인다. 그러나 도처에서 등장하는 이런 종류의 단순해 보이는 개념적 이월이 없으면 수학 분야는 어떤 전진도 이루지 못할 것이다.

그러면 '오직 하나뿐인the' 3차방정식(따옴표를 붙인 이유는 곧 나올 것이다)의 해법에 대한 이야기로 돌아가보자. 모든 일은 이탈리아에서, 처음에는 볼로냐(스키피오네 델 페로Scipione del Ferro), 약간 뒤에 브레시아(니콜로 타르탈리아Niccolò Tartaglia), 그리고 밀라노(제롤라모 카르다노Gerolamo Cardano)에서 일어났다. 델 페로는 처음으로 부분적인 해법을 발견했지만 책으로 펴내지 않았다. 그로부터 20여 년 후 타르탈리아가 근본적으로 동일한 부분적 해법을 발견했으며, 마침내 카르다노가 그들이 발견한 내용을 정리하여 《아르스 마그나Ars Magna》(위대한 비법)라는 유명한 책으로 펴냈다. 이상한 점은 사정이 뚜렷해짐에 따라 카르다노가 3차방정식의 모든 '다른' 해법을 나열하기 위해 열세 개 장을 사용해야 했다는 것이다! 반면 지금은 단 한 줄로 쓸 수 있고 고등학교에서도 쉽게 가르칠 수 있는 단 하나의 공식으로 전체 해법을 포괄할 수 있다. 현재는 더 이상 어떤 자취도 볼 수 없는 이런 다양성의 이면에는 무엇이 있을까?

문제는 당시 누구도 음수의 존재를 받아들이지 않았다는 것이다. 오늘날에는 $x^3+3x^2-7x=6$이라는 방정식의 세 번째 항에 속한 계수가 −7이라는 **음수**임이 자명하다. 이 점은 바로 눈에 띈다. 우리가 뺄셈이 음수를 더하는 것과 같다는 관념에 완전히 익숙하기 때문이다. 그래서 이 공식은 다음과 같이 바꾸어 쓸 수 있다. $x^3+3x^2+(-7)x=6$. 카르다노의 시대보다 다섯 세기 뒤의 세상을 살고 있는 우리에게 이 두 방정식은 명백하게 호환 가능하게 보인다. 두 방정식의 동일성이 기초한 개념적 이월은 대단히 미세해서 전혀 인식되지 않는다. 그러나 3차방정식을 다룬 방대한 서적을 쓴 저자에게는 **음수 7**이라는 개념이 존재하지 않았다. 그에게 다항식에서 뺄셈(즉 음수 계수를 가진 항)을 제거하는 유일하게 논리적인 방식은 부적격 항을 방정식의 다른 편으로 옮겨서 다르지만 연관된 방정식, 즉 $x^3+3x^2=7x+6$을 만드는 것이었다. 이렇게 하면 모든 계수가 **양수**가 된다.

그 결과 카르다노는 3차방정식의 일반적인 문제에 해당하는 다른 모든 사례를 다룰 수 있게 되기 전에 항을 이동시켜서 뺄셈이 어디에도 없게 함으로써 플러스 기호만(그리고 그에 따라 양수 계수만) 나오는 새로운 방정식을 만들게 되었다. 결국 이 절차는 열세 개의 다른 3차방정식을 낳았으며, 각각의 방정식은 당시 전문가가 보기에는 다른 열두 개와 **근본적으로 달랐다.** 그래서 카르다노는 '오직 하나뿐인' 3차방정식(이제 따옴표의 **존재 이유**가 명확해졌을 것이다!)의 포괄적 해법을 펴내기 위해 열세 개의 장을 써야 했다. 각 장은 열세 종류의 3차식 중 하나를 포괄하는 복잡한 해법을 담고 있었다. 결과적으로 3차방정식을 다룬 카르다노의《아르스 마그나》는 길고 무거우며 버거운 책이었지만 그럼에도, 말하자면 긍정적인positive 반응을 얻었다.

현대적인 관점에서 카르다노가 한 일은 어떤 사람이 단 한 종류의 깡통만 열 수 있는 열세 종의 깡통 따개를 발명한 것에 견줄 수 있다. 그래서 대단한 일이기는 하지만 겉으로 보이는 모든 다양성의 이면에 있는 숨겨진 통일성을 드러내는 포괄적 공식화를 이루지 못했다. 즉 '오직 하나뿐인' 3차방정식이 갖지 못한 것은 만능 깡통 따개였다. 그러나 이 목표는 누군가 이 모든 방정식이 실은 단 하나의 **방정식이라는** 사실을 깨닫기 전에는 생각할 수 없는 것이었다.

실제로 카르다노가 제시한 열세 개의 해법은 다소 다르기는 했지만 그럼에도 현저한 유사성이 있었다. 이 유사성 덕에 후계자들은 모든 해법을 하나의 공식으로 통합할 수 있었다. 그러나 이런 통합이 이루어지려면 어떤 개념이 늘어나거나 확장되거나 구부러져야 했다. 이 경우에 해당 개념은 수학에서 가장 기본적인 개념, 바로 **수**였다. 3차방정식을 풀기 위한 카르다노의 해법을 통합하는 일은 카르다노처럼 대단히 노련한 수학자가 다르다고 본 열세 개의 대수적 해법을 단 하나의 해법으로 융합하게 해주는 상당히 중대한 개념적 확장에 의존했다.

당연히 거기에 필요한 것은 새로운 개념적 도약, 이번에는 **수**라는 범주가 음수를 포함하도록 확장하는 개념적 도약이었다. 이는 절대 쉽게 취할 수 있는 단계가 아니었다. 고대 그리스 이후로 $2x+6=0$처럼 해법이 없는 아주 단순한 방정식이 알려져 있었다. 이런 방정식에 해법을 마련한다는 아이디어가 고려되기는 했지만 (적어도 유럽에서는) 항상 거부되었다. 카르다노도 (그의 표현에 따르면)

'허구의' 수로 이런 방정식을 만족시킬 수 있다는 사실을 알았지만 거부했다. 그에게 절대 머릿속에 그릴 수 없는 **음수** 3이라는 개념은 물리 법칙을 거스르는 물체라는 개념처럼 부조리한 대상이었다. 이런 아이디어는 두뇌를 자극하기는 했지만 부조리한 것으로 인식되어야 했다. 세상에서 실제로 실현할 방법이 없었기 때문이다. 카르다노는 음수를 현실 세계에 있는 어떤 종류의 개체와도 연계할 수 없었기 때문에 '허구의 수'라는 라벨을 붙이고 폐기해버렸다.

그럼에도 볼로냐의 라파엘로 봄벨리Raffaello Bombelli를 비롯한 후계자들은 카르다노가 쓴 골치 아플 정도로 다양한 열세 개의 장에서 흐릿한 통일성을 찾으려는 지난한 노력을 기울였고, 결국에는 양수와 같은(혹은 거의 같은) 실재성의 수준에서 **음수**라는 관념을 받아들이게 되었다. 이를 통해 열세 개의 무리가 우아하게 하나의 무리로 융합되고, 그와 연계된 열세 개의 해법도 단일하고 간결한 해법으로 융합되면서 3차방정식의 해법이 엄청나게 단순해졌다.

이는 인간의 두뇌가 단지 범주를 있는 그대로 활용하는 것이 아니라 **변환**하려는 항구적인 열의를 가지고 있으며, 지적 진전은 개념적 확장에 의존한다는, 앞서 제시한 반복적인 주제를 탁월하게 예시한다. 이 특정 사례에서 음수를 받아들인 것은 **통합에 대한 욕구**에서 기인한 결정이었으며, 이는 대단히 만족스러운 단순화여서 누구도 긴 특수 사례의 목록을 수반하는 이전 단계로 돌아가려 하지 않았다.

그럼에도 음수를 **수** 범주로 받아들이는 것은 즉각적이거나 보편적으로 이루어지지 않았다. 심지어 250년 후에도 영국의 수학자로서 기호논리학의 발전에 중심적인 역할을 한 오거스터스 드 모르간Augustus De Morgan은 1831년에 쓴 책 《수학의 연구와 난제에 대하여On the Study and Difficulties of Mathematics》라는 책에 나오는 다음과 같은 단락이 보여주듯이 여전히 반발했다.

> '8－3'은 쉽게 이해된다. 8에서 3을 빼면 5가 남는다. 하지만 '3－8'은 불가능하다. 이 경우 3에서 3보다 많은 것을 빼야 하는데, 이는 부조리하다. '3－8' 같은 식이 어떤 문제에 대한 해답이라는 것은 그 문제 자체 내지 방정식으로 나타내는 방식에 부조리한 면이 있음을 말해준다.[52]

드 모르간의 논평은 한 일곱 살 소녀가 뺄셈 실수에 관한 실험에 참가했을 때 우리 중 한 명에게 했던 말을 연상시킨다. 그 소녀는 숫자 '3'과 '8'이 있는 줄의 하단에 '0'을 쓴 이유를 이렇게 설명했다. "손에 사탕이 3알 있는데 8알을 먹고 싶다면 가지고 있는 3알을 먹을 거고, 그러면 더 이상 남는 게 없잖아요." 수 세기의 시간과 상당한 세대 차 그리고 엄청난 수학적 지식의 차이에도 불구하고 두 사람의 반응은 여전히 공통된 핵심을 공유한다.

드 모르간은 같은 장의 뒤에서 약간 더 구체적인 사례를 제시하고 다음과 같이 논평한다.

> 아버지는 56세이고 아들은 29세이다. 아버지는 언제 아들 나이의 두 배가 될 것인가?

드 모르간은 이 문장제를 $2(29+x)=56+x$라는 방정식으로 해석한다. 여기서 x는 설명한 시점이 될 때까지 지나야 하는 해의 수이다. 뒤이어 그는 방정식을 풀어서 쉽게 x의 값으로 -2를 구한다. 그러나 그가 보기에 이 결과는 부조리하다. '−2년이 지날 것이다'라는 말은 무슨 뜻일까? '지금부터 −2년'은 무엇을 뜻할 수 있을까? 절대적으로 아무 의미도 없고 어쩌면 그보다 의미가 더 적을 수도 있다! 뒤이어 그는 '아버지가 ~**될 것이다**'라는 단어 뒤에 도사린 함정에 빠지지 말아야 한다고 설명한다. 대신 우리는 x를 나이 차이가 두 배가 된 후 **지난** 연수로 생각해야 한다. 그러면 $2(29+x)=56-x$라는 방정식이 나오며 그 해답은 $x=2$가 된다. 이 해답은 2년 전에 아버지의 나이가 아들의 나이보다 두 배 많았다는 사실에 부합한다.

이 지점에 이르러서야 드 모르간은 '−2년이 지날 것이다'라는 관념은 '2년이 지났다'라는 관념과 동일하다고 인정하면서 흡족해했다. 이처럼 그는 **수치의 값**이 음수일 수 있다는 관념은 수용하지만 **시간의 길이**가 음수일 수 있다는 관념은 수용하지 않는다. 이 모든 사실은 드 모르간이 설령 실제 세계에 적용된다고 생각하지는 않지만 순수 수학 안에 존재하는 음수를 꺼리지 않는다고 생각하게 만든다. 그러나 그는 책의 약간 뒷부분에서 2차방정식을 다룰 때 단일하고 통일된 문제로 간주하지 않고 여섯 개의 다른 무리로 나눈다. (완벽한 카르다노 스타일로) 세 개의 계수가 모두 양수여야 한다고 주장하면서 말이다! 그에 따라 하나의 보편적인 공식이 아니라 **여섯 개의 다른** 2차식 공식이 나온다. 이 모든 일이 카르다노의 시대보다 거의 300년 후에 일어났다!

드 모르간의 거리낌은 유추라는 정신적 힘과 통합에 기초한 미적 조화에 대한 추구로 추동되는 모든 개념의 확장은 점진적이고 주관적인 과정이며, 어떤 영역에서 대단히 통찰력이 뛰어난 사람이라고 해도 어느 정도 시간이 지나면 어린 양처럼 무구하게 보일 특정 확장에 주저할 수 있음을 드러낸다.

앞 장에서 **곱셈은 반복적 덧셈**이라거나 **나눗셈은 분할**이라는 학교교육 초기에 형성된 순진한 유추가 대학생을 비롯한 성인의 추론에 계속 영향을 끼친다는 사실을 확인했다. 또한 이 장에서는 드 모르간처럼 높은 명성을 지닌 수학자도 음수를 수용하고 배척하는 일 사이를 오가면서 **수**라는 개념의 속성에 대해 일관되지 않은 태도를 보인다는 사실을 확인했다. 그가 보기에 조작되는 개체의 정합성은 단어로 표현되는 상황에서 표상하는 내용에 좌우되었다.

현재 음수라는 개념은 상식적인 데다 심지어 밋밋하기도 하다. 이 점은 구체적인 일상 세계가 추상적인 수학 세계와 얼마나 긴밀하게 연계되어 있는지 말해준다. 우리는 모두 영하의 겨울 날씨, 마이너스로 층수가 표시되는 지하 1층과 2층, 마이너스로 표시되며 해당 기업에 빚을 졌다는, 다시 말해서 해당 기업이 당신에게 받을 돈이 있다는 사실을 말해주는 청구서의 금액에 익숙하다. 이렇게 자연스러운 맥락에서 음수를 접한 아이들은 그 포괄적 관념을 어렵지 않게 받아들인다. 이처럼 시간이 지나면 한때 대단히 과감한 지적 통찰이었던 것도 상식적이고 생각이 필요치 않은 습관이 된다.

복잡성의 등장

라파엘로 봄벨리는 (1570년 무렵) 음수라는 존재와 그 실재성을 전적으로 수용한 후 이처럼 이상한 수를 수용한 데서 직접 기인하는 더 커다란 수수께끼와 마주치게 되었다. 문제의 근원은 3차방정식의 해를 구하는 공식이 때로 **음수의 제곱근**을 구하는 일을 필요로 한다는 것이었다. 봄벨리는 부호가 달린 숫자의 곱셈과 관련된 규칙을 최초로 제시한 사람으로 누구보다 그 속성을 잘 이해했다. 그는 두 음수를 곱하면 두 양수를 곱하는 경우처럼 언제나 양의 값이 나오며, 따라서 그 제곱이 음수인 수는 없다는 사실을 이해했다(오늘날에는 그런 '**실수**real number'는 없다고 말할 것이다). 요컨대 모든 제곱은 양수(혹은 제로)이며, 따라서 음수에는 제곱근이 없다.

이 모든 내용은 양호하게 보였지만 문제는 가장 무구한 3차방정식의 해를 구하는 공식에서 음수의 제곱근이 튀어나온다는 것이었다. 가령 '$x^3-15x=4$'

라는 방정식의 해(쉽게 확인할 수 있는 대로 $x=4$가 그중 하나)를 구하는 공식은 (한 번이 아니라 두 번에 걸쳐서) -121의 제곱근, 그러니까 $\sqrt{-121}$이 들어가는 긴 대수식이다. 이처럼 부조리하게 보이는 현상에 직면한다면 어떻게 해야 할까? 그러나 봄벨리는 의혹의 그림자를 뛰어넘어서 이 길고, 흥미로우며, 골치 아픈 대수식이 어쨌든 대단히 친숙하고 아주 실재적인 4라는 숫자를 나타내야 한다는 사실을 알았다.

그는 이 역설을 미묘한 단서로 파악하고 불가사의한 제곱근을 그대로 받아들이는 과감한 단계를 밟아서 (덧셈과 곱셈의 교환성 같은) 산술의 표준 규칙을 활용하여 다른 모든 수처럼 조작했다. 새로운 태도를 취한 그는 수학적 부조리를 구현하는 것처럼 보이기는 했지만 불가사의한 수량인 $\sqrt{-121}$을 두 번 활용하는 해법 공식이 실제로 실수 4처럼 형식적으로 작용한다는 사실을 발견했다. 더 구체적으로 설명하자면 이 이상한 식을 다항식 x^3-15x에 대입했을 때, 즉 형식적으로 세제곱을 한 후 그 결과로부터 15배를 뺐을 때 놀랍게도 -121의 모든 무서운 제곱근이 제곱되어 -121을 남기면서 두려운 송곳니를 잃거나, 쌍으로 상쇄되어 3차방정식의 오른편이 예정한 대로 최종적으로 숫자 4만을 남긴다는 사실이 드러났다. 그래서 봄벨리는 모든 '진정한' 수를 조작하듯이 $\sqrt{-121}$을 조작할 수 있다는 사실을 깨달았으며, 더 친숙한 수와의 이 유사성은 새로운 유사 수quasi-number를 유사 수용quasi-acceptable할 수 있게 해주었다. 이후부터 그는 실제로 어떤 **존재**인지 전혀 모르기는 했지만 음수의 제곱근을 받아들이기 시작했다.

수학자들이 이 불가사의한 식이 여러 측면에서 일반적인 수처럼 작용하고, 사람들을 역설의 수역으로 이끌지 않으며, 게다가 수학의 세계에 대한 집단적인 이해를 풍부하게 만들어준다는 사실에 점차 익숙해지면서 반대의 목소리는 서서히 잦아들었고, 만장일치는 아니었지만 수학계도 문호를 개방했다. 가령 뉴턴과 함께 미적분학을 발명한 고트프리트 빌헬름 폰 라이프니츠Gottfried Wilhelm von Leibniz는 1702년에 데카르트René Descartes가 '허구적'이라고 말한 수에 대해 이렇게 말했다. "해석이라는 경이로운 분야에서 명쾌하고 놀라운 비결이 발견되었다. 이는 존재와 비존재 사이의 어딘가에 자리 잡은 거의 양서류에 가까운 관념 세계의 괴물이다."[53] 또한 복소수 이론의 탄탄한 토대를 마련했다는 점에서 상당한 공을 인정받아야 마땅한 스위스의 천재 레온하르트 오일러는 음수의 제곱근에 대해 "무가 아니며, 무보다 작은 것도 아니어서 허구이고 실로 불가능하다"라고 말했다.

어쨌든 평범하고 뛰어난 지성들의 반대에도 불구하고 허수는 봄벨리의 초기 탐구 이후 두어 세기에 걸쳐 서서히 자리를 잡았다. 이는 대부분 평면의 지점으로 허수를 머릿속에 그리는 방식이 발견된 덕분이었다. 이 발견은 허수의 덧셈과 곱셈이라는 명쾌한 기하학적 해석으로 이어졌다. (이 중요한 진전은 포코니에와 터너가 쓴 《우리가 생각하는 방식》에 생생하게 묘사되어 있다.) 일반적으로 수학에서 기하학적 시각화가 지니는 중요성, 그러니까 기하학적 해석을 자기 모순적이거나 비직관적으로 보이는 개체에 결부하는 일의 중요성은 아무리 강조해도 지나치지 않다. 추상적인 수학적 개체를 수용하는 일은 항상 기하학적으로 머릿속에 그리는 방식이 발견될 때 이루어진다. 이런 덧입힘은 해당 개체를 훨씬 더 타당하게 보이도록 만드는 구체성을 부여한다.

*N*차원 공간

가령 **제곱수**square number라는 개념은 모든 면의 길이가 같고, 따라서 길이를 그 자체에 곱한 것이 면적이 되는 평면 위의 정사각형이라는 기하학적 이미지에서 그 이름을 얻었다. 마찬가지로 **세제곱수**는 원래 물리적 정육면체의 부피, 즉 동일한 세 가지 길이의 곱으로 이해되었다. 그러나 누구도 감히 정육면체의 사례를 넘어서려 하지 않았다. 적어도 그런 수량이 머릿속에서 그릴 수 있는 물체에서 이름을 얻지 않는 한 말이다. 그래서 **기하학적** 해석을 결부하려 하지 않는 한 '5×5×5×5'로 표기되는 산술 연산은 전적으로 양호했다. (이는 앞 장에서 논의한 0과 1 사이의 수로 하는 나눗셈을 연상시킨다. 대다수 사람은 이 연산을 **형식적으로** 실행할 수 있지만 심지어 대학생을 비롯한 성인 중 소수만 이런 연산을 표상하는 현실 세계의 상황을 떠올릴 수 있을 만큼 나눗셈을 명확하게 이해했다.) 네 겹의 곱인 5×5×5×5가 면적이나 부피 같은 어떤 대상을 나타내지만 4차원 공간과 연계되어 있을지 모른다는 유추에 따른 과감한 주장이 제기되었을 때 사람들은 공간의 정의가 지닌 핵심에 위배된다는 생각으로 격렬하게 반발했다. 심지어 19세기 초반까지도 많은 수학자가 이의를 제기했다. 이 사실이 보여주듯이 추상적인 수학적 연산을 이해하기 위해 구체적인 유추에 의존하는 일은 아동이나 비수학자에 국한되지 않는다. 그래서 이런 산술식에 대한 공간적 유사물이 없다는 사실은 **차원**이라는 개념 때문에 19세기가 한참 지나도록 수학자들 사이에서도 3을 넘어 확장되지 못했다.

그러나 일단 분위기가 조성되자, 얼마 지나지 않아 고차원 공간에서 유효한 정리와 친숙한 저차원 공간에서 유효한 정리 사이의 긴밀한 유사성 덕분에 4, 5, 6, 7 등 *N*차원 공간이라는 포괄적 아이디어가 받아들여졌다. 실제로 4차원 공간을 상상하는 최선의 방식 중 하나는 **3**차원 공간을 상상하려고 무진 애를 쓰는 불쌍한 **2**차원적 존재에 자신의 모습을 대입하는 것이다. 그러면 한계에 용감하게 맞서는 이 존재에게서 쉽게 자신의 모습을 볼 수 있다. 또한 우리는 더 큰 한계를 지닌 이 존재처럼 정신적 세계를 넓히기 위해 유추 기술을 활용한다. 그래서 '내게 주어진 한계는 약간 더 정교할 뿐 이 존재에게 주어진 한계와 같아!'라고 생각하고, 이 2차원적 존재가 **그** 한계를 어떻게 초월할지 상상함으로써 **자신의** 한계를 초월하려고 시도한다. 이 장벽이 무너지면 대단히 강력한 유사성이 형성되어 다시 되돌릴 수가 없다. 그래서 판도라의 상자가 열리고, 우리는 4차원에서 5차원으로, 다시 6차원으로 무한대까지 금세 뛰어오른다.

19세기 말에 많은 수학자는 "뭐라고?! **무한한** 수의 차원을 지닌 공간이라고? 허튼소리!"라는 식의 반응을 보였다. 그러나 이런 반발은 이 관념을 자명하게 받아들이는 오늘날의 수학자들을 웃게 만들 뿐이다. 사실 이는 빙산의 일각에 불과하다. 독일 수학자인 게오르크 칸토어Georg Cantor의 연구 이후로 **하나의** 무한대만 있는 것이 아니라 **수많은** 무한대가 존재한다는 사실이 상식이 되었기 때문이다(물론 무한한 수의 다른 무한대가 있다).

가산적으로countably 무한한 수(이는 무한대의 가장 작은 버전으로서 수학자들은 자연수의 집합, 즉 모든 정수의 집합이 지닌 기수라고 말할 것이다)의 차원을 지닌 공간은 '힐베르트 공간Hilbert spaces'으로 불리며, 이론물리학자들이 보기에 양자역학은 이런 공간에서 '살아간다.' 즉 현대 물리학에 따르면 우주는 힐베르트 공간의 수학에 토대를 둔다. 물리적 세계와의 이러한 연관성은 무한 차원 공간이라는 개념에 타당성을 부여한다.

정수 **사이**에는 수많은 다른 수(가령 2분의 1, 17분의 5, 3.14159265358979……)가 존재한다는 사실을 잊지 말도록 하자. 추상적 공간에 관심을 가졌던 19세기 초반의 수학자들, 특히 독일의 펠릭스 하우스도르프Felix Haussdorff는 차원성이라는 개념을 일반화하는 방식을 고안하여 공간이 가령 0.73차원이나 심지어 π차원을 지닌다는 관념을 불러왔다. 이 발견은 이후 폴란드계 프랑스인 수학자인 베노이트 만델브로트Benoît Mandelbrot가 명명한 '프랙탈 대상fractal objects'의 차원성을 특징짓는 데 아주 적합한 것으로 드러났다.

이처럼 풍부한 성격이 드러난 후에는 음수나 허수의 차원을 지닌 공간이 있을 것이라고 쉽게 추정할 수 있다. 그러나 이상하게도 이 관념은 그 매력에도 불구하고 아직 탐구되지 않았으며, 혹은 조금이라도 탐구되었다면 우리가 그 사실을 알지 못한다. 그래도 오늘날의 수학자들이 지닌 태도는 일반화에 무척 치중되어 있어서 이런 관념에 대한 조금의 단서만 있으면 그 용어에 내재된 모든 아름답고 새로운 추상적 세계를 향한 진지한 탐험이 시작될 수 있다.

유추는 어떻게 군Groups을 불러왔는가

−1의 제곱근인 i를 포함함으로써 실수를 풍부하게 만든 것은 큰 진전이었다. 그에 따라 생성되는 2차원 세계, 즉 **복소평면**complex plane이 그 계수가 복소평면에 속하는 수인 모든 다항식은 항상 그 평면 자체 안에 완전한 해의 집합을 가진다는 의미에서 '완전'한 것으로 드러났기 때문이다. 더 정확하게 말하자면 N차수의 모든 복소 다항식은 복소평면에서 정확한 N개의 해를 지닌다. 그래서 빠진 해를 찾아서 그 평면을 넘어설 필요가 없다. 이 시점에서 수학자들이 마침내 수라는 길의 끝에 도착했으며, 더 이상 발견할 것이 없다고 기쁘게 결론 내렸을 것이라고 상상하기 쉽다. 그러나 그렇게 하기에는 도처에서 유추를 하는 두뇌의 성향이 너무나 강하다.

16세기에 이탈리아에서 3차식의 해법이 발견된 일은 유럽 수학자들이 3보다 높은 차수를 지닌 방정식을 푸는 유사한 해법을 찾게 만들었다. 실제로 제롤라모 카르다노 자신이 로도비코 페라리Lodovico Ferrari의 도움을 받아서 4차식, 즉 4차방정식을 풀었다. 'x^4' 같은 표기에 대한 **기하학적** 해석은 없었지만 카르다노에게 $ax^3+bx^2+cx+d=0$과 그보다 긴 사촌인 $ax^4+bx^3+cx^2+dx+e=0$이라는 방정식 사이의 순전히 형식적인 유사성은 대단히 유혹적이어서 풀이에 도전하지 않을 수 없었다. 그래서 카르다노와 페라리는 3차식에 통했던 수단과 유사한 수단을 활용하여 금세 해법을 찾아냈다. 그러나 그들이 발견한 식에는 흥미롭고 놀라운 측면이 잠재되어 있었다.

가장 두드러지는 점은 누구라도 자연스러운(그러나 순진한) 유추를 예측할 수 있도록 만들었지만 어디에도 네제곱근이 없다는 것이었다. 대신 **제곱근**이 나오고, 제곱근 기호 아래에 **또 다른 제곱근**이 나오는 복잡한 식이 있고, 뒤이어 안에 있는 제곱근 기호 아래에 **세제곱근**이 나오는 또 다른 복잡한 식이 있으며, 끝으로 세제곱근 기호 아래에 **또 다른 제곱근**이 나오는 또 다른 긴 식이 있어서 전체적으로 네 겹의 거듭제곱근이 나왔다! 누가 이처럼 흥미롭고 복잡한 중첩 패턴을 예상할 수 있었을까? 왜 제곱근과 세제곱근만 나왔을까? 왜 네제곱근은 없을까? 왜 2개나 3개 혹은 5개 아니면 26개가 아니라 4개의 거듭제곱근이 나왔을까? 왜 가령 '2-2-2-3'이 아니라 '2-2-3-2'라는 순서로 나왔을까? 같은 맥락에서 왜 '3-3-3-2'가 아닐까? 4차방정식을 푸는 식에 나오는 중첩된 거듭제곱근이 지닌 예측할 수 없고 설명할 수 없는 패턴은 *N*차수 다항식을 푸는 포괄적 해법이 어떤 깊은 비밀을 지니고 있음을 암시했다. 그래서 모든 차수의 다항방정식을 푸는 포괄적 해법에 대한 탐구가 시작되었다.

200년 넘게 수많은 수학자가 열심히 노력했는데도 더 높은 차수의 방정식은 말할 것도 없고 5차방정식에도 통하는 것이 없었다. 그러나 18세기 말에 이탈리아계 프랑스 수학자인 조제프 루이 라그랑주Joseph Louis Lagrange가 정확하게 잡아내지는 못했지만 이 실패의 이면에 놓인 미묘한 원인의 속성을 마침내 직감하기 시작했다. 라그랑주는 *N*차수 다항식을 푸는 *N*개의 다른 해법 사이에 대단히 긴밀한 관계가 있음을 확인했다. 이 수들은 동일하지는 않지만 특정 측면에서 구분할 수 없는 방식으로 작용했다. 그래서 마치 쌍둥이처럼 서로 바꾸어도 어떤 영향도 관찰할 수 없을 것 같은 느낌을 주었다. 이 점은 이런 수를 수반하는 새로운 종류의 형식적 대칭이 존재함을 뜻했다. 라그랑주는 어떤 방정식을 푸는 *N*개의 해를 연달아 치환하면서 어떤 일이 벌어지는지 살폈다. 그에 따라 그는 '치환substitutions'론의 문을 열어서 나중에 현대 수학의 핵심 중 하나인 군론theory of groups으로 자리 잡을 분야의 씨를 뿌렸다.

이탈리아의 파올로 루피니Paolo Ruffini와 노르웨이의 닐스 헨리크 아벨Niels Henrik Abel은 라그랑주가 처음 가졌던 치환에 대한 관념을 확장했다. 1799년에 루피니는 사실 거듭제곱근으로, 그러니까 제곱근, 세제곱근, 네제곱근 등으로 5차방정식을 **풀 수 없다**는 사실을 증명했다. 당시에 수학 분야의 목표를 **달성할 수 없다**고 증명하는 것은 거의 전례가 없는 일이었다. 안타깝게도 루피니가 제시한 증명에 포함된 두어 단락에 약간의 결함이 있었으며, 그 이유로 진지하게 받아들이는 동료가 거의 없었다. 아벨은 다시 30년이 지나서야 같은 결과를 담은 (여전히 결함이 없지는 않았지만) 더 완전한 증명을 발표했다. 마침내 1830년에 어린 프랑스 수학자인 에바리스트 갈루아가 거듭제곱근으로 다항식을 풀 수 있거나 풀 수 없는 정확한 조건을 제시하는 논문을 작성함으로써 이 모든 연구에 종지부를 찍었다.

갈루아가 연구한 내용의 중심에는 **대칭군**symmetric group, 그러니까 개체의 유한한 집합(이 경우에는 주어진 다항방정식을 푸는 *N*개의 해)에 대한 모든 순열의 집합이라는 개념이 있다. 가령 이 순열에는 단 두 개의 개체만 치환할 수 있어서($A \leftrightarrow B$) 거울에 얼굴이 비친 것과 유사한 **교환**swaps이 있다. 또한 $A \leftrightarrow B \leftrightarrow C \leftrightarrow D$ 같은 **순환**cycles이 있다. 3단계를 거쳐서 출발점으로 돌아가는 이 순환은 등변 삼각형을 120도 회전시키는 것과 유사하다. 반사하거나 회전시켜도 외양이 변하지 않는 모든 물리적 대상은 일종의 대칭성을 지닌다. 갈루아는 *N*차 다항식을 푸는 모든 *N*개의 해의 집합으로 구성되는 추상적 '대상'이 지닌 대칭이 대단히 중요하다는 사실을 알았다. 갈루아는 이런 연계를 하는 과정에서 물리적 대상의 대칭이라는 관념을 의식적으로 일반화하여 일련의 추상적인 대수적 개체로 확장했다. 주어진 다항식을 푸는 모든 *N*개의 해의 집합에 대한 '반사reflections'와 '회전rotations'은 잇따라 적용할 수 있는 변환으로서 갈루아에게 잇따라 실행할 수 있는 일련의 산술적 계산을 연상시켰다.

이 연상은 곧 탐구의 길에서 갈루아를 이끈 중심적인 유추를 초래했다. 그는 특정 다항식의 해에 대한 다른 모든 순열의 '곱셈표'를 작성한 다음 패턴을 연구하는 일에 나섰다. 가령 그는 가장 일반적인 4차방정식의 경우 4개의 해가 이루는 일군의 대칭이 4개의 구분할 수 없는 대상(*ABCD*, *ABDC*, *ACBD*, …… *DBCA*, *DCAB*, *DCBA*)을 치환하는 모든 다른 방식으로 구성된다는 사실을 알았다. 이때 24개의 순열이 존재하기 때문에 이 무리의 곱셈표는 24개의 줄과 열을 지닌다. 갈루아는 다항방정식의 비밀이 그 순열군의 곱셈표에 숨겨진 패턴에 있을지 모른다고 추정했고, 그 추정이 옳았음을 증명했다.

군groups의 역사는 여기서 말하기에는 너무 길지만 우리에게 중요한 것은 군 자체의 구조가 수학에서 새로운 연구 영역이 되었다는 점이다. 구체적으로 말해서 갈루아는 군 안에 종종 더 작은 군, 즉 '하부군'이 있으며, 하부군 안에 하부하부군subsubgroups이 있다는 사실을 발견했다. 그는 여러 층위에 걸쳐 보석 안에 박힌 보석이 있을 수 있음을 확인했으며, 이는 호기심 많은 어린 지성에게는 엄청난 성찬과 같았다!

갈루아가 선보인 대단히 새로운 관념을 이해하고 받아들인 수학자들은 집단적으로 돌아올 수 없는 다리를 건넜다. 그들은 일반적인 다면체처럼 머릿속에 그릴 수 있는 구체적인 대상에 대한 연구에서 (구체적인 대상의 숨겨진 대칭을 반영하는) 회전군rotation groups 그리고 (추상적인 대상의 숨겨진 대칭을 반영하는) 치환군substitution groups처럼 더 추상적인 개체에 대한 연구로 건너뛰는 도약을 했다. 1827년 무렵 다항방정식을 푸는 해에 대한 순열군의 하부군이 지닌 중첩적 패턴과 주어진 방정식을 거듭제곱근으로 풀 수 있는 가능성 사이의 긴밀한 연관성을 처음으로 이해했을 때 갈루아는 아직 10대였다. 20세기가 진행되면서 군은 봄을 맞은 초원에 핀 야생화처럼 물리학의 모든 분야에서 등장하기 시작했으며, 그에 따라 겨우 스무 살의 나이로 사망한 이 천재의 직관이 지닌 심오한 통찰을 보여주었다.

장과 고리 그리고 N차원 매듭

10대의 갈루아는 친숙한 의미의 덧셈 및 곱셈과 유사한 두 가지 다른 연산을 지닌 군인 **장이론theory of fields**도 고안했다. 이 두 가지 연산을 잇는 핵심 연결 고리는 $a \times (b+c) = a \times b + a \times c$라는 분배 법칙이다. (주: '×'와 '+'라는 기호는 곱셈과 덧셈이라는 일반적인 연산이 아니라 장에 속한 개체에 작용하는 유사한 연산을 가리킨다.) 여기서 우리는 다시 한 번 친숙한 기존 개체(평범한 수)와의 유사성 덕분에 새로운 종류의 개체(분배 법칙으로 연결된 **두** 연산을 지니는 대상의 집합)로 건너뛰는 도약이 이루어지는 것을 보게 된다. 모든 장에서 가장 친숙한 것은 실수의 무한한 집합이며, 유리수(실수의 부분집합)가 더 작지만 여전히 무한한 또 다른 사례를 제공한다. 그러나 정수 같은 특정한 다른 친숙한 수의 집합은 장이 아니다. 나눗셈을 하면 집합 밖으로 벗어나게 되기 때문이다(가령 3분의 2는 정수가 아니다).

순전히 미적 감각에 이끌린 갈루아는 문득 새로운 유추적 도약을 이루었다. 그는 장이 얼마 전에 고안한 대칭군처럼 무한한 수의 요소를 가질 필요가 없다는 사실을 확인했다. 그래서 일곱 개의 요소를 지니는 장으로서 0에서 6에 이르는 정수의 집합처럼 유한한 장도 있을 수 있었다. 이때 두 요소, m과 n의 '합'은 $m+n$의 일반적인 합을 7로 나눈 나머지로 정의된다. 그래서 $4+5$는 9가 아니라 그냥 2가 되며, 마찬가지로 4×5는 20이 아니라 그냥 6이 된다(이런 연산을 가리키는 표준 용어는 '모듈로modulo 7 덧셈 및 곱셈'이다).

무한하든 유한하든 간에 모든 장에서 다항식을 기술하고 그 해를 구할 수 있다. 이 새로운 세계에서 '실재적' 다항식과 연계하여 앞서 논의한 모든 자연스러운 질문이 다시 한 번 제기된다. 실수의 장과 마찬가지로 해당하는 장 안에 아무 해도 없는 다항식이 있을 수 있다. 열일곱 살 갈루아는 놀라운 상상력을 발휘하여 고전적인 실수의 장에서 해가 없는 $x^2+1=0$이라는 3차방정식을 풀었던 고전적인 '허구적' 수, i를 본뜬 하나 이상의 '허구적' 요소를 더함으로써 이처럼 해가 없는 장을 풍요롭게 만들 수 있을 것이라고 판단했다.

어린 갈루아가 꿈꾸었던 내용은 더 큰 추상 개념으로 계속 이끄는 특징을 지닌 새로운 스타일의 수학으로 가는 문을 열었다. 가령 우리는 2, 3, 5, 7, 11, 13, 17, 19……로 이어지는 소수의 집합이라는 친숙한 현상에서 가장 핵심적인 정수, 가장 깊은 골자를 파악하려 할 수 있다. 이때 우리는 덜 친숙한 다른 구조에서 그 핵심을 찾으려 애쓴다. a와 b가 일반적인 정수인 가운데 $a+bi$라는 형태를 지니는 복소수이며, 자신과 1 외에는 다른 제수가 없다는 근본적인 속성을 고전적인 소수와 공유하는 '가우스 소수Gaussian primes'가 좋은 사례다. 이처럼 일반화된 소수에 대한 연구는 현대 수학의 풍부한 광맥이다.

갈루아가 비극적인 죽음을 맞은 지 얼마 지나지 않아 수학자들은 장과 비슷하지만 그 안에서 나눗셈이 항상 가능하지는 않은 새로운 종류의 대수적 구조를 고안했다. '고리rings'로 불리는 이 새로운 구조의 이면에 있는 관념은 유리수로 구성된 고전적 장에서 정수가 수행하는 역할을 하는 특수한 부분집합을 모든 장이 가져야 한다는 매력적인, 실로 거의 억누를 수 없는 유추에서 나왔다. 어떤 유리수든 항상 다른 유리수로 나누어서 세 번째 유리수를 얻을 수 있지만 정수의 경우는 그렇지 않다. 가령 5를 3으로 나누면 다른 정수가 나오지 않는다. 마찬가지로 고리 안에서 임의의 두 요소를 나누는 일이 항상 가능하지는 않다. 그래서 어떤 구체적 고리가 주어졌을 때 그 '소수', 즉 자신과 1을 제외한 어떤 요소의 곱도 아닌 개체의 집합을 상상할 수 있다. 고리에 속하는 소수 요소에 대한 연구는 19세기 후반에 많은 연구자를 끌어들여서 갈수록 추상적으로 변하며, 갈수록 '실제 삶'에서 멀어지는 것처럼 보이는 구조와 현상을 정의하게 만들었다. 그러나 수십 년 혹은 수 세기 후에 이 초추상적인ultra-abstract 현상 중 다수는 물리적 우주를 관장하는 법칙과 깊이 연관되어 있음이 드러났으며, 그래서 결국에는 어느 모로 보나 모두가 학교에서 배우는 친숙한 수학적 개념만큼 실질적임이 드러났다.

군에 대한 연구가 좋은 사례다. 갈루아는 특정한 특수 조건 아래서 군이 부분집합 중 하나로 '나뉠'(물론 우리가 말하는 것은 나눗셈이라는 친숙한 산술적 개념이 아니라 훨씬 더 추상적인 유사물, 즉 4장에서 사용한 용어를 빌리자면 **미표지된** 의미의 나눗셈이다) 수 있다는 사실을 확인했다. 이 과정은 '인자군quotient group'이라고 부르는 것을 초래한다.

갈루아가 실행한 새로운 종류의 추상적 나눗셈이 어떤 것인지 어느 정도 감을 잡기 위해 모든 층이 동일한 100층짜리 고층 건물을 상상해보라. 이제 우리는 그 층 중 하나로 이 건물을 '나누기를' 원한다. 우리가 얻을 것은 골격만 남은 고층 건물, 더는 100개의 층이 아니라 그저 100개의 점만을 가지는 크고 수직적인 구조이다. **그렇다Et voilà!** 이 추상적 구조는 원래의 고층 건물을 일반적인 층으로 '나눈' 결과인 '인자 고층 건물'이다. 고층 건물의 세계에서 훨씬 더 추상적인 군의 세계로 돌아가는 이처럼 고차원적인 개념의 나눗셈을 실행할 수 있다면 군을 부분집합 중 하나로 '나누는' 것이 어떤 것인지 어느 정도 감을 잡을 수 있을 것이다. 부분집합을 통한 이 나눗셈 과정은 마침내 원래 군에 해당하는 일련의 '소인수prime factors'를 얻을 때까지 반복할 수 있다. 그래서 우리는 **인수분해**와 **소수**라는 친숙한 개념이나 적어도 이제는 이 추상적이고 간결한 맥락에서 예시된 대단히 증류된 핵심으로 다시 이끌리게 된다.

1736년에 레온하르트 오일러가 선보였으며, 이후 연구자 수천 명이 심오하게 발전시킨 매듭 이론theory of knots은 유추를 통해 추상 개념으로 떠밀리는 이런 종류의 현상에 대한 또 다른 좋은 사례를 제시한다. 특정 시점에서 **인수분해**라는 개념은 매듭의 세계로 확장되었으며(그리고 여기서 말하는 매듭은 실제로 이번만은 대단히 구체적인 관념인 줄에 생긴 매듭을 뜻한다), 이는 복잡한 매듭이 더 단순한 두 매듭의 '곱'으로 간주될 수 있음을 뜻한다. 이처럼 복잡한 매듭을 갈수록 단순한 매듭으로 환원하는 과정은 자연스럽게 **소素**매듭이라는 관념으로 이어진다. 그러나 이 관념은 제기되자마자 불가피하게 *N*차원 공간을 금지하는 비가시적 매듭으로 일반화되었으며, 이처럼 고도로 추상화된 험한 세계에서 생존할 수 있는 소수의 강한 사람을 제외하면 누구도 전혀 상상할 수 없는 대상이 되었다.

우리가 증명하려고 애쓴 대로 현대 수학에는 갈수록 더 추상적인 관념으로 나아가려는 쉼 없는 압력이 구석구석 스며들어 있지만 불행하게도 이 압력의 편재성과 강도를 일반인에게 전달하는 것은 거의 불가능하다. 수학적 추상화의 **작동 방식modus operandi**은 위에서 설명한 것과 거의 비슷하다. 즉 '친숙한'(그러니까 노련한 수학자에게는 친숙하지만 외부자에게는 완전히 낯선) 관념에서 출발하여 그 핵심을 증류한 다음 다른 수학 영역에서 같은 핵심을 공유하는 대상을 찾는다. 추상화로 가는 대안적 경로는 다른 영역에 속하는 두 구조 사이의 유사성을 인식한 다음 공통된 추상적 구조에 주목하는 일을 수반한다. 그러면 이 새로운 추상 개념은 연구할 수 있는 '구체적인' 개념이 되고, 이 일은 누군가 종착지에 이르기에는 아직 한참 멀었으며, 새로운 개념을 방금 설명한 두 가지 방식 중 하나로 더 일반화할 수 있다는 사실을 깨달을 때까지 계속된다. 끝없이 말이다.

기계적인 수학적 조작: 또 다른 유추의 결실

수학의 세계를 떠나기 전에 수학식을 조작하는 표준적인 기법의 활용에 대해 언급하고자 한다. 가령 카르다노가 부호를 바꾸려고 방정식의 다른 편으로 항을 옮긴 것을 살펴보자. 이는 현재 학생들이 기초 대수학 시간에 배우는 일반적인 전략 내지 기법이다. 가령 우리는 $3x-7=x+3$이라는 방정식을 풀기 위해 변수 'x'를 방정식의 오른편에서 왼편으로 옮기면서 부호를 바꾸고, (마찬가지로) 숫자 -7을 왼편에서 오른편으로 옮기면서 부호를 바꾼다. 그 결과로 $2x=10$이라는 방정식이 나오며, 여기서 양편을 2로 나누면 $x=5$라는 해를 얻는다. 그러나 이처럼 관례적인 대수적 연산은 도대체 유추 작용과 어느 정도 관련이 있을까?

상당히 많은 관련이 있다! 이런 연산은 책상에 놓인 물건을 보고 머릿속으로 '문진a paperweight'이라고 부르는 지각 행동과 마찬가지로 창의성 범주의 하단에 자리 잡은 유추에서 기인한다. 대상을 인식하고 라벨을 붙이려면 기억이 효율적으로 정리되어 새로운 경험이 유추를 통해 오랜 경험에 결부된 언어 라벨을 환기하게 만들어야 한다. 이런 라벨은 자명해 보이기 때문에 단지 우리가 상황에 속한 항목들에 대한 **본질적intrinsic** 라벨이 명시적으로 떠오르도록 기계적으로 허용할 뿐이라는 착각에 쉽게 빠질 수 있다.

관례적인 수학적 상황에서도 같은 착각을 일으킬 수 있다. 새로운 수학적 상황에 처했을 때 기억된 특정한 표준적 기법이 필요하다는 인식은 표준적인 언어 라벨이나 미리 준비된 행동이 필요한 새로운 상황에 처했다는 일상적인 인식과 비슷하다. $3x-7=x+3$이라는 방정식이 두 항을 다른 편으로 옮기는 일

(그리고 부호를 바꾸는 일)을 필요로 한다고 인식하는 것, 뒤이어 그 결과인 방정식, $2x=10$이 양편을 2로 나누는 일을 필요로 한다는 인식은 원칙적으로 여행가방이 들어올려질 것을 '필요로 하거나'(6장에서 정의한 '행동유도성'), 특정 상황이 망치로 벽에 못을 박는 일을 필요로 한다는 인식과 다르지 않다.

방금 언급한 사례처럼 대수방정식을 조작하는 온갖 종류의 표준화된 기법이 있다. 실제로 수학에는 모든 층위의 추상화에 속하는 관례적인 기법들이 많이 있다. 그중에는 기본적으로 X라는 관념이 참임을 증명하고자 할 경우 X의 반대가 참이라고 추정하고, 이 추정이 부조리(더 구체적으로는 자기모순)로 이어진다면 X가 참이어야 한다고 말하는 **귀류법**reductio ad absurdum이라는 유명한 스키마 같은 다양한 규격화된 논리적 주장이 있다. 이런 추론 방식은 모든 수학자의 도구 상자에 들어 있는 표준적이고 자주 사용되는 요소다. 마찬가지로 산술에서 적분을 하는 많은 표준적인 기법 중 하나는 '삼각치환trigonometric substitutions'을 하는 것이다. 우리는 특정 상황이 이런 치환을 필요로 한다는 '냄새'를 맡으며, 그에 따라 치환을 실행한다. 그러나 이것이 마침내 해법과 같은 질quality을 얻는다고 해서 유추 작용의 사례에 해당하지 않는 것은 아니다. 충분한 수학적 경험을 쌓으면 항상 사용하는 정형화된 조작이 오래전에 기억에 저장되기 때문이다. 그러면 상황을 효율적으로 범주화하는 능력 덕분에 이 수학적 기법이 '자동적으로', 그러니까 유추가 아무 역할도 하지 않는 것처럼 대단히 수월하게 환기된다. 그러나 이는 단지 책상의 문진이 유추 작용 능력과 무관하게 '문진'이라는 라벨을 환기한다고 말하는 것과 같은 착각일 뿐이다.

모노폴리 내지 그와 유사한 게임을 얼마나 많이 했는가? 아마도 아주 많이 했을 것이다. 물론 당신이 지금 모노폴리를 플레이하는 방식은 이전에 플레이한 모든 경험에 부합하며, 실제로 거기서 기인한다. 당신은 땅이나 철도, 주택, 호텔을 사는 위험을 편하게 감수할 때를 알고, 너무 위험한 때를 안다. 이런 결정은 수학자의 세계보다 훨씬 더 구체적인 세계에서 이루어지지만 주어진 상황에서 특정 기법을 사용할지에 대한 수학자의 결정과 많은 공통점을 지닌다. 기법을 탐구하다 보면 소중한 시간과 노력을 많이 낭비할 수 있지만 결국에는 보상을 얻을 수도 있다. 다만 그럴 가치가 있을까? 그것은 전적으로 낯설고 모호한 새로운 상황이 경험 많은 수학자에게 어떤 '냄새'를 풍기느냐에 달려 있다. 이는 오랜 경험과 서서히 정제된 범주의 목록을 구축하는 일에서만 얻을 수 있는 미묘한 자질이다. 또한 모노폴리의 경우와 마찬가지로 수학에서도 그러하다.

어느 날 수학을 전공하는 대학원생 두 명이 수론number theory에서 풀리지 않은 유명한 문제를 두고 논쟁을 벌였다. 한 명은 대단히 모호하고 불가사의한 소수의 분포가 그 문제에서 핵심적인 역할을 하는 것이 틀림없다고 주장했고, 다른 한 명은 **그것**은 전혀 관계가 없다고 주장했다. 그러나 두 사람 모두 이 까다로운 문제를 푸는 데 몇 년을 바칠 생각은 없었다. 그래서 무엇이 핵심적이고 무엇이 무관한지를 놓고 벌어진 의견 충돌은 의미 없는 한가한 말싸움에 불과했다. 그러나 훗날 두 사람이 스스로 이 문제에 도전하기로 결정한다면 그 속성에 대한 상충하는 직감은 연구 방향에 중대한 영향을 미칠 것이다. 그래서 누구든 문제의 진정한 요지에 대한 '냄새'를 맡은 사람이 다른 사람보다 훨씬 유망한 경로를 따르게 될 것이다. 그렇다면 무엇이 이처럼 (옳든 그르든) 성패를 좌우하는 강력한 직감을 부여하는 것일까?

수학 분야에서 이루어지는 유추는 폭넓은 범위의 정교성을 지닌다. 이 스펙트럼의 하단에는 지금까지 우리가 논의한 것과 같은 표준적이고 틀에 박힌 해법에 대한 환기가 있다. 상단에는 **허수**라는 관념을 유한체finite fields의 영역으로 끌어들이거나, 대단히 추상적인 구조에서 소수(혹은 소매듭!)를 찾는 것처럼 위대한 수학자가 보인 천재적인 영감이 있다. 수학은 때로 그저 기호 조작 놀이처럼 보이지만 가장 기계적으로 보이는 기호 조작조차 유추에 의존한다는 사실을 깨닫는 것이 중요하다.

요컨대 수학은 기억에 저장된 더없이 밋밋한 기호 변환 해법에서 추상적인 관념에 대한 현기증 나는 일반화까지 스펙트럼의 모든 지점에 걸쳐서 유추를 수반한다. 앞 절에서 우리는 수학에서 이루어지는 상당히 정교한 유추를 집중적으로 살폈다. 이 장은 주로 과학적 창의성과 '발견성discoverativity'의 이면에 놓인 것을 다루기 때문이다. 사람들이 처음에는 하찮은 기호 조작 해법에 유추적 사고가 필요하다는 사실을 보지 못하는 것은 충분히 이해할 수 있지만, 그 이유는 오직 부지불식간에 유추 작용 자체에 따른 순진한 고정관념에 이끌렸기 때문이다. 그러나 이 아이러니한 사실은 당연한 것이다. 결국 사람들은 단어와 구절을 환기시키는 사소해 보이는 행동이 유추 작용을 얼마나 많이 수반하는지 처음에는 거의 깨닫지 못하기 때문이다. 그러나 이런 관념은 일단 익숙해지면 자명해진다. 또한 같은 관념이 수학에서 흔히 쓰이는 기법에도 적용된다.

물리학과 논리적 사고

이제부터는 수학에서 물리학으로 초점을 옮길 것이다. 만화에는 종종 머리가 흐트러진 물리학자가 방정식과 난해한 기호로 가득한 칠판 앞에 서 있는 모습이 나온다. 이런 이미지는 모든 물리학자의 전형적인 사고 과정이 수학 법칙에 따라 기호를 조작하는 일로 구성된다는 것을 암시한다. 고등학교와 대학교의 물리 수업도 자기장, 운동에너지, 각운동량angular momentum처럼 복잡하고 모호한 온갖 개념을 위한 정확한 공식을 넘치도록 제시하면서 이런 관점을 강화한다. 물론 이 모든 공식은 완벽하게 정확하지만 그럼에도 우리를 오도할 수 있다. 물리학이 소수의 기본적인 원칙에서 출발하는 공리적 학문으로서 엄격한 논리를 활용하여 역학, 열역학, 전자기학, 파동이론 등과 관련된 모든 핵심적인 결과를 연역해낸다는 인상을 줄 수 있기 때문이다. 이는 대중과 지식인 그리고 상당수 물리학자들이 물리학에서 이루어지는 연구에 대해 지닌 표준적인 이미지이지만 결국에는 미신이다.

물리학자들이 쓴 많은 교과서가 물리학을 순전히 연역적인 학문으로 묘사하지만 다른 많은 물리학자들은 이런 이미지를 실질적으로 거스른다. 또한 일부 정상급 물리학자들은 심지어 가장 중요한 발견으로 이끌었던 사고 경로를 설명하려고 시도하기까지 했다. 그들은 모두 자신에게 떠오른 유추, 방금 발견한 신선하고 탐구되지 않은 물리 현상과 더 오래되고, 잘 탐구되고, 명확하게 이해된 물리 현상을 잇는 유추에 대한 이야기를 한다.

그렇다면 뛰어난 물리학자와 평범한 물리학자의 차이가 그들 각자가 기꺼이 실행하는 유추의 엉뚱하고 기이한 정도와 관련이 있을까? 물리학의 천재는 다른 물리학자들은 그저 웃어넘기는 작은 증거를 토대로 삼아서 의도적으로 동떨어진 개념 사이의 이상하고 무리한 유사성을 탐구하는 일에 나서는 사람, 조금이라도 관계가 있다고 누구도 상상치 않은 개념들을 연결하는 믿기 어려울 정도로 먼 상상력의 도약을 시도하는 사람일까? 반대로 평범한 물리학자는 바로 지척에 있는 관념의 작은 동네만 탐구하고, 과감한 지적 도약을 할 생각을 전혀 하지 않는 소심한 사람일까?

이렇게 천재성과 평범성을 비교하는 이미지는 어떤 측면에서 매력적이기는 하지만 우리의 시각은 아니다. 천재는 의도적으로 아련하고 불가사의한 어떤 새로운 현상과 개념적으로 거리가 멀고 관련이 없는 것처럼 보이는 어떤 오랜 현상을 잇는 엉뚱한 유추를 한다는 목표를 가지고 출발하지 않는다. 단지 깊은 주의를 기울일 가치가 있다고 생각하는 혼란스러운 상황에 강하게 집중하고, 세심하게 주위를 살피고, 온갖 각도에서 바라보며, 운이 좋다면 불가사의한 새 현상이 미묘하고 암시적인 방식으로 이전에 알려진 유사한 현상을 연상시키는 시점을 찾아낸다. 천재는 이런 수렴 과정을 통해 현상이 지닌 놀랍고 새로운 핵심을 보게 된다. 이는 고도의 인식이자 유추를 통한 발견이다.

아인슈타인, 탁월한 유추자

오래전에 물리학 박사 학위를 땄으며, 언제나 이 분야에서 이루어지는 발견의 경로에 매료되었던 더글러스 호프스태터는 몇 년 전에 물리학에서 유추의 역할을 다루는 강의를 개발하기로 결심했다. 그는 강의를 준비하기 훨씬 전부터 '물리학에서 이루어지는 유추의 편재성'이라는 제목을 충동적으로 선택했다. 그래서 해당 주제를 본격적으로 조사했을 때 물리학의 각 분야가 실제로 더 바랄 나위 없이 유추로 가득하다는 사실을 발견하고 크게 안도했다. 게다가 지난 세 세기 동안 이루어진 거의 모든 위대한 발견의 핵심에는 중대하고 결정적인 유추가 있었다. 다음은 그 목록에 포함되는 몇 가지 사례다.

- 중력 퍼텐셜gravitational potential: 언덕과 유사함 – 라그랑주와 라플라스, 1770
- 전위electric potential: 중력 퍼텐셜과 유사함 – 푸아송, 1811
- 자위magnetic potential: 전위와 유사함 – 맥스웰, 1855
- 4차원 시공: 3차원 공간과 유사함 – 민코프스키, 1907
- 파동으로서 전자: 입자로서 광자와 유사함 – 드브로이, 1924
- 양자역학적 행렬: 푸리에 급수와 유사함 – 하이젠베르크, 1925
- 양자역학적 파동: 고전적 파동과 유사함 – 슈뢰딩거, 1926
- 양자 교환자commutators: 고전적 푸아송 괄호Poisson brackets와 유사함 – 디랙, 1927
- 연관 입자의 '아이소스핀isospin': 양자 스핀 상태와 유사함 – 하이젠베르크, 1936
- 약한 핵력: 전자기력과 유사함 – 페르미, 1931
- 강한 핵력: 전자기력과 유사함 – 유카와, 1934
- 벡터 보존vector bosons: 광자와 유사함 – 양과 밀스, 1954

그래서 뉴턴, 맥스웰, 디랙, 하이젠베르크, 페르미를 비롯한 위대한 물리학자가 마련한 거의 모든 돌파구는 직관적으로 '감지한' 하나 이상의 유추를 통해 얻은 결실로 보였다. 실로 미리 정한 제목이 가능하다고 생각한 것보다 훨씬 강력하게 검증된 듯했다. 그러나 흥미롭게도 그는 의도적으로 아인슈타인의 연구를 살피지 않았다. 아인슈타인의 천재성은 너무나 심오해서 '평범한 천재들'이 실행한 비이성적인 도약이 전혀 필요 없으며, 그는 혁신적인 관념에 이르기 위해 가장 순수한 논리적 추론에만 의존했을 것이라는 생각 때문이었다. 아인슈타인의 탁월하고 깊은 사고 스타일이 강연의 논지를 약화시킬 수도 있었을까?

마침 몇 년 후 그는 아인슈타인이 다섯 편의 독보적인 논문을 연달아 발표하면서 물리학에 혁신을 일으킨 해이기 때문에 '**경이의 해**annus mirabilis'로 불리는 1905년의 100주년을 기념하는 학회에 초청을 받았다. 그는 이 특별한 기회를 맞아 문제에 정면으로 도전하여 적어도 소수의 유추를 찾을 것이라는 희망을 품고 아인슈타인의 사고가 지나간 경로를 면밀하게 살피기로 결심했다. 그리고 **이상한 일이지만**mirabile dictu 그로서는 크게 안심이 되는 결과가 나왔다. 아인슈타인의 사고 과정에서 다른 모든 물리학자의 경우만큼 풍부한 유추를 발견한 것이다.

다만 단 하나의 차이가 있었다. 즉 처음에는 두 현상 사이의 불안한 유추적 도약으로 보였던 것이 수년이 지난 후 그때까지 완전히 별개라고 여겨졌던 두 현상 사이의 통합으로 드러나는 일이 잦았다. 그래서 거듭 두 대상은 사실 한 가지 대상인 것으로 드러났다. 아인슈타인은 항상 처음부터 단순한 **유사성**이 아니라 **동일성**을 발견한 것일까? 사실은 그렇지 않다. 심지어 아인슈타인의 천재성은 두 가지 물리적 현상이 **연관**되었다는 새로운 직감, 새로운 유추가 나중에 두 현상을 완전히 **통합**할 것이라는 사실도 예견하지 못했다. 그가 보기에는 자신이 단지 시간의 흐름에 따라 그 결과가 펼쳐질 유망한 유추를 제공할 따름이었다. 다만 그의 경우에는 통합이 대단히 자주 일어났다. 그래서 이것이 그가 지닌 사고 스타일의 두드러진 속성 중 하나라고 말할 수밖에 없다. 반면 대다수 다른 물리학자들은 현상 사이에 존재하는 유사성의 유익한 네트워크를 드러내기는 하지만 깊은 통합으로 이어지지는 않는 유추를 한다.

(캐리커처 유추를 통해) 이 점을 약간 더 구체적으로 밝히기 위해, 수 세기 전에 한 화학자가 석탄과 다이아몬드 사이에 존재하는 여러 유사한 속성을 관찰한 후 완전히 다르게 보이는 두 물질이 일종의 숨겨진 유사성으로 연결되었다

는 엉뚱한 주장을 했다고 가정하자. 어느 날 다이아몬드와 석탄이 단일한 화학 성분, 즉 탄소가 단지 겉으로만 다른 형태를 지닌 것에 불과하다는 사실을 안다면 얼마나 커다란 흥분에 휩싸일까!

아인슈타인의 저급 유추와 고급 유추

아인슈타인의 웅대한 유추라는 기차에 올라타기 전에 아인슈타인이 유추를 하기 위해 의존한 것이 전적으로 가장 높고 고상한 과학적 상상력의 발현만은 아니었다는 점을 밝혀두고 싶다. 아인슈타인은 모든 인간처럼 아주 사소한 정신적 연결까지 내려가는 수많은 층위에 걸친 유추를 통해 주위를 둘러싼 세상을 인식했다.

아인슈타인이 한 유추의 비교적 명백한 사례는 말년에 쓴 회고록에 나온다. 10대 시절에 수학자가 되지 않기로 결정한 이유를 설명하는 대목이다. "수학은 각각 우리에게 주어진 짧은 생애를 흡수할 수많은 전문 분야로 나뉜다. 그래서 나는 어느 쪽 건초를 먹을지 결정하지 못하는 뷔리당의 당나귀Buridan's ass 같은 처지가 된 내 모습을 보았다."[54] 이 이미지는 재미있다. 특히 아인슈타인이 자신을 배가 고프지만 주위에 먹고 싶은 것들이 많아서 혼란스러운 나머지 어느 것을 먹을지 결정하지 못하다가 결국 굶어 죽는 당나귀에 비교한다는 점에 주목하면 더욱 그렇다. 이 유추는 나쁘지 않으며, 사실 매력적이지만 분명히 아인슈타인이어야 할 수 있는 것은 아니다.

또한 이 문장에는 눈에 띄지 않은 채 숨어 있는 더 작고 소박한 유추가 있다. 한 가지만 들자면 아인슈타인은 수학의 각 전문 분야가 한 사람의 짧은 생애를 '흡수할absorbing' 수 있다고 묘사했다. 모든 독자는 한 전문가의 삶이 방대한 지식 분야를 통달할 필요성에 완전히 '빨려 들어가거나', '잡아먹히거나', '삼켜지는' 이미지를 수월하게 떠올릴 것이다. 거의 분명히 아인슈타인은 오랜 언어적 숙고를 통해서가 아니라 우리가 글을 쓰거나 말을 할 때 이루어지는 대다수 단어 선택이 그렇듯이 무심코 그리고 본능적으로 이 동사를 선택했을 것이다. 이 밖에도 아인슈타인이 쓴 글에서 비슷한 풍미를 지닌 다른 많은 단어 선택을 지적할 수 있다. 가령 "나는 겨우 열세 살 때 모차르트의 소나타와 사랑에 빠진 후 바이올린을 본격적으로 배우기 시작했다"라는 문장에 나오는 '사랑에 빠지다'라는 동사가 있다.

요점은 글을 쓰든 말을 하든 그냥 생각하든 간에 아인슈타인의 **모든** 단어 선택이 다른 사람들의 경우와 마찬가지로 수많은 작고 덧없는 유추에서 나온 결실이라는 것이다. 아인슈타인이 신발을 볼 때마다 'Schuh'라는 단어(혹은 미국으로 이주한 후에는 'shoe'라는 영어 단어)가, 혹은 누군가 거리를 걸어가는 모습을 볼 때마다 'walk'라는 단어가 머릿속에 떠올랐다. 어느 경우든 그는 현재 지각한 대상과 우리처럼 평생에 걸쳐 숱하게 실행한 유추를 통해 기억 속에 구축한 구조물 사이에 유추적 다리를 놓았다.

물론 이처럼 사소하고 일상적인 아인슈타인의 유추는 '세상을 뒤흔든 유추'와 거리가 한참 멀며, 위대한 아인슈타인이 한 유추를 주로 다룬다고 내세운 장이 "오래된 구두가 어디 있지?"나 "저것 봐, 내 오랜 친구인 괴델이 집으로 걸어가고 있어"처럼 전혀 특별하지 않은 말을 하는 경우만 논의한다면 독자들은 말하자면 가짜 상품을 샀다는 기분을 느껴도 무방할 것이다. 그러나 우리는 위대한 아인슈타인의 생각조차 그가 살아가도록 해준 소박하고 즉흥적이며 평범한 유추로 가득하다는 사실을 언급하는 것이 중요하다고 느꼈다. 다만 지금부터 우리가 말하는 '아인슈타인의 유추'는 수백만 개의 사소한 유추가 아니라 10여 개의 **위대한** 유추에 해당한다. 이 점을 정리했으니 바로 본경기로 들어가도록 하자.

기이한 '수영장 당구대Swimming Pool Table' 유추가 광양자를 발산하다

19세기 말엽에 물리학 분야의 커다란 수수께끼 중 하나는 유명한 '흑체 스펙트럼blackbody spectrum'이었다. **스펙트럼**이 다수의 파동으로 전달되는 에너지가 각각의 다른 파장과 연계되는 비율을 보여주는 그래프라면, **흑체**는 벽이 정해진 온도로 유지되고, 벽에 부딪혀서 물결이 수영장의 표면을 교차하듯이 빈 공간, 즉 진공 속에서 교차하는 전자기파로 가득한 구멍으로 생각할 수 있다. 가장 친숙한 유형의 전자기파는 무지개의 모든 색을 포함하는 가시광선이지만 자외선, 적외선, 엑스선, 감마선, 마이크로파, 전파 등도 이 개념에 포함된다. 그래서 **흑체**의 핵심은 물결이 수영장 벽에서 튕겨 나오듯이 구멍의 벽에서 계속 튕겨 나오는 여러 파장을 지닌 전자기파들의 공현존co-presence에 있다.

흑체와 수영장 사이의 이 유추는 사실 우리에게 대단히 유용하다. 결혼반지, 볼링공, 그랜드피아노 같은 물체를 수영장으로 던져 넣으면 다양한 파장을 지닌 원형의 파동이 형성되어 수영장 벽에 튕겨 나올 것이다. 거칠게 말해서 물체가 가벼울수록 파동이 (진폭 내지 높이 그리고 파장 면에서 모두) 더 얌전해진다. 물리학자는 "물에 던져진 물체의 부피를 감안할 때 그것이 일으키는 파동의 주파장은 무엇일까?"라는 의문을 제기할 수 있다. 같은 맥락이지만 더 정교한 질문은 "물에 던져진 물체의 부피와 특정 파장을 고려할 때 해당 파장에서 파동은 동요하는 물이 지닌 전체 에너지 중 얼마를 가질까?"이다. 이 경우 우리는 물에 던져지는 각각의 다른 물체에 대하여 수영장에서 주가 되는 구체적 파장이 있을 것이며, 더 길거나 더 짧은 파장을 지닌 파동은 거의 촉발되지 않을 것이라고 쉽게 상상한다. 다른 파장에 걸친 에너지 분포를 보여주는 그래프는 해당 수영장에서 생성되는 파동의 스펙트럼을 구성한다.

수영장의 물처럼 상하로 혹은 앞뒤로 움직이는 만질 수 있는 매질이 없다는 점을 제외하면 흑체에도 거의 같은 내용이 적용된다. 전자기파가 언제나 서로 교차하면서 가로지르는 진공은 '진공'이라는 단어의 정의대로 (고체든, 액체든, 기체든) 어떤 물질도 내포하지 않는다. 파동 자체가 유령 같은 개체로서 시공간을 오가며, 하전입자charged particles를 움직일 수 있는 전기장 및 자기장으로 구성된다. 그래서 전자기파는 동요하는 중력장과 아주 비슷해서 빈 공간에 스며들며, 공간의 모든 지점에서 지니는 값이 '파동방정식' 내지 일련의 연관된 방정식, 이 경우에는 1860년대 초에 발견된 맥스웰의 방정식에 따라 변한다.

흑체의 온도는 우리의 유추에 따르면 표면에 파동을 일으키는 수영장에 던져진 물체의 크기에 해당한다. 흑체의 벽이 뜨겁게 유지될수록 구멍에 더 많은 전자기적 에너지가 존재하며, 놀랍게도 파장이 짧을수록 파동은 주파장이 된다. 이 점은 수영장 유추에 기초한 추측에 반하기 때문에 반직관적으로 보인다. 결국 수영장에 던져진 소파는 아주 긴 파장을 지닌 물결을 만들고, 조약돌은 짧은 파장을 지닌 파동을 만든다. 그러나 물-물결 상황과 충돌하는 부분은 걱정하지 않아도 된다. 당시 물리학자들은 흑체복사에서 일어나는 이 현상을 잘 알았다. 그들은 수차례에 걸친 신중한 실험을 통해 검증된 흑체 스펙트럼이 보여주는 종곡선 형태의 그래프에 아주 익숙했다. 단지 그 형태를 일관되게 설명하지 못했을 뿐이다.

알려진 대로 1900년에 독일 물리학자인 막스 플랑크Max Planck는 모든 주어진 온도에서 실험을 통해 발견한 흑체 스펙트럼의 그래프를 정확하게 재생하는 명쾌한 수학적 공식을 발견했다. 그러나 처음에 그는 이 공식을 정당화하지 못했다. 그것은 마치 그가 모자에서 꺼낸 토끼와 같았다. 그러다가 몇 달 동안 집착적으로 매달린 끝에 구멍의 벽에 있는 원자에 대한 기이하고 자의적으로 보이는 추정에서 자신의 공식을 연역하는 법, 즉 원자의 진동에너지가 자신이 '*h*'로 명명했으며, 나중에 '플랑크 상수'로 불린 새로운 속성의 상수로 결정되는 특정한 특수 값만을 가질 수 있음을 증명했다. 원자는 (모든 물리학자가 예측한 대로) 임의적 에너지 양으로 진동하는 것이 아니라 에너지의 아주 작은 덩어리 혹은 플랑크가 말한 '양자'의 정확한 배수에 해당하는 에너지만 취할 수 있었다. 에너지가 덩어리를 이룬다는 관념은 물리학자들에게, 심지어 플랑크 자신에게도 아주 이상하게 보였다. 그러나 모두가 이 관념에 기초한 플랑크의 공식이 실험 결과에 완벽하게 부합한다는 사실을 깨달았다.

인간처럼 거시적인 존재는 구멍의 벽에 있는 원자가 임의적 양의 진동에너지를 취할 수 없다는 사실을 인지할 수 없다. *h*의 규모가 너무 작기 때문이다. 실제로 *h*가 0이라면 취할 수 있는 모든 에너지가 허용되며, 양자의 제한은 유효하지 않을 것이다. 그러나 *h*가 0이라는 가정에 따라 계산할 수 있는 그래프는 결코 실험에서 발견되는 진정한 흑체 스펙트럼처럼 보이지 않았다. 반면 플랑크가 미소하지만 제로가 아닌 상수를 활용하여 계산한 이론적 그래프는 완전히 정확하게 불가사의한 흑체 스펙트럼과 일치했다. 이런 진전은 분명히 유망해 보였지만 당시 대다수 물리학자에게 구멍의 벽에 있는 원자의 '여기된 양자quanta of excitation'에 대한 플랑크의 이론은 지나치게 임의적으로 보였으며, 그런 이유로 거의 누구도 진지하게 받아들이지 않았다. 심지어 플랑크 본인도 대단히 거북해했다. 그는 자신을 양자의 물가로 이끌었지만 물을 마시려 하지는 않았다.

이 소강상태는 베른에 있는 스위스 특허청에서 사무원으로 일하는 다른 천재가 개입할 가장 적절한 순간을 제공했다. 다름 아닌 아인슈타인이 발휘한 발군의 능력은 흑체 그리고 마찬가지로 전체적인 온도에 따라 스펙트럼이 결정되는 다른 계와의 핵심적인 유사성을 포착한 것이었다. 그것은 바로 용기 안에 갇힌 **이상기체**ideal gas였다. 왜 아인슈타인은 누구도, 혹은 거의 누구도 상상치 못했던 유추를 한 것일까? 또한 왜 그 유추를 대단히 깊이 믿었을까? 잠시 후에 그 이유에 대한 몇 가지 추측을 제시하겠다.

흥미롭게도 **경이의 해** 이전까지 (고체에서든 액체에서든 기체에서든) 원자의 존재를 뒷받침하는 전적으로 설득력 있는 증거는 전혀 발견되지 않았다. 물론 오스트리아의 루트비히 볼츠만Ludwig Boltzman, 스코틀랜드의 제임스 클러크 맥스웰 같은 과감한 과학자들이 모든 기체가 용기의 벽에 튕길 뿐만 아니라 끊임없이 서로 부딪히는 수많은 작은 입자로 구성되어 있다고 추측했으며, 이 '이상기체' 추정으로부터 **실제** 기체에 대한 경험적 관찰과 놀라울 정도로 정확하게 부합하는 특정 공식을 얻어낼 수 있었다. 이는 원자 가설을 뒷받침하는 강력한 증거였지만 많은 물리학자, 화학자, 철학자는 여전히 회의적인 태도를 보였다.

여기서 설명적인 다른 유추를 제시하는 일이 도움이 될 것이다. 이번에는 이상기체와 마찰 없는 당구대 사이의 유추다. 당구대 위에 (당구 게임을 시작할 때 치는 '초구' 같은) 강한 충격으로 움직이게 된 뒤 당구대의 벽과 서로에게 부딪혀서 정신없이 튕기는 수백 개의 작은 당구공이 있다고 상상해보라. 누군가 초기 충격이 지닌 에너지의 양을 말해준다면 우리는 상황이 다소 안정된 상태에 접어들었을 때 당구공들의 주 속도(즉 가장 흔한 속도)가 무엇일지 궁금할 것이다. 더 야심차게는 당구공들이 내는 속도의 **분포**가 어떨지 질문할 수도 있다. **선험적으로는** 이런 질문에 정확한 답이 있다는 것이 놀랍게 보이겠지만 실제로 있다. 또한 유사한 방식으로 모든 특정 운동에너지의 값에 대해 (기체의 온도가 주어졌을 때) 해당 에너지를 지니는 기체 분자의 비율을 제시하는 정확한 공식, 소위 '맥스웰-볼츠만 분포'가 있다. 이 그래프의 정점이 있는 위치는 해당 기체 분자의 주 운동에너지를 보여준다.

아인슈타인은 흑체와 이상기체라는 두 가지 계가 표면적인 상이성에도 불구하고 깊이 연관되어 있다고 직감했다. 두 사례 모두에 에너지로 가득한 용기가 있기는 하지만 그 점을 넘어서 무엇 때문에 그는 두 계의 깊은 연관성을 알아채게 되었을까? 이 질문을 두 유사물, 즉 수영장과 당구대라는 더 친숙한 영역으로 옮겨가보자. 그러면 물체를 던져 넣어서 생긴 수영장 표면의 물결과 갑작스러운 충격으로 당구대 위에서 마구잡이로 튕기는 수백 개의 작은 당구공 사이에 깊은 연관성이 존재할 가능성에 대한 질문이 된다. 두 상황은 모두 무작위적 운동으로 가득하며, 수평의 표면에서 발생하지만 이 대단히 피상적인 사실은 둘을 잇는 깊은 관계를 알아채게 만들 강력한 이유에는 거의 보탬이 되지 않는다.

그래서 당시 대다수 물리학자들에게 (당구공들이 정신없이 돌아다니는 당구대에 비유된) 이상기체와 (물결이 일어나는 수영장에 비유된) 흑체에 대한 아인슈타인의 유추는 전혀 타당성이 없어 보였다. 그렇다면 왜 아인슈타인은 상황을 다르게 보았을까? 무엇보다 1905년에 발표한 첫 논문에서 언급했듯이 그는 에너지 분포를 제시하는 두 공식을 잇는 흥미로운 **수학적** 유사성을 인지했으며(흑체의 경우는 플랑크가 더 정확한 공식을 발견하기 전에 독일 물리학자인 빌헬름 빈Wilhelm Wien이 발견한 공식, 이상기체 스펙트럼의 경우는 맥스웰과 볼츠만의 공식), 이 유사성은 두 계 사이의 **물리적** 유사성이 표면을 쉽게 넘어설 수 있음을 암시했다. 여기서 우리가 말할 수 있는 점은 아인슈타인이 날카로운 안목을 지녔다는 것이다. 그는 거의 언제나 물리학에서 다루는 상황에서 중요한 측면을 포착할 줄 알았다.

빌헬름 빈이 1890년대 중반에 흑체 스펙트럼을 위한 공식을 연구하다가 10여 년 후에 아인슈타인이 떠올린 직관과 밀접한 관계를 지닌 탁월한 직관을 떠올렸다는 점은 대단히 흥미롭다. 그 직관은 자신이 '낌새'를 느낀 대로 흑체 스펙트럼을 맥스웰과 볼츠만의 이상기체 스펙트럼과 연결하는 유추를 활용한다는 것이었다. 그래서 아인슈타인이 동시에 두 공식을 바라보면서 빈이 발견한 유사성을 재발견한 것은 우연이 아니었다. 빈의 공식은 맥스웰-볼츠만 공식에 뿌리를 두고 있었기 때문이다. 그러나 빈이 보기에 두 계 사이의 유사성은 전적으로 **형식적**인 것이었다. 이 유사성은 두 계가 깊은 **물리적** 연관성을 지닌다는 것을 암시하지 않았다. 그래서 그는 머릿속에서 아인슈타인처럼 끈질기게 혹은 심오하게 이 유사성을 파고들지 않았다.

아인슈타인이 (단지 그 스펙트럼에 대한 수학적 공식 사이뿐만 아니라) 이상기체의 물리적 성질과 흑체의 물리적 성질 사이에 유사성이 있다고 믿게 된 또 다른 계기는 몇 달 전에 이상기체와 다른 물리적 계, 바로 현미경으로 쉼 없이 무작위적으로 뛰어다니는 모습을 관찰할 수 있는 콜로이드 입자colloidal particles를 내포한 액체 사이의 유사성을 발견하고 이에 깊이 파고들었다는 사실이었다. 이 유사성은 그가 훨씬 더 큰 콜로이드 입자를 (천장에 매달린 램프에 마구잡이로 달려드는 각다귀 수천 마리처럼) 끊임없이 건드려서 '브라운운동'으로 알려진 불가사의한 도약을 하게 만드는 보이지 않는 대단히 미세한 분자가 존재한다는 주장을 설득력 있게 펼치도록 도와주었다. 그래서 아인슈타인의 머릿속에 있는 두 개의 다른 힘, 즉 두 공식 사이의 수학적 유사점과 근래에 발견한 브라운운동의 유사성이 흑체와 이상기체 사이의 유사성에 대한 굳은 신뢰를 제공했을 가능성이 있다.

어느 경우든 아인슈타인은 최근에 발견한 유사성을 토대로 삼아 가장 깊이 있고 믿을 만하다고 여겼던 물리학 분야인 열역학에 기초한 일련의 연산을 했다. 먼저 그는 각 계의 엔트로피를 계산한 다음 가능한 한 서로 비슷하게 보이도록 두 엔트로피 식을 변환했다. 실제로 그의 창의적인 조작 후에 두 식은 하나의 단순한 지수에 대한 대수적 형태를 제외하고는 정확하게 같아졌다. 이 도발적인 시도는 두 계가 빌헬름 빈이 알아챈 것보다 훨씬 더 밀접하게 연관되었음을 분명하게 보여주었다.

이상기체의 엔트로피를 구하는 공식의 핵심적인 자리에 기체에 포함된 분자의 수를 나타내는 '*N*'이라는 글자가 나왔으며, 흑체의 엔트로피를 구하는 공식의 '같은' 자리에 '$E/h\nu$'라는 식이 나왔다. ('*h*'라는 글자는 플랑크 상수, '누nu'로 읽는 'ν'라는 그리스 문자는 언제나 파장과 반비례하는 전자기파의 주파수를 나타낸다.) 이처럼 아인슈타인은 크게 다른 두 물리계 사이에 존재하는 전체 차이를 작지만 현저한 차이, 즉 한 경우에는 정수 *N*, 다른 경우에는 '$E/h\nu$'라는 간단한 식으로 압축했다.

그렇다면 이처럼 정확하게 차이를 적시하는 일은 어떤 의미를 지닐까? $E/h\nu$는 총에너지 *E*(많은 수의 표준적인 에너지 단위인 에르그ergs)를 $h\nu$(1에르그의 작은 일부)의 에너지를 지닌 많은 극소한 덩어리로 나누는 것을 나타낸다. 이 비율은 얼마나 많은 작은 덩어리들이 더 큰 덩어리를 구성하는지 말해주며, 단위(분자와 분모에 있는 에르그)가 소거되는 덕분에 '순수한' 수가 된다. 즉 그 값이 사용되는 단위 체계와 무관하다. 이제 아인슈타인의 유추는 핵심적인 역할을 하면서 흑체 계에서 나오는 이 수가 이상기체에 속한 분자의 수 *N*에 덧입혀진다는 것을 말해준다. *E*를 모두 $h\nu$라는 크기를 지닌 동일한 요소로 나누는 일(7장에서 다룬 나눗셈에 대한 순진한 유추 중 하나를 가리키는 용어를 빌리자면 *E*를 '측정'하는 일)은 아인슈타인에게 구멍의 복사가 기체의 경우와 마찬가지로 단립자discrete particles로 구성된다는 사실을 말해주는 틀림없는 단서였다. 모든 주어진 파장에서 모든 '빛의 덩어리'는 동일한 작은 양의 에너지를 수반했다.

이것을 발견한 사람도 엄청난 충격에 빠졌다. 당대의 모든 물리학자들과 마찬가지로 아인슈타인에게도 **전자기복사**는 (더 길고 짧은 파장을 지닌 사촌들과 함께) **빛**과 동의어였다. 또한 아인슈타인은 모든 동료들과 마찬가지로 **빛**이 **입자**라고 주장하는 사람들과 **파동**이라고 주장하는 사람들 사이의 격렬한 논쟁이 한 세기 전에 마침내 파동파의 완승으로 끝났다는 사실을 잘 알았기 때문이다. 게다가 이후로는 특히 맥스웰의 근본적인 방정식 덕분에 물리학 분야에서 이루어지는 발견은 빛을 단립자가 아니라 지속적인 파동으로 보는 시각을 거듭 강화했다. 그렇다면 빛을 입자로 보는 시각은 어떻게 종말을 맞은 지 100년 후에 되살아날 수 있었을까? 이 일은 아주 간단한 유추 덕분에 실제로 일어나고 있었다.

유추가 대단히 명확하게 시사하는 이미지를 받아들일 수밖에 없음을 깨달은 아인슈타인은 흑체 구멍에서 이루어지는 전자기복사가 작은 입자, 이상기체에 든 N 분자와 유사한 작은 에너지 꾸러미로 구성된다는, 대단히 탄탄하게 자리 잡은 사실에 어긋나는 충격적인 가설에 이르게 되었다(또한 아인슈타인이 얼마나 시대를 멀리 앞서갔는지 보여주기 위해 당시 물리학계의 일부 회의적인 학자들은 원자와 분자의 존재조차 여전히 의심했다는 점을 밝혀둔다). 이 각각의 불가사의한 '복사 덩어리'는 정확하게 $h\nu$의 에너지를 가져야 했으며, 그에 따라 $h\nu$는 주파수 ν와 연계된 에너지의 **최소**량이 되어야 했다. 아인슈타인이 '광양자light quanta'라고 부른 이 입자는 현재 '광자photon'로 알려져 있다.

경멸받는 광양자, 환영받는 음양자

지금은 전혀 논쟁적이지 않지만 아인슈타인이 1905년에 빛이 입자로 구성된다고 과감히 주장했을 때는 동료들이 한결같이 거칠게 묵살했다. 그는 나중에 대단히 불안정한 유추에 기초한 이 가설이 전체 경력에서 가장 과감한 생각을 담았다고 밝혔다. 실제로 너무나 과감한 이 가설 때문에 그는 동료들로부터 분명히 예상치 못했을 정도로 엄청나고 오래가며 거센 경멸을 받았다.

광양자 논문의 결론에서 젊은 '3급(스위스 특허청의 최하급) 기술 전문가'는 자신의 이론을 검증하거나 반증할 세 가지 가능한 실험 방식을 제안함으로써, 적들에게 자신을 쓰러트릴 수도 있는 무기를 건네는 위험을 감수하는 영리함과 용기를 발휘했다. 특히 두 번째로 제안한 실험은 (빛과 같은) 전자기복사가 금속 조각 위로 떨어질 때 일부 전자가 외부로 방출되는 광전 효과photoelectric effect를 살피는 것이었다. 이는 이상하고 미세한 효과였지만 물리학계에서 그다지 중요하게 여겨지지 않았으며, 1887년에 독일 물리학자인 하인리히 헤르츠Heinrich Hertz가 일련의 실험을 통해 아주 조야하게나마 처음으로 관찰한 것이었다. 그는 이 실험으로 전자기파의 존재를 결정적으로 증명했으며, 그에 따라 맥스웰의 방정식을 훌륭하게 검증했다.

아인슈타인은 자신의 광양자 이론이 광전 효과를 정확하게 예측한다는 사실을 깨달았다. 구체적으로는 아주 간단한 방정식을 통해 입사광의 파장에 따른 전자의 방출률을 예측했으며, 이 예측은 보편적으로 수용된 맥스웰의 방정식에 기초한 예측과 상반되었다. 아인슈타인뿐만 아니라 당대의 다른 모든 물리학자는 광전 효과를 정확하게 측정하면 어떤 사실이 드러날지 알지 못했다. 그러나 이런 실험이 결정적인 계기가 될 것이며, 엄청난 다툼으로 이어질 수 있다는 점은 분명했다. 아인슈타인의 예측이 정확한 것으로 드러나면 물리학계가 맥스웰의 방정식을 전자기학의 토대로 삼을 수 없기 때문이었다. 이는 물리학의 전체 역사에서 대단히 역설적인 순간 중 하나였다. 맥스웰의 방정식을 대단히 의기양양하게 **검증**한 헤르츠의 실험이 바로 그 방정식을 **무너트리려고** 위협하는 사소한 이례의 원천이기도 하기 때문이다. 그러나 아인슈타인이 결론에서 제안한 조사 방법은 대단히 실행하기 어려웠으며, 명확한 결과를 내기까지 상당한 세월이 걸렸다.

1905년에는 아인슈타인을 제외한 모두가 맥스웰의 방정식이 지닌 타당성을 전적으로 확신했듯이, 누구도 광양자 가설에 관심을 기울이지 않았다. 빛은 파동으로 구성되었으며, 그것으로 끝이었다. 이 사실을 의심하는 것은 그저 정신 나간 짓이었다. **진동하는 원자의 에너지 양자**라는 개념을 고안한 막스 플랑크조차 **광양자**라는 새로운 가설이 무의미하다고 주장했다. (여기서 플랑크가 몇 년 전에 원자 가설도 무의미하다고 주장했지만 1905년에 크게 후회했다는 사실을 언급할 필요가 있다.) 젊은 아인슈타인은 동료 학자들의 한결같은 멸시에도 불구하고 자신의 견해를 확고하게 믿었으며, 낙담하지 않았다. (실제로 반대자들을 '동료 학자'라고 부르는 것은 약간 무리가 있다. 1908년까지 아인슈타인은 단지 아마추어 물리학자였으며, 공식적인 직업은 특허청의 기술 전문가였기 때문이다.)

1907년에 아인슈타인은 양자에 대한 자신의 생각을 더욱 멀리 밀고 나갔다. 그는 진동하는 원자의 **에너지** 양자라는 막스 플랑크의 개념과 **광**양자**light** quanta라는 자신의 개념 모두에 기초한 새로운 유추를 제안했다. 이 유추는 고체 내부의 음파와 관련이 있었다. 근본적으로 아인슈타인은 **음양자sound quanta**라는 개념을 고안했다. 비록 그는 한 번도 이 용어를 쓴 적이 없지만 말이다. (현재 음파를 구성하는 양자는 '광자photon'와 비슷한 맥락에서 '음자phonon'로 불리며 물질에 대한 물리학에서 핵심적인 역할을 한다.) 아인슈타인은 고체 내부의 진동을 이해하는 새로운 방식을 통해 고체의 열용량heat capacity을 둘러싼 주요 수수께끼를 풀 수 있었다. 그러자 이번에는 대단히 흥미롭게도, 물리학계가 **광**양자를 계속 배척하는 와중에 한목소리로 **음**양자에 기초하여 고체의 열용량을 설명하는 아인슈타인의 이론을 타당하게 받아들였다. 1909년에는 네덜란드 물리학자인 피터 디바이Peter Debye가 아인슈타인의 이론을 심화하여 열용량에 대한 아주 강력한 이론을 만들었다. 물리학자들은 아인슈타인의 광양자 가설은 여전히 냉담하게 대하면서도 이 이론은 재빨리 그리고 따뜻하게 환영했다.

아인슈타인과 플랑크는 서로를 깊이 존중하는 가까운 친구가 되었다. 1913년에 플랑크는 아인슈타인을 세계에서 가장 명망 높은 과학 학회인 프로이센 학술원의 회원으로 추천했다. 플랑크는 추천서에서 아인슈타인을 칭송했지만 아인슈타인이 계속 내세운 광양자라는 주제에 대해서는 이렇게 논평했다. "광양자 가설의 경우처럼 때로 빗나간 추정을 한다는 이유로 그를 너무 나쁘게 보아서는 안 됩니다. 가장 정확한 학문이라고 해도 때로 위험을 감수하지 않고는 참으로 새로운 생각을 소개할 수 없기 때문입니다."[55]

1906년부터 1915년에 이르는 10년 동안 미국의 뛰어난 물리학자인 로버트 밀리컨Robert Millikan은 광전 효과에 대한 길고 대단히 면밀한 일련의 실험을 실시했다. 그는 처음부터 해당 주제에 대한 아인슈타인의 생각이 쓸모없다고 생각했다. 한 세기 전에 영국의 토머스 영과 프랑스의 오귀스탱 프레넬이 발견했으며, 1887년에 독일의 하인리히 헤르츠가 극적으로 검증한, 빛이 파동으로 구성된다는 연구 결과에 직접적으로 모순되기 때문이었다. 그리고 이 연구 결과는 빛의 입자를 배제했다. 다른 거의 모든 사람과 마찬가지로 밀리컨 역시 빛이 입자인 **동시에** 파동이라는 생각을 믿지 않았다. 그럼에도 실험 결과는 아인슈타인의 예측을 완벽하게 검증했다. 이 때문에 밀리컨은 깊은 인지 부조화 상태에 빠졌다. 밀리컨은 1917년에 연구 내용을 정리하여 펴낸 주요한 저서에서 연구 결과가 철저하게 아인슈타인의 혁신적인 예측을 뒷받침한다고 인정했지만, 이론적 토대가 없기 때문에 빛에 대한 아인슈타인의 '무모한' 생각에 주의해야 한다고 주장했다. 달리 말해서 광전 효과에 대한 아인슈타인의 추정적 설명은 흠잡을 데 없는 예측을 낳았지만, 이전에 알려진 물리 법칙에 따라 엄격하게 도출한 것이 아니기 때문에 신뢰하지 말아야 한다는 것이었다. 심지어 밀리컨은 논문에서 무모하게도 아인슈타인 자신도 더 이상 빛에 대한 '잘못된 이론'을 믿지 않는다고 주장했다(실은 전혀 근거 없는 순전한 추측에 불과했다).

설상가상으로 1921년에 아인슈타인이 노벨 물리학상을 받았지만 광양자 이론 때문이 아니라 '광전 효과의 법칙을 발견했기' 때문이었다. 시상 연설문에는 그 법칙의 **이면**에 놓인 관념에 대한 언급이 전혀 없었다. 노벨위원회(혹은 물리학계 전체)에서 누구도 그 법칙을 믿지 않았기 때문이다! 광양자는 물리학계에서 대단히 모험적인 사람들에게도 한결같이 배척당했다. 가령 이듬해에 덴마크의 위대한 물리학자이자 아인슈타인을 존경하던 닐스 보어도 양자 이론에 기여한 공로로 노벨상을 받는 자리에서 빛의 미립자성에 대한 아인슈타인의 견해가 "복사의 속성을 조명할 수 없다"며 무뚝뚝하게 일축했다.

이처럼 아인슈타인에게 단 한 번 노벨상을 안긴 것은 가장 근본적이고 모든 곳에 스며 있는 자연현상인 빛의 속성에 대한 혁신적인 견해가 아니라 훨씬 덜 중요한 광전 효과에 대한 사소한 방정식이었다. 이는 마치 대단히 높은 안목을 담는 미슐랭 가이드가 알베르트의 레스토랑에 최고 등급인 별 세 개를 부여하면서 꾸준하게 훌륭한 맛을 내는 코스 요리를 무시하고 단지 후식으로 아주 좋은 커피를 제공한다는 사실만 언급하는 것과 같았다.

아인슈타인의 가장 과감한 유추에 대한 입증

광양자가 마침내 그늘에서 벗어난 전환점은 미국의 물리학자인 아서 홀리 콤프턴Arthur Holley Compton이 전자기파가 전하를 띤 입자(가령, 원자 속의 전자)에 접근할 때 운동에너지와 운동량의 일부를 입자에 전달하지만 맥스웰의 방정식이 예측한 방식을 따르지 않는다는 실험 결과로 물리학계를 놀랜 1923년이 되어서야 마련되었다. 실제로 콤프턴은 이런 상황에서 일어나는 파동-입자 '충돌'이 **두 입자** 사이의 충돌에 대한 오래된 수학적 규칙을 따른다는 사실을 발견했다. 이때 들어오는 파동과 나가는 파동의 에너지는 아인슈타인이 1905년에 발표한 논문에서 광양자에 대해 예측한 내용과 정확하게 맞아떨어졌다. 마침내 빛이 입자가 된 것이다!

미국 화학자인 길버트 루이스Gilbert Lewis가 '광자photon'라는 더 기억하기 쉬운 단어를 고안하기까지는 여전히 3년이 더 걸렸지만 어쨌든 현재 광자라는 개념, 즉 빛의 '파동 꾸러미wave packet'는 완전히 친숙한 물리학계의 요소이며, 어떤 물리학자도 그 실체를 감히 부인하지 않는다.

이렇게 1905년에 구상한 유추의 결실인 광양자라는 개념을 물리학자들이 진지하게 받아들이기까지 거의 20년이 걸렸다. 심지어 콤프턴 효과가 알려진 후에도 이 개념이 보편적으로 수용되기까지 여전히 격렬한 다툼이 벌어졌다. 이상하게도 현재 이 이야기는 거의 기억되지 않는다. 실제로 대다수 현대 물리학자들은 아인슈타인이 1905년에 발표한 다섯 편의 위대한 논문에 속한 이 첫 번째 논문이 흑체의 벽에 있는 원자는 진동에너지의 양자화된 양만을 취할 수 있다는 막스 플랑크의 견해에 전적으로 토대를 두어서 오직 '유명한' 광전 효과를 설명하기 위해 쓰였다고 오해하고 있다. 그러나 그것은 아인슈타인이 이 논문을 쓴 목적이 **아니다**. 실제로 1905년 당시 광전 효과는 대단히 새로운 미답지여서 정확한 설명을 요구할 만한 충분한 데이터가 없었다. 그래서 아인슈타인은 논문에서 유명하고 잘 답사된 효과를 **설명**하겠다고 제안하지 않았다. 그는 검증 방식을 아주 명확하게 제안하면서 거의 알려지지 않은 효과의 행동을 정확하게 **예측**했다. 그러나 논문의 **핵심** 주제가 (플랑크가 강하게 배척한 데서 알 수 있듯이) 1900년에 막스 플랑크가 가설을 세운 내용과 유사한 구석이 거의 없는 광양자라는 획기적인 개념이었기 때문에 이 모든 내용은 거의 끝부분에서 겨우 두 쪽에 걸쳐 제시되었다. 요컨대 광양자 논문은 흑체와 이상기체를 잇는 미묘한 유추에 대한 끈질긴 추구였던 것이다. 이 유추를 얼핏 본 아인슈타인은 동료들에게는 정신 나간 짓으로 보이는 행동을 통해 모든 것을 다 거는 위험을 감수한 후 콤프턴의 실험으로 입증되기 전까지 거의 20년을 참을성 있게 기다렸다.

안타까운 동시에 계몽적인 이 무용담은 동료들은 전혀 흥미를 느끼지도 못하고 알아보지도 못한 채 안개 속에 갇혀 있는 물리적 상황의 진정한 핵심을 짚어내는 아인슈타인의 능력을 아름답게 보여준다. 우리에게 이 유추 이야기는 가장 훌륭한 인간 지성의 사례에 해당한다.

아인슈타인의 놀라운 개념적 이월

세상에서 가장 유명한 방정식은 무엇일까? '1+1=2'를 제외하고 가장 타당한 후보는 분명히 아인슈타인이 **질량**과 **에너지**라는 개념 사이의 심오하면서도 예상치 못한 관계를 드러낸 유명한 공식, '$E=mc^2$'일 것이다. 앞으로 몇 단락에 걸쳐서 3급 기술 전문가가 자신이 발견한 내용에 대한 이해를 점차 심화하는 과정에 주로 초점을 맞출 것이다. 아인슈타인은 1905년부터 1907년까지 꼬박 2년 동안 이 다섯 개의 사소한 기호에 숨겨진 예상치 못한 깊이를 보게 되었다. 그의 머릿속에서 이 개념적 진화가 일어난 양상은 매혹적이지만 놀라울 정도로 거의 알려지지 않은 이야기를 담고 있다.

우선은 처음, 즉 $E=mc^2$의 기원부터 시작하자. 이야기를 위한 장을 마련하려면 과학적 발견에서 유추적 범주 확장과 수직적 범주 도약의 메커니즘이 활용되는 양상을 설명해야 한다. 두 가지 과정은 아인슈타인의 지적 스타일에서 핵심적인 역할을 했으며, 함께 그를 멋진 종착지로 데려갔다.

과학에서 개념을 확장하기 위한 유추의 활용

과학에서 유추적 범주 확장이 하는 역할을 보여주기 위해 잠시 엘렌 엘렌보겐Ellen Ellenbogen(팔꿈치를 가리키는 독일어 명사-옮긴이) 박사가 보낸 **최저의 해**annus minimus를 가정해보자. 아직 의사로 고용되지 못해서 스위스 벨린초나에 있는 한 레스토랑에서 3급 설거지 담당자로 일하는 엘렌보겐 박사가 아쉽게도 여러 개가 아니라 단 하나의, 그것도 아주 소박한 발견을 한 것은 1905년이었다. 구체적으로 말하자면 엘렌보겐 박사는 크누트 폰 크니Knut von Knie(무릎을 가리키는 독일어 명사-옮긴이) 박사가 근래에 발견한 놀랍지만 아주 간단한 **무릎** 질환 치료법에 대한 논문을 읽은 직후에 이 치료법을 아픈 **팔꿈치**에도 적용할 수 있다는 생각을 했다. 다음은 수년 후에 3급 설거지 담당자가 자신의 과감한 정신적 도약을 설명한 내용이다.

> 이처럼 간단한 치료법(즉 폰 크니 박사의 치료법)이 신체의 **한** 부분(무릎)에 대단히 효과적으로 작용하지만 **다른** 부분(팔꿈치)에는 전혀 효과가 없다는 것은 **선험적으로** 볼 때 아주 타당성이 낮다.

이 설명은 명확하기는 하지만 엘렌보겐 박사의 발견에서 핵심적 역할을 한 팔꿈치와 무릎 사이의 두드러진 **유사성**을 언급하지는 않는다. 이는 유감스러운 간과이다. 그녀가 폰 크니 박사의 무릎 치료법이 눈, 귀, 위장, 신장 등에 걸린 질환에도 마찬가지로 잘 통하지는 않을 것이라고 생각했는지 당연히 궁금해지기 때문이다. 그러나 진실은 엘렌보겐 박사는 그런 정신적 도약을 한 적이 한 번도 없다는 것이다. 이 점은 그녀가 폰 크니 박사의 기적적인 치료법이 지닌 미덕을 다른 장기로 확장할 수 있겠다고 추정하게 만드는 (가령) 무릎과 위장 사이 혹은 무릎과 눈 사이의 유사성을 충분히 인식하지 못했음을 암시한다.

무릎이라는 개념이 유추를 통해 외부로 확장되어 **무릎 더하기 팔꿈치**(엘렌보겐 박사가 발견한 확장)라는 더 포괄적 개념을 낳을 수 있다는 사실을 알고 나면 이 더 폭넓은 범주는 머릿속에 독자적으로 존재하게 된다. 이런 식으로 개념 목록이 추가되는 것은 유추를 통한 개념적 확장 과정을 전형적으로 보여준다. 우리는 이런 종류의 확장을 **수평적** 확장이라고 부른다.

반면 **수직적** 범주 도약의 경우 대다수의 성인이 **무릎**이라는 개념에서 **무릎**과 **팔꿈치**라는 개념(또한 **발목, 어깨, 손가락 관절**이라는 개념 등)을 포괄하는 더 추상적인 개념인 **관절**로 상향 이동하는 경향을 보인다. 그러면 이제 명민한 그레고리우스 겔렌크Gregorius Gelenk(관절을 가리키는 독일어 명사–옮긴이) 박사가 무릎 질환에 대한 폰 크니 박사의 치료법에서 출발하여 발목, 손가락 관절 등을 비롯하여 모든 관절에 걸리는 다양한 질환에 적용할 수 있는 균일한 치료법을 발견하는 정신적 도약을 했다고 상상해보자. 이 경우는 **수직적** 도약에 해당하며, 겔렌크 박사가 개인적으로 지닌 개념 목록에서 **무릎**과 **관절** 사이에 존재하는 기존의 연결 고리를 따라간 결과이다.

이런 수평적 범주 확장과 수직적 범주 도약은 사고의 기본으로서 자연스럽고 놀랍지 않은 것이다. 그러나 때로 이런 확장과 도약이 통찰력 넘치고 감탄스러울 수도 있다. 지그문트 자이거핑어Zygmund Zeigefinger(새끼손가락을 가리키는 독일어 명사–옮긴이) 박사가 **검지** 질환에 대한 치료법을 발견하고 동료인 레나테 링핑어Renate Ringfinger(약지를 가리키는 독일어 명사–옮긴이) 박사가 **약지**에도 통하도록 이 치료법을 수정했다고 가정하자. '놀라운 돌파구'를 열었다는 이유로 노벨 의학상이 링핑어 박사에게 주어진다면 분명히 충격적일 것이다. 이 '돌파구'가 토대를 둔 유추는 이처럼 엄청난 영예를 누리기에는 너무나 명백하다. 사람들은 "이것 봐요! 손가락 두 개는 꼬투리에 든 콩 두 알만큼 비슷하다고요!"라고 항의할 것이다.

반면 초라 폰 체에Zora von Zehe(발가락을 가리키는 독일어 명사–옮긴이) 박사가 자이거핑어 박사의 치료법이 **발가락** 질환에도 통하도록 조정했다고 가정하자. 우리가 그녀의 기여를 링핑어 박사의 기여보다 더 크게 칭송할 것임은 말할 필요도 없지만, 그녀가 노벨상을 받는다면 여전히 놀랄 것이다.

끝으로 하르트무트 헤르츠Hartmut Herz(심장을 가리키는 독일어 명사–옮긴이) 박사가 풍부한 영감이 샘솟는 순간에 (하필이면) 검지와 심장 사이에 연관성이 있을지 모른다는 갑작스러운 통찰을 얻어서 자이거핑어 박사의 치료법이 지닌 특정 측면을 약간 수정하여 특정 **관상동맥** 질환을 고치는 기적적인 치료법을 발견했다고 가정하자. 이 경우 노벨위원회가 노벨 의학상을 헤르츠 박사에게 수여하는 것이 적절하다고 보는 이유를 어렵지 않게 이해할 수 있다.

언어는 이런 상황에서 촉매적 역할을 한다. 가령 'doigt'('손가락')과 'doigt de pied'('발가락', 축어적으로는 '발 손가락')라는 프랑스어 단어는 두 경우에 근본적으로 같은 대상을 다루고 있다는 것을 **선험적으로** 분명하게 만든다. 그래서 프랑스어 사용자에게는 손가락-발가락 유추가 대단히 단순하고 자연스러운 반면 영어 사용자에게는 이런 유추를 수월하게 전달하는 단어가 없다. 그러나 쉽게 이해할 수 있는 **시각적** 이유로 둘 사이의 유추는 여전히 아주 명백하다. 두 언어의 경우 팔꿈치와 무릎을 모두 가리키는 데 사용되는 단 하나의 단어는 없으며, 팔꿈치와 무릎의 유사성은 손가락과 발가락의 유사성보다 아마도 약간 더 미묘하기 때문에 누군가 이 개념을 연결할 가능성이 더 낮다. 반면 (아쉽게도 그렇지 않지만) 독일어에서 '팔꿈치'에 해당하는 단어가 'Armknie'라면, 영어나 프랑스어 사용자의 머릿속보다 독일어 사용자의 머릿속에서 두 개념 사이에 무의식적인 혼선이 어느 정도는 더 많이 일어날 것이라고 예상할 수 있다.

끝으로 독일어에서 심장이 어떤 기이한 사정으로 'der Brustzeigefinger'(즉, '가슴-검지')로 불리고, 헤르츠 박사의 모국어가 독일어라면 그의 모국어는 검지에 걸리는 질환을 고치는 치료법을 심장에도(즉 적어도 독일어 사용자의 관점에서는 가슴의 검지에도) 적용할 수 있다는 직관적인 느낌을 제공할 것이다. 사실 독일어에서 이런 복합어의 관념은 완전히 억지스럽지는 않다. 2장의 내용을 떠올려보면 독일어에서 '장갑'은 'Handschuh' 혹은 심지어 따로 떼어서 보면 '주먹-손-신발' 내지 '주먹-장갑', 즉 '벙어리장갑'을 뜻하는 합성어인 'Fausthandschuh'와 대조되는 'Fingerhandschuh'이기 때문이다.

개념 사이의 경로가 가령 (손가락과 발가락처럼) 극단적으로 두드러지는 물리적 유사성이나 연관되는 언어적 표현(영어의 'hair'가 명확한 사례이다. 영어에서는 머리에 있는 'hair'와 몸에 있는 'hair'가 같은 단어로 표기되는 반면, 프랑스어에서는 단일한 영어 범주를 두 개의 프랑스어 범주로 나누어서 'cheveux'와 'polis'라는 크게 다른 단어로 표기되기 때문이다)을 통해 미리 주어지면 유추를 통해 이루어지는 그에 상응하는 수평적 범주 확장은 명백하고 유혹적일 것이다. 수직적 범주 도약의 경우도 거의 마찬가지다. 머릿속에 구체적 개념과 더 포괄적 개념 사이의 연결 고리가 이미 존재한다면 무릎이나 팔꿈치를 **관절**로 인지하는 것처럼, 하나에서 다른 하나로 도약하는 일에 수반되는 관점의 전환이 간단하고 자연스러운 행동이 된다.

특수상대성원리의 원천이 된 범주 확장

이제 $E=mc^2$의 기원으로 돌아가 보자. 모든 주어진 개체는 동시에 무한한 수의 범주에 속한다. 그럼에도 우리는 일상생활에서 종종 단 하나의 범주에 속한 개체를 다룬다는 착각을 한다. 대개 우리를 둘러싼 환경은 종종 단 하나의 정확하고 객관적인 인식 방법이 있는 것처럼 분명하고 확실하게 느껴진다. 우리가 살아가도록 해주는 것은 바로 이 착각이다. 우리가 매 순간 마주치는 상황이 속할 수 있는 한없는 수의 범주를 고려해야 한다면 완전한 정신적 혼란 속에 끊임없이 머리를 굴리느라 아무 행동도 하지 못할 것이다.

순간적으로 찾아지고 떠오르는 라벨과 고정관념은 반드시 필요하지만, 다른 한편으로는 우리를 엄청나게 제한하기도 한다. 많은 시간을 들이지 않고도 모든 가능한 범주화의 공간에서 효율적으로 길을 찾는 방법은 무엇일까? 일상생활이나 과학적 사고에서 빠르고 간편하게 범주를 찾는 일과 주어진 맥락에서 완벽한 범주를 집어내는 일 사이에 놓인 행복한 중간 지점은 어디에 있을까? 새로운 상황에서 그 핵심을 집어내려고 할 때 머릿속에 떠오르는 가장 빠르고 쉬운 범주를 선택할 수 있는 방법은 무엇일까? 수평적으로 확장하여 **더 폭넓은 범주**를 구축하거나 수직으로 도약하여 **더 높은 층위의 추상 개념**에 이르는 것이 현명한 행동(혹은 현명하지 않은 행동)이 되는 상황은 어떻게 파악할까?

아인슈타인이 직접 쓴 글이나 과학적인 내용에 중점을 둔 전기를 읽어보면 이 위대한 물리학자가 종종 이런 딜레마에 부딪혔음을 알 수 있다. 실제로 이는 그의 지적 스타일에서 대단히 두드러지는 속성 중 하나다. 가령 아인슈타인은 1905년에 특수상대성원리를 구상하면서 더없이 단순해 보이는 유추를 토대로 아주 알찬 범주 확장을 이루었다.

아인슈타인은 현재 '갈릴레오 상대성원리'로 알려진 오래되고 근본적인 원칙을 새롭게 바라보고, **역학**의 영역에서만 유효한 것이 아니라 **전자기를 포함하는 역학**으로 구성되는 더 큰 영역에서도 유효하다고 주장하면서 대단히 무구해 보이는 방식으로 확장했다. (역학은 물리학에서 가장 일찍 생긴 분야이며 공간에 존재하는 가시적 물체의 움직임, 즉 속도·가속도·회전·중력·마찰·궤도·충돌·스프링·진자·진동·팽이·자이로스코프 등만을 다루며, 핵력은 말할 것도 없고 광학이나 전기 혹은 자기는 다루지 않는다. 이 물리학 분야는 모두 갈릴레오의 시대에는 알려지지 않았다.)

더 정확하게 말하자면 갈릴레오 상대성원리는 다음과 같이 설명한다. "두 기준틀reference of frames이 일정한 상대 속도로 움직일 때 둘을 구분할 수 있는 역학 실험은 존재하지 않는다." 이 내용을 더 구체적으로 설명하자면 이렇다. 고정된 고도에서 시속 500마일의 속도로 직선으로 날아가는 비행기 안에 있는 경우 갈릴레오 상대성원리에 따르면 내부에서 실행되는 어떤 역학 실험도 이 비행기가 격납고에 서 있는 것이 아니라는 사실을 드러내지 못한다. 혹은 반대로 비행기가 지상에 서 있는 경우 내부에서 실행되는 어떤 역학 실험도 이 비행기가 시속 500마일로 날아가지 않는다는 사실을 드러내지 못한다. 우리는 모두 아주 빠르게 하늘을 날고 있어도 속도가 일정하기만 하면 이동하고 있다는 사실을 고려치 않고 잔에 물을 따를 수 있다는 것을 안다. 가만히 앉아 있는 것과 다를 바 없이 느껴지기 때문이다. 물론 어떤 속도든 간에 고정된 속도로 직선 경로를 따라 달리는 기차 안에 있는 경우도 마찬가지다.

그 결과가 이동 상태에 좌우되는지 여부를 확인하기 위해 비행기나 기차 안에서 실행할 수 있는 다양한 실험을 쉽게 상상할 수 있다. 가령 잔에 물을 따르거나, 탁자에서 자이로스코프를 돌리거나, 객차 천장에 달린 진자를 왕복시키거나, 스프링에 매달린 추를 움직이거나, 마찰 없는 표면에서 하키 퍽을 미끄러트리고 충돌시키거나, 기울어진 평면에서 공을 굴리거나, 머리 위로 헬륨 풍선을 돌려볼 수 있다. 그러면 결과적으로 이런 현상이 정지해 있는 상태에서나 매끄럽게 움직이는 비행기나 기차 안에서나 정확하게 똑같이 보이고 느껴지며, 따라서 갈릴레오 상대성원리를 완전하게 검증한다는 사실을 알게 된다.

그러나 기차나 비행기 안에서 일어나는 광학적·전자기적 현상은 어떨까? 우리는 모두 여행하는 동안 전등을 켜거나 끄고, 거울을 들여다보고, 디지털시계로 시간을 확인하고, 노트북과 게임기를 사용한 적이 있다. 이 모든 도구는 전적으로 잔에 따라진 물처럼 '정상적'으로 보인다. 즉 비행기나 기차 안에서도 우리가 거실의 의자에 앉아 있을 때처럼 보인다. 여기에 수반되는 잔, 시계, 전화, 컴퓨터 같은 도구는 렌즈, 거울, 프리즘, 배터리, 전구, 코일, 자석, 전류처럼 더 단순한 대상들이 조합된 것이며, 이런 종류의 대상을 관장하는 물리 법칙은 광학 및 전자기와 관련된 법칙이다.

이런 내용을 염두에 두고 아인슈타인이 베른에서 맞은 **경이의 해**로 돌아가 보자. 이 해에 아인슈타인은 갈릴레오가 만든 상대성원리를 생각하다가 이 심오해 보이는 원리가 단지 **역학** 실험에 한정되어야 하는 이유에 의문을 품었다. 진자나 스프링 혹은 자이로스코프의 움직임을 관찰해도 관찰자가 이동 중인지 아닌지 알 수 없다면 양초, 자석, 거울, 전기회로에서 일어나는 현상을 관찰하는 일이 그 점에서 더 나을 이유가 있을까? 아인슈타인은 그럴 만한 이유를 찾지 못했다. 그는 머릿속에서 갈릴레오의 원리를 외부로 확장하면서 유추를 통해 일반화했지만 아직은 대단히 미약한 수준에 그쳤다.

이를 수평적 범주 확장 행동으로 볼지, 아니면 수직적 범주 도약으로 볼지 명확하지 않다. 어느 쪽으로도 볼 수 있기 때문이다. 한편 아인슈타인이 한 일은 '모든 종류의 **역학** 실험'이라는 구절을 더 포괄적인 구절인 '모든 종류의 **역학** 실험 혹은 **전자기학** 실험'으로 바꾼 것뿐이었다. 이런 의미에서는 물리학의 한 분야(역학)와 다른 분야(전자기학) 사이의 단순한 유추로 설명되는 수평적 확장으로 보인다. 이는 어떤 학생이 "다음 학기에는 전자기학 강의를 듣지 않을 거야. 이번 학기에 들은 역학 강의가 너무 어려웠거든"이라고 하는 경우와 비슷하다.

다른 한편 아인슈타인이 '모든 종류의 **역학** 실험'이라는 관념을 '모든 종류의 **물리학** 실험'이라는 더 추상적인 관념으로 대체했다고 말할 수 있다. 즉 그는 협소한 개념에서 그것을 아우르는 더 폭넓고 포괄적인 개념으로 도약했다. 이는 낙담한 학생이 "물리학 강의는 절대 다시 듣지 않을 거야. 이번 학기에 들은 역학 강의가 너무 어려웠거든"이라고 말하는 경우와 비슷하다.

그렇다면 아인슈타인은 자신의 유추적 움직임을 어떻게 보았을까? 그는 당시 가졌던 느낌을 이렇게 설명한 적이 있다.

> 대단히 폭넓은 일반성을 지닌 원리(즉 갈릴레오 상대성원리)가 현상의 **한** 영역(즉 역학)에서 정확하게 들어맞지만 **다른** 영역(즉 전기역학)에서는 들어맞지 않는다는 것은 **선험적으로** 그다지 타당하지 않다.[56]

처음에는 이 말을 수평적 확장, 즉 유추에 기초하여 단지 **역학**에서 역학과 전자기학의 **통합**으로 가는 확장을 설명하는 것으로 받아들이기 쉽다. (이는 엘렌보겐 박사가 유추를 통해 무릎 질환에 대한 치료법을 **수평적**으로 확장하여 단지 **무릎**에서 명백히 가까운 사촌인 무릎과 팔꿈치의 **통합**으로 이동함으로써 팔꿈치 질환을 치료하는 새로운 방식을 찾은 일을 상기시킨다.) 그러나 위 내용을 물리 현상은 균일하게 작용한다고 **선험적으로** 깊이 믿기 때문에, 갈릴레오의 원리가 역학뿐만 아니라 **상상할 수 있는 모든 물리학 분야**에도 유효할 것이라고 확신한다는 뜻으로도 읽을 수 있지 않을까? (이처럼 아인슈타인의 말을 다르게 보는 방식은 겔렌크 박사가 단지 **무릎**에서

관절이라는 더 추상적인 범주로 관점을 바꿈으로써 무릎 질환을 고치는 치료법을 **수직적**으로 일반화한 일을 상기시킨다.) 요컨대 다른 많은 사례와 마찬가지로 이 사례에서 우리는 수직적 범주 도약과 수평적 범주 확장 사이에 분명한 구분선이 없다는 사실을 본다.

수직적 움직임이든, 수평적 움직임이든 간에 아인슈타인이 갈릴레오의 상대성원리를 확장한 일은 결과적으로 앞선 세 세기 동안 구축된 물리학의 많은 토대를 무너트렸다. 그러나 이 혁신은 기차 안에서(혹은 유사한 기준틀에서) 실행한 역학에 국한된 실험과 전자기학을 수반할 수 있는 실험 사이에 존재하는 사소해 보이는 유사점에 관심을 기울인 데서 기인했다. 아인슈타인의 직감은 상상할 수 있는 모든 물리학 분야에서 실행하는 상상할 수 있는 모든 실험은 물리학이라는 통합적인 단일 계통에 속하기 때문에 이런 구분은 부자연스럽다고 말했다. 물론 범주를 언제 어떻게 확장할 수 있는지 말해주는 이런 육감은 불가사의하며, 대단히 깊은 능력 중 하나다.

양방향 전등이 약간의 질량을 잃다

갈릴레오 상대성원리에 적용된 유추를 통한 범주 확장의 영향은 대단히 깊었으며, 아인슈타인을 동시성의 상대성, 시간 지연time dilation, 이동하는 물체의 수축, 속도의 비부가성non-additivity, 쌍둥이 역설 등 현재 과학에 관심을 가진 사람이라면 누구나 그 명칭을 알고 있는 풍부한 관념의 네트워크로 이끌었다. 그러나 이런 관념은 흥미롭기는 하지만 우리의 초점이 아니다. 이제는 약속한 대로 이상하게도 아인슈타인이 상대성원리에 대해 쓴 첫 논문에는 전혀 나오지 않는 $E=mc^2$이라는 방정식으로 돌아가도록 하자. 1905년 여름에 출간된 이 30쪽짜리 논문에는 유례가 없고 혁신적인 영향력을 지닌 다른 방정식이 많이 나오지만, 상대성원리를 나타내는 반론의 여지가 없는 상징이 된 짧은 방정식은 나오지 않는다.

전문가든 아니든 간에 대다수 사람에게 $E=mc^2$이라는 방정식은 아인슈타인의 상대성원리라는 개념과 대단히 긴밀하게 연관되어 있어서 이 상징적인 방정식을 완전히 배제한 채 상대성원리를 상상하는 일은 베이브 루스 없는 1927년의 양키스 팀이나 기울어진 탑이 상징이 되리라고는 상상도 못했던 1100년의 피사를 상상하는 일처럼 이상하게 느껴진다. 그러나 사실 아인슈타인은 첫 번째 상대성 논문을 펴낸 후 몇 달이 지나기 전까지 이 유명한 방정식을 발견하지 못했다. 그는 새로 발견한 내용이 다른 논문을 쓸 만큼 충분히 흥미롭다고 판단했다. 그래서 같은 해 11월에 겨우 2쪽 분량으로 다른 논문을 발표했다(덕분에 아슬아슬하게 겨우 경이의 해에 끼어들게 되었다).

엄밀하게 말해서 이 논문에도 유명한 방정식은 등장하지 않는다. 아인슈타인이 보기에 새로 발견한 내용은 방정식이 아니라 글로 표현하는 것이 적절했기 때문이다. 다만 그 요지는 '$E=mc^2$'라고 말하는 것과 같았다. 그로부터 2년 후 아인슈타인은 두 번째 상대성 논문을 출판할 때는 전혀 알아채지 못한 대단히 중요한 의미를 숨기고 있다는 사실을 깨달았다. 그래서 1907년에 세 번째 논문을 펴내면서 마침내 '$E=mc^2$'의 완전한 의미를 제시했다. 이 논문은 세상 사람들의 흥미를 자극했다. 그 결론이 반직관적이고 과학적으로 지대한 영향력을 지닐 뿐만 아니라 사회에 대해서도 깊은 잠재적 의미를 지니기 때문이었다.

지금부터 1905년 11월에 나온 아주 짧은 논문부터 시작하여 시간순으로 일이 진행된 양상을 살펴보자. 이 논문에서 아인슈타인은 반대 방향으로(가령 동쪽과 서쪽으로) 동시에 섬광을 방출할 수 있는 물건을 상상했다. 가령 이 물건이 양쪽에 전구가 달린 전등이라고 상상해보자. 섬광은 약간의 에너지를 지니고 에너지는 언제나 모든 물리적 과정(역학적 과정, 전자기적 과정 등)에서 완벽하게 보존되므로 양방향 전등은 반드시 약간의 에너지, 즉 방출되는 두 개의 섬광이 뱉어내는 전체 에너지를 잃게 된다. 에너지의 관점에서 빛을 생성하려면 대가를 치러야 하는 것이다! 이 모든 내용은 상당히 명백하다.

아인슈타인이 여기서 거친 핵심적인 단계는 다른 기준틀, 구체적으로는 가령 서쪽으로 시속 30마일의 속도로 이동하는 기차 같은 이동하는 기준틀에서 양방향 전등을 바라본다는 (무척) 사소한 아이디어를 실행한 것이었다. 특수상대성원리에 따르면 기차에 앉아 있는 관측자는 자신이 정지해 있다고 간주할 수 있으며, **전등이 동쪽으로** 시속 30마일의 속도로(기준 틀, 즉 기차가 고정된 속도로 달리므로 **항상** 이 속도로) **움직인다**고 주장할 수 있다. 기차에 탄 승객이 볼 때 두 섬광은 반드시 도플러효과의 영향을 받는다.

이 개념에 익숙지 않은 독자를 위해 따로 간략하게 도플러효과를 설명하겠다. 도플러효과는 빛과 음파를 비롯한 모든 종류의 파동에 유효하다. 소리의 경우 구급차가 접근하고, 지나가고, 멀어지는 각 순간에 들리는 사이렌 소리의 변화가 도플러효과에 해당한다. 구급차가 막 지나가는 순간에 사이렌 소리는 갑자기 더 낮은 음으로 가라앉는 것처럼 들린다. 물론 안에 탄 사람에게는 아무것도 변하지 않지만 **대지**terra firma 위에 서 있는 사람의 경우는 사정이 완전히 다르다. 왜 이런 놀라운 음향 변화가 일어나는 것일까?

연못에 돌멩이를 던져 넣었다고 상상해 보라. 돌멩이가 빠져서 가라앉는 지점에서부터 원형의 물결이 퍼져나갈 것이다. 이제 연못의 표면 어딘가에 코르크가 떠 있다고 가정하자. 곧 동심원을 지닌 물결이 하나씩 코르크에 닿을 것이고, 일정한 빈도로 위아래로 부드럽게 흔들리게 만들 것이다. 이렇게 흔들리는 코르크는 구급차 **안**에서 사이렌 소리를 듣는 사람의 진동하는 고막과 유사하다. 이 진동은 분명히 빈도가 고정되어 있다.

그러면 이번에는 장난감 모터보트가 같은 원형의 물결을 가로질러 간다고 상상해보자. 모터보트는 동심원의 중심(물결의 근원)을 향해 곧장 달린 다음 계속 반대편 둑으로 나아간다. 이 경우 넓어지는 물결의 중심을 향해 달릴 때는 코르크보다 **더 자주** 위아래로 흔들리지만(모터보트의 입장에서는 원이 자신을 향해 다가오는 것처럼 보인다), 일단 (가라앉는 돌멩이의 바로 위에 있는) 원의 중심을 지나면 이제는 멀어지는 물결을 따라잡아야 하기 때문에 이전보다 **덜 자주** 만나게 된다. 즉 이전보다 덜 빨리 위아래로 흔들리게 된다. 이는 물에서 일어나는 도플러효과로, 모터보트가 근원을 막 지날 때 느껴지는 물결의 빈도가 갑자기 줄어든다.

마찬가지로 구급차가 거리에 있는 관측자를 서둘러 지나치면 지각되는 사이렌의 주파수(즉 음높이)는 갑자기 떨어진다. 도플러효과는 일반적으로 관측자가 파동의 근원을 기준으로 이동할 때(혹은 반대로 파동의 근원이 관측자를 기준으로 이동할 때) 지각되는 파동의 주파수는 두 기준틀의 상대 속도에 좌우된다고 말한다. 물론 음파에서 나온 원래 효과를 광파나 연못의 물결 같은 다른 종류의 파동으로 일반화하는 것은 중대한 유추적 확장이지만 이는 다른 이야기다. 여기서는 도플러효과를 전자기파에 적용하는 것이 20세기 초에는 상당히 새로운 아이디어였으며, 베른의 특허청 3급 직원이 그 개념을 고안한 것은 아니지만 뛰어나게 활용했다고 말하는 것으로 충분하다.

실제로 아인슈타인은 불과 몇 달 전에 신선하게 고안한 특수상대성이론을 활용하여 양방향 전등에 대한 도플러효과를 계산했다. 그는 전등이 일정한 속도로 이동하는(다시 말해서 기차가 정지해 있는) 기준틀 안에 자신이 있다고 상상하고 상대성원리에 따라 도플러효과를 계산하여 동시에 뿜어져 나오는 두 섬광이 지닌 에너지를 구했다. 이 에너지를 더하면 전등이 잃는 총에너지가 나왔다.

이 합을 통해 빛이 방출되는 순간 이동하는 전등이 잃는 **운동**에너지가 얼마나 되는지 계산할 수 있었다. 이때 전등은 단지 일정한 속도로 계속 이동하기 때문에 그 양은 정확하게 제로여야 했다. 그러나 계산 결과는 제로가 아니라 그보다 약간 작았다. 이 계산 결과는 이동하는 전등이 두 개의 섬광을 내뿜음으로써 약간의 운동에너지를 **잃는다**는 사실을 드러냈다.

이는 대단히 특이한 결과였다. 전등이 빛을 생성하려면 (전지에 있는) 약간의 **전기**에너지를 내주어야 한다는 것은 명백했지만 약간의 **운동**에너지(이를 구하는 표준 공식은 '$Mv^2/2$'이다. 여기서 대문자 M은 당연히 전등의 질량을 가리키고, v는 그 속도를 가리킨다)까지 내주어야 하는 이유가 무엇일까? 전등은 조건에 따라 **정속**으로 움직일 뿐 전혀 느려지지 않았는데 말이다! (첫 번째 기준틀에서 전등은 완전하게 정지해 있다는 사실을 상기하라. 전등이 움직인다고 보는 것은 기차에 탄 관측자뿐이다. 그 이유는 그들의 기준틀이 궤도를 따라 이동하고 있기 때문이다. 이 기준틀이 완전히 일정한 속도로 이동하고, 전등이 땅을 기준으로 정지해 있다는 점을 감안할 때 '움직이는' 전등은 기차에 탄 관측자가 보는 대로 절대 조금의 속도도 잃거나 얻지 않는다.) 그렇다면 꾸준하게 움직이는 전등이 어떻게 조금이라도 **운동**에너지를 잃을 수 있을까? 잠시 이 소박한 수수께끼, 그 답이 세상을 뒤흔든 수수께끼를 생각해보자.

만약 전등이 E에 해당하는 총에너지를 지닌 두 개의 섬광을 방출할 때 극미한 양이라도 운동에너지를 잃는다면 앞서 나온 운동에너지 공식, '$Mv^2/2$'은 전등의 **질량** M이나 **속도** v가 빛을 방출하는 순간에 갑자기 줄어든 것이 분명하다는 사실을 말해준다. 그러나 방금 언급한 대로 기차는 항속으로 이동하며, 이 점은 기차에서 보는 전등도 항속을 지님을 뜻한다. 따라서 v는 변하지 않는다. 따라서 우리에게는 다른 선택지가 없다. 유일하게 더 줄어들 수 있는 것은 전등의 질량 M뿐이며, (여기서 설명하지는 않을) 아인슈타인의 도플러 이동Doppler-shift 계산에 따르면 소문자 m으로 표기되는 전등이 잃는 질량의 극미한 양은 E/c^2에 해당한다. (전등의 **총**질량 M과 두 섬광을 내뿜을 때 전등이 잃는 미미한 양의 질량 m을 혼동하지 않는 것이 중요하다.)

에너지라는 개념에 대한 정의

아인슈타인의 (비교적 단순한) 계산을 따르는 사람은 누구나 전자기복사를 내는 물체가 반드시 약간의 질량, 즉 복사가 옮겨가는 에너지량 E에 좌우되는 상상할 수 없을 정도로 작은 양의 질량을 잃는다는 데 동의해야 한다. 왜 그 양이 극미할까? 빛의 에너지(분수의 분자인 E) 자체가 미미하며, 분수의 분모인 c^2이 엄청나게 거대하기 때문이다. 결국 c^2은 광속의 제곱, 말하자면 초속 299,792킬로미터의 제곱(즉 시속 1,079,252,849킬로미터의 제곱)이다. 또한 두 섬광이 지닌 이미 미소한 에너지를 이 방대한 양으로 나누면 그 결과는 극미할 수밖에 없다.

여기서 질량을 속도의 제곱으로 곱한다는 사실(mc^2)은 과학자가 아닌 사람에게는 놀라울 수 있지만 물리학자에게는 그렇지 않다. 갈릴레오, 케플러, 뉴턴 이후로 자연법칙이 대수식을 수반한다는 관념에 익숙해졌기 때문이다. 가령 종종 수량의 거듭제곱(대개 제곱이나 세제곱)이 직접적으로 관찰된다. 실제로 물리학을 조금이라도 공부한 사람은 질량 M에 속도 v로 이동하는 물체의 운동에너지를 구하는 'K.E.=$Mv^2/2$'이라는 공식이 익숙하고 놀랍지 않다.

그러면 아인슈타인이 이 상황과 유관하다고 파악한 E/c^2라는 방정식으로 돌아가보자. 그래서 이 수량에서 놀라운 점은 속도의 제곱으로 나누어진 에너지를 나타내고, 그 결과가 반드시 질량의 단위를 지니는 대수식 자체의 성격이 아니라 그 **의미**다. 첫째, 이 m은 원래 질량 M이 얼마든 에너지를 방출하는 물체가 잃는 질량을 나타낸다. 둘째, m과 M이 지닌 크기의 관계는 자연계의 특수하고 보편적인 상수, 즉 빛의 속도로 중재된다. 그 자체로 놀라울 것이 없는 공식의 대수적 구조(제곱한 속도로 나누어지는 에너지)가 아니라 **이 점**이 진정으로 새롭고 이상한 것이다. 요컨대 완전히 사람들의 허를 찌른 것은 물리학자들이 이미 세 세기 동안 알고 있었듯이 에너지가 항상 질량에 속도의 제곱을 곱한 단위를 지닌다는 사실을 아는 사람에게는 대단히 따분한 단순한 **대수적 형태**가 아니라 이 공식이 암시하는 **관념**, 즉 **질량을 지니는 에너지**라는 관념이었다.

그렇다면 이 공식이 실제로 우리에게 말하는 것은 무엇일까? 이제 빙산의 일각만을 다룬 유명한 공식이 실린 1905년 가을의 첫 번째 논문부터 시작하여 마침내 빙산의 전체상을 드러낸 1907년의 후속 논문으로 마무리되는 아인슈타인의 사고 과정을 재구성해 보자.

에너지와 질량

아인슈타인은 1905년 가을에 펴낸 2쪽짜리 논문에서 빛의 형태로 에너지를 방출하는 모든 물체는 그에 따라 작은, 실로 상상할 수 없을 만큼 작은 양의 질량을 잃는다는 사실을 보여주었다. 이 결론은 물리학자들의 허를 찔렀지만 대중은 아무런 관심을 기울이지 않았다. 반직관적이든 아니든 간에 물체의 질량에 일어난 극미한 변화는 사회적으로 잠재적 쓸모가 전혀 없었기 때문이다. 피사와 사탑을 연결하는 우리의 캐리커처 유추로 잠시 돌아가자면, $E=mc^2$에 대한 이 첫 번째 논문이 등장한 일은 1173년에 피사의 중심지에 우아한 석탑이, 원래 탑이 그래야 하는 것처럼 곧게 선 석탑이 등장한 것과 같았다. 당시 이탈리아에서 높은 탑이 있는 도시는 약간의 명성을 얻었지만 상당한 정도는 아니었다. 탑은 인상적인 구조물이기는 했지만 아주 흔했기 때문이다. 마찬가지로 1905년 가을에 나온 2쪽짜리 논문은 많은 주목을 받지 못했다.

곧 피사와 사탑으로 돌아가야 하지만 그전에 빛을 발하는 물체가 잃는 미소한 양의 질량에 무슨 일이 일어날지 생각해보자. 이 질량은 그저 자취를 남기지 않고 사라질까, 아니면 뿜어져 나오는 섬광에 옮겨갈까? 빛 속에 사라진 질량을 찾고, 그에 따라 날아가는 빛이 어떤 **무게를 지닌다**고 결론 내리는 일은 매력적이다. (이 말은 내벽이 거울인 상자에 빛을 가두고 저울로 재면 빛이 담기지 않은 동일한 상자보다 극미하게 높은 수치가 나올 것임을 뜻한다.) 그러나 이런 결론은 어떤 질량이 사라진 것으로 보일 경우 다른 어딘가로 **간** 것이 분명하다는 관념에 토대를 둔다. 다시 말해서 날아가는 광선이 일정한 질량을 수반하는 것이 분명하다는 결론은 **질량이 파괴되지 않는다**거나 혹은 달리 표현하자면 모든 물리적 과정에서 **에너지보존**법칙이 존재하는 것처럼 **질량보존**법칙이 존재한다는 믿음을 따른다. (질량과 에너지가 유사한 방식으로 행동한다고 암시하는 '처럼'이라는 단어에 주목하라. 이 유추는 우리의 논의에서 핵심적인 요소가 될 것이다.) 질량과 관련하여 이런 법칙이 존재한다면 뻗어가는 섬광은 분명히 물체가 잃은 질량을 수반할 것이다. (그렇지 않다면 그 질량이 어디로 가겠는가? 장물은 도둑이 옮겨가지 않을까?) 그러나 이는 대단히 혼란스러운 내용이다. 우리는 모두 빛이 내용물이 없고, 유령 같으며, 어떤 측면에서는 물질과 상반되는 존재라는 이미지를 품고 있기 때문이다. 그런데 어떻게 빛이 어떤 무게를 지닐 수 있겠는가?

어쨌든 **모든 복사 과정은 불가피하게 복사체의 질량 손실을 수반하며**, 그 정확한 양은 아인슈타인의 유명한 공식을 통해 구할 수 있다. 여기서 에너지와 질량을 잇는 아인슈타인의 첫 번째 발견은 수학 공식으로 구할 수 있는 정확한 손실**치**가 아니라 위에 볼드체로 인쇄한 진술이 핵심이라는 점을 다시 한 번 강조한다. 그러나 이는 1막에 불과했다. 마침내 이 방정식에 엄청난 유명세를 안긴 것은 최초의 연구 결과가 아니라 이후 2년 동안 발견한 더 깊은 의미였다.

아인슈타인을 바라보는 바네시 호프만의 특별한 방식

물리학자이자 수학자인 바네시 호프만Banesh Hoffmann은 1930년대 동안 아인슈타인과 협력했으며, 1972년에 탁월한 아인슈타인의 전기를 펴냈다. 《알베르트 아인슈타인: 창조자 그리고 반항자Albert Einstein: Creator and Rebel》라는 이 훌륭한 책은 위대한 사상가의 머릿속에서 일어나는 일을 명쾌하게 보여준다. 이 책의 특정 단락은 아인슈타인이 단지 다섯 개의 기호로 표기되는 이 발견의 핵심에 서서히 다가가기 위해 활용한 유추의 미묘성에 대한 느낌을 전달한다. 대단히 역설적이게도 이 발견의 핵심은 이 다섯 개의 기호로 **가려지기도** 한다. 물리학에서 방정식은 자신을 설명한다는 의미에서 자기 충족적이지 않기 때문이다. 그래서 단지 페이지 위에 묵묵히 놓여 있을 뿐이다. 그 의미, 더 정확하게는 아주 작은 방정식이라도 여러 층위의 의미를 지닐 수 있기 때문에 다른 층위에서 다양한 의미를 해독하는 것은 물리학자의 몫이다.

가령 '$E=mc^2$'이라는 방정식은 종종 전혀 분명한 맥락 없이 제시된다. 이런 상황에서 'E'와 'm'이라는 문자는 무엇을 나타낼까? 어떤 에너지와 어떤 질량을 뜻하는 것일까? 이들은 언제나 같은 장소 및 시간의 같은 순간에 결부될까? 더 정확하게는 등호는 질량이 특정 에너지로 **수반됨**을 뜻할까, 혹은 실제로 에너지**임**을 뜻할까, 혹은 에너지를 **초래함**을 뜻할까, 혹은 에너지에서 **나옴**을 뜻할까? 이 방정식은 어떤 에너지가 어떤 질량으로 **변환**될 수 있음을(혹은 그 반대 내지 둘 다를) 뜻할까?

이런 종류의 의문에 대한 답은 절대 자명하지 않다. 그래서 수월하게 드러나지 않으며, 수학적 기술이 마법의 열쇠로 작용하는 것도 아니다. 심지어 오늘날에도 일반인 중에는 이런 기호를 해석할 줄 아는 사람이 드물며, 때로 그에 대한 이해가 약간 흔들리는 물리학자들도 많다. 이처럼 간단하게 보이는 이 방정식의 의미는 실로 모호하다. 심지어 발견자도 전체 깊이를 가늠하기 위해 두어 해를 숙고해야 했다.

1905년부터 1907년까지 아인슈타인이 거친 지적 경로를 이해하기 위해 1905년 가을에 펴낸 논문에 담긴 핵심적인 순간을 묘사하는 바네시 호프만의 글부터 살펴보자.

> 그는 이제 우주의 통일성에 대한 본능적 감각으로 날카롭고 대단히 중요한 발언, 에너지가 빛의 형태를 띤다는 사실은 "분명히evidently 아무런 차이를 만들지 않는다"는 발언을 툭 던진다.[57]

다시 말해서 아인슈타인은 반직관적 결과를 형식적으로 도출한 후 기꺼이 그것을 간과하고 도출해낸 환경보다 훨씬 더 포괄적인 환경에서도 유효할 것이라는 결론으로 건너뛴다. 구체적으로는 물체가 열에너지나 운동에너지 혹은 음파 등 **어떤 형태로든** 에너지를 방출하는 모든 상황에서 정확하게 같은 결과가 들어맞아야 한다고 썼다.

이는 '분명히'('명백히obviously'라는 번역이 더 나았을 것이다)라는 소박한 단어로 정당화하려 한 아인슈타인의 전형적인 수직적 범주 도약이다. 그러나 아인슈타인이 '분명'하다거나 '명백'하다고 표현하는 것이 논리적 추론이나 수학적 추론 혹은 대수적 계산에 전혀 기대지 않은 극도로 과감한 일반화에 해당하는 도약을 정당화하지는 않는다. 이 도약은 전적으로 모든 에너지 방출 과정이 서로 공통점이 대단히 많아서 하나의 주어진 결과가 **한** 가지 종류의 과정에 대해 엄격하게 성립된다면 **모든** 과정에 대해서도 유효할 것이라는 물리적 직감에서 나온다. 다시 말해 이 도약은 이런 종류의 상황에서 모든 형태의 방출된 에너지는 동일할 것이라는 유추에 따른 믿음에서 나온다. 따라서 아인슈타인이 이 방정식의 의미를 처음으로 확장한 내용은 모든 물체가 모든 종류의 에너지 E를 방출할 때마다 E/c^2에 해당하는 미소한 양의 질량을 잃는다는 것이다.

사실 이전에 아인슈타인은 방정식의 의미를 한 번 확장했다. 이 확장은 더 작고 소박한 도약, 개념적 반전을 수반하는 도약에서 기인했다. 그는 모든 물체가 유입되는 에너지량인 E를 **흡수**할 때마다 E/c^2에 해당하는 질량을 **얻는다**고 밝혔다. 이 정신적 방향 전환은 중대한 유추를 구성했다. 이 경우 물체는 에너지를 방출하는 것이 아니라 흡수하며, 질량을 잃는 것이 아니라 얻는다. 다시 말해서 아인슈타인은 시간을 따르는 새로 발견한 현상과 시간을 거스르는 새로 발견한 현상 사이에 중대한 차이가 없음을 확인했다. 이런 개념적 역전은 대단히 단순해 보이지만 저절로 이루어지지 않으며, 누군가 **상상**해내야 한다. 그리고 이처럼 단순한 정신적 방향 전환도 때로 심오한 사상가들, 심지어 '아인슈타인들'을 피해간다(곧 사례를 제시하겠다). 그러나 이 특정한 개념적 반전은 이 특정한 아인슈타인을 피해가지 않았다.

방출 과정 내지 흡수 과정에 대한 이런 설명은 해당 방정식에 대한 **인과적** 해석으로 보일 수 있다. 앞서 말했듯이 이 생각을 다룬 첫 번째 논문에서 아인슈타인은 대수 기호로 지금은 유명해진 방정식을 기술하지 않았다. 그는 순전히 "물체가 복사의 형태로 에너지 E를 방출한다면 그 질량은 E/c^2만큼 줄어든다"는 글로 자신이 발견한 내용을 표현했다. 이 문장은 불가피하게 하나의 결과(질량의 손실 혹은 획득)를 초래하는 하나의 사건(에너지의 방출 내지 흡수)을 묘사한다. 앞 장에서 논의한 몇 가지 방정식의 경우와 마찬가지로 이 문장은 방정식을 비대칭적으로 판독한 것으로, 한쪽은 다른 쪽의 이면에 있는 **원인**으로 간주되지만 반대 방향으로 흐르는 인과성은 고려되지 않는다.

폭넓게 보면 이것이 1905년에 아인슈타인이 $E=mc^2$에서 본 의미다. 이 의미는 이미 대단히 놀랍고 도발적이지만 1907년에 그가 도달한 최종적인 이해만큼 지대한 영향력을 지니지는 않는다. 1905년에서 1907년까지 숙고를 거치는 동안 방정식 자체는 전혀 변하지 않았다. 변한 것은 아인슈타인이 다섯 개의 기호에 결부한 해석뿐이었다. 원칙적으로 당대의 모든 물리학자가 1905년 논문을 읽고, 2년 동안 숙고하고, 그 결론에 도달할 수 있었다. 그러나 누구도 이런 생각을 하지 못했다. 아인슈타인의 머릿속에서 일어난 어떤 일이 그토록 특이하고 특별했을까?

새롭고 이상한 유형의 질량

아인슈타인이 극복한 정신적 장애물을 이해하려면 당대를 살아간 물리학자들의 사고방식을 들여다보려고 노력해야 한다. 1905년에도 원자의 존재는 여전히 확실하지 않았고, 설령 존재한다고 해도 그 속성이 완전히 불가사의했다. 아인슈타인은 원자 자체가 어떤 모습일지 상상할 수는 없었지만 고체 안에서 원자가 진동하기 때문에 열이 발생한다고 믿었던 대로 거의 확실하게 원자의 존재를 믿었다. 그러나 아인슈타인(혹은 다른 모든 당시의 물리학자들)은 전등 같은 복사체가 질량의 일부를 잃는 것을 어떻게 상상할 수 있었을까? 어떻게 그토록 기이한 사건이 일어날 수 있었을까?

가령 복사체는 구성 원자의 일부를 잃을까? 그렇다면 그 원자는 어디로 갈까? 혹은 그냥 갑자기 사라질까? 아니면 구성 원자의 일부(혹은 전부)가 같은 수를 유지하면서 크기가 조금 줄어들까? 이 경우 어떤 메커니즘으로 단일 원자가 그 질량의 일부를 잃을까? (1897년에 영국 물리학자인 J. J. 톰슨이 발견한 전자 같은) 기본 입자가 고정 질량이 아니라 **가변** 질량을 가질 수 있을까? 다른 한편 물체가 원자를 전혀 잃지 않고, 각 구성 원자가 원래의 모든 질량을 유지한다면 어떻게 전체 물체가 질량을 잃을 수 있을까? 이는 진정한 수수께끼였다.

물론 이 모든 의문은 당시 물리학자들이 질량을 상상하는 방식에서 기인했다. 이 점에 대해서는 아무런 의심이 없다. 그들은 질량을 심지어 100여 년이 지난 지금도 우리 모두가 직관적으로 보는 대로, 즉 시계부터 구름, 티끌, 원자까지 모든 물질적 대상의 고정된 속성으로 보았다. 그러나 질량은 흔들림, 퍼짐, 요란함, 넘어짐 같은 비가시적 관념에는 적용할 수 없었다. 이런 동사 같은 현상은 어떤 물질이 취하는 **움직임의 패턴**에 불과하며 무게가 없기 때문이었다. 이처럼 물질적 대상의 **고정된 속성**으로 간주되는 질량은 분명히 그냥 훽 생기거나 사라질 수 없었다. 사실 물체의 질량은 전혀 변할 수 없었다. 담배가 보이지 않게 주위로 퍼져나가는 연기의 형태로 미세한 입자를 내보내는 것처럼 일부가 떨어지거나 빠져나오지 않는 한 말이다. 설령 그렇다고 해도 보이지 않는 모든 작은 질량의 합은 처음의 질량과 같아야 했으며, 이 점은 자명해 보였다(그리고 지금도 자명해 보인다). 총질량은 늘거나 줄 수 없었으며, 불변이었기 때문에 양을 보존했다.

그래서 아인슈타인은 새로운 방정식 때문에 난처한 상황에 처했다. 모두가 물질적 대상과 비물질적 현상 사이의 차이를 아는데도 새로운 방정식은 에너지를 잃거나 얻는 결과로 물질적 대상이 질량을 잃거나 얻을 수 있다고, 실은 **그래야 한다고** 말하는 것처럼 보였기 때문이다. 어느 모로 보나 에너지는 절대 물질적 대상이 아닌데도 말이다. 새로운 방정식이 적용되는 한 가지 사례는 주위에 약간의 열을 내주면서 식어가는 뜨거운 물체가 될 수 있다. 아인슈타인에 따르면 이 물체 역시 약간의 질량을 잃는다. 이는 일부 질량이 열과 연계된다고 말하는 것과 같았다. 그러나 당시의 대다수 물리학자들과 마찬가지로 아인슈타인에게 '열'은 '원자의 진동'과 동의어였다는 사실을 상기하도록 하자. 이 사실은 아인슈타인이 자신의 신념에 따라 **고체 내부에 있는 원자의 진동이 질량에 기여한다**는 초현실적인 관념을 받아들이게 되었음을 뜻한다. 물론 이때 대다수 질량은 물질적 대상으로 드러나는 원자 자체에 있었다.

그래서 아인슈타인과 그의 결론을 받아들이는 모든 사람의 머릿속에서 질량이라는 관념이 양분되었다. 한편으로는 '물질적 대상의 질량'이라는 표준적이고 일상적인 관념에 해당하며, 지금부터는 **정상** 질량이라고 부를 친숙한 유형의 질량이 있고, 다른 한편으로는 아인슈타인의 유명한 방정식으로 드러난 반직관적인 새로운 관념에 해당하며, **이상** 질량으로 부를 다른 유형의 질량이 있다. (아인슈타인도 1907년 논문에서 '진정한' 질량과 '표면적' 질량이라는 용어를 사용하여 같은 구분을 했다.) 이렇게 질량을 두 유형으로 나누는 일은 예상치 못한 것이었지만 아인슈타인의 방정식에 따라 강제된 불가피한 일이었다. 구름과 시계는 명백히 **정상** 질량을 지닌다. 둘 다 **물질**(즉 원자)로 구성되기 때문이다. 반면 빛, 소리, 열에는 어떤 물질도 없지만 모두 **이상** 질량을 지닌다. 물론 구름과 시계는 약간의 이상 질량도 지닌다. 둘 다 약간의 열을 지니고, 앞서 말했듯이 열은 이상 질량을 지니기 때문이다.

따라서 모든 평범한 물질적 대상은 많은 정상 질량과 미소한 이상 질량을 지니며, 그 상대적 비율은 시간에 따라 변할 수 있다. 가령 오랫동안 빛을 내는 전등은 점차 이상 질량을 잃어서 계속 약간 더 가벼워질 것이다. 그렇다면 전등의 이상 질량이 전부 소진되고(혹은 구어적 표현으로는 '연료가 다 떨어지고') 정상 질량만 남으면 어떤 일이 생길까? 우리는 모두 이 시점이 되면 새로운 배터리를 장착하지 않는 한 전등이 더 이상 전자기복사를 방출하지 못한다는 사실을 안다. 전등이 여전히 상당한 정상 질량을 지닌다는 사실은 불빛을 생성하는 능력과는 전적으로 무관하게 보인다. 정상 질량과 이상 질량 사이에는 호환성이 전혀 없기 때문이다. 즉 전등이 빛을 내도록 만들기 위해 **풍부하게 보유한 정상 질량을 활용할 수 없는** 것으로 보인다. 모든 경험에 따르면 아주 작은 **이상** 질량을 활용해야만 물체가 에너지(전등의 경우에는 빛)를 방출할 수 있다.

다음 알레고리는 이 두 유형의 질량을 더 명확하게 구분하는 데 도움을 줄 것이다. 잔은 반드시 필요한 물건을 살 돈은 있었지만 사치를 부리기에는 은행 계좌의 잔액이 부족했다. 그런데 얼마 전에 방대한 토지가 딸린 대저택을 상속받았다. 이 저택의 가치는 적어도 수백만 달러에 달했다. 그러나 그녀가 생각하기에 이런 종류의 자산은 일상적으로 쓰는 돈과 같은 범주에 속하지 않았다. 즉 공식적 가치가 얼마든 소비할 수 있는 유동자산으로 인식되지 않았으며, 단지 고정된 비유동자산으로 보였다. 잔에게 두 유형의 자산은 전혀 공통점이 없었다. 마치 두 개념을 나누는 완강한 정신적 장벽이 있는 것 같았다. 그래서 사치품을 사거나 여행을 가기 위해 대저택은 말할 것도 없고 정원의 일부라도 판다는 생각은 전혀 하지 못했다. 그녀의 머릿속에서 미미한 유동자산은 쉽게 이동했지만('유동자산'으로 불리는 이유가 바로 그것이다), 부동산 자산은 완전히 고정되어 손을 댈 수 없었다. 그래서 돈이 필요해도 후자는 전혀 생각할 수 없었다. 그러나 여러 달 동안 상당한 액수의 청구액을 지불하지 못하고 있던 어느 날 며칠 후에 일부 재산이 차압될 것이라는 통지서가 날아들었다. 그러자 갑자기 어떤 생각이 그녀의 머릿속에 떠올랐다.

이 알레고리를 질량 그리고 아인슈타인이 발견한 개념적 이분법의 언어로 쉽게 번역할 수 있다. 요지는 그저 이상 질량(=유동자산)과 정상 질량(=고정자산) 사이에 놓인 가로지를 수 없을 것처럼 보이는 정신적 장벽이 실은 전혀 그렇지 **않으며**, 그런 생각이 떠오르게 만들 충분한 압력(=차압 위협)이 작용하면 얼마든지 가로지를 수 있다는 것이다.

그러나 1905년 당시의 아인슈타인과 $E=mc^2$이라는 관념을 담은 첫 논문을 읽은 독자들에게 **정상** 질량과 **이상** 질량 사이에 놓인 개념적 장벽은 절대 관통할 수 없는 것이었다. 어떻게 그렇지 않을 수 있을까? 가령 바위(**정상** 질량의 전형적 사례)를 생각해보자. 바위가 주변을 덥히는 적외선 복사를 방출함에 따라 내부에 저장된 열(**이상** 질량의 전형적 사례)이 점차 줄어든다고 상상할 수는 있다. 그러나 훨씬 더 강렬한 광선을 내뿜은 결과 바위 **자체**가 갑자기 우주에서 사라질 수 있다고 누가 상상하겠는가? 심대한 압력을 받는 상황이 아니라면 누구도 이런 무모하고 모호한 시나리오를 받아들이지 않는다. 다시 말해서 인류의 집단적인 지혜는 말할 것도 없고 평생에 걸쳐 쌓은 개인적 경험과 격렬하게 충돌하는 관념을 즉흥적으로 수용하지는 않는다.

'*abc*⇒*abd*; *xyz*⇒???'라는 흉내쟁이 유추 문제에서 누구도 먼저 *z*의 다음 글자를 취하는 경로로 이끌려서 장벽에 부딪히지 않는 한 *wyz*라는 우아하게 대칭적인 답을 생각하지 못한다. 사람들은 처음 떠올린 단순하고 직관적인 아이디어가 모두 실패한 후에야 더 과격한 아이디어를 시도한다. 요컨대 과격한 개념적 이월을 촉발하려면 상당한 정신적 압력이 필요하며, 그중에서도 심미적 감각이 적잖이 작용한다.

다음은 아인슈타인의 사고 과정에서 일어난 대단히 미묘한 이 전환 단계를 바네시 호프만이 기술한 내용이다.

1905년 논문에서 아인슈타인은 모든 종류의 에너지가 질량을 지닌다고 말했다. 그 반대의 경우도 유효하다는, 즉 모든 종류의 질량은 에너지를 지닌다는 엄청난 깨달음에 이르는 데 2년의 시간이 더 걸렸다. 그는 심미적 추론을 통해 이 깨달음에 이르렀다.

어떤 물체가 이미 지닌 질량과 에너지를 방출하는 데 따라 잃는 질량의 유형을 구분해야 할 이유가 있을까? 그것은 하나로 충분한 상황에서 적절한 이유 없이 두 가지 유형의 질량을 상상하는 일이다. 이 구분은 심미적이지 않으며 논리적으로 방어할 수 없다. 따라서 모든 질량은 에너지를 지녀야 한다.[58]

이 단락은 설득력과 통찰력을 담고 있지만 상당히 이상하기도 하다. 두 문단이 거의 상반되는 것처럼 보이기 때문이다. 첫 문단은 두 가지 다른 유형의 질량이 있다는 직관을 초월하는 일이 (심지어 아인슈타인에게도) 아주 어렵다고 말하는 반면, (아인슈타인의 머릿속으로 들어가 우리에게 특권적인 일인칭 시점을 제공하려고 시도하는) 두 번째 문단은 두 가지 유형의 질량을 구분하는 일의 가치를 믿을 **적절한 이유가 없다**고 주장한다. 그러나 실은 이런 믿음을 가질 만한 아주 강력한 이유가 **있었다.** 사실 **질량**이라는 이전에는 단일했던 개념에 분열을 초래한 것은 아인슈타인 자신의 방정식이었다. 이런 측면에서 보면 호프만이 쓴 짧은 단락은 2년 동안 아인슈타인이 거친 정신적 궤적을 완벽하게 요약한다. 첫 번째 문단은 1905년에 아인슈타인이 새로운 종류의 질량을 처음 인지한 점과 그 질량을 완전히 이해하지 못한 점을 넌지시 언급한다. 두 번째 문단은 이 불완전한 이해가 아인슈타인의 머릿속에서 심한 긴장을 초래하여 결국 처음 가졌던 관념(즉 **이상 질량**이라는 관념)을 미적 감각에 따라 과감하게 확장함으로써 개념적 분열을 제거하고 개념적 통일성을 재구축하게 만들었으며, 결국 조화롭고 새로운 이해에 이르러 모든 정신적 긴장을 떨쳤음을 말해준다.

지금부터 이 정신적 궤적을 면밀히 살필 것이다. 빛, 열, 소리(등)이 모두 (대단히 미미한 양이라고 해도) 질량을 가진다는 사실은 이전에 누구도 상상치 못한 **새로운 유형의 질량**을 다루고 있음을 암시한다. 에너지를 방출하고 그 과정에서 극미한 양의 질량을 잃는 물체는 탄탄하거나 정상적인 구성 요소를 전혀 잃지 않는다. 잃는 대상은 대단히 새로운 것, 다른 **유형**의 질량이다. 요컨대 $E=mc^2$이라는 방정식을 이해하는 모든 사람(물론 여기에는 발견자도 포함된다)은 두 가지 크게 다른 유형의 질량, 즉 친숙한 유형의 질량(정상 질량)과 유출되거나 유입되는 에너지와 연계되는 새로운 유형의 질량(이상 질량)을 상상해야 하는 아주 강한 압력을 받는다. 더 구체적으로 말하자면 광선에 옮겨가는 극미한 질량은 배터리가 잃는 **이상** 질량에서 나온다. 그러나 배터리를 구성하는 어떤 **입자**도 상실되거나 파괴되지 않으며, (원자든, 분자든, 다른 무엇이든) 모든 미립자는 그대로 남는다. 배터리의 **정상** 질량은 모든 빛의 방출(혹은 흡수) 과정에서 전혀 영향을 받지 않기 때문에 두 유형의 질량 사이에 놓인 완강한 장벽이라는 이미지가 생긴다(구어체로 말하자면 '그들은 서로 말을 섞지 않는다').

아인슈타인조차 자신의 방정식이 암시한, 실은 **강요한** 뚫을 수 없는 개념적 장벽이 사실 존재하지 않는다는 결론에 이르는 데 2년이 걸렸다. 호프만이 묘사한 대로 그가 지닌 '우주의 통일성에 대한 본능적 감각'이 자연계의 내적 일관성, 즉 물리 법칙의 균일성 및 단순성에 따르면 전자電子든 대포알이든 간에 모든 물질적 대상(즉 모든 정상 질량)은 배터리에 저장된 불활성 에너지처럼 혹은 부동산에 잠재된 고정자산이 유동성 현금으로 변할 수 있듯이 방출되는 광선이 옮길 수 있는 이상 질량으로 '용해'될 수 있어야 한다는 획기적 관념으로 마침내 그를 이끌었다.

이는 진정으로 충격적인 관념이었다. 탄탄하고 거대한 물리적 대상이 말 그대로 비물질화되어 사라질(혹은 역으로 이런 대상이 갑자기 물질화될) **수 있을** 뿐만 아니라 이 모든 변형이 반드시 갑작스럽고 동시적으로 이루어지는 놀랄 만한 에너지량의 발생(혹은 실종)을 수반함을 뜻하기 때문이었다. 실로 새롭게 드러난 아인슈타인의 방정식이 지닌 완전한 의미를 충격적이고 심지어 초현실적으로 만든 것은 바로 거기에 수반되는 놀랄 만한 에너지량이었다.

아인슈타인의 머릿속에서 일어난 이면의 암투

아인슈타인의 머릿속 숨겨진 후미에서 어떤 일이 벌어졌기에 2년에 걸친 생각 끝에 당시에는 실험적 증거가 전혀 없는 이 대단히 혼란스러운 관념에 이르게 되었을까?

우선 아인슈타인이 전등을 벗어나는 광선이 (전등에서 '빼내지는') 에너지뿐만 아니라 질량까지 옮긴다는 사실을 알았다고 믿을 충분한 이유가 있다. 이 인식은 이상 질량이 전등을 벗어날 때 그냥 훅 사라지는 것이 아니라 한 형태에서 다른 형태로 **바뀐다**는 생각으로 이어진다. 이상 질량은 두 개의 섬광이 생성되기 전에는 전등의 배터리 속 화학적 결합물에 깃들어 있다. 반면 섬광이 방출된 후에는 그 섬광을 구성하는 전자기파의 진동 속에 깃든다(그래서 내벽이 거울인 상자에 빛을 가두고 무게를 달면 이전보다 아주 약간 더 무겁다).

이처럼 다른 형태 사이를 오갈 수 있는 이상 질량의 유동성은 분명히 아인슈타인에게 에너지가 지닌 유동성을 상기시켰을 것이며(에너지도 마찬가지로 한 형태에서 다른 형태로 끊임없이 옮겨가기 때문이다), 자신의 방정식이 질량과 에너지 사이에 존재하는 예상치 못한 연결 고리를 드러냈다는 점을 감안할 때 이런 연관성이 훨씬 더 쉽게 머릿속에 떠올랐을 것이다. 그러나 한 유형의 이상 질량이 다른 유형의 이상 질량으로 쉽게 변할 수 있다고 해도 여전히 **정상** 질량은 변형되지 **않는다**는 사실은 전적으로 자명해 보였다. 앞서 언급했듯이 바위나 다른 고체(혹은 같은 맥락에서 액체나 기체)가 그냥 섬광으로 사라지거나 마술처럼 거기서 나오는 것을 본 사람은 아무도 없다. 물질적 대상은 가시적 **실체**로 만들어지며, 따라서 비가시적 에너지 및 그 '이상 질량'과는 다른 종류에 속하는 것처럼 보인다. 이 명확한 구분은 앞서 설명한 대로 질량이라는 개념 내에 완강하고 넘을 수 없는 장벽을 만들어서 서로 전환할 수 없는 두 개의 아종으로 나눈다.

아인슈타인은 당대의 모든 물리학자처럼 에너지보존법칙, 즉 에너지가 형태를 바꿀 수는 있지만 줄거나 늘지는 않는다는 확고하게 검증된 사실에 익숙했다. 수많은 실험이 열(열에너지)을 거시적 물체의(가령 실린더 안에 설치된 피스톤의) 운동(운동에너지)으로 전환할 수 있고 그 반대의 경우(가령 어떤 물체를 문질러서 온도를 높이는 것)도 가능하며, 배터리가 지닌 화학에너지를 전자기에너지로 전환할 수 있다는 사실을 증명했다. 당시의 기술은 이 근본적인 법칙에 의존했다.

에너지보존법칙을 굳게 믿었던 아인슈타인은 이제 문득 비슷한 새로운 보존 법칙, 즉 이상 질량 보존 법칙에 직면하게 되었다. 말하자면 이상 질량은 에너지처럼 늘거나 줄지 않고 한 형태에서 다른 형태로 명백하게 옮겨갈 수 있었다. 가령 결정이 복사를 흡수하면 **전자기의 형태를 띤** 약간의 이상 질량(즉 광선)이 갑자기 사라지고 동시에 **열의 형태를 띤** 약간의 이상 질량이 즉각 나타나게 된다. 마찬가지로 복사에서는 반대의 변환이 일어날 수 있다. 따라서 에너지 보존과 이상 질량 보존 사이의 유사성 덕분에 아인슈타인의 머릿속에서 **에너지**와 **이상 질량** 사이에 긴밀한 유추적 연결 고리가 생기기 시작했을 것이라고 상상할 수 있다.

지금까지 우리는 대단히 중요한 유형의 에너지, 바로 1799년에 프랑스 물리학자인 피에르 라플라스Pierre Laplace가 제시한 **위치에너지**를 전혀 언급하지 않았다. 위치에너지는 물체의 상대적 위치에만 좌우되기 때문에 아마도 가장 특이하고 비직관적인 형태의 에너지일 것이다. 그러나 특이하든 그렇지 않든 위치에너지는 에너지 보존에서 핵심적인 역할을 수행한다. 가령 언덕을 굴러 내려가는 공은 (고도에 비례하는) 위치에너지를 잃는 동시에 운동에너지를 얻는다. 반대의 경우도 마찬가지여서 언덕을 굴러 올라갈 때는 속도(따라서 운동에너지)를 잃는 동시에 위치에너지를 얻는다. 위치에너지가 에너지 보존에서 핵심적인 역할을 수행하는 양상을 보여주는 다른 사례는 스프링에서 확인할 수 있다. 스프링은 (늘어나지도 눌러지지도 않은) 중립 상태에서는 위치에너지를 지니지 않지만 늘리거나 누르면 약간의 위치에너지를 얻는다. 스프링을 꽉 잡아서 중립 상태로 돌아가지 못하게 막는 한 위치에너지가 유지되지만 손을 놓는 순간 위치에너지는 운동에너지로 전환된다. 이때 **총**에너지는 모든 과정에 걸쳐서 완전히 균일하게 유지된다.

그래서 에너지는 질량처럼 두 가지 아주 다른 종류를 지니는 것으로 보인다. 한쪽에는 열(분자의 움직임), 파동, 회전, 공간을 지나는 이동 등 운동과 관련이 있는 모든 **동적** 형태의 에너지가 있고, 다른 쪽에는 위치하고만 관련이 있을 뿐 운동과 아무 관련이 없기 때문에 아주 다르게 보이는 **정적** 에너지 혹은 **위치**에너지가 있다. 앞서 제시한 자산 알레고리를 상기하자면 항상 움직이는 대상을 수반하는 첫 번째 종류를 **유동적** 에너지로, 어떤 종류의 운동도 수반하지 않는 두 번째 종류, 위치에너지를 **고정적** 에너지로 부를 수 있을 것이다.

이렇게 에너지라는 개념을 유동적 에너지와 고정적 에너지라는 두 종류로 나누는 것은 어쩔 수 없이 질량이라는 개념을 이상 질량과 정상 질량이라는 두 종류로 나눈 일을 연상시킨다(또한 이 두 번째 이분법이 아인슈타인의 방정식으로 야기되었음을 잊지 말아야 한다). 둘 사이의 유사성은 명백하며, 실로 두드러진다. 그러나 그 현저성에도 불구하고 이 유사성은 하나의 문제를 초래한다. 아인슈타인의 시대에 사람들은 이미 약 한 세기 동안 에너지의 두 종류(동적 에너지와 정적 에너지)를 전적으로 호환할 수 있다는 사실을 알았다(그렇지 않다면 에너지 보존이 성립되지 않을 것이다). 반면 우리는 방금 질량의 두 종류(이상 질량과 정상 질량)를 호환할 수 **없다**고 주장했다. 만약 호환이 가능하다면 철 원자나 진주 혹은 바위가 그냥 훅하고 사라질 수 있어야 한다. 적절한 양의 이상 질량, 즉 약간의 열이나 소리 혹은 빛을 남기기만 한다면 말이다. 그러나 이런 일은 절대 일어나지 않는다. 혹은 적어도 제정신을 가진 사람은 모두 자연스럽게 그렇다고 생각한다. 그래서 정리하자면 **질량**에 관한 한 두 종류 사이에 빈틈없는 칸막이가 있어야 한다. 반면 **에너지**에 관해서는 두 종류 사이에 칸막이가 전혀 없는 것처럼 보인다. 따라서 막 생겨난 질량-에너지 유추는 연기 속으로 사라지게 된다. 참으로 유감스러운 일이다!

그러나 이 대목에서 아인슈타인이 지닌 '우주의 통일성에 대한 본능'이 발휘된다. 바네시 호프만이 지적한 대로 이상 질량과 정상 질량 사이에 빈틈없는 칸막이가 존재한다고 주장하는 것은 "하나로 충분한 상황에서 적절한 이유 없이 두 가지 유형의 질량을 상상하는 일이다. 이 구분은 심미적이지 않으며 논리적으로 방어할 수 없다." 호프만의 말을 그대로 받아들인다면 아인슈타인은 1907년에 근본적으로 이렇게 자신에게 말했을 것이다. "자연의 균일성에 대한 나의 흔들림 없는 믿음은 **정상** 질량을 지닌 평범한 물질의 덩어리를 많은 **이상** 질량으로 혹은 그 반대로 전환할 수 있다는 결론으로 이끈다. 설령 이런 종류의 현상이 어디에서도 발견되지 않았지만 말이다." 아인슈타인이 지닌 단순성에 대한 심미안이 촉발한 이 깊은 영감의 순간은 잔이 압류 위협을 받은 후 보이지 않는 장벽을 무너뜨리고 전에는 상상도 하지 못했던 고정자산을 유동자산으로 바꾼다는 생각을 떠올린 깨달음의 순간과 유사하다.

그러나 질량 개념에 세워진 대단히 확실하고 확고하게 보였던 유사한 장벽을 무너트리도록 아인슈타인을 재촉한 것은 무엇일까? 비유하자면 어떤 '압류 담당자'가 어느 날 문을 두드리면서 충분히 강한 정신적 압력을 가했을까? 우주의 통일성에 대한 심미적 갈구만으로는 충분치 않았을 것이다. 앞서 말한 대로 두 종류의 질량 사이에 호환성이 없다는 사실이 **자명**했기 때문이다. 시계, 나무 조각, 바위는 **절대** 섬광이나 음파 혹은 다른 어떤 것 속으로 사라지지 **않는다**. 단지 움직이지 않고 변하지 않은 채 거기 있을 뿐이다. 이 모든 것은 더없이 명확하다. 그렇다면 아인슈타인이 사정을 다르게 보도록 이끈 것은 무엇일까?

바네시 호프만이 1907년에 아인슈타인이 질량과 에너지를 바라보던 방식을 정리한 내용을 상기해보라. 이 장에서 사용한 용어를 빌어서 그 말을 재구성하자면 아인슈타인은 근본적으로 다음과 같이 생각했을 것이다. "정상 질량은 근본적으로 이상 질량과 같기 때문에 어쨌든 에너지를 지녀야 하며, 내가 2년 전에 만든 방정식에 따르면 후자도 에너지를 지녀야 한다. 따라서 이 유사성이 강요하는 대로 일반화를 하면 **모든** 유형의 질량이 에너지를 지닌다는 결론을 내리게 된다." 둘 사이의 유사성은 "근본적으로 같다"는 말에 분명하게 깃들어 있지만 다시 한 번 우리는 정상 질량과 이상 질량을 인지하는 양상이 크게 다르고, 평범하고 무구해 보이는 모든 개별 물질 안에 방대한, 실로 상상할 수 없을 정도로 방대한 양의 에너지가 숨겨져 있다는 실험적 증거가 전혀 없다는 점을 감안할 때 아인슈타인이 **왜** 이런 유추에 대한 확신을 가졌는지 의문을 제기해야 한다.

아인슈타인이 활용한 핵심적인 단서는 위치에너지일 수 있다. 앞서 지적했듯이 위치에너지는 정상 질량을 연상시키기 때문이다. 다른 형태의 에너지는 운동을 수반하지만 위치에너지는 움직이지 않는다. 마찬가지로 이상 질량은 운동을 수반하지만 정상 질량은 움직이지 않는다.

이 부분까지 위치에너지와 정상 질량 사이의 유사성은 강력하다. 그러나 아인슈타인의 머릿속에서는 위치에너지를 비롯한 **모든** 형태의 에너지는 호환할 수 있는 반면 질량의 경우 호환성이라는 개념이 '고정된' 정상 질량을 분명하게 배제하면서 칸막이의 한쪽에만 적용된다는 사실 때문에 약화되었을 것이다. 이는 대단히 심란한 비대칭성이지만 바로 그 이유 때문에 대단히 도발적이기도 하다! 에너지라는 개념 안에 있는 유사한 막은 전적으로 침투성을 지니는데 왜 이상 질량과 정상 질량 사이에는 침투할 수 없는 막이 있어야 할까? 이는 핵심적인 돌파구로 이어지는 핵심적인 의문이다.

'고정된' 정상 질량도 총질량의 보존이라는 유연한 현상에 참여한다고 말하는 것은 분명히 무모한 어둠 속의 도약일 것이다. 통일성에 대한 깊은 심미적 욕구 외에는 어떤 근거도 없기 때문이다. 이 욕구는 물론 암시적인 유사성, 즉 위치에너지가 총에너지의 보존에 참여한다는 사실로 강화된다. 그러나 이 유사성에 따른 암시가 아무리 강하다고 해도 이런 도약은 무모할 것이다. 질량을 지닌 덩어리가 훅하고 사라지거나 나타난다는 엉뚱한 관념, 당시에는 들어본 적이 없는 종류의 사건을 믿어야 가능하기 때문이다.

게다가 아인슈타인은 방정식에 포함된 엄청난 증배 상수multiplicative constant c^2 때문에 대단히 미미한 양의 정상 질량이 이상 질량으로 변환되어도 상상할 수 없을 정도로 많은 양의 에너지가 난데없이 나타나는 것처럼(실은 단지 무구해 보이는 물질 덩어리 안에 눈에 띄지 않게 숨어 있었을 뿐 항상 그 자리에 있었으며, 그래서 화학 결합 속에 조용히 그리고 보이지 않게 숨어 있는 화학적 위치에너지와 유사하다) 보일 수 있다는 사실을 잘 알았다. 이 점은 초현실성을 더욱 심화시켰다. 이처럼 숨겨진 에너지가 방대하게 방출되는 현상은 엄청난 무기는 말할 것도 없고 엄청난 에너지원의 개발을 초래할 수 있었다. 만약 어느 날 이런 종류의 변환을 실행할 수 있게 된다면 세상은 크게 바뀔 것이었다.

요컨대 $E=mc^2$에 대한 새로운 해석은 무모한 과학소설 같은 시나리오로 과감하게 도약하는 것과 같았다. 그러나 이 도약은 심미적 바탕을 지닌 직관적인 유추에 토대를 두기는 하지만, 바로 1907년에 아인슈타인이 논문에서 실행한 것으로서 정상 질량을 지닌 물질적 대상을 다른 비가시적 형태의 질량으로 전환하여 일종의 위치에너지로 내부에 갇혀 있던 방대한 양의 숨겨진 에너지를 풀어줄 수 있다는 혁신적 시각으로 가는 문을 연 것이었다. 그래서 1907년은 비유하자면 새로운 피사의 사탑이 기울기 시작하여 엄청난 주목을 받게 된 해였다. 이 순간부터 곧 흔한 구절이 될 '아인슈타인의 상대성이론'이 대중의 생각 속에서 $E=mc^2$과 분리할 수 없게 되었다.

그러나 1907년에는 아인슈타인이 방정식의 원래 의미를 확장한 것을 뒷받침할 실험적 증거가 전혀 없었다. 1928년이 되어서야 영국 물리학자인 P. A. M. 디랙이 상대성이론과 양자역학을 미묘하게 융합한 덕분에 이론적 토대 위에서 (전자의 반입자인 양전자 같은) **반입자**라는 개념을 제시할 수 있었다. 또한 몇 년 후에는 정지 상태인 두 물질 덩어리, 구체적으로는 전자와 양전자가 갑작스럽고 완전하게 서로를 소멸시키는 현상이 (이름 그대로!) 빛의 속도로 서로에게서 멀어지며, c^2으로 나누면 그 정상 질량의 합과 정확하게 같은 양의 전자기에너지로 흔들리는 단 두 개의 광자(우아하고 불가결한 '광자'라는 단어는 마침내 1926년에 길버트 루이스에 의해 만들어졌다)만을 생성하는 과정에서 실험적으로 관찰되었다. 다시 말해서 이 실험적 발견은 **정상** 질량을 가진 일반적 물질(이 경우에는 말하자면 서로를 소멸시키는 '나노 바위nano-boulders'인 전자와 양전자)이 정확하게 같은 양의 **이상** 질량을 지닌 복사에너지의 분출로 동시에 대체되기만 하면 실제로 갑자기 사라질 수 있음을 증명했다. 그래서 25년이 지난 후에야 순전히 심미안에 따른 유추에 토대를 둔 아인슈타인의 위험한 도약을 뒷받침하는 실험적 검증이 마침내 이루어졌다.

우리는 바네시 호프만처럼 아인슈타인이 1907년에 내린 극적인 결론(즉 **질량은 언제나 에너지를 지닌다**)이 1905년에 이룬 발견(즉 **에너지는 언제나 질량을 지닌다**)을 뒤집은 것에 불과하다는 사실이 시사하는 바가 있다고 생각한다. 이는 마치 아인슈타인이 방정식을 기술한 후 처음에는 한 방향으로만('$m=E/c^2$', 즉 '표준적인 크기의 모든 에너지가 상상할 수 없을 정도로 작은 양의 질량을 지닌다') 읽다가 2년 후에 마침내 다른 방향으로도('$E=mc^2$', 즉 '표준적인 크기의 모든 질량에 상상할 수 없을 정도로 거대한 양의 에너지가 숨어 있다') 읽을 수 있다는 사실을 깨달은 것과 같다. 이 사실은 과감한 지성을 지닌 사람에게도 때로 사후에는 대단히 기초적인 개념적 반전처럼 보이는 일을 실행하기 위해 유추가 추동하는 인지 부조화는 말할 것도 없고, 상당한 시간과 엄청난 집중이 필요하다는 것을 말해준다.

개요로 본 1905년~1907년

다음은 아인슈타인의 머릿속에서 떠오른 에너지와 질량에 대한 관념의 다면적 교향곡을 정리한 것이다. 이 관념들은 마침내 1907년에 그를 돌파구로 이끌어서 **경이의 해**에 처음 작성한 방정식을 훨씬 깊게 이해하도록 해주었다.

이전 시대에서 물려받은 관념들

- 에너지에는 두 가지 근본적인 종류가 있다. 하나는 물체의 운동과 파동의 진동에 따른 **동적** 에너지이고, 다른 하나는 물체의 상대적 위치에 따른 **정적**(혹은 **위치**) 에너지이다.
- 한 에너지는 다른 에너지로 변환될 수 있다.
- 모든 물리적 과정은 주어진 계에서 총에너지를 보존하며, 계의 총질량도 마찬가지다.

아인슈타인이 1905년에 떠올린 관념들

- 모든 물체가 광선을 방출할 때마다 E만큼의 에너지뿐만 아니라 미소량의 질량도 잃으며, 그 값은 $m=E/c^2$이라는 방정식으로 구할 수 있다. 이와 유사하게 광선을 흡수한 물체는 약간의 에너지뿐만 아니라 같은 방정식으로 그 값을 구할 수 있는 약간의 질량도 얻는다.
- 유추를 통한 추정: 전자기파뿐만 아니라 모든 형태의 동적 에너지도 질량을 지닌다. 따라서 물체는 동적 에너지 E를 얻을(혹은 잃을) 때마다 역시 같은 방정식으로 그 값을 구할 수 있는 극미한 질량 m을 얻는다(혹은 잃는다).
- 유추를 통한 추정: 이 점은 동적 에너지뿐만 아니라 정적 에너지에도 유효하다.

- 물체의 질량은 두 가지 근본적인 종류로 구성된다. 하나는 물체를 구성하는 물질에서 기인하는 **정상** 질량이고, 다른 하나는 물체가 지닌 에너지에서 기인하는 **이상** 질량이다.
- 물체를 구성하는 기본 입자는 에너지를 방출하거나 흡수할 때 변형되지 않기 때문에 물체의 정상 질량은 결코 변하지 않는다.
- 물체에 포함된 모든 에너지는 이상 질량을 지닌다. 역으로 모든 이상 질량은 에너지를 포함하며, 그 정확한 양은 $E=mc^2$이라는 방정식으로 주어진다. 반면 물체의 정상 질량은 질량-에너지 관계에서 아무런 역할도 하지 않으며, 그래서 방정식 $E=mc^2$은 이상 질량에만 적용된다.

질량-에너지 유추가 이루어지기 시작한다

- 질량과 에너지는 모든 물리 과정에서 보존된다는 점에서 비슷하다. 게다가 방정식 $E=mc^2$은 주어진 양의 에너지를 간단하고 자연스러운 방식으로 해당하는 양의 질량과 연결한다. 따라서 질량과 에너지는 유사한 개체이며, 실로 긴밀하게 연관되어 있다.
- **정적** 에너지와 **정상** 질량 사이에는 대단히 솔깃한 유사성이 존재하며(둘 다 운동과 관련이 없기 때문이다), 마찬가지로 **동적** 에너지와 **이상** 질량 사이에도 솔깃한 유사성이 존재한다(둘 다 운동에서 기인하기 때문이다). 이 두 가지 유사성은 질량과 에너지를 잇는 초기 유추의 핵심에 해당한다.

동시에 대칭성의 결여에 따라 인지 부조화가 초래된다

- 에너지는 (입자로 구성되지 않기 때문에) **이상** 질량을 얻지만 **정상** 질량은 지니지 않는다. 또한 그 역도 성립한다. 모든 물체가 지닌 **이상** 질량은 비가시적 에너지를 얻으며, 이 에너지는 방출될 때까지 조용히 머물지만, 이 점은 같은 물체가 지닌 **정상** 질량에는 해당되지 않는다(즉 정상 질량은 어떤 에너지도 지니지 않는다).
- 따라서 질량이라는 개념에는 정상 질량과 이상 질량을 나누는 '내부 칸막이'가 있다. 이 칸막이 때문에 두 질량을 호환할 수 없다. 그러나 두 종류의 **질량**을 영원히 갈라놓는 이 칸막이는 **에너지**의 경우에는 대응물이 없다(모든 형태의 에너지가 호환성을 지니기 때문이다). 질량과 에너지 사이에 형성되는 이 부조화는 두 개념을 잇는 초기 유추가 지닌 심각한 문제다.

'우주의 통일성'을 복원하는 가설 덕분에 인지 부조화가 일소된다

- 다른 종류의 에너지를 갈라놓는 칸막이가 없으며, 에너지와 질량을 잇는 유망한 유사성이 있기 때문에 이 유사성을 진정으로 믿는다면 질량이 에너지와 마찬가지로 내부 칸막이로 나누어지는 것이 **아니라** 두 종류의 질량(정상 질량과 이상 질량)이 호환성을 지닐지도 모른다고 생각할 수 있다.
- 이 생각이 옳다면 정상 질량이 이상 질량처럼 에너지 창고의 역할을 하며, (불명확한 속성을 지닌 특수한 환경에서) 이상 질량으로 변환될 수 있음을(혹은 그 역도 가능함을) 암시한다. 이 점은 정상 질량이 즉각 동일한 양의 이상 질량으로 변환되는 한 물체가 (특수한 환경에서) 감쪽같이 사라질 수 있음을 암시한다.
- 질량 m을 지니는 물체가 '감쪽같이 사라지는 일'(혹은 더 정확하게는 정상 질량이 이상 질량으로 전환되는 일)과 관련되는 에너지량은 방정식 $E=mc^2$으로 구할 수 있으며, 따라서 물체 자체는 극히 가볍다고 해도 그 값이 놀랄 정도로 클 수 있다.

분명히 이는 대단히 미묘한 이야기이며, 많은 단계를 생생하게 제시하기가 아주 어렵다. 특히 어려운 점은 두 종류의 질량을 나누는 핵심적인 이분법을 전달하는 적절한 한 쌍의 영어 형용사를 찾는 일이었다. 우리는 '입자적/진동적', '영구적/휘발적', '활용 불가능한/활용 가능한', '고체적/액체적', '구체적/추상적', '가시적/비가시적', '고전적/아인슈타인적', '경성/연성', '유형적/무형적', 심지어 '둔중한/흔들거리는'을 비롯하여 여러 대안을 검토했다. 또한 아인슈타인이 쓴 용어('진정한true 질량'과 '피상적apparent 질량')도 고려했지만 단 한 번만 사용했기 때문에 정식 용어로 보기에는 무리가 있었다. 그래서 결국 우리는 '정상 질량'과 '이상 질량'을 선택했다. 이는 어려운 결정이었다. 우리가 시험한 각각의 상반되는 쌍이 모두 장점과 단점을 지녔기 때문이다. 즉 각 쌍은 친숙한 상황과의 다른 유사성을 암시하며(혹은 다른 유사성에서 기인하며), 따라서 다른 쌍으로는 드러나지 않는 이 불가사의한 구분의 특정한 미묘성을 드러낸다.

이런 종류의 비가시적 취향은 물리학자가 본능적으로 새로운 가설을 향해 나아가도록 유도한다. 이 특정 상황에서 아인슈타인은 수많은 언외의, 아마도 대부분 무의식적인 유사성에 의해 여러 방향으로 떠밀리고 당겨졌으며, 2년 후에 마침내 1905년에는 상상하지 못했던 것을 상상해냈다. 심한 압박을 받고 방대한 고정자산인 대저택이 근본적으로는 어느 모로 보나 은행 계좌처럼 유연하고 유동적일 수 있다는 사실을 깨달은 잔에 대한 비유는 아인슈타인이 1905년에서 1907년까지 했던 심미적 사색의 묘미를 대단히 구체적인 용어를 통해 전달할 수 있도록 해주는 설명적인 캐리커처 유추다.

정리하자면 호환성을 지닌 다른 유형의 에너지가 있듯이 호환성을 지닌 다른 유형의 질량이 있다. 따라서 질량은 어느 모로 보나 에너지처럼 변화무쌍하며 계속 변한다. 질량과 에너지를 잇는 연결 고리는 대단히 유명한 아인슈타인의 방정식을 구성하는 다섯 개의 기호에 숨겨진 놀라운 유사성이다.

아인슈타인의 유추와 물리학의 범주

앞서 아인슈타인의 유추가 지닌 특별한 속성을 언급한 바 있다. 그것은 바로 유사성을 활용할 뿐만 아니라 깊은 통일성을 창출하는 경우가 많다는 것이다. 아인슈타인이 특수상대성원리를 발견한 양상을 생각해보라. 핵심적인 단계는 역학과 다른 모든 물리학 분야 사이에서 사소해 보이는 유추를 한 것이었다. 아마 갈릴레오의 상대성원리를 쉽게 설명하고 "이 원리를 일반화하라!"라고 말했다면 당시 대다수 물리학자는 같은 유추를 통해 아인슈타인이 했던 일반화에 이를 것이다(그 지대한 영향력을 깨닫는지 여부는 다른 문제다). 그러나 핵심적인 사실은 그들이 갈릴레오 상대성원리의 한계를 숙고하지 **않았다**는 것이다. 따라서 그들은 쉬운 이해를 얻지 못했다. 이 원리를 일반화한다는 생각은 난데없이 유도되어야 했다. 아인슈타인은 수 세기나 묵은 이 간단하고 근본적인 원리가 물리학 분야에 존재하는 수많은 중요한 문제가 교차하는 지점에 놓여 있으며, 일반화를 필요로 한다는 사실을 파악했다. 반면 다른 물리학자들은 전자기학과 역학이라는 물리학의 두 분야를 **통합**하는 공통의 핵심을 찾기는커녕 그것을 **구분**하는 데 초점을 맞추었다.

두 가지 유형의 다르게 보이는 질량을 잇는 아인슈타인의 1907년 유추에 대해서도 비슷한 말을 할 수 있다. 어떤 사람들은 그것이 유추가 아니라고 반박할 수도 있다. (적어도 일반적인 고정관념에 따르면) 유추는 언제나 단지 부분적이고 근사적인 진실인 반면 $E=mc^2$의 경우 아인슈타인이 '이상' 질량과 '정상' 질량 사이에서 발견한 연결 고리는 완전하고 정확한 진리로서 단일한 현상에 속하는 두 측면에 불과함을 드러내기 때문이다. 이런 반발은 솔깃하게 들리지만 완전히 틀렸다.

사실 해당 관념은 관련된 의문을 진지하게 받아들인 소수의 동료들이 보기에는 분명히 별개인 두 개의 개념을 통합하려는 아인슈타인의 길고 끈질긴 노력의 결실로서 잠정적이고 불안정한 전형적인 유추로 시작되었다. 그러나 20년 후에 이루어진 실험 결과는 표면적인 차이가 아닌 단일하고 더 확장된 개념의 손을 들어주었다. 그 이유는 우주의 통일성을 추구하는 아인슈타인의 억누를 수 없는 본능이 다시 한 번 핵심을 찌르면서 자연계에 깊이 자리 잡은 새롭고 더 폭넓은 개념을 드러냈기 때문이다.

상대성원리와 가속하는 기준틀

지금부터 간략하게나마 일반상대성원리를 살펴보자. 이 원리의 토대에도 처음에는 무모한 추측 내지 특이한 직관에 따른 과감한 도약으로 간주되었지만 나중에 거듭 정확한 것으로 증명된 후 뒤늦게 단지 일종의 유사성에 대한 한 개인의 주관적이고 불확실한 추측이 아니라 **자연계에 대한 영원한 진리**로 간주된 아인슈타인의 유추가 있다.

특수상대성원리(처음에는 더 일반적인 이론의 일부가 아니었기 때문에 '특수'라는 명칭이 붙지 않았다)를 뒤돌아볼 때 아인슈타인이 매우 심란해한 점은 일정하고 부드럽게 이동하는, 즉 가속하지 않는 기준틀에만 적용된다는 것이었다. 아인슈타인이 1905년에 제시했으며, 나중에 특수상대성원리로 칭한 갈릴레오 상대성원리의 확장판에 따르면 **특정 유형에 속하는 기준틀**의 경우 내부에서 실행하는 실험을 통해서는 정지 상태인지 아닌지 여부를 알 수 없다. 등속으로 이동하는 기준틀이 거기에 해당한다. 그러나 **일정한** 종류의 기준틀들, 구체적으로는 가속하는 기준틀과 등속으로 이동하는 기준틀은 내부 실험을 통해 아무 문제없이 **구분할 수 있다.** 가령 빠르게 가속하는 차 안에 있을 경우 주방이나 등속으로 날아가는 비행기 안에서처럼 쉽게 잔에 물을 **부을 수 없다.** 차 안에 탄 사람이 보기에는 물이 수직으로 떨어지는 것이 아니라 가속의 방향과 강도에 따라 그 형태가 결정되는 구부러진 곡선을 따라 떨어지기 때문이다. 차에 탄 사람은 누구나 차가 고정된 속도로 이동하지 않고 가속하고 있음을 드러내는 이 간단한 실험을 할 수 있다.

아인슈타인의 시대에 활동한 대다수 물리학자는 이 모든 점을 들어서 상대성원리에 한계가 있으며, **모든** 기준틀을 포괄하지 못하고 등속으로 이동하는 기준틀에만 성립된다고 말했을 것이다. 그러나 아인슈타인은 이 짜증스러운 상황에 대한 의구심을 떨칠 수 없었다. 그는 새롭게 확장한 상대성원리를 어떤 방식으로든 더 멀리 확장하여 가속하지 않는 기준틀뿐만 아니라 더 많은 기준틀을 포괄할 수 있어야 한다고 생각했다. 사실 그는 진정으로 일반적인 원리는 **모든** 기준틀을 포괄해야 한다고 생각했다. 세상이 작동하는 방식에 대한 대단히 자명한 사실에 어긋나는 이 이상한 아인슈타인의 신념은 심오하고 거의 설명할 수 없는 직관에 뿌리를 박고 있었다.

아인슈타인은 머릿속에 지각이 있는 단일한 관찰자 외에는 아무것도 없는 텅 빈 무한한 우주를 상상했다. 이 존재는 자신이 정지해 있다고 여기며 따라서 현기증을 느끼지 않는다. 어차피 주위를 둘러보아도 텅 빈 공간밖에 보이지 않는다. 반면 이 존재가 완전히 텅 빈 우주에서 **회전**하고 있다면 어떨까? 현기증을 느낄까? "완전히 텅 빈 우주에서 어떤 존재가 회전한다"는 말은 무슨 뜻일까? 혹은 반대로 이 존재가 회전하는 것이 **아니라** 회전목마가 고정된 기둥 주위를 돌듯이 나머지 우주가 회전한다면 어떨까? 이 존재는 현기증을 느낄까? 끝으로 이론적으로 이 두 시나리오를 구분하는 일이 가능할까? 둘은 같을까, 아니면 다를까? 이런 사고실험은 관측자와 나머지 우주 중에서 어느 쪽이 회전하는지 알아내는 일이 가능한지 질문하게 만든다. 두 시나리오를 구분할 수 있으려면 때로 **절대** 기준틀로 불리는 **선호** 기준틀이나 '신의 기준틀' 혹은 가상의 물질인 '에테르'의 기준틀이 있어야 하는 것처럼 보인다.

아인슈타인은 연구 초기에 이런 철학적 질문에 끊임없이 사로잡혔으며, 특수상대성원리를 발견하면서 절대 기준틀이라는 관념을 너무나 불쾌하게 여겨서 바로 배제해버렸다. (아인슈타인은 아이러니하게도 원자의 존재를 완고하게 믿지 않았던 사람 중 한 명인 오스트리아 철학자이자 물리학자인 에른스트 마흐Ernst Mach의 글에서 특히 많은 영감을 얻었다. 이 글에서 마흐는 이런 종류의 가상적인 우주를 상상하고 그 결과를 세심하게 연구한 끝에 뉴턴이 고안한 절대운동이라는 개념이 통하지 않는다는 확신을 얻었다.) 아인슈타인은 가속하는 기준틀도 자신의 원리로 통합할 수 있는 방식을 발견한다는 희망을 키워나갔다. 다시 말해 그는 가속도가 속도처럼 절대적이지 않고, 선택하는 기준틀에 좌우된다는 사실을 증명하고 싶었다.

특수상대성원리는 한 기준틀에서 관측자가 등속운동으로 지각한 것이 다른 적절하게 선택된 다른 틀에 속한 관측자의 눈에는 전혀 움직이지 않는 것으로 지각될 수 있음을 암시한다. 아인슈타인은 이 관념을 일반화하고 싶었다. 즉 유사한 원리가 가속운동을 비롯한 모든 유형의 운동에도 유효하기를 원했다. 그의 바람에 따르면 특정 기준틀에 속한 일련의 관측자가 보기에 가속하는 물체가 있을 때 이 물체가 완전히 정지해 있다고 모든 관측자가 말할 **다른** 기준틀을 찾는 것이 가능해야 했다. 달리 말하자면 그는 가속하는 관측자가 지각한 자연법칙이 정지한 관측자가 지각한 자연법칙과 동일하기를 바랐다.

이런 이상적인 바람을 품기는 했지만 아인슈타인은 빨라지거나 느려지는 차 안에서 잔에 물을 붓는 일처럼 가속하는 기준틀과 가속하지 않는 기준틀을 **구분할 수 있게** 해주는 온갖 종류의 현상을 잘 알았다. 굽히지 않는 자연계의 현실과 강력한 직관 사이의 부인할 수 없는 충돌은 아인슈타인이 가속도의 속성에 강하게 집중하도록 만들었다. '가속도란 무엇인가?' 혹은 더 구체적으로는 '**한** 관측자에게 가속하는 대상이 **모든** 관측자에게도 그래야 할까?'처럼 함축적이고 핵심적인 질문에 대한 답을 구하는 물리학자는 아주 적다. 그러나 바로 그렇게 대단히 근원적이고 보편적인 것으로 보여서 거의 누구도 신경 쓸 가치를 느끼지 못하는 질문을 끈질기게 물고 늘어지는 것이 아인슈타인의 전형적인 모습이었다.

(아인슈타인이 취리히에 있는 스위스 연방공과대학에서 그랬던 것처럼) 고전역학을 공부할 때는 가속하는 기준틀이라는 관점에서 보는 물리법칙의 수학적 형태를 간략하게나마 항상 다룬다. 이런 개요에서 배우는 가장 두드러진 사실은 가속하는 틀에 속했지만 해당 틀이 가속하지 **않는다**고 주장하는 모든 관측자는 모든 물체에 작용하는 불가사의한 '추가적 힘'을 상정해야 한다. 이런 추가적 힘이 없으면 틀에 속한 물체의 이례적 움직임을 설명할 방법이 없다.

가령 버스에 탄 승객들이 집단적으로 어떤 기이한 기분에 사로잡혀서 종종 가감속을 하는 버스가 절대 움직이지 않으며 항상 완벽하게 정지해 있다고 주장하는 경우를 상상해보라. 그들이 목격하는 이상한 현상들(가령 앞뒤로 몸이 흔들리는 잦은 감각은 말할 것도 없고 물병에서 물을 부을 때 직선으로 떨어지지 않고 곡선을 따라 떨어지는 것)을 설명하려면 때로 물건들을 앞뒤로 밀어대는 불가사의한 추가적 힘을 상정해야 한다. 물론 버스가 때로 가속하거나 감속한다는 사실을 인정하면 그런 힘을 언급할 필요가 없지만, 이런 관점을 취하기를 거부한다면 그들이 관찰하는 현상을 설명하기 위해 만들어진 물리법칙에 이런 추가적 힘이 포함되어야 한다.

가속하는 기준틀에서만 나타나는 이런 힘은 **겉보기 힘**fictitious force으로 불리며, 모든 겉보기 힘은 특수한 수학적 속성을 지닌다. 즉 m의 질량을 가진 물체에 작용할 경우 틀이 가속하든 물체가 이동하든 관계없이 반드시 m에 비례해야 한다(운전자가 브레이크를 세게 밟을 때 차 안에서 떨어지는 테니스공을 생각해보라). 이 질량에 대한 비례성은 가속하는 기준틀에서 동시에 여러 물체를 방출하면 모두 완벽하게 평행한 궤적을 따른다는 흥미로운 결과를 초래한다. 가령 가속하는 차 안에서 공과 종 그리고 그릇을 동시에 던지면 떨어지면서 모두 똑같은 형태의 곡선을 그릴 것이다. 이는 밀집된 상태로 던져지면 그 상태를 유지하여 떨어진 후에도 처음과 같을 것임을 뜻한다.

아인슈타인은 스위스 연방공과대학에서 배운 이 모든 내용을 다른 학우들처럼 이해했다. 그러나 박사 학위 시험이 끝나자마자 모든 젊은 물리학자는 기꺼이 책에서 배운 이 모든 내용을 잊어버렸다. 가속하는 틀 안의 겉보기 힘을 수반하는 공식은 대개 상당히 복잡했으며, 등속으로 이동하는 다른 관측자(가속하는 버스나 승용차의 경우 이 관측자는 자전거를 타는 사람이나 길모퉁이에 선 행인이 될 수 있다)의 관점에서 상황을 기술한 다음 그 기준틀에 따라 계산을 하면 되므로 실제로 가속하는 기준틀에 따라 계산을 할 이유가 없었기 때문이다. 그래서 젊은 물리학자들이 이 모든 복잡한 내용을 기꺼이 뒤에 남겨둔 이유를 쉽게 알 수 있다. 그러나 어떤 생각에 사로잡혔을 때는 가장 깊이 묻어둔 기억조차 거의 마술적으로 갑자기 떠오를 수 있다. 아인슈타인의 머릿속에서 이런 갑작스러운 인출이 이루어진 이야기를 하려면 먼저 중력을 잠시 설명해야 한다.

유추를 통해 상대성원리를 중력에 적용하다

특수상대성원리를 발견한 이후 아인슈타인이 골몰한 일 중 하나는 어떤 식으로든 특수상대성원리를 중력과 통합하는 것이었다. 중력은 당대의 모든 물리학자와 마찬가지로 그에게는 두 개의 하전입자 사이에 존재하는 전기력과 긴밀한 유사성을 지닌 힘이었다. 한 가지 주요한 차이는 중력의 경우 항상 끌어당기는 반면 전하를 띤 두 물체의 경우 모두 양전하인지 혹은 음전하인지 아니면 반대인지에 따라 끌어당길 수도 있고 밀어낼 수도 있다는 것이었다. 같은 전하는 밀어내고 다른 전하는 끌어당긴다. 이런 차이에도 불구하고 두 힘 사이의 유사성은 분명하고 강력하다. 인력의 경우 질량 m과 M을 지니며 거리 d만큼 떨어진 움직이지 않는 두 물체 사이에 작용하는 힘은 '$m \times M/d^2$'이라는 유명한 뉴턴 공식으로 구할 수 있으며, 전력의 경우 전하 q와 Q를 지니며 거리 d만큼 떨어진 움직이지 않는 두 물체 사이에 작용하는 힘의 강도는 정확히 한 세기 후에 프랑스 물리학자인 샤를 쿨롱Charles Coulomb이 발견한 공식인 '$q \times Q/d^2$'로 구할 수 있다. (이 맥락에서는 관련이 없기 때문에 증배 상수는 배제했다.) 이 공식들은 후자에 나오는 전하가 전자의 질량을 대체한다는 점을 제외하면 동일하다. 언뜻 두 공식 사이의 유추는 흠이 없는 것처럼 보이지만 뉴턴의 공식은 중력과 관련하여 심각한 문제를 초래한다. 이를 예시하기 위해 극단적인 시나리오를 살펴보자.

태양이 갑자기 사라졌다고 가정해보라. 이 파국적인 소식이 지구에 도달하는 데는 8분이 걸릴 것이다(또한 마침내 '재난dis-aster'이라는 단어는 그 어원에 맞는 상황을 묘사하게 될 것이다). 8분이 경과해야만 하늘이 완전히 검게 변할 것이다. 그 이유는 물론 광속의 유한성 때문이며, 이 속도는 맥스웰의 전자기 방정식을 통해 바로 계산할 수 있다. 유감스럽게도 중력과 전기력 사이의 긴밀한 유사성은 맥스웰의 방정식과 관련이 없으며, 단지 뉴턴의 법칙 및 쿨롱의 법칙과만 관련이 있다. 중력 작용에 대하여 맥스웰의 방정식에 비견할 만한 것은 아직 발견되지 않았다. 당시 중력에 적용되는 것으로 알려진 유일한 방정식인 뉴턴의 법칙은 중력이 공간을 가로질러 전파될 수 있다고 예측하지 못했다. 그래서 '중력의 속도'는 유명한 방정식의 결과로 나오기는커녕 전대미문의 개념이었다. 중력이 속도를 지닌다고 말하는 것은 거의 바보스러운 짓이었다.

이런 이유로 당시 물리학자들은 이렇게 주장할 수도 있었다. "그 나쁜 소식이 도달하기까지 8분 동안 기다릴 필요가 없습니다. 어머니 지구가 태양의 갑작스러운 비물질화dematerialization에 **즉시** 대응할 것입니다. 어차피 지구는 이미 사라져서 더 이상 끌어당기는 힘을 내지 않는 항성 주위를 타원형 궤도로 계속 돌 이유가 없습니다. 그래서 갑자기 목줄이 끊어진 개처럼 즉각적인 자유를 얻을 것입니다!" 다른 한편 다른 물리학자들은 상반된 주장, 즉 어떤 사건도 무작위로 멀리 떨어진 물체에 즉각적인 영향을 미칠 수 없다는 직관적인 믿음에 따른 결론대로 먼 태양의 종말을 감지하는 데 시간이 걸릴 것이라고 주장할 수도 있었다.

어느 경우든 양쪽의 주장을 뒷받침할 실험 결과나 이론적 지식이 없었다. 또한 태양의 질량 중심이 (아마도 어떤 내부 폭발로 인해) 갑자기 약간 이동하는 덜 파국적이고 (더 타당성 있는) 시나리오에서도 정확하게 같은 질문("태양이 이동했다는 사실을 지구가 '알기까지' 얼마나 걸릴까?")을 던질 수 있지만 당시의 물리학은 그에 대한 답을 제시할 수 없었다. 요컨대 중력은 어떤 측면에서 전기력과 많이 유사했지만 근본적으로 다른 측면도 있었으며, 당시에는 누구도 중력 작용이라는 현상을 완전하게 포착하는 일련의 방정식을 기술하는 방법을 몰랐다.

근본적인 문제는 중력이 지닌 강도의 변화가 어떻게 공간을 가로질러 전파되며, 이런 '소식'이 어떤 속도로(유한한 속도 혹은 무한한 속도?) 한 지점에서 다른 지점으로 가는지 파악하는 것이었다. 이 문제는 "**이동하는** 두 물체 사이의 중력 인력에 대한 방정식은 무엇인가?"라는 질문으로 귀결된다. 이 질문은 인력에 대한 수량적 이론을 최초로 제시한 뉴턴에게 이미 중대한 관심사였지만, 이후로 누구도 답을 찾아내지 못한 상태였다. 아인슈타인은 이 수수께끼를 풀기 위해 정적 중력 인력에 대한 뉴턴의 방정식과 정적 전기 인력에 대한 쿨롱의 방정식(앞서 언급한 두 방정식)에 눈길을 돌려서 자신의 (특수)상대성원리에서 나온 대단히 자연스러워 보이는 추가 항을 집어넣었다. 이 새로운 항은 인력과 전자기 사이에 존재하는 유사성을 우아하게 확장하여 서로 상대적으로 움직이는 물체를 포함했다. 이 작지만 대단히 유혹적인 부가물은 중력이 파동처럼 행동한다는 점에서 맥스웰적 특질을 지닌 새로운 중력 작용에 대한 이론을 낳았다. 새 이론이 초래한 결과 중 하나는 중력이 유한한 속도, 실은 정확하게 빛과 같은 속도로 공간을 통해 전파된다는 것이었다. 아인슈타인의 새로운 이론에 따르면 지구는 태양이 사라졌다는 (혹은 갑자기 약간 이동했다는) 사실을 우리가 눈으로 확인하는 것과 정확히 같은 순간에 말하자면 '알게' 된다. 이 새로운 중력이론은 특수상대성원리와 잘 맞물렸다.

한 유추가 사라지고 다른 유추로 대체되다

전자기에 대한 이 유추는 자연스럽고 매력적이었지만 당시 자신에 대한 가장 신랄한 비판자였던 그 발견자는 해당 유추에 따른 중력 방정식에 치명적 결함이 있다는 사실을 곧 깨달았다. 바로 두 물체 사이의 힘이 더 이상 질량의 곱(위에서 나온 공식의 분자인 '$m \times M$')에 비례하지 않는다는 것이었다. 중력이 지닌 이 속성은 대단히 잘 확립되었고, 중심적인 것으로 보였기 때문에 그에 위배된다는 것은 직관적으로 탐탁지 않았다. 그래서 그는 이 첫 유추에 따른 일련의 연구 결과를 버리고 중력과 상대성원리를 잇는 다른 유추를 모색하기 시작했다.

이 새로운 탐색에서 그는 서로를 당기는 두 물체의 질량에 비례한다는 가장 안정적이고 결정적인 속성을 지닌 중력뿐만 아니라 정지한 기준틀(그리고 등속으로 이동하는 기준틀)과 근본적으로 다른 가속하는 기준틀에도 초점을 맞추었다. 실제로 첫 번째 유추의 결실이 질량에 대한 중력의 비례성을 충족하지 못했기 때문에 이 사실은 더 나은 이론을 마련하기 위한 주된 조건 중 하나가 되었다.

이 시점에서 스위스 연방공과대학에서 배운 몇 가지 오랜 관념들, 가속하는 기준틀을 수반하는 관념들이 떠오르기 시작했다. 구체적으로는 겉보기 힘에 대한 기억이 다시 돌아왔다. 모든 겉보기 힘은 마찬가지로 작용하는 개체의 **질량에 비례**하기 때문이었다. 아인슈타인이 거친 이 정신적 과정을 일인칭시점으로 재구성해보자. "흠, 중력은 겉보기 힘을 **생각나게 해.** …… 중력은 겉보기 힘처럼 **작용하고** 겉보기 힘**과 유사해.** …… 그렇다면 중력은 실제로 겉보기 힘이 **될 수 있지** 않을까?" 여기서 사소하고 무구한 상기로 시작했지만 다시 한 번 다름 아닌 우주적 통합으로 마무리되는 놀랍도록 매끈한 정신적 활공mental glide이 이루어진다.

이 생각이 지니는 함의를 더 명확하게 파악하기 위해 아인슈타인이 새로운 유추를 설명하는 데 활용한 가속하는 기준틀의 정규적인 사례를 살펴보자. 가속하는 버스나 승용차가 아니라 모든 항성에서 멀리 떨어져서 말 그대로 허공의 한가운데에 떠 있는 정육면체 모양의 행성 간 연구실에 탑승했다고 상상해보라. 그다음에는 여섯 개의 외벽 중 하나에 부착된 케이블로 연구실을 당기는 강력한 로켓이 있다고 가정하자. 로켓이 일정한 힘으로 당기면 연구실은 일정한 가속도를 얻을 것이다(뉴턴이 말한 대로 결국 $F=ma$, 즉 일정한 힘은 일정한 가속도를 초래한다). 로켓이 점화되기 전에 연구소에 탄 사람들은 벽 여섯 개 사이를 떠다녔으며, 하나의 특정한 벽을 가리켜서 '바닥'이라고 부를 이유가 없었다. 그러나 로켓이 연구소를 당기기 시작하는 순간 벽 여섯 개 중 하나가 연구소에 탄 우주 여행자들 쪽으로 접근하기 시작하며, 모두 그 벽에 붙어 있게 된다. 연구소의 등가속도가 등방성을 깨트리고 그 안에서 떠다닐 가능성을 없앴기 때문이다. 그래서 이 특정 벽은 연구소의 '바닥'이 된다.

또한 탑승자 중 한 명이 연필을 허공에 던지면 (출처가 불분명하기는 하지만) 뉴턴의 유명한 사과가 머리 위에 떨어지듯이 '바닥'으로 '떨어질' 것이다. 왜 그럴까? 연구소 **바깥에서** 보면 사정이 명확해진다. 즉 연구소 바닥이 (부딪힐 때까지) 연필을 향해 일정한 속도로 움직이는 것이다. 반면 연구소 **안**에 있어 로켓의 존재를 모르는 사람은 연구소가 우주 한가운데에 완전히 정지해 있다고(혹은 등속으로 이동한다고) 여긴다. 그래서 그들이 보기에 연필이 떨어지는 이유는 **중력**이 갑자기 그리고 불가해하게 연구소에 작용하여 내부의 모든 사람과 물건에 영향을 미쳤으며, 새로운 힘이 ('아래'라고 불릴) 공간의 특정 방향을 지목하여 물건들이 그 방향으로 **떨어지게** 했기 때문이다.

이는 무엇보다 연구소 안에 있는 어떤 갈릴레오 모방자가 새로 생긴 '바닥' 위에 '서서' 연필과 포환처럼 아주 다른 물체 두 개를 '떨어트리면' 이 물체들이 나란히 '떨어지기' 시작해서 정확히 같은 순간에 '바닥'에 부딪힐 것임을 뜻한다. 왜 그럴까? 이 경우 역시 외부에 있는 관찰자에게는 그 이유가 명백하다. 두 물체는 전혀 움직이지 않는 가운데 바닥이 '위로' 이동하기 때문이다. 그래서 당연히 정확히 같은 순간에 두 물체와 부딪히게 된다. 그러나 연구소 안에 있는 사람이 보기에는, 갈릴레오가 기울어진 피사의 사탑을 창의적으로 활용하여 최초로 증명한 중력의 핵심 속성, 그러니까 모든 물체는 질량에 관계없이 같은 방식으로(즉 같은 가속도로) 떨어진다는 속성 때문에 그런 현상이 일어난다.

연구소 안에 있는 사람들이 지각한 이 '중력의 힘'은 겉보기 힘의 전형적인 사례이지만 그들에게는 전혀 가상적인 힘이 아니라 **실제적**인 힘이다. 그들에게는 **실제** 바닥과 **실제** 천장이 있고, **위**와 **아래** 사이에 **진정한** 차이가 있다. (아인슈타인이 실행한 사고실험의 전제에 어긋나기는 하지만) 어떤 식으로든 연구소 **바깥**을 내다보지 않는 한 그들은 로켓이 만든 중력과 어린 시절부터 알았던 지구의 중력을 절대 구분할 수 없다. 이는 연구소가 텅 빈 공간에서 일정하게 가속하고 있는지 혹은 지구의 중력장 안에서 정지해 있는지 구분할 수 없음을 뜻한다. 두 상황은 구분되지 않는다.

여기서 갈릴레오 상대성원리의 울림을 듣는다면 잘못 들은 것이 아니다. 그것이 바로 아인슈타인이 한 일이다. 그는 정상급 마술사처럼 가속하는 기준틀과 정지한 기준틀을 **쉽게 구분할 수 있다**는 모든 사람에게 명백한 관념에서 출발하여 상반되는 결론, 가속하는 기준틀은 중력장에 속한 정지한 기준틀과 **전혀 구분할 수 없다**는 결론에 이르렀다. 얼마나 환상적인 기술인가! 갈릴레오는 자신이 제시한 두 가지 위대한 생각을 이렇게 창의적으로 통합한 일을 분명히 좋아할 것이다.

게다가 아인슈타인은 기준틀을 구분할 수 없는 연구소의 범주가 광범위하다는 사실을 곧 알아차렸다. 그 예를 확인하려면 단지 (중력이 지구보다 훨씬 약한) 달 표면에 있으며, 어떤 시점에 앞서 나온 로켓보다 약간 약한 로켓에 의해 위로 당겨지기 시작하는 연구소를 상상하면 된다. 이 경우 달이 지닌 약한 중력과 로켓이 지닌 약한 힘이 만나게 되며, 연구소 안에 있는 사람들에게는 앞서 묘사한 것과 정확히 같은 결과가 나온다. 그들은 자신이 현재 **지구**의 중력장 안에 있다고 느낀다. 또한 우리가 (1) 연구소가 속한 '실제' 중력장의 강도와 (2) 연구소를 끌어당기는 로켓의 출력을 조절하는 스위치를 돌려서 각 사례에 따른 경험이 지구의 중력장에 따른 경험과 동일하게 만들 수 있다는 사실은 명백하다. 이 모든 가상의 연구소들은 전적으로 연구소 **안에서** 실행되는 한 어떤 종류의 역학 실험으로도 서로 구분할 수 없다.

요컨대 아인슈타인은 머릿속에 떠오른 고전역학의 겉보기 힘에 대한 기억 덕분에 다른 모든 물리학자는 가망이 없다고 보는 상황에서 소중한 상대성원리에 새로운 생명을 불어넣을 수 있었다.

등가원리

아인슈타인은 막 발견한 상대성원리의 새롭고 획기적으로 확장된 버전에 '등가원리Equivalence Principle'라는 이름을 붙였다. 그 의미는 한편으로는 중력과 다른 한편으로는 가속도 사이에 등가성 내지 구분 불가능성이 존재한다는 것이었다. 그는 단순하지만 반직관적인 가설에 따른 결과를 탐구하기 위해 공간에 떠 있는 연구소가 나오는 다른 시나리오를 상상했다. 이번에는 우주 공간이 아니라 땅 위 100마일 지점에 연구소가 떠 있고, 가상의 천사가 완전히 정지한 상태로 붙들고 있다. 연구소 안에 있는 사람들은 거리낌 없이 '바닥', '천장', '위', '아래' 같은 단어를 쓴다. 지구의 중력이 땅에 있는 연구소의 경우처럼 연구소에 스며들어 있기 때문이다. 유일한 차이는 고도 100마일에서는 해수면에서보다 중력이 아주 약간 약하다는 것뿐이다. 이런 세부적인 면을 무시하면 연구소 안에 있는 사람은 쉽게 자신이 땅 위에 있다고 상상할 수 있다. 그러나 천사가 갑자기 우주를 마구 날아다니는 호박벌에 쏘여서 놓아버리면 연구소는 땅으로 떨어지게 된다. 이때 그 안에 있는 사람들은 어떤 느낌을 받을까?

연구소가 땅으로 떨어지자마자 안에 있는 물체도 갈릴레오가 최초로 증명한 대로(피사의 사탑에서 실시한 실험을 상기하라) 모두 같은 방식으로 떨어진다. 이는 이전에는 바닥에 놓여 있던 물체가 더 이상 고정되지 않고 갑자기 자유롭게 떠다니게 됨을 뜻한다. 실제로 안에 있는 사람들에게는 더 이상 바닥도, 천장도 존재하지 않는다. 순식간에 '바닥', '천장', '위', '아래'라는 단어는 의미를 잃는다. 그들은 무중력, 즉 **제로 중력**을 체험한다. 또한 안에 있는 모든 물체가 정확히 같은 속도로 떨어지기 때문에 마치 **어느 것도 떨어지지 않는다**는 기이한 느낌을 받게 된다. 그들이 보기에는 (자신을 비롯한) 모든 것이 커다란 공간 안에 떠 있다.

아인슈타인에게 이 깨달음을 얻은 순간은 인생에서 가장 멋진 순간 중 하나였다. 이 깨달음을 살피기 시작하자 놀랍도록 비옥한 유추가 갑자기 머릿속에 떠올랐기 때문이다. 그는 오랫동안 전자기에 대해 숙고했으며, 한 기준틀에서 다른 기준틀로 이동하면 전기장과 자기장이 지니는 표면적 수치가 공간 전체에 걸쳐서 변한다는 사실을 즉시 알아냈다. 가령 연구소 안에서 자석을 옮기는 관찰자는 자석의 근처에 형성되는 전기장을 감지할 수 있으며, 더 빨리 옮길수록 전기장의 측정치가 더 높아진다. (물론 자석을 가만히 두면 아무런 전기장도 형성되지 않는다.) 이 중요한 효과는 '전자유도'로 불리며, 1831년에 영국 물리학자인 마이클 패러데이가 처음 관찰했다.

이번에는 자석에 딱 붙은(그러니까 자석의 기준틀 안에 있는) 두 번째 관찰자가 있다고 상상해보라. 당연히 이 사람이 보기에 자석은 완전히 정지해 있으며, 따라서 패러데이의 유도 법칙에 따르면 자기장만 존재한다. 달리 말하자면 이 사람의 관점에서는 전자유도를 통해 전기장을 만들 이동하는 자석이 없다. 그래서 우리는 전자기에서 단지 관점(즉 기준틀)을 바꿈으로써 전기장이 완전히 사라지게(혹은 갑자기 생기게) 할 수 있음을 알게 된다. (이 사례에서 설명하지는 않았지만 자기장에 대해서도 같은 내용이 성립된다.) 아인슈타인은 10대 초반부터 이미 이 불가사의한 효과에 사로잡히고 매료되어 있었다.

아인슈타인은 이 전자기 부문의 효과에 대한 기억을 떠올린 직후에 다음과 같이 자신이 느낀 커다란 희열을 표현했다. "그 순간 내 삶에서 가장 기쁜 생각이 떠올랐다. 바로 중력장이란 이동하는 자석에서 형성되는 전기장처럼 오직 상대적으로만 존재한다는 생각이었다." (여기서 '상대적'이라는 말은 관찰자가 속한 기준틀에 따라 그 존재가 좌우되며, 적어도 한 기준틀에서는 전혀 존재하지 않는다는 것을 뜻한다.)

실제로 아인슈타인은 연구소가 땅으로 떨어지면서 안에 있는 사람들이 중력을 느끼지 못하는 새로운 시나리오를 통해 **한** 기준틀에 속한 전적으로 실제적인 중력장이 단지 **다른** 기준틀로 건너뜀으로써 완전히 사라지는 상황을 발견했다. 외부 관찰자, 그러니까 땅에 있는 사람이 보기에 떨어지는 연구소는 여전히 지구 중력장의 영향을 받지만(그래서 내부에 있는 모든 것이 땅으로 떨어진다), 안에 있는 사람에게는 아무런 중력장도 없으며, 어떤 것도 떨어지지 않는다.

이 시나리오는 어떤 의미에서 먼 우주 공간에 떠 있는 연구소가 강력한 로켓에 이끌리는 시나리오의 반대 경우에 해당한다. 후자의 경우 안에 있는 사람들이 중력장을 느끼고, 관찰하며, 관측하는 반면 외부 관찰자는 아무런 중력장도 없다고 주장하기 때문이다. 그들이 보는 것은 멀리 떨어진 별들을 기준으로 연구소를 점점 더 빨리 끌고가는 로켓뿐이다.

더 깊은 유사성을 찾고 발견하는 아인슈타인

이제 우리는 일반상대성원리에 대한 이야기에서 결정적인 순간으로 접어들었다. 앞서 우리는 아인슈타인이 발견한 새로운 원리에 따르면 가속 기준틀을 중력장의 영향을 받는 비가속 기준틀과 전혀 구분할 수 없다고 설명했다. 그러나 이런 설명은 성급한 것이다. 원래 내용은 그보다 훨씬 더 한정적이기 때문이었다. 구체적으로 말하자면 **역학 실험을 통해** 가속 기준틀을 중력장의 영향을 받는 비가속 기준틀과 구분할 수 없다는 것이었다. 아인슈타인은 새로 발견한 원리, 삶에서 가장 '기쁜 생각'으로 이끈 유추가 가상의 여러 다른 연구소 안에 있는 가상의 물체가 보이는 **역학적** 행동에만 연관된다는 사실을 잘 알았다. 즉 우주 공간에 있는 다양한 연구소를 상상할 때 **속도**, **가속도**, **회전**, **중력**, **마찰**, **궤도**, **충돌**, **스프링**, **진자**, **진동**, **팽이**, **자이로스코프** 같은 개념, 그러니까 고전역학에 속한 개념을 수반하는 시나리오만 고려했다. 그래서 가속하는 연구소 안에서 실행하는 **전자기** 실험, 가령 광선이나 전기장 내지 자기장을 사용하는 실험을 하는 경우 어떤 일이 생길지는 고려하지 않았다.

그 이유는 이론적이든 실험적이든 이런 경우에 일어날 일을 예측하게 해주는 필수적인 지식을 갖고 있지 않다는 사실을 알았기 때문이다. 그래서 그는 자신이 중요한 교차로에 이르렀음을 알았다. 그의 이론적 지식과 머릿속으로 그린 여러 물리적 상황에 따른 결과를 상상하는(그의 유명한 '사고실험'을 실행하는) 재능은 대단히 영리한 추론의 도움을 받는다고 해도 더 멀리 나아가도록 해주지는 못했다. 그래서 또 다른 과감한 단계, 이번에도 전적으로 심미적 동기에만 의존하는 단계, 오직 우주를 관장하는 법칙이 지닌 깊은 통일성에 대한 신념,

그러니까 대단히 단순하고, 포괄적이며, 명쾌한 원리의 존재에 대한 흔들림 없는 신념에 뿌리박은 단계를 밟아야 하는 중요한 지점에 이르게 되었다.

이 장을 읽은 독자들이 잘 알고 있는 대로 이미 1905년에 아인슈타인은 '모든 종류의 **역학** 실험'이라는 구절을 '모든 종류의 **물리** 실험'이라는 구절로 바꿈으로써 심미적 토대(물리법칙이 지닌 통일성에 대한 신념) 위에 갈릴레오 상대성원리를 확장하기로 했을 때 자신이 이와 유사한 상황에 처했음을 알았다. 다시 말해서 그는 사고의 세계에 속한 이 영역을 이미 방문했으며, 유추에 따른 믿음의 도약을 과감하게 실행에 옮겼다. 그리고 그의 직관은 풍성한 보상을 안겼다. 그렇다면 이 유사한 새로운 상황에서 '정확하게 같은 일'을 하지 않을 이유가 있을까?

그래서 아인슈타인은 다음과 같이 자신의 원리를 확장했다. "가속 기준틀은 **어떤 종류의 물리 실험을 활용하더라도** 중력장의 영향을 받는 비가속 기준틀과 구분할 수 없다." 이번에도 우리는 특정 관점에서 보면 '역학'이라는 단어를 '물리'라는 단어로 대체한(다시 말해서 역학과 다른 모든 물리학 영역 사이의 유사성에 주목한) 것이 대단히 사소한 일에 불과할 수 있음을 지적하고자 한다. 같은 유추적 확장이 이미 이전에 큰 성공을 거두었기 때문이다(특수상대성원리는 이미 많은 실험을 통해 검증되었다). 그러나 다른 관점에서 보면 그것은 전혀 모르는 세계로 향하는 지극히 과감한 유추적 도약이었다.

한정적 등가원리에서 **확장된** 등가원리로 나아간 이 도약에 대해 바네시 호프만이 설명한 말을 다시 한 번 들어보자.

> (새로운 원리는) 예술적 통일성을 지닌다. 역학적 효과와 여타 물리학 분야의 효과에 대해 **다른** 유형의 상대성원리를 추정할 필요가 있을까?[59]

다시 한 번 우리는 언뜻 미미하고 기초적으로 보이지만 다른 한편으로는 거대하고 명민한 것으로 드러난 유추에 기초한 개념적 도약을 목격하게 된다. 이 모든 도약은 풍부한 유추를 낳는 거의 마르지 않는 샘인 '우주적 통일성에 대한 본능' 덕분에 그에게 찾아온 것이다.

확장된 등가원리의 영향

여기서 진정으로 일반적인 상대성원리를 향한 이 과감한 도약이 초래한 예상치 못한 영향의 사례를 하나 제시하겠다. 아인슈타인은 로켓이 우주 공간을 끌고 가는 천상의 연구소 안에 완벽한 수평을 이루며(즉 연구소의 '바닥'과 평행하며), 광선을 내뿜는 전등이 있다고 상상했다. 연구소 **바깥**에 있는 관찰자는 이 광선이 먼 별들을 기준으로 볼 때 고정된 방향으로 이동하는 한편, 그것을 둘러싼 연구소는 갈수록 빨라지는 속도로 '상승'한다고 말할 것이다. 이 일정한 '수직' 가속에 따라 연구소 **안**에 있는 관찰자들은 광선이 고정된 수평적 속도로 연구소를 지남에 따라 갈수록 더 빨리 **바닥을 향해 내려간다**고 지각할 것이다. 한마디로 그들이 보기에 광선은 직선이 아니라 **곡선**을 따라 나아갈 것이다. 물론 빛의 속도와 연구소의 미미한 속도 사이에 형성되는 엄청난 비율 때문에 수평 궤적과의 차이는 극미할 것이지만 그래도 상관없다. 광선이 전등에서 수평으로 나오자마자 그 궤적이 아래로 휘기 시작한다. 이 지점에서 아인슈타인은 외부로 일반화된 새롭게 추정한 등가원리를 활용하여 전자기와 관련된 시나리오를 포괄했다. 그의 추론 과정은 다음과 같다.

중력장에 속한 정지된 기준틀을 **모든 면에서** 가속하는 기준틀과 구분할 수 없다면, 가속하는 기준틀에서 관찰할 수 있는 모든 효과를 **대지**terra firma에 있는 연구소에서도 관찰할 수 있어야 한다(이 연구소는 명백히 중력장에 속하기 때문이다). 따라서 포괄적 등가원리에 따르면 중력이 없는 공간을 이동하는 가속 연구소에서 방출된 광선은 곡선 궤적을 따르므로, 땅 위에 서 있는 관찰자가 방출한 광선도 그래야 한다.

아인슈타인은 이 결론을 통해 먼 항성에서 나오는 광속lightbeam이 아주 강력한 중력장을 지닌 태양을 지날 때 극미하게 휘어지는 것처럼 한 번도 상상치 못했던 특정한 천체 현상을 예측할 수 있다는 사실을 깨달았다. 그러나 여기서 설명하기에는 너무 기술적인 이유로 이 효과는 완전 일식이 진행되는 동안만 관찰할 수 있었다. 그래서 아인슈타인은 이미 1907년에 천체 관측자들에게 이 효과를 확인하라고 촉구했다. 독일 천문학자인 에르빈 핀라이 프로인들리히Erwin Finlay-Freundlich는 일식을 찍은 수백 장의 사진을 면밀하게 검사하여 이 미소한 효과의 증거를 찾으려 했지만 아무것도 얻지 못했다. 결과적으로 1919년에 물리학자인 아서 에딩턴Arthur Eddington이 이끄는 영국 연구팀이 남대서양에 있는 두 섬에서 완전 일식을 관측하여 이 예측을 검증하기까지 12년이 더 걸렸다.

에딩턴 연구팀의 검증이 전 세계에 미친 영향은 엄청났다. 우선 아인슈타인의 예측이 적중했다는 사실이 드러났다. 또한 '제1차 세계대전'이 드리운 어두운 장막에서 막 벗어나던 세계는 영국 연구팀이 (물론 아인슈타인은 독일의 군국주의와 거리를 두기 위해 독일 시민권을 버리고 스위스인이 되었지만) '적국' 과학자의 기상천외한 예측을 검증했다는 사실에 흥분했다. 실제로 많은 사람은 아인슈타인의 예측을 에딩턴이 검증한 것이 인류 전체에 대단히 영광스러운 순간이라고 생각했다. 곧 아인슈타인은 자신이 하룻밤 사이에 세계적인 명사가 되는 과정을 하릴없이 지켜볼 수밖에 없었다.

비유클리드적 회전목마

일반상대성원리를 뒷받침하는 많은 유추 중 몇 가지를 둘러보는 여정을 마무리하기 위해 아인슈타인이 중력 작용이라는 개념을 형성하는 데 필요했던 적절한 수학 분야를 드러낸 핵심적인 돌파구를 간략하게 설명하겠다. 방금 살폈듯이 중력과 가속도가 연관되는 양상에 대해 아인슈타인이 처음에 했던 모든 사고실험은 **직선적** 가속, 기준틀이 고정된 방향으로 이동하지만 속도가 변하는 시나리오를 수반했다. 그러나 이동하는 물체가 **방향**을 바꿀 때(이때 속도 변화는 필수적인 것이 아니다) 이루어지는 것과 마찬가지로 중요한 다른 유형의 가속이 있다. 초당 정해진 회전수로 돌아가는 원반이 가장 단순하고 기본적인 사례다. 이 원반의 각 지점은 매순간 운동 방향을 바꾸기 때문에 가속한다. 회전하는 원반이 필요한 시나리오에 등가원리를 적용하는 것이 직선 운동을 하는 물체가 나오는 시나리오에 적용하는 것보다 훨씬 어렵기는 하지만, 이 점은 조금도 아인슈타인의 의욕을 꺾지 못했다. 그는 회전하는 원반이라는 매력적인 사례를 깊이 탐구해야만 한다고 느꼈다.

연구 결과 드러난 열쇠는 어떤 물체에 대하여 이동하는 기준틀에서 측정한 길이는 해당 물체가 속한 **정지된** 기준틀에서 측정한 길이보다 짧다는, 특수상대성원리에 따른 미묘한 결과인 **길이 수축**length contraction이라는 현상이었다. 간단하게 말해서 이동하는 물체의 치수를 이동하지 **않는** 관찰자가 측정하면 종적 수축이 일어나며, 횡적 수축은 일어나지 않는다는 것이다.

이때 반대의 경우도 성립된다. 즉 두 기준틀 중 하나에 속한 관찰자는 **자신의** 기준틀이 정지해 있고 **다른** 기준틀이 이동한다고 타당하게 간주하므로, 각각 (자신의 기준틀에 속한 물체가 아닌) 다른 기준틀에 속한 물체의 **길이**가 줄어든다고 보게 된다. 이는 언뜻 역설적으로 보이지만 아인슈타인은 그렇지 않은 이유를 증명했다. 아래 제시하는 캐리커처 유추는 아인슈타인이 제시한 풀이가 지닌 묘미를 전달하는 데 도움을 준다.

중국 아이들은 칠레 아이들이 거꾸로 서서 걸어 다닌다고 말할 수 있다. 마찬가지로 칠레 아이들은 중국 아이들이 거꾸로 서서 걸어 다닌다고 말할 수 있다. 그렇다면 누가 옳고 누가 그를까? 중력이 지구의 중심으로 끌어당긴다는 사실을 아는 우리는 '아래'라고 부르는 방향이 순진한 유추가 암시하는 바와 달리 지구의 모든 곳에서 같지 않으며, 상대적이라는 것, 그러니까 관찰자가 있는 위치에 좌우된다는 것을 이해한다. 마찬가지로 물체의 **길이**도 모든 관찰자에 대하여 같은 것이 아니라 물체와 관찰자의 상대적 속도에 좌우된다. 다른 속도로 이동하는 두 관찰자에게 물체의 길이가 다르게 측정될 이유가 여기에 있다. 길이는 아래임down-ness과 마찬가지로 절대적이 아니라 상대적이며(즉 앞에 제시한 순진한 유추는 두 경우 모두 틀렸다), 표면적 차이는 처음에는 혼란스럽지만 진정한 모순에 해당하지 않는다.

이 점을 염두에 두고 회전하는 원반과 일반상대성원리로 돌아가도록 하자. 원반이 회전할 때 각 지점은 중심을 향하지 않고 둘레를 따라 이동한다. 다시 말해서 안팎으로가 아니라 둥글게 이동한다. 특수상대성원리에 따르면 이 경우 횡적 길이 수축이 아니라 종적 길이 수축이 일어난다. 이는 수직으로가 아니라(즉 반지름을 따라서가 아니라) 둘레를 따라 수축이 일어남을 뜻한다. 그래서 회전하지 않는 관점에서 원반의 **둘레**를 측정하면 회전하는 원반의 기준틀에 속한 관찰자가 측정한 것과 다른 길이가 나온다. 반면 원반의 **지름**은 같을 것이다.

이 아이디어에 이르는 과정은 직관을 크게 거스르기 때문에 아주 느리고 힘들었다. 그러나 아인슈타인은 자신의 믿음을 고수하면서 면밀한 숙고를 거듭했다. 그 과정에서 그는 대단히 특이한 사실을 발견했다. 바로 원반이 회전할 때 원주의 길이와 지름의 비율을 측정하면 π가 도출되지 않는다는 것이다. 게다가 이 비율의 크기는 원반이 얼마나 빨리 회전하느냐에 좌우된다. 즉 원반이 빨리 돌수록 π에서 더 멀어진다.

당시 직관을 거스르는 생각을 떠올리는 데 대단히 익숙했던 아인슈타인에게도 이 효과는 매우 이상하게 보였다. 그래서 그와 동료들은 (최초로 이 현상을 지적한 덴마크 물리학자의 이름을 따서) '에렌페스트의 역설Ehrenfest's paradox'이라고 명명하고, 이 역설을 풀기 위해 최선을 다했다. 그러나 그렇게 되기까지 수년이 걸렸다. 결국 1912년 늦여름에 마침내 핵심적인 돌파구가 마련되었다. 아인슈타인은 명확한 깨달음을 얻은 이 특별한 순간을 다음과 같이 설명했다.

> 나는 취리히에서 돌아온 직후 이 이론과 연결된 수학적 문제와 표면에 대한 가우스의 이론 사이에 존재하는 유사성에 대한 결정적 아이디어를 처음 얻었다.[60]

(여기서 말하는 '이 이론'은 잘 명명된 등가원리 덕분에 가속하는 기준틀에 대한 이론과 동등해진 중력 작용에 대한 초기 이론을 뜻한다.)

아인슈타인은 회전하는 기준틀에 대해서 막 발견한 사실을 이해하려고 다시 한 번 오랫동안 잠들어 있던 기억, 약 12년 전에 스위스 연방공과대학에서 배우던 시절의 기억을 활용했다. 당시 그는 휘어진 2차원 표면의 기하학에 대한 세미나를 들었으며, 거기서 카를 프리드리히 가우스Karl Friedrich Gauss와 베른하르트 리만Bernhard Riemann이 19세기에 개발한 이런 종류의 비유클리드기하학에서는 원주와 지름의 비율이 π와 임의적으로 다를 수 있다는 사실을 배웠다. 어떻게 그럴 수 있는지 감을 잡기 위해 지구 표면을 휘어진 2차원 공간으로 가정해보자. 적도를 원의 샘플로 취한다면 반지름은 적도에서 북극까지 정북향으로 나아가는 모든 경도선이 될 것이다. 이 선의 길이는 적도 길이의 4분의 1이며, 따라서 지름은 적도 길이의 **절반**에 해당한다. 이 사실은 이 휘어진 공간에 사는 모든 관찰자에게 적도의 원주 대 지름비가 π가 아니라 2일 것임을 뜻한다.

1912년 말의 어느 시점에 오랫동안 아인슈타인의 머릿속에 묻혀 있던 비유클리드적 원에 대한 이 정리가 예기치 않게 떠올랐다. 몇 년 전에 겉보기 힘에 대한 기억이 그랬던 것처럼 어떤 사건으로 오래전의 기억이 갑자기 되살아난 것이다. 대단히 반가운 이 새로운 연결 고리는 휘어진 공간에 대해 가우스와 리만이 정립한 기하학의 모든 공식을 바로 빌려서 가속하는 기준틀과 관련된 물리학, 나아가 등가원리 덕분에 중력장의 영향을 받는 세계와 관련된 물리학을 수학적 용어로 나타낼 수 있음을 암시했다.

물론 우리의 우주에서 사건은 2차원 평면이 아니라 3차원 공간에서 발생하며, (말하자면) 발생하는 데 시간이 걸린다. 이는 곧 4차원(3개의 공간적 차원과 1개의 시간적 차원)에 해당한다. 지금은 '4차원 시공간'이라는 용어가 대단히 친숙해서 실로 진부한 상투어가 되었지만 독일 수학자인 헤르만 민코프스키Hermann Minkowski가 처음 제시했을 때는 낯설고 중대한 새로운 개념이었다. 스위스 연방공과대학에서 아인슈타인을 가르친 교수 중 한 명이었던 민코프스키는 갈릴레오의 상대성 방정식과 아인슈타인의 상대성 방정식 사이에 두드러진 유사성이 있음을 인지했으며, (아이러니하게도 어떤 이유에서인지 아인슈타인 본인은 놓친!) 이 유사성은 4차원 시공간이라는 관념으로 신속하게 그를 이끌었다.

아인슈타인은 **일반**상대성이론을 개발하면서 자신이 해야 할 일은 오래전에 스위스 연방공과대학에서 배웠던(그리고 당시 순전히 수학적이며 물리학과는 전혀 관련이 없다고 여겼던) 가우스 기하학의 2차원적 정리를 세 개의 공간적 차원과 한 개의 시간적 차원을 지닌 민코프스키의 더 추상적인 공간에 적용하는 것이라는 사실을 깨달았다. 그는 자주 그랬던 것처럼 직관적으로 엿본 유사성을 최대한 활용했다. 즉 그는 대학 시절 은사가 오래전에 순전히 수학적인 두 개의 공간적 차원에서 가르친 관념을 네 개의 시공간적 차원에 '복사'했으며, 이 유추가 그에게 안긴 것은 놀라울 만큼 풍부하고 새로웠다. 그래서 그는 **휘어진 4차원 공간**이라는 초현실적인 관념으로 이끌렸으며, 이것으로도 부족하다는 듯 **굽음** curvature이라는 개념은 이제 더 이상 공간에 한정되는 것이 아니라 시간의 차원으로 확장되었다. '휘어진 시간'이라는 관념은 분명히 상상력의 한계 자체를 밀어붙이는 것이었다.

방금 되짚은 풍부한 일련의 유사성, 첫 번째로 중력장과 가속 기준틀 사이의 유사성, 두 번째로 역학 고유의 법칙과 전체적인 물리법칙 사이의 (새로운 맥락으로 이전된) 유사성, 세 번째로 회전하는 기준틀과 비유클리드기하학적 2차원 구조 사이의 유사성, 네 번째로 비유클리드기하학적 2차원 구조와 4차원 구조 사이의 유사성은 중력을 수학적으로 다루는 도구로 가는 길을 가리키면서 아인슈타인이 오랫동안 찾던 핵심적인 단서를 제공했다. 그래서 그는 수년에 걸쳐 중력을 '길들여' 마침내 물리학의 수학적 법칙이라는 무리 안으로 데려갈 수 있었다. 그에 따른 일반상대성이론은 아인슈타인의 경력에서 가장 복잡하고 과감한 성취이자, 그가 이룬 모든 놀라운 발견 중에서도 최고의 영예였다.

서로 만나는 평행선

아인슈타인이 해낸 위대한 유추가 지닌 다산성을 다루는 데만도 쉽게 책 한 권을 할애할 수 있다. 이 장에서 우리가 추구한 목표는 더 소박한 것이다. 그것은 단지 물리학 분야에서 이루어지는 거대한 진전이 거장이 실행하는 독립된 수학적 연역과 방정식의 형식적 조작에 따른 결과가 아니라, 다른 사람들은 다양성만을 보는 곳에서 통일성을 보는 재능과 겉으로는 아주 다르게 보이는 현상들이 지닌 깊은 동일성을 포착하는 날카로운 본능을 지녔으며, 대단히 잘 정립되고 엄격하게 만들어진 관념을 뒤집어서 완전히 새롭게 생각하는 일이 된다고 해도 이전 세대가 구축한 웅장한 수학적 요새보다 이런 유추적 고리에 대한 불완전한 신념을 더 신뢰하는 사람이 직감을 통해 이룬 유추의 결실이라는 사실을 보여주기 위해 몇 가지 사례를 제시하는 것이었다.

우리가 아인슈타인의 사고방식을 묘사한 내용은 도중에 부딪히는 모든 장애물을 쓰러뜨리면서 나아가는 증기 롤러처럼 엄청나게 강력한 계산 능력 및 연역 능력을 발휘하는 상투적인 수학 천재와는 상반된 모습이다. 오히려 우리는 아인슈타인이 놀랄 만한 연산 능력이나 추론 능력에 이끌리지 않았음을 보았다. 그의 두뇌는 거대하고 전광석화처럼 빠른 슈퍼컴퓨터를 탑재하지 않았다. 아인슈타인을 이끈 것은 심오한 개념적 유사점, 숨겨진 아름다운 유사성을 찾으려는 멈출 수 없는 욕구였다. 실로 그의 주된 심리적 원동력은 심미성에 대한 추구였으며, 자연법칙에 깊고 신성한 아름다움이 깃들어 있다는 신념이 그를 부추겼다.

이런 사고방식은 계몽시대에 레오나르도 다빈치, 뉴턴, 파스칼, 라이프니츠가 만든 장대한 전통에 속한 것처럼 보인다. 심지어 아인슈타인이 지금처럼 고도 전문화가 세상을 뒤흔든 통찰을 그저 과거의 유물로 만들기 이전에 활약했던 특별한 과학적 천재 집단의 마지막 일원일 것이라고 주장할 수도 있다. 그러나 이는 더없이 진실과 거리가 멀다. 우리는 그보다 훨씬 더 안정된 현상을 다루고 있다. 실제로 같은 인지적 스타일이 분야와 시대를 초월한 탁월한 과학자들의 징표이다. 설령 연구 분야가 너무 난해해서 일반 청중에게 설명하는 것이 불가능하다고 해도 오늘날의 재능 있는 연구자들은 아인슈타인을 이끈 것과 같은 내면의 불길, 그러니까 현상 사이의 깊은 유추적 연결 고리를 드러내려는 불굴의 탐구욕에 이끌린다.

가령 근래에 필즈 메달을 받은 프랑스 수학자 세드릭 빌라니Cédric Villani는 《살아 있는 정리The Living Theorem》에서 우리가 묘사한 아인슈타인의 스타일과 거의 일치하는 자신의 수학적 스타일을 묘사했다. 아래에 발췌한 부분은 위대한 물리학자에 대한 우리의 묘사와 완벽하게 호응한다.

> 내가 수학자로서 명성을 얻게 해준 것은 수학의 다른 영역 사이에 존재하며, 내가 드러낸 숨겨진 연결 고리들이다. 이 연결 고리들은 대단히 소중하다! 그들은 한편에서 모든 발견을 뒤집으면 다른 편에서 그에 대응하는 발견이 이루어지는 탁구 같은 게임을 통해 두 가지 다른 영역을 동시에 조명하게 해준다. …… 나는 정교수가 된 지 3년 후에 충실한 협력자인 로랑 데빌레트Laurent Desvillettes와 함께 예상치 못한 연결 고리를 찾아냈다. …… 그리고 이 발견을 한 직후에 새로운 유추에 기초한 저보자력hypocoercivity 이론을 만들었다. ……
>
> 2007년에는 거기에 숨겨진 조화가 있다는 육감이 들었으며, 깊은 연관성이 존재한다는 추측을 했다. …… 이 연관성은 난데없이 떠오른 것처럼 보였으나 나는 그레구아르 로에퍼Grégoire Loeper와 함께 그것을 증명했다. …… 매번 새로운 통찰을 안긴 것은 대화이다. 나는 소통을 통해 정말 많은 혜택을 누린다. 또한 나는 이미 형성된 조화의 존재를 믿는다. 결국 뉴턴과 케플러 그리고 대단히 많은 다른 학자들이 우리가 갈 길을 보여주었다. 세상은 예기치 못한 연관성으로 가득하다.[61]

바네시 호프만은 아인슈타인 전기에서 다소 더 신비로운 느낌을 풍기기는 하지만 상당히 비슷한 생각을 표현했다.

> 그러나 아인슈타인이 (중력) 이론을 구축한 표면적인 토대가 얼마나 불안정한지 알게 되면 그저 그를 걸작으로 이끈 직관에 놀랄 따름이다. 이런 직관은 천재성의 핵심이다. …… 천재는 일종의 예지를 통해 처음부터 막연하나마 나아가야 할 목표를 안다. 또한 미지의 땅을 지나는 고통스러운 여정에서 논리적 목적보다 프로이트적 목적에 기여하는 그럴듯한 주장을 통해 자신감을 강화한다. 이 주장은 실제로 주도권을 쥔 비합리적이고, 통찰력 있으며, 잠재의식적인 욕구에 기여하는 한 정통적일 필요가 없다.[62]

이 문단은 과학이 영원히 설명할 수 없는 준마법적인 정신적 과정을 통해서만 진전된다고 설명한다. 그래서 독자는 아인슈타인과 같은 사람들이 지닌 천재성은 프로이트적 무의식의 흐릿한 심연에 가려진 가늠할 수 없는 수수께끼라는 결론에 이를 수 있다. 우리는 호프만의 생각을 많이 존중하지만 위에 나온 것만큼 신비주의적인 관점은 갖고 있지 않다. 그래서 우리는 그보다 난데없이 나타나 물리학의 면모를 바꾼 영감이 언제나 유추, 종종 심지어 '사소한' 유추, 그러니까 제시한 후에는 명백해 보이는 도약임을 보이려고 노력했다.

이 장에서 우리가 시도했던 아인슈타인의 정신적 과정을 가리는 베일을 걷는 일은 절대 그의 천재성이나 발견이 지닌 깊이를 줄이지 않는다. '우주의 통일성'에 대한 평생의 집착이 대단히 깊은 차원에 존재하는 유사성을 발견하도록 그를 이끌어서 결국에는 심지어 당대의 다른 정상급 과학자들조차 연관되지 않은 대상들만을 보는 상황에서 단일한 범주의 현상을 보게 되었기 때문이다.

이런 측면에서 앞서 수학자들이 유사성에 이끌리는 양상과 관련하여 소개한 앙리 푸앵카레가 아인슈타인에 대해 쓴 글을 읽어보는 것도 흥미롭다. 그는 1911년에 교수직에 응모한 젊은 아인슈타인을 위해 써준 추천서에서 이런 평가를 내렸다.

> 아인슈타인은 내가 아는 가장 독창적인 사람 중 한 명입니다. 그는 젊은 나이에도 이미 당대의 정상급 과학자들 사이에서 아주 명예로운 위치에 올라섰습니다. 무엇보다 우리가 존중해야 할 점은 그가 아주 수월하게 새로운 개념을 받아들이고 그로부터 모든 가능한 결과를 도출할 방법을 찾는다는 것입니다. 그는 고전적 원리에 과도하게 천착하지 않으며, 물리적 문제를 접할 때 모든 가능성을 아주 빠르게 상상할 수 있습니다. 이런 점 때문에 실행할 방법이 마련되자마자 실험으로 검증될 새로운 현상들을 빠르게 예측합니다. …… 미래는 아인슈타인이 지닌 가치를 갈수록 더 분명하게 보여줄 것이며, 이 젊은 대가를 고용할 지혜를 갖춘 대학은 어디든 그 일로 커다란 영예를 보장받을 것입니다.[63]

바흐와 같은 시대를 살았던 어떤 사람은 "바흐는 어떤 주선율을 듣자마자 아주 빠르게 모든 결과를 상상할 수 있다"고 말한 적이 있다. 이는 푸앵카레가 높이 칭송한 아인슈타인의 자질과 대단히 비슷하게 들린다! 그래서 아주 짧은 시간에 '모든 가능성을 상상하는' 이 능력이 최고 수준의 창의성이 지닌 핵심에 가까이 있는 것으로 보인다.[64]

아인슈타인이 (역학적 현상뿐 아니라 모든 물리적 현상에도 적용되는) 확장된 등가원리에 이르기 위해 지난 경로를 살펴보면 그가 이미 활용한 적이 있는 유추를 새로운 맥락에서 재활용했음을 알게 된다. 구체적으로 말하자면 그는 두 가지 다른 맥락에서 매번 **역학 실험**이라는 개념에서 출발하여 **물리 실험**이라는 더 추상적인 개념에서 마무리되는 동일한 개념적 확장을 실행했다. 물론 이 각각의 확장은 유추, 즉 '물리학은 역학과 **유사**하다. 단지 더 많은 것을 포함할 뿐이다'라는 생각에 해당하는 수직적인 유추적 도약에 따른 것이다. ('관절은 더 포괄적인 생리적 개념일 뿐 무릎과 유사하다'고 생각한 겔렌크 박사의 수직적인 유추적 도약을 상기하라.) 아인슈타인은 이 유추적 도약을 유사한 두 상황(처음에는 갈릴레오 상대성원리를 확장하여 특수상대성원리를 고안한 것, 나중에는 제한적 등가원리를 확장하여 일반상대성원리의 토대가 되는 관념을 얻은 것)에 활용했다. 이처럼 아인슈타인이 일생에 걸쳐서 연 가장 진전된 돌파구는 다른 유추적 도약과 유사한 유추적 도약에서, 따라서 유추 사이의 유추, 말하자면 메타 유추에서 기인했다.

이 점은 스타니슬라프 울람Stanislaw Ulam이 회고한 폴란드 수학자 스테판 바나흐Stefan Banach의 말을 연상시킨다. 그는 이렇게 말했다. "뛰어난 수학자는 정리 혹은 이론 사이의 유사성을 보지만 최고의 수학자는 유사성 사이의 유사성을 본다."[65] 또한 같은 맥락에서 아인슈타인의 전임자인 제임스 클러크 맥스웰은 자신이 다른 물리적 원리 사이의 유사점보다는 확실히 추상화의 본질로 보이는 유사점 사이의 유사점에 이끌린다고 말한 적이 있다.

요컨대 아인슈타인의 창의적 생애가 명확하게 예시하는 것은 과학이라는 거대한 나무에 존재하는 심오하고 추상적인 유사성에 대한 인식이 단지 잔가지나 큰 가지뿐만 아니라 줄기 자체를 뒤흔드는 영향을 미친다는 것이다. 지금까지 지구를 뒤흔든 것이 있다면 바로 아인슈타인이 발견한 유사성이다.

에피다이얼로그

인지의 핵심에 대한 논쟁

∨
∨
∨
∨

Katy and Anna Debate the Core of Cognition

범주화 대 유추 작용

이 책은 친구인 케이티와 애나가 인지의 핵심에 놓인 것이 무엇인지에 관해 나눈 대화로 마무리된다. 케이티는 범주화가 그 역할을 하며, 여러 측면에서 유추 작용과 다르다고 본다. 애나는 범주화가 중요하다는 점에는 동의하지만 인지의 핵심에 놓인 것은 유추 작용이라고 본다. 실제로 그녀는 케이티의 주장이 지닌 약점을 조목조목 지적함으로써 유추 작용과 범주화가 동일하다는 사실을 증명하려고 최선을 다한다.

아래에 나오는 표는 케이티가 주장하는 범주화와 유추 작용이 크게 다른 9가지 측면을 정리한 것이다.

	범주화	유추 작용
빈도	연속적	임시적
독창성	통상적	창의적
인식 층위	무의식적	의식적
제어성	자동적	자발적
유사성의 정도	차이가 바람직하지 않음	차이가 바람직함
행동의 초점	개체	관계
추상화의 수준	두 단계 사이의 도약	한 단계에서의 연결
객관성의 정도	객관적	주관적
신뢰도	높음	낮음

잠시 후 확인하겠지만 이 잠재적 구분을 면밀하게 살펴보면 유추 작용과 범주화가 같은지, 다른지에 대한 질문을 훌쩍 넘어서는 영역으로 들어서게 된다. 그래서 세상을 지각하는 방식, 개념을 형성하는 방식, 이해하는 방식, 의사소통하는 방식과 관련된 문제가 제기된다. 한마디로 사고의 속성에 대한 전반적인 질문이 제시된다.

그래도 두 토론자는 열띤 논쟁을 통해 우리가 할 수 있는 것보다 훨씬 명확하게 이 모든 문제를 드러낼 것이다. 그러니 지체 없이 그들에게 발언권을 주도록 하자.

(전화가 울린다.)

케이티_ 여보세요! 누구시죠?

애나_ 케이티, 애나야. 너무 이른 시간에 전화한 거 아닌지 모르겠네.

케이티_ 아냐. 사실 몇 분 전에 우리가 신나게 통화하는 이상한 꿈을 꾸다가 깼어. 그냥 평범한 대화가 아니라 엄청 열띤 논쟁이었어! 게다가 중국어로! 어떻게 **그런** 일이 가능했는지 전혀foggiest (혹은 같은 맥락에서 도무지cloudiest) 모르겠어. 난 중국어를 한마디도 모르거든!

애나_ 정말? 방금 나한테도 정확하게 같은 일이 일어났어!

케이티_ 이상한 일이네! 그런데 **정확하게** 같았다고?

애나_ 말하자면 그래. 무슨 뜻인지 알잖아. 아주 비슷한, **거의** 정확하게 같은 꿈이었어. 그러니까 나도 이상한 꿈을 꾸다가 잠에서 깼는데, 네가 꾼 꿈에서처럼 **내가** 꾼 꿈에서도 우리가 전화로 열띤 논쟁을 벌였어! 다만 내 꿈에서는 모든 논쟁이 러시아어로 진행되었지. 나도 어떻게 **그런** 일이 가능했는지 (조금도) 감을 잡을 수 없어. 너도 알다시피 나는 죽었다 깨어나도 러시아어를 한마디도 못하잖니!

케이티_ 이상하기 짝이 없는 우연이네! 두 사람이 동시에 꾼 꿈이라니! 마치 동화 같아! 꿈에서 벌어진 논쟁의 내용이 뭐였어?

애나_ 사실 전혀 기억이 안 나. 내가 러시아어로 무슨 말을 하는지 모르니까 그럴 만도 하지! **네가** 꾼 꿈에서 벌어진 논쟁의 내용은 뭐였어?

케이티_ 나 역시 한마디도 기억나지 않아. 너도 잘 알다시피 내가 중국어로 한 모든 말을 전혀 모르니까. 소설에 나올 법한 일보다 더 이상한 일 아냐?

애나_ 잘 모르지만 꿈은 확실히 이상한 현상이기는 해. 두뇌가 기이한 방식으로 돌아가니까 말이야.

케이티_ 인간의 지성이 대단히 불가사의하다는 점은 나도 동의해. 생각은 우리가 항상 하는 것인데도 세상에서 가장 모호한 현상이지. 생각은 우리가 그 속에서 헤엄치는 매체니까 당연히 그 속성이 명확해야 하는 것 아닐까? 아니면 너무나 흔한 일이라서 흐리고 신기한 것인지도 모르지.

애나_ 나도 전적으로 동의해. 사실 네 말을 들으니 내가 이렇게 아침 일찍 전화를 한 이유가 생각나네. 알다시피 최근에 내가 생각에 대해 많은 생각을 했는데, 모든 생각의 핵심에 한 가지 특수한 유형의 정신적 과정이 있다는 놀라운 결론에 이르렀어. 그게 뭔지 알겠니?

케이티_ 정말 우연이네! 나도 생각에 대한 생각을 해왔고, 생각의 핵심에 있다고 믿는 특수한 정신적 과정을 파악했어. 우리 둘이 따로따로 똑같은 관념을 우연히 발견했다니 놀랍고 멋지지 않니?

애나_ 그래. 그렇다면 기쁜 일이지. 그러면 내가 추정한 정신적 과정이 뭔지 바로 말해줄게. 내가 보기에 모든 생각에 잠재된 주요 메커니즘은 **유사성을 인식**하는 일, 방금 경험한 것과 이전에 경험한 것의 연결 고리를 포착하는 일 말야. 유추는 과거의 모든 측면을 불러올 수 있고, 따라서 우리는 새로운 상황을 접할 때 이전에 했던 가장 밀접한 경험을 활용할 수 있어. 한마디로 유추 작용이 모든 생각의 토대에 있는 메커니즘이야.

케이티_ 유추 작용이라고? 특이한 추정이네! 그건 내가 제시할 추정과 분명히 달라. 우리는 이 주제에 대한 관점이 서로 다른 것 같아. 그러면 나도 바로 본론을 말할게. 내가 생각하는 지성의 비밀은 유추 작용이 아니라 **범주화**에 있어. 범주는 경험에서 나오고 머릿속의 도서관을 정리하지. 또한 생각의 요소이자 모든 생각을 여는 마술 열쇠야.

애나_ 정말? 그러면 너는 두뇌의 삶에서 유추 작용보다 범주화가 더 중요하다고 말하겠네? 네 생각을 말해줘.

범주화는 지속적으로 필요한 것, 유추는 드물게 누리는 호사

케이티_ 기꺼이! 사고 과정에서 사물과 상황을 자신이 알고 있는 범주에 배정하는 것보다 더 흔하거나 근본적인 일은 없어. 우리는 세상을 단순하게 만들기 위해 끊임없이 표준적이고 친숙한 조각들로 잘라내야 해. 안 그러면 끊임없이 밀려오는 새로운 것의 파도에 압도당하고 말아. 결국 우리가 접하는 모든 순간과 상황은 아주 약간이라고 해도 이미 경험한 다른 모든 것과 달라. 매번 눈을 깜박이고, 눈길을 돌리고, 호흡하고, 입술이나 콧구멍 혹은 눈썹을 움직일 때마다 우리의 얼굴은 100분의 1초 전과 약간 달라져. 또한 이 미소한 변화의 순간마다 우리는 극미하게나마 눈앞에 있는 책상을 바라보는 관점을 바꾸지. 그리고 주위를 둘러싼 환경이 매 순간 변하는 가운데 우리가 방향 감각을 유지하는 유일한 방법은 유입되는 자극을 **탁자** 같은 친숙하고 믿을 만한 범주로 분류하는 거야. 설령 그 구체적인 탁자를 이전에 한 번도 본 적이 없다고 해도 말이지. 우리를 둘러싼 환경은 항상 변하기 때문에 지속적으로 모두 범주화해서 안정된 규칙적 패턴으로 단순화하지 않으면 완전한 혼돈처럼 보일 거야. 그러면 모든 대상이 새롭고 알려지지 않은 것이라서 우리의 두뇌는 계속 돌아가겠지. 내가 새로운 대상을 가령 **의자**, **탁자**, **산들바람**, **놀란 표정**, **얄팍한 위협** 같은 것으로 인식하는 능력은 이미 이런 범주를 개발한 데서 나와. 나는 방대한 범주 목록을 보유하고 있지. 이런 보고가 없으면 나는 주위를 둘러싼 세상이 지닌 반복적인 속성을 전혀 인식하지 못할 거야. 따라서 이 예측할 수 없는 세상에서 내가 살아가도록 해주는 것은 범주화야. 그게 나의 관점이야, 친구.

애나_ 케이티, 타당하고 통찰력 있는 주장이야. **개념 작용**conception과 **지각 작용**perception이 대단히 밀접하게 연관된 현상인 이유도 분명하게 말해주었어. **지각 작용**은 감각으로 유도되고, **개념 작용**은 생각으로 유도되는 식으로 일반적인 용례는 구분되지만 사실 둘은 서로 바꾸어 쓸 수 있는 개념이야.

케이티_ 네 생각이 그렇다면 어쩔 수 없지만 내가 보기에 범주화는 유추 작용보다 훨씬 높은 자리에 놓여야 해. 네가 유추를 높이 평가하는 것을 이해하고, 당연히 유추는 그런 평가를 받을 만하지만 잠시 생각해봐. 유추는 **드문** 정신적 사건, 대상을 적절한 범주로 나누는 일보다 훨씬 드문 정신적 사건이야. 유추는 우리가 창의성을 발휘하고, 정신적 삶에 활기와 생기를 더하고 싶을 때만 이루어져. 우리는 유추를 할 때 이전에는 한 번도 상상치 못한 방식으로 두 대상을 연결하면서 통상성을 뒤흔들지. 관념이나 물체 혹은 상황 사이에 존재하는 새로운 연관성을 포착할 때 얻는 멋진 **전율**은 대단히 매력적이지만 아쉽게도 자주 생기지는 않아. 물론 한 번도 유추를 하지 않는다면 우리의 정신적 삶은 약간 덜 흥미롭겠지만 그렇다고 고통받을 일은 없어. 애나, 이렇게 표현할게. 범주화가 인지의 본재료라면 유추 작용은 안 넣어도 크게 상관없는 이국적인 향신료야. 혁신적인 유추를 떠올리는 건 당연히 기분 좋은 일이지만 어디까지나 인지적 호사에 불과해. 평생 유추를 한 번도 하지 않아도 얼마든지 살 수 있다고!

애나_ 케이티, 네가 범주화를 묘사한 방식에 열렬히 동의해. 범주는 생각의 심장이자 호흡이고, 엔진이자 연료이며, 일반 도로이자 고속도로야. 그리고 상상력이 조금도 없는 사람이나 인지 활동에서 범주화가 지니는 명백한 편재성과 불가결성을 인식하지 못하지. 그래도 나는 네가 유추 작용에 대해 착각을 하고 있다고 생각해. 유추 작용은 사실 어느 모로 보나 범주화만큼 모든 곳에서 이루어지거든.

케이티_ 내가 보기에 그건 말이 안 돼. 나는 아주 가끔씩만 유추를 한다고!

애나_ 친구, 자신을 과소평가하지 마. 이 책의 7장에서 다양한 전문가들이 일부는 범주화의 특징에 대해, 나머지는 유추 작용의 특징에 대해 쓴 글을 몇 가지 인용했는데 그 내용이 사실상 동일했다는 것을 기억해? 구체적으로 말하자면, 이 두 가지 정신적 과정이 모두 새롭고 이상한 대상에 친숙한 조명을 비추며('범주는 새로운 대상을 친숙한 대상처럼 다루게 해주고',[66] 유추는 '새로운 것을 친숙하게 보도록 해주는 것'[67]이다), 이 능력은 생존에 절대적으로 필요하다는 내용이었어, 그렇지? 그래서 친숙하지 않은 대상에서 친숙한 것을 인식할 때마다 유추를 하는 거야.

케이티_ 유추가 범주화만큼 폭넓게 퍼져 있다고 주장하는 거니? 나는 모든 곳에 존재하는지 모르겠어. 실은 거의 어디에도 없어. 나를 설득하려면 몇 가지 사례가 필요해. 내게는 유추를 접하는 게 아주 드문 일이니까.

애나_ 그렇다면 우리 삶에서 가장 평범한 순간들을 생각해 봐. 잘 살피면 유추가 봄이 온 들판의 꽃처럼 널려 있는 모습을 보게 될 거야. 유추가 익숙한 것을 빌려서 새로운 것을 이해하게 해준다는 점을 감안하면 어느 모로 보나 대상을 범주에 할당하는 일만큼 흔해. 너도 방금 전에 모든 새로운 상황이 모든 이전 상황과 온갖 방식으로 다르다고 지적하지 않았니? 그렇다면 우리는 새로운 상황을 이해하기 위해 이전에 경험한 상황과 연관지을 수밖에 없어. 도처에서 유추를 해야 한다는 뜻이지. 게다가 사고에서 유추가 맡는 역할을 연구한 학자들은 종종 그 편재성을 지적했어. 가령 수학자 조지 폴리아George Polya는 "유추는 예술적인 표현 방식과 고도의 과학적 성취뿐만 아니라 우리의 모든 생각, 일상적인 발화, 사소한 판단에도 스며들어 있다"[68]고 썼어. 비슷한 맥락에서 이론물리학자인 로버트 오펜하이머는 "우리는 새로운 것을 접할 때 오직 친숙하고 아는 것과 비교함으로써 이해할 수밖에 없다"[69]고 주장했어. 유추 작용을 전문적으로 연구하는 심리학자들도 같은 견해야. 그래서 데드레 겐트너는 "유추와 비유는 언어와 사고에 구석구석 스며들어 있다"[70]고 썼지. 또한 키스 홀리오크와 폴 새거드는 "유추는 인간 사고에 편재한다"[71]고 말했어.

케이티_ 지금까지 너는 단지 몇 가지 일반론만 제시했어. 일반론은 생각할 거리로는 좋지. 하지만 나는 구체적인 사례를 원해.

애나_ 좋아, 그렇게 할게. 너는 무엇을 토대로 한 번도 본 적이 없는 계단을 올라가니? 한 번도 접한 적이 없는 초인종을 사용하는 법은 어떻게 아니? 한 번도 본 적이 없는 문의 손잡이를 돌리는 방법은 어떻게 아니? 한 번도 사용해 본 적이 없는 샤워기를 사용하는 방법은 어떻게 아니? 그리고 처음으로 새 의자에 앉거나 한 번도 접한 적이 없는 잡지를 집어 드는 일은 어떨까? 어떻게 광고와 기사를 수월하게 구분하면서 페이지를 넘기는 방법을 아는 걸까? 우리의 삶은 이런 기초적인 유추로 가득해.

케이티_ 이 모든 사례는 유추가 아냐. 사고가 아니라 단지 **행동**일 뿐이라고.

애나_ 그럼 행동하는 것과 사고하는 것 사이에 경계선이 어디 있는지 찾아봐. 모든 행동의 이면에는 정신적 활동이 있고, '정신적 활동'이라는 용어는 '생각하기'의 화려한 동의어일 뿐이야. 그러나 이런 사례로 만족하지 못하겠다면 1장과 2장을 봐. 모든 단일어나 구절에 대한 선택이 유추 작용에서 기인하는 양상을 확인할 수 있을 거야. 다음에 말할 단어를 선택하는 것보다 더 흔한 일이 있을까? 그다음에 3장은 우리가 어떤 상황을 접할 때 유추를 통해 끊임없이 이전 상황을 **상기하는** 양상과 'me too', 'next time', 'in general', 'it won't happen again', 'that's what always happens'처럼 흔한 구절을 떠올릴 때 암묵적 유추에 의존하는 양상을 보여줘. 가령 너는 'me too'를 '내 경우도 비슷해요'라는 뜻으로 말하지 않니? 또한 'next time'이라고 말할 때는 '비슷한 사건이 생기면' 외에 무슨 뜻을 전할 수 있을까? 또한 'like that'은 단지 더 일상적인 언어에서 '그와 유사한'을 뜻하지 않니? 그래서 요컨대 유추가 범주화보다 수가 적다고 생각할 이유가 없어. 유추는 드문 호사도, 진기한 별미도 아니고 발아래 모든 곳에 존재해. 유추는 단지 인지라는 비단에 더해진 꽃이 아니라 꽃까지 포함하는 전체 비단이라고.

범주화는 통상적인 것, 유추는 창의적인 것

케이티_ (여전히 범주화와 유추 작용은 낮과 밤처럼 다르다고 확신하며) 애나, 네가 하는 말을 잘 들었어. 유추가 드문 것이라는 주장은 취소할게. 대부분 사소한 것이라고 해도 우리가 항상 유추를 한다는 점은 인정해. 이전에는 그런 미미한 사고를 '유추'라고 부를 생각을 한 적이 없지만 네 말이 옳아. 그래도 유추와 범주화는 많이 달라. 너도 방금 '인지라는 비단에 더해진 꽃'이라고 말하면서 이 점을 암묵적으로 인정했어. 잘 들어봐. 범주화를 한다는 것은 기존의 정신적 범주에 의존한다는 거야. 시끄럽고, 털이 많고, 네 발 달린 개체가 거리에서 네 옆으로 지나가고, 내가 그 개체를 **개**라는 범주에 할당한다고 가정해 봐. 이렇게 이전에 습득한 개념과 연관 짓는 일은 살아 있는 개체이고, 내부 장기가 많고, 물거나 광견병을 옮길 수 있고, 고기를 먹고, 산책을 좋아하고, 악취를 풍길 수 있다는 등 많은 사실에 즉각 접근할 수 있게 해줘. 어떤 것이 이 범주에 속한다고 판단하는 순간 평생 동안 일반적인 개나 특정한 종의 개에 대해 축적한 모든 종류의 사실을 수월하게 인출할 수 있어. 그러나 이 모든 지식을 활용하는 일에 창의적인 면은 전혀 없어. 오히려 단조로울 뿐이지.

애나_ 그 점에는 이의가 없어. 개를 '개'라고 부르는 것은 분명히 아주 평범해.

케이티_ 그래. 우리는 계속 반복되기를 기대하면서 과거의 경험을 활용하지만 새로운 것은 전혀 창조하지 않아. 범주화는 정신적 삶의 모든 순간에 스며들어 있지만 영감을 받거나 주지 않아. 반면 네가 말한 '인지라는 비단에 더해진 꽃'이 모두 이전의 지식을 밋밋하게 활용하는 일을 훌쩍 넘어서는 독창성, 창의성, 영감, 번뜩이는 통찰을 수반하지. 이런 의미에서 유추는 전혀 관련이 없다고 생각하는 경향이 있는 대상들을 창의적으로 연결하도록 해주기 때문에 칭송받을 만해. 이 점에서 유추 작용은 범주화와 확연히 달라. 나는 범주화가 사고에서 더 고상한 역할을 하기를 바라기 때문에 이 분석이 조금 아쉽기는 하지만 그래도 범주화와 유추 작용이 같은 근본에서 나온 것이 아니라는 걸 보여줘. 전자는 **통상적**이지만 후자는 **창의적**이야.

애나_ (만면에 웃음을 띠며) 케이티, 네 말에 다시 한 번 이의를 제기할 거야. 다만 이번에는 너의 사기를 북돋을 수 있기를 바라. 너는 범주화를 아주 낮게 평가하는 것 같은데 그런 부정적인 태도가 부당한 것임을 증명할 테니까 말이야.

케이티_ 정말? 그럼 좋지! 왜 그런지 말해줘.

애나_ 우선, 많은 유추가 결코 창의적이지 않다는 점에 동의했으면 해. 실제로 방금 낯선 계단, 초인종, 문손잡이, 샤워기, 잡지 등을 다루는 몇 가지 사례를 제시했으니 말이야. 우리는 심지어 인지하지도 못한 채 호흡하듯이 수월하게, 자동적으로, 끊임없이 유추를 해. 그래서 너도 많은 유추가 구정물처럼 흐릿하다는 점에는 동의할 거야. 이 사실이 보여주듯이 범주화가 밋밋함 부문의 금메달 수상자가 되기에는 한참 못 미쳐. 유추 작용이 그 부문에서 치열하게 경쟁할 거니까 말이야. 하지만 내가 제대로 이해한 거라면 네가 다르다고 생각하는 측면은 밋밋함이 아니라 창의성이지.

케이티_ 맞아. 네가 제시한 사례들은 유추가 밋밋하고 따분할 수 있음을 보여주었지만 내가 말하는 요점은 달라. 그건 유추는 적어도 가끔 아주 **창의적일 수 있지만** 불쌍한 범주화는 **절대 창의적이지 않다**는 거야.

애나_ 유추가 고도의 창의성에 이를 수 있다는 점에는 동의해. 사실 나는 모든 창의적 행위가 유추에 기반을 둔다고 생각해. 우리는 아직 동일성을 찾지 못한 상황에서 두 가지 대상이 '같은 것'임을 볼 때 평범한 길에서 벗어나게 돼. 4장의 말미에 좋은 사례들이 나오지. 가령 아르키메데스는 모두 부피를 지닌다는 점에서 왕관과 신체를 '같은 것'으로 보고, 컴퓨터에 딸린 마우스는 화면 뒤에 놓인 가상의 대상을 조작할 수 있다는 점에서 손과 '같은 일'을 하는 것으로 간주되지. 또한 8장에서는 수학과 물리학 분야에서 이루어진 위대한 발견이 유추에 뿌리를 둔다는 점을 확인했어. 프랑스 수학자인 알랭 콘Alain Connes은 "우리가 수학의 세계에서 떠나는 여정은 물리적 세계에서 떠나는 여정과 다르며, 주된 교통수단은 유추이다"[72]라고 말했어. 또한 철학자 니체는 지성을 '유동적인 한 무리의 비유'[73]로 정의한 적이 있지.

케이티_ 그래, 그런 견해를 들어본 적이 있어. 실은 그게 바로 내가 설명하려는 내용이야. 유추는 인지적 귀족 사회의 일원으로서 창의적일 수 있는 잠재력을 지니지만 미천한 범주화는 무식해서 그렇지 못해. 이왕 네가 권위자의 말을 인용했으니 나는 프랑스 작가 조르주 쿠르틀린Georges Courteline의 말을 인용할게. 그는 "누구든 여인을 장미에 빗댄 사람은 시인이다. 누구든 그다음에 그렇게 한 사람은 바보다"[74]라고 말했어. 이 말은 내가 전하려는 요점을 아주 잘 담고 있어! 이 말에 나오는 시인은 두 개체 사이에서 새로운 유추를 했고, 그건 창의적인 행위였어. 다른 사람은 단지 시인이 만든 범주를 취하고 그가 인지한 내용을 되풀이했을 뿐이야. 그래서 일말의 창의성도 없는 파생적 행동에 불과하지.

애나_ 흥미로운 말이네. 하지만 네가 끼어드는 바람에 아직 **내가** 전하려는 요점에 이르지 못했어. 그건 바로 범주화도 창의성을 발휘할 커다란 잠재력을 지녔다는 거야. 범주화가 정신적 과업을 수행하는 데만 한정되어야 한다는 법은 없어. 네가 유추에 대해 수학자가 한 말을 인용했으니 이제는 내가 범주화에 대해 다른 수학자가 한 말을 인용할게. 앙리 푸앵카레는 수학을 "다른 대상에 같은 명칭을 부여하는 기술"[75]이라고 묘사했어. 즉 특이하고 미묘한 새로운 범주를 발견하는 기술이라는 거지. 그러니 범주화는 당당하게 머리를 들고 뛰어난 참신성과 고도의 창조성을 초래하는 능력에 자부심을 가져야 해.

케이티_ 지금 농담하는 거니?

애나_ 전혀 그렇지 않아! 사람, 관념, 의견, 발언을 독창적으로 만드는 게 뭐지? 그건 분명히 전형성에서 벗어난 범주화를 수반한다는 사실이야. 가령 우리는 어떤 건축가나 영화감독, 소설가 혹은 패션 디자이너가 고유한 세계, 그러니까 동시대 사람들과 다른 범주화 방식을 창출했기 때문에 독창적이라고 생각해. 이 말에 동의하지 않니? 게다가 많은 의견은 비관습적 범주화의 형태를 취해. 그래서 "현재의 금융시장 상황은 난장판입니다"라고 말할 때 나는 금융시장 상황을 **난장판**이라는 범주에 넣는 거야. 또한 "수학은 게임입니다", "수학은 언어입니다", "수학은 도구입니다", "수학은 예술입니다", "수학은 제식입니다", "수학은 열정입니다"라고 말할 때 이것이 수학을 **게임**, **언어**, **도구**, **예술**, **제식**, **열정**이라는 범주에 넣는 것이 아니라면 무엇일까? 누군가 내가 가진 견해가 **막다른 길**이라거나, 수다쟁이 친구가 **소방용 호스**라거나, 비디오게임이 **재앙**이라거나, 떠오르는 젊은 코미디언이 **또 다른 우디 앨런**이라거나, 예순 살이 **새로운 마흔 살**이라거나, 새 세법이 **임박한 재난**이라거나, 대통령의 제안이 단지 **응급조치**라거나, 맞춤법 검사기가 **목발**이라거나, 얼마 전에 충격적인 성추문에 휩싸인 유명 정치인이 **끝장났다**거나, 어떤 차가 **자전거**라고 말할 때 이 모두는 다소 더 독창적이거나 덜 독창적인 다양한 범주화의 사례가 아닐까?

케이티_ 뭐, 나는 항상 비유적 표현이 대단히 창의적일 수 있다고 생각했어.

애나_ 당연하지! 그러니까 내가 방금 제시한 사례들이 창의적이라는 데 동의한다면 범주화도 창의적일 수 있다는 데 동의하는 셈이야. 케이티, 이 모든 것은 순진한 선입견이 암시하는 바와 달리 수많은 따분한 유추가 있을 뿐만 아니라 수많은 창의적인 범주화도 있음을 보여줘. 따라서 정리하자면 **통상적인 정신적 활동**과 **창의적인 정신적 활동**을 나누는 너의 이분법은 유추 작용과 범주화를 구분하는 요건을 제공하지 못해.

범주화는 무의식적인 것, 유추는 의식적인 것

케이티_ 좋아, 네가 제시하는 요점에 동의해. 범주화는 발견과 독창성을 수반할 수 있고, 밋밋한 분류 행위로 한정되지 않아. 그렇다고 해도 여전히 유추 작용과 범주화를 혼동해서는 안 돼. 실제로 우리의 활발한 토론 덕분에 이 두 가지 인지적 행동이 대단히 다른 이유와 그 양상에 대한 나의 생각이 훨씬 더 명확해졌어. 이 점은 고맙게 생각해. 내가 지금 명확하게 깨달은 것은 범주화가 그 속성상 **무의식적** 과정인 데 반해 유추는 불가피하게 **의식적** 과정을 통해 이루어진다는 거야.

애나_ 무엇이 너를 그런 가설로 이끌었는지 모르겠어.

케이티_ 그럼 한 가지 사례를 살펴보자고. 내가 원자의 구조가 태양계의 구조와 어떻게 닮았는지 물어보면 너는 태양과 원자핵 그리고 행성과 전자의 이미지를 떠올린 다음 머릿속에서 이 모든 것들이 궤도를 따라 도는 복잡한 움직임을 실행하게 만들 수 있어. 이보다 더 의식적인 것이 있을까? 혹은 다른 사례를 들어볼게. 내가 삶은 항해와 같다고 말하면 너는 머릿속에서 어떤 사람의 탄생과 죽음을 여행의 출발점과 종착점으로, 고난과 시련을 여행 경로의 거친 구간으로 그릴 수 있어. 심지어 삶의 행복한 시기를 오아시스나 짙푸른 계곡으로 그릴 수도 있을 거야. 이 모든 것은 머릿속에서 의식적으로 이루어져. 반면 나는 어떤 것을 범주화할 때마다 '저 밑에서' 무슨 일이 일어나는지 전혀 의식하지 못해. 가령 침실에 있는 물건을 가리켜서 '탁자'나 '의자'라고 말하거나, 이웃 아파트에서 들리는 소음에 '와글와글'이라는 단어를 머릿속에서 떠올리거나, 방금 네가 말한 단어의 모음이 'a'라고 말할 때 나는 어떤 정신적 과정이 이끌었는지 전혀 이해하지 못해. 그래서 완전히 불투명하다고. 초당 여러 번씩 범주가 그냥 불쑥 떠오르는데 나는 그 방식이나 이유를 몰라. 너는 이 생각에 웃을지 모르지만 내가 너의 표정을 보고 '웃다'라는 단어가 적절하다는 사실을 어떻게 알까? 이는 내가 보기에 커다란 수수께끼야. 그래서 어떤 일이 진행되는지 전혀 몰라.

애나_ (부드럽게 웃으며) 직관적으로 보면 유추 작용과 범주화 사이에 네가 제시하는 구분에 동의하게 된다는 점은 확실해. 그러나 내가 보기에 너는 단지 네가 선택한 특정한 사례 때문에 또다시 덫에 빠졌어. 그러니까 그냥 몇 가지 다른 사례를 고르기만 하면 돼. 그러면 곧 무의식적 범주화뿐만 아니라 무의식적 유추도 많이 이루어진다는 데 동의하게 될 거야.

케이티_ 그 점은 매우 의심스러워. 나는 그런 반례를 전혀 찾을 수 없어.

애나_ 그러면 내가 도와줄 수 있을지 보자고. 무의식적 유추의 몇 가지 사례를 원한다면 사례로 가득한 5장을 살펴봐. 이 점은 순진한 유추를 다루는 7장의 중심적인 관념이기도 해. 두 장에는 어디서부터 시작해야 할지 모를 정도로 많은 무의식적 유추가 설명되어 있어. 가령 기억이 갑자기 머릿속에서 떠오른 사례, 어떻게 이런 상기가 이루어졌는지 당사자가 전혀 모르는 사례를 묘사하는 모든 일화를 봐. 내가 말하는 유형이 뭔지 말해줄게. 마고가 빗속에서 급히 차로 뛰어가다가 인도에서 미끄러지는 바람에 팔꿈치를 심하게 긁혔고, 그녀가 내게 해준 이 이야기가 오래전에 비행기를 놓치지 않으려고 조심성 없이 서둘러 계단을 내려가다가 발목을 심하게 삔 기억을 떠오르게 했다고 가정해봐. 이런 상기가 일어난 방식에 대해 내가 할 수 있는 말은 두 이야기가 개념적 골격을 공유하며, 마고의 이야기가 오랫동안 기억의 구석진 선반에서 먼지를 덮어쓰던 나의 이야기를 일깨웠다는 거야. 이게 아니라면 내 머릿속에서 일어난 일에 대해 아무것도 말할 수 없어. 여기서 일어난 일은 전적으로 무의식적인 유추가 아니면 무엇일까?

케이티_ 네가 말한 사례는 솔깃하지만 결론에는 동의할 수 없어. 네가 떠올린 기억이 전적으로 의식적인 것이기 때문이지. 너는 사실 오랜 일화를 의식적으로 떠올렸어, 그렇지 않아? 그러니 네가 한 유추도 그다지 무의식적이지 않아.

애나_ 맞아, 인출된 **기억**은 의식적이지만 이면의 **과정**은 범주화의 경우와 마찬가지로 무의식적이야. 내가 방에 놓인 책상이나 단어에 포함된 모음 'a'를 의식적으로 인식한다고 해도 이 범주화로 이어진 정신적 과정은 인식하지 못해. 대단히 무의식적으로 이루어져서 유추를 했다는 사실조차 인식하지 못하는 몇 가지 다른 사례들이 있어. 7장에서 설명한 '순진한 유추'가 거기에 속하지. 그중에서 세 가지 사례만 제시할게. 바로 나눗셈을 분할로 보는 것, 곱셈을 반복적인 덧셈으로 보는 것, 등호를 어떤 결과로 이어지는 과정으로 보는 것이야. 이 모든 순진한 유추는 거의 모든 사람의 머릿속에 숨겨져 있고, 전혀 인지하지 못한 상태에서 자신도 모르게 잘못된 결론으로 이끌리게 할 수 있어. 그러나 심리학자들은 세심한 실험을 설계하고 실행하여 이 숫기 없는 유추가 모습을 드러내게 만드는데 성공했지.

케이티_ 유추에 대해서는 네가 말한 요지를 충분히 수긍하지만 범주화는 네가 크게 잘못 알고 있는 것 같아. 어떤 근거로 이런 근본적인 인지 과정을 **의식적인** 방식으로 실행할 수 있다고 생각하는 거니? 그런 생각 자체가 웃겨!

애나_ 글쎄, 아마 곧 후회하게 될 거야. 우리는 분명히 다양한 대상을 범주화하기로 선택할 수 있고, 이때 범주화 행위는 전적으로 의식적이거든. 방금 전에 네가 언급한 원자와 태양계 사이의 유추나 삶과 여정 사이의 유추처럼 말이야.

케이티_ 의식적 범주화는 대단히 비현실적으로 들리지만 네가 이 타당치 않은 개념을 변호하는 말을 기꺼이 들어주지!

애나_ 전혀 그렇지 않아! 한 가지 사례를 말해줄게. 명왕성은 행성일까? 근래에 유수의 천문학자들로 구성된 국제위원회가 이 문제를 숙고한 끝에 더 이상 해당 범주의 요소가 아니라는 결론을 낸 것을 기억해? 길고, 격렬하고, 심지어 험악한 논쟁을 수반한 그들의 면밀한 검토는 분명히 의식적 범주화 행위였어.

케이티_ 애나, 잠깐만. 명왕성의 천문학적 지위는 정신적 과정과 관련된 문제가 아니라 단지 과학적 사실과 관련된 문제일 뿐이야. 우리는 지금 사고 행위에 대해 이야기하고 있으니 초점을 벗어나지 말자고!

애나_ 하지만, 케이티. 과학자들은 사고를 **탁월하게** 잘하는 사람들이야! 그래도 이 사례가 과학 분야에만 한정된다고 생각한다면 피고가 유죄인지 무죄인지 판단하는 것이 목표인 재판을 고려해봐. 이런 상황의 핵심은 '유죄'와 '무죄'라는 라벨 중에서 어느 것이 피고에게 적용되는지 세심하게 판단하는 일 아닐까? 네가 **유죄**와 **무죄**가 범주라는 점에는 동의해 주었으면 좋겠어.

케이티_ 네가 범주의 사례를 제시해달라고 한다면 '유죄의' 같은 형용사보다 '망치' 같은 명사를 생각할 가능성이 높지만 네 말이 맞다는 건 인정해. **유죄**와 **무죄**는 망치처럼 **범주**라는 범주의 분명한 요소야.

애나_ 정확하게 봤어. 의식적 범주화와 관련된 사례를 몇 가지 더 말해줄게. 친구가 내게 어떤 사람이 **정직한지** 혹은 **믿음직스러운지** 아니면 **관대한지** 묻는다면 나는 그 사람의 행동이 드러나는 다양한 사례를 떠올리려 애쓸 것이고, 이 세심하게 모은 기억을 토대로 어느 범주에 넣을지 정할 거야. 더 일반적으로는 어떤 대상이 진정으로 무엇인지 의구심이 들 때마다(이 일은 상당히 잦지) 우리는 어느 범주에 할당해야 할지 파악하려고 의식적으로 노력해. 가령 누군가 내게 어떤 그림이 인상파 작품인지, 어떤 영화가 공포영화인지, 어떤 노래가 펑크록인지, 어떤 농담이 유대인 농담인지 묻는다면 해당 주제에 대한 나의 생각은 어느 범주가 가장 잘 맞을지 파악하려는 의식적인 시도가 될 수밖에 없어. 내 말이 무슨 뜻인지 알겠니?

범주화는 자동적인 것, 유추는 자발적인 것

케이티_ 애나, 너는 참 능숙한 논쟁 상대인 것 같아. 이 부분도 너의 말에 수긍해. 하지만 절대 진 건 아냐! 방금 네 말을 듣고 깨달은 건 문제는 의식적인지 여부가 아니라 **제어성** 여부라는 거야. 다만 내가 생각을 표현하는 데 약간 서툴렀을 뿐이야. 내가 초점을 맞추어야 했던 구분은 **자동적인 것**과 **자발적인 것** 사이의 구분이야. 범주화는 자동적이고 비자발적인 과정이지만 유추는 고의적이고 의도적인 과정이거든. 이 말은 범주화가 이루어지는 건 막을 수 없지만 유추를 할지 여부는 분명하게 결정할 수 있다는 뜻이야. 내가 키를 잡은 선장이라는 거지! 그래서 유추를 **할지, 하지 않을지 선택**할 수 있어.

애나_ 무슨 말인지 모르겠어.

케이티_ 한 가지 사례를 말해줄게. 내가 탁자를 생각하지 말라고 해도 너는 그렇게 할 수 없어. 단지 '탁자'라는 단어를 언급하기만 해도 머릿속으로 그리게 되니까! 이 과정은 자동적이고 억누를 수 없는 것이어서 너는 아무것도 할 수 없어. 마찬가지로 나를 둘러싼 모든 것이 속한 범주는 소환하지 않아도 그냥 머릿속에 떠오르지. 이건 다행스러운 일이야. 이런 자동적인 인식 과정이 없다면 나는 혼란에 빠져서 끊임없이 변하는 환경을 이해할 수 없을 테니까. 내가 지닌 범주는 세상을 헤쳐가기 위한 지침이야. 나는 그것이 촉발되는 것을 막을 수 없어. 반면 태양계와 원자 사이의 유추는 쉽게 재고하여 잘못된 방향으로 유도할 수 있다고 결론내릴 수 있어. 베트남전을 '도미노'에 유추하는 것을 일축하듯이 말이야. 이 경우 나는 장단점을 따져서 주어진 유추를 받아들일지 아니면 다른 유추를 선호할지 결정할 수 있어. 이처럼 범주는 알 수 없는 곳에서 그냥 떠오르기에 속수무책이지만 유추는 내가 전적으로 제어할 수 있어. 내가 우두머리라고!

애나_ 그건 네 생각이지! 사실 자동적이고 억누를 수 없는 유추도 마찬가지로 많아. '그냥 떠오르는' 것에 대한 이야기가 나왔으니 말할게. 어떤 이상한 일이 생겼을 때 억지로 부르지 않아도 오래전에 겪은 유사한 경험에 대한 기억이 그냥 떠오르는 걸 생각해 봐. 혹은 5장과 7장에서 기술한 모든 유추를 생각해 봐. 나는 **부정**을 **불결**과 분리할 수 없는 것처럼 머릿속에서 **나눗셈**을 **분할**과 분리할 수 없어. 그리고 왜 누구도 이제는 아이 이름을 '아돌프'로 짓지 않는다고 생각하니? 당연히 모든 사람이 히틀러라는 이름과 하게 될 유추 때문이야. 아기 히틀러가 아무리 귀여워도 사람들이 받는 느낌은 독일의 독재자에 대한 느낌에 오염될 거야. 그 이유는 우리가 원하는 것은 말할 것도 없고 종종 인지하지도 못하는 상태에서 유추가 어떤 관점을 부여하기 때문이지.

케이티_ 그 말은 분명히 옳아. 네 말을 들으니 얼마 전에 약혼자와 내가 하객으로 참석한 결혼식이 생각나. 결혼식을 보고 있으니 약혼자와 내가 결혼하는 모습을 상상하지 않을 수 없더라고. 식순이 진행될 때마다 나는 신부가 된 내 모습을 보았어. 이런 이미지가 마구 떠오르니까 속으로 웃음이 났어. 분명히 약혼자도 나와 같았을 거야. 우리 둘 다 거기에 대해서는 서로 한마디도 나누지 않았지만 말이야. 그건 누가 봐도 명백한 거였어!

애나_ 네가 **억누를 수 없는 유추**라는 범주를 분명하게 이해한 것 같네. 이 범주에는 수많은 다른 사례도 있어. 너무 많아서 예외가 아니라 통상적인 것이 아닐까 생각하게 될 정도지. 다시 한 번 우리는 새로운 상황에 적응하기 위해 친숙한 개념을 활용하는 것이 사고의 핵심이라는 사실로 돌아왔어. 우리가 듣는 모든 이야기는 기억을 촉발하고, 모든 대화는 다른 유추를 뒤따르는 유추로 구성되고, 모든 지각은 유추를 수반하며, 이 모든 유추는 의도하지 않아도 저절로 이루어져. (간발의 차로 비행기를 놓치는 것처럼) 아주 드문 일이 일어나면 깊은 골자를 공유하는 다른 드문 사건들이 떠올라. (피자를 먹는 것처럼) 극히 흔한 일은 수십 개나 수백 개 혹은 수천 개의 유사한 사건들이 중첩되면서 오랫동안 커진 정신적 구조물에 덧입힘으로써 해석되지. 그러나 어느 경우든 덧입힘이 곧 유추야. 머릿속에서 무의식적으로, 억누를 수 없이 떠올라서 항상 우리를 이끄는 이 모든 유추가 없으면 우리는 환경과 전혀 상호작용을 할 수가 없을 거야.

케이티_ 억누를 수 없이 그냥 떠오르는 유추가 있다는 건 인정해. 하지만 우리는 최소한 **때로는** 유추를 제어할 수 있어. 이 사실은 나의 주장을 굳혀줘. 범주화는 **절대** 제어할 수 없으니까. 자! 이걸로 증명 완료!

애나_ 케이티, 하지만 절대 그렇지 않아. 우리가 전적으로 제어할 수 있는 범주화도 있어. 방금 전에 우리는 **무죄**와 **유죄**라는 범주 그리고 **행성**이라는 범주에 대해 이야기했어. 이런 범주가 항상 저절로 머릿속에 떠오르는 건 아냐. 너는 주어진 개체가 주어진 범주에 속하는지 여부를 따질지 아니면 따지지 않을지 쉽게 결정할 수 있어. 이는 그 과정을 제어할 수 있다는 걸 보여줘. 가령 어떤 사람이 거리를 걸어가는 모습을 볼 때 너는 즉시 혈액형이나 정치적 성향을 파악하려고 들지 않아. 맥락에 따라 그렇게 할지 혹은 하지 않을지 결정할 수 있지. 그래서 케이티, 다시 한 번 말하지만 열심히 노력했는데도 너는 아직 유추 작용과 범주화를 나누는 명확한 구분선을 보여주지 못했어.

범주화는 유사점을, 유추는 차이점을 선호한다

케이티_ 애나, 그만하면 됐어. 네가 말하려는 요지는 분명해. 하지만 내가 보기에 절대적으로 중심적이고 부인할 수 없는 요건이 있어. 바로 **유사성의 정도**야. 어떤 항목이 범주의 핵심에 가까울수록 그대로 범주화를 하기가 쉬워져. 즉 유사성이 최대일 때 범주화가 가장 빠르게 이루어져. 이 점에 동의하지 않니? 우리 집에 있는 식탁을 생각해봐. 식탁은 내 머릿속에 있는 탁자의 이미지와 대단히 많은 공통점을 지니기 때문에 나는 쉽게 '탁자'라고 불러. 네가 전형적인 잔이나 의자, 개 혹은 독수리 같은 다양한 범주에 속하는 전형적인 요소를 보여준다면 나는 어렵지 않게 범주화를 할 수 있어. 한마디로 **유사성**은 범주화에 반드시 필요해. 하지만 유추 작용은 많이 달라. 사실은 정반대야! 두 가지 유사한 상황이 얼마나 **다르냐**에 따라 유추의 수준이 좌우되니까. 다시 말해서 유추에 큰 힘을 부여하는 것은 대다수 사람에게는 많이 다른 두 상황이 공유하는 핵심을 포착하는 일이야. 유추의 힘은 두 상황의 표면적인 차이를 **넘어** 깊고 숨겨진 공통점을 드러내는 데서 나와. 이 점이 유추에 힘과 흥미로움을 부여해. 내 말의 요지가 뭔지 알겠니? 마침내 내가 유추 작용과 범주화를 근본적으로 나누는 척도rule of thumb를 찾아냈어put my finger on!

애나_ 유레카! 축하해, 케이티! 이왕 손가락과 엄지손가락 이야기가 나왔으니 말인데, 너는 오른손 엄지손가락과 왼손 엄지손가락을 잇는 게 유추라고 생각하니?

케이티_ 당연히 아니지! 둘은 그냥 비슷해 보일 뿐이야. 그런 건 유추가 아냐!

애나_ 정말? 6장에 나온 손가락을 움직이는 문제를 생각해 봐. 왼손 엄지손가락을 움직이는 일은 오른손 엄지손가락을 움직이는 일과 대단히 유사해. 이 점은 두 엄지손가락을 잇는 것이 사실 유추라는 걸 말해주지 않니?

케이티_ 농담하지 마! 모든 타당한 유추는 서로 아주 **다르게** 보이는 두 상황 사이에 놓인 정신적 다리에 해당해. 가령 원자와 태양계나 심장과 펌프, 두뇌와 컴퓨터 혹은 남미 국가들과 대가족을 생각해 봐. 각 경우에 두 항목은 전혀 같지 않으며, 이 점이 좋은 유추의 대상으로 만드는 거야. 반면에 유사성이 결여되면 범주화가 약해지거나 심지어 완전히 차단돼. 요컨대 내 말의 요지는 두 상황 사이에 차이가 **클수록** 둘을 잇는 유추가 더 강력해지는 반면 범주화는 정반대로 차이가 **적을수록** 더 적절해져.

애나_ 잠깐만, 케이티! 너는 모든 상황이 피상적인 측면과 깊은 측면을 지니며, 주제가 범주화든 유추든 간에 중요한 것은 **깊은** 측면들이 같다는 점이라는 사실을 잊은 것 같아. 유추 작용의 경우와 마찬가지로 범주화에서도 서로 다른 온갖 종류의 피상적인 측면이 있을 수 있어. 내 말의 요지는 모든 층위에서 유사성을 수반하는 명백한 범주화에 더하여 차이를 많이 수반하는 더 미묘한 범주화도 있다는 거야.

케이티_ 어떻게 두드러진 차이가 많은데 어떤 범주에 확고하게 속할 수 있지?

애나_ 그러면 사자, 기린, 뱀, 고래, 문어, 황소개구리, 거미, 나비, 노래기의 공통점이 뭔지 말해봐.

케이티_ 당연히 모두 동물이라는 거잖아. 무슨 말을 하려는 거야?

애나_ 내가 하려는 말은 이것들이 모두 **동물**이라는 단일 범주에 속하지만 아주 다른 모습을 지닌다는 거야. 겉으로 보기에는 차이가 많지. 보다시피 이렇게 우리가 약간 더 포괄적이고 추상적인 범주를 생각하자마자 그 요소가 고도로 다양화되는 것은 당연한 일이야! 그리고 이건 드문 현상이 아냐. **채소**, **포유동물**, **옷**, **가구**, **악기**라는 범주를 생각해봐. 이 각각의 것들이 서로 아주 다른 요소를 지닌 대단히 친숙한 범주라는 데 동의하지 않니? 이 중에 그 요소가 아주 비슷한 범주는 없어. 이건 단지 한 예에 불과해. 가령 '돌이킬 수 없는 비탈길'처럼 구절이 명칭인 범주나 '얻어먹는 주제에 찬밥 더운밥 가릴 수 없다beggars can't be choosers'처럼 속담이 명칭인 범주를 생각해봐. 이 경우 해당 범주에는 다양한 피상적 차이를 지니는 좋은 요소들이 수없이 많아. 2장에 나온 Once bitten twice shy(자라 보고 놀란 가슴 솥뚜껑 보고 놀란다)라는 추상적 범주의 긴 요소 목록이 생각나? 이 속담이 진정한 범주를 명명한다는 점에는 의심의 여지가 없지만 그 요소 목록은 'Once bitten twice shy'라는 말을 하게 만드는 상황 사이에 상당한 차이가 있을 수 있음을 보여줘.

케이티_(잠시 동요하는 모습을 보이지만 여전히 확신에 차서) 애나, 다시 한 번 네 말의 요지를 충분히 수긍한다고 말할 수밖에 없겠네. **일부** 범주가 상당히 다른 요소를 지닌다는 점을 인정하는 것 말고 뭘 할 수 있겠니? 그래도 유추가 강력한 힘을 지니려면 차이가 **필요**한 반면 강력한 범주화의 경우에는 단지 **부수적**일 뿐이라고 믿기 때문에 계속 내 입장을 고수할 거야.

애나_ 케이티, 그러지 마! 너는 정말로 두 엄지손가락은 유사하지 **않은** 반면, 엄지손가락과 엄지발가락이 **상당히** 유사하며, 엄지손가락과 새끼발가락은 심지어 **더** 유사하다고 생각해? 그건 거꾸로 된 것처럼 들려! 더 분명하게 설명할게. 어떤 유추는 아주 흡사한 물건이나 상황을 연결한다는 점에서 대단히 단순하고 소박해. 우리는 항상 이런 유추를 하면서 일상적인 세계에서 잘 생존해나가지. 아까 이야기한 새로 접한 계단, 초인종, 문손잡이 등을 다시 한 번 생각해봐. 우리는 세상을 살아가면서 접하는 새로운 상황과 과거에 접한 상황 사이에 숱하게 유추를 하며, 동떨어진 연관성에는 높은 가치를 부여하지 않아. 실제로 우리는 기억에서 인출하는 전례가 새로운 상황과 더 유사할수록 유추에 확신을 가져. 네가 범주에 대해 제시한 '차이가 적을수록 낫다'는 법칙은 이런 일상적이고 소박한 유추에도 그대로 적용돼. 무의식적이고 억누를 수 없으며 평범한 유추는 우리 주위에 널려 있고, 큰 차이를 전혀 수반하지 않아. 너도 'me too'라고 말할 때마다 그런 유추를 하는 거라고!

케이티_ 하지만 누가 그런 종류의 유추를 했다고 자랑스러워할까? 밋밋하고 전혀 흥미롭지 않잖아.

애나_ 그렇긴 한데 유용한 유추가 모두 큰 자긍심을 가질 원천이 되어야 한다는 법은 없어. 물론 이 소박한 유추가 인류를 자랑스럽게 만들 만한 건 아냐. 경탄을 자아내는 대단히 미묘하고 추상적인 유추와는 차원이 다르지. 그렇다고 해도 의심의 여지없이 **유추**라는 범주에 속해! 피도Fido라는 개와 스팟Spot이라는 개, 우리 집의 식탁과 너희 집의 식탁, 내 팔꿈치와 네 팔꿈치를 연결하는 유추는 깊고 새로운 통찰이 되기에는 못 미치지만 모두 전적으로 양호한 유추야. 또한 말이 나온 김에 3장에 나온 나의 눈꺼풀과 너의 눈꺼풀에 대한 유추도 잊지 말자고. 이 유추 덕분에 짜증스러운 속눈썹을 내 눈에서(또한 너의 눈에서도) 빼내는 기술을 알려줄 수 있으니까. 유사한 상황은 많은 피상적인 유사점을 지니지만 많은 피상적인 차이점도 지닐 수 있어. 이런 고려 사항이 유추가 얼마나 미묘하거나 깊은지 결정하지. 커다란 차이는 추상적 범주화에서는 흔하지만 아주 구체적인 범주화에서는 드물듯이 깊은 유추에서는 표준적이지만 기초적이고 일상적인 유추에서는 드물어. 아주 단순하고 기본적인 유추는 아주 단순하고 기본적인 범주화 행위처럼 쉽게 드러나는 유사점을 수반하며, 차이점을 덤으로 보탤 필요가 없어.

케이티_ 그렇다면, 좋아. 범주화가 유추처럼 온갖 종류의 차이점에도 불구하고 얼마든지 존재할 수 있다는 걸 알았어. 그렇다고 치자고. 하지만 이제 우리는 유추 작용과 범주화의 핵심적인 차이로 접어들고 있어. 이 핵심적인 차이 때문에 누구도 둘을 혼동할 수 없어.

애나_ 네가 제시할 새로운 구분 기준이 뭔지 듣고 싶네.

범주화는 개체에, 유추는 관계에 적용된다

케이티_ 기꺼이 설명해줄게. 사실 범주화를 할 때는 주위에 있는 **개체**를 취해서 정신적 범주와 연계하는 반면 유추를 할 때는 두 상황 사이의 **관계**를 취해서 **공유성**을 확인해. 가령 내가 손에 든 물건을 **망치**로 범주화하는 것은 환경에 속한 요소를 취해서 내 머릿속에 있는 특별한 정신적 구조물인 **망치**라는 범주와 연결하는 거야. 이 물건은 많은 전형적인 **망치**의 속성을 지녔음을 인지하는 지각 과정을 통해 해당 범주와 짝지어져. 그러나 망치를 구성하는 부분 사이의 관계는 이런 범주화에 전혀 수반되지 않아.

애나_ 너의 주장은 대단히 모호하다고 말할 수밖에 없어.

케이티_ 우선 말을 끝내게 해줘. 그러면 생각이 바뀔 거라고 장담해. 이 물건을 **망치**로 분류하는 데에는 어떤 관계도 필요 없어. 반면 심장과 펌프의 유추를 접하면 심장과 펌프의 구성 요소들이 형성하는 **관계**를 파악하고 뒤이어 이 관계들을 서로 덧입히게 돼. 이 구체적인 유추의 양쪽에 존재하는 관계는 **출력**, **압력**, **확장**, **압축** 같은 개념을 수반해. 이 유추가 설득력 있는 이유는 한쪽에 존재하는 관계가 다른 쪽에 존재하는 관계에 부합하기 때문이지. 원자와 태양계의 경우 양쪽의 구성 요소들이 형성하는 관계는 무엇보다 **더 가벼운 개체에 인력을 발휘하는 거대한 개체**, **중심에 있는 개체를 둘러싼 회전** 같은 관념을 포함하며, 이 경우 역시 이 관계들은 양쪽 모두에 걸쳐서 아주 잘 맞아. 보다시피 범주화는 상황의 구성 요소들이 형성하는 관계를 신경 쓰지 않는 반면 유추 작용은 필수적으로 거기에 의존해. 이는 분명히 핵심적인 차이야, 그렇지 않니?

애나_ 내가 이해하기로는, 어떤 개체를 정신적 구조물과 연계하는 과정은 범주화고, 상황 1에 존재하는 관계를 상황 2에 존재하는 관계에 덧입히는 과정은 유추 작용이라는 말이네. 글쎄, 나는 그저 이 구분이 언뜻 매력적으로 보이지만 자세히 살펴보면 다른 모든 구분처럼 무너진다고 말할게. 사실 네가 제시한 사례 자체가 이 가설을 무너트리는 데 쓸모가 있어! 심장과 펌프를 잇는 유추를 예로 들어보자. 우리가 **심장**과 **펌프**라는 관념을 짝지을 때 반드시 범주화가 아닌 유추를 한다는 것이 정말로 그렇게 명백할까? 물론 심장은 펌프와 유사하지만 동시에 심장을 **펌프**라는 범주에 할당하지 못할 이유가 있을까?

케이티_ 아, 그럴 수도 있겠네. 하지만 그건 단지 비유일 뿐이지.

애나_ 정말? 심장이 **펌프**라는 범주에 속할 자격이 없다는 거니? 미안하지만 그건 상당히 지키기 어려운 관점이야. 그저 아무 생물학 교과서나 해부학 교과서만 열어봐도 심장이 혈액을 돌리는 순환계의 펌프 같은 역할을 한다는 사실이 나와 있거든. 사실 심장은 **진정한** 펌프, 더 바랄 나위 없는 정규적이고 모범적인 펌프야. 단지 금속과 플라스틱이 아니라 근육과 신경으로 구성되었을 뿐이지. 그렇지만 플라스틱과 금속으로 만들어진 인공 심장도 펌프야. 그건 대단히 명백해.

케이티_ 좋아. 하지만 네가 무슨 말을 하려는 건지 모르겠어.

애나_ 심장이 펌프라면 그 이유는 바로 심장의 구성 요소와 혈액 사이에 형성되는 **관계**가 금속 펌프의 구성 요소와 액체 사이에 형성되는 관계와 같기 때문이야. 그래서 범주화는 사실 대상의 구성 요소들 사이에 형성되는 관계를 고려하는 일을 수반한다는 것이 드러나고, 이 점은 네가 앞서 한 주장을 무력하게 만들어.

케이티_ 애나, **펌프**라는 범주에 대해 네가 말하는 요지가 뭔지 알겠어. 펌프는 수많은 작동 부품을 지닌 복잡한 장치니까 말이야. 하지만 **망치**나 **접시**처럼 더 기본적인 범주에 대해서는 수긍이 안 돼. 물론 이런 경우에도 범주 소속 여부가 관계에 좌우된다고 주장하지는 않겠지?

애나_ 아니, 당연히 그렇다고 주장하지! 어떤 물건이 망치가 되려면 손으로 쥘 수 있는 손잡이가 있고, 손잡이 위에 (손으로) 들었다가 내리쳐서 나무 같은 다양한 소재에 못을 박을 수 있는 금속 대가리가 달려 있어야 해. 그러니까 이 경우 최소한 **손잡이**, (망치의) **대가리**, (사람의) **손**, **못**, **나무토막**이 연관되며, 상황을 묘사하려면 이 항목들을 연결하는 많은 관계를 언급해야 해. 이것이 (방금 보았듯이 내부 구성 요소와 그 사이의 관계를 지니는) **펌프** 범주와 어떻게 다르지? 거의 똑같아.

케이티_ **망치**의 경우에는 그럴지 몰라도 **접시**는 달라! 어떤 물건이 접시가 되려면 크기, 모양, 강도만 충족하면 되고, 이 조건들은 구성 요소 사이의 관계가 아니라 단지 속성일 뿐이야. 사실 접시는 언급할 구성 요소도 없어. 따라서 내가 말하는 요지는 증명되었어. 적어도 **일부** 범주는 관계를 **수반하지 않지**만 **모든** 유추는 관계를 **수반해**.

애나_ 케이티, 미안하지만 너무 빨리 결론을 내린 것 같아. 관계는 물체의 **부분**들 사이에서만 형성되지 않아. 물체를 **환경**과 연결할 수도 있다고. 따라서 어떤 물체가 접시가 되려면 넘어지지 않고 탁자 위에 놓일 수 있어야 하고, 새지 않고 소스 같은 것을 담을 수 있어야 해. 또한 씻을 수 있어야 하고, 독성이 없어야 하고, 작은 조각이 떨어지지 않아야 하고, 음식을 자를 때 파손되지 않아야 하고, 물에 용해되지 않아야 해. 어떤 대상을 접시로 만드는 핵심 속성은 **탁자, 중력, 흘러내리는 음식, 물, 세제, 건강, 칼, 자르기, 용해** 등과 같은 다른 많은 관념을 끌어들여. 이처럼 어떤 물건은 세상에 있는 이 모든 다른 것들과의 관계를 통해 접시가 돼. 그래서 우리는 아무리 단순하더라도 모든 범주가 세상에 있는 다양한 개체들 사이의 관계를 수반하는 정신적 구조물이며, 범주화 행위는 이 관계를 고려하는 일에 좌우됨을 알게 돼. 따라서 케이티, 네가 바라던 구분은 사라졌어.

케이티_ 세상에……. 애나, 더 면밀하게 분석하면 망치와 심지어 접시도 심장이나 펌프만큼 '관계'에 의존한다는 네 말이 맞아. 그러니 내가 제시한 이분법을 취소할 수밖에 없어. 일이 짜증스럽고 혼란스럽게 돌아가지만 다행히 내게는 새로운 이분법이 준비되어 있고, 이걸로 분명히 너를 곤란하게 만들 수 있을 거야. 준비됐지?

애나_ 마음대로 해!

범주화는 추상화의 두 층위를, 유추는 추상화의 한 층위만 수반한다

케이티_ 방금 네가 제시한 사례처럼 원자와 태양계 사이 혹은 심장과 펌프 사이에 유추가 이루어질 때 수반되는 두 개체는 모두 같은 층위의 추상화에 속해. 하지만 어떤 것을 범주화할 때는 그렇지 않아. 모든 범주는 **근본적으로** 모든 구성 요소보다 더 추상적이기 때문이지. 다시 말해서 유추의 경우와 달리 범주화되는 대상 사이 그리고 이 대상이 자리하는 범주 사이에 다른 추상화의 층위가 존재해.

애나_ 구체적인 사례에 초점을 맞춰볼까? 그러면 많은 도움이 될 거야.

케이티_ 물론! 너는 지금 의자에 앉아 있을 거야, 그렇지? 이 가시적 물체는 **의자**라는 포괄적 범주의 특수한 사례이고, 다시 의자는 **가구**라는 더 포괄적인 범주의 특수한 사례야. 이런 식으로 계속 위로 올라가지. 그래서 심장과 펌프처럼 **동등한** 포괄성을 지닌 두 대상을 비교하는 일과 구체적인 의자와 **의자**라는 추상적인 범주 혹은 **의자**라는 추상적인 범주와 **가구**라는 더 추상적인 범주처럼 다른 층위의 포괄성을 지닌 두 대상을 비교하는 일은 크게 달라. 그건 그렇고, 이 주제가 나왔을 때 네가 원자와 태양계에 대한 고전적인 오랜 유추를 신중하게 피해간 데는 그럴 만한 이유가 있어. 두 항목이 구체적인 대상이라서 같은 층위의 추상화에 있고, 이 경우에는 범주화의 사례로 다룰 수 없기 때문이야. 구체적으로 말해서 원자는 태양계가 아니고, 태양계도 원자가 아냐. 둘은 같은 층위에 있어. 그래서 정리하자면 유추의 경우 자료와 표적이 **같은 추상화 층위**에 있는 반면 범주화에서는 범주가 그 대상보다 **더 추상적**이야. 좋아, 애나. 이제 공은 네게로 넘어갔어. 이 점에서 내가 이길 거라는 건 이미 정해진 결론이야.

애나_ 케이티, 너무 그렇게 자신하지 마. 네가 넘긴 공은 큰 어려움 없이 처리할 수 있어. 어떤 것을 범주화할 때는 반드시 층위 차이가 있어야 한다는 너의 주장은 미안하지만 단순한 고정관념에 불과해. 사실 그런 방식의 관점은 '범주는 상자다'라는 순진한 유추에서 직접적으로 기인해. 이 유추는 범주를 용기로, 환경에 속한 개체를 그 안에 넣을 물건으로 보아야 한다고 암시하지. 네가 가진 이미지는 머릿속에 든 범주가 하나 안에 다른 것이 있고, 그 안에 또 다른 것이 있는 러시안 인형처럼 위나 아래로 여러 층위를 지닌다는 생각을 반영해. 가령 올리Ollie는 **개**이고, 개는 **갯과 동물**이고, 갯과 동물은 **포유동물**이고, 포유동물은 **동물**이고, 동물은 **생명체**라는 식이지. 실제로 범주가 정말로 요소를 담는 상자라면 네가 제시하는 구분이 정당화될 수 있어. 그러나 면밀하게 살피는 순간 너의 견해는 무너져. 범주화나 유추 작용(두 라벨 중에서 어느 쪽이든 네가 원하는 대로 불러)을 그 자체가 역시 정신적 개체인 두 구조물을 잇는 정신적 다리를 건설하는 일로 묘사한 3장의 말미를 살펴봐. 이 일은 우리가 심장과 펌프 사이에(혹은 더 정확하게는 둘을 나타내는 정신적 구조물 사이에) 연결 고리를 만들 때뿐만 아니라 선반 위에 있는 어떤 물건을 **접시**라는 범주에 할당할 때도 일어나. 어느 경우든 우리는 어떤 대상에 대한 신선한 정신적 표상을 취하여 기존의 정신적 구조물과 연결해. 그리고 방금 강조한 대로 이렇게 두 정신적 구조물 사이에 연결 고리를 만드는 과정은 '유추 작용'이든 '범주화'든 원하는 대로 부를 수 있어.

케이티_ 애나, 세상에. 지금 범주화와 유추 작용이 **정확하게 같은 것**이고 둘 사이에 **전혀** 차이가 없다고 말하려는 거니?

애나_ 케이티, 이제 내 말을 알아듣기 시작하는 것 같아서 기뻐. 지금부터는 내 생각을 더 잘 받아들일 수 있었으면 좋겠어. 3장에서 다룬 닮은 얼굴이라는 범주를 기억하니? 마크 트웨인의 얼굴을 보면 첫 번째 정신적 구조물이 생기고, 뒤이어 그리그의 얼굴을 보면 이 초기의 구조물이 풍부해지면서 더 복잡해지지. 이전 인물과 비슷한 새로운 얼굴을 볼 때마다 이 진화하는 정신적 구조물은 더욱 풍부해져. 그래서 여기에는 상자 같은 건 없어. 단지 복잡성을 더해가는 정신적 구조물이 있을 뿐이고, 이 과정에 수반되는 얼굴의 수가 늘어날수록 이 정신적 구조물은 더욱 추상적으로 느껴지기 시작하지. 한 걸음 물러서서 이 과정을 살펴보면 요소가 깔끔하게 놓인 범주라는 상자는 없으며, 범주화 행위에 유추 과정과 다른 위로 도약하는 추상화도 없다는 사실을 알게 돼.

케이티_ 납득할 수 없어. 결국 인간의 얼굴은 대단히 구체적이며, 머릿속에서 여러 얼굴을 중첩하는 일은 일반적으로 범주가 구축되는 방식과 거의 관계가 없어. 더 **전형적인** 범주는 그보다 훨씬 더 추상적이야.

애나_ 좋아, 네가 강하게 반발하니 나의 주장을 이해시킬 만한 더 추상적인 사례를 찾아야겠네. 가령 이런 거야. 어린 시절에 우리 가족은 놀이공원에 가서 배를 타고 무서운 맹수들이 가득한 정글을 지나는 강을 따라 내려갔어. 나는 이 엄청난 모험에 흥분했지만 배에서 내린 후에 아버지가 우리가 탄 배가 실은 강 위에 떠서 흘러온 것이 아니라 물 밑에 설치된 궤도를 따라 미리 정해진 경로로 굴러왔을 뿐이라고 말해줬어. 나는 그 배가 사실 **배**가 아니라 **전차**에 더 가깝다는 사실을 알고 슬픔에 빠졌지. 환멸감이 들었지만 그래도 오래가지는 않았어. 몇 년 후 고등학교에 다닐 때 친구들이 장기 자랑 대회에 같이 나가서 탱고를 추자고 나를 설득했어. 친구들은 모두 탱고를 잘 추었지만 나는 아무것도 몰랐기 때문에 안무를 익히려고 무진 고생을 했지. 그래도 마침내 안무를 익혔고, 대회가 열리는 날에 우리는 상당히 잘 해냈어. 모두가 나의 재능을 축하했지. 하지만 나는 그런 재능이 없다는 걸 알았어! 그래서 내가 아는 탱고라고는 대단히 뻣뻣하게 따라 하는 2분짜리 안무밖에 없다고 설명하다가 문득 자유롭게 강을 따라 내려가는 것처럼 보였지만 실은 엄격하게 제한된 궤도를 따르던 놀이공원의 배가 생각났어. 겉으로 보이는 나의 탱고 실력은 보이지 않는 궤도에 엄격하게 고정된 또 다른 배와 같았지만 그래도 순진한 관중들을 속일 수 있었던 거지!

케이티_ 흥미로운 유추이긴 한데 요점이 뭐야?

애나_ 네가 유추라고 부르는 건 상관없기는 한데 나는 방금 나의 탱고 실력을 **궤도를 따르는 가짜 배**라는 어린 시절의 범주에 속하는 새로운 요소로 묘사한 거야.

케이티_ 아, 이제 무슨 말인지 알겠어! **나는** 네가 살면서 겪은 두 가지 기만적인 사건 사이에서 **유추**를 했다고 해석했지만 **너는** 너의 기만적인 탱고 실력이 알고 있는, **자유롭게 보이지만 실은 숨겨진 궤도에 제약을 받는 배**라는 오랜 **범주**에 속한다고 해석한 거네.

애나_ 더 정확하게 말하자면 **나는** 유추를 하는 것이 범주화와 같다고 해석한 거야. 두 행위는 같아.

케이티_ 아, 어느 쪽으로도 볼 수 있다는 거네. 솔직히 대단히 솔깃하게 들린다는 점은 인정할게. 심지어 이 사례가 얼굴의 사례와 비슷하다는 것도 알겠어. 궤도를 따라가는 배는 너의 어린 시절에 새로운 범주를 형성했고, 이 일은 마크 트웨인의 사진을 보는 일과 비슷해. 그리고 몇 년 후에 탱고 실력을 속인 것이 해당 범주의 두 번째 요소로서 그리그의 사진을 보는 일과 비슷하지. 이렇게 최초의 범주는 더 폭넓어지고 풍부해져. 네가 **궤도에 제한된 배**라는 범주를 알려주고 나니까 **내** 삶에서도 이 범주에 속하는 상당히 좋은 요소가 생각나!

애나_ 그게 뭔지 들어보고 싶어.

케이티_ 한번은 비행기에서 영어를 거의 한마디도 못하는 칠레 노신사 옆에 앉은 적이 있어. 나는 스페인어 수업을 전혀 받지 않았지만 그저 재미로 남미 문학을 좋아하던 고등학교 친구가 가르쳐 준 파블로 네루다의 시 중에서 두어 연을 읊었어. 친구가 읊어주었을 때 그 아름다운 울림에 완전히 매료되어서 외우고 있었거든. 그러자 그 칠레 노신사는 내가 스페인어를 유창하게 한다고 성급하게 결론을 내렸지. 하지만 내가 아는 스페인어가 숨겨진 궤도 같은 아주 짧은 두어 연의 시뿐이라는 사실을 알고 상당히 실망하는 것 같았어. 궤도만 따라가는 내 스페인어가 **가짜 배**(또한 **가짜 탱고**)라는 범주의 좋은 사례라고 생각하지 않아?

애나_ 그러네! 이 새로운 요소가 내 어린 시절의 범주로 들어온 걸 환영해. 이제는 너도 추상적이든 구체적이든 모든 범주가 최초의 경험으로 생겨난 다음 유사한 여러 개체를 접함에 따라 평생에 걸쳐서 점차 구축된다는 사실을 알게 된 것 같네. 최초의 기억이 갑자기 지위를 바꾸어서 범주로 변할 때 결정적인 순간은 없다는 점을 아는 것이 중요해. 그건 작은 마을이 큰 마을로 변하고 도시로 성장하며 대도시로 커지는 과정과 같아. 마치 세례를 하듯이 이후로 '도시'나 '대도시'로 불러야 하는 분명한 순간은 없어. 점차적으로 변화가 진행되기 때문이지. 마찬가지로 최초의 기억과 범주 사이에 위계적 차이나 추상화 층위에서의 갑작스러운 도약은 없어. 최초의 기억은 작은 마을이 잠재적 도시의 토대가 되듯이 범주의 토대가 되지. 범주와 그 요소 사이에 질적 차이가 존재한다고 생각하기 쉽지만 그건 '범주는 상자다'라는 순진한 유추에서 기인한 착각이야.

범주화는 객관적이고, 유추는 주관적이다

케이티_ 너의 주장이 설득력 있어서 이 이분법도 포기해야 할 것 같아. 하지만 아직 끝난 게 아냐! 나는 지금 볼펜을 쥐고 있어. 내가 이걸 볼펜이라고 말한다면 그건 객관적인 사실이야. 누구도 반박할 수 없어. 책상 위에 놓인 종이와 종이 클립의 경우도 마찬가지야. **볼펜**, **종이**, **종이 클립**은 모두 전적으로 객관적인 범주야. 코끼리는 코끼리고, 사과는 사과며, 파리는 언제나 파리야. 달리 말하는 방식은 없어. 우리는 범주화를 할 때 객관적인 일을 해.

애나_ 거기에 동의하지 않지만 네 편에는 플라톤이 있어. 내가 알기로 플라톤은 《파이드로스Phædrus》에서 모든 인간은 가장 포괄적인 것에서 가장 구체적인 것에 걸쳐서 여러 상황을 보고 대단히 세밀한 구분을 통해 객관적인 방식으로 세상을 분할할 수 있다고 주장했어. 내 말이 맞아?

케이티_ 정확해. 나는 정확한 구절까지 인용할 수 있어. 거기서 소크라테스는 파이드로스에게 인간은 "서툰 백정처럼 어떤 부위를 손상시키지 않고도 자연스러운 분할에 따라 사물을 나누는 능력"[76]을 지닌다고 말하지. 가령 생물학자는 이런 방식으로 분류를 하고, 문화와 문명도 세상의 모든 상황을 객관적인 범주로 나누는 능력을 점차 쌓아나가지.

애나_ 미안하지만 네 말(그리고 네 친구 플라톤의 말)에 반박할 수밖에 없어. 범주화는 네 말처럼 객관적이기는커녕 전적으로 주관적이야. 가령 내가 "도널드 트럼프는 말썽꾼이다"라고 주장한다면, 대단히 주관적으로 도널드 트럼프를 범주화하는 것 아닐까?

케이티_ 네가 제시한 사례는 이해하지만 **말썽꾼**은 지극히 모호한 범주야. 너는 일부러 최대한 모호한 범주를 골랐어! 심지어 네가 단지 말썽을 일으키려고 그랬다는 생각마저 들어!

애나_ 내가 말썽꾼이라고? 절대 아냐! 사실 내가 제시한 사례는 전혀 특이하지 않아. 모호성은 범주에는 일반적인 거야. 우리는 주위에서 아주 쉽게 범주가 지닌 모호성을 확인할 수 있어. 에드거 앨런 포Edgar Allan Poe의 시 〈갈가마귀The Raven〉를 두고 **명작**이라고 평가하는 문학비평가도 있고 **쓰레기**라고 평가하는 문학비평가도 있어. 또한 내가 **듬직하다**고 생각하는 사람도 있고 **불안하다**고 생각하는 사람도 있어. 그리고 닭 간을 보고 **침을 흘리는** 사람도 있고 **밥맛을 잃는** 사람도 있어. 이 사실은 범주화가 엄청나게 주관적이라는 걸 보여주지 않니? 다른 사례도 아주 많아. 우리 친구 버지니아는 **예쁠까**? **다정할까**? 우리 친구 스탠리는 **예술가일까**? 독일어에 **유창할까**? 버지니아의 일침을 조지가 맞받아친 게 **적절할까**? 버지니아의 옷은 잘 **어울릴까**? 조지의 동생은 **밉살스러울까**? 밖에 내리는 건 **가랑비**일까, 그냥 **비**일까? 저기 있는 건 **언덕**일까, **산**일까? 방금 제인이 말한 건 **모욕**일까, **농담**일까? 짐은 **충동적**일까? 짐은 **솔직**할까? 짐은 **애국자**일까, **위선자**일까? 짐은 **의욕적인** 걸까, 혹은 **주제넘은** 걸까, 아니면 **투지가 넘치는** 걸까? 또한 똑똑한 사람들이 **진보**의 속성이나 어떤 작품이 **저급**한지 아닌지를 놓고 격렬한 논쟁을 벌이는 걸 생각해 봐. 모호성과 주관성이 범주화에 얼마나 깊이 스며들어 있는지 모르겠니?

케이티_ 글쎄, 어쩌면 내가 표현을 잘못한 건지도 몰라. 네가 **일부** 범주는 주관적이라는 사실을 아주 효과적으로 지적했으니까. 그렇다고 해도 **유추**는 **언제나** 주관적이라는 핵심이 영향을 받는 건 아냐. 가령 어떤 사건이 다른 사건을 상기시키는 것은 유추이며, 이런 상기가 평생에 걸쳐 쌓은 고유한 기억에 전적으로 의존하기 때문에 완전히 주관적이라는 데 동의하지 않니?

애나_ **일부** 유추가 주관적이라는 점은 확실히 인정해.

케이티_ 좋아! 이제 말이 통하는 것 같네. 그러면 이야기를 계속할게. 우리는 근래에 했던 생각에 따라 모든 대상과 다른 모든 대상 사이에 유추를 할 수 있어. 특히 한 가지 대상에 집중하면 수많은 유추가 떠오를 수 있지. 5장에서 우리는 골프, 개, 물리학, 비디오게임 등에 대한 집착이 접하는 모든 대상과의 유추를 촉발할 수 있다는 사실을 확인했어. 그래서 우리는 알지 못하는 사이에 일종의 유추광이 되어버릴 수 있어! 심지어 집착이 없어도 이런 일이 일어날 수 있어. 실제로 바로 어제 이런 일이 일어났어. 한 친구가 내게 재미있게 읽은 과학소설에 대한 이야기를 해줬어. 내용을 소개하자면 어떤 남자가 라디오로 근처 도시에 사는 한 여성이 난폭운전을 하는 차에 치여서 사망했다는 뉴스를 들어. 하지만 어떻게 된 일인지 이 뉴스를 들은 시각이 7시 30분인데 뉴스에서 말하는 사고 발생 시각은 8시야. 이 이야기가 어떻게 진행될지 알겠어?

애나_ 음, 잘 모르겠어.

케이티_ 그 남자는 급히 차고로 가서 차에 올라탄 다음 사고를 당한 여성에게 도로에서 멀리 떨어지라고 경고하기 위해 곧장 달려가. 그러나 광장 근처에 이르렀을 때 차를 제어하지 못하고 길을 벗어나서 정확히 7시 59분에 그 여성을 치게 돼.

애나_ 인상적이고 독창적이네. 그런데 이 이야기를 들려주는 이유가 뭐야?

케이티_ 생각해보면 먼저 이 이야기가 역설적이라는 느낌을 받을 것이고, 조금 더 생각해보면 **방지하려는 행위 자체로 인해 초래된 불행한 사고**라는 관념이 그 핵심이라는 결론에 이르게 될 거야. 이런 이야기는 대단히 특이하게 보일 수 있어. 창의적인 작가가 떠올린 영리한 이야기지. 하지만 이 관념을 염두에 두고 주위를 둘러보면 유사한 사건을 상당히 많이 찾게 될 거야.

애나_ 그래서 너는 그런 사건을 많이 찾았니? 그거 흥미롭네.

케이티_ 그래. 심지어 그다지 어렵지도 않았어. 많은 기억이 머릿속에서 즉각 떠올랐지. 그 이유가 뭔지는 제대로 모르지만 말이야. 가령 첫 번째로 떠오른 건 어린 시절의 기억이야. 어느 날 나는 흔들거리는 탁자에 길다란 꽃병이 놓여 있는 걸 봤어. 그래서 꽃병이 넘어지지 않게 잡으려고 손을 내밀었지. 그러다가 그만 탁자를 치는 바람에 꽃병이 넘어져서 깨지고 말았어!

애나_ 네가 말한 이야기는 확실히 그 과학소설의 이야기와 핵심적인 공통점이 있어. 개념적 골격을 공유하다는 뜻이지.

케이티_ 당연하지. 그게 전부가 아냐. 다음으로 떠오른 건 친구와 말다툼을 한 후에 화해를 하려고 선물을 주었던 기억이야. 하지만 친구는 어떤 이유인지 몰라도 그 선물을 기분 나쁘게 받아들여서 결국 사이가 완전히 깨지고 말았지. 또한 얼마 전에 네가 파티에서 먹으려고 케이크를 구울 때 더 맛있게 만들려고 약간 더 굽는 도중에 일찍 도착한 손님들 때문에 잠시 한눈을 파는 바람에 태워버린 기억도 갑자기 떠올랐어. 그 일은 절대 잊지 못할 거야, 그렇지?

애나_ 그걸 어떻게 잊니? 정말 실망스러운 일이었어! 그 일이 네가 떠올린 다른 일과 유사하다는 점을 인정해. 다른 사람들도 그럴 거야. 그렇다면 이 유추가 객관적이라는 게 증명되지 않니?

케이티_ 아냐, 그렇지 않아! 이 모든 유추는 전적으로 **주관적**이야. 내가 이 기억들을 떠올린 건 자신을 살리기 위해 최선을 다하던 운전자에게 죽임을 당한 여성에 대한 이야기를 생각했기 때문이고, 누구도 내게 그 이야기를 들려주지 않았다면 이 기억들은 하나도 떠오르지 않았을 거야. 완전히 다른 맥락에서 떠오를 수는 있겠지만 말이야. 그러니 유추 작용이 얼마나 주관적인지 알 수 있어!

애나_ 그렇게 성급하게 굴지 마. 그 이야기가 상기시킨 네 삶의 다양한 일화들은 재미있게 들었지만 우리 둘 다 방금 동의한 대로 모두 네가 말한 **방지하려는 행위 자체로 인해 초래된 불행한 사고**라는 같은 개념적 골격을 공유해. 누구나 이 일화들을 유사하게 볼 거야. 모두 이 핵심을 공유하는 게 분명하니까. 유추가 범주화와 마찬가지로 항상 주관적이지는 않다고 주장하는 이유가 거기에 있어.

케이티_ 좋아, 좋아. 공통된 핵심이 명확하다는 건 알겠어. 하지만 이 유추 혹은 이 유추군이 특수한 사례일 수도 있어. 아마 최선의 사례가 아닐지도 몰라.

애나_ 아냐, 그건 문제 되지 않아. 전반적으로 모든 유추가 마찬가지야. 가령 6장에서 제시한 커피를 저으라고 주는 얇은 나무 막대기와 호수에서 배를 저으라고 주는 창 사이의 유추를 생각해봐. 이 두 상황에 아무런 공통점이 없다고 누가 주장할 수 있을까? 누구도 그럴 수 없어. 공유한 핵심이 더없이 명확하니까! 혹은 대기 중의 음파와 물결 사이의 유추를 생각해봐. 여기 어디에 주관성이 있어? 혹은 평면상의 지점(*x*, *y*)과 복소수 $x+yi$ 사이의 유추나 폐와 아가미 사이의 유추 아니면 너희 집에 있는 탁자와 우리 집에 있는 탁자 사이의 유추를 생각해봐. 이 유추들보다 더 객관적일 수 있는 게 있을까?

케이티_ 그래도 나는 유추 작용에 대단히 주관적인 면이 있다고 생각해. 앞서 언급한 과학소설의 이야기를 들었을 때 내 머릿속에 떠오른 기억은 완전히 나만의 것이었고, 나의 삶에서 일어난 우연한 사건들과 그것들이 기억에 저장된 양상에 전적으로 의존하니까 말이야. 물론 그 사건들은 과학소설의 이야기와 같은 개념적 골격을 공유하지만 나 말고 다른 사람에게는 떠오르지 않았을 거야! 모두 오직 나의 두뇌가 낳은 소산이라고! 그러니까 이 점은 유추 작용의 주관성을 명확하게 증명하는 거지!

애나_ 케이티, 그 과학소설이 상기시킨 일화들, 흥미롭고 역설적인 일련의 구체적인 일화들이 전적으로 네게 고유한 것이라는 점은 누구도 부인할 수 없어. 네가 말한 대로 그건 너만의 기억이고, 네 삶의 무작위적인 우여곡절에 따른 결과, 너나 네 친구에게 우연히 일어난 사건 내지 네가 책에서 읽었거나 영화에서 본 사건이야. 네가 어떤 이야기를 들을 때마다 유사한 상황이 의식 위로 떠오를 것이고, 이 상황은 분명히 너의 개인적인 경험과 관련이 있어. 너의 고유한 경험과 네가 그것을 부호화하는 방식은 이후에 머릿속에 떠오르는 때를 결정해. 이 점이 분명하게 드러내는 것은 범주화(혹은 유추 작용)가 상황에 적용하는 관점에서 기인한다는 거야. 그래서 범주화는 완전히 주관적이야.

케이티_ 애나, 네 말을 들으니까 혼란스러워져. **유추**가 주관적이라는 사실을 보여주려고 신중하게 사례를 골랐는데 너는 그걸 오히려 역이용해서 **범주화**가 주관적이라고 주장하는구나! 도대체 그건 무슨 속임수니?

애나_ 케이티, 뭘 숨기거나 잔재주를 부리는 건 없어. 단지 명확한 사고에서 나오는 불가피한 결과일 뿐이야. 네가 제시한 사례는 우리 모두가 **유사하다**는 데 동의

하는 일련의 이야기, 모두 같은 개념적 골격을 공유하는 이야기야. 또한 모두 단일 **범주**, 네가 제시한 대단히 다양한 일련의 사례를 통해 핵심과 주변부가 아주 잘 구체화된 범주에 속한 일련의 이야기이기도 하지. '방지하려는 행위 자체로 인해 초래된 불행한 사고'라는 음성 라벨은 모든 이야기를 유사하게 만드는 미묘한 공통의 핵심을 집어내려고 시도해.

케이티_ 나는 자신을 구하려는 남자 때문에 죽는 여자의 이야기를 중심에 둔 작은 범주를 쉽게 상상할 수 있어.

애나_ 왜 '작다'고 말해? 그 범주에 많은 요소를 더하는 것은 어렵지 않아. 가령 안전띠에 목이 졸리거나, 두 적국이 전쟁을 피하려고 하다가 일이 틀어져 두려워하던 전쟁이 벌어지는 경우를 생각할 수 있지. 또한 예상치 못한 성형수술의 부작용으로 얼굴이 바뀌거나 가수가 연습을 너무 많이 해서 공연 당일 아침에 목이 잠기거나 얼룩 제거제 때문에 식탁보에 큰 얼룩이 지거나 이력서에 실적과 수상 내역이 너무 빽빽하게 기재되어 있어서 오히려 의심을 사는 경우 등도 생각할 수 있어. 이 점은 이런 범주의 잠재적 요소가 얼마나 다양한지 말해주며, 우리가 묘사한 모든 상황을 다른 많은 방식으로 볼 수 있고, 따라서 다른 많은 범주의 요소로 볼 수 있다는 걸 말해줘. 가령 가수가 연습을 너무 많이 해 목이 잠긴 경우는 **과도한 좋은 것**이라는 범주에 배정할 수 있고, 얼굴이 성형수술로 기이하게 바뀐 경우는 **건드리지 말았어야 했던 것**이라는 범주에 배정할 수 있어. 이런 관점 전환은 범주화의 전환을 초래해. 요컨대 나는 범주화의 완전히 주관적인 속성을 방금 증명했다고 생각해.

케이티_ 그러니까 너는 내가 제시한 사례가 유추 작용의 주관성만큼 범주화의 주관성도 증명한다고 생각해?

애나_ 그렇지! 바로 이 주관적인 속성이 범주화를 대단히 흥미롭게 만들기도 해. 범주화는 우리가 있는 장소, 현재 가진 목표, 지식, 문화, 감정적 상태, 집착하는 대상 같은 많은 요소에 영향을 받아!

범주화는 믿음직스럽고, 유추는 의심스럽다

케이티_ 내가 졌어! 목표에 가까이 다가가긴 했지만 **객관성**과 **주관성**을 기준으로 구분하는 게 틀렸다는 걸 알겠어. 그래도 네 도움 덕분에 적어도 유추 작용과 범주화 사이의 진정한 차이라는 표적을 찾았어. 실은 지나고 나서 보면 명백한 거야! 모든 건 **확실성**과 **위험성**의 문제로 귀결돼. 범주화의 믿음직스러움을 유추의 믿음직스러움과 비교하는 일은 밤과 낮을 비교하는 것과 같아. 범주화를 할 때는 실수를 할 가능성이 없어. 주변에 있는 대상을 맞는 범주와 연결할 뿐이니까. 이런 인지 행위는 위험을 감수할 필요가 없어. 나는 책상, 의자, 피아노, 멜로디 혹은 다른 무엇을 인식할 때 추측을 하는 것이 아냐. 단지 있는 그대로 **지각**할 뿐이지. 그게 전부야. 있는 그대로 부르는 것, 그게 범주화야! 범주화를 할 때는 의구심이 생기지 않아. 하지만 유추를 하는 건 항상 도박이야. 두 상황을 취하고 잘 맞기를 **바라지만** 추측이 옳다는 보장은 없어. 유추를 통해 추측을 하는 행위는 불확실성으로 가득한 지뢰밭과 같아. 유추를 한다는 것은 곧 큰돈을 잃을 수 있다는 사실을 분명히 알면서 위험한 베팅을 하는 거야. 가령 6장에서 논의한 정치적 유추를 생각해봐. 적어도 미국 측에서 베트남전의 행로를 이끈 유추 말이야. 그중에는 명중한 것도 있었지만 크게 빗나간 것도 있었어. 그래도 당시에는 알곡과 쭉정이를 구분할 수 있는 사람이 없었지. 그게 유추의 속성이야. 유추를 한다는 것은 곧 대단히 불안한 직관에 큰돈을 거는 거야. 어떻게 생각해, 친구?

애나_ 좋은 시도지만 이번도 실패야. 우선 범주화가 항상 믿음직하고 확실하다고 생각한다면 자신을 속이는 거야. 방금 우리는 범주화가 객관적이지 않다는 데 동의하지 않았니? 비슷한 이유로 범주화는 종종 우리를 오류로 이끌어. 신뢰할 수 없다는 뜻이지.

케이티_ 몇 가지 사례를 들어줄래?

애나_ 기꺼이 들지! 너는 하얀 가루를 다른 하얀 가루와 혼동해서 커피에 소금을 넣을 수 있어. 이 경우 잘못된 범주화의 희생자가 되는 거지! 또 "두 번째 길에서 좌회전하라"는 말을 듣고 도로가 아니라 진입로로 들어갈 수도 있어. 다시 한 번 범주가 틀린 거지! 혹은 헤어로션인 줄 알고 면도 크림을 머리에 바르거나 '크림소다'라는 라벨이 붙은 병에 든 소독용 알코올을 마시거나 맵지 않은 고추인 줄 알고 매운 고추를 씹거나 화초의 구근을 양파인 줄 알고 샐러드에 썰어 넣거나 비행기를 새인 줄 알거나 화성을 행성이 아니라 항성인 줄 알 수도 있어. 이 모든 일은 잘못된 범주화에 해당돼. 또한 성별, 인종, 국적, 연령, 직업, 종교 같은 것에 기초한 고정관념을 생각해봐. 이 역시 성급하게 혹은 경솔하게 이루어진 일종의 범주화지. 대다수 사람들은 이처럼 거친 판단이 종종 크게 틀린다는 사실을 모른 채 고정관념을 전적으로 믿어. 요컨대 고정관념은 크게 잘못된 범주화를 자주 일으키는 원천이야.

케이티_ 애나, 네가 제시한 사례는 아주 설득력이 있어. 네가 방금 나열한 모든 범주화는 오류에 해당하고, 따라서 내가 실수했다는 걸 인정할게. 분명히 종종 오류로 이끄는 인지 과정이 항상 믿음직스럽다고 말할 수는 없지! 애나, 한 점을 더 땄네. 그럼에도 나는 네가 언급한 모든 사례에서 착각에 빠진 사람은 어떤 일로 인해 틀렸다는 사실을 알기 전까지 자신의 범주화가 옳다고 확신한다는 점을 들어서 네가 느낄 기쁨을 약간 반감시켜야겠어. 우리는 항상 현재 하고 있는 범주화가 옳다고 확신해. 설령 나중에 실수를 했다는 사실을 깨닫는다고 해도 말이야. 그래서 나는 주관적이고 틀릴 수 있는 느낌이기는 하지만 확실하다는 **느낌**이 범주화와 유추 작용을 나누는 구분선이라는 주장을 고수할 거야. 우리는 항상 자신의 범주화를 이리저리, 아니 **이것저것** 전부 믿지만 마땅히 그래야 하는 대로 자신의 유추는 항상 불신해.

애나_ 케이티, 아주 잘 설명했지만 네 견해에 찬물을 끼얹을 수밖에 없어. 모든 범주는 불확실한 영역을 지니며, 유추도 똑같아. 어떤 것이든 하나의 범주를 가지고 그 경계를 확인하려 하면 곧 모호한 영역이 등장하기 시작해. 가령 **의류**라는 범주를 봐. 너는 잠시도 주저하지 않고 코트, 재킷, 바지, 스커트, 스웨터는 이 범주에 속하지만 담요, 권총, 휴대전화는 속하지 않는다고 말할 거야.

케이티_ **의류**라는 범주의 소속 여부에 대해서는 조금도 불확실할 게 없어.

애나_ 내 말을 끝까지 들어보면 아마 달라질 거야. 잠시 이 범주의 주변부에 초점을 맞춰봐. 그러면 안정감이 흔들리기 시작할 거야. 모자는 의류일까? 허리띠나 스카프는 어때? 장갑이나 양말 혹은 머리띠는? 스키 고글이나 수영용 물갈퀴는? 혹은 가구라는 범주를 생각해봐. 피아노는 이 범주의 요소일까? 장난감 피아노는 어때? 빈백beanbag 의자는? 빨랫감 바구니는? 샹젤리에는? 장난감 서랍장은? 코트 걸이는?

케이티_ 너는 극단적인 사례를 들고 있어. 그중 몇 가지 사례에 대한 판단을 하려면 시간이 좀 걸려.

애나_ 당연하지! 사정은 전혀 명확하지 않아! 너는 틀림없이 일부 사례의 경우 판단이 오락가락할 것이고, 모든 사례에 대해 결정을 내린 후에도 친구들에게 물어보면 모두가 나름의 주장을 제시하기 때문에 온갖 종류의 다른 의견을 듣게 될 거야. 그래서 어떤 시점이 되면 머리가 어지러워지기 시작하고, 이 주변적 사례들에 대한 판단을 더는 확신하지 못할 거야. 또한 명왕성이 행성인지 아닌지 여부(이 문제는 열린 태도를 유지하는 게 현명해 보여) 혹은 고발당한 사람이 유죄인지 무죄인지 여부(실제로 이런 범주 소속성과 관련된 주변적 사례들 때문에 변호사와 판사라는 직업이 존재하지)처럼 앞서 언급한 몇 가지 사례도 떠올릴 수 있어.

케이티_ 확실하다고 생각했던 것들에 대한 확신이 갈수록 약해지는 느낌이 드는 건 인정해야겠어. 이제는 범주화에 불확실성이 존재한다고 인정할게. 하지만 불확실성은 언제나 범주의 주변부에 존재하지만 대다수 요소는 주변부와 먼 핵심 가까이 자리 잡고 있어서 의구심의 전투 지역으로부터 안전하게 떨어져 있어. 그래서 범주화의 경우 불확실성은 존재할 수 있지만 드물어. 반면 유추 작용의 경우 불확실성은 예외가 아니라 통상적인 거야. 다시 한 번 내 말에 반박할 거야?

애나_ 미안하지만 네가 다시 한 번 고정관념에 빠진 것 같아. 단지 네가 이미 돌린 다른 수백 개의 손잡이처럼 쉽게 돌아가는 손잡이나 습관대로 항상 약속 시간에 늦는 조니, 다른 감자튀김처럼 바삭하고 따뜻한 감자튀김 혹은 비슷한 건물에 있는 대단히 많은 비슷한 엘리베이터처럼 믿고 이용할 수 있는 엘리베이터 등 내가 앞서 언급한 모든 자동적이고 무의식적이며 평범한 유추물을 생각해봐. 이 모든 것은 분명히 유추물이지만 대단히 확실해서 믿고 의지할 수 있다는 사실은 너도 인정할 거야.

케이티_ (웃으며) 내가 무슨 말을 할 수 있겠니? 다시 한 번 네 말에 동의할 수밖에 없어. 내가 세운 볼링 핀을 네가 모두 쓰러트렸어. 네가 스트라이크를 넣었다고! 적어도 의견 일치는 이루어졌네.

(전화가 울린다.)

케이티애나_ (잠이 덜 깬 목소리로) 여보세요, 어, 누구시죠?

남자 목소리_ 안녕, 케이티애나! 더뉘엘이야. 연락이 돼서 다행이다. 방금 아주 이상하고 불편한 꿈을 꾸다가 일어났는데 시간이 된다면 잠시 그 이야기를 들어줬으면 고맙겠어.

케이티애나_ 너 때문에 잠에서 깼어, 알아? 그래도 괜찮아. 이제 정신을 차렸으니까 됐어. 그럼 네가 꾼 신경 쓰이는 꿈 이야기를 해봐.

더뉘엘_ 꿈에서 내가 대단히 고집 센 두 사람으로 갈라져서 큰 논쟁을 벌였어. 그렇게 둘로 갈라지니까 느낌이 정말 이상하더라고.

케이티애나_ 참 별난 꿈이네! 두 사람은 무슨 논쟁을 했는데?

더뉘엘_ 대단히 특이한 논쟁이었어. 두 사람은 지적으로는 심하게 서로 반발했지만 아주 가까운 친구여서 같이 책을 쓰기로 했는데 아직 시작을 하지는 않았어. 한 명은 그 책을 프랑스어로 써야 한다고 강력하게 주장했고, 다른 한 명은 영어로 써야 한다고 역시 강력하게 주장했어. 그래서 격렬한 논쟁이 벌어졌지만 두 사람 모두 서로에게 대단히 정중하고 다정한 말을 썼어.

케이티애나_ 세상에! 정말 별난 악몽이네! 그런데 두 사람이 같이 쓰려고 하는 그 가상의 책은 무슨 내용이야?

더뉘엘_ 아, 그게 말이야, 나의 오랜 관심사인 유추 작용과 범주화의 단일성에 대한 거야. 별로 놀랄 일은 아니지!

케이티애나_ 내가 훤히 아는 주제네! 너는 꿈속에서도 네 모습 그대로구나.

더뉘엘_ 다행히도 그래. 하지만 나 자신이 언어 선택을 놓고 격렬하게 다투는 두 부분으로 나뉘는 느낌은 끔찍했어. 마침내 잠에서 깨어나 정신분열증에 걸린 게 아니라 온전히 정상이라는 사실을 깨닫고 나니까 크게 안심이 되더라고. 불쾌한 꿈 때문에 생긴 화를 어느 정도 털어낼 수 있게 해줘서 고마워. 덕분에 상쾌한 기분이 들어. 이제 기쁘게도 거의 끝나가는 책을 쓰러 가야겠어. 금상첨화로 끝부분에 넣을 대화를 마무리하는 중이야. 오늘은 홀수 날이니까 습관대로 프랑스어로 쓸 거야. 그리고 내일은 영어로 쓰고.

케이티애나_ 정말 우연이네! 정확하게 같은 일이 나한테도 일어났다는 것이 믿어져?

더뉘엘_ 아니! 말해봐! 듣고 싶어!

케이티애나_ 나 역시 정말 흡사한 꿈, 비슷한 꿈, 견줄 만한 꿈, 유사한 꿈을 꾸었어.

더뉘엘_ 똑같은 범주에 속하는 꿈을 꾸었다는 뜻은 아니지?

케이티애나_ 그래. 그게 내가 찾던 표현이야! 몰랐겠지만 나도 아주 불편한 꿈을 꾸다가 전화 때문에 깬 거야. 꿈속에서 나는 대단히 정중한 말을 쓰기는 했지만 화난 꼬마 마귀처럼 서로를 공격하는 두 사람으로 갈라졌어. 그리고 그동안 너의 관심사가 나한테도 옮은 모양이야. 화난 꼬마 마귀 둘 중 한 명이 유추 작용이 인지의 핵심이라고 말하는 반면 다른 한 명은 범주화가 그 역할을 한다고 마찬가지로 강력하게 주장했거든. 물론 지금은 모두 터무니없는 주장이라는 걸 분명히 알지. 하지만 꿈속에서는 이 두 가지가 서로 다른 정신적 과정이라고 주장하는 것이 기이한 꼬마 마귀 둘에게는 전적으로 타당해 보였어.

더뉘엘_ 밤에 우리가 엉뚱한 망상에 사로잡혀서 낮이 되면 명백히 터무니없음이 드러나는 관념을 믿게 되는 건 정말 우스워. 하지만 다행히 지금은 우리가 깨어 있으니 흔히 말하듯이 끝이 좋으면 다 좋은 거지! 즐거운 하루 보내. 안녕!

케이티애나_ 너도! 안녕!

이렇게 격렬한 언쟁을 벌이는 두 명의 작은 자아로 나뉘는 꿈을 꾸는 어수선한 밤을 보내고 해가 떠오르는 가운데 케이티애나는 일체성을 회복한 덕분에 안정과 행복 그리고 내면의 평화를 느끼며 잠자리에서 일어났다.

우리의 생각을 지배하는 메커니즘

님은 갔습니다. 아아, 사랑하는 나의 님은 갔습니다.

푸른 산빛을 깨치고 단풍나무 숲을 향하여 난 작은 길을 걸어서 차마 떨치고 갔습니다.

아아, 님은 갔지마는 나는 님을 보내지 아니하였습니다.

제 곡조를 못 이기는 사랑의 노래는 님의 침묵을 휩싸고 돕니다.

시인 한용운은 '님의 침묵'을 이를 악물고 절규했다. 마치 유치환 시인이 깃발을 '소리 없는 아우성'에 비유한 것처럼. 학창 시절 우리는 '님의 침묵'에서 님은 조국을 비유한다고 배웠다. 그런가 하면 이상화 시인은 봄을 고양이에 비유했다.

이처럼 우리는 비유 또는 유추를 시적 수사 기법 중의 하나쯤으로 생각한다. 유추란 생소한 사물이나 개념을 모두가 잘 아는 익숙한 것과 비교해 이해하는 것을 말한다. 이 책의 저자들은 우리가 가끔 하고 있는 이런 유추를 그저 '순진한 유추'라고 부른다. 그리곤 한 걸음 아주 크게 내딛는다. 유추가 사고하는 방식의 일부로서 가끔씩 순진하게 나타나는 존재가 아니라 우리의 생각을 전적으로 지배하는 메커니즘이라고 주장한다. 유추는 특이한 사고의 한 유형이 아니라 인지 활동의 핵심이라고 단언한다. 물론 이 같은 주장이 현대 인지과학에서 주류 이론으로 받아들여지고 있는 것은 아니다. 그러나 이 논리를 펴는 이가 다름 아닌 더글러스 호프스태터이기 때문에 쉽사리 변방으로 치워버릴 수는 없다. 유추가 결코 변방의 현상이 아니라 모든 사고의 표면 아래서 치열하게 투쟁하고 있는 보편적인 인지 작용이라는 그의 주장은 적어도 그의 존재감만큼 예사롭지 않아 보인다.

더글러스 호프스태터에게는 흔히 '걸어 다니는 백과사전Walking encyclopedia' 혹은 '살아 있는 박학다식 만능인Living polymath'이라는 별명이 따라다닌다. 서양의 다빈치나 우리나라의 정약용 같은 사람들을 일컫는 말이다. 노벨 물리학상을 수상한 아버지를 따라다니며 스탠퍼드 대학 캠퍼스에서 자란 그는 바로 그 대학에 진학해 수학 우등생으로 졸업하고 1975년 오리건 대학에서 물리학 박사 학위를 취득했다. 박사 학위 연구를 통해 자기장에서 전자의 프랙털fractal 운동, 즉 '호프스태터의 나비Hofstadter's butterfly'라고 알려진 현상을 발견해 일약 유명해지지만, 정작 그는 물리학을 접고 당시 막 태동하던 인지과학 분야로 뛰어든다. 미시건 대학교에서 심리학과 교수로 지낸 1984~1988년을 제외하곤 1977년부터 줄곧 인디애나 대학교에서 연구 활동을 이어 오고 있다. 피아노 연주 실력도 수준급인 그는 피아노 곡도 여럿 작곡한 음악가이기도 하다. 칼럼니스트와 강연자로서도 탁월한 능력을 발휘하는 그는 그야말로 만능 재주꾼이다. 우리말로도 번역돼 나와 있는 그의 《괴델, 에셔, 바흐: 영원한 황금 노끈》은 1979년 퓰리처상과 전미도서상을 수상했다. 역시 우리말로 번역된 그의 또 다른 책 《이런 이게 바로 나야The Mind's I》는 철학자 대니얼 데닛Daniel Dennett과 함께 자아, 마음, 의식 등에 관해 보르헤스, 튜링Alan Turing, 도킨스 등 세계적인 석학들과 나눈 대담을 엮은 문제작이다.

《사고의 본질》은 프랑스 심리학자 에마뉘엘 상데의 책을 읽고 감동한 호프스태터가 그 책을 영어로 번역해 주겠다며 작업을 시작했다가 아예 함께 새로 집필하기로 의기투합해 탄생한 책이다. 이 책은 번역하기 대단히 어려운 책이다. 나는 지난 20여 년 동안 수없이 많은 책들을 번역해 봤지만 만일 이 책의 번역을 의뢰받았다면 즉석에서 고사했을 것이다. 2013년에 출간된 책이 4년 만에 우리말로 번역돼 나온 것은 차라리 작은 기적이다. 사고 작용 전반에 걸친 유추를 분석한다고는 했지만 기본적으로 언어와 관련된 인지 분야를 집중적으로 파고든 책이라 영어가 갖고 있는 미묘한 뉘앙스를 우리말로 표현하는 일은 애당초 거의 불가능한 일이었다. 아마 바로 그 이유 때문에 저자들도 이 책을 프랑스어와 영어의 두 원본으로 각각 출간했는지도 모른다. 책을 집필하는 과정에서는 수많은 번역 작업을 거쳤지만 끝내 둘은 서로를 번역본이라 부르지 않는다. 저자들 스스로 밝힌 대로 "번역은 먼지 덮인 다락방에 켜진 손전등처럼"“부정확성과 모호성 그리고 논리적 흐름의 결여를 가차 없이 드러내기 때문” 이다. 이런 근본적인 어려움에도 불구하고 나는 이 어려운 책을 우리말로 번역한 김태훈 선생님의 노력과 발군의 실력에 머리를 숙인다. 덕분에 이 귀한 내용이 우리 학자들과 독자들에게도 전해질 수 있어 개인적으로 매우 기쁘다. 저자들은 인공지능을 기반으로 요즘 한창 개발되고 있는 기계 번역 또는 자동 번역에 대해 분명한 의구심을 나타낸다. 이 책이야말로 지금까지 개발된 그 어떤 번역 앱으로도 감히 엄두조차 내지 못할 책이다.

이 책을 처음 집어 든 독자의 상당수는 유추가 사고의 중추라는 저자들의 주장을 그대로 받아들이기 쉽지 않을 것이다. 나도 그랬다. 그러나 책을 읽어가는 동안 옷 젖는 줄 모르게 서서히 적시는 가랑비처럼, 그리고 때론 순식간에 속옷까지 흥건히 젖게 만드는 소나기처럼 내 생각을 축축하게 적셔주었다. 저자들은 우리를 설득하기 위해 엄청나게 많은 예들을 쏟아놓는다. 별 차이도 없어 보이는 비슷비슷한 예들이 끝도 없이 이어진다. 그런 예들의 홍수를 헤쳐나가다보면 어느덧 하늘이 걷히고 한 줄기 햇살이 비치기 시작한다. 책을 덮는 순간 나는 거의 완벽하게 설득을 당했다. 우리 사고에서 유추에 의하지 않은 게 있는지 찾기 시작했다. 쉽지 않았다. 유추는 내게 일종의 개종 경험을 안겨주었다. 따지고 보면 유추를 기본으로 하는 비유 수사법에는 직유법(直喩法, simile)과 은유법(隱喩法, metaphor) 외에도 대유법(代喩法, synecdoche)·의인법(擬人法, personification)·활유법(活喩法, prosopopoeia)·풍유법(諷諭法, allegory)·의성법(擬聲法, onomatopoeia)·의태법(擬態法, mimesis) 등 엄청나게 다양한 기법들이 있다. 저자들의 설명대로 단어의 선택은 유추에 의해 조정되며 그 과정은 한마디로 유추의 전쟁터일 것이다.

유추는 비교에서 나온다. 유추는 친숙함과 새로움이 만나는 영역이다. 그렇다면 이 영역은 시간적으로 정의되는 영역일 수밖에 없고 그곳은 경험과 기억으로 가득 차 있을 것이다. 경험을 바탕으로 하지 않는 인지 작용이 없는 것은 아니겠지만 비교가 인지의 기본이라는 걸 이 책을 통해 깨달았다. 음악학을 전공한 아내 덕택에 나는 1990년대 중반 한국음악 연구의 토대를 마련하신 이혜구 교수님(1909~2010)을 직접 뵙는 영광을 얻었다. 어느 날 우연히 교수님과 당시 예일 대학교에서 음악학을 공부하고 있던 교수님의 손녀가 나누는 대화를 엿듣게 되었다. 대화가 이어지는 가운데 손녀는 할아버지에게 이렇게 물었다. “할아버지, 학문이 뭔가요?” 손녀가 할아버지에게 하는 질문 치곤 너무 거창하다고 생각하고 있는데 이혜구 교수님은 상당히 단호하게 답하셨다. “학문은 비교하는 것이란다. 서양과 동양을 비교하고 어제와 오늘을 비교해야 학문이 되는 것이다.” 나는 중남미 열대우림에 서식하는 두 종의 민벌레를 연구해 박사 학위를 받았다. 따지고 보면 내 연구의 핵심이 바로 비교였건만 나는 그때까지 한 번도 학문이 비교 그 자체라고 생각해보지 못했다.

비교에는 범주화가 선행돼야 한다. 저자들은 이 책의 상당 부분을 범주에 관한 설명에 할애했다. 긴 설명 끝에 저자들은 범주는 결국 언어로 규정될 수밖에 없다고 결론짓는다. 단어 하나로 규정되는 범주도 있지만 구와 절 또는 거의 문장 수준으로 긴 언어 구조를 갖출 수도 있다. 숙어, 속담, 은어 등도 범주를 묘사할 수 있다. 하버드 대학교에서 박사과정을 밟던 시절 나는 고생물학자 스티븐 제이 굴드Stephen Jay Gould의 이른바 ‘The Horse Lecture’를 여러 차례 들었다. 생물을 분류하는 체계가 확립되는 과정을 설명하는 강의였는데 여기서 나는 말보다는 우리에게 더 친숙한 소를 가지고 설명하려 한다. 언어를 습득하는 과정에서 우리는 어른들이 손가락으로 가리키는 것을 따라 예를 들면 소라는 동물을 인지하게 된다. 이 땅에서 태어나 자라는 아이들은 대개 한우를 보며 소라는 동물의 존재를 인식해간다. 그러던 어느 날 우연히 목장 옆을 지나던 아이는 아빠가 젖소를 가리키며 ‘소’라고 가르쳐줄 때 상당한 정신적 혼란을 겪는다. 그때까지는 누렁소를 소로 알고 있었는데 갑자기 얼룩소를 소라고 하니 혼란스러울 수밖에 없을 것이다. 해마가 물고기 범주에 속한다는 사실은 오로지 경험과 교육에 의해 얻어진다. 다행히 우리 인간은 이런 모호함을 극복하며 세상을 여러 묶음으로 분류하며 이해해간다. 호남 지방에 사는 사람들은 ‘거시기’라는 단어를 문맥에 따라 엄청나게 다양한 대상을 지칭하고 또한 완벽하게 알아듣는다. 범주화는 대단히 다양한 모습으로 일어난다.

우리 인간이 이해하는 범주는 종종 다층 구조를 지닌다. 우리와 유전자의 거의 99%를 공유하는 침팬지는 꿈도 꾸지 못할 복잡성이 우리 마음에 존재한다. 타임머신을 타고 갑자기 현대에 나타난 정약용 선생님께 인터넷에 대해 설명한다고 가정해보자. 제아무리 토목공학 박사 학위도 없이 화성을 축조하고 기계공학 박사 학위도 없이 거중기를 설계하셨던 분이지만 인터넷과 월드와이드웹(WWW: World Wide Web)에 대한 우리의 설명을 알아들을 리 만무하다. 하지만 동시대를 살아가는 사람들은 기본적으로 동일한 경험을 공유하기 때문에 아무리 여러 겹의 복잡한 개념이라도 대수롭지 않게 이해한다. 그래서 저자들에 따르면 범주는 곧 개념이란다. 유추는 결코 문학의 전유물이 아니다. 과학도 유추에 기대어 자란다. 유추를 통해 상대성 원리를 중력에 적용한 아인슈타인의 과학도 유사성을 활용해 통일성을 이끌어내는 여느 인간 사고 활동과 다를 바 없다. 그저 한없이 더 탁월했을 뿐이다. 핵심은 어차피 표면을 통해 드러나는데, 그걸 우려내는 메커니즘이 바로 유추라는 것이다.

장철문 시인의 '비유의 바깥'이라는 제목을 단 시집이 있다. 이 시집에 수록된 〈오월 낙엽〉이라는 시에는 다음과 같은 구절이 나온다.

실뿌리에 축축하던 습기는 사라졌다
바라던 대로
오월의 산빛은 비유의 바깥에 있다
바라던 대로
파도와 비애는 언어의 바깥에 있다

출판사가 마련한 서평에는 다음과 같은 문장이 들어 있다.

'비유의 안쪽'에 어른들이 있다면 '비유의 바깥'에 아이들이 있기 때문입니다.

시인은 애써 비유의 바깥을 찾아 헤맨다. 현실은 온통 비유로 채워져 있고 시인은 그 바깥의 세상을 상상한다. 그리고 거기서 이제 막 세상으로 나오려는 아이들을 만난다.

최재천(이화여자대학교 에코과학부 석좌교수)

주석

프롤로그

[1] Selvinsky(1920).

[2] Poincaré(1908), p. 52.

[3] Plato(1977), p. 231a.

[4] Nietzsche(1873), p. 46.

[5] Hobbes(1651), Chapter V, 36.

[6] Alberic(1973), pp. 146–147.

[7] Bachelard(1934), p. 47.

1장

[8] Jorge Luis Borges, Manea(1992), p. 30에서 인용.

[9] Hobbes(1651), IV, 46.

[10] Stevens(1923) "Sunday Morning".

[11] Robert Pond, "Fun in metals", *Johns Hopkins Magazine*, 1987. 4, pp. 60–68, Murphy(2002), p. 18에서 인용.

[12] Max Weinreich(1945). "The YIVO and the problems of our time," Annual YIVO(Yiddish Scientific Institute) Conference Lecture, New York, 1945. 1. 5.

2장

[13] Chiflet(1985) and Whistle(2000).

[14] Morvan de Bellegarde(1802).

[15] Phaedrus(1864), Book 4, Fable 3.

[16] Benserade(1678), p. 108.

[17] La Fontaine(1668), Book Ⅲ, p. 11.

[18] Henri Poincaré, Roger Apéri가 Dieudonné, Loi, Thom(1982), pp. 58–72에서 인용.

[19] Tony Hoagland, *Poety Magazine*, July-August, 2012.

3장

[20] Barsalou(1991).

[21] Mark Spitz, Drew Van Esselstyn, *New Jersey Star-Ledger*, 2008. 8. 15에서 인용.

[22] 위의 책.

[23] *Egypt Sweet* by Kellie O. Gutman(privately issued, 2005), p. 9.

4장

[24] Borges(1962), p. 114.

[25] Mark Feeney, "Bomb pioneer Edward Teller dies", *The Boston Globe* ("Nation" section), 2003. 9. 10.

[26] Swetz and Kao(1977), p. 7.

5장

[27] Thomas Edison(1902), *Harper's Monthly Magazine*, 1932. 9.

[28] Maslow(1966), p. 5.

[29] Jiddu Krishnamurti, "First conversation with Dr. Allen W. Anderson", 1974. 2. 18.

[30] Krishnamurti(1969).

[31] James Falen, "Odelet in Praise of Constraints", in Hofstadter(1977), p. 272.

6장

[32] Holyoak and Thagard(1995), p. 139.

[33] Khong(1992), p. 59.

[34] Khong(1992), p. 184.

[35] Khong(1992), p. 217.

[36] Gentner, Rattermann, Forbus(1993), p. 567.

[37] 1955년 워런 위버가 노베르트 비너에게 보낸 편지(1955)에서 인용.

[38] Bertrand Poirot-Delpech, "Sagan, l'art d'être soi", *Le Monde*, 2004. 9. 26.

7장

[39] La Fontaine(1668), Book I, p. 1.

[40] Norman(1990), p. 210.

[41] Recorde(1557).

[42] Bezout(1833), p. 12.

[43] Bezout(1833), p. 13.

[44] Bezout(1833), p. 21.

[45] Bezout(1833), p. 21.

[46] Bezout(1833), p. 21.

[47] Spadling and Murphy(1996), p. 525.

[48] Gick and Holyoak(1983), p. 1.

[49] Clement and Gentner(1991), p. 89.

[50] Anderson(1991), p. 411.

8장

[51] Poincaré(1911), p. 31.

[52] De Morgan(1831), pp. 103–104.

[53] Leibniz(1702), p. 357.

[54] Einstein, Banesh Hoffmann(1972), p. 8에서 인용.

[55] Planck, Stehle(1994), p. 152에서 인용.

[56] Einstein(1920), p. 17.

[57] Hoffmann(1972), p. 81.

[58] Hoffmann(1972), p. 81.

[59] Hoffmann(1972), p. 113.

[60] Einstein, Stachel(2001), p. 255에서 인용.

[61] Villani(2012), p. 146–147.

[62] Hoffmann(1972), pp. 127–128.

[63] Hoffmann(1972), p. 99.

[64] David and Mendel(1966), p. 222.

[65] Ulam(1976), p. 203.

에피다이얼로그

[66] Spalding and Murphy(1996), p. 525.

[67] Gick and Holyoak(1983), p. 1.

[68] Polya(1957), p. 37.

[69] Oppenheimer(1956), p. 129.

[70] Gentner and Clement(1988), p. 307.

[71] Thagard, Holyoak, Nelson and Gochfeld(1990), p. 259.

[72] Alain Connes, in the short film *Mathématiques, un dépaysement soudain*, 2011 by Raymond Depardon, Claudine Nougaret.

[73] Nietzsche(1873), p. 46.

[74] Georges Courteline.

[75] Poincaré(1908), p. 29.

[76] Plato(1950), 265d–265e.

참고 문헌

참고 문헌은 각 장마다 하나씩 그리고 이 책에서 탐구하는 주제와 전반적으로 연관된 문헌들을 서두에서 소개하는 별도 항목까지 모두 11개 항목으로 나눴다. 일부 문헌은 여러 부분과 연관되기 때문에 중복되기도 한다. 또한 각 항목에 나열된 서적과 논문을 포괄적으로 언급하는 내용을 앞부분에 넣었다.

책 전반

우리가 진행한 연구의 모든 측면과 연관된 문헌들을 먼저 소개한다. 특히 포코니에와 터너가 쓴 책은 이 책처럼 개념적 덧입힘을 인지의 핵심에 놓으며, 또한 풍부하고 다양한 사례를 통해 핵심 주제를 구체화한다. 홀리오크와 새거드의 책 그리고 겐트너, 홀리오크와 코키노프가 편집한 책은 인지과학의 관점에서 바라보는 유추 연구 부문의 표준 참고서가 되었다. 헬먼Helman의 편서 그리고 보스니아도우Vosniadou와 오토니Ortony의 편서는 유추를 다양한 각도에서 조명하는데, 전자는 통섭적 관점에서 바라보고 후자는 유사성과의 연결 고리에 초점을 맞춘다. 이 두 책은 나온 지 오래되었지만 많은 부분이 여전히 상당한 시사성을 지닌다. 머피의 책은 범주화 부분에서 탁월한 자료이며, 레이코프와 존슨의 책은 상징이 인간의 사고에서 수행하는 체계적 역할에 대한 이해를 크게 증진한다. 끝으로 상데의 책 그리고 호프스태터와 유동적 유추 연구 그룹의 책은 다소 학문적인 스타일이기는 하지만 이 책이 나올 수 있는 길을 열었다.

Fauconnier, Gilles and Mark Turner (2002). *The Way We Think: Conceptual Blending and the Mind's Hidden Complexities*. New York: Basic Books.

Gentner, Dedre, Keith J. Holyoak, and Boicho N. Kokinov, editors (2001). *The*

Analogical Mind: Perspectives from Cognitive Science. Cambridge, Mass.: MIT Press (Bradford Books).

Helman, David H., editor (1988). *Analogical Reasoning: Perspectives of Artificial Intelligence, Cognitive Science, and Philosophy*. Boston: Kluwer Academic Publishers.

Hofstadter, Douglas and the Fluid Analogies Research Group (1995). *Fluid Concepts and Creative Analogies: Computer Models of the Fundamental Mechanisms of Thought*. New York: Basic Books.

Holyoak, Keith J. and Paul Thagard (1995). *Mental Leaps*. Cambridge, Mass.: MIT Press (Bradford Books).

Lakoff, George and Mark Johnson (1980). *Metaphors We Live by*. Chicago: University of Chicago Press.

Murphy, Gregory L. (2002). *The Big Book of Concepts*. Cambridge, Mass.: MIT Press.

Sander, Emmanuel (2000). *L'Analogie, du naïf au créatif: Analogie et catégorisation*. Paris: L'Harmattan.

Vosniadou, Stella and Andrew Ortony, editors (1989). *Similarity and Analogical Reasoning*. New York: Cambridge University Press.

프롤로그: 유추, 인지의 핵심

몬테카시노의 알베릭, 바슐라르, 바사Bartha, 부브레스Bouveresse, 홉스, 로이드Lloyd, 니체, 플라톤의 글들은 사고의 한 방식으로서 유추의 신뢰성에 대한 문제를 다룬다. 단토Danto와 레비Lévy, 피엘Fiell 부부, 사마라스Samaras의 폭넓은 파급력을 지닌 의자 연구서 그리고 와인버거Weinberger, 재스퍼트Jaspert, 베리Berry, 존슨Johnson의 방대한 활자체 모음집은 해당 범주의 놀라운 다양성을 드러낸다. 앤더슨Anderson의 논문은 범주화의 심리적 가치를 강조하며, 트버스키Tversky의 논문과 메딘Medin, 골드스톤Goldstone, 겐트너 및 동료들의 논문은 유사성을 관찰하는 심리적 과정을 탐구한다.

Alberic of Monte Cassino (1973). "The Flowers of Rhetoric". In Joseph M. Miller, Michael H. Prosser, and Thomas W. Benson (eds.), *Readings in Medieval Rhetoric*. Bloomington: Indiana University Press.

Anderson, John R. (1991). "The adaptive nature of human categorization". *Psy-*

chological Review, 98, pp. 409–429.

Bachelard, Gaston (1934). *The Formation of the Scientific Mind: A Contribution to a Psychoanalysis of Objective Knowledge*, translated by Mary McAllester Jones. Manchester: Clinamen Press.

Bartha, Paul (2010). *By Parallel Reasoning: The Construction and Evaluation of Analogical Arguments*. New York: Oxford University Press.

Bouveresse, Jacques (1999). *Prodiges et vertiges de l'analogie*. Paris: Raisons d' agir.

Danto, Arthur C. and Jennifer Lévy (1988). *397 Chairs*. New York: Harry N. Abrams.

Fiell, Charlotte and Peter Fiell (1997). *1000 Chairs*. Cologne: Benedikt Taschen Verlag.

Goldstone, Robert L. (1994). "Similarity, interactive activation, and mapping". *Journal of Experimental Psychology: Learning, Memory, and Cognition*, 20, pp. 3–28.

Goldstone, Robert L. and Son, Ji Yun (2005). "Similarity". In Keith J. Holyoak and Robert G. Morrison (eds.), *Cambridge Handbook of Thinking and Reasoning*. New York: Cambridge University Press, pp. 13–36.

Hobbes, Thomas (1651). *Leviathan*. Reissued by Cambridge University Press (New York), 1996.

Hofstadter, Douglas (1985). "Analogies and roles in human and machine thinking". In Douglas Hofstadter, *Metamagical Themas: Questing for the Essence of Mind and Pattern*. New York: Basic Books, pp. 547–603.

Jaspert, W. Pincus, W. Turner Berry, and A. F. Johnson (1983). *The Encyclopædia of Type Faces*. Poole, Dorset: Blandford Press.

Lloyd, G. E. R. (1966). *Polarity and Analogy: Two Types of Argumentation in Early Greek Thought*. New York: Cambridge University Press.

Medin, Douglas L., Robert L. Goldstone, and Dedre Gentner (1993). "Respects for similarity". *Psychological Review*, 100, pp. 254–278.

Nietzsche, Friedrich (1873). "On Truth and Lies in a Nonmoral Sense". In *The Portable Nietzsche*, translated by Walter Kaufmann, 1976 edition. New York: Viking Press.

Plato (1977). *The Sophist*. In Jacob Klein (ed.), *Plato's Trilogy*. Chicago: University

of Chicago Press.
———— (2008). *The Republic*, translated by R. E. Allen. New Haven: Yale University Press.
Poincaré, Henri (1908). *Science et méthode*. Paris: Flammarion.
Samaras, Lucas (1970). *Chair Transformation*. New York: Pace.
Selvinsky, Il'ya L. (1920). "К вопросу о русской речи". In Il'ya L. Selvinsky, *Selected Works*. Leningrad: Sovetskii Pisatel' (Biblioteka Poeta, Bol'šaya seriya), 1972.
Sternberg, Robert J. (2005). *Barron's Miller Analogies Test*. Hauppauge, New York: Barron's Educational Series.
Tversky, Amos (1977). "Features of similarity". *Psychological Review*, 84, pp. 327–352.
Weinberger, Norman (1971). *Encyclopedia of Comparative Letterforms for Artists & Designers*. New York: Art Directions.

1장 단어의 환기

캐리, 겔먼Gelman, 겐트너, 골딘-메도스Goldin-Meadows, 케일Keil, 몰트Malt, 맨들러Mandler, 오크스Oakes, 핑커, 프린즈Prinz, 래키슨Rakison, 울프Wolff의 글들은 개념적 발달과 언어에 대한 주요 자료로서 1장 전반에 걸쳐 연관성을 지닌다. 브루너Bruner, 콜린스Collins, 헐Hull, 스모크Smoke의 책들은 범주화에 대한 고전적 접근법을 설명한다. 한편 바살루, 글럭스버그, 골드스톤, 햄프턴Hampton, 램버츠Lamberts, 매클로스키McCloskey, 메딘, 노소프스키Nosofsky, 오셔슨Osherson, 포토스Pothos, 리처드Richard, 스미스Smith 및 동료들의 책들은 대개 비트겐슈타인의 논문으로 촉발된 현대적 접근법을 다룬다. 보로디츠키Boroditsky, 깁스Gibbs, 존슨, 레이코프, 터너의 연구는 단어의 상징적 용도에 대한 부분과 연관성을 지닌다. 뒤비뇨의 논문은 아동들의 의미적 근사화를 다루며, 애트런Atran 및 메딘의 책은 문화가 범주화에 미치는 영향을 다룬다. 마Ma의 논문은 구문적 유추에 대한 것이며, 후스Huth와 동료들의 논문은 의미 공간의 중립적 토대를 탐구한다. 끝으로 칼루자의 논문은 영어에서 정관사와 부정관사로 표시되는 범주들을 깊이 있게 다룬다.

Aitchison, Jean (1994). *Words in the Mind: An Introduction to the Mental Lexicon* (second edition). Oxford: Blackwell Publishers.
Atran, Scott and Douglas L. Medin (2008). *The Native Mind and the Cultural*

Construction of Nature. Cambridge, Mass.: MIT Press.

Barsalou, Lawrence W. (1985). "Ideals, central tendency, and frequency of instantiation as determinants of graded structures in categories". *Journal of Experimental Psychology: Learning, Memory and Cognition*, 11, pp. 629–654.

Barsalou, Lawrence W. and Douglas L. Medin (1986). "Concepts: Static definitions or contextdependent representations?" *Cahiers de psychologie cognitive*, 6, pp. 187–202.

Boroditsky, Lera (2000). "Metaphoric structuring: Understanding time through spatial metaphors". *Cognition*, 75 (1), pp. 1–28.

Bruner, Jerome, Goodnow, Jacqueline J. and Austin, George A. (1956). *A Study of Thinking*. New York: John Wiley and Sons.

Carey, Susan (2009). *The Origin of Concepts*. New York: Oxford University Press.

Collins, Allen M. and M. Ross Quillian (1969). "Retrieval time from semantic memory", *Journal of Verbal Learning and Verbal Behavior*, 8, pp. 240–247.

Duvignau, Karine (2003). "Métaphore verbale et approximation". *Revue d'intelligence artificielle*, special issue 5–6, pp. 869–881.

Duvignau, Karine, Marion Fossard, Bruno Gaume, Marie-Alice Pimenta, and Élie Juliette (2007). "Semantic approximations and flexibility in the dynamic construction and 'deconstruction' of meaning". *Linguagem em Discurso*, 7 (3), pp. 371–389.

Duvignau, Karine and Bruno Gaume (2005). "Linguistic, psycholinguistic and computational approaches to the lexicon: For early verb-learning". *Cognitive Systems*, 6 (1), pp. 255–269.

Garrod, Simon and Anthony Sanford (1977). "Interpreting anaphoric relations: The integration of semantic information while reading". *Journal of Verbal Learning and Verbal Behavior*, 16, pp. 77–79.

Gelman, Susan A. (2005). *The Essential Child: Origins of Essentialism in Everyday Thought*. Oxford: Oxford University Press.

Gentner, Dedre (2003). "Why we're so smart". In Dedre Gentner and Susan Goldin-Meadow (eds.), *Language in Mind: Advances in the Study of Language and Thought*. Cambridge, Mass.: MIT Press, pp. 195–235.

Gentner, Dedre and Susan Goldin-Meadow, editors (2003). *Language in Mind:*

Advances in the Study of Language and Thought. Cambridge, Mass.: MIT Press.

Gibbs, Raymond W. (1994). *The Poetics of Mind*. New York: Cambridge University Press.

Hampton, James A. (1979). "Polymorphous concepts in semantic memory". *Journal of Verbal Learning and Verbal Behavior*, 18, pp. 441–461.

Hobbes, Thomas (1651). *Leviathan*, revised student edition. Reissued in 1996 by Cambridge University Press (New York).

Hofstadter, Douglas R. (2001). "Analogy as the Core of Cognition". In Dedre Gentner, Keith J. Holyoak, and Boicho N. Kokinov (eds.), *The Analogical Mind: Perspectives from Cognitive Science*. Cambridge, Mass.: MIT Press (Bradford Books).

Hull, Clark L. (1920). "Quantitative aspects of the evolution of concepts". *Psychological Monographs*, XXVIII (1.123), pp. 1–86.

Huth, Alexander G., Shinji Nishimoto, An T. Vu, and Jack L. Gallant (2012). "A continuous semantic space describes the representation of thousands of object and action categories across the human brain". *Neuron*, 76 (6), pp. 1210–1224.

Kaluża, Henryk (1976). *The Articles in English*. Warsaw: Panstwowe Wydawnictwo Naukowe.

Keil, Frank C. (1979). *Semantic and Conceptual Development: An Ontological Perspective*. Cambridge. Mass.: Harvard University Press.

———— (1989). *Concepts, Kinds, and Cognitive Development*. Cambridge, Mass.: Harvard University Press.

Lakoff, George (1987). *Women, Fire, and Dangerous Things: What Categories Reveal about the Mind*. Chicago: University of Chicago Press.

Lamberts, Koen and David Shanks (1997). *Knowledge, Concepts, and Categories*. Cambridge, Mass.: MIT Press.

Ma, Yulei (2011). *Analog y and Its Use in Grammatical Constructions: A Cognitive-Functional Linguistic Perspective*. Saarbrücken: Verlag Dr. Müller.

Manea, Norman (1992). *Felix Culpa*. New York: Grove Press.

Malt, Barbara and Phillip Wolff (2010). *Words and the Mind: How Words Capture Human Experience*. Oxford: Oxford University Press.

Mandler, Jean M. (2004). *The Foundations of Mind: Origins of Conceptual Thought.* Oxford: Oxford University Press.

Markman, Ellen M. (1991). *Categorization and Naming in Children: Problems of Induction.* Cambridge, Mass.: MIT Press (Bradford Books).

McCloskey, Michael E. and Sam Glucksberg (1978). "Natural categories: Well defined or fuzzy sets?" *Memory and Cognition,* 6, pp. 462–472.

Medin, Douglas L. and M. M. Schaffer (1978). "A context theory of classification learning". *Psychological Review,* 85, pp. 207–238.

Mervis, Carolyn B., Jack Catlin, and Eleanor Rosch (1976). "Relationships among goodness of example, category norms, and word frequency". *Bull. of the Psychonomic Soc.,* 7, pp. 283–294.

Nosofsky, Robert M. (1986). "Attention, similarity, and the identification–categorization relationship". *Journal of Experimental Psychology: General,* 115, pp. 39–57.

Osherson, Daniel and Edward E. Smith (1981). "On the adequacy of prototype theory as a theory of concepts". *Cognition,* 9, pp. 35–58.

Pinker, Steven (1997). *How the Mind Works.* New York: Norton.

——— (1999). *Words and Rules: The Ingredients of Language.* New York: Basic Books.

——— (2007). *The Stuff of Thought.* New York: Viking.

Poitrenaud, Sébastien, Jean-François Richard, and Tijus, Charles A. (2005). "Properties, categories, and categorisation". *Thinking and Reasoning,* 11, pp. 151–208.

Pothos, Emmanuel M. and Andy J. Wills (2011). *Formal Approaches in Categorisation.* New York: Cambridge University Press.

Prinz, Jesse J. (2002). *Furnishing the Mind: Concepts and their Perceptual Basis,* Cambridge, Mass.: MIT Press.

Rakison, David H. and Lisa M. Oakes (2008). *Early Category and Concept Development.* New York: Oxford University Press.

Rosch, Eleanor (1975). "Cognitive representations of semantic categories". *Journal of Experimental Psychology: General,* 104, pp. 192–233.

——— (1976). "Classifications d'objets du monde réel : Origines et représentations dans la cognition". *Bulletin de psychologie,* special issue edited by

Stéphane Ehrlich and Endel Tulving, pp. 242–250.

―――――― (1978). "Principles of categorization". In Eleanor Rosch and Barbara Lloyd (eds.), *Cognition and Categorization*. Hillsdale, New Jersey: Lawrence Erlbaum Associates, pp. 27–48.

Rosch, Eleanor and Carolyn B. Mervis (1975). "Family resemblances: Studies in the internal structure of categories". *Cognitive Psychology*, 7, pp. 573–605.

Rosch, Eleanor, Carolyn B. Mervis, Wayne D. Gray, David M. Johnson, and Penny Boyes Braem (1976). "Basic objects in natural categories". *Cognitive Psychology*, 8, pp. 382–439.

Ross, James F. (1981). *Portraying Analogy*. New York: Cambridge University Press.

Smith, Edward E. and Douglas L. Medin (1981). *Categories and Concepts*. Cambridge Mass.: Harvard University Press.

Smoke, Kenneth Ludwig (1932). "An objective study of concept formation". *Psychological Monographs*, XLII (191), pp. 1–46.

Stevens, Wallace (1923). *Harmonium*. New York: Alfred E. Knopf.

Turner, Mark (1987). *Death is the Mother of Beauty: Mind, Metaphor, Criticism*. Chicago: University of Chicago Press.

Wittgenstein, Ludwig (1953). *Philosophical Investigations*. Oxford: Basil Blackwell.

Woo-Kyoung, Ahn, Robert L. Goldstone, Bradley C. Love, Arthur B. Markman and Phillip Wolff (2005). *Categorization Inside and Outside the Laboratory: Essays in Honor of Douglas L. Medin*. Washington, D.C.: American Psychological Association.

2장 구절의 환기

애치슨Aitchison, 브레이튼버그Braitenberg, 이트코넨Itkonen, 몰트 및 울프, 핑커의 책들 그리고 겐트너, 호프스태터의 논문들은 2장 전반의 내용과 연관된다. 치플릿Chieflet과 휘슬Whistle(사실 한 사람)의 웃기는 책들 그리고 글럭스버그, 랑글로츠Langlotz의 책들은 관용적 표현들을 다룬다. 브레진-로시뇰Brézin-Rossignol, 생크, 비세티Visetti의 책들은 속담과 우화의 범주를 다루고, 방세라드, 라퐁텐, 모르반 드 벨가르드Morvan de Bellegarde, 파이드루스의 책들은 이솝 우화, '여우와 포도'가 나오는 부분과 연관된다. 페스팅거의 책은 인지부조화 부문의 고전이다. 캐롤Carroll의 책과 사피어의 책은 사피어-워프 가설을 다루며, 애트런과 메딘의 책은 문화가 언어와 사고를 유도하는 양상을 다룬다. 끝으로 플린의 책과 스턴버그Sternberg의 책은 지성 문제를 다룬다.

Aitchison, Jean (1994). *Words in the Mind: An Introduction to the Mental Lexicon* (second edition). Oxford: U.K.: Blackwell Publishers.

Anderson, Poul (1989). "Uncleftish Beholding". *Analog Science Fiction,* 109 (13), pp. 132–135.

Atran, Scott and Douglas L. Medin (2008). *The Native Mind and the Cultural Construction of Nature.* Cambridge, Mass.: MIT Press.

Benserade, Isaac de (1678). *Fables d'Ésope en quatrains dont il y en a une partie au labyrinte de Versailles.* Paris: Sébastien Mabre-Cramoisy.

Braitenberg, Valentino (1996). *Il gusto della lingua: Meccanismi cerebrali e strutture grammaticali.* Merano, Italy: Alpha&Beta.

Brézin-Rossignol, Monique (2008). *Dictionnaire de proverbes* (second edition). Paris: La Maison du dictionnaire.

Carroll, John B., editor (1956). *Language, Thought, and Reality: Selected Writings of Benjamin Lee Whorf.* Cambridge, Mass.: MIT Press.

Chiflet, Jean-Loup (1994). *Sky! My Husband.* Paris: Éditions du Seuil. Dieudonné, Jean, Maurice Loi, and René Thom (1982). *Penser les mathématiques. Séminaire de philosophie et mathématiques de l'École normale supérieure.* Paris: Éditions du Seuil.

Festinger, Leon (1957). *A Theory of Cognitive Dissonance.* Stanford: Stanford University Press.

Flynn, James R. (1987). "Massive IQ gains in 14 nations: What IQ tests really measure". *Psychological Bulletin,* 101, pp. 171–191.

———— (2009). *What Is Intelligence? Beyond the Flynn Effect.* New York: Cambridge University Press.

Gentner, Dedre (2003). "Why we're so smart". In Dedre Gentner and Susan Goldin-Meadow (eds.), *Language in Mind: Advances in the Study of Language and Thought,* pp. 195–235, Cambridge, Mass.: MIT Press.

Glucksberg, Sam (2001). *Understanding Figurative Language: From Metaphors to Idioms.* New York: Oxford University Press.

Hofstadter, Douglas R. (1995). "Speechstuff and Thoughtstuff: Musings on the Resonances Created by Words and Phrases via the Subliminal Perception of their Buried Parts". In Sture Allén (ed.), *Of Thoughts and Words: The Relation between Language and Mind* (Proceedings of Nobel Symposium 92). London: Imperial College Press.

———— (1997). *Le Ton beau de Marot : In Praise of the Music of Language.* New York: Basic Books.

Itkonen, Esa (2005). *Analogy as Structure and Process.* Amsterdam: John Benjamins Publishing Company.

La Fontaine, Jean de (1668). *Fables choisies mises en vers.* Paris: Barbin et Thierry.

Langlotz, Andreas (2006). *Idiomatic Creativity: A Cognitive-Linguistic Model of Idiom-Representation and Idiom-Variation in English.* Amsterdam: John Benjamins.

Malt, Barbara and Phillip Wolff (2010). *Words and the Mind: How Words Capture Human Experience.* New York: Oxford University Press.

Morvan de Bellegarde, Jean-Baptiste (1802). *Les Cinq Fabulistes ou les Trois Cents Fables d'Ésope, de Lockmann, de Philelphe, de Gabrias et d'Avienus.* Paris: Poncelin.

Phædrus (1864). *Fables de Phèdre,* translated by M. E. Panckoucke. Paris: Garnier Frères.

Pinker, Steven (2007). *The Stuff of Thought: Langage as a Window into Human Nature.* New York: Viking.

Sapir, Edward (1921). *Language: An Introduction to the Study of Speech.* New York: Harcourt, Brace.

Schank, Roger C. (1982). *Dynamic Memory: A Theory of Reminding and Learning in Computers and People.* New York: Cambridge University Press.

———— (1999). *Dynamic Memory Revisited.* New York: Cambridge University Press.

Sternberg, Robert J. (1994). *Encyclopedia of Human Intelligence.* New York: Macmillan.

Visetti, Yves-Marie and Pierre Cadiot (2006). *Motifs et proverbes. Essai de sémantique proverbiale.* Paris: Presses universitaires de France.

Whistle, John Wolf (2000). *Sky! Mortimer!* Paris: Mots et compagnie.

3장 보이지 않는 유추의 드넓은 바다

바살루의 연구들은 임시 범주라는 개념을 설명하고 탐구한다. 생크의 책들은 상기 및 상기를 초래하는 기제를 다룬다. 바우어Bower의 논문은 상기에서 감정이 차지하는 중심성을 다루며, 카네바Kanerva의 책과 파운달리스Foundalis, 겐트너와 동료들, 카너먼Kahneman과 밀러Miller, 새거드와 홀리오크, 넬슨Nelson, 코Koh의 논문은 기억 인출의 이면에 있는 기제를 다룬다. 차니Csányi와 호로비츠Horowitz의 책들은 개의 정신적 삶과 견종의 속성을 설명한다. 프렌치French의 논문과 미첼Mitchell의 논문 그리고 호프스태터와 미첼의 책에 나오는 한 장은 'me too' 유추를 다룬 부분과 연관된다.

Barsalou, Lawrence W. (1983). "Ad hoc categories". *Memory and Cognition*, 11, pp. 211–227.

――――― (1991). "Deriving categories to achieve goals". In Gordon H. Bower (ed.), *The Psychology of Learning and Motivation*. New York: Academic Press, 27, pp. 1–64.

Bower, Gordon H. (1981). "Mood and memory". *American Psychologist*, 36 (2), pp. 129–148.

Csányi, Vilmos (2005). *If Dogs Could Talk: Exploring the Canine Mind*. San Francisco: North Point.

Foundalis, Harry (2013). "Unification of clustering, concept formation, categorization, and analogy-making". Technical Report, Center for Research on Concepts and Cognition, Indiana University, Bloomington.

French, Robert M. (1995). *The Subtlety of Sameness: A Theory and Computer Model of Analogy-Making*. Cambridge, Mass.: MIT Press (Bradford Books).

Gentner, Dedre, Jeffrey Loewenstein, Leigh Thompson, and Kenneth D. Forbus (2009). "Reviving inert knowledge: Analogical abstraction supports relational retrieval of past events". *Cognitive Science*, 33 (8), pp. 1343–1382.

Hofstadter, Douglas and Melanie Mitchell (1995). "The Copycat project: A model of mental fluidity and analogy-making". In Douglas Hofstadter and the Fluid Analogies Research Group, *Fluid Concepts and Creative Analogies*. New York: Basic Books, pp. 205–267.

Horowitz, Alexandra (2010). *Inside of a Dog*. New York: Scribners.

Kahneman, Daniel and Dale T. Miller (1986). "Norm theory: Comparing reality to its alternatives". *Psychological Review*, 93 (2), pp. 136-153.

Kanerva, Pentti. *Sparse Distributed Memory*. Cambridge, Mass.: MIT Press.

Mitchell, Melanie (1993). *Analogy-Making as Perception*. Cambridge, Mass.: MIT Press.

Schank, Roger C. (1982). *Dynamic Memory: A Theory of Reminding and Learning in Computers and People*. New York: Cambridge University Press.

———— (1999). *Dynamic Memory Revisited*. New York: Cambridge University Press.

Thagard, Paul, Keith J. Holyoak, Greg Nelson, and David Gochfeld (1990). "Analog retrieval by constraint satisfaction". *Artificial Intelligence*, 46, pp. 259-310.

4장 추상화와 범주 간 이월

보들Bowdle과 겐트너, 깁스, 글럭스버그, 인두르카Indurkhya, 존스와 에스테스Estes, 레이코프와 터너, 오토니, 핑커의 연구는 주로 상징을 다룬 부분들과 연관된다. 치, 에릭슨, 펠토비치Feltovich, 호프만, 존슨, 머비스Mervis, 로스Ross, 다나카Tanaka, 테일러Taylor 및 동료들의 연구는 폭넓은 의미에서 우리의 전문성에 대한 논의와 연관된다. 그린버그Greenberg, 상데(및 듀푸크Dupuch), 폴리처Politzer의 책들은 표식이라는 현상을 다룬다. 콜린스Collins와 퀼리언Quillian의 논문은 추상화에 대한 고전적 접근법을 보여준다. 다른 한편 푸아트레노Poitrenaud의 논문, 로런스와 마골리스Margolis의 논문, 리처드와 상데의 논문은 이 현상에 대한 근래의 관점을 제시한다. 크리시코우Chrysikou, 던커, 너세시언Nersessian, 리처드, 워드Ward의 연구는 추상화와 창의성 그리고 이 두 가지가 문제 해결에서 차지하는 역할을 다룬다. 로런스와 마골리스가 편집한 책은 인공물을 다루며, 카사티Casati의 훌륭한 연구는 그림자의 폭넓은 의미에 할애된다.

Blessing, Stephen B. and Brian H. Ross (1996). "Content effects in problem categorization and problem solving". *J. of Experimental Psychology: Learning, Memory*, and Cognition, 22, pp. 792-810.

Borges, Jorge Luis (1962). "Funes the Memorious", translated by Anthony Kerrigan. In Jorge Luis Borges, *Ficciones*. New York: Grove Press, p. 114.

Bowdle, Brian F. and Dedre Gentner (2005). "The career of metaphor". *Psychological Review,* 112 (1), pp. 193–216.

Casati, Roberto (2004). *Shadows: Unlocking Their Secrets, from Plato to Our Time.* London: Vintage.

Chi, Michelene T. H., Paul J. Feltovich, and Robert Glaser (1981). "Categorization and representation of physics problems by experts and novices". *Cognitive Science,* 5, pp. 121–152.

Chi, Michelene T. H., Robert Glaser, and Marshall J. Farr (1988). *The Nature of Expertise.* Hillsdale, New Jersey: Lawrence Erlbaum.

Chrysikou, Evangelia G. (2006). "When shoes become hammers: Goal-derived categorization training enhances problem solving performance". *Journal of Experimental Psychology: Learning, Memory, and Cognition,* 32, pp. 935–942.

Collins, Allen M. and M. Ross Quillian (1969). "Retrieval time from semantic memory". *Journal of Verbal Learning and Verbal Behaviour,* 8, pp. 240–248.

Duncker, Karl (1945). "On problem solving". *Psychological Monographs,* 58, pp. 1–110.

Dupuch, Laurence and Emmanuel Sander (2007). "Apport pour les apprentissages de l'explicitation des relations d'inclusion de classes". *L'Année psychologique,* 107 (4), pp. 565–596.

Ericsson, K. Anders, Neil Charness, Paul J. Feltovich, and Robert R. Hoffman, editors (2006). *Cambridge Handbook of Expertise and Expert Performance.* New York: Cambridge University Press.

Geary, James (2012). *I is an Other: The Secret Life of Metaphor and How It Shapes the Way We See the World.* New York: Harper Perennial.

Gibbs, Raymond W., editor (2008). *Cambridge Handbook of Metaphor and Thought.* New York: Cambridge University Press.

Glucksberg, Sam and Boaz Keysar (1990). "Understanding metaphorical comparisons: Beyond similarity". *Psychological Review,* 97, pp. 3–18.

Glucksberg, Sam, Matthew S. McGlone, and Deanna Manfredi (1997). "Property attribution in metaphor comprehension". *Journal of Memory and Language,* 36, pp. 50–67.

Greenberg, Joseph (1966). *Language Universals, with Special Reference to Fea-*

ture Hierarchies. The Hague: Mouton.

Indurkhya, Bipin (1992). *Metaphor and Cognition: An Interactionist Approach*. New York: Springer.

Johnson, Kathy E. and Carolyn B. Mervis (1997). "Effects of varying levels of expertise on the basic level of categorization". *Journal of Experimental Psychology*: General, 126, pp. 248–277.

Jones, Lara and Zachary Estes (2005). "Metaphor comprehension as attributive categorization". *Journal of Memory and Language*, 53, pp. 110–124.

Lakoff, George (1987). *Women, Fire, and Dangerous Things: What Categories Reveal about the Mind*. Chicago: University of Chicago Press.

Lakoff, George and Mark Turner (1989). *More than Cool Reason: A Field Guide to Poetic Metaphor*. Chicago: University of Chicago Press.

Laurence, Stephen and Eric Margolis (2012). "Abstraction and the origin of general ideas". *Philosophers' Imprint*, 12 (19), pp. 1.22.

Margolis, Eric and Stephen Laurence (2007). *Creations of the Mind: Theories of Artifacts and Their Representation*. New York: Oxford University Press.

Nersessian, Nancy J. (2008). *Creating Scientific Concepts*. Cambridge, Mass.: MIT Press.

Ortony, Andrew. (1993). *Metaphor and Thought*. New York: Cambridge University Press, revised edition.

Pinker, Steven (2007). *The Stuff of Thought: Language as a Window into Human Nature*. New York: Viking.

Poitrenaud, Sébastien. (1995). "The PROCOPE semantic network: An alternative to action grammars". *International Journal of Human*. Computer Studies, 42, pp. 31.69.

Poitrenaud, Sébastien. (2001). *Complexité cognitive des interactions homme-machine. Modélisation par la méthode ProCope*. Paris: L'Harmattan.

Politzer, Guy (1991). "L'informativité des énoncés : Contraintes sur le jugement et le raisonnement". *Intellectica*, 11, pp. 111–147.

Richard, Jean-Francois (2004). *Les Activites mentales. De l'interprétation de l'information à l'action*. Paris: Armand Colin.

Sander, Emmanuel (2006). "Raisonnement et résolution de problèmes". In Serban Ionescu and Alain Blanchet (eds.), *Nouveau cours de psychologie. Psy-*

chologie cognitive et bases neurophysiologiques du fonctionnement cognitif (coordinated by Daniel Gaonac'h). Paris: Presses universitaires de France, pp. 159-190.

——— (2008). "En quoi Internet a-t-il changé notre façon de penser ?" In Philippe Cabin and Jean-Francois Dortier (eds.), *La Communication. État des savoirs. Auxerre:* Éditions Sciences humaines, pp. 363-369.

Sander, Emmanuel and Jean-Francois Richard (1997). "Analogical transfer as guided by an abstraction process: The case of learning by doing in text editing". *Journal of Experimental Psychology: Learning, Memory, and Cognition*, 23, pp. 1459-1483.

——— (1998). "Analogy-making as a categorization and an abstraction process". In Keith J. Holyoak, Dedre Gentner, and Boicho Kokinov (eds.), *Advances in Analogy Research: Integration of Theory and Data from the Cognitive, Computational, and Neural Sciences.* Sofia: New Bulgarian University Series in Cognitive Science, pp. 381-389.

——— (2005). "Analogy and transfer: Encoding the problem at the right level of abstraction". *Proceedings of the 27th Annual Conference of the Cognitive* Science Society, Stresa (Italy), pp. 1925-1930.

Swetz, Frank J. and T. I. Kao (1977). *Was Pythagoras Chinese? An Examination of Right Triangle Theory in Ancient China.* University Park: Pennsylvania State University Press.

Tanaka, James W. and Marjorie Taylor (1991). "Object categories and expertise: Is the basic level in the eye of the beholder?" *Cognitive Psychology*, 23, pp. 457-482.

Ward, Thomas B. and Yulia Kolomyts (2010). "Cognition and creativity". In James C. Kaufman and Robert J. Sternberg (eds.), *The Cambridge Handbook of Creativity.* New York: Cambridge University Press, pp. 93-112.

5장 유추는 어떻게 우리를 조종하는가

바살루, 클라크Clark, 다마지오Damasio, 깁스, 글렌버그, 하나드Harnad, 존슨, 렝코프, 오버튼Overton, 페셰Pecher와 자안Zwaan, 스위처Sweetser, 바렐라Varela, 좀 그리고 동료들의 연구는 인지에서 체화의 역할을 다룬다. 바사, 피니Feeney와 하이트Heit, 조지, 카너먼과 슬로먼Sloman, 홀랜드Holland, 홀리오크, 니스벳Nisbett, 새거드의 책들 그리고 홀리오크와 동료들, 오셔슨과 스미스, 립스Rips의 논문들은 일반화 및 귀납을 다룬다. 아르노, 바스Baars, 커틀러Cutler, 에라르Erard, 프롬킨, 호프스태터와 모저, 로시와 페테드파레, 러멜하트와 노먼의 연구는 말 수와 행동 실수 그리고 이 현상의 이면에 있는 심리적 기제를 다룬다. 바속, 클레망, 노빅, 리처드와 자마니Zamani의 연구는 문제 해결에서 무의식적 가정이 차지하는 역할을 탐구한다. 끝으로 추Chu, 크리슈나무르티, 세라피니Serafini는 나름의 개인적인 방식으로 상상력의 한계를 탐험한다.

Arnaud, Pierre J. L. (1997). "Les ratés de la dénomination individuelle: Typologie des lapsus par substitution de mots". In Claude Boisson and Philippe Thoiron (eds.), *Autour de la dénomination*. Lyon: Presses universitaires de Lyon, pp. 307–331.

Baars, Bernard J., editor (1992). *Experimental Slips and Human Error: Exploring the Architecture of Volition*. New York: Plenum.

Barsalou, Lawrence W. (1999). "Perceptual symbol systems". *Behavioral and Brain Sciences*, 22, pp. 577–609.

Bartha, Paul (2010). *By Parallel Reasoning: The Construction and Evaluation of Analogical Arguments*. New York: Oxford University Press.

Chu, Seo-Young (2010). *Do Metaphors Dream of Literal Sleep? A Science-Fictional Theory of Representation*. Cambridge, Mass.: Harvard University Press.

Clark, Andy (2011). *Supersizing the Mind: Embodiment, Action, and Cognitive Extension*. New York: Oxford University Press.

Clément, Évelyne and Richard, Jean-François (1997). "Knowledge of domain effects in problem representation: The case of tower of Hanoi isomorphs". *Thinking and Reasoning*, 3 (2), pp. 133–157.

Cutler, Anne, editor (1982). *Slips of the Tongue and Language Production*. New York: Mouton.

Damasio, Antonio R. (1994). *Descartes' Error : Emotion, Reason, and the Human Brain*. New York: G. P. Putnam's Sons.

Erard, Michael (2007). *Um... Slips, Stumbles, and Verbal Blunders, and What They Mean*. New York: Pantheon Books.

Feeney, Aidan and Evan Heit (2007). *Inductive Reasoning: Experimental, Developmental, and Computational Approaches*. New York: Cambridge Univer-

sity Press.
Fromkin, Victoria A., editor (1980). *Errors in Linguistic Performance: Slips of the Tongue, Ear, Pen, and Hand*. New York: Academic Press.
George, Christian (1997). *Polymorphisme du raisonnement humain*. Paris: PUF.
Gibbs, Raymond W. (2006). *Embodiment and Cognitive Science*. New York: Cambridge University Press.
Glenberg, Arthur M. (1997). "What memory is for: Creating meaning in the service of action". *Behavioral and Brain Sciences*, 20, pp. 1-55.
Goldstone, Robert L., Sam Day, and Ji Yun Son (2010). "Comparison". In Britt Glatzeder, Vinod Goel, and Albrecht von Müller (eds.), *On Thinking*, Vol. II: *Towards a Theory of Thinking*. Berlin: Springer, pp. 103-122.
Goodman, Nelson (1972). *Problems and Projects*. Indianapolis: Bobbs-Merrill.
Harnad, Stevan (1990). "The symbol grounding problem". *Physica D*, 42, pp. 335-346.
———— (1990). *Categorical Perception: The Groundwork of Cognition*. New York: Cambridge University Press.
Hofstadter, Douglas (1997). *Le Ton beau de Marot: In Praise of the Music of Language*. New York: Basic Books.
Hofstadter, Douglas R. and David J. Moser (1989). "To err is human; To study error-making is cognitive science". *Michigan Quarterly Review*, 28 (2), pp. 185-215.
Holland, John H., Keith J. Holyoak, Richard E. Nisbett, and Paul R. Thagard (1986). *Induction: Processes of Inference, Learning, and Discovery*. Cambridge, Mass.: MIT Press.
Holyoak, Keith J., Hee Seung Lee, and Hongjing Lu (2010). "Analogical and category-based inference: A theoretical integration with Bayesian causal models". *Journal of Experimental Psychology: General*, 139 (4), pp. 702-727.
Johnson, Mark (1987). *The Body in the Mind: The Bodily Basis of Meaning, Reason, and Imagination*. Chicago: University of Chicago Press.
———— (2007). *The Meaning of the Body: Æsthetics of Human Understanding*. Chicago: University of Chicago Press.
———— (2008). "The meaning of the body". In Willis F. Overton, Ulrich Mueller, and Judith Newman (eds.), *Developmental Perspectives on Embodi-*

ment and Consciousness. Hillsdale, New Jersey: Lawrence Erlbaum, pp. 19–43.

Kahneman, Daniel (2011). *Thinking, Fast and Slow.* New York: Farrar, Straus and Giroux.

Krishnamurti, Jiddu (1969). *Freedom from the Known.* New York: Harper & Row.

Lakoff, George and Mark Johnson (1999). *Philosophy in the Flesh: The Embodied Mind and Its Challenge to Western Thought.* New York: Basic Books.

Maslow, Abraham (1966). *The Psychology of Science.* Chapel Hill: Maurice Bassett.

Norman, Donald A. (1981). "Categorization of action slips". *Psychological Review,* 88, pp. 1–15.

Novick, Laura R. and Miriam Bassok. (2005). "Problem solving". In Keith J. Holyoak and Robert G. Morrison (eds.), *Cambridge Handbook of Thinking and Reasoning.* New York: Cambridge University Press, pp. 321–349.

Osherson, Daniel N., Edward E. Smith, Ormond Wilkie, Alejandro López, and Eldar B. Shafir (1990). "Category-based induction". *Psychological Review,* 97, pp. 185–200.

Overton, Willis F., Ulrich Mueller, and Judith Newman, editors (2008). *Developmental Perspectives on Embodiment and Consciousness.* Hillsdale, New Jersey : Lawrence Erlbaum.

Pecher, Diane and Rolf A. Zwaan (2005). *Grounding Cognition: The Role of Perception and Action in Memory, Language, and Thinking.* New York: Cambridge University Press.

Raban, Jonathan (1991). *Hunting Mister Heartbreak.* New York: Harper Collins.

Richard, Jean-François (2004). *Les Activités mentales. De l'interprétation de l'information à l'action.* Paris: Armand Colin.

Richard, Jean-François, Poitrenaud, Sébastien, and Tijus, Charles A. (1993). "Problem solving restructuration: Elimination of implicit constraints". *Cognitive Science,* 17, pp. 497–529.

Richard, Jean-François and Mojdeh Zamani (2003). "A problem-solving model as a tool for analyzing adaptive behavior". In Robert J. Sternberg, Jacques Lautrey, and Todd I. Lubart (eds.), *Models of Intelligence: International*

Perspective. Washington, D. C.: American Psychological Association, pp. 213–226.

Rips, Lance J. (1975). "Induction about natural categories". *Journal of Verbal Learning and Verbal Behavior*, 14, pp. 665–681.

Rossi, Mario and Peter-Defare, Evelyne. (1998). *Les Lapsus, ou, Comment notre fourche a langué*. Paris: Presses universitaires de France.

Rumelhart, David E. and Donald Norman (1982). "Simulating a Skilled Typist: A Study of Skilled Cognitive-Motor Perforamnce". *Cognitive Science*, 6 (1), pp. 1–36.

Serafini, Luigi (1981). *Codex Seraphinianus*. Milan: Franco Maria Ricci.

Shiffrin, Richard M. and Walter E. Schneider (1977). "Controlled and automatic human information processing: II. Perceptual learning, automatic attending, and a general theory". *Psychological Review*, 84, pp. 127–190.

Sloman, Steven (2009). *Causal Models: How People Think About the World and Its Alternatives*. New York: Oxford University Press.

Sweetser, Eve (1990). *From Etymology to Pragmatics: The Mind-as-Body Metaphor in Semantic Structure and Semantic Change*. New York: Cambridge University Press.

Varela, Francisco, Evan T. Thompson, and Eleanor Rosch (1991). *The Embodied Mind*. Cambridge, Mass.: MIT Press.

Zhong, Chen-Bo and Katie Liljenquist (2006). "Washing away your sins: Threatened morality and physical cleansing". *Science*, 313, pp. 1451–1452.

Zwaan, Rolf A. and Carol J. Madden (2005). "Embodied sentence comprehension". In Diane Pecher and Rolf A. Zwaan (eds.), *The Grounding of Cognition: The Role of Perception and Action in Memory, Language, and Thinking*. New York: Cambridge University Press.

6장 우리는 어떻게 유추를 조작하는가

바속, 던바Dunbar, 포버스Forbus, 겐트너(및 동료들), 기크Gick, 홀리오크, 킨Keane, 노빅, 로스, 상데, 새거드의 연구는 고전적인 자료-표적 패러다임과 그 한계뿐 아니라 외적 표면과 내적 구조의 관계를 다룬다. 찰머스Chalmers, 프렌치, 호프스태터의 연구도 해당 부문에 기여한다. 프렌치의 책과 미첼의 책 그리고 호프스태터와 미첼의 논문은 흉내쟁이 미소 영역, 그와 연관된 테이블탑Tabletop 미소 영역 그리고 유추 형성에 대한 컴퓨터 모델링을 설명한다. 팔켄하이너Falkenhainer, 포버스, 겐트너도 컴퓨터 모델링 부문을 다룬다. 콜슨Coulson, 포코니에, 스위처, 포코니에와 터너가 진행한 일련의 연구는 프레임 혼합과 개념 통합에 대한 풍부한 관점을 형성하며, 인간의 사고에서 이 현상들이 얼마나 많이 일어나는지 보여준다. 콩, 레코드, 수가나미Suganami는 정치에서 유추가 활용되는 양상을 다룬다. 한편 카너먼, 보네폰Bonneforn, 슬로먼의 책 그리고 홀랜드, 홀리오크, 니스벳, 새거드의 책은 인지에서 비연역적 추론의 중요성을 다룬다. 로크Locke와 부스Booth의 책, 위버의 책 그리고 호프스태터의 책들은 인간과 기계가 수행하는 번역 문제를 다룬다. 끝으로 그로스Grothe의 책은 다수의 캐리커처 유추를 비롯하여 폭넓은 유추의 사례를 담고 있다.

Bassok, Miriam and Keith J. Holyoak (1993). "Pragmatic knowledge and conceptual structure: Determinants of transfer between quantitative domains". In Douglas K. Detterman and Robert J. Sternberg (eds.), *Transfer on Trial: Intelligence, Cognition, and Instruction*. Norwood, New Jersey: Ablex, pp. 68-98.

Bassok, Miriam and Karen L. Olseth (1995). "Object-based representations: Transfer between cases of continuous and discrete models of change". *Journal of Experimental Psychology: Learning, Memory, and Cognition*, 21, pp. 1522-1538.

Bassok, Miriam, Ling-ling Wu, and Karen L. Olseth (1995). "Judging a book by its cover: Interpretative effects of content on problem-solving transfer". *Memory and Cognition*, 23, pp. 354-367.

Bonnefon, Jean-François (2011). *Le Raisonneur et ses modèles: Un changement de paradigme dans la psychologie du raisonnement*. Grenoble: Presses universitaires de Grenoble.

Chalmers, David J., Robert M. French, and Douglas R. Hofstadter (1992). "High-level perception, representation, and analogy: A critique of artificial intelligence methodology". In Douglas Hofstadter and the Fluid Analogies Research Group, *Fluid Concepts and Creative Analogies*. New York: Basic Books, pp. 169-193.

Coulson, Seana (2001). *Semantic Leaps: Frame-Shifting and Conceptual Blending in Meaning Construction*. New York: Cambridge University Press.

Day, Sam and Robert L. Goldstone (2011). "Analogical transfer from a simulated physical system". *Journal of Experimental Psychology: Learning, Memory, and Cognition*, 37, pp. 551–567.

Dunbar, Kevin (2001). "The analogical paradox: Why analogy is so easy in naturalistic settings, yet so difficult in the psychology laboratory". In Dedre Gentner, Keith J. Holyoak, and Boicho N. Kokinov (eds.), *The Analogical Mind*. Cambridge, Mass.: MIT Press, pp. 313–334.

Falkenhainer, Brian, Kenneth D. Forbus, and Dedre Gentner. (1989). "The structure-mapping engine: Algorithm and examples". *Artificial Intelligence*, 41, pp. 1–63.

Fauconnier, Gilles (1984). *Les Espaces mentaux*. Paris: Éditions de Minuit.

———— (1985). *Mental Spaces: Aspects of Meaning Construction in Natural Language*. Cambridge, Mass.: MIT Press (Bradford Books).

———— (1997). *Mappings in Thought and Language*. New York: Cambridge University Press.

Fauconnier, Gilles and Eve Sweetser, editors (1996). *Spaces, Worlds, and Grammar*. Chicago: University of Chicago Press.

Fauconnier, Gilles and Mark Turner (2002). *The Way We Think: Conceptual Blending and the Mind's Hidden Complexities*. New York: Basic Books.

Forbus, Kenneth D., Dedre Gentner, and Keith Law (1995). "MAC/FAC: A model of similarity-based retrieval". *Cognitive Science*, 19, pp. 141–205.

French, Robert M. (1995). *The Subtlety of Sameness: A Theory and Computer Model of Analogy-Making*. Cambridge, Mass.: MIT Press (Bradford Books).

Gentner, Dedre (1989). "The mechanisms of analogical learning". In Stella Vosniadou and Andrew Ortony (eds.), *Similarity and Analogical Reasoning*. New York: Cambridge University Press, pp. 199–241.

Gentner, Dedre, Mary Jo Rattermann, and K. Forbus (1993). "The role of similarity in transfer: Separating retrievability from inferential source". *Cognitive Psychology*, 25, pp. 524–575.

Gentner, Dedre and Cecile Toupin (1986). "Systematicity and surface similarity in the development of analogy". *Cognitive Science*, 10, pp. 277–300.

Gick, Mary L. and Keith J. Holyoak (1980). "Analogical problem solving". *Cognitive Psychology*, 12, pp. 306–355.

——— (1983). "Schema induction and analogical transfer". *Cognitive Psychology*, 15, pp. 1–38.

Grothe, Mardy (2008). *I Never Metaphor I Didn't Like: A Comprehensive Compilation of History's Greatest Analogies, Metaphors, and Similes*. New York: Harper.

Hofstadter, Douglas (1997). *Le Ton beau de Marot: In Praise of the Music of Language*. New York: Basic Books.

——— (2009). *Translator, Trader: An Essay on the Pleasantly Pervasive Paradoxes of Translation*. New York: Basic Books.

Hofstadter, Douglas and Melanie Mitchell (1993). "The Copycat project: A model of mental fluidity and analogy-making". In Douglas Hofstadter and the Fluid Analogies Research Group, *Fluid Concepts and Creative Analogies*. New York: Basic Books, pp. 205–267.

Holland, John H., Keith J. Holyoak, Richard E. Nisbett, and Paul R. Thagard (1986). *Induction: Processes of Inference, Learning, and Discovery*. Cambridge, Mass.: MIT Press.

Keith J. Holyoak (2012). "Analogy and relational reasoning". In Keith J. Holyoak and Robert G. Morrison (eds.), *The Oxford Handbook of Thinking and Reasoning*. New York: Oxford University Press, pp. 234–259.

Keith J. Holyoak and Kyunghee Koh (1987). "Surface and structural similarity in analogical transfer". *Memory and Cognition*, 15, pp. 332–340.

Kahneman, Daniel (2011). *Thinking, Fast and Slow*. New York: Farrar, Straus and Giroux.

Keane, Mark (1997). "What makes an analogy difficult? The effects of order and causal structure on analogical mapping". *Journal of Experimental Psychology: Learning, Memory, and Cognition*, 23, pp. 946–967.

Khong, Yuen Foong (1992). *Analogies at War*. Princeton: Princeton University Press.

Locke, W. N. and A. D. Booth (eds.) (1955). *Machine Translation of Languages*. Cambridge, Mass.: MIT Press.

Macrae, C. Neil, Charles Stangor, and Miles Hewstone (1996). *Stereotypes and Stereotyping*. New York: The Guilford Press.

Martin, Shirley A. and Miriam Bassok (2005). "Effects of semantic cues on mathematical modeling: Evidence from word-problem solving and equation construction tasks". *Memory and Cognition*, 33 (3), pp. 471–478.

Mitchell, Melanie (1993). *Analogy-Making as Perception*. Cambridge, Mass.: MIT Press.

Novick, Laura R. (1988). "Analogical transfer, problem similarity, and expertise". *Journal of Experimental Psychology: Learning, Memory, and Cognition*, 14, pp. 510–520.

———— (1995). "Some determinants of successful analogical transfer in the solution of algebra word problems". *Thinking and Reasoning*, 1, pp. 5–30.

Novick, Laura R. and Keith J. Holyoak (1991). "Mathematical problem solving by analogy". *Journal of Experimental Psychology: Learning, Memory, and Cognition*, 17, pp. 398–415.

Record, Jeffrey (1998). *Perils of Reasoning by Historical Analogy: Munich, Vietnam, and American Use of Force since 1945*. Technical Report 4, Center for Strategy and Technology, Air War College, Maxwell Air Force Base.

Ross, Brian H. (1987). "This is like that: The use of earlier problems and the separation of similarity effects". *Journal of Experimental Psychology: Learning, Memory, and Cognition*, 13, pp. 629–639.

———— (1989). "Distinguishing types of superficial similarities: Different effects on the access and use of earlier problems". *Journal of Experimental Psychology: Learning, Memory, and Cognition*, 15, pp. 456–468.

Sander, Emmanuel (2008). *De l'analogie aux inférences portées par les connaissances*. Habilitation report, University of Paris VIII.

Sloman, Steven (2009). *Causal Models: How People Think About the World and Its Alternatives*. New York: Oxford University Press.

Suganami, Hidemi (2008). *The Domestic Analogy and World Order Proposals*. New York: Cambridge University Press.

Thagard, Paul, Keith J. Holyoak, Greg Nelson, and David Gochfeld (1990). "Analog retrieval by constraint satisfaction". *Artificial Intelligence*, 46, pp. 259–310.

Weaver, Warren (1955). "Translation". In W. N. Locke and A. D. Booth (eds.), *Machine Translation of Languages*. Cambridge, Mass.: MIT Press, pp. 15–23.

———— (1964). *Alice in Many Tongues. Madison*, Wisconsin: University of

Wisconsin Press.

Wharton, Charles M., Keith J. Holyoak, Paul E. Downing, Trent E. Lange, Thomas D. Wickens, and Eric R. Melz (1994). "Below the surface: Analogical similarity and retrieval competition in reminding". *Cognitive Psychology*, 26, pp. 64–101.

7장 순진한 유추

캐리, 치, 드라이스마Draaisma, 하타노Hatano와 이나가키Inagaki, 케일, 로트레Lautrey, 리어리Leary, 비에노Viennot, 티베르기앙Tiberghien의 책과 논문들은 과학 부문에 존재하는 순진한 유추를 다룬다. 한편 브라이언트Bryant, 클레망, 잉글리시English, 파욜Fayol, 피슈바인Fischbein, 긴스버그Ginsburg, 허드슨Hudson, 키어런Kieran, 킨치Kintsch와 그리노Greeno, 레이코프와 누녜즈Núñez, 린체브스키Linchevski와 비너Vinner, 네셔Nesher, 누네스Nunes, 레스닉Resnick, 슐리만Schliemann, 쇤펠드Schoenfeld, 실버Silver, 테베노Thevenot, 티로시Tirosh, 베르그노Vergnaud, 베르샤펠Verschaffel의 책과 논문들은 수학 부문에 존재하는 순진한 유추를 다룬다. 바속, 브리시오Brissiaud, 가모Gamo, 리처드, 상데, 타반Taabane의 연구는 정신적 시뮬레이션 및 '우리 대신 생각해주는' 상황들과 연관된다. 카Carr, 포코니에와 터너, 노먼, 상데(2008), 세레스Serres, 트리코Tricot의 연구는 컴퓨터 및 관련 기술을 다루는 부분과 연관된다. 오뷔송Aubusson 외 공저자, 오수벨Ausubel, 바스티앵Bastien, 브루너Bruner, 마하잔Mahajan, 리처드의 연구는 교육적 관점에 초점을 맞춘다. 한편 앤더슨, 겐트너, 스폴딩, 머피 홀리오크와 새거드(및 동료들)의 연구는 이 장의 결론 부분과 연관된다.

Anderson, John R. (1991). "The adaptive nature of human categorization". *Psychological Review*, 98, pp. 409–429.

Aubusson, Peter J., Allan G. Harrison, and Stephen M. Ritchie (2005). *Metaphor and Analogy in Science Education*. New York: Springer.

Ausubel, David P. (1968). *Educational Psychology: A Cognitive View*. New York: Holt, Rinehart, and Winston.

Bastien, Claude (1997). *Les Connaissances de l'enfant à l'adulte. Organisation et mise en oeuvre*. Paris: Armand Colin.

Bastien, Claude and Mireille Bastien-Toniazzo (2004). *Apprendre a l'ecole*. Paris: Armand Colin.

Bassok, Miriam (1996). "Using content to interpret structure: Effects on analogical transfer". *Current Directions in Psychological Science*, 5 (2), pp. 54–58.

——— (2001). "Semantic alignments in mathematical word problems". In Dedre Gentner, Keith J. Holyoak, and Boicho N. Kokinov (eds.), *The Analogical Mind: Perspectives from Cognitive Science*. Cambridge, Mass.: MIT Press, pp. 401–433.

Bassok, Miriam, Valerie M. Chase, and Shirley A. Martin (1998). "Adding apples and oranges: Alignment of semantic and formal knowledge". *Cognitive Psychology*, 35, pp. 99–134.

Bezout, Étienne (1833). *L'Arithmétique de Bezout, à l'usage de la marine et de l'artillerie*. Paris: L. Tenre.

Bosc-Miné, Christelle and Emmanuel Sander (2007). "Effets du contenu sur la mise en oeuvre de l'inférence de complément". *L'Annee psychologique*, 107 (3), pp. 61–89.

Brissiaud, Rémi (2002). "Psychologie et didactique : Choisir des problèmes qui favorisent la conceptualisation des opérations arithmétiques". In Jacqueline Bideaud and Henri Lehalle(eds.), *Traité des sciences cognitives. Le developpement des activités numériques chez l'enfant*. Paris: Hermes.

——— (2003). *Comment les enfants apprennent a calculer*. Paris: Retz.

Brissiaud, Rémi and Emmanuel Sander (2010). "Arithmetic word problem solving: A situation strategy first framework". *Developmental Science*, 13 (1), pp. 92–107.

Bruner, Jerome (1960). *The Process of Education*. Cambridge, Mass.: Harvard University Press (reissued in 1977).

Carey, Susan (1985). *Conceptual Change in Childhood*. Cambridge, Mass.: MIT Press.

Carr, Nicholas. (2011). *The Shallows: What the Internet Is Doing to Our Brains*. New York: Norton.

Clement, Catherine A. and Dedre Gentner (1991). "Systematicity as a selection constraint in analogical mapping". *Cognitive Science*, 15, pp. 89–132.

Clement, John J. (1982). "Algebra word problem solutions: Thought processes underlying a common misconception". *Journal for Research in Mathematics Education*, 13 (1), pp. 16–30.

Draaisma, Douwe (2001). *Metaphors of Memory: A History of Ideas about the*

Mind. New York: Cambridge University Press.

English, Lyn D., editor (1997). *Mathematical Reasoning: Analogies, Metaphors, and Images*. Hillsdale, New Jersey: Lawrence Erlbaum.

Fabre, Jean-Henri (1897). *Souvenirs entomologiques*, Series V. Paris: Delagrave.

Fauconnier, Gilles and Mark Turner (2002). *The Way We Think: Conceptual Blending and the Mind's Hidden Complexities*. New York: Basic Books.

Fayol, Michel (1990). *L'Enfant et le nombre*. Neuchâtel: Delachaux et Niestle.

Fischbein, Efraim (1987). *Intuition in Science and Mathematics: An Educational Approach*. Dordrecht: D. Reidel.

———— (1989). "Tacit models and mathematical reasoning". *For the Learning of Mathematics*, 9, pp. 9–14.

———— (1994). "Tacit models". In Dina Tirosh (ed.), *Implicit and Explicit Knowledge: An Educational Approach*. Norwood, New Jersey: Ablex Publishing, pp. 97–109.

Fischbein, Efraim, Maria Deri, Maria Nello, and Maria Marino (1985). "The role of implicit models in solving verbal problems in multiplication and division". *Journal for Research in Mathematics Education*, 16, pp. 3–17.

Gamo, Sylvie, Emmanuel Sander, and Jean-Francois Richard (2010). "Transfer of strategies by semantic recoding in arithmetic problem solving". *Learning and Instruction*, 20, pp. 400–410.

Gamo, Sylvie, Lynda Taabane, and Emmanuel Sander (2011). "Rôle de la nature des variables dans la résolution de problèmes additifs complexes". *L'Année psychologique*, 111, pp. 613–640.

Gick, Mary L. and Keith J. Holyoak (1983). "Schema induction and analogical transfer". *Cognitive Psychology*, 15, pp. 1–38.

Ginsburg, Herbert P. (1977). *Children's Arithmetic*. New York: Van Nostrand.

Hatano, Giyoo and Inagaki, Kayoko (1994). "Young children's naive theory of biology". *Cognition*, 50, pp. 171–188.

Hudson, Tom (1983). "Correspondences and numerical differences between disjoint sets". *Child Development*, 54, pp. 84–90.

Keil, Frank C. (1989). *Concepts, Kinds, and Cognitive Development*. Cambridge, Mass.: MIT Press.

Kieran, Carolyn (1981). "Concepts associated with the equality symbol". *Educa-*

tional Studies in Mathematics, 12, pp. 317–326.

Kintsch, Walter and James G. Greeno (1985). "Understanding and solving word arithmetic problems". *Psychological Review*, 92, pp. 109–129.

Lakoff, George and Rafael Núñez (2000). *Where Mathematics Comes From: How the Embodied Mind Brings Mathematics into Being*. New York: Basic Books.

Lautrey, Jacques, Sylvianne Rémi-Giraud, Emmanuel Sander, and Andrée Tiberghien (2008). *Les Connaissances naïves*. Paris: Armand Colin.

Leary, David E. (1990). *Metaphors in the History of Psychology*. New York: Cambridge University Press.

Linchevski, Liora and Shlomo Vinner. (1988). "The naive concept of sets in elementary teachers". *Proceedings of the Twelfth International Conference, Psychology of Mathematics Education* (Veszprem, Hungary), vol. II, pp. 471–478.

Mahajan, Sanjoy (2010). *Street-Fighting Mathematics: The Art of Educated Guessing and Opportunistic Problem Solving*. Cambridge, Mass.: MIT Press.

Nesher, Pearla (1982). "Levels of description in the analysis of addition and subtraction word problems". In Thomas P. Carpenter, James M. Moser and Thomas A. Romberg (eds.), *Addition and Subtraction: A Cognitive Perspective*. Hillsdale, NJ: Lawrence Erlbaum, pp. 25–38.

Norman, Donald A. (1990). "Why the interface doesn't work". In Brenda Laurel (ed.), *The Art of Human-Computer Interface Design*. Reading, Mass.: Addison-Wesley, pp. 209–219.

———— (1993). *Things that Make Us Smart*. Reading, Mass.: Addison–Wesley.

Novick, Laura R. and Miriam Bassok (2005). "Problem solving". In Keith J. Holyoak and Robert G. Morrison (eds.), *Cambridge Handbook of Thinking and Reasoning*. New York: Cambridge University Press, pp. 321–349.

Nunes, Terezinha and Peter Bryant (1996). *Children Doing Mathematics*. Oxford: Blackwell.

Reiner, Miriam, James D. Slotta, Michelene T. H. Chi, and Lauren B. Resnick (2000). "Naive physics reasoning: A commitment to substance–based conceptions". *Cognition and Instruction*, 18, pp. 1–34.

Resnick, Lauren B. (1982). "Syntax and semantics in learning to subtract". In Thomas P. Carpenter, James M. Moser and Thomas A. Romberg (eds.), *Ad-*

dition and Subtraction: A Cognitive Perspective. Hillsdale, New Jersey: Lawrence Erlbaum, pp. 136–155.

Richard, Jean-François and Emmanuel Sander (2000). "Activités d'interprétation et de recherche de solution dans la résolution de problèmes". In Jean-Noël Foulin and Corinne Ponce (eds.), *Les Apprentissages scolaires fondamentaux*. Bordeaux: Editions CRDP, pp. 91–102.

Riley, Mary S., James G. Greeno, and Joan I. Heller (1983). "Development of children's problem solving ability in arithmetic". In Herbert P. Ginsburg (ed.), *The Development of Mathematical Thinking*. New York: Academic Press.

Sander, Emmanuel (2001). "Solving arithmetic operations: A semantic approach". In *Proceedings of the 23rd Annual Conference of the Cognitive Science Society* (Edinburgh), pp. 915–920.

———— (2002). "L'analogie, source de nos apprentissages". *La Recherche*, 353, pp. 40–43.

———— (2007a). "Manipuler l'habillage d'un problème pour évaluer les apprentissages". *Bulletin de psychologie*, 60, pp. 119–124.

———— (2007b). "Processus cognitifs, analogie et conception/évaluation de sites". In Serban Ionescu and Alain Blanchet (eds.), *Nouveau cours de psychologie. Psychologie sociale et ressources humaines* (coordinated by Marcel Bromberg and Alain Trognon). Paris: Presses universitaires de France, pp. 479–488.

———— (2008). "En quoi Internet a-t-il change notre facon de penser?" In Philippe Cabin and Jean-François Dortier (eds.), *La Communication. État des savoirs*. Auxerre: Éditions Sciences humaines, pp. 363–369.

———— (2011). "Les mécanismes de la pensée dans les apprentissages". In Nicolas Balacheff and Michel Fayol (eds.), *Apprendre et transmettre. Des idées, des savoir-faire, des valeurs*. Paris: Autrement.

Schliemann, Analucia, Claudia Araujo, Maria Angela Cassunde, Suzana Macedo, and Lenice Niceas (1998). "Use of multiplicative commutativity by school children and street sellers". *Journal for Research in Mathematics Education*, 29, pp. 422–435.

Schoenfeld, Alan H. and Douglas J. Herrmann (1982). "Problem perception and knowledge structure in expert and novice mathematical problem solvers".

Journal of Experimental Psychology: Learning, Memory, and Cognition, 8, pp. 484–494.

Serres, Michel (2012). *Petite Poucette*. Paris: Le Pommier.

Silver, Edward A. (1981). "Recall of mathematical problem information: Solving related problems". *Journal of Research in Mathematical Education*, 12, pp. 54–64.

Spalding, Thomas and Gregory L. Murphy (1996). "Effects of background knowledge on category construction". *Journal of Experimental Psychology: Learning, Memory, and Cognition*, 22, pp. 525–538.

Thagard, Paul, Keith J. Holyoak, Greg Nelson, and David Gochfeld (1990). "Analog retrieval by constraint satisfaction". *Artificial Intelligence*, 46, pp. 259–310.

Thevenot, Catherine, Michel Devidal, Pierre Barrouillet, and Michel Fayol (2007). "Why does placing the question before an arithmetic word problem improve performance? A situation model account". *Quarterly Journal of Experimental Psychology*, 60 (1), pp. 43–56.

Thevenot, Catherine and Jane Oakhill (2005). "The strategic use of alternative representations in arithmetic word problem solving". *Quarterly Journal of Experimental Psychology*, A, 58 (7), pp. 1311–1323.

Tiberghien, Andrée (2003). "Des connaissances naïves au savoir scientifique". In Michèle Kail and Michel Fayol (eds.), *Les Sciences cognitives et l'école. La question des apprentissages*. Paris: PUF.

Tirosh, Dina and Anna O. Graeber (1991). "The influence of problem type and common misconceptions on preservice elementary teachers' thinking about division". *School Science and Mathematics*, 91, pp. 157–163.

Tricot, André (2007). *Apprentissages et documents numériques*. Paris: Belin.

Vergnaud, Gérard (1982). "A classification of cognitive tasks and operations of thought involved in addition and subtraction problems". In Thomas P. Carpenter, James M. Moser and Thomas A. Romberg (eds.), *Addition and Subtraction: A Cognitive Perspective*. Hillsdale, New Jersey: Lawrence Erlbaum, pp. 39–59.

Verschaffel, Lieven, Brian Greer, Wim van Dooren, and Swapna Mukhopadhyay, editors (2009). *Words and Worlds: Modelling Verbal Descriptions of*

Situations. Rotterdam: Sense Publications.

Viennot, Laurence (1979). *Le Raisonnement spontané en mécanique élémentaire*. Paris: Herman.

Vosniadou, Stella and William F. Brewer (1992). "Mental models of the earth: A study of conceptual change in childhood". *Cognitive Psychology*, 24, pp. 535–585.

8장 세상을 뒤흔든 유추

바사, 샹죄Changeux와 콘, 헤세Hesse, 피슈바인, 레이코프와 누녜즈, 너세시언, 오펜하이머, 푸엥카레, 폴리아의 책들은 인식론이나 철학 혹은 심리학적 관점에서 과학적 발견의 과정을 다루며, 8장 전반과 연관된다. 드모르간De Morgan, 던햄Dunham, 캐스너Kasner와 뉴먼Newman, 라이프니츠, 소이어Sawyer, 스튜어트Stuwart, 스틸웰Stillwell, 팀머만스Timmermans, 울람의 책들은 수학 분야에서 이뤄지는 생각의 진화에 대한 풍부한 원천이다. 본Born, 홀튼Holton(과 브러시Brush), 밀러Miller, 페이스Pais, 풀먼Pullman, 세그레Segrè, 슈텔Stehle, 도모나가Tomonaga의 책들은 물리학 전반에 걸쳐 관념의 역사를 기록한 놀라운 보물과 같다. 한편 아인슈타인, 호프만, 홀튼(2000), 밀러, 페이스(1982), 릭던Rigden, 스태철Stachel의 책들은 아인슈타인의 생각에 대한 구체적인 이야기들에 초점을 맞춘다. 매캘리스터McAllister, 스튜어트, 웩슬러Wechsler의 연구는 과학적 발견에서 미학의 역할을 탐구한다. 한편 위너Weiner는 물리학자로서 자신의 인생 이야기에 항상 존재하는 유추의 역할을 회고한다. 데이비드와 멘델Mendel, 울람, 빌라니Villani는 8장의 마지막 부분에서 인용된다.

Bartha, Paul (2010). *By Parallel Reasoning: The Construction and Evaluation of Analogical Arguments*. New York: Oxford University Press.

Bernstein, Jeremy (2006). *Secrets of the Old One: Einstein, 1905*. New York: Copernicus Books.

Born, Max (1936). *The Restless Universe*. New York: Harper and Brothers.

Changeux, Jean-Pierre and Alain Connes (1998). *Conversations on Mind, Mathematics, and Matter*. Princeton: Princeton University Press.

David, Hans T. and Arthur Mendel (1966). *The Bach Reader*. New York: W. W. Norton & Company.

De Morgan, Augustus (1831). *On the Study and Difficulties of Mathematics*. Reprinted in 2004 by Kessinger Publishing, Whitefish, Montana.

Dunham, William (1991). *Journey through Genius: The Great Theorems of Mathematics*. New York: Penguin.

Einstein, Albert (1920). *Relativity: The Special and the General Theory*. Reprinted in 1961 by Crown Publishers (New York).

Everitt, C. W. F. (1975). *James Clerk Maxwell, Physicist and Natural Philosopher*. New York : Charles Scribner's Sons.

Fischbein, Efraim. (1987). *Intuition in Science and Mathematics: An Educational Approach*. Dordrecht: D. Reidel.

Hesse, Mary (1966). *Models and Analogies in Science*. South Bend: Notre Dame University Press.

Hoffmann, Banesh (1972). *Albert Einstein: Creator and Rebel*. New York: Viking.

———— (1983). *Relativity and its Roots*. New York: Scientific American Books.

Holton, Gerald (1988). *Thematic Origins of Scientific Thought: Kepler to Einstein*. Cambridge, Mass.: Harvard University Press.

———— (1998). *The Scientific Imagination*. Cambridge, Mass.: Harvard University Press.

———— (2000). *Einstein, History, and Other Passions: The Rebellion against Science at the End of the Twentieth Century*. Cambridge, Mass.: Harvard University Press.

Holton, Gerald and Stephen G. Brush (2001). *Physics, The Human Adventure*. New Brunswick: Rutgers University Press.

Kao, T. I. and Frank J. Swetz (1977). *Was Pythagoras Chinese? An Examination of Right Triangle Theory in Ancient China*. University Park: Pennsylvania State University Press.

Kasner, Edward, and James Newman (1940). *Mathematics and the Imagination*. New York: Simon and Schuster.

Lakoff, George and Rafael Núñez (2000). *Where Mathematics Comes From: How the Embodied Mind Brings Mathematics into Being*. New York: Basic Books.

Leibniz, Gottfried Wilhelm von (1702). "Specimen novum analyseos pro scientia infiniti, circa summas & quadraturas". Reprinted in 1858 by C. I. Gerhardt as *Leibnizens Mathematische Schriften*, Sec. 2, I, No. XXIV. Halle: Verlag H. W. Schmidt.

McAllister, James W. (1996). *Beauty and Revolution in Science*. Ithaca: Cornell

University Press.
Miller, Arthur I. (1985). *Frontiers of Physics: 1900–1911.* Boston: Birkhäuser.
———— (1986). *Imagery in Scientific Thought: Creating 20th-Century Physics.* Cambridge, Mass.: MIT Press.
———— (1997). *Albert Einstein's Special Theory of Relativity: Emergence (1905) and Early Interpretation (1905-1911).* New York: Springer.
———— (2000). *Insights of Genius: Imagery and Creativity in Science and Art.* Cambridge, Mass.: MIT Press.
Nersessian, Nancy J. (2008). *Creating Scientific Concepts.* Cambridge, Mass.: MIT Press (Bradford Books).
Oppenheimer, J. Robert (1956). "Analogy in science". *American Psychologist,* 11, pp. 127.135.
Pais, Abraham (1982). *Subtle Is the Lord: The Science and Life of Albert Einstein.* Oxford: Clarendon Press.
———— (1986). *Inward Bound: Of Matter and Forces in the Physical World.* Oxford: Oxford University Press.
———— (1991). *Niels Bohr's Times, in Physics, Philosophy, and Polity.* Oxford: Clarendon Press.
Poincaré, Henri (1908). *Science et méthode. Paris,* Flammarion.
———— (1911). *La Valeur de la science.* Paris, Flammarion.
Polya, George (1954). *Induction and Analogy in Mathematics.* Princeton: Princeton University Press.
———— (1954). *How to Solve It.* Princeton: Princeton University Press.
Pullman, Bernard (1998). *The Atom in the History of Human Thought.* Oxford: Oxford University Press.
Recorde, Robert (1557). *Whetstone of Witte.* New York: Da Capo Press (reprinted 1969).
Rigden, John S. (2005). Einstein 1905: The Standard of Greatness. Cambridge, Mass.: Harvard University Press.
Sawyer, Walter W. (1955). *Prelude to Mathematics.* Baltimore: Penguin Books.
Segrè, Emilio (1980). *From X-Rays to Quarks: Modern Physicists and Their Discoveries.* New York: W. H. Freeman.
———— (1984). *From Falling Bodies to Radio Waves: Classical Physicists and*

Their Discoveries. New York: W. H. Freeman.

Stachel, John (2001). *Einstein from 'B' to 'Z'*. Boston: Birkhäuser.

Stachel, John, editor (2005). *Einstein's Miraculous Year: Five Papers that Changed the Face of Physics*. Princeton: Princeton University Press.

Stehle, Philip (1994). *Order, Chaos, Order: The Transition from Classical to Quantum Physics*. New York: Oxford University Press.

Stewart, Ian (2007). *Why Beauty is Truth: A History of Symmetry*. New York: Basic Books.

Stillwell, John (1989). *Mathematics and its History*. New York: Springer.

———— (2001). *The Four Pillars of Geometry*. New York: Springer.

Timmermans, Benoît (2012). *Histoire philosophique de l'algèbre moderne: Les origines de la pensée abstraite*. Paris: Classiques Garnier.

Tomonaga, Sin-itiro (1997). *The Story of Spin*. Chicago: University of Chicago Press.

Ulam, Stanislaw M. (1976). *Adventures of a Mathematician*. New York: Charles Scribner's Sons.

Villani, Cédric (2012). *Théorème vivant*. Paris: Grasset.

Wechsler, Judith, editor (1978). *On Aesthetics in Science*. Cambridge, Mass.: MIT Press.

Weiner, Richard M. (2008). *Analogies in Physics and Life: A Scientific Autobiography*. Singapore: World Scientific.

에피다이얼로그: 인지의 핵심에 대한 논쟁

디트리히Dietrich, 프렌치, 호프스태터, 미첼, 상데, 터너의 연구는 유추 작용과 범주화가 연관된 양상과 둘 사이의 차이를 찾을 가능성을 다룬다. 피슈바인, 오펜하이머, 폴리아는 과학 분야에서 유추 작용이 보편적으로 존재한다는 사실을 증명한다. 머피와 로스의 논문은 추론이 범주화의 결과로 이뤄지는 양상과 때를 다룬다. 한편 앤더슨과 톰슨의 논문은 추상화와 위계를 살피며, 바살루의 논문은 범주화에서 맥락이 미치는 영향을 살핀다.

Anderson, John R. and Ross Thomson (1989). "Use of analogy in a production system architecture". In Stella Vosniadou and Andrew Ortony (eds.), *Similarity and Analogical Reasoning*. New York: Cambridge University Press, pp. 267–297.

Barsalou, Lawrence W. (1982). "Context-independent and context-dependent information in concepts". *Memory and Cognition*, 10, pp. 82–93.

Dietrich, Eric (2010). "Analogical insight: Toward unifying categorization and analogy". *Cognitive Processing*, 11 (4), pp. 331–345.

Fischbein, Efraim (1987). *Intuition in Science and Mathematics: An Educational Approach*. Dordrecht: D. Reidel.

French, Robert M. (1995). *The Subtlety of Sameness: A Theory and Computer Model of Analogy-Making*. Cambridge, Mass.: MIT Press.

Gentner, Dedre and Catherine Clement (1988). "Evidence for relational selectivity in the interpretation of analogy and metaphor". In G. H. Bower (ed.), *The Psychology of Learning and Motivation: Advances in Research and Theory*. New York: Academic Press, vol. 22, pp. 307–358.

Gick, Mary L. and Keith J. Holyoak (1983). "Schema induction and analogical transfer". *Cognitive Psychology*, 15, pp. 1–38.

Hofstadter, Douglas (2001). "Analogy as the core of cognition". In Dedre Gentner, Keith J. Holyoak, and Boicho N. Kokinov (eds.), *The Analogical Mind: Perspectives from Cognitive Science*. Cambridge, Mass.: MIT Press, pp. 499–538.

Holyoak, Keith J. and Paul Thagard (1995). *Mental Leaps: Analogy in Creative Thought*. Cambridge, Mass.: MIT Press.

Mitchell, Melanie (1993). *Analogy-Making as Perception: A Computer Model*. Cambridge, Mass.: MIT Press.

Murphy, Gregory L. and Brian H. Ross (1994). "Prediction from uncertain categorizations". *Cognitive Psychology*, 27, pp. 148–193.

Oppenheimer, J. Robert (1956). "Analogy in science". *American Psychologist*, 11, pp. 127–135.

Plato (1950). *Plato's Phædrus*. Millis, Mass.: Agora Publications (reissued in 2009).

Polya, George (1957). *How to Solve It*. Princeton: Princeton University Press.

Sander, Emmanuel (2003a). "Les analogies spontanées: analogies ou catégorisations?" In Charles A. Tijus (ed.), *Métaphores et analogies*. Paris: Hermès, pp. 83–114.

———— (2003b). "Analogie et catégorisation". *Revue d'intelligence artificielle*,

17 (5–6), pp. 719–732.

Spalding, Thomas and Gregory L. Murphy (1996). "Effects of background knowledge on category construction". *Journal of Experimental Psychology: Learning, Memory, and Cognition,* 22, pp. 525–538.

Thagard, Paul, Keith J. Holyoak, Greg Nelson, and David Gochfeld (1990). "Analog retrieval by constraint satisfaction". *Artificial Intelligence,* 46, pp. 259–310.

Turner, Mark (1988). "Categories and analogies". In David H. Helman (ed.), *Analogical Reasoning*. Amsterdam: Kluwer Academic Publishers, pp. 3–24.

Wisniewski, Edward J. (1995). "Prior knowledge and functionally relevant features in concept learning". *Journal of Experimental Psychology: Learning, Memory, and Cognition,* 21, pp. 449–468.

색인

ㄱ

기억 인출 157, 461, 463, 466-467

ㄴ

ㄷ

ㄹ

ㅁ

ㅂ

ㅅ

ㅇ

ㅈ

ㅊ

ㅋ

ㅌ

ㅍ

ㅎ

김태훈

중앙대학교 문예창작과를 졸업하고 현재 번역 에이전시 하니브릿지에서 전문 번역가로 활동하고 있다. 옮긴 책으로 《어떻게 원하는 것을 얻는가》, 《그 개는 무엇을 보았나》, 《스티브 잡스 프레젠테이션의 비밀》, 《달러제국의 몰락》, 《야성적 충동》, 《욕망의 경제학》, 《프리덤 라이터스 다이어리》, 《최고의 설득》, 《딥 워크》 외 다수가 있다.

Philos 010

사고의 본질

1판 1쇄 발행 2017년 11월 15일
1판 12쇄 발행 2024년 5월 14일

지은이 더글러스 호프스태터, 에마뉘엘 상데
옮긴이 김태훈
감수 · 해제 최재천
펴낸이 김영곤
펴낸곳 (주)북이십일 아르테

편집 김지영 최윤지
표지디자인 박대성 **본문디자인** 박지영
기획위원 장미희
출판마케팅영업본부 본부장 한충희
마케팅 남정한 한경화 김신우 강효원
영업 최명열 김다운 김도연 권채영
해외기획 최연순 소은선
제작 이영민 권경민

출판등록 2000년 5월 6일 제406-2003-061호
주소 (우 10881) 경기도 파주시 회동길 201(문발동)
대표전화 031-955-2100 **팩스** 031-955-2151 **이메일** book21@book21.co.kr

(주)북이십일 경계를 허무는 콘텐츠 리더

아르테 채널에서 도서 정보와 다양한 영상 자료, 이벤트를 만나세요!
인스타그램 instagram.com/21_arte
instagram.com/jiinpill21
페이스북 facebook.com/21arte
facebook.com/jiinpill21
포스트 post.naver.com/staubin
post.naver.com/21c_editors
홈페이지 arte.book21.com
book21.com

ISBN 978-89-509-5567-0 93100